Ami lecteur

C'est en 1900 qu'a été édité le premier Guide Michelin, consacré à la France : la collection européenne des Guides Rouges en est issue.
C'est pourquoi le présent volume s'associe avec fierté à cet anniversaire.

Cette 23e édition du Guide Michelin Benelux propose une sélection actualisée d'hôtels et de restaurants.

Réalisée en toute indépendance par nos Inspecteurs, elle offre au voyageur de passage un large choix d'adresses à tous les niveaux de confort et de prix.

Toujours soucieux d'apporter à nos lecteurs l'information la plus récente, nous avons mis à jour cette édition avec le plus grand soin.

C'est pourquoi, seul le Guide de l'année en cours mérite votre confiance.
Merci de vos commentaires toujours appréciés.

Michelin vous souhaite "Bon voyage !"

1900 • 2000
Cent années de Guides Michelin!

● *1900:*
les frères Michelin créent et distribuent gracieusement la première édition de leur Guide de France.

Manuel de leur nouveau pneumatique (inventé en 1895) et support promotionnel pour leur entreprise, c'est surtout le premier outil pratique du voyage automobile: plans de villes, distances, réparateurs, distributeurs de carburant, choix d'hôtels. Très apprécié des «chauffeurs», il est actualisé et enrichi chaque année.

En quelques années, d'autres Guides Michelin suivent son exemple et apportent un service identique aux conducteurs de toute l'Europe et du bassin méditerranéen. A partir de 1920, ils citent des restaurants, éliminent toute publicité extérieure et sont désormais commercialisés.

● *Depuis 1950, une deuxième génération de Guides Michelin, unifiée sous sa couverture rouge, remplit à travers notre continent cette même mission de service au voyageur et de conseiller de la bonne étape:*

1952:	*Espagne*
1953:	*Belgique-Luxembourg*
1956:	*Italie (du Nord)*
1957:	*Benelux*
1964:	*Deutschland*
1973:	*España-Portugal*
1974:	*Great Britain and Ireland*
1982:	*Europe*
1992:	*Ireland*
1994:	*Suisse*
1995:	*Portugal*

Des atouts majeurs pour aborder le 21e siècle

- *Nés avec l'automobile, les Guides Michelin ont accompagné l'essor du tourisme à travers l'Europe. Une expérience irremplaçable.*
- *Ni publicité intégrée, ni panonceau à la porte des hôtels et restaurants cités, des inspecteurs qualifiés et anonymes dans tous les pays, à l'abri des regards et des pressions, le Guide échappe à toute compromission. Cette indépendance conditionne sa liberté d'appréciation et consolide ses recommandations.*

- *Une sélection rigoureuse d'établissements, à tous les niveaux de confort et de prix, une information contrôlée et recoupée, sans commentaires. Le Guide distingue, certes, la maîtrise et la régularité du professionnel, mais il existe d'abord pour conseiller le voyageur dans le choix de son étape.*
- *Quelques centaines d'«Etoiles», parfois doubles ou triples, pour mesurer le savoir-faire culinaire des meilleurs chefs, c'est souvent ce qui fait parler du Guide..., mais sa vraie vocation est ailleurs, dans le désintéressement de sa démarche, dans la fiabilité de son conseil au quotidien, dans l'attrait de ses adresses à prix modéré (Bib Gourmand)...*

- *Des dizaines de milliers de lecteurs écrivent chaque année aux bureaux des Guides, pour exprimer spontanément leur satisfaction ou leur attente. Une exceptionnelle manifestation de fidélité, un puissant encouragement à poursuivre la tâche !*

« Cet ouvrage paraît avec le siècle, il durera autant que lui. »

L'an 2000 confirme donc l'avant-propos du Guide France 1900.

Avec le nouveau millénaire, c'est toute la collection des Guides Rouges Michelin qui prend un nouveau départ, sur papier ou sur support numérique !

1900•2000

Cent années de Service au voyageur!

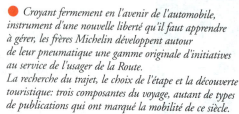

Croyant fermement en l'avenir de l'automobile, instrument d'une nouvelle liberté qu'il faut apprendre à gérer, les frères Michelin développent autour de leur pneumatique une gamme originale d'initiatives au service de l'usager de la Route.
La recherche du trajet, le choix de l'étape et la découverte touristique: trois composantes du voyage, autant de types de publications qui ont marqué la mobilité de ce siècle.

Où s'arrêter ? *- Le choix de la nuitée et du repas c'est le rôle du Guide hôtelier (aujourd'hui le Guide Rouge) De Varsovie aux Canaries, une douzaine de titres sélectionne des adresses, distribue ses recommandations, conseille et informe, en toute indépendance.*

Comment y aller ? *- Dans le labyrinthe des routes, le voyageur a besoin d'un «fil d'Ariane»: c'est la carte Michelin, précise, facile à lire, actuelle.*
Depuis quatre-vingt-dix ans,elle oriente et rassure, en tous pays et à toutes les échelles.
En France, jusqu'en 1970, les fameuses bornes Michelin ont eu à remplir la même mission de guidage.

Que voir en route ? *- Pas de route qui ne côtoie une rivière, une forêt, un château, pas de ville traversée qui ne recèle un monument, une vieille rue, un souvenir... Aux Guides touristiques de rappeler, de décrire, d'inviter à la halte. Vert, Escapade ou Neos, ils répondent à la curiosité et donnent à goûter un moment de loisir.*

Partir, c'est choisir une route...
Pas de voyage sans itinéraire: un «Bureau» spécial Michelin s'y est consacré dès...1908, relayé en 1989 par le service télématique Minitel (en France), puis, plus récemment, par un site Internet particulier.
Le support change, mais le service demeure.

D'un siècle à l'autre...

● *Informer l'automobiliste, professionnel ou vacancier, anticiper sur ses besoins et répondre à ses attentes, c'est cette volonté de service qui, depuis cent ans, s'est affirmée et diversifiée, en synergie permanente:*
- avec les progrès de l'automobile et du pneu,
- avec l'évolution du réseau routier,
- avec la multiplication des supports d'information,
- avec l'essor des loisirs à travers le monde...

● *Le Tourisme - un mot à peine connu à l'époque du «petit livre rouge» - est de nos jours une activité planétaire majeure. L'accueil, les transports, les contacts, le dépaysement, la découverte y trouvent leur place, mais chaque voyageur entend également y rencontrer* ***expérience, savoir-faire et sécurité****. Des valeurs que résument assez exactement les guides et les cartes Michelin, dont plus de sept cents millions d'exemplaires ont été diffusés au cours du siècle!*

● Michelin Editions du Voyage
telle est la nouvelle signature de cette activité, où convergent le papier et l'écran, les vecteurs numériques et le satellite.

● **Tout est donc en place pour accueillir le troisième millénaire!**

Vous voulez en savoir plus ?

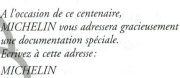

A l'occasion de ce centenaire, MICHELIN vous adressera gracieusement une documentation spéciale. Ecrivez à cette adresse:

MICHELIN
Éditions du voyage
46, avenue de Breteuil
F 75324 Paris Cédex 07

Merci de votre fidélité

Sommaire

Le choix d'un hôtel, d'un restaurant

Ce guide vous propose une sélection d'hôtels et restaurants établie à l'usage de l'automobiliste de passage. Les établissements, classés selon leur confort, sont cités par ordre de préférence dans chaque catégorie.

Catégories

		Grand luxe et tradition
		Grand confort
		Très confortable
		De bon confort
		Assez confortable
M		*Dans sa catégorie, hôtel d'équipement moderne*
sans rest.		*L'hôtel n'a pas de restaurant*
	avec ch.	*Le restaurant possède des chambres*

Agrément et tranquillité

Certains établissements se distinguent dans le guide par les symboles rouges indiqués ci-après. Le séjour dans ces maisons se révèle particulièrement agréable ou reposant.
Cela peut tenir d'une part au caractère de l'édifice, au décor original, au site, à l'accueil et aux services qui sont proposés, d'autre part à la tranquillité des lieux.

à	*Hôtels agréables*
à	*Restaurants agréables*
« Parc fleuri »	*Élément particulièrement agréable*
	Hôtel très tranquille ou isolé et tranquille
	Hôtel tranquille
mer	*Vue exceptionnelle*
	Vue intéressante ou étendue.

Les localités possédant des établissements agréables ou très tranquilles sont repérées sur les cartes placées au début de chaque pays traité dans ce guide.
Consultez-les pour la préparation de vos voyages et donnez-nous vos appréciations à votre retour, vous faciliterez ainsi nos enquêtes.

L'installation

*Les chambres des hôtels que nous recommandons possèdent, en général, des installations sanitaires complètes. Il est toutefois possible que dans la catégorie ,
certaines chambres en soient dépourvues.*

30 ch	*Nombre de chambres*
	Ascenseur
	Air conditionné
	Télévision dans la chambre
	Établissement en partie réservé aux non-fumeurs
	Téléphone dans la chambre, direct avec l'extérieur
	Chambres accessibles aux handicapés physiques
	Repas servis au jardin ou en terrasse
	Balnéothérapie, Cure thermale
	Salle de remise en forme
	Piscine : de plein air ou couverte
	Sauna – Jardin de repos
	Location de vélos
	Tennis à l'hôtel – Chevaux de selle
25 à 150	*Salles de conférences : capacité des salles*
	Garage dans l'hôtel (généralement payant)
	Parking (pouvant être payant)
	Ponton d'amarrage
	Accès interdit aux chiens (dans tout ou partie de l'établissement)
Fax	*Transmission de documents par télécopie*
mai-oct.	*Période d'ouverture, communiquée par l'hôtelier En l'absence de mention, l'établissement est ouvert toute l'année.*
9411 KL	*Code postal de l'établissement (Grand-Duché de Luxembourg et Pays-Bas en particulier)*

La table

Les étoiles

Certains établissements méritent d'être signalés à votre attention pour la qualité de leur cuisine. Nous les distinguons par **les étoiles de bonne table**.

Nous indiquons pour ces établissements, trois spécialités culinaires et, au Grand-Duché de Luxembourg des vins locaux, qui pourront orienter votre choix.

✿✿✿ **Une des meilleures tables, vaut le voyage**

On y mange toujours très bien, parfois merveilleusement. Grands vins, service impeccable, cadre élégant... Prix en conséquence.

✿✿ **Table excellente, mérite un détour**

Spécialités et vins de choix... Attendez-vous à une dépense en rapport.

✿ **Une très bonne table dans sa catégorie**

L'étoile marque une bonne étape sur votre itinéraire. Mais ne comparez pas l'étoile d'un établissement de luxe à prix élevés avec celle d'une petite maison où à prix raisonnables, on sert également une cuisine de qualité.

Le nom du chef de cuisine figure après la raison sociale lorsqu'il exploite personnellement l'établissement.

Exemple : XX ✿ **Panorama** (Martin)...

Le "Bib Gourmand"

Repas soignés à prix modérés

Vous souhaitez parfois trouver des tables plus simples, à prix modérés ; c'est pourquoi nous avons sélectionné des restaurants proposant, pour un rapport qualité-prix particulièrement favorable, un repas soigné.

Ces maisons sont signalées par le "Bib Gourmand" *et* Repas.

Repas *: environ 1 100 francs belges, 60 florins ou 1 100 francs luxembourgeois.*

Consultez les cartes des étoiles de bonne table ✿✿✿, ✿✿, ✿ *et des* "Bib Gourmand" *placées au début de chaque pays et les listes signalées au sommaire.*

Voir aussi ∞ *page suivante.*

Les prix

Les prix que nous indiquons dans ce guide ont été établis à l'automne 1999 et s'appliquent à la **haute saison.** *Ils sont susceptibles de modifications, notamment en cas de variations des prix des biens et services. Ils s'entendent taxes et services compris. Aucune majoration ne doit figurer sur votre note, sauf éventuellement une taxe locale.*

Les hôtels et restaurants figurent en gros caractères lorsque les hôteliers nous ont donné tous leurs prix et se sont engagés, sous leur propre responsabilité, à les appliquer aux touristes de passage porteurs de notre guide.

Les week-ends et dans les grandes villes, certains hôtels pratiquent des prix avantageux, renseignez-vous lors de votre réservation.

Les exemples suivants sont donnés en francs belges.

Entrez à l'hôtel le Guide à la main, vous montrerez ainsi qu'il vous conduit là en confiance.

Repas

Établissement proposant un menu simple à moins de 850 *francs ou* 45 *florins.*

Repas *Lunch 700* — *Repas servi le midi et en semaine seulement.*

Menus à prix fixe :

Repas 750/2800 — *Minimum* 750 *et maximum* 2800 *des menus servis aux heures normales (12 h à 14 h 30 et 19 h à 21 h 30 en Belgique – 12 h à 14 h et 17 h à 21 h aux Pays-Bas).*
Certains menus ne sont servis que pour 2 couverts minimum ou par table entière.

bc — *Boisson comprise (vin)*

Repas à la carte :

Repas carte 1200 à 3000 — *Le premier prix correspond à un repas normal comprenant : entrée, plat garni et dessert.*
Le 2e prix concerne un repas plus complet (avec spécialité) comprenant : deux plats et dessert.

Chambres

150 — *Prix du petit déjeuner (supplément éventuel si servi en chambre).*

ch 1500/2500 — *Prix minimum* (1500) *pour une chambre d'une personne prix maximum* (2500) *pour une chambre de deux personnes.*

suites — *Se renseigner auprès de l'hôtelier.*

29 ch 1700/2900 — *Prix des chambres petit déjeuner compris.*

Demi-pension

½ P 1600/1800 — *Prix minimum et maximum de la demi-pension (chambre, petit déjeuner et l'un des deux repas) par personne et par jour, en saison.*
Il est indispensable de s'entendre par avance avec l'hôtelier pour conclure un arrangement définitif.

Les arrhes

Certains hôteliers demandent le versement d'arrhes. Il s'agit d'un dépôt-garantie qui engage l'hôtelier comme le client. Bien faire préciser les dispositions de cette garantie.

Cartes de crédit

AE D MC VISA JCB — *Cartes de crédit acceptées par l'établissement : American Express – Diners Club – MasterCard (Eurocard) – Visa – Japan Credit Bureau*

Les villes

1000	*Numéro postal à indiquer dans l'adresse avant le nom de la localité*
✉ 4900 Spa	*Bureau de poste desservant la localité*
P	*Capitale de Province*
C Herve	*Siège administratif communal*
210 T 3 909 ⑤	*Numéro de la Carte Michelin et carroyage ou numéro du pli*
G. Belgique-Lux.	*Voir le guide vert Michelin Belgique-Luxembourg*
4 283 h	*Population (d'après chiffres du dernier recensement officiel publié)*
BX A	*Lettres repérant un emplacement sur le plan*
⛳18	*Golf et nombre de trous*
✻, ←	*Panorama, point de vue*
✈	*Aéroport*
🚗 ✆ 425214	*Localité desservie par train-auto Renseignements au numéro de téléphone indiqué*
⛴	*Transports maritimes*
⛴	*Transports maritimes pour passagers seulement*
ℹ	*Information touristique*

Les curiosités

Intérêt

★★★	*Vaut le voyage*
★★	*Mérite un détour*
★	*Intéressant*

Situation

Voir	*Dans la ville*
Env	*Aux environs de la ville*
Nord, Sud, Est, Ouest	*La curiosité est située : au Nord, au Sud, à l'Est, à l'Ouest*
②, ④	*On s'y rend par la sortie ② ou ④ repérée par le même signe sur le plan du Guide et sur la carte*
2 km	*Distance en kilomètres*

La voiture, les pneus

Pour vos pneus, consultez les pages bordées de bleu ou adressez-vous à l'une de nos Agences Régionales. En fin de guide figure une liste des principales marques automobiles pouvant éventuellement vous aider en cas de panne.
Vous pouvez également consulter utilement les principaux automobiles clubs du Benelux :

Belgique

Royal Automobile Club de Belgique (RACB),
FIA, rue d'Arlon 53 – Bte 3,
1040 Bruxelles
✆ (02) 287 09 00

Royal Motor Union
boulevard d'Avroy 254 – Bte 1,
4000 Liège
✆ (04) 252 70 30

Touring Club Royal de Belgique (TCB)
AIT, rue de la Loi 44, 1040 Bruxelles
✆ (02) 233 22 11

Vlaamse Automobilistenbond (VTB-VAB)
Sint-Jakobsmarkt 45, 2000 Antwerpen
✆ (03) 253 63 63

Luxembourg

Automobile Club du Grand Duché de Luxembourg (ACL)
FIA & AIT, route de Longwy 54,
8007 Bertrange
✆ 45 00 45 1

Pays-Bas

Koninklijke Nederlandse Automobiel Club (KNAC)
FIA, Wassenaarseweg 220,
2596 EC Den Haag
✆ (070) 383 16 12

Koninklijke Nederlandse Toeristenbond (ANWB)
AIT, Wassenaarseweg 220,
2596 EC Den Haag
✆ (070) 314 71 47

Vitesse : Limites autorisées (en km/h)

	Autoroute	*Route*	*Agglomération*
Belgique	120	90	50
GD Luxembourg	120	90	50
Pays-Bas	100/120	80	50

Les cartes de voisinage

Avez-vous pensé à les consulter ?

Vous souhaitez trouver une bonne adresse, par exemple, aux environs de Arnhem ?

Consultez la carte qui accompagne le plan de la ville.

La « carte de voisinage » (ci-contre) attire votre attention sur toutes les localités citées au Guide autour de la ville choisie, et particulièrement celles situées dans un rayon de 30 km (limite de couleur).

Les « cartes de voisinage » vous permettent ainsi le repérage rapide de toutes les ressources proposées par le Guide autour des métropoles régionales.

Nota :

Lorsqu'une localité est présente sur une « carte de voisinage », sa métropole de rattachement est imprimée en BLEU sur la ligne des distances de ville à ville.

Vous trouverez EDE sur la carte de voisinage de ARNHEM.

Exemple :

EDE *Gelderland* 908 *I 5 – 98 220 h.*
Env. *Parc National de la Haute Veluwe★★★*
Amsterdam 81 – Arnhem 19 – Apeldoorn 32 – Utrecht 43.

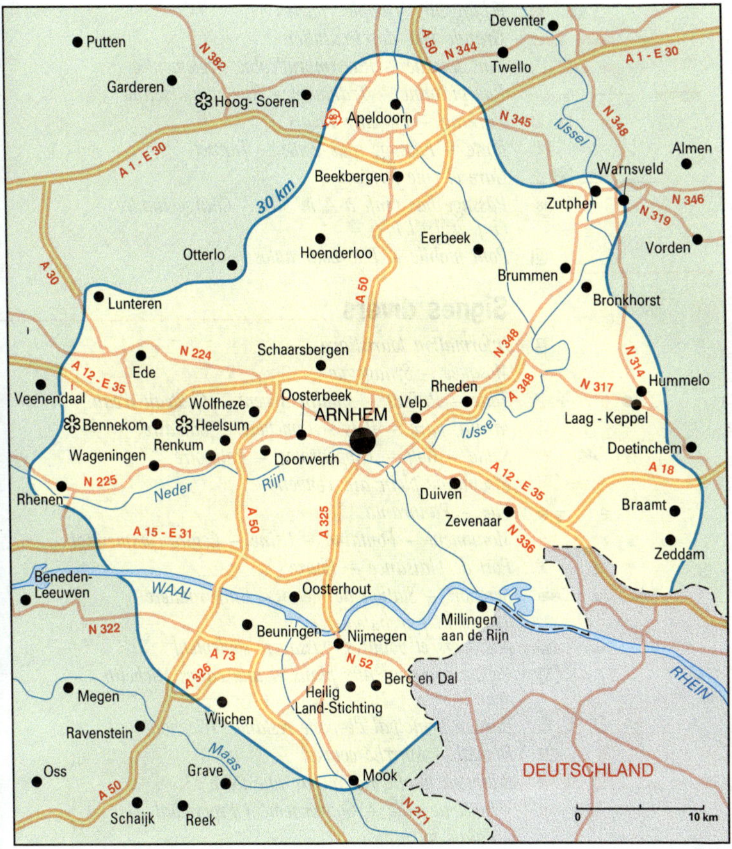

Toutes les « Cartes de voisinage » sont localisées sur l'Atlas en fin de Guide.

Les plans

Hôtels
Restaurants

Curiosités

Bâtiment intéressant
Édifice religieux intéressant

Voirie

Autoroute, route à chaussées séparées
échangeur : complet, partiel
Grande voie de circulation
Sens unique – Rue impraticable, réglementée
Pasteur *Rue piétonne – Tramway – Rue commerçante*
Parking – Parking Relais
Porte – Passage sous voûte – Tunnel
Gare et voie ferrée
Passage bas (inf. à 4 m 50) – Charge limitée (inf. à 19 t.)
Pont mobile – Bac pour autos

Signes divers

Information touristique
Mosquée – Synagogue
Tour – Ruines – Moulin à vent – Château d'eau
Jardin, parc – Bois – Cimetière – Calvaire
Stade – Golf – Hippodrome – Patinoire
Piscine de plein air, couverte
Vue – Panorama
Monument – Fontaine – Usine – Centre commercial
Port de plaisance – Phare
Aéroport – Station de métro – Gare routière
Transport par bateau :
passagers et voitures, passagers seulement
Repère commun aux plans et aux cartes Michelin détaillées
Bureau principal de poste restante, Téléphone
Hôpital – Marché couvert
Bâtiment public repéré par une lettre :
H P *- Hôtel de ville – Gouvernement Provincial*
J *- Palais de justice*
M T *- Musée – Théâtre*
U *- Université, grande école*
POL. G *- Police (commissariat central) – Gendarmerie*

Beste lezer

De eerste Rode Gids van Michelin - gewijd aan Frankrijk - werd in 1900 samengesteld en van daaruit is een hele Europese reeks Rode Gidsen ontstaan. Daarom is ook de huidige uitgave, niet zonder trots, betrokken bij die verjaardag.

Deze 23e editie van de Benelux-gids biedt een actuele selectie van hotels en restaurants.

De gids is door onze inspecteurs op een volkomen onafhankelijke wijze tot stand gebracht en verschaft reizigers veel keuze aan adressen in alle kwaliteits- en prijsklassen.

We willen onze lezers altijd de meest actuele informatie verstrekken en hebben deze uitgave dan ook met de grootst mogelijke zorg samengesteld.

Daarom kunt u alleen vertrouwen op de gids van het lopende jaar.

We stellen het altijd op prijs om uw opmerkingen te ontvangen en daarvoor willen we u bij voorbaat danken.

Michelin wenst u een goede reis!

1900•2000
Honderd jaar Michelin-gidsen

1900:
de eerste editie van de Rode Gids France verschijnt en wordt kosteloos verspreid door de gebroeders Michelin.

Deze is niet alleen een handboek voor de nieuwe luchtband (ontwikkeld in 1895) en een stuk reclame voor het bedrijf, maar vooral een eerste praktisch hulpmiddel voor de automobilist op reis met daarin: stadsplattegronden, afstanden, garages, benzinepompen, een selectie van hotels. De gids, die elk jaar opnieuw wordt bijgewerkt, wordt een vaste waarde voor de automobilist.

Enkele jaren later volgen er meer Michelin-gidsen die de automobilisten in de rest van Europa en het gebied rond de Middellandse Zee eenzelfde service bieden.

Vanaf 1920 inclusief adressen van restaurants, zonder reclame, en niet langer kosteloos.

Na 1950 doet een tweede generatie Michelin-gidsen zijn intrede. Ze hebben alle een rode omslag en dezelfde missie voor het hele continent: de reizigers ten dienste zijn en hen adviseren bij de keuze van haltes.

1952:	*Spanje*
1953:	*België-Luxemburg*
1956:	*(Noord-)Italië*
1957:	*Benelux*
1964:	*Duitsland*
1973:	*Spanje-Portugal*
1974:	*Groot-Brittannië-Ierland*
1982:	*Europa*
1992:	*Ierland*
1994:	*Zwitserland*
1995:	*Portugal*

De belangrijkste troeven voor de 21ste eeuw

● *De Michelin-gidsen ontstonden op hetzelfde ogenblik als de auto en hebben de bloei van het toerisme over heel Europa begeleid. Een unieke ervaring.*

● *Geen reclame in de gids, geen borden bij de ingang van de geselecteerde hotels en restaurants, maar vakbekwame en anonieme inspecteurs in de verschillende landen. Zo ontsnapt de gids aan elke vorm van partijdigheid en komt hij op geheel onafhankelijke wijze tot stand.*

● *Een strenge selectie van hotels en restaurants in elke kwaliteits- en prijsklasse, gecontroleerde en geverifieerde informatie. Commentaar overbodig. Het is beslist waar dat de gids vakmanschap en constante kwaliteit onderscheidt, maar hij adviseert toch op de eerste plaats de reiziger bij de keuze van haltes onderweg.*

● *Vaak doet de gids van zich spreken vanwege de honderden sterren, soms dubbel of zelfs driedubbel, die de culinaire kwaliteiten van de beste chef-koks aangeven. Maar de echte waarde ligt elders, namelijk in de onpartijdige benadering, de betrouwbare adviezen, de leuke adresjes waar voor een redelijke prijs kan worden gegeten (Bib Gourmand)...*

● *Elk jaar schrijven tienduizenden lezers spontaan naar Michelin om uitdrukking te geven aan hun tevredenheid of hun verwachtingen. Een heel bijzondere blijk van betrouwbaarheid, en een enorme stimulans om dit werk voort te zetten!*

« Deze gids ontstaat aan het begin van een nieuwe eeuw en zal ook het einde daarvan meemaken. »

Het voorwoord uit de gids France van 1900 wordt dus nu in het jaar 2000 bevestigd.

Met het nieuwe millennium maakt de hele collectie Rode Gidsen van Michelin een nieuwe start; op papier én digitaal!

1900•2000

Honderd jaar ten dienste van de reiziger!

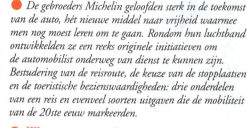

De gebroeders Michelin geloofden sterk in de toekomst van de auto, hét nieuwe middel naar vrijheid waarmee men nog moest leren om te gaan. Rondom hun luchtband ontwikkelden ze een reeks originele initiatieven om de automobilist onderweg van dienst te kunnen zijn. Bestudering van de reisroute, de keuze van de stopplaatsen en de toeristische bezienswaardigheden: drie onderdelen van een reis en evenveel soorten uitgaven die de mobiliteit van de 20ste eeuw markeerden.

Waar te stoppen ? *- De hotelgids, de huidige Rode Gids, helpt bij het kiezen van een hotel of een restaurant. Een twaalftal gidsen biedt geselecteerde adressen, doet aanbevelingen, adviseert en informeert. In alle onafhankelijkheid, van Warschau tot de Canarische Eilanden.*

Hoe er te komen ? *- In het doolhof van wegen heeft de reiziger behoefte aan een leidraad, aan «een draad van Ariadne». Daarin voorziet de Michelin-kaart: nauwkeurig, duidelijk leesbaar en actueel. Sinds 90 jaar wijst de Michelin-kaart de weg en verschaft zij zekerheid, in alle landen en op elke schaal. Diezelfde taak vervulden tot in de jaren '70 ook de beroemde kilometerpalen van Michelin in Frankrijk.*

Wat is er onderweg te zien ? *- Een weg die langs een rivier, bos of kasteel loopt. Een stad met een monument, een oud straatje of een herinnering... De toeristische gidsen brengen het onder de aandacht, schrijven erover en nodigen uit tot een bezoek. Zowel de Groene Gidsen als de Escapade- en de NEOS-reeks voorzien in de belangstelling voor de omgeving en geven aan waar plezierige momenten te beleven zijn.*

Weggaan betekent een route kiezen...
Geen reis zonder reisroute. Michelin richtte daar in 1908 een speciaal bureau voor op. Dit werk wordt sinds 1989 voortgezet door Minitel (een teleservice voor Frankrijk) en, recenter, door een speciale Internet-site. De middelen veranderen, maar de service blijft.

Van de ene eeuw naar de andere...

Automobilisten informeren (zowel voor privé- als voor zakenreizen), anticiperen op hun behoeftes en beantwoorden aan hun verwachtingen: deze dienstverlenende instelling brengt Michelin al 100 jaar lang heel duidelijk tot uitdrukking en wordt steeds verder uitgebreid in een voortdurende wisselwerking met:

- *de ontwikkeling van de auto en de band,*
- *de uitbreiding van het wegennet,*
- *de verveelvoudiging van informatievoorzieningen,*
- *de enorme groei van mogelijkheden tot vrijetijdsbesteding over de hele wereld...*

In de beginjaren van de Rode Gids kende men het woord «Toerisme» amper. Tegenwoordig is het «Toerisme» een enorme wereldomvattende bedrijfstak waarbij ontvangst, vervoer, contacten, een andere omgeving en nieuwe ontdekkingen een belangrijke rol spelen. Tegelijkertijd wil elke reiziger ook ervaring, vakmanschap en zekerheid; precies de waarden die Michelin hanteert voor haar kaarten en gidsen, waarvan er in de loop van de 20ste eeuw meer dan 700 miljoen zijn verspreid!

Michelin Reisuitgaven

Deze productgroep - waarin papier, beeldscherm, digitale apparatuur en satelliet samenkomen - werkt voortaan onder de nieuwe naam Michelin Reisuitgaven.

Alles is in gereedheid gebracht voor het derde millennium!

Wilt u er meer over weten ?

Ter gelegenheid van deze 100ste verjaardag, stuurt MICHELIN u kosteloos speciale documentatie.
Schrijf naar het volgende adres:

MICHELIN Reisuitgaven
Willebroekkaai 33 - 1000 Brussel - België

Hartelijk dank voor het vertrouwen.

Inhoud

Keuze van een hotel, van een restaurant

De selectie van hotels en restaurants in deze gids is bestemd voor de automobilist op doorreis. In de verschillende categorieën, die overeenkomen met het geboden comfort, worden de bedrijven in volgorde van voorkeur opgegeven.

Categorieën

	XXXXX	*Zeer luxueus, traditioneel*
	XXXX	*Eerste klas*
	XXX	*Zeer comfortabel*
	XX	*Geriefelijk*
	X	*Vrij geriefelijk*
M		*Moderne inrichting*
sans rest.		*Hotel zonder restaurant*
	avec ch.	*Restaurant met kamers*

Aangenaam en rustig verblijf

Bepaalde bedrijven worden in de gids aangeduid met de onderstaande rode tekens. Een verblijf in die bedrijven is bijzonder aangenaam of rustig. Dit kan enerzijds te danken zijn aan het gebouw, aan de originele inrichting, aan de ligging, aan de ontvangst en aan de diensten die geboden worden, anderzijds aan het feit dat het er bijzonder rustig is.

tot	*Aangename hotels*
XXXXX tot X	*Aangename restaurants*
« Parc fleuri »	*Bijzonder aangenaam gegeven*
	Zeer rustig of afgelegen en rustig hotel
	Rustig hotel
< mer	*Prachtig uitzicht*
<	*Interessant of weids uitzicht*

Voorin elk gedeelte van de gids dat aan een bepaald land gewijd is, staat een kaart met de plaatsen met aangename of zeer rustige bedrijven. Raadpleeg deze kaarten bij het voorbereiden van uw reis en laat ons bij thuiskomst weten wat uw ervaringen zijn. Op die manier kunt u ons behulpzaam zijn.

Inrichting

De hotelkamers die wij aanbevelen, beschikken in het algemeen over een volledige sanitaire voorziening. Het kan echter voorkomen dat deze bij sommige kamers in de hotelcategorieën ontbreekt.

30 ch	*Aantal kamers*
	Lift
	Airconditioning
TV	*Televisie op de kamer*
	Bedrijf dat gedeeltelijk gereserveerd is voor niet-rokers
	Telefoon op de kamer met rechtstreekse buitenlijn
	Kamers toegankelijk voor lichamelijk gehandicapten
	Maaltijden worden geserveerd in tuin of op terras
	Balneotherapie, Thalassotherapie, Badkuur
	Fitness
	Zwembad : openlucht of overdekt
	Sauna – Tuin
	Verhuur van fietsen
	Tennis bij het hotel – Rijpaarden
25 à 150	*Vergaderzalen : aantal plaatsen*
	Garage bij het hotel (meestal tegen betaling)
P	*Parkeerplaats (eventueel tegen betaling)*
	Aanlegplaats
	Honden worden niet toegelaten (in het hele bedrijf of in een gedeelte daarvan)
Fax	*Telefonische doorgave van documenten*
mai-oct.	*Openingsperiode ; door de hotelhouder opgegeven Het ontbreken van deze vermelding betekent, dat het bedrijf het gehele jaar geopend is*
9411 KL	*Postcode van het bedrijf (in het bijzonder voor Groothertogdom Luxemburg en Nederland)*

Keuken

Sterren

Bepaalde bedrijven verdienen extra aandacht vanwege de kwaliteit van hun keuken. Wij geven ze aan met één of meer sterren.

Bij deze bedrijven vermelden wij meestal drie culinaire specialiteiten en voor Luxemburg lokale wijnen. Wij adviseren u daaruit een keuze te maken, zowel voor uw eigen genoegen als ter aanmoediging van de kok.

✿✿✿ **Uitzonderlijke keuken : de reis waard**

Het eten is altijd zeer lekker, soms buitengewoon, beroemde wijnen, onberispelijke bediening, stijlvol interieur... Overeenkomstige prijzen.

✿✿ **Verfijnde keuken : een omweg waard**

Bijzondere specialiteiten en wijnen... Verwacht geen lage prijzen.

✿ **Een uitstekende keuken in zijn categorie**

De ster wijst op een goed rustpunt op uw route. Maar vergelijk niet de ster van een luxueus bedrijf met hoge prijzen met die van een klein restaurant dat ook een verzorgde keuken biedt tegen redelijke prijzen.

De naam van de chef-kok staat vermeld achter de naam van het bedrijf als hij zelf het etablissement uitbaat.

Voorbeeld : XX ✿ **Panorama** (Martin)...

☺ De "Bib Gourmand"

Verzorgde maaltijden voor een schappelijke prijs

Soms wenst u iets eenvoudiger te eten, voor een schappelijke prijs. Om die reden hebben wij eetgelegenheden geselecteerd die bij een zeer gunstige prijs-kwaliteit verhouding, een goede maaltijd serveren.

Deze bedrijven worden aangeduid met de "Bib Gourmand" ☺ Repas.

Repas *: ongeveer 1 100 Belgische franken, 60 gulden of 1 100 Luxemburgse franken.*

Raadpleeg de kaarten van de sterren ✿✿✿, ✿✿, ✿ en van de "Bib Gourmand" ☺ *voorin elk gedeelte van deze gids dat aan een bepaald land gewijd is en de lijsten vermeld in de inhoud.*

Zie ook ☺☺ *op de volgende pagina.*

Prijzen

De prijzen in deze gids werden in het najaar 1999 genoteerd en zijn geldig tijdens ***het hoogseizoen****. Zij kunnen gewijzigd worden,*
met name als de prijzen van goederen en diensten veranderen. In de vermelde bedragen is alles inbegrepen (bediening en belasting).
Op uw rekening behoort geen ander bedrag te staan, behalve eventueel een plaatselijke belasting.
De naam van een hotel of restaurant is dik gedrukt als de hotelhouder ons al zijn prijzen heeft opgegeven en zich voor eigen verantwoording heeft verplicht deze te berekenen aan toeristen die onze gids bezitten.
Talrijke hotels hebben tijdens het weekend voordelige prijzen (grote steden). Informeer U.
Onderstaande voorbeelden zijn in Belgische franken gegeven.
Als u met de gids in de hand een hotel of restaurant binnen gaat, laat u zien dat wij u dat bedrijf hebben aanbevolen.

Maaltijden

Bedrijf dat een eenvoudig menu serveert van minder dan 850 *Belgische franken of* 45 *gulden.*

Repas *Lunch 700* — *Deze maaltijd wordt enkel 's middags geserveerd en meestal alleen op werkdagen.*

Vaste prijzen voor menu's :

Repas 750/2800 — *laagste* (750) *en hoogste* (2800) *prijs van menu's die op normale uren geserveerd worden (12-14.30 u. en 19-21.30 u. in België – 12-14 u. en 17-21 u. in Nederland).*
Sommige menu's worden alleen geserveerd voor minimum 2 personen of per tafel.

bc — *Drank inbegrepen (wijn)*

Maaltijden « à la carte » :

Repas carte 1200 à 3000 — *De eerste prijs betreft een normale maaltijd, bestaande uit een voorgerecht, een hoofdgerecht en een dessert.*
De tweede prijs betreft een meer uitgebreide maaltijd (met een specialiteit) bestaande uit : twee gerechten, en een dessert.

Kamers

☕ 150 — *Prijs van het ontbijt (mogelijk wordt een extra bedrag gevraagd voor ontbijt op de kamer).*

ch 1500/2500 — *Laagste prijs* (1500) *voor een eenpersoonskamer en hoogste prijs* (2500) *voor een tweepersoonskamer.*

suites — *Zich wenden tot de hotelhouder*

29 ch ☕ 1700/2900 — *Prijzen van de kamers met ontbijt.*

Half pension

½ P 1600/1800 — *Laagste en hoogste prijs voor half pension (kamer, ontbijt en één van de twee maaltijden), per persoon en per dag, in het hoogseizoen. Het is raadzaam om van tevoren met de hotelhouder te overleggen en een goede afspraak te maken.*

Aanbetaling

Sommige hotelhouders vragen een aanbetaling. Dit bedrag is een garantie, zowel voor de hotelhouder als voor de gast. Het is wenselijk te informeren naar de bepalingen van deze garantie.

Creditcards

AE (D) (MC) VISA JCB — *Creditcards die door het bedrijf geaccepteerd worden : American Express – Diners Club – MasterCard (Eurocard) – Visa – Japan Credit Bureau*

Steden

1000	*Postcodenummer, steeds te vermelden in het adres voor de plaatsnaam*
✉ 4900 Spa	*Postkantoor voor deze plaats*
P	*Hoofdstad van de provincie*
C Herve	*Gemeentelijke administratieve zetel*
210 T 3 909 ⑤	*Nummer van de Michelinkaart en graadnet of nummer van het vouwblad*
G. Belgique-Lux.	*Zie de groene Michelingids België-Luxemburg*
4 283 h	*Totaal aantal inwoners (volgens de laatst gepubliceerde, officiële telling)*
BX A	*Letters die de ligging op de plattegrond aangeven*
18	*Golf en aantal holes*
※, ⋖	*Panorama, uitzicht*
✈	*Vliegveld*
☏ 425214	*Plaats waar de autoslaaptrein stopt. Inlichtingen bij het aangegeven telefoonnummer.*
⛴	*Bootverbinding*
⛴	*Bootverbinding (uitsluitend passagiers)*
i	*Informatie voor toeristen - VVV*

Bezienswaardigheden

Classificatie

★★★	*De reis waard*
★★	*Een omweg waard*
★	*Interessant*

Ligging

Voir	*In de stad*
Env.	*In de omgeving van de stad*
Nord, Sud, Est, Ouest	*De bezienswaardigheid ligt : ten noorden, ten zuiden, ten oosten, ten westen*
②, ④	*Men komt er via uitvalsweg ② of ④, die met hetzelfde teken is aangegeven op de plattegrond in de gids en op de kaart*
2 km	*Afstand in kilometers*

Auto en banden

Raadpleeg voor uw banden de bladzijden met blauwe rand of wendt u tot één van de Michelin-filialen.
Achter in deze gids vindt u een lijst met de belangrijkste auto-importeurs die u van dienst zouden kunnen zijn.
U kunt ook de hulp inroepen van een automobielclub in de Benelux :

België

Vlaamse Automobilistenbond (VTB-VAB)
Sint-Jakobsmarkt 45, 2000 Antwerpen
✆ (03) 253 63 63
Koninklijke Automobiel Club van België (KACB)
FIA, Aarlenstraat 53 – Bus 3, 1040 Brussel
✆ (02) 287 09 00
Royal Motor Union
boulevard d'Avroy 254 – Bte 1, 4000 Liège
✆ (04) 252 70 30
Touring Club van België (TCB)
AIT, Wetstraat 44, 1040 Brussel
✆ (02) 233 22 11

Luxemburg

Automobile Club du Grand Duché de Luxembourg (ACL)
FIA & AIT, route de Longwy 54, 8007 Bertrange
✆ 45 00 45 1

Nederland

Koninklijke Nederlandse Automobiel Club (KNAC)
FIA, Wassenaarseweg 220, 2596 EC Den Haag
✆ (070) 383 16 12
Koninklijke Nederlandse Toeristenbond (ANWB)
AIT, Wassenaarseweg 220, 2596 EC Den Haag
✆ (070) 314 71 47

Maximumsnelheden (km/u)

	Autosnelwegen	*Wegen*	*Bebouwde kom*
België	120	90	50
Luxemburg	120	90	50
Nederland	100/120	80	50

Omgevingskaarten

Sla ze erop na!

Bent u op zoek naar een hotel of een restaurant in de buurt van bijvoorbeeld Arnhem ?

Gebruik dan de kaart die bij de stadsplattegrond hoort.

Deze kaart (zie hiernaast) geeft de in de Gids vermelde plaatsen aan die zich in de buurt van de geselecteerde stad bevinden.
De plaatsen die binnen een straal van 30 km liggen, bevinden zich binnen de blauwe lijn.

Aan de hand van deze kaarten kan men dadelijk de in de Gids geselecteerde bedrijven in de buurt van de verschillende regionale hoofdplaatsen terugvinden.

N.B. :

Wordt een gemeente of dorp op een kaart van de omgeving in de buurt van een stad aangegeven, dan wordt deze stad in het blauw vermeld.

Voorbeeld :

EDE staat vermeld op de kaart van de omgeving van ARNHEM.

EDE *Gelderland* **908** *I 5 – 98 220 h.*
Env. *Parc National de la Haute Veluwe****
Amsterdam 81 – Arnhem 19 – Apeldoorn 32 – Utrecht 43.

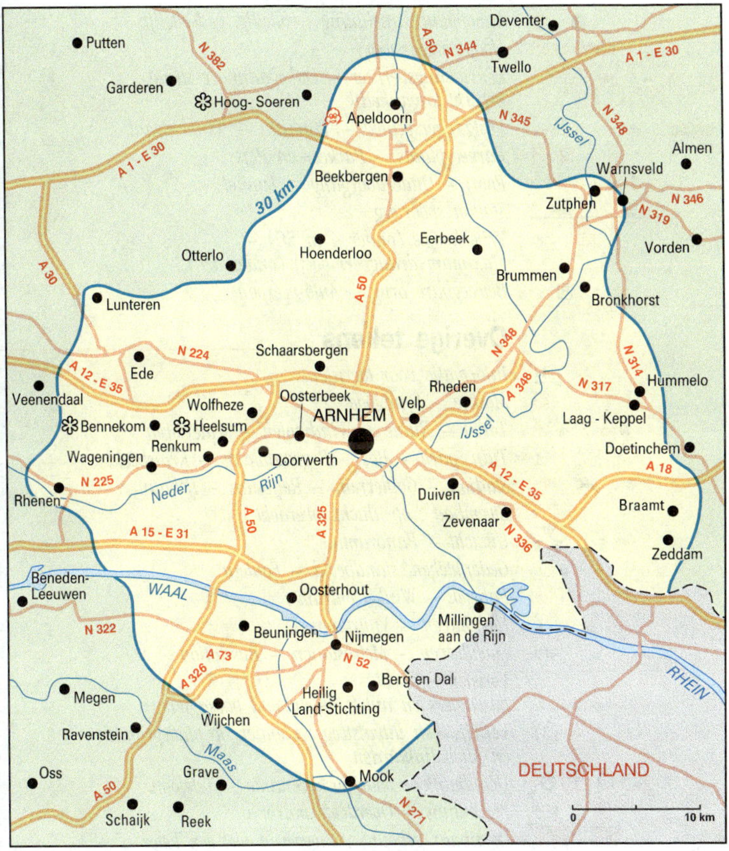

Alle Kaarten
van de omgeving
in de buurt
van grote steden
worden achter
in de Atlas vermeld.

Plattegronden

Hotels

Restaurants

Bezienswaardigheden

Interessant gebouw

Interessant kerkelijk gebouw

Wegen

Autosnelweg, weg met gescheiden rijbanen

knooppunt/aansluiting : volledig, gedeeltelijk

Hoofdverkeersweg

Eenrichtingsverkeer – Onbegaanbare straat, beperkt toegankelijk

Pasteur — *Voetgangersgebied – Tramlijn – Winkelstraat*

Parkeerplaats – Parkeer en Reis

Poort – Onderdoorgang – Tunnel

Station spoorweg

Vrije hoogte (onder 4 m 50) – Maximum draagvermogen (onder 19 t.)

Beweegbare brug – Auto-veerpont

Overige tekens

Informatie voor toeristen

Moskee – Synagoge

Toren – Ruïne – Windmolen – Watertoren

Tuin, park – Bos – Begraafplaats – Kruisbeeld

Stadion – Golfterrein – Renbaan – IJsbaan

Zwembad : openlucht, overdekt

Uitzicht – Panorama

Gedenkteken, standbeeld – Fontein

Fabriek – Winkelcentrum

Jachthaven – Vuurtoren

Luchthaven – Metrostation – Busstation

Vervoer per boot : passagiers en auto's, uitsluitend passagiers

(3) *Verwijsteken uitvalsweg : identiek op plattegronden en Michelinkaarten*

Hoofdkantoor voor poste-restante – Telefoon

Ziekenhuis – Overdekte markt

Openbaar gebouw, aangegeven met een letter :

H P - *Stadhuis – Provinciehuis*

J - *Gerechtshof*

M T - *Museum – Schouwburg*

U - *Universiteit, hogeschool*

POL. - *Politie (in grote steden, hoofdbureau) –*

G - *Marechaussee/rijkswacht*

Lieber Leser

Der erste Michelin Hotelführer erschien im Jahre 1900, er widmete sich Frankreich : der Beginn der Europäischen Kollektion der "Roten Michelin-Führer".

Auch die vorliegende Ausgabe des Michelin-Führers Benelux beteiligt sich stolz an diesem Geburtstag.

Die 23. Ausgabe des Michelin-Führers Benelux bietet Ihnen eine aktualisierte Auswahl an Hotels und Restaurants.

Von unseren unabhängigen Inspektoren ausgearbeitet, bietet der Hotelführer dem Reisenden eine große Auswahl an Hotels und Restaurants in jeder Kategorie sowohl was den Preis als auch den Komfort anbelangt.

Stets bemüht unseren Lesern die neueste Information anzubieten wurde diese Ausgabe mit größter Sorgfalt erstellt.

Deshalb sollten Sie immer nur dem aktuellen Hotelführer Ihr Vertrauen schenken.

Ihre Kommentare sind uns immer willkommen.

Michelin wünscht Ihnen "Gute Reise !"

1900 • 2000
Hundert Jahre Michelin-Hotelführer!

1900: die Brüder André und Edouard Michelin geben ihren ersten Frankreich-Hotelführer heraus, der kostenlos verteilt wird.

Dieser Hotelführer, Handbuch zum neuen (1895 erfundenen) Reifen, ist Werbeträger für das Unternehmen, vor allem aber das erste praktische Hilfsmittel für die Reise mit dem Auto: er enthält Stadtpläne, Entfernungsangaben sowie Hinweise auf Reparaturwerkstätten, Tankstellen und Hotels. Von den Autofahrern hoch geschätzt wird er jedes Jahr aktualisiert und auf den neuesten Stand gebracht.

In nur wenigen Jahren folgen weitere Michelin-Hotelführer, die den Autofahrern in ganz Europa und im Mittelmeerraum diesen Service bieten. Ab 1920 werden auch Restaurants empfohlen, es ist keine Werbung mehr enthalten und die Führer werden fortan verkauft.

Seit 1950 entstehen sukzessive die zweite Generation der Michelin-Hotelführer mit einheitlichem rotem Einband. Sie weisen dem Reisenden quer durch Europa den Weg zu empfehlenswerten Hotels und Restaurants:

1952: *Espagne*
1953: *Belgique-Luxembourg*
1956: *Italie (du Nord)*
1957: *Benelux*
1964: *Deutschland*
1973: *España-Portugal*
1974: *Great Britain and Ireland*
1982: *Europe*
1992: *Ireland*
1994: *Suisse/Schweiz/Svizzera*
1995: *Portugal*

Gut gerüstet für das 21. Jahrhundert

Die Michelin-Führer haben zusammen mit dem Automobil das Licht der Welt erblickt, den Aufschwung des Tourismus in Europa miterlebt und mitgestaltet. Sie beruhen auf einer langjährigen Erfahrung, die durch nichts zu ersetzen ist.

Die Michelin-Führer enthalten keine Werbung; kein Hinweis auf Michelin ziert die Tür der darin genannten Hotels oder Restaurants; qualifizierte Inspektoren bewerten sie unbestechlich und anonym. Diese Unabhängigkeit ist Voraussetzung für ein unvoreingenommenes Urteil und fundierte Empfehlungen.

Die Michelin-Führer basieren auf einer strengen Auswahl von Adressen in allen Komfort- und Preisklassen und durch vielfache Gegenprüfungen abgesicherten Informationen ohne persönliche Kommentare. Der Michelin-Führer hebt besondere Leistungen hervor. Seine Hauptaufgabe besteht darin, den Reisenden bei der Wahl seines Hotels oder Restaurants zu beraten.

Wenn vom Michelin-Führer die Rede ist, dann häufig wegen der mehreren hundert «Sterne». Ein,zwei oder gar drei Sterne spiegeln das kulinarische Können der besten Küchenchefs wieder. Seine eigentliche Bedeutung liegt jedoch in der Objektivität der Bewertung, den umfangreichen Informationen und nicht zuletzt den Hinweisen, wo man gut und preiswert essen kann (angezeigt durch das Symbol des «Bib Gourmand»)…

Jedes Jahr wenden sich Tausende Leser mit Zuschriften an den Michelin Reise-Verlag, um spontan ihre Zufriedenheit oder ihre Anregungen zum Ausdruck zu bringen. Ein außergewöhnliches Zeugnis der Treue und ein wirkungsvoller Ansporn für die Zukunft!

« Dieses Werk hat gleichzeitig mit dem Jahrhundert das Licht der Welt erblickt, und es wird ihm ein ebenso langes Leben beschieden sein. »

Diese Vorwort zum Frankreich-Hotelführer für 1900 wird nun mit der Ausgabe des Jahres 2000 bestätigt.
Mit Beginn des neuen Jahrtausends bricht auch für die Roten Hotel- und Restaurantführer von Michelin eine neue Ära an, sei es auf Papier oder in elektronischen Medien!

1900•2000
Hundert Jahre im Dienst der Reisenden!

Im festen Glauben an die Zukunft des Automobils als Instrument einer neuen Freiheit, ergreifen die Gebrüder Michelin im Zusammenhang mit den von ihnen entwickelten Reifen eine ganze Reihe origineller Initiativen zum Nutzen der Verkehrsteilnehmer. Das Ausarbeiten der Reiseroute, die Auswahl der Zwischenstationen und Hinweise auf Sehenswürdigkeiten: für jeden dieser drei wesentlichen Bestandteile einer Reise gibt es eine spezielle Art von Produkten, die die Mobilität dieses Jahrhunderts geprägt haben.

Wo hält man am besten an? - Für die Wahl der Unterkunft oder des Restaurants gibt es den Hotel- und Restaurantführer (genannt «Roter Führer»). Zwölf verschiedene Führer bieten von Warschau bis zu den Kanarischen Inseln eine in völliger Unabhängigkeit getroffene Auswahl von Adressen mit Empfehlungen, Ratschlägen und Informationen.

Wie kommt man dahin? - Als «roter Faden», der dem Reisenden durch das Labyrinth der Straflen hilft, fungieren die präzisen Michelin-Straßenkarten, die übersichtlich und immer auf dem neuesten Stand sind. In den unterschiedlichsten Maßstäben weisen Sie Reisenden in allen Ländern seit 90 Jahren zuverlässig den Weg. Darüberhinaus übernahm Michelin in Frankreich bis 1970 die Aufstellung der berühmten Michelin-Ortsschilder und -Wegweiser.

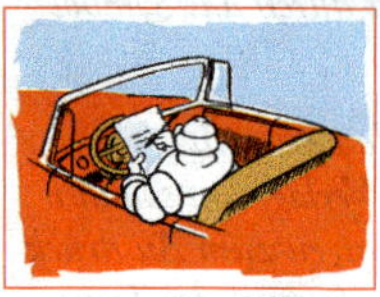

Was gibt es unterwegs zu sehen? - Keine Straße, die nicht an einem Fluß, einem Wald oder einem Schlofl vorbeiführt; keine Stadt, in der es nicht ein Denkmal, einen malerischen alten Straßenzug oder eine Erinnerungsstätte gibt. Die Reiseführer enthalten die entsprechenden Hinweise und Beschreibungen und laden so den Reisenden zum Verweilen ein. Die Reiseführerreihen Grüner Reiseführer, Escapade und Neos geben Antworten auf Fragen, die der wißbegierige Reisende sich stellt, und Tips für einen möglichst angenehmen Reiseverlauf.

Keine Reise ohne Planung der Route! - Das 1908 von Michelin eingerichtete «Büro für Reiserouten» kann als Vorläufer des Reiseroutenservice angesehen werden, den Michelin heute über Minitel (nur in Frankreich) und seit einiger Zeit auch im Internet bietet. Das Medium hat sich geändert, aber der Service ist der gleiche geblieben.

Von Jahrhundert zu Jahrhundert...

● *Den Autofahrer informieren, unabhängig davon, ob er beruflich unterwegs ist oder als Urlauber, seine Bedürfnisse erkennen und seine Erwartungen erfüllen: Dieser Anspruch bestimmt seit hundert Jahren unser Handeln und ist für uns Anlaß, unsere Produkte im ständigen Einklang mit dem Fortschritt von Automobil und Reifen und dem Ausbau des Straßennetzes, der Entstehung neuer Medien und der zunehmenden Bedeutung der Freizeit anzupassen.*

● *Der Tourismus - ein beim Erscheinen des ersten «kleinen roten Buches» noch nahezu unbekannter Begriff - ist heute ein weltumspannender Wirtschaftszweig. Unterbringung, Transport, Kontakt zu anderen Menschen, und die Entdeckung von Neuem sind wichtige Aspekte, aber der Reisende hat auch ein Bedürfnis nach **Erfahrung, Know-how und Sicherheit**. Diese Wertvorstellungen finden sich in den Michelin-Karten und -Reiseführern wieder, von denen im Laufe dieses Jahrhunderts mehr als 700 Millionen Exemplare verkauft wurden!*

● Michelin Reise-Verlag

ist die neue Bezeichnung dieses Geschäftsbereichs, der Druckerzeugnisse, elektronische Medien und satellitengelenkte Navigationssysteme umfaßt.

● So ist alles bereit für den Weg ins 3. Jahrtausend!

Sie möchten mehr darüber wissen?

Anläßlich des hundertjährigen Jubiläums gibt Michelin eine kostenlose Sonderbroschüre heraus. Wenn Sie daran interessiert sind, schreiben Sie an folgende Adresse:

MICHELIN
Reise-Verlag
Michelinstraße 4
76185 Karlsruhe - Deutschland

Vielen Dank für Ihre Treue!

Inhaltsverzeichnis

Wahl eines Hotels, eines Restaurants

Die Auswahl der in diesem Führer aufgeführten Hotels und Restaurants ist für Durchreisende gedacht. In jeder Kategorie drückt die Reihenfolge der Betriebe (sie sind nach ihrem Komfort klassifiziert) eine weitere Rangordnung aus.

Kategorien

		Großer Luxus und Tradition
		Großer Komfort
		Sehr komfortabel
		Mit gutem Komfort
		Mit Standard Komfort
M		*Moderne Einrichtung*
sans rest.		*Hotel ohne Restaurant*
	avec ch.	*Restaurant vermietet auch Zimmer*

Annehmlichkeiten

Manche Häuser sind im Führer durch rote Symbole gekennzeichnet (s. unten.) Der Aufenthalt in diesen ist wegen der schönen, ruhigen Lage, der nicht alltäglichen Einrichtung und Atmosphäre sowie dem gebotenen Service besonders angenehm und erholsam.

bis	*Angenehme Hotels*
bis	*Angenehme Restaurants*
« Parc fleuri »	*Besondere Annehmlichkeit*
	Sehr ruhiges, oder abgelegenes und ruhiges Hotel
	Ruhiges Hotel
mer	*Reizvolle Aussicht*
	Interessante oder weite Sicht

Die den einzelnen Ländern vorangestellten Übersichtskarten, auf denen die Orte mit besonders angenehmen oder sehr ruhigen Häusern eingezeichnet sind, helfen Ihnen bei der Reisevorbereitung. Teilen Sie uns bitte nach der Reise Ihre Erfahrungen und Meinungen mit. Sie helfen uns damit, den Führer weiter zu verbessern.

Einrichtung

Die meisten der empfohlenen Hotels verfügen über Zimmer, die alle oder doch zum größten Teil mit Bad oder Dusche ausgestattet sind.
In den Häusern der Kategorie
kann diese jedoch in einigen Zimmern fehlen.

30 ch	*Anzahl der Zimmer*
	Fahrstuhl
	Klimaanlage
TV	*Fernsehen im Zimmer*
	Haus teilweise reserviert für Nichtraucher
	Zimmertelefon mit direkter Außenverbindung
	Für Körperbehinderte leicht zugängliche Zimmer
	Garten-, Terrassenrestaurant
	Badeabteilung, Thermalkur
	Fitneßraum
	Freibad – Hallenbad
	Sauna – Liegewiese, Garten
	Fahrradverleih
	Hoteleigener Tennisplatz – Reitpferde
25 à 150	*Konferenzräume (Mindest- und Höchstkapazität)*
	Hotelgarage (wird gewöhnlich berechnet)
P	*Parkplatz (manchmal gebührenpflichtig)*
	Bootssteg
	Hunde sind unerwünscht (im ganzen Haus bzw. in den Zimmern oder im Restaurant)
Fax	*Telefonische Dokumentenübermittlung*
mai-oct.	*Öffnungszeit, vom Hotelier mitgeteilt* *Häuser ohne Angabe von Schließungszeiten sind ganzjährig geöffnet*
9411 KL	*Angabe des Postbezirks (bes. Niederlande und Großherzogtum Luxemburg)*

Küche

Die Sterne

Einige Häuser verdienen wegen ihrer überdurchschnittlich guten Küche Ihre besondere Beachtung. Auf diese Häuser weisen die Sterne hin.

*Bei den mit « **Stern** » ausgezeichneten Betrieben nennen wir drei kulinarische Spezialitäten (mit Landweinen in Luxemburg), die Sie probieren sollten.*

✿✿✿ **Eine der besten Küchen : eine Reise wert**

Man ißt hier immer sehr gut, öfters auch exzellent, edle Weine, tadelloser Service, gepflegte Atmosphäre... entsprechende Preise.

✿✿ **Eine hervorragende Küche : verdient einen Umweg**

Ausgesuchte Menus und Weine... angemessene Preise.

✿ **Eine sehr gute Küche : verdient Ihre besondere Beachtung**

Der Stern bedeutet eine angenehme Unterbrechung Ihrer Reise.

Vergleichen Sie aber bitte nicht den Stern eines sehr teuren Luxusrestaurants mit dem Stern eines kleineren oder mittleren Hauses, wo man Ihnen zu einem annehmbaren Preis eine ebenfalls vorzügliche Mahlzeit reicht.

Wenn ein Hotel oder Restaurant vom Küchenchef selbst geführt wird, ist sein Name (in Klammern) erwähnt. Beispiel : XX ✿ **Panorama** (Martin)...

☺ Der "Bib Gourmand"

Sorgfältig zubereitete, preiswerte Mahlzeiten

Für Sie wird es interessant sein, auch solche Häuser kennenzulernen, die eine etwas einfachere Küche zu einem besonders günstigen Preis/Leistungs-Verhältnis bieten.

Im Text sind die betreffenden Restaurants durch das rote Symbol ☺ "Bib Gourmand" *und* Repas *vor dem Menupreis kenntlich gemacht.*

Repas *: ungefähr 1 100 belgische Franc, 60 Gulden oder 1 100 luxemburgische Franc.*

Benützen Sie die Übersichtskarten für die Häuser mit ✿✿✿, ✿✿, ✿ *und* "Bib Gourmand" ☺. *Sie befinden sich am Anfang des jeweiligen Landes. Eine zusammenfassende Liste aller Länder finden Sie in der Einleitung.*

Siehe auch ⚭ *nächste Seite.*

Preise

Die in diesem Führer genannten Preise wurden uns im Herbst 1999 angegeben, es sind ***Hochsaisonpreise****. Sie können sich mit den Preisen von Waren und Dienstleistungen ändern. Sie enthalten Bedienung und MWSt.*
Es sind Inklusivpreise, die sich nur noch durch eine evtl. zu zahlende lokale Taxe erhöhen können.
Zahlreiche Hotels im großen Städten bieten sehr günstige Wochenendtarife.
Die Namen der Hotels und Restaurants, die ihre Preise genannt haben, sind fettgedruckt. Gleichzeitig haben sich diese Häuser verpflichtet, die von den Hoteliers selbst angegebenen Preise den Benutzern des Michelin-Führers zu berechnen.
Die folgenden Beispiele sind in belgischen Francs angegeben.
Halten Sie beim Betreten des Hotels den Führer in der Hand. Sie zeigen damit, daß Sie aufgrund dieser Empfehlung gekommen sind.

Mahlzeiten

Restaurant, das ein einfaches Menu unter 850 *belgischen Francs oder* 45 *Gulden anbietet.*

Repas *Lunch 700* — *Menu im allgemeine nur Werktags mittags serviert.*

Feste Menupreise :

Repas 750/2800 — *Mindest-* 750 *und Höchstpreis* 2800 *für die Menus (Gedecke), die zu den normalen Tischzeiten serviert werden (12-14.30 Uhr und 19-21.30 Uhr in Belgien, 12-14 Uhr und 17-21 Uhr in den Niederlanden).*
Einige Menus werden nur tischweise oder für mindestens 2 Personen serviert.

bc — *Getränke inbegriffen (Wein)*

Mahlzeiten « à la carte » :

Repas carte 1200 à 3000 — *Der erste Preis entspricht einer einfachen Mahlzeit und umfaßt Vorspeise, Tagesgericht mit Beilage, Dessert.*
Der zweite Preis entspricht einer reichlicheren Mahlzeit (mit Spezialität) bestehend aus: zwei Hauptgängen, Dessert.

Zimmer

150	*Preis des Frühstücks (wenn es im Zimmer serviert wird kann ein Zuschlag erhoben werden).*
ch 1500/2500	*Mindestpreis* (1500) *für ein Einzelzimmer, Höchstpreis* (2500) *für ein Doppelzimmer.*
suites	*Auf Anfrage*
29 ch 1700/2900	*Zimmerpreis inkl. Frühstück.*

Halbpension

½ P 1600/1800	*Mindestpreis und Höchstpreis für Halbpension (Zimmer, Frühstück und 1 Hauptmahlzeit) pro Person und Tag während der Hauptsaison. Es ist ratsam, sich beim Hotelier vor der Anreise nach den genauen Bedingungen zu erkundigen.*

Anzahlung

Einige Hoteliers verlangen eine Anzahlung. Diese ist als Garantie sowohl für den Hotelier als auch für den Gast anzusehen. Es ist ratsam, sich beim Hotelier nach den genauen Bestimmungen zu enkundigen.

Kreditkarten

AE VISA JCB	*Vom Haus akzeptierte Kreditkarten : American Express – Diners Club – MasterCard (Eurocard) – Visa – Japan Credit Bureau*

Städte

1000	*Postleitzahl, bei der Anschrift vor dem Ortsnamen anzugeben*
✉ 4900 Spa	*Postleitzahl und zuständiges Postamt*
P	*Provinzhauptstadt*
C Herve	*Sitz der Kreisverwaltung*
210 T 3 909 ⑤	*Nummer der Michelin-Karte mit Koordinaten bzw. Faltseite*
G. Belgique-Lux.	*Siehe Grünen Michelin-Reiseführer Belgique-Luxembourg*
4 283 h	*Einwohnerzahl (letzte offizielle Volkszählung)*
BX A	*Markierung auf dem Stadtplan*
18	*Golfplatz und Lochzahl*
✻, ⩤	*Rundblick, Aussichtspunkt*
✈	*Flughafen*
☎ 425214	*Ladestelle für Autoreisezüge. Nähere Auskünfte unter der angegebenen Telefonnummer*
⛴	*Autofähre*
⛴	*Personenfähre*
ℹ	*Informationsstelle*

Sehenswürdigkeiten

Bewertung

★★★	*Eine Reise wert*
★★	*Verdient einen Umweg*
★	*Sehenswert*

Lage

Voir	*In der Stadt*
Env.	*In der Umgebung der Stadt*
Nord, Sud, Est, Ouest	*Im Norden, Süden, Osten, Westen der Stadt*
②, ④	*Zu erreichen über die Ausfallstraße ② bzw ④, die auf dem Stadtplan und auf der Michelin-Karte identisch gekennzeichnet sind*
2 km	*Entfernung in Kilometern*

Das Auto, die Reifen

Hinweise für Ihre Reifen finden Sie auf den blau umrandeten Seiten oder Sie bekommen Sie direkt in einer unserer Niederlassungen.
Am Ende des Führers finden Sie eine Adress-Liste der wichtigsten Automarken, die Ihnen im Pannenfalle eine wertvolle Hilfe leisten kann. Sie können sich aber auch an die wichtigsten Automobilclubs in den Beneluxstaaten wenden :

Belgien

Royal Automobile Club de Belgique (RACB)
FIA, rue d'Arlon 53 – Bte 3, 1040 Bruxelles
✆ (02) 287 09 00

Royal Motor Union
boulevard d'Avroy 254 – Bte 1, 4000 Liège
✆ (04) 252 70 30

Touring Club Royal de Belgique (TCB)
AIT, rue de la Loi 44, 1040 Bruxelles
✆ (02) 233 22 11

Vlaamse Automobilistenbond (VTB-VAB)
Sint-Jakobsmarkt 45, 2000 Antwerpen
✆ (03) 253 63 63

Luxemburg

Automobile Club du Grand Duché de Luxembourg (ACL)
FIA & AIT, route de Longwy 54, 8007 Bertrange
✆ 45 00 45 1

Niederlande

Koninklijke Nederlandse Automobiel Club (KNAC)
FIA, Wassenaarseweg 220, 2596 EC Den Haag
✆ (070) 383 16 12

Koninklijke Nederlandse Toeristenbond (ANWB)
AIT, Wassenaarseweg 220, 2596 EC Den Haag
✆ (070) 314 71 47

Geschwindigkeitsbegrenzung (in km/h)

	Autobahn	*Landstraße*	*Geschlossene Ortschaften*
Belgien	120	90	50
Luxemburg	120	90	50
Niederlande	100/120	80	50

Umgebungskarten

Denken sie daran sie zu benutzen

Die Umgebungskarten sollen Ihnen die Suche eines Hotels oder Restaurants in der Nähe der größeren Städte erleichtern.

Wenn Sie beispielsweise eine gute Adresse in der Nähe von Arnhem brauchen, gibt Ihnen die Karte schnell einen Überblick über alle Orte, die in diesem Michelin-Führer erwähnt sind. Innerhalb der in Kontrastfarbe gedruckten Grenze liegen Gemeinden, die im Umkreis von 30 km sind.

Anmerkung :

Auf der Linie der Entfernungen zu anderen Orten erscheint im Ortstext die jeweils nächste größere Stadt mit Umgebungskarte in BLAU.

Beispiel :

Sie finden EDE auf der Umgebungskarte von ARNHEM.

EDE Gelderland 908 I 5 – 98 220 h.
Env. Parc National de la Haute Veluwe★★★
Amsterdam 81 – Arnhem 19 – Apeldoorn 32 – Utrecht 43.

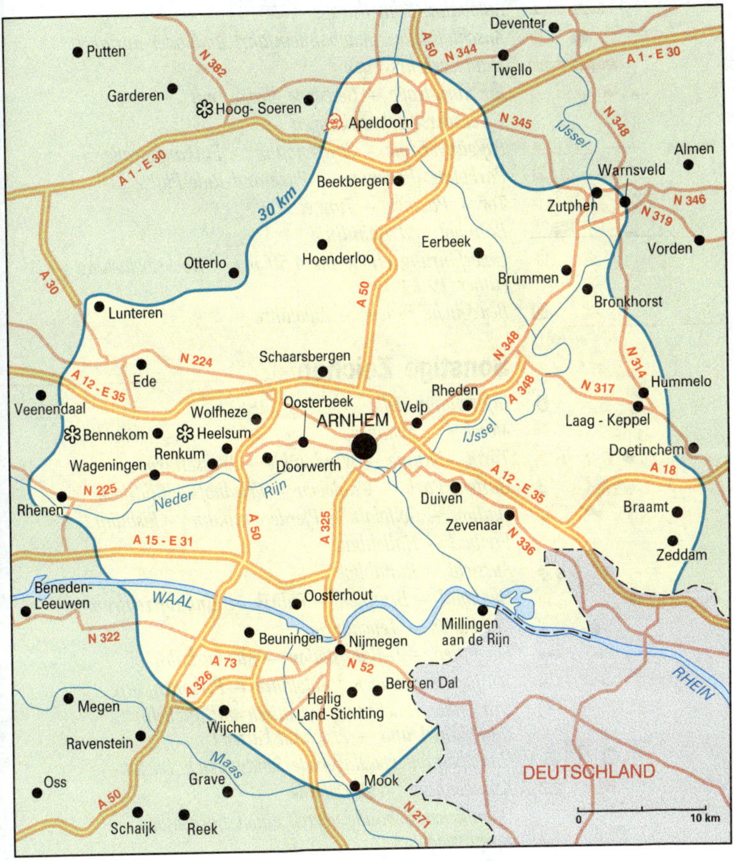

Alle Umgebungskarten sind schematisch im Kartenteil am Ende des Bandes eingezeichnet.

Stadtpläne

Hotels
Restaurants

Sehenswürdigkeiten

Sehenswertes Gebäude
Sehenswerter Sakralbau

Straßen

Autobahn, Schnellstraße
Anschlußstelle : Autobahneinfahrt und/oder-ausfahrt,
Hauptverkehrsstraße
Einbahnstraße – Gesperrte Straße, mit
- Verkehrsbeschränkungen
Pasteur *Fußgängerzone – Straßenbahn – Einkaufsstraße*
Parkplatz, Parkhaus – Park-and-Ride-Plätze
Tor – Passage – Tunnel
Bahnhof und Bahnlinie
4m4 (18) *Unterführung (Höhe bis 4,50 m) – Höchstbelastung (unter 19 t.)*
Bewegliche Brücke – Autofähre

Sonstige Zeichen

Informationsstelle
Moschee – Synagoge
Turm – Ruine – Windmühle – Wasserturm
Garten, Park – Wäldchen – Friedhof – Bildstock
Stadion – Golfplatz – Pferderennbahn – Eisbahn
Freibad – Hallenbad
Aussicht – Rundblick
Denkmal – Brunnen – Fabrik – Einkaufszentrum
Jachthafen – Leuchtturm
Flughafen – U-Bahnstation – Autobusbahnhof
Schiffsverbindungen : Autofähre – Personenfähre
(3) *Straßenkennzeichnung (identisch auf Michelin Stadtplänen und – Abschnittskarten)*
Hauptpostamt (postlagernde Sendungen), Telefon
Krankenhaus – Markthalle
Öffentliches Gebäude, durch einen Buchstaben gekennzeichnet :
H P *- Rathaus – Provinzregierung*
J *- Gerichtsgebäude*
M T *- Museum – Theater*
U *- Universität, Hochschule*
POL. *- Polizei (in größeren Städten Polizeipräsidium)*
G *- Gendarmerie*

Dear Reader

The first Michelin Guide to France appeared in 1900, followed by the rest of the European Red Guide collection. With this guide we therefore proudly celebrate the anniversary of Michelin Red Guides.

This 23rd edition of the Michelin Guide Benelux offers the latest selection of hotels and restaurants.

Independently compiled by our inspectors, the Guide offers travellers a wide choice of establishments at all levels of comfort and price. The details are carefully compiled to ensure that our readers have the most accurate and up to date information available.

That is why only this year's guide is worthy of your complete trust.

Thank you for your comments which are always appreciated.

Bon voyage!

1900•2000
One Hundred Years of Michelin Guides!

In 1900 the Michelin brothers developed the first edition of their Guide to France, which was given away free to motorists.

Originally designed as a manual for their new tyre (invented in 1895) and as advertising for their business, this was the first ever practical travel handbook for motorists, with town plans, distances, garages, fuel stations and a selection of hotels. This guide proved to be very popular with drivers, and was revised every year.

Over the next few years, other Michelin Guides were developed to give the same service to motorists throughout Europe and the Mediterranean. From 1920 the Guides began to include restaurants as well. It was decided that they would be sold commercially and Michelin would not allow any form of external advertising to be included, to ensure complete impartiality.

After 1950 a new generation of Michelin Guides began to appear, easily recognisable by their red covers, offering travellers all over Europe a selection of places to eat and stay:

1952: *Spain*
1953: *Belgium-Luxembourg*
1956: *Italy (North)*
1957: *Belgium*
1964: *Germany*
1973: *Spain-Portugal*
1974: *Great Britain and Ireland*
1982: *Europe*
1992: *Ireland*
1994: *Switzerland*
1995: *Portugal*

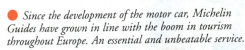

Leading the way into the 21st Century

- *Since the development of the motor car, Michelin Guides have grown in line with the boom in tourism throughout Europe. An essential and unbeatable service.*

- *The Guide prides itself on its integrity and impartiality, by keeping its selections entirely independent. Our highly qualified teams of inspectors retain their anonymity to ensure that their assessments are free of pressure or opinion, and with neither advertising in its pages, nor in the selected hotels and restaurants, readers can be sure of the quality of the Guide's selections.*

- *Our carefully selected establishments suit all requirements, from the most modest to the most luxurious, with compact and accurate information, and without commentary.*
Of course, the Guide recognises consistency and quality in the professionalism of an establishment, but the main aim of the Guide is to give a balanced selection for readers to make their own decisions.

- *It is often the hundreds of stars awarded for culinary expertise, that generate interest in the Guide. However, the aim of the Guide is simpler than that: to provide impartial, reliable and useful information, and to seek out those establishments which offer real quality at moderate prices (Bib Gourmand)...*

- *Every year the Red Guide offices receive thousands of letters from readers to tell us of their satisfaction, or to give recommendations. The Guide has incredible support from our readers, which makes us all the more keen to keep up the good work…*

« This volume was created at the turn of the century, and will last at least as long »

With the 2000 Guide, we fulfil the promise set in the introduction of the France Guide 1900.

And with the new millennium the whole collection of Red Guides begin a new journey, whether in paper or digital format!

1900•2000
One Hundred Years of service to travellers

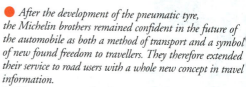

After the development of the pneumatic tyre, the Michelin brothers remained confident in the future of the automobile as both a method of transport and a symbol of new found freedom to travellers. They therefore extended their service to road users with a whole new concept in travel information.

Seeking out routes, places to stay and places of interest: these are the 3 main elements of travel, for which Michelin has developed 3 main types of product.

Where to stay: *- The hotel and restaurant guide (best known today as the Red Guide) offers information on where to eat and where to stay. From Prague to Palma there are a dozen titles, each offering a selection of addresses, with impartial advice and information..*

How to get there: *- In the modern maze of the international road networks, motorists need a helping hand, and Michelin maps with their accurate and easy-to-read mapping can offer just that. Indeed, travellers have been relying on our maps to get around the world for nearly 90 years. In France, Michelin were even responsible for the national milestones: a real keystone in travel.*

What to see: *- Every journey has some feature, be it a river, a forest, a castle, just as every town has its monument, its old streets and history… Our various tourist guide collections invite the reader to make the most of their travels. With the comprehensive Green tourist guide range, handy In Your Pocket guides, and the new Neos collection for independent travellers, there's something to suit all needs*

Before you leave, you need a route…
There can be no trip without an itinerary. This is why in 1908 Michelin set up a special route planning «office», now available since 1989 as an electronic service (Minitel, available only in France) and more recently on our very own website. The tools may change but the service is as good as ever.

Into the next century..

For the last 100 years, our aim has always been to give the best possible service to tourists and motorists, whether travelling for business or pleasure.
Our range of services has extended and developed:
- with the development of the motor and tyre industries
- with the expansion of national road networks
- with the increasing range of information media
- with the increase in leisure and travel worldwide...

When the «little red book» first came out, **tourism** *was not a widely recognised pastime.*
Today accommodation, travel and the discovery of new people and places has become a major part of everyone's daily life.
But at the same time people are also looking for ***experience, expertise and security****. These are the 3 pillars of Michelin Maps and Guides, of which over 700 million copies have been sold since the beginning of the century!*

These activities now come together under the new heading of Michelin Travel Publications, *offering paper and digital information, from grid references to satellites...*

With all this work, we are now ready to move into the third millennium!...

Want to know more?

To commemorate the last 100 years, MICHELIN would like to offer a special free information pack
Simply write to:

MICHELIN
Travel Publications
38 Clarendon Road
Watford WD1 1SX - England

Thank you for your interest

Contents

Choosing a hotel or restaurant

This guide offers a selection of hotels and restaurants to help motorists on their travels. In each category establishments are listed in order of preference according to the degree of comfort they offer.

Categories

	XXXXX	*Luxury in the traditional style*
	XXXX	*Top class comfort*
	XXX	*Very comfortable*
	XX	*Comfortable*
	X	*Quite comfortable*
M		*In its class, hotel with modern amenities*
sans rest.		*The hotel has no restaurant*
	avec ch.	*The restaurant also offers accommodation*

Peaceful atmosphere and setting

Certain hotels and restaurants are distinguished in the guide by the red symbols shown below. Your stay in such establishments will be particularly pleasant or restful, owing to the character of the building, its decor, the setting, the welcome and services offered, or simply the peace and quiet to be enjoyed there.

to	*Pleasant hotels*
XXXXX to X	*Pleasant restaurants*
« Parc fleuri »	*Particularly attractive feature*
	Very quiet or quiet, secluded hotel
	Quiet hotel
≤ mer	*Exceptional view*
≤	*Interesting or extensive view*

The maps preceding each country indicate places with such very peaceful, pleasant hotels and restaurants.
By consulting them before setting out and sending us your comments on your return you can help us with our enquiries.

Hotel facilities

In general the hotels we recommend have full bathroom and toilet facilities in each room. This may not be the case, however for certain rooms in categorie 🏠.

30 ch	*Number of rooms*
(lift symbol)	*Lift (elevator)*
(air conditioning symbol)	*Air conditioning*
TV	*Television in room*
(non-smoking symbol)	*Hotel partly reserved for non-smokers*
☎	*Direct-dial phone in room*
♿	*Rooms accessible to disabled people*
(terrace symbol)	*Meals served in garden or on terrace*
(hydrotherapy symbol)	*Hydrotherapy*
(exercise symbol)	*Exercise room*
(pool symbols)	*Outdoor or indoor swimming pool*
(sauna symbol) (garden symbol)	*Sauna – Garden*
(cycle symbol)	*Cycle hire*
(tennis symbol) (horse symbol)	*Hotel tennis court – Horse-riding*
(conference symbol) 25 à 150	*Equipped conference hall (minimum and maximum capacity)*
(garage symbol)	*Hotel garage (additional charge in most cases)*
P	*Car park (a fee may be charged)*
⚓	*Landing stage*
(no dogs symbol)	*Dogs are excluded from all or part of the hotel*
Fax	*Telephone document transmission*
mai-oct.	*Dates when open, as indicated by the hotelier Where no date or season is shown, establishments are open all year round*
✉ 9411 KL	*Postal code (Netherlands and Grand Duchy of Luxembourg only)*

Cuisine

Stars

Certain establishments deserve to be brought to your attention for the particularly fine quality of their cooking. ***Michelin stars*** *are awarded for the standard of meals served.*
For such establishments we list 3 speciality dishes (and some local wines in Luxembourg). Try them, both for your pleasure and to encourage the chef in his work.

✿✿✿ **Exceptional cuisine, worth a special journey**
One always eats here extremely well, sometimes superbly. Fine wines, faultless service, elegant surroundings. One will pay accordingly !

✿✿ **Excellent cooking, worth a detour**
Specialities and wines of first class quality. This will be reflected in the price.

✿ **A very good restaurant in its category**
The star indicates a good place to stop on your journey. But beware of comparing the star given to an expensive « de luxe » establishment to that of a simple restaurant where you can appreciate fine cuisine at a reasonable price.

The name of the chef appears between brackets when he is personally managing the establishment.
Example : XX ✿ **Panorama** (Martin)...

The "Bib Gourmand"

Good food at moderate prices

You may also like to know of other restaurants with less elaborate, moderately priced menus that offer good value for money and serve carefully prepared meals.
In the guide such establishments bear the "Bib Gourmand" ☺ *and* Repas *just before the price of the meals.*
Repas *: approximately 1 100 Belgian Francs, 60 Guilders or 1 100 Luxembourg Francs.*

Consult the maps of star-rated restaurants ✿✿✿, ✿✿, ✿ and "Bib Gourmand" ☺ *preceding each country and lists indicated in the summary.*

See also ☺ *on next page.*

Prices

Prices quoted are valid for autumn 1999 and apply to ***high season.***
Changes may arise if goods and service costs are revised. The rates include tax and service and no extra charge should appear on your bill, with the possible exception of a local tax.

Hotels and restaurants in bold type have supplied details of all their rates and have assumed responsibility for maintaining them for all travellers in possession of this Guide.

Many hotels offer reduced prices at weekends (large towns).

The following examples are given in Belgian Francs.

Your recommendation is self evident if you always walk into a hotel Guide in hand.

Meals

Establishment serving a simple menu for less than 850 *Francs or* 45 *Guilders.*

Repas *Lunch 700* — *This meal is served at lunchtime and normally during the working week.*

Set meals

Repas 750/2800 — *Lowest price* 750 *and highest price* 2800 *for set meals served at normal hours (noon to 2.30 pm and 7 to 9.30 pm in Belgium – noon to 2 pm and 5 to 9 pm in the Netherlands).*
Certain menus are only served for a minimum of 2 people or for an entire table.

bc — *Wine included*

« A la carte » meals

Repas carte 1200 à 3000 — *The first figure is for a plain meal and includes hors-d'œuvre, main dish of the day with vegetables and dessert.*
The second figure is for a fuller meal (with « spécialité ») and includes 2 main courses and dessert.

Rooms

☕ 150	*Price of continental breakfast (additional charge when served in the bedroom).*
ch 1500/2500	*Lowest price* (1500) *for a single room and highest price* (2500) *for a double.*
suites	*Ask the hotelier*
29 ch ☕ 1700/2900	*Price includes breakfast.*

Half board

½ P 1600/1800	*Lowest and highest prices (room, breakfast and one of two meals), per person, per day in the season. It is advisable to agree on terms with the hotelier before arriving.*

Deposits

Some hotels will require a deposit, which confirms the commitment of customer and hotelier alike. Make sure the terms of the agreement are clear.

Credit cards

AE D MC VISA JCB	*Credit cards accepted by the establishment American Express – Diners Club – MasterCard (Eurocard) – Visa – Japan Credit Bureau*

Towns

1000	*Postal number to be shown in the address before the town name*
✉ 4900 Spa	*Postal number and name of the post office serving the town*
P	*Provincial capital*
C Herve	*Administrative centre of the "commune"*
210 T 3 909 ⑤	*Michelin map number, co-ordinates or fold*
G. Belgique-Lux.	*See Michelin Green Guide Belgique-Luxembourg*
4 283 h	*Population (as in publication of most recent official census figures)*
BX A	*Letters giving the location of a place on the town plan*
18	*Golf course and number of holes*
※, ⋖	*Panoramic view, viewpoint*
✈	*Airport*
🚗 ✆ 425214	*Place with a motorail connection ; further information from telephone number listed*
⛴	*Shipping line*
⛴	*Passenger transport only*
i	*Tourist Information Centre*

Sights

Star-rating

★★★	*Worth a journey*
★★	*Worth a detour*
★	*Interesting*

Location

Voir	*Sights in town*
Env.	*On the outskirts*
Nord, Sud, Est, Ouest	*The sight lies north, south, east or west of the town*
②, ④	*Sign on town plan and on the Michelin road map indicating the road leading to a place of interest*
2 km	*Distance in kilometres*

Car, tyres

For your tyres, refer to the pages bordered in blue or contact one of the Michelin Branches.
A list of the main Car Manufacturers with a breakdown service is to be found at the end of the Guide.
The major motoring organisations in the Benelux countries are :

Belgium

Royal Automobile Club de Belgique (RACB)
FIA, rue d'Arlon 53 – Bte 3, 1040 Bruxelles
☎ (02) 287 09 00

Royal Motor Union
boulevard d'Avroy 254 – Bte 1, 4000 Liège
☎ (04) 252 70 30

Touring Club Royal de Belgique (TCB)
AIT, rue de la Loi 44, 1040 Bruxelles
☎ (02) 233 22 11

Vlaamse Automobilistenbond (VTB-VAB)
Sint-Jakobsmarkt 45, 2000 Antwerpen
☎ (03) 253 63 63

Luxembourg

Automobile Club du Grand Duché de Luxembourg (ACL)
FIA & AIT, route de Longwy 54, 8007 Bertrange
☎ 45 00 45 1

Netherlands

Koninklijke Nederlandse Automobiel Club (KNAC)
FIA, Wassenaarseweg 220, 2596 EC Den Haag
☎ (070) 383 16 12

Koninklijke Nederlandse Toeristenbond (ANWB)
AIT, Wassenaarseweg 220, 2596 EC Den Haag
☎ (070) 314 71 47

Maximum speed limits

	Motorways	*All other roads*	*Built-up areas*
Belgium	*120 km/h (74 mph)*	*90 km/h (56 mph)*	*50 km/h (31 mph)*
Luxembourg	*120 km/h (74 mph)*	*90 km/h (56 mph)*	*50 km/h (31 mph)*
Netherlands	*100 km/h (62 mph)* *120 km/h (74 mph)*	*80 km/h (50 mph)*	*50 km/h (31 mph)*

Local maps

May we suggest that you consult them

Should you be looking for a hotel or restaurant not too far from Arnhem, for example, you can now consult the map along with the town plan.

The local map (opposite) draws your attention to all places around the town or city selected, provided they are mentioned in the Guide. Places located within a range of 30 km are clearly identified by the use of a different coloured background.

The various facilities recommended near the different regional capitals can be located quickly and easily.

Note :

Entries in the Guide provide information on distances to nearby towns. Whenever a place appears on one of the local maps, the name of the town or city to which it is attached is printed in BLUE.

Example :

EDE *Gelderland* 908 *I 5 – 98 220 h.*
Env. *Parc National de la Haute Veluwe★★★*
Amsterdam 81 – Arnhem 19 – Apeldoorn 32 – Utrecht 43.

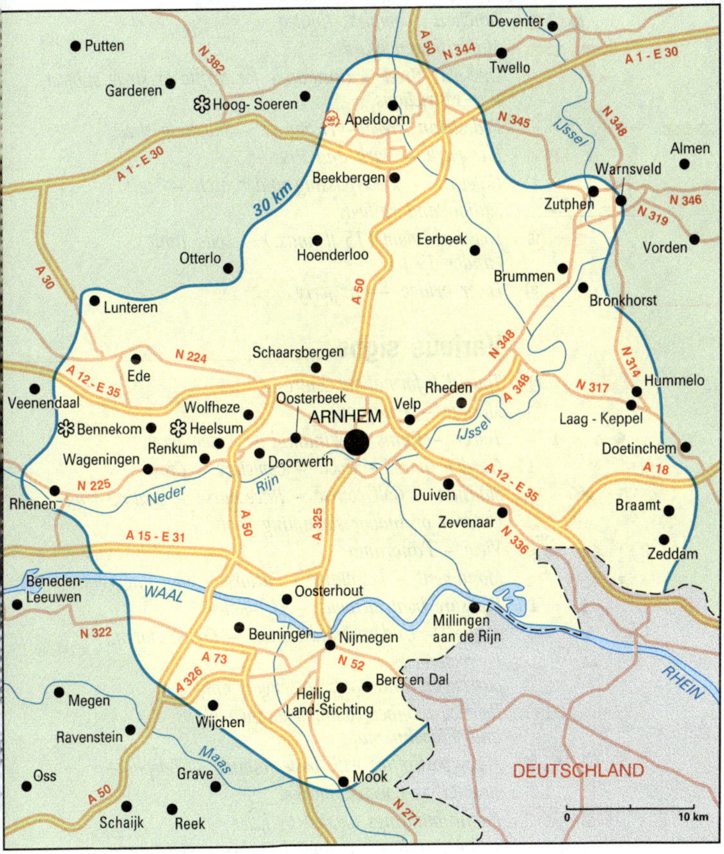

All local maps are located on the Atlas at the end of the Guide.

Town plans

Hotels
Restaurants

Sights

Place of interest
Interesting place of worship

Roads

Motorway, dual carriageway
Junction : complete, limited
Major thoroughfare
One-way street – Unsuitable for traffic or street subject - to restrictions
Pasteur *Pedestrian street – Tramway – Shopping street*
Car park – Park and Ride
Gateway – Street passing under arch – Tunnel
Station and railway
Low headroom (15 ft. max.) – Load limit (under 19 t.)
Lever bridge – Car ferry

Various signs

Tourist Information Centre
Mosque – Synagogue
Tower – Ruins – Windmill – Water tower
Garden, park – Wood – Cemetery – Cross
Stadium – Golf course – Racecourse – Skating rink
Outdoor or indoor swimming pool
View – Panorama
Monument – Fountain – Factory – Shopping centre
Pleasure boat harbour – Lighthouse
Airport – Underground station – Coach station
Ferry services :
passengers and cars, passengers only
Refence number common to town plans and Michelin maps
Main post office with poste restante – Telephone
Hospital – Covered market
Public buildings located by letter :

H P *- Town Hall – Provincial Government Office*
J *- Law Courts*
M T *- Museum – Theatre*
U *- University, College*
POL. *- Police (in large towns police headquarters)*
G *- Gendarmerie*

Les langues parlées au Benelux

Située au cœur de l'Europe, la Belgique est divisée en trois régions : la Flandre, Bruxelles et la Wallonie. Chaque région a sa personnalité bien marquée. Trois langues y sont utilisées : le néerlandais en Flandre, le français en Wallonie et l'allemand dans les cantons de l'Est. La Région de Bruxelles-Capitale est bilingue avec une majorité francophone. La frontière linguistique correspond à peu près aux limites des provinces. Ce « multilinguisme » a des conséquences importantes sur l'organisation politique et administrative du pays, devenu État Fédéral depuis 1993.

Au Grand-Duché, outre le « Lëtzebuergesch », dialecte germanique, la langue officielle est le français. L'allemand est utilisé comme langue culturelle.

Aux Pays-Bas le néerlandais est la langue officielle. Néanmoins dans la province de Frise, le frison se parle encore couramment.

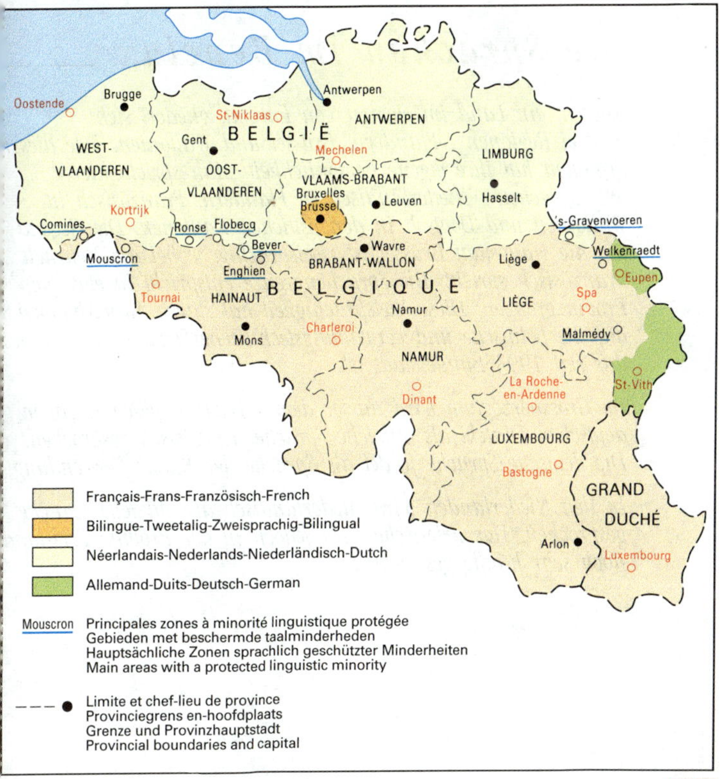

De talen in de Benelux

In het hartje van Europa ligt België, verdeeld in Vlaanderen, Brussel en Wallonië. Elke regio heeft zijn eigen karakter. Er worden drie talen gesproken : Nederlands in Vlaanderen, Frans in Wallonië en Duits in de Oostkantons. Het Brussels Hoofdstedelijk Gewest is tweetalig met een meerderheid aan Franstaligen. De taalgrens komt ongeveer overeen met de grenzen van de provincies. Het feit dat België een meertalig land is, heeft belangrijke gevolgen voor de politieke en bestuurlijke organisatie. Dit leidde tot de vorming van een Federale Staat in 1993.

In het Groot-Hertogdom wordt het « Lëtzebuergesch », een Duits dialect gesproken. De officiële taal is het Frans. Het Duits is de algemene cultuurtaal.

De officiële taal in Nederland is het Nederlands. In de provincie Friesland wordt nog Fries gesproken.

Die Sprachen im Benelux

Belgien, ein Land im Herzen von Europa, gliedert sich in drei Regionen : Flandern, Brüssel und Wallonien. Jede dieser Regionen hat ihre eigene Persönlichkeit. Man spricht hier drei Sprachen : Niederländisch in Flandern, Französisch in Wallonien und Deutsch in den östlichen Kantonen. Die Gegend um die Haupstadt Brüssel ist zweisprachig, wobei die Mehrheit Französisch spricht. Die Sprachengrenze entspricht in etwa den Provinzgrenzen. Diese Vielsprachigkeit hat starke Auswirkungen auf die politische und verwaltungstechnische Struktur des Landes das seit 1993 Bundesstaat ist.

Im Grossherzogtum wird ausser dem « Lëtzebuergesch », einem deutschen Dialekt als offizielle Sprache französisch gesprochen. Die deutsche Sprache findet als Sprache der Kultur Verwendung.

In den Niederlanden wird niederländisch als offizielle Sprache gesprochen. Das Friesische wird jedoch in der Provinz Friesland noch sehr häufig gesprochen.

Spoken languages in the Benelux

Situated at the heart of Europe, Belgium is divided into three regions : Flanders, Brussels and Wallonia. Each region has its own individual personality. Three different languages are spoken : Dutch in Flanders, French in Wallonia and German in the eastern cantons. The Brussels-Capital region is bilingual, with the majority of its population speaking French. The linguistic frontiers correspond more or less to those of the provinces. The fact that the country, which has been a Federal State since 1993, is multilingual, has important consequences on its political and administrative structures.

In the Grand Duchy, apart from « Lëtzebuergesch », a German dialect, the official language is French. German is used as a cultural language.

In the Netherlands Dutch is the official language. However, Frisian is still widely spoken in the Friesland province.

La bière en Belgique

La Belgique est le pays de la bière par excellence. On y brasse environ 400 bières différentes, commercialisées sous plus de 800 appellations. Une partie se consomme à la pression, dite « au tonneau ».

On distingue trois types de bières, selon leur procédé de fermentation : les bières de fermentation spontanée (type Lambic), haute (type Ale) et basse (type Lager).

Suite à une deuxième fermentation en bouteille, le Lambic devient ce qu'on appelle la Geuze. La Kriek et la Framboise ont une saveur fruitée due à l'addition de cerises et de framboises. Ces bières sont caractéristiques de la région bruxelloise.

En Flandre, on trouve des bières blanches, brunes et rouges, en Wallonie on brasse des bières spécifiques à certaines saisons. Partout en Belgique, on trouve des Ales, des bières Trappistes et des bières d'abbayes. Parmi les bières belges, les fortes dorées et les régionales aux caractères typés occupent une place spéciale. La Pils belge, une bière blonde, est une excellente bière de table.

Amères, aigrelettes, acides, fruitées, épicées ou doucerettes, les bières belges s'harmonisent souvent avec bonheur à la gastronomie locale.

Het Belgische bier

België is het land van het bier bij uitstek. Men brouwt er ongeveer 400 verschillende biersoorten. Zij worden onder meer dan 800 benamingen op de markt gebracht. Sommige bieren worden "van het vat" gedronken.

De bieren kunnen volgens hun gistingsproces in 3 groepen worden onderverdeeld: bieren met een spontane gisting (type Lambiek), hoge gisting (type Ale) en lage gisting (type Lager). Geuze is een op flessen nagegiste Lambiek. Kriek en Framboise hebben hun fruitige smaak te danken aan de toevoeging van krieken (kersen) en frambozen. Deze bieren zijn typisch voor de streek van Brussel.

Vlaanderen is rijk aan witte, bruine en rode bieren. In Wallonië bereidt men seizoengebonden bieren. Overal in België brouwt men ales, trappisten- en abdijbieren. De sterke blonde bieren en de zogenaamde streekbieren nemen een speciale plaats in onder de Belgische bieren. De Belgische pils, een blond bier, is een uitstekend tafelbier.

Het Belgische bier met zijn bittere, rinse, zure, zoete smaak of kruidig aroma, kan zonder problemen bij een gastronomisch streekgerecht worden gedronken.

Das belgische Bier

*Belgien ist das Land des Bieres schlechthin.
In Belgien werden ungefähr 400 verschiedene Biersorten gebraut, die unter mehr als 800 Bezeichnungen vermarktet werden. Ein Teil davon wird vom Faß getrunken.
Man unterscheidet drei Biertypen nach ihrer Gärmethode: Bier mit spontaner Gärung (Typ Lambic), obergärig (Typ Ale) und untergärig (Typ Lager). Nach einer zweiten Gärung in der Flasche wird das Lambic zu Geuze. Das Kriek und das Framboise haben einen fruchtigen Geschmack, der durch den Zusatz von Kirschen und Himbeeren entsteht. Diese Biere sind typisch für die Brüsseler Gegend.
In Flandern findet man helles, braunes und rotes Bier, während die Saisonbiere typisch für Wallonien sind. Überall in Belgien gibt es verschiedene Sorten Ale, Trappistenbier und Klosterbier. Unter den belgischen Biersorten nehmen die goldbraunen Starkbiere und die Biere mit speziellem regionalen Charakter einen besonderen Platz ein. Das belgische Pils, ein helles Bier, ist ein exzellentes Tafelbier.
Mit den Geschmacksrichtungen herb, leicht säuerlich, fruchtig, würzig oder süßlich kann das belgische Bier ein deftiges regionales Menü begleiten.*

The beers of Belgium

*Belgium is the country for beer "par excellence".
There are over 800 different brands on sale there today. The breweries produce approximately 400 different beers. In the flat country of the Ardennes beer is served in 35,000 cafes. Some of it is on draught – "from the barrel".
There are three different types of beer dependent upon which fermentation process is used: spontaneous fermentation (Lambic), high (Ale) and low (Lager).
Following a second fermentation in the bottle, the Lambic becomes what is called Geuze. Kriek and Framboise have a fruity taste due to the addition of cherries and raspberries. These beers are characteristic of the Brussels region.
In Flanders, pale ale, brown ale and bitter are found. In Wallonie beers are brewed which are particular to each season. Throughout Belgium there are Ales, Trappist beers and Abbey beers. Of all the Belgian beers, the strong golden ones and the regional ones with their own individual characters are held in special regard.
Belgian Pils, a light ale, is excellent to have on the table.
Whether bitter, vinegarish, acidic, fruity, spicey or mild, Belgian beers are the perfect accompaniment to local specialities.*

Le vin au Luxembourg

Le vignoble luxembourgeois produit essentiellement du vin blanc. Depuis l'époque romaine, l'Elbling, cultivé sur les bords de la Moselle, donne un vin sec et acidulé.

Ce cépage a été progressivement remplacé par l'Auxerrois, le Pinot blanc, le Pinot gris, le Gewurztraminer ou le Rivaner. Actuellement, le Pinot gris est le cépage le plus demandé. Il donne le vin le plus moelleux et le plus aromatique et permet une consommation jeune.

Le vignoble luxembourgeois couvre environ 1 345 ha. dans la vallée de la Moselle. Quelques 850 viticulteurs sont groupés en 5 caves coopératives, qui représentent 70 % de la production. L'autre partie est vinifiée par une vingtaine de viticulteurs indépendants. Les vins luxembourgeois sont toujours vendus sous le nom du cépage ; l'étiquette de ceux bénéficiant de l'Appellation d'Origine Contrôlée (A.O.C.) mentionne en outre le nom du village, du lieu et du producteur.

Le canton de Remich (Schengen, Wintrange, Remich) et le canton de Grevenmacher (Wormeldange, Ahn, Machtum, Grevenmacher), ont droit à l'appellation "Moselle Luxembourgeoise" et sont considérés comme étant les plus réputés.

Au Grand-Duché, on produit également des vins mousseux et des crémants en quantité importante et quelques vins rosés à partir du cépage Pinot noir.

Pratiquement partout, ces vins jeunes, servis au verre, en carafe ou à la bouteille, vous feront découvrir un "petit" vignoble qui mérite votre considération.

De Luxemburgse wijn

In Luxemburg wordt vooral witte wijn verbouwd. De Elbling, die sinds de oudheid wordt verbouwd langs de oevers van de Moezel, is een droge en lichtelijk zurige wijn.

Deze wijnstok werd geleidelijk aan vervangen door de Auxerrois, de Pinot blanc, de Pinot gris, de Gewurztraminer en de Rivaner. De Pinot gris is voor het ogenblik de meest gevraagde wijn. Het is de meest volle en zachte wijn, die jong kan worden gedronken.

Het Luxemburgse wijngebied beslaat in de Moezelvallei ongeveer 1345 ha. Ongeveer 850 wijnbouwers zijn gegroepeerd in 5 coöperatieve wijnkelders. Zij nemen 70 % van de produktie voor hun rekening. Een twintigtal onafhankelijke wijnbouwers verbouwt de rest van de wijnproduktie. De Luxemburgse wijnen worden steeds onder de naam van de wijnstok verkocht; het etiket van de wijnen, die de benaming "Appellation d'Origine Contrôlée" (gecontroleerde benaming van de wijn) dragen, vermeldt bovendien de naam van het dorp, de plaats en de wijnbouwer.

Het kanton Remich (Schengen, Wintrange, Remich) en het kanton Grevenmacher (Wormeldange, Ahn, Machtum, Grevenmacher) mogen de naam "Moselle luxembourgeoise" dragen. Deze kantons worden beschouwd als de meest beroemde.

In het Groot-Hertogdom wordt ook een grote hoeveelheid mousserende en licht mousserende wijnen bereid, evenals enkele roséwijnen op basis van de wijnstok Pinot noir.

Deze jonge wijnen zijn praktisch overal per glas, karaf of fles verkrijgbaar. Op die manier ontdekt u een "kleine" wijnstreek, die meer dan de moeite waard is.

Services et taxes

En Belgique, au Grand-Duché de Luxembourg et aux Pays-Bas, les prix s'entendent service et taxes compris.

Der luxemburgische Wein

Im luxemburgischen Weinbaugebiet wird im wesentlichen Weißwein angebaut. Seit der Zeit der Römer ergibt der Elbling, der an den Ufern der Mosel wächst, einen trockenen und säuerlichen Wein.

Diese Rebsorte wurde nach und nach durch den Auxerrois, den Pinot blanc, den Pinot gris, den Gewürztraminer oder den Rivaner ersetzt. Zur Zeit ist der Pinot gris die gefragteste Rebsorte. Sie ergibt den lieblichsten und aromatischsten Wein, der schon jung getrunken werden kann.

Das luxemburgische Weinbaugebiet umfaßt zirka 1345 Hektar im Moseltal. Ungefähr 850 Winzer haben sich zu 5 Weinbaugenossenschaften zusammengeschlossen, die 70 % der Produktion vertreten. Der übrige Teil wird von etwa 20 Winzern produziert. Die luxemburgischen Weine werden immer unter dem Namen der Rebsorte verkauft, die besondere Appellation d'Origine Contrôlée (geprüfte Herkunftsbezeichnung) nennt auch das Dorf, die Lage und den Produzenten.

Nur das Gebiet des Kantons Remich (Schengen, Wintrange, Remich) und des Kantons Grevenmacher (Wormeldange, Ahn, Machtun, Grevenmacher) haben wegen ihrer besonderen Lage das Recht auf die Bezeichnung "Moselle Luxembourgiose".

Im Großherzogtum werden auch Sekt und Crémant in bedeutenden Mengen sowie einige Roseweine auf der Basis von Pinot noir produziert.

Fast überall lassen diese jungen Weine – im Glas, in der Karaffe oder in der Flasche serviert – Sie ein "kleines" Weinbaugebiet entdecken, das eine größere Bekanntheit verdient.

Halten Sie beim Betreten des Hotels oder des Restaurants den Führer in der Hand
Sie zeigen damit, daß Sie aufgrund dieser Empfehlung gekommen sind.

The wines of Luxembourg

Luxembourg is essentially a white wine producer. The Elbling grape, grown on the banks of the Moselle, has been yielding a dry acidic wine since Roman times.

However, this grape has been gradually replaced by the Auxerrois, the Pinot blanc, the Pinot gris, the Gewurztraminer and the Rivaner. The Pinot gris is currently the most popular. It gives the most mellow, aromatic wine and can be drunk whilst still young.

Vineyards cover approximately 1345 hectares of the Moselle valley. Some 850 wine growers are grouped into 5 cooperative "caves", which overall produce 70 % of the wine, the remainder being made up by another 20 independent wine growers. Wines from Luxembourg are always sold under the name of the grape. The label, which bears the AOC ("Appellation d'Origine Contrôlée), also gives the vintage, producer and location of the vine.

Wine produced in the cantons (districts) of Remich (Schengen, Wintrange, Remich) and Grevenmacher (Warmeldange, Ahn, Machtum, Grevenmacher) is the most reputed and has the right to be called "Moselle Luxembourgeoise".

Sparkling wines and a large number of Crémants are also produced in the Grand Duchy, as well as some rosés based on Pinot noir.

These young wines, served by the glass, carafe or bottle, will usually give you a taste of a little known wine which is well worth trying.

Le fromage en Hollande

La Hollande produit 11 milliards de litres de lait par an dont la moitié est transformée en fromage par environ 110 laiteries. Dans les provinces de Zuid-Holland et d'Utrecht, quelques fermiers préparent encore de façon artisanale le fromage. La fabrication du fromage est le fruit d'une longue tradition, plusieurs musées en retracent l'histoire (Alkmaar, Bodegraven, Arnhem, Wageningen).

Au moyen-âge déjà, le fromage aux Pays-Bas faisait l'objet d'un commerce actif comme en témoignent encore aujourd'hui les marchés pittoresques d'Alkmaar, Purmerend, Gouda, Bodegraven, Woerden et Edam.

On peut distinguer plusieurs catégories de fromages : Le Gouda, parfois aux grains de cumin, l'Edam, le Maasdam, le Leidse, la Mimolette, le Friese aux clous de girofle et le Kernhem.

Selon la durée de la maturation qui va de 4 semaines à plus de 3 ans, on distingue du fromage jeune, mi-vieux et vieux. Quelques fromages de brebis (en général sur les îles) et de chèvre complètent la gamme.

La majorité de ces fromages vous fera terminer un repas en beauté.

De Hollandse kaas

Nederland produceert 11 miljard liter melk per jaar. De helft wordt door zo'n 110 melkerijen bereid tot kaas. In de provincies Zuid-Holland en Utrecht maken nog enkele boeren op ambachtelijke wijze kaas. Het kaasmaken kent een lange traditie, waarvan verschillende musea de geschiedenis illustreren (Alkmaar, Bodegraven, Arnhem, Wageningen).

In de middeleeuwen werd in Nederland reeds druk kaas verhandeld. Ook nu nog worden er in Alkmaar, Purmerend, Gouda, Bodegraven, Woerden en Edam schilderachtige kaasmarkten gehouden.

Er zijn verschillende soorten kaas: Gouda, soms met komijn, Edam, Maasdam, Leidse kaas, Mimolette, Friese kaas met kruidnagels en Kernhem.

Naargelang de duur van het rijpingsproces (van 4 weken tot meer dan 3 jaren) onderscheidt men jonge, belegen en oude kaas.

Enkele schapekazen (vooral op de eilanden) en geitekazen vervolledigen het assortiment.

Met de meeste van deze kazen kan u op passende wijze de maaltijd beëindigen.

Der holländische Käse

Die Niederlande produzieren jährlich 11 milliarden Liter Milch, wovon die Hälfte in zirka 110 Molkereien zu Käse verarbeitet wird. In den Provinzen Zuid-Holland und Utrecht bereiten einige Bauern den Käse noch auf traditionelle Weise zu.
Die Käseherstellung hat eine lange Tradition, die in mehreren Museen vergegenwärtigt wird (Alkmaar, Bodegraven, Arnhem, Wageningen).
Schon im Mittelalter wurde in den Niederlanden mit Käse gehandelt, wovon auch heute noch die folkloristischen Märkte in Alkmaar, Purmerend, Gouda, Bodegraven, Woerden und Edam zeugen.
Man unterscheidet verschiedene Käsearten: den Gouda, den es manchmal auch mit Kümmelkörnern gibt, den Edamer, den Maasdamer, den Leidse, den Mimolette, den Friese mit Nelken und den Kernhemer.
Je nach Reifezeit, die von 4 Wochen bis über 3 Jahre dauern kann, unterscheidet man jungen, mittelalten und alten Käse. Einige Sorten Schafs- (meist von den Inseln) und Ziegenkäse ergänzen die Palette.
Die meisten dieser Käsesorten werden für Sie der krönende Abschluß einer gelungenen Mahlzeit sein.

The cheeses of Holland

Holland produces 11 billion litres of milk a year, half of which is made into cheese by approximately 110 dairies. In the provinces of Zuid-Holland and Utrecht, some farmers still make cheese in the old-fashioned way. Cheese-making stems from an age-old tradition, the history of which is documented in several museums (Alkmaar, Bodegraven, Arnham, Wageningen).
In the Middle Ages there was already an active cheese trade in Holland and this can still be seen today in the quaint markets of Alkmaar, Purmerend, Gouda, Badegraven, Woerden and Edam.
There are several different categories of cheese: Gouda, sometimes made with cumin seeds, Edam, Maasdam, Leidse, Mimolette, Friese with cloves and Kernham.
According to the length of maturing, which varies from 4 weeks to more than 3 years, a cheese is identified as young, medium or mature. A few sheeps cheeses (generally on the islands) and goats cheeses complete the selection.
Most of these cheeses will round your meal off beautifully.

Les établissements à étoiles
De sterrenrestaurants
Die Stern-Restaurants
Starred establishments

✿✿✿

Belgique / België

Brugge Q. Centre *De Karmeliet*
Bruxelles *Comme Chez Soi*
Bruxelles
- **Ganshoren** *Bruneau*

✿✿

Belgique / België

Antwerpen
- **Env. à Kapellen** *De Bellefleur*

Bruxelles *Sea Grill (H. Radisson SAS)*
- **Ganshoren** *Claude Dupont*
- **Env. à Groot-Bijgaarden** *De Bijgaarden*

Kruishoutem *Hof van Cleve*
Namur à Lives-sur-Meuse *La Bergerie*
Paliseul *Au Gastronome*
Pepinster *Host. Lafarque*
Sankt-Vith *Zur Post*
Tongeren à Vliermaal *Clos St. Denis*
Waregem *'t Oud Konijntje*
Zeebrugge *'t Molentje*

Grand-Duché de Luxembourg

Echternach à Geyershaff *La Bergerie (H. De la Bergerie)*

Nederland

Amsterdam Q. Centre *La Rive (H. Amstel)*
Blokzijl *Kaatje bij de Sluis*
Haarlem à Overveen *De Bokkedoorns*
Hoorn *De Oude Rosmolen*
Kruiningen *Inter Scaldes (H. Le Manoir)*
Maastricht Q. Centre *Toine Hermsen*
Rotterdam Q. Centre *Parkheuvel*
Sluis *Oud Sluis*
Vreeland *De Nederlanden*
Zwolle *De Librije*

✿

Belgique / België

Amay *Jean-Claude Darquenne*
Antwerpen Q. Ancien *'t Fornuis*
- *De Kerselaar*
- *De Matelote*
- **Env. à Boechout** *De Schone van Boskoop*

Arbre *L'Eau Vive*
Baillonville *Le Capucin Gourmand*
Berlare *'t Laurierblad*
- **aux étangs de Donkmeer** *Lijsterbes*

Blaregnies *Les Gourmands*
Bornem *Eyckerhof*
Brugge Q. Centre *De Snippe*
- *Den Gouden Harynck*
- **Env. à Varsenare** *Manoir Stuivenberg*

Bruxelles
- **Q. des Sablons** *L'Écailler du Palais Royal*
- *Trente rue de la Paille*
- **Q. Palais de Justice** *Maison du Bœuf (H. Hilton)*
- **Q. Bois de la Cambre** *Villa Lorraine*
- *La Truffe Noire*
- **Q. Atomium** *Les Baguettes Impériales*
- **Anderlecht** *Saint Guidon*
- **Auderghem** *La Grignotière*
- **Uccle** *Le Passage*
- **Watermael-Boitsfort** *Au Vieux Boitsfort*
- **Woluwé-St-Pierre** *Des 3 Couleurs*

Bruxelles
– Env. à Groot-Bijgaarden *Michel*
– à Hoeilaart *Aloyse Kloos*
– à Overijse *Barbizon*
Charleroi à Loverval *Le Saint Germain des Prés*
Chaumont-Gistoux à Dion-Valmont *D'un goût à L'autre*
Corroy-le-Grand *Le Grand Corroy*
Dendermonde *'t Truffeltje*
Dinant à Sorinnes *Host. Gilain*
Eghezée à Noville-sur-Mehaigne *L'Air du Temps*
Elewijt *Kasteel Diependael*
Ellezelles *Château du Mylord*
Fauvillers *Le Château de Strainchamps*
Gent Q. Centre *Jan Van den Bon*
Habay-La-Neuve *Les Forges*
Hamme *De Plezanten Hof*
Hasselt à Lummen *Kasteel St-Paul*
– à Stevoort *Scholteshof*
Heure *Le Pré Mondain*
Houthalen *De Barrier*
Keerbergen *The Paddock*
Kortrijk *St. Christophe*
– au Sud *Gastronomisch Dorp*
Lavaux-Ste-Anne *du Château*
Leuven *Syre Pynnock*
– *Belle Epoque*
Liège Vieille Ville *Robert Lesenne*
– Env. à Neuville-en-Condroz *Le Chêne Madame*
Mechelen *D'Hoogh*
Montignies-St-Christophe *La Villa Romaine*
Namur à Temploux *L'Essentiel*
Nassogne *La Gourmandine*
Ninove *Hof ter Eycken*
Noirefontaine *Aub. du Moulin Hideux*
Oignies-en-Thiérache *Au Sanglier des Ardennes*
Oostende *Au Vigneron (H. Oostendse Compagnie)*
Oostmalle *De Eiken*
Opglabbeek *Slagmolen*
De Panne *Host. Le Fox*
Reninge *'t Convent*
St-Hubert *La Maison Blanche*
Soheit-Tinlot *Le Coq aux Champs*
Spontin à Dorinne *Le Vivier d'Oies*
Virton à Torgny *Aub. de la Grappe d'Or*
Waasmunster *De Snip*
Westouter *Picasso*
Zeebrugge *Maison Vandamme*
Zwevegem *'t Ovenbuur*

Grand-Duché de Luxembourg

Diekirch *Hiertz*
Esch-sur-Alzette *Fridrici*
– *Domus*
Frisange *Lea Linster*
Gaichel *La Gaichel*
Luxembourg – Centre *Clairefontaine*
– Périph. patinoire Kockelscheuer *Patin d'Or*
– Env. à Hesperange *L'Agath*
Schouweiller *La table des Guilloux*

Nederland

Amersfoort *Mariënhof*
Amsterdam Q. Centre *Vermeer (H. Barbizon Palace)*
– *Christophe*
– *Sichuan Food*
Apeldoorn
– à Hoog Soeren *Het Jachthuis*
Bennekom *Het Koetshuis*
Borculo *De Stenen Tafel*
Delft *De Zwethheul*
Drachten *Koriander*
Driebergen-Rijsenburg *Lai Sin*
Eindhoven *De Karpendonkse Hoeve*
Enschede *Het Koetshuis Schuttersveld*
Etten-Leur *De Zwaan*
Giethoorn *De Lindenhof*
Groningen *Muller*
– à Aduard *Herberg Onder de Linden*
Gulpen *Le Sapiche*
Den Haag
– Env. à Rijswijk *'t Ganzenest*
– à Voorburg *Savelberg*
Hardenberg à Heemse *De Bokkepruik (H. Herbergh de Rustenbergh)*
Heelsum *De Kromme Dissel*
's-Hertogenbosch *Chalet Royal*
Hilversum *Spandershoeve*
IJmuiden *Imko's*
Loenen *Tante Koosje*
Maasbracht *Da Vinci*
Maastricht Q. Centre *Beluga*
– au Sud *Château Neercanne*
Middelburg *Het Groot Paradijs*
Ootmarsum *De Wanne (H. De Wiemsel)*
Overloon *Onder de Boompjes*
Rijsoord *Hermitage in Herberg 't Wapen van Rijsoord*
Rotterdam *De Engel*
Schoorl *Merlet*
Sint-Oedenrode *Wollerich*
Ubachsberg *De Leuf*
Uden *Helianthushof*
Valkenburg *Juliana (H. Prinses Juliana)*
Waddeneilanden / Terschelling à Oosterend *De Grië*
Wittem à Wahlwiller *Der Bloasbalg*
Yerseke *Nolet-Het Reymerswale*
Zeist à Bosch en Duin *de Hoefslag (H. de Hoefslag)*
Zweeloo *Idylle*

"Bib Gourmand"

Repas soignés à prix modérés

Verzorgde maaltijden voor een schappelijke prijs

Sorgfältig zubereitete, preiswerte Mahlzeiten

Good food at moderate prices

Repas

Belgique / België

Antwerpen	
– Q. Ancien	*De Reddende Engel*
– Périph. à Berchem	*De Troubadour*
Bellevaux-Ligneuville	*Du Moulin*
Blankenberge	*Escapade*
–	*Borsalino*
Borgloon	*Ambrozijn*
Bornem à Mariekerke	*De Ster*
Bouillon	
– à Corbion	*Ardennes*
Brugge Q. Centre	*'t Stil Ende*
Bruxelles	
–	*Astrid « Chez Pierrot »*
–	*J et B*
– Q. Grand'Place	*Aux Armes de Bruxelles*
– Q. Ste-Catherine	*La Belle Maraîchère*
–	*Le Loup Galant*
– Q. des Sablons	*La Clef des Champs*
– Ganshoren	*Cambrils*
– Ixelles	*La Pagode d'Or*
– St-Gilles	*Les Capucines*
– Schaerbeek	*Senza Nome*
– Uccle	*Villa d'Este*
–	*Willy et Marianne*
– Watermael-Boitsfort	*Le Bellini*
– Woluwé-St-Lambert	*de Maurice à Olivier*
– Env. à Strombeek-Bever	*Val Joli*
Charleroi	*A la Tête de Bœuf*
– à Montignies-sur-Sambre	*Le Gastronome*
Dinant	
– à Falmignoul	*Les Crétias*
Ecaussinnes-Lalaing	*Le Pilori*
Genk	*'t Konijntje*

Genval	
– à Rixensart	*Le Broceliande*
De Haan	
– à Vlissegem	*Vijfweghe*
Jalhay	*Au Vieux Hêtre*
Kasterlee	*Potiron*
Knokke-Heist	
– à Knokke	*'t Kantientje*
Kortrijk	
– à Aalbeke	*St-Cornil*
Lasne à Plancenoit	*Le Vert d'Eau*
Leuven à Vaalbeek	*De Bibliotheek*
Leuze-en-Hainaut	*Le Châlet de la Bourgogne*
Liège – Vieille Ville	*Enoteca*
– Périph. à Chênée	*Le Gourmet*
– Env. à Liers	*La Bartavelle*
– Env. à Tilleur	*Chez Massimo*
Lier	*Numerus Clausus*
Ligny	*Le Coupe-Choux*
Malmédy	*Plein Vent*
Marche-en-Famenne	*Aux Menus Plaisirs*
Marcourt	*Le Marcourt*
Marenne	*Les Pieds dans le Plat*
Mons	*Alter Ego*
Mouscron	*Madame*
Namur	
– à Bouge	*Les Alisiers*
Oostduinkerke-Bad	*Eglantier (H. Hof ter Duinen)*
Oostende	*Petit Nice*
–	*La Crevette*
De Panne	*De Braise*
Perwez	*La Frairie*
Profondeville	*La Sauvenière*
Rochefort	
– à Belvaux	*Aub. des Pérées*
St-Hubert	*Le Cor de Chasse*
Sankt-Vith	*Pip Margraff*

Sint-Martens-Latem *Sabatini*
Stoumont *Zabonprés*
Tongeren *De Brasserie*
Vielsalm
- à Hébronval *Le Val d'Hébron*
Vresse-sur-Semois *Le Relais*
Wavre *Le Vert Délice*
Wenduine *Odette*

Grand-Duché de Luxembourg

Bourscheid-Plage *Theis*
Luxembourg-Grund *Kamakura*
- Périph. à Pulvermühl *L'Espadon et H. la Cascade*
- Env. à Bridel *Le Rondeau*
- à Walferdange *L'Etiquette*
Mullerthal *Le Cigalon*
Wiltz
- à Winseler *L'Aub. Campagnarde*

Nederland

Alphen *Bunga Melati*
Amsterdam
- Q. Centre *Café Roux (H. The Grand)*
- *Van Vlaanderen*
- *Bordewijk*
- *Zuid Zeeland*
- Q. Sud et Ouest *Pakistan*
- *Le Hollandais*
Amsterdam
Env. à Amstelveen *De Jonge Dikkert*
Apeldoorn *Poppe*
Baarn à Lage-Vuursche *De Kastanjehof*
Beverwijk *'t Gildehuys*
Blokzijl *Hof van Sonoy*
Breda *de Stadstuin*
Buren *Brasserie Floris*
Delft *L'Orage*
Dokkum *De Abdij van Dockum*
Drachten à Boornbergum *Het Spijshuys*
Drunen *Gelagkamer Busio*
Egmond aan Zee *La Châtelaine*
Enkhuizen *Die Drie Haringhe*
's Gravenmoer *Le Bouc*
Groningen *De Pauw*
Den Haag
- Env. à Voorburg *Papermoon*
- Env. à Wassenaar *De Keuken van Waarde*
Haarlem à Bloemendaal *Terra Cotta*
Haren *Rôtiss. de Rietschans*
Heerlen *De Boterbloem*
Heeze *Host. Van Gaalen*
Helmond *De Raymaert*
Hilversum *De Uitdaging*
Hindeloopen *De Gasterie*
Holten sur le Holterberg *Bistro de Holterberg*
Houten *Coco Pazzo*
Leiden *Anak Bandung*
- à Oegstgeest *De Moerbei*
Maastricht *Au Coin des Bons Enfants*
Middelburg *De Gespleten Arent*
Middelharnis *Brasserie 't Vingerling*
Middelstum *Herberg « In de Valk »*
Naarden *Chef's*
Noordwijk an Zee
à Noordwijkerhout *Mangerie Zegers*
Nuth *In De'n Dillegaard*
Odoorn à Valthe *De Gaffel*
Oosterwolde *De Kienstobbe*
Rinsumageest *Het Rechthuis*
Rotterdam
- Env. à Schiedam *Bistrot Hosman Frères*
Tubbergen *Droste's*
Weert *Bretelli*
Yerseke *Nolet's Vistro*
Zeit
- à Bosch en Duin *De Hoefslag (Bistro de Ruif)*
- à Den Dolder *Salle à Manger*
Zwolle *'t Pestengasthuys*

Hôtels agréables
Aangename Hotels
Angenehme Hotels
Particularly pleasant Hotels

Nederland

Amsterdam Q. Centre — *Amstel*

Belgique / België

Bruxelles
- Q. Léopold — *Stanhope*
- Woluwé-St-Lambert — *Montgomery*

Nederland

Amsterdam Q. Centre — *Europe*
Beetsterzwaag — *Lauswolt*
Bergambacht — *De Arendshoeve*
Ootmarsum — *De Wiemsel*

Belgique / België

Antwerpen Q. Ancien — *De Witte Lelie*
Brugge Q. Centre — *Relais Oud Huis Amsterdam*
- — *Die Swaene*
Bruxelles – St-Gilles — *Manos Stephanie*
Comblain-la-Tour — *Host. St-Roch*
Genval — *Le Manoir du Lac*
Habay-la-Neuve — *Les Ardillières*
Malmédy à Bévercé — *Host. Trôs Marets*
Noirefontaine — *Aub. du Moulin Hideux*

Nederland

Drunen — *de Duinrand*
Kruiningen — *Le Manoir*
Oisterwijk — *De Swaen*
Ootmarsum à Lattrop — *De Holtweijde*
Valkenburg — *Prinses Juliana*
- à Houthem — *Château St. Gerlach*
Zeist à Bosch en Duin — *de Hoefslag*

Belgique / België

Antwerpen Q. Sud — *Firean*
Ave et Auffe — *Host. Le Ry d'Ave*
Crupet — *Le Moulin des Ramiers*
Vieuxville — *Château de Palogne*

Grand-Duché de Luxembourg

Luxembourg
Périphérie à Dommeldange — *Host. du Grünewald*

Nederland

Amsterdam Q. Centre — *Ambassade*
Blokzijl — *Kaatje bij de Sluis*

Restaurants agréables
Aangename Restaurants
Angenehme Restaurants
Particularly pleasant Restaurants

XXXXX

Belgique / België

Bruxelles
- Env. à Groot-Bijgaarden *De Bijgaarden*
Hasselt à Stevoort *Scholteshof (avec ch)*
Tongeren à Vliermaal *Clos St. Denis*

XXXX

Belgique / België

Bruxelles
- Q. Grand'Place *La Maison du Cygne*
- Q. Palais de Justice *Maison du Bœuf (H. Hilton)*
- Q. Bois de la Cambre *Villa Lorraine*
- Env. à Overijse *Barbizon*
Ellezelles *Château du Mylord*
Essene *Bellemolen*
Hasselt à Lummen *Kasteel St-Paul*
Kortrijk à Marke *Marquette (avec ch)*
Namur à Lives-sur-Meuse *La Bergerie*
Reninge *'t Convent (avec ch)*
Verviers *Château Peltzer*
Waregem *'t Oud Konijntje*

Grand-Duché de Luxembourg

Gaichel *La Gaichel (avec ch)*

Nederland

Amsterdam Q. Centre *La Rive (H. Amstel)*
Eindhoven *De Karpendonkse Hoeve*
Haarlem à Overveen *De Bokkedoorns*
Kruiningen *Inter Scaldes (H. Le Manoir)*
Valkenburg *Juliana (H. Prinses Juliana)*
Zaandam *De Hoop Op d'Swarte Walvis*
Zeist à Bosch en Duin *de Hoefslag (H. de Hoefslag)*

XXX

Belgique / België

Brugge Q. Centre *De Snippe (avec ch)*
- Env. à Varsenare *Manoir Stuivenberg (avec ch)*
Bruxelles *Comme Chez Soi*
- Woluwé-St-Pierre *Des 3 Couleurs*
Diest *De Proosdij*
Dinant à Lisogne *Moulin de Lisogne (avec ch)*
Elewijt *Kasteel Diependael*
Gavere *Deboeverie*
Habay-la-Neuve *Les Forges (avec ch)*
Hasselt *Figaro*
Kemmel *Host. Kemmelberg (avec ch)*
Knokke-Heist à Westkapelle *Ter Dycken*
Kortrijk *St-Christophe*
- au Sud *Gastronomisch Dorp (avec ch)*
Kruishoutem *Hof van Cleve*
Menen à Rekkem *La Cravache*
Ninove *De Swaene*
Olen *'t Doffenhof*
Pepinster *Host. Lafarque (avec ch)*
Ronse *Host. Shamrock (avec ch)*
Yvoir *Host. Henrotte – Au Vachter (avec ch)*

Grand-Duché de Luxembourg

Echternach à Geyershaff *La Bergerie*

Nederland

Delft *De Zwethheul*
Groningen à Aduard *Herberg Onder de Linden (avec ch)*
Den Haag
– Env. à Voorburg *Savelberg (avec ch)*
's-Hertogenbosch *Chalet Roya*
Meppel à De Wijk *Havesathe de Havixhorst (avec ch*
Ootmarsum *De Wanne (H. De Wiemsel*
Vreeland *De Nederlanden (avec ch*
Waalre *De Treeswijkhoeve*
Wittem *Kasteel Wittem (avec ch*
Wittem à Wahlwiller *Der Bloasbalg*

Belgique / België

Arbre *L'Eau Vive*
Beernem *di Coylde*
Bornem *Eyckerhof*
Brugge
– Périph. au Sud-Ouest *Herborist (avec ch)*
Bruxelles Q. des Sablons *Trente rue de la Paille*
Crupet *Les Ramiers (H. Le Moulin des Ramiers)*
Gent Q. Centre *Waterzooi*
Oudenburg à Roksem *Ten Daele*
Tielt *De Meersbloem*
Virton à Torgny *Aub. de la Grappe d'Or (avec ch)*

Grand-Duché de Luxembourg

Schouweiler *La table des Guilloux*

Nederland

Nuth *Pingerhof*
Sluis *Oud Sluis*
Ubachsberg *De Leuf*
Wolphaartsdijk *'t Veerhuis*

Nederland

Holten sur le Holterberg *Bistro de Holterberg*
Waddeneilanden / Terschelling à Oosterend *De Grië*

Belgique
België
Belgien

Les prix sont donnés en francs belges.
De prijzen zijn vermeld in Belgische franken.
Die Preise sind in belgischen Francs angegeben.

✿✿✿ *Les étoiles*
✿✿ *De sterren*
✿ *Die Sterne*
The stars

"Bib Gourmand"

Repas 1100 *Repas soignés à prix modérés*
Verzorgde maaltijden voor een schappelijke prijs
Sorgfältig zubereitete preiswerte Mahlzeiten
Good food at moderate prices

L'agrément
Aangenaam verblijf
Annehmlichkeit
Peaceful atmosphere and setting

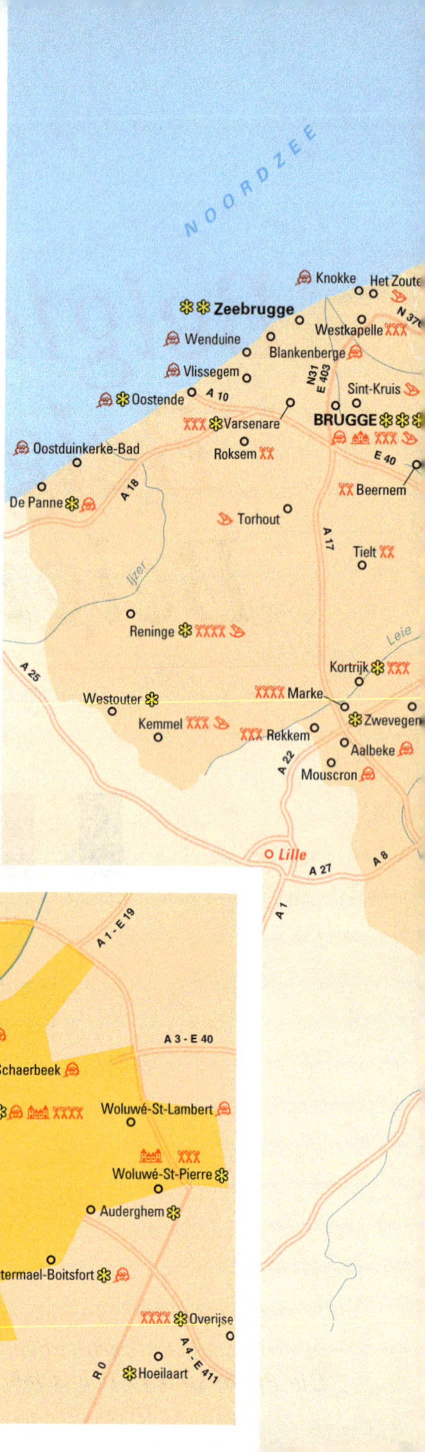

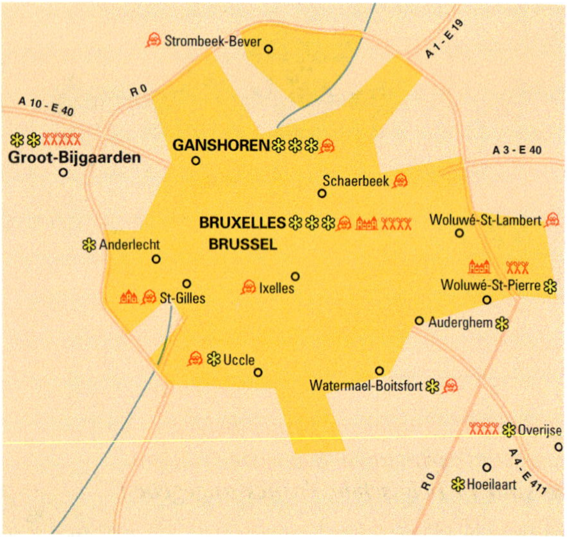

Kapellen
Oostmalle
Kasterlee
Antwerpen
Bassevelde
Berchem
Boechout
Olen
Tessenderlo
Lier
Waasmunster
Hamme
Bornem
Gent
Donkmeer
Mariekerke
Mechelen
Berlare
Dendermonde
Keerbergen
Sint-Martens-Latem
Diest
Erpe
Elewijt
Gavere
Essene
Kruishoutem
Leuven
Waregem
Ninove
Vaalbeek
BRUXELLES / BRUSSEL
Ronse
Ellezelles
Genval
Wavre
Rixensart
Dion-Valmont
Corroy-le-Grand
Plancenoit
Perwez
Baisy-Thy
Leuze-en-Hainaut
Ecaussines-Lalaing
Noville-sur-Meh
Ligny
Masnuy-St-Jean
Bouge
Lives-
Temploux
Namur
Wierd
Mons
Montignies-s-Sambre
Profondeville
Charleroi
Arbre
Blaregnies
Crupet
Loverval
Yvoir
Nalinnes
Dorinne
Montignies-St-Christophe
Lisogne
Sorinnes
Falmignoul
Frasnes
Boussu-en-Fagne
Oignies-en-Thiérache
Vresse-sur-Semois
A 16 - E 19
A 58 - E 312
A 4
A 12
A 1 - E 19
A 21 - E 34
N 58
Albert Kanaal
A 14 - E 17
A 13 - E 313
Schelde
Demer
A 10 - E 40
R 0
Escaut
A 8
A 4 - E 411
Dendre
A 54
A 16 - E 42
A 15 - E 42
Meuse
A 7 - E 19
A 2
Sambre
N 5

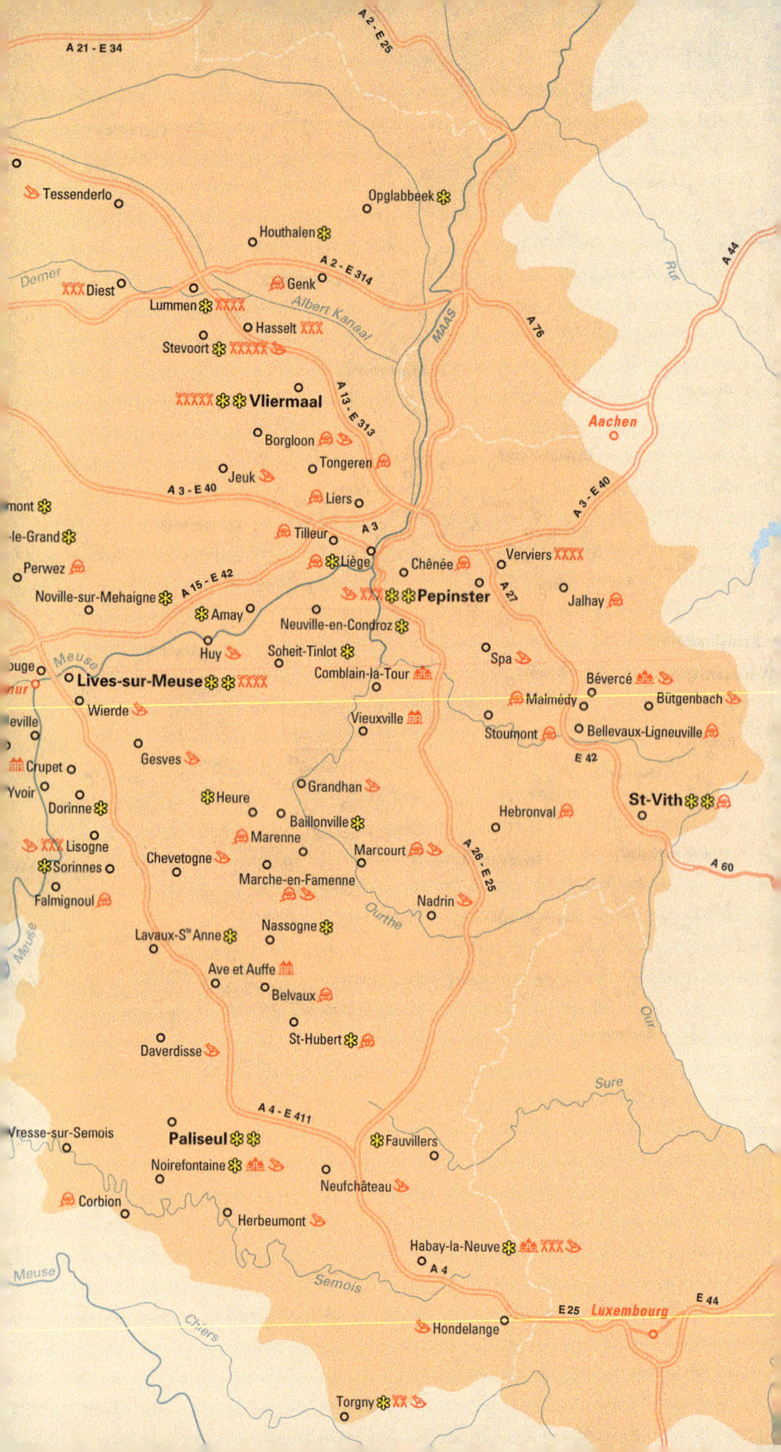

A 21 - E 34
A 2 - E 25
Tessenderlo
Opglabbeek
Houthalen
A 44
Rur
Demer
Diest
Genk
A 2 - E 314
Lummen
Albert Kanaal
Hasselt
MAAS
A 76
Stevoort
Vliermaal
A 13 - E 313
Aachen
Borgloon
Tongeren
Jeuk
A 3 - E 40
Liers
A 3 - E 40
mont
-le-Grand
Tilleur
A 3
Perwez
Liège
Chênée
Verviers
A 15 - E 42
Pepinster
A 27
Noville-sur-Mehaigne
Jalhay
Amay
Neuville-en-Condroz
Huy
Soheit-Tinlot
Spa
ouge
Meuse
Comblain-la-Tour
Béverçé
Lives-sur-Meuse
nur
Malmédy
Bütgenbach
Wierde
eville
Vieuxville
Stoumont
Bellevaux-Ligneuville
Gesves
E 42
Crupet
Grandhan
Yvoir
St-Vith
Heure
Hebronval
Dorinne
Baillonville
Marenne
Lisogne
Marcourt
A 26 - E 25
Chevetogne
A 60
Sorinnes
Marche-en-Famenne
Falmignoul
Nadrin
Ourthe
Lavaux-Ste Anne
Nassogne
Meuse
Ave et Auffe
Belvaux
Our
St-Hubert
Daverdisse
Sure
A 4 - E 411
Vresse-sur-Semois
Paliseul
Fauvillers
Noirefontaine
Neufchâteau
Corbion
Herbeumont
Habay-la-Neuve
Meuse
A 4
Semois
E 25
Luxembourg
E 44
Chiers
Hondelange
Torgny

AALBEKE *West-Vlaanderen* 213 E 18 *et* 909 C 3 – *voir à Kortrijk.*

AALST (ALOST) *9300 Oost-Vlaanderen* 213 J 17 *et* 909 F 3 – *76 291 h.*

Voir *Transept et chevet*★, *tabernacle*★ *de la collégiale St-Martin (Sint-Martinuskerk)* BY A – *Schepenhuis*★ Y B.

Grote Markt 3 ☏ *(0 53) 73 22 70, Fax (0 53) 73 23 52.*

Bruxelles 29 ④ – *Antwerpen 52* ① – *Gent 33* ⑦

AALST

Albrechtlaan AZ 2
Alfred Nichelsstraat BZ 3
Burgemeesterspl. BZ 5
Brusselsesteenweg AZ 6
Dendermond-sesteenweg AZ 8
Dirk Martensstraat BY 9
Esplanadepl. BY 10
Esplanadestraat BY 12
Frits de Wolfkaai BY 13
Gentsesteenweg AZ 15
Geraardsbergsestraat AZ 16
de Gheeststraat BZ 17
Graanmarkt BY 19
Grote Markt BY 20
Heilig Hartlaan AZ 21
Houtmarkt BZ 23
Josse Ringoirkaai BY 24
Kapellestraat BY 25
Kattestraat BY
Korte Zoutstraat BZ 26
van Langenhovestraat BZ 28
Lange Zoutstraat BY 29
Leopoldlaan AZ 30
Molendries BY 31
Molenstraat BY 32
Moorselbaan AZ 33
Moutstraat BY 34
Nieuwstraat BY
Priester Daensplein BY 35
Schoolstraat BY 37
Vaartstraat BY 38
Varkensmarkt BY 39
Vlaanderenstraat BY 41
Vredeplein BY 42
Vrijheidstraat BY 43
1 Meistraat BY 45

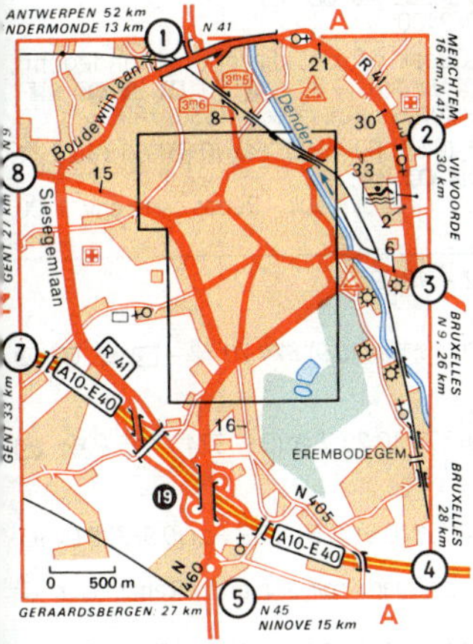

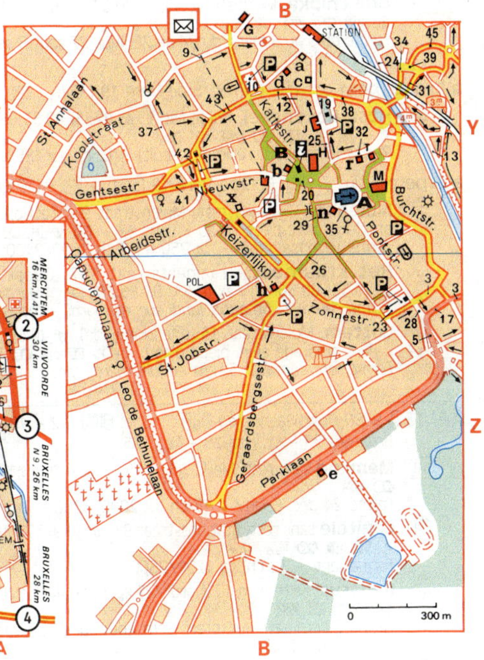

Keizershof sans rest, Korte Nieuwstraat 15, ☏ (0 53) 77 44 11, *Fax (0 53) 78 00 97* – 25 à 130. AE VISA. BY x
475 – **45 ch** 4500/5100.

Station sans rest, A. Liénartstraat 14, ☏ (0 53) 77 58 20, *Fax (0 53) 78 14 69*, « Demeure ancienne », AE VISA. BY c
15 ch 2200/3000.

Graaf van Vlaanderen, Stationsplein 37, ☏ (0 53) 78 98 51, *Fax (0 53) 78 10 28* – AE VISA. BY a
Repas *(fermé du 15 au 31 août, du 25 au 31 déc., sam. soir, dim. et jours fériés)* Lunch *390* – 850 – **9 ch** 2900/3900 – ½ P 3300.

't Overhamme, Brusselsesteenweg 163 (par ③ : 3 km sur N 9), ☏ (0 53) 77 85 99, *Fax (0 53) 78 70 94*, « Terrasse et jardin avec volière » – AE VISA.
fermé 15 juil.-15 août, sam. midi, dim. soir et lundi – **Repas** Lunch *1200* – 1650/1990.

XXX **Host. Mirage,** Stationsstraat 21, ✆ (0 53) 77 41 60, *Fax (0 53) 77 40 94*, – P. AE ⓓ MC VISA BY d
fermé 1 sem. carnaval, 15 juil.-15 août, sam. midi, dim. soir et lundi – **Repas** Lunch 1100 – 2975.

XXX **Kelderman,** Parklaan 4, ✆ (0 53) 77 61 25, *Fax (0 53) 78 68 05*, Produits de la mer, « Terrasse et jardin » – P. AE ⓓ MC VISA JCB. BZ e
fermé août, merc. et jeudi – **Repas** Lunch 1150 – carte 1750 à 2600.

XX **'t Soethout,** Priester Daensplein 7, ✆ (0 53) 77 88 33, – ⓓ MC VISA BY n
fermé sem. carnaval, 2e quinz. août, mardi soir, merc. et sam. midi – **Repas** Lunch 950 – carte 1850 à 2200.

XX **Tang's Palace,** Korte Zoutstraat 51, ✆ (0 53) 78 77 77, *Fax (0 53) 71 09 70*, Cuisine chinoise, ouvert jusqu'à 23 h – AE ⓓ MC VISA. BZ h
Repas Lunch 395 – carte 1000 à 1400.

XX **Borse van Amsterdam,** Grote Markt 26, ✆ (0 53) 21 15 81, *Fax (0 53) 21 24 80*, Taverne-rest, « Maison flamande du 17e s. » – AE ⓓ VISA BY b
fermé du 2 au 16 fév., 17 août-7 sept., merc. soir et jeudi. – **Repas** Lunch 350 – 1050.

X **Grill Chipka,** Molenstraat 45, ✆ (0 53) 77 69 79, *Fax (0 53) 77 69 79*, Grillades – AE ⓓ MC VISA. BY r
fermé du 5 au 8 mars, du 24 au 28 avril, 27 août-8 sept., dim. soir et lundi – **Repas** carte 1200 à 1700.

à Erondegem *par ⑧ : 6 km* C *Erpe-Mere 19 132 h.* – ✉ *9420 Erondegem :*

Host. Bovendael, Kuilstraat 1, ✆ (0 53) 80 53 66, *Fax (0 53) 80 54 26*, – TV ☎ P. – 40. AE MC VISA. rest
Repas (dîner pour résidents seult) – **12 ch** 1850/2400 – ½ P 1800/2450.

à Erpe *par ⑧ : 5,5 km* C *Erpe-Mere 19 132 h.* – ✉ *9420 Erpe :*

Molenhof sans rest, Molenstraat 9 (direction Lede), ✆ (0 53) 80 39 61, « Parc ombragé avec pièce d'eau », – TV ☎ P. AE ⓓ MC VISA
fermé vacances Noël – 250 – **12 ch** 1600/2100.

XX **Het Kraainest,** Kraainestraat 107 (Ouest : 2 km, direction Erondegem), ✆ (0 53) 80 66 40, *Fax (0 53) 80 66 38*, « Jardin » – P. – 50. AE ⓓ MC VISA
fermé carnaval, fin août, lundi soir et mardi – **Repas** Lunch 995 bc – 1650/1995.

XX **Cottem,** Molenstraat 13 (direction Lede), ✆ (0 53) 80 43 90, *Fax (0 53) 80 36 26*, ←, « Parc ombragé avec pièce d'eau » – P. AE ⓓ MC VISA.
fermé sem. carnaval, 3 sem. en juil., mardi, sam. midi et dim. soir – **Repas** carte env. 1500.

AALTER *9880 Oost-Vlaanderen* 213 F 16 *et* 909 D 2 – *18 096 h.*

Bruxelles 73 – Brugge 28 – Gent 25.

Memling sans rest, Markt 11, ✆ (0 9) 374 10 13, *Fax (0 9) 374 70 72* – TV ☎. AE ⓓ MC VISA
fermé 24 déc.-5 janv. – **17 ch** 2000/3200.

Capitole sans rest, Stationsstraat 95, ✆ (0 9) 374 10 29, *Fax (0 9) 374 77 15* – TV P. AE ⓓ MC VISA JCB.
fermé janv. – **32 ch** 1700/2500.

XX **Pegasus,** Aalterweg 10 (Nord : 5,5 km sur N 44), ✆ (0 9) 375 04 85, *Fax (0 9) 375 04 95*, – P. AE VISA
fermé 2 dern. sem. juil.-prem. sem. août, lundi soir, mardi soir et merc. – **Repas** Lunch 950 – carte env. 1800.

XX **Ter Lake,** Venecolaan 1 (1,5 km sur N 499), ✆ (0 9) 374 59 34, *Fax (0 9) 374 59 34*, – P. AE MC VISA.
fermé dern. sem. fév., 2e quinz. juil., dim. soir, lundi et mardi soir – **Repas** Lunch 600 – 750/1350.

à Lotenhulle *Sud : 3 km par N 409* C *Aalter* – ✉ *9880 Lotenhulle :*

XXX **Den Ouwe Prins,** Prinsenstraat 9, ✆ (0 9) 374 46 66, *Fax (0 9) 374 06 91*, « Environnement champêtre » – P. MC VISA.
fermé 2 dern. sem. juil., lundi et mardi – **Repas** Lunch 1500 – 2000 bc/2800 bc.

AARLEN *Luxembourg belge – voir Arlon.*

AARSCHOT *3200 Vlaams-Brabant* 213 O 17 *et* 909 H 3 – *27 304 h.*

18 au Sud : 10 km à Sint-Joris-Winge, Leuvensesteenweg 252 ✆ (0 16) 63 21 45, Fax (0 16) 63 21 40.

Bruxelles 43 – Antwerpen 42 – Hasselt 41.

XX **De Gouden Muts,** Jan Van Ophemstraat 14, ☎ (0 16) 56 26 08, *Fax (0 16) 57 14 14,* – AE ⓓ MC VISA.
fermé 7 août-1er sept., mardi, merc. et sam. midi – **Repas** *Lunch 1550 bc* – 1950.

à Langdorp *Nord-Est : 3,5 km* © *Aarschot* – ✉ *3201 Langdorp :*

XX **Gasthof Ter Venne,** Diepvenstraat 2, ☎ (0 16) 56 43 95, *Fax (0 16) 56 79 53,* « Environnement boisé » – P. AE ⓓ MC VISA.
fermé juil.-août, mardi, merc. et dim. soir – **Repas** *Lunch 1100* – 1500/2950 bc.

AARTSELAAR *Antwerpen* 213 L 16 et 909 G 2 – *voir à Antwerpen, environs.*

AAT *Hainaut – voir Ath.*

ACHEL *Limburg* 213 R 15 et 909 J 2 – *voir à Hamont-Achel.*

ACHOUFFE *Luxembourg belge* 214 T 22 – *voir à Houffalize.*

AFSNEE *Oost-Vlaanderen* 213 H 16 – *voir à Gent, périphérie.*

ALBERTSTRAND *West-Vlaanderen* 213 E 14 et 909 C 1 – *voir à Knokke-Heist.*

ALLE *5550 Namur* © *Vresse-sur-Semois 2 758 h.* 214 O 23 et 909 H 6.
Bruxelles 163 – Bouillon 25 – Namur 104.

Aub. d'Alle, r. Liboichant 46, ☎ (0 61) 50 03 57, *Fax (0 61) 50 00 66,* – TV ☎ P. – 25. AE ⓓ MC VISA.
fermé fév.-mars sauf week-end et dern. sem. de chaque mois sauf vacances scolaires – **Repas** *Lunch 710* – 850/2180 – **12 ch** 2100/3600 – ½ P 2625/3050.

Fief de Liboichant, r. Liboichant 44, ☎ (0 61) 50 80 30, *Fax (0 61) 50 14 87,* – TV ☎ P. AE ⓓ MC VISA. rest
avril-1er janv. et week-end en mars – **Repas** 925/1425 – **25 ch** 2000/2850 – ½ P 2700/2845.

ALOST *Oost-Vlaanderen – voir Aalst.*

ALSEMBERG *Vlaams-Brabant* 213 K 18 - (51) S et 909 G 3 - (23) S – *voir à Bruxelles, environs.*

ALVERINGEM *8690 West-Vlaanderen* 213 B 16 et 909 B 2 – *4 716 h.*
Bruxelles 144 – Brugge 59 – Ieper 26 – Oostende 37 – Veurne 10.

Host. Petrus, Oerenstraat 13, ☎ (0 58) 28 80 07, *Fax (0 58) 28 93 81,* – rest, TV ☎ P. – 25 à 250. AE ⓓ MC VISA JCB
fermé sem. carnaval – **Repas** *(fermé merc.)* carte 900 à 1500 – **14 ch** 2250/2750 – ½ P 2400/2700.

AMAY *4540 Liège* 213 Q 19, 214 Q 19 et 909 I 4 – *12 973 h.*
Voir *Chasse★ et sarcophage mérovingien★ dans la Collégiale St-Georges.*
Bruxelles 95 – Huy 8 – Liège 25 – Namur 40.

XX **Jean-Claude Darquenne,** r. Trois Sœurs 14a (Nord : 3,5 km par N 614), ☎ (0 85) 31 60 67, *Fax (0 85) 31 36 96,* « Terrasse de style Louisianne » – P. AE ⓓ MC VISA
fermé 16 août-16 sept., 23 déc.-2 janv., dim. soir, lundi et jeudi soir – **Repas** (nombre de couverts limité - prévenir) *Lunch 1295* – carte 1850 à 2450
Spéc. Fricassée de homard demoiselle Delphine. Blanc de turbot au foie gras et truffes fraîches. Selle de chevreuil rôtie, sauce aux épices (oct.-janv.).

AMBLÈVE (Vallée de l') ★★ *Liège* 213 T 20, 214 T 20 et 909 L 4 - K 4 *G. Belgique-Luxembourg.*

AMEL (AMBLÈVE) *4770 Liège* 213 W 20, 214 W 20 et 909 L 4 – *5 000 h.*
Bruxelles 174 – Liège 78 – Malmédy 21 – Luxembourg 96.

XX **Kreusch** avec ch, Auf dem Kamp 179, ☎ (0 80) 34 80 50, *Fax (0 80) 34 03 69,* – TV ☎ P. – 25 à 80. MC VISA.
fermé dim. soir et lundi – **Repas** *Lunch 800* – 1480/2200 – 400 – **12 ch** 1650/2700 – ½ P 2350/2950.

ANDENNE *5300 Namur* 213 P 20, 214 P 20 *et* 909 I 4 – *23 323 h.*

Ferme du Moulin, Stud 52 ☎ (0 85) 84 34 04, Fax (0 85) 84 34 04.

r. Tilleuls 48 ☎ (0 85) 84 62 72, Fax (0 85) 84 64 49.

Bruxelles 75 – Namur 22 – Liège 48.

XX **La Ferme Bekaert** avec ch, pl. F. Moinnil 330 (Nord-Ouest : 7 km, lieu-dit Petit-Waret), ☎ (0 85) 82 35 50, *Fax (0 85) 82 35 60*, « Jardin » – 25 à 60. AE VISA
fermé 2e quinz. août et 2e quinz. janv. – **Repas** *(fermé dim. soir, lundi et après 20 h 30)* 975/1850 – 375 – **7 ch** 1600/2000 – ½ P 2175.

XX **Le Manoir,** r. Frère Orban 29, ☎ (0 85) 84 38 87, *Fax (0 85) 84 38 87* – VISA
fermé 1 sem. carnaval, 2 prem. sem. juil., jeudis non fériés, dim. soir et lundi soir – **Repas** Lunch *615* – 1250/1850.

ANDERLECHT *Région de Bruxelles-Capitale* 213 K 17 - (51) S *et* 909 F 3 - (21) S – *voir à Bruxelles.*

ANGLEUR *Liège* 213 S 19, 214 S 19 - (25) S *et* 909 (18) S – *voir à Liège, périphérie.*

ANHÉE *5537 Namur* 213 O 21, 214 O 21 *et* 909 H 5 – *6 644 h.*

Env. *à l'Ouest : Vallée de la Molignée★.*

Bruxelles 85 – Namur 24 – Charleroi 51 – Dinant 7.

X **Les Jardins de la Molignée,** rte de la Molignée 1, ☎ (0 82) 61 33 75, *Fax (0 82) 61 13 72*, – P – 50. VISA
fermé janv.-fév. sauf week-end et merc. du 15 oct. au 15 mars – **Repas** Lunch 550 – 995.

ANS *Liège* 213 S 19, 214 S 19 - (25) N *et* 909 J 4 - (17) N – *voir à Liège, environs.*

ANSEREMME *Namur* 213 O 21, 214 O 21 *et* 909 H 5 – *voir à Dinant.*

ANTWERPEN – ANVERS

2000 P 213 L 15 – ⑫ S et 909 G 2 – ⑧ S – 449 745 h.

Bruxelles 48 ⑩ – Amsterdam 159 ④ – Luxembourg 261 ⑨ – Rotterdam 103 ④.

OFFICES DE TOURISME

Grote Markt 15 ✆ (03) 232 01 03, Fax (03) 231 19 37 – Fédération provinciale de tourisme, Koningin Elisabethlei 16 ✉ 2018 ✆ (03) 240 63 73, Fax (03) 240 63 83.

RENSEIGNEMENTS PRATIQUES

18 9 par ② : 15,5 km à Kapellen, G. Capiaulei 2 ✆ (03) 666 84 56, Fax (03) 666 44 37

18 par ⑩ : 10 km à Aartselaar, Kasteel Cleydael, Cleydaellaan 36 ✆ (03) 887 00 79, Fax (03) 887 00 15

18 9 par ⑥ : 10 km à Wommelgem, Uilenbaan 15 ✆ (03) 355 14 41, Fax (03) 355 14 35

18 par ⑥ : 13 km par N 116 à Broechem, Kasteel Bossenstein, Moor 16 ✆ (03) 485 64 46, Fax (03) 425 78 41

9 par ② et ③ : 11 km à Brasschaat, Miksebaan 248 ✆ (03) 653 10 84, Fax (03) 651 37 20

9 par ⑨ : 9 km à Edegem, Drie Eikenstraat 510 ✆ (03) 228 51 10, Fax (03) 288 51 07

18 9 par ⑤ : 13 km à 's Gravenwezel, St-Jobsteenweg 120 ✆ (03) 380 12 80, Fax (03) 384 29 33

CURIOSITÉS

Voir *Autour de la Grand-Place et de la Cathédrale★★★ : Grand-Place★ (Grote Markt)* FY, *Vlaaikensgang★* FY, *Cathédrale★★★ et sa tour★★★* FY, *Maison des Bouchers★ (Vleeshuis) : instruments de musique★* FY **D** – *Maison de Rubens★★ (Rubenshuis)* GZ – *Intérieur★ de l'église St-Jacques* GY – *Place Hendrik Conscience★* GY – *Église St-Charles-Borromée★ (St-Carolus Borromeuskerk)* GY – *Intérieur★ de l'Église St-Paul (St-Pauluskerk)* FY – *Jardin zoologique★ (Dierentuin)* DEU – *Quartier Zurenborg★* EV – *Le port (Haven)* FY.

Musées : *de la Marine « Steen »★ (Nationaal Scheepvaartmuseum)* FY – *d'Etnographie★ (Etnografisch museum)* FY **M1** – *Plantin-Moretus★★★* FZ – *Mayer van den Bergh★★ : Margot l'enragée★★ (De Dulle Griet)* GZ – *Maison Rockox★ (Rockoxhuis)* GY **M4** – *Royal des Beaux-Arts★★★ (Koninklijk Museum voor Schone Kunsten)* CV **M5** – *de la Photographie★ (Museum voor Fotografie)* CV **M6** – *de la Sculpture en plein air Middelheim★ (Openluchtmuseum voor Beeldhouwkunst)* BS – *Provinciaal Museum Sterckshof - Zilvercentrum★* BR **M10**.

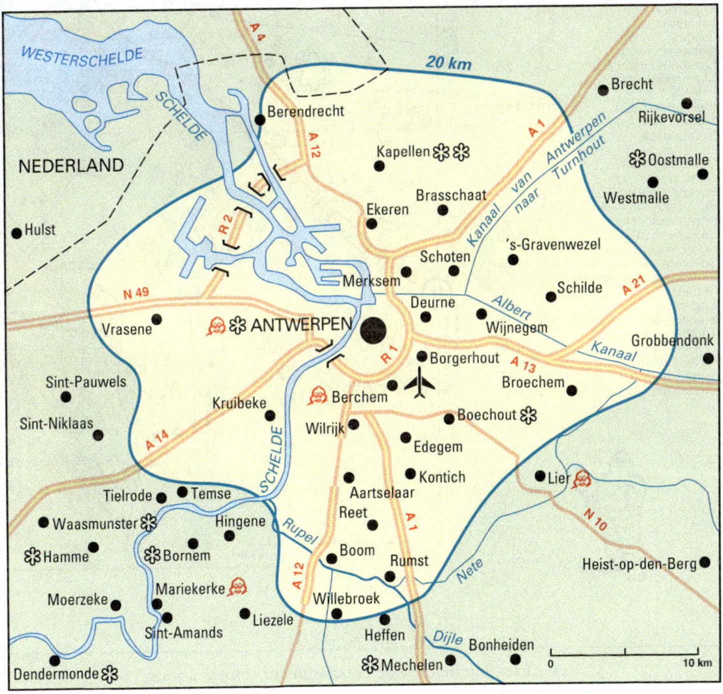

ANTWERPEN

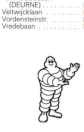

Antwerpsesteeweg	AS	
Antwerpsestr.	BS	7
Aug. van de Wielelei	BR	9
Autolei	BR	10
Beatrijslaan	BR	
Berkenlaan	BS	13
Bisschoppenhoflaan	BR	
Blancefloerlaan	AR	
Boomsesteenweg	BS	
Borsbeeksesteenweg	BS	
Bosuilbaan	BQ	18
Bredabaan	BQ	
de Bruynlaan	BS	28
Calesbergdreef	BQ	30
Charles de Costerlaan	ABR	
Churchilllaan	BQ	34
Delbekelaan	BQ	40
Deurnestr.	BS	42
Doornstraat	BS	
Drakenhoflaan	BS	45
Edegemsestr.	BS	46
Eethuisstr.	BQ	48
Elisabethlaan	BS	49
Frans Beirenslaan	BS	
Gallifortlei	BR	61
Gitschotellei	BS	
Groenenborgerlaan	BS	73
Groenendaallaan	BQ	75
Groot Hagelkruis	BQ	76
Grotesteenweg	BS	
Guido Gezellelaan	BS	78
Herentalsebaan	BR	
Horstebaan	BQ	
Hovestr.	BS	85
Ijzerlaan	BQ	87
Ing. Menneslaan	BQ	88
Jan van Rijswijcklaan	BS	93
Jeurissensstr.	BQ	94
Juul Moretuslei	BS	
Kapelsesteenweg	BQ	99
Kapelstr.	AS	100
Koningin Astridlaan	AR	108
Krijgsbaan	AR	
Lakborslei	BR	115
Langestr.	AS	
Liersesteenweg	BS	
Luitenant Lippenslaan	BR	126
Mechelsesteenweg (MORTSEL)	BS	
Merksemsebaan	BR	132
Mussenhœvelaan	BS	
Noorderlaan	BQ	
Oosterveldlaan	BS	139
Oude Barreellei	BQ	144
Oude Godstr.	BS	145
Pastoor Coplaan	AR	150
Prins Boudewijnlaan	BS	
Provinciesteenweg	BS	160
de Robianostr.	BS	169
Scheldelaan	AQ	
Schotensteenweg	BR	177
Sint-Bernardsesteenweg	ABS	
Statielei	BS	190
Statiestr.	AR	192
Stenenbrug	BR	195
Turnhoutsebaan (DEURNE)	BR	198
Veltwijcklaan	BQ	
Vordensteinstr.	BQ	210
Vredebaan	BS	21

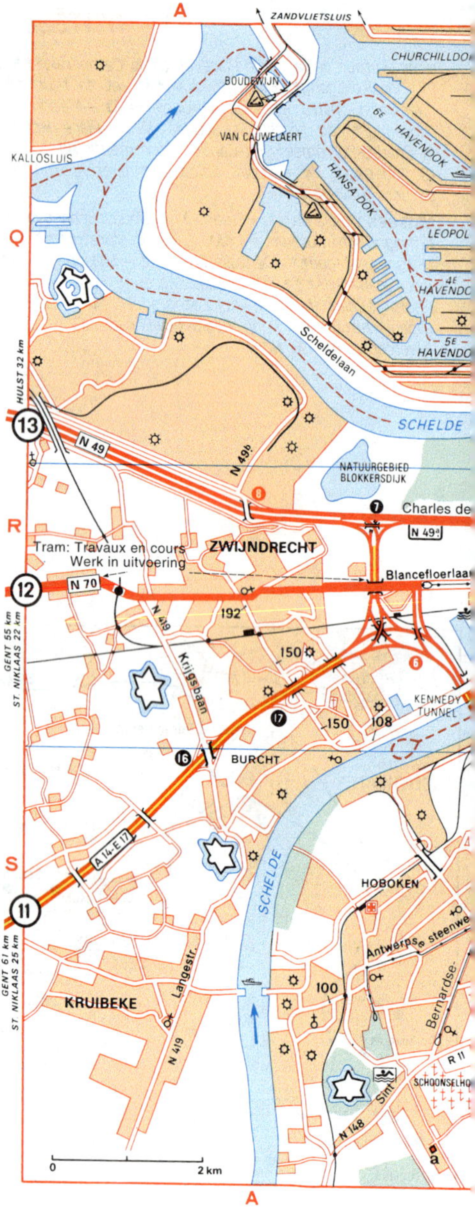

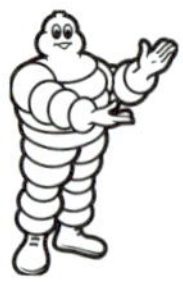

Les cartes Michelin sont constamment tenues à jour.

ZANDVLIET 25 km
STABROEK 18 km
GOES 68 km
BERGEN OP ZOOM 38 km
BREDA 54 km
ROTTERDAM 103 km
BREDA 57 km
EKEREN
BRASSCHAAT
MELKERIJ
PEERDSBOS
Noorderlaan
HAVEN STATION
1ER HAVENDOK
ALBERT DOK
AMERIKADOK
ROYERS
KATTENDIJK
Horstebaan
SCHOTEN
MERKSEM
Bredabaan
Chau
Kanaal
Albert
N 12 : TURNHOUT 44 km
SPORT PALEIS
Sportpaleis
ANTWERPEN STADION
Bisschoppenhoflaan
BISSCHOPPEN HOF
DEURNE
WIJNEGEM
SPORT CENTRUM
RIVIERENHOF
EINDHOVEN 86 km
KATHEDRAAL
BORGERHOUT
WOMMELGEM
LIÈGE 119 km
A 13-E 313 : HASSELT 76 km
Herentalsebaan
TE BOELAER PARK
BOEKENBERG PARK
Gitschotellei
Beirenslaan
Americalei
Grote Steenweg
BERCHEM
ANTWERPEN-DEURNE
BORSBEEK
Frans
NACHTEGALEN PARK
CRAEYBECKXTUNNEL
MIDDELHEIM PARK
Prins Boudewijnlaan
Borsbeeksesteenweg
Mussenhoevelaan
Juul Moretuslei
Boomsesteenweg
Liersesteenweg
Mechelse steenweg
MORTSEL
DIEST 58 km
LIER 17 km
WILRIJK
Doornstraat
EDEGEM
HOVE
BOECHOUT
48 km BRUXELLES
MECHELEN 28 km
BRUXELLES 52 km
MECHELEN 24 km

ANTWERPEN

van Aerdtstr.	DT	3
Amsterdamstr.	DT	4
Ankerrui	DT	6
Ballaerstr.	DV	12
Borsbeekbrug	EX	16
van Breestr.	DV	19
Brialmontlei	DV	21
Britselei	DV	22
Broederminstr.	CV	24
Brouwersvliet	DT	25
Brusselstr.	CV	27
Carnotstr.	EU	
Cassiersstr.	DT	31
Charlottalei	DV	33
Cockerillkaai	CV	36
Cogels-Osylei	EV	37
Cuperusstr.	EV	38
Dambruggestr.	ETU	39
Diksmuidelaan	EX	43
Emiel Banningstr.	CV	51
Emiel Vloorsstr.	CX	52
Erwtenstr.	ET	55
Falconplein	DT	58
Franklin Rooseveltpl.	DU	60
Gemeentestr.	DU	63
Gen. Armstrongweg	CX	64
Gen. van Merlenstraat	EV	65
Gérard Le Grellelaan	DX	66
de Gerlachekaai	CV	67
Gillisplaats	CV	69
Gitschotellei	EX	70
Graaf van Egmontstr.	CV	72
Haantjeslei	CDV	79
Halenstr.	ET	81
Hessenplein	DT	84
Jan de Voslei	CX	90
Jan van Gentstr.	CV	91
Jezusstr.	DU	96
Justitiestr.	DV	97
Kasteelpleinstr.	DV	102
de Keyserlei	DU	103
Kloosterstr.	CU	105
Kol. Silvertopstr.	CX	106
Koningin Astridplein	DEU	109
Koningin Elisabethlei	DX	110
Korte Winkelstr.	DTU	114
Lambermontplaats	CV	116
Lange Winkelstr.	DT	118
Léopold de Waelplein	CV	120
Léopold de Waelstr.	CV	121
Leysstr.	DU	123
Londenstr.	DT	124
Maria-Henriettalei	DV	127
Marnixplaats	CV	129
Mercatorstr.	DEV	130
Namenstr.	CV	133
van den Nestlei	EV	135
Offerandestr.	EU	136
Ommeganckstr.	EU	138
Orteliuskaai	DT	141
Osystr.	DU	142
Oude Leeuwenrui	DT	148
Pelikaanstr.	DU	151
Plantinkaai	CU	153
Ploegstr.	EU	154
Posthofbrug	EX	157
Prins Albertlei	DX	159
Provinciestr.	EUV	162
Pyckestr.	CX	163
Quellinstr.	DU	165
Quinten Matsijslei	DUV	166
Rolwagenstr.	EV	171
Schijnpoortweg	ET	174
van Schoonhovestr.	DEU	175
Simonsstr.	DEV	178
Sint-Bernardse steenweg	CX	180
Sint-Gummarusstr.	DT	181
Sint-Jansplein	DT	183
Sint-Jozefsstr.	DV	186
Sint-Michielskaai	CU	187
Turnhoutsebaan (BORGERHOUT)	EU	
Viaduct Dam	ET	202
Visestr.	ET	204
Volkstr.	CV	207
Vondelstr.	DT	208
Waterloostraat	EV	210

D
E
Noorderlaan
Ellermanstr.
WILLEMDOK
BONAPARTE DOK
Rijnkaai
NIEUW LOBROEKDOK
Slachthuislaan
Lange
Lobroekstr.
Schijnpoort
Oranjestr.
Stuivenbergplein
Van Kerckhovenstr.
Diepestr.
Onderwijsstr.
Handel
Handelsstr.
Elisabeth
Lange Beeldekensstr.
Pothoekstr.
Italiëlei
Begijnhof
St.-Jacobskerk
Lange Nieuwstr.
KATHEDRAAL
Meir
Opera
Astrid
Carnotstr.
Centraal Station
DIERENTUIN
Diamant
BORGERHOUT
Kerkstr.
Turnhoutsebaan
Frankrijklei
Rubenslei
STADSPARK
Van Eycklei
Plantin
Bleekhofstr.
Kroonstr.
s Herenstr.
en
Moretuslei
Lange Leemstr.
Mechelse steenweg
Belgiëlei
Lange Leemstr.
straat
Anselmostr.
Lange Lozanastr.
Transvaalstr.
Pretoriastr.
WIJK ZURENBORG
G. Vliesstr.
Lamorinière
Marialei
KONING ALBERT PARK
Boomgaardstr.
Grote Steenweg
Statiestr.
Markgravelei
Jan van Rijswijcklaan
K. Oomsstr.
Gen. Lemanstr.
Desguinlei
Vredestraat
Binnensingel
R 10
R 1
BERCHEM
T
U
V
X

ANTWERPEN

Gildekamerstr. .... FY 69
Groenplaats .... FZ
Handschoenmarkt ...... FY 82
Klapdorp .... GY
Korte Gasthuisstr. .... GZ 112
Maria Pijpelinckxstr. ..... GZ 127
Meir .... GZ
Nationalestr. .... FZ
Oude Koornmarkt ...... FYZ 147
Paardenmarkt .... GY
Repenstr. .... FY 168
Schoenmarkt .... FZ
Sint-Jansvliet .... FZ 184
Sint-Rochusstr. .... FZ 189
Steenhouwersvest ...... FZ 193
Twaalf Maandenstr. ..... GZ 199
Veemarkt .... FY 201
Vlasmarkt .... FYZ 205
Vleeshouwersstr. .... FY 206
Vrijdagmarkt .... FZ 213
Wisselstr. .... FY 214
Zirkstr. .... FY 216
Zwartzusterstr. .... FY 217

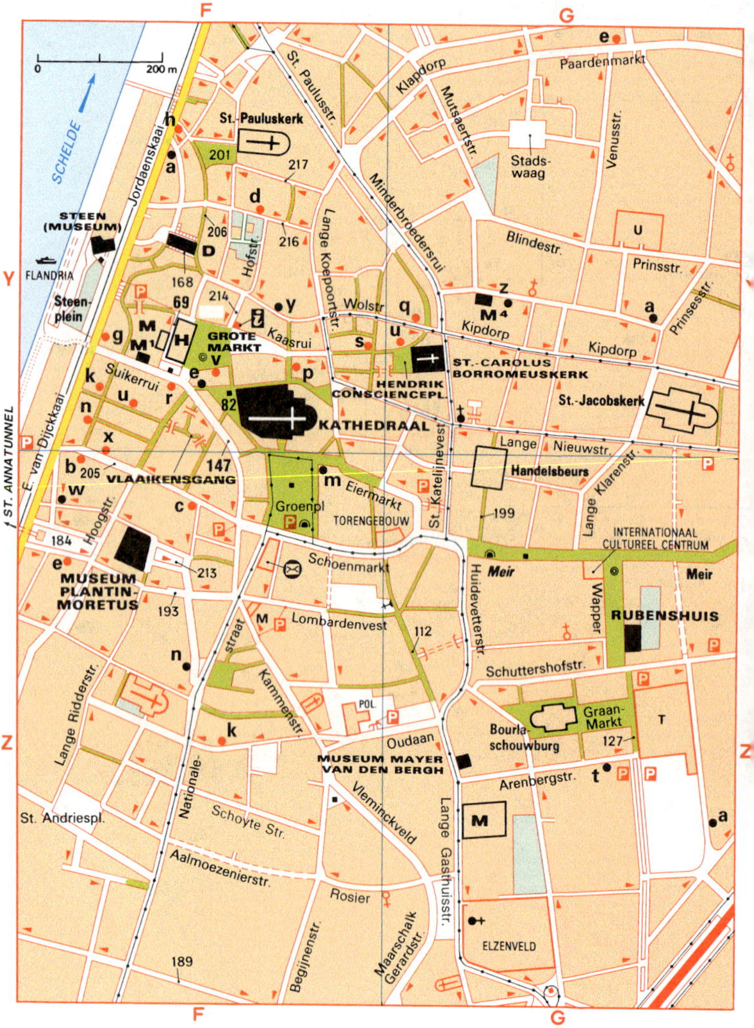

Send us your comments on the restaurants we recommend
and your opinion on the specialities
and local wines they offer.

Liste alphabétique des hôtels et restaurants
Alfabetische lijst van hotels en restaurants
Alphabetisches Hotel- und Restaurantverzeichnis
Alphabetical list of hotels and restaurants

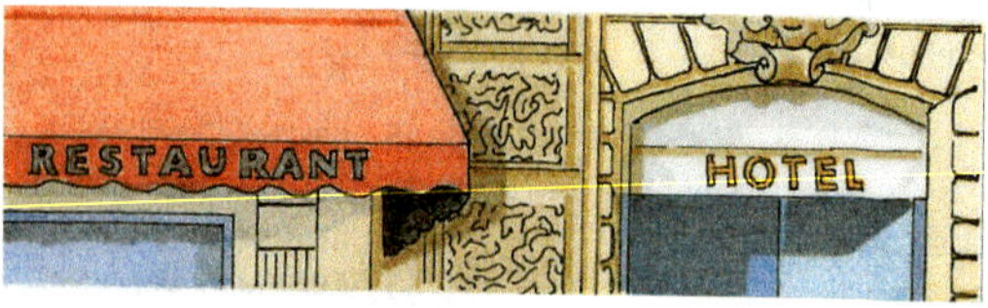
RESTAURANT
HOTEL

Quartier Ancien - *plan p. 8 sauf indication spéciale :*

Hilton [M], Groenplaats, ✆ (0 3) 204 12 12, *Fax (0 3) 204 12 13*, « Façade ancien grand magasin début 20ᵉ s. », - - - - 30 à 1000. AE MC VISA FZ m
Repas voir rest **Het Vijfde Seizoen** ci-après – 850 – **199 ch** 9900/10900, 12 suites.

Alfa Theater [M], Arenbergstraat 30, ✆ (0 3) 203 54 10, *Fax (0 3) 233 88 58*, - - - 25 à 50. AE MC VISA. GZ t
Repas *(fermé sam. midi, dim. et jours fériés)* Lunch 650 – 1350 – **122 ch** 3700/7000, 5 suites – ½ P 4650/6950.

De Witte Lelie sans rest, Keizerstraat 16, ✆ (0 3) 226 19 66, *Fax (0 3) 234 00 19*, « Ensemble de maisons du 17ᵉ s., patio » – . AE MC VISA JCB GY z
fermé 22 déc.-10 janv. – **7 ch** 6500/15000, 3 suites.

Rubens sans rest, Oude Beurs 29, ✆ (0 3) 222 48 48, *Fax (0 3) 225 19 40* – - 25 à 50. AE MC VISA JCB. FY y
35 ch 5850/6850, 1 suite.

't Sandt, Het Zand 17, ✆ (0 3) 232 93 90, *Fax (0 3) 232 56 13*, « Demeure du 19ᵉ s. de style rococo » – - 25 à 150. AE MC VISA JCB. rest FZ w
Repas Lunch 575 – carte 900 à 1200 – **17 ch** 5100, 1 suite.

Prinse sans rest, Keizerstraat 63, ✆ (0 3) 226 40 50, *Fax (0 3) 225 11 48* – - 25 à 100. AE MC VISA. GY a
34 ch 3800/6000, 1 suite.

Villa Mozart, Handschoenmarkt 3, ✆ (0 3) 231 30 31, *Fax (0 3) 231 56 85*, , – . AE MC VISA JCB FY e
Repas (Taverne-rest) Lunch 595 – 795/1495 – 500 – **25 ch** 3500/5400 – ½ P 2900/3850.

Antigone sans rest, Jordaenskaai 11, ✆ (0 3) 231 66 77, *Fax (0 3) 231 37 74* – - 30. AE MC VISA. FY a
18 ch 3300/3900.

Ibis sans rest, Meistraat 39 (Theaterplein), ✆ (0 3) 231 88 30, *Fax (0 3) 234 29 21* – - 25 à 80. AE MC VISA JCB GZ a
250 – **150 ch** 2500/2750.

Cammerpoorte sans rest, Nationalestraat 40, ✆ (0 3) 231 97 36, *Fax (0 3) 226 29 68* – . AE MC VISA JCB. FZ n
39 ch 2650/3150.

't Fornuis (Segers), Reyndersstraat 24, ✆ (0 3) 233 62 70, *Fax (0 3) 233 99 03*, « Maison du 17ᵉ s., intérieur rustique » – AE MC VISA. FZ c
fermé août, 24 déc.-1ᵉʳ janv., sam. et dim. – **Repas** (nombre de couverts limité - prévenir) carte 2450 à 3300
Spéc. Salade de St-Jacques et foie d'oie à l'huile de noix. Cabillaud parmentier aux crevettes grises. Crème d'amandes, sauce caramel.

Huis De Colvenier, St-Antoniusstraat 8, ✆ (0 3) 226 65 73, *Fax (0 3) 227 13 14*, , « Demeure fin 19ᵉ s., fresques murales et jardin d'hiver » – . AE MC VISA FZ k
fermé 1 sem. carnaval, 1 sem. Pâques, août, sam. midi, dim. soir et lundi – **Repas** Lunch 2500 bc – 3000 bc/4000 bc.

Het Vijfde Seizoen - H. Hilton, Groenplaats, ✆ (0 3) 204 12 29, *Fax (0 3) 204 12 13* – . AE MC VISA FZ m
Repas 1500/2050 bc.

La Rade 1ᵉʳ étage, E. Van Dijckkaai 8, ✆ (0 3) 233 37 37, *Fax (0 3) 233 49 63*, « Ancienne loge maçonnique du 19ᵉ s. » – AE MC VISA FY g
fermé du 7 au 12 fév., du 10 au 30 juil., sam. midi, dim. et jours fériés – **Repas** Lunch 1450 – carte 2050 à 2650.

De Kerselaar (Michiels), Grote Pieter Potstraat 22, ✆ (0 3) 233 59 69, *Fax (0 3) 233 11 49* – . AE MC VISA JCB FY n
fermé 2 sem. avant Pâques, 30 août-12 sept., sam. midi, dim. et lundi midi – **Repas** Lunch 1650 – 2150, carte 2200 à 2500
Spéc. Bar de ligne en croûte de sel et marinade aux aromates. Pigeon laqué au miel de romarin et ail caramélisé. Gâteau chaud au chocolat amer.

't Silveren Claverblat, Grote Pieter Potstraat 16, ✆ (0 3) 231 33 88, *Fax (0 3) 231 31 46* – AE MC VISA. FY k
fermé mardi et sam. midi – **Repas** Lunch 2000 – 2700 bc.

De Gulden Beer, Grote Markt 14, ✆ (0 3) 226 08 41, *Fax (0 3) 232 52 09*, , Avec cuisine italienne, ouvert jusqu'à 23 h – . AE MC VISA. FY v
Repas Lunch 980 – 1500/2500.

XX **P. Preud'homme,** Suikerrui 28, ✆ (0 3) 233 42 00, *Fax (0 3) 233 42 00,* terrasse, Ouvert jusqu'à 23 h – air conditionné. AE Diners MC VISA JCB. chiens interdits FY r
fermé janv. – **Repas** carte 1850 à 2600.

XX **Het Nieuwe Palinghuis,** St-Jansvliet 14, ✆ (0 3) 231 74 45, *Fax (0 3) 231 50 53,* Produits de la mer – air conditionné. AE Diners MC VISA FZ e
fermé juin, lundi et mardi – **Repas** *Lunch 1150* – carte 1600 à 2500.

XX **Neuze Neuze,** Wijngaardstraat 19, ✆ (0 3) 232 27 97, *Fax (0 3) 225 27 38* – AE Diners MC VISA JCB FY s
fermé 2 sem. en août, 1 sem. en janv., sam. midi et dim. – **Repas** *Lunch 950* – 2100/2600.

XX ✿ **De Matelote** (Garnich), Haarstraat 9, ✆ (0 3) 231 32 07, *Fax (0 3) 231 08 13,* Produits de la mer – air conditionné. AE Diners MC VISA JCB FY u
fermé juin, du 1er au 15 janv., sam. midi, dim., lundi midi et jours fériés – **Repas** carte 1800 à 2700
Spéc. Moules tièdes au curry léger (sept.-fév.). St-Jacques marinées. Barbue aux champignons et citron.

XX **Zirk,** Zirkstraat 29, ✆ (0 3) 225 25 86, *Fax (0 3) 226 51 77* – P. AE Diners VISA. chiens interdits FY d
fermé 1 sem. en fév., 3 prem. sem. août, sam. midi, dim. et lundi – **Repas** *Lunch 850* – 1500/2000.

XX **De Manie,** H. Conscienceplein 3, ✆ (0 3) 232 64 38, *Fax (0 3) 232 64 38* – AE MC VISA GY u
fermé 15 août-1er sept., merc. et dim. soir – **Repas** carte env. 1800.

X **De Reddende Engel,** Torfbrug 3, ✆ (0 3) 233 66 30, *Fax (0 3) 233 66 30,* terrasse – AE Diners MC VISA FY p
fermé du 5 au 16 mars, 16 août-14 sept., du 2 au 5 janv., merc. et sam. midi – **Repas** 975/1250. FY p

X **Bistrot Raoul,** Vlasmarkt 21, ✆ (0 3) 213 09 77, *Fax (0 3) 213 09 77* – chiens interdits FYZ x
fermé mi-août-début sept., mardi et merc. – **Repas** carte 1350 à 1800.

X **Tête-à-Tête,** Vlasmarkt 14, ✆ (0 3) 227 37 17, *Fax (0 3) 227 37 17,* « Bistrot artistique » – AE MC VISA FZ b
fermé merc. – **Repas** (dîner seult) carte 1400 à 1700.

X **La Rucolla,** Wolstraat 45, ✆ (0 3) 231 89 94, *Fax (0 3) 231 89 94,* Avec cuisine italienne – VISA JCB GY q
fermé dern. sem. juil.-2 prem. sem. août – **Repas** (dîner seult jusqu'à 23 h) carte env. 1500.

X **Dock's Café,** Jordaenskaai 7, ✆ (0 3) 226 63 30, *Fax (0 3) 226 65 72,* Brasserie-écailler, ouvert jusqu'à minuit – AE Diners MC VISA JCB. chiens interdits FY h
fermé 1er janv. et sam. midi – **Repas** 750/950.

Quartiers du Centre - *plans p. 6 et 7 sauf indication spéciale :*

Radisson SAS Park Lane M, Van Eycklei 34, ✉ 2018, ✆ (0 3) 285 85 85 et 285 85 80 (rest), *Fax (0 3) 285 85 86,* ←, fitness, sauna, piscine – ascenseur, non-fumeurs, air conditionné, TV, ☎, garage – 25 à 500. AE Diners MC VISA JCB. chiens interdits rest DV y
Repas ***Longchamps*** *(fermé sam. midi et dim.)* *Lunch 1100* – carte 1400 à 1800 – 800 – **163 ch** 9500, 14 suites – ½ P 6400/11300.

Astrid Park Plaza M, Koningin Astridplein 7, ✉ 2018, ✆ (0 3) 203 12 34, *Fax (0 3) 203 12 51,* ←, fitness, sauna, piscine – ascenseur, non-fumeurs, air conditionné, TV, ☎, garage – 25 à 500. AE Diners MC VISA. chiens interdits rest DEU e
Repas *(fermé sam. midi)* (en juil.-août dîner seult sauf dim.) *Lunch 990* – carte 1300 à 2000 – 795 – **226 ch** 8000/9000, 3 suites.

Carlton, Quinten Matsijslei 25, ✉ 2018, ✆ (0 3) 231 15 15, *Fax (0 3) 225 30 90* – ascenseur, non-fumeurs, air conditionné, TV, ☎, garage – 25 à 100. AE Diners VISA. chiens interdits rest DU v
Repas *(fermé 3 sem. en août, vend. soir et dim. soir)* *Lunch 675* – carte env. 1400 – **126 ch** 6500/7500, 1 suite.

Alfa De Keyser M, De Keyserlei 66, ✉ 2018, ✆ (0 3) 206 74 60, *Fax (0 3) 232 39 70,* fitness, sauna, piscine – ascenseur, non-fumeurs, air conditionné, TV, ☎ – 25 à 160. AE Diners MC VISA JCB DU t
Repas *(fermé sam. midi et dim.)* (Taverne-rest) *Lunch 850* – carte 1350 à 1700 – **120 ch** 3700/6600, 3 suites – ½ P 4550/6250.

Hyllit M, De Keyserlei 28 (accès par Appelmansstraat), ✉ 2018, ✆ (0 3) 202 68 00 et 227 44 88 (rest), *Fax (0 3) 202 68 90,* terrasse – ascenseur, air conditionné, TV, ☎, garage – 30. AE Diners MC VISA. chiens interdits DU q
Repas ***Gran Duca*** (Avec cuisine italienne, ouvert jusqu'à 23 h) *Lunch 1350* – carte 1500 à 2050 – 600 – **74 ch** 5500/6100, 5 suites.

Plaza sans rest, Charlottalei 43, ✉ 2018, ✆ (0 3) 218 92 40, *Fax (0 3) 218 88 23* – ascenseur, non-fumeurs, air conditionné, TV, ☎, garage – 25. AE Diners MC VISA. chiens interdits DV k
80 ch 5900/6900.

Alliance sans rest, Copernicuslaan 2, ✉ 2018, ✆ (0 3) 223 40 40, *Fax (0 3) 223 40 41* – 25 à 1000. AE VISA EU a
595 – **137 ch** 5750, 3 suites.

Residence sans rest, Molenbergstraat 9, ✆ (0 3) 232 76 75, *Fax (0 3) 233 73 28* – 40. AE VISA. DU c
48 ch 3900/6500.

Antverpia sans rest, Sint-Jacobsmarkt 85, ✆ (0 3) 231 80 80, *Fax (0 3) 232 43 43* – 40. AE VISA JCB. DU f
fermé 20 déc.-10 janv. – – 400 – **18 ch** 4000/7000.

Alfa Empire sans rest, Appelmansstraat 31, ✉ 2018, ✆ (0 3) 203 54 00, *Fax (0 3) 233 40 60* – AE VISA JCB. DU s
70 ch 2900/4000.

Alfa Congress, Plantin en Moretuslei 136, ✉ 2018, ✆ (0 3) 270 02 10, *Fax (0 3) 235 52 31* – 25 à 120. AE VISA JCB. EV s
Repas *(fermé sam. et dim.)* Lunch 450 – carte env. 1300 – 450 – **66 ch** 2100/3400 – ½ P 2900.

Colombus sans rest, Frankrijklei 4, ✆ (0 3) 233 03 90, *Fax (0 3) 226 09 46*, – AE VISA JCB. DU u
32 ch 3375/3950.

Astoria sans rest, Korte Herentalsestraat 5, ✉ 2018, ✆ (0 3) 227 31 30, *Fax (0 3) 227 31 34*, – AE VISA DU r
66 ch 4950/5450.

Atlanta sans rest, Koningin Astridplein 14, ✉ 2018, ✆ (0 3) 203 09 19, *Fax (0 3) 226 37 37* – – 30. AE VISA. DEU d
60 ch 2350/5000.

Ambassador sans rest, Belgiëlei 8, ✉ 2018, ✆ (0 3) 281 41 61, *Fax (0 3) 239 55 16* – AE VISA. DEV t
77 ch 2350/6000.

Eden sans rest, Lange Herentalsestraat 25, ✉ 2018, ✆ (0 3) 233 06 08, *Fax (0 3) 233 12 28* – AE VISA DU k
66 ch 2600/4000.

Agora sans rest, Koningin Astridplein 43, ✉ 2018, ✆ (0 3) 231 21 21, *Fax (0 3) 232 12 02* – AE VISA DU n
27 ch 2000/5000.

De Barbarie, Van Breestraat 4, ✉ 2018, ✆ (0 3) 232 81 98, *Fax (0 3) 231 26 78*, – AE VISA JCB. DV b
fermé dern. sem. avril, du 1er au 15 sept., sam. midi, dim. et lundi – **Repas** Lunch 1850 bc – carte 2250 à 2700.

De Lepeleer, Lange St-Annastraat 10, ✆ (0 3) 225 19 31, *Fax (0 3) 231 31 24*, « Ensemble de petites maisons dans une impasse du 16e s. » – – 25 à 50. AE VISA DU b
fermé 21 juil.-16 août, sam. midi, dim. et jours fériés – **Repas** Lunch 995 – 2950 bc.

De Zeste, Lange Dijkstraat 36, ✉ 2060, ✆ (0 3) 233 45 49, *Fax (0 3) 232 34 18* – . AE VISA DT u
fermé 2 dern. sem. août, merc. soir, sam. midi et dim. – **Repas** Lunch 1200 – 2150.

Blue Phoenix, Frankrijklei 14, ✆ (0 3) 233 33 77, *Fax (0 3) 233 88 46*, Cuisine chinoise – . AE VISA. DU r
fermé août, lundi et sam. midi – **Repas** Lunch 750 – 850/1600.

La Luna, Italiëlei 177, ✆ (0 3) 232 23 44, *Fax (0 3) 232 24 41*, Cuisine de différentes nationalités, ouvert jusqu'à 23 h – . AE VISA JCB DT p
fermé 20 juil.-10 août, sam. midi, dim. et lundi – **Repas** carte 1300 à 1750.

't Peerd, Paardenmarkt 53, ✆ (0 3) 231 98 25, *Fax (0 3) 231 59 40*, – . AE VISA JCB plan p. 6 GY e
fermé 2 sem. Pâques, 2 sem. en sept., mardi soir et merc. – **Repas** Lunch 1275 – carte 1600 à 2000.

De Veehandel, Lange Lobroekstraat 61 (face abattoirs), ✉ 2060, ✆ (0 3) 271 06 06, *Fax (0 3) 271 06 06*, – . AE VISA ET w
fermé dim. et jours fériés – **Repas** 950.

Pazzo, Oude Leeuwenrui 12, ✆ (0 3) 232 86 82, *Fax (0 3) 232 79 34*, « Ancien entrepôt aménagé en brasserie contemporaine » – AE VISA JCB. DT a
fermé 3 sem. en juil., Noël-Nouvel An, mardi, sam. midi et dim. midi – **Repas** Lunch 750 – carte 1150 à 1550.

Casa Julián, Italiëlei 32, ✆ (0 3) 232 07 29, *Fax (0 3) 233 09 53*, Cuisine espagnole – . AE VISA. DT m
fermé mi-juil.-mi-août, lundi et sam. midi – **Repas** carte env. 1200.

Rimini, Vestingstraat 5, ✉ 2018, ☎ (0 3) 226 06 08, Cuisine italienne – ▤. AE MC VISA
fermé août et merc. – **Repas** carte 1200 à 1650. DU h

Kuala Lumpur Satay House, Statiestraat 10, ✉ 2018, ☎ (0 3) 225 14 33, Cuisine asiatique, ouvert jusqu'à minuit – ▤. AE ◑ MC VISA JCB DU d
fermé juil. et jeudi – **Repas** *Lunch 450* – carte 850 à 1400.

Yamayu Santatsu, Ossenmarkt 19, ☎ (0 3) 234 09 49, *Fax (0 3) 234 09 49,* Cuisine japonaise – ▤. AE ◑ MC VISA JCB DTU b
fermé 2 sem. en août, dim. midi et lundi – **Repas** *Lunch 450* – 1500/1700.

Quartier Sud - *plans p. 4 et 5 sauf indication spéciale :*

Holiday Inn Crowne Plaza, G. Legrellelaan 10, ✉ 2020, ☎ (0 3) 237 29 00, *Fax (0 3) 216 02 96,* – ▤ TV ☎ P – 25 à 800. AE ◑ MC VISA. plan p. 3 BS g
Repas (Ouvert jusqu'à 23 h) *Lunch 1195* – 1500 – ☐ 725 – **258 ch** 8450, 4 suites.

Mercure Diamant, Desguinlei 94, ✉ 2018, ☎ (0 3) 244 82 11, *Fax (0 3) 216 47 12,* – ▤ TV ☎ P – 25 à 650. AE ◑ MC VISA JCB. rest DX z
Repas ***Tiffany's*** *(fermé sam. midi et dim.)* carte 1250 à 1600 – ☐ 590 – **210 ch** 4950, 5 suites.

Firean, Karel Oomsstraat 6, ✉ 2018, ☎ (0 3) 237 02 60, *Fax (0 3) 238 11 68,* « Demeure ancienne de style Art Déco » – ▤ TV ☎. AE ◑ MC VISA JCB DX n
fermé dern. sem. juil.-2 prem. sem. août et 24 déc.-10 janv. – **Repas** voir rest ***Minerva*** ci-après – **15 ch** ☐ 4500/5900.

Industrie M sans rest, Emiel Banningstraat 52, ☎ (0 3) 238 66 00, *Fax (0 3) 238 86 88* – TV ☎. AE ◑ MC VISA JCB. CV a
13 ch ☐ 2700/3500.

Loncin, Markgravelei 127, ✉ 2018, ☎ (0 3) 248 29 89, *Fax (0 3) 248 38 66,* Ouvert jusqu'à minuit – ▤ P. AE ◑ MC VISA. DX d
fermé sam. midi et dim. – **Repas** *Lunch 1350* – carte 2500 à 2950.

Liang's Garden, Markgravelei 141, ✉ 2018, ☎ (0 3) 237 22 22, *Fax (0 3) 248 38 34,* Cuisine chinoise – ▤. AE ◑ MC VISA DX d
fermé fin déc. et dim. – **Repas** *Lunch 950* – carte 1150 à 1650.

De Poterne, Desguinlei 186, ✉ 2018, ☎ (0 3) 238 28 24, *Fax (0 3) 248 59 67* – AE ◑ MC VISA DX u
fermé sam. midi, dim. et jours fériés – **Repas** *Lunch 1450* – carte 2150 à 2500.

Kommilfoo, Vlaamse Kaai 17, ☎ (0 3) 237 30 00, *Fax (0 3) 237 30 00* – ▤. AE ◑ MC VISA. CV e
fermé du 1er au 15 juil., dim. et lundi – **Repas** *Lunch 1100* – carte 1300 à 1600.

Minerva - H. Firean, Karel Oomsstraat 36, ✉ 2018, ☎ (0 3) 216 00 55, *Fax (0 3) 216 00 55* – ▤ – 25. AE ◑ MC VISA. DX e
fermé dern. sem. juil.-2 prem. sem. août, fin déc.-début janv., dim. et lundi – **Repas** *Lunch 1050* – carte 1700 à 2250.

Dua, Verbondsstraat 41, ☎ (0 3) 237 36 99, – AE MC VISA. DV h
fermé 16 juil.-5 sept., sam. midi, dim. et lundi midi – **Repas** *Lunch 685* – carte 1200 à 1650.

River Kwai, Vlaamse Kaai 14, ☎ (0 3) 237 46 51, *Fax (0 3) 888 46 83,* Cuisine thaïlandaise – ▤. AE MC VISA. CV r
fermé 24 déc.-4 janv. et merc. – **Repas** carte env. 1200.

Bizzie-Lizzie, Vlaamse Kaai 16, ☎ (0 3) 238 61 97, – AE ◑ MC VISA CV e
fermé dim. – **Repas** *Lunch 850* – carte env. 1400.

Périphérie - *plans p. 4 et 5 sauf indication spéciale :*

au Nord – ✉ *2030 :*

Novotel, Luithagen-haven 6 (Haven 200), ☎ (0 3) 542 03 20, *Fax (0 3) 541 70 93,* – ▤ TV ☎ P – 25 à 180. AE ◑ MC VISA JCB. rest BQ c
Repas (Ouvert jusqu'à 23 h) carte 900 à 1600 – ☐ 500 – **119 ch** 3750 – ½ P 2200/3075.

à Berchem C *Antwerpen* – ✉ *2600 Berchem :*

Campanile, Potvlietlaan 2, ☎ (0 3) 236 43 55, *Fax (0 3) 236 56 53,* – TV ☎ P – 25 à 80. AE ◑ MC VISA JCB BR f
Repas (Avec buffet) *Lunch 330* – 850 – ☐ 290 – **131 ch** 2600 – ½ P 1920/2325.

De Tafeljoncker, Frederik de Merodestraat 13, ☎ (0 3) 281 20 34, *Fax (0 3) 281 20 34,* – ▤ P. AE ◑ MC VISA plan p. 7 DX f
fermé 1 sem. en fév., 2 sem. en juil., prem. sem. oct., sam. midi, dim. soir et lundi – **Repas** *Lunch 1900 bc* – 3050 bc.

XX **Euterpia,** Generaal Capiaumontstraat 2, ✆ (0 3) 235 02 02, *Fax (0 3) 235 58 64*, 🏛, « Façade éclectique début 20e s. » plan p. 7 EV y
fermé Pâques, 1re quinz. août, Noël-Nouvel An, lundi et mardi – **Repas** (dîner seult jusqu'à 23 h) carte 1800 à 2150.

XX **De Troubadour,** Driekoningenstraat 72, ✆ (0 3) 239 39 16, *Fax (0 3) 230 82 71* – ▤. AE ⓓ MC VISA plan p. 7 DX a
fermé du 5 au 13 mars, juil., dim. et lundi – **Repas** *Lunch 795* – 1195.

X **Willy,** Generaal Lemanstraat 54, ✆ (0 3) 218 88 07 – AE ⓓ MC VISA plan p. 7 DX v
fermé sam. et dim. – **Repas** *Lunch 450* – carte 1000 à 1600.

X **Margaux,** Terlinckstraat 2, ✆ (0 3) 230 55 99, *Fax (0 3) 230 40 71*, 🏛 – MC VISA. ✂
fermé 2 prem. sem. avril, 2 prem. sem. sept., dim. et lundi – **Repas** *Lunch 1050* – carte 1200 à 2200. plan p. 7 DX b

X **Brasserie Marly,** Generaal Lemanstraat 64, ✆ (0 3) 281 23 23, *Fax (0 3) 281 33 10* – AE ⓓ MC VISA plan p. 7 DX c
fermé mi-juil.-mi-août, sam. midi et dim. – **Repas** *Lunch 500* – 1150/1400.

à Berendrecht *par ① : 23 km au Nord* C *Antwerpen* – ✉ *2040 Berendrecht :*

XX **Reigershof,** Reigersbosdreef 2, ✆ (0 3) 568 96 91, *Fax (0 3) 568 71 63* – AE ⓓ MC VISA
fermé 9 juil.-1er août, 31 déc.-8 janv., sam. midi, dim. et lundi – **Repas** *Lunch 1600 bc* – 1750.

à Borgerhout C *Antwerpen* – ✉ *2140 Borgerhout :*

Holiday Inn, Luitenant Lippenslaan 66, ✆ (0 3) 235 91 91, *Fax (0 3) 235 08 96*, ≘s, ▣ – ▮ ⇔ ▤ TV ☎ P – 🏛 25 à 230. AE ⓓ MC VISA JCB. ✂ BR e
Repas *(fermé sam. midi) Lunch 950* – carte env. 1400 – ☕ 800 – **201 ch** 6990/7990, 3 suites – ½ P 2545/8590.

à Deurne C *Antwerpen* – ✉ *2100 Deurne :*

XX **De Violin,** Bosuil 1, ✆ (0 3) 324 34 04, *Fax (0 3) 326 33 20*, 🏛, « Fermette » – P. AE ⓓ MC VISA. ✂ BR r
fermé 22 août-14 sept., dim. et lundi soir – **Repas** *Lunch 1495 bc* – carte env. 2000.

à Ekeren C *Antwerpen* – ✉ *2180 Ekeren :*

XX **Hof de Bist,** Veltwijcklaan 258, ✆ (0 3) 664 61 30, *Fax (0 3) 664 67 24*, 🏛, « Auberge rustique » – P. AE ⓓ VISA BQ p
fermé vacances Pâques, août, lundi et mardi – **Repas** (dîner seult) 2000.

X **De Mangerie,** Kapelsesteenweg 469 (par ②), ✆ (0 3) 605 26 26, *Fax (0 3) 605 24 16*, 🏛 – P. AE ⓓ MC VISA. ✂ BQ
Repas *Lunch 650* – carte 1300 à 1850.

à Merksem C *Antwerpen* – ✉ *2170 Merksem :*

XXX **Maritime,** Bredabaan 978, ✆ (0 3) 646 22 23, *Fax (0 3) 646 22 71*, 🏛, Produits de la mer – P. AE ⓓ MC VISA BQ m
fermé lundi – **Repas** 1150/1950.

à Wilrijk C *Antwerpen* – ✉ *2610 Wilrijk :*

XX **Schans XV,** Moerelei 155, ✆ (0 3) 828 45 64, *Fax (0 3) 828 93 29*, 🏛, « Dans une redoute du début 20e s. » – AE MC VISA. ✂ AS a
fermé sam. midi, dim. et jours fériés – **Repas** *Lunch 950* – carte 1350 à 2000.

X **Bistrot,** Doornstraat 186, ✆ (0 3) 829 17 29 – AE ⓓ MC VISA BS p
fermé fin juil.-fin août, lundi, mardi et sam. midi – **Repas** 895.

Environs

à Aartselaar *par ⑩ : 10 km – 14 270 h.* – ✉ *2630 Aartselaar :*

Kasteel Solhof 🐦 sans rest, Baron Van Ertbornstraat 116, ✆ (0 3) 877 30 00, *Fax (0 3) 877 31 31*, « Terrasse sur parc public », 🌳 – ▮ TV ☎ P – 🏛 25 à 50. AE ⓓ MC VISA. ✂
fermé Noël-Nouvel An – ☕ 650 – **24 ch** 5000/8000.

XXXX **Host. Kasteelhoeve Groeninghe** avec ch, Kontichsesteenweg 78, ✆ (0 3) 457 95 86, *Fax (0 3) 458 53 63*, ←, 🏛, « Ferme flamande restaurée », 🌳 – TV ☎ P – 🏛 25 à 150. AE ⓓ MC VISA. ✂
fermé 20 déc.-3 janv. et dim. – **Repas** *Lunch 1900 bc* – 2450/3000 – ☕ 500 – **7 ch** 3900/4250.

XXX **Kasteel Cleydael** 🐦 avec ch, Cleydaellaan 36 (Ouest : direction Hemiksem), ✆ (0 3) 887 05 04, *Fax (0 3) 877 20 18*, « Château féodal restauré, entouré de douves et parcours de golf » – TV ☎ P – 🏛 25 à 60. AE ⓓ MC VISA. ✂
fermé 16 juil.-15 août, 24 déc.-3 janv., sam. midi, dim., lundi et jours fériés – **Repas** *Lunch 1750* – carte 2200 à 3050 – **6 ch** ☕ 5500/6500, 1 suite.

XX **Villa Verde,** Kleiststraat 175, ☎ (0 3) 887 56 85, *Fax (0 3) 887 22 56*, ≤, 🍴, « Jardin et terrasse » – P. AE ⓓ ⓜⓒ VISA. ✻
fermé du 3 au 13 mars, 16 juil.-7 août, sam. midi, dim. soir et lundi – **Repas** *Lunch 1200* – 1750/2450.

XX **Berkemei,** Antwerpsesteenweg 27, ☎ (0 3) 877 25 13, *Fax (0 3) 877 33 07*, 🍴 – P. AE ⓓ ⓜⓒ VISA
fermé 28 fév.-3 mars, du 10 au 24 juil., du 25 au 31 déc., merc. et dim. – **Repas** *Lunch 895* – carte 1300 à 2000.

X **Hana,** Antwerpsesteenweg 116, ☎ (0 3) 877 08 95, *Fax (0 3) 877 08 95*, Cuisine japonaise avec Teppan-Yaki – ▤. AE ⓜⓒ VISA. ✻
fermé août, Noël-Nouvel An, mardi soir, sam. midi et dim. midi – **Repas** *Lunch 500* – 2000.

à Boechout - *plan p. 3 – 11 797 h. – ✉ 2530 Boechout :*

XXX ✿ **De Schone van Boskoop** (Keersmaekers), Appelkantstraat 10, ☎ (0 3) 454 19 31, *Fax (0 3) 454 19 31*, 🍴, « Intérieur design, pièce d'eau et statues au jardin » – P. AE ⓜⓒ VISA. ✻ BS d
fermé du 17 au 22 avril, du 8 au 31 août, 24 déc.-2 janv., dim. et lundi – **Repas** *Lunch 1500* – carte 2900 à 3450
Spéc. Homard régional à la julienne de poireaux et truffes (avril-15 juil.). Ragoût de ramier, crêtes de coq et truffes (sept.-fév.). Ravioli de pain d'épices, petite soupe de Boscop et poires.

à Brasschaat - *plan p. 3 – 37 136 h. – ✉ 2930 Brasschaat :*

Afspanning De Kroon, Bredabaan 409 (par ③ : 1,5 km), ☎ (0 3) 652 09 88, *Fax (0 3) 653 25 92* – |‡| TV ☎ 🚗. AE ⓓ ⓜⓒ VISA. ✻ ch
Repas (Ouvert jusqu'à 23 h) carte 1000 à 1700 – **15 ch** ☐ 4000/5000.

Molenhof, Molenweg 6 (par ② : 1 km, direction Kapellen), ☎ (0 3) 665 00 81, *Fax (0 3) 605 17 44*, 🍴 – ▤ ch, TV ☎ P. AE ⓓ ⓜⓒ VISA
Repas *(fermé mardi) Lunch 695* – carte 1250 à 1800 – **12 ch** ☐ 2000/3000.

XX **Chez Bruno,** Donksesteenweg 212 (Ekeren-Donk), ☎ (0 3) 647 20 10, *Fax (0 3) 644 06 60*, 🍴 – ▤. AE ⓜⓒ VISA BQ z
fermé du 13 au 21 mars, du 4 au 25 sept., lundi et sam. midi – **Repas** *Lunch 695* – 1150/1350.

à Edegem - *plan p. 3 – 22 484 h. – ✉ 2650 Edegem :*

Ter Elst, Terelststraat 310 (par Prins Boudewijnlaan), ☎ (0 3) 450 90 00 et 450 90 80 (rest), *Fax (0 3) 450 90 90*, Fō, ≘s, 🏊, ✂, 🚲 – |‡| ⇔ ▤ TV ☎ 🚗 P – 🎤 25 à 500. AE ⓓ ⓜⓒ VISA. ✻ BS
Repas *(fermé 3 juil.-11 août) Lunch 1295* – 1150/1895 – **53 ch** ☐ 3900/4400.

à 's Gravenwezel *par ⑤ : 13 km* C *Schilde 19 424 h. – ✉ 2970 's Gravenwezel :*

X **De Vogelenzang,** Wijnegemsteenweg 193, ☎ (0 3) 353 62 40, *Fax (0 3) 353 33 83*, 🍴, Taverne-rest – ▤ P. AE ⓓ ⓜⓒ VISA
fermé merc. – **Repas** carte 1200 à 1600.

X **De Plantage,** Kerkstraat 52, ☎ (0 3) 658 50 82, 🍴, Cuisine indonésienne – ⓜⓒ VISA
fermé dern. sem. juil.-2 prem. sem. août, lundi et mardi – **Repas** (dîner seult) 850/1150.

à Kapellen *par ② : 15,5 km – 25 539 h. – ✉ 2950 Kapellen :*

XXX ✿✿ **De Bellefleur** (Buytaert), Antwerpsesteenweg 253, ☎ (0 3) 664 67 19, *Fax (0 3) 665 02 01*, 🍴, « Véranda avec pergola entourée d'un jardin fleuri » – P. AE ⓓ ⓜⓒ VISA
fermé juil., sam. midi, dim. et lundi – **Repas** *Lunch 1850 bc* – 3850 bc, carte 3100 à 4000
Spéc. Ragoût de soles aux chanterelles et truffes. Tranche de turbot grillée, sauce gribiche. Lièvre des neiges au malt et aux légumes de saison (oct.-déc.).

X ☺ **De Pauw,** Antwerpsesteenweg 48, ☎ (0 3) 664 22 82, *Fax (0 3) 605 48 35*, 🍴 – P. AE ⓓ ⓜⓒ VISA
fermé mardi et merc. – **Repas** 550/1650.

à Kontich *par ⑧ : 12 km – 19 537 h. – ✉ 2550 Kontich :*

XX ☺ **Carême,** Koningin Astridlaan 114, ☎ (0 3) 457 63 04, *Fax (0 3) 457 93 02*, 🍴 – ▤ P. AE ⓓ ⓜⓒ VISA
fermé 3 prem. sem. juil., lundi et sam. midi – **Repas** *Lunch 695* – 795/1650.

X **Afspanning De Jachthoorn,** Doornstraat 11 (Ouest : 3 km - BS), ☎ (0 3) 458 21 21, *Fax (0 3) 457 93 77*, 🍴 – P – 🎤 25 à 350. AE ⓓ ⓜⓒ VISA
fermé lundi – **Repas** *Lunch 695* – carte env. 1200.

X **Eet-Kafee,** Mechelsesteenweg 318, ☎ (0 3) 457 26 31, *Fax (0 3) 457 26 31*, 🍴, Taverne-rest, ouvert jusqu'à minuit – P. AE ⓓ ⓜⓒ VISA
Repas *Lunch 525* – carte env. 1050.

à Schilde *par ⑤ : 13 km – 19 424 h. – ✉ 2970 Schilde :*

XX **Henri IV,** Louis Mariënlaan 5, ☎ (0 3) 383 11 49, *Fax (0 3) 383 37 16*, – P. AE ① MC VISA
fermé 30 janv.-10 fév., 20 août-14 sept., mardi et sam. midi – **Repas** carte 1400 à 1950.

à Schoten *- plan p. 3 – 32 355 h. – ✉ 2900 Schoten :*

XX **Kleine Barreel,** Bredabaan 1147, ☎ (0 3) 645 85 84, *Fax (0 3) 645 85 03* – P. AE ① MC VISA JCB. BQ n
Repas Lunch 1175 – 1250/1695.

XX **De Linde,** Alice Nahonlei 92 (Est : 3 km, angle N 113), ☎ (0 3) 658 47 43, *Fax (0 3) 658 11 84*, – P. AE ① MC VISA
fermé vacances carnaval, 2e quinz. août, mardi et merc. – **Repas** Lunch 1450 bc – 1950.

XX **Villa Doria,** Bredabaan 1293, ☎ (0 3) 644 40 10, *Fax (0 3) 641 62 69*, Cuisine italienne – P. AE ① MC VISA. BQ b
fermé 3 sem. en juil., Noël, Nouvel An et merc. – **Repas** Lunch 995 – carte 1400 à 2100.

XX **Uilenspiegel,** Brechtsebaan 277 (3 km sur N 115), ☎ (0 3) 651 61 45, *Fax (0 3) 652 08 08*, « Terrasse et jardin » – P. AE MC VISA
fermé 3 dern. sem. juil., 2 sem. en janv., lundi et mardi – **Repas** Lunch 675 – 1050/1475.

à Wijnegem *par ⑤ : 2 km – 8 580 h. – ✉ 2110 Wijnegem :*

XXX **Ter Vennen,** Merksemsebaan 278, ☎ (0 3) 326 20 60, *Fax (0 3) 326 38 47*, « Terrasse » – P. AE ① MC VISA
Repas Lunch 1675 bc – 1325/2295 bc.

XX **'t Heerenhuys,** Turnhoutsebaan 313, ☎ (0 3) 353 41 61, *Fax (0 3) 354 03 35* – AE ① MC VISA.
fermé août, mardi soir, merc. et sam. midi – **Repas** Lunch 950 – carte 1700 à 2200.

ARBRE *5170 Namur* C *Profondeville 10 461 h.* 213 N 20, 214 N 20 et 909 H 4.
Env. *à l'Est : 2 km à Attre : Château★.*
Bruxelles 81 – Namur 19 – Dinant 16.

XX ✿ **L'Eau Vive** (Résimont), rte de Floreffe 37, ☎ (0 81) 41 11 51, *Fax (0 81) 41 40 16*, ←, « Terrasse en bordure de cascade dans un vallon boisé » – P. AE ① MC VISA
fermé dern. sem. janv.-prem. sem. fév., dern. sem. juin, 1re quinz. sept., mardi et merc. – **Repas** Lunch 950 – 1550, carte env. 2100
Spéc. Truite du vivier au bleu. Foie gras poêlé au pain d'épices caramélisé. Carré d'agneau et ravioles au poivron grillé, petite crème d'ail.

ARCHENNES (EERKEN) *1390 Brabant Wallon* C *Grez-Doiceau 11 642 h.* 213 N 18 et 909 H 3.
Bruxelles 35 – Charleroi 52 – Leuven 17 – Namur 39.

X **l'Ecrin des Gourmets,** chaussée de Wavre 153, ☎ (0 10) 84 49 69 – P. AE ① MC VISA.
fermé dern. sem. juil.-prem. sem. août et merc. non fériés – **Repas** 765/1545.

ARLON (AARLEN) *6700* P *Luxembourg belge* 214 T 24 et 909 K 6 – *24 511 h.*
Musée : *Luxembourgeois★ : section lapidaire gallo-romaine★★* Y **M.**
r. Faubourgs 2 ☎ (0 63) 21 63 60, Fax (0 63) 21 63 60.
Bruxelles 187 ① – Luxembourg 31 ④ – Ettelbrück 34 ② – Namur 126 ①

Plan page suivante

AC Arlux, r. Lorraine (par ⑤ : 3 km), ☎ (0 63) 23 22 11, *Fax (0 63) 23 22 48* – TV ☎ P – 25 à 200. AE ① MC VISA. rest
Repas 850/1095 – **78 ch** 2500/2700 – ½ P 1945/3095.

XXX **L'Arlequin** 1er étage, pl. Léopold 6, ☎ (0 63) 22 28 30, *Fax (0 63) 22 28 30* – AE MC VISA
fermé 1 sem. Pâques, prem. sem. sept., prem. sem. janv., lundi et jeudi soir – **Repas** 1400/1750 bc. Z v

XX **L'eau à la bouche,** rte de Luxembourg 317 (par ④ : 2,5 km), ☎ (0 63) 23 37 05, *Fax (0 63) 24 00 56*, « Villa avec terrasse » – P. MC VISA
fermé 2 sem. Pâques, fin août-début sept., début janv., mardi soir, merc. et sam. midi – **Repas** Lunch 650 – carte env. 1700.

à Hondelange *par ④ : 8 km* C *Messancy 6 883 h. – ✉ 6780 Hondelange :*

Les Blés d'Or sans rest, r. Blés d'Or 15, ☎ (0 63) 22 52 34, *Fax (0 63) 23 33 36*, – TV ☎ P. MC VISA.
fermé du 9 au 16 juil. et 22 déc.-4 janv. – **11 ch** 1850/2000.

ARLON

Bastion (R. du)	Y	2
Capucins (R. des)	Y	3
Carmes (R. des)	Z	4
Chasseurs-Ardennais (Pl. des)	Y	6
Didier (Pl.)	Y	8
Diekirch (R. de)	Y	
Etienne-Lenoir (R.)	Z	10
Faubourgs (R. des)	Y	12
Frassem (R. de)	Y	13
Grand'Place	YZ	15
Grand'Rue	Z	16
Hollenfeltz (Pl. Dr)	Y	17
Léopold (Pl.)	Z	19
Marché-au-Beurre	Z	20
Marché-aux-Légumes	YZ	22
Marquisat (R. du)	Y	23
Michel-Hamelius (R.)	Z	25
Palais-de-Justice	Z	26
Paul-Reuter (R.)	Z	27
Porte-Neuve (R. de la)	Y	29
Remparts (R. des)	Y	30
Saint-Jean (R.)	YZ	32
Seymerich (R. de)	Y	34
Synagogue (R. de la)	Z	35
25-Août (R. du)	Z	40

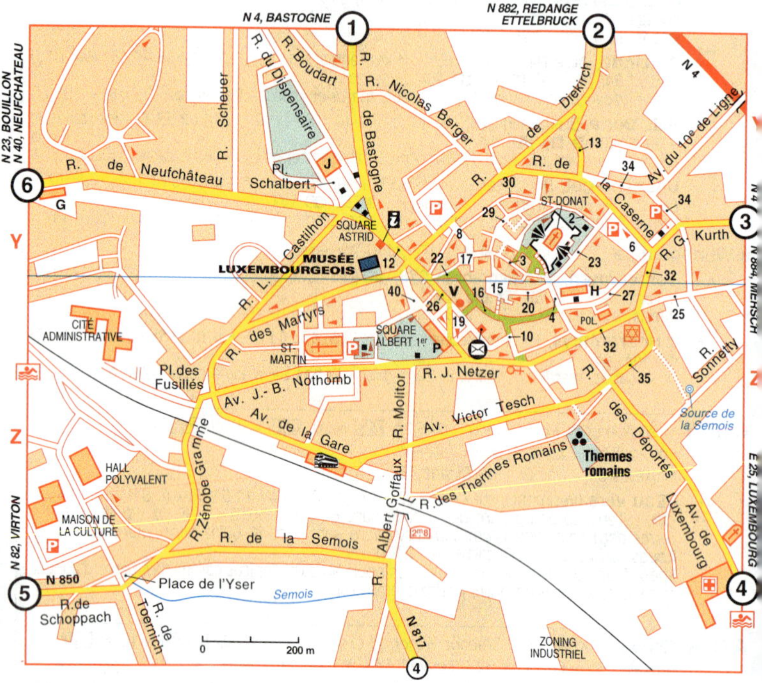

AS *3665 Limburg* 213 *S 16 et* 909 *J 2 – 7 119 h.*
Bruxelles 99 – Maastricht 30 – Antwerpen 95 – Hasselt 25 – Eindhoven 58.

Host. Mardaga, Stationsstraat 121, ✆ (0 89) 65 62 65, *Fax (0 89) 65 62 66*, « Jardin ombragé en lisière de forêt », – rest, P – 25 à 50. AE VISA.
Repas *(fermé du 2 au 12 janv. et sam. midi)* Lunch 1250 – 1750 – **18 ch** 3400/5500 – ½ P 3700/5250.

ASSE *1730 Vlaams-Brabant* 213 *K 17 et* 909 *F 3 – 27 583 h.*
Bruxelles 16 – Aalst 12 – Dendermonde 17.

De Pauw, Lindendries 3, ✆ (0 2) 452 72 45, *Fax (0 2) 452 72 45*, « Jardin » – P. AE VISA
fermé sem. carnaval, 3 prem. sem. août, mardi soir, merc. et dim. soir – **Repas** Lunch 1150 – 1950.

Hof ten Eenhoorn, Keierberg 80 (direction Enghien, puis rte à droite), ✆ (0 2) 452 95 15, *Fax (0 2) 452 52 24*, « Ancienne ferme-brasserie dans un site pittoresque » – P – 25 à 85. AE VISA.
fermé 1 sem. carnaval, 3 sem. en juil., dim. soir, lundi et mardi – **Repas** Lunch 950 – 1550/1595.

Canteclaer, Markt 6a, ✆ (0 2) 452 41 40, *Fax (0 2) 452 36 95*, Ouvert jusqu'à 23 h – AE VISA
fermé 3 dern. sem. juil., lundi et mardi – **Repas** Lunch 450 – 995/1600.

ASSENEDE *9960 Oost-Vlaanderen* 213 H 15 *et* 909 E 2 – *13 567 h.*
Bruxelles 88 – Brugge 41 – Gent 28 – Sint-Niklaas 38.

X **Den Hoed,** Kloosterstraat 3, ✆ (0 9) 344 57 03, Moules en saison – AE ⓓ ⓜⓒ VISA
fermé sem. carnaval, 3 dern. sem. juin, lundi soir et mardi – **Repas** 1100.

ASTENE *Oost-Vlaanderen* 213 G 17 – *voir à Deinze.*

ATH (AAT) *7800 Hainaut* 213 H 19, 214 H 19 *et* 909 E 4 – *25 084 h.*
Voir *Ducasse★★ (Cortège des géants).*
Env. *au Sud-Ouest : 6 km à Moulbaix : Moulin de la Marquise★ – au Sud-Est : 5 km à Attre★ : Château★.*
ℹ *r. Nazareth 2 ✆ (0 68) 26 92 30, Fax (0 68) 26 92 39.*
Bruxelles 57 – Mons 21 – Tournai 29.

Du Parc, r. Esplanade 13, ✆ (0 68) 28 69 77 et 28 54 85 (rest), *Fax (0 68) 28 57 63,* – TV ☎ – 25 à 70. AE ⓓ ⓜⓒ VISA JCB. ch
Repas *(fermé merc. soir, jeudi midi et dim. soir)* Lunch 650 – 1250/1750 – **11 ch** 1900/2800 – ½ P 2100/2550.

X **Le Saint-Pierre,** Marché aux Toiles 18, ✆ (0 68) 28 51 74 – AE ⓓ ⓜⓒ VISA
fermé 15 juil.-10 août – **Repas** (déjeuner seult sauf sam.) 995.

à Ghislenghien *(Gellingen) Nord-Est : 8 km* Ⓒ *Ath* – ✉ *7822 Ghislenghien :*

XX **Le Relais de la Diligence,** chaussée de Bruxelles 401 (N 7), ✆ (0 68) 55 12 41, « Relais du 18e s. » – P. AE ⓓ ⓜⓒ VISA
fermé sem. carnaval, du 15 au 31 juil. et jeudi – **Repas** (déjeuner seult sauf vend. et sam.) Lunch 560 – 850/1000.

X **Aux Mets Encore,** chaussée de Bruxelles 431 (N 7), ✆ (0 68) 55 16 07, *Fax (0 68) 55 16 07,* – P. AE ⓓ ⓜⓒ VISA
fermé 2e quinz. janv., mardi soir et merc. – **Repas** Lunch 550 – 850.

AUDENARDE *Oost-Vlaanderen – voir Oudenaarde.*

AUDERGHEM (OUDERGEM) *Région de Bruxelles-Capitale* 213 L 18 - ㊷ S *et* 909 G 3 - ㉒ S – *voir à Bruxelles.*

AVE ET AUFFE *5580 Namur* Ⓒ *Rochefort 11 720 h.* 214 P 22 *et* 909 I 5.
Bruxelles 114 – Bouillon 49 – Namur 55 – Dinant 29 – Rochefort 10.

Host. Le Ry d'Ave, Sourd d'Ave 5, ✆ (0 84) 38 82 20, *Fax (0 84) 38 93 88,* ≤, « Cadre champêtre », – TV ☎ P. AE ⓓ ⓜⓒ VISA
fermé du 26 au 29 juin, du 11 au 21 sept. et du 5 au 15 janv. – **Repas** *(fermé merc. midi)* 850/1900 – **12 ch** 1960/3170 – ½ P 2850/3500.

AVELGEM *8580 West-Vlaanderen* 213 F 18 *et* 909 D 3 – *9 035 h.*
Bruxelles 72 – Kortrijk 16 – Tournai 23.

X **Karekietenhof,** Scheldelaan 20 (derrière l'église), ✆ (0 56) 64 44 11, *Fax (0 56) 64 44 11,* ≤, Anguilles – P. ⓜⓒ VISA
fermé du 16 au 31 août, mardi soir et merc. – **Repas** Lunch 950 – 1150/1750.

AWENNE *Luxembourg belge* 214 Q 22 *et* 909 I 5 – *voir à St-Hubert.*

AYWAILLE *4920 Liège* 213 T 20, 214 T 20 *et* 909 K 4 – *9 808 h.*
ℹ *pl. J. Thiry 9 ✆ (0 4) 384 84 84.*
Bruxelles 123 – Liège 29 – Spa 16.

XXX **Host. Villa des Roses** avec ch, av. Libération 4, ✆ (0 4) 384 42 36, *Fax (0 4) 384 74 40,* – TV ☎ P. AE ⓓ ⓜⓒ VISA. ch
fermé 15 fév.-2 mars et 18 sept.-5 oct. – **Repas** *(fermé lundis midis non fériés sauf en juil.-août, lundis soirs et mardis non fériés et après 20 h 30)* Lunch 920 – 1600/2500 – **9 ch** 2500/3800 – ½ P 2300/2800.

X **Le Moulin du Rouge Thier,** r. Rouge Thier 8 (Nord-Est : 11 km, lieu-dit Deigné), ✆ (0 4) 360 71 61, *Fax (0 4) 360 71 61,* – P. ⓜⓒ VISA
fermé 3 dern. sem. mars, 3 dern. sem. sept., mardi et merc. – **Repas** Lunch 795 – 980/1400.

BACHTE-MARIA-LEERNE *Oost-Vlaanderen* 213 G 16 *et* 909 D 2 – *voir à Deinze.*

BAILLONVILLE *5377 Namur* ☐ *Somme-Leuze 3 992 h.* 213 R 21, 214 R 21 et 909 J 5.
Bruxelles 107 – Bastogne 48 – Liège 50 – Namur 34.

Le Capucin Gourmand et Les Fleurs du Capucin (Mathieu) avec ch, r. Centre 16 (Rabozée), (0 84) 31 51 80 et 31 47 01 (hôtel), *Fax (0 84) 31 30 68*, « Terrasse sur jardin d'herbes aromatiques », – TV P – 25. AE MC VISA
fermé 1 sem. carnaval, 16 août-2 sept. et du 2 au 13 janv. – **Repas** *(fermé mardi midi de sept. à mai, mardi soir et merc.)* Lunch 1600 bc – 3500 bc, carte env. 2400 – 450 – **6 ch** 2500/2700 – ½ P 3400/4400
Spéc. Fricassée de champignons sauvages aux truffes et foie d'oie fondu (sept.-fév.). Dos de bar braisé à l'origan, carpaccio d'artichaut et tomates confites (mars-sept.). Consommé de fruits rouges au ravioli praliné.

BAISY-THY *1470 Brabant Wallon* ☐ *Genappe 13 589 h.* 213 L 19, 214 L 19 et 909 G 4.
18 9 *au Nord : 3 km à Ways, r. E. François 9 (0 67) 77 15 71, Fax (0 67) 77 18 33.*
Bruxelles 32 – Charleroi 21 – Mons 53 – Namur 35.

Host. La Falise avec ch, r. Falise 7, (0 67) 77 35 11, *Fax (0 67) 79 04 94*, « Jardin » – TV P. AE MC VISA
fermé 20 sept.-5 oct. et du 2 au 20 janv. – **Repas** *(fermé dim. soir et lundi)* Lunch 700 – 950/1650 – **7 ch** 2400/3000 – ½ P 2450/3350.

BALEGEM *9860 Oost-Vlaanderen* ☐ *Oosterzele 13 148 h.* 213 H 17 et 909 E 3.
Bruxelles 49 – Aalst 27 – Gent 23 – Oudenaarde 20.

't Parksken avec ch, Geraardsbergsesteenweg 233 (à l'Est sur N 42), (0 9) 362 52 20, *Fax (0 9) 362 64 17*, « Auberge centenaire avec jardin », – rest, TV P – 30. AE MC VISA.
fermé du 3 au 27 juil. et du 1er au 10 janv. – **Repas** *(fermé dim. soir, lundi et mardi)* Lunch 1300 – 2200 – **4 ch** 2850/4200.

BALMORAL *Liège* 213 U 19, 214 U 19 et 909 K 4 – *voir à Spa.*

BARAQUE DE FRAITURE *Luxembourg belge* 213 T 21, 214 T 21 et 909 K 5 – *voir à Vielsalm.*

BARBENÇON *Hainaut* 213 K 21, 214 K 21 et 909 F 5 – *voir à Beaumont.*

BARVAUX *6940 Luxembourg belge* ☐ *Durbuy 9 561 h.* 213 R 20, 214 R 20 et 909 J 4.
18 *rte d'Oppagne 34 (0 86) 21 44 54, Fax (0 86) 21 44 49.*
Complexe d'animation touristique "Le Moulin" (0 86) 21 11 65, Fax (0 86) 21 19 78.
Bruxelles 121 – Arlon 99 – Liège 47 – Marche-en-Famenne 19.

La Poivrière, Grand-rue 28, (0 86) 21 15 60, *Fax (0 86) 21 84 12*, – AE MC VISA
fermé dim. soirs et lundis non fériés – **Repas** 990/1990.

Au Petit Chef, r. Basse-Sauvenière 8, (0 86) 21 26 14, – AE MC VISA
fermé 1 sem. en juin, 1 sem. en sept., janv., lundi et mardi – **Repas** 850/1490.

à Bohon *Nord-Ouest : 3 km* ☐ *Durbuy – 6940 Barvaux :*

Le Relais de Bohon , pl. de Bohon 50, (0 86) 21 30 49, *Fax (0 86) 21 35 95*, – TV P. AE MC VISA
fermé mars, début sept., fin nov et lundis soirs et mardis non fériés – **Repas** (Taverne-rest) 875/1495 – **16 ch** 2500/2800 – ½ P 2100/3050.

BASSE-BODEUX *Liège* 213 U 20, 214 U 20 et 909 K 4 – *voir à Trois-Ponts.*

BASSEVELDE *9968 Oost-Vlaanderen* ☐ *Assenede 13 567 h.* 213 H 15 et 909 E 2.
Bruxelles 90 – Brugge 41 – Gent 22 – Zelzate 12.

't Westkanterhof , Oude Boekhoutestraat 18b, (0 9) 373 82 92, *Fax (0 9) 373 53 33*, « Environnement champêtre », – TV P. MC VISA
fermé sem. carnaval et vacances Noël – **Repas** (dîner pour résidents seult) – **7 ch** 2050/3300 – ½ P 1750/2250.

Send us your comments on the restaurants we recommend
and your opinion on the specialities
and local wines they offer.

BASTOGNE (BASTENAKEN) *6600 Luxembourg belge* 214 T 22 *et* 909 K 5 – *13 090 h.*

Voir *Intérieur★ de l'église St-Pierre★ – Bastogne Historical Center★ – à l'Est : 3 km, Le Mardasson★.*

Env. *au Nord : 17 km à Houffalize : Site★.*

pl. Mac Auliffe 24 (0 61) 21 27 11.

Bruxelles 148 – Bouillon *67 – Arlon 40 – Liège 88 – Namur 87.*

Melba sans rest, av. Mathieu 49, (0 61) 21 77 78, *Fax (0 61) 21 55 68*, – 25 à 60. AE VISA
23 ch 2500/3000.

Le Caprice sans rest, pl. Mac Auliffe 25, (0 61) 21 81 40, *Fax (0 61) 21 82 01* – AE VISA
13 ch 2250/2950.

Léo, r. Vivier 6, (0 61) 21 14 41, *Fax (0 61) 21 65 08,* – VISA
fermé 20 juin-7 juil., 18 déc.-25 janv. et lundis non fériés – **Repas** Lunch *695* – 895.

BATTICE *4651 Liège* *Herve 16 260 h.* 213 T 19, 214 T 19 *et* 909 K 4.

Bruxelles 117 – Maastricht *28 – Liège 27 – Verviers 9 – Aachen 31.*

Aux étangs de la Vieille Ferme, Maison du Bois 66 (Sud-Ouest : 7 km, lieu-dit Bruyères), 4650, (0 87) 67 49 19, *Fax (0 87) 67 98 65,* « Terrasse, environnement champêtre » – AE VISA.
fermé sem. Toussaint, du 1er au 6 janv., lundi, mardi, merc. soir et jeudi soir – **Repas** Lunch *1090* – 1490/2290.

Les Quatre Bras, pl. du Marché 31, (0 87) 67 41 56, *Fax (0 87) 67 41 56* – AE VISA
fermé 15 juil.-15 août, dim. et lundi soir – **Repas** Lunch *1150* – 1350/1650.

Au Vieux Logis, pl. du Marché 25, (0 87) 67 42 53, *Fax (0 87) 67 42 53* – AE VISA.
fermé 2 dern. sem. juil., prem. sem. janv., dim. et lundi soir – **Repas** Lunch *450* – 895.

à Bolland *Nord-Ouest : 2 km* *Herve* – *4653 Bolland :*

Vincent cuisinier de campagne, Saremont 10, (0 87) 66 06 07, *Fax (0 87) 66 14 68,* « Jardin, environnement champêtre » – – 40. AE VISA
fermé dim. soir, lundi et merc. soir – **Repas** Lunch *950* – 1450/1980.

BAUDOUR *Hainaut* 213 I 20, 214 I 20 *et* 909 E 4 – *voir à Mons.*

BEAUMONT *6500 Hainaut* 213 K 21, 214 K 21 *et* 909 F 5 – *6 494 h.*

Grand'Place 10 (0 71) 58 81 91.

Bruxelles 80 – Charleroi 26 – Mons 32 – Maubeuge 25.

Le Maleguemme, chaussée F. Deliège 48, (0 71) 58 90 95, *Fax (0 71) 58 94 83,* – VISA
fermé 3 dern. sem. janv., lundi soir et mardi – **Repas** Lunch *400* – 1000/1600.

à Barbençon *Sud-Est : 4 km* *Beaumont* – *6500 Barbençon :*

Le Barbençon, r. Couvent 11, (0 71) 58 99 27, *Fax (0 71) 58 96 70* – VISA
fermé mardis soirs et merc. non fériés – **Repas** Lunch *850* – 1450.

à Grandrieu *Sud-Ouest : 7 km* *Sivry-Rance 4 549 h.* – *6470 Grandrieu :*

Le Grand Ryeu, r. Goëtte 1, (0 60) 45 52 10, *Fax (0 60) 45 62 25,* « Ancienne ferme » – AE VISA
fermé 2e quinz. août, 1re quinz. janv., mardi et merc. ; en janv-fév. ouvert seult les sam., dim. midis et lundis – **Repas** 1595/1975.

à Solre-St-Géry *Sud : 4 km* *Beaumont* – *6500 Solre-St-Géry :*

Host. Le Prieuré Saint-Géry avec ch, r. Lambot 9, (0 71) 58 97 00, *Fax (0 71) 58 96 98,* « Cour intérieure fleurie » – AE VISA
fermé du 5 au 20 sept., 2 sem. en janv., dim. soir et lundi – **Repas** Lunch *950* – carte 2200 à 2750 – **5 ch** 2500/4500, 1 suite – ½ P 3700.

BEAURAING *5570 Namur* 214 O 22 *et* 909 H 5 – *8 017 h.*

Voir *Lieu de pèlerinage★.*

Bruxelles 111 – Bouillon *46 –* Namur *48 – Dinant 20 – Givet 10.*

L'Aubépine, r. Rochefort 27, (0 82) 71 11 59, *Fax (0 82) 71 33 54* – rest, – 25 à 180. AE VISA
8 avril-2 janv. ; fermé lundi et mardi du 15 nov. au 15 déc. – **Repas** Lunch *625* – 850/1100 – **66 ch** 1700/2500 – ½ P 1850/1950.

BEAUVOORDE *West-Vlaanderen* 213 A 16 – *voir à Veurne.*

BEERNEM *8730 West-Vlaanderen* 213 F 16 *et* 909 D 2 – *14 501 h.*
Bruxelles 81 – Brugge 20 – Gent 36 – Oostende 37.

XX **di Coylde,** St-Jorisstraat 82 (direction Knesselare), ☎ (0 50) 78 18 18, *Fax (0 50) 78 17 25,* « Manoir entouré de douves » – P – 40. AE ① MC VISA. *fermé sem. carnaval, 2e quinz. juil., sam. midi, dim. soir et lundi* – **Repas** Lunch 1150 bc – 2450.

XX **Beverhof,** Kasteelhoek 37 (Ouest : 4 km), ☎ (0 50) 78 90 72, *Fax (0 50) 78 90 72,* – P. AE ① MC VISA
fermé du 1er au 15 mars, 20 août-10 sept., mardi et merc. – **Repas** carte 1500 à 2050.

à Oedelem *Nord : 4 km* C *Beernem* – ✉ *8730 Oedelem :*

XX **Alain Meessen,** Bruggestraat 259, ☎ (0 50) 36 37 84, – P. ① VISA.
fermé 3 sem. en avril, 26 déc.-13 janv., sam. midi, dim. et lundi midi – **Repas** Lunch 1500 – carte 2350 à 2950.

BEERSEL *Vlaams-Brabant* 213 K 18 - ⑤① S *et* 909 F 3 - ②① S – *voir à Bruxelles, environs.*

BEERVELDE *Oost-Vlaanderen* 213 I 16 *et* 909 E 2 – *voir à Gent, environs.*

BELLEGEM *West-Vlaanderen* 213 E 18 *et* 909 C 3 – *voir à Kortrijk.*

BELLEVAUX-LIGNEUVILLE *4960 Liège* C *Malmédy 10 975 h.* 213 V 20, 214 V 20 *et* 909 L 4.
Bruxelles 165 – Liège 65 – Malmédy 8,5 – Spa 27.

St-Hubert, Grand'Rue 43 (Ligneuville), ☎ (0 80) 57 08 92, *Fax (0 80) 57 08 94* – TV ☎ P – 60. MC VISA.
Repas *(fermé merc. hors saison)* Lunch 595 – 850/1360 – **18 ch** 1650/2350 – ½ P 1950/2150.

XX **Du Moulin** avec ch, Grand'Rue 28 (Ligneuville), ☎ (0 80) 57 00 81, *Fax (0 80) 57 07 88,* « Auberge du 19e s. », – TV ☎ P. AE ① MC VISA
fermé 13 mars-6 avril, 1 sem. en juin et du 21 au 31 août – **Repas** 995/2250 – **14 ch** 1800/2900 – ½ P 2100/3200.

BELŒIL *7970 Hainaut* 213 H 19, 214 H 19 *et* 909 E 4 – *13 241 h.*
Voir *Château★★ : collections★★★, parc★, bibliothèque★.*
Bruxelles 70 – Mons 22 – Tournai 28.

Hôtels et restaurants voir : Mons *Sud-Est : 22 km*

BELVAUX *Namur* 214 Q 22 *et* 909 I 5 – *voir à Rochefort.*

BERCHEM *Antwerpen* 213 L 15 - ①③ S *et* 909 G 2 - ⑨ S – *voir à Antwerpen, périphérie.*

BERCHEM-STE-AGATHE (SINT-AGATHA-BERCHEM) *Région de Bruxelles-Capitale* 213 K 17 - ⑤① N *et* 909 F 3 - ②① N – *voir à Bruxelles.*

BERENDRECHT *Antwerpen* 213 K 14 *et* 909 F 1 - ⑧ N – *voir à Antwerpen, périphérie.*

BERGEN P *Hainaut* – *voir Mons.*

BERLARE *9290 Oost-Vlaanderen* 213 J 16 *et* 909 F 2 – *13 566 h.*
Bruxelles 38 – Antwerpen 43 – Gent 26 – Sint-Niklaas 24.

XXX **'t Laurierblad** (Van Cauteren) avec ch, Dorp 4, ☎ (0 52) 42 48 01, *Fax (0 52) 42 59 97,* « Terrasse avec pièce d'eau » – ch, TV ☎ P – 25 à 40. AE ① MC VISA
fermé 22 août-11 sept. et du 3 au 9 janv. – **Repas** *(fermé dim. soir, lundi et mardi midi)* Lunch 1250 bc – 2000 carte 2150 à 3050 – 410 – **5 ch** 2750/4000
Spéc. Salade de langoustines aux copeaux de foie gras et vieux filet d'Anvers. Cabillaud moutardé et persillé, beurre à la bière blanche. Pruneaux fourrés de massepain, gratinés à la biere d'abbaye.

aux étangs de Donkmeer *Nord-Ouest : 3,5 km :*

XXX **Lijsterbes** (Van Der Bruggen), Donklaan 155, ✉ 9290 Uitbergen, ☎ (0 9) 367 82 29, *Fax (0 9) 367 85 50,* « Terrasse fleurie » – ▤ P. AE ⓓ ⓜ VISA
✿ *fermé 13 mars-23 avril, du 5 au 14 sept., sam. midi, dim. soir et lundi* – **Repas** Lunch 1350 – 2050/2650, carte 2250 à 3150
Spéc. Salade de homard et coppa aux tomates séchées et romarin. Salade de St-Jacques et ormeaux poêlés, gelée d'huîtres (nov.-fév.). Pêche rôtie au miel et Banyuls, vacherin à la vanille (mai-sept.).

X **Malpertuus,** Donklaan 253, ✉ 9290 Overmere, ☎ (0 9) 367 50 23, ≤, terrasse, Anguilles – P. AE ⓓ ⓜ VISA
fermé déc., mardi et merc. – **Repas** carte env. 1100.

BERTRIX *6880 Luxembourg belge* 214 Q 23 *et* 909 I 6 – *8 045 h.*
Bruxelles 149 – Bouillon 24 – Arlon 54 – Dinant 73.

Les Tourelles, rte de Bertrix-Neufchâteau 36 (Sud-Est : 5 km, lieu-dit Biourges), ☎ (0 61) 41 19 09, *Fax (0 61) 41 45 32,* « Ancienne demeure avec étang », parc, vélos – P – 25. AE ⓓ ⓜ VISA.
fermé 25 juin-15 juil., mardi et merc. – **Repas** (résidents seult) – ☕ 250 – **9 ch** 2500/3200 – ½ P 2400/2800.

X **Le Péché Mignon,** r. Burhaimont 69, ☎ (0 61) 41 47 17, *Fax (0 61) 41 47 17* – P. AE ⓓ ⓜ VISA.
fermé merc. – **Repas** Lunch 650 – 900/1400.

BÉVERCÉ *Liège* 213 V 20, 214 V 20 *et* 909 L 4 – *voir à Malmédy.*

BEVEREN *West-Vlaanderen* 213 D 17 *et* 909 C 3 – *voir à Roeselare.*

BEVEREN-LEIE *8791 West-Vlaanderen* C *Waregem 35 714 h.* 213 F 17 *et* 909 C 3.
Bruxelles 89 – Kortrijk 7 – Brugge 49 – Gent 44.

XX **de Gastronoom,** Kortrijkseweg 215, ☎ (0 56) 70 11 10, *Fax (0 56) 70 60 88,* terrasse – ▤ P. AE ⓓ ⓜ VISA
fermé 21 juil.-16 août, dim. soir et lundi – **Repas** Lunch 1300 bc – carte 1750 à 3300.

BILZEN *3740 Limburg* 213 S 17 *et* 909 J 3 – *29 035 h.*
Bruxelles 97 – Maastricht 16 – Hasselt 17 – Liège 29.

XX **'t Vlierhof,** Hasseltsestraat 57a, ☎ (0 89) 41 44 18, *Fax (0 89) 41 44 18,* terrasse – ▤ P. AE ⓜ VISA.
fermé fin juil.-début août, lundi soir et merc. – **Repas** Lunch 995 – 1400/1800.

XX **Bevershof,** Hasseltsestraat 72, ☎ (0 89) 41 23 01, *Fax (0 89) 41 26 02,* terrasse – ▤ P – 25 à 250. AE ⓓ ⓜ VISA.
fermé du 6 au 22 mars, du 2 au 25 oct., lundi et mardi – **Repas** Lunch 1280 – carte env. 1800.

BINCHE *7130 Hainaut* 213 J 20, 214 J 20 *et* 909 F 4 – *32 361 h.*
Voir *Carnaval★★★ (Mardi gras) – Vieille ville★* Z.
Musée : *International du Carnaval et du Masque★ : masques★★* Z **M.**
Env. *au Nord-Est, 10 km par ① : Domaine de Mariemont★★ : parc★, musée★★.*
ℹ *Hôtel de Ville, Grand'Place ☎ (0 64) 33 67 27, Fax (0 64) 33 95 37.*
Bruxelles 62 ① – Charleroi 20 ② – Mons 16 ⑤ – Maubeuge 24 ④

Plan page suivante

XX **L'Aubade,** r. Bruxelles 37, ☎ (0 64) 34 22 73, *Fax (0 64) 33 37 75* – ▤ P. AE ⓓ ⓜ VISA JCB — Y d
fermé 1 sem. après carnaval, 1re quinz. août, prem. sem. janv., mardi soir, merc. et dim. soir – **Repas** Lunch 890 – carte 1200 à 1900.

X **China Town,** Grand'Place 12, ☎ (0 64) 33 72 22, Cuisine chinoise, ouvert jusqu'à 23 h 30 – ▤. AE ⓓ ⓜ VISA — Z a
fermé 2 sem. en août et merc. – **Repas** Lunch 480 – 675/875.

à Waudrez *Ouest : 2 km* C *Binche* – ✉ *7131 Waudrez :*

X **Eric,** rte de Mons 190, ☎ (0 64) 33 25 35 – AE ⓓ ⓜ VISA — Y c
fermé 3 sem. en juil., merc. midis non fériés, merc. soir et après 20 h 30 – **Repas** 895.

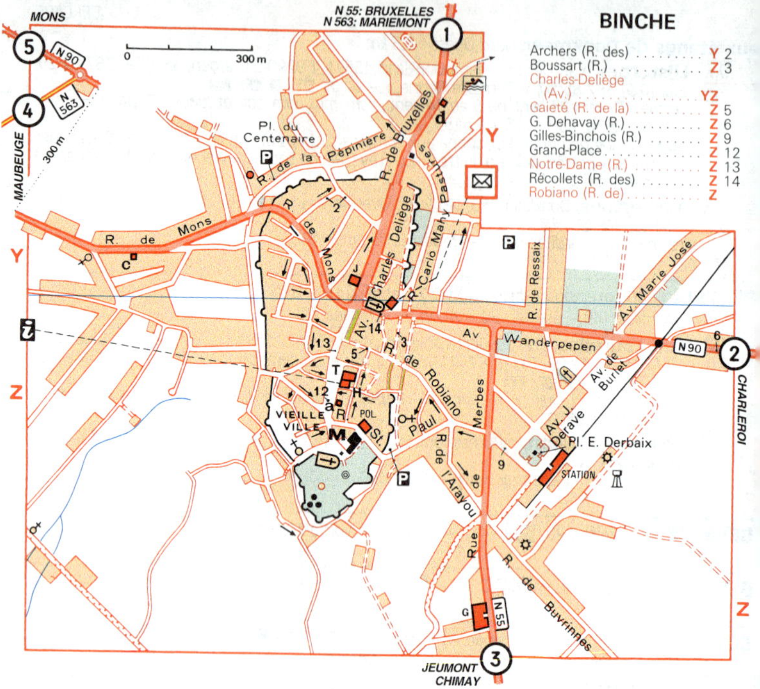

BINCHE

Archers (R. des) . . . . Y 2
Boussart (R.) . . . . Z 3
Charles-Deliège (Av.) . . . . YZ
Gaieté (R. de la) . . . . Z 5
G. Dehavay (R.) . . . . Z 6
Gilles-Binchois (R.) . . . . Z 9
Grand-Place . . . . Z 12
Notre-Dame (R.) . . . . Z 13
Récollets (R. des) . . . . Z 14
Robiano (R. de) . . . . Z

Sur la route :
la signalisation routière est rédigée
dans la langue de la zone linguistique traversée.

Dans ce guide,
les localités sont classées selon leur nom officiel :
Antwerpen pour Anvers, **Mechelen** pour Malines.

BLANDEN *Vlaams-Brabant* 213 N 18 – *voir à Leuven.*

BLANKENBERGE *8370 West-Vlaanderen* 213 D 15 *et* 909 C 2 – *17 397 h. – Station balnéaire★ – Casino Kursaal A , Zeedijk 150, ☏ (0 50) 43 20 20, Fax (0 50) 41 98 40.*
Leopold III-plein ☏ (0 50) 41 22 27, Fax (0 50) 41 61 39.
Bruxelles 111 ② – Brugge 15 ② – Knokke-Heist 12 ① – Oostende 21 ③

Plan page ci-contre

Beach Palace Ⓜ, Zeedijk 77, ☏ (0 50) 42 96 64, *Fax (0 50) 42 60 49*, ≤, «Dominant la plage », ⅃₅, ≘s, ☐ – |♦|, ▤ rest, TV ☎ ⇔ Ⓟ – 🔑 25 à 150. AE ⊙ MC VISA. ⅋ rest A b
Repas 1150/1950 – **67 ch** ☐ 3900/5870, 3 suites – ½ P 2750/3735.

Azaert (annexe Aazaert 2 - 21 ch), Molenstraat 31, ☏ (0 50) 41 15 99, *Fax (0 50) 42 91 46*, ⅃₅, ≘s, ☐ – |♦|, ▤ rest, TV ☎ ⇔ – 🔑 25 à 70. MC VISA. ⅋ A t
6 avril-6 nov. – **Repas** *(fermé merc. soir et après 20 h 30)* 950/1900 – **51 ch** ☐ 2350/3950 – ½ P 2400/2850.

Ideal, Zeedijk 244, ☏ (0 50) 42 86 00, *Fax (0 50) 42 97 46*, ≤, ⅃₅, ☐, ⚲ – |♦| TV ☎ ⇔ – 🔑 30. MC VISA. ⅋ rest B e
avril-26 sept. – **Repas** *(fermé mardi et après 20 h 30)* Lunch 550 – 950/1685 – **42 ch** ☐ 3095/5095 – ½ P 2750/3500.

Helios M, Zeedijk 92, (0 50) 42 90 20, *Fax (0 50) 42 86 66*, ≤, « Aménagement design », – , rest, – 25 à 100. AE VISA JCB. — A c
fermé 16 nov.-16 déc. – **Repas *Triton*** *(fermé lundi)* 990/1350 – **34 ch** 3400/5500 – ½ P 3150/3600.

Saint Sauveur, Langestraat 50, (0 50) 42 70 00, *Fax (0 50) 42 97 38*, – , rest, – 35. VISA. — A q
Repas (résidents seult) – **28 ch** 3100/3400, 3 suites – ½ P 2400/2950.

Riant Séjour, Zeedijk 188, (0 50) 43 27 00, *Fax (0 50) 42 75 54*, ≤, « Dominant la plage », – . AE VISA — B a
fermé du 3 au 19 oct. – **Repas** *(fermé mardi, merc. et jeudi d'oct. à mars et après 20 h)* *Lunch 750* – carte env. 1300 – **30 ch** *(fermé merc. d'oct. à mars)* 2900/4400, 1 suite – ½ P 2600/2700.

La Providence, Zeedijk 191, (0 50) 41 11 98, *Fax (0 50) 41 80 79*, ≤, – , rest, . VISA. ch — B m
avril-6 nov. et carnaval – **Repas** *(fermé merc. et après 20 h)* *Lunch 550* – 865/1290 – **24 ch** 2450/3800 – ½ P 1950/2550.

Richmond Thonnon, Van Maerlantstraat 79, (0 50) 42 96 92, *Fax (0 50) 42 98 72*, – – 25. AE VISA. — A p
Repas (résidents seult) – **38 ch** 3950/4400 – ½ P 2675/2945.

Vivaldi sans rest, Koning Leopold III-plein 8, (0 50) 42 84 37, *Fax (0 50) 42 64 33* – . AE VISA. — B r
28 ch 2000/2800, 2 suites.

Moeder Lambic, J. de Troozlaan 93, (0 50) 41 27 54, *Fax (0 50) 41 09 44*, – . AE VISA JCB. ch — B u
fermé 3 dern. sem. janv. – **Repas** *(fermé merc. et jeudi d'oct. à mars)* (Ouvert jusqu'à 23 h) *Lunch 475* – 750/1175 – **15 ch** 2000/3000 – ½ P 2000/2500.

Albatros sans rest, Consciencestraat 45, (0 50) 41 13 49, – . VISA. — A h
21 ch 2000/3600, 4 suites.

Alfa Inn sans rest, Kerkstraat 92, (0 50) 41 81 72, *Fax (0 50) 42 93 24*, – – 25 à 150. VISA. — AB z
5 fév.-12 nov. – **85 ch** 1600/2400.

Claridge sans rest, de Smet de Naeyerlaan 81bis, (0 50) 42 66 88, *Fax (0 50) 42 77 04* – . VISA. — A w
fermé 19 mars-1er avril, 12 nov.-23 déc. et début janv.-mi-fév. – **15 ch** 2400/2700.

Malecot, Langestraat 91, ☎ (0 50) 41 12 07, Fax (0 50) 42 80 42, – 🛗 TV ☎ – MC VISA. rest B
carnaval et avril-sept. – **Repas** (résidents seult) – **33 ch** 1825/2900 – ½ P 1700/2000.

Du Commerce, Weststraat 64, ☎ (0 50) 42 95 35, Fax (0 50) 42 94 40, – 🛗, rest, TV ☎. AE ① MC VISA. rest A v
24 fév.-5 nov. ; fermé 2 mars-6 avril et du 1er au 27 oct. – **Repas** *(fermé après 20 h 30)* Lunch 550 – 530/750 – **29 ch** 1840/2780 – ½ P 1845/1935.

Strand, Zeedijk 86, ☎ (0 50) 41 16 71, Fax (0 50) 42 58 67 – 🛗 TV. AE ① MC VISA A e
fermé janv. – **Repas** (résidents seult) – **17 ch** 2800/3500.

Marie-José, Marie-Josélaan 2, ☎ (0 50) 41 16 39, Fax (0 50) 41 16 39 – 🛗. AE ① VISA. B n
7 avril-fin sept. – **Repas** *(fermé après 20 h)* Lunch 550 – 695 – **36 ch** 1800/2070 – ½ P 1600/2400.

Escapade J. de Troozlaan 39, ☎ (0 50) 41 15 97, Fax (0 50) 42 88 64, – AE ① MC VISA B d
fermé du 3 au 7 juil., 20 janv.-10 fév. et lundi – **Repas** Lunch 650 – 990/1650 bc. B d

't Zeigat, Notebaertstraat 20, ☎ (0 50) 41 32 15, Fax (0 50) 41 32 15, Produits de la mer – AE ① MC VISA A g
fermé du 7 au 18 déc., du 20 au 30 janv., mardi soir et merc. – **Repas** Lunch 1200 bc – 1250/1750.

't Karveeltje, Grote Markt 7, ☎ (0 50) 41 36 69, Fax (0 50) 41 36 69, – AE ① MC VISA A y
fermé du 5 au 12 avril, 30 oct.-7 nov., mardi soir et merc. – **Repas** Lunch 695 – 1600.

St-Hubert, Manitobaplein 15, ☎ (0 50) 41 22 42, Fax (0 50) 41 22 42, – AE MC VISA JCB A u
fermé mars, lundi soir et mardi – **Repas** Lunch 1295 – carte 1100 à 1650.

La Tempête avec ch, A. Ruzettelaan 37, ☎ (0 50) 42 94 28, Fax (0 50) 42 79 17 – TV P. ① MC VISA. ch B x
fermé janv.-7 fév., lundi et merc. en hiver et mardi – **Repas** Lunch 695 – 1000/1595 – **9 ch** 2200/3000 – ½ P 1700/1900.

Borsalino, Kerkstraat 159, ☎ (0 50) 42 74 89, Fax (0 50) 42 74 24, – AE ① MC VISA B v
fermé 2 sem. en janv. et jeudi – **Repas** Lunch 450 – 950.

Joinville, J. de Troozlaan 5, ☎ (0 50) 41 22 69, Fax (0 50) 41 22 69 – MC VISA B s
fermé merc. soir et jeudi hors saison – **Repas** carte 1400 à 1700.

Griffioen, Kerkstraat 163, ☎ (0 50) 41 34 05, Produits de la mer, ouvert jusqu'à minuit – AE ① MC VISA B k
fermé janv. et lundi et mardi en hiver – **Repas** Lunch 1100 – carte env. 1500.

à Zuienkerke *par ② : 6 km – 2 782 h. – ✉ 8377 Zuienkerke :*

Butler sans rest, Blankenbergsesteenweg 13a, ☎ (0 50) 42 60 72, Fax (0 50) 42 61 35 – TV ☎ P – 25. AE VISA
15 ch 2200/2800.

De Zilveren Zwaan, Statiesteenweg 12 (Est : près N 371), ☎ (0 50) 41 48 19, Fax (0 50) 41 73 46, – P. AE ① MC VISA
fermé 20 mars-4 avril, 23 oct.-7 nov., dim. soir en hiver, lundi soir et mardi – **Repas** Lunch 1100 – 1800.

Hoeve Ten Doele, Nieuwesteenweg 1, ☎ (0 50) 41 31 04, Fax (0 50) 42 63 11, , « Cadre champêtre » – P. MC VISA.
fermé du 13 au 31 mars, 25 sept.-13 oct., du 26 au 29 déc., lundis non fériés sauf 10 juil.-14 août et mardis non fériés – **Repas** 1225/2500.

BLAREGNIES *7040 Hainaut C Quévy 7 426 h.* 213 I 20, 214 I 20 *et* 909 E 4.
Bruxelles 80 – Mons 13 – Bavay 11.

Les Gourmands (Bernard), r. Sars 15, ☎ (0 65) 56 86 32, Fax (0 65) 56 74 40 – P. MC VISA
fermé dim. soir, lundi et après 20 h 30 – **Repas** Lunch 990 – 1550/2150, carte 1950 à 2650
Spéc. Compression de petits-gris à la tomate et moelle. Poêlée de homard à la vanille. Pigeonneau à la truffe.

BLÉGNY *4671 Liège* 213 T 18, 214 T 18 *et* 909 K 3 – *12 102 h.*
Bruxelles 105 – Maastricht 26 – Liège 12 – Verviers 22 – Aachen 33.

à Housse *Ouest : 3 km* C *Blégny –* ✉ *4671 Housse :*

✗ **Le Jardin de Caroline,** r. Saivelette 8, ✆ (0 4) 387 42 11, *Fax (0 4) 387 42 11,* – P. AE ⓓ ⓜⓒ VISA
fermé lundi et mardi – **Repas** *Lunch 1750 bc* – 1050/1950.

BOCHOLT *3950 Limburg* 213 S 15 *et* 909 J 2 – *11 690 h.*
Bruxelles 106 – Hasselt 42 – Antwerpen 91 – Eindhoven 38.

✗✗✗ **Kristoffel,** Dorpsstraat 28, ✆ (0 89) 47 15 91, *Fax (0 89) 47 15 92,* – ▤. AE ⓓ ⓜⓒ VISA.
fermé 10 juil.-1er août, du 1er au 16 janv., lundi et mardi – **Repas** *Lunch 1075* – 1375.

BOECHOUT *Antwerpen* 213 L 16 - ㉕ N *et* 909 G 2 - ⑱ N – *voir à Antwerpen, environs.*

BOHON *Luxembourg belge* 214 R 20 – *voir à Barvaux.*

BOIS-DE-VILLERS *5170 Namur* C *Profondeville 10 461 h.* 213 O 20, 214 O 20 *et* 909 H 4.
Bruxelles 74 – Namur 13 – Dinant 23.

✗ **Au Plaisir du Gourmet,** r. Elie Bertrand 75, ✆ (0 81) 43 44 12, *Fax (0 81) 43 44 12,* – P. ⓜⓒ VISA
fermé fin août, mardi et merc. – **Repas** 1250.

BOKRIJK *Limburg* 213 R 17 *et* 909 J 3 – *voir à Genk.*

BOLDERBERG *Limburg* 213 Q 17 *et* 909 I 3 – *voir à Zolder.*

BOLLAND *Liège* 213 T 19 *et* 214 T 19 – *voir à Battice.*

BOMAL-SUR-OURTHE *6941 Luxembourg belge* C *Durbuy 9 561 h.* 213 S 20, 214 S 20 *et* 909 J 4.
Bruxelles 125 – Arlon 104 – Liège 45 – Marche-en-Famenne 24.

à Juzaine *Est : 1,5 km* C *Durbuy –* ✉ *6941 Bomal :*

✗✗ **Saint-Denis,** r. Ardennes 164, ✆ (0 86) 21 11 79, *Fax (0 86) 21 46 74,* , « Terrasse et jardin au bord de l'Aisne » – ▤ P. AE ⓓ ⓜⓒ VISA.
fermé janv., lundi soir et mardi – **Repas** 850/1350.

BONCELLES *Liège* 213 S 19, 214 S 19 - ㉕ S *et* 909 J 4 - ⑰ S – *voir à Liège, environs.*

BONHEIDEN *Antwerpen* 213 M 16 *et* 909 G 2 – *voir à Mechelen.*

BONLEZ *1325 Brabant Wallon* C *Chaumont-Gistoux 9 867 h.* 213 N 18, 214 N 18 *et* 909 H 3.
Bruxelles 34 – Namur 31 – Charleroi 51 – Leuven 24 – Tienen 34.

✗ **32 Chemin de l'herbe,** Chemin de l'herbe 32, ✆ (0 10) 68 89 61, *Fax (0 10) 68 89 61,* , Avec grillades – P. AE ⓜⓒ VISA
fermé 1 sem. en mars, 1 sem. en sept., dim. et lundi – **Repas** carte 950 à 1350.

BOOM *2850 Antwerpen* 213 L 16 *et* 909 G 2 – *14 822 h.*
Bruxelles 30 – Antwerpen 18 – Gent 57 – Mechelen 16.

✗✗ **Cheng's Garden,** Col. Silvertopstraat 5, ✆ (0 3) 844 21 84, *Fax (0 3) 844 54 46,* Avec cuisine chinoise – ▤ P. AE ⓓ ⓜⓒ VISA.
Repas carte 900 à 1500.

Bijzonder aangename hotels of restaurants worden in de gids in het rood aangeduid.
Help ons. Maak ons attent op bedrijven, waarvan u uit ervaring weet dat zij aangenaam zijn.
Uw **Michelingids** zal dan nog beter zijn.

✗✗✗✗✗ ... ✗

BORGERHOUT *Antwerpen* 213 L 15 - ⑬ S et 909 G 2 - ⑨ S - *voir à Antwerpen, périphérie.*

BORGLOON (LOOZ) *3840 Limburg* 213 R 18 et 909 J 3 - *10 027 h.*

Bruxelles 74 - Maastricht 29 - Hasselt 28 - Liège 29.

Kasteel van Rullingen ⛓, Rullingen 1 (Ouest : 3 km à Kuttekoven), ✆ (0 12) 74 31 46, *Fax (0 12) 74 54 86*, 🍽, « Style Renaissance mosane, ← parc et vergers », ⛰, 🚲 - 📺 ☎ 🅿 - 🎤 25 à 100. AE ⓓ VISA

fermé 16 juil.-2 août, du 1er au 4 janv., dim. soir et lundi - **Repas** *Lunch 1250* - 1700/2350 - **11 ch** ☕ 3500/5000 - ½ P 3200/5750.

De Moerbei sans rest, Tongersesteenweg 26, ✆ (0 12) 74 72 82, *Fax (0 12) 74 51 42*, ⛰, 🚲 - 📺 ☎ 🚗. MC VISA. ✈

5 ch ☕ 2100/2900.

Ambrozijn, Tongersesteenweg 30, ✆ (0 12) 74 72 31, *Fax (0 12) 74 72 31* - ▤. MC VISA. ✈

fermé du 7 au 14 mars, 24 juil.-4 août, mardi et sam. midi - **Repas** *Lunch 1250 bc* - 1200.

Het Klaphuis avec ch, Kortestraat 2, ✆ (0 12) 74 73 25, *Fax (0 14) 36 99 38*, 🍽 - 📺 ☎ - 🎤 25 à 60. AE ⓓ MC VISA. ✈

Repas *(fermé du 6 au 20 sept. et merc.)* (Taverne-rest) *Lunch 375* - 950 - **8 ch** ☕ 1850/2700 - ½ P 1750/1850.

BORGWORM *Liège - voir Waremme.*

BORNEM *2880 Antwerpen* 213 K 16 et 909 F 2 - *19 750 h.*

Bruxelles 36 - Antwerpen 28 - Gent 46 - Mechelen 21.

Bornem sans rest, Rijksweg 58, ✆ (0 3) 889 03 40, *Fax (0 3) 899 00 42* - ▤ 📺 ☎ 🅿 - 🎤 25 à 50. AE ⓓ MC VISA. ✈

16 ch ☕ 3500.

Eyckerhof (Debecker), Spuistraat 21 (Eikevliet), ✆ (0 3) 889 07 18, *Fax (0 3) 889 94 05*, 🍽, « Auberge dans un cadre champêtre » - 🅿. AE ⓓ MC VISA. ✈

fermé 9 juil.-2 août, du 1er au 10 janv., sam. midi, dim. soir et lundi - **Repas** (nombre de couverts limité - prévenir) *Lunch 1200* - 1750/3000 bc, carte 2350 à 2750

Spéc. Farandole de champignons des bois, langoustines et foie d'oie. Risotto de ris de veau au parmesan et truffes. Opus de St-Jacques et lieu noir (oct.-mars).

De Notelaer avec ch, Stationsplein 2, ✆ (0 3) 889 13 67, *Fax (0 3) 899 13 36*, 🍽 - ▤ rest, 📺 ☎. AE ⓓ MC VISA JCB. ✈

fermé du 24 au 29 déc. - **Repas** *(fermé jeudi et sam. midi) Lunch 995* - 1495/1595 - **12 ch** ☕ 2300 - ½ P 2840.

à Mariekerke *Sud-Ouest : 4,5 km* 🄲 *Bornem* - ✉ *2880 Mariekerke :*

De Ster, Jan Hammeneckerstraat 141, ✆ (0 52) 33 22 89, *Fax (0 52) 34 24 89*, 🍽 - 🅿. AE ⓓ MC VISA

fermé 23 mars-3 avril, 22 août-4 sept., mardi et merc. - **Repas** 995/1595.

BOUGE *Namur* 213 O 20, 214 O 20 et 909 H 4 - *voir à Namur.*

BOUILLON *6830 Luxembourg belge* 214 P 24 et 909 I 6 - *5 469 h.*

Voir *Château★★ Z : Tour d'Autriche ←★★.*

Musée : *Ducal★ Y* **M.**

Env. *par ③ : 8 km à Corbion : Chaire à prêcher ←★.*

ℹ *au Château fort, Esplanade Godefroy ✆ (0 61) 46 62 57, Fax (0 61) 46 82 85 - (en saison) Pavillon, Porte de France ✆ (0 61) 46 62 89.*

Bruxelles 161 ① - Arlon 64 ② - Dinant 63 ① - Sedan 18 ②

Plans pages suivantes

Le Feuillantin, r. au-dessus de la Ville 23, ✆ (0 61) 46 62 93, *Fax (0 61) 46 80 74*, ← ville et château - 🛗, ▤ rest, 📺 ☎. AE ⓓ MC VISA. ✈ rest — Y c

fermé merc. et jeudi midi hors saison sauf vacances scolaires - **Repas** *(fermé après 20 h 30)* 1280/1650 - **11 ch** ☕ 1850/2500.

La Porte de France, Porte de France 1, ✆ (0 61) 46 62 66, *Fax (0 61) 46 89 15*, 🍽 - 🛗 📺 ☎ - 🎤 25 à 45. AE ⓓ MC VISA — Z d

Repas *Lunch 690* - 950/1790 - **25 ch** ☕ 2000/3500 - ½ P 2250/2750.

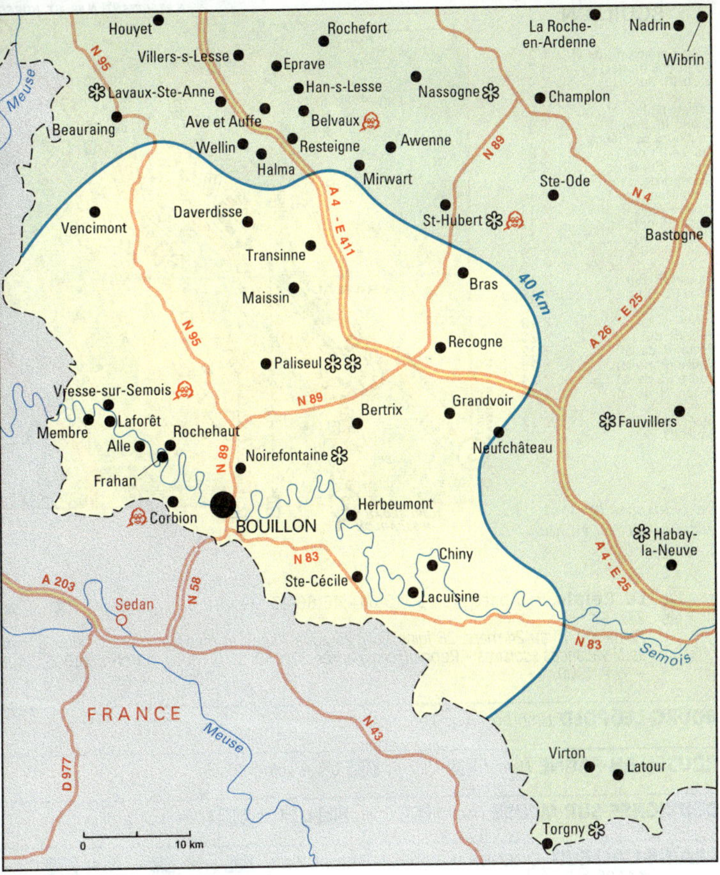

Aub. d'Alsace et H. de France, Faubourg de France 1, ✆ (0 61) 46 65 88, *Fax (0 61) 46 83 21*, ≤ – |‡| TV ☎. AE ⓓ MC VISA JCB. ✗ — Z k
fermé du 3 au 31 janv. et mardi et merc. d'oct. à mai – **Repas** 750/1850 – **30 ch** ▭ 2030/3560 – ½ P 2080/2580.

Poste, pl. St-Arnould 1, ✆ (0 61) 46 51 51, *Fax (0 61) 46 51 65*, ≤ – |‡| TV ☎ 🚗. AE ⓓ MC VISA — Y n
Repas *Lunch 695* – 795/2295 – **66 ch** ▭ 2230/4600 – ½ P 2450/3900.

Host. du Cerf, rte de Florenville (Sud-Est par ② : 9 km sur N 83), ✆ (0 61) 46 70 11, *Fax (0 61) 46 04 87*, 🏡, 🚲 – TV ☎ P. MC VISA. ✗ rest
fermé mars, 20 juin-1er juil. et du 20 au 30 sept. ; ouvert week-end seult et jours fériés d'oct. à mars – **Repas** *Lunch 425* – 850/1600 – **13 ch** ▭ 1650/2700 – ½ P 1950/2300.

le Mont Blanc, Quai du Rempart 3, ✆ (0 61) 46 63 31, *Fax (0 61) 46 82 74*, 🏡 – ▤ rest, TV ☎. AE ⓓ MC VISA. ✗ ch — Y e
fermé du 15 au 30 mars, 25 sept.-8 oct. et mardi hors saison – **Repas** (Taverne-rest) *Lunch 470* – 795 – **6 ch** ▭ 1700/2200 – ½ P 1700.

à Corbion *par ③ : 7 km* 🄲 *Bouillon* – ✉ *6838 Corbion* :

Ardennes 🐦, r. Hate 1, ✆ (0 61) 46 66 21, *Fax (0 61) 46 77 30*, « Jardin ombragé avec ≤ collines boisées », ✗, 🚲 – |‡|, ▤ rest, TV ☎ P – 🏃 30. AE ⓓ MC VISA
mi-mars-1er janv. – **Repas** 985/1900 – **29 ch** ▭ 2900/3800 – ½ P 2650/2950.

BOUILLON

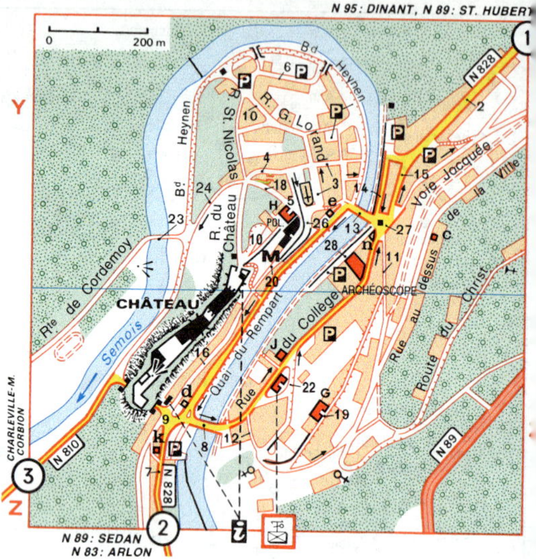

Les plans de villes sont disposés le Nord en haut.

Le Relais, r. Abattis 5, ✆ (0 61) 46 66 13, *Fax (0 61) 46 89 50,* – ☎. VISA.
fermé du 13 au 24 mars, 26 juin-3 juil., 25 août-7 sept. et mardi et merc. de nov. à mars sauf vacances scolaires – **Repas** *(fermé après 20 h 30)* 850/1000 – **11 ch** 1000/2100 – ½ P 1900.

BOURG-LÉOPOLD *Limburg – voir Leopoldsburg.*

BOUSSU-EN-FAGNE *Namur* 214 L 22 *et* 909 G 5 *– voir à Couvin.*

BOUVIGNES-SUR-MEUSE *Namur* 213 O 21, 214 O 21 *et* 909 H 5 *– voir à Dinant.*

BRAINE-L'ALLEUD (EIGENBRAKEL) *1420 Brabant Wallon* 213 L 18, 214 L 18 *et* 909 G 3 – *34 698 h.*

18 (2 parcours) 9 chaussée d'Alsemberg 1021 ✆ (0 2) 353 02 46, Fax (0 2) 354 68 75.
Bruxelles 18 – Charleroi 37 – Nivelles 15 – Waterloo 4.

Jacques Marit, chaussée de Nivelles 336 (sur N 27, près R0, sortie 24), ✆ (0 2) 384 15 01, *Fax (0 2) 384 10 42,* « Terrasse dominant jardin et verger » – P. AE VISA JCB
fermé 1 sem. après Pâques, août, début janv., lundi et mardi – **Repas** Lunch 1400 – 1600/1950.

La Graignette, r. Papyrée 39, ✆ (0 2) 385 01 09, *Fax (0 2) 385 01 09,* – P. AE VISA
fermé 3 sem. en août, dim. soir, lundi et mardi soir – **Repas** Lunch 650 – 950/1700.

Le Saint Anne, pl. Ste-Anne 17, ✆ (0 2) 387 15 74, *Fax (0 2) 384 06 68,* – AE VISA
fermé dim. soir et lundi – **Repas** Lunch 490 – 1180/1750.

à Ophain-Bois-Seigneur-Isaac *Sud : 2 km* – *Braine-l'Alleud – ✉ 1421 Ophain-Bois-Seigneur-Isaac*

Le Chabichou, r. Église 2, ✆ (0 2) 385 07 76, *Fax (0 2) 387 03 20,* « Ancienne ferme du 16e s. » – P. AE VISA
fermé fin mars, du 2 au 20 août, merc. et sam. midi – **Repas** Lunch 425 – 950/1395.

BRAINE-LE-COMTE ('s-GRAVENBRAKEL) *7090 Hainaut* 213 J 19, 214 J 19 *et* 909 F 4 – *18 610 h.*

Bruxelles 34 – Mons 25.

Au Gastronome, r. Mons 1, ✆ (0 67) 55 26 47, *Fax (0 67) 55 26 47* – AE VISA
fermé du 5 au 28 juil. et dim. soirs et lundis non fériés – **Repas** – 795/1375.

BRAS *Luxembourg belge* 214 R 23 *et* 909 J 6 – *voir à Libramont.*

BRASSCHAAT *Antwerpen* 213 L 15 - ⑬ N *et* 909 G 2 - ⑨ N – *voir à Antwerpen, environs.*

BRECHT *2960 Antwerpen* 213 M 24 *et* 909 G 1 – *24 452 h.*

Bruxelles 73 – Antwerpen 25 – Turnhout 25.

Kasteelhoeve Nottebohm, Brasschaatbaan 28 (Sud-Ouest : 6,5 km par N 115, direction Overbroek), (0 3) 633 32 00, *Fax (0 3) 663 70 40*, « Parc », – 30. AE VISA.
fermé 2 prem. sem. sept. – **Repas** *(fermé lundi et mardi) Lunch 750* – 1095 – 300 – **12 ch** 2600/3000 – ½ P 2500.

Cuvee Hoeve, Vaartdijk 4 (Sud : 2,5 km par rte de Westmalle), (0 3) 313 96 60, *Fax (0 3) 313 73 96*, Ouvert jusqu'à 23 h – AE VISA JCB
fermé fév., lundi et mardi – **Repas** carte 1100 à 1600.

E 10 Hoeve, Kapelstraat 8a (Sud-Ouest : 2 km sur N 115), (0 3) 313 82 85, *Fax (0 3) 313 73 12*, Grillades, « Ferme aménagée » – – 35 à 500. AE VISA JCB.
Repas 975/1285.

BREDENE *8450 West-Vlaanderen* 213 C 15 *et* 909 B 2 – *13 656 h.*

Kapellestraat 70 (0 59) 32 09 98, Fax (0 59) 33 19 80.

Bruxelles 112 – Brugge 23 – Oostende 6.

à Bredene-aan-Zee *Nord : 2 km* *Bredene – 8450 Bredene :*

Lusthof, Zegelaan 18, (0 59) 33 00 34, *Fax (0 59) 32 59 59*, « Jardin », – VISA.
Repas *(fermé merc., dim. soir en après 20 h 30) Lunch 365* – 850 – **13 ch** 1750/2900 – ½ P 1450/1550.

de Golf sans rest, Kapellestraat 73, (0 59) 32 18 22, *Fax (0 59) 33 17 36* – VISA.
fermé vacances Noël – **16 ch** 2200.

BREE *3960 Limburg* 213 S 16 *et* 909 J 2 – *13 831 h.*

Env. *au Sud-Est : 4,5 km à Tongerlo : Musée Léonard de Vinci★.*

Cobbestraat 3 (0 89) 46 25 14, Fax (0 89) 46 25 14.

Bruxelles 100 – Antwerpen 86 – Hasselt 33 – Eindhoven 41.

d'Itterpoort, Opitterstraat 32, (0 89) 46 80 17 – AE VISA.
fermé 1 sem. carnaval, 17 juil.-5 août, mardi soir, merc. soir et sam. midi – **Repas** *Lunch 1450 bc* – carte env. 2000.

à Tongerlo *Sud-Est : 4,5 km* *Bree – 3960 Tongerlo :*

Caravaggio, Keyartstraat 29, (0 89) 86 88 51, *Fax (0 89) 86 88 51*, Avec cuisine italienne – AE VISA
fermé sept., merc. et sam. midi – **Repas** *Lunch 1500* – carte 1700 à 2700.

BROECHEM *Antwerpen* 213 M 15 *et* 909 G 2 – *voir à Lier.*

BRUGGE – BRUGES

8000 🅿 *West-Vlaanderen* **213** **E 15** *et* **909** **C 2** *– 115 573 h.*

Bruxelles 96 ③ – Gent 45 ③ – Lille 72 ④ – Oostende 28 ⑤.

OFFICES DE TOURISME

Burg 11 ✆ (050) 44 86 86, Fax (050) 44 86 00 et dans la gare, Stationsplein – Fédération provinciale de tourisme, Kasteel Tillegem ✉ 8200 Sint-Michiels, ✆ (050) 38 02 96, Fax (050) 38 02 92.

RENSEIGNEMENTS PRATIQUES

18 *au Nord-Est : 7 km à Sijsele, Doornstraat 16 ✆ (050) 35 35 72, Fax (050) 35 89 25.*

CURIOSITÉS

Voir *La Procession du Saint-Sang★★★ (De Heilig Bloedprocessie) – Centre historique et canaux★★★ (Historisch centrum en grachten) : Grand-Place★★ (Markt)* AU, *Beffroi et Halles★★★ (Belfort en Hallen) ≤★★ du sommet* AU, *Place du Bourg★★ (Burg)* AU, *Basilique du Saint-Sang★ (Basiliek van het Heilig Bloed) : chapelle basse★ ou chapelle St-Basile (beneden-of Basiliuskapel)* AU **B**, *Cheminée du Franc de Bruges★ (schouw van het Brugse Vrije) dans le Palais du Franc de Bruges (Paleis van het Brugse Vrije)* AU **S**, *Quai du Rosaire (Rozenhoedkaai) ≤★★* AU 63, *Dijver ≤★★* AU, *Pont St-Boniface (Bonifatiusbrug) : cadre★★* AU, *Béguinage★★ (Begijnhof)* AV *– Promenade en barque★★★ (Boottocht)* AU *– Église Notre-Dame★ (O.-L.-Vrouwekerk) : tour★★, statue de la Vierge et l'Enfant★★, tombeau★★ de Marie de Bourgogne★★* AV **N**.

Musées : *Groeninge★★★ (Stedelijk Museum voor Schone Kunsten)* AU *– Memling★★★ (St-Janshospitaal)* AV *– Gruuthuse★ : buste de Charles Quint★ (borstbeeld van Karel V)* AU **M¹** *– Brangwyn★* AU **M⁴** *– du Folklore★ (Museum voor Volkskunde)* DY **M²**.

Env. *par ⑥ : 10,5 km à Zedelgem : fonts baptismaux★ dans l'église St-Laurent (St-Laurentiuskerk) – au Nord-Est : 7 km : Damme★.*

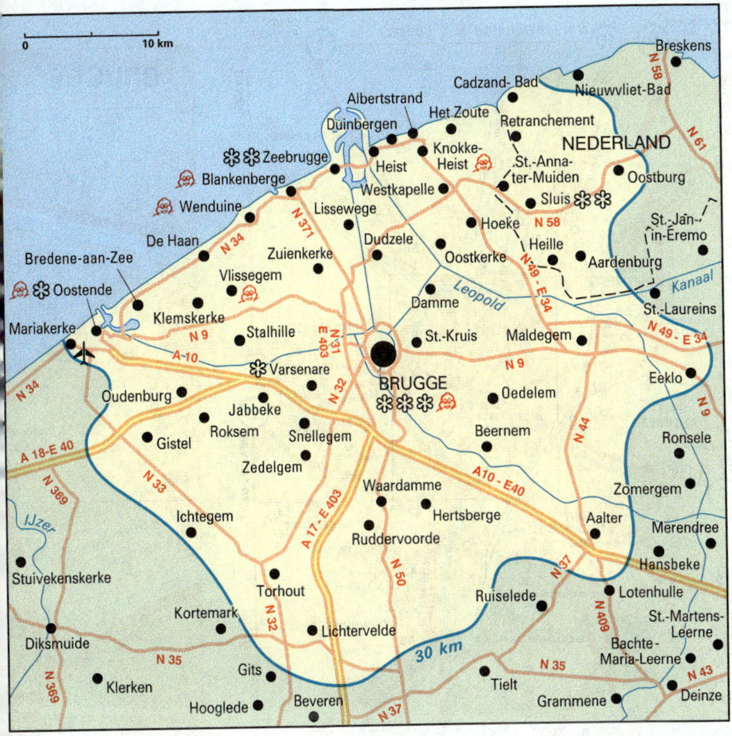

Les Bonnes Tables

Gourmets...

Nous distinguons à votre intention
certains hôtels (⌂ ... ⌂⌂⌂⌂⌂) et restaurants (✕ ... ✕✕✕✕✕)
par Repas ☺, ✿, ✿✿ ou ✿✿✿.

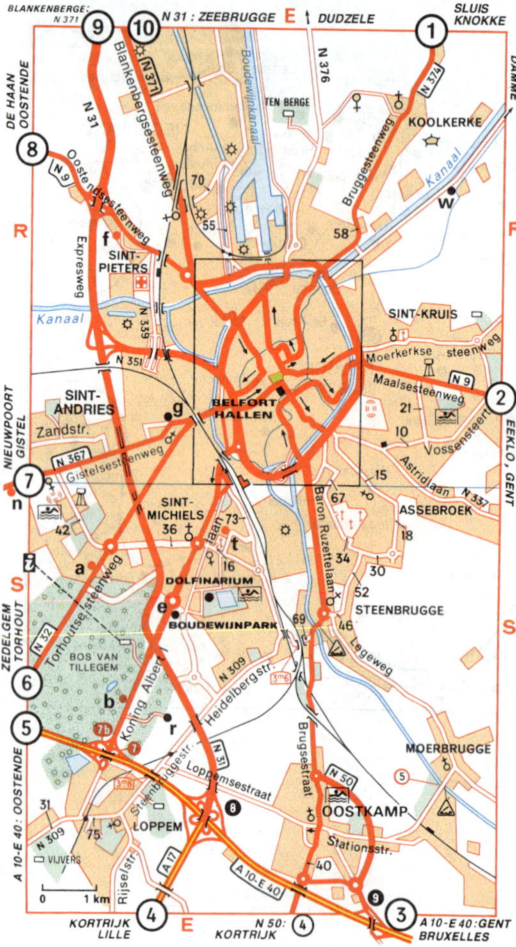

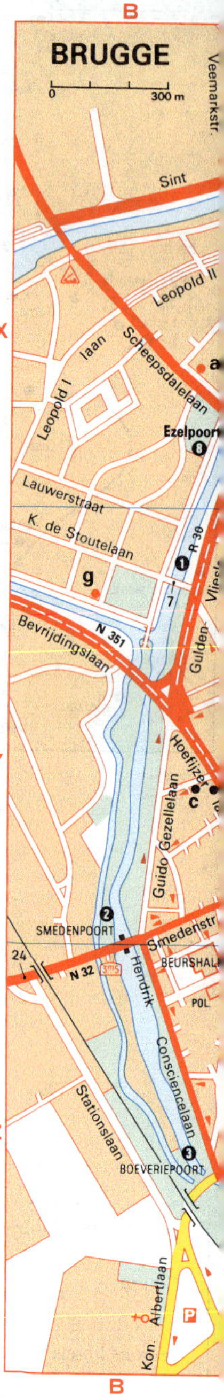

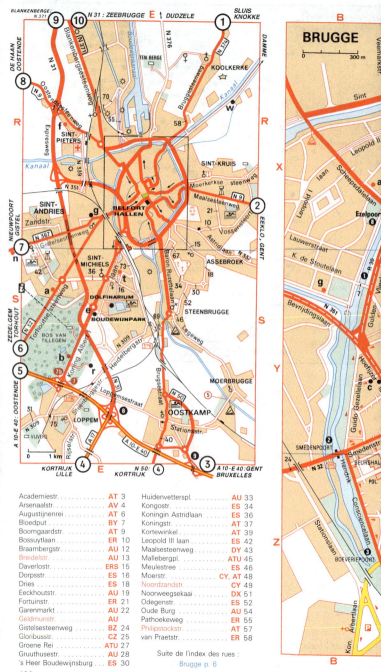

Suite de l'index des rues :
Brugge p. 6

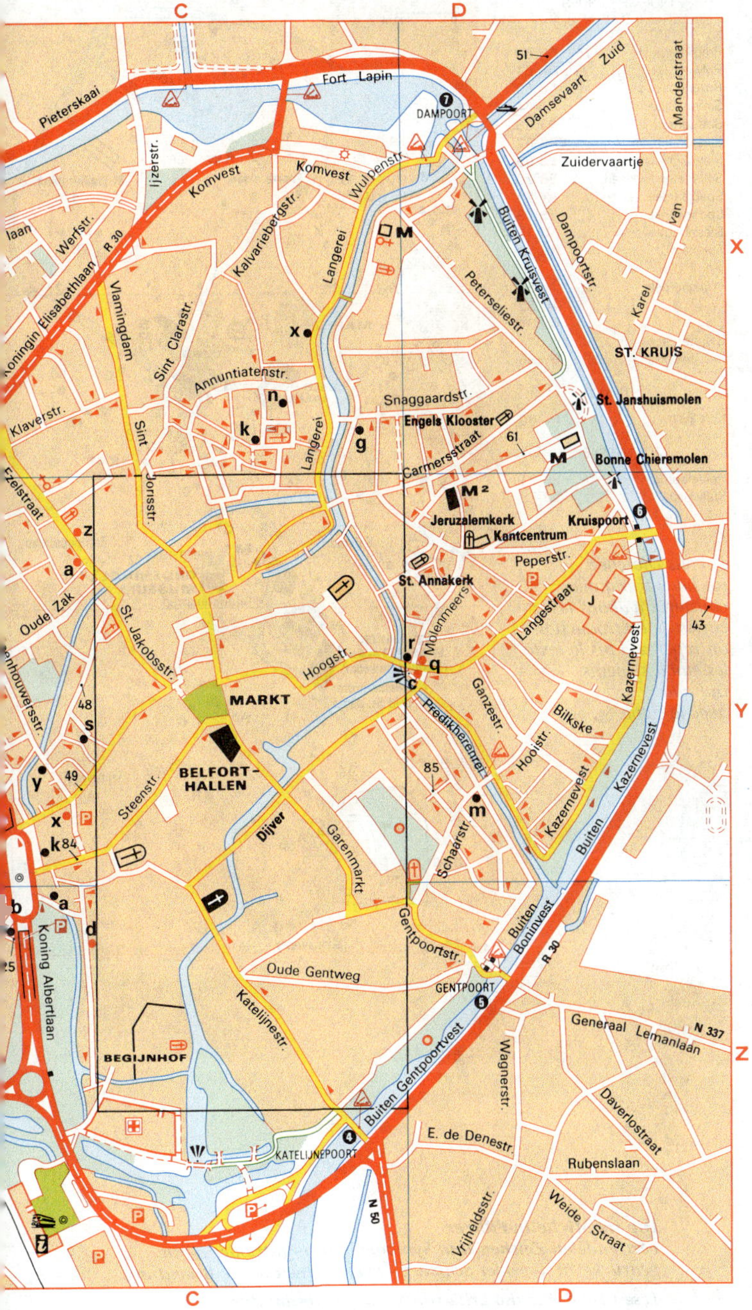
C
D
X
Y
Z
Pieterskaai
Fort Lapin
DAMPOORT
Damsevaart Zuid
Manderstraat
Zuidervaartje
Komvest
Wulpenstr.
IJzerstr.
Kalvariebergstr.
Langerei
Buiten Kruisvest
Peterseliestr.
Dampoortstr.
Karel
van
Werfstr.
R 30
Koningin Elisabethlaan
Vlamingdam
Sint Clarastr.
Annuntiatenstr.
Snaggaardstr.
Engels Klooster
ST. KRUIS
St. Janshuismolen
Bonne Chieremolen
Klaverstr.
Sint Jorisstr.
Carmersstraat
Jeruzalemkerk
Kantcentrum
Kruispoort
Peperstr.
Ezelstraat
St. Annakerk
Oude Zak
Langestraat
St. Jakobsstr.
Hoogstr.
Molenmeers
Kazernevest
MARKT
Predikherenrei
Ganzestr.
Bilkske
BELFORT-HALLEN
Steenstr.
Hooistr.
Buiten Kazernevest
Dijver
Garenmarkt
Schaarstr.
Koning Albertlaan
Gentpoortstr.
Buiten Boninvest
Oude Gentweg
GENTPOORT
Generaal Lemanlaan
N 337
Katelijnestr.
Buiten Gentpoortvest
Wagnerstr.
BEGIJNHOF
Daverlostraat
E. de Denestr.
KATELIJNEPOORT
Rubenslaan
N 50
Vrijheidsstr.
Weide Straat

INDEX DES RUES
(fin)

OOSTKAMP

ZUIENKERKE

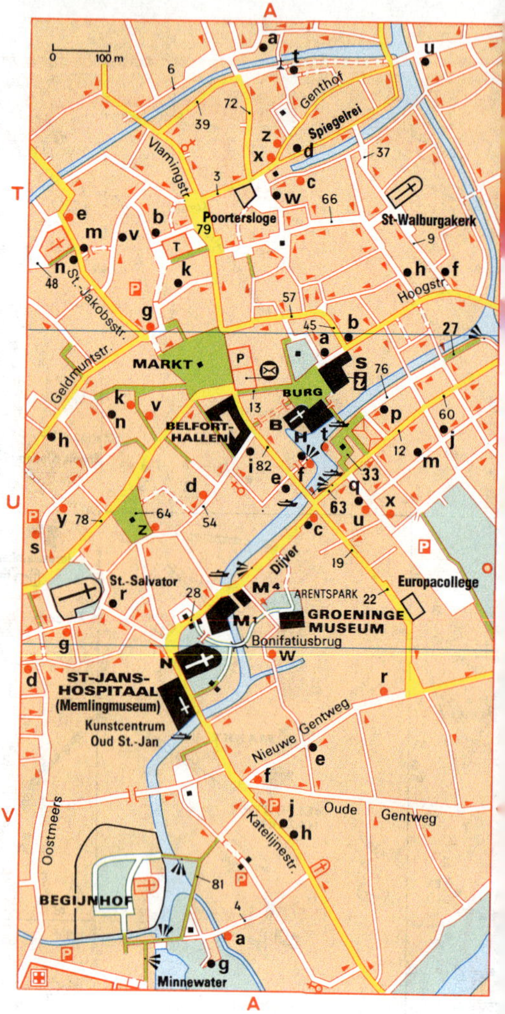

Si vous cherchez un hôtel tranquille, consultez d'abord les cartes de l'introduction ou repérez dans le texte les établissements indiqués avec le signe ou

Die im Michelin-Führer
*verwendeten Zeichen und Symbole haben - **fett** oder dünn gedruckt, in Rot oder Schwarz - jeweils eine andere Bedeutung.*
Lesen Sie daher die Erklärungen aufmerksam durch.

Liste alphabétique des hôtels et restaurants
Alfabetische lijst van hotels en restaurants
Alphabetisches Hotel- und Restaurantverzeichnis
Alphabetical list of hotels and restaurants

Quartiers du Centre :

Crowne Plaza, Burg 10, (0 50) 34 58 34, *Fax (0 50) 34 56 15*, « Importants vestiges et objets moyenâgeux en sous-sol », – 25 à 400. AE VISA JCB. AU a
Repas **'t Kapittel** *(fermé merc. soir, sam. midi et dim.) Lunch 995 bc* – 1450 bc/2325 bc – **De Linde** *Lunch 375* – carte 850 à 1450 – 675 – **93 ch** 7250/8000, 3 suites.

De Tuilerieën sans rest, Dijver 7, (0 50) 34 36 91, *Fax (0 50) 34 04 00*, – 25 à 45. AE VISA JCB AU c
fermé 2 sem. en déc. – **25 ch** 6950/13500.

Relais Oud Huis Amsterdam sans rest, Spiegelrei 3, (0 50) 34 18 10, *Fax (0 50) 33 88 91*, « Demeure du 17e s., ancien comptoir commercial hollandais », – 25. AE VISA JCB AT d
32 ch 5000/8750, 2 suites.

de orangerie sans rest, Kartuizerinnenstraat 10, (0 50) 34 16 49, *Fax (0 50) 33 30 16*, « Demeure ancienne en bordure de canal » – AE VISA JCB AU e
fermé 22 janv.-8 fév. – **19 ch** 6950/9950.

Die Swaene, Steenhouwersdijk 1, (0 50) 34 27 98, *Fax (0 50) 33 66 74*, « Ameublement de style », rest, – 30. AE VISA JCB AU p
Repas *(fermé 2 sem. en juil., 2 sem. en janv., merc. et jeudi midi) Lunch 1250* – 2000/2700 – **21 ch** 6250/9250, 1 suite.

de' Medici, Potterierei 15, (0 50) 33 98 33 et 44 31 31 (rest), *Fax (0 50) 33 07 64 et 33 05 71 (rest)*, « Ambiance contemporaine », – 25 à 170. AE VISA JCB CX g
Repas **Koto** *(fermé lundi et mardi mardi)* (Cuisine japonaise avec Teppan-Yaki) *Lunch 495* – 1280 – **79 ch** 6100/7100 – ½ P 4150/4750.

Sofitel, Boeveriestraat 2, (0 50) 44 97 11, *Fax (0 50) 44 97 99*, – 25 à 150. AE VISA JCB CZ b
Repas *Lunch 950 bc* – 1350 bc/1850 bc – 600 – **155 ch** 6050/7400.

Acacia sans rest, Korte Zilverstraat 3a, (0 50) 34 44 11, *Fax (0 50) 33 88 17*, – 25 à 40. AE VISA JCB. AU n
fermé du 3 au 18 janv. – **46 ch** 3950/5950, 2 suites.

Pandhotel sans rest, Pandreitje 16, (0 50) 34 06 66, *Fax (0 50) 34 05 56*, « Aménagement cossu » – AE VISA JCB AU q
23 ch 5090/9990.

Prinsenhof sans rest, Ontvangersstraat 9, (0 50) 34 26 90, *Fax (0 50) 34 23 21*, « Aménagement cossu » – AE VISA JCB CY s
16 ch 4060/7220.

Novotel Centrum, Katelijnestraat 65b, (0 50) 33 75 33, *Fax (0 50) 33 65 56*, – 50 à 400. AE VISA JCB AV h
Repas (dîner seult) 1100 bc – 475 – **126 ch** 3950/4300.

Navarra sans rest, St-Jakobsstraat 41, (0 50) 34 05 61, *Fax (0 50) 33 67 90*, – 25 à 110. AE VISA JCB AT n
89 ch 4050/5450.

Walburg, Boomgaardstraat 13, (0 50) 34 94 14, *Fax (0 50) 33 68 84*, – 30. AE VISA JCB. rest AT f
fermé janv. – **Repas** *(fermé dim. et lundi)* (dîner seult) 1200/2100 – **12 ch** 4750/7500, 1 suite – ½ P 3600/4600.

Portinari sans rest, 't Zand 15, (0 50) 34 10 34, *Fax (0 50) 34 41 80* – 25 à 80. AE VISA JCB CY k
fermé 2 janv.-1er fév. – **40 ch** 4200/5500.

De Castillion, Heilige Geeststraat 1, (0 50) 34 30 01, *Fax (0 50) 33 94 75*, – rest, – 25 à 50. AE VISA JCB. rest AU r
Repas *(fermé dim. soirs, lundis midis et mardis midis non fériés)* 1500/2500 – **20 ch** 5000/10750 – ½ P 3750/6000.

Montanus sans rest, Nieuwe Gentweg 78, (0 50) 33 11 76, *Fax (0 50) 34 09 38*, – – 25 à 40. AE VISA JCB. AV e
fermé janv. – **22 ch** 4400/5400.

Jan Brito sans rest, Freren Fonteinstraat 1, (0 50) 33 06 01, *Fax (0 50) 33 06 52*, « Façade avec pignons à redans, décoration intérieure 16, 17 et 18e s. », – 25 à 40. AE VISA JCB AU j
18 ch 3450/5900.

Hansa sans rest, N. Desparsstraat 11, (0 50) 33 84 44, *Fax (0 50) 33 42 05*, « Demeure fin 19e s. », – 30. AE MC VISA JCB.
20 ch 4040/7220. AT

Parkhotel sans rest, Vrijdagmarkt 5, (0 50) 33 33 64, *Fax (0 50) 33 47 63* – – 25 à 250. AE MC VISA
86 ch 4580/5860. CY

Karos sans rest, Hoefijzerlaan 37, (0 50) 34 14 48, *Fax (0 50) 34 00 91*, – AE MC VISA
fermé 2 janv.-14 fév. – **60 ch** 2900/4800. BY

Ter Duinen sans rest, Langerei 52, (0 50) 33 04 37, *Fax (0 50) 34 42 16*, – AE MC VISA JCB.
fermé janv. – **20 ch** 2800/4750. CX x

Aragon sans rest, Naaldenstraat 22, (0 50) 33 35 33, *Fax (0 50) 34 28 05* – – 25. AE MC VISA
39 ch 4500/5000. AT v

Gd H. Oude Burg sans rest, Oude Burg 5, (0 50) 44 51 11, *Fax (0 50) 44 51 00*, – – 25 à 160. AE MC VISA JCB.
138 ch 4250/5250. AU i

Adornes sans rest, St-Annarei 26, (0 50) 34 13 36, *Fax (0 50) 34 20 85*, « Caves voûtées d'époque », – AE MC VISA JCB
fermé janv.-12 fév. – **20 ch** 2700/3700. AT u

Hans Memling sans rest, Kuipersstraat 18, (0 50) 47 12 12, *Fax (0 50) 47 12 10* – AE MC VISA
36 ch 4200. AT b

Dante, Coupure 29a, (0 50) 34 01 94, *Fax (0 50) 34 35 39*, – AE MC VISA JCB.
Repas *(fermé dim. soir, lundi, mardi et après 20 h 30)* (Cuisine végétarienne) carte 850 à 1300 – **22 ch** 3150/4900. DY m

Biskajer sans rest, Biskajersplein 4, (0 50) 34 15 06, *Fax (0 50) 34 39 11* – AE MC VISA
17 ch 3500/4200. AT w

Azalea sans rest, Wulfhagestraat 43, (0 50) 33 14 78, *Fax (0 50) 33 97 00*, « Terrasse en bordure de canal », – AE MC VISA JCB
25 ch 3800/5850. CY y

Ter Brughe sans rest, Oost-Gistelhof 2, (0 50) 34 03 24, *Fax (0 50) 33 88 73*, « Anciennes caves voûtées » – AE MC VISA
24 ch 3500/5200. AT a

Bryghia sans rest, Oosterlingenplein 4, (0 50) 33 80 59, *Fax (0 50) 34 14 30* – AE MC VISA JCB.
fermé 3 déc.-janv. – **18 ch** 2700/5250. AT t

Botaniek sans rest, Waalsestraat 23, (0 50) 34 14 24, *Fax (0 50) 34 59 39* – AE MC VISA JCB
9 ch 2600/3200. AU m

't Putje (avec annexe), 't Zand 31, (0 50) 33 28 47, *Fax (0 50) 34 14 23*, – AE MC VISA. ch
Repas (Taverne-rest, grillades, ouvert jusqu'à minuit) Lunch 315 – 850/995 – **24 ch** 2750/3600 – ½ P 2050/2400. CZ a

Egmond sans rest, Minnewater 15 (par Katelijnestraat), (0 50) 34 14 45, *Fax (0 50) 34 29 40*, « Résidence début 20e s. sur jardin » –
fermé 5 janv.-5 fév. – **8 ch** 3700/4250. AV g

Albert I sans rest, Koning Albert I-laan 2, (0 50) 34 09 30, *Fax (0 50) 33 84 18* – AE MC VISA JCB.
fermé 20 déc.-15 janv. – **10 ch** 2800/3500. CZ e

Maraboe sans rest, Hoefijzerlaan 9, (0 50) 33 81 55, *Fax (0 50) 33 29 28* – AE MC VISA
fermé du 5 au 25 janv. – **14 ch** 2600/3400. CY f

Jacobs sans rest, Baliestraat 1, (0 50) 33 98 31, *Fax (0 50) 33 56 94*, – AE MC VISA
fermé janv. – **25 ch** 2200/2600. CX k

ter Reien sans rest, Langestraat 1, (050) 34 91 00, *Fax (0 50) 34 40 48* – AE MC VISA
26 ch 2500/3500. DY r

Gd H. du Sablon, Noordzandstraat 21, (0 50) 33 39 02, *Fax (0 50) 33 39 08*, « Hall début 20e s. avec coupole Art Déco » – 25 à 100. AE VISA AU h
Repas (résidents seult) – **36 ch** 3100/3900 – ½ P 2500/2600.

Anselmus sans rest, Ridderstraat 15, (0 50) 34 13 74, *Fax (0 50) 34 19 16* – AE VISA JCB. AT h
fermé janv. – **10 ch** 2650/3300.

Boterhuis sans rest, St-Jakobsstraat 38, (0 50) 34 15 11, *Fax (0 50) 34 70 89* – AE VISA JCB AT m
6 ch 2200/3500.

Montovani sans rest, Schouwvegerstraat 11, (0 50) 34 53 66, *Fax (0 50) 34 53 67*, – AE VISA. BY c
fermé 24, 25 et 31 déc., 1er janv. et du 10 au 27 janv. – **13 ch** 1600/2800.

Ibis, Katelijnestraat 65a, (0 50) 33 75 75, *Fax (0 50) 33 64 19* – AE VISA AV j
Repas (dîner seult) 850 – 300 – **128 ch** 3350.

Malleberg sans rest, Hoogstraat 7, (0 50) 34 41 11, *Fax (0 50) 34 67 69* – AE VISA JCB ATU b
8 ch 2100/3100.

Bourgoensch Hof, Wollestraat 39, (0 50) 33 16 45, *Fax (0 50) 34 63 78*, canaux et vieilles maisons flamandes, , – VISA AU f
15 mars-20 nov., week-end, jours fériés et vacances scolaires ; fermé 10 janv.-15 fév. – **Repas** Lunch 1000 – carte env. 1400 – **15 ch** 2650/4950 – ½ P 2475/3475.

Fevery sans rest, Collaert Mansionstraat 3, (0 50) 33 12 69, *Fax (0 50) 33 17 91* – AE VISA JCB. CX n
fermé du 18 au 23 juin et 27 janv.-11 fév. – **11 ch** 2000/2600.

De Karmeliet (Van Hecke), Langestraat 19, (0 50) 33 82 59, *Fax (0 50) 33 10 11*, , « Ancienne maison patricienne, terrasse » – AE VISA JCB. DY q
fermé du 13 au 31 août, dim. midi de juin à sept., dim. soir et lundi – **Repas** 2600/3900, carte 2950 à 4600
Spéc. St-Jacques à la crème de céleri, truffes et vieux parmesan (21 sept.-21 mars). Pavé de cabillaud sur sa peau au bouillon de pommes de terre à l'échalote (21 juin-21 sept.). Ravioli à la vanille et pommes caramélisées en chaud-froid.

De Snippe (Huysentruyt) avec ch, Nieuwe Gentweg 53, (0 50) 33 70 70, *Fax (0 50) 33 76 62*, , « Maison du 18e s. avec décorations murales, terrasse ombragée avec fontaine » – , ch, AE VISA AV r
fermé 27 fév.-16 mars et 26 nov.-7 déc. – **Repas** *(fermé dim. et lundi midi)* 1950/2650, carte env. 2900 – **9 ch** *(fermé dim. de nov. à Pâques)* 5500/6000
Spéc. Ris de veau braisé au ravioli de foie d'oie truffé. Loup de mer aux deux estragons et fond d'artichaut confit. Aile de raie aux céleris et vinaigre de basilic.

Den Gouden Harynck (Serruys), Groeninge 25, (0 50) 33 76 37, *Fax (0 50) 34 42 70* – AE VISA AUV w
fermé 1 sem. Pâques, 2 dern. sem. juil.-prem. sem. août, dern. sem. déc., dim. et lundi – **Repas** Lunch 1500 – 2500, carte 2600 à 2950
Spéc. Mille-feuille d'araignée de mer et pommes de terre. Filet de féra aux petits légumes marinés. Pigeonneau, bigarade aux pruneaux et à la cannelle.

Duc de Bourgogne avec ch, Huidenvettersplein 12, (0 50) 33 20 38, *Fax (0 50) 34 40 37*, canaux, « Cadre rustique et peintures murales de style fin Moyen Age » – rest, AE VISA AU t
fermé du 3 au 29 juil. et 3 janv.-5 fév. – **Repas** *(fermé lundi et mardi midi)* Lunch 1350 – 2250 – **10 ch** 3850/5400.

Den Braamberg, Pandreitje 11, (0 50) 33 73 70, *Fax (0 50) 33 99 73* – AE VISA AU q
fermé du 15 au 31 juil., du 1er au 15 janv., jeudi et dim. – **Repas** Lunch 1780 bc – 2300.

't Pandreitje, Pandreitje 6, (0 50) 33 11 90, *Fax (0 50) 34 00 70* – AE VISA JCB AU x
fermé du 16 au 26 avril, du 9 au 23 juil., 29 oct.-5 nov., merc. et dim. – **Repas** Lunch 1750 – 1950/2450.

De Witte Poorte, Jan Van Eyckplein 6, (0 50) 33 08 83, *Fax (0 50) 34 55 60*, , « Salles voûtées, jardin intérieur clos de murs » – AE VISA JCB AT x
fermé dern. sem. juin-prem. sem. juil., 2 sem. en janv., dim. et lundi – **Repas** Lunch 1150 – carte 1850 à 2150.

De Lotteburg, Goezeputstraat 43, (0 50) 33 75 35, *Fax (0 50) 33 04 04*, , « Terrasse ombragée » – . AE VISA JCB. AV d
fermé 26 janv.-6 fév., 26 juil.-6 août, lundi et mardi – **Repas** Lunch 1095 – 1600/1950.

XX 'Le Stil Ende, Scheepsdalelaan 12, ☎ (0 50) 33 92 03, *Fax (0 50) 33 26 22*, 🏞, « Intérieu moderne » – ▤. AE ⓓ MC VISA BX a
fermé fin juil.-début août, sam. midi, dim. soir et lundi – **Repas** 950/1750.

XX **'t Bourgoensche Cruyce** avec ch, Wollestraat 41, ☎ (0 50) 33 79 26, *Fax (0 50) 34 19 68*, ≤ canaux et vieilles maisons flamandes – 🛗, ▤ rest, TV ☎. AE ⓓ MC VISA AU
Repas *(fermé prem. sem. juil., 21 nov.-14 déc., mardi et merc.)* Lunch 1750 – 1900/2400 – **8 ch** *(fermé 21 nov.-14 déc.)* ☕ 4500/4900.

XX **Hermitage,** Ezelstraat 18, ☎ (0 50) 34 41 73, *Fax (0 50) 34 14 75*, « Intérieur cossu » – AE ⓓ MC VISA CY z
fermé 25 juil.-10 août, dim. soir et lundi – **Repas** Lunch 1495 – carte 2000 à 2400.

XX **Kardinaalshof,** St-Salvatorskerkhof 14, ☎ (0 50) 34 16 91, *Fax (0 50) 34 20 62* – AE ⓓ MC VISA AUV g
fermé 2 sem. en juil., merc. et jeudi midi – **Repas** Lunch 1225 – 1975.

XX **Patrick Devos,** Zilverstraat 41, ☎ (0 50) 33 55 66, *Fax (0 50) 33 58 67*, 🏞, « Intérieur Belle Époque, patio » – AE ⓓ MC VISA JCB. ✗ AU y
fermé 21 juil.-6 août, du 26 au 31 déc. et dim. – **Repas** Lunch 1500 bc – 1800 bc/2400.

XX **Den Dijver,** Dijver 5, ☎ (0 50) 33 60 69, *Fax (0 50) 44 62 51*, 🏞, Cuisine à la bière – AE MC VISA AU c
fermé 24 janv.-3 fév., 28 août-6 sept., merc. et jeudi midi – **Repas** Lunch 850 – 1400 bc/1710 bc.

XX **Spinola,** Spinolarei 1, ☎ (0 50) 34 17 85, *Fax (0 50) 34 13 71*, « Rustique » – AE ⓓ MC VISA JCB AT c
fermé dern. sem. janv.-prem. sem. fév., 2 prem. sem. juil., dim. et lundi midi – **Repas** 1550/1980.

XX **Ambrosius,** Arsenaalstraat 55, ☎ (0 50) 34 41 57, *Fax (0 50) 34 41 57*, 🏞, « Rustique » – AE MC VISA AV a
fermé juil., 26 déc.-12 janv., lundi et mardi – **Repas** (dîner seult) carte 2050 à 2550.

XX **Aneth,** Maria van Bourgondiëlaan 1 (derrière le parc Graaf Visart), ☎ (0 50) 31 11 89, *Fax (0 50) 32 36 46*, Produits de la mer – AE ⓓ MC VISA JCB. ✗ BY g
fermé 2 prem. sem. sept., lundi et mardi – **Repas** Lunch 1100 – 2200/3500.

XX **Tanuki,** Oude Gentweg 1, ☎ (0 50) 34 75 12, *Fax (0 50) 33 82 42*, Cuisine japonaise avec Teppan-Yaki et Sushi-bar – ▤. AE MC VISA JCB AV f
fermé fin juil., fin janv., lundi et mardi – **Repas** Lunch 530 – 1790/2250.

XX **Hemelrycke,** Dweersstraat 12, ☎ (0 50) 34 83 43, *Fax (0 50) 34 83 43* – AE ⓓ MC VISA CY x
fermé mardi et merc. – **Repas** 795/1495.

XX **'t Voermanshuys,** Oude Burg 14, ☎ (0 50) 33 71 72, *Fax (0 50) 34 09 91*, « Cave voûtée du 16e s. » – MC VISA JCB AU d
Repas Lunch 650 – carte 1500 à 1850.

X **Bhavani,** Simon Stevinplein 5, ☎ (0 50) 33 90 25, *Fax (0 50) 34 89 52*, 🏞, Cuisine indienne – AE ⓓ MC VISA AU z
Repas carte 1150 à 1950.

X **'t Presidentje,** Ezelstraat 21, ☎ (0 50) 33 95 21, *Fax (0 50) 34 65 23* – AE ⓓ MC VISA
fermé 2 dern. sem. juil.-prem. sem. août, sam. midi, dim. soir et lundi – **Repas** Lunch 750 – 950/2100 bc. CY a

X **René Van Puyenbroeck,** St-Jakobsstraat 58, ☎ (0 50) 34 12 24 – AE MC VISA JCB. ✗ AT e
fermé dim. soir et lundi – **Repas** Lunch 1275 bc – 1050/1950.

X **De Stove,** Kleine Sint-Amandstraat 4, ☎ (0 50) 33 78 35, *Fax (0 50) 33 79 32* – AE ⓓ MC VISA AU k
fermé 2 sem. en août, 2 sem. en janv., merc. et jeudi – **Repas** 1395.

X **'T bezemtje,** Kleine Sint-Amandstraat 1, ☎ (0 50) 33 91 68 – AE ⓓ MC VISA AU v
fermé prem. sem. juil., prem. sem. janv., dim. soir et lundi – **Repas** 995/1495.

X **Steenhuyse,** Westmeers 29, ☎ (0 50) 33 32 24, *Fax (0 50) 33 32 24*, Grillades, ouvert jusqu'à 23 h 30, « Rustique » – ▤. MC VISA. ✗ CZ d
fermé merc. – **Repas** Lunch 850 – carte env. 1400.

X **Mange Two,** Langestraat 16, ☎ (0 50) 49 02 25, *Fax (0 50) 49 02 26* – MC VISA DY c
fermé fin août, dim. soir, lundi et mardi midi – **Repas** Lunch 650 – 850/2450.

X **Cafedraal,** Zilverstraat 38, ☎ (0 50) 34 08 45, *Fax (0 50) 33 52 41*, 🏞, Ouvert jusqu'à 23 h 30, « Demeure historique avec terrasse intérieure » – AE ⓓ MC VISA JCB AU s
fermé dim. et lundi – **Repas** Lunch 395 – carte env. 1400.

Brasserie Raymond, Eiermarkt 5, ✆ (0 50) 33 78 48, *Fax (0 50) 33 78 48*, Ouvert jusqu'à 23 h 30 – AE ⓓ MC VISA JCB AT g
fermé du 20 au 29 mars, du 11 au 25 juil., lundi soir et mardi – **Repas** Lunch 525 – 1050 bc.

't Zonneke, Genthof 5, ✆ (0 50) 33 07 81, *Fax (0 50) 34 52 13* – MC VISA AT z
fermé fin janv.-début fév., dim. midi en juil.-août, dim. soir et lundi – **Repas** Lunch 330 – carte 850 à 1600.

Périphérie :

au Nord-Ouest – ✉ *8000 :*

De Gouden Korenhalm, Oude Oostendsesteenweg 79a (Sint-Pieters), ✆ (0 50) 31 33 93, *Fax (0 50) 31 18 96*, « Fermette de style flamand » – P. AE ⓓ MC VISA ER f
fermé fin fév., fin août, lundi et merc. soir – **Repas** Lunch 995 – 1450/1950.

au Sud – ✉ *8200 :*

Novotel Zuid, Chartreuseweg 20 (Sint-Michiels), ✆ (0 50) 40 21 40, *Fax (0 50) 40 21 41*, – ▤ rest, TV ☎ ♿ P – 25 à 200. AE ⓓ MC VISA JCB ES r
Repas Lunch 1000 bc – 850/1000 – ☕ 500 – **101 ch** 3450/3850.

Campanile, Jagerstraat 20 (Sint-Michiels), ✆ (0 50) 38 13 60, *Fax (0 50) 38 45 42*, – TV ☎ ♿ P – 35. AE MC VISA ES e
Repas (Avec buffet) Lunch 325 – 850 – ☕ 280 – **49 ch** 2400 – ½ P 1975/2225.

Weinebrugge, Koning Albertlaan 242 (Sint-Michiels), ✆ (0 50) 38 44 40, *Fax (0 50) 39 35 63*, – P. AE ⓓ MC VISA. ES b
fermé sem. carnaval, 2 dern. sem. juil. et mardi – **Repas** Lunch 1500 bc – 995/1995.

Casserole (Établissement d'application hôtelière), Groene-Poortdreef 17 (Sint-Michiels), ✆ (0 50) 40 30 30, *Fax (0 50) 40 30 35*, « Cadre de verdure » – P – 25. AE VISA. ES t
fermé vacances scolaires, sam. et dim. – **Repas** (déjeuner seult) 950.

au Sud-Ouest – ✉ *8200 :*

Host. Pannenhuis, Zandstraat 2, ✆ (0 50) 31 19 07, *Fax (0 50) 31 77 66*, « Terrasse et jardin », – TV ☎ ♿ P – 25. AE ⓓ MC VISA JCB ER g
Repas *(fermé 15 janv.-2 fév., du 2 au 17 juil., mardi soir et merc.)* Lunch 1300 – 1550/1850 – **18 ch** *(fermé 15 janv.-2 fév.)* ☕ 3950/4950 – ½ P 3750/4700.

Herborist avec ch, De Watermolen 15 (par ⑥ : 6 km puis à droite après E 40 - A 10, Sint-Andries), ✆ (0 50) 38 76 00, *Fax (0 50) 39 31 06*, « Auberge dans cadre champêtre », – ▤ rest, TV ☎ P. AE.
fermé 26 mars-6 avril, 26 juin-6 juil., 26 sept.-6 oct., 23 déc.-6 janv., dim. soir, lundi et jeudi soir – **Repas** Lunch 2350 bc – 3350 bc/3850 bc – **4 ch** ☕ 3250/4350.

De Boekeneute, Torhoutsesteenweg 380 (Sint-Michiels), ✆ (0 50) 38 26 32, – P. AE ⓓ MC VISA ES a
fermé dim. soir et lundi – **Repas** Lunch 950 – 1750 bc/2150 bc.

à Dudzele *au Nord par N 376 : 9 km* C *Brugge* – ✉ *8380 Dudzele :*

het Bloemenhof, Damsesteenweg 96, ✆ (0 50) 59 81 34, *Fax (0 50) 59 84 28*, – TV P
Repas (dîner pour résidents seult) – **7 ch** ☕ 1850/2800 – ½ P 1990/2190.

De Zilverberk, Westkapelsesteenweg 92, ✆ (0 50) 59 90 80, – P. AE ⓓ MC VISA.
fermé dim. soir et lundi – **Repas** 1000/1800.

à Sint-Kruis *par ② : 6 km* C *Brugge* – ✉ *8310 Sint-Kruis :*

Wilgenhof sans rest, Polderstraat 151, ✆ (0 50) 36 27 44, *Fax (0 50) 36 28 21*, ←, « Cadre champêtre des polders », – TV ☎ P. AE ⓓ MC VISA JCB ER w
fermé dern. sem. janv. – **6 ch** ☕ 2500/4100.

Ronnie Jonkman, Maalsesteenweg 438, ✆ (0 50) 36 07 67, *Fax (0 50) 35 76 96*, « Terrasses » – P. AE ⓓ MC VISA JCB
fermé du 1er au 15 avril, du 1er au 15 juil., du 1er au 15 oct., dim., lundi et jours fériés – **Repas** Lunch 1350 – carte 2050 à 2700.

't Apertje, Damse Vaart Zuid 223, ✆ (0 50) 35 00 12, *Fax (0 50) 37 58 48*, ←, Taverne-rest – P. MC VISA
fermé dern. sem. juin-prem. sem. juil., vacances Noël et lundi – **Repas** Lunch 300 – carte 900 à 1350.

Environs

à Hertsberge *au Sud par N 50 : 12,5 km* *Oostkamp 21 137 h. – ✉ 8020 Hertsberge :*

XXX **Manderley,** Kruisstraat 13, ✆ (0 50) 27 80 51, *Fax (0 50) 27 80 51,* , « Terrasse et jardin » – P. AE ⓓ MC VISA
fermé prem. sem. oct., 3 dern. sem. janv., jeudi soir hors saison, dim. soir et lundi – **Repas** Lunch 1250 – 1800/2200.

à Ruddervoorde *au Sud par N 50 : 12 km* *Oostkamp 21 137 h. – ✉ 8020 Ruddervoorde :*

XX **Host. Leegendael** avec ch, Kortrijkstraat 498 (N 50), ✆ (0 50) 27 76 99, *Fax (0 50) 27 58 80,* , « Demeure ancienne dans un cadre de verdure » – rest, TV ☎ P. AE ⓓ MC VISA
Repas *(fermé mardi, merc. et dim. soir)* Lunch 990 – 1850/2100 – **6 ch** 1750/2550.

à Varsenare *Jabbeke 13 563 h. – ✉ 8490 Varsenare :*

XXX ✿ **Manoir Stuivenberg** (Scherrens frères) avec ch, Gistelsteenweg 27, ✆ (0 50) 38 15 02, *Fax (0 50) 38 28 92,* , – , rest, TV ☎ P – 25 à 400. AE ⓓ MC VISA. ✻ ERS r
fermé 17 juil.-1er août – **Repas** *(fermé dim. soirs, lundis et mardis soirs non fériés)* Lunch 1485 – 2650, carte 2550 à 3300 – **8 ch** *(fermé dim. soir et lundi)* 5000/6500, 1 suite – ½ P 4645/5900
Spéc. Filets de rouget-barbet rôtis à la brunoise de câpres et citron. Poitrine de pigeon en crapaudine. Soufflé chaud à la vanille, sauce au chocolat.

à Waardamme *au Sud par N 50 : 11 km* *Oostkamp 21 137 h. – ✉ 8020 Waardamme :*

XX **Ter Talinge,** Rooiveldstraat 46, ✆ (0 50) 27 90 61, *Fax (0 50) 28 00 52,* , « Terrasse » – P. AE MC VISA
fermé 25 fév.-14 mars, 25 août-5 sept., merc. et jeudi – **Repas** Lunch 1100 – 1725.

à Zedelgem *par ⑥ : 10,5 km – 21 797 h. – ✉ 8210 Zedelgem :*

Zuidwege, Torhoutsesteenweg 128, ✆ (0 50) 20 13 39, *Fax (0 50) 20 17 39,* , – , ch, TV ☎ P – 25. AE ⓓ MC VISA. ✻ ch
Repas *(fermé prem. sem. juin, vacances Noël et sam. midi)* (Taverne-rest) Lunch 310 – carte 950 à 1400 – **16 ch** 1900/2700 – ½ P 1605/2280.

XX **Ter Leepe,** Torhoutsesteenweg 168, ✆ (0 50) 20 01 97, *Fax (0 50) 20 88 54* – P – 220. AE ⓓ VISA
fermé du 15 au 31 juil., merc. soir et dim. – **Repas** Lunch 1375 bc – carte 1550 à 1850.

BRUXELLES – BRUSSEL

1000 P Région de Bruxelles-Capitale – Brussels Hoofdstedelijk Gewest 213 L 17 – (51) S *et* 909 G 3 – (21) S – *953 175 h.*

Paris 308 (6) – Amsterdam 204 (11) – Düsseldorf 222 (2) – Lille 116 (9) – Luxembourg 219 (4).

OFFICES DE TOURISME

TIB Hôtel de Ville, Grand'Place ✉ 1000, ☎ (02) 513 89 40, Fax (02) 514 45 38.
Office de Promotion du Tourisme (OPT), r. Marché-aux-Herbes 63, ✉ 1000, ☎ (02) 504 03 90, Fax (02) 504 02 70.
TIB, Gare du Midi, ✉ 1000.
Toerisme Vlaanderen, Grasmarkt 61, ✉ 1000, ☎ (02) 504 03 00, Fax (02) 513 88 03.
Pour approfondir votre visite touristique, consultez le Guide Vert Bruxelles et le Plan de Bruxelles nº 44.

RENSEIGNEMENTS PRATIQUES

BUREAUX DE CHANGE

- *Principales banques : ferment à 16 h 30 et sam., dim.*
- *Près des centres touristiques il y a des guichets de change non-officiels.*

TRANSPORTS

Principales compagnies de Taxis :
Taxis Verts ✆ (02) 349 49 49, Fax (02) 349 49 00
Taxis Oranges ✆ (02) 349 43 43, Fax (02) 349 43 00
En outre, il existe les Taxis Tours faisant des visites guidées au tarif du taximètre. Se renseigner directement auprès des compagnies.

Métro :
STIB ✆ (02) 515 20 00 pour toute information.
Le métro dessert principalement le centre-ville, ainsi que certains quartiers de l'agglomération (Heysel, Anderlecht, Auderghem, Woluwé-St-Pierre). Aucune ligne de métro ne desservant l'aéroport, empruntez le train (SNCB) qui fait halte aux gares du Nord, Central et du Midi.
SNCB ✆ (02) 555 25 25, Fax (02) 525 93 13.

Trams et Bus :
En plus des nombreux réseaux quadrillant toute la ville, le tram 94 propose un intéressant trajet visite guidée avec baladeur (3 h). Pour tout renseignement et réservation, s'adresser au TIB (voir plus haut).

✆ (02) 555 25 25 et 555 25 55, Fax (02) 525 93 13.

COMPAGNIE BELGE DE TRANSPORT AÉRIEN

Sabena bureau, r. Marché-aux-Herbes 110, ✉ 1000, ✆ (02) 723 89 40, Fax (02) 723 89 99, liaison directe avec l'aéroport, ✆ (02) 753 21 11.

CAPITALE VERTE

Parcs : de Bruxelles, Wolvendael, Woluwé, Laeken, Cinquantenaire, Duden. Bois de la Cambre. La Forêt de Soignes.

QUELQUES GOLFS

18 9 par Tervurenlaan (DN) : 14 km à Tervuren, Château de Ravenstein ✆ (02) 767 58 01, Fax (02) 767 28 41 – 18 au Nord-Est : 14 km à Melsbroek, Steenwagenstraat 11 ✆ (02) 751 82 05, Fax (02) 751 84 25 – 18 à Anderlecht, Zone Sportive de la Pede (AN), r. Scholle 1 ✆ (02) 521 16 87, Fax (02) 521 51 56 – 9 à Watermael-Boitsfort (CN), chaussée de la Hulpe 53a ✆ (02) 672 22 22, Fax (02) 675 34 81 – 9 par ④ : 16 km à Overijse, Gemslaan 55 ✆ (02) 687 50 30, Fax (02) 687 37 68 – 9 par ⑧ : 8 km à Itterbeek, J.M. Van Lierdelaan 24 ✆ (02) 567 00 38, Fax (02) 567 02 23 – 18 au Nord-Est : 20 km à Kampenhout, Wildersedreef 56 ✆ (016) 65 12 16, Fax (016) 65 16 80 – 9 à l'Est : 18 km à Duisburg, Hertswegenstraat 59 ✆ (02) 769 45 82, Fax (02) 767 97 52.

CURIOSITÉS

BRUXELLES VU D'EN HAUT

Atomium★ BK – Basilique du Sacré Cœur★ ABL – Arcades du Musée royal de l'Armée et d'Histoire militaire★ HS **M25**.

PERSPECTIVES CÉLÈBRES DE BRUXELLES

Palais de Justice ESJ – Cité administrative KY – Place Royale★ KZ.

QUELQUES MONUMENTS HISTORIQUES

Grand-Place★★★ JY – Théâtre de la Monnaie★ JY – Galeries St-Hubert★★ JKY – Maison d'Erasme (Anderlecht)★★ AM – Château et parc de Gaasbeek (Gaasbeek)★★ (Sud-Ouest : 12 km par N 282 AN) – Serres royales (Laeken)★★ BK **R**.

ÉGLISES

Sts-Michel-et-Gudule★★ KY – *Église N.-D. de la Chapelle★* JZ – *Église N.-D. du Sablon★* KZ – *Abbaye de la Cambre (Ixelles)★★* FGV – *Sts-Pierre-et-Guidon (Anderlecht)★* AM **D**.

QUELQUES MUSÉES

Musée d'Art ancien★★★ KZ – *Musée du Cinquantenaire★★★* HS **M**^{11} – *Musée d'Art moderne★★* KZ **M**^{2} – *Centre Belge de la BD★★* KY **M**^{8} – *Autoworld★★* HS **M**^{3} – *Muséum des Sciences Naturelles★★* GS **M**^{26} – *Musée des instruments de musique★★* KZ **M**^{21} – *Musée Constantin Meunier (Ixelles)★* FV **M**^{13} – *Musée communal d'Ixelles (Ixelles)★★* GT **M**^{12} – *Musée Charlier★* FR **M**^{9} – *Bibliotheca Wittockiana (Woluwé-St-Pierre)★* CM **C** – *Musée royal de l'Afrique centrale (Tervuren)★★ (par ③)* – *Musée Horta (St-Gilles)★★* EFU **M**^{20} – *Maison Van Buuren (Uccle)* EFV **M**^{6} – *Musée Bellevue★* KZ **M**^{28}.

ARCHITECTURE MODERNE

Atomium★ BK – *Centre Berlaymont* GR – *Parlement européen* GS – *Palais des Beaux Arts* KZ **Q**^{1} – *La Cité administrative* KY – *Les cités-jardins Le Logis et Floréal (Watermael-Boitsfort)* DN – *Les Cités-jardins Kapelleveld (Woluwé-St-Lambert)* DM – *Campus de l'UCL (Woluwé-St-Lambert)* DL – *Palais Stoclet (Tervuren/Environs)★* CM **Q**^{4} – *Swift (La Hulpe/Environs)* – *Vitrine P. Hankar★* KY **W** – *Maison Communale d'Ixelles* FS **K**^{2} – *Hôtel Van Eetvelde★* GR *187* – *Maison Cauchie (Etterbeek)★* HS **K**^{1} – *Old England★* KZ **N.**

QUARTIERS PITTORESQUES

La Grand-Place★★★ JY – *Le Grand et le Petit Sablon★★* JZ – *Les Galeries St-Hubert★★* JKY – *La place du Musée* KZ – *La place Ste-Catherine* JY – *Le vieux centre (Halles St-Géry – voûtement de la Senne – Église des Riches Claires)* ER – *Rue des Bouchers★* JY – *Manneken Pis★★* JZ – *Les Marolles* JZ – *La Galerie Bortier* JY.

LE SHOPPING

Grands Magasins : *Rue Neuve* JKY.

Commerces de luxe : *Avenue Louise* BMN, *Avenue de la Toison d'Or* KZ, *Boulevard de Waterloo* KZ, *rue de Namur* KZ.

Antiquités : *Le Sablon et alentours* JKZ.

Marché aux puces : *Place du Jeu de Balles* ES.

Galeries commerçantes : *Basilix, Westland Shopping Center, Woluwé Shopping Center, City 2, Galerie Louise.*

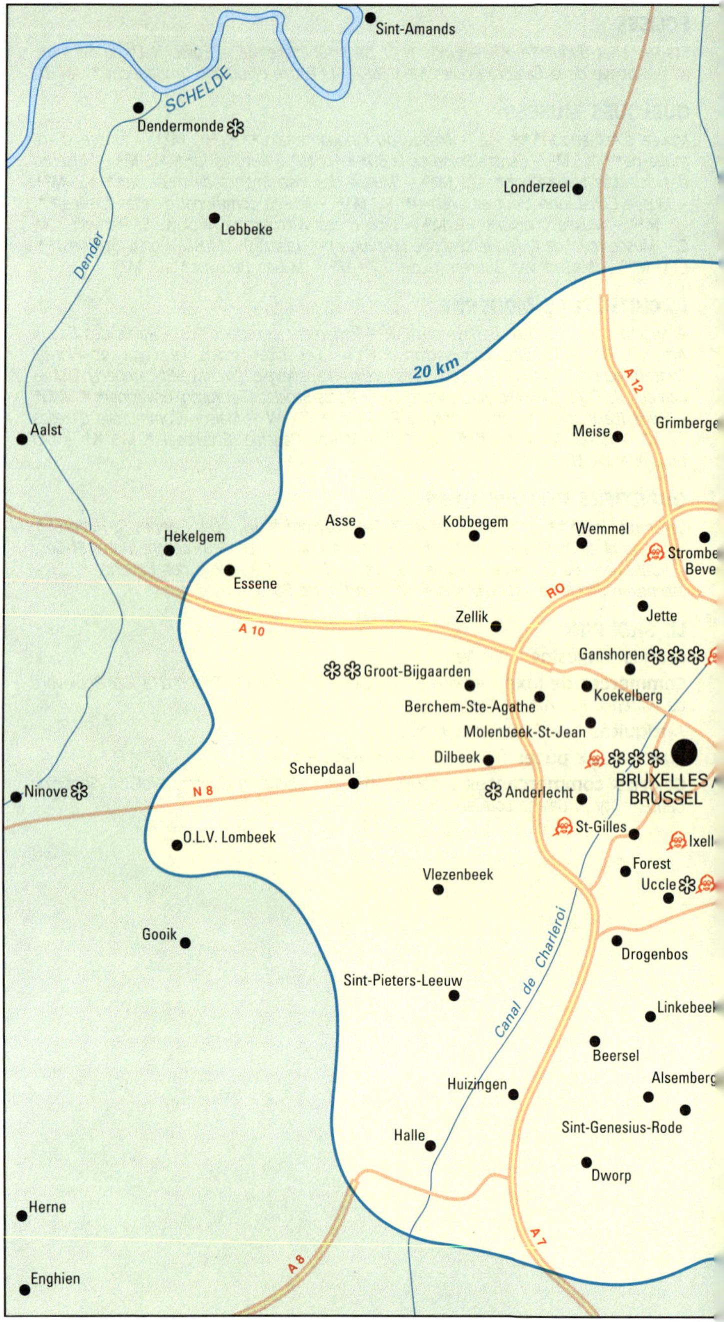
Sint-Amands
SCHELDE
Dendermonde
Londerzeel
Lebbeke
Dender
20 km
A 12
Aalst
Meise
Grimberge
Asse
Kobbegem
Wemmel
Hekelgem
Strombe
Beve
Essene
RO
Jette
Zellik
A 10
Ganshoren
Groot-Bijgaarden
Koekelberg
Berchem-Ste-Agathe
Molenbeek-St-Jean
Dilbeek
Schepdaal
BRUXELLES
BRUSSEL
Ninove
N 8
Anderlecht
St-Gilles
O.L.V. Lombeek
Ixell
Forest
Vlezenbeek
Uccle
Gooik
Drogenbos
Canal de Charleroi
Sint-Pieters-Leeuw
Linkebeel
Beersel
Alsemberg
Huizingen
Sint-Genesius-Rode
Halle
Dworp
Herne
A 7
A 8
Enghien

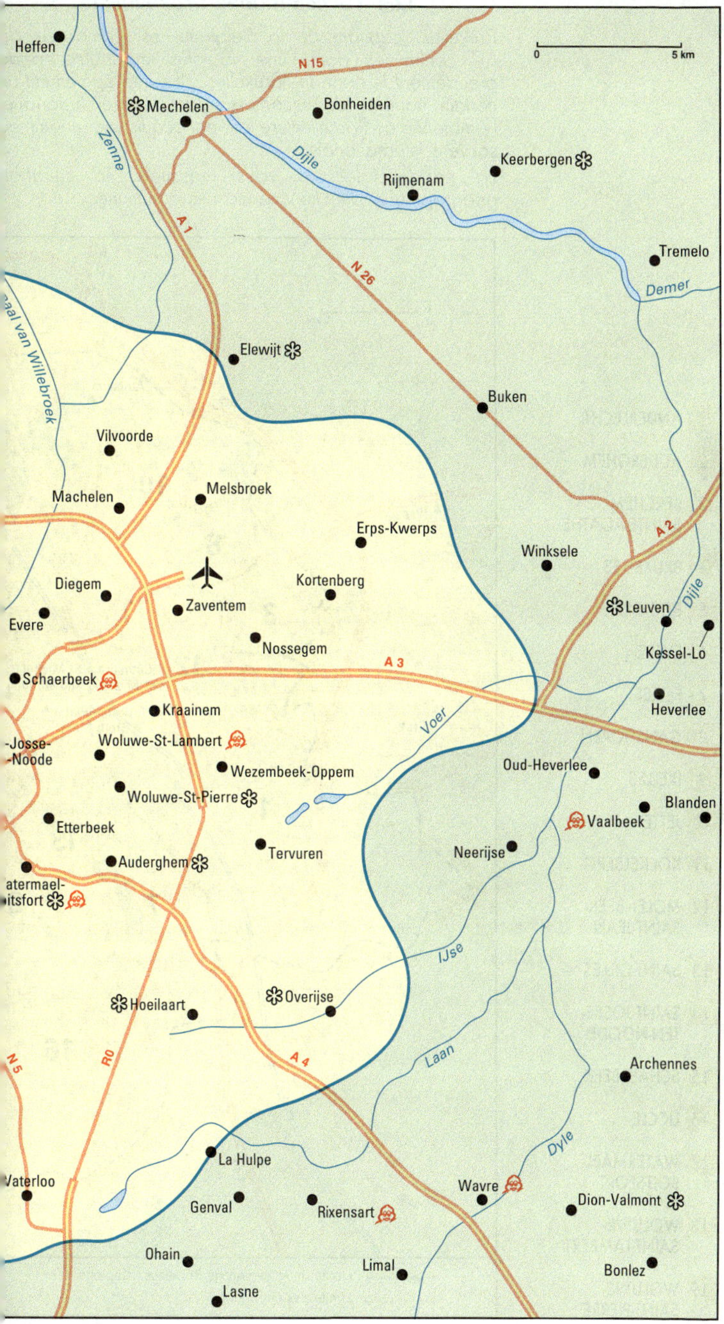
0
5 km
Heffen
Mechelen
N 15
Bonheiden
Zenne
Dijle
Keerbergen
Rijmenam
A 1
N 26
Tremelo
Demer
aal van Willebroek
Elewijt
Buken
Vilvoorde
Machelen
Melsbroek
Erps-Kwerps
A 2
Winksele
Diegem
Kortenberg
Zaventem
Leuven
Dijle
Evere
Nossegem
Kessel-Lo
A 3
Schaerbeek
Kraainem
Heverlee
Voer
-Josse-
-Noode
Woluwe-St-Lambert
Wezembeek-Oppem
Oud-Heverlee
Woluwe-St-Pierre
Blanden
Vaalbeek
Etterbeek
Tervuren
Neerijse
Auderghem
atermael-
itsfort
IJse
Hoeilaart
Overijse
N 5
R0
A 4
Laan
Archennes
Dyle
La Hulpe
Waterloo
Wavre
Genval
Rixensart
Dion-Valmont
Ohain
Limal
Bonlez
Lasne

Les 19 communes bruxelloises

Bruxelles, capitale de la Belgique, est composée de 19 communes dont l'une, la plus importante, porte précisément le nom de "Bruxelles". Il existe également un certain nombre de "quartiers" dont l'intérêt historique, l'ambiance ou l'architecture leur ont acquis une renommée souvent internationale.

La carte ci-dessous vous indiquera la situation géographique de chacune de ces communes.

1 ANDERLECHT
2 AUDERGHEM
3 BERCHEM-SAINTE-AGATHE
4 BRUXELLES
5 ETTERBEEK
6 EVERE
7 FOREST
8 GANSHOREN
9 IXELLES
10 JETTE
11 KOEKELBERG
12 MOLENBEEK-SAINT-JEAN
13 SAINT-GILLES
14 SAINT-JOSSE-TEN-NOODE
15 SCHAERBEEK
16 UCCLE
17 WATERMAEL-BOITSFORT
18 WOLUWE-SAINT-LAMBERT
19 WOLUWE-SAINT-PIERRE

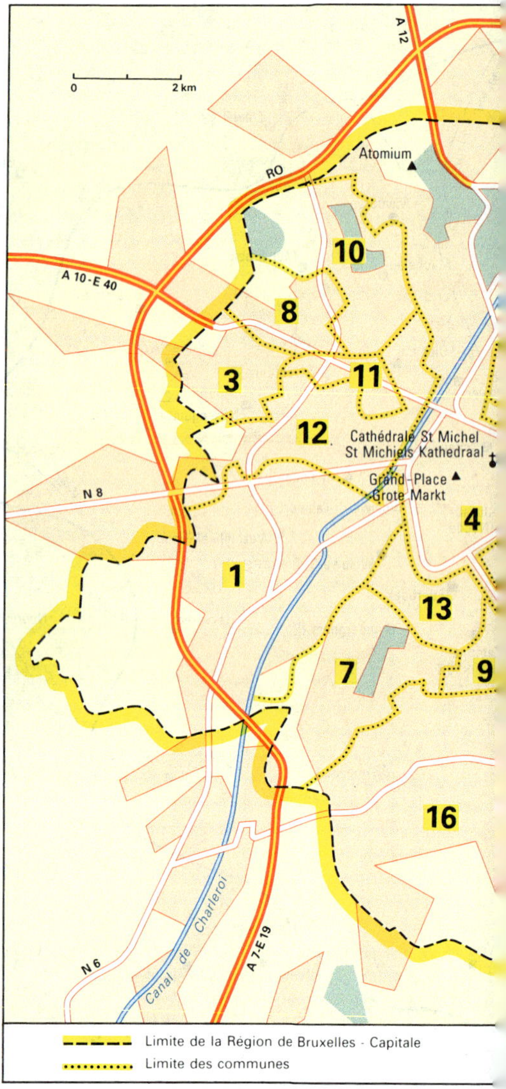

De 19 Brusselse gemeenten

Brussel, hoofdstad van België, bestaat uit 19 gemeenten, waarvan de meest belangrijke de naam "Brussel" draagt. Daar zijn een aantal wijken, waar de geschiedenis, de sfeer en de architectuur gezorgd hebben voor de, vaak internationaal, verworven faam.

Onderstaande kaart geeft U een overzicht van de geografische ligging van elk van deze gemeenten.

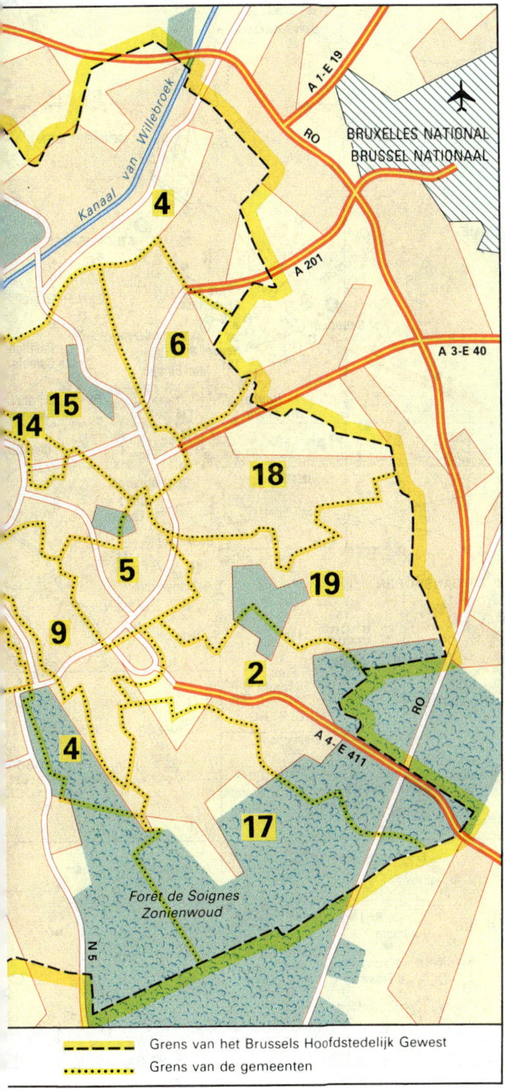

ANDERLECHT 1
OUDERGEM 2
SINT-AGATHA-BERCHEM 3
BRUSSEL 4
ETTERBEEK 5
EVERE 6
VORST 7
GANSHOREN 8
ELSENE 9
JETTE 10
KOEKELBERG 11
SINT-JANS-MOLENBEEK 12
SINT-GILLIS 13
SINT-JOOST-TEN-NODE 14
SCHAARBEEK 15
UKKEL 16
WATERMAAL-BOSVOORDE 17
SINT-LAMBRECHTS-WOLUWE 18
SINT-PIETERS-WOLUWE 19

BRUXELLES BRUSSEL

ENVIRONS

ASSE

Pontbeeklaan (Zellik) . . . . **AK** 197
Zuiderlaan (Zellik) . . . . . . **AL** 264

GRIMBERGEN

Antwerpselaan
(Strombeek-Bever) . . . . **BK** 9

KRAAINEM

Wezembeeklaan . . . . **DM** 259

VILVOORDE

Parkstraat . . . . **CK** 192
Stationlei . . . . **CK** 231
Vuurkruisenlaan . . . . **CK** 252

ZAVENTEM

(Hector) Henneaulaan . . **DL** 115

Michelin n'accroche pas de panonceau aux hôtels et restaurants qu'il signale.

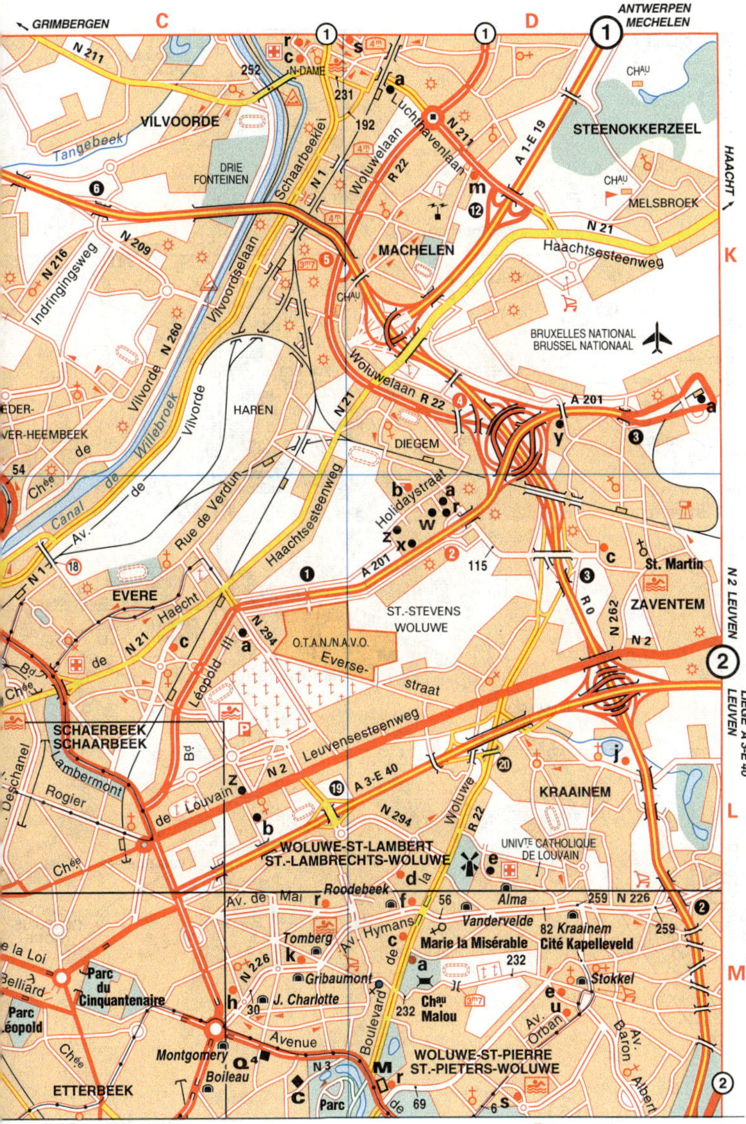

BRUXELLES
BRUSSEL

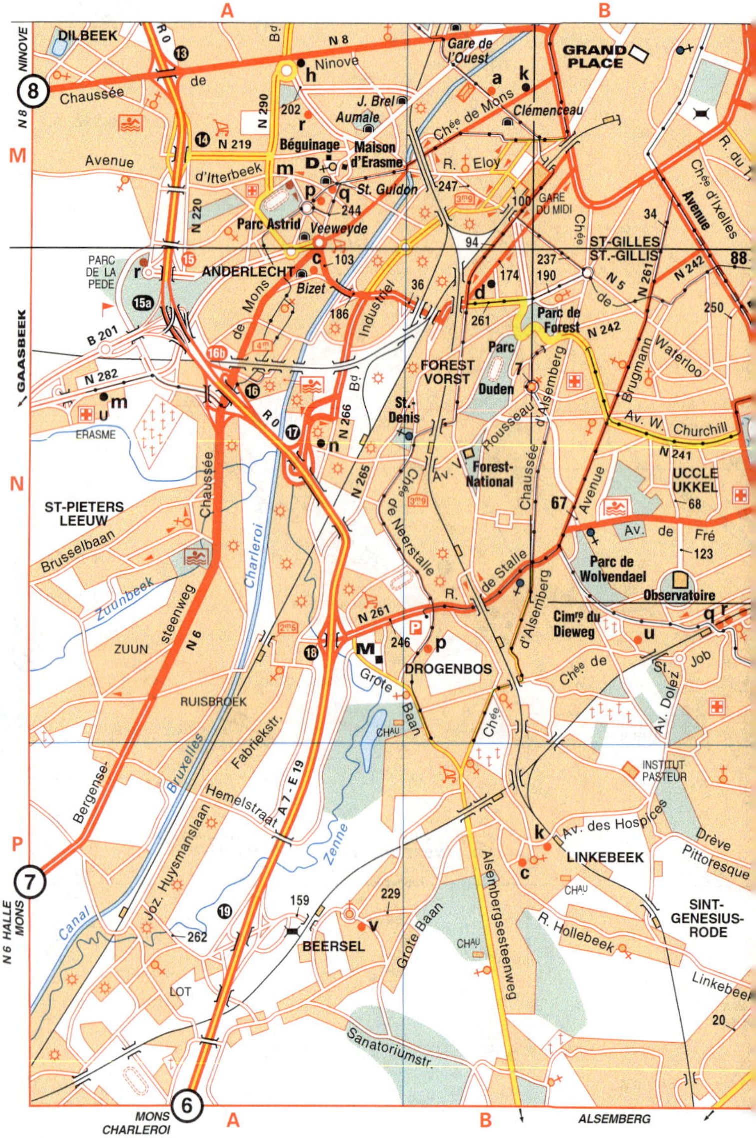

Vleurgat (Chée de) . . . . . . BN 250
Wielemans Ceuppens (Av.) . . . . BN 261
2e Rég.-de-Lanciers (Av. du) . . . . CN 265

ENVIRONS

BEERSEL

Lotsestr. . . . . AP 159

Schoolstraat . . . . AP 229
Zennestraat (Lot) . . . . AP 262

DROGENBOS

Verlengde Stallestraat . . . . AN 246

KRAAINEM

Wezembeek (Av. de) . . . . DM 259

ST-GENESIUS-RODE

Bevrijdingslaan . . . . BP 20
Zonienwoudlaan . . . . CP 263

Le Guide change, changez de guide tous les ans.

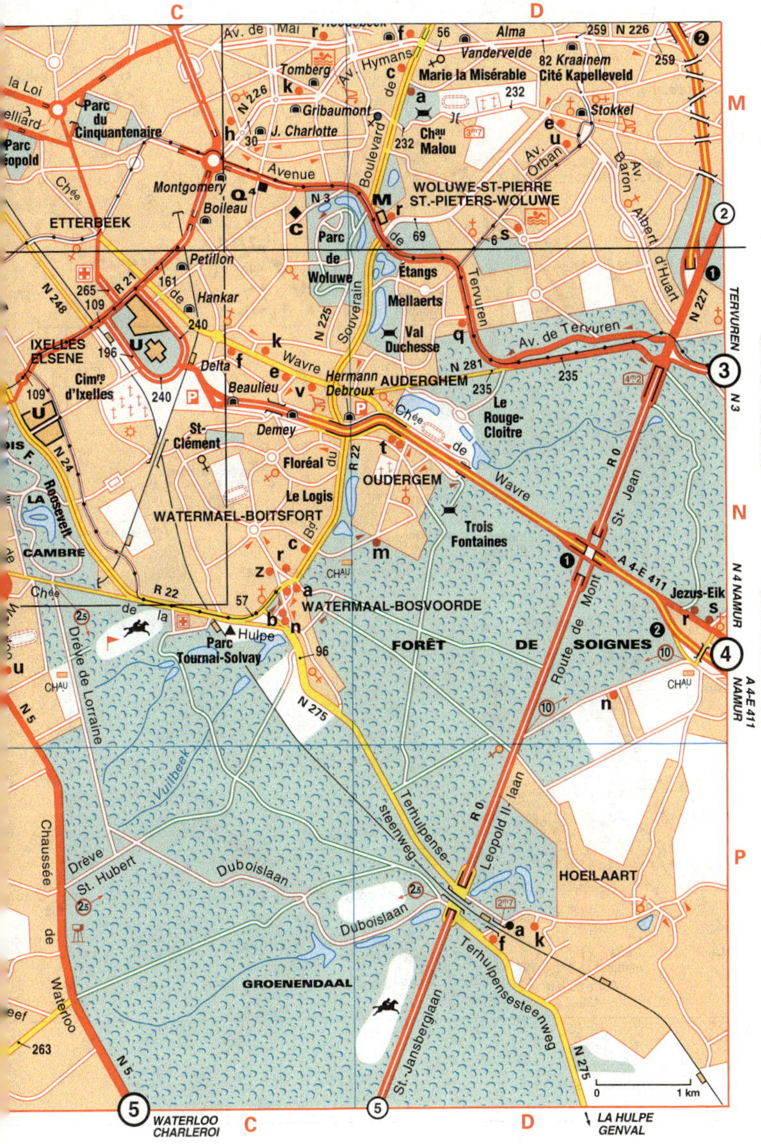

BRUXELLES BRUSSEL

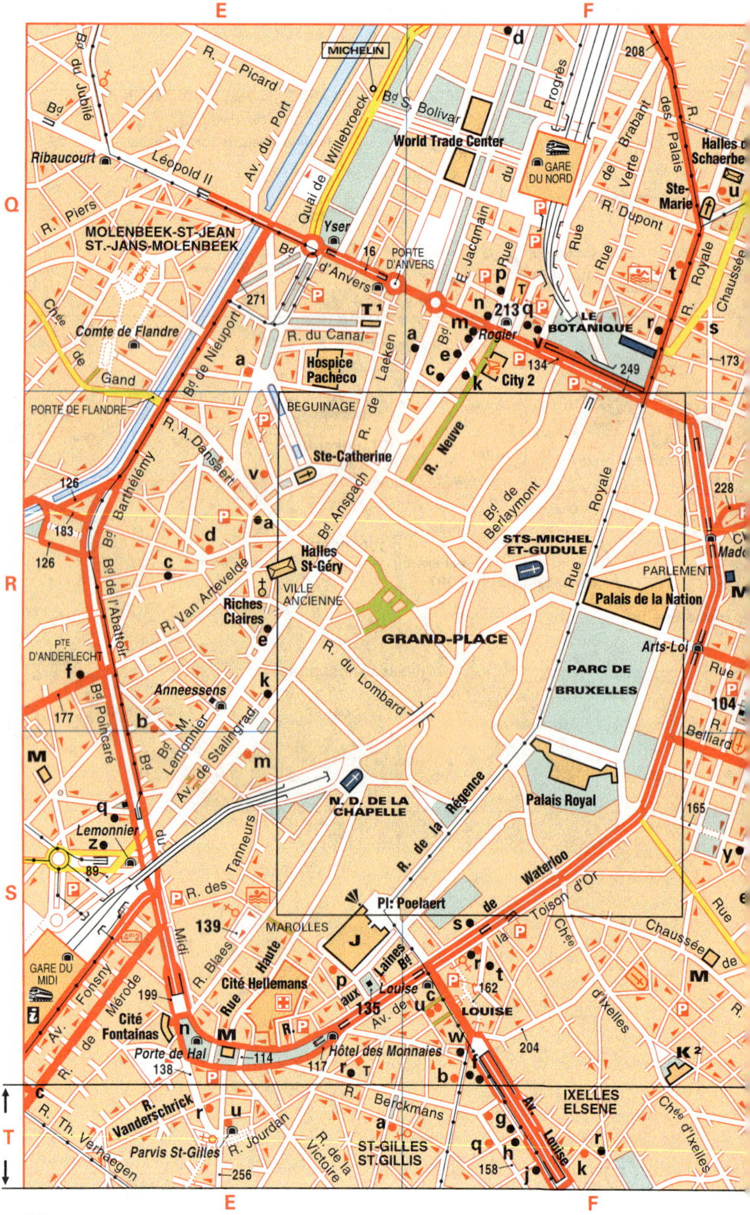

G
H
Q
R
S
T
500 m
SCHAERBEEK
SCHAARBEEK
PARC
JOSAPHAT
Bd Lambermont
Bd Gal Wahis
Bd Léopold III
Av. H. Dunant
Av. L. Bertrand
Av. Rogier
Av. des Azalées
Av. Paul Deschanel
Av. Artan
Pl. Colonel Bremer
Rue Dailly
Av. Chazal
MEISER
R. H. Chomé
Chée de Louvain
de Genève
Av. Clays
Pl. Dailly
R.T.B.F.
B.R.T.N.
E 40
Bd A. Reyers
Av. Plasky
Av. du Diamant
Av. Eug.
Av. de Roodebeek
Diamant
Av. des Cerisiers
-JOSSE-TEN-NOODE
-JOOST-TEN-NODE
R. de Pavie
R. des Patriotes
Square Ambiorix
Joseph II
Av. de Cortenbergh
Av. de la Renaissance
Square Vergote
Centre Berlaymont
Maelbeek
Loi
Schuman
INSTITUTIONS
Secteur en travaux
EUROPÉENNES
Espace Léopold
Parc Léopold
R. Belliard
PARC DU
CINQUANTENAIRE
Rue Linthout
Bd Brand Whitlock
G. Henri
Mérode
Avenue de Tervuren
Av. des Celtes
Sq. Mar. Montgomery
R. du Cornet
Wavre
Av. Louis Hap
Av. de la Chasse
ETTERBEEK
Rue Gray
R. de l'Orient
Chée de Wavre
Av. d'Auderghem
R. du Sceptre
R. Philippe Baucq
Thieffry
Boileau
Bd St-Michel
Av. E. Messens
R. Malibran
Trône
Av. de Trèves

BRUXELLES BRUSSEL

E F

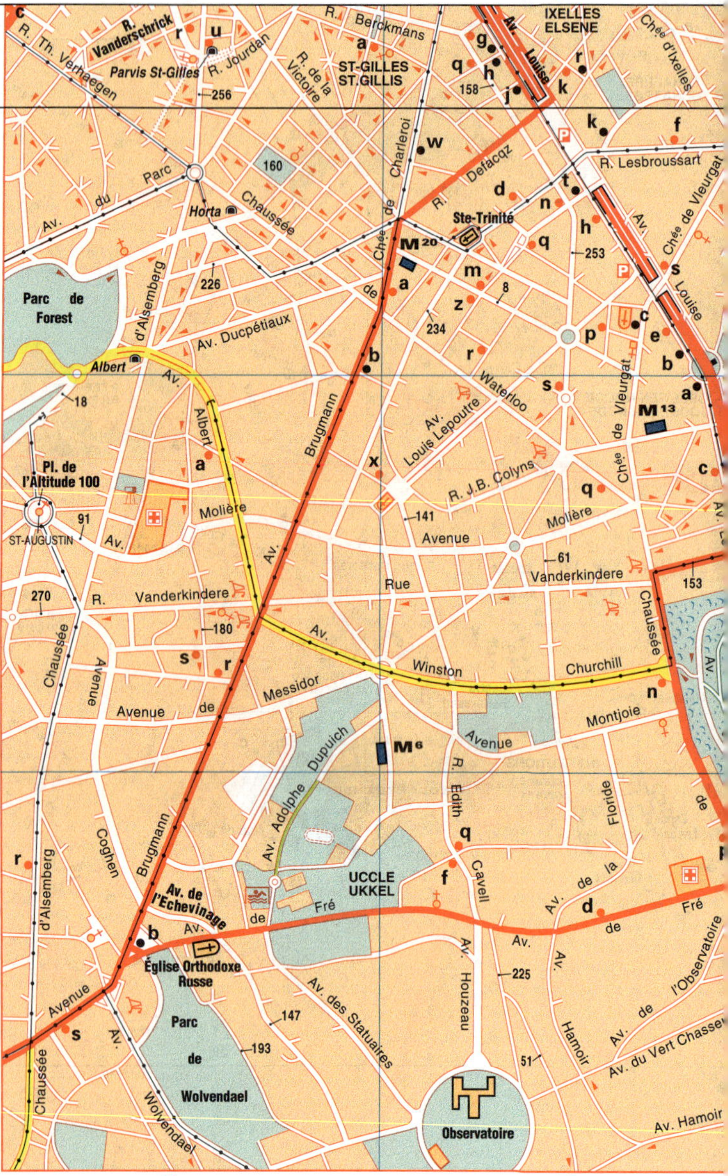

E F

Invalides (Bd des)	HV	127
Jean-Volders (Av.)	ET	138
Jos-Stallaert (R.)	FV	141
Juliette-Wytsman (R.)	GU	145
Kamerdelle (Av.)	EX	147
Legrand (Av.)	FV	153
Livourne (R. de)	FT	158
Louis-Morichar (Pl.)	EU	160
Mutualité (R. de la)	EV	180
Nouvelle (Av.)	GU	184
Paul-Stroobant (Av.)	EX	193
Saint-Antoine (Pl.)	GT	220
Saisons (Av. des)	GV	223
Saturne (Av. de)	FX	225
Savoie (R. de)	EU	226
Tabellion (R. du)	FU	234
Washington (R.)	FU	253
Waterloo (Chée de)	ET	256
2e Rég.-de-Lanciers (Av. du)	GHU	265
7-Bonniers (Av. des)	EV	270

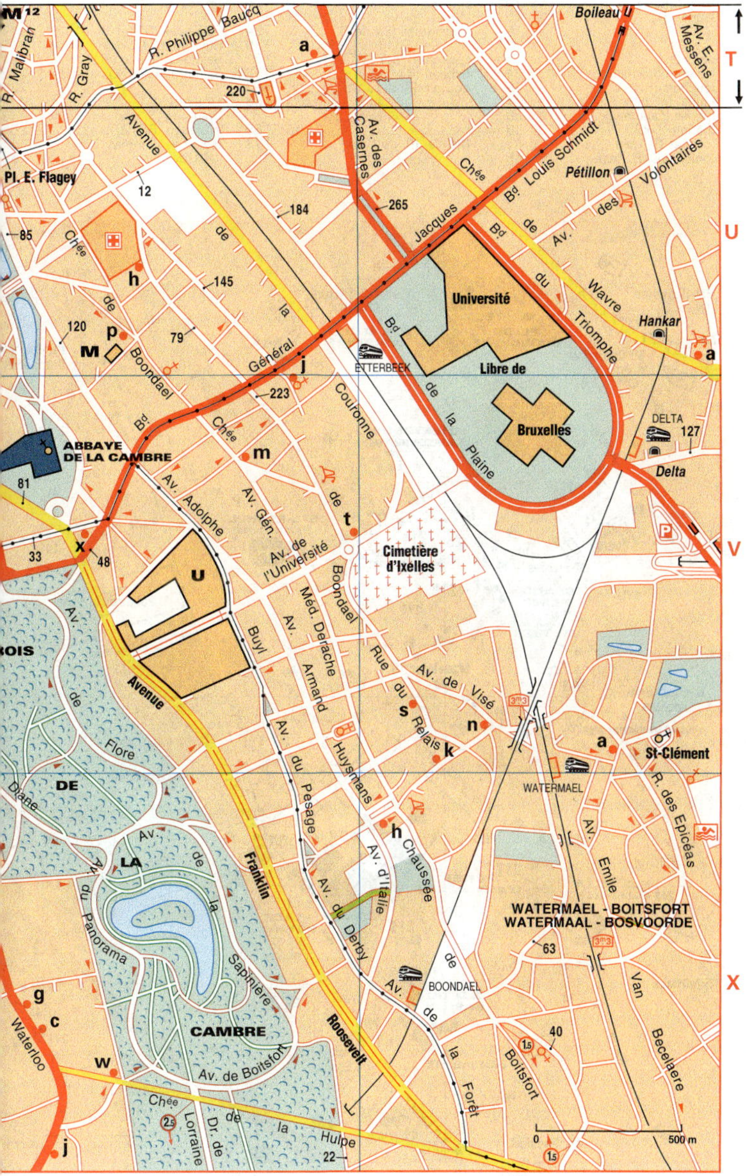

BRUXELLES
BRUSSEL

Adolphe-Max (Bd) . . . . . . JY 3
Albertine (Pl. de l') . . . . . KZ 4
Anspach (Bd) . . . . JY
Assaut (R. d') . . . . KY 10
Baudet (R.) . . . . KZ 15
Beurre (Rue au) . . . . JY 19
Bortier (Galerie) . . . . JKZ 23
Bouchers
(Petite rue des) . . . . . . JY 24
Bouchers (R. des) . . . . . . JY 25
Bourse (Pl. de la) . . . . . . JY 27
Briques (Quai aux) . . . . . JY 29
Chêne (R. du) . . . . JZ 39
Colonies (R. des) . . . . KY 43
Comédiens (R. des) . . . . KY 45
Commerce (R. du) . . . . . . KZ 46
Croix-de-Fer
(R. de la) . . . . KY 52
Duquesnoy (Rue) . . . . JYZ 66
Ernest-Allard (R.) . . . . JZ 86
Étuve (R. de l') . . . . JZ 87
Europe (Carr. de l') . . . . . . KY 90
Fossé-aux-Loups (R. du) . . JKY 99
Fripiers (R. des) . . . . JY 105
Grand-Sablon (Pl. du) . . . . KZ 112
Impératrice (Bd de l') . . . . KY 124
Ixelles (Chée d') . . . . KZ 129
Laeken (R. de) . . . . JY 151
Lebeau (R.) . . . . JZ 152
Louvain (R. de) . . . . KY 163
Marché-aux-Herbes (R. du) JY 168
Marché-aux-Poulets
(R. du) . . . . JY 169
Mercier (R. du Card.) . . . . KY 172
Midi (R. du) . . . . JYZ
Montagne (Rue de la) . . . KY 178
Musée (Pl. du) . . . . KZ 179
Neuve (Rue) . . . . JY
Nord (Passage du) . . . . . . JY 182
Petit-Sablon (Pl. du) . . . . . KZ 195
Presse (R. de la) . . . . KY 201
Princes (Galeries des) . . . . JY 205
Ravenstein (R.) . . . . KZ 207
Reine (Galerie de la) . . . . JY 210
Roi (Galerie du) . . . . KY 214
Rollebeek (R. de) . . . . JZ 217
Ruysbroeck (R. de) . . . . . . KZ 219
Sainte-Catherine (Pl.) . . . . JY 221
Sainte-Gudule (Pl.) . . . . . KY 222
Toison d'Or (Av. de la) . . . KZ 238
Trône (R. du) . . . . KZ 241
Ursulines (R. des) . . . . JZ 243
Waterloo (Bd de) . . . . KZ 255
6-Jeunes-Hommes
(R. des) . . . . KZ 268

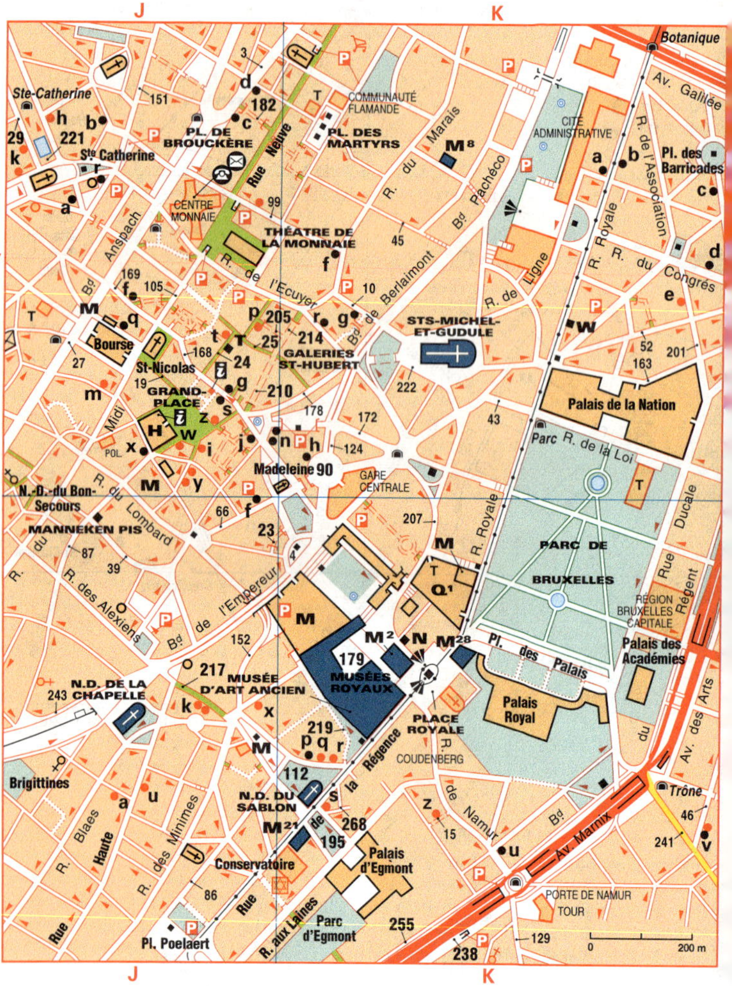

W

W

GANSHOREN JETTE KOEKELBERG

Basilique (Av. de la) . W 13
Château (Av. du) . . . . W 37
Constitution (Av. de la) W 49
Démosthène
Poplimont (Av.) . . . W 58
Duc Jean (Av. du) . . . W 64
Edouard Bénes (Av.) . W 70
Eglise St-Martin (R. de l') W 73
Emile-Bossaert (Av.) . W 76
Firmin-Lecharlier (Av.) W 92
Gloires Nationales
(Av. des) . . . . W 110
Jacques-Sermon (Av.) W 130
Laeken (Av. de) . . . . . W 150
Léon-Théodore (R.) . . W 154
Levis-Mirepoix (Av. de) W 156
Panthéon (Av. du) . . . W 189
Wemmel (Chée de) . W 258

RÉPERTOIRE DES RUES DU PLAN DE BRUXELLES

Abattoir (Bd de l') . . p.10 ER
Adolphe-Buyl (Av.) . . p.13 GV
Adolphe-Dupuich (Av.) . p.12 EVX
Adolphe-Max (Bd) . . p.14 JY 3
Albert (Av.) . . . . p.12 EV
Albertine (Pl. de l') . p.14 KZ 4
Alexiens (R. des) . . . p.14 JZ
Alfred-Madoux (Av.) . p. 9 DN 6
Alsemberg
(Chée d') . . . . p. 8 BNP
Altitude 100
(Pl. de l') . . . . p. 8 BN 7
Ambiorix (Square) . . p.11 GR
Américaine (R.) . . . . p.12 FU 8
Anspach (Bd) . . . . . p.14 JY
Antoine-Dansaert (R.) . p.10 ER
Anvers (Bd d') . . . . . p.10 EQ
Armand-Huymans
(Av.) . . . . p.13 GV
Artan (R.) . . . . p.11 GQ
van Artevelde (R.) . . p.10 ER
Arts (Av. des) . . . . . p.14 KZ
Assaut (R. d') . . . . . p.14 KY 10
Association (R. de l') . p.14 KY
Audergem (Av. d') . . p.11 GS
Auguste-Reyers (Bd) . p.11 HR
Auguste-Rodin (Av.) . p.13 GU 12
Azalées (Av. des) . . . p.11 GQ
Baron-Albert-d'Huart
(Av.) . . . . p. 7 DM
Barthélemy (Bd) . . . p.10 ER
Basilique (Av. de la) . p.15 W 13
Baudet (R.) . . . . p.14 KZ 15
Baudouin (Bd) . . . . . p.10 EQ 16
Belliard (R.) . . . . p.11 GS
Berckmans (R.) . . . . p.10 EFT
Berlaymont (Bd de) . p.14 KY
Besme (Av.) . . . . p.12 EV 18
Beurre (Rue au) . . . . p.14 JY 19
Bienfaiteurs (Pl. des) . p.11 GQ 21
Blaes (R.) . . . . p.10 ES
Boitsfort (Av. de) . . . p.13 GX
Boitsfort (Chée de) . p.13 HX
Bolivar (Bd Simon) . p.10 EFQ
Boondael (Chée de) . p.13 GUV
Boondael (Drève de) . p.13 GX 22
Bortier (Galerie) . . . . p.14 JKZ 23
Bouchers
(Petite rue des) . . p.14 JY 24

Bouchers (R. des) . . p.14 JY 25
Bourse (Pl. de la) . . . p.14 JY 27
Brabançonne
(Av. de la) . . . . . . p.11 GR 28
Brabant (R. de) . . . . p.10 FQ
Brand-Whitlock (Bd) . p.11 HRS
Briques (Quai aux) . p.14 JY 29
Broqueville (Av. de) . p. 7 CM 30
Brouckère (Pl. de) . . p.14 JY
Broustin (Av.) . . . . . . p.15 W
Brugmann (Av.) . . . . p.12 EVX
Cambre (Bd de la) . . p.13 GV 33
Canal (R. du) . . . . . . p.10 EQ
Carton de Wiart (Av.) . p.15 W
Casernes (Av. des) . p.13 GHU
Celtes (Av. des) . . . . p.11 HS
Cerisiers (Av. des) . . p.11 HR
Charleroi (Chée de) . p.10 EFU
Charles-Quint (Av.) . . p. 6 AL
Charles-Woeste (Av.) . p. 6 BL
Charroi (R. du) . . . . . p. 8 ABN 36
Chasse (Av. de la) . . p.11 HS
Château (Av. du) . . . p.15 W 37
Chazal (Av.) . . . . p.11 GQ
Chêne (R. du) . . . . . p.14 JZ 39
Clays (Av.) . . . . p.11 GQ
Coccinelles (Av. des) . p.13 HX 40
Coghen (Av.) . . . . . . p.12 EVX
Colonel-Bremer (Pl.) . p.11 GQ
Colonies (R. des) . . . p.14 KY 43
Comédiens (R. des) . p.14 KY 45
Commerce (R. du) . . p.14 KZ 46
Congo (Av. du) . . . . . p.13 GV 48
Congrès (R. du) . . . . p.14 KY
Constitution
(Av. de la) . . . . . . p.15 W 49
Copernic (R.) . . . . . . p.12 FX 51
Cortenbergh (Av. de) p.11 GR
Couronne (Av. de la) . p.13 GUV
Croix-de-Fer (R. de la) . p.14 KY 52
Croix-du-Feu (Av. des) . p. 6 BCK 54
Dailly (Av.) . . . . p.11 GQ
Dailly (Pl.) . . . . p.11 GR
Defacqz (R.) . . . . p.12 FU
Delleur (Av.) . . . . . . p. 9 CN 57
Démosthène
Poplimont (Av.) . . p.15 W 58
Derby (Av. du) . . . . . p.13 GX
Diamant (Av. du) . . . p.11 HR

Diane (Av. de) . . . . . p.13 FGX
Dolez (Av.) . . . . p. 8 BN
Dodonée (R.) . . . . . . p.12 FV 61
Dries . . . . p.13 HX 63
Duc Jean (Av. du) . . p.15 W 64
Ducale (Rue) . . . . . . p.14 KZ
Ducpétiaux (Av.) . . . p.12 EU
Duquesnoy (Rue) . . p.14 JYZ 66
Echevinage (av. de l') . p.12 EX
Ecuyer (R. de l') . . . . p.14 JKY
Edith-Cavell (R.) . . . . p.12 FX
Edmond
Parmentier (Av.) . p. 7 DM 69
Edmond-Mesens
(Av.) . . . . p.11 HT
Edouard-Bénes (Av.) . p.15 W 70
Edouard-de-Thibault
(Av.) . . . . p.11 HS 72
Eglise St-Martin
(R. de l') . . . . p.15 W 73
Eloy (Rue) . . . . p. 6 BM
Emile-Bockstael (Bd) . p. 6 BL 75
Emile-Bossaert (Av.) . p.15 W 76
Emile-de-Beco (Av.) . p.13 GU 79
Emile-De-Mot (Av.) . p.13 GV 81
Emile-Jacqmain (Bd) . p.10 FQ
Emile van Becelaere
(Av.) . . . . p.13 HX
Emile-Vandervelde
(Av.) . . . . p. 7 DM 82
Empereur (Bd de l') . p.14 JZ
Eperons d'Or
(Av. des) . . . . p.13 GU 85
Epicéas (R. des) . . . . p.13 HX
Ernest-Allard (R.) . . . p.14 JZ 86
Étuve (R. de l') . . . . . p.14 JZ 87
Eugène-Flagey (Pl.) . p. 8 BN 88
Eugène-Plasky (Av.) . p.11 HR
Europe (Bd de l') . . . p.10 ES 89
Europe (Carr. de l') . p.14 KY 90
Everard (av.) . . . . . . p.12 EV 91
Exposition (Av. de l') . p. 6 AKL
Exposition Universelle
(Av. de l') . . . . p.15 W
Firmin-Lecharlier
(Av.) . . . . p.15 W 92
Flore (Av. de) . . . . . . p.13 GV
Floride (Av. de la) . . p.12 FX
Fonsny (Av.) . . . . . . p. 8 BN 94

ENVIRONS

ASSE

Liste alphabétique des hôtels et restaurants
Alfabetische lijst van hotels en restaurants
Alphabetisches Hotel- und Restaurantverzeichnis
Alphabetical list of hotels and restaurants

Les établissements à étoiles
Sterrenbedrijven
Die Stern-Restaurants
Starred establishments

✿✿✿

35	XXXX	Bruneau
28	XXX	Comme Chez Soi

✿✿

43	XXXXX	Bijgaarden (De)
27	XXXX	Sea Grill (H. Radisson SAS)
35	XXX	Claude Dupont

✿

44	XXXX	Barbizon
30	XXXX	Maison du Bœuf (H. Hilton)
31	XXXX	Villa Lorraine
41	XXX	Des 3 Couleurs
30	XXX	Écailler du Palais Royal (L')
43	XXX	Michel
33	XXX	Saint Guidon
31	XXX	Truffe Noire (La)
30	XX	Trente rue de la Paille
43	XX	Aloyse Kloos
32	XX	Baguettes Impériales (Les)
34	XX	Grignotière (La)
40	XX	Vieux Boitsfort (Au)
39	X	Passage (Le)

La cuisine que vous recherchez...
Het soort keuken dat u zoekt
Welche Küche, welcher Nation suchen Sie
That special cuisine

A la bière et régionale

37 Béguine des Béguines *Molenbeek-St-Jean*
42 3 Fonteinen *Env. à Beersel*
28 In 't Spinnekopke
29 't Kelderke *Q. Grand'Place*

Anguilles

43 Tissens *Env. à Hoeilaart*

Buffets

37 Adrienne *Ixelles, Q. Louise*
32 L'Atelier *Q. de l'Europe*
39 La Buca di Bacco *Schaerbeek*
31 Café Wiltcher's *H. Conrad, Q. Louise*
42 Campanile *Env. à Drogenbos*
45 Campanile *Env. à Vilvoorde*
32 Crescendo *H. Sheraton Towers Q. Botanique, Gare du Nord*

Grillades

35 L'Aub. de Boendael *Ixelles, Q. Boondael*
43 Aub. Napoléon *Env. à Meise*
40 Le Grill *Watermael-Boitsfort*
40 De Hoef *Uccle*
37 Rôtiss. Le Vieux Pannenhuis *Jette*

Produits de la mer – Crustacés

29 La Belle Maraîchère *Q. Ste-Catherine*
36 La Brasserie Marebœuf *Ixelles Q. Boondael*
40 Brasseries Georges *Uccle*
29 Les Crustacés *Q. Ste-Catherine*
30 L'Écailler du Palais Royal *Q. des Sablons*
29 François *Q. Ste-Catherine*
41 Oceanis-L'Annexe *Woluwé-St-Lambert*
36 La Quincaillerie *Ixelles Q. Bascule*
27 Sea Grill *H. Radisson SAS*
45 't Stoveke *Env. à Strombeek-Bever*
29 La Truite d'Argent *Q. Ste-Catherine*
41 Le Vignoble de Margot *Woluwé-St-Lambert*

Taverne – Brasseries

27 Arenberg
37 L'Atelier de la Truffe Noire *Ixelles, Q. Louise*
34 La Brasserie de la Gare *Berchem-Ste-Agathe*
36 La Brasserie Marebœuf *Ixelles, Q. Boondael*
40 Brasseries Georges *Uccle*
37 Chez Soje *Jette*
38 Comfort Art H. Siru *St-Josse, Q. Botanique*
42 3 Fonteinen *Env. à Beersel*
40 L'Entre-Temps *Watermael-Boitsfort*
33 Erasme *Anderlecht*
45 Ibis Expo *Env. à Strombeek-Bever*
44 Istas *Env. à Overijse*
42 Kasteel Gravenhof *Env. à Dworp*
44 Lien Zana *Env. à Schepdaal*
46 Lindbergh Taverne *H. Sheraton Airport, Env. à Zaventem*
28 Matignon *Q. Grand'Place*
45 De Met *Env. à Vilvoorde*
33 La Paix *Anderlecht*
43 Le Petit Coq *Env. à Linkebeek*
36 La Quincaillerie *Ixelles Q. Bascule*
29 La Roue d'Or *Q. Grand'Place*
46 Stockmansmolen *Env. à Zaventem*
38 Turon *St-Gilles*

Basque

36 Le fils de Jules *Ixelles, Q. Bascule*

Chinoise

39 La Cité du Dragon *Uccle*
40 Le Dragon *Watermael-Boitsfort*
39 Le Lion *Uccle*
33 Lychee *Q. Atomium*
32 Maison du Dragon *Q. Botanique, Gare du Nord*
32 Ming Dynasty *Q. Atomium*
34 New Asia *Auderghem*
40 Pavillon Impérial *Uccle*

Espagnole

34 Grillange *Etterbeek*
32 El Jardín de España *Q. de l'Europe*
38 Le Madrileno *St-Gilles*
31 Melià *Q. Louise*
38 Turon *St-Gilles*

Grecque

34 Dionysos *Auderghem*

Indienne

31 Au Palais des Indes *Q. Louise*
31 La Porte des Indes *Q. Louise*
40 Les Rives du Gange *Watermael-Boitsfort*

Indonésienne

39 Le Zinneke *Schaerbeek, Q. Meiser*

Italienne

39 A'mbriana *Uccle*
39 Amici miei *Schaerbeek, Q. Meiser*
44 L'Arlecchino *H. Aub. de Waterloo Env. à Sint-Genesius-Rode*
40 L'Ascoli *Uccle*
37 Le Barolo *Jette*
39 La Buca di Bacco *Schaerbeek*
30 Castello Banfi *Q. des Sablons*
37 Forum *St-Gilles*
33 Le Frascati *Q. Atomium*
38 I Trulli *St-Gilles, Q. Louise*
41 Le Mucha *Woluwé-St-Pierre*
32 Pappa e Citti *Q. de l'Europe*
40 Pasta Commedia *Uccle*
40 Au Repos des Chasseurs *Watermael-Boitsfort*
35 San Daniele *Ganshoren*
39 Senza Nome *Schaerbeek*
39 Le Stelle *Schaerbeek*
34 Stromboli *Berchem-Ste-Agathe*
37 Tutto Pepe *Ixelles, Q. Louise*

Japonaise

34 Momotaro *Etterbeek, Q. Cinquantenaire*
28 Samourai
31 Tagawa *Q. Louise*
32 Take Sushi *Q. de l'Europe*

Marocaine

37 Le Chem's *Ixelles, Q. Louise*
34 La Khaïma *Auderghem*
37 La Mamounia *St-Gilles*

Portugaise

37 Coimbra *St-Gilles*
37 Le Forcado *St-Gilles*

Thaïlandaise

39 Blue Elephant *Uccle*
44 Bois Savannes *Env. à Sint-Genesius-Rode*
30 Les Larmes du Tigre *Q. Palais de Justice*
40 La Maison de Thaïlande *Watermael-Boitsfort*
37 Les Perles de Pluie *Ixelles, Q. Louise*
34 Thaï Garden *Auderghem*

Vietnamienne

32 Les Baguettes Impériales *Q. Atomium*
34 La Citronnelle *Auderghem*
37 Le Liseron d'Eau *Koekelberg*
35 La Pagode d'Or *Ixelles, Q. Bonndael*
35 Yen *Ixelles*

BRUXELLES (BRUSSEL) - *plan p. 16 sauf indication spéciale :*

Radisson SAS, r. Fossé-aux-Loups 47, ✉ 1000, ✆ (0 2) 219 28 28 et 227 31 20 (rest), *Fax (0 2) 219 62 62,* « Patio avec vestiges du mur d'enceinte de Bruxelles - 12ᵉ s. », – 25 à 380. AE ⓓ MC VISA JCB KY f
Repas voir rest ***Sea Grill*** ci-après – ***Atrium*** *(fermé dim. midi)* Lunch 975 – carte 1300 à 1900 – ☕ 850 – **275 ch** 5200/15000, 6 suites.

Astoria, r. Royale 103, ✉ 1000, ✆ (0 2) 227 05 05, *Fax (0 2) 217 11 50,* « Demeure début 20ᵉ s. de style Belle Epoque », – 25 à 180. AE ⓓ MC VISA KY b
Repas ***Le Palais Royal*** *(fermé 15 juil.-15 août, sam. midi et dim. soir)* 1600 – ☕ 900 – **104 ch** 14000, 14 suites.

Le Plaza, bd A. Max 118, ✉ 1000, ✆ (0 2) 227 67 00, *Fax (0 2) 227 67 20* – – 25 à 800. AE ⓓ MC VISA JCB plan p. 12 FQ e
Repas carte 1250 à 1850 – ☕ 900 – **187 ch** ☕ 10900, 6 suites.

Métropole, pl. de Brouckère 31, ✉ 1000, ✆ (0 2) 217 23 00, *Telex 21234, Fax (0 2) 218 02 20,* « Hall et salons époque fin 19ᵉ s. », – 25 à 400. AE ⓓ MC VISA JCB. rest JY c
Repas voir rest ***L'Alban Chambon*** ci-après – **400 ch** ☕ 10500/16500, 5 suites.

Bedford, r. Midi 135, ✉ 1000, ✆ (0 2) 512 78 40, *Fax (0 2) 514 17 59* – – 25 à 250. AE ⓓ MC VISA JCB. plan p. 12 ER k
Repas Lunch 795 – carte 1100 à 1500 – **302 ch** ☕ 7900/9400.

Atlanta, bd A. Max 7, ✉ 1000, ✆ (0 2) 217 01 20, *Fax (0 2) 217 37 58* – rest, – 25 à 50. AE ⓓ MC VISA JCB. rest JY d
Repas (résidents seult) – ☕ 750 – **235 ch** 7800/10500, 6 suites.

Président Centre sans rest, r. Royale 160, ✉ 1000, ✆ (0 2) 219 00 65, *Telex 26784, Fax (0 2) 218 09 10* – . AE ⓓ MC VISA JCB. KY a
73 ch ☕ 4900/6900.

Scandic sans rest, r. Arenberg 18, ✉ 1000, ✆ (0 2) 548 18 11, *Fax (0 2) 548 18 20,* – – 25 à 80. AE ⓓ MC VISA JCB KY r
100 ch ☕ 8000.

Royal Embassy sans rest, bd Anspach 159, ✉ 1000, ✆ (0 2) 512 81 00, *Fax (0 2) 514 30 97,* – . AE ⓓ MC VISA plan p. 12 ER e
54 ch ☕ 4500/7500.

Arenberg, r. Assaut 15, ✉ 1000, ✆ (0 2) 501 16 16, *Fax (0 2) 501 18 18,* – – 25 à 75. AE ⓓ MC VISA JCB. rest KY g
Repas *(fermé sam. et dim. midi)* (Taverne-rest, dîner seult en juil.-août) Lunch 700 – carte env. 900 – **155 ch** ☕ 4900/13000 – ½ P 6200/12300.

Agenda Midi sans rest, bd Jamar 11, ✉ 1060, ✆ (0 2) 520 00 10, *Fax (0 2) 520 00 20* – . AE ⓓ MC VISA JCB. plan p. 12 ES z
35 ch ☕ 3400/3900.

Chambord sans rest, r. Namur 82, ✉ 1000, ✆ (0 2) 548 99 10, *Fax (0 2) 514 08 47* – . AE ⓓ MC VISA JCB KZ u
☕ 650 – **69 ch** 4400/5000.

Queen Anne sans rest, bd E. Jacqmain 110, ✉ 1000, ✆ (0 2) 217 16 00, *Fax (0 2) 217 18 38* – . AE ⓓ MC VISA plan p. 12 EFQ a
60 ch ☕ 2900/3400.

du Congrès sans rest, r. Congrès 42, ✉ 1000, ✆ (0 2) 217 18 90, *Fax (0 2) 217 18 97* – – 35. AE ⓓ MC VISA KY d
52 ch ☕ 2990/3590.

George V sans rest, r. 't Kint 23, ✉ 1000, ✆ (0 2) 513 50 93, *Fax (0 2) 513 44 93* – . AE MC VISA JCB plan p. 12 ER c
28 ch ☕ 2300/2600.

Sabina sans rest, r. Nord 78, ✉ 1000, ✆ (0 2) 218 26 37, *Fax (0 2) 219 32 39* – . AE ⓓ MC VISA JCB KY c
24 ch ☕ 2000/2600.

Sea Grill - H. Radisson SAS, r. Fossé-aux-Loups 47, ✉ 1000, ✆ (0 2) 227 31 20, *Fax (0 2) 219 62 62,* Produits de la mer – . AE ⓓ MC VISA JCB KY f
fermé du 16 au 24 avril, 21 juil.-21 août, sam. midi, dim. et jours fériés – **Repas** Lunch 2500 bc – carte 2350 à 3300
Spéc. St-Jacques à la vapeur d'algues, crème légère au cresson (15 sept.-15 avril). Manchons de crabe royal tièdis au beurre de persil plat. Homard à la presse.

XXXX **L'Alban Chambon** - H. Métropole, pl. de Brouckère 31, ✉ 1000, ☎ (0 2) 217 76 50, *Telex 21234, Fax (0 2) 218 02 20*, « Évocation fin 19e s. » - ▤. AE ① MC VISA JCB. ✂ JY c
fermé 17 juil.-15 août, sam., dim. et jours fériés - **Repas** 1450 bc/2600.

XXX ✿✿✿ **Comme Chez Soi** (Wynants), pl. Rouppe 23, ✉ 1000, ☎ (0 2) 512 29 21, *Fax (0 2) 511 80 52*, « Atmosphère Belle Époque restituée dans un décor Horta » - ▤ P. AE ① MC VISA plan p. 12 ES m
fermé du 2 au 31 juil., Noël-Nouvel An, dim. et lundi - **Repas** (nombre de couverts limité - prévenir) *Lunch 2150* - 3850/4950, carte 2950 à 3700
Spéc. Filets de sole, mousseline au Riesling et aux crevettes grises. L'émincé de veau de lait, coulée d'herbes fraîches et pommes dorées à l'indienne. Le croustillant petit Loïc.

XX **Astrid "Chez Pierrot"**, r. Presse 21, ✉ 1000, ☎ (0 2) 217 38 31, *Fax (0 2) 217 38 31* - AE ① MC VISA JCB KY e
fermé sem. Pâques, 15 juil.-15 août et dim. - **Repas** *Lunch 650* - 1000/1600.

XX **J et B**, r. Baudet 5 (transfert prévu r. Grand Cerf 24), ✉ 1000, ☎ (0 2) 512 04 84, *Fax (0 2) 511 79 30* - ▤. AE ① MC VISA JCB KZ z
fermé 21 juil.-20 août, sam. midi, dim. et jours fériés - **Repas** *Lunch 695* - 1045.

X **Samourai**, r. Fossé-aux-Loups 28, ✉ 1000, ☎ (0 2) 217 56 39, *Fax (0 2) 762 95 84*, Cuisine japonaise - ▤. AE ① MC VISA JCB. ✂ JY e
fermé 15 juil.-16 août, mardi et dim. midi - **Repas** *Lunch 590* - carte 1450 à 1750.

X **In 't Spinnekopke**, pl. du Jardin aux Fleurs 1, ✉ 1000, ☎ (0 2) 511 86 95, *Fax (0 2) 513 24 97*, ☂, Avec cuisine régionale, ouvert jusqu'à 23 h, « Ancien estaminet bruxellois » - ▤. AE ① MC VISA. ✂ plan p. 12 ER d
fermé dim. et jours fériés - **Repas** *Lunch 325* - carte env. 1200.

X **L'Etoile d'Or dit le "Rotte Planchei"**, r. Foulons 30, ✉ 1000, ☎ (0 2) 502 60 48, Ouvert jusqu'à 23 h, « Ancien café bruxellois » - AE ① MC VISA. ✂ plan p. 12 ERS b
fermé 15 juil.-15 août, sam. midi et dim. - **Repas** carte env. 1000.

Quartier Grand'Place (Ilot Sacré) - *plan p. 14* :

Royal Windsor, r. Duquesnoy 5, ✉ 1000, ☎ (0 2) 505 55 55 et 505 51 00 (rest), *Fax (0 2) 505 55 00*, 🏋, ≘s - |‡| ✂ ▤ TV ☎ 🚗 P - 🏛 25 à 350. AE ① MC VISA JCB. ✂ JYZ f
Repas *Les 4 Saisons* (*fermé 19 juil.-26 août, sam. midi et dim.*) *Lunch 1000* - carte 1800 à 2250 - ☕ 990 - **266 ch** 12000, 34 suites.

Le Méridien M ☏, Carrefour de l'Europe 3, ✉ 1000, ☎ (0 2) 548 42 11, *Fax (0 2) 548 40 80*, ≤, 🏋 - |‡| ✂ ▤ TV ☎ ♿ 🚗 - 🏛 25 à 200. AE ① MC VISA JCB. ✂ KY h
Repas (*fermé sam. midi*) *Lunch 1500* - carte 1650 à 2200 - ☕ 850 - **217 ch** 13000/14000, 7 suites.

Amigo, r. Amigo 1, ✉ 1000, ☎ (0 2) 547 47 47, *Telex 21618, Fax (0 2) 513 52 77*, « Collection d'œuvres d'art variées » - |‡| ✂ ▤ TV ☎ 🚗 - 🏛 25 à 200. AE ① MC VISA JCB. ✂ rest JY x
Repas (*fermé 10 juil.-20 août et 24 et 31 déc.*) carte 950 à 1300 - **178 ch** ☕ 7700/11500, 7 suites - ½ P 5910/7210.

Carrefour de l'Europe, r. Marché-aux-Herbes 110, ✉ 1000, ☎ (0 2) 504 94 00, *Fax (0 2) 504 95 00* - |‡| ✂ ▤ TV ☎ - 🏛 25 à 150. AE ① MC VISA JCB. ✂ JKY n
Repas (*fermé sam. et dim.*) carte env. 1200 - ☕ 850 - **58 ch** 9800/10800, 5 suites - ½ P 4350/7495.

Le Dixseptième sans rest, r. Madeleine 25, ✉ 1000, ☎ (0 2) 502 57 44, *Fax (0 2) 502 64 24*, « Elégant hôtel particulier » - |‡| TV ☎ - 🏛 25. AE ① MC VISA JCB. ✂ JY j
17 ch ☕ 6500/15800, 7 suites.

Novotel off Grand'Place, r. Marché-aux-Herbes 120, ✉ 1000, ☎ (0 2) 514 33 33, *Fax (0 2) 511 77 23* - |‡| ✂ ▤ TV ☎ - 🏛 25. AE ① MC VISA JCB JKY n
Repas (Ouvert jusqu'à minuit) carte 850 à 1150 - ☕ 550 - **136 ch** 5750/6550.

Aris M sans rest, r. Marché-aux-Herbes 78, ✉ 1000, ☎ (0 2) 514 43 00, *Fax (0 2) 514 01 19* - |‡| ▤ TV ☎. ① MC VISA JY g
53 ch ☕ 6000/7000.

Matignon, r. Bourse 10, ✉ 1000, ☎ (0 2) 511 08 88, *Fax (0 2) 513 69 27* - |‡| TV ☎. AE ① MC VISA JY q
Repas (*fermé 15 janv.-1er mars et lundi*) (Taverne-rest) *Lunch 600* - 850 - **37 ch** ☕ 2600/4100 - ½ P 3200/3500.

Sema sans rest, r. Harengs 6, ✉ 1000, ☎ (0 2) 514 07 60, *Fax (0 2) 548 90 39* - |‡| TV ☎. AE MC VISA JY s
10 ch ☕ 4500/5000, 1 suite.

St Nicolas sans rest, r. Marché-aux-Poulets 32, ✉ 1000, ☎ (0 2) 219 04 40, *Fax (0 2) 219 17 21* - |‡| TV ☎. AE ① MC VISA JCB JY f
60 ch ☕ 2650/3400.

La Maison du Cygne, Grand'Place 9, 1000, (0 2) 511 82 44, *Fax (0 2) 514 31 48,* « Ancienne maison de corporation du 17e s. » – P. AE VISA JCB. JY w
fermé 3 prem. sem. août, fin déc., sam. midi et dim. – **Repas** Lunch 1450 – 2400/2600.

Aux Armes de Bruxelles, r. Bouchers 13, 1000, (0 2) 511 55 98, *Fax (0 2) 514 33 81,* Ouvert jusqu'à 23 h, « Ambiance bruxelloise » – AE VISA JCB JY t
fermé mi-juin-mi-juil. et lundi – **Repas** Lunch 895 bc – 1100/1695.

Le Cerf, Grand'Place 20, 1000, (0 2) 511 47 91, *Fax (0 2) 546 09 59* – AE VISA JY z
fermé 16 juil.-16 août et dim. – **Repas** (Ouvert jusqu'à 23 h 30, dîner seult sauf merc.) 1850 bc/2150 bc.

Falstaff Gourmand, r. Pierres 38, 1000, (0 2) 512 17 61, *Fax (0 2) 512 17 61* – AE VISA JCB JY m
fermé 2 dern. sem. juil.-prem. sem. août, dim. soir et lundi – **Repas** Lunch 595 – 1150/2000.

L'Ogenblik, Galerie des Princes 1, 1000, (0 2) 511 61 51, *Fax (0 2) 513 41 58,* Ouvert jusqu'à minuit, « Intérieur ancien café » – AE VISA JCB JY p
fermé dim. – **Repas** carte 1700 à 2400.

La Roue d'Or, r. Chapeliers 26, 1000, (0 2) 514 25 54, *Fax (0 2) 512 30 81,* Ouvert jusqu'à minuit, « Ancien café bruxellois avec peintures murales surréalistes » – AE VISA JY y
fermé 16 juil.-16 août – **Repas** Lunch 395 – 1650 bc/2000 bc.

't Kelderke, Grand'Place 15, 1000, (0 2) 513 73 44, *Fax (0 2) 512 30 81,* Cuisine régionale, ouvert jusqu'à 2 h du matin, « Estaminet dans une cave voûtée, ambiance bruxelloise » – AE VISA JY i
Repas carte 850 à 1300.

Armand et Ko, r. Chapeliers 16, 1000, (0 2) 514 17 63, *Fax (0 2) 514 22 04,* Bistrot, ouvert jusqu'à 23 h – AE VISA JCB JY y
fermé dim. en août – **Repas** carte 1150 à 1550.

Quartier Ste-Catherine (Marché-aux-Poissons) - *plan p. 16 sauf indication spéciale :*

Novotel Tour Noire M, r. Vierge Noire 32, 1000, (0 2) 505 50 50, *Fax (0 2) 505 50 00,* – – 25 à 220. AE VISA JY r
Repas (Ouvert jusqu'à 23 h) carte 850 à 1650 – 550 – **217 ch** 5750/5950.

Atlas sans rest, r. Vieux Marché-aux-Grains 30, 1000, (0 2) 502 60 06, *Fax (0 2) 502 69 35* – – 40. AE VISA plan p. 12 ER a
83 ch 4000/4700, 5 suites.

Astrid sans rest, pl. du Samedi 11, 1000, (0 2) 219 31 19, *Fax (0 2) 219 31 70* – – 25 à 120. VISA JCB JY b
100 ch 6000/7000.

Ibis Brussels Centre sans rest, r. Joseph Plateau 2, 1000, (0 2) 513 76 20, *Fax (0 2) 514 22 14* – – 25 à 80. AE VISA JCB JY a
300 – **236 ch** 3600.

François, quai aux Briques 2, 1000, (0 2) 511 60 89, *Fax (0 2) 512 06 67,* Écailler, produits de la mer – AE VISA JCB JY k
fermé 15 août-15 sept. et lundi – **Repas** Lunch 970 – 1170/1350.

La Belle Maraîchère, pl. Ste-Catherine 11, 1000, (0 2) 512 97 59, *Fax (0 2) 513 76 91,* Produits de la mer – P. AE VISA JY k
fermé merc. et jeudi – **Repas** 995/1750.

La Truite d'Argent et H. Welcome avec ch, quai au Bois-à-Brûler 23, 1000, (0 2) 219 95 46, *Fax (0 2) 217 18 87,* – rest, VISA JY h
Repas *(fermé 1 sem. en août, Noël-Nouvel An, sam. midi, dim. et jours fériés)* (Produits de la mer) 1100/1650 – 250 – **6 ch** 2900/3600.

Les Crustacés, quai aux Briques 8, 1000, (0 2) 513 14 93, *Fax (0 2) 512 91 80,* Produits de la mer, ouvert jusqu'à minuit – AE VISA JCB JY k
Repas Lunch 750 – 950/1500.

Le Loup-Galant, quai aux Barques 4, 1000, (0 2) 219 99 98, *Fax (0 2) 219 99 98* – AE VISA JCB. plan p. 12 EQ a
fermé 1 sem. Pâques, du 1er au 15 août, 1 sem. Noël, dim. et lundi – **Repas** Lunch 490 – 960/1590.

L'Echiquier, r. Flandre 6, 1000, (0 2) 502 35 73 – AE VISA plan p. 10 ER v
fermé 15 juil.-15 août, sam. midi et dim. – **Repas** carte env. 1500.

Quartier des Sablons - *plan p. 16 :*

Jolly du Grand Sablon M, r. Bodenbroek 2, ✉ 1000, ✆ (0 2) 512 88 00, *Fax (0 2) 512 67 66* – |‡| ⅍ ▤ TV ☎ ⇔ – 🏛 25 à 100. AE ⓓ ⓜⓒ VISA JCB. ⚘ KZ p
Repas *Lunch 490* – carte env. 1700 – **195 ch** ☐ 8100/10600, 6 suites.

L'Écailler du Palais Royal r. Bodenbroek 18, ✉ 1000, ✆ (0 2) 512 87 51, *Fax (0 2) 511 99 50*, Produits de la mer – ▤. AE ⓓ ⓜⓒ VISA JCB KZ r
fermé 21 avril-2 mai, 31 juil.-2 sept., dim. et jours fériés – **Repas** carte 2650 à 3400
Spéc. Huîtres de Colchester au Champagne (oct.-avril). Gratin d'étrilles au beurre de mangues. Homard au Sauvignon et purée de cresson.

Castello Banfi, r. Bodenbroek 12, ✉ 1000, ✆ (0 2) 512 87 94, *Fax (0 2) 512 87 94*, Avec cuisine italienne – ▤. AE ⓓ ⓜⓒ VISA KZ q
fermé 1 sem. Pâques, 3 dern. sem. août, 25 déc.-2 janv., dim. midi en juin-juil., dim. soir et lundi – **Repas** *Lunch 995* – 1795.

"Chez Marius" En Provence, pl. du Petit Sablon 1, ✉ 1000, ✆ (0 2) 511 12 08, *Fax (0 2) 512 27 89* – AE ⓓ ⓜⓒ VISA. ⚘ KZ s
fermé dern. sem. juil.-prem. sem. août et dim. – **Repas** *Lunch 850* – 1100/2000.

Trente rue de la Paille (Martiny), r. Paille 30, ✉ 1000, ✆ (0 2) 512 07 15, *Fax (0 2) 514 23 33*, Ouvert jusqu'à 23 h 30 – ▤. AE ⓓ ⓜⓒ VISA JZ x
fermé mi-juil.-mi-août, Noël-Nouvel An, sam. et dim. – **Repas** *Lunch 1250* – carte 1700 à 2350
Spéc. Salade de bâtonnets de lotte fumée à l'instant et pleurotes, sauce à la ciboulette. Chicons au faisan et mousse de céleri (20 oct.-janv.). Terrine de fruits de saison au Muscat et coulis de framboises.

La Clef des Champs, r. Rollebeek 23, ✉ 1000, ✆ (0 2) 512 11 93, *Fax (0 2) 513 89 49*, 🌳 – ▤. AE ⓓ ⓜⓒ VISA JZ k
fermé dim., lundi et jours fériés – **Repas** 1050/1570 bc.

La Tortue du Zoute, r. Rollebeek 31, ✉ 1000, ✆ (0 2) 513 10 62, *Fax (0 2) 381 02 90*, 🌳 – AE ⓓ ⓜⓒ VISA JCB JZ k
fermé du 12 au 18 avril, 19 déc.-4 janv., mardi et dim. soir – **Repas** *Lunch 750* – 990/1590.

Quartier Palais de Justice - *plan p. 12 sauf indication spéciale :*

Hilton, bd de Waterloo 38, ✉ 1000, ✆ (0 2) 504 13 33, *Fax (0 2) 504 21 11*, ≤ ville, ⅍, ≘ – |‡| ⅍ ▤ TV ☎ ♿ ⇔ – 🏛 45 à 600. AE ⓓ ⓜⓒ VISA FS s
Repas voir rest ***Maison du Bœuf*** ci-après – ***Café d'Egmont*** 1190 – ☐ 925 – **422 ch** 14900, 7 suites.

Maison du Bœuf - H. Hilton, 1er étage, bd de Waterloo 38, ✉ 1000, ✆ (0 2) 504 11 11, *Telex 22744, Fax (0 2) 504 21 11*, ≤ – ▤ P. AE ⓓ ⓜⓒ VISA JCB FS s
Repas *Lunch 1850* – carte 3300 à 4200
Spéc. Émincé de St-Jacques marinées aux fines de claire et confit d'échalotes. Pot-au-feu de homard aux piments d'Espelette. Tartare maison au caviar.

Le Gourmandin, r. Haute 152, ✉ 1000, ✆ (0 2) 512 98 92, *Fax (0 2) 512 98 92* – AE ⓓ ⓜⓒ VISA plan p. 14 JZ u
fermé du 15 au 31 juil., sam. midi, dim. soir et lundi soir – **Repas** *Lunch 490* – 890/1450.

L'Idiot du village, r. Notre Seigneur 19, ✉ 1000, ✆ (0 2) 502 55 82, Ouvert jusqu'à 23 h – AE ⓓ ⓜⓒ VISA JZ a
fermé 15 juil.-15 août, 23 déc.-2 janv., sam. et dim. – **Repas** *Lunch 500* – carte 1300 à 1800.

Les Larmes du Tigre, r. Wynants 21, ✉ 1000, ✆ (0 2) 512 18 77, *Fax (0 2) 502 10 03*, 🌳, Cuisine thaïlandaise – AE ⓓ ⓜⓒ VISA ES p
fermé sam. midi – **Repas** *Lunch 425* – carte 900 à 1300.

Quartier Léopold *(voir aussi Ixelles) - plan p. 13 sauf indication spéciale :*

Stanhope, r. Commerce 9, ✉ 1000, ✆ (0 2) 506 91 11, *Fax (0 2) 512 17 08*, « Hôtel particulier avec terrasse clos de murs », ⅍, ≘ – |‡| ▤ TV ☎ ⇔ – 🏛 25. AE ⓓ ⓜⓒ VISA JCB. ⚘ plan p. 16 KZ v
Repas voir rest ***Brighton*** ci-après – ☐ 750 – **35 ch** ☐ 9900/14900, 15 suites.

Swissôtel M, r. Parnasse 19, ✉ 1050, ✆ (0 2) 505 29 29 et 505 25 78 (rest), *Fax (0 2) 503 29 50 et 505 22 76 (rest)*, ⅍, ≘, 🏊 – |‡| ⅍ ▤ TV ☎ ♿ ⇔ – 🏛 25 à 360. AE ⓓ ⓜⓒ VISA. ⚘ plan p. 12 FS e
Repas ***Nico Central*** *(fermé sam. midi, dim. et jours fériés)* 1900 – **238 ch** ☐ 12000/12800, 19 suites.

Brighton - H. Stanhope, r. Commerce 9, ✉ 1000, ✆ (0 2) 506 91 11, *Fax (0 2) 512 17 08*, 🌳 – ▤. AE ⓓ ⓜⓒ VISA JCB. ⚘ plan p. 16 KZ v
fermé Noël, Nouvel An, sam. et dim. – **Repas** 1350/2100.

Quartier Louise *(voir aussi Ixelles et St-Gilles) - plans p. 12 et 14 :*

Conrad, av. Louise 71, 1050, (0 2) 542 42 42 et 542 48 50 (rest), *Fax (0 2) 542 42 00 et 542 48 42 (rest)*, « Complexe autour d'un hôtel de maître de style début 20e s. », – – 25 à 650. FS f
Repas voir rest ***La Maison de Maître*** ci-après – ***Café Wiltcher's*** (Buffet) Lunch 1150 – carte 1200 à 1700 – 950 – **254 ch** 15000/16000, 15 suites.

Bristol Stephanie, av. Louise 91, 1050, (0 2) 543 33 11, *Fax (0 2) 538 03 07*, – – 25 à 215. rest FT g
Repas *(fermé 15 juil.-13 août, 25 déc.-2 janv., sam. et dim.)* Lunch 975 – carte 1400 à 1800 – 750 – **140 ch** 10200/12200, 2 suites.

Meliá, r. Châtelain 17, 1000, (0 2) 646 00 55, *Fax (0 2) 646 00 88*, – – 25 à 250. FU t
Repas ***El Hidalgo*** *(fermé dim.)* (Avec cuisine espagnole) Lunch 295 – 925 – 650 – **105 ch** 10000/11500, 3 suites – ½ P 5350/11350.

Mayfair sans rest, av. Louise 381, 1050, (0 2) 649 98 00, *Fax (0 2) 640 17 64* – – 30 à 60. FV a
750 – **97 ch** 9600/12900, 2 suites.

Clubhouse sans rest, r. Blanche 4, 1000, (0 2) 542 58 00, *Fax (0 2) 537 00 18* – – 30. FT h
800 – **81 ch** 7900/9200.

Brussels sans rest, av. Louise 315, 1050, (0 2) 640 24 15, *Fax (0 2) 647 34 63* – – 30. FU b
49 ch 6300/6900, 1 suite.

Agenda Louise sans rest, r. Florence 6, 1000, (0 2) 539 00 31, *Fax (0 2) 539 00 63* – . FT j
38 ch 4000/4500.

La Maison de Maître - H. Conrad, av. Louise 71, 1050, (0 2) 542 47 16, *Fax (0 2) 542 48 42* – . FS f
fermé août, sam. midi, dim., lundi et jours fériés – **Repas** Lunch 1450 – 1950/2850.

La Porte des Indes, av. Louise 455, 1050, (0 2) 647 86 51, *Fax (0 2) 640 30 59*, Cuisine indienne, « Décor exotique » – . FV c
fermé dim. midi – **Repas** Lunch 600 – carte 1250 à 1700.

Au Palais des Indes, av. Louise 263, 1050, (0 2) 646 09 41, *Fax (0 2) 646 33 05*, Cuisine indienne, ouvert jusqu'à 23 h 30, « Collection de sitars » – . FU h
fermé sam. midi et dim. midi – **Repas** Lunch 695 – carte env. 1100.

Tagawa, av. Louise 279, 1050, (0 2) 640 50 95, *Fax (0 2) 648 41 36*, Cuisine japonaise – . FU e
fermé sam. midi et dim. – **Repas** Lunch 420 – 1100/3200.

Quartier Bois de la Cambre *- plan p. 15 :*

Villa Lorraine (Vandecasserie), av. du Vivier d'Oie 75, 1000, (0 2) 374 31 63, *Fax (0 2) 372 01 95*, « Terrasse ombragée » – . GX w
fermé 3 sem. en juil. et dim. – **Repas** Lunch 1800 – 3000, carte env. 3500
Spéc. Carpaccio de bonite et foie de canard aux baies roses. Goujonettes de rouget et asperges en vichyssoise. Blanc de volaille farci, feuilleté aux ris de veau et écrevisses.

La Truffe Noire, bd de la Cambre 12, 1000, (0 2) 640 44 22, *Fax (0 2) 647 97 04*, « Intérieur élégant » – . GV x
fermé 19 juil.-10 août, prem. sem. janv., sam. midi et dim. – **Repas** Lunch 1975 bc – 2100, carte 2850 à 3750
Spéc. Carpaccio aux truffes. St-Pierre aux poireaux et truffes. Truffe au chocolat noir en cage de sucre.

Quartier de l'Europe *- plan p. 13 :*

Dorint, bd Charlemagne 11, 1000, (0 2) 231 09 09, *Fax (0 2) 230 33 71*, « Exposition de photographies contemporaines », – – 25 à 150. rest GR c
Repas *(fermé sam. midi et dim. midi)* Lunch 1500 – carte 1500 à 2200 – 800 – **206 ch** 11500, 2 suites – ½ P 12800/13800.

Europa Inter.Continental, r. Loi 107, 1040, (0 2) 230 13 33, *Fax (0 2) 280 03 26*, – – 25 à 350. GR d
Repas *(fermé août)* Lunch 990 – 1650 – 750 – **236 ch** 12500, 4 suites – ½ P 13000.

Eurovillage, bd Charlemagne 80, 1000, (0 2) 230 85 55, *Fax (0 2) 230 56 35*, – – 25 à 120. GR a
Repas *(fermé du 1er au 30 août, sam. et dim. midi)* Lunch 750 – carte 1000 à 1350 – 600 – **80 ch** 6500/7500.

New Hotel Charlemagne sans rest, bd Charlemagne 25, 1000, (0 2) 230 21 35, *Fax (0 2) 230 25 10* – – 30 à 60. AE VISA JCB GR k
600 – **66 ch** 3950/6450.

Libertel City Garden sans rest, r. Joseph II 59, 1000, (0 2) 282 82 82, *Fax (0 2) 230 64 37* – – 25 à 50. AE VISA JCB GR v
96 ch 6500/7500.

El Jardín de España, r. Archimède 65, 1000, (0 2) 736 34 49, *Fax (0 2) 735 17 45*, , Cuisine espagnole avec tapas-bar – AE VISA GR s
fermé du 15 au 31 août, sam. midi et dim. – **Repas** Lunch 380 – carte env. 1300.

Pappa e Citti, r. Franklin 18, 1000, (0 2) 732 61 10, *Fax (0 2) 732 57 40*, , Cuisine italienne – AE VISA. GR e
fermé août, 23 déc.-5 janv., sam., dim. et jours fériés – **Repas** Lunch 1050 – carte 1350 à 1900.

L'Atelier, r. Franklin 28, 1000, (0 2) 734 91 40, *Fax (0 2) 735 35 98*, , Avec buffets – AE VISA GR y
fermé week-end et jours fériés – **Repas** Lunch 750 – 880/980.

Le Stevin, r. St-Quentin 29, 1000, (0 2) 230 98 47, *Fax (0 2) 230 04 94*, – AE VISA. GR r
fermé du 2 au 28 août, 24 déc.-2 janv., sam., dim. et jours fériés – **Repas** 795/995.

Take Sushi, bd Charlemagne 21, 1000, (0 2) 230 56 27, , Cuisine japonaise – AE VISA JCB. GR z
fermé sam. et dim. midi – **Repas** Lunch 480 – 850/2100.

Quartier Botanique, Gare du Nord *(voir aussi St-Josse-ten-Noode) - plan p. 12 :*

Sheraton Towers, pl. Rogier 3, 1210, (0 2) 224 31 11, *Fax (0 2) 224 34 56*, , , – – 25 à 600. AE VISA. FQ n
Repas ***Crescendo*** (Avec buffets, ouvert jusqu'à 23 h) Lunch 1200 – carte 1400 à 1800 – 875 – **465 ch** 13000, 43 suites.

Président World Trade Center, bd du Roi Albert II 44, 1000, (0 2) 203 20 20, *Fax (0 2) 203 24 40*, , , – – 25 à 350. AE VISA JCB. rest FQ d
Repas Lunch 1050 – 990/1350 – **286 ch** 10000/12000, 16 suites.

Le Dome avec annexe Le Dome II M, bd du Jardin Botanique 12, 1000, (0 2) 218 06 80, *Fax (0 2) 218 41 12*, – – 25 à 100. AE VISA. FQ m
Repas Lunch 650 bc – carte env. 1200 – **125 ch** 3800/4000 – ½ P 4100/4700.

Président Nord sans rest, bd A. Max 107, 1000, (0 2) 219 00 60, *Fax (0 2) 218 12 69* – . AE VISA JCB. FQ k
63 ch 4900/6900.

Vendôme, bd A. Max 98, 1000, (0 2) 227 03 00, *Fax (0 2) 218 06 83* – , ch, – 25 à 80. AE VISA JCB. rest FQ c
Repas *(fermé du 24 au 30 avril, 17 juil.-14 août, 25 déc.-2 janv., sam. midi et dim.)* Lunch 450 – carte 950 à 1550 – 650 – **106 ch** 4550/5250.

Maison du Dragon, bd A. Max 146, 1000, (0 2) 218 82 15, *Fax (0 2) 218 18 25* – – 25 à 40. AE VISA FQ m
Repas (Avec cuisine chinoise, ouvert jusqu'à minuit) Lunch 360 – 850 – **40 ch** 3500/4200 – ½ P 3100/3900.

Quartier Atomium (Centenaire - Trade Mart - Laeken - Neder-over-Heembeek) *- plan p. 8 sauf indication spéciale :*

Holiday Inn Garden Court, Parc des Expositions - av. Impératrice Charlotte 6, 1020, (0 2) 478 70 80, *Fax (0 2) 478 10 00*, – P – 25 à 200. AE VISA JCB BK e
Repas Lunch 495 – 995 – **79 ch** 4500.

Les Baguettes Impériales (Mme Ma), av. J. Sobieski 70, 1020, (0 2) 479 67 32, *Fax (0 2) 479 67 32*, , Avec cuisine vietnamienne, « Terrasse » – . AE VISA. BKL b
fermé 2 sem. Pâques, août, dim. soir, lundi et mardi midi – **Repas** Lunch 1500 – carte env. 2400
Spéc. Mi au homard. Langoustines caramélisées aux poivres. Pigeonneau farci aux nids d'hirondelle.

Ming Dynasty, Parc des Expositions - av. de l'Esplanade BP 9, 1020, (0 2) 475 23 45, *Fax (0 2) 475 23 50*, Cuisine chinoise, ouvert jusqu'à 23 h – P. AE VISA BK a
fermé sam. midi et dim. – **Repas** Lunch 780 – carte env. 1000.

XX **Lychee,** r. De Wand 118, ✉ 1020, ✆ (0 2) 268 19 14, *Fax (0 2) 268 19 14*, Cuisine chinoise, ouvert jusqu'à 23 h 30 – ▤. AE ① MC VISA JCB BK d
fermé 15 juil.-15 août – **Repas** Lunch 335 – carte env. 1100.

XX **L'Aub. de l'Isard,** Parvis Notre-Dame 1 (transfert prévu chaussée Romaine 964 à Wemmel), ✉ 1020, ✆ (0 2) 479 85 64, *Fax (0 2) 479 16 49*, – ▤ P. AE ① MC VISA BL c
fermé dim. soir – **Repas** Lunch 995 – 1250/1550.

XX **Le Curnonsky,** bd E. Bockstael 315, ✉ 1020, ✆ (0 2) 479 22 60, *Fax (0 2) 478 80 59* – ▤. AE ① MC VISA BL e
fermé août, merc. et jeudi – **Repas** Lunch 450 – carte env. 1300.

X **Le Frascati,** bd E. Bockstael 201, ✉ 1020, ✆ (0 2) 426 52 73, *Fax (0 2) 426 52 73*, Cuisine italienne avec trattoria, ouvert jusqu'à 23 h – ▤. AE ① MC VISA JCB BL u
fermé du 1er au 22 août, sam. midi et dim. – **Repas** Lunch 1500 bc – carte 1600 à 2000.

ANDERLECHT - *plans p. 8 et 10 sauf indication spéciale :*

Le Prince de Liège, chaussée de Ninove 664, ✉ 1070, ✆ (0 2) 522 16 00, *Fax (0 2) 520 81 85* – TV – 25. AE ① MC VISA AM h
Repas *(fermé 13 juil.-14 août et dim. soir)* Lunch 555 – 895/1395 – **32 ch** 2700/3250.

Ustel, Square de l'Aviation 6, ✉ 1070, ✆ (0 2) 520 60 53 et 522 30 25 (rest), *Fax (0 2) 520 33 28*, « Restaurant situé dans la machinerie des écluses » – TV – 25 à 60. AE ① MC VISA. plan p. 12 ES q
Repas ***La Grande Écluse*** *(fermé sam. midi et dim. midi)* (Ouvert jusqu'à 23 h) Lunch 450 – 1190 – **94 ch** 3900/4800 – ½ P 4450.

Erasme, rte de Lennik 790, ✉ 1070, ✆ (0 2) 523 62 82, *Fax (0 2) 523 62 83*, – ▤ rest, TV P – 25 à 80. AE ① MC VISA AN m
Repas *(fermé du 1er au 15 août et du 24 au 31 déc.)* (Taverne-rest) 850 – **52 ch** 2950 – ½ P 3500/3605.

Gerfaut sans rest, chaussée de Mons 115, ✉ 1070, ✆ (0 2) 524 20 44, *Fax (0 2) 524 30 44* – TV P. AE ① MC VISA JCB. BM k
48 ch 3600/5000.

Van Belle, chaussée de Mons 39, ✉ 1070, ✆ (0 2) 521 35 16, *Telex 63840*, *Fax (0 2) 527 00 02* – TV P – 25 à 100. AE ① MC VISA. rest plan p. 12 ER f
Repas 725 – **120 ch** 2000/3500.

XXX **Saint Guidon** 2e étage du stade de football du R.S.C. d'Anderlecht, av. Théo Verbeeck 2, ✉ 1070, ✆ (0 2) 520 55 36, *Fax (0 2) 523 38 27* – ▤ P – 25 à 500. AE ① MC VISA AM m
fermé juil., du 23 au 31 déc., sam., dim., jours fériés et jours de match du club – **Repas** (déjeuner seult) 1000/1350, carte env. 2500
Spéc. Ravioles de homard aux truffes. Dos de cabillaud à l'émincé de chicons et coriandre (15 oct.-16 mars). Côtelettes panées de pigeonneau Rossini (20 mars-13 oct.).

XX **Alain Cornelis,** av. Paul Janson 82, ✉ 1070, ✆ (0 2) 523 20 83, *Fax (0 2) 523 20 83*, – AE ① MC VISA AM p
fermé vacances Pâques, 1re quinz. août, Noël-Nouvel An, merc. soir, sam. midi, dim. et jours fériés – **Repas** 1100/1750.

XX **La Brouette,** bd Prince de Liège 61, ✉ 1070, ✆ (0 2) 522 51 69, *Fax (0 2) 522 51 69* – AE ① MC VISA AM r
fermé 15 juil.-15 août, sam. midi, dim. soir et lundi – **Repas** Lunch 750 – 950/1250.

XX **Le Florence,** r. Henri Deleers 4 (pl. Bizet), ✉ 1070, ✆ (0 2) 520 35 03, *Fax (0 2) 520 08 04*, Ouvert jusqu'à 23 h 30 – ▤ P. AE ① MC VISA AN c
fermé 15 juil.-15 août – **Repas** Lunch 695 – 995/1295.

XX **Le Croûton,** r. Aumale 22 (près pl. de la Vaillance), ✉ 1070, ✆ (0 2) 520 79 36, – AE ① MC VISA JCB AM q
fermé dern. sem. janv.-prem. sem. fév., du 15 au 31 août, dim. et lundi – **Repas** Lunch 1000 – 1150.

X La Paix, r. Ropsy-Chaudron 49 (face abattoirs), ✉ 1070, ✆ (0 2) 523 09 58, *Fax (0 2) 520 10 39*, Taverne-rest – BM a
Repas (déjeuner seult sauf vend.).

X **Le Chalet de la Pede,** r. Neerpede 575, ✉ 1070, ✆ (0 2) 521 50 54, *Fax (0 2) 521 50 54*, ≤, – P. AE ① MC VISA AN r
fermé 1 sem. en mars, 3 sem. en nov. et lundis et mardis non fériés – **Repas** 995/1395.

AUDERGHEM (OUDERGEM) - *plan p. 11 sauf indication spéciale :*

La Grignotière (Chanson), chaussée de Wavre 2041, ✉ 1160, ✆ (0 2) 672 81 85, *Fax (0 2) 672 81 85* – AE ⓓ ⓜ VISA — DN t
fermé 3 prem. sem. août, dim., lundi et jours fériés – **Repas** Lunch 1350 – 1750/2750
Spéc. Bouillon de langoustines, effilochée de poireaux et civette. Noix de ris de veau rôties sur bois de réglisse, ragoût de champignons. Croustillant d'amandes de pigeonneau au foie d'oie poêlé.

Le Pousse-Rapière, chaussée de Wavre 1699, ✉ 1160, ✆ (0 2) 672 76 20, *Fax (0 2) 672 76 20,* – ▤. AE ⓓ ⓜ VISA — CN v
fermé 17 juil.-15 août, dim. soir, lundi et merc. soir – **Repas** 1090/1490.

Dionysos, chaussée de Wavre 1591, ✉ 1160, ✆ (0 2) 672 96 96, *Fax (0 2) 672 94 63,* Avec cuisine grecque, ouvert jusqu'à 23 h – ▤. AE ⓓ ⓜ VISA — CN e
Repas Lunch 495 – carte env. 1200.

La Citronnelle, chaussée de Wavre 1377, ✉ 1160, ✆ (0 2) 672 98 43, *Fax (0 2) 672 98 43,* , Cuisine vietnamienne – AE ⓓ ⓜ VISA — CN f
fermé 2e quinz. août, lundi et sam. midi – **Repas** Lunch 420 – carte env. 1000.

New Asia, chaussée de Wavre 1240, ✉ 1160, ✆ (0 2) 660 62 06, *Fax (0 2) 673 40 54,* , Cuisine chinoise, « Terrasse ombragée » – ▤. AE ⓓ ⓜ VISA. — plan p. 13 HU a
fermé 2 dern. sem. juil. et lundis non fériés – **Repas** Lunch 290 – 480/920.

La Khaïma, chaussée de Wavre 1390, ✉ 1160, ✆ (0 2) 675 00 04, *Fax (0 2) 675 00 04,* Cuisine marocaine, « Évocation d'un intérieur berbère sous tente » – AE ⓜ VISA. — CN k
fermé août – **Repas** 995.

Thaï Garden, chaussée de Wavre 2045, ✉ 1160, ✆ (0 2) 672 34 76, *Fax (0 2) 672 34 76,* , Cuisine thaïlandaise – AE ⓜ VISA. — DN t
fermé août et lundi – **Repas** carte env. 1000.

BERCHEM-STE-AGATHE (SINT-AGATHA-BERCHEM) - *plan p. 8 :*

Stromboli avec ch, chaussée de Gand 1202, ✉ 1082, ✆ (0 2) 465 66 51, *Fax (0 2) 465 66 51,* , Avec cuisine italienne, « Terrasse » – AE ⓓ ⓜ VISA. — AL x
Repas *(fermé 21 juil.-21 août, mardi et merc.)* Lunch 995 – 1995 – **4 ch** ☕ 3600/4100.

La Brasserie de la Gare, chaussée de Gand 1430, ✉ 1082, ✆ (0 2) 469 10 09, *Fax (0 2) 469 10 09,* Ouvert jusqu'à 23 h – ▤. AE ⓓ ⓜ VISA — AL s
fermé sam. midi et dim. – **Repas** Lunch 425 – 975.

Mimosa, av. Josse Goffin 166, ✉ 1082, ✆ (0 2) 465 22 98, *Fax (0 2) 465 20 28* – ▤. AE ⓓ ⓜ VISA — AL y
fermé lundi soir, mardi et merc. – **Repas** Lunch 450 – 1200.

ETTERBEEK - *plan p. 13 :*

Stirwen, chaussée St-Pierre 15, ✉ 1040, ✆ (0 2) 640 85 41, *Fax (0 2) 648 43 08* – AE ⓓ ⓜ VISA — GS a
fermé 2 sem. en août, sam. midi et dim. – **Repas** carte 1550 à 2000.

Grillange 1er étage, av. Eudore Pirmez 7, ✉ 1040, ✆ (0 2) 649 26 85, *Fax (0 2) 649 26 85,* Cuisine espagnole – AE ⓓ ⓜ VISA. — GT a
fermé 22 juil.-24 août, sam. midi, dim. et lundi – **Repas** Lunch 500 – 1200/1500.

La Reverdie, r. Général Leman 29, ✉ 1040, ✆ (0 2) 640 55 32, *Fax (0 2) 648 16 58,* – AE ⓜ VISA — GS r
fermé 3 prem. sem. août, sam., dim., lundi soir et mardi soir – **Repas** Lunch 520 – 980.

Quartier Cinquantenaire (Montgomery) - *plan p. 13 :*

Clubhouse Park sans rest, av. de l'Yser 21, ✉ 1040, ✆ (0 2) 735 74 00, *Fax (0 2) 735 19 67,* , , – TV ☎ – 25 à 50. AE ⓓ ⓜ VISA — HS c
☕ 800 – **51 ch** 7900/9200.

Le Serpolet, av. de Tervuren 59, ✉ 1040, ✆ (0 2) 736 17 01, *Fax (0 2) 736 67 85,* , Ouvert jusqu'à 23 h 30 – ▤. AE ⓓ ⓜ VISA — HS b
Repas Lunch 750 – 995.

Harry's Place, r. Bataves 65, ✉ 1040, ✆ (0 2) 735 09 00, *Fax (0 2) 735 89 32* – ▤. AE ⓜ VISA — HS d
fermé du 1er au 16 août, 23 déc.-5 janv., sam. midi et dim. – **Repas** Lunch 690 – 1090.

Momotaro, av. d'Auderghem 106, ✉ 1040, ✆ (0 2) 734 06 64, *Fax (0 2) 734 64 18,* Cuisine japonaise avec Sushi-bar – AE ⓓ ⓜ VISA. — GS f
fermé du 1er au 15 août, sam. midi et dim. midi – **Repas** Lunch 395 – 850/1850.

EVERE - *plan p. 9 :*

Belson sans rest, chaussée de Louvain 805, 1140, (0 2) 705 20 30, *Fax (0 2) 705 20 43*, – 25. CL z
750 – **131 ch** 8500, 3 suites.

Mercure, av. J. Bordet 74, 1140, (0 2) 726 73 35, *Fax (0 2) 726 82 95*, – – 25 à 120. CL a
Repas *(fermé sam. midi et dim. midi)* Lunch 995 – carte 1250 à 1600 – 600 – **113 ch** 4500/6050, 7 suites.

Evergreen sans rest, av. V. Day 1, 1140, (0 2) 726 70 15, *Fax (0 2) 726 62 60* – . CL b
20 ch 2950/3450.

Le Citron Vert, av. H. Conscience 242, 1140, (0 2) 241 12 57, *Fax (0 2) 242 70 05* – . CL c
fermé 20 juil.-20 août, lundi soir et mardi soir – **Repas** Lunch 350 – 850.

FOREST (VORST) - *plan p. 10 sauf indication spéciale :*

De Fierlant sans rest, r. De Fierlant 67, 1190, (0 2) 538 60 70, *Fax (0 2) 538 91 99* – . BN d
fermé 28 juil.-16 août et 23 déc.-3 janv. – **40 ch** 2200/2800.

Le Passe-Bouillon, r. Berkendael 33, 1190, (0 2) 343 65 21, *Fax (0 2) 343 65 21* – plan p. 14 EV a
fermé du 14 au 21 mai, du 15 au 31 août, dim. et lundi – **Repas** Lunch 595 – 795/995.

GANSHOREN - *plan p. 17 sauf indication spéciale :*

Bruneau, av. Broustin 75, 1083, (0 2) 427 69 78, *Fax (0 2) 425 97 26*, « Terrasse » – . W a
fermé du 1er au 10 fév., août, jeudis fériés, mardi soir et merc. – **Repas** Lunch 1850 – 3500/4675, carte env. 3400
Spéc. Fondant de bar Terre et Mer. Poitrine de coucou de Malines farci de truffes à la Kieff. Pain perdu aux speculoos et glace à la chicorée.

Claude Dupont, av. Vital Riethuisen 46, 1083, (0 2) 426 00 00, *Fax (0 2) 426 65 40* – W b
fermé juil., lundi et mardi – **Repas** Lunch 1775 – 2250/3350, carte 2100 à 3000
Spéc. Sandre de Loire grillé, fondue de chiconnettes et beurre blanc. Poêlée de St-Jacques soufflées, antiboise au basilic. Gibier en saison.

San Daniele, av. Charles-Quint 6, 1083, (0 2) 426 79 23, *Fax (0 2) 426 92 14*, Avec cuisine italienne – . W c
fermé 15 juil.-15 août, dim. et lundi soir – **Repas** carte 1700 à 2150.

Cambrils 1er étage, av. Charles-Quint 365, 1083, (0 2) 465 50 70, *Fax (0 2) 465 76 63*, – . plan p. 8 AL f
fermé 15 juil.-15 août, dim., lundi soir et jeudi soir – **Repas** Lunch 890 – 1140/1290.

IXELLES (ELSENE) - *plans p. 14 et 15 sauf indication spéciale :*

Yen, r. Lesbroussart 49, 1050, (0 2) 649 07 47, , Cuisine vietnamienne, ouvert jusqu'à 23 h – . FU f
fermé dim. – **Repas** Lunch 320 – carte 850 à 1150.

Quartier Boondael (Université) - *plan p. 15 :*

L'Aub. de Boendael, square du Vieux Tilleul 12, 1050, (0 2) 672 70 55, *Fax (0 2) 660 75 82*, , Grillades, « Rustique » – . HX h
fermé 29 juil.-20 août, 23 déc.-1er janv., sam. et dim. – **Repas** 1475 bc.

Le Chalet Rose, av. du Bois de la Cambre 49, 1050, (0 2) 672 78 64, *Fax (0 2) 672 69 38*, – . HV k
fermé sam. midi, dim. et jours fériés – **Repas** Lunch 790 – carte 1700 à 2200.

Le Mont des Cygnes, r. Jean Paquot 69, 1050, (0 2) 646 81 00, *Fax (0 2) 646 81 00* – GU h
fermé 15 juil.-15 août, sem. Noël, dim. et lundi – **Repas** Lunch 545 – 975.

Les Foudres, r. Eugène Cattoir 14, 1050, (0 2) 647 36 36, *Fax (0 2) 649 09 86*, , « Ancienne cave à vins » – . GUV j
fermé sam. midi et dim. – **Repas** 1000/1500.

La Pagode d'Or, chaussée de Boondael 332, 1050, (0 2) 649 06 56, *Fax (0 2) 649 06 56*, , Cuisine vietnamienne, ouvert jusqu'à 23 h – . GV m
fermé lundi – **Repas** Lunch 350 – 890/1350.

X **La Brasserie Marebœuf,** av. de la Couronne 445, ✉ 1050, ☎ (0 2) 648 99 06, *Fax (0 2) 648 38 30*, Écailler, ouvert jusqu'à minuit – ▤. AE ⓓ ⓜⓒ VISA GHV t
fermé 21 juil.-15 août, dim. et lundis fériés – **Repas** Lunch 590 – 895.

X **Le Doux Wazoo,** r. Relais 21, ✉ 1050, ☎ (0 2) 649 58 52, *Fax (0 2) 649 58 52*, Ouvert jusqu'à 23 h – AE ⓓ ⓜⓒ VISA HV s
fermé 17 juil.-16 août, 24 déc.-1er janv., sam. midi, dim. et lundi soir – **Repas** Lunch 450 – 975.

X **le Prévot,** r. Victor Greyson 93, ✉ 1050, ☎ (0 2) 644 37 78, *Fax (0 2) 644 37 78*, Ouvert jusqu'à 23 h – AE ⓜⓒ VISA GU p
fermé 23 juil.-15 août, sam. midi, dim. et jours fériés midis – **Repas** Lunch 750 – 1400.

Quartier Bascule - *plan p. 14 :*

Capital, chaussée de Vleurgat 191, ✉ 1050, ☎ (0 2) 646 64 20, *Fax (0 2) 646 33 14*, – |♦| ⇔, ▤ rest, TV ☎ – 🅐 25 à 40. AE ⓓ ⓜⓒ VISA JCB. ✗ FU c
Repas *(fermé sam. midi et dim. midi)* Lunch 695 – carte 1000 à 1400 – **62 ch** ☐ 3900/4300 – ½ P 2345/2845.

XXX **La Mosaïque,** r. Forestière 23, ✉ 1050, ☎ (0 2) 649 02 35, *Fax (0 2) 649 02 35*, – P. AE ⓓ ⓜⓒ VISA FU p
fermé 21 août-12 sept., Noël, sam. midi, dim. et jours fériés – **Repas** Lunch 1200 bc – 1600 bc/2500 bc.

XX **Maison Félix** 1er étage, r. Washington 149 (square Henri Michaux), ✉ 1050, ☎ (0 2) 345 66 93, *Fax (0 2) 344 92 85* – AE ⓓ ⓜⓒ VISA. ✗ FV s
fermé du 15 au 31 juil., 23 déc.-10 janv., dim. et lundi – **Repas** 1290/1900.

XX **L'Armagnac,** chaussée de Waterloo 591, ✉ 1050, ☎ (0 2) 345 92 79, *Fax (0 2) 361 50 76* – AE ⓓ ⓜⓒ VISA FV q
fermé du 1er au 20 août, dim. et lundi soir – **Repas** Lunch 650 – 900.

X **Le fils de Jules,** r. Page 35, ✉ 1050, ☎ (0 2) 534 00 57, *Fax (0 2) 534 52 00*, Cuisine basque et landaise, ouvert jusqu'à 23 h – AE ⓓ ⓜⓒ VISA FU m
fermé du 1er au 15 août, 23 déc.-2 janv., sam. midi et dim. midi – **Repas** Lunch 395 – 890/1400.

X **La Quincaillerie,** r. Page 45, ✉ 1050, ☎ (0 2) 538 25 53, *Fax (0 2) 539 40 95*, Brasserie avec écailler, ouvert jusqu'à minuit, « Ancien magasin de style Art Déco » – AE ⓓ ⓜⓒ VISA JCB FU z
fermé sam. midi, dim. midi et jours fériés midis – **Repas** Lunch 495 – 995/2000.

X **Bistrot Du Mail,** r. Mail 81, ✉ 1050, ☎ (0 2) 539 06 97, *Fax (0 2) 539 06 97*, Ouvert jusqu'à 23 h – ▤. AE ⓓ ⓜⓒ VISA FU r
fermé sam. midi et dim. – **Repas** Lunch 655 – carte 1350 à 1900.

X **Aux Beaumes de Venise,** r. Darwin 62, ✉ 1050, ☎ (0 2) 343 82 93, *Fax (0 2) 346 08 96*, – ▤. AE ⓓ ⓜⓒ VISA. ✗ EFV x
fermé août, dim. et lundi – **Repas** Lunch 525 – 1190.

Quartier Léopold *(voir aussi Bruxelles) - plan p. 12 :*

Leopold, r. Luxembourg 35, ✉ 1050, ☎ (0 2) 511 18 28, *Fax (0 2) 514 19 39*, , – |♦| ▤ TV ☎ – 🅐 25 à 60. AE ⓓ ⓜⓒ VISA FS y
Repas *(fermé sam. midi et dim.)* Lunch 990 – carte 1500 à 1900 – ☐ 500 – **88 ch** 4850/5150 – ½ P 5950/6500.

Quartier Louise *(voir aussi Bruxelles et St-Gilles) - plans p. 12 et 14 sauf indication spéciale :*

Sofitel sans rest, av. de la Toison d'Or 40, ✉ 1050, ☎ (0 2) 514 22 00, *Fax (0 2) 514 57 44*, – |♦| ⇔ ▤ TV ☎ – 🅐 25 à 120. AE ⓓ ⓜⓒ VISA JCB FS r
☐ 800 – **165 ch** 12000, 5 suites.

Four Points Sheraton M, r. Paul Spaak 15, ✉ 1000, ☎ (0 2) 645 61 11, *Fax (0 2) 646 63 44*, , , – |♦| ⇔ ▤ TV ☎ ♿ – 🅐 25 à 40. AE ⓓ ⓜⓒ VISA FU k
Repas *(fermé 15 juil.-15 août)* (dîner seult jusqu'à 23 h) carte env. 1300 – ☐ 600 – **128 ch** 7500.

Beau-Site sans rest, r. Longue Haie 76, ✉ 1000, ☎ (0 2) 640 88 89, *Fax (0 2) 640 16 11* – |♦| TV ☎. AE ⓓ ⓜⓒ VISA FT r
38 ch ☐ 3450/3950.

Argus sans rest, r. Capitaine Crespel 6, ✉ 1050, ☎ (0 2) 514 07 70, *Fax (0 2) 514 12 22* – |♦| TV ☎. AE ⓓ ⓜⓒ VISA FS t
41 ch ☐ 3400/3700.

XX **O' comme 3 Pommes,** pl. du Châtelain 40, ✉ 1050, ☎ (0 2) 644 03 23, *Fax (0 2) 644 03 23*, – AE ⓜⓒ VISA FU q
fermé du 15 au 27 fév., du 14 au 28 juil., sam. midi, dim. et lundi midi – **Repas** Lunch 480 – 1690.

L'Atelier de la Truffe Noire, av. Louise 300, ✉ 1050, ☎ (0 2) 640 54 55, *Fax (0 2) 648 11 44,* « Brasserie moderne » – AE ⓓ MC VISA FU m
Repas (déjeuner seult) carte 1200 à 1700.

Les Perles de Pluie, r. Châtelain 25, ✉ 1050, ☎ (0 2) 649 67 23, *Fax (0 2) 644 07 60,* Cuisine thaïlandaise – AE ⓓ MC VISA FU n
fermé du 1er au 15 août, lundi et sam. midi – **Repas** Lunch 460 – 995/1750.

Adrienne, r. Capitaine Crespel 1a, ✉ 1050, ☎ (0 2) 511 93 39, *Fax (0 2) 513 69 79,* Buffets – AE ⓓ MC VISA. FS r
fermé dim. soir – **Repas** 850.

La Fine Fleur, r. Longue Haie 51, ✉ 1000, ☎ (0 2) 647 68 03, Ouvert jusqu'à 23 h – AE ⓓ MC VISA FT k
fermé 17 juil.-17 août, sam. midi et dim. – **Repas** 850/1750.

Le Chem's, r. Blanche 14, ✉ 1050, ☎ (0 2) 538 14 94, Cuisine marocaine – AE ⓓ MC VISA. FT q
fermé mi-juil.-mi-août, sam. midi et dim. – **Repas** carte 1050 à 1450.

Tutto Pepe, r. Faider 123, ✉ 1050, ☎ (0 2) 534 96 19, *Fax (0 2) 534 96 19,* Cuisine italienne, ouvert jusqu'à 23 h – AE MC VISA. FU d
fermé 20 juil.-10 août, 23 déc.-5 janv., sam. midi, dim. et jours fériés – **Repas** carte env. 1650.

JETTE - *plan p. 17 sauf indication spéciale :*

Rôtiss. Le Vieux Pannenhuis, r. Léopold-Ier 317, ✉ 1090, ☎ (0 2) 425 83 73, *Fax (0 2) 420 21 20,* Grillades, « Relais du 17e s. » – ▤. AE ⓓ MC VISA
fermé juil., sam. midi et dim. – **Repas** Lunch 790 – 1090/1650. plan p. 6 BL g

Le Barolo, av. de Laeken 57, ✉ 1090, ☎ (0 2) 425 45 76, *Fax (0 2) 425 45 76,* Avec cuisine italienne, ouvert jusqu'à 23 h – AE ⓓ MC VISA W h
fermé sam. midi, dim. soir et lundi – **Repas** 895/1390.

Chez Soje, av. de Jette 85, ✉ 1090, ☎ (0 2) 426 77 54, « Ancien café bruxellois » – ▤. MC VISA W y
fermé dim. et lundi – **Repas** Lunch 495 – carte 1100 à 1500.

KOEKELBERG - *plan p. 17 :*

Le Liseron d'eau, av. Seghers 105, ✉ 1081, ☎ (0 2) 414 68 61, *Fax (0 2) 414 68 61,* Avec cuisine vietnamienne – AE ⓓ MC VISA W k
fermé août, merc. et sam. midi – **Repas** Lunch 450 – 650/1200.

MOLENBEEK-ST-JEAN (SINT-JANS-MOLENBEEK) - *plan p. 8 :*

L'Exquis, bd du Jubilé 99, ✉ 1080, ☎ (0 2) 426 35 78 – AE ⓓ MC VISA. BL k
fermé juil., dim. soir, lundi, mardi soir et merc. soir – **Repas** Lunch 595 – 1250/1600.

Béguine des Béguines, r. Béguines 168, ✉ 1080, ☎ (0 2) 414 77 70, *Fax (0 2) 414 77 70,* Avec cuisine à la bière – AE ⓓ MC VISA AL m
fermé 21 juil.-15 août, sam. midi, dim. soir et lundi – **Repas** Lunch 450 – 850/1300.

ST-GILLES (SINT-GILLIS) - *plans p. 12 et 14 :*

Cascade M sans rest, r. Berckmans 128, ✉ 1060, ☎ (0 2) 538 88 30, *Fax (0 2) 538 92 79* – ▤ TV ☎ – 25. AE ⓓ MC VISA JCB ES r
80 ch 6600/7100.

Forum, av. Haut-Pont 2, ✉ 1060, ☎ (0 2) 340 34 00, *Fax (0 2) 347 00 54,* – TV ☎. AE MC VISA JCB EU b
Repas *(fermé sam. midi et dim.)* (Cuisine italienne) Lunch 395 – carte 850 à 1200 – **77 ch** 4500/5500 – ½ P 5200.

Inada, r. Source 73, ✉ 1060, ☎ (0 2) 538 01 13, *Fax (0 2) 538 01 13* – AE VISA ET a
fermé 16 juil.-début août, sam. midi, dim. et lundi – **Repas** Lunch 850 – carte 1500 à 2400.

Le Forcado, chaussée de Charleroi 192, ✉ 1060, ☎ (0 2) 537 92 20, *Fax (0 2) 537 92 20,* Cuisine portugaise – ▤. AE ⓓ MC VISA EFU a
fermé sem. carnaval, août, dim., lundi et jours fériés – **Repas** carte env. 1300.

Coimbra, av. Jean Volders 54, ✉ 1060, ☎ (0 2) 538 65 35, *Fax (0 2) 538 65 35,* Avec cuisine portugaise, ouvert jusqu'à 23 h – ▤. AE MC VISA ET r
fermé août et jeudi – **Repas** Lunch 550 – 1050/1350.

La Mamounia, av. Porte de Hal 9, ✉ 1060, ☎ (0 2) 537 73 22, *Fax (0 2) 539 39 59,* Cuisine marocaine, ouvert jusqu'à 23 h – AE ⓓ MC VISA JCB ES n
fermé mi-juil.-mi-août et lundis non fériés – **Repas** 850/1295.

Turon, arrière-salle, r. Danemark 29, ✉ 1060, ☎ (0 2) 534 01 74, Taverne-rest, cuisine espagnole – VISA. EST c
fermé 20 juil.-20 août et mardi – **Repas** *Lunch 700* – carte env. 1100.

Le Madrileno, chaussée de Waterloo 50, ✉ 1060, ☎ (0 2) 537 69 82, Café espagnol, ouvert jusqu'à 23 h ET u
fermé août, merc. soir et jeudi – **Repas** *Lunch 400* – carte 900 à 1400.

Quartier Louise *(voir aussi Bruxelles et Ixelles) - plans p. 12 et 14 :*

Manos Stephanie sans rest, chaussée de Charleroi 28, ✉ 1060, ☎ (0 2) 539 02 50, *Fax (0 2) 537 57 29,* « Hôtel de maître avec intérieur de caractère » – AE VISA JCB FS f
50 ch 7250/8250, 5 suites.

Manos sans rest, chaussée de Charleroi 102, ✉ 1060, ☎ (0 2) 537 96 82, *Fax (0 2) 539 36 55,* « Élégant hôtel particulier », – 25. AE VISA JCB FU w
38 ch 6850/8250, 7 suites.

Tulip Inn, chaussée de Charleroi 17, ✉ 1060, ☎ (0 2) 539 01 60, *Fax (0 2) 537 90 11,* – – 25 à 75. AE VISA JCB FS w
Repas (dîner seult) 850 – **246 ch** 6500/8000.

Les Capucines, r. Jourdan 22, ✉ 1060, ☎ (0 2) 538 69 24, *Fax (0 2) 538 69 24,* – AE VISA FS u
fermé 2 sem. Pâques, 2ᵉ quinz. août, dim. et lundi soir – **Repas** *Lunch 595* – 1095/1950.

I Trulli, r. Jourdan 18, ✉ 1060, ☎ (0 2) 538 98 20, *Fax (0 2) 537 79 30,* , Cuisine italienne, ouvert jusqu'à 23 h – AE VISA JCB FS c
fermé du 11 au 31 juil., 19 déc.-3 janv. et dim. – **Repas** *Lunch 595* – carte 1400 à 2100.

La Faribole, r. Bonté 6, ✉ 1060, ☎ (0 2) 537 82 23, *Fax (0 2) 537 82 23* – . AE VISA. FT g
fermé 21 juil.-15 août, sam. et dim. – **Repas** *Lunch 425* – 850.

Ma Folle de Sœur, chaussée de Charleroi 53, ✉ 1060, ☎ (0 2) 538 22 39 – AE VISA JCB FS b
fermé 2 sem. en août, Noël, Nouvel An et dim. – **Repas** *Lunch 380* – carte env. 1100.

ST-JOSSE-TEN-NOODE (SINT-JOOST-TEN-NODE) *- plan p. 12 :*

Quartier Botanique *(voir aussi Bruxelles) :*

Royal Crown Gd H. Mercure, r. Royale 250, ✉ 1210, ☎ (0 2) 220 66 11, *Fax (0 2) 217 84 44,* , – – 25 à 550. AE VISA JCB FQ r
Repas voir rest ***Rue Royale*** ci-après – 700 – **310 ch** 8500, 5 suites.

Crowne Plaza, r. Gineste 3, ✉ 1210, ☎ (0 2) 203 62 00, *Fax (0 2) 203 55 55,* , – – 25 à 500. AE VISA JCB FQ v
Repas ***Le Temps Présent*** *(fermé sam. midi et dim. midi) Lunch 575* – carte 1300 à 1650 – 950 – **358 ch** 10200.

Comfort Art H. Siru, pl. Rogier 1, ✉ 1210, ☎ (0 2) 203 35 80 et 203 20 03 (rest), *Fax (0 2) 203 33 03,* « Chaque chambre décorée par un artiste belge contemporain » – – 25 à 80. AE VISA JCB. FQ p
Repas *(fermé 21 juil.-15 août, sam. et dim.)* (Brasserie, ouvert jusqu'à 23 h) *Lunch 495* – carte 1100 à 1650 – **101 ch** 5500/6200 – ½ P 6150.

Albert Premier sans rest, pl. Rogier 20, ✉ 1210, ☎ (0 2) 203 31 25, *Fax (0 2) 203 43 31* – – 25 à 60. VISA FQ q
287 ch 5500.

Rue Royale - Royal Crown Gd H. Mercure, r. Royale 250, ✉ 1210, ☎ (0 2) 220 66 11, *Fax (0 2) 217 84 44* – . AE VISA JCB. FQ r
fermé 21 juil.-15 août, sam. midi, dim. et jours fériés – **Repas** *Lunch 1400* – carte 1600 à 2050.

De Ultieme Hallucinatie, r. Royale 316, ✉ 1210, ☎ (0 2) 217 06 14, *Fax (0 2) 217 72 40,* « Intérieur Art Nouveau » – – 40. AE VISA. FQ t
fermé 16 juil.-16 août, sam. midi, dim. et jours fériés – **Repas** *Lunch 1075* – 1450.

Les Dames Tartine, chaussée de Haecht 58, ✉ 1210, ☎ (0 2) 218 45 49, *Fax (0 2) 218 45 49* – AE VISA JCB FQ s
fermé 3 prem. août, dim. et lundi – **Repas** *Lunch 750* – carte 1300 à 1600.

SCHAERBEEK (SCHAARBEEK) - *plans p. 12 et 13 :*

Le Stelle, av. Louis Bertrand 53, ✉ 1030, ☎ (0 2) 245 03 59, *Fax (0 2) 245 03 59,* Cuisine italienne avec trattoria Osteria – AE ⓓ ⓜ VISA GQ a
fermé dim. – **Repas** *Lunch 445* – carte 1250 à 1800.

Senza Nome, r. Royale Ste-Marie 22, ✉ 1030, ☎ (0 2) 223 16 17, *Fax (0 2) 223 16 17,* Cuisine italienne – ▤. ⓜ VISA. ✻ FQ u
fermé août, sam. midi et dim. – **Repas** *Lunch 400* – carte 1100 à 1600.

La Buca di Bacco, av. Louis Bertrand 65, ✉ 1030, ☎ (0 2) 242 42 30, *Fax (0 2) 245 03 59,* Cuisine italienne avec buffet, ouvert jusqu'à minuit – ⓜ VISA GQ e
fermé août, lundi et sam. midi – **Repas** carte 1550 à 1900.

Quartier Meiser : - *plan p. 13 sauf indication spéciale :*

Lambermont (avec annexe - 47 ch) sans rest, Allée des Frésias 18, ✉ 1030, ☎ (0 2) 242 55 95, *Fax (0 2) 215 36 13,* – ‖ TV ☎ – 25. AE ⓓ ⓜ VISA JCB GHQ c
8 ch 3800/4100, 43 suites.

Amici miei, bd Gén. Wahis 248, ✉ 1030, ☎ (0 2) 705 49 80, *Fax (0 2) 705 29 65,* Cuisine italienne – AE ⓓ ⓜ VISA HQ k
fermé sam. midi et dim. – **Repas** carte env. 1400.

Le Zinneke, pl. de la Patrie 26, ✉ 1030, ☎ (0 2) 216 79 50, *Fax (0 2) 245 03 22,* , Avec cuisine indonésienne – AE ⓓ ⓜ VISA GHQ f
fermé 2 sem. en sept., lundi soir, mardi et sam. midi – **Repas** *Lunch 490* – carte 850 à 1150.

UCCLE (UKKEL) - *plans p. 14 et 15 sauf indication spéciale :*

County House, square des Héros 2, ✉ 1180, ☎ (0 2) 375 44 20, *Fax (0 2) 375 31 22* – ‖, ▤ rest, TV ☎ – 25 à 80. AE ⓓ ⓜ VISA. ✻ EX b
Repas *Lunch 1650 bc* – carte 1150 à 1750 – **86 ch** 4100/4700, 16 suites.

Les Frères Romano, av. de Fré 182, ✉ 1180, ☎ (0 2) 374 70 98, *Fax (0 2) 374 04 18* – P. AE ⓓ ⓜ VISA FX d
fermé 3 dern. sem. août, dim. et jours fériés – **Repas** *Lunch 1185* – carte 1600 à 2100.

Villa d'Este, r. Etoile 142, ✉ 1180, ☎ (0 2) 376 48 48, , « Terrasse entourée de vignes en palissade » – P. AE ⓓ ⓜ VISA plan p. 10 BN p
fermé juil., fin déc., dim. soir et lundi – **Repas** 990/1750.

Blue Elephant, chaussée de Waterloo 1120, ✉ 1180, ☎ (0 2) 374 49 62, *Fax (0 2) 375 44 68,* Cuisine thaïlandaise, « Décor exotique » – ▤ P. AE ⓓ ⓜ VISA GX j
fermé sam. midi – **Repas** carte 1100 à 1850.

A'mbriana, r. Edith Cavell 151, ✉ 1180, ☎ (0 2) 375 01 56, *Fax (0 2) 375 84 96,* Cuisine italienne – AE ⓓ ⓜ VISA FX f
fermé août, lundi soir, mardi et sam. midi – **Repas** *Lunch 345* – 1095 bc/1750 bc.

Le pré en bulle, av. J. et P. Carsoel 5, ✉ 1180, ☎ (0 2) 374 08 80, – P. AE ⓜ VISA plan p. 10 BN q
fermé lundi soir et mardi – **Repas** *Lunch 460* – carte env. 1500.

Les Menus Plaisirs, r. Basse 7, ✉ 1180, ☎ (0 2) 374 69 36, *Fax (0 2) 331 38 13,* – AE ⓓ ⓜ VISA plan p. 10 BN u
fermé prem. sem. Pâques, sam. midi, dim. et jours fériés – **Repas** *Lunch 450* – 995/1495.

Le Petit Cottage, r. Cottages 150, ✉ 1180, ☎ (0 2) 343 88 09, *Fax (0 2) 343 88 09,* – AE ⓜ VISA EV r
fermé 3 sem. en juil., sam. midi, dim., lundi midi et jours fériés – **Repas** *Lunch 520* – 990.

Willy et Marianne, chaussée d'Alsemberg 705, ✉ 1180, ☎ (0 2) 343 60 09 – AE ⓜ VISA EX r
fermé 3 sem. carnaval, mi-juil.-début août, mardi et merc. – **Repas** *Lunch 450* – 995.

Le Passage, av. J. et P. Carsoel 13, ✉ 1180, ☎ (0 2) 374 66 94, *Fax (0 2) 374 69 26,* – P. AE ⓓ ⓜ VISA plan p. 10 BN r
fermé 3 sem. en juil., sam. midi et dim. – **Repas** *Lunch 580* – 1280/1580, carte env. 2100
Spéc. Marbré de lapereau et foie gras au torchon. Canette laquée au miel et aux épices. Gibier en saison.

La Cité du Dragon, chaussée de Waterloo 1024, ✉ 1180, ☎ (0 2) 375 80 80, *Fax (0 2) 375 69 77,* , Cuisine chinoise, ouvert jusqu'à 23 h, « Jardin exotique avec pièces d'eau » – P. AE ⓓ ⓜ VISA GX c
Repas *Lunch 485* – 850/2300.

Le Lion, chaussée de Waterloo 889, ✉ 1180, ☎ (0 2) 374 48 43, *Fax (0 2) 374 41 97,* Cuisine chinoise, ouvert jusqu'à 23 h – AE ⓓ ⓜ VISA FX p
Repas *Lunch 320* – 950/1090.

L'Ascoli, chaussée de Waterloo 940, ✉ 1180, ☎ (0 2) 375 57 75, Cuisine italienne – AE ⓓ ⓜ VISA GX g
fermé sam. midi et dim. – **Repas** *Lunch 660* – 1060/1595.

Le Petit Prince, av. du Prince de Ligne 16, ✉ 1180, ☎ (0 2) 374 73 03 – AE ⓓ ⓜ VISA plan p. 10 BCN s
fermé dim. soir et lundi – **Repas** *Lunch 445* – 795/995.

De Hoef, r. Edith Cavell 218, ✉ 1180, ☎ (0 2) 374 34 17, *Fax (0 2) 375 30 84*, Grillades, « Relais du 17e s. » – AE ⓓ ⓜ VISA FX q
fermé du 10 au 31 juil. – **Repas** *Lunch 415* – 795.

Brasseries Georges, av. Winston Churchill 259, ✉ 1180, ☎ (0 2) 347 21 00, *Fax (0 2) 344 02 45*, Ecailler, ouvert jusqu'à minuit – AE ⓓ ⓜ VISA FV n
Repas *Lunch 350* – carte 1200 à 1500.

L'Eau Bénite, av. Brugmann 518, ✉ 1180, ☎ (0 2) 347 05 89, *Fax (0 2) 347 08 18*, – AE ⓓ ⓜ VISA EX s
fermé sam. midi et dim. – **Repas** *Lunch 450* – 750/950.

Pavillon Impérial, chaussée de Waterloo 1296, ✉ 1180, ☎ (0 2) 374 67 51, *Fax (0 2) 375 99 07*, Cuisine chinoise – AE ⓓ VISA. plan p. 11 CN u
fermé mardi soir – **Repas** *Lunch 300* – 750.

Les Petits Pères, r. Carmélites 149, ✉ 1180, ☎ (0 2) 345 66 71, *Fax (0 2) 345 66 71*, Ouvert jusqu'à 23 h – AE ⓓ VISA EV s
fermé dim. et lundi – **Repas** *Lunch 360* – carte env. 1100.

Pasta Commedia, av. J. et P. Carsoel 3, ✉ 1180, ☎ (0 2) 372 06 07, *Fax (0 2) 372 13 70*, Cuisine italienne, ouvert jusqu'à minuit – AE ⓓ ⓜ VISA plan p. 10 BN a
Repas *Lunch 450* – 980/1080.

WATERMAEL-BOITSFORT (WATERMAAL-BOSVOORDE)

plan p. 11 sauf indication spéciale :

Au Vieux Boitsfort (Gillet), pl. Bischoffsheim 9, ✉ 1170, ☎ (0 2) 672 23 32, *Fax (0 2) 660 22 94*, – AE ⓓ ⓜ VISA JCB CN z
fermé 2 prem. sem. août, sam. midi et dim. – **Repas** (nombre de couverts limité - prévenir) 1590/2790, carte env. 2400
Spéc. Langoustines à la tomate confite et huile d'olives. Dorade cuite en croûte de sel. Composition de ris de veau et foie d'oie au jus d'agrumes.

Le Bellini, pl. Eug. Keym 4, ✉ 1170, ☎ (0 2) 673 83 83, *Fax (0 2) 662 07 07* – AE ⓓ ⓜ VISA plan p. 15 HV a
fermé août, Noël, Nouvel An, dim. et lundi – **Repas** *Lunch 750* – 1000/1695

Les Rives du Gange, av. de la Fauconnerie 1, ✉ 1170, ☎ (0 2) 672 16 01, *Fax (0 2) 672 43 30*, Cuisine indienne – AE ⓓ ⓜ VISA. CN c
Repas *Lunch 595* – 1250.

Au Repos des Chasseurs, av. Charles-Albert 11, ✉ 1170, ☎ (0 2) 660 46 72, *Fax (0 2) 672 12 84*, Avec cuisine italienne – 25 à 80. AE ⓓ ⓜ VISA. DN m
Repas 850.

L'Humeur Gourmande, av. de Visé 30, ✉ 1170, ☎ (0 2) 675 85 87, *Fax (0 2) 675 85 87*, Ouvert jusqu'à 23 h. ⓜ VISA plan p. 15 HV n
fermé août, sam. midi et dim. midi – **Repas** *Lunch 750* – carte 1300 à 1700.

L'Entre-Temps, r. Philippe Dewolfs 7, ✉ 1170, ☎ (0 2) 672 87 20, *Fax (0 2) 672 87 20*, Brasserie – AE ⓓ ⓜ VISA CN b
fermé 19 juil.-16 août, mardi soir et merc. – **Repas** *Lunch 550* – 925.

Le Dragon, pl. Léopold Wiener 11, ✉ 1170, ☎ (0 2) 675 80 89, Cuisine chinoise – AE ⓓ ⓜ VISA JCB CN a
fermé lundis non fériés – **Repas** *Lunch 290* – 450/980.

Le Coriandre, r. Middelbourg 21, ✉ 1170, ☎ (0 2) 672 45 65, *Fax (0 2) 672 45 65* – AE ⓓ ⓜ VISA JCB CN n
fermé 21 juil.-15 août, dim. et lundi – **Repas** *Lunch 550* – 995/1450.

La Maison de Thaïlande, r. Middelbourg 22, ✉ 1170, ☎ (0 2) 672 26 57, *Fax (0 2) 675 90 81*, Cuisine thaïlandaise – AE ⓓ ⓜ VISA CN a
fermé mardi, sam. midi et dim. midi – **Repas** carte 850 à 1350.

Le Grill, r. Trois Tilleuls 1, ✉ 1170, ☎ (0 2) 672 95 13, *Fax (0 2) 660 22 94*, Grillades – AE ⓓ ⓜ VISA JCB CN r
fermé sam. midi et dim. soir – **Repas** 850.

WOLUWÉ-ST-LAMBERT (SINT-LAMBRECHTS-WOLUWE)

plans p. 9 et 10 sauf indication spéciale :

Sodehotel La Woluwe M, av. E. Mounier 5, ✉ 1200, ☎ (0 2) 775 21 11, *Fax (0 2) 770 47 80*, – 25 à 200. AE VISA. rest DL e
Repas **Leonard** *Lunch 795* – carte 1300 à 1900 – 750 – **118 ch** 9200/15200, 8 suites.

Lambeau M sans rest, av. Lambeau 150, ✉ 1200, ☎ (0 2) 732 51 70, *Fax (0 2) 732 54 90* – AE VISA plan p. 13 HR u
24 ch 2750/3000.

Mon Manège à Toi, r. Neerveld 1, ✉ 1200, ☎ (0 2) 770 02 38, *Fax (0 2) 762 95 80*, « Jardin fleuri » – AE VISA. DM f
fermé 23 déc.-2 janv., sam. midi et dim. – **Repas** 1999.

Moulin Lindekemale, av. J.-F. Debecker 6, ✉ 1200, ☎ (0 2) 770 90 57, *Fax (0 2) 762 94 57*, « Ancien moulin à eau » – AE VISA. DM a
fermé sem. Pâques, du 1er au 15 août, fin déc., sam. midi, dim. soir et lundi – **Repas** *Lunch 1650 bc* – carte env. 1800.

Le Grand Veneur, r. Tomberg 253, ✉ 1200, ☎ (0 2) 770 61 22, *Fax (0 2) 771 75 63*, « Rustique » – AE VISA CM k
fermé mi-août-mi-sept. et mardi – **Repas** *Lunch 495* – 995/1995.

La Badiane, av. Prekelinden 25, ✉ 1200, ☎ (0 2) 732 15 08, *Fax (0 2) 732 15 08*, – AE VISA CM h
fermé sam. midi, dim. soir et lundi soir – **Repas** *Lunch 1000* – 1180/2120.

Oceanis-L'Annexe, r. St-Lambert 202 (dans centre commercial, niveau 0), ✉ 1200, ☎ (0 2) 771 90 24, *Fax (0 2) 771 94 54*, Écailler, produits de la mer – VISA DM c
fermé dim. – **Repas** 995.

Les Amis du Cep, r. Th. Decuyper 136, ✉ 1200, ☎ (0 2) 762 62 95, *Fax (0 2) 771 20 32*, – AE VISA. DL d
fermé dim. et lundi – **Repas** *Lunch 425* – 1250.

de Maurice à Olivier dans l'arrière-salle d'une librairie, chaussée de Roodebeek 246, ✉ 1200, ☎ (0 2) 771 33 98 – VISA CM r
fermé dim. – **Repas** *Lunch 495* – 995.

WOLUWÉ-ST-PIERRE (SINT-PIETERS-WOLUWE)

plans p. 9 et 11 sauf indication spéciale :

Montgomery M, av. de Tervuren 134, ✉ 1150, ☎ (0 2) 741 85 11, *Fax (0 2) 741 85 00*, – 35. AE VISA.
Repas **La Duchesse** *(fermé week-end et jours fériés) Lunch 1150* – 1790 – 600 – **61 ch** 10900/12500, 2 suites. plan p. 13 HS k

Des 3 Couleurs (Tourneur), av. de Tervuren 453, ✉ 1150, ☎ (0 2) 770 33 21, *Fax (0 2) 770 80 45*, « Terrasse » – AE VISA DN q
fermé mi-août-mi-sept., sam. midi, dim. soir et lundi – **Repas** *Lunch 1600* – 2000, carte 1650 à 2150
Spéc. Petite marmite de consommé aux truffes. Cassolette de langoustines du père Wilms. Pigeonneau désossé façon Grand-Mère.

Le Vignoble de Margot, av. de Tervuren 368, ✉ 1150, ☎ (0 2) 779 23 23, *Fax (0 2) 779 05 45*, ≤, Avec écailler, « Entouré de vignes, dominant étangs et parc » – AE VISA. DM r
fermé sam. midi, dim. et jours fériés – **Repas** carte 1700 à 2250.

Les Deux Maisons, Val des Seigneurs 81, ✉ 1150, ☎ (0 2) 771 14 47, *Fax (0 2) 771 14 47*, – AE VISA JCB DM e
fermé prem. sem. Pâques, 3 prem. sem. août, Noël-Nouvel An, dim. et lundi – **Repas** *Lunch 650* – 950/1950.

Medicis, av. de l'Escrime 124, ✉ 1150, ☎ (0 2) 779 07 00, *Fax (0 2) 779 19 24*, – AE VISA. DM w
fermé Pâques, sam. midi et dim. – **Repas** *Lunch 525* – 950/1790.

Le Mucha, av. Jules Dujardin 23, ✉ 1150, ☎ (0 2) 770 24 14, *Fax (0 2) 770 24 14*, Avec cuisine italienne, ouvert jusqu'à 23 h – AE VISA DM s
fermé 1 sem. en juil., dim. et lundi – **Repas** *Lunch 460* – 850/1250.

ENVIRONS DE BRUXELLES

à Alsemberg *par chaussée d'Alsemberg* BP *: 12 km plan p. 10* *Beersel 22 753 h. – ✉ 1652 Alsemberg :*

XX **'t Hoogveld,** Alsembergsesteenweg 1057, ✆ (0 2) 380 30 30, *Fax (0 2) 381 06 07*, « Jardin » – P. AE VISA
fermé lundi soir, merc. soir et jeudi – **Repas** Lunch 595 – 995/1650.

à Beersel - *plan p. 10 – 22 753 h. – ✉ 1650 Beersel :*

X **3 Fonteinen,** Herman Teirlinckplein 3, ✆ (0 2) 331 06 52, *Fax (0 2) 331 07 03*, Taverne-rest, avec spécialités à la bière régionale – AE VISA AP v
fermé fin déc.-début janv., mardi et merc. – **Repas** carte env. 1000.

à Diegem *par A 201, sortie Diegem - plan p. 9 -* *Machelen 11 679 h. – ✉ 1831 Diegem :*

Holiday Inn Airport, Holidaystraat 7, ✆ (0 2) 720 58 65, *Fax (0 2) 720 41 45*, – TV P – 25 à 400. AE VISA. rest DL w
Repas (Ouvert jusqu'à 23 h) Lunch 1195 bc – carte 1000 à 1300 – 700 – **310 ch** 9500.

Sofitel Airport, Bessenveldstraat 15, ✆ (0 2) 713 66 66, *Fax (0 2) 721 43 45*, – TV P – 25 à 300. AE VISA. DL x
Repas ***La Pléiade*** *(fermé vend. soir, sam. et dim.)* 1450 – 800 – **125 ch** 9500/11000.

Novotel Airport, Olmenstraat, ✆ (0 2) 725 30 50, *Fax (0 2) 721 39 58*, – TV P – 25 à 100. AE VISA JCB DK y
Repas (Ouvert jusqu'à minuit) carte 1050 à 1400 – 550 – **207 ch** 5650/5850.

Rainbow Airport M, Berkenlaan 4, ✆ (0 2) 721 77 77, *Fax (0 2) 721 55 96*, – TV P – 25 à 80. AE VISA JCB. DL a
Repas *(fermé sam. et dim. midi)* Lunch 645 – 850/1250 – **100 ch** 5700/5950 – ½ P 6495/7540.

Holiday Inn Express M sans rest, Berkenlaan 5, ✆ (0 2) 725 33 80, *Fax (0 2) 725 38 10* – TV P – 25 à 180. AE VISA JCB DL r
79 ch 4950.

Ibis Airport, Bessenveldstraat 17, ✆ (0 2) 725 43 21, *Fax (0 2) 725 40 40*, – rest, TV P – 25 à 60. AE VISA JCB. rest DL z
Repas Lunch 550 – 850 – 300 – **96 ch** 3500.

XX **Diegemhof,** Calenbergstraat 51, ✆ (0 2) 720 11 34, *Fax (0 2) 720 14 87*, – AE VISA JCB DL b
fermé juil., Noël-Nouvel An, sam. et dim. – **Repas** Lunch 865 – carte 1200 à 1500.

à Dilbeek *par ⑧ : 7 km - plans p. 8 et 10 – 37 499 h. – ✉ 1700 Dilbeek :*

Relais Delbeccha, Bodegemstraat 158, ✆ (0 2) 569 44 30, *Fax (0 2) 569 75 30*, – TV P – 25 à 120. AE VISA.
fermé du 8 au 28 juil. – **Repas** *(fermé dim. soir)* 1025/1850 – **12 ch** 3500/4500 – ½ P 4585/5350.

XX **Host. d'Arconati** avec ch, d'Arconatistraat 77, ✆ (0 2) 569 35 00, *Fax (0 2) 569 35 04*, « Terrasse fleurie », – TV P – 60. AE VISA.
fermé fév. – **Repas** *(fermé dim. soir, lundi et mardi)* 1495 – **6 ch** 2500/3000.

à Drogenbos - *plan p. 10 – 4 717 h. – ✉ 1620 Drogenbos :*

Campanile, av. W.A. Mozart 11, ✆ (0 2) 331 19 45, *Fax (0 2) 331 25 30*, – TV P – 25 à 50. AE VISA JCB AN n
Repas (Avec buffet) Lunch 495 – 645 – 290 – **76 ch** 2600 – ½ P 2995/3500.

à Dworp *(Tourneppe) par ⑥ : 16 km - plan p. 10* *Beersel 22 753 h. – ✉ 1653 Dworp :*

Kasteel Gravenhof, Alsembergsesteenweg 676, ✆ (0 2) 380 44 99, *Fax (0 2) 380 40 60*, « Environnement boisé, étang », – TV P – 25 à 120. AE VISA. ch
Repas (Taverne-rest) Lunch 650 – carte env. 1200 – 450 – **26 ch** 4850 – ½ P 4625/4850.

à Grimbergen *au Nord par N 202* BK *: 11 km - plan p. 8 – 32 631 h. – ✉ 1850 Grimbergen :*

Abbey, Kerkeblokstraat 5, ✆ (0 2) 270 08 88, *Fax (0 2) 270 81 88*, – rest, TV P – 30 à 200. AE VISA. ch
fermé juil. – **Repas** ***'t Wit Paard*** *(fermé sam. et dim.)* Lunch 1250 – carte env. 1800 – 525 – **28 ch** 4520/5250.

à Groot-Bijgaarden - *plan p. 8* - C *Dilbeek 37 499 h.* - ✉ *1702 Groot-Bijgaarden :*

Waerboom, Jozef Mertensstraat 140, ✆ (0 2) 463 15 00, *Fax (0 2) 463 10 30,* ≘, 🏊 - 🛗 TV ☎ P - 🏃 25 à 270. AE ⓞ MC VISA. ✂ AL r
fermé mi-juil.-mi-août - **Repas** (résidents seult) - **35 ch** 3800/4400 - ½ P 4400.

Gosset M, Alfons Gossetlaan 52, ✆ (0 2) 466 21 30, *Fax (0 2) 466 18 50,* 🌳 - 🛗 ✂ TV ☎ P - 🏃 25 à 200. AE ⓞ MC VISA. ✂ AL a
Repas *Lunch 650* - 850 - **48 ch** 3500/3950.

XXXXX ✿✿ **De Bijgaarden,** I. Van Beverenstraat 20, ✆ (0 2) 466 44 85, *Fax (0 2) 463 08 11,* <, 🌳, « Cadre bucolique face au château » - AE ⓞ MC VISA AL c
fermé du 16 au 24 avril, 13 août-4 sept., du 2 au 4 janv., sam. midi, dim. et jours fériés - **Repas** 2250/4500, carte 3350 à 4300
Spéc. Carpaccio de foie gras d'oie, salade de pourpier à l'huile de truffes blanches. Turbot rôti "château" et béarnaise de homard. Poularde de ferme rôtie au four et morilles crèmées (avril-sept.).

XXX ✿ **Michel** (Coppens), Schepen Gossetlaan 31, ✆ (0 2) 466 65 91, *Fax (0 2) 466 90 07,* 🌳 - P MC VISA AL d
fermé août, dim. et lundi - **Repas** 1700/2000
Spéc. Poêlée de turbot, cabillaud et merlan en croustillant d'oignons. Civet de homard au Vouvray et gingembre. Perdreau rôti à la feuille de vigne.

à Hoeilaart - *plan p. 11* - *9 687 h.* - ✉ *1560 Hoeilaart :*

Groenendaal, Groenendaalsesteenweg 145 (à Groenendaal), ✆ (0 2) 657 94 47, *Fax (0 2) 657 20 30,* 🌳 - TV ☎ P AE ⓞ MC VISA JCB. ✂ DP a
Repas (fermé sam. et dim.) 980/1280 - **8 ch** 3100/3500 - ½ P 3800/5200.

XX ✿ **Aloyse Kloos,** Terhulpsesteenweg 2 (à Groenendaal), ✆ (0 2) 657 37 37, 🌳, « En lisière de forêt » - P AE ⓞ MC VISA DP f
fermé fin juil.-août, dim. soir et lundi - **Repas** *Lunch 1490* - 1695/2200, carte env. 2300
Spéc. Ravioles de champignons des bois aux truffes. Écrevisses à la luxembourgeoise (juin-janv.). Mignardises de cailles aux pâtes fraîches et morilles.

X **Tissens,** Groenendaalsesteenweg 105 (à Groenendaal), ✆ (0 2) 657 04 09, Anguilles - P ⓞ MC VISA DP k
fermé juil., fin déc.-début janv., merc. et jeudi - **Repas** carte env. 1400.

à Huizingen *par ⑥ : 12 km* - *plan p. 10* C *Beersel 22 753 h.* - ✉ *1654 Huizingen :*

XXX **Terborght,** Oud Dorp 16 (près E 19 - A 7, sortie ⑳), ✆ (0 2) 380 10 10, *Fax (0 2) 380 10 97,* 🌳, « Rustique » - ▤ P AE ⓞ MC VISA. ✂
fermé du 6 au 13 mars, du 10 au 31 juil., dim. soir, lundi et mardi soir - **Repas** *Lunch 1750 bc* - 1850.

à Kobbegem *par ⑩ : 11 km* - *plan p. 8* C *Asse 27 583 h.* - ✉ *1730 Kobbegem :*

XXX **De Plezanten Hof,** Broekstraat 2, ✆ (0 2) 452 89 39, *Fax (0 2) 452 99 11,* 🌳 - ▤ P AE ⓞ MC VISA
fermé 1 sem. carnaval, 21 juil.-13 août, mardi soir, merc. et dim. soir - **Repas** *Lunch 1150* - carte 2150 à 2900.

à Kortenberg *par ② : 15 km* - *plan p. 9* - *17 027 h.* - ✉ *3070 Kortenberg :*

XX **Hof te Linderghem,** Leuvensesteenweg 346, ✆ (0 2) 759 72 64, *Fax (0 2) 759 66 10* - P AE MC VISA
fermé juil., lundi soir et mardi - **Repas** *Lunch 1100* - carte env. 1700.

à Kraainem - *plan p. 9* - *12 842 h.* - ✉ *1950 Kraainem :*

XX **d'Oude Pastorie,** Pastoorkesweg 1 (Park Jourdain), ✆ (0 2) 720 63 46, *Fax (0 2) 720 63 46,* « Dans un parc avec étang » - P AE ⓞ MC VISA. ✂ DL j
fermé du 17 au 24 avril, du 7 au 28 août, lundi soir et jeudi - **Repas** carte 850 à 1250.

à Linkebeek - *plan p. 10* - *4 681 h.* - ✉ *1630 Linkebeek :*

XX **Le Saint-Sébastien,** r. Station 90, ✆ (0 2) 380 54 90, *Fax (0 2) 380 54 41,* 🌳 - P ⓞ MC VISA BP k
fermé sept. et lundi - **Repas** *Lunch 750* - 1150/1450.

X **Le Petit Coq,** r. St-Sébastien 41, ✆ (0 2) 380 93 32, 🌳, Taverne-rest - P ⓞ VISA. ✂ BP c
fermé sam. midi de juil. à sept., lundi midi et mardi midi - **Repas** *Lunch 395* - carte 900 à 1300.

à Machelen - *plan p. 9* - *11 679 h.* - ✉ *1830 Machelen :*

XXX **Pyramid,** Heirbaan 210, ✆ (0 2) 253 54 56, *Fax (0 2) 253 47 65,* 🌳, « Décor moderne, terrasse avec jardin anglais luxuriant » - P AE ⓞ MC VISA JCB. ✂ DK m
fermé 3 sem. en juil., fin déc., sam. et dim. - **Repas** *Lunch 1300* - 1900/3900 bc.

à Meise *par ⑪ : 14 km - plan p. 8 - 18 006 h. - ✉ 1860 Meise :*

XXX **Aub. Napoléon,** Bouchoutlaan 1, ✆ (0 2) 269 30 78, *Fax (0 2) 269 79 98,* Grillades - P. AE ⓓ MC VISA
fermé août - **Repas** Lunch 1450 - carte 1950 à 2400.

XXX **Koen Van Loven,** Brusselsesteenweg 11, ✆ (0 2) 270 05 77, *Fax (0 2) 270 05 46,* - 25 à 150. AE ⓓ MC VISA.
fermé dim. soir et lundi - **Repas** Lunch 1175 - 1595/1895.

à Melsbroek *par Nieuwe Haachtsesteenweg DK : 14 km - plan p. 9* C *Steenokkerzeel 10 273 h. - ✉ 1820 Melsbroek :*

XXX **Boetfort,** Sellaerstraat 42, ✆ (0 2) 751 64 00, *Fax (0 2) 751 62 00,* , « Château du 17e s., parc » - P - 25 à 40. AE ⓓ MC VISA.
fermé sem. carnaval, 1 sem. en juil., merc. soir, sam. midi et dim. - **Repas** Lunch 1350 - 1950.

à Nossegem *par ② : 13 km - plan p. 9* C *Zaventem 26 827 h. - ✉ 1930 Nossegem :*

XXX **Roland Debuyst,** Leuvensesteenweg 614, ✆ (0 2) 757 05 59, *Fax (0 2) 759 50 08,* , « Terrasse » - P - 35. AE ⓓ MC VISA JCB.
fermé vacances Pâques, 2 prem. sem. août, sam. midi, dim. et lundi soir - **Repas** Lunch 1450 - 1900.

à Overijse *par ④ : 16 km - plan p. 11 - 23 706 h. - ✉ 3090 Overijse :*
Justus Lipsiusplein 9, ✆ 687 64 23, Fax 687 77 22

XXXX ✿ **Barbizon** (Deluc), Welriekendedreef 95 (à Jezus-Eik), ✆ (0 2) 657 04 62, *Fax (0 2) 657 40 66,* , « Villa de style normand, terrasse et jardin en lisière de forêt » - P. AE ⓓ MC VISA — DN n
fermé 15 fév.-10 mars, fin juil.-début août, mardi et merc. - **Repas** Lunch 1425 - 2585 bc/5150 bc, carte 2250 à 2850
Spéc. Homard en chemise, beurre Barbizon. Pigeon caramélisé aux épices, paillasson de légumes. Gibier en saison.

XX **Aub. Bretonne,** Brusselsesteenweg 670 (à Jezus-Eik), ✆ (0 2) 657 11 11, *Fax (0 2) 657 11 11* - P. MC VISA — DN r
fermé juil., mardi et merc. - **Repas** 880/1680.

XX **Den Zilv'ren Uil,** Brusselsesteenweg 505 (Nord-Ouest : 2 km à Jezus-Eik), ✆ (0 2) 657 28 75, *Fax (0 2) 657 28 75* - P. AE ⓓ MC VISA
fermé dern. sem. fév., du 1er au 14 août, merc. et jeudi - **Repas** 850/1600.

X **Istas,** Brusselsesteenweg 652 (à Jezus-Eik), ✆ (0 2) 657 05 11, *Fax (0 2) 657 05 11,* , Taverne-rest - P. MC VISA — DN s
fermé août, merc. et jeudi - **Repas** carte 850 à 1400.

à Schepdaal *par ⑧ : 12 km - plans p. 8 et 10* C *Dilbeek 37 499 h. - ✉ 1703 Schepdaal :*

Lien Zana, Ninoofsesteenweg 1022, ✆ (0 2) 569 65 25, *Fax (0 2) 569 64 64,* , - , rest, TV ☎ P - 25. AE ⓓ MC VISA
fermé 1 sem. en juil. et fin déc. - **Repas** *(fermé lundi midi et mardi midi)* (Taverne-rest) Lunch 1550 bc - carte env. 950 - **27 ch** 3600/4600.

à Sint-Genesius-Rode *(Rhode-St-Genèse) par ⑤ : 13 km - plan p. 11 - 18 174 h. - ✉ 1640 Sint-Genesius-Rode :*

Aub. de Waterloo, chaussée de Waterloo 212, ✆ (0 2) 358 35 80, *Fax (0 2) 358 38 06,* , - TV ☎ P - 25 à 70. AE ⓓ MC VISA
Repas voir rest ***L'Arlecchino*** ci-après - **83 ch** 3750/5350.

XX **L'Arlecchino** - H. Aub. de Waterloo, chaussée de Waterloo 212, ✆ (0 2) 358 34 16, *Fax (0 2) 358 28 96,* , Cuisine italienne, avec trattoria - P. AE ⓓ MC VISA JCB.
fermé août - **Repas** 1150.

XX **Michel D,** r. Station 182, ✆ (0 2) 381 20 66, *Fax (0 2) 381 20 66,* - P. AE ⓓ MC VISA
fermé 19 juil.-12 août, merc., sam. midi et dim. soir - **Repas** Lunch 690 - 1500.

X **Bois Savanes,** chaussée de Waterloo 208, ✆ (0 2) 358 37 78, *Fax (0 2) 358 37 78,* , Cuisine thaïlandaise - P. AE ⓓ MC VISA
fermé 3 sem. en août, prem. sem. janv., lundi midi et mardi midi - **Repas** Lunch 495 - 995.

X **L'Alter Ego,** Parvis Notre-Dame 15, ✆ (0 2) 358 29 15, *Fax (0 2) 358 29 15,* - AE ⓓ MC VISA JCB
fermé août, dim. et lundi - **Repas** (déjeuner seult sauf vend. et sam.) Lunch 390 - carte env. 1200.

à Sint-Pieters-Leeuw *Sud-Ouest : 13 km par Brusselbaan* AN *- plan p. 10 – 29 821 h. – ✉ 1600 Sint-Pieters-Leeuw :*

Green Park Ⓜ, V. Nonnemanstraat 15, ☎ (0 2) 331 19 70, *Fax (0 2) 331 03 11*, « Au bord d'un étang », – 25 à 100. AE MC VISA
fermé juil. – **Repas** *(fermé vend.)* Lunch 450 – carte 1150 à 1550 – **18 ch** 4000/4500 – ½ P 3250/5000.

à Strombeek-Bever *- plan p. 8 - Grimbergen 32 631 h. – ✉ 1853 Strombeek-Bever :*

Alfa Rijckendael Ⓜ, Luitberg 1, ☎ (0 2) 267 41 24 et 267 55 00 (rest), *Fax (0 2) 267 94 01*, – 25 à 40. AE MC VISA BK c
Repas Lunch 880 – carte 1700 à 2350 – **49 ch** 4700/5500.

Ibis Expo, Romeinsesteenweg 572, ☎ (0 2) 461 00 21, *Fax (0 2) 461 04 84* – – 25 à 80. AE MC VISA BK k
Repas (Taverne-rest) Lunch 450 – carte env. 850 – 300 – **75 ch** 3500.

Aub. Van Strombeek, Temselaan 6, ☎ (0 2) 460 64 67, *Fax (0 2) 460 06 70*, – AE MC VISA JCB. BK f
Repas *(fermé août, merc. soir, sam. midi, dim. et jours fériés)* 1100 – **10 ch** 1900/2500.

Val Joli, Leestbeekstraat 16, ☎ (0 2) 460 65 43, *Fax (0 2) 460 04 00*, « Terrasse et jardin » – AE MC VISA BK p
fermé 2 sem. en juin, 2 sem. en nov., lundi et mardi – **Repas** Lunch 950 bc – 995/1690.

't Stoveke, Jetsestraat 52, ☎ (0 2) 267 67 25, Produits de la mer – AE MC VISA BK q
fermé 3 sem. en juin, Noël-Nouvel An, dim., lundi et jours fériés – **Repas** Lunch 1190 – carte 1800 à 3100.

Blink, Sint-Amandsstraat 52, ☎ (0 2) 267 37 67, *Fax (0 2) 267 37 67*, – AE MC VISA BK h
fermé 17 juil.-8 août, 24 déc.-3 janv., dim. et lundi – **Repas** Lunch 695 – 1300.

à Tervuren *par ③ : 14 km - plan p. 11 – 20 150 h. – ✉ 3080 Tervuren :*

De Linde, Kerkstraat 8, ☎ (0 2) 767 87 42, – MC VISA.
fermé 1 sem. en mars, 2 sem. en juil., 1 sem. en nov., lundi, mardi et sam. midi – **Repas** Lunch 520 – 980/1695.

à Vilvoorde *(Vilvorde) - plans p. 8 et 9 – 34 130 h. – ✉ 1800 Vilvoorde :*

Campanile, Luchthavenlaan 2, ☎ (0 2) 253 97 67, *Fax (0 2) 253 97 69*, – – 25 à 160. AE MC VISA JCB DK a
Repas (Avec buffet) Lunch 495 – 850 – 290 – **85 ch** 2600 – ½ P 3385/3635.

de Rembrandt, Lange Molensstraat 60, ☎ (0 2) 251 04 72, « Dans une tour de guet du 15ᵉ s. » – AE MC VISA CK c
fermé 16 juil.-16 août et sam. – **Repas** (déjeuner seult sauf mardi et jeudi) carte 1700 à 2300.

De Met 1ᵉʳ étage, Grote Markt 7, ☎ (0 2) 253 30 00, *Fax (0 2) 253 31 00*, Avec taverne-rest, « Ancien marché couvert de style Art Déco » – 25 à 400. AE MC VISA. – *fermé dim.* – **Repas** Lunch 1475 bc – carte 1450 à 2300. CK r

'T Puur Toeval, Rooseveltlaan 18, ☎ (0 2) 253 68 39, *Fax (0 2) 253 68 38*, – AE MC VISA – *fermé 1 sem. Pâques, fin juil.-mi-août, 1 sem. Toussaint, sam. midi, dim., lundi soir et jours fériés* – **Repas** Lunch 795 – 1195/1450. CDK s

à Vlezenbeek *Ouest : 11 km par N 282* AN *- plan p. 10 Sint-Pieters-Leeuw 29 821 h. – ✉ 1602 Vlezenbeek :*

In de Kroon, Dorp 49, ☎ (0 2) 569 05 25, *Fax (0 2) 569 05 25*, – AE VISA.
fermé mardi soir et merc. – **Repas** Lunch 950 – 1350/1850.

Van Gogh, Dorp 21, ☎ (0 2) 532 22 09, *Fax (0 2) 532 26 95*, – AE MC VISA.
Repas Lunch 325 – 890/1250.

à Wemmel *- plan p. 8 – 13 824 h. – ✉ 1780 Wemmel :*

Le Gril aux herbes d'Evan, Brusselsesteenweg 21, ☎ (0 2) 460 52 39, *Fax (0 2) 461 19 12*, – AE MC VISA AK t
fermé du 1ᵉʳ au 21 juil., 24 déc.-1ᵉʳ janv., merc. et sam. midi – **Repas** Lunch 995 – 1750/2150.

Barlow's, Romeinse Steenweg 960, ☎ (0 2) 460 61 51, *Fax (0 2) 460 16 15*, – AE MC VISA BK u
fermé août, merc., sam. midi et dim. soir – **Repas** Lunch 750 – 995/1500.

Parkhof "Beverbos", Parklaan 7, ☎ (0 2) 460 42 89, *Fax (0 2) 460 25 10*, « Terrasse sur parc public » – AE MC VISA JCB AK s
fermé fin sept.-début oct., fin déc. et merc. – **Repas** Lunch 950 – 1200/1900.

à Wezembeek-Oppem par ② : 11 km - plan p. 9 - 13 674 h. - ✉ 1970 Wezembeek-Oppem :

XX **L'Aub. Saint-Pierre,** Sint-Pietersplein 8, ☎ (0 2) 731 21 79, Fax (0 2) 731 28 28, 斋 - AE ① ⓞ VISA
fermé 15 juil.-17 août, 24 déc.-4 janv., sam. midi, dim. et jours fériés - **Repas** Lunch 980 - carte 1450 à 1950.

à Zaventem - plan p. 9 - 26 827 h. - ✉ 1930 Zaventem :

Sheraton Airport, à l'aéroport (Nord-Est par A 201), ☎ (0 2) 725 10 00, Telex 27085, Fax (0 2) 725 11 55, Fá - |$| ⇔ ▤ TV ☎ ♿ - 🔏 25 à 600. AE ① ⓞ VISA JCB. ⁂ rest DK a
Repas ***Concorde*** Lunch 1450 - carte env. 2300 - ***Lindbergh Taverne*** (Ouvert jusqu'à 23 h 30) Lunch 465 - carte env. 1000 - ☐ 890 - **297 ch** 14500, 2 suites.

XX **Stockmansmolen** 1er étage, H. Henneaulaan 164, ☎ (0 2) 725 34 34, Fax (0 2) 725 75 05, Avec taverne-rest, « Ancien moulin à eau » - ▤ P. AE ① ⓞ VISA DL c
fermé 16 juil.-8 août, 24 déc.-3 janv., sam. et dim. - **Repas** Lunch 1725 - carte 2100 à 3000.

à Zellik par ⑩ : 8 km - plan p. 8 Ⓒ Asse 27 583 h. - ✉ 1731 Zellik :

XX **Angelus,** Brusselsesteenweg 433, ☎ (0 2) 466 97 26, Fax (0 2) 466 83 84, 斋 - P. AE ① ⓞ VISA AL e
fermé du 13 au 20 mars, 17 juil.-14 août, lundi et jeudi soir - **Repas** Lunch 895 - 995/1595.

S.A. MICHELIN BELUX, Quai de Willebroek 33 EQ - ✉ 1000, ☎ (0 2) 274 42 11, Fax (0 2) 274 42 12

BUKEN

1910 Vlaams-Brabant Ⓒ *Kampenhout 10 679 h.* 213 M 17 - ⑬ S.
Bruxelles 28 - Antwerpen 42 - Leuven 10 - Liège 68 - Namur 64 - Turnhout 74.

XX **de notelaar,** Bukenstraat 142, ☎ (0 16) 60 52 69, Fax (0 16) 60 69 09, 斋 - ▤ P. AE ① ⓞ VISA
fermé 15 fév.-2 mars, 17 juil.-11 août, mardi soir, merc. et jeudi - **Repas** Lunch 950 - 1075.

BÜLLINGEN

(BULLANGE) *4760 Liège* 213 W 20, 214 W 20 et 909 L 4 - *5 230 h.*
Bruxelles 169 - Liège 77 - Aachen 57.

X **Kreutz,** Losheimer Str. 13, ☎ (0 80) 64 79 03, Fax (0 80) 64 26 05 - ▤ P. ⓞ VISA
fermé du 15 au 30 août, lundi soir et merc. soir - **Repas** Lunch 750 - carte env. 1400.

BURG-REULAND

4790 Liège 213 V 21, 214 V 21 et 909 L 5 - *3 805 h.*
Voir *Donjon* ≤★.
Bruxelles 184 - Liège 95.

Val de l'Our ⛰, Dorfstr. 150, ☎ (0 80) 32 90 09, Fax (0 80) 32 97 00, « Environnement boisé », Fá, ≘s, ⛶, 🛋, ⚔, 🚲 - ▤ rest, TV ☎ P. - 🔏 25. ⓞ VISA. ⁂
fermé 28 juin-9 juil., du 2 au 15 janv. et mardi et merc. du 12 nov. au 31 mars - **Repas** (dîner seult jusqu'à 20 h sauf week-end) carte 1100 à 1650 - **15 ch** ☐ 3250 - ½ P 2100/2600.

Paquet ⛰, Lascheid 43 (Sud-Ouest : 1 km, lieu-dit Lascheid), ☎ (0 80) 32 96 24, Fax (0 80) 32 98 22, ≤ campagne vallonnée - TV ☎ P. ① ⓞ VISA. ⁂
fermé 26 juin-9 juil. et dim. soir et lundi hors saison - **Repas** (résidents seult) - **14 ch** ☐ 1550/2500 - ½ P 1700/1950.

à Ouren Sud : 9 km Ⓒ Burg-Reuland - ✉ 4790 Burg-Reuland :

Dreiländerblick ⛰, Dorfstr. 29, ☎ (0 80) 32 90 71, Fax (0 80) 32 93 88, ≤, 斋, « Terrasse », ≘s - ☎ P. ⁂
fermé 1 sem. fin sept., 3 sem. en janv. et mardi sauf en juil.-août - **Repas** *(fermé après 20 h 30)* Lunch 650 - carte 1000 à 1400 - **14 ch** ☐ 2150/2650, 1 suite - ½ P 2050/2150.

Rittersprung ⛰, Dorfstr. 19, ☎ (0 80) 32 91 35, Fax (0 80) 32 93 61, ≤, 斋, ≘s - P. ⁂
fermé 10 déc.-20 janv. et lundi - **Repas** (résidents seult) - **16 ch** ☐ 1800/2600 - ½ P 1900.

BÜTGENBACH *4750 Liège* **213** W 20, **214** W 20 *et* **909** L 4 – *5 458 h.*

Centre Worriken 1 (au lac) ✆ (0 80) 44 63 58, Fax (0 80) 44 70 89.

Bruxelles 164 – Liège 72 – Aachen 52.

Bütgenbacher Hof, Marktplatz 8, ✆ (0 80) 44 42 12, *Fax (0 80) 44 48 77*, « Terrasse », – ☎ – 40. AE MC VISA.
fermé 2 sem. Pâques et 2 sem. en juil. – **Repas** *(fermé lundi soir, mardi et après 20 h 30)* Lunch 500 – carte 1350 à 1700 – **21 ch** 2000/3200, 2 suites – ½ P 2600/3000.

Lindenhof sans rest, Neuerweg 1 (Ouest : 3 km, lieu-dit Weywertz), ✆ (0 80) 44 50 86, *Fax (0 80) 44 48 26* – ☎
fermé du 1er au 15 déc. – **12 ch** 1600/2600.

du Lac, Seestr. 53, ✆ (0 80) 44 64 13, *Fax (0 80) 44 44 55*, – ☎ MC VISA.
fermé avril et mardis soirs, merc. et jeudis d'oct. à mars – **Repas** (résidents seult) – **26 ch** 2200/3200 – ½ P 1800/2200.

Seeblick, Zum Konnenbusch 24 (Nord-Est : 3 km, lieu-dit Berg), ✆ (0 80) 44 53 86, lac, –
fermé 28 juin-15 juil. – **Repas** (dîner pour résidents seult) – **12 ch** 1050/2000 – ½ P 1400/1600.

La Belle Époque, Bahnhofstr. 85 (Ouest : 3 km, lieu-dit Weywertz), ✆ (0 80) 44 55 43 – AE MC VISA
fermé 2 sem. en mars, 2 sem. en sept. et merc. – **Repas** Lunch 495 – 995/1700.

Vier Jahreszeiten avec ch, Bermicht 8 (Nord : 3 km, lieu-dit Nidrum), ✆ (0 80) 44 56 04, *Fax (0 80) 44 49 30*, « Intérieur de style autrichien », –
fermé 1re quinz. juil., 1re quinz. janv. et mardi soir et merc. sauf vacances scolaires – **Repas** 850/1600 – **15 ch** 1450/2500 – ½ P 1800/2500.

CASTEAU *Hainaut* **213** J 19, **214** J 19 *et* **909** F 4 – *voir à Soignies.*

CELLES *Namur* **213** P 21, **214** P 21 *et* **909** I 5 – *voir à Houyet.*

CERFONTAINE *5630 Namur* **214** L 21 *et* **909** G 5 – *4 220 h.*

Bruxelles 100 – Charleroi 38 – Dinant 45 – Maubeuge 44.

à Soumoy *Nord-Est : 3 km C Cerfontaine – ✉ 5630 Soumoy :*

Relais du Surmoy, r. Bironfosse 38, ✆ (0 71) 64 32 13, *Fax (0 71) 64 47 09*, – ☎ – 25 à 80. AE MC VISA
Repas 650/1250 – **24 ch** 2050/2400 – ½ P 1560/1950.

CÉROUX-MOUSTY *Brabant Wallon* **213** M 19, **214** M 19 *et* **909** G 4 – *voir à Ottignies.*

CHAMPLON *6971 Luxembourg belge C Tenneville 2 397 h.* **214** S 22 *et* **909** J 5.

Bruxelles 127 – Bouillon 58 – Arlon 61 – Namur 66 – La Roche-en-Ardenne 15.

Host. de la Barrière avec ch, rte de la Barrière 31, ✆ (0 84) 45 51 55, *Fax (0 84) 45 59 22*, – ☎ – 25 à 40. AE MC VISA
Repas Lunch 850 – 1000/2150 – **15 ch** 1550/2150 – ½ P 2000.

CHARLEROI

6000 Hainaut 213 L 20, 214 L 20 - ㉔ S *et* 909 G 4 - *203 853 h.*

Bruxelles 61 ① *- Liège 92* ③ *- Lille 123* ① *- Namur 38* ③.

RENSEIGNEMENTS PRATIQUES

par ⑤ *à Marcinelle, Maison communale annexe, av. Mascaux 100 ☎ (071) 86 61 52, Fax (071) 86 61 57 – Pavillon, Square de la Gare du Sud ☎ (071) 31 82 18.*

18 *au Nord : 13 km à Frasnes-lez-Gosselies (Les-Bons-Villers), Chemin du Grand Pierpont 1 ☎ (071) 85 17 75, Fax (071) 85 15 43.*

CURIOSITÉS

Musées : *du verre★* BYZ **M** *- par* ⑤ *à Mont-sur-Marchienne : de la Photographie★.*
Env. *par* ⑤ *: 13 km à l'Abbaye d'Aulne★ : chevet et transept★★ de l'église abbatiale.*

RÉPERTOIRE DES RUES DU PLAN DE CHARLEROI

Rue	Carré	N°
Albert-1er (Pl.)	ABZ	
Alliés (Av. des)	AZ	
Arthur-Decoux (R.)	AY	
Audent (Bd)	ABZ	
Baudouin (Pont)	AZ	3
Brabant (Quai de)	ABZ	
Brigade-Piron (R.)	BZ	
Broucheterre (R. de la)	ABY	
Bruxelles (Chée de)	AY	
Charleroi (Chée de)	BZ	
Charles-II (Pl.)	BZ	10
Defontaine (Bd)	BYZ	
Digue (Pl. de la)	AZ	
Écluse (R. de l')	BZ	21
Émile-Buisset (Pl.)	AZ	23
Émile-Devreux (Bd)	BZ	24
Émile-Tumelaire (R.)	BZ	
Europe (Av. de l')	AYZ	
Flandre (Quai de)	AZ	25
Fort (R. du)	ABY	
Fr.-Dewandre (Bd)	BY	30
Gare du Sud (Quai de la)	AZ	
Général-Michel (Av.)	BZ	
Grand-Central (R. du)	AZ	
Grand'Rue	BY	
G.-Roullier (Bd)	BY	
Heigne (R. de)	AY	
Isaac (R.)	BY	
Jacques-Bertrand (Bd)	ABY	
Jean-Monnet (R.)	AZ	35
Joseph-Hénin (Bd)	BY	37
Joseph-Tirou (Bd)	ABZ	
Joseph-Wauters (R.)	AY	
Joseph-II (Bd)	BY	
Jules-Destrée (R.)	BY	
Lebeau (R.)	BY	38
Léon-Bernus (R.)	BY	
Mambourg (R. du)	BY	
Manège (Pl. du)	BY	41
Marcinelle (R. de)	BZ	43
Mayence (Bd P.)	BZ	44
Mons (Route de)	AZ	
Montagne (R. de la)	ABZ	45
Montigny (R. de)	BZ	
Neuve (R.)	BY	48
Olof-Palme (Pont)	AZ	49
Orléans (R. d')	BZ	50
Paix (R. de la)	BZ	
Paul-Janson (Bd)	BY	
Paul-Pastur (Av.)	AZ	
P.-J.-Lecomte (R.)	AY	
Pont-Neuf (R. du)	BZ	
Régence (R. de la)	BY	58
Roton (R. du)	ABY	
Saint-Charles (R.)	BZ	
Science (R. de la)	BYZ	
Solvay (Bd)	BY	61
Spinois (R.)	BY	
Turenne (R.)	AZ	
Villette (R. de la)	AZ	
Waterloo (Av. de)	BY	69
Willy-Ernst (R.)	BZ	
Yser (Bd de l')	AZ	
Zenobe-Gramme (R.)	BY	73
Zoé-Dryon (Bd)	BY	

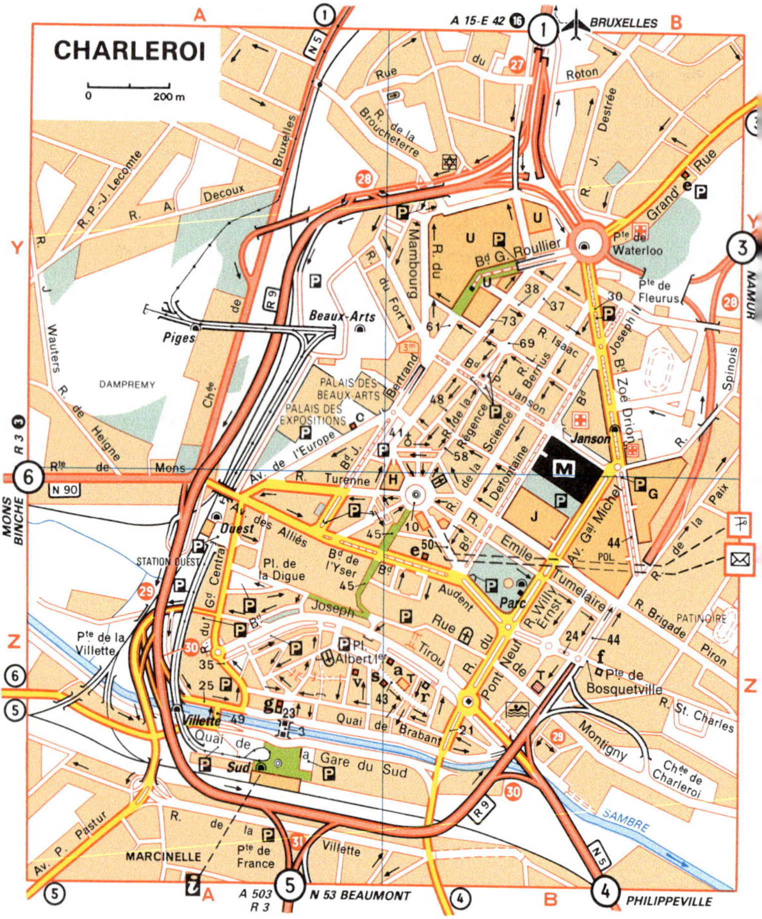

Socatel, bd Tirou 96, ☎ (0 71) 31 98 11 et 32 32 22 (rest), *Fax (0 71) 30 15 96* – 50. AE VISA — BZ r
Repas *Lunch 495* – carte 900 à 1300 – 475 – **64 ch** 3475/5100, 1 suite – ½ P 2765/3775.

Holiday Inn Garden Court, bd Mayence 1a, ☎ (0 71) 30 24 24, *Fax (0 71) 30 49 49,* – 25 à 60. AE VISA JCB — BZ f
Repas (Buffet) *Lunch 350* – 850 – 575 – **57 ch** 3750 – ½ P 3445/4820.

Ibis sans rest, quai de Flandre 12, ☎ (0 71) 20 60 60, *Fax (0 71) 70 21 91* – AE VISA — AZ g
300 – **51 ch** 2795.

Le D'Agnelli, bd Audent 23a, ☎ (0 71) 30 90 96, *Fax (0 71) 30 90 96,* Cuisine italienne – AE VISA. — BZ e
fermé 1 sem. Pâques, 3 dern. sem. août, merc. et dim. soir – **Repas** 890/2390.

La Mirabelle 1er étage, r. Marcinelle 7, ☎ (0 71) 33 39 88 – AE VISA — ABZ s
fermé 1 sem. carnaval, du 10 au 30 août et dim. – **Repas** (déjeuner seult sauf vend. et sam.) *Lunch 850* – 1200/1500.

Le Square Sud, bd Tirou 70, ☎ (0 71) 32 16 06, *Fax (0 71) 30 44 05,* « Cave voûtée » – AE VISA — BZ a
fermé 1 sem. carnaval, 2 sem. en mai, sam. midi, dim. et jours fériés – **Repas** *Lunch 950* – 1550.

A la Tête de Bœuf, pl. de l'Abattoir 5 (par ③ : 2 km), ☎ (0 71) 48 77 64, *Fax (0 71) 48 27 04* – AE VISA
fermé du 1er au 15 avril, du 1er au 15 août, sam. midi et dim. – **Repas** *Lunch 450* – 950/2650.

Au Provençal, r. Puissant 10, ☎ (0 71) 31 28 37 – AE VISA. — AZ v
fermé 15 juil.-15 août, dim. et jours fériés – **Repas** 1200.

La Bruxelloise, pl. E. Buisset 9, ☎ (0 71) 32 29 69, *Fax (0 71) 32 29 69,* Moules en saison, ouvert jusqu'à 23 h 30 – AE VISA — AZ g
Repas carte 950 à 1700.

L'Amusoir, av. de l'Europe 7, ☎ (0 71) 31 61 64, *Fax (0 71) 32 20 38* – AE VISA JCB — AY c
Repas *Lunch 625* – 850/1550.

Piccolo Mondo, Grand'Rue 87, ☎ (0 71) 42 00 17, Cuisine italienne – VISA — BY e
fermé sam. midi et dim. – **Repas** (déjeuner seult sauf vend. et sam.) carte 850 à 1150.

à Châtelet *par ④ : 8 km – 35 673 h. – 6200 Châtelet :*

Le Premier Empire, r. Sablières 2 (pl. St-Roch), ☎ (0 71) 38 91 66, *Fax (0 71) 40 44 26* – AE VISA
fermé lundi – **Repas** *Lunch 950* – 1100/1450.

à Couillet *par ④ : 3 km Charleroi – 6010 Couillet :*

Le Clos du Marmiton, r. Jean Jaurès 11, ☎ (0 71) 43 81 35, *Fax (0 71) 43 81 35,* – 25 à 40. AE VISA
fermé 24 juil.-16 août, 1 sem. en janv., mardi et dim. soir – **Repas** *Lunch 980* – 1800/2580.

à Gerpinnes *par ④ : Sud Est 13 km – 11 833 h. – 6280 Gerpinnes :*

Le Clos de la Rochette, r. Anrys 16, ☎ (0 71) 50 11 40, *Fax (0 71) 50 30 33,* « Demeure ancienne sur jardin clos de murs » – 35. AE VISA
fermé 2e quinz. août, lundis non fériés, merc. soir et dim. soir – **Repas** *Lunch 1240* – 1990.

à Gilly *par ③ : 3 km Charleroi – 6060 Gilly :*

Dario, chaussée de Fleurus 127, ☎ (0 71) 41 49 38, *Fax (0 71) 41 49 38,* Avec cuisine italienne – VISA.
fermé août, dim. soir, lundi soir, mardi et merc. soir – **Repas** carte env. 950.

Il Pane Vino, chaussée de Fleurus 125, ☎ (0 71) 41 53 36, *Fax (0 71) 41 53 36,* Trattoria, Cuisine italienne – AE VISA.
fermé 18 juil.-17 août, merc. et dim. soir – **Repas** carte 950 à 1400.

à Gosselies *par ① : 6 km sur N 5 Charleroi – 6041 Gosselies :*

Le Piersoulx, r. Grand Piersoulx 8 (Gosselies I - douane), ☎ (0 71) 35 66 87, *Fax (0 71) 35 70 03* – rest, – 40. AE VISA
Repas 850/1200 – 300 – **14 ch** 2750/3550.

Le Saint-Exupéry, chaussée de Fleurus 181 (près du champ d'aviation), ☎ (0 71) 35 59 62, *Fax (0 71) 37 35 96,* « Terrasse avec ≤ pistes » – 25. AE VISA
fermé sem. carnaval, 22 juil.-11 août et sam. midi – **Repas** (déjeuner seult sauf vend. et sam.) *Lunch 950* – 1890.

à Loverval *par ④ : 4 km* 🄲 *Gerpinnes 11 833 h. – ✉ 6280 Loverval :*

XX ✿ **Le Saint Germain des Prés** (Durieux), rte de Philippeville 62 (sur N 5), ✆ (0 71) 43 58 12, *Fax (0 71) 43 58 12*, – P. AE ◑ MC VISA
fermé du 13 au 27 juil., sam. midi, dim. soir et lundi – **Repas** carte env. 1900
Spéc. Tartare de thon au caviar et gelée de crustacés. Agneau à l'infusion de clous de giroffle. Mille-feuille croustillant au chocolat blanc.

à Marcinelle *par ⑤ : 3 km par N 53* 🄲 *Charleroi – ✉ 6001 Marcinelle :*

XX **Le Château de la Villette,** r. Vital Françoisse 315, ✆ (0 71) 47 54 30, *Fax (0 71) 43 39 21*, , « Maison bourgeoise du 19e s. dans un parc » – P – 25. AE MC VISA
fermé 1 sem. carnaval, 2 dern. sem. juil.-prem. sem. août, dim. soir et lundi – **Repas** Lunch 890 – carte 1600 à 2150.

à Montignies-sur-Sambre *Sud-Est : 4 km par chaussée de Charleroi* BZ 🄲 *Charleroi – ✉ 6061 Montignies-sur-Sambre :*

XX **Le Gastronome,** pl. Albert Ier 43, ✆ (0 71) 32 10 20, *Fax (0 71) 32 10 20* – . MC VISA
fermé sam. midi, dim. soir, lundi soir, mardi soir et merc. soir – **Repas** Lunch 595 – 900/1200.

à Mont-sur-Marchienne *par ⑤ : 5 km* 🄲 *Charleroi – ✉ 6032 Mont-sur-Marchienne :*

XXX **La Dacquoise,** r. Marcinelle 181 (par R3, sortie Les Haies), ✆ (0 71) 43 63 90, *Fax (0 71) 47 45 01*, – P. AE MC VISA
fermé mi-juil.-mi-août, 1 sem. en janv., mardi soir, merc. et dim. soir – **Repas** Lunch 1050 – 1550/2050.

à Nalinnes *par ④ : 10 km* 🄲 *Ham-sur-Heure-Nalinnes 13 188 h. – ✉ 6120 Nalinnes :*

Laudanel sans rest, r. Vallée 117 (Nord-Est : 2,5 km, lieu-dit Le Bultia), ✆ (0 71) 21 93 40, *Fax (0 71) 21 93 37*, , – TV ☎ P. AE MC VISA.
fermé du 15 au 30 janv. – ☕ 420 – **6 ch** 3400/4400.

CHÂTELET *Hainaut* 213 M 20, 214 M 20 - ㉔ S *et* 909 G 4 – *voir à Charleroi.*

CHAUDFONTAINE *4050 Liège* 213 S 19, 214 S 19 - ㉖ S *et* 909 J 4 - ⑱ S – *20 717 h.* –

Casino, Esplanade 1 ✆ (0 4) 365 07 41, Fax (0 4) 365 37 62.

Maison Sauveur, Parc des Sources ✆ (0 4) 361 56 30, Fax (0 4) 361 56 40.

Bruxelles 104 – Liège 10 – Verviers 22.

Il Castellino, av. des Thermes 147, ✆ (0 4) 365 75 08, – TV ☎ P – 25 à 300. AE ◑ MC VISA JCB. ch
Repas *(fermé mardi)* (Avec cuisine italienne) Lunch 615 – carte env. 900 – **8 ch** ☕ 2050/2650.

CHAUMONT-GISTOUX *1325 Brabant Wallon* 213 N 18, 214 N 18 *et* 909 H 3 – *9 867 h.*

Bruxelles 39 – Namur 35 – Charleroi 55 – Leuven 31 – Tienen 30.

à Dion-Valmont *Nord-Ouest : 7 km* 🄲 *Chaumont-Gistoux – ✉ 1325 Dion-Valmont :*

X ✿ **D'un goût à L'autre** (Mollet), chaussée de Huy 71, ✆ (0 10) 68 96 86, *Fax (0 10) 68 96 86*, , « Terrasse dans verger » – P. AE ◑ MC VISA
fermé 31 août-15 sept., fin déc.-début janv., mardi et merc. – **Repas** Lunch 650 – 950/1900, carte 1500 à 1800
Spéc. Sardines en filets et caviar d'aubergines. Cochon de lait grillé et laqué, légumes verts au beurre de sariette. Nage de pêches à la verveine.

CHENEE *Liège* 213 S 19, 214 S 19 - ㉕ S *et* 909 ⑱ S – *voir à Liège, périphérie.*

CHEVETOGNE *5590 Namur* 🄲 *Ciney 14 424 h.* 213 P 21, 214 P 21 *et* 909 I 5.

Voir *Domaine provincial Valéry Cousin★.*

Bruxelles 90 – Namur 43 – Dinant 29 – Liège 73.

Les Rhodos , dans le Domaine provincial, ✆ (0 83) 68 89 00, *Fax (0 83) 68 90 75*, , , , – TV ☎ P – 30. MC VISA. ch
fermé du 3 au 14 janv. – **Repas** *(fermé mardi d'oct. à mars)* Lunch 650 – 990/1350 – **16 ch** ☕ 2150 – ½ P 1700/2550.

CHIMAY *6460 Hainaut* 214 K 22 *et* 909 F 5 – *9 697 h.*

Env. *au Nord-Est : 3 km, Étang★ de Virelles.*

Bruxelles 110 – Charleroi 50 – Dinant 61 – Mons 56 – Hirson 25.

Le Froissart, pl. Froissart 8, (0 60) 21 26 19, *Fax (0 60) 21 42 45,* – AE VISA JCB
fermé vend. sauf en juil.-août, dim. soir et lundi – **Repas** 850/1190.

à l'étang de Virelles *Nord-Est : 3 km* *Chimay* – *6461 Virelles :*

Chez Edgard et Madeleine, r. Lac 35, (0 60) 21 10 71, *Fax (0 60) 21 52 47,* – VISA
fermé 2 sem. en janv. et lundis soirs et mardis non fériés – **Repas** 1500/1800.

à Lompret *Nord-Est : 7 km sur N 99* *Chimay* – *6463 Lompret :*

Franc Bois sans rest, r. courtil aux Martias 18, (0 60) 21 44 75, *Fax (0 60) 21 51 40* – AE VISA.
8 ch 2800/3000.

à Momignies *Ouest : 12 km – 5 116 h. –* *6590 Momignies :*

Host. du Gahy , r. Gahy 2, (0 60) 51 10 93, *Fax (0 60) 51 28 79,* ←, , « Demeure ancienne », – 30. AE VISA.
fermé dim. soir, lundi et merc. soir – **Repas** *(fermé après 20 h 30)* Lunch 650 – 1000/2000 – **6 ch** 3000/3300.

CHINY *6810 Luxembourg belge* 214 R 24 *et* 909 J 6 – *4 813 h.*

Exc. *Descente en barque★ de Chiny à Lacuisine, parcours de 8 km.*

Bruxelles 171 – Bouillon 31 – Arlon 46 – Longwy 57 – Sedan 43.

Point de Vue , r. Fort 6, (0 61) 31 17 45, *Fax (0 61) 31 21 62,* ← Semois et forêt, – AE VISA. rest
avril-15 nov. et week-end ; fermé janv. – **Repas** *(fermé après 20 h 30)* (dîner seult sauf week-end) carte env. 1000 – **13 ch** 1900/2400.

CINEY *5590 Namur* 213 P 21, 214 P 21 *et* 909 I 5 – *14 424 h.*

Bruxelles 86 – Namur 30 – Dinant 16 – Huy 31.

Surlemont sans rest, r. Surlemont 9, (0 83) 23 08 68, *Fax (0 83) 23 08 69,* , – – 80 à 150. AE VISA JCB.
fermé janv. – **14 ch** 2500/3600.

L'Alexandrin, r. Commerce 121, (0 83) 21 75 95, *Fax (0 83) 21 42 45,* – AE VISA
fermé fin fév.-début mars, 2 sem. en sept. et lundis et sam. midis non fériés – **Repas** Lunch 850 – 1050/1450.

CLERMONT *Liège* 213 U 19, 214 U 19 *et* 909 J 4 – *voir à Thimister.*

COMBLAIN-LA-TOUR *4180 Liège* *Hamoir 3 530 h.* 213 S 20, 214 S 20 *et* 909 J 4.

Env. *au Nord à Comblain-au-Pont, grottes★.*

Bruxelles 122 – Liège 32 – Spa 29.

Host. St-Roch, r. Parc 1, (0 4) 369 13 33, *Fax (0 4) 369 31 31,* ←, , « Terrasse fleurie au bord de l'Ourthe », , , – – 25. AE VISA
18 mars-2 janv. – **Repas** *(fermé lundi sauf en juil.-août et mardi)* Lunch 1250 – 1800/2400 – **10 ch** *(fermé lundi et mardi sauf en juil.-août)* 4200/6500, 5 suites – ½ P 3950/5400.

COO *Liège* 213 U 20, 214 U 20 *et* 909 K 4 – *voir à Stavelot.*

CORBION *Luxembourg belge* 214 P 24 *et* 909 I 6 – *voir à Bouillon.*

CORROY-LE-GRAND *1325 Brabant Wallon* *Chaumont-Gistoux 9 867 h.* 213 N 19, 214 N 19 *et* 909 H 4.

Bruxelles 35 – Namur 35 – Charleroi 38 – Tienen 29.

Le Grand Corroy avec ch, r. Eglise 13, (0 10) 68 98 98, *Fax (0 10) 68 94 78,* , « Ancienne ferme brabançonne avec caveaux voûtés » – AE VISA
fermé du 10 au 18 avril, du 18 au 26 sept., 22 déc.-9 janv., sam. midi, dim. soir et lundi – **Repas** Lunch 900 – 1450/2400, carte env. 2600 – **4 ch** 4000
Spéc. Rouget-barbet aux tomates confites et petite crème au parmesan. Côtes et gigotin de chevreuil au poivre de Sichuan, fondue de potiron (oct.-déc.). St-Jacques grillées, beurre fondant à la truffe (janv.-avril).

COUILLET *Hainaut* 213 L 20, 214 L 20 - ㉔ S et 909 G 4 – *voir à Charleroi.*

COURTRAI *West-Vlaanderen – voir Kortrijk.*

COURT-SAINT-ETIENNE *1490 Brabant Wallon* 213 M 19, 214 M 19 et 909 G 4 – *8 528 h.*
Bruxelles 33 – Namur 38 – Charleroi 34.

XX **Les Ailes,** av. des Prisonniers de Guerre 3, ☎ (0 10) 61 61 61, *Fax (0 10) 61 46 32,* – P. AE ① MC VISA JCB
fermé du 1er au 9 mars, du 9 au 23 août, dim. soir, lundi et mardi – **Repas** Lunch 750 – 980/1600.

COUVIN *5660 Namur* 214 L 22 et 909 G 5 – *13 064 h.*
Voir *Grottes de Neptune★.*
r. Falaise 3 ☎ (0 60) 34 74 63.
Bruxelles 104 – Charleroi 44 – Dinant 47 – Namur 64 – Charleville-Mézières 46.

à Boussu-en-Fagne *Nord-Ouest : 4,5 km* Ⓒ *Couvin* – ✉ *5660 Boussu-en-Fagne :*

Manoir de la Motte , r. Motte 21, ☎ (0 60) 34 40 13, *Fax (0 60) 34 67 17,* ≤, , « Demeure du 14e s. », – ☎ P. AE ① VISA.
fermé Noël et Nouvel An – **Repas** *(fermé dim. soir, lundi et après 20 h 30)* 890/1700 – **7 ch** 2400/2900 – ½ P 2250.

à Frasnes *Nord : 5,5 km par N 5* Ⓒ *Couvin* – ✉ *5660 Frasnes :*

XX **Le Château de Tromcourt** avec ch, lieu-dit Géronsart 15, ☎ (0 60) 31 18 70, *Fax (0 60) 31 32 02,* , « Ferme-château », – TV ☎ P. AE ① MC VISA. rest
fermé mars, 27 août-7 sept., début janv., mardi soir et merc. – **Repas** *(fermé après 20 h 30)* Lunch 1250 bc – 1850 – **9 ch** 2000/3300 – ½ P 2500/3000.

CRUPET *5332 Namur* Ⓒ *Assesse 5 869 h.* 213 O 20, 214 O 20 et 909 H 4.
Bruxelles 79 – Namur 27 – Dinant 16.

Le Moulin des Ramiers , r. Basse 31, ☎ (0 83) 69 90 70, *Fax (0 83) 69 98 68,* « Ancien moulin à eau du 18e s. », – TV ☎ P. AE ① MC VISA
fermé 28 fév.-16 mars, du 4 au 8 sept., du 4 au 15 déc., lundi soir et mardi – **Repas** voir rest ***Les Ramiers*** ci-après – 350 – **6 ch** 3450/4450 – ½ P 3150/3500.

XX **Les Ramiers** - H. Le Moulin des Ramiers, r. Basse 32, ☎ (0 83) 69 90 70, *Fax (0 83) 69 98 68,* , « Terrasse, ≤ cadre de verdure » – P. AE ① MC VISA.
fermé 28 fév.-16 mars, du 4 au 8 sept., du 4 au 15 déc., lundi soir et mardi – **Repas** 1250/2250.

CUSTINNE *Namur* 213 P 21, 214 P 21 et 909 I 5 – *voir à Houyet.*

DADIZELE *8890 West-Vlaanderen* Ⓒ *Moorslede 10 752 h.* 213 D 17 et 909 C 3.
Bruxelles 111 – Kortrijk 18 – Brugge 41.

Host. Daiseldaele, Meensesteenweg 201, ☎ (0 56) 50 94 90, *Fax (0 56) 50 99 36,* – TV P. AE ① MC VISA.
Repas *(fermé 18 juil.-13 août, lundi soir, mardi et après 20 h 30)* Lunch 550 – 850/1450 – **9 ch** 1475/2500.

DAMME *8340 West-Vlaanderen* 213 E 15 et 909 C 2 – *10 882 h.*
Voir *Hôtel de Ville★ (Stadhuis) – Tour★ de l'église Notre-Dame (O.L. Vrouwekerk).*
18 au Sud-Est : 7 km à Sijsele, Doornstraat 16 ☎ (0 50) 35 35 72, Fax (0 50) 35 89 25.
Jacob van Maerlantstraat 3 ☎ (0 50) 35 33 19, Fax (0 50) 37 00 21.
Bruxelles 103 – Brugge 7 – Knokke-Heist 12.

XX **De Lieve,** Jacob van Maerlantstraat 10, ☎ (0 50) 35 66 30, *Fax (0 50) 35 21 69,* – MC VISA
fermé dern. sem. juil., janv., lundi soir et mardi – **Repas** Lunch 1250 bc – carte env. 2400.

XX **Gasthof Maerlant,** Kerkstraat 21, ☎ (0 50) 35 29 52, *Fax (0 50) 37 11 86,* – AE ① VISA
fermé 2e quinz. nov., mardi soir et merc. – **Repas** carte 1050 à 2000.

XX **De Damsche Poort,** Kerkstraat 29, ☎ (0 50) 35 32 75, *Fax (0 50) 35 32 75,* – AE ① MC VISA JCB
fermé dim. soir et lundi – **Repas** carte 1300 à 2050.

XX **De Gulden Kogge** avec ch, Damse Vaart Zuid 12, ✆ (0 50) 35 42 17, Fax *(0 50) 37 17 20*, ☂, 🚲 – MC VISA
Repas *(fermé merc. soir et jeudi)* Lunch 1200 – 1350/1975 – **8 ch** ☕ 1920 – ½ P 1700/ 1900.

X **De Bonheur**, Kerkstraat 26, ✆ (0 50) 37 49 23, ☂, Ouvert jusqu'à 23 h – VISA
fermé mardi – **Repas** 975.

à Hoeke *Nord-Est : 6 km par rive du canal* C *Damme* – ✉ *8340 Hoeke :*

🏠 **Welkom** sans rest, Damse Vaart Noord 34 (près N 49), ✆ (0 50) 60 24 92, Fax *(0 50) 62 30 31*, 🚲 – TV ☎ P. AE ⓓ MC VISA. ✗
fermé 2 sem. en oct. – **8 ch** ☕ 1600/2400.

XX **Laagland**, Oude Westkapellestraat 2 (près N 49), ✆ (0 50) 50 08 26, Fax *(0 50) 50 08 26*, ☂ – P. AE ⓓ MC VISA JCB. ✗
fermé du 1er au 23 mars, merc. et jeudi – **Repas** Lunch 1000 – carte 1750 à 2150.

à Oostkerke *Nord-Est : 5 km par rive du canal* C *Damme* – ✉ *8340 Oostkerke :*

X **Siphon**, Damse Vaart Oost 1 (Sud : 2 km), ✆ (0 50) 62 02 02, ≤, ☂, Anguilles et grillades – P. ✗
fermé du 1er au 15 fév., du 1er au 15 oct., jeudi et vend. – **Repas** carte 850 à 1200.

X **de Krinkeldijk**, Monnikenredestraat 6, ✆ (0 50) 62 51 52, Fax *(0 50) 62 51 52*, ☂, « Terrasse et pièce d'eau dans un environnement champêtre » – P. ⓓ MC VISA
fermé 3 sem. en oct., merc. et jeudi – **Repas** carte 1200 à 1800.

DAVE *Namur* 213 O 20, 214 O 20 *et* 909 H 4 – *voir à Namur.*

DAVERDISSE *6929 Luxembourg belge* 214 P 22 *et* 909 I 5 – *1 381 h.*
Bruxelles 122 – Bouillon 37 – Arlon 72 – Dinant 41 – Marche-en-Famenne 35 – Neufchâteau 36.

🏨 **Le Moulin** 🐦, r. Lesse 61, ✆ (0 84) 38 81 83, Fax *(0 84) 38 97 20*, ☂, « Environnement boisé », 🌳, 🚲 – 🛗 TV ☎ P – 🏔 25. AE ⓓ MC VISA. ✗ rest
fermé dern. sem. août, du 8 au 18 déc., janv. et merc. et jeudi midi du 20 nov. à mai – **Repas** 980/1950 – **18 ch** ☕ 2600/3900 – ½ P 2750/2950.

XX **Le Trou du Loup**, Chemin du Corray 2, ✆ (0 84) 38 90 84, Fax *(0 84) 38 90 84*, ☂, « Environnement boisé » – P. MC VISA
fermé mardi et merc. – **Repas** Lunch 890 – 1350/1650.

De – *voir au nom propre.*

DEERLIJK *8540 West-Vlaanderen* 213 F 17 *et* 909 D 3 – *11 421 h.*
Bruxelles 83 – Kortrijk 8 – Brugge 49 – Gent 38 – Lille 39.

XXX **Gino Decock**, Waregemstraat 650, ✆ (0 56) 70 50 60, Fax *(0 56) 70 57 41*, ☂, « Terrasse, ≤ campagne » – P. AE ⓓ MC VISA
fermé 2 sem. en fév., 2 sem. en août, mardi soir, merc. et dim. soir – **Repas** Lunch 1500 bc – 2000 bc/2500 bc.

XX **Severinus**, Hoogstraat 137, ✆ (0 56) 70 41 11, Fax *(0 56) 70 41 11*, ☂, « Jardin d'hiver » – AE ⓓ MC VISA
fermé 25 juil.-15 août, dim. et lundi – **Repas** (déjeuner seult) Lunch 1175 – 1795.

X **'t Schuurke**, Pontstraat 111, ✆ (0 56) 77 77 94, Fax *(0 56) 77 48 33*, ☂ – P. AE VISA. ✗
fermé 21 juil.-14 août, mardi soir, merc. et jeudi soir – **Repas** 1400/1800.

DEINZE *9800 Oost-Vlaanderen* 213 G 17 *et* 909 D 3 – *27 331 h.*
Bruxelles 67 – Brugge 41 – Kortrijk 26 – Gent 17.

XXX **D'Hulhaege** avec ch, Karel Picquélaan 140, ✆ (0 9) 386 56 16, Fax *(0 9) 380 05 06*, 🌳 – 🛗 TV ☎ P – 🏔 25 à 250. AE ⓓ MC VISA JCB. ✗ ch
fermé 2 dern. sem. juil.-prem. sem. août et sem. Noël – **Repas** *(fermé dim. soir et lundi)* Lunch 495 – carte 1800 à 2300 – ☕ 275 – **8 ch** 2100/2500 – ½ P 3100/3600.

à Astene *sur N 43 : 2,5 km* C *Deinze* – ✉ *9800 Astene :*

XXX **Wallebeke**, Emiel Clauslaan 141, ✆ (0 9) 282 51 49, Fax *(0 9) 282 51 49*, ≤, ☂, « Terrasse et jardin fleuris au bord de la Lys (Leie) », ⚓ – P. AE MC VISA
fermé prem. quinz. juil., prem. quinz. janv., dim. soir et lundi – **Repas** Lunch 950 – 1525/ 1700.

Savarin, Emiel Clauslaan 77, ☎ (0 9) 386 19 33, *Fax (0 9) 380 29 43* – P. AE ⓓ ⓜ VISA
fermé du 6 au 12 mars, du 5 au 21 juil. et merc. et jeudis non fériés – **Repas** *Lunch 1475 bc* – 1800/2500 bc.

Gasthof Halifax, Emiel Clauslaan 143, ☎ (0 9) 282 72 97, *Fax (0 9) 282 31 02,* ≤, Grillades, ouvert jusqu'à minuit, « Ancienne fermette, terrasse au bord de la Lys (Leie) », ⚓ – P. AE ⓓ ⓜ VISA
fermé 15 juil.-1er août, 24 déc.-2 janv., sam. midi, dim. et jours fériés – **Repas** *Lunch 450* – 950/1500.

à Bachte-Maria-Leerne *Nord-Est : 3 km* C *Deinze* – ✉ *9800 Bachte-Maria-Leerne :*

Vosselaere Put, Leernsesteenweg 87, ☎ (0 9) 386 11 35, *Fax (0 9) 380 16 52,* « Terrasse avec ≤ Lys (Leie) » – P. AE ⓓ ⓜ VISA.
fermé du 15 au 29 fév., 11 sept.-5 oct., lundi et mardi – **Repas** *Lunch 950* – 1600/2100.

à Grammene *Ouest : 3,5 km* C *Deinze* – ✉ *9800 Grammene :*

Westaarde, Westaarde 40, ☎ (0 9) 386 99 59, *Fax (0 9) 386 99 59,* Grillades – P. AE ⓜ VISA
fermé sam. – **Repas** (dîner seult) carte env. 1800.

à Sint-Martens-Leerne *Nord-Est : 6,5 km* C *Deinze* – ✉ *9800 Sint-Martens-Leerne :*

D'Hoeve, Leernsesteenweg 218, ☎ (0 9) 282 48 89, *Fax (0 9) 282 24 31,* – P. AE ⓓ ⓜ VISA
fermé lundi soir et mardi – **Repas** 1100/3495.

DENDERMONDE (TERMONDE) *9200 Oost-Vlaanderen* 213 J 16 *et* 909 F 2 – *43 066 h.*

Voir *Œuvres d'art★ dans l'église Notre-Dame★★ (O.L. Vrouwekerk).*
Stadhuis, Grote Markt ☎ (0 52) 21 39 56, Fax (0 52) 22 19 40.
Bruxelles 32 – Antwerpen 41 – Gent 34.

City sans rest, Oude Vest 119, ☎ (0 52) 20 35 40, *Fax (0 52) 20 35 50* – TV ☎ . AE ⓓ ⓜ VISA.
12 ch 1900/2800.

't Truffeltje (Marien), Bogaerdstraat 20, ☎ (0 52) 22 45 90, *Fax (0 52) 21 93 35,* – AE ⓓ ⓜ VISA.
fermé 2 dern. sem. juil.-prem. sem. août, sam. midi, dim. soir et lundi – **Repas** *Lunch 1200* – 1750/2075, carte 2150 à 2750
Spéc. Dim Sum de poireaux et truffes. Ris de veau lardé de sa langue et pomme de terre à la truffe. Profiteroles à la glace de noisettes.

DENÉE *5537 Namur* C *Anhée 6 644 h.* 213 N 21, 214 N 21 *et* 909 H 5.

Bruxelles 94 – Namur 29 – Dinant 21.

Le Relais de St. Benoit, r. Maredsous 4 (Sud : 2 km), ☎ (0 82) 69 96 81 – P. AE ⓓ ⓜ VISA
fermé 20 déc.-15 janv. et lundi et mardi hors saison – **Repas** *Lunch 650* – 850/1250.

DESTELBERGEN *Oost-Vlaanderen* 213 H 16 *et* 909 E 2 – *voir à Gent, environs.*

DEURLE *Oost-Vlaanderen* 213 G 16 *et* 909 D 2 – *voir à Sint-Martens-Latem.*

DEURNE *Antwerpen* 213 L 15 - ⑬ S *et* 909 G 2 - ⑨ S – *voir à Antwerpen, périphérie.*

DIEGEM *Vlaams-Brabant* 213 L 17 - ㊾ N *et* 909 G 3 - ㉒ N – *voir à Bruxelles, environs.*

Besonders angenehme Hotels oder Restaurants sind im Führer rot gekennzeichnet.

Sie können uns helfen, wenn Sie uns die Häuser angeben, in denen Sie sich besonders wohl gefühlt haben.

Jährlich erscheint eine komplett überarbeitete Ausgabe aller Roten Michelin-Führer.

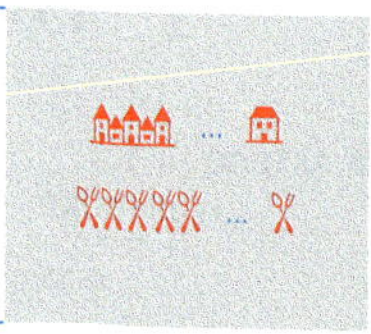

DIEST *3290 Vlaams-Brabant* **213** *P 17 et* **909** *I 3 – 21 938 h.*

Voir *Œuvres d'art★ dans l'église St-Sulpice (St-Sulpitiuskerk)* AZ *– Béguinage★ (Begijnhof)* BY *–* **Musée** *Communal★ (Stedelijk Museum)* AZ **H.**

Env. *par ⑤ : 8 km, Abbaye d'Averbode★ : église★.*

🅸 *Stadhuis, Grote Markt 1 ✆ (0 13) 35 32 71, Fax (0 13) 32 23 06.*

Bruxelles 59 ③ – Antwerpen 60 ① – Hasselt 25 ②

DIEST

Botermarkt . . . . AZ 2
Delphine Alenuslaan . . . . . AZ 3
Ed. Robeynslaan . . . . BZ 4
F. Moonsstraat . . . . AZ 5
Graanmarkt . . . . BZ 6
Grote Markt . . . . AZ 7
Guido Gezellestr. . . . . BZ 8
H. Verstappenplein . . . . BZ 9
Kattenstraat . . . . BZ 10
Ketelstraat . . . . AZ 12
Koestraat . . . . BZ 13
Koning Albertstr. . . . . BY
Overstraat . . . . BY 14
Pesthuizenstraat . . . . BY 15
Refugiestraat . . . . AY 16
St. Jan Berchmansstr. . . . . . AZ 17
St. Janstraat . . . . BZ 18
Schotelstraat . . . . AZ 19
Vestenstraat . . . . BY 21
Wolvenstraat . . . . BY 22

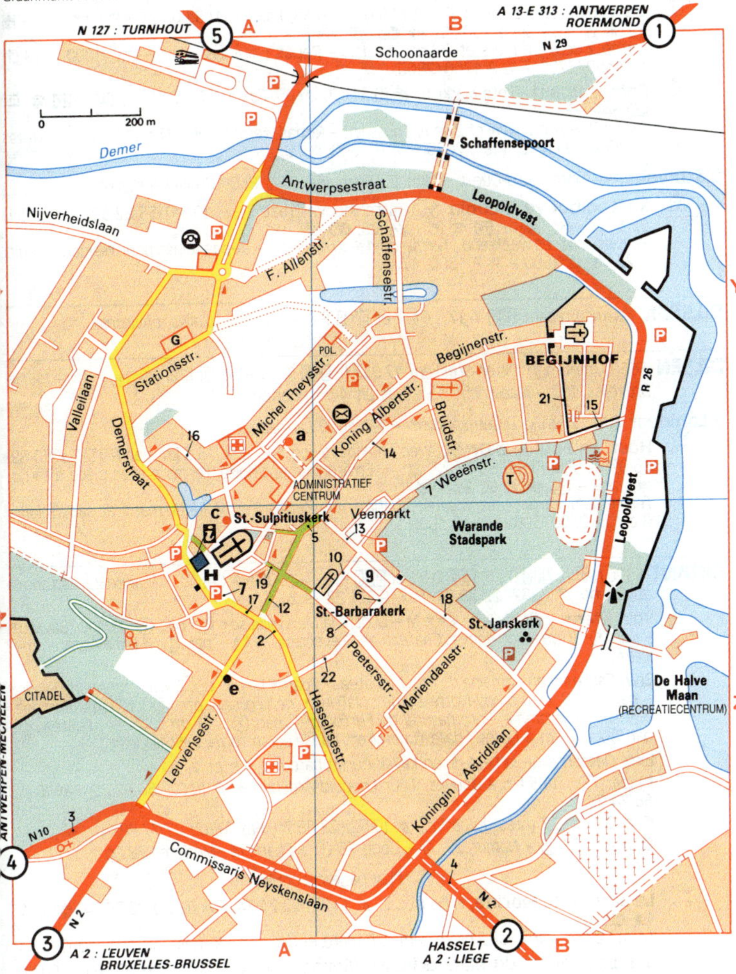

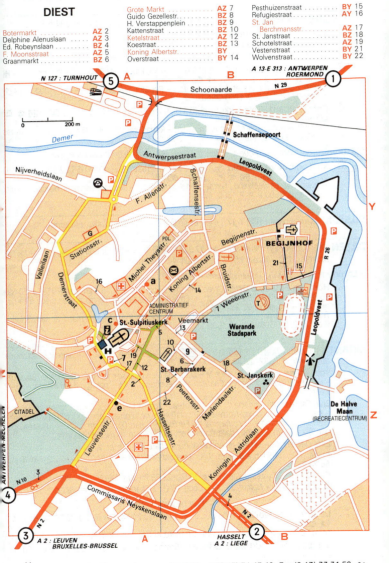

De Fransche Croon, Leuvensestraat 26, ✆ (0 13) 31 45 40, *Fax (0 13) 33 31 59*, – ▮, ▤ ch, TV ☎ – 🅰 40. AE ⓓ MC VISA. ✂ AZ e
fermé fin déc. – **Repas** *(fermé sam. midi et dim.)* 1550 – **22 ch** ☕ 2400/3800 – ½ P 2850.

XXX **De Proosdij,** Cleynaertstraat 14, ☎ (0 13) 31 20 10, *Fax (0 13) 31 23 82,* « Ancienne maison bourgeoise avec jardin clos de murs » – P. AE ① MC VISA JCB AZ c
fermé 2 sem. en juil., dern. sem. janv., sam. midi, dim. soir et lundi – **Repas** Lunch 1300 – 1600/2500.

X **Dyosta,** Michel Theysstraat 5, ☎ (0 13) 32 68 85, *Fax (0 13) 32 18 48* – VISA AY a
fermé sem. carnaval, vacances bâtiment et lundi – **Repas** Lunch 650 – 1200/1450.

DIKSMUIDE (DIXMUDE) *8600 West-Vlaanderen* 213 C 16 *et* 909 B 2 – *15 394 h.*

Voir *Tour de l'Yser (IJzertoren)* ✱★.
Hof ter Bloemmolens 57 ☎ (0 51) 51 91 46, Fax (0 51) 51 91 48.
Bruxelles 118 – Brugge 44 – Gent 72 – Ieper 23 – Oostende 27 – Veurne 19.

De Vrede, Grote Markt 35, ☎ (0 51) 50 00 38, *Fax (0 51) 51 06 21,* – TV ☎ – 25 à 150. AE ① MC VISA.
fermé 2 sem. en mars et 2 sem. en déc. – **Repas** Lunch 295 – carte env. 1000 – **18 ch** 1350/2200 – ½ P 1700/2500.

Polderbloem, Grote Markt 8, ☎ (0 51) 50 29 05, *Fax (0 51) 50 29 06,* – TV ☎. AE MC VISA
fermé 2 sem. carnaval et 2 sem. Toussaint – **Repas** *(fermé mardi)* (Taverne-rest) Lunch 295 – 1495 – **9 ch** 1195/2095 – ½ P 1500/1800.

à Stuivekenskerke *Nord-Ouest : 7 km* C *Diksmuide* – ✉ *8600 Stuivekenskerke :*

Kasteelhoeve Viconia , Kasteelhoevestraat 2, ☎ (0 51) 55 52 30, *Fax (0 51) 55 55 06,* – TV ☎ P – 25. MC VISA.
Pâques-sept. et week-end ; fermé du 1er au 15 sept. – **Repas** (dîner pour résidents seult) – **23 ch** 2600 – ½ P 1500/1700.

DILBEEK *Vlaams-Brabant* 213 K 17 - ⑤① S *et* 909 F 3 – *voir à Bruxelles, environs.*

DILSEN *3650 Limburg* C *Dilsen-Stokkem 17 957 h.* 213 T 16 *et* 909 K 2.

Bruxelles 110 – Maastricht 33 – Hasselt 44 – Roermond 31.

à Lanklaar *Sud : 2 km* C *Dilsen-Stokkem* – ✉ *3650 Lanklaar :*

XX **Host. La Feuille d'Or** avec ch, Hoeveweg 145 (Est : 5,5 km par N 75), ☎ (0 89) 65 97 12, *Fax (0 89) 65 97 22,* « Environnement boisé, terrasse avec pièce d'eau », – TV ☎ P. AE VISA.
fermé sem. carnaval et vacances bâtiment – **Repas** *(fermé lundi, mardi et sam. midi)* – **6 ch** 2500/3000 – ½ P 3500.

DINANT *5500 Namur* 213 O 21, 214 O 21 *et* 909 H 5 – *12 598 h.* – *Casino, r. Grande 29, Esplanade du Casino ☎ (0 82) 22 58 94, Fax (0 82) 22 79 26.*

Voir *Site★★ – Citadelle★ ≤★★* **M** *– Grotte la Merveilleuse★* **B** *– par ② : Rocher Bayard★ – par ⑤ : 2 km à Bouvignes : Château de Crèvecœur ≤★★ – par ② : 3 km à Anseremme : site★.*

Env. *Cadre★★ du domaine de Freyr (château★, parc★) – par ② : 6 km, Rochers de Freyr★ – par ① : 8,5 km à Foy-Notre-Dame : plafond★ de l'église – par ② : 10 km à Furfooz : ≤★ sur Anseremme, Parc naturel de Furfooz★ – par ② : 12 km à Vêves : château★ – par ② : 10 km à Celles : dalle funéraire★ dans l'église romane St-Hadelin.*

Exc. *Descente de la Lesse★ en kayak ou en barque : ≤★ et ✱★.*

par ② : 18,5 km à Houyet, Tour Léopold-Ardenne 6 ☎ (0 82) 66 62 28, Fax (0 82) 66 74 53.

r. Grande 37 (près du casino) ☎ (0 82) 22 28 70, Fax (0 82) 22 77 88.
Bruxelles 93 ⑤ – Namur 29 ⑤ – Liège 75 ① – Charleville-Mézières 78 ③

Plan page ci-contre

XX **Le Jardin de Fiorine,** r. Cousot 3, ☎ (0 82) 22 74 74, *Fax (0 82) 22 74 74,* – AE ① MC VISA e
fermé 2 sem. carnaval, 2 prem. sem. juil., merc. et dim. soir – **Repas** Lunch 700 – 1000/1700.

XX **Les Baguettes du Mandarin,** av. Winston Churchill 3, ☎ (0 82) 22 36 62, Cuisine asiatique – . u
fermé mardis et merc. non fériés – **Repas** Lunch 350 – 750/1250.

XX **Le Grill,** r. Rivages 88 (par ② : près du Rocher Bayard), ☎ (0 82) 22 69 35, *Fax (0 82) 22 54 36,* Grillades – MC VISA
fermé fin juin, mi-sept.-début oct., fin janv., lundi soir et mardi – **Repas** carte 1100 à 1500.

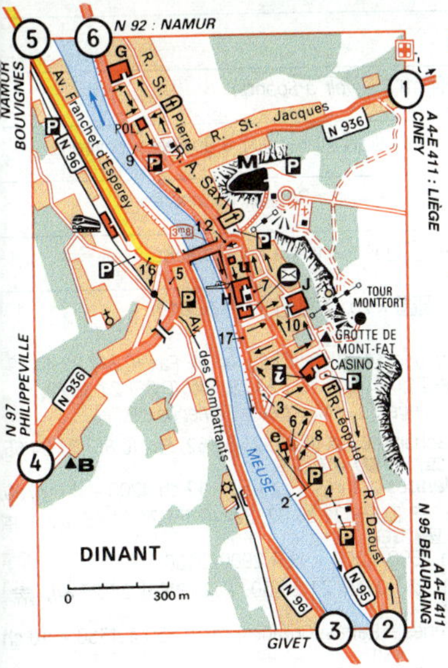

Adolphe-Sax (R.)
Albeau (Pl. d') 2
Albert-Ier (Pl.) 3
Armes (Pl. d') 4
Bribosia (R.) 5
Cousot (R.) 6
Grande (R.) 7
Huybrechts (R.) ... 8
J.-B.-Culot (Quai) ... 9
Palais (Pl. du) 10
Reine-Astrid (Pl.) 12
Station (R. de la) 16
Winston-Churchill (Av.) 17

à Anseremme *par ② : 3 km* Ⓒ *Dinant* – ✉ *5500 Anseremme :*

Mercure, rte de Walzin 36, ☎ (0 82) 22 28 44, *Fax (0 82) 22 63 03*, « Parc », 25 à 80. AE ⓪ MC VISA
Repas *Lunch 800* – 1600 – **79 ch** ☐ 3500, 1 suite – ½ P 2900/4300.

Host. Le Freyr avec ch, chaussée des Alpinistes 22 (au Sud : 2 km sur N 95, direction Beauraing), ☎ (0 82) 22 25 75, *Fax (0 82) 22 70 42*, 30. MC VISA
avril-déc. et week-end ; fermé mardi sauf en juil.-août et merc. – **Repas** *(fermé après 20 h 30)* 1100/2200 – **6 ch** ☐ 2600/2900 – ½ P 2800.

à Bouvignes-sur-Meuse *par ⑤ : 4 km* Ⓒ *Dinant* – ✉ *5500 Bouvignes-sur-Meuse :*

Aub. de Bouvignes avec ch, r. Fétis 112 (N 96, rive gauche de la Meuse), ☎ (0 82) 61 16 00, *Fax (0 82) 61 30 93*, AE MC VISA
fermé merc. et jeudi midi – **Repas** *Lunch 940* – 1290/2800 – **5 ch** ☐ 2400/3100 – ½ P 3100/4400.

à Falmignoul *par ② : 9 km* Ⓒ *Dinant* – ✉ *5500 Falmignoul :*

Les Crétias avec ch, r. Crétias 99, ☎ (0 82) 74 42 11, *Fax (0 82) 74 40 56*, « Jardin paysagé » – AE MC VISA.
fermé 3 janv.-10 fév., 25 sept.-5 oct., mardi sauf en juil.-août et lundi – **Repas** 950/1990 – **10 ch** ☐ 1800/2600 – ½ P 2300.

à Furfooz *par ② : 8 km* Ⓒ *Dinant* – ✉ *5500 Furfooz :*

La Ferme des Belles Gourmandes, r. Camp Romain 20, ☎ (0 82) 22 55 25, *Fax (0 82) 22 55 25*, AE ⓪ MC VISA
Repas *(fermé mardi de janv. à mars et dim. soirs et lundis non fériés)* 650/1100 – **7 ch** ☐ 1700/1850 – ½ P 1500/2000.

à Lisogne *par ⑥ : 7 km* Ⓒ *Dinant* – ✉ *5501 Lisogne :*

Moulin de Lisogne avec ch, r. Lisonnette 60, ☎ (0 82) 22 63 80, *Fax (0 82) 22 21 47*, « Ensemble en pierres du pays dans le vallon boisé de la Leffe », AE ⓪ MC VISA
12 fév.-1er déc. ; fermé prem. sem. sept., dim. soir et lundi – **Repas** *Lunch 990* – 1600/1990 – **10 ch** ☐ 2800/3800 – ½ P 3400/3990.

à Sorinnes *par ① : 10 km* Ⓒ *Dinant* – ✉ *5503 Sorinnes :*

Host. Gilain avec ch, r. Liroux 1 (près E 411 - A 4, sortie ⑳, lieu-dit Liroux), ☎ (0 83) 21 57 42, *Fax (0 83) 21 12 38*, <, « Verrière dans cadre champêtre » – AE ⓪ MC VISA
fermé 15 fév.-3 mars, dern. sem. août et lundis et mardis non fériés – **Repas** *Lunch 1000* – 1550/2170, carte env. 2100 – **6 ch** ☐ 3250/3600 – ½ P 3000/3900
Spéc. Salade de ris de veau grillé aux asperges vertes. Pigeon laqué au miel de la région. Nougat glacé à la cannelle.

DION-VALMONT *Brabant Wallon* 213 M 18, 214 M 18 *et* 909 G 3 – *voir à Chaumont-Gistoux.*

DIXMUDE *West-Vlaanderen* – *voir Diksmuide.*

DONKMEER *Oost-Vlaanderen* 213 I 16 *et* 909 E 2 – *voir à Berlare.*

DOORNIK *Hainaut – voir Tournai.*

DORINNE *Namur* 213 O 21, 214 O 21 *et* 909 H 5 – *voir à Spontin.*

DROGENBOS *Vlaams-Brabant* 213 K 18 - ⑤① S *et* 909 ②① S – voir à Bruxelles, environs.

DUDZELE *West-Vlaanderen* 213 E 15 *et* 909 C 2 – *voir à Brugge, périphérie.*

DUINBERGEN *West-Vlaanderen* 213 E 14 *et* 909 C 1 – *voir à Knokke-Heist.*

DURBUY *6940 Luxembourg belge* 213 R 20, 214 R 20 *et* 909 J 4 – *9 561 h.*

Voir Site★.

à l'Est : 5 km à Barvaux, rte d'Oppagne 34 ☏ (0 86) 21 44 54, Fax (0 86) 21 44 49.

Halle aux Blés, r. Comte Th. d'Ursel 21, ☏ (0 86) 21 24 28, Fax (0 86) 21 36 81.

Bruxelles 119 – Arlon 99 – Huy 34 – Liège 51 – Marche-en-Famenne 19.

Au Vieux Durbuy ⑤, r. Jean de Bohême 6, ☏ (0 86) 21 32 62, *Fax (0 86) 21 24 65,* « Rustique », – – – 25. AE ① MC VISA JCB
Repas voir rest ***Le Sanglier des Ardennes*** ci-après – 450 – **12 ch** 4200 – ½ P 3750.

Jean de Bohême, pl. aux Foires 2, ☏ (0 86) 21 28 82, *Fax (0 86) 21 11 68,* – – 25 à 250. AE ① MC VISA JCB
Repas 1200/1800 – 450 – **24 ch** 2500/4000 – ½ P 2900/3150.

Du Prévôt ⑤, r. Récollectines 4, ☏ (0 86) 21 23 00, *Fax (0 86) 21 27 84,* , « Rustique » – . AE ① MC VISA
fermé 16 fév.-4 mars et merc. non fériés – **Repas** (Grillades) carte 850 à 1350 – **10 ch** 1950/2900 – ½ P 2500/2900.

du Vieux Pont, Grand'Place 26, ☏ (0 86) 21 28 08, *Fax (0 86) 21 82 73,* – . MC VISA JCB. ch
fermé du 10 au 31 janv. et merc. sauf vacances scolaires – **Repas** (Taverne-rest) *Lunch 600* – carte 850 à 1150 – **13 ch** 2000/2600 – ½ P 3600/5200.

Le Sanglier des Ardennes avec ch, (annexe Château Cardinal ⑤ -), r. Comte Th. d'Ursel 14, ☏ (0 86) 21 32 62, *Fax (0 86) 21 24 65,* ←, , « Cave à vins remarquable et collection d'Armagnac », – – 25 à 140. AE ① MC VISA JCB
Repas *(fermé janv. et jeudis non fériés) Lunch 1200* – 1550/2500 – 450 – **22 ch** 4200/7500, 2 suites – ½ P 3750.

Le Moulin, pl. aux Foires 17, ☏ (0 86) 21 29 70, *Fax (0 86) 21 00 84,* , « Terrasse » – AE ① MC VISA
fermé du 15 au 29 mars et lundi sauf en juil.-août – **Repas** 850/1350.

Pol Maes-Clos des Recollets avec ch, r. Prévôté 9, ☏ (0 86) 21 12 71, *Fax (0 86) 21 36 85,* – . AE ① MC VISA. rest
Repas *(fermé lundi, mardi et merc.)* 895/1950 – **13 ch** 2200/2950 – ½ P 2650/3375.

Le Saint Amour, pl. aux Foires 18, ☏ (0 86) 21 25 92, *Fax (0 86) 21 46 80,* – AE ① MC VISA
fermé janv. et merc. sauf vacances scolaires – **Repas** *Lunch 790* – carte 900 à 1400.

à Grandhan *Sud-Ouest : 6 km* Ⓒ *Durbuy* – ✉ *6940 Grandhan :*

La Passerelle, r. Chêne à Han 1, ☏ (0 86) 32 21 21, *Fax (0 86) 32 36 20,* , « Au bord de l'Ourthe », , – . ch
fermé janv. – **Repas** *(fermé jeudis non fériés hors saison)* 850/1300 – **23 ch** 2290/2540.

Host. Le Parvis ⑤ avec ch, Vieux-Mont 15 (Est : 3 km, lieu-dit Petit Han), ✉ 6940 Durbuy, ☏ (0 86) 21 42 40, *Fax (0 86) 21 43 13,* , « Cadre champêtre » – . AE ① MC VISA
fermé 2 sem. en sept., 2 sem. en janv. et mardis et merc. non fériés sauf en saison – **Repas** *Lunch 990* – 1450/1950 – **7 ch** 3500/3900 – ½ P 3200.

DWORP (TOURNEPPE) *Vlaams-Brabant* 213 K 18, 214 K 18 *et* 909 F 3 – *voir à Bruxelles, environs.*

ÉCAUSSINNES-LALAING *7191 Hainaut* Ⓒ *Écaussinnes 9 592 h.* 213 K 19, 214 K 19 *et* 909 F 4.
Bruxelles 42 – Mons 29.

Le Pilori, r. Pilori 10, ☏ (0 67) 44 23 18, *Fax (0 67) 44 26 03,* – AE ① MC VISA
fermé du 12 au 26 avril, 26 juil.-13 août, du 2 au 12 janv., lundi soir, mardi soir, merc. et sam. midi – **Repas** *Lunch 840* – 980/2100.

EDEGEM *Antwerpen* 213 L 16 - ②⑤ N *et* 909 G 2 - ①⑧ N – *voir à Antwerpen, environs.*

EDINGEN *Hainaut – voir Enghien.*

EEKLO *9900 Oost-Vlaanderen* 213 G 15 *et* 909 D 2 – *19 090 h.*
Bruxelles 89 – Brugge 29 – Antwerpen 66 – Gent 20.

Shamon sans rest, Gentsesteenweg 28, ☎ (0 9) 378 09 50, *Fax (0 9) 378 12 77*, « Rez-de-chaussée Art Nouveau », – – 25. VISA.
8 ch 2500/3500.

Hof ter Vrombaut, Vrombautstraat 139, ☎ (0 9) 377 25 77, *Fax (0 9) 377 25 77*, – – 30. AE VISA.
fermé du 10 au 31 juil., merc., sam. midi et dim. soir – **Repas** Lunch 700 – 995 bc/1695 bc.

EERKEN *Brabant Wallon – voir Archennes.*

ÉGHEZÉE *5310 Namur* 213 O 19, 214 O 19 *et* 909 H 4 – *13 084 h.*
Bruxelles 55 – Namur 16 – Charleroi 55 – Hasselt 62 – Liège 53 – Tienen 30.

à Noville-sur-Mehaigne *Nord-Ouest : 2 km* *Éghezée* – ✉ *5310 Noville-sur-Mehaigne :*

L'Air du Temps (Degeimbre), chaussée de Louvain 181 (N 91), ☎ (0 81) 81 30 48, *Fax (0 81) 81 28 76* – VISA
fermé 1 sem. Pâques, 2 sem. en août, fin déc., merc. et jeudi – **Repas** Lunch 690 – 1380, carte env. 1600
Spéc. Risotto de langoustines au citron vert et asperges sauvages. Couscous de côtes de porcelet en aigre-doux. Meringue vanillée à la purée d'ananas et curry doux.

EIGENBRAKEL *Brabant Wallon – voir Braine-l'Alleud.*

EINE *Oost-Vlaanderen* 213 G 17 *et* 909 D 3 – *voir à Oudenaarde.*

EISDEN *Limburg* 213 T 17 *et* 909 K 3 – *voir à Maasmechelen.*

EKE *9810 Oost-Vlaanderen* *Nazareth 10 744 h.* 213 G 17 *et* 909 D 3.
Bruxelles 70 – Gent 13 – Oudenaarde 15.

De Gouden Snip, Stationsstraat 33, ☎ (0 9) 385 69 70, *Fax (0 9) 385 71 36*, – AE .
fermé du 1er au 30 juil., mardi et merc. – **Repas** 900/1500.

EKEREN *Antwerpen* 213 L 15 - ⑬ N *et* 909 G 2 - ⑨ N – *voir à Antwerpen, périphérie.*

ELENE *Oost-Vlaanderen* 213 H 17 – *voir à Zottegem.*

ELEWIJT *1982 Vlaams-Brabant* *Zemst 20 236 h.* 213 M 17 *et* 909 G 3.
au Sud-Est : 6 km à Kampenhout, Wildersedreef 56 ☎ *(0 16) 65 12 16, Fax (0 16) 65 16 80.*
Bruxelles 23 – Antwerpen 32 – Leuven 26.

Kasteel Diependael (Neckebroeck), Tervuursesteenweg 511, ☎ (0 15) 61 17 71, *Fax (0 15) 61 68 69*, ←, , « Verrières sur parc » – – 30. AE VISA.
fermé carnaval, mi-juil.-mi-août, sam. midi, dim. soir et lundi – **Repas** Lunch 1350 – 1950/2400, carte 2600 à 3400
Spéc. Anguilles caramélisées au miel, poireaux et champignons (juin-oct.). Langoustines poêlées, rouget et mousse d'olives noires. Suprême de faisan aux coings, champignons et oignons grelots (15 oct.-nov.).

De Barcarolle, Tervuursesteenweg 620, ☎ (0 15) 61 08 30, *Fax (0 15) 61 65 70*, , « Terrasse et jardin » – . AE VISA
fermé sem. carnaval, 3 dern. sem. juil., mardi soir et merc. – **Repas** Lunch 1100 – carte 1650 à 2150.

ELLEZELLES (ELZELE) *7890 Hainaut* 213 H 18, 214 H 18 *et* 909 E 3 – *5 580 h.*
Bruxelles 55 – Gent 44 – Kortrijk 39.

Château du Mylord (Thomaes), r. St-Mortier 35, ☎ (0 68) 54 26 02, *Fax (0 68) 54 29 33*, , « Gentilhommière dans un parc » – . AE VISA
fermé du 21 au 30 août, 23 déc.-8 janv., dim. soir, lundis midis non fériés et lundi soir – **Repas** Lunch 2250 bc – 2300/3800, carte 2450 à 3500
Spéc. Compotée de chou-fleur aux dés de saumon fumé et caviar. Turbotin braisé au romarin, girolles et artichauts. Agneau au romarin, légumes confits et mousseline à la betterave (fév.-sept.).

ELLIKOM *Limburg* 213 S 16 – *voir à Meeuwen.*

ELSENE *Brussels Hoofdstedelijk Gewest – voir Ixelles à Bruxelles.*

ELVERDINGE *West-Vlaanderen* 213 B 17 *et* 909 B 3 *– voir à Ieper.*

ELZELE *Hainaut – voir Ellezelles.*

ENGHIEN (EDINGEN) *7850 Hainaut* 213 J 18, 214 J 18 *et* 909 F 3 *– 10 708 h.*

Voir *Parc★.*

Bruxelles 38 – Aalst 30 – Mons 32 – Tournai 50.

XX **Aub. du Vieux Cèdre** avec ch, av. Elisabeth 1, (0 2) 395 68 38, *Fax (0 2) 395 38 62*, ←, « Villa avec pièce d'eau », – TV ☎ P. AE ⓓ MC VISA
Repas *(fermé 2 sem. carnaval, 17 juil.-7 août, vend., sam. midi et dim. soir)* Lunch 850 – 1250/1995 – **14 ch** 3250/3600 – ½ P 2800/3000.

X **Les Délices du Parc,** pl. P. Delannoy 32, (0 2) 395 47 89, *Fax (0 2) 395 47 89* – AE ⓓ MC VISA
fermé du 15 au 25 fév., du 20 au 30 sept., mardi soir et merc. – **Repas** Lunch 495 – 890/1595.

EPRAVE *Namur* 214 Q 22 *et* 909 I 5 *– voir à Rochefort.*

EREZÉE *6997 Luxembourg belge* 213 S 21, 214 S 21 *et* 909 J 5 *– 2 631 h.*

Bruxelles 127 – Liège 60 – Namur 66.

XX **Le Liry** avec ch, r. Combattants 3, (0 86) 47 72 65, *Fax (0 86) 47 74 41*, – TV ☎ P. AE ⓓ MC VISA. ch
fermé 2 sem. en fév. – **Repas** *(fermé merc.)* carte env. 1800 – **9 ch** *(fermé mardi et merc. de nov. à mars)* 3000 – ½ P 2300/3800.

à Fanzel *Nord : 6 km* C *Erezée* – ✉ *6997 Erezée :*

XX **Aub. du Val d'Aisne** avec ch, r. Aisne 15, (0 86) 49 92 08, *Fax (0 86) 49 98 73*, ←, , « Rustique, environnement champêtre », , – ☎ P. MC VISA. rest
fermé 15 juin-15 juil., janv. et mardis, merc. et jeudis non fériés – **Repas** 1000/1650 – **7 ch** 2250/3000, 1 suite – ½ P 2500/3500.

ERMETON-SUR-BIERT *5564 Namur* C *Mettet 10 954 h.* 213 N 21, 214 N 21 *et* 909 H 5.

Bruxelles 84 – Namur 32 – Dinant 20.

XX **Le Molign'Art,** r. Maredret 11, (0 71) 72 57 89, *Fax (0 71) 72 60 00*, , « Ancien moulin à eau réaménagé » – P. AE ⓓ MC VISA
fermé mardi soir et merc. sauf 15 juil.-15 août – **Repas** 850/1395.

ERONDEGEM *Oost-Vlaanderen* 213 I 17 - ⑬ S *– voir à Aalst.*

ERPE *Oost-Vlaanderen* 213 I 17 *et* 909 E 3 *– voir à Aalst.*

ERPS-KWERPS *3071 Vlaams-Brabant* C *Kortenberg 17 027 h.* 213 M 17 *et* 909 G 3.

Bruxelles 19 – Leuven 6 – Mechelen 19.

XX **Rooden Scilt,** Dorpsplein 7, (0 2) 759 94 44, *Fax (0 2) 759 74 45*, – P. AE ⓓ MC VISA
fermé 15 fév.-début mars, dim. soir, lundi et merc. soir – **Repas** Lunch 1000 – 1950 bc/2450 bc.

ERTVELDE *9940 Oost-Vlaanderen* C *Evergem 30 777 h.* 213 H 15 *et* 909 E 2.

Bruxelles 86 – Brugge 38 – Gent 16 – Sint-Niklaas 36.

XX **Paddenhouck,** Holstraat 24, (0 9) 344 55 56, *Fax (0 9) 344 55 56* – P. AE ⓓ MC VISA
fermé du 3 au 18 sept., du 25 au 30 déc., dim. et lundi – **Repas** Lunch 950 – 1250/1550.

ESSEN *2910 Antwerpen* 213 L 14 *et* 909 G 1 *– 16 118 h.*

Bruxelles 82 – Antwerpen 18 – Turnhout 47 – Roosendaal 10.

XX **Bistro De Kruidtuin,** Antwerpsesteenweg 52 (Sud : 5 km sur N 117), (0 3) 677 05 48, *Fax (0 3) 677 10 32*, – P. AE ⓓ MC VISA
fermé 17 août-6 sept., lundi et mardi – **Repas** carte 1250 à 1650.

ESSENE *1790 Vlaams-Brabant* C *Affligem 11 723 h.* 213 J 17 *et* 909 F 3.

Bruxelles 19 – Aalst 6.

XXXX **Bellemolen,** Stationstraat 9 (près E 40 - A 10, sortie ⑲ a), (0 53) 66 62 38, *Fax (0 53) 68 12 90*, , « Moulin à eau du 12e s., cadre champêtre » – P. AE ⓓ MC VISA.
fermé juil., 24 déc.-2 janv., dim. soir et lundi – **Repas** Lunch 1750 – 2750.

ESTAIMBOURG *7730 Hainaut* © *Estaimpuis 9 545 h.* **213** E 18, **214** E 18 et **909** D 3.

Bruxelles 100 – Kortrijk 20 – Mons 62 – Tournai 12 – Lille 34.

XXX **La Ferme du Château,** pl. de Bourgogne 2, ☎ (0 69) 55 72 13, Fax (0 69) 55 98 29, 🍽, « Terrasse et jardin » – 🅜🅒 VISA. ✂
fermé 2 sem. carnaval, 3 sem. en août, dim. soir, lundi soir, mardi et merc. – **Repas** 1095/1790.

ETTERBEEK *Région de Bruxelles-Capitale* **213** ⑤① S et **909** ㉑ S – *voir à Bruxelles.*

EUPEN *4700 Liège* **213** V 19, **214** V 19 et **909** L 4 – *17 346 h.*

Voir *Carnaval★★ (défilé : veille du Mardi gras) – par ② : 5 km, Barrage de la Vesdre★ (Talsperre).*

Env. *par ③ : Hautes Fagnes★★, Signal de Botrange ⩽★, Sentier de découverte nature★ – Les Trois Bornes★ (Drielandenpunt) : de la tour Baudouin ✻★, rte de Vaals (Pays-Bas) ⩽★.*

ℹ *Marktplatz 7* ☎ *(0 87) 55 34 50, Fax (0 87) 55 66 39.*

Bruxelles 131 ⑥ – Maastricht 46 ⑥ – Liège 40 ⑥ – Verviers 15 ⑤ – Aachen 17 ①

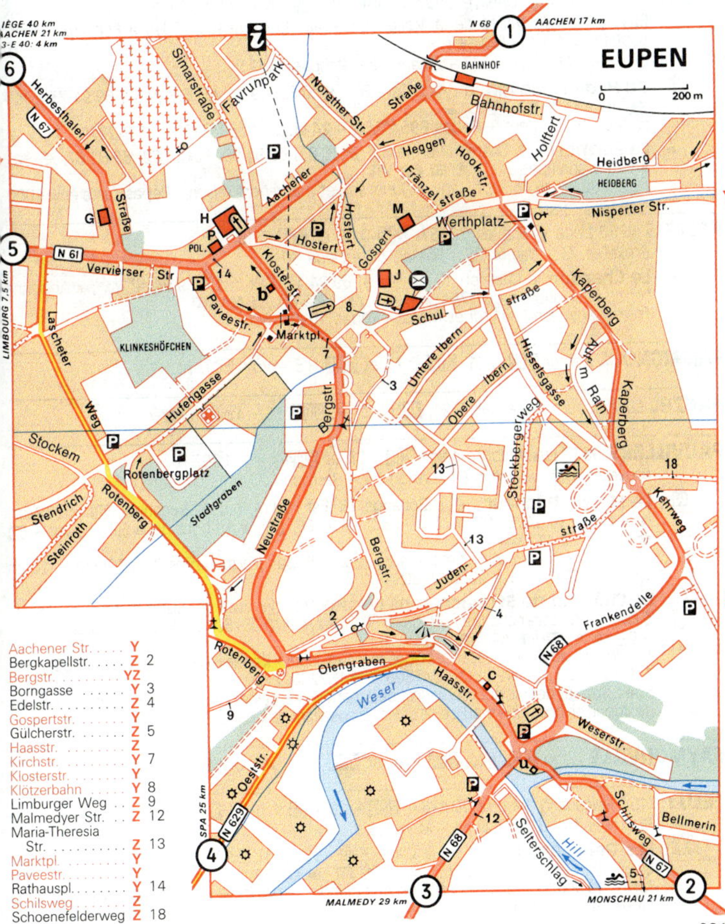

Aachener Str.	Y	2
Bergkapellstr.	Z	2
Bergstr.	YZ	
Borngasse	Y	3
Edelstr.	Z	4
Gospertstr.	Y	
Gülcherstr.	Z	5
Haasstr.	Z	
Kirchstr.	Y	7
Klosterstr.	Y	
Klötzerbahn	Y	8
Limburger Weg	Z	9
Malmedyer Str.	Z	12
Maria-Theresia Str.	Z	13
Marktpl.	Y	
Paveestr.	Y	
Rathauspl.	Y	14
Schilsweg	Z	
Schoenefelderweg	Z	18

Ambassador, Haasstr. 81, ✆ (0 87) 74 08 00, *Fax (0 87) 74 48 41* – |\$|, ▤ rest, TV ☎ – 🏛 25 à 300. AE ◑ MC VISA. ✂ Z u
Repas *Le Gourmet* Lunch 975 – 1350/2050 – **28 ch** 2950/4500 – ½ P 2550/4750.

Langesthaler Mühle, Langesthal 58 (par ② : 2 km, puis à gauche vers le barrage) ✆ (0 87) 55 32 45, *Fax (0 87) 55 32 45*, 🍽, « Cadre de verdure » – P. AE ◑ VISA
fermé 1 sem. canaval, 2 sem. en août, dim. soir et lundi – **Repas** Lunch 1250 – carte 1450 à 2000.

Vier Jahreszeiten, Haasstr. 38, ✆ (0 87) 55 36 04, *Fax (0 87) 55 36 04*, 🍽 – AE MC VISA Z c
fermé 1 sem. carnaval, mi-juil.-début août, 1 sem. Toussaint, jeudi soir d'oct. à mars, mardi et sam. midi – **Repas** 950/1395.

Bürgerstube, Klosterstr. 19, ✆ (0 87) 55 20 43, *Fax (0 87) 55 20 43* – AE ◑ MC VISA
fermé 24 juil.-11 août, jeudi et sam. midi – **Repas** Lunch 800 – 850/1350. Y b

EVERE *Région de Bruxelles-Capitale* 213 L 17 - ⑤① N et 909 ②① N – *voir à Bruxelles.*

FAGNES (Hautes) ★★ *Liège* 213 T 20 et 909 F 5 *G. Belgique-Luxembourg.*

FALAËN *5522 Namur* Ⓒ *Onhaye 2 987 h.* 213 N 21, 214 N 21 et 909 H 5.
Env. *au Nord : Vallée de la Molignée★ – au Nord-Ouest : 15 km à Furnaux : fonts baptismaux★ dans l'église.*
Bruxelles 94 – Namur 37 – Dinant 12 – Philippeville 21.

Gd H. de la Molignée 🐦, r. Gare 87, ✆ (0 82) 69 91 73, *Fax (0 82) 69 91 73* – P – 🏛 40. AE ◑ MC VISA JCB
fermé fév. et merc. – **Repas** 895/1500 – **24 ch** 1750/2250 – ½ P 2270.

La Fermette, r. Château-Ferme 30, ✆ (0 82) 69 91 90, *Fax (0 82) 69 81 67*, ≤, 🍽, « Cadre champêtre » – P. AE MC VISA
fermé du 1er au 15 sept., janv. et lundi soir et mardi hors saison – **Repas** carte env. 1000.

FALLAIS *4260 Liège* Ⓒ *Braives 5 256 h.* 213 Q 19 et 214 Q 19.
Bruxelles 73 – Namur 26 – Hasselt 50 – Liège 30.

Le Chardon, r. Chardon 10, ✆ (0 19) 69 94 12, *Fax (0 19) 69 94 12*, 🍽, « Ancienne ferme hesbignonne du 17e s. » – P – 🏛 25 à 60. AE MC VISA
fermé janv., lundi, mardi et merc. – **Repas** 1090/1690.

FALMIGNOUL *Namur* 213 O 21, 214 O 21 et 909 H 5 – *voir à Dinant.*

FANZEL *Luxembourg belge* 213 S 21, 214 S 21 et 909 J 5 – *voir à Erezée.*

FAUVILLERS *6637 Luxembourg belge* 214 S 23 et 909 K 6 – *1 807 h.*
Bruxelles 172 – Bouillon 61 – Arlon 28 – Bastogne 23.

Le Martin Pêcheur 🐦, r. Bodange 28 (Est : 3 km, lieu-dit Bodange), ✉ 6630 Martelange, ✆ (0 63) 60 00 66, *Fax (0 63) 60 08 06*, 🍽, « Au bord de la Sûre », 🌳 – TV ☎ P. AE ◑ MC VISA
fermé fév. et lundi soir et mardi hors saion – **Repas** *(fermé après 20 h 30)* 895 – **12 ch** 2720/3580 – ½ P 2070/2780.

Le Château de Strainchamps (Vandeputte) 🐦 avec ch, Strainchamps 12 (Nord : 3 km, lieu-dit Strainchamps), ✆ (0 63) 60 08 12, *Fax (0 63) 60 12 28*, « Cadre champêtre » – TV ☎ P. AE ◑ MC VISA
fermé du 3 au 21 juil., vacances Noël, merc. et jeudi – **Repas** Lunch 1000 – 1600/2350, carte 1500 à 2100 – **8 ch** 2200/3500 – ½ P 2250/2750
Spéc. Feuillet de foie gras et magret de canard fumé, gelée de cidre caramélisée. Parmentier de queue de bœuf à la mousse de céleri. Croustillant de langoustines, sauce au curry.

FAYMONVILLE *Liège* 213 V 20, 214 V 20 et 909 L 4 – *voir à Waimes.*

FELUY *7181 Hainaut* Ⓒ *Seneffe 10 478 h.* 213 K 19, 214 K 19 et 909 F 4.
Bruxelles 39 – Charleroi 31 – Mons 28.

Les Peupliers, Chemin de la Claire Haie 109 (Sud : E 19 - A 7, sortie ㉔), ✆ (0 67) 87 82 05, *Fax (0 67) 87 82 05*, 🍽 – P. AE ◑ MC VISA
fermé 15 août-15 sept, Noël-Nouvel An et lundi – **Repas** (déjeuner seult sauf vend. et sam.) carte 1400 à 1850.

FLEMALLE-HAUTE *Liège* **213** R 19, **214** R 19 - ㉔ S et **909** J 4 - ⑰ S – *voir à Liège, environs.*

FLEURUS *6220 Hainaut* **213** M 20, **214** M 20 - ㉔ N et **909** G 4 – *22 535 h.*

Bruxelles 62 – Namur 26 – Charleroi 12 – Mons 48.

Ibis Charleroi Aéroport, chaussée de Charleroi 590, ✆ (0 71) 81 01 30, *Fax (0 71) 81 23 44* – ⇧ TV ☎ P – 30. AE ◑ MC VISA
Repas *(fermé dim.)* (Avec buffets) 650/850 – 300 – **43 ch** 2795 – ½ P 3445.

Les Tilleuls, rte du Vieux Campinaire 85 (Sud : 3 km par N 29 puis N 568), ✆ (0 71) 81 18 10, *Fax (0 71) 81 37 52,* – P. AE ◑ MC VISA
fermé du 15 au 30 juil., sam. midi, dim. soir et lundi – **Repas** Lunch 650 – 1380.

Le Relais du Moulin, chaussée de Charleroi 199, ✆ (0 71) 81 34 50
fermé 21 fév.-1er mars, 16 août-6 sept., mardi soir et merc. – **Repas** carte 850 à 1400.

FLORENVILLE *6820 Luxembourg belge* **214** Q 24 et **909** I 6 – *5 625 h.*

Env. *au Nord : 6,5 km et 10 mn à pied, Route de Neufchâteau ≤★ sur le défilé de la Semois – à l'Ouest : 5 km, Route de Bouillon ≤★ sur Chassepierre.*

Exc. *au Nord : 5 km, parcours de 8 km, Descente en barque★ de Chiny à Lacuisine.*

Pavillon, pl. Albert Ier ✆ (0 61) 31 12 29, Fax (0 61) 31 32 12.

Bruxelles 183 – Bouillon 25 – Arlon 39 – Sedan 38.

à Lacuisine *Nord : 3 km* C *Florenville* – ✉ *6821 Lacuisine :*

La Roseraie , rte de Chiny 2, ✆ (0 61) 31 10 39, Fax (0 61) 31 49 58, ≤, , « Jardin au bord de la Semois », , , – ⇧ TV ☎ P – 25. AE ◑ MC VISA. rest
Repas *(fermé dim. soir hors saison)* Lunch 1250 – 810/2175 – **14 ch** 2420/3830 – ½ P 2925/3430.

FOREST (VORST) *Région de Bruxelles-Capitale* **213** K 18 - ⑤① S et **909** ②① S – *voir à Bruxelles.*

FOSSES-LA-VILLE *5070 Namur* **213** N 20, **214** N 20 et **909** H 4 – *8 635 h.*

Bruxelles 78 – Namur 19 – Charleroi 22 – Dinant 30.

Le Castel avec ch, r. Chapitre 10, ✆ (0 71) 71 18 12, Fax (0 71) 71 23 96, – ⇧ TV ☎ P. AE ◑ MC VISA.
fermé 28 fév.-13 mars, du 15 au 31 juil., sam. midi, dim. soir et lundi – **Repas** Lunch 1500 bc – carte 1450 à 2000 – 420 – **10 ch** 2300/4000 – ½ P 3050/3350.

FOURON-LE-COMTE *Limburg* – *voir 's Gravenvoeren.*

FRAHAN *Luxembourg belge* **214** P 23 et **909** I 6 – *voir à Poupehan.*

FRAMERIES *Hainaut* **213** I 20, **214** I 20 et **909** E 4 – *voir à Mons.*

FRANCORCHAMPS *4970 Liège* C *Stavelot 6 492 h.* **213** U 20, **214** U 20 et **909** K 4.

Exc. *au Sud : parcours★ de Francorchamps à Stavelot.*

Bruxelles 146 – Liège 47 – Spa 9.

Moderne, rte de Spa 129, ✆ (0 87) 27 50 26, *Fax (0 87) 27 55 27,* « Cour intérieure » – TV ☎ . AE ◑ MC VISA
fermé 2 sem. en mars, 2 sem. en oct. et merc. – **Repas** *(résidents seult)* – **12 ch** 2500/3250 – ½ P 2600/3000.

Host. Le Roannay avec ch (annexe – 8 ch), rte de Spa 155, ✆ (0 87) 27 53 11, *Fax (0 87) 27 55 47,* , , , – rest, TV ☎ P – 25. AE ◑ MC VISA.
fermé du 13 au 30 mars et 27 nov.-21 déc. – **Repas** *(fermé mardi)* 1690/2450 – **12 ch** 2950/6700 – ½ P 3800/4600.

FRASNES *Namur* **214** M 22 et **909** G 5 – *voir à Couvin.*

FROYENNES *Hainaut* **213** F 19, **214** F 19 et **909** D 4 – *voir à Tournai.*

FURFOOZ *Namur* **213** O 21, **214** O 21 et **909** H 5 – *voir à Dinant.*

FURNES *West-Vlaanderen* – *voir Veurne.*

GAND *Oost-Vlaanderen – voir Gent.*

GANSHOREN *Région de Bruxelles-Capitale* 213 K 17 - (51) N *et* 909 F 3 - (21) N – *voir à Bruxelles*

GAVERE *9890 Oost-Vlaanderen* 213 G 17 *et* 909 D 3 – *11 698 h.*
Bruxelles 75 – Gent 18 – Oudenaarde 14.

XXX **Deboeverie,** Baaigemstraat 1, ✆ (0 9) 384 33 76, *Fax (0 9) 384 75 46*, « Jardin d'hiver et terrasse paysagée » – P. AE ① MC VISA.
fermé merc., jeudi et sam. midi – **Repas** Lunch 1200 – 2000/3500.

GEEL *2440 Antwerpen* 213 O 15 *et* 909 H 2 – *33 597 h.*
Voir *Mausolée★ dans l'église Ste-Dymphne (St-Dimfnakerk).*
Markt 1 ✆ (0 14) 57 09 50, Fax (0 14) 59 15 57.
Bruxelles 66 – Antwerpen 43 – Hasselt 38 – Turnhout 18.

XX **De Cuylhoeve,** Hollandsebaan 7 (Sud : 3 km, lieu-dit Winkelomheide), ✆ (0 14) 58 57 35, *Fax (0 14) 58 24 08*, « Fermette avec terrasse rustique en lisière de bois » – P. MC VISA
fermé du 12 au 21 mars, 6 juil.-2 août, 24 déc.-5 janv., merc., sam. midi et dim. – **Repas** Lunch 1150 – 1950/2250.

XX **De Waag,** Molseweg 2 (Est : 1 km sur N 71), ✆ (0 14) 58 62 20, *Fax (0 14) 58 62 20*, – AE MC VISA
fermé 2 prem. sem. oct., sam. midi, dim. soir et lundi – **Repas** Lunch 1250 – carte 1750 à 2050.

GELDENAKEN *Brabant Wallon – voir Jodoigne.*

GELLINGEN *Hainaut – voir Ghislenghien à Ath.*

GELUWE *8940 West-Vlaanderen* C *Wervik 17 804 h.* 213 D 18 *et* 909 C 3.
Bruxelles 109 – Kortrijk 19 – Ieper 20 – Lille 27.

XX **Oud Stadhuis,** St-Denijsplaats 7, ✆ (0 56) 51 66 49, *Fax (0 56) 51 79 12* – AE ① MC VISA
fermé 21 juil.-15 août, mardi soir, merc. et dim. soir – **Repas** Lunch 1150 bc – 2450 bc.

GEMBLOUX *5030 Namur* 213 N 19, 214 N 19 *et* 909 H 4 – *20 266 h.*
Env. *au Sud : 4 km à Corroy-le-Château : château féodal★.*
au Sud : 8 km à Mazy, Ferme-château de Falnuée, r. Emile Pirson 55 ✆ (0 81) 63 30 90, Fax (0 81) 63 37 64.
Bruxelles 44 – Namur 18 – Charleroi 26 – Tienen 34.

Les 3 Clés, chaussée de Namur 17 (N 4), ✆ (0 81) 61 16 17, *Fax (0 81) 61 41 13* – rest, TV P – 25 à 220. AE ① MC VISA
Repas 675/1575 – 320 – **45 ch** 2100/3300.

XXX **Le Prince de Liège,** chaussée de Namur 96b (N 4), ✆ (0 81) 61 12 44, *Fax (0 81) 61 42 44*, – P. AE ① MC VISA
fermé 15 fév.-1er mars, du 16 au 30 août, dim. soir et lundi – **Repas** Lunch 750 – 1050/2750.

X **Le Chalutier,** r. Théo Toussaint 10, ✆ (0 81) 61 46 58, *Fax (0 81) 61 46 58*, Produits de la mer – . ① MC VISA
fermé lundi et sam. midi – **Repas** carte 1200 à 1850.

GENK *3600 Limburg* 213 S 17 *et* 909 J 3 – *62 524 h.*
Voir *à l'Ouest : 5 km, Domaine provincial de Bokrijk★ : Musée de plein air★★ (Openlucht-museum), Domaine récréatif★ : arboretum★.*
Wiemesmeerstraat 109 ✆ (0 89) 35 96 16, Fax (0 89) 36 41 84.
Gemeentehuis, Dieplaan 2 ✆ (0 89) 30 95 62, Fax (0 89) 30 51 68.
Bruxelles 97 (5) – Maastricht 24 (3) – Hasselt 21 (4)

Plan page ci-contre

Alfa Molenvijver M, Albert Remansstraat 1, ✆ (0 89) 36 41 50, *Fax (0 89) 36 41 51*, <, « Parc avec étang » – TV – 25 à 200. AE ① MC VISA. rest
X e
Repas *(fermé sam. midi)* 850/1700 – **81 ch** 5100/6100, 2 suites – ½ P 5950.

GENK

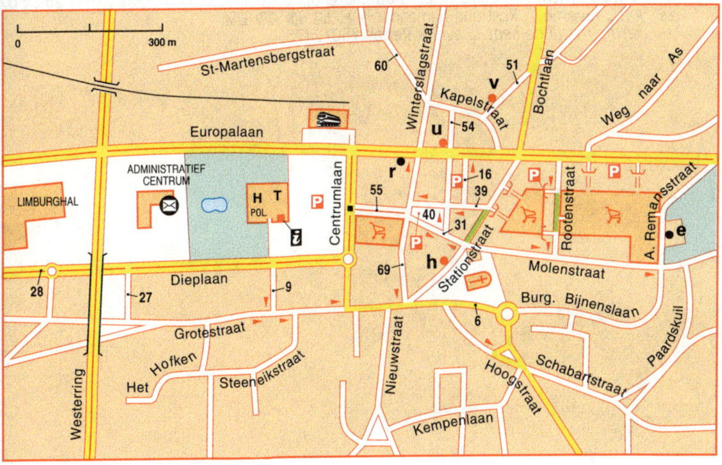

Ne confondez pas :

Confort des hôtels : 🏨 ... 🏠
Confort des restaurants : XXXXX ... X
Qualité de la table : ✿✿✿, ✿✿, ✿, Repas

Golfhotel La Résidence, Wiemesmeerstraat 105 (Spiegelven), (0 89) 35 58 28, *Fax (0 89) 35 58 03*, – 25 à 250. Z
Repas *Lunch 950* – carte 1100 à 1450 – 650 – **70 ch** 2900/3100 – ½ P 2700/2850

Atlantis, Fletersdel 1, (0 89) 35 65 51, *Fax (0 89) 35 35 29*, rest, – 35. Z
fermé 22 déc.-15 janv. – **Repas** *(fermé dim.) Lunch 850* – 1250 – **24 ch** 2700/4600.

Ecu sans rest, Europalaan 46, (0 89) 36 42 44, *Fax (0 89) 36 42 50* – X
50 ch 3150/5250.

Europa, Sledderloweg 85, (0 89) 35 42 74, *Fax (0 89) 35 75 79*, – – 25 à 100. Z
Repas *(fermé dim.)* carte 1050 à 1400 – **18 ch** 2100/3000.

Da Vinci, Pastoor Raeymaekersstraat 3, (0 89) 30 60 59, *Fax (0 89) 30 60 56* – X
fermé du 7 au 15 mars, 21 juil.-15 août, mardi soir, sam. midi et dim. – **Repas** *Lunch 139* – 1475/1695.

St. Maarten, Stationsstraat 13, (0 89) 35 26 57, *Fax (0 89) 30 31 87*, – X
fermé 2 sem. en mars, 2 prem. sem. août, lundi et sam. midi – **Repas** *Lunch 1200 bc* – carte env. 1600.

Double Dragons, Hasseltweg 214 (Ouest : 2 km sur N 75), (0 89) 35 96 90, *Fax (0 89) 36 44 28*, Cuisine asiatique, ouvert jusqu'à minuit –
Repas 850/2050.

Ludo's, Europalaan 81, (0 89) 35 74 67, *Fax (0 89) 30 48 95* – X
fermé du 10 au 30 juil., lundi et sam. midi – **Repas** *Lunch 1150* – carte env. 1500.

't Konijntje, Vennestraat 74 (Winterslag), (0 89) 35 26 45, *Fax (0 89) 30 53 18*, Moules en saison – Y
fermé 2 dern. sem. juin-prem. sem. juil., mardi soir et merc. – **Repas** 595/995. Y

De Zeeduivel, Hasseltweg 346 (Ouest : 3,5 km sur N 75), (0 89) 35 25 77, Produits de la mer, ouvert jusqu'à 23 h –
fermé fin juil.-début août, lundi et mardi – **Repas** carte env. 1400.

dans le domaine provincial de Bokrijk *Ouest : 5 km* :

't Koetshuis, Bokrijklaan (près du château), (0 11) 26 54 07, *Fax (0 11) 26 54 07*
Avec taverne, « Rustique flamand » –
fermé mardi de sept. à avril – **Repas** 750/2175.

GENT – GAND

9000 🅿 *Oost-Vlaanderen* 213 **H 16** *et* 909 **E 2** *- 224 545 h.*

Bruxelles 55 ③ - Antwerpen 60 ② - Lille 71 ⑤.

RENSEIGNEMENTS PRATIQUES

Raadskelder Belfort, Botermarkt 17 a ☎ (09) 266 52 22, Fax (09) 225 62 88 - Fédération provinciale de tourisme, Woodrow Wilsonplein 3 ☎ (09) 267 70 20, Fax (09) 267 71 99.

18 au Sud-Ouest : 9 km à Sint-Martens-Latem, Latemstraat 120 ☎ (09) 282 54 11, Fax (09) 282 90 19.

CURIOSITÉS

Voir *Vieille ville★★★ (Oude Stad) - Cathédrale St-Bavon★★ (St-Baafskathedraal)* FZ *: Polyptyque★★★ de l'Adoration de l'Agneau mystique par Van Eyck (Veelluik de Aanbidding van Het Lam Gods), Crypte★ : triptyque du Calvaire★ par Juste de Gand (Calvarietriptiek van Justus van Gent)* FZ *- Beffroi et Halle aux Draps★★★ (Belfort en Lakenhalle)* FY *- Pont St-Michel (St-Michielsbrug) ≤★★★* EY *- Quai aux Herbes★★ (Graslei)* EY *- Château des Comtes de Flandre★★ (Gravensteen) : ≤★ du sommet du donjon* EY *- St-Niklaaskerk★* EY *- Petit béguinage★ (Klein Begijnhof)* DX *- Réfectoire★ des ruines de l'abbaye St-Bavon (Ruïnes van de St-Baafsabdij)* DV **M5**.

Musées : *du Folklore★ (Museum voor Volkskunde) : cour★ intérieure de l'hospice des Enfants Alyn (Alijnsgodshuis)* EY **M1** *- des Beaux-Arts★★ (Museum voor Schone Kunsten)* CX **M2** *- de la Byloke★★ (Bijloke Museum)* CX **M3**.

GENT
0
300 m
C
D
V
X
Nieuwe vaart
Gasmeterlaan
Muidelaan
Dok Noord
Handelsdok
Africalaan
N 424
N 430
Wondelgemstr.
Opgeëistenlaan
Tolhuislaan
Doornzelestr.
Steepstr.
Rabot
De Smet Str.
133
Ham
Dok Zuid
Koopvaardijlaan
SINT AMANDSBERG
100
8
N 70
Begijnhof
36
DAMPOORT
LEIE
103
GRAVENSTEEN
Rabot Str.
35
146
67
23
130
Hoog Str.
ST-NIKLAASKERK
BELFORT
ST.-BAAFSKATHEDRAAL
M5
Kasteellaan
N 445
34
Coupure
Oude Hout Lei
Keizer Karel Str.
136
6
rechts
m
St.-Annapl.
Kasteellaan
Heernislaan
R 40
Maartelaarslaan
PROVINCIAAL ADMINISTRATIEF CENTRUM
k
34
Bagattenstr.
186
53
159
STEDELIJK ADMc CENTRUM
KLEIN BEGIJNHOF
Vlaamsekaai
Schelde
F. Rooseveltlaan
H. Frère Orbanlaan
193
62
M3
46
Kortrijksepoortstr.
153
85
78
d
154
28
83
Koning Albertlaan
Ch. de Kerchovelaan
b T' KUIPKE
33
Sint Lievenslaan
30
N 9
LEDEBERG
88
f
S.M.A.K.
117
M2
c
I.C.C.
Citadelpark
SINT-PIETERS
81
Stropkaai
44
Ledebergstr.
Burggraven laan
172
77
5
77
Kortrijksesteenweg
Zwijnaardsesteenweg
laan
86
laan
E 17
A 14
172
Krijgslaan
De Pinte
h
U

GENT

.. Heyndrickxlaan	DX	5
.nnonciadenstr.	CV	6
.ntwerpenplein	DV	8
.otermarkt	FY	19
.rugsepoortstr.	CV	23
.russelsepoortstr.	DX	28
.russelsesteenweg	DX	30
.ataloniëstr.	EY	32
.itadellaan	CDX	33
.oupure links	CVX	34
.ampoortstr	DV	35
.endermondse-steenweg	DV	36
.mile Braunplein	EFY	41
.aston Crommenlaan	DX	44
.ebr. Vandeveldestr.	EZ	45
Godshuizenlaan	CX	46
Gouvernementstr.	FZ	51
Graaf van Vlaanderenplein	DX	53
Grasbrug	EY	54
Groot Brittanniëlaan	CX	62
Hagelandkaai	DV	67
Hoofdbrug	EY	76
Hundelgemse steenweg	DX	77
Ijzerlaan	CX	78
Joz. Wauterstr	CX	81
Keizervest	DX	83
K. van Hulthemstr.	CX	85
Koekoeklaan	CX	86
Koningin Fabiolalaan	CX	88
Korenmarkt	EY	89
Kortemunt	EY	92
Land van Waaslaan	DV	100
Langemunt	EY	
Lange Steenstr.	CV	103
Limburgstraat	FZ	104
Noordstraat	CV	116
Normaalschoolstr.	CX	117
Peperstr.	CV	130
Rodelijvekensstr.	CV	133
Rozemarijnstr	CV	136
Schouwburgstr.	EZ	137
Sint Baafsplein	FYZ	140
Sint Joriskaai	DV	146
Sint Michielsplein en -straat	EY	151
Sint Pietersnieuwstr.	CX	153
Sint Pietersplein	CX	154
Tweebruggenstr.	DVX	159
Veldstraat	EZ	
Vleeshuisbrug	EY	163
Vogelmarkt	FZ	167
Voskenslaan	CX	172
Woodrow Wilsonpl.	DX	186
Zuidparklaan	DX	193

Si vous cherchez un hôtel tranquille ou isolé,
consultez d'abord les cartes de l'introduction
ou repérez dans le texte les établissements indiqués avec le signe 🐎 *ou* 🐎

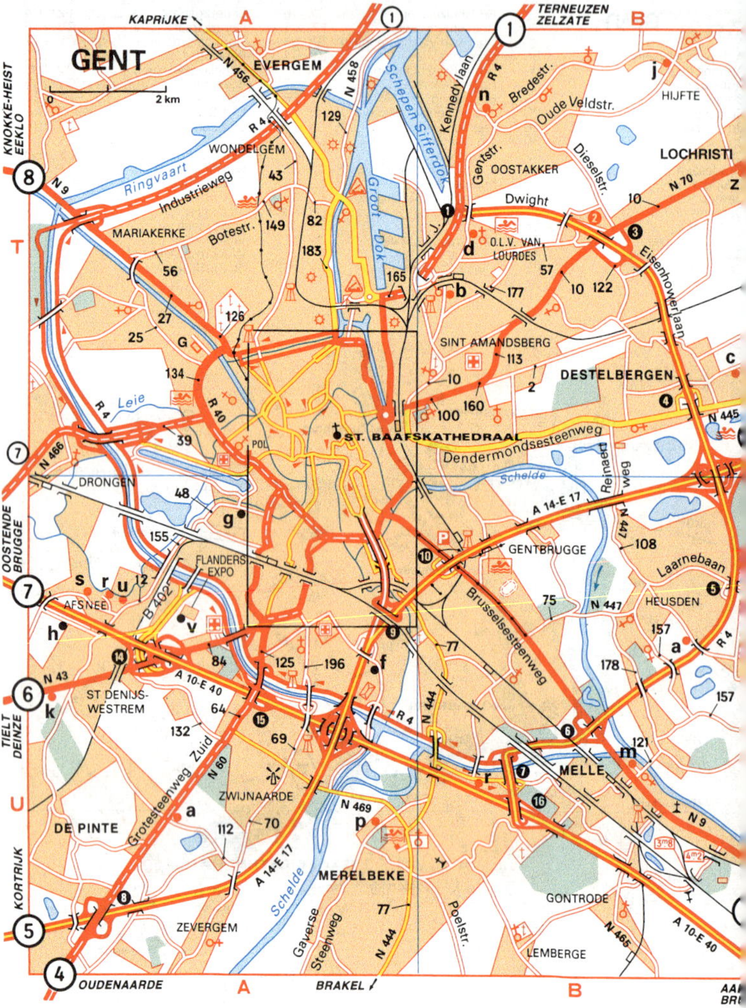

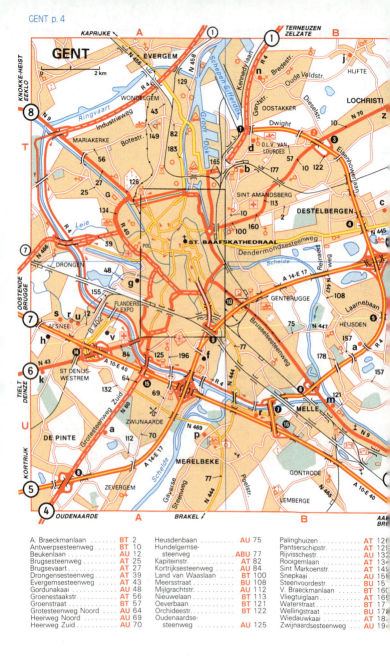

Benutzen Sie die Grünen Michelin-Reiseführer, wenn Sie eine Stadt oder Region kennenlernen wollen.

Quartiers du Centre - *plans p. 2 et 3 sauf indication spéciale :*

Sofitel Belfort, Hoogpoort 63, ✆ (0 9) 233 33 31, *Fax (0 9) 233 11 02,* 余, ₺, ≘ - |‡| ⇹ ▤ TV ☎ ♿ ⇔ - 🏆 25 à 400. AE ⓓ ⓜ VISA FY z
Repas ***De Drake*** Lunch 750 - carte 850 à 1550 - ☐ 700 - **126 ch** 8500, 1 suite.

Novotel Centrum, Gouden Leeuwplein 5, ✆ (0 9) 224 22 30, *Fax (0 9) 224 32 95,* 余, ≘, ⛱ - |‡| ⇹ ▤ TV ☎ ♿ ⇔ - 🏆 25 à 150. AE ⓓ ⓜ VISA EY a
Repas Lunch 495 - 995 - ☐ 500 - **113 ch** 4800/5150, 4 suites.

Castelnou, Kasteellaan 51, ✆ (0 9) 235 04 11, *Fax (0 9) 235 04 04* - |‡|, ▤ rest, TV ☎ ⇔ - 🏆 30. AE ⓓ ⓜ VISA DV m
Repas (Taverne-rest) Lunch 950 - carte env. 1000 - **39 ch** ☐ 2950/3400 - ½ P 2015.

Chamade sans rest, Blankenbergestraat 2, ✆ (0 9) 220 15 15, *Fax (0 9) 221 97 66* - |‡| ⇹ TV ☎ ⇔. AE ⓓ ⓜ VISA JCB CX c
fermé 23 déc.-1er janv. - **36 ch** ☐ 3200/3700.

Erasmus ⛰ sans rest, Poel 25, ✆ (0 9) 224 21 95, *Fax (0 9) 233 42 41,* « Maison du 16e s. », 🌳 - TV ☎. AE ⓜ VISA. ✗ EY e
fermé 15 déc.-15 janv. - **11 ch** ☐ 2950/4200.

Gravensteen sans rest, Jan Breydelstraat 35, ✆ (0 9) 225 11 50, *Fax (0 9) 225 18 50,* ₺, ≘, 🚲 - |‡| TV ☎ P. AE ⓓ ⓜ VISA JCB EY x
☐ 420 - **49 ch** 4950.

Europa ⛰, Gordunakaai 59, ✆ (0 9) 222 60 71, *Fax (0 9) 220 06 09,* 余 - |‡| TV ☎ ⇔ - 🏆 25 à 180. AE ⓓ ⓜ VISA plan p. 4 AU g
Repas *(fermé dim.)* Lunch 850 - carte env. 1400 - **37 ch** ☐ 2700/3400, 1 suite - ½ P 2400/3300.

Ibis Kathedraal, Limburgstraat 2, ✆ (0 9) 233 00 00, *Fax (0 9) 210 00 00* - |‡| ⇹ TV ☎ ♿ ⇔ - 🏆 25 à 60. AE ⓓ ⓜ VISA FZ a
Repas (dîner seult) 850 - ☐ 300 - **120 ch** 2500/2750.

Ibis Opera sans rest, Nederkouter 24, ✆ (0 9) 225 07 07, *Fax (0 9) 223 59 07* - |‡| ⇹ TV ☎ ⇔ - 🏆 25 à 50. AE ⓓ ⓜ VISA JCB EZ a
☐ 300 - **134 ch** 2500/2750.

Jan Van den Bon, Koning Leopold II laan 43, ✆ (0 9) 221 90 85, *Fax (0 9) 245 08 92,* « Jardin » - AE ⓓ ⓜ VISA. ✗ CX b
fermé 1 sem. Pâques, mi-juil.-mi-août, fin déc.-début janv., sam. midi, dim. et jours fériés - **Repas** Lunch 1350 - 1750/2250, carte 2300 à 2900
Spéc. Homard en coulis de jeunes carottes à l'huile d'olives. Salade maraîchère de filet de volaille au romarin. Pigeonneau au jus de cuisson et de courgette.

De Gouden Klok, Koning Albertlaan 31, ✆ (0 9) 222 99 00, *Fax (0 9) 222 10 92,* 余, « Hôtel de maître début 20e s. » - ▤ P. AE ⓜ VISA JCB. ✗ CX f
fermé sem. carnaval, 2 dern. sem. juil.-prem. sem. août, merc. et dim. - **Repas** Lunch 1300 - 1700/2750.

Waterzooi, St-Veerleplein 2, ✆ (0 9) 225 05 63, *Fax (0 9) 225 03 63* - AE ⓓ ⓜ VISA JCB EY n
fermé 28 juil.-20 août, merc. et dim. - **Repas** Lunch 1650 bc - 1750/3150 bc.

Cour St-Georges avec ch, Botermarkt 2, ✆ (0 9) 224 24 24, *Fax (0 9) 224 26 40,* 余, « Salle flamande du 13e s. » - |‡| TV ☎ ⇔ - 🏆 25 à 60. AE ⓓ ⓜ VISA FY e
Repas *(fermé fin déc. et dim.)* 920/2100 - **28 ch** ☐ 2600/4600 - ½ P 3520/4420.

Basile, Coupure Rechts 70, ✆ (0 9) 233 26 12, *Fax (0 9) 233 26 12,* 余 - AE ⓓ ⓜ VISA. ✗ CX k
fermé 1 sem. Pâques, 3 dern. sem. août, prem. sem. janv., sam. midi, dim. et lundi - **Repas** Lunch 1050 - 1650/1950.

Agora, Klein Turkije 14, ✆ (0 9) 225 25 58, *Fax (0 9) 224 17 88,* Ouvert jusqu'à 23 h - ▤. AE ⓓ ⓜ VISA. ✗ EY z
fermé 15 juil.-15 août, dim. et lundi - **Repas** Lunch 495 - carte 1350 à 2000.

Georges, Donkersteeg 23, ✆ (0 9) 225 19 18, *Fax (0 9) 225 68 71,* Produits de la mer - ▤. AE ⓓ ⓜ VISA EY f
fermé 31 mai-23 juin, lundi et mardi - **Repas** Lunch 695 - carte 1250 à 1950.

Jan Breydel, Jan Breydelstraat 10, ✆ (0 9) 225 62 87, *Fax (0 9) 269 05 34,* 余, ⚓ - AE ⓓ ⓜ VISA EY c
fermé du 1er au 22 août, dim. soir, dim. midi et lundi soir d'oct. à avril et lundi midi de mai à sept. - **Repas** Lunch 1500 bc - 1850.

Grade, Charles de Kerchovelaan 81, ☎ (0 9) 224 43 85, *Fax (0 9) 233 11 29,* « Brasserie moderne » – AE MC VISA CX
fermé vacances Pâques, 2e quinz. août, dim. et lundi – **Repas** carte 1200 à 1500.

Pakhuis, Schuurkenstraat 4, ☎ (0 9) 223 55 55, *Fax (0 9) 225 71 05,* Brasserie-écailler ouvert jusqu'à minuit, « Ancien entrepôt » – P. AE MC VISA EYZ
fermé dim. – **Repas** Lunch 395 – 750/1050.

Italia Grill, St-Annaplein 16, ☎ (0 9) 224 30 42, Cuisine italienne, ouvert jusqu'à minuit – AE MC VISA. DV
fermé 20 juil.-11 août et lundi – **Repas** carte 1200 à 1700.

Central-Au Paris, Botermarkt 10, ☎ (0 9) 223 97 75, *Fax (0 9) 233 69 30,* – AE MC VISA. FY
fermé sem. carnaval, du 16 au 31 août, merc. et dim. soir – **Repas** 1000/1995.

Chez Jean, Cataloniëstraat 3, ☎ (0 9) 223 30 40, *Fax (0 9) 223 30 40,* – MC VISA EY
fermé dim. et lundi midi – **Repas** carte 950 à 1350.

Het Blauwe Huis, Drabstraat 17, ☎ (0 9) 233 10 05, *Fax (0 9) 233 51 81,* , Brasserie – AE MC VISA. EY
fermé sam. midi et dim. midi – **Repas** carte env. 1400.

Othello, Ketelvest 8, ☎ (0 9) 233 00 09, *Fax (0 9) 233 00 09,* – MC VISA. EZ
fermé sam. midi, dim. et lundi soir – **Repas** carte env. 1600.

Quartier Ancien (Patershol) - *plan p. 3 :*

De Blauwe Zalm, Vrouwebroersstraat 2, ☎ (0 9) 224 08 52, *Fax (0 9) 234 18 98,* Produits de la mer – AE MC VISA. EY
fermé 22 juil.-10 août, sam. midi, dim. et lundi midi – **Repas** Lunch 980 – 1950.

Le Baan Thaï, Corduwaniersstraat 57, ☎ (0 9) 233 21 41, *Fax (0 9) 233 20 09,* Cuisine thaïlandaise – AE MC VISA EY
fermé du 25 au 31 juil., fin déc. et lundi – **Repas** (dîner seult sauf dim.) 1150.

't Buikske Vol, Kraanlei 17, ☎ (0 9) 225 18 80, *Fax (0 9) 223 04 31,* – AE MC VISA. EY
fermé 2 sem. en août, merc., sam. midi et dim. – **Repas** Lunch 975 – carte 1150 à 1500.

Karel de Stoute, Vrouwebroersstraat 5, ☎ (0 9) 224 17 35, *Fax (0 9) 224 17 35,* – MC VISA. EY
fermé 3 sem. en sept., merc. et sam. midi – **Repas** Lunch 975 – carte env. 1300.

't Klokhuys, Corduwaniersstraat 65, ☎ (0 9) 223 42 41, *Fax (0 9) 223 04 31,* Ouvert jusqu'à 23 h – AE MC VISA EY
fermé lundi midi – **Repas** Lunch 875 – carte 950 à 1350.

Périphérie - *plan p. 4 sauf indication spéciale :*

au Nord-Est – ✉ *9000 :*

Ter Toren, St-Bernadettestraat 626, ☎ (0 9) 251 11 29, *Fax (0 9) 251 11 29,* « Parc ombragé » – P. AE MC VISA. BT
fermé sept., dim. soir, lundi et merc. soir – **Repas** Lunch 950 – carte 1200 à 2050.

au Sud – ✉ *9000 :*

Holiday Inn, Akkerhage 2, ☎ (0 9) 222 58 85, *Fax (0 9) 220 12 22,* – TV ☎ P. – 25 à 360. AE MC VISA JCB. rest AU
Repas Lunch 925 – carte 1450 à 1800 – 700 – **139 ch** 5880/6380, 1 suite.

Aton, Corneel Heymanslaan, ☎ (0 9) 221 69 26, *Fax (0 9) 221 19 13,* – P. AE MC VISA JCB plan p. 2 CX
fermé du 21 au 31 juil. et sam. – **Repas** (déjeuner seult) Lunch 325 – 975.

à Afsnee C Gent – ✉ *9051 Afsnee :*

Charl's Inn sans rest, Autoweg Zuid 4 (près E 40 - A 10, sortie ⑭), ☎ (0 9) 220 30 93, *Fax (0 9) 221 26 19,* « Villa avec jardin », – TV ☎ P. AE MC VISA AU
9 ch 2500/3000.

Nenuphar, Afsneedorp 28, ☎ (0 9) 222 45 86, *Fax (0 9) 221 22 32,* <, , « Au bord de la Lys (Leie) », – – 40. AE MC VISA. AU
fermé mi-août-début sept., fin déc. et mardi et merc. sauf en juil. – **Repas** Lunch 1100 – 1700/2300.

de Fontein Kerse, Broekkantstraat 52, ☎ (0 9) 221 53 02, *Fax (0 9) 221 53 02,* – P. AE MC VISA. AU
fermé 2 dern. sem. juil., 2 dern. sem. janv., mardi soir, merc. et dim. soir – **Repas** Lunch 105 – 1600/1850.

à Oostakker C Gent – ✉ 9041 Oostakker :

XX **St-Bavo,** Oostakkerdorp 18, ☎ (0 9) 251 35 34, *Fax (0 9) 251 80 62* – ▤. AE ⓓ ⓜⓒ VISA
fermé mi-juil.-mi-août, lundi soir et jeudi soir – **Repas** Lunch 1300 – 1500/1850. BT n

XX **'t Boerenhof,** Gentstraat 2, ☎ (0 9) 251 03 14, *Fax (0 9) 251 07 72,* 🌳 – ▤ P – 25 à 500. AE ⓓ ⓜⓒ VISA JCB BT d
fermé 26 oct.-7 nov., du 27 au 30 déc., lundi soir, mardi soir et merc. – **Repas** 1150 bc/2000 bc.

à Sint-Denijs-Westrem C Gent – ✉ 9051 Sint-Denijs-Westrem :

Holiday Inn Expo, Maaltekouter 3, ☎ (0 9) 220 24 24, *Fax (0 9) 222 66 22,* – ▤ TV ☎ ♿ P – 25 à 200. AE ⓓ ⓜⓒ VISA JCB. rest AU v
Repas Lunch 995 – 1250 – ☐ 700 – **133 ch** 5880/6380, 1 suite.

X **Oranjehof,** Kortrijksesteenweg 1177, ☎ (0 9) 222 79 07, *Fax (0 9) 222 74 06,* 🌳 – P. AE ⓓ ⓜⓒ VISA. AU k
fermé 2e quinz. août, sam. midi et dim. – **Repas** (déjeuner seult sauf sam.) Lunch 990 – 1350/1950 bc.

à Zwijnaarde C Gent – ✉ 9052 Zwijnaarde :

XX **De Klosse,** Grotesteenweg Zuid 49 (sur N 60), ☎ (0 9) 222 21 74, *Fax (0 9) 222 21 74,* « Auberge » – P. AE ⓓ ⓜⓒ VISA. AU a
fermé du 5 au 18 mars, 16 juil.-11 août, sam. midi, dim. soir et lundi – **Repas** Lunch 950 – carte env. 1900.

Environs

à Beervelde - *plan p. 4* - C *Lochristi 18 522 h.* – ✉ *9080 Beervelde* :

XXX **Renardeau,** Dendermondsesteenweg 19, ☎ (0 9) 355 77 77, *Fax (0 9) 355 11 00,* 🌳 – P. AE ⓓ ⓜⓒ VISA BT q
fermé 22 juil.-19 août et dim. et lundis non fériés – **Repas** Lunch 2100 – 2000/3000.

à Destelbergen - *plan p. 4* – *17 300 h.* – ✉ *9070 Destelbergen* :

XX **'t Molenhof,** Molenstraat 97, ☎ (0 9) 355 96 36, 🌳, Avec cuisine italienne – P. AE ⓓ ⓜⓒ VISA. BT c
fermé du 10 au 31 août, mardi soir et merc. – **Repas** 990/1750.

à Heusden - *plan p. 4* - C *Destelbergen 17 300 h.* – ✉ *9070 Heusden* :

XX **Rooselaer,** Berenbosdreef 18 (par R4, sortie ⑤), ☎ (0 9) 231 55 13, *Fax (0 9) 231 07 32,* 🌳, « Jardin fleuri » – P. AE ⓓ ⓜⓒ VISA BU a
fermé dern. sem. août-prem. sem. sept. et merc. – **Repas** Lunch 975 – 1650/2150.

XX **La Fermette,** Dendermondsesteenweg 822, ☎ (0 9) 355 60 24, 🌳 – P. AE ⓓ ⓜⓒ VISA BT e
fermé 15 août-7 sept., dim. soir et lundi – **Repas** Lunch 1300 – carte 1350 à 1800.

à Lochristi - *plan p. 4* – *18 522 h.* – ✉ *9080 Lochristi* :

XXX **Leys,** Dorp West 89 (N 70), ☎ (0 9) 355 86 20, *Fax (0 9) 356 86 26,* 🌳 – P. AE ⓓ ⓜⓒ VISA. BT z
fermé du 4 au 12 mars, 2 sem. en août, dim. soir, lundi et merc. soir – **Repas** Lunch 950 – 2450 bc/2700 bc.

X **'t Wethuis,** Hijfte-Center 1, ☎ (0 9) 355 28 02, *Fax (0 9) 356 88 68,* 🌳 – P. ⓜⓒ VISA. BT j
fermé 1 sem. en mars, fin août-début sept., fin déc., lundi, mardi et sam. midi – **Repas** Lunch 950 – 1550/1850.

à Melle - *plan p. 4* – *10 210 h.* – ✉ *9090 Melle* :

X **De Branderij,** Wezenstraat 34, ☎ (0 9) 252 41 66, 🌳 – AE ⓜⓒ VISA. BU m
fermé du 7 au 17 mars, 22 août-7 sept., sam. midi, dim. soir et lundi – **Repas** 900/1650.

à Merelbeke - *plan p. 4* – *21 317 h.* – ✉ *9820 Merelbeke* :

X **Torenhove,** Fraterstraat 214, ☎ (0 9) 231 61 61, *Fax (0 9) 231 61 61,* 🌳 – P. AE ⓓ ⓜⓒ VISA BU r
fermé mardi et sam. midi – **Repas** Lunch 1050 – 1150 bc/1790.

X **De Blauwe Artisjok,** Gaversesteenweg 182, ☎ (0 9) 231 79 28, *Fax (0 9) 231 79 28,* 🌳 – P. AE ⓓ ⓜⓒ VISA AU p
fermé lundi, mardi soir et merc. soir – **Repas** Lunch 1000 – carte 1350 à 1900.

Service and taxes
In Belgium, Luxembourg and Netherlands prices include service and taxes.

GENVAL *1332 Brabant Wallon* C *Rixensart 21 389 h.* 213 L 18, 214 L 18 *et* 909 G 3.
Bruxelles 22 – Charleroi 42 – Namur 52.

Château du Lac M, av. du Lac 87, (0 2) 655 71 11, *Fax (0 2) 655 74 44*, < lac et vallon boisé, – 30 à 1000. VISA. rest
Repas voir rest ***Le Trèfle à 4*** ci-après – **120 ch** 12000/13600, 1 suite.

Le Manoir du Lac, av. Hoover 4, (0 2) 655 63 11, *Fax (0 2) 655 64 55*, < « Parc », – 25 à 60. VISA
Repas voir rest ***Le Trèfle à 4*** ci-après – **13 ch** 8000/9200.

Le Trèfle à 4 - H. Château du Lac, av. du Lac 87, (0 2) 654 07 98, *Fax (0 2) 653 31 31* < lac et vallon boisé, – VISA
fermé dim. soir, lundi et mardi midi – **Repas** *Lunch 1100* – 1950/2600.

L'Amandier, r. Limalsart 9 (près du lac), (0 2) 653 06 71, *Fax (0 2) 652 43 83*, – VISA
fermé 2e quinz. août, 1re quinz. janv., merc., sam. midi et dim. soir – **Repas** *Lunch 750* – carte env. 1700.

l'Echalote, av. Albert Ier 26, (0 2) 653 31 57, *Fax (0 2) 653 31 57*, Cuisine du Sud-Ouest – VISA
fermé 1re quinz. juil., lundi soir et mardi – **Repas** 850/990.

à Rixensart *Est : 4 km – 21 389 h. – 1330 Rixensart :*

Le Lido sans rest, r. Limalsart 20 (près du lac de Genval), (0 2) 654 05 05, *Fax (0 2) 654 06 55*, < – 25 à 100. VISA
27 ch 3800/4600.

Le Brocéliande, av. de Mérode 114, (0 2) 652 13 07, *Fax (0 2) 652 13 07*, – VISA.
fermé dim. soir d'oct. à mars, merc., sam. midi et dim. midi – **Repas** *Lunch 500* – 860/995.

GERPINNES *Hainaut* 213 M 20, 214 M 20 *et* 909 G 4 – *voir à Charleroi.*

GESVES *5340 Namur* 213 P 20, 214 P 20 *et* 909 I 4 – *5 521 h.*
Bruxelles 81 – Namur 29 – Dinant 30 – Liège 53 – Marche-en-Famenne 31.

Host. La Pichelotte, r. Pichelotte 5, (0 83) 67 78 21, *Fax (0 83) 67 70 53*, – 25 à 414. VISA
Repas *Lunch 975* – 1195/1595 – **51 ch** 3300/4600, 7 suites – ½ P 3100/5470.

L'Aubergesves avec ch, Pourrain 4, (0 83) 67 74 17, *Fax (0 83) 67 81 57*, « Rustique » – VISA
avril-déc. et week-end ; fermé 2e quinz. sept., lundi et mardi – **Repas** *Lunch 950* – 1350/1950 – 400 – **6 ch** 3500/4200 – ½ P 3500/3850.

La Pineraie, r. Pineraie 2, (0 83) 67 73 46, *Fax (0 83) 67 73 46*, – VISA.
fermé sem. carnaval, dern. sem. août-2 prem. sem. sept., lundi et mardi – **Repas** *Lunch 600* – 1200/1480.

GHISLENGHIEN (GELLINGEN) *Hainaut* 213 I 19, 214 I 19 *et* 909 E 4 – *voir à Ath.*

GILLY *Hainaut* 213 L 20, 214 L 20 - (24) S *et* 909 G 4 – *voir à Charleroi.*

GISTEL *West-Vlaanderen* 213 C 16 *et* 909 B 2 – *voir à Oostende.*

GITS *West-Vlaanderen* 213 D 17 *et* 909 C 3 – *voir à Roeselare.*

GLABAIS *1473 Brabant Wallon* C *Genappe 13 589 h.* 213 L 19, 214 L 19 *et* 909 G 4.
Bruxelles 29 – Charleroi 26 – Nivelles 12.

Michel Close, chaussée de Bruxelles 44, (0 67) 77 17 54, *Fax (0 67) 79 01 52*, « Villa avec jardin » – VISA
fermé du 10 au 20 avril, 16 août-15 sept., 24 déc.-1er janv., merc., jeudi et après 20 h 30 – **Repas** *Lunch 1550* – 2100.

La Bonne Ferme, chaussée de Bruxelles 41, (0 67) 77 21 07, *Fax (0 67) 77 21 07*, Taverne-rest – VISA
fermé du 5 au 27 juil., du 4 au 10 janv., lundis non fériés et dim. soir – **Repas** *Lunch 495* – 750/1250.

LE GUIDE MICHELIN DU PNEUMATIQUE

MICHELIN

QU'EST-CE QU'UN PNEU ?

Produit de haute technologie, le pneu constitue le seul point de liaison de la voiture avec le sol.
Ce contact correspond, par roue, à une surface équivalente à celle d'une carte postale. Le pneu doit donc se contenter de ces quelques centimètres carrés de gomme au sol pour remplir un grand nombre de tâches souvent contradictoires :

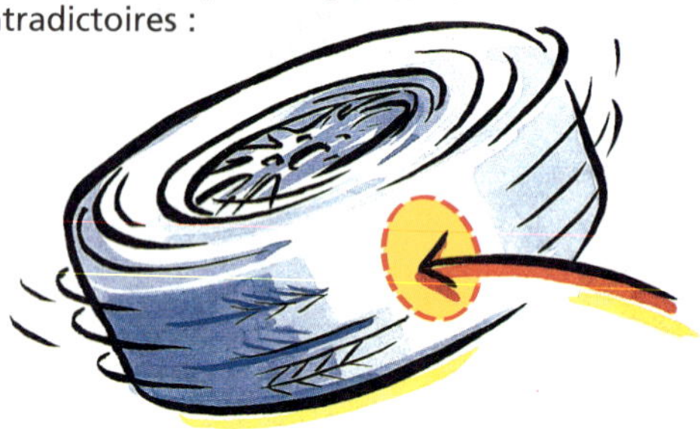

Porter le véhicule à l'arrêt, mais aussi résister aux transferts de charge considérables à l'accélération et au freinage.

Transmettre la puissance utile du moteur, les efforts au freinage et en courbe.

Rouler régulièrement, plus sûrement, plus longtemps pour un plus grand plaisir de conduire.

Guider le véhicule avec précision, quels que soient l'état du sol et les conditions climatiques.

Amortir les irrégularités de la route, en assurant le confort du conducteur et des passagers ainsi que la longévité du véhicule.

Durer, c'est-à-dire, garder au meilleur niveau ses performances pendant des millions de tours de roue.

Afin de vous permettre d'exploiter au mieux toutes les qualités de vos pneumatiques, nous vous proposons de lire attentivement les informations et les conseils qui suivent.

LE PNEU
EST LE SEUL POINT
DE LIAISON
DE LA VOITURE AVEC LE SOL

COMMENT LIT-ON UN PNEU ?

CODES DE VITESSE MAXIMUM :

	S 180 km/h		V 240 km/h
	T 190 km/h		W 270 km/h
Q 160 km/h	H 210 km/h		Y 300 km/h
R 170 km/h	VR > 210 km/h		ZR > 240 km/h (dans la dimension)

POURQUOI VERIFIER LA PRESSION DE VOS PNEUS ?

POUR EXPLOITER AU MIEUX
LEURS **PERFORMANCES** ET ASSURER
VOTRE **SECURITE**

Contrôlez la pression de vos pneus, sans oublier la roue de secours, dans de bonnes conditions.
Un pneu perd régulièrement de la pression.

Les pneus doivent être contrôlés

une fois toutes les 2 semaines

à froid, c'est-à-dire une heure au moins après l'arrêt de la voiture ou après avoir parcouru 2 à 3 kilomètres à faible allure.
En roulage, la pression augmente ; ne dégonflez donc jamais un pneu qui vient de rouler : considérez que, pour être correcte, sa pression doit être au moins supérieure de 0,3 bar à celle préconisée à froid.

VERIFIEZ LA PRESSION DE VOS PNEUS
REGULIEREMENT ET AVANT CHAQUE VOYAGE

LE SURGONFLAGE

Si vous devez effectuer un long trajet à vitesse soutenue, ou si la charge de votre voiture est particulièrement importante, il est généralement conseillé de majorer la pression de vos pneus. Attention : l'écart de pression avant-arrière nécessaire à l'équilibre du véhicule doit être impérativement respecté. Consultez les tableaux de gonflage Michelin chez tous les professionnels de l'automobile et chez les spécialistes du pneu. N'hésitez pas à leur demander conseil.

LE SOUS-GONFLAGE

Lorsque la pression de gonflage est insuffisante, les flancs du pneu travaillent anormalement. Il en résulte une fatigue excessive de la carcasse, une élévation de température et une usure anormale. Le pneu subit alors des dommages irréversibles qui peuvent entraîner sa destruction immédiate ou future.

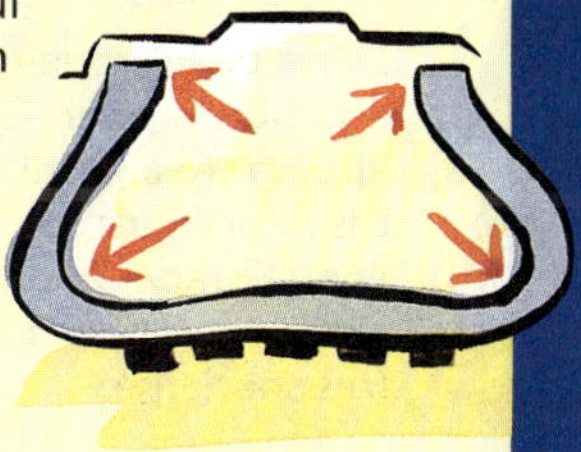

En cas de perte de pression, il est impératif de consulter un spécialiste qui en recherchera la cause et jugera de la réparation éventuelle à effectuer.

LE BOUCHON DE VALVE

En apparence, il s'agit d'un détail ; c'est pourtant un élément essentiel de l'étanchéité. Aussi, n'oubliez pas de le remettre en place après vérification de la pression, en vous assurant de sa parfaite propreté.

VOITURE TRACTANT CARAVANE, BATEAU...

Dans ce cas particulier, il ne faut jamais oublier que le poids de la remorque accroît la charge du véhicule.
Il est donc nécessaire d'augmenter la pression des pneus arrière de votre voiture, en vous conformant aux indications des tableaux de gonflage Michelin.
Pour de plus amples renseignements, demandez conseil à votre revendeur de pneumatiques, c'est un véritable spécialiste.

COMMENT FAIRE DURER VOS PNEUS ?

Afin de préserver longtemps les qualités de vos pneus, il est impératif de les faire contrôler régulièrement, et avant chaque grand voyage. Il faut savoir que la durée de vie d'un pneu peut varier dans un rapport de 1 à 4, et parfois plus, selon son entretien, l'état du véhicule, le style de conduite et l'état des routes !

L'ensemble roue-pneumatique doit être parfaitement équilibré pour éviter les vibrations qui peuvent apparaître à partir d'une certaine vitesse. Pour supprimer ces vibrations et leurs désagréments, vous confierez l'équilibrage à un professionnel du pneumatique car cette opération nécessite un savoir-faire et un outillage très spécialisé.

LES FACTEURS QUI INFLUENT SUR L'USURE ET LA DUREE DE VIE DE VOS PNEUMATIQUES :

Les caractéristiques du véhicule (poids, puissance...), le profil des routes (rectilignes, sinueuses), le revêtement (granulométrie : sol lisse ou rugueux), l'état mécanique du véhicule (réglage des trains avant, arrière, état des suspensions et des freins...), le style de conduite (accélérations, freinages, vitesse de passage en courbe...), la vitesse (en ligne droite à 120 km/h un pneu s'use deux fois plus vite qu'à 70 km/h), la pression des pneumatiques (si elle est incorrecte, les pneus s'useront beaucoup plus vite et de manière irrégulière).

D'autres événements de nature accidentelle (chocs contre trottoirs, nids de poule...), en plus du risque de déréglage et de détérioration de certains éléments du véhicule, peuvent provoquer des dommages internes au pneumatique dont les conséquences ne se manifesteront parfois que bien plus tard.

LES CHOCS CONTRE LES TROTTOIRS, LES NIDS DE POULE... PEUVENT ENDOMMAGER GRAVEMENT VOS PNEUS.

Un contrôle régulier de vos pneus vous permettra donc de détecter puis de corriger rapidement les anomalies (usure anormale, perte de pression...). A la moindre alerte, adressez-vous immédiatement à un revendeur spécialiste qui interviendra pour préserver les qualités de vos pneus, votre confort et votre sécurité.

SURVEILLEZ L'USURE DE VOS PNEUMATIQUES :

Comment ? Tout simplement en observant la profondeur de la sculpture. C'est un facteur de sécurité, en particulier sur sol mouillé. Tous les pneus possèdent des indicateurs d'usure de 1,6 mm d'épaisseur. Ces indicateurs sont repérés par un Bibendum situé aux "épaules" des pneus MICHELIN. Un examen visuel suffit pour connaître le niveau d'usure de vos pneumatiques.

Attention : même si vos pneus n'ont pas encore atteint la limite d'usure légale (en France, **la profondeur restante de la sculpture doit être supérieure à 1,6 mm** sur l'ensemble de la bande de roulement), leur capacité à évacuer l'eau aura naturellement diminué avec l'usure.

COMMENT CHOISIR VOS PNEUS ?

Le type de pneumatique qui équipe d'origine votre véhicule a été déterminé pour optimiser ses performances. Il vous est cependant possible d'effectuer un autre choix en fonction de votre style de conduite, des conditions climatiques, de la nature des routes et des trajets effectués.
Dans tous les cas, il est indispensable de consulter un spécialiste du pneumatique, car lui seul pourra vous aider à trouver la solution la mieux adaptée à votre utilisation dans le respect de la législation.

MONTAGE, DEMONTAGE, EQUILIBRAGE DU PNEU ; C'EST L'AFFAIRE D'UN PROFESSIONNEL.

Un mauvais montage ou démontage du pneu peut le détériorer et mettre en cause votre sécurité.
Sauf cas particulier et exception faite de l'utilisation provisoire de la roue de secours,

- les pneus montés sur un essieu donné, doivent être identiques.
- Il est conseillé de monter les pneus neufs ou les moins usés à l'arrière pour assurer la meilleure tenue de route en situation difficile

(freinage d'urgence ou courbe serrée) principalement sur chaussée glissante.

En cas de crevaison, seul un professionnel du pneu saura effectuer les examens nécessaires et décider d'une éventuelle réparation.
Il est recommandé de changer la valve ou la chambre à air à chaque intervention.

- IL EST DECONSEILLE DE MONTER UNE CHAMBRE A AIR DANS UN ENSEMBLE TUBELESS.

- L'utilisation de pneus cloutés est strictement réglementée ; il est important de s'informer avant de les faire monter.

Attention : la capacité de vitesse des pneumatiques Hiver "M+S" peut être inférieure à celle des pneus d'origine. Dans ce cas, la vitesse de roulage devra être adaptée à cette limite inférieure.
Une étiquette de rappel de cette vitesse sera apposée à l'intérieur du véhicule à un endroit aisément visible du conducteur.

LES CLEFS DU SUCCES DE MICHELIN : SA PASSION POUR LE PROGRES ET L'INNOVATION

"Battre aujourd'hui le pneu de demain", c'est ce qui permet à MICHELIN d'être toujours à la pointe de l'innovation pour être toujours plus proche de ses clients.

LE GROUPE MICHELIN EN BREF :

- Plus de 120 000 personnes à travers le monde.
- Une présence commerciale dans plus de 170 pays.
- Plus de 80 sites implantés dans 19 pays - Europe, Amérique du Nord/Sud, Afrique et Asie.
- Des centres de Technologies en Europe, aux U.S.A. et au Japon.
- 6 plantations d'hévéas au Brésil et au Nigéria.

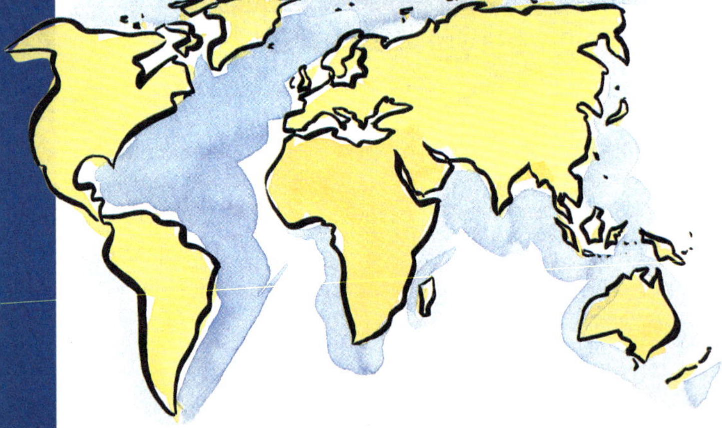

DERNIER FRUIT DES RECHERCHES DE MICHELIN : LE PNEU MICHELIN ENERGY.

Pour répondre à une des attentes principales de ses clients - **la Sécurité** - MICHELIN a notamment fait évoluer sa gamme de pneumatiques Energy.

Le pneu MICHELIN ENERGY est le pneu ETÉ qui peut être utilisé dans des conditions hivernales (sols gras, mouillés, enneigés en plaine) en conservant des qualités d'adhérence et de comportement exceptionnelles.
Grâce à une faible résistance au roulement, donc une moindre consommation d'énergie, le pneu MICHELIN ENERGY contribue également à un meilleur respect de l'environnement.

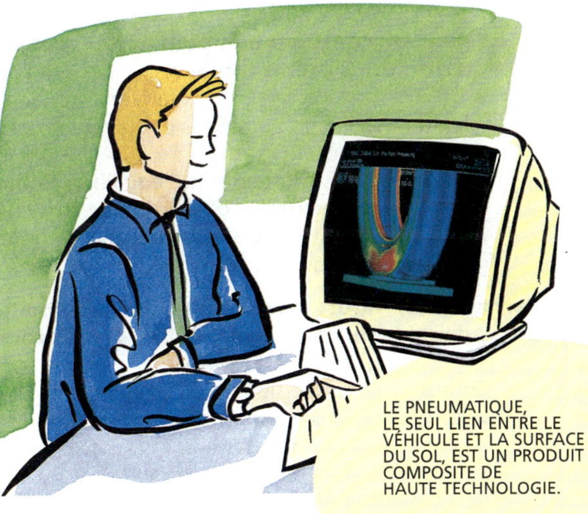
LE PNEUMATIQUE,
LE SEUL LIEN ENTRE LE
VÉHICULE ET LA SURFACE
DU SOL, EST UN PRODUIT
COMPOSITE DE
HAUTE TECHNOLOGIE.

INFORMATIONS SUPPLEMENTAIRES

Les pneumatiques comportent sur leurs flancs, en dehors des inscriptions réglementaires, un certain nombre d'indications destinées à répondre à des usages internes aux manufacturiers ou à certains pays.
Tel le **"Safety Warning"** propre aux USA, dont la traduction est :

Avertissement de Sécurité

"D'importants dommages peuvent résulter d'une défaillance pneumatique provoquée par un sous-gonflage, une surcharge, une mauvaise association pneu/jante (ne jamais dépasser 275 KPa pour positionner les talons sur la jante).
Seules les personnes spécialement formées doivent démonter et monter les pneumatiques."
Ces consignes sont précisées dans nos documentations commerciales et techniques.
Consultez un professionnel du pneu.

CAMPING CARS

Ce type de véhicule offre une modularité et un volume de rangement qui peuvent le placer, ainsi que ses pneumatiques, dans des conditions d'utilisation anormalement pénalisantes.
Par la suite, des dégradations irréversibles pourront se manifester sur les pneumatiques même si, depuis, les conditions normales d'utilisation ont été parfaitement rétablies.

Il convient, en conséquence, pour éviter tout risque de détériorations prématurées :

- De charger correctement le véhicule dans les limites maximales autorisées par la réglementation et les constructeurs.
- De répartir les charges afin d'équilibrer le chargement : avant/arrière et gauche/droite.
- De vérifier régulièrement la pression de gonflage (y compris la roue de secours).

Par ailleurs, nous préconisons des équipements plus adaptés aux conditions réelles d'utilisation :

XC CAMPING

Consultez un professionnel du pneu pour :

- Le choix de la dimension de pneumatique (y compris code de vitesse et indice de charge)
- La pression de gonflage à adopter
- Le type de valve à utiliser en fonction de la roue.

ODINNE *5530 Namur* Ⓒ *Yvoir 7 626 h.* 213 O 20, 214 O 20 et 909 H 4.

Voir *sur rte de Profondeville* ≤★ *sur le prieuré.*

Bruxelles 82 – Namur 18 – Dinant 11.

à Mont *Nord-Est : 1 km* Ⓒ *Yvoir* – ✉ *5530 Mont :*

Le Pré des Manants, r. Tienne de Mont 29, ☎ (0 81) 41 11 18, *Fax (0 81) 41 41 45,* ≤, « Verger » – P. AE ⓓ ⓜⓒ VISA
fermé vacances Noël et lundis soirs, mardis et merc. non fériés – **Repas** *Lunch 795* – carte 850 à 1350.

GOOIK *1755 Vlaams-Brabant* 213 J 18 *et* 909 F 3 – *8 732 h.*

Bruxelles 24 – Aalst 22 – Mons 45 – Tournai 66.

't Krekelhof, Drie Egyptenbaan 11 (par N 285, puis direction Neigem), ☎ (0 54) 33 48 57, *Fax (0 54) 33 41 96,* « Véranda et terrasse » – P. – 40. AE ⓓ ⓜⓒ VISA
fermé 25 oct.-10 nov., merc. d'oct. à avril et mardi – **Repas** *Lunch 950* – 1500/2500.

GOSSELIES *Hainaut* 213 L 20, 214 L 20 - ㉓ N *et* 909 G 4 – *voir à Charleroi.*

GOYER *Limburg* – *voir Jeuk.*

GRAMMENE *Oost-Vlaanderen* 213 F 17 – *voir à Deinze.*

GRAND-HALLEUX *Luxembourg belge* 213 U 21, 214 U 21 *et* 909 K 5 – *voir à Vielsalm.*

GRANDHAN *Luxembourg belge* 213 R 21, 214 R 21 *et* 909 J 5 – *voir à Durbuy.*

GRANDRIEU *Hainaut* 214 K 21 *et* 909 F 5 – *voir à Beaumont.*

GRANDVOIR *Luxembourg belge* 214 R 23 *et* 909 J 6 – *voir à Neufchâteau.*

's GRAVENBRAKEL *Hainaut* – *voir Braine-le-Comte.*

's GRAVENVOEREN (FOURON-LE-COMTE) *3798 Limburg* Ⓒ *Voeren 4 318 h.* 213 T 18 *et* 909 K 3.

Kerkplein 216, ☎ *(0 4) 381 07 36, Fax (0 4) 381 21 59.*

Bruxelles 102 – Maastricht 15 – Liège 23.

De Kommel , Kerkhofstraat 117d, ☎ (0 4) 381 01 85, *Fax (0 4) 381 23 30,* ≤, – TV ☎ P. – 30. AE ⓓ ⓜⓒ VISA. rest
Repas *(fermé lundi midi)* *Lunch 900* – carte env. 1400 – **11 ch** 3000 – ½ P 1900/2250.

Gasthof Blanckthys, Plein 197b, ☎ (0 4) 381 24 66, *Fax (0 4) 381 24 66,* – TV ☎ P. AE ⓓ ⓜⓒ VISA.
Repas *(fermé merc. sauf en juil.-août)* (Taverne-rest) 950 – **11 ch** 2200/2800 – ½ P 2700/2950.

The Golden Horse, Hoogstraat 242, ☎ (0 4) 381 02 29, *Fax (0 4) 381 20 44,* – P. AE ⓓ ⓜⓒ VISA.
fermé 2 sem. en sept., jeudi, vend. midi et sam. midi – **Repas** *Lunch 1050* – 1350/2100.

's GRAVENWEZEL *Antwerpen* 213 M 15 *et* 909 G 2 – *voir à Antwerpen, environs.*

GRIMBERGEN *Vlaams-Brabant* 213 L 17 - ㊿51 N *et* 909 G 3 - ㉑ N – *voir à Bruxelles, environs.*

GROBBENDONK *Antwerpen* 213 N 15 *et* 909 H 2 – *voir à Herentals.*

GROOT-BIJGAARDEN *Vlaams-Brabant* 213 K 17 - ㊿51 N *et* 909 F 3 - ㉑ N – *voir à Bruxelles, environs.*

GULLEGEM *West-Vlaanderen* 213 E 17 *et* 909 C 3 – *voir à Wevelgem.*

HAALTERT *9450 Oost-Vlaanderen* 213 J 17 *et* 909 F 3 – *17 228 h.*

Bruxelles 29 – Aalst 6 – Gent 36 – Mons 59.

Apriori, Sint-Gorikspleín 19, (0 53) 83 89 54, *Fax (0 53) 83 89 54,* – VISA.
fermé fin juil.-début août, mardi soir, merc. et sam. midi – **Repas** *Lunch 990* – 1400/1800

De HAAN *8420 West-Vlaanderen* 213 D 15 *et* 909 C 2 – *11 230 h.* – *Station balnéaire.*

Koninklijke baan 2 (0 59) 23 32 83, Fax (0 59) 23 37 49.

Gemeentehuis, Leopoldlaan 24 (0 59) 24 21 34, Fax (0 59) 24 21 36 – (Pâques-sept et vacances scolaires) Tramstation (0 59) 24 21 35, Fax (0 59) 23 88 01.

Bruxelles 113 – Brugge 21 – Oostende 12.

Aub. des Rois-Beach H., Zeedijk 1, (0 59) 23 30 18, *Fax (0 59) 23 60 78,* – VISA.
ouvert carnaval, 6 avril-15 oct. et 22 déc.-3 janv. – **Repas** *(fermé merc.)* 1475/2275 – **22 ch** 3350/4720, 6 suites – ½ P 3050/4150.

Les Dunes sans rest, Leopoldplein 5, (0 59) 23 31 46, – VISA.
carnaval-15 oct. – **22 ch** 4250.

Manoir Carpe Diem, Prins Karellaan 12, (0 59) 23 32 20, *Fax (0 59) 23 33 96* – VISA.
fermé janv. – **Repas** *(fermé merc.) Lunch 1250* – carte 1950 2300 – **13 ch** 4040/5050, 2 suites – ½ P 3850.

Arcato sans rest, Nieuwe Steenweg 210, (0 59) 23 57 77, *Fax (0 59) 23 88 66,* – VISA
14 ch 2500/2950.

Azur sans rest, Koninklijke Baan 37, (0 59) 23 83 16, *Fax (0 59) 23 83 17,* – VISA.
16 ch 2000/2950.

Duinhof sans rest, Ringlaan Noord 40, (0 59) 24 20 20, *Fax (0 59) 24 20 39,* – – 25 à 60. VISA
10 ch 3600.

Belle Epoque, Leopoldlaan 5, (0 59) 23 34 65, *Fax (0 59) 23 38 14,* – VISA
Repas *(25 mars-5 nov. ; fermé lundi et mardi)* (Taverne-rest) *Lunch 395* – carte 1000 à 1400 – **15 ch** 2250/2950, 4 suites – ½ P 1750/2375.

Rubens sans rest, Rubenslaan 3, (0 59) 24 22 00, *Fax (0 59) 23 72 98,* –
fermé 15 nov.-15 déc. – **11 ch** 2600/3200.

Gd H. Belle Vue, Koninklijk Plein 5, (0 59) 23 34 39, *Fax (0 59) 23 75 22,* – VISA
15 mars-19 oct. – **Repas** *Lunch 750* – 1150 – **43 ch** 2500/4000 – ½ P 2200/2500.

Internos, Leopoldlaan 12, (0 59) 23 35 79 – rest, VISA
Repas *(avril-oct. ; fermé merc.) Lunch 495* – 995 – **19 ch** 1900/2800 – ½ P 2050.

De Gouden Haan sans rest, B. Murillolaan 1, (0 59) 23 32 32, *Fax (0 59) 23 74 92* –
8 ch 2000/3100.

Bon Accueil, Montaignelaan 2, (0 59) 23 31 14, *Fax (0 59) 23 31 14,* – rest, VISA.
fin janv.-8 nov. ; fermé merc. soir sauf vacances scolaires – **Repas** (dîner pour résidents seult) – **14 ch** 2000/2750 – ½ P 1600/2250.

des Familles, Koninklijke Baan 30, (0 59) 23 33 86, *Fax (0 59) 23 70 41* – VISA. rest
fermé nov. – **Repas** (dîner pour résidents seult) – **24 ch** 3200 – ½ P 2250/2500.

Lotus avec ch, Tollenslaan 1, (0 59) 23 34 75, *Fax (0 59) 23 76 34,* – VISA. rest
fermé fév., merc. et dim. – **Repas** (dîner seult) 1350 – **10 ch** 3600 – ½ P 2300/2500.

Au Bien Venu, Driftweg 14, (0 59) 23 32 54 – VISA
fermé merc. – **Repas** *Lunch 790 bc* – 850/1875.

Casanova, Zeedijk 15, (0 59) 23 45 55, – VISA
fermé jeudi sauf vacances scolaires – **Repas** *Lunch 495* – 850/995.

Cocagne, Stationsstraat 9, (0 59) 23 93 28 – VISA
fermé du 6 au 17 mars, du 1er au 10 déc., merc. soir et jeudi – **Repas** *Lunch 525* – 995/1695.

à Klemskerke *Sud : 5,5 km* C *De Haan – ✉ 8420 Klemskerke :*

de Kruishoeve, Duiveketestraat 5, ✆ (0 59) 23 73 55, *Fax (0 59) 23 73 55*, –
Repas *(fermé mardi et merc. sauf vacances scolaires)* Lunch 550 – 850 – **7 ch** 1200/2100 – ½ P 1600.

à Vlissegem *Sud-Est : 6,5 km* C *De Haan – ✉ 8421 Vlissegem :*

Vijfweghe, Brugsebaan 12 (N 9), ✆ (0 59) 23 31 96, Anguilles –
fermé 28 fév.-24 mars, 18 sept.-13 oct., mardi et merc. – **Repas** 995.

Lepelem, Brugsebaan 16 (N 9), ✆ (0 59) 23 57 49, – VISA
fermé 15 fév.-5 mars, 12 sept.-2 oct., merc. et jeudi – **Repas** 950/1800.

HABAY-LA-NEUVE *6720 Luxembourg belge* C *Habay 6 888 h.* 214 S 24 *et* 909 J 6.

Bruxelles 185 – Bouillon 55 – Arlon 14 – Bastogne 37 – Neufchâteau 22 – Luxembourg 40.

Tante Laure, r. Emile Baudrux 6, ✆ (0 63) 42 23 63, *Fax (0 63) 42 35 91*, Avec grillades – AE VISA
fermé 20 sept.-10 oct., 20 janv.-10 fév., merc. soir et jeudi – **Repas** Lunch 460 – 840.

à l'Est : *2 km par N 87, lieu-dit Pont d'Oye :*

Les Ardillières, r. Pont d'Oye 6, ✆ (0 63) 42 22 43, *Fax (0 63) 42 28 52*, ≤, « Environnement boisé », – AE VISA
fermé du 1er au 27 janv. – **Repas** voir rest ***Les Forges*** ci-après – **9 ch** 5000/5500, 1 suite.

Château, r. Pont d'Oye 1, ✆ (0 63) 42 01 30, *Fax (0 63) 42 01 36*, ≤, « Parc avec étangs », – – 25 à 150. AE VISA. rest
fermé 15 fév.-2 mars, 20 août-6 sept. et dim. soir et lundi sauf vacances scolaires – **Repas** Lunch 1080 – 1250/1900 – **18 ch** 2800/5000 – ½ P 3000/3600.

Les Forges (Thiry frères) avec ch, r. Pont d'Oye 6, ✆ (0 63) 42 22 43, *Fax (0 63) 42 28 52*, ≤, « Jardin fleuri avec cascades » – AE VISA
fermé 26 juin-13 juil., du 1er au 27 janv., mardi et merc. midi – **Repas** Lunch 1350 – carte 2850 à 3400 – **8 ch** 1550/2350
Spéc. Filet de bœuf et meurette d'œufs de caille. Foie de canard confit à l'oreille de cochon. Croustillant de millet tartiné de caviar, beurre fondu aux langoustines.

Les Plats Canailles de la Bleue Maison, r. Pont d'Oye 7, ✆ (0 63) 42 42 70, *Fax (0 63) 42 43 17*, ≤, « Petite auberge en bordure de rivière » – VISA
fermé du 4 au 21 sept., du 1er au 27 janv., lundi et mardi midi – **Repas** Lunch 980 – carte env. 1500.

HAINE-ST-PAUL *Hainaut* 213 K 20, 214 K 20 *et* 909 F 4 – *voir à La Louvière.*

HALLE (HAL) *1500 Vlaams-Brabant* 213 K 18, 214 K 18 *et* 909 F 3 – *33 542 h.*

Voir *Basilique★★ (Basiliek)* X.

Historisch Stadhuis, Grote Markt 1 ✆ (0 2) 356 42 59, Fax (0 2) 356 54 11.

Bruxelles 17 ① – Charleroi 47 ② – Mons 41 ④ – Tournai 67 ⑤

Plan page suivante

Alsput, Alsputweg 108 (Nord : 2 km par Jean Jacminstraat), ✆ (0 2) 356 76 47, *Fax (0 2) 360 12 10*, – rest, – 40. AE VISA JCB.
Repas (Taverne-rest, ouvert jusqu'à minuit) Lunch 390 – carte 900 à 1600 – **14 ch** 2650/4900 – ½ P 1890/3800.

Les Eleveurs avec ch, Basiliekstraat 136, ✆ (0 2) 361 13 40, *Fax (0 2) 361 24 62*, – – 25. AE VISA — Y a
fermé vend., sam. midi, dim. soir et jours fériés soir – **Repas** Lunch 1250 – 1850/2250 – **18 ch** 1500/4000 – ½ P 2100/3800.

Kinoo, Albertstraat 70, ✆ (0 2) 356 04 89, *Fax (0 2) 361 53 50* – AE VISA — Z e
fermé 21 juil.-15 août, fin déc., dim. soir et lundi – **Repas** Lunch 1800 bc – 1775/2175.

Peking Garden, Bergensesteenweg 50, ✆ (0 2) 360 31 20, *Fax (0 2) 360 31 20*, Cuisine chinoise – AE VISA. — Y c
fermé 2 dern. sem. juil., merc. et après 20 h 30 – **Repas** Lunch 380 – 1100/2500 bc.

HALLE

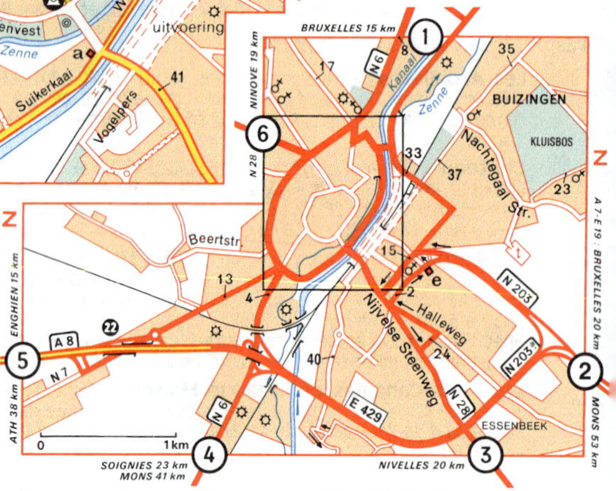

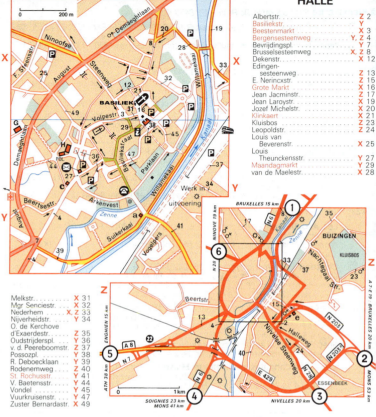

During the season, particularly in resorts, it is wise to book in advance.

HALMA *Luxembourg belge* **214** P 22 *et* **909** I 5 – *voir à Wellin.*

HAM *3945 Limburg* **213** P 16 *et* **909** I 2 – *9 180 h.*
Bruxelles 78 – Antwerpen 50 – Hasselt 25.

XX **Host. The Fox** avec ch, Genendijkerveld 5 (Sud-Est : 4 km, lieu-dit Genendijk), ☎ (0 13) 66 48 50, *Fax (0 13) 67 28 33,* – TV ☎ P. AE O MC VISA.
Repas *(fermé 3 prem. sem. mars, 3 prem. sem. sept., lundi midi et mardi midi)* Lunch 995 – 1050/1850 – **8 ch** 2400/3000 – ½ P 1950/3475.

HAMME *9220 Oost-Vlaanderen* **213** N 18 *et* **909** F 2 – *22 695 h.*
Bruxelles 38 – Antwerpen 29 – Gent 36.

XXX ✿ **De Plezanten Hof** (Putteman), Driegoten 97 (près de l'Escaut-Schelde), ☎ (0 52) 47 38 50, *Fax (0 52) 47 86 56,* , « Terrasse et jardin » – P. AE O MC VISA
fermé 2 sem. en sept., fin déc.-début janv., dim. soir et lundi – **Repas** Lunch 1600 – 2200/3400 bc, carte 2500 à 2950
Spéc. Trilogie d'agneau. Turbot pané au riz soufflé et safran. Trilogie de pigeonneau.

X **'t Spaans Hof,** Drapstraat 34, ☎ (0 52) 48 10 18, *Fax (0 52) 48 10 18,* – AE O MC VISA.
fermé 2 prem. sem. sept., lundi, mardi et sam. midi – **Repas** 1300 bc/1850 bc.

à Moerzeke *Sud-Est : 4 km* [C] *Hamme –* ✉ *9220 Moerzeke :*

XX **Wilgenhof,** Bootdijkstraat 90, ✆ (0 52) 47 05 95, *Fax (0 52) 48 03 92,* 🍴 – ▤ P AE ⓞ MC VISA JCB
fermé 2 sem. carnaval, 2 dern. sem. août, lundi et mardi – **Repas** 950.

HAMOIR *4180 Liège* 213 *S 20,* 214 *S 20 et* 909 *J 4 – 3 530 h.*
Bruxelles 111 – Huy 28 – Liège 44.

XX **La Bonne Auberge** avec ch, pl. Delcour 10, ✆ (0 86) 38 82 08, *Fax (0 86) 38 82 08,* 🍴 – AE ⓞ VISA. ✂ ch
fermé dern. sem. avril, 1re quinz. oct., merc. et dim. soir – **Repas** 1200/1500 – **6 ch** ☕ 1250/1750 – ½ P 1750/1850.

HAMONT-ACHEL *3930 Limburg* 213 *S 15 et* 909 *J 2 – 13 485 h.*
Bruxelles 107 – Hasselt 43 – Eindhoven 28.

à Achel *Ouest : 4 km* [C] *Hamont-Achel –* ✉ *3930 Achel :*

Koeckhofs, Michielsplein 4, ✆ (0 11) 64 31 81, *Fax (0 11) 66 24 42,* 🍴, 🚲 – 🛗 ✂ TV ☎ – 🏛 25 à 55. AE ⓞ MC VISA. ✂ rest
fermé 27 déc.-15 janv. et dim. – **Repas** *(fermé dim. et lundi)* Lunch 1250 – carte env. 2200 – **16 ch** ☕ 2800/3500 – ½ P 2500/2800.

HAMPTEAU *6990 Luxembourg belge* [C] *Hotton 4 780 h.* 213 *R 21,* 214 *R 21 et* 909 *J 5.*
Bruxelles 118 – Liège 62 – Namur 57.

Château d'Héblon 🐌, r. Héblon 1, ✆ (0 84) 46 65 73, *Fax (0 84) 46 65 73,* 🍴, 🏊, 🌳, 🚲, 🐎 – TV ☎ P AE MC VISA. ✂ rest
Repas *(fermé dim. et lundi) (dîner seult)* 1250/2250 – **7 ch** ☕ 1850/4200 – ½ P 2950/3200.

HAM-SUR-HEURE *6120 Hainaut* [C] *Ham-sur-Heure-Nalinnes 13 188 h.* 213 *L 21,* 214 *L 21 et* 909 *G 5.*
Bruxelles 75 – Beaumont 17 – Charleroi 16 – Mons 49.

XX **Le Pré Vert,** r. Folie 24, ✆ (0 71) 21 56 09, 🍴 – P MC VISA JCB
fermé fin août-début sept., lundi et mardi – **Repas** 985/1650.

HANNUT (HANNUIT) *4280 Liège* 213 *P 18,* 214 *P 18 et* 909 *I 3 – 12 915 h.*
⛳9 *rte de Grand Hallet 19a* ✆ *(0 19) 51 30 66, Fax (0 19) 51 30 66.*
Bruxelles 60 – Namur 32 – Hasselt 38 – Liège 43.

XX **Les Comtes de Champagne,** chaussée de Huy 23, ✆ (0 19) 51 24 28, *Fax (0 19) 51 31 10,* 🍴, « Parc » – P – 🏛 25 à 200. AE ⓞ MC VISA
fermé merc. – **Repas** Lunch 800 – 1250/1650.

HANSBEKE *9850 Oost-Vlaanderen* [C] *Nevele 10 968 h.* 213 *G 16 et* 909 *D 2.*
Bruxelles 75 – Brugge 37 – Gent 19.

XX **'t Oud Gemeentehuis,** Vaartstraat 2, ✆ (0 9) 371 47 10, *Fax (0 9) 371 88 51,* 🍴, Ouvert jusqu'à 23 h, « Terrasse ombragée » – P AE ⓞ MC VISA
fermé 2 dern. sem. juil., sam., dim. et jours fériés – **Repas** Lunch 500 – carte 1250 à 1900.

HAN-SUR-LESSE *Namur* 214 *Q 22 et* 909 *I 5 –* *voir à Rochefort.*

HARELBEKE *8530 West-Vlaanderen* 213 *E 17 et* 909 *C 3 – 26 333 h.*
Bruxelles 86 – Kortrijk 4 – Brugge 46 – Gent 42.

Shamrock, Gentsesteenweg 99, ✆ (0 56) 70 21 16, *Fax (0 56) 70 46 24,* 🍴 – TV ☎ P AE ⓞ MC VISA. ✂
fermé 31 juil.-14 août et dim. – **Repas** 975/1950 – **8 ch** ☕ 2200/3500 – ½ P 2500/3000.

HARZÉ *4920 Liège* [C] *Aywaille 9 808 h.* 213 *T 20,* 214 *T 20 et* 909 *K 4.*
Bruxelles 128 – Bastogne 59 – Liège 34.

XX **La Cachette,** Paradis 3 (Sud : 3 km par N 30), ✆ (0 86) 43 32 66, *Fax (0 86) 43 37 25,* 🍴 – P AE ⓞ MC VISA
fermé fin juil.-début août, fin déc.-début janv., merc. en juil.-août et mardi – **Repas** 1360/1960.

HASSELT *3500* P *Limburg* **213** Q 17 *et* **909** I 3 – *67 772 h.*

Musée : *national du genièvre★ (Nationaal Jenevermuseum)* Y **M¹**.

Exc. *par ⑦ : Domaine provincial de Bokrijk★ par ⑦.*

Vissenbroekstraat 15 ☎ (0 11) 26 34 82, Fax (0 11) 26 34 83 – par ⑤ : 9 km à Lummen, Golfweg 1b ☎ (0 13) 52 16 64, Fax (0 13) 52 17 69 – par ① : 12,5 km à Houthalen, Golfstraat 1 ☎ (0 89) 38 35 43, Fax (0 89) 84 12 08.

Stadhuis, Lombaardstraat 3 ☎ (0 11) 23 95 40, Fax (0 11) 22 50 23 – Fédération provinciale de tourisme, Universiteitslaan 1 ☎ (0 11) 23 74 50, Fax (0 11) 23 74 66.

Bruxelles 82 ⑥ – Maastricht 33 ④ – Antwerpen 77 ⑧ – Liège 42 ④ – Eindhoven 59 ①

Plan page ci-contre

Holiday Inn, Kattegatstraat 1, ☎ (0 11) 24 22 00, *Fax (0 11) 22 39 35,* – – 25 à 300. AE VISA JCB. rest Y a
Repas (Avec buffets) 950 – **107 ch** 6525/7550.

Hassotel, St-Jozefstraat 10, ☎ (0 11) 23 06 55, *Fax (0 11) 22 94 77,* – rest, – 25 à 190. AE VISA. Z d
Repas *Lunch 425* – carte 850 à 1200 – **30 ch** 3255/4515 – ½ P 2890.

Portmans, Minderbroederstraat 12 (Walputsteeg), ☎ (0 11) 26 32 80, *Fax (0 11) 26 32 81,* – – 50. AE VISA. ch Y r
Repas ***De Orangerie*** (Taverne-rest, ouvert jusqu'à 23 h) *Lunch 320* – carte 850 à 1250 – ***De Pasta*** (Cuisine italienne, ouvert jusqu'à 23 h) carte 900 à 1300 – **14 ch** 3500/3800.

Parkhotel sans rest, Genkersteenweg 350 (par ② : 4 km sur N 75), ☎ (0 11) 21 16 52, *Fax (0 11) 22 18 14,* – – 25 à 120. AE VISA JCB
fermé fin déc. – **29 ch** 2400/3200.

Ibis sans rest, Thonissenlaan 52, ☎ (0 11) 23 11 11, *Fax (0 11) 24 33 23* – – 30. AE VISA Y e
59 ch 2600/3250.

Century, Leopoldplein 1, ☎ (0 11) 22 47 99, *Fax (0 11) 23 18 24,* – AE VISA Z f
Repas (Taverne-rest, ouvert jusqu'à 23 h) *Lunch 350* – carte 900 à 1400 – **17 ch** 1700/2800 – ½ P 2050/3250.

Figaro, Mombeekdreef 38, ☎ (0 11) 27 25 56, *Fax (0 11) 27 31 77,* ≤, , « Jardins et patio avec pièce d'eau » – – 25. AE VISA X a
fermé du 1er au 20 août, lundi et merc. – **Repas** *Lunch 1300* – carte 1950 à 2600.

Savarin, Thonissenlaan 43, ☎ (0 11) 22 84 88, *Fax (0 11) 23 30 90,* – AE VISA. Y n
fermé du 10 au 20 juin, 27 août-8 sept., dim. midi en juil.-août, sam. midi, dim. soir et lundi – **Repas** *Lunch 1200* – 1695/2150.

't Claeverblat, Lombaardstraat 34, ☎ (0 11) 22 24 04, *Fax (0 11) 23 33 31* – AE VISA. Y r
fermé jeudi, sam. midi et dim. – **Repas** *Lunch 1250* – carte 1400 à 2200.

l'Aubergine, Luikersteenweg 358, ☎ (0 11) 27 17 77 – AE VISA X c
fermé du 2 au 20 janv., mardi et sam. midi – **Repas** *Lunch 850* – 1400.

't Kleine Genoegen, Raamstraat 3, ☎ (0 11) 22 57 03, *Fax (0 11) 22 57 03* – AE VISA Y t
fermé 3 sem. en juil., dim. et lundi – **Repas** *Lunch 450* – 1100/1450.

Don Christophe, Walputstraat 25, ☎ (0 11) 22 50 92, *Fax (0 11) 24 27 28* – AE VISA Y b
fermé lundi soir et mardi – **Repas** *Lunch 1150* – 950/1495.

De Egge, Walputstraat 23, ☎ (0 11) 22 49 51, *Fax (0 11) 22 49 51* – AE VISA Y u
fermé 2 dern. sem. juil., sam. midi et dim. – **Repas** 950/1500.

à Herk-de-Stad *(Herck-la-Ville) par ⑦ : 12 km – 11 476 h. – ✉ 3540 Herk-de-Stad :*

Rôtiss. De Blenk, Endepoelstraat 50 (Sud : 1 km par rte de St-Truiden, puis rte de Rummen), ☎ (0 13) 55 46 64, , « Fermette avec jardin d'hiver et terrasse » – AE VISA.
fermé 15 août-4 sept., 23 déc.-3 janv., jeudi, sam. midi et dim. – **Repas** *Lunch 1350* – carte env. 2000.

à Lummen *par ⑧ : 9 km – 13 377 h. – ✉ 3560 Lummen :*

Intermotel, Klaverbladstraat 7 (près de l'échangeur E 314 - A 2 / E 313 - A 13), ☎ (0 13) 52 16 16, *Fax (0 13) 52 20 78,* – – 25 à 120. AE VISA.
Repas (Ouvert jusqu'à 23 h) 1000 – **28 ch** 2200/3400 – ½ P 2750/3200.

HASSELT

Badderijstr. .... Y 2
Banneuxstr. .... V 3
Boerenkrijgsingel .... X 6
Botermarkt .... Y 7
Demerstr. .... Y
Diesterstr. .... YZ 8
Dorpstraat .... Y 10
Genkersteenweg .... V 12
Gouverneur Roppesingel .... X 15
Gouverneur Verwilghensingel .. V 16
Grote Markt .... Z
Havermarkt .... Z 18
Hendrik van Veldekesingel . V 19
Herkenrodesingel .... V 21
Hoogstr. .... Y 22
Kapelstr. .... Z 23
Kempische Steenweg .... VY 24
Kolonel Dusartpl. .... Y 26
Koning Albertstr. ...... Z 27
Koning Boudewijnlaan .... VY 28
Koningin Astridlaan .. VY 30
Kuringersteenweg ...... V 31
Kunstlaan .... Z 32
Lombaardstr. .... Y 34
Maastrichtersteenweg . VY 35
Maastrichterstr. .... YZ 36
Prins Bisschopsingel .. X 38
Ridder Portmanstr. .... Z 39
Runkstersteenweg ...... V 40
Salvatorstr. .... X 42
de Schiervellaan .... Z 43
St. Jozefstr. .... Z 44
St. Lambrechts Herkstraat .... X 46
St. Truidersteenweg .. X 47
Universiteitslaan ..... V 49
Windmolenstraat .... Z 50
Zuivelmarkt .... Y 51

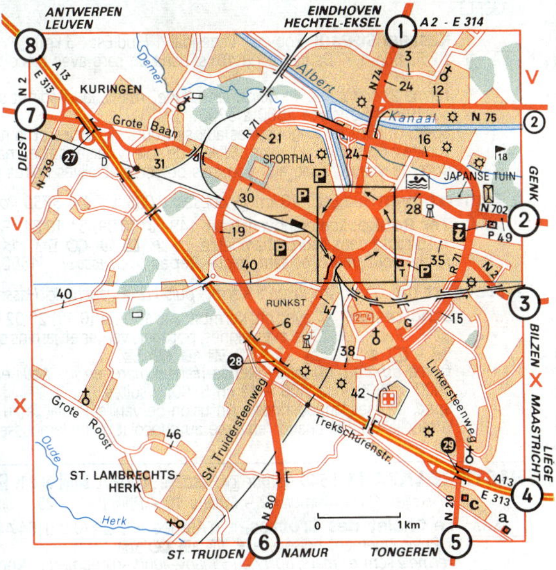

Pour visiter
la Belgique
utilisez
le guide vert
Michelin
Belgique
Grand-Duché de
Luxembourg

Service and taxes
In Belgium, Luxembourg and Netherlands prices include service and taxes.

XXXX ✿ **Kasteel St-Paul** (Robyns), Lagendal 1 (Sud-Est : 3 km), ✆ (0 13) 52 18 09, *Fax (0 13) 52 33 66*, ≤, « Demeure du 19e s. dans un parc avec pièce d'eau » – ▤ P. AE ① MC VISA. ✂
fermé 2e quinz. juil., 1re quinz. janv., lundi, mardi, jeudi soir et sam. midi – **Repas** Lunch 1950 – 2495/3450, carte 2500 à 3200
Spéc. Queues de langoustines aux senteurs exotiques et la marmelade de tomates parfumée à l'estragon (juin-sept.). Filets de sole grillée et sa béarnaise de chou-fleur et câpres. Côte de veau braisée aux pommes de terre et olives noires écrasées (janv.-sept.).

à Romershoven *Sud-Est : 10 km* C *Hoeselt 9 085 h.* – ✉ *3730 Romershoven :*

XXX **Ter Beuke,** Romershovenstraat 148, ✆ (0 89) 51 18 81, *Fax (0 89) 51 11 06*, ≤, 🏠, « Terrasse dans cadre champêtre » – P. AE ① MC VISA. ✂
fermé août, merc. et sam. midi – **Repas** Lunch 1650 bc – 1350/1600.

à Stevoort *par ⑦ : 5 km jusqu'à Kermt, puis rte à gauche* C *Hasselt* – ✉ *3512 Stevoort :*

XXXXX ✿ **Scholteshof** avec ch, Kermtstraat 130, ✆ (0 11) 25 02 02, *Fax (0 11) 25 43 28*, ≤, 🏠, « Ferme du 18e s. avec vignes, potager, verger et jardins dans un cadre champêtre », 🎾 – TV ☎ P – 🏛 25 à 60. AE ① MC VISA
fermé du 2 au 19 janv. – **Repas** *(fermé mardi en juil.-août et merc.)* 3800/4500, carte 4000 à 4600 – ☕ 600 – **11 ch** 5500, 7 suites
Spéc. Grosses langoustines à l'infusion de vanille. Poularde au citron confit et légumes à la moelle. Soufflé chaud renversé au chocolat, pamplemousse et cannelle.

HASTIÈRE-LAVAUX *5540 Namur* C *Hastière 4 902 h.* 213 N 21, 214 N 21 *et* 909 H 5.
Bruxelles 100 – Namur 42 – Dinant 10 – Philippeville 25 – Givet 9.

XXX **Le Chalet des Grottes,** r. d'Anthée 52, ✆ (0 82) 64 41 86, *Fax (0 82) 64 57 55*, « Environnement boisé » – P. AE ① MC VISA
fermé 2 sem. en mars, du 17 au 31 janv., lundi soir et mardi – **Repas** Lunch 1200 – 1750/3000.

XX **La Meunerie,** r. Larifosse 17, ✆ (0 82) 64 51 33, *Fax (0 82) 64 51 33*, 🏠, « Moulin à eau » – 🏛 25. AE ① MC VISA
fermé janv.-12 fév., 16 août-15 sept., merc. sauf en juil.-août et mardi – **Repas** 895/1895.

HAUTE-BODEUX *Liège* 213 T 20, 214 T 20 *et* 909 K 4 – *voir à Trois-Ponts.*

HAVELANGE *5370 Namur* 213 Q 20, 214 Q 20 *et* 909 I 4 – *4 500 h.*
⛳18 *à l'Est : 9 km à Méan, Ferme du Grand Scley* ✆ *(0 86) 32 32 32, Fax (0 86) 32 30 11.*
Bruxelles 98 – Namur 39 – Dinant 30 – Liège 40.

XX ⊜ **Le Petit Criel,** Malihoux 1, ✆ (0 83) 63 36 60, *Fax (0 83) 63 36 60*, 🏠, « Environnement champêtre » – P. AE ① MC VISA
fermé 25 juin-15 juil. et lundis et mardis non fériés – **Repas** 495/1195.

HÉBRONVAL *Luxembourg belge* 213 T 21 *et* 214 T 21 – *voir à Vielsalm.*

HEFFEN *Antwerpen* 213 L 16 – *voir à Mechelen.*

HEIST *West-Vlaanderen* 213 E 14 *et* 909 C 1 – *voir à Knokke-Heist.*

HEIST-OP-DEN-BERG *2220 Antwerpen* 213 N 16 *et* 909 H 2 – *37 220 h.*
Bruxelles 48 – Antwerpen 37 – Diest 32 – Mechelen 18.

XX **Ter Bukbosch,** Liersesteenweg 203 (Sud-Est : 3 km, Mylène Center), ✆ (0 15) 24 47 80, *Fax (0 15) 24 24 26*, ≤, 🏠, « Terrasse et jardin » – P – 🏛 25 à 450. AE ① VISA. ✂
fermé 15 juil.-15 août et fin déc. – **Repas** (déjeuner seult) Lunch 1250 – carte 1450 à 1900.

XX **Het Anker,** Bergstraat 7, ✆ (0 15) 25 13 48, *Fax (0 15) 24 52 12* – P – 🏛 25 à 225. AE ① MC VISA. ✂
fermé 1 sem. en juil., prem. sem. sept, lundi, mardi soir, merc. soir et sam. midi – **Repas** Lunch 750 – 950/1450.

HEKELGEM *1790 Vlaams-Brabant* C *Affligem 11 723 h.* 213 J 17 *et* 909 F 3.
Bruxelles 23 – Aalst 6 – Charleroi 75 – Mons 79.

XX **Anobesia,** Brusselbaan 216 (sur N 9), ✆ (0 53) 68 07 69 – P. AE ① MC VISA JCB. ✂
fermé 2 dern. sem. fév., 3 sem. en août, lundi soir, mardi et sam. midi – **Repas** Lunch 1200 – 1795/2295.

HENRI-CAPELLE (HENDRIK-KAPELLE) *4841 Liège* C *Welkenraedt 8772 h.* 213 U 18, 214 U 18 *et* 909 K 3.

Voir *Cimetière américain : de la terrasse* ☀★.

rue du Vivier 3 (0 87) 88 19 91, Fax (0 87) 88 36 55 - au Nord-Ouest : 11 km à Gemmenich, r. Terstraeten 254 (0 87) 78 73 00, Fax (0 87) 78 75 55.

Bruxelles 124 – Maastricht 33 – Eupen 11 – Liège 34 – Verviers 16 – Aachen 16.

XX **Le Vivier,** Vivier 22 (Est : 1,5 km), (0 87) 88 04 12, *Fax (0 87) 88 04 12,* « Parc avec étang » – P. AE ① ⓂⓄ VISA.
fermé 2 sem. carnaval, 2 sem. en juil., sam. midi, dim. soir, lundi et après 20 h 30 – **Repas** Lunch 1200 – 1685.

HERBEUMONT *6887 Luxembourg belge* 214 Q 24 *et* 909 I 6 – *1417 h.*

Voir *Château : du sommet* ≤★★.

Env. *à l'Ouest : 11 km, Roches de Dampiry* ≤★ *– au Nord-Ouest : 12 km, Variante par Auby : au mont Zatron* ≤★.

Bruxelles 170 – Bouillon 24 – Arlon 55 – Dinant 78.

Host. du Prieuré de Conques , r. Conques 2 (Sud : 2,5 km), ✉ 6820 Florenville, (0 61) 41 14 17, *Fax (0 61) 41 27 03,* ≤, « Parc et verger au bord de la Semois », – ch, TV ☎ P. AE ① ⓂⓄ VISA.
fermé 10 janv.-2 mars, 28 août-7 sept. et mardi – **Repas** Lunch 1600 bc – 1150/2100 – **18 ch** 3500/5500 – ½ P 3200/3950.

La Châtelaine, Grand-Place 8, (0 61) 41 14 22, *Fax (0 61) 41 22 04,* – TV ☎ P – 30. AE ① ⓂⓄ VISA JCB. rest
17 mars-2 janv. ; fermé 26 juin-7 juil. et 21 août-1er sept. – **Repas** *(fermé après 20 h 30)* Lunch 685 – 715/1275 – **37 ch** 1950/3300 – ½ P 2200/2800.

'S-HERENELDEREN *Limburg* 213 S 18 *et* 909 J 3 – *voir à Tongeren.*

HERENTALS *2200 Antwerpen* 213 O 15 *et* 909 H 2 – *25394 h.*

Voir *Retable★ de l'église Ste-Waudru (St-Waldetrudiskerk).*

au Nord : 8 km à Lille, Haarlebeek 3 (0 14) 55 19 30, Fax (0 14) 55 19 31 - au Sud : 5 km à Noorderwijk, Witbos (0 75) 46 29 45, Fax (0 3) 231 72 31.

Grote Markt 41, (0 14) 21 90 88, Fax (0 14) 22 28 56.

Bruxelles 70 – Antwerpen 30 – Hasselt 48 – Turnhout 24.

X **'t Ganzennest,** Watervoort 68 (direction Lille : 1 km, puis à droite), (0 14) 21 64 56, *Fax (0 14) 21 82 36,* Taverne-rest, « Cadre champêtre » – P. VISA
fermé prem. sem. mars, 2 prem. sem. sept., lundi et mardi – **Repas** Lunch 780 – 980/1450.

à Grobbendonk *Ouest : 4 km – 10427 h. – ✉ 2280 Grobbendonk :*

Aldhem, Jagersdreef 1 (près E 313 - A 13, sortie ⑳), (0 14) 50 10 01, *Fax (0 14) 50 10 13,* – rest, TV ☎ P – 25 à 640. AE ① ⓂⓄ VISA.
Repas (Cuisine italienne) 900/1850 – **65 ch** 3850/5100 – ½ P 3350/4050.

HERK-DE-STAD (HERCK-LA-VILLE) *Limburg* 213 Q 17 *et* 909 I 3 – *voir à Hasselt.*

HERNE *1540 Vlaams-Brabant* 213 J 18, 214 J 18 *et* 909 F 3 – *6361 h.*

Bruxelles 42 – Aalst 27 – Mons 31 – Tournai 52.

XXX **Kokejane,** Van Cauwenberghelaan 3, (0 2) 396 16 28, *Fax (0 2) 396 02 40,* « Terrasse et jardin » – P – 25 à 40. AE ⓂⓄ VISA.
fermé 15 fév.-3 mars, 15 août-1er sept. et lundis et mardis non fériés – **Repas** Lunch 1475 – 1600/2880.

HERSEAUX *Hainaut* 213 E 18 *et* 909 C 3 – *voir à Mouscron.*

HERSELT *2230 Antwerpen* 213 O 16 *et* 909 H 2 – *13429 h.*

Bruxelles 51 – Antwerpen 43 – Diest 17 – Turnhout 35.

XX **Agter de Weyreldt,** Achter de Wereldstraat 2 (Sud-Ouest : 4 km par N 19), (0 16) 69 98 51, *Fax (0 16) 69 98 53,* « Cadre champêtre » – P – 30. AE ① ⓂⓄ VISA.
fermé dern. sem. août, prem. sem. janv., sam. midi, dim. soir et lundi – **Repas** Lunch 1450 – 3200 bc.

HERSTAL *Liège* 213 S 18, 214 S 18 - ㉕ N *et* 909 J 3 - ⑱ N – *voir à Liège, environs.*

HERTSBERGE *West-Vlaanderen* 213 E 16 et 909 C 2 – *voir à Brugge, environs.*

Het – *voir au nom propre.*

HEURE *5377 Namur* C *Somme-Leuze 3 992 h.* 213 Q 21, 214 Q 21 et 909 I 5.
Bruxelles 102 – Dinant 35 – Liège 54 – Namur 41.

XX **Le Pré Mondain** (Van Lint), rte de Givet 24, (0 86) 32 28 12, *Fax (0 86) 32 39 02*
✿ , « Auberge rustique avec terrasse et jardin fleuri » – P. AE MC VISA
fermé du 9 au 17 avril, 20 juin-11 juil., 17 déc.-8 janv. et dim., lundis et jeudis soirs non fériés – **Repas** 950/1950 bc, carte 1100 à 1850
Spéc. Anguilles parfumées aux herbes du jardin. Boudin noir aux pommes caramélisées et mousse de céleri-rave. Pigeonneau en estouffade de chou au foie gras.

HEUSDEN *Limburg* 213 Q 16 et 909 I 2 – *voir à Zolder.*

HEUSDEN *Oost-Vlaanderen* 213 H 16 et 909 E 2 – *voir à Gent, environs.*

HEUSY *Liège* 213 U 19, 214 U 19 et 909 K 4 – *voir à Verviers.*

HEVERLEE *Vlaams-Brabant* 213 N 17 et 909 H 3 – *voir à Leuven.*

HEYD *6941 Luxembourg belge* C *Durbuy 9 561 h.* 213 S 20, 214 S 20 et 909 J 4.
Bruxelles 122 – Arlon 103 – Liège 52 – La Roche-en-Ardenne 37.

X **La Vouivre,** Ninane 1 (Nord : 2 km sur N 806, lieu-dit Ninane-Aisne), (0 86) 49 95 06, *Fax (0 86) 49 95 06* – P. MC VISA.
fermé 2 prem. sem. juil., 2 prem. sem. janv., dim. soir, lundi midi et merc. – **Repas** 900/1390.

HINGENE *2880 Antwerpen* C *Bornem 19 750 h.* 213 K 16 et 909 F 2.
Bruxelles 35 – Antwerpen 27 – Gent 46 – Mechelen 22.

XX **Symfonie,** Schoonaardestraat 11, (0 3) 889 36 69, *Fax (0 3) 889 36 69*, ,
« Fermette avec jardin d'hiver » – P. AE D MC VISA
fermé 3 sem. en juil., mardi et merc. – **Repas** Lunch 975 – 1500/2000.

HOEGAARDEN *3320 Vlaams-Brabant* 213 O 18 et 909 H 3 – *5 984 h.*
Bruxelles 47 – Charleroi 58 – Hasselt 44 – Liège 56 – Namur 43 – Tienen 5.

X **Op de Wallen van Alpaïde,** Gemeenteplein 25, (0 16) 76 64 69, *Fax (0 16) 76 69 66*, , « Maison historique avec fondations du 10e s. » – 35. AE D MC VISA
fermé fin avril-début mai, 20 août-10 sept., lundi et mardi – **Repas** Lunch 950 – carte 1400 à 1700.

HOEI *Liège* – *voir Huy.*

HOEILAART *Vlaams-Brabant* 213 L 18 - (52) S et 909 G 3 - (22) S – *voir à Bruxelles, environs.*

HOEKE *West-Vlaanderen* 213 F 15 – *voir à Damme.*

HONDELANGE *Luxembourg belge* 214 U 25 et 909 K 7 – *voir à Arlon.*

HOOGLEDE *West-Vlaanderen* 213 D 17 et 909 C 3 – *voir à Roeselare.*

HOOGSTRATEN *2320 Antwerpen* 213 N 14 et 909 H 1 – *17 390 h.*
Stadhuis, Vrijheid 149 (0 3) 340 19 55, Fax (0 3) 340 19 66.
Bruxelles 88 – Antwerpen 37 – Turnhout 18.

XXX **Noordland,** Lodewijk De Konincklaan 276, (0 3) 314 53 40, *Fax (0 3) 314 83 32*, ,
« Jardin » – P. AE D MC VISA.
fermé 28 janv.-8 fév., 14 juil.-1er août, merc. et jeudi – **Repas** Lunch 1250 – 2100.

XX **Host. De Tram** avec ch, Vrijheid 192, (0 3) 314 65 65, *Fax (0 3) 314 70 06* – TV
P. AE MC VISA.
fermé 2e quinz. août – **Repas** *(fermé lundi et mardi)* Lunch 850 – carte 1500 à 1950 – **5 ch**
3950/4200.

XX **Begijnhof,** Vrijheid 108, (0 3) 314 66 25, *Fax (0 3) 314 84 13* – AE MC VISA
fermé 2 sem. en avril, 1re quinz. sept., mardi et merc. – **Repas** Lunch 895 – 1200/1595.

HOTTON *6990 Luxembourg belge* 213 R 21, 214 R21 *et* 909 J 5 – *4 780 h.*

Voir *Grottes★★.*

r. Haute 4 (0 84) 46 61 22, Fax (0 84) 46 76 98.

Bruxelles 116 – Liège 60 – Namur 55.

La Commanderie, r. Haute 44, (0 84) 46 78 77, *Fax (0 84) 46 75 89*, – TV P – 25 à 80. AE MC VISA
fermé 8 janv.-4 fév. – **Repas** *(fermé lundi et mardi de sept. à juin)* Lunch 750 – 900 – **19 ch** 1700/2500 – ½ P 2000/2300.

La Besace r. Monts 9 (Est : 4,5 km, lieu-dit Werpin), (0 84) 46 62 35, *Fax (0 84) 46 70 54*, – TV P – 25. MC VISA. rest
Repas (dîner pour résidents seult) – **9 ch** 1950/2800 – ½ P 2095/2695.

La Carretta, r. Vallée 3, (0 84) 46 76 90, *Fax (0 84) 46 75 37* – MC VISA.
fermé 24 déc.-4 janv., mardi et merc. – **Repas** (dîner seult sauf vend. et dim.) *Lunch 790* – 990/1850.

Le Chêne Gourmand, r. E. Parfonry 35, (0 84) 46 74 13, *Fax (0 84) 46 74 13* – MC VISA
fermé dern. sem. août, mardi et merc.. – **Repas** Lunch 450 – 850/1195.

HOUDENG-AIMERIES *Hainaut* 213 J 20, 214 J 20 *et* 909 F 4 – *voir à La Louvière.*

HOUFFALIZE *6660 Luxembourg belge* 214 T 22 *et* 909 K 5 – *4 501 h.*

pl. Janvier 45 (0 61) 28 81 16, Fax (0 61) 28 95 59.

Bruxelles 164 – Luxembourg 95 – Arlon 63 – Liège 71 – Namur 97.

à Achouffe *Nord-Ouest : 6 km* C *Houffalize* – *6666 Houffalize :*

L'Espine, Achouffe 19, (0 61) 28 81 82, *Fax (0 61) 28 90 82*, « Cadre champêtre » – TV P. MC VISA
fermé du 1er au 15 juil. et du 1er au 15 janv. – **Repas** (dîner seult) carte env. 1300 – **11 ch** 2500/3700 – ½ P 2400.

à Wibrin *Nord-Ouest : 9 km* C *Houffalize* – *6666 Wibrin :*

Le Cœur de l'Ardenne avec ch, r. Tilleul 7, (0 61) 28 93 15, *Fax (0 61) 28 91 67*, – TV P. D MC VISA.
fermé du 12 au 22 juin, 21 août-7 sept. et du 7 au 18 janv. – **Repas** (dîner pour résidents seult) – **5 ch** 2300/3500 – ½ P 2475/2825.

HOUSSE *Liège* 213 T 18, 214 T 18 - 26 N *et* 909 18 N – *voir à Blégny.*

HOUTAIN-LE-VAL *1476 Brabant Wallon* C *Genappe 13 589 h.* 213 L 19, 214 L 19 *et* 909 G 4.

Bruxelles 41 – Charleroi 33 – Mons 46 – Nivelles 11.

La Meunerie, r. Patronage 1a, (0 67) 77 28 16, *Fax (0 67) 77 28 16*, – AE D MC VISA JCB
fermé 22 juil.-14 août, sam. midis non fériés, dim. soir, lundi et après 20 h 30 – **Repas** *Lunch 725* – 950/1550.

HOUTHALEN *3530 Limburg* C *Houthalen-Helchteren 28 916 h.* 213 R 16 *et* 909 J 2.

18 *Golfstraat 1 (0 89) 38 35 43, Fax (0 89) 84 12 08.*

Grote Baan 112a (0 11) 60 05 40, Fax (0 11) 60 05 03.

Bruxelles 83 – Maastricht 40 – Diest 28 – Hasselt 12.

De Barrier (Vandersanden), Grote Baan 9 (près E 314 - A 2, sortie 29), (0 11) 52 55 25, *Fax (0 11) 52 55 45*, , « Terrasse et jardin paysagé avec pièce d'eau » – P. AE D MC VISA.
fermé du 5 au 13 mars, du 16 au 31 juil., dim. midi d'oct. à fév., dim. soir et lundi – **Repas** *Lunch 2000* – 2500/3250, carte 2600 à 3200
Spéc. Poêlée de rouget au carpaccio de champignons (15 sept.-15 déc.). Filet de St-Pierre au coulis de poivron rouge et pomme de terre aux olives et basilic (15 mai-15 sept.). Noisettes de chevreuil aux mûres et airelles (15 juin-25 sept.).

Abdijhoeve, Kelchterhoef 7 (Est : 5,5 km), (0 89) 38 01 69, *Fax (0 89) 38 01 69*, , Avec taverne, « Ferme restaurée dans un parc public » – P – 25 à 400. AE MC VISA
fermé lundi – **Repas** *Lunch 850* – 1200.

ter Laecke, Daalstraat 19 (Nord : 2 km par N 74 à Laak), (0 11) 52 67 44, *Fax (0 11) 52 59 15*, , « Jardin » – P. AE D MC VISA.
fermé 1 sem. en juin, 2 sem. en nov., 1 sem. en janv., mardi et merc. – **Repas** 950/1750.

HOUYET *5560 Namur* 214 P 21 *et* 909 I 5 – *4 383 h.*

Env. *au Nord : 10 km à Celles : dalle funéraire★ dans l'église romane St-Hadelin.*

Tour Léopold-Ardenne 6 (0 82) 66 62 28, Fax (0 82) 66 74 53.

Bruxelles 110 – Bouillon 66 – Dinant 34 – Namur 54 – Rochefort 23.

Host. d'Hérock, Hérock 14 (près E 411 - A 4, sortie ㉒), (0 82) 66 64 03, *Fax (0 82) 66 65 14*, – TV P. AE VISA. rest
fermé lundi – **Repas** 580/1440 – **17 ch** 1200/2300 – ½ P 2050.

à Celles *Nord : 10 km* C *Houyet* – ✉ *5561 Celles :*

Aub. de la Lesse, Gare de Gendron 1 (N 910, lieu-dit Gendron), (0 82) 66 73 02, *Fax (0 82) 66 76 15*, – TV P. VISA
Repas *(fermé lundi soir et mardi hors saison)* (Taverne-rest) carte 850 à 1300 – **10 ch** 1680/2500.

La Clochette avec ch, r. Vêves 1, (0 82) 66 65 35, *Fax (0 82) 66 77 91* – P. AE VISA
fermé fin fév.-début mars et 4 juin-début juil. – **Repas** *(fermé merc. non fériés)* *Lunch 800* – 1000/1500 – **7 ch** *(fermé merc. non fériés sauf en juil.-août)* 1800/2200 – ½ P 2200/2400.

à Custinne *Nord-Est : 7 km* C *Houyet* – ✉ *5562 Custinne :*

Le Grand Virage, rte de Neufchâteau 22 (N 94), (0 82) 66 63 64, *Fax (0 82) 66 63 64*, – P. VISA
fermé du 1er au 15 sept., dim. soirs et lundis noin fériés – **Repas** 950/1650.

HUISE *Oost-Vlaanderen* 213 G 17 *et* 909 D 3 – *voir à Zingem.*

HUIZINGEN *Vlaams-Brabant* 213 K 18 - ⑤① S *et* 909 F 3 – *voir à Bruxelles, environs.*

La HULPE (TERHULPEN) *1310 Brabant Wallon* 213 L 18, 214 L 18 *et* 909 G 3 – *6 889 h.*

Voir *Parc★ du domaine Solvay.*

Bruxelles 20 – Charleroi 44 – Namur 54.

La Salicorne, r. P. Broodcoorens 41, (0 2) 654 01 71, *Fax (0 2) 653 71 23*, « Terrasse » – P. AE VISA JCB
fermé 2 dern. sem. fév., dern. sem. juil.-prem. sem. août, dim. et lundi – **Repas** *Lunch 900* – 1480/2180.

L'Artgoût, av. Reine Astrid 81, (0 2) 652 08 43, *Fax (0 2) 652 08 43*, Brasserie – P. VISA
fermé 2 sem. Pâques, 3 sem. en nov., sam. midi, dim. soir et lundi – **Repas** *Lunch 395* – carte 950 à 1350.

HUY (HOEI) *4500 Liège* 213 Q 19, 214 Q 19 *et* 909 I 4 – *18 750 h.*

Voir *Collégiale Notre-Dame★ : trésor★* Z – *Fort★ : ≤★★* Z.

Musée : *communal★* Z **M.**

Env. *par N 617 : 7,5 km à Amay : chasse★ et sarcophage mérovingien★ dans la Collégiale St-Georges – par N 617 : 10 km à Jehay-Bodegnée : collections★ dans le château★ de Jehay.*

par ④ : 11 km à Andenne, Ferme du Moulin, Stud 52 (0 85) 84 34 04, Fax (0 85) 84 34 04.

Quai de Namur 1 (0 85) 21 29 15, Fax (0 85) 23 29 44.

Bruxelles 83 ⑤ – Namur 35 ④ – Liège 33 ①

Plan page ci-contre

Sirius sans rest, quai de Compiègne 47 (par ① : 1,5 km), (0 85) 21 24 00, *Fax (0 85) 21 24 01* – TV P – 25 à 75. AE VISA.
fermé Noël-Nouvel An – **24 ch** 2750/3200, 2 suites.

La ferme de gabelle avec ch, chemin de Gabelle 6 (par ② : 3 km, lieu-dit La Sarte), (0 85) 25 51 60, *Fax (0 85) 23 65 46*, « Ancienne ferme rénovée », – TV P. AE VISA. rest
fermé du 16 au 30 août, 23 déc.-5 janv., dim. soir, lundi et merc. soir – **Repas** 1150/1900 – **4 ch** 2000/2600.

Philippe Lefèbvre, quai de Namur 15, (0 85) 21 14 06 – VISA Z s
fermé 3 sem. en sept., lundi et sam. midi – **Repas** *Lunch 990* – 1240.

Les Colombes, r. L'Apleit 9, (0 85) 25 15 72, – P. VISA YZ a
fermé 21 août-14 sept., du 24 au 30 déc., lundi et merc. – **Repas** *Lunch 595* – carte 900 à 1350.

Le Sorgho Rouge 1er étage, quai d'Autrebande 1/01, (0 85) 21 41 88, ≤, Cuisine chinoise – AE VISA Z n
fermé 3 sem. en juil. et mardi – **Repas** *Lunch 450* – 850/1450.

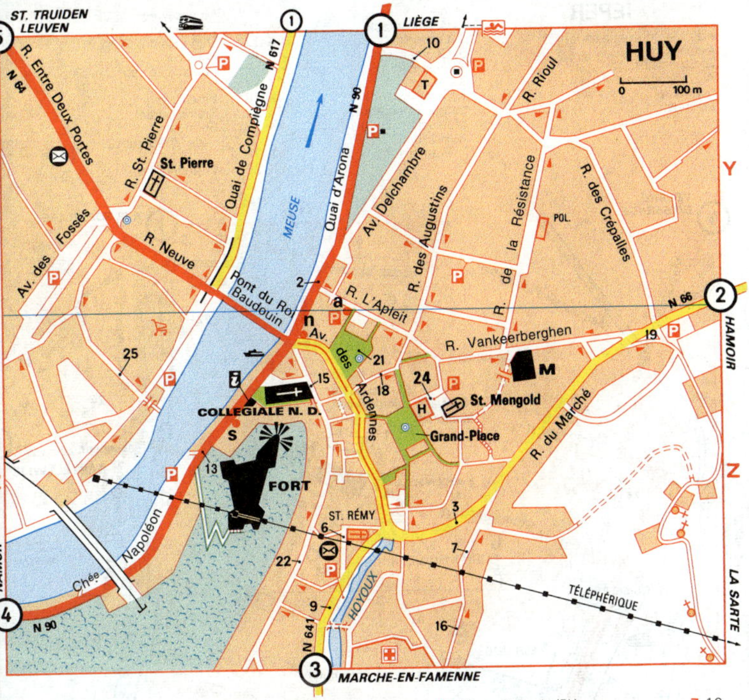

Autrebande (Quai d') .... Y 2
Condroz (Av. du) .... Z 3
Foulons (R. des) .... Z 6
Haut-Chêne (R. du) .... Z 7
Hoyoux (Av. du) .... Z 9
Joseph-Lebeau (Av.) .... Y 10
Namur (Quai de) .... Z 13
Neuve (R.) .... Y
Pont (R. du) .... Z 15
Reine (R. de la) .... Z 16
Rôtisseurs (R. des) .... Z 18
St-Denis (Pl.) .... Z 19
St-Pierre (R.) .... Y
St-Séverin (Pl.) .... Z 21
Sous-le-Château (R.) .... Z 22
Verte (Place) .... Z 24
Vieux Pont (R. du) .... Z 25

IHTEGEM *8480 West-Vlaanderen* **213** *D 16 et* **909** *C 2 – 13 206 h.*

Bruxelles 111 – Brugge 29 – Gent 61 – Oostende 20.

Le Bouquet, Oostendesteenweg 50 (sur N 33), ☎ (0 51) 58 88 39, *Fax (0 51) 58 08 34* – TV ☎ P. MC VISA. – **Repas** (dîner pour résidents seult) – **6 ch** 3000/3500 – ½ P 3900.

IEPER (YPRES) *8900 West-Vlaanderen* **213** *C 17 et* **909** *B 3 – 35 208 h.*

Voir *Halles aux draps★ (Lakenhalle)* ABX.

18 au Sud-Est : 7 km à Hollebeke, Eekhofstraat 14 ☎ (0 57) 20 04 36, Fax (0 57) 21 89 58 –
9 Industrielaan 24 ☎ (0 57) 21 66 88, Fax (0 57) 21 82 10.

Stadhuis ☎ (0 57) 22 85 84, Fax (0 57) 22 85 89.

Bruxelles 125 ② – Brugge 52 ① – Kortrijk 32 ② – Dunkerque 48 ⑥

Plan page suivante

Ariane, Slachthuisstraat 58, ☎ (0 57) 21 82 18, *Fax (0 57) 21 87 99,* – TV ☎ P – 25. AE MC VISA. rest AX e
Repas *(fermé 2 prem. sem. janv. et sam. midi)* *Lunch 350* – carte 950 à 1350 – **36 ch** 2825/3650 – ½ P 2325/3325.

The Rabbit Inn, Industrielaan 19 (par ① : 2,5 km), ☎ (0 57) 21 70 00, *Fax (0 57) 21 94 74,* – rest, TV ☎ P – 25 à 120. AE MC VISA
Repas Tybaert *(fermé 12 juil.-12 août et dim. soir)* *Lunch 545* – 850/1650 – 345 – **28 ch** 2400/3000, 2 suites – ½ P 2140/2390.

IEPER

Adj. Masscheleinlaan . . . . BX 2
Arsenaalstr. . . . . AY 4
A. Stoffelstr. . . . . BX 5
A. Vandenpeere-
boompl. . . . . AX 6
Bollingstr. . . . . BX 7
Boterstraat . . . . AX 8
Diksmuidestr. . . . . BX
G. de Stuersstr. . . . . AX
Grote Markt . . . . BX 9
Hoge
Wieltjesgracht . . . . BX 10
J. Capronstr. . . . . AX 12
J. Coomansstr. . . . . AX 14
Kalfvaartstr. . . . . BX 15
Kanonweg . . . . BY 17
Kauwekijnstr. . . . . BX 18
Lange Torhoutstr. . . . . BX 22
Maarschalk Fochlaan . . . . . AX 23
Maarschalk
Frenchlaan . . . . BX 24
Meensestr. . . . . BX 26
Meenseweg . . . . BX 27
de Montstr. . . . . AY 29
Oude Houtmarktstr. . . . . . . BX 30
Patersstr. . . . . AX 31
Poperingseweg . . . . AX 32
Rijselsestr. . . . . BXY
Rijselseweg . . . . BY 33
Stationsstraat . . . . AXY 35
Surmont
de Volsbergestr. . . . . . . ABX 36
Tempelstr. . . . . AX 38
Wateringsstr. . . . . BY 40

Regina, Grote Markt 45, ✆ (0 57) 21 88 88, *Fax (0 57) 21 90 20* – |♦|, ▤ rest, TV ☎ – 25. AE ⓓ MC VISA — BX a
Repas *(fermé du 3 au 23 juil., vend. et dim. soir)* 950/2450 – **17 ch** ▭ 2500 – ½ P 2900/4000.

Host. St-Nicolas, G. de Stuersstraat 6, ✆ (0 57) 20 06 22, *Fax (0 57) 20 06 22,* – AE ⓓ MC VISA. — AX d
fermé 17 juil.-8 août, prem. sem. janv., dim. soir et lundi – **Repas** Lunch 1650 bc – 1250/2200.

Ter Thuyne, G. de Steursstraat 19, ✆ (0 57) 21 52 06, *Fax (0 57) 21 52 07,* – 25. VISA. — AX b
fermé 1 sem. en fév., 2 dern. sem. août, mardi, sam. midi et dim. soir – **Repas** Lunch 1250 – 1200/2380 bc.

Dikkebusvijver, Dikkebusvijverdreef 31 (par Dikkebusseweg : 4 km), ✆ (0 57) 20 00 85, *Fax (0 57) 21 81 09,* ≤, Taverne-rest, anguilles – ▤ P. AE ⓓ MC VISA — AY
fermé fév. et merc. du 15 sept. au 15 avril – **Repas** Lunch 1150 bc – 1250/1475.

à Elverdinge *Nord-Ouest : 5 km* 🄲 *Ieper* – ✉ *8906 Elverdinge :*

X **de Warande,** Veurnseweg 525 (N 8), ✆ (0 57) 42 37 41, *Fax (0 57) 42 37 41,* 🍽 – MC VISA
fermé du 1er au 15 nov., lundi et jeudi soir – **Repas** 850/995.

à Zillebeke *par ③ : 3 km* 🄲 *Ieper* – ✉ *8902 Zillebeke :*

X **de steenen HAENE,** Komenseweg 21, ✆ (0 57) 20 54 86, *Fax (0 57) 21 50 42,* 🍽, « Rustique » – P. VISA
fermé du 2 au 15 mars, 2 dern. sem. août, mardi soir et merc. – **Repas** Lunch 1000 bc – 1500 bc/2500 bc.

ITTRE (ITTER) *1460 Brabant Wallon* 213 K 19, 214 K 19 et 909 F 4 – *5 530 h.*
Bruxelles 32 – Nivelles 10 – Soignies 21.

XX **Estaminet de la Couronne,** Grand'Place 5, ✆ (0 67) 64 63 85 – AE D VISA
fermé du 15 au 29 fév. et 21 juil.-21 août, – **Repas** 1050/1650.

X **L'Abreuvoir,** r. Basse 2, ✆ (0 67) 64 67 06, *Fax (0 67) 64 85 71* – ▤. AE D MC VISA JCB. ✂
fermé lundi soir, mardi et jeudi soir – **Repas** Lunch 650 – 845/995.

IVOZ-RAMET *Liège* 213 R 19, 214 R 19 - ㉔ S et 909 J 4 - ⑰ S – *voir à Liège, environs.*

IXELLES (ELSENE) *Région de Bruxelles-Capitale* 213 ㊿ S et 909 ㉑ S – *voir à Bruxelles.*

IZEGEM *8870 West-Vlaanderen* 213 E 17 et 909 C 3 – *26 493 h.*
Bruxelles 103 – Kortrijk 13 – Brugge 36 – Roeselare 7.

XX **Ter Weyngaerd,** Burg. Vandenbogaerdelaan 32, ✆ (0 51) 30 95 41, *Fax (0 51) 31 96 52,* 🍽 – AE D MC VISA JCB
fermé du 6 au 15 mars, 27 juil.-16 août, mardi soir, merc. et dim. soir – **Repas** Lunch 625 – 1050/2375 bc.

XX **Retro,** Meensestraat 159, ✆ (0 51) 30 03 06, *Fax (0 51) 30 03 06* – ▤. AE MC VISA
fermé du 6 au 13 mars, 24 juil.-14 août, dim. soir et lundi – **Repas** Lunch 1050 – 850/2600.

X **Bistro d'Halve Maan,** Melkmarkt 12, ✆ (0 51) 31 84 22, *Fax (0 51) 31 84 22,* 🍽 – MC VISA
fermé 10 juil.-4 août, 1 sem. en janv., lundi et mardi – **Repas** 1000/1500.

JABBEKE *8490 West-Vlaanderen* 213 D 15 et 909 C 2 – *13 563 h.*
Musée : *Permeke★ (Provinciaal Museum Constant Permeke).*
Bruxelles 102 – Brugge 13 – Kortrijk 57 – Oostende 17.

🏨 **Haeneveld,** Krauwerstraat 1, ✆ (0 50) 81 27 00, *Fax (0 50) 81 12 77,* 🍽, « Cadre de verdure », 🌳, 🚲 – TV ☎ P. MC VISA. ✂ rest
fermé 15 fév.-1er mars – **Repas** *(fermé mardi et merc. soir)* Lunch 995 bc – 1400/1800 – **8 ch** ☕ 2750/3700 – ½ P 3745/4300.

à Snellegem *Sud-Est : 3 km* 🄲 *Jabbeke* – ✉ *8490 Snellegem :*

XX **'t Oosthof,** Oostmoerstraat 1, ✆ (0 50) 81 16 53, *Fax (0 50) 81 46 56,* 🍽, « Ancienne ferme fortifiée » – P. AE D MC VISA
fermé du 1er au 15 mars, du 5 au 19 juil., du 4 au 8 déc., lundi soir, mardi soir et merc. – **Repas** Lunch 800 – 1050/1800.

à Stalhille *Nord : 3 km* 🄲 *Jabbeke* – ✉ *8490 Stalhille :*

🏠 **Hove Ter Hille** sans rest, Nachtegaalstraat 46 (sur N 377), ✆ (0 50) 81 11 97, *Fax (050) 81 45 17,* 🚲 – TV P
10 ch ☕ 1300/2200.

JALHAY *4845 Liège* 213 U 19, 214 U 19 et 909 K 4 – *7 231 h.*
Bruxelles 130 – Eupen 12 – Liège 40 – Spa 13 – Verviers 8.

🏨 **La Crémaillère,** r. Fagne 17, ✆ (0 87) 64 73 14, *Fax (0 87) 64 70 20,* 🍽, 🚲 – TV ☎ P. AE D MC VISA. ✂ rest
Repas *(fermé du 3 au 20 juil., 23 déc.-3 janv., mardi et merc.)* Lunch 690 – carte 1100 à 1600 – **8 ch** ☕ 1650/2750 – ½ P 2125/2400.

XX **Au Vieux Hêtre** avec ch, rte de la Fagne 18, ✆ (0 87) 64 70 92, *Fax (0 87) 64 78 54,* 🍽, « Jardin avec pièce d'eau et volière », 🚲 – TV ☎ P. MC VISA
fermé carnaval, du 20 au 30 juin, sem. Toussaint, Noël-Nouvel An et mardi et merc. sauf en juil.-août – **Repas** Lunch 650 – 900/1500 bc – **12 ch** ☕ 2600/3000 – ½ P 2200/3000.

La Ferme des Vieux Prés, chemin des Vieux Prés 27 (Est : 1 km, lieu-dit Werfat), (0 87) 64 71 35, *Fax (0 87) 64 70 88*, Grillades, « Cadre champêtre » – AE MC VISA.
fermé 3 sem. en sept., lundi, mardi midi et sam. midi – **Repas** 1200/1700.

La Ferme du Hélivy avec ch, Champs de Fouir 89a (Nord-Est : 3,5 km sur N 672), (0 87) 64 73 64, *Fax (0 87) 64 73 64*, – TV AE MC VISA. ch
fermé 1re quinz. sept. – **Repas** *(fermé lundi soir et mardi)* Lunch 800 – carte 950 à 1550 – **6 ch** 1800/2500 – ½ P 2000.

JETTE *Région de Bruxelles-Capitale* 213 K 17 - 51 N *et* 909 21 N *- voir à Bruxelles.*

JEUK (GOYER) *3890 Limburg* *Gingelom 7 502 h.* 213 Q 18 *et* 909 I 3.
Bruxelles 79 – Namur 54 – Liège 38 – Sint-Truiden 10.

Clos St Georges, Hundelingenstraat 42, (0 11) 48 56 94, *Fax (0 11) 48 46 94*, « Ferme-château du 18e s. avec parc », – TV – 25 à 100. MC VISA. rest
fermé du 1er au 15 janv. – **Repas** (dîner pour résidents seult) – 350 – **5 ch** 2500/3500.

JODOIGNE (GELDENAKEN) *1370 Brabant Wallon* 213 O 18 *et* 909 H 3 *– 11 258 h.*
Bruxelles 50 – Namur 36 – Charleroi 52 – Hasselt 50 – Liège 61 – Tienen 12.

à Mélin *Nord-Ouest : 5 km* *Jodoigne* – *1370 Mélin* :

La Villa du Hautsart, r. Hussompont 29, (0 10) 81 40 10, *Fax (0 10) 81 44 34*, – AE MC VISA
fermé du 1er au 15 janv., mardi, merc. et dim. soir – **Repas** 950/1600.

JUPILLE *Luxembourg belge* 214 S 21 *– voir à La Roche-en-Ardenne.*

JUPILLE-SUR-MEUSE *Liège* 213 S 19, 214 S 19 - 25 S *et* 909 J 4 - 18 N *– voir à Liège, périphérie.*

JUZAINE *Luxembourg belge* 214 S 20 *– voir à Bomal-sur-Ourthe.*

KANNE *3770 Limburg* *Riemst 15 550 h.* 213 T 18 *et* 909 K 3.
Bruxelles 118 – Hasselt 37 – Liège 30 – Maastricht 6.

Huize Poswick sans rest, Muizenberg 7, (0 12) 45 71 27, *Fax (0 12) 45 81 05*, « Ancienne demeure en pierres de la région », – TV AE MC VISA
400 – **6 ch** 3400/4100.

Limburgia, Op 't Broek 4, (0 12) 45 46 00, *Fax (0 12) 45 66 28* – TV – 25 à 75. AE MC VISA.
fermé dern. sem. déc. et merc. – **Repas** (résidents seult) – **19 ch** 2250/3250.

KAPELLEN *Antwerpen* 213 L 15 - 13 N *et* 909 G 2 - 9 N *– voir à Antwerpen, environs.*

KASTERLEE *2460 Antwerpen* 213 O 15 *et* 909 H 2 *– 17 374 h.*
Gemeentehuis (0 14) 85 99 15, Fax (0 14) 85 07 77.
Bruxelles 77 – Antwerpen 49 – Hasselt 47 – Turnhout 9.

De Watermolen, Houtum 61 (par Geelsebaan), (0 14) 85 23 74, *Fax (0 14) 85 23 70*, , « Ancien moulin au bord de la Petite Nèthe (Kleine Nete) », – TV – 25. AE MC VISA. rest
fermé 2 dern. sem. août et 2 prem. sem. janv. – **Repas** *(fermé lundi)* Lunch 1250 – 1750/2350 – 450 – **18 ch** 3740/4800 – ½ P 3320.

Den en Heuvel, Geelsebaan 72, (0 14) 85 04 97, *Fax (0 14) 85 04 96*, – TV – 25 à 100. AE MC VISA
fermé 22 juil.-4 août et du 1er au 15 janv. – **Repas** 1099/1800 – 300 – **24 ch** 2050/3350 – ½ P 2000/2500.

Kastelhof, Lichtaartsebaan 33 (Sud-Ouest sur N 123), (0 14) 85 18 43, *Fax (0 14) 85 31 25*, « Terrasse et jardin » – AE MC VISA
fermé du 11 au 28 juil., du 1er au 6 janv., mardi, merc. et sam. midi – **Repas** Lunch 1800 bc – 1850/3100 bc.

Potiron, Geelsebaan 73, (0 14) 85 04 25, *Fax (0 14) 85 04 26*, – AE MC VISA
fermé 26 juin-12 juil., du 3 au 19 janv., merc. et sam. midi – **Repas** 995.

à Lichtaart *Sud-Ouest : 6 km* Ⓒ *Kasterlee – ✉ 2460 Lichtaart :*

XXX **De Pastorie,** Plaats 2, ✆ (0 14) 55 77 86, *Fax (0 14) 55 77 94*, «Presbytère du 17e s. réaménagé avec terrasse et jardin » – P. AE ⓓ MC VISA.
fermé du 1er au 16 mars, 20 sept.-8 oct., lundi et mardi – **Repas** Lunch 1550 bc – 1600/2100.

XX **Host. Keravic** avec ch, Herentalsesteenweg 72, ✆ (0 14) 55 78 01, *Fax (0 14) 55 78 16*, – TV ☎ P – 25. AE ⓓ MC VISA
fermé 3 sem. vacances bâtiment et fin déc. – **Repas** *(fermé sam. midi et dim.)* Lunch 1050 – 1450/1950 – **9 ch** 2500/3500 – ½ P 2950/3250.

KEERBERGEN *3140 Vlaams-Brabant* 213 M 16 et 909 G 2 – *11 753 h.*
Vlieghavenlaan 50 ✆ (0 15) 23 49 61, Fax (0 15) 23 57 37.
Bruxelles 34 – Antwerpen 36 – Leuven 20.

XXX ✿ **The Paddock,** R. Lambertslaan 4, ✆ (0 15) 51 19 34, *Fax (0 15) 52 90 08*, «Villa avec terrasse ombragée » – P. AE ⓓ MC VISA
fermé fév., du 14 au 31 août, mardi et merc. – **Repas** Lunch 1325 – 1725/2750, carte 2150 à 2650
Spéc. Asperges régionales, sauce au Champagne (avril-23 juin). Canard sauvage laqué aux épices (sept.-oct.). Soufflé chaud aux mirabelles.

XXX **Host. Berkenhof** avec ch, Valkeniersdreef 5, ✆ (0 15) 73 01 01, *Fax (0 15) 73 02 02*, «Terrasse et jardin dans un cadre boisé » – TV ☎ P – 25. AE ⓓ MC VISA JCB
fermé 15 déc.-1er fév., dim. soir et lundi – **Repas** 1550/2950 – **7 ch** 3950/6000, 3 suites – ½ P 4000/7000.

XX **Hof van Craynbergh,** Mechelsebaan 113, ✆ (0 15) 51 65 94, *Fax (0 15) 51 65 94*, «Villa dans un parc » – P. AE ⓓ MC VISA.
fermé 1 sem. carnaval, 2 dern. sem. juil., dern. sem. août, du 18 au 24 déc., du 26 au 30 déc., sam. midi, dim. soir et lundi – **Repas** Lunch 1200 – 1750/2150.

XX **The Lake,** Mereldreef 1 (Est : près du lac), ✆ (0 15) 23 50 69, *Fax (0 15) 23 58 69*, «Terrasse avec lac » – P – 25 à 90. AE ⓓ MC VISA
fermé lundi – **Repas** Lunch 950 – 1225/1550.

XX **Ming Dynasty,** Haachtsebaan 20, ✆ (0 15) 52 03 79, *Fax (0 15) 52 87 22*, Cuisine chinoise, ouvert jusqu'à 23 h – AE ⓓ MC VISA
fermé mardi – **Repas** Lunch 750 – carte env. 900.

KEMMEL *8956 West-Vlaanderen* Ⓒ *Heuvelland 8 435 h.* 213 B 18 et 909 B 3.
Reningelststraat 11 ✆ (0 57) 45 04 55, Fax (0 57) 44 56 04.
Bruxelles 133 – Brugge 63 – Ieper 11 – Lille 33.

XXX **Host. Kemmelberg** avec ch, Berg 4, ✆ (0 57) 44 41 45, *Fax (0 57) 44 40 89*, plaine des Flandres, – TV ☎ P – 25. AE ⓓ MC VISA
fermé 14 fév.-16 mars, 17 juil.-3 août, dim. soir et lundi – **Repas** 1500/2450 – **16 ch** 2325/4200 – ½ P 2700/4550.

KESSEL-LO *Vlaams-Brabant* 213 N 17 et 909 H 3 – *voir à Leuven.*

KLEMSKERKE *West-Vlaanderen* 213 D 15 et 909 C 2 – *voir à De Haan.*

KLERKEN *8650 West-Vlaanderen* Ⓒ *Houthulst 8 808 h.* 213 C 17 et 909 B 3.
Bruxelles 113 – Brugge 48 – Kortrijk 41 – Oostende 44 – Lille 56.

XX **'t Rozenhof,** Stokstraat 2, ✆ (0 51) 50 16 58, *Fax (0 51) 50 16 58*, – P. MC VISA.
fermé du 8 au 24 juin, merc. et dim. – **Repas** (déjeuner seult) Lunch 1600 bc – 1200/1600.

KLUISBERGEN *9690 Oost-Vlaanderen* 213 G 18 et 909 D 3 – *6 034 h.*
Bruxelles 67 – Kortrijk 24 – Gent 39 – Valenciennes 75.

XXX **Te Winde,** Parklaan 17 (Berchem), ✆ (0 55) 38 92 74, *Fax (0 55) 38 62 92*, – P. AE ⓓ MC VISA.
fermé 2 sem. carnaval, 23 juil.-11 août, dim. soir, lundi et mardi soir – **Repas** 1380/2450.

sur le Kluisberg (Mont de l'Enclus) *Sud : 4 km* Ⓒ *Kluisbergen – ✉ 9690 Kluisbergen :*

La Sablière, Bergstraat 40, ✆ (0 55) 38 95 64, *Fax (0 55) 38 78 11*, – TV ☎ P. AE MC VISA.
fermé dern. sem. août, déc. et vend. – **Repas** (Ouvert jusqu'à 23 h) Lunch 500 – 2000 – 300 – **9 ch** 2400 – ½ P 2500.

KNOKKE-HEIST *8300 West-Vlaanderen* **213** *E 14 et* **909** *C 1 – 32 783 h. – Station balnéaire★★ – Casino AY, Zeedijk-Albertstrand 509 ☎ (0 50) 63 05 00, Fax (0 50) 61 20 49.*

Voir *le Zwin★ : réserve naturelle (flore et faune) EZ.*

(2 parcours) à Het Zoute, Caddiespad 14 ☎ (050) 60 12 27, Fax (0 50) 62 30 29.

Zeedijk 660 (Lichttorenplein) à Knokke ☎ (0 50) 63 03 80, Fax (0 50) 63 03 90 – (avril-sept., vacances scolaires et week-end) Tramhalte, Heldenplein à Heist ☎ (0 50) 63 03 80, Fax (0 50) 63 03 90.

Bruxelles 108 ① – Brugge 18 ① – Gent 49 ① – Oostende 33 ③

à Knokke – ✉ *8300 Knokke-Heist :*

des Nations Ⓜ, *Zeedijk 704, ☎ (0 50) 61 99 11, Fax (0 50) 61 99 99,* ≤, – 🛗, rest, TV ☎ – 25. AE ⓓ ⓜ VISA. BY f
fermé 2 sem. en janv. – **Repas** (dîner pour résidents seult) – **33 ch** ☕ 7500/8000, 3 suites.

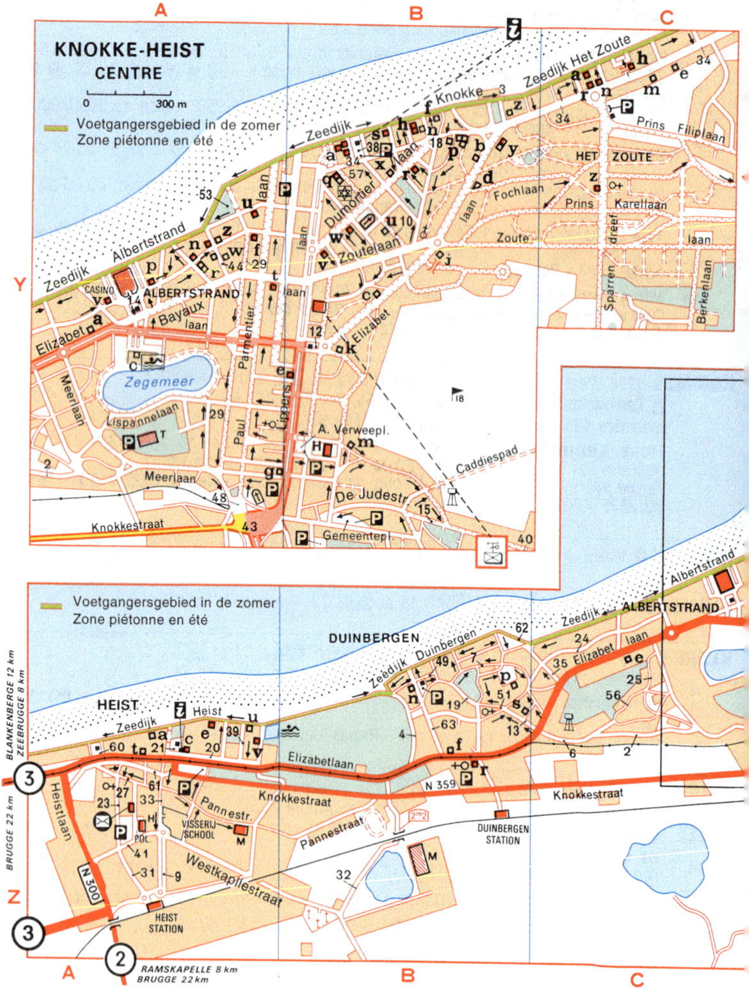

Figaro sans rest, Dumortierlaan 127, ☎ (0 50) 62 00 62, *Fax (0 50) 62 53 28* – ☎. BY x
fermé dern. sem. nov.-2 prem. sem. déc. et janv. – **18 ch** 2700/4100.

Adagio sans rest, Van Bunnenlaan 12, ☎ (0 50) 62 48 44, *Fax (0 50) 62 59 36*, – ☎ – 25. VISA. BY q
20 ch 3100/3700.

Van Bunnen sans rest, Van Bunnenlaan 50, ☎ (0 50) 62 93 63, *Fax (0 50) 62 29 66* – ☎ AE VISA BY u
18 ch 2500/3900.

Eden sans rest, Zandstraat 18, ☎ (0 50) 61 13 89, *Fax (0 50) 61 07 62*, – ☎. VISA BY n
19 ch 1900/3100.

Prins Boudewijn sans rest, Lippenslaan 35, ☎ (0 50) 60 10 16, *Fax (0 50) 62 35 46* – ☎. AE VISA ABY g
32 ch 2400/2900.

KNOKKE-HEIST DUINBERGEN ALBERTSTRAND HET ZOUTE

Acacialaan	CZ	2
Albertplein	BY	3
Anemonenlaan	BZ	4
Arkadenlaan	CZ	6
Bergdreef	BZ	7
Bondgenotenlaan	AZ	9
van Bunnenlaan	BY	10
Burgemeester Frans Desmidtplein	BY	12
van Cailliedreef	BZ	13
Canada Square	AY	14
Charles de Costerlaan	BY	15
Driehoeksplein	BY	18
Duinbergenlaan	BZ	19
Dumortierlaan	BY	
Graaf d'Ursellaan	AZ	20
Heldenplein	AZ	21
Hermans-Lybaertstr.	AZ	23
Jozef Nellenslaan	CZ	24
Kapellaan	CZ	25
Kerkstraat	AZ	27
Konijnendreef	EZ	28
Koningslaan	AY	29
Koudekerkelaan	AZ	31
Krommedijk	BZ	32
Kursaalstraat	AZ	33
Kustlaan	BCY	34
Leeuwerikenlaan	CZ	35
Lekkerbekhelling	EZ	36
Lichttorenplein	BY	38
Lippenslaan	ABY	
Louis Parentstr.	AZ	39
Magere Schorre	DZ	40
Marktstraat	AZ	41
Maurice Lippensplein	AY	43
Meerminlaan	AY	44
Ooievaarslaan	EZ	45
Oosthoekplein	EZ	47
Pastoor Opdedrinckplein	AY	48
Patriottenstraat	BZ	49
Poststraat	BZ	51
Rubensplein	AY	53
Theresialaan	CZ	56
Vissershuldeplein	AZ	60
Vlamingstraat	AZ	61
de Wandelaar	BZ	61
Zeegrasstraat	BZ	63

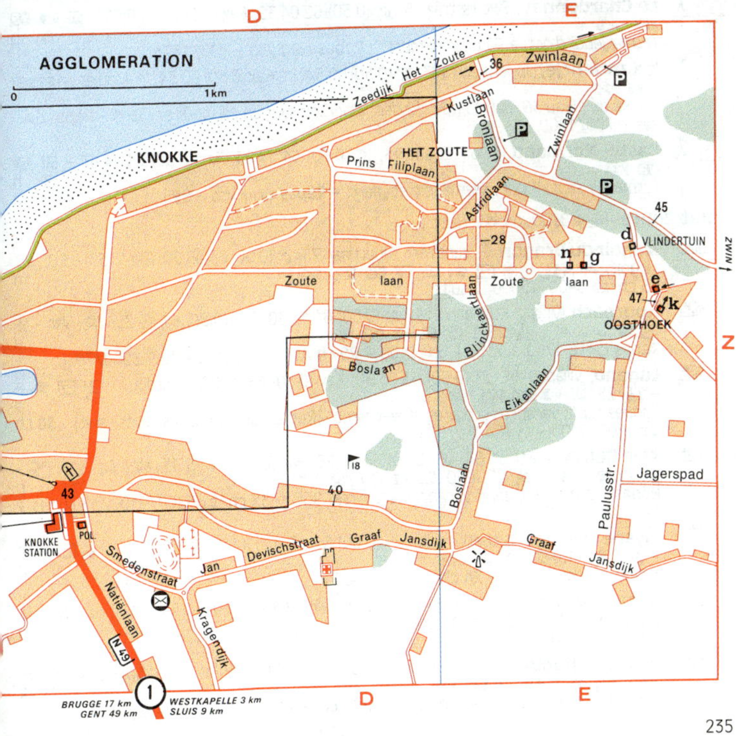

XX **La Croisette,** Van Bunnenplein 24, (0 50) 61 28 39, *Fax (0 50) 61 28 39* – AE VISA
fermé mardi hors saison et merc. – **Repas** Lunch 800 – 1400/1700. BY q

XX **Panier d'Or,** Zeedijk 659, (0 50) 60 31 89, *Fax (0 50) 60 31 89*, ≤, – AE VISA
fermé mi-nov.-mi-déc.et lundi soir, mardi, merc. et jeudi soir d'oct. à mars sauf vacances scolaires – **Repas** Lunch 820 – 1295/1695 bc. BY a

XX **Le P'tit Bedon,** Zeedijk 672, (0 50) 60 06 64, *Fax (0 50) 60 06 64*, , Avec grillades – AE VISA
fermé 20 nov.-15 déc. et merc. sauf vacances scolaires – **Repas** 850/1695. BY s

XX **De Savoye,** Dumortierlaan 18, (0 50) 62 23 61, *Fax (0 50) 62 60 30*, Produits de la mer – VISA
fermé du 16 au 24 juin, 21 nov.-16 déc., merc. soir hors saison et jeudi – **Repas** Lunch 625 – 1350/1700. BY v

XX **Open Fire,** Zeedijk 658, (0 50) 60 17 26, *Fax (0 50) 60 17 26*, ≤, – AE VISA
fermé du 13 au 24 nov., merc. sauf en juil.-août, lundi soir et mardi d'oct. à avril – **Repas** Lunch 725 – 850/1750 bc. BY a

X **L'Orchidée,** Lippenslaan 130, (0 50) 62 38 84, *Fax (0 50) 62 51 88*, Cuisine thaïlandaise, ouvert jusqu'à 1 h du matin – AE VISA.
fermé du 14 au 29 mars, 14 nov.-6 déc. et merc. – **Repas** (dîner seult sauf dim. et jours fériés) 1400/1700 bc. BY t

X **Il Punto,** Dumortierlaan 94a, (0 50) 60 07 66, *Fax (0 50) 61 26 70*, , Avec cuisine italienne, ouvert jusqu'à 23 h 30 – AE VISA
fermé mardi – **Repas** carte 1000 à 1500. BY r

X **New Alpina,** Lichttorenplein 12, (0 50) 60 89 85, *Fax (0 50) 62 97 52* – VISA.
fermé 1re quinz. déc., lundi soir et mardi – **Repas** Lunch 750 – 945/1450. BY a

X **Da Luigi,** Dumortierlaan 30, (0 50) 60 46 36, , Avec cuisine italienne – AE VISA
fermé du 6 au 25 déc. et mardis non fériés sauf en juil.-août – **Repas** carte 1000 à 1550. BY w

X **Le Chardonnay,** Swolfsstraat 5, (0 50) 62 04 39, *Fax (0 50) 62 58 52* – AE VISA JCB
fermé jeudi d'oct. à Pâques et merc. – **Repas** Lunch 675 – 995/1675. BY h

X **'t Kantientje,** Lippenslaan 103, (0 50) 60 54 11, *Fax (0 50) 60 54 11*, Moules en saison – .
fermé du 15 au 30 mai, 13 nov.-12 déc., lundi soir sauf en juil.-août et mardi – **Repas** Lunch 395 – 700/1600. ABY e

X **Castel Normand,** Swolfsstraat 13, (0 50) 61 14 84, *Fax (0 50) 61 14 84* – AE VISA
fermé 21 sept.-7 oct., mardi soir et merc. – **Repas** Lunch 450 – 995. BY h

à Het Zoute – ✉ *8300 Knokke-Heist :*

Manoir du Dragon sans rest, Albertlaan 73, (0 50) 63 05 80, *Fax (0 50) 63 05 90*, ≤ golf, , – AE VISA.
15 ch 5900/15000, 2 suites. BY m

Approach M , Kustlaan 172, (0 50) 61 11 30, *Fax (0 50) 61 16 28*, , – – 25 à 45. AE VISA
Repas carte 1700 à 2350 – 1100 – **29 ch** 12500, 2 suites – ½ P 3900/7000. CY e

Lugano, Villapad 14, (0 50) 63 05 30, *Fax (0 50) 63 05 20*, « Jardin » – – 25. AE VISA.
Pâques-sept., vacances scolaires et week-end – **Repas** (dîner pour résidents seult) – **30 ch** 4200/5400 – ½ P 4050/5050. BY p

Alfa Belfry, Kustlaan 84, (0 50) 61 01 28, *Fax (0 50) 61 15 33*, , , , – – 25 à 40. AE VISA.
Repas *(fermé dim. sauf vacances scolaires)* 950 – **35 ch** 5400/7100, 13 suites – ½ P 3800/7300. BY p

Elysee sans rest, Elizabetlaan 39, (0 50) 61 16 48, *Fax (0 50) 60 17 90* – – 25 à 40. AE VISA
fermé 15 nov.-5 déc. – **24 ch** 2800/6800. BY b

Britannia sans rest, Elizabetlaan 85, (0 50) 62 10 62, *Fax (0 50) 62 00 63*, – – 25. AE VISA
30 ch 2700/5500. BY c

Rose de Chopin sans rest, Elizabetlaan 94, (0 50) 62 08 88, *Fax (0 50) 62 04 13*, , – . AE VISA
avril-déc. et week-end ; fermé 12 nov.-22 déc. – **11 ch** 4500/7500. BY k

Duc de Bourgogne - Golf, Zoutelaan 175, (0 50) 61 16 14, *Fax (0 50) 62 15 90*, « Terrasse », - - 25. AE VISA EZ n
fermé 13 janv.-13 fév. - **Repas** *(fermé merc.)* Lunch 850 - 1200/1850 - **24 ch** 4000/4600 - ½ P 2750/3300.

Andrews sans rest, Kustlaan 72, (0 50) 61 08 47, *Fax (0 50) 61 04 90* - VISA. BY p
fermé 3 janv.-3 fév. - **10 ch** 3500/6000.

Locarno sans rest, Generaal Lemanpad 5, (0 50) 63 05 60, *Fax (0 50) 63 05 70* - AE VISA BY p
15 ch 3950/4800.

The Tudor sans rest, Elizabetlaan 22, (0 50) 62 59 69, *Fax (0 50) 62 59 99*, - AE VISA BY d
14 ch 4000/4900.

Aub. St-Pol sans rest, Bronlaan 23, (0 50) 60 15 21, *Fax (0 50) 62 17 60*, « Terrasse » - - 25. AE VISA JCB EZ d
16 ch 3100/4350.

Gasthof Katelijne, Kustlaan 166, (0 50) 60 12 16, *Fax (0 50) 61 51 90*, « Auberge rustique », - AE VISA CY m
Repas carte 1250 à 2800 - **13 ch** 4900 - ½ P 3200/3900.

Les Arcades sans rest, Elizabetlaan 50, (0 50) 60 10 73, *Fax (0 50) 60 49 98* - VISA BY j
Pâques-oct. et week-end - **11 ch** 3500.

Villa Verdi sans rest, Elizabetlaan 8, (0 50) 62 35 72, *Fax (0 50) 62 11 46*, - AE VISA JCB. BY y
fermé 2 dern. sem. nov.-prem. sem. déc. - **8 ch** 2950/4900.

Charl's, Albertplein 18, (0 50) 60 90 51, *Fax (0 50) 61 55 98*, - , rest, - 25. AE VISA BY z
Repas (Taverne-rest) Lunch 395 - carte 1000 à 1500 - **25 ch** 1950/4500 - ½ P 1825/3100.

Aquilon, Elizabetlaan 6, (0 50) 60 12 74, *Fax (0 50) 62 09 72*, - AE VISA. BY y
fermé 1re quinz. déc., janv., merc. sauf en juil.-août et mardi - **Repas** Lunch 850 - 1850.

De Oosthoek, Oosthoekplein 25, (0 50) 62 23 33, *Fax (0 50) 62 25 13*, - AE VISA EZ k
fermé 2 sem. en mars, 3 sem. en déc., mardi en hiver et merc. - **Repas** Lunch 745 - 1595/1950.

L'Echiquier 1er étage, De Wielingen 8, (0 50) 60 88 82, *Fax (0 50) 60 88 82*, - . AE VISA. CY h
fermé 3 sem. en janv., lundi soir, mardi et merc. - **Repas** 1650 bc/1850 bc.

La Sapinière, Oosthoekplein 7, (0 50) 60 22 71, *Fax (0 50) 60 22 71*, « Jardin fleuri avec pièce d'eau » - AE VISA EZ e
fermé 2 sem. en mars, 2 sem. en nov., merc. soir en hiver et jeudi - **Repas** Lunch 1250 bc - 1495/2795 bc.

Gabriella, Kustlaan 279, (0 50) 62 82 22, *Fax (0 50) 62 58 65*, Cuisine italienne - AE VISA CY r
fermé 13 nov.-8 déc. et merc. - **Repas** carte 1150 à 1500.

Si Versailles avec ch, Zeedijk 795, (0 50) 60 28 50, *Fax (0 50) 62 58 65*, - . AE VISA. ch CY a
fermé 13 nov.-15 déc. - **Repas** *(fermé jeudi)* (Moules en saison) carte 1250 à 1750 - **7 ch** 4100.

Cantharel, Sparrendreef 98, (0 50) 60 40 90 - AE VISA CY z
fermé merc. soir sauf en juil.-août, mardi et merc. midi - **Repas** Lunch 700 - 1600.

Marie Siska avec ch, Zoutelaan 177, (0 50) 60 17 64, *Fax (0 50) 62 32 00*, , - AE VISA. ch EZ g
Pâques-oct. et week-end - **Repas** Lunch 490 - carte 950 à 1750 - **7 ch** 2800/4200.

Lady Ann, Kustlaan 301, (0 50) 60 96 77, *Fax (0 50) 62 44 09*, Taverne-rest - . AE VISA JCB CY n
fermé 21 fév.-5 avril, du 1er au 21 déc., jeudi du 15 sept. à avril et merc. - **Repas** 895/1300.

à Albertstrand - *8300 Knokke-Heist :*

La Réserve, Elizabetlaan 160, (0 50) 61 06 06, *Fax (0 50) 60 37 06*, « Terrasse avec lac », , , , , , - - 25 à 350. AE VISA. rest AY c
Repas *La Sirène* 1575/2890 - **110 ch** 6800/13500.

Binnenhof sans rest, Jozef Nellenslaan 156, (0 50) 62 55 51, *Fax (0 50) 62 55 50* - - 25 à 40. AE VISA. AY r
25 ch 4700/5000.

Parkhotel, Elizabetlaan 204, ✉ 8301, ☎ (0 50) 60 09 01, *Fax (0 50) 62 36 08,* – rest, . VISA. CZ e
fermé 5 janv.-fév. et jeudi de nov. à Pâques – **Repas** (dîner seult) carte 1300 à 1900 – **12 ch** 2500/5000 – ½ P 2550/2800.

Atlanta, Jozef Nellenslaan 162, ☎ (0 50) 60 55 00, *Fax (0 50) 62 28 66,* – VISA. rest AY r
fermé 11 janv.-11 fév. – **Repas** (dîner pour résidents seult) – **30 ch** 2400/3800 – ½ P 2300/2700.

Gresham sans rest, Elizabetlaan 185, ☎ (0 50) 63 10 10, *Fax (0 50) 63 10 20* – VISA. AY a
9 ch 4900.

Lido, Zwaluwenlaan 18, ☎ (0 50) 60 19 25, *Fax (0 50) 61 04 57,* – – 30. VISA. rest AY r
Repas (résidents seult) – **40 ch** 3500/4000 – ½ P 2200/2600.

Nelson's, Meerminlaan 36, ☎ (0 50) 60 68 10, *Fax (0 50) 61 18 38* – rest, – 25. VISA JCB. rest AY z
avril-sept., week-end et vacances scolaires – **Repas** (résidents seult) – **52 ch** 2500/3400 – ½ P 2400/2800.

Albert Plage sans rest, Meerminlaan 22, ☎ (0 50) 60 59 64, *Fax (0 50) 61 18 38* – VISA JCB AY w
fermé déc. – **18 ch** 2200/3200.

Esmeralda, Jozef Nellenslaan 161, ☎ (0 50) 60 33 66, *Fax (0 50) 60 33 66* – VISA AY p
fermé du 15 au 30 nov., du 15 au 31 janv., lundi hors saison et mardi – **Repas** *Lunch 890* – 1900.

Olivier, Jozef Nellenslaan 159, ☎ (0 50) 60 55 70, *Fax (0 50) 62 66 90* – VISA AY v
fermé merc. en hiver – **Repas** *Lunch 745* – 1295.

Le Potiron, Koningslaan 230a, ☎ (0 50) 62 10 80, – VISA AY f
fermé nov., mardi soir et merc. – **Repas** *Lunch 695* – carte 1800 à 2100.

Lispanne, Jozef Nellenslaan 201, ☎ (0 50) 60 05 93, *Fax (0 50) 62 64 92* – VISA JCB AY z
fermé du 2 au 12 oct., 15 janv.-1er fév., lundi soir sauf vacances scolaires et mardi – **Repas** *Lunch 600* – 695/1595.

Jardin Tropical, Zwaluwenlaan 12, ☎ (0 50) 61 07 98, *Fax (0 50) 61 07 98* – VISA AY n
fermé fin fév., 2 dern. sem. nov., merc. midi et jeudi midi hors saison, merc. soir et jeudi soir – **Repas** *Lunch 695* – 1095/1595.

Jean, Sylvain Dupuisstraat 24, ☎ (0 50) 61 49 57, *Fax (0 50) 61 49 57,* Bistrot, ouvert jusqu'à 23 h – VISA AY u
fermé juin, mardi et merc. – **Repas** *Lunch 695* – 1495.

à Duinbergen C *Knokke-Heist* – ✉ *8301 Heist :*

Monterey sans rest, Bocheldreef 4, ☎ (0 50) 51 58 65, *Fax (0 50) 51 01 65,* « Villa aménagée » – VISA BZ p
8 ch 3900.

Du Soleil, Patriottenstraat 15, ☎ (0 50) 51 11 37, *Fax (0 50) 51 69 14,* – . VISA BZ n
fermé 15 nov.-15 déc. – **Repas** *Lunch 520* – 850/1400 – **27 ch** 2800/3950 – ½ P 1900/2600.

Edelweiss sans rest, Zomerpad 8, ☎ (0 50) 51 50 00, *Fax (0 50) 51 58 08* – VISA BCZ s
15 mars-15 nov. et vacances scolaires – **8 ch** 2500/3300.

Pauls sans rest, Elizabetlaan 305, ☎ (0 50) 51 39 32, *Fax (0 50) 51 67 40,* – VISA. BZ f
Pâques-sept., week-end et vacances scolaires – **14 ch** 3000/4200.

Den Baigneur, Elizabetlaan 288, ☎ (0 50) 51 16 81, *Fax (0 50) 51 16 81* – VISA JCB BZ r
fermé lundi – **Repas** 2500.

à Heist C *Knokke-Heist* – ✉ *8301 Heist :*

Beau Séjour-Ter Duinen, Duinenstraat 13, ☎ (0 50) 51 19 71, – VISA AZ t
Repas *(fermé lundi soir et mardi soir en hiver)* (dîner seult sauf dim.) 850/1450 – **32 ch** 2000/3600 – ½ P 1950/3000.

Bristol, Zeedijk 291, ✆ (0 50) 51 12 20, *Fax (0 50) 51 15 54*, ← – ▮, ▤ rest, TV ☎ P. AZ u
8 avril-24 sept. – **Repas** *(fermé après 20 h 30)* 950/1450 – **27 ch** 3900/4300 – ½ P 2700/2900.

Sint-Yves M, Zeedijk 204, ✆ (0 50) 51 10 29, *Fax (0 50) 51 63 87*, ←, – ▮, ▤ rest, TV ☎. AE VISA. AZ a
fermé 3 sem. en janv. – **Repas** *(fermé 1 sem. en oct., 3 sem. en janv. et dim. soir et lundi hors saison)* Lunch 600 – 1200/1850 – **8 ch** 3000/4000 – ½ P 2750/3250.

Bartholomeus, Zeedijk 267, ✆ (0 50) 51 75 76, *Fax (0 50) 51 75 76*, ← – VISA. AZ e
fermé 1 sem. en juin, 2 sem. en oct., 3 sem. en janv., jeudi soir sauf vacances scolaires, merc. et jeudi midi – **Repas** Lunch 695 – 1650 bc/2100.

Old Fisher, Heldenplein 33, ✆ (0 50) 51 11 14 – ▤. AE VISA. AZ c
fermé mardi soir et merc. – **Repas** 995/1200.

Cargo, Parkstraat 7, ✆ (0 50) 51 10 10 – VISA. AZ v
fermé 2 dern. sem. janv.-prem. sem. fév., prem. sem. déc., merc. soir sauf vacances scolaires, mardi et merc. midi – **Repas** 1700.

à Westkapelle *par ① : 3 km* C *Knokke-Heist* – ✉ *8300 Westkapelle :*

Ter Zaele, Oostkerkestraat 40, ✆ (0 50) 60 12 37, *Fax (0 50) 61 19 73*, ←, , « Jardin », , , – TV ☎ P – 25 à 40. AE VISA
fermé 30 sept.-10 oct. et 25 janv.-5 fév. – **Repas** *(fermé mardi et merc.)* 850/1450 – **20 ch** 2400/3400 – ½ P 2150/2550.

Ter Dycken, Kalvekeetdijk 137, ✆ (0 50) 60 80 23, *Fax (0 50) 61 40 55*, , « Terrasse et jardin » – ▤ P. AE VISA
fermé du 1er au 11 nov., du 9 au 31 janv., lundi et mardi – **Repas** Lunch 1995 bc – carte 2100 à 2850.

KOBBEGEM *Vlaams-Brabant* 213 K 17 - ⑤① N *et* 909 F 3 – *voir à Bruxelles, environs.*

KOEKELBERG *Brabant* 213 ⑤① N *et* 909 ㉑ N – *voir à Bruxelles.*

KOKSIJDE *8670 West-Vlaanderen* 213 A 16 *et* 909 A 2 – *19 482 h.* – *Station balnéaire.*
Bruxelles 135 ① – Brugge 50 ① – Oostende 31 ① – Veurne 7 ② – Dunkerque 27 ③

Plan page suivante

à Koksijde-Bad *Nord : 1 km* C *Koksijde* – ✉ *8670 Koksijde.*
Zeelaan 24 (Casino) ✆ *(0 58) 53 30 55, Fax (0 58) 52 25 77 :*

Terlinck, Terlinckplaats 17, ✆ (0 58) 52 00 00, *Fax (0 58) 51 76 15*, ←, – ▮, ▤ rest, TV ☎ P – 25 à 40. AE VISA C a
fermé mi-nov.-janv. – **Repas** *(fermé merc. non fériés hors saison et après 20 h 30)* Lunch 750 – 850/1825 – **37 ch** 1800/3000 – ½ P 2150/3150.

Apostroff sans rest (avec annexe - 15 ch), Lejeunelaan 38, ✆ (0 58) 52 06 09, *Fax (0 58) 52 07 09*, , , , , , – ▮ TV ☎ P – 25. AE VISA JCB C c
40 ch 2125/4600.

Digue, Zeedijk 331, ✆ (0 58) 51 14 15, *Fax (0 58) 52 27 44*, ←, – ▮ TV ☎ P. rest C m
fermé fin oct.-début déc. – **Repas** (résidents seult) – **21 ch** 2500/3500 – ½ P 2300/2450.

Chalet Week-End, Zeelaan 136, ✆ (0 58) 51 12 06, *Fax (0 58) 52 09 00*, , , – TV P. AE VISA C h
fermé 15 nov.-15 déc. – **Repas** Lunch 500 – carte env. 850 – **9 ch** 2300/2550 – ½ P 1725.

Rivella, Zouavenlaan 1, ✆ (0 58) 51 31 67, *Fax (0 58) 52 27 90* – ▮ TV ☎ P. VISA. rest C b
Pâques-sept. et vacances scolaires – **Repas** (résidents seult) – **28 ch** 2250/2600 – ½ P 1850/1950.

Penel, Koninklijke Baan 157, ✆ (0 58) 51 73 23, *Fax (0 58) 51 02 03* – ▮ TV P. AE VISA. ch C u
25 mars-12 nov. et vacances scolaires – **Repas** Lunch 475 – 975/1500 – **11 ch** 2300/3100 – ½ P 2200/3050.

Host. Le Régent avec ch, A. Bliecklaan 10, ✆ (0 58) 51 12 10, *Fax (0 58) 51 66 47*, – ▮, ▤ rest, TV ☎ P. AE VISA. ch C f
fermé du 2 au 26 oct. et dim. soirs et lundis non fériés sauf vacances scolaires – **Repas** 1295/2450 – **10 ch** 2300/3000 – ½ P 2475/2825.

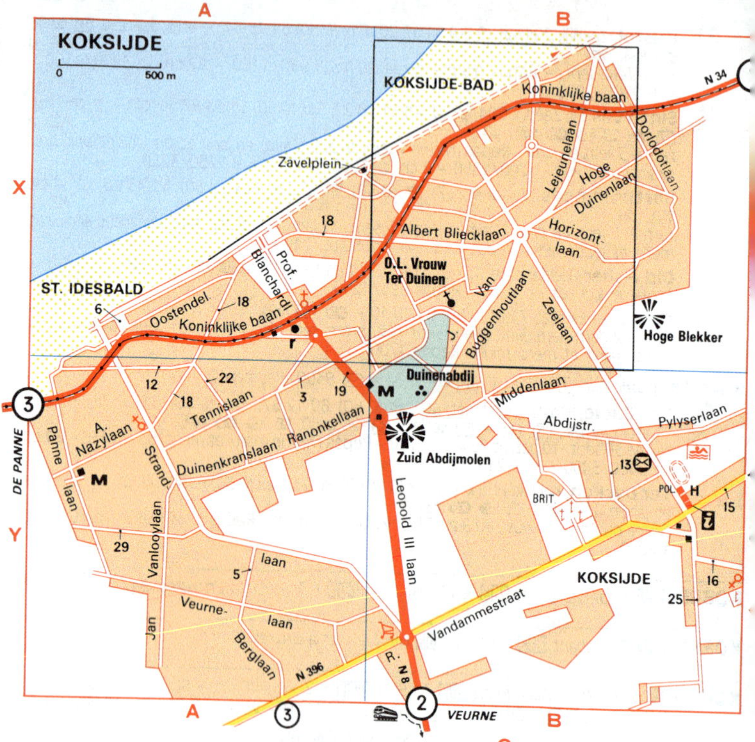

Dans ce guide
un même symbole, un même mot, imprimés en **noir** *ou en rouge, en maigre ou en* ***gras*** *n'ont pas tout à fait la même signification.*

Lisez attentivement les pages explicatives.

XX **Bel-Air,** Koninklijke Baan 95, ✆ (0 58) 51 77 05, *Fax (0 58) 51 16 93*, – AE ⓓ MC VISA. — C p
fermé du 21 au 29 sept., 13 nov.-12 déc., merc. soir et vend. midi sauf 15 juil.-15 août et jeudi – **Repas** Lunch 1100 bc – 1450/2650 bc.

XX **Sea Horse** avec ch, Zeelaan 254, ✆ (0 58) 52 32 80, *Fax (0 58) 52 32 75*, – rest, TV ☎. AE ⓓ MC VISA — C q
fermé 20 nov.-2 déc. – **Repas** *(fermé merc. du 15 sept. au 15 juin sauf vacances scolaires)* Lunch 800 – 980/1750 – **6 ch** 2100/2800 – ½ P 3200/3600.

XX **Oxalis et Résid. Loxley Cottage** avec ch, Lejeunelaan 12, ✆ (0 58) 52 08 79, *Fax (0 58) 51 06 34*, – TV P. AE ⓓ VISA — C g
Repas *(fermé 29 mai-9 juin, 20 nov.-4 déc. et jeudi)* Lunch 750 – carte 1500 à 2250 – **7 ch** 2400/3000 – ½ P 2300.

X **La Charmette,** Zeelaan 196, ✆ (0 58) 51 44 70, *Fax (0 58) 52 05 30* – AE ⓓ MC VISA — C d
fermé 15 nov.-10 déc. et merc. et jeudi sauf en juil.-août – **Repas** 1500 bc.

X **De Huifkar,** Markt 8, ✆ (0 58) 51 16 68, *Fax (0 58) 52 45 71*, – P. AE ⓓ VISA — C n
fermé 15 janv.-15 fév., mardi hors saison, lundi et vend. midi – **Repas** 1600 bc/2500 bc.

à Sint-Idesbald C *Koksijde* – ✉ *8670 Koksijde.*
(Pâques-sept. et vacances scolaires) Koninklijke Baan 330, ✆ *(0 58) 51 39 99 :*

Soll Cress, Koninklijke Baan 225, ✆ (0 58) 51 23 32, *Fax (0 58) 51 91 32*, – rest, TV ☎ P – 25 à 65. MC VISA. ch — AX r
fermé du 4 au 27 oct. – **Repas** *(fermé lundi soir et mardi du 15 sept. au 15 juin)* Lunch 395 – 850 – **41 ch** 2250/3000 – ½ P 1900/2200.

Les Bonnes Tables

Gourmets...

Nous distinguons à votre intention certains hôtels (...) et restaurants (XXXXX ... X) par ✿✿✿, ✿✿, ✿ ou Repas .

KONTICH *Antwerpen* 213 L 16 *et* 909 G 2 – *voir à Antwerpen, environs.*

KORTEMARK *8610 West-Vlaanderen* 213 D 16 *et* 909 C 2 – *12 220 h.*
Bruxelles 103 – Brugge 33 – Kortrijk 38 – Oostende 34 – Lille 52.

XX **'t Fermetje,** Staatsbaan 3, ✆ (0 51) 57 01 94 – P. AE VISA.
fermé 24 juil.-21 août, merc. et jeudi – **Repas** 1450 bc/2500 bc.

KORTENBERG *Vlaams-Brabant* 213 M 17 - ㊷ N *et* 909 G 3 - ㉒ N – *voir à Bruxelles, environs.*

KORTRIJK (COURTRAI) *8500 West-Vlaanderen* 213 E 18 *et* 909 C 3 – *75 408 h.*
Voir *Hôtel de Ville (Stadhuis) : salle des Échevins★ (Schepenzaal), salle du Conseil★ (Oude Raadzaal)* CZ **H** – *Église Notre-Dame★ (O.L. Vrouwekerk) : statue de Ste-Catherine★, Élévation de la Croix★* DY – *Béguinage★ (Begijnhof)* DZ.
Musée : *National du Lin★ (Nationaal Vlasmuseum)* BX **M.**
St-Michielsplein 5 ✆ *(0 56) 23 93 71, Fax (0 56) 23 93 72.*
Bruxelles 90 ② – *Brugge 51* ⑥ – *Gent 45* ② – *Oostende 70* ⑥ – *Lille 28* ⑤

Plans pages suivantes

Broel, Broelkaai 8, ✆ (0 56) 21 83 51, *Fax (0 56) 20 03 02*, « Intérieur cossu de caractère ancien », – TV ☎ P – 25 à 800. AE ⓓ MC VISA — DY e
fermé 22 juil.-6 août – **Repas *Castel*** *(fermé sam. et dim. non fériés)* Lunch 895 – 1595/1895 bc – **59 ch** 4350/4850, 1 suite.

Damier, Grote Markt 41, ✆ (0 56) 22 15 47, *Fax (0 56) 22 86 31*, – ch, TV ☎ P – 25 à 80. AE ⓓ MC VISA. ch — CZ a
fermé 23 juil.-13 août et 24 déc.-2 janv. – **Repas** *(fermé sam. et dim.)* (dîner seult) carte 1500 à 1800 – **48 ch** 3900/4600, 1 suite.

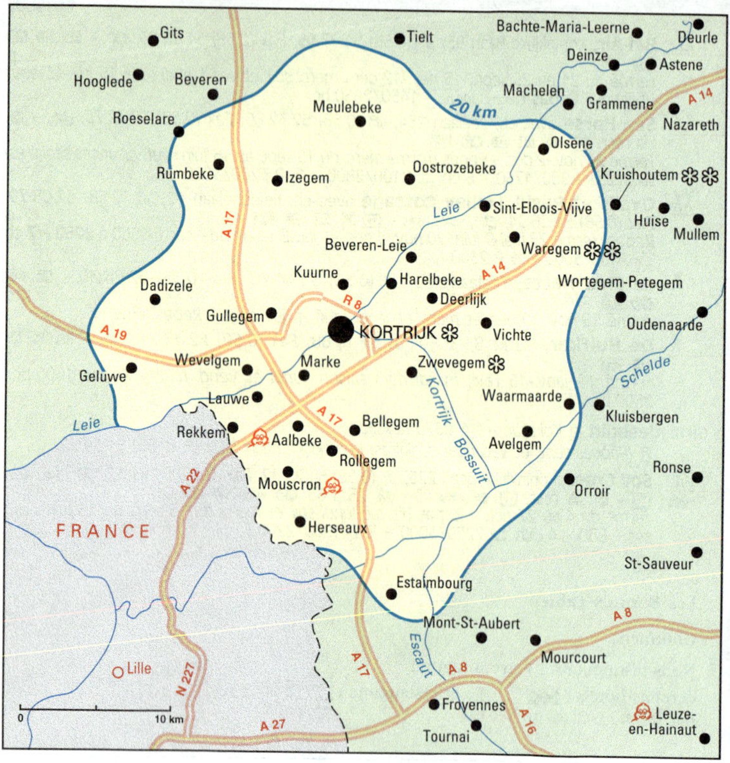

Parkhotel, Stationsplein 2, ✆ (0 56) 22 03 03, *Fax (0 56) 22 14 02,* – AE ① MC VISA — CZ r
– 25 à 80.
Repas ***Four Seasons*** *(fermé dern. sem. juil.-2 prem. sem. août et dim. soir)* 1650 – **72 ch** 3700/4700 – ½ P 2800/3050.

Belfort, Grote Markt 52, ✆ (0 56) 22 22 20, *Fax (0 56) 20 13 06,* – AE ① MC VISA — CZ c
Repas (Taverne-rest) *Lunch 495* – carte 850 à 1550 – **29 ch** 2800/3700 – ½ P 3300/3750.

Center Broel, Graanmarkt 6, ✆ (0 56) 21 97 21, *Fax (0 56) 20 03 66,* – rest, AE ① MC VISA — CZ a
fermé 2 dern. sem. janv. – **Repas** (Taverne-rest) *Lunch 475* – 1085 – 295 – **26 ch** 1800/2600 – ½ P 1920/3370.

XXX ✿ **St.-Christophe** (Pélissier), Minister Tacklaan 5, ✆ (0 56) 20 03 37, *Fax (0 56) 20 01 95,* « Ancienne demeure bourgeoise avec terrasse ombragée » – AE ① MC VISA — DZ m
fermé 2 sem. en fév., 3 sem. en août, dim. et lundi – **Repas** 1800 bc/2950 bc, carte 2100 à 2700
Spéc. Queues de langoustines et witlof aux épices douces. Cœur de charolais au poivre noir, huîtres à l'échalote. Craquelin aux pommes, figues fraîches et vanille.

XX **Boerenhof,** Walle 184, ✆ (0 56) 21 31 72, *Fax (0 56) 21 31 72,* « Fermette » – P. AE MC VISA — BX a
fermé 2 sem. en fév., 20 juil.-16 août, dim. soir, lundi soir et mardi – **Repas** *Lunch 1350 bc* – 2500 bc.

XX **Akkerwinde,** Doorniksewijk 12, ✆ (0 56) 22 82 33, « Maison bourgeoise fin 19e s. » – AE MC VISA JCB — DZ x
fermé 2 sem. avant Pâques, 20 juil.-20 août, merc., jeudi soir et sam. midi – **Repas** *Lunch 1250 bc* – 1850.

XX **Oud Walle,** Walle 199, ✆ (0 56) 22 65 53, 余, « Rustique » – MC VISA BX b
fermé 2 sem. Pâques, 2 prem. sem. sept., dim. soir, lundi, jeudi soir et après 20 h 30 – **Repas** *Lunch 1950 bc* – 1600.

XX **Mamma mia,** Koning Albertstraat 13, ✆ (0 56) 20 02 92, *Fax (0 56) 25 90 93*, Cuisine italienne – ▤. AE MC VISA CZ u
fermé 15 juil.-6 août, lundi soir, mardi et sam. midi – **Repas** *Lunch 995* – 1795.

X **Bistro Aubergine,** Groeningestraat 18, ✆ (0 56) 25 79 80, *Fax (0 56) 20 18 97*, 余, Ouvert jusqu'à 23 h – MC VISA DY s
fermé lundi et sam. midi – **Repas** *Lunch 450 bc* – 1200 bc.

X **De Open Haard,** Zwevegemsestraat 65, ✆ (0 56) 21 19 33, *Fax (0 56) 25 93 82*, Grillades, « Rustique » – ▤. AE ⓓ MC VISA DZ n
fermé 21 juil.-15 août et mardi – **Repas** *Lunch 900 bc* – 1100 bc/1550 bc.

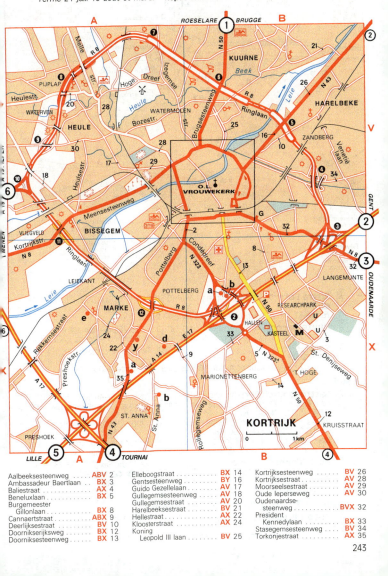

Aalbeeksesteenweg	ABV	2	Elleboogstraat	BX	14	Kortrijksesteenweg	BV	26
Ambassadeur Baertlaan	BX	3	Gentsesteenweg	BY	16	Kortrijksestraat	AV	28
Baliestraat	AX	4	Guido Gezellelaan	AV	17	Moorseelsestraat	AV	29
Beneluxlaan	BX	5	Gullegemsesteenweg	AV	18	Oude Ieperseweg	AV	30
Burgemeester Gillonlaan	BX	8	Gullegemsestraat	AV	20	Oudenaardsesteenweg	BVX	32
Cannaertstraat	ABX	9	Harelbeeksestraat	BV	21	President Kennedylaan	BX	33
Deerlijksestraat	BV	10	Hellestraat	AX	22	Stasegemsesteenweg	BV	34
Doornikserijksweg	BX	12	Kloosterstraat	AX	24	Torkonjestraat	AX	35
Doorniksesteenweg	BX	13	Koning Leopold III laan	BV	25			

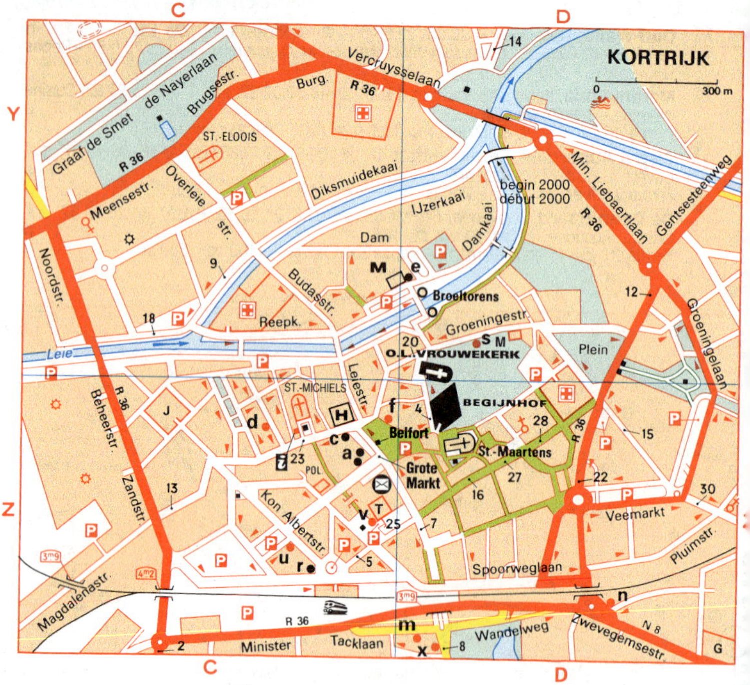

Aalbeeksesteenweg ..... CZ 2
Begijnhofstr. ..... DZ 4
Budastr. ..... CY
Burg. Reynaertstr. ..... CZ 5
Doorniksestr. ..... DZ 7
Doorniksewijk ..... DZ 8
Fabriekskaai ..... CY 9
Gentsestr. ..... DY 12
Grote Markt ..... CDZ
H. Consciencestr. ..... CY 13
Koning Leopold III laan ..... DY 14
Lange Meersstr. ..... DZ 15
Lange Steenstr. ..... DZ 16
Leiestr. ..... CYZ
Nijverheidskaai ..... CY 18
O.L. Vrouwestr. ..... DY 20
Romeinselaan ..... DZ 22
Rijselsestr. ..... CZ 23
Schouwburgpl. ..... CDZ 25
Steenpoort ..... DZ 27
Voorstr. ..... DZ 28
Wandelingstr. ..... DZ 30

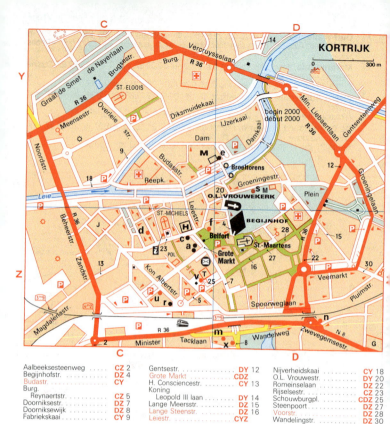

Bistro Botero, Schouwburgplein 12, ☎ (0 56) 21 11 24, *Fax (0 56) 21 33 67*, – MC VISA — CZ v
fermé 31 juil.-17 août, dim. et jours fériés – **Repas** 1000.

Huyze Decock, Louis Verweestraat 1, ☎ (0 56) 25 28 54 – MC VISA — CZ d
fermé 2 dern. sem. juil.-prem. sem. août, lundi soir et mardi – **Repas** *Lunch 595* – 1550.

César, Grote Markt 2, ☎ (0 56) 22 22 60, , Taverne-rest, ouvert jusqu'à 23 h – MC VISA — CZ f
fermé 21 juil.-15 août et mardi – **Repas** *Lunch 475* – carte 950 à 1350.

au Sud :

Gastronomisch Dorp (Vandekerckhove) M avec ch, St-Anna 9, ☎ (0 56) 22 47 56, *Fax (0 56) 22 71 70*, , « Serre avec jardin exotique et pièce d'eau », – 25. AE MC VISA — AX b
Repas *(fermé dim. soir et lundi) Lunch 2600 bc* – 2000/2550, carte env. 3400 – **7 ch** 4500/4750 – ½ P 7100/8600
Spéc. Salade de homard et foie d'oie poêlé. "Belle de Fontenay" aux langoustines et caviar. Côtes d'agneau persillées de basilic et bouquet de jeunes légumes.

Host. Klokhof M avec ch, St-Anna 2, ☎ (0 56) 22 97 04, *Fax (0 56) 25 73 25*, « Ferme aménagée », – 25 à 250. AE MC VISA. ch — AX a
fermé 24 juil.-14 août et du 1er au 8 janv. – **Repas** *(fermé dim. soir et lundi) Lunch 1450* – 2450 – **10 ch** 3500/3750.

à Aalbeke *par ⑤ : 7 km C Kortrijk – ✉ 8511 Aalbeke :*

St-Cornil, Plaats 15, ☎ (0 56) 41 35 23, *Fax (0 56) 40 29 09*, Grillades
fermé août, sam., dim. et jours fériés – **Repas** 1100 bc.

à Bellegem *par ④ : 5 km* Ⓒ *Kortrijk – ✉ 8510 Bellegem :*

Troopeird, Doornikserijksweg 74, ✆ (0 56) 22 26 85, *Fax (0 56) 22 33 63,* – TV ☎ P. MC VISA.
fermé 20 déc.-10 janv. – **Repas** (résidents seult) – **14 ch** 2500/3225 – ½ P 2305/3300.

à Kuurne *par ① : 3,5 km – 12 845 h. – ✉ 8520 Kuurne :*

XX **Bourgondisch Kruis,** Brugsesteenweg 400, ✆ (0 56) 70 24 55, *Fax (0 56) 70 56 65* – P. AE ⓓ MC VISA
fermé 1 sem. en mars, 2 prem. sem. sept., mardi soir, merc. et dim. soir – **Repas** Lunch 1690 bc – 2450 bc.

à Marke Ⓒ *Kortrijk – ✉ 8510 Marke :*

XXXX **Marquette** avec ch, Kannaertstraat 45, ✆ (0 56) 20 18 16, *Fax (0 56) 20 14 37,* « Collection de vins à vue en caveau », – TV ☎ P – 25 à 100. AE ⓓ MC VISA AX d
fermé 22 juil.-22 août – **Repas** *(fermé dim. et lundi)* Lunch 2200 – carte 2100 à 2500 – **10 ch** 3450/4500.

XX **Ten Beukel,** Markekerkstraat 19, ✆ (0 56) 21 54 69, *Fax (0 56) 22 52 90* – AE ⓓ MC VISA JCB AX e
fermé sem. carnaval, 15 août-7 sept., dim. soir et lundi – **Repas** Lunch 1500 bc – 1750/2200.

X **Het Vliegend Tapijt,** Pottelberg 189, ✆ (0 56) 22 27 45, *Fax (0 56) 25 85 66* – P. MC VISA AX y
fermé 23 juil.-14 août, dim. et lundi – **Repas** 1395 bc.

à Rollegem *par ⑤ : 9 km* Ⓒ *Kortrijk – ✉ 8510 Rollegem :*

X **Scalini,** Langestraat 89, ✆ (0 56) 40 35 00, – P
fermé 21 juil.-15 août, lundi et sam. midi – **Repas** Lunch 1200 – 1650.

KRAAINEM *Vlaams-Brabant* 213 L 17 - ㊷ N *et* 909 G 3 - ㉒ N – *voir à Bruxelles, environs.*

KRUIBEKE *9150 Oost-Vlaanderen* 213 K 15 - ⑫ S *et* 909 F 2 - ⑧ S – *14 315 h.*
Bruxelles 49 – Antwerpen 12 – Gent 53 – Sint-Niklaas 19.

XX **De Ceder,** Molenstraat 1, ✆ (0 3) 774 30 52, *Fax (0 3) 774 30 52,* « Jardin d'hiver » – P. AE ⓓ MC VISA.
fermé 3 dern. sem. juil., dim. soir et lundi – **Repas** 1050/1880.

KRUISHOUTEM *9770 Oost-Vlaanderen* 213 G 17 *et* 909 D 3 – *7 853 h.*
Bruxelles 73 – Kortrijk 25 – Gent 28 – Oudenaarde 9.

XXX ✿✿ **Hof van Cleve** (Goossens), Riemegemstraat 1 (près N 459, autoroute E 17 - A 14, sortie ⑥), ✆ (0 9) 383 58 48, *Fax (0 9) 383 77 25,* ≤, « Fermette au milieu des champs » – P. AE ⓓ MC VISA.
fermé 1 sem. Pâques, 3 sem. en août, fin déc.-début janv., dim. et lundi – **Repas** Lunch 1950 – 3950, carte 2650 à 3650
Spéc. Ravioli ouvert de girolles et joue de bœuf braisée, sabayon à l'estragon. Pigeonneau au lard croustillant, parmentière aux truffes et Banyuls. Moelleux au chocolat, coulis de griottes et glace au thé vert.

KUURNE *West-Vlaanderen* 213 E 17 *et* 909 C 3 – *voir à Kortrijk.*

La – *voir au nom propre.*

LAARNE *9270 Oost-Vlaanderen* 213 I 16 909 E 2 – *11 632 h.*
Voir *Château★ : collection d'argenterie★.*
Bruxelles 51 – Aalst 29 – Gent 13.

XX **Dennenhof,** Eekhoekstraat 62, ✆ (0 9) 230 09 56, *Fax (0 9) 231 23 96,* – P. AE ⓓ MC VISA
fermé du 13 au 20 mars, 24 juil.-14 août, lundi et jeudi soir – **Repas** Lunch 1195 – 1395/2350.

XX **Gasthof van het Kasteel,** Eekhoekstraat 7 (dans les dépendances du château), ✆ (0 9) 230 71 78, *Fax (0 9) 230 33 05,* « Terrasse avec ≤ château du 14e s. » – P. AE MC VISA
fermé 10 juil.-2 août, lundi et mardi – **Repas** Lunch 950 – 1850/2500.

LACUISINE *Luxembourg belge* 214 Q 24 *et* 909 I 6 – *voir à Florenville.*

LAETHEM-ST-MARTIN *Oost-Vlaanderen* 213 G 16 *et* 909 D 2 – *voir Sint-Martens-Latem.*

LAFORET *Luxembourg belge* 214 O 23 – *voir à Vresse-sur-Semois.*

LANAKEN *3620 Limburg* 213 S 17 *et* 909 J 3 – *23 286 h.*

Jan Rosierlaan 28 (0 89) 72 24 67, Fax (0 89) 72 25 30.

Bruxelles 108 – Maastricht 8 – Hasselt 29 – Liège 34.

Eurotel, Koning Albertlaan 264 (Nord : 2 km sur N 78), (0 89) 72 28 22, *Fax (0 89) 72 28 24*, – 25 à 140. AE VISA.
Repas ***Arte*** *(fermé sam. midi) Lunch 750* – 1250/1750 – **76 ch** 2500/4400 – ½ P 2400/2950.

Slot Pietersheim, Waterstraat 54, (0 89) 71 03 60, *Fax (0 89) 71 40 94*, « Ancienne demeure sur parc public », – 25 à 40. AE VISA.
Repas carte 1000 à 2000 – **10 ch** 2940/3990 – ½ P 2780.

Kokanje, Stationsstraat 218, (0 89) 71 62 57, *Fax (0 89) 71 62 57*, – AE VISA.
fermé mardi et sam. midi – **Repas** 1150/1795.

à Neerharen *Nord : 3 km sur N 78* C *Lanaken* – *3620 Neerharen :*

Host. La Butte aux Bois, Paalsteenlaan 90, (0 89) 72 12 86, *Fax (0 89) 72 16 47*, « Environnement boisé », – 25 à 350. AE VISA. rest
Repas *Lunch 1180* – 1280/2080 – 575 – **39 ch** 4500/7000, 1 suite.

à Rekem *Nord : 6 km sur N 78* C *Lanaken* – *3621 Rekem :*

Vogelsanck, Steenweg 282, (0 89) 71 72 50, *Fax (0 89) 71 72 50* – VISA
fermé dern. sem. juin, mardi et sam. midi – **Repas** *Lunch 745* – 1100.

LANGDORP *Vlaams-Brabant* 213 O 17 *et* 909 H 3 – *voir à Aarschot.*

LANKLAAR *Limburg* 213 T 16 – *voir à Dilsen.*

LASNE *1380 Brabant Wallon* 213 L 18, 214 L 18 *et* 909 G 3 – *13 583 h.*

18 *(2 parcours)* 9 *au Nord : 1 km à Ohain, Vieux Chemin de Wavre 50 (0 2) 633 18 50, Fax (0 2) 633 28 66.*

Bruxelles 27 – Charleroi 41 – Mons 54 – Nivelles 20.

Le Caprice des Deux, r. Genleau 8, (0 2) 633 65 65, *Fax (0 2) 633 65 65* – AE VISA.
fermé lundi – **Repas** *Lunch 850* – 1400/1750.

Le Four à Pain, r. Genleau 70, (0 2) 633 13 70, *Fax (0 2) 633 40 57*, « Auberge » – AE VISA
fermé sem. carnaval, 16 août-5 sept., Noël, Nouvel An, lundi et mardi – **Repas** carte env. 1100.

à Plancenoit *Sud-Ouest : 5 km* C *Lasne* – *1380 Plancenoit :*

Le Vert d'Eau, r. Bachée 131, (0 2) 633 54 52, *Fax (0 2) 633 54 52*, – AE VISA
fermé 2 sem. carnaval, 2 sem. en sept., lundi soir, mardi et sam. midi – **Repas** *Lunch 460* – 895/1700.

LATOUR *Luxembourg belge* 214 S 25 *et* 909 J 7 – *voir à Virton.*

LAUWE *8930 West-Vlaanderen* C *Menen 32 281 h.* 213 E 18 *et* 909 C 3.

Bruxelles 100 – Kortrijk 10 – Lille 22.

't Hoveke, Larstraat 206, (0 56) 41 35 84, *Fax (0 56) 41 55 11*, « Ferme du 18e s. entourée de douves » – 25 à 150. AE VISA
fermé du 8 au 30 août, dim. soir, lundi soir et mardi – **Repas** *Lunch 1600 bc* – carte 2000 à 2500.

Ter Biest, Lauwbergstraat 237, (0 56) 41 47 49, *Fax (0 56) 42 13 86*, « Cadre champêtre » – AE VISA
fermé mardi soir, merc. et dim. soir – **Repas** *Lunch 1600* – carte env. 1800.

de Mangerie, Wevelgemsestraat 37, (0 56) 42 00 75, *Fax (0 56) 42 42 62*, « Jardin d'hiver » – VISA.
fermé dern. sem. fév., 2 dern. sem. août, sam. midi, dim. soir et lundi – **Repas** *Lunch 1095 bc* – 1400/1695.

LAVAUX-SAINTE-ANNE *5580 Namur* Ⓒ *Rochefort 11 720 h.* **214** *P 22 et* **909** *I 5.*
Bruxelles 112 – Bouillon 64 – Dinant 34 – Namur 50 – Rochefort 16.

Maison Lemonnier, r. Baronne Lemonnier 82, (0 84) 38 72 17, *Fax (0 84) 38 72 20*, « En Famenne, au centre du village », – TV ☎ P. AE ① MC VISA
fermé du 12 au 22 juin, du 21 au 31 août, 18 déc.-27 janv., lundi et mardi – **Repas** voir rest **du Château** ci-après – 450 – **8 ch** 2700/4500.

du Château (Martin) - H. Maison Lemonnier r. Château 10, (0 84) 38 88 83, *Fax (0 84) 38 88 95*, « Dans dépendances du 17e s. » – P. AE ① MC VISA
fermé du 12 au 22 juin, du 21 au 31 août, du 18 au 31 déc., lundi et mardi – **Repas** Lunch 1000 – 1775/2200, carte 2000 à 3150
Spéc. Langoustines royales en croûte de pommes de terre. Chevreuil cuit à l'os, sauce à l'hysope et bolets poivrés (20 juil.-20 août et 20 oct.-15 déc.). Croustillant de pied de porc aux girolles.

Le – *voir au nom propre.*

LEBBEKE *9280 Oost-Vlaanderen* **213** *J 16 et* **909** *F 3 – 17 327 h.*
Bruxelles 27 – Antwerpen 41 – Gent 37.

Rembrandt, Laurierstraat 6, (0 52) 41 04 09, *Fax (0 52) 41 45 75* – ▤. AE ① MC VISA
fermé 3 dern. sem. juil., lundi soir et mardi – **Repas** 1700.

LEISELE *8691 West-Vlaanderen* Ⓒ *Alveringem 4 716 h.* **213** *A 17 et* **909** *A 3.*
Bruxelles 143 – Brugge 67 – Ieper 27 – Oostende 45 – Veurne 20.

De Zoeten Inval, Lostraat 7, (0 58) 29 99 64, *Fax (0 58) 29 80 55*, « Cadre champêtre », – ▤ ch, TV ☎ P. AE ① MC VISA.
fermé janv. – **Repas** *(fermé lundi et mardi)* Lunch 900 – 1300 – **9 ch** 2000/5000 – ½ P 2250/4000.

LEMBEKE *9971 Oost-Vlaanderen* Ⓒ *Kaprijke 6 210 h.* **213** *G 15 et* **909** *D 2.*
Bruxelles 75 – Antwerpen 63 – Brugge 35 – Gent 20.

Host. Ter Heide, Tragelstraat 2, (0 9) 377 19 23, *Fax (0 9) 377 51 34*, « Terrasse et jardin », – TV ☎ P – 25 à 100. AE ① MC VISA.
fermé du 24 au 31 déc. – **Repas** *(fermé lundi)* Lunch 985 bc – carte 1350 à 2050 – 450 – **9 ch** 3500 – ½ P 3250/4250.

LENS *7870 Hainaut* **213** *I 19,* **214** *I 19 et* **909** *E 4 – 3 828 h.*
Bruxelles 55 – Ath 13 – Mons 13.

Aub. de Lens avec ch, r. Calvaire 23 (Nord-Ouest : 1,5 km), (0 65) 22 90 41, « Terrasse et jardin » – TV P. MC VISA.
fermé 17 déc.-16 janv. – **Repas** *(fermé dim. soir et lundi)* Lunch 595 – carte 850 à 1700 – 200 – **6 ch** 1495/1995.

LEOPOLDSBURG (BOURG-LÉOPOLD) *3970 Limburg* **213** *Q 16 et* **909** *I 2 – 13 710 h.*
Bruxelles 83 – Antwerpen 64 – Liège 71 – Eindhoven 44 – Maastricht 59

't Merenhuys, Vander Elststraat 22, (0 11) 34 53 91, *Fax (0 11) 34 53 91*, – AE ① MC VISA
fermé 2 sem. en sept., 2 sem. en janv., lundi, mardi et merc. – **Repas** Lunch 350 – carte 1200 à 1550.

LESSINES (LESSEN) *7860 Hainaut* **213** *I 18,* **214** *I 18 et* **909** *E 3 – 16 888 h.*
Voir *N.-D.-à la Rose★.*
Grand'Place 11 (0 68) 33 21 13 (ext. 45), Fax (0 68) 33 36 90.
Bruxelles 57 – Aalst 35 – Gent 49 – Mons 35 – Tournai 45.

Le Napoléon, r. Lenoir Scaillet 25, (0 68) 33 39 39 – ① MC VISA
fermé 8 août-15 sept., fin janv.-début fév. et merc. – **Repas** (déjeuner seult sauf sam.) 825.

Bediening en belasting

In

België, in Luxemburg en in Nederland zijn bediening en belasting bij de prijzen inbegrepen.

LEUVEN (LOUVAIN) *3000* 🅿 *Vlaams-Brabant* **213** *N 17 et* **909** *H 3 – 87 907 h.*

Voir *Hôtel de Ville★★★ (Stadhuis)* BYZ **H** – *Collégiale St-Pierre★ (St-Pieterskerk) : musée d'Art religieux★★, Cène★★, Tabernacle★, Tête de Christ★, Jubé★* BY **A** – *Grand béguinage★★ (Groot Begijnhof)* BZ – *Plafonds★ de l'Abbaye du Parc (Abdij van't Park)* DZ **B** – *Façade★ de l'église St-Michel (St-Michielskerk)* BZ **C.**

Musée : *communal Vander Kelen - Mertens★ (Stedelijk Museum)* BY **M.**

Env. *Korbeek-Dijle : retable★ de l'église St-Barthélemy (St-Batholomeüskerk) par N 253 : 7 km* DZ.

9 au Sud-Ouest : 15 km à Duisburg, Hertswegenstraat 59 ☎ (0 2) 769 45 82, Fax (0 2) 767 97 52 - 18 par ② : 13 km à Sint-Joris-Winge par ② : 13 km, Leuvensesteenweg 252, ☎ (0 16) 63 21 45, Fax (0 16) 63 21 40.

Grote Markt 9 ☎ (0 16) 21 15 39, Fax (0 16) 21 15 49 – Fédération provinciale de tourisme, Diestsesteenweg 52, ✉ 3010 Kessel-Lo, ☎ (0 16) 26 76 20, Fax (0 16) 26 76 76.

Bruxelles 27 ⑥ – Antwerpen 48 ⑨ – Liège 74 ④ – Namur 53 ⑤ – Turnhout 60 ①

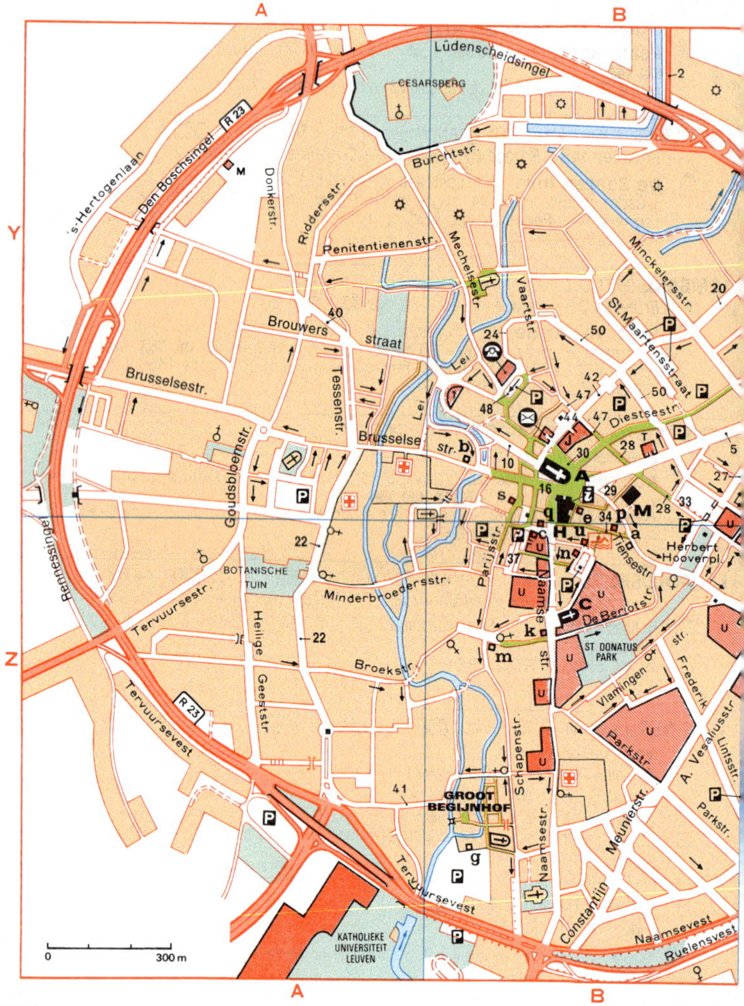

Begijnhof sans rest, Tervuursevest 70, ☎ (0 16) 29 10 10, *Fax (0 16) 29 10 22*, – AE VISA. BZ g
63 ch ☐ 5150/5650, 4 suites.

Holiday Inn Garden Court, A. Smetsplein 7, ☎ (0 16) 31 76 00, *Fax (0 16) 31 76 01* – 25 à 55. AE VISA JCB BZ a
Repas *Lunch 390* – carte 1000 à 1450 – ☐ 550 – **100 ch** 5500 – ½ P 6550/7550.

Binnenhof sans rest, Maria-Theresiastraat 65, ☎ (0 16) 20 55 92, *Fax (0 16) 23 69 26* – 25 à 50. AE VISA. CY a
54 ch ☐ 3800/4250.

New Damshire M sans rest, Pater Damiaanplein-Schapenstraat 1, ☎ (0 16) 23 21 15, *Fax (0 16) 23 32 08* – AE VISA. BZ m
fermé 24 déc.-1er janv. – **22 ch** ☐ 3600/4650.

Ibis sans rest, Brusselsestraat 52, ☎ (0 16) 29 31 11, *Fax (0 16) 23 87 92* – AE VISA JCB BY b
☐ 300 – **71 ch** 3000.

LEUVEN

- Aarschotsesteenweg . . **BY** 2
- Bierbeekpleindreef . . . **DZ** 3
- Bondgenotenlaan . . . **BCY** 5
- Borstelstr. . . . . **DZ** 6
- Boudewijlaan . . . . **DZ** 7
- Brusselsestr. . . . . **AY**
- Celestijnenlaan . . . . . . **DZ** 8
- Diestsesteenweg . . . . . **DZ** 9
- Dirk Boutslaan . . . . **BY** 10
- Eenmeilaan . . . . **DZ** 11
- Fonteinstraat . . . . **DZ** 12
- Geldenaaksebaan . . . . **DZ** 15
- Grote Markt . . . . **BY** 16
- Grote Molenweg . . . . . **DZ** 18
- Holsbeek-sesteenweg . . . . **DZ** 19
- Jean Baptiste van Monsstr. . . **BCY** 20
- Kapeldreef . . . . **DZ** 21
- Kapucijnenvoer . . . . . . **AZ** 22
- Kard. Mercierlaan . . . . **DZ** 23
- Karel v. Lotharingenstr. . . **BY** 24
- Leopoldstr. I . . . . **BY** 27
- Leopold Vanderkelenstr. . . **BY** 28
- Maarschalk Fochpl. . . . . **BY** 29
- Margarethapl. . . . . **BY** 30
- Martelarenpl. . . . . **CY** 31
- Mgr Ladeuzepl . . . . **BY** 33
- Muntstr. . . . . **BY** 34
- Naamsesteenweg . . . . . **DZ** 35
- Naamsestr. . . . . **BZ**
- Nieuwe Mechelsesteenweg . . **DZ** 36
- Oude Markt . . . . **BZ** 37
- Pakenstr. . . . . **DZ** 39
- Petermannenstr. . . . . . . **AY** 40
- Redingenstr. . . . . **ABZ** 41
- Rijschoolstr. . . . . **BY** 42
- Smolderspl. . . . . **BY** 44
- Tiensesteenweg . . . . . . **DZ** 45
- Tiensestr. . . . . **BCY**
- Vaartstr. . . . . **BY** 47
- Vismarkt . . . . **BY** 48
- Vital Decosterstr. . . . . . **BY** 50
- Waversebaan . . . . **DZ** 51

Si vous cherchez un hôtel tranquille ou isolé, consultez d'abord les cartes de l'introduction ou repérez dans le texte les établissements indiqués avec le signe ou

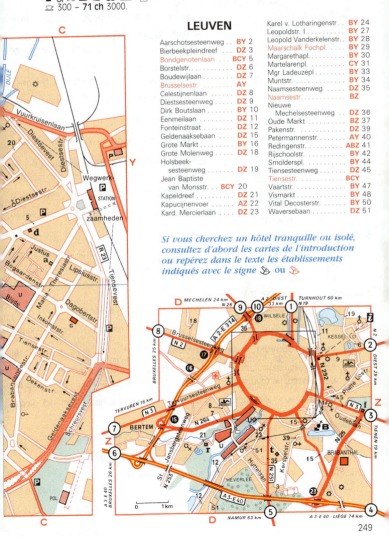

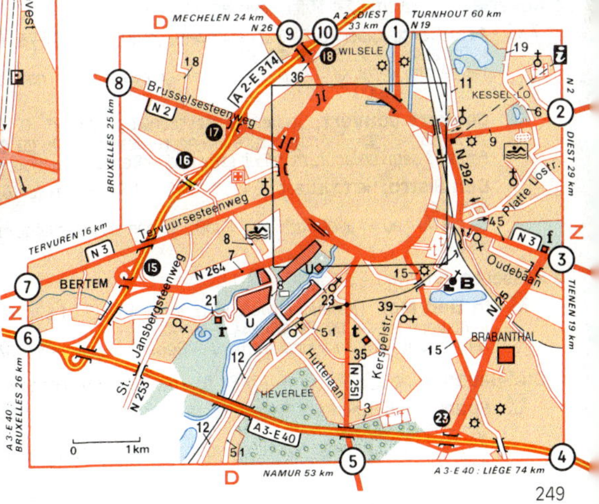

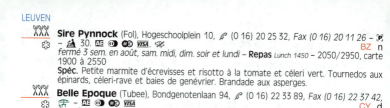

XXX **Sire Pynnock** (Fol), Hogeschoolplein 10, ☎ (0 16) 20 25 32, *Fax (0 16) 20 11 26* – P – 30. AE ⓓ MC VISA. BZ n
fermé 3 sem. en août, sam. midi, dim. soir et lundi – **Repas** Lunch 1450 – 2050/2950, carte 1900 à 2550
Spéc. Petite marmite d'écrevisses et risotto à la tomate et céleri vert. Tournedos aux épinards, céleri-rave et baies de genévrier. Brandade aux asperges.

XXX **Belle Epoque** (Tubee), Bondgenotenlaan 94, ☎ (0 16) 22 33 89, *Fax (0 16) 22 37 42*, – AE ⓓ MC VISA CY d
fermé sem. carnaval, 23 juil.-16 août, début janv., dim. et lundi – **Repas** Lunch 1150 – 1950/2350, carte 2200 à 2800
Spéc. Langoustines et girolles au parfum d'estragon. Dos de cabillaud à la royale aux crevettes grises. Pigeon de Bresse à l'essence de truffes.

XX **Ming Dynasty,** Oude Markt 9, ☎ (0 16) 29 20 20, *Fax (0 16) 29 44 04*, Cuisine chinoise, ouvert jusqu'à 23 h – . AE ⓓ MC VISA BYZ c
fermé mardi – **Repas** Lunch 750 – 980/1650.

XX **Ramberg Hof,** Naamsestraat 60, ☎ (0 16) 29 32 72, *Fax (0 16) 20 10 90*, « Jardin d'hiver » – AE ⓓ VISA. BZ k
fermé du 1er au 15 sept., dim. soir et lundi – **Repas** Lunch 800 – carte 1600 à 1900.

XX **Dumont,** Hogeschoolplein 15, ☎ (0 16) 23 75 75, *Fax (0 16) 20 76 20* – AE ⓓ MC VISA. BZ u
fermé du 1er au 16 août, sam. midi, dim. et lundi soir – **Repas** 950/1750.

X **Beluga,** Krakenstraat 12, ☎ (0 16) 23 43 93, *Fax (0 16) 20 51 76*, Produits de la mer – . AE MC VISA. BYZ q
fermé 3 sem. en août, 1 sem. fin déc., sam. midi, dim. et lundi midi – **Repas** Lunch 995 – carte 1800 à 2400.

X **'t Zwart Schaap,** Boekhandelstraat 1, ☎ (0 16) 23 24 16, *Fax (0 16) 23 24 16* – AE MC VISA BY e
fermé sem. carnaval, 15 juil.-15 août, dim. et lundi – **Repas** Lunch 1000 – carte 1700 à 2100.

X **Y-Sing,** Parijsstraat 18, ☎ (0 16) 22 80 52, *Fax (0 16) 23 40 47*, Cuisine asiatique – . AE ⓓ MC VISA. BY s
fermé merc. – **Repas** 700.

X **Oesterbar,** Muntstraat 23, ☎ (0 16) 20 28 38, *Fax (0 16) 20 54 84*, , Produits de la mer – AE ⓓ MC VISA. BYZ p
fermé dern. sem. avril, 2 dern. sem. sept., prem. sem. janv., dim. et lundi – **Repas** Lunch 885 – carte 1200 à 1700.

à Blanden *par ⑤ : 7 km* C *Oud-Heverlee 10 484 h.* – ✉ *3052 Blanden :*

XX **Meerdael,** Naamsesteenweg 90 (sur N 25), ☎ (0 16) 40 24 02, *Fax (0 16) 40 81 37*, « Terrasse ombragée et jardin » – P. AE MC VISA.
fermé sem. après Pâques, sept., Noël, Nouvel An, sam. midi, dim. et lundi – **Repas** Lunch 950 – 1650.

à Heverlee C *Leuven* – ✉ *3001 Heverlee :*

XXX **Arenberg,** Kapeldreef 46 (Egenhoven), ☎ (0 16) 22 47 75, *Fax (0 16) 29 40 64*, « Terrasse » – P. AE ⓓ MC VISA DZ r
fermé sem. carnaval, 17 juil.-7 août, sem. Toussaint, sam. midi, dim. soir et lundi – **Repas** Lunch 1250 – 1900/2500 bc.

XX **Couvert couvert,** St-Jansbergsesteenweg 171, ☎ (0 16) 29 69 79, *Fax (0 16) 29 59 15*, ←, , « Architecture intérieure design » – P. AE MC VISA
fermé 3 sem. en août, mardi et sam. midi – **Repas** Lunch 1150 – 1695/2095.

X **Den Bistro,** Hertogstraat 154, ☎ (0 16) 40 54 88, *Fax (0 16) 40 80 91*, – AE MC VISA. DZ t
fermé du 4 au 11 avril, du 15 au 31 août, 25 déc.-8 janv., mardi, merc. et sam. midi – **Repas** 895.

à Kessel-Lo C *Leuven* – ✉ *3010 Kessel-Lo :*

XX **In Den Mol,** Tiensesteenweg 331, ☎ (0 16) 25 11 82, *Fax (0 16) 26 22 65*, « Rustique » – P. AE ⓓ MC VISA JCB. DZ f
fermé août, dim. soir, lundi et mardi – **Repas** Lunch 950 – 1350/1850.

à Oud-Heverlee *par ⑤ : 7,5 km* – *10 484 h.* – ✉ *3050 Oud-Heverlee :*

XX **Spaans Dak,** Maurits Noëstraat 2 (Zoet Water), ☎ (0 16) 47 33 33, *Fax (0 16) 47 38 12*, – P. AE MC VISA
fermé sem. carnaval, 17 juil.-4 août, lundi et mardi – **Repas** Lunch 1025 – 1350/1795.

à Vaalbeek *par ⑤ : 6,5 km* C *Oud-Heverlee 10 484 h. – ✉ 3054 Vaalbeek :*

XX **De Bibliotheek,** Gemeentestraat 12, ✆ (0 16) 40 05 58, *Fax (0 16) 40 20 69,* – P. AE ⓓ ⓜ VISA.
fermé 16 juil.-9 août, mardi et merc. – **Repas** *Lunch 850* – 1100/1795.

à Winksele *par ⑧ : 5 km* C *Herent 18 670 h. – ✉ 3020 Winksele :*

XX **De Pachtenhoef,** Dorpsstraat 29b, ✆ (0 16) 48 85 41 – P. AE ⓓ ⓜ VISA.
fermé 3 dern. sem. juin, lundi, mardi et merc. – **Repas** 1000/1800.

LEUZE-EN-HAINAUT *7900 Hainaut* 213 *G 19,* 214 *G 19 et* 909 *D 4 – 13 085 h.*
Bruxelles 70 – Gent 56 – Mons 35 – Tournai 16.

La Cour Carrée, chaussée de Tournai 5, ✆ (0 69) 66 48 25, *Fax (0 69) 66 18 82,* – TV ☎ P – 25 à 40. AE ⓓ ⓜ VISA.
Repas *(fermé sam. midi et dim. soir) Lunch 550* – 1000 – **9 ch** *(fermé dim.)* 1750/2150 – ½ P 2300.

XX **Le Châlet de la Bourgogne,** chaussée de Tournai 1, ✆ (0 69) 66 19 78, *Fax (0 69) 66 19 78* – P. AE ⓓ ⓜ VISA
fermé 2 sem. carnaval, 3 dern. sem. juil., mardi soir, merc. et jeudi soir – **Repas** 950/1300.

LIBRAMONT *6800 Luxembourg belge* C *Libramont-Chevigny 9 241 h.* 214 *R 23 et* 909 *J 6.*
Bruxelles 143 – Bouillon 33 – Arlon 52 – Dinant 68 – La Roche-en-Ardenne 43.

à Bras *Nord : 7 km* C *Libramont-Chevigny – ✉ 6800 Bras :*

XX **La Michaudière,** Vieux Chemin 9 (Bras-Haut), ✆ (0 61) 61 23 91, *Fax (0 61) 61 31 53* – P. AE ⓜ VISA
fermé 2 dern. sem. juin, 2 prem. sem. sept., 2 prem. sem. janv., dim. soir, lundi et mardi – **Repas** *Lunch 1325 bc* – 950/1650.

à Recogne *Sud-Ouest : 1 km* C *Libramont-Chevigny – ✉ 6800 Recogne :*

L'Amandier, av. de Bouillon 70, ✆ (0 61) 22 53 73, *Fax (0 61) 22 57 10,* – TV ☎ P – 25 à 250. AE ⓓ ⓜ VISA. rest
Repas *(fermé dim. soir, lundi et mardi) Lunch 750* – carte env. 1200 – **24 ch** 2150/2700 – ½ P 2100/2900.

LICHTAART *Antwerpen* 213 *O 15 et* 909 *H 2 – voir à Kasterlee.*

LICHTERVELDE *West-Vlaanderen* 213 *D 16 et* 909 *C 2 – voir à Torhout.*

LIÈGE – LUIK

4000 **P** **213** **S 19**, **214** **S 19** – ㉕ **S** *et* **909** **J 4** – ⑰ **N** – *188 568 h.*

Bruxelles 97 ⑨ – *Amsterdam 242* ① – *Antwerpen 119* ⑫ – *Köln 122* ② – *Luxembourg 159* ⑤ – *Maastricht 32* ①.

OFFICES DE TOURISME

En Féronstrée 92 ☎ (04) 221 92 21, Fax (04) 221 92 22 et Gare des Guillemins ☎ (04) 252 44 19 – Fédération provinciale de tourisme, bd de la Sauvenière 77 ☎ (04) 232 65 10, Fax (04) 232 65 11.

RENSEIGNEMENTS PRATIQUES

9 r. Bernalmont 2 (BT) ☎ (04) 227 44 66, Fax (04) 227 91 92 – 18 par ⑥ : 8 km à Angleur, rte du Condroz 541 ☎ (04) 336 20 21, Fax (04) 337 20 26 – 18 par ⑤ : 18 km à Gomzé-Andoumont, Sur Counachamps, r. Gomzé 30 ☎ (04) 360 92 07, Fax (04) 360 92 06.

☎ (04) 342 52 14, Fax (04) 229 22 93.

CURIOSITÉS

Voir *Citadelle ≤★★* DW, *Parc de Cointe ≤★* CX – *Vieille ville★★ : Palais des Princes-Évêques★ : grande cour★★* EY, *Le perron★* EY **A**, *Cuve baptismale★★★ dans l'église St-Barthélemy* FY, *Trésor★★ de la Cathédrale St-Paul : reliquaire de Charles le Téméraire★★* EZ – *Église St-Jacques★★ : voûtes de la nef★★* EZ – *Retable★ dans l'église St-Denis* EY – *Statues★ en bois du calvaire et Sedes Sapientiae★ de l'église St-Jean* EY – *Aquarium★* FZ **D**.

Musées : *d'Art Moderne et d'Art Contemporain★* DX **M7** – *de la Vie wallonne★★* EY – *d'Art religieux et d'Art mosan★* FY **M5** – *Curtius et musée du Verre★ (Musées d'Archéologie et d'Arts décoratifs) : Évangéliaire de Notger★★★, collection d'objets de verre★* FY **M1** – *d'Armes★* FY **M3** – *d'Ansembourg★* FY **M2**.

Env. *par ① : 20 km : Blégny-Trembleur★★ – par ⑥ : 27 km : Fonts baptismaux★ dans l'église★ de St-Séverin – par ① : 17 km à Visé : Châsse de St-Hadelin★ dans l'église collégiale.*

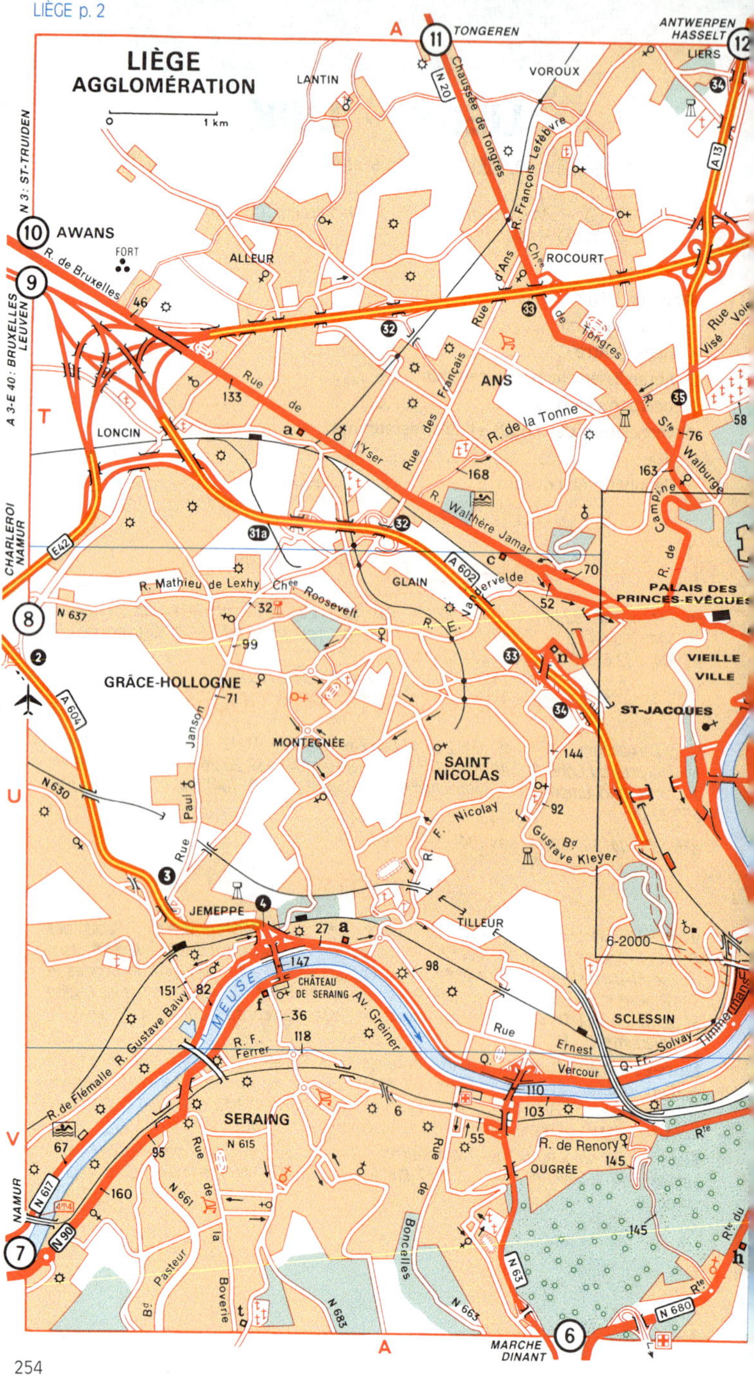
LIÈGE
AGGLOMÉRATION
1 km
TONGEREN
ANTWERPEN
HASSELT
LIERS
LANTIN
VOROUX
N 3 : ST-TRUIDEN
AWANS
FORT
ALLEUR
ROCOURT
A 3-E 40 : BRUXELLES LEUVEN
ANS
LONCIN
Chaussée de Tongres
R. François Lefèbvre
R. de Bruxelles
Rue de l'Yser
Rue des Français
R. de la Tonne
R. Walthère Jamar
R. Ste Walburge
R. de Campine
CHARLEROI NAMUR
E 42
A 602
A 13
GLAIN
PALAIS DES PRINCES-EVÊQUES
VIEILLE VILLE
R. Mathieu de Lexhy
Chée Roosevelt
N 637
GRÂCE-HOLLOGNE
A 604
MONTEGNÉE
SAINT NICOLAS
ST-JACQUES
N 630
Rue Paul Janson
R. F. Nicolay
Bd Gustave Kleyer
JEMEPPE
TILLEUR
6-2000
CHÂTEAU DE SERAING
MEUSE
Av. Greiner
R. Gustave Baivy
R. de Flémalle
R. F. Ferrer
Rue Ernest Solvay
Q. Vercour
Q. Fr. Timmermans
SCLESSIN
SERAING
N 615
N 661
Rue de la Boverie
Rue de Boncelles
Bd Pasteur
N 683
N 663
N 63
N 617
N 90
N 680
R. de Renory
OUGRÉE
NAMUR
MARCHE DINANT

B
MILMORT
HAUTS SARTS
A 601
MAASTRICHT
N 671
N 653
HERSTAL
A 3-E 40
Visé Voie
Rue de l'Agriculture
A 25-E 25
A 3 E 40
AACHEN VERVIERS
166
153
VOTTEM
WANDRE
85
105
N 667
N 642
Rue de Visé
T
Bd Hector Denis
R. Renardi
Bd Z. Gramme
Canal Albert
ILE
MONSIN
79
Bd Ern. Solvay
154
R. St. Léonard
37
ELLE
HALLES DES FOIRES
MEUSE
102
DROIXHE
JUPILLE-S-MEUSE
135
N 642
W. Churchill
30
R. 132 BRESSOUX
25
FORT DE LA CHARTREUSE
U
Rue de Herve
N 3
AACHEN VERVIERS
GRIVEGNÉE
106
R. Jules Cralle
45
12
60
N 665
CHÊNÉE
12
13
81
ANGLEUR
N 61a
VAUX S/S CHEVREMONT
R. des Grds Prés
Vesdre
N 621
V
48
l'Ourthe
Condroz
R. du Général Jacques
R. P. Henvard
N 609
Rue du Général Jacques
A 26-E 25
N 61
VERVIERS
Ourthe
N 633
EMBOURG
N 30
CHAUDFONTAINE
SPA BASTOGNE
B

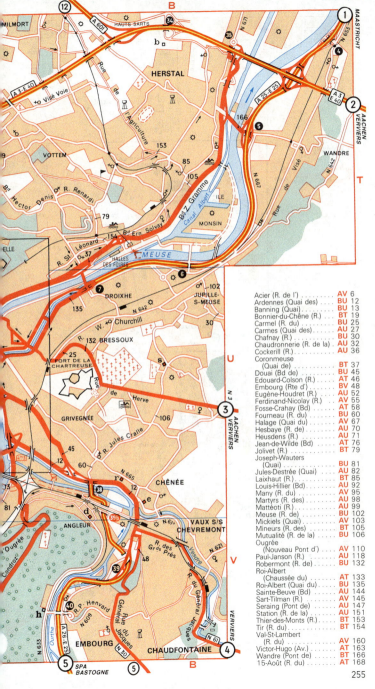

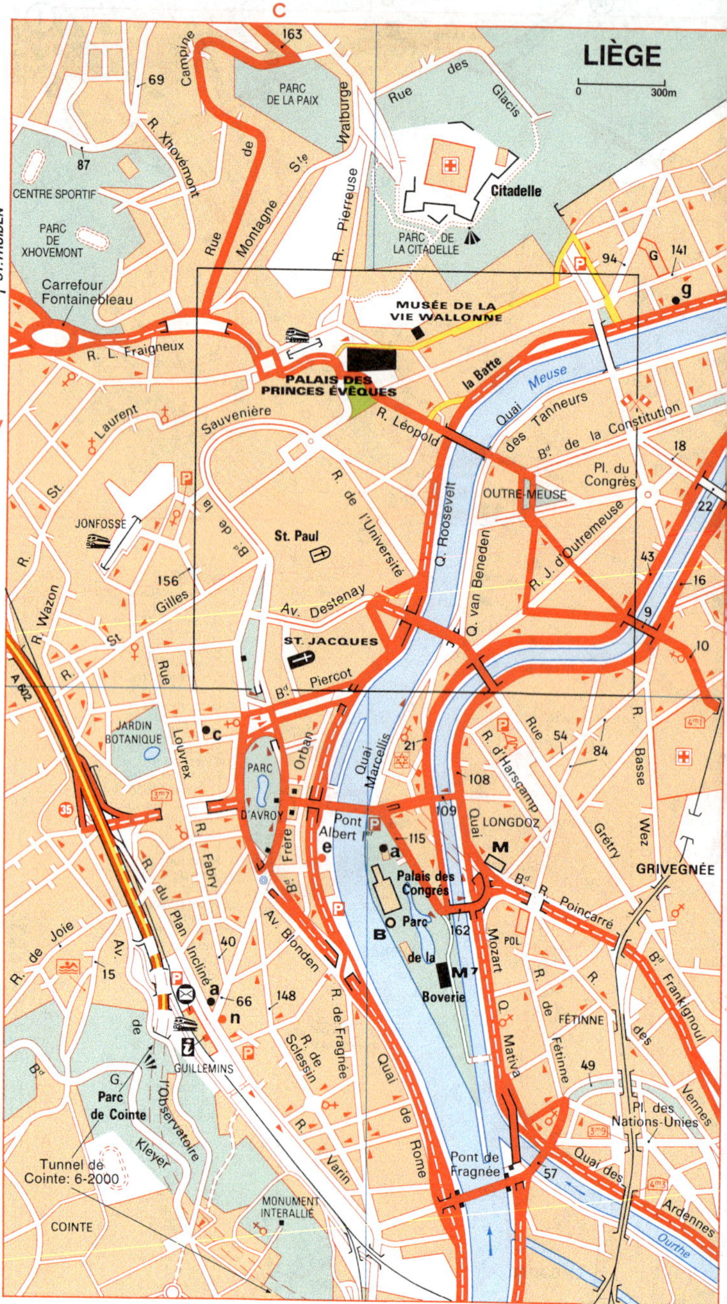
LIÈGE
0 300m
C
D
W
X
Citadelle
PARC DE LA CITADELLE
PARC DE LA PAIX
Rue des Glacis
MUSÉE DE LA VIE WALLONNE
PALAIS DES PRINCES ÉVÊQUES
CENTRE SPORTIF
PARC DE XHOVEMONT
Carrefour Fontainebleau
ST. TRUIDEN
R. L. Fraigneux
R. Xhovémont
Rue Montagne de Ste Walburge
Campine
R. Pierreuse
la Batte
Meuse
Quai des Tanneurs
Bd. de la Constitution
Pl. du Congrès
OUTRE-MEUSE
R. Léopold
Sauvenière
Bd de la Sauvenière
St. Laurent
JONFOSSE
St. Paul
R. de l'Université
Q. Roosevelt
Q. van Beneden
R. J. d'Outremeuse
Av. Destenay
ST. JACQUES
Bd Piercot
St Gilles
R. Wazon
A 602
JARDIN BOTANIQUE
Rue Louvrex
PARC D'AVROY
Orban
Quai Marcellis
Pont Albert Ier
Palais des Congrès
Parc de la Boverie
LONGDOZ
Quai
Rue d'Harscamp
R. Grétry
R. Basse Wez
GRIVEGNÉE
Bd R. Poincarré
Bd Frankignoul
R. Fabry
R. du Plan Incliné
Av. Blonden
Bd Frère
R. de Joie
Av. de l'Observatoire
R. de Fragnée
R. de Sclessin
R. Varin
Quai de Rome
Q. Mativa
Mozart
POL
FÉTINNE
R. de Fétinne
R. des Vennes
Pl. des Nations-Unies
Quai des Ardennes
Ourthe
Pont de Fragnée
GUILLEMINS
Parc de Cointe
Bd Kleyer
Tunnel de Cointe: 6-2000
COINTE
MONUMENT INTERALLIÉ
163
69
87
94
141
G
g
18
22
43
16
9
10
156
54
84
21
108
109
115
a
c
e
M
B
162
M7
40
66
148
n
15
35
49
57

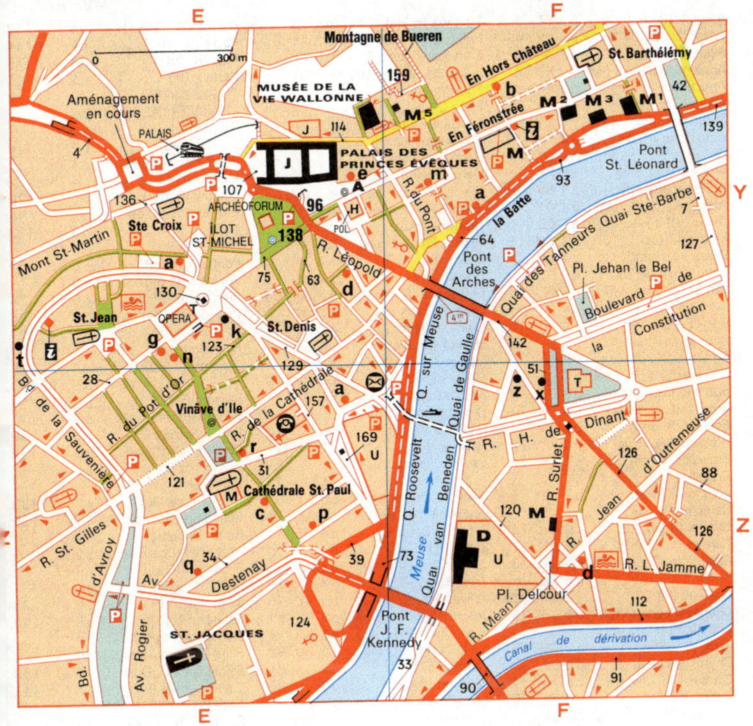

Académie (R. de l') .... EY 4
Adolphe-Maréchal (R.) .... FY 7
Amercoeur (Pont d') ..... DW 9
Amercoeur (R. d') .... DW 10
Bois-l'Evêque (R.) .... CX 15
Bonaparte (Quai) .... DW 16
Bonnes-Villes (R. des) .... DW 18
Boverie (Quai de la) ...... DX 21
Bressoux (Pont de) .... DW 22
Bruxelles (R. de) .... EY 24
Casquette (R. de la) ..... EYZ 28
Cathédrale (R. de la) ...... EZ
Charles-Magnette (R.) .... EZ 31
Churchill (Quai) .... FZ 33
Clarisses (R. des) .... EZ 34
Croisiers (R. des) .... EZ 39
Dartois (R.) .... CX 40
Déportés (Pl. des) .... FY 42
Dérivation (Quai de la) ... DW 43
Emile de Laveleye (Bd) ... DX 49
En Féronstrée .... FY
Est (Bd de l') .... FYZ 51
Fer (R. du) .... DX 54

Fétinne (Pont de) .... DX 57
Georges-Simenon (R.) .... FZ 61
Gérardrie (R.) .... EY 63
Goffe (Quai de la) .... EY 64
Guillemins (R. des) ...... CX 66
Hauteurs (Bd des) .... CW 69
van Hoegaerden (Quai) . EFZ 73
Joffre (R.) .... EY 75
Lairesse (R.) .... DX 84
Léon-Philippet (Bd) ..... CW 87
Léopold (R.) .... EFY
Liberté (R. de la) .... FZ 88
Longdoz (Pont de) .... FZ 90
Longdoz (Quai de) .... FZ 91
Maastricht (Quai de) .... FY 93
Maghin (R.) .... DW 94
Marché (Pl. du) .... EY 96
Notger (Square) .... EY 107
Orban (Quai) .... DX 108
Orban ou de Huy (Pont d') .... DX 109
Ourthe (Quai de l') ...... FZ 112
Palais (R. du) .... EY 114

Parc (R. du) .... DX 115
Pitteurs (R. des) .... FZ 120
Pont d'Avroy (R.) .... EZ 121
Pont d'Ile .... EY 123
Prémontrés (R. des) ...... EZ 124
Puits-en-Soc (R.) .... FZ 126
Ransonnet (R.) .... FY 127
Régence (R. de la) ...... EYZ 129
Rép. Française (Pl.) ...... EY 130
Saint-Gilles (R.) .... EZ
Saint-Hubert (R.) .... EY 136
Saint-Lambert (Pl.) ...... EY 138
Saint-Léonard (Quai) ..... FY 139
Saint-Léonard (R.) .... DW 141
Saint-Pholien (R. et Pl.) .. FY 142
Serbie (R. de) .... CX 148
Trappé (R.) .... CW 156
Université (R. de l') ..... EYZ 157
Ursulines (Imp. des) ..... FY 159
Vennes (Pont des) .... DX 162
Victor-Hugo (Av.) .... CW 163
Vinâve d'Ile (R.) .... EZ
20-Août (Pl. du) .... EZ 169

Sur la route :
la signalisation routière est rédigée
dans la langue de la zone linguistique traversée.

Dans ce guide,
les localités sont classées selon leur nom officiel :
Antwerpen pour Anvers, **Mechelen** por Malines.

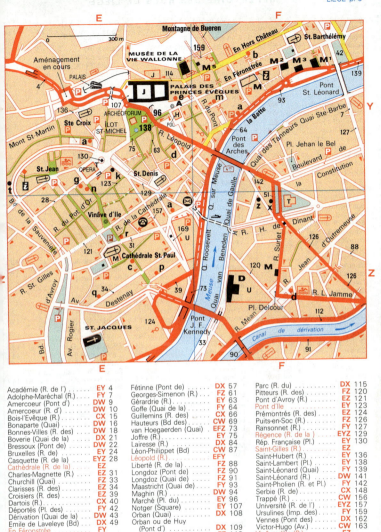

RÉPERTOIRE DES RUES DE LIÈGE

plan p. 4 sauf indication spéciale :

Bedford M, quai St-Léonard 36, ☎ (0 4) 228 81 11, *Fax (0 4) 227 45 75*, « Jardin intérieur », – ‖ – AE – 25 à 220. AE MC VISA — DW g
Repas *Lunch 990* – carte 950 à 1350 – **147 ch** 7950/8950, 2 suites – ½ P 2100/5100.

Campanile, r. Jules de Laminne 18 (par A 602, sortie Burenville), ☎ (0 4) 224 02 72, *Fax (0 4) 224 03 80* – , rest, – 25 à 50. AE MC VISA. ch — plan p. 2 AU n
Repas (Avec buffet) *Lunch 495* – 850 – 280 – **48 ch** 2300.

L'Héliport, bd Frère Orban (bord de Meuse), ☎ (0 4) 252 13 21, *Fax (0 4) 252 57 50*, ≤, , Écailler – P. AE MC VISA — CX e
fermé sam. midi, dim. et jours fériés – **Repas** 1150/1250.

Vieille Ville - *plan p. 5 :*

Mercure, bd de la Sauvenière 100, ☎ (0 4) 221 77 11, *Fax (0 4) 221 77 01* – – 25 à 100. AE MC VISA JCB. rest — EY t
Repas *(fermé sam. midi et dim. soir)* 850 – **105 ch** 5250/5750.

Ibis Opera sans rest, pl. de la République Française 41, ☎ (0 4) 230 33 33, *Fax (0 4) 223 04 81* – – 25 à 40. AE MC VISA. — EY k
300 – **78 ch** 2850.

Au Vieux Liège, quai Goffe 41, ☎ (0 4) 223 77 48, *Fax (0 4) 223 78 60*, « Maison du 16e s. » – . AE MC VISA — FY a
fermé mi-juil.-mi-août, merc. soir et dim. – **Repas** 990/2450.

Chez Max, pl. de la République Française 12, ☎ (0 4) 222 08 59, *Fax (0 4) 222 90 02*, , Produits de la mer et écailler, « Élégante brasserie décorée par Luc Genot » – P – 25. AE MC VISA — EY a
fermé sam. midi et dim. – **Repas** carte 1350 à 1650.

Robert Lesenne, r. Boucherie 9, ☎ (0 4) 222 07 93, *Fax (0 4) 222 92 33*, « Atrium avec tour de guet d'un ancien hospice » – . AE MC VISA — FY m
fermé août, sam. midi et dim. – **Repas** *Lunch 1500* – 1790
Spéc. Foie gras de trois façons. Homard grillé, riz basmati au gingembre. Rognon de veau à la liégeoise.

Le Shanghai 1er étage, Galeries Cathédrale 104, ☎ (0 4) 222 22 63, *Fax (0 4) 223 00 50*, Cuisine chinoise – . AE MC VISA — EZ r
fermé du 1er au 10 fév., 11 juil.-2 août et mardi – **Repas** *Lunch 525* – carte 850 à 1350.

Septime, r. St-Paul 12, ☎ (0 4) 221 03 06, *Fax (0 4) 222 02 04*, Rôtisserie – P. AE MC VISA — EZ c
Repas carte env. 1250.

La Parmentière, pl. Cockerill 10, ☎ (0 4) 222 43 59, *Fax (0 4) 222 43 59* – . AE MC VISA — EZ a
fermé du 1er au 15 mai, du 15 au 31 août, dim. et lundi – **Repas** *Lunch 790* – 1070/1370.

Folies Gourmandes, r. Clarisses 48, ☎ (0 4) 223 16 44, , « Maison début 20e s. avec jardin-terrasse » – AE MC VISA — EZ q
fermé du 10 au 20 avril, 18 sept.-6 oct., dim. soir et lundi – **Repas** 1250.

L'Écailler, r. Dominicains 26, ☎ (0 4) 222 17 49, *Fax (0 4) 221 10 09*, , Produits de la mer – . AE MC VISA JCB — EY n
Repas *Lunch 1300* – carte 1350 à 1650.

Enoteca, r. Casquette 5, ☎ (0 4) 222 24 64, *Fax (0 4) 222 24 64* – . MC VISA. — EY g
fermé sam. midi, dim. et jours fériés – **Repas** *Lunch 650* – 1150.

La Cigale et la Fourmi, r. Méry 22, ☎ (0 4) 221 32 65, *Fax (0 4) 221 32 65* – AE MC VISA — EZ p
fermé 2 sem. carnaval, fin juil.-début août, sam. midi, dim. et lundi soir – **Repas** *Lunch 850* – 1100.

Le Danieli, r. Hors-Château 46, ☎ (0 4) 223 30 91, *Fax (0 4) 223 30 91*, Avec cuisine italienne, ouvert jusqu'à 23 h – VISA — FY b
fermé 1 sem. Pâques, 10 juil.-5 août, 1 sem. Toussaint, dim. et lundi – **Repas** 850.

Lalo's Bar, r. Madeleine 18, ☎ (0 4) 223 22 57, *Fax (0 4) 223 22 57*, Cuisine italienne, ouvert jusqu'à 23 h – . AE MC VISA JCB — EY d
fermé 15 juil.-7 août, sam. midi et dim. – **Repas** *Lunch 690* – carte 1250 à 1650.

As Ouhès, pl. du Marché 19, ☎ (0 4) 223 32 25, *Fax (0 4) 237 03 77*, , Brasserie, ouvert jusqu'à minuit – AE MC VISA — EY e
Repas carte env. 1100.

Guillemins - *plan p. 4 :*

L'Univers sans rest, r. Guillemins 116, (0 4) 254 55 55, *Fax (0 4) 254 55 00* – TV P – 25 à 80. AE ① MC VISA
280 – **47 ch** 2000/2250. CX a

Le Cygne d'Argent sans rest, r. Beeckman 49, (0 4) 223 70 01, *Fax (0 4) 222 49 66* – TV P. AE ① MC VISA
300 – **22 ch** 2250/2950. CX c

Le Duc d'Anjou, r. Guillemins 127, (0 4) 252 28 58, Moules en saison, ouvert jusqu'à 23 h 30 – AE ① MC VISA
Repas 820. CX n

Rive droite (Outremeuse - Palais des Congrès) - *plans p. 4 et 5 sauf indication spéciale :*

Holiday Inn sans rest, Esplanade de l'Europe 2, 4020, (0 4) 349 20 00, *Fax (0 4) 343 48 10*, ≤, TV P – 25 à 70. AE ① MC VISA
214 ch 6775/7950, 5 suites. DX a

Simenon, bd de l'Est 16, 4020, (0 4) 342 86 90, *Fax (0 4) 344 26 69* – TV. AE ① MC VISA JCB
Repas *(fermé dim. et lundi)* (Grillades) carte env. 900 – 200 – **11 ch** 2000. FZ x

Passerelle sans rest, chaussée des Prés 24, 4020, (0 4) 341 20 20, *Fax (0 4) 344 36 43* – TV. AE ① MC VISA
250 – **15 ch** 2100/2300. FZ z

Les Cyclades, r. Ourthe 4, 4020, (0 4) 342 25 86, *Fax (0 4) 341 23 00* – MC VISA.
fermé fin août-début sept., merc. et jeudi – **Repas** *Lunch 790* – carte env. 1300. FZ d

Périphérie - *plans p. 2 et 3 :*

à Angleur C *Liège* – *4031 Angleur :*

Le Val d'Ourthe sans rest, rte de Tilff 412, (0 4) 365 91 71, *Fax (0 4) 365 62 89* – TV P. AE ① MC VISA
300 – **12 ch** 3300/3900. BV h

L'Orchidée Blanche, rte du Condroz 457 (N 680), (0 4) 365 11 48, *Fax (0 4) 367 09 16*, – P. AE ① MC VISA JCB
fermé 3 dern. sem. juil., mardi soir et merc. – **Repas** *Lunch 1000 bc* – 990/1995 bc. AV h

La Devinière, r. Tilff 39, (0 4) 365 00 32, *Fax (0 4) 365 00 32* – AE ① MC VISA JCB
fermé 10 juil.-1er août, jeudi soir, sam. midi et dim. – **Repas** 1180. BU d

à Chênée C *Liège* – *4032 Chênée :*

Le Gourmet, r. Large 91, (0 4) 365 87 97, *Fax (0 4) 365 38 12*, « Jardin d'hiver » – P. AE ① MC VISA
fermé 3 sem. en juil., 1 sem. en janv. et lundis midi, merc. et sam. midis non fériés – **Repas** 980/1700. BU r

Le Vieux Chênée, r. Gravier 45, (0 4) 367 00 92, *Fax (0 4) 367 59 15*, Moules en saison – AE ① MC VISA
fermé jeudis non fériés – **Repas** *Lunch 890* – carte 1150 à 1650. BU e

à Jupille-sur-Meuse C *Liège* – *4020 Jupille-sur-Meuse :*

Donati, r. Bois de Breux 264, (0 4) 365 03 49, *Fax (0 4) 365 03 49*, Cuisine italienne – ① MC VISA.
fermé 25 juil.-15 août, sam. midi, dim. et lundi – **Repas** *Lunch 690* – carte env. 1100. BU s

Environs

à Ans - *plan p. 2* – *27 577 h.* – *4430 Ans :*

Le Marguerite, r. Walthère Jamar 171, (0 4) 226 43 46, *Fax (0 4) 226 38 35*, – AE ① MC VISA JCB
fermé 3 dern. sem. juil., fin déc., sam. midi, dim. et lundi – **Repas** *Lunch 980* – 1450. AU c

La Fontaine de Jade, r. Yser 321, (0 4) 246 49 72, *Fax (0 4) 263 69 53*, Cuisine chinoise, ouvert jusqu'à 23 h – AE ① MC VISA
fermé 3 sem. en juil. et mardi – **Repas** *Lunch 485* – carte env. 1000. AT a

à Boncelles *par ⑥ : 10 km* C *Seraing 61 038 h.* – *4100 Boncelles :*

Les Grillades de Boncelles, rte du Condroz 94, (0 4) 336 74 65, , Avec buffet – P. ① MC VISA
fermé lundis non fériés – **Repas** *Lunch 650* – 850.

à Flémalle par ⑦ : 16 km – 26 093 h. – ✉ 4400 Flémalle :

XXX **La Ciboulette,** chaussée de Chokier 96, ☎ (0 4) 275 19 65, Fax (0 4) 275 05 81, – . AE ⓓ MC VISA
fermé du 2 au 17 août, du 10 au 20 janv., sam. midi, dim. soir, lundi et merc. soir – **Repas** Lunch 1900 bc – 1390/2500.

XX **Le Gourmet Gourmand,** Grand-Route 411, ☎ (0 4) 233 07 56, Fax (0 4) 233 19 21, – . AE ⓓ MC VISA
fermé 20 juil.-10 août, lundi, mardi soir, merc. soir, jeudi soir et sam. midi – **Repas** Lunch 1100 – 1700.

à Herstal - plan p. 3 – 36 501 h. – ✉ 4040 Herstal :

Post, r. Hurbise 160 (par E 40 - A 3, sortie ㉞), ☎ (0 4) 264 64 00, Fax (0 4) 248 06 90, , – , rest, – 25 à 80. AE ⓓ MC VISA BT b
Repas Lunch 800 – carte env. 1200 – **93 ch** 4500/6000.

à Ivoz-Ramet par ⑦ : 16 km Ⓒ Flémalle 26 093 h. – ✉ 4400 Ivoz-Ramet :

X **Chez Cha-Cha,** pl. François Gérard 10, ☎ (0 4) 337 18 43, Fax (0 4) 337 18 43, , Grillades – P. AE ⓓ VISA
fermé 15 août-15 sept., sam. midi, dim., lundi soir et mardi soir – **Repas** carte env. 1300.

à Liers par ⑫ : 8 km Ⓒ Herstal 36 501 h. – ✉ 4042 Liers :

X **La Bartavelle,** r. Provinciale 138, ☎ (0 4) 278 51 55, Fax (0 4) 278 51 57, , « Terrasse ombragée » – AE MC VISA JCB
fermé sam. midi et après 20 h 30 – **Repas** (déjeuner seult sauf week-end) 995/1195.

à Neuville-en-Condroz par ⑥ : 18 km Ⓒ Neupré 9 390 h. – ✉ 4121 Neuville-en-Condroz :

XXXX **Le Chêne Madame** (Mme Tilkin), av. de la Chevauchée 70 (Sud-Est : 2 km, dans le bois de Rognac), ☎ (0 4) 371 41 27, Fax (0 4) 371 29 43, , « Relais de campagne » – P. AE ⓓ MC VISA
fermé août, sem. Noël, dim. soir, lundi et jeudi soir – **Repas** Lunch 1400 – 2900, carte 2150 à 2600
Spéc. Filet de rouget-barbet à l'huile d'olives et basilic. Noix de ris de veau braisées au jus de truffes. Gibier en saison.

à Rotheux-Rimière par ⑥ : 16 km Ⓒ Neupré 9 390 h. – ✉ 4120 Rotheux-Rimière :

XX **Le Vieux Chêne,** r. Bonry 146 (près N 63), ✉ 4122 Neupré, ☎ (0 4) 371 46 51 – P. AE ⓓ MC VISA
fermé août, lundi soir, mardi soir et merc. – **Repas** carte 1150 à 1750.

à Seraing - plan p. 2 – 61 038 h. – ✉ 4100 Seraing :

XX **Le Moulin à Poivre,** r. Plainevaux 30, ☎ (0 4) 336 06 13, Fax (0 4) 338 28 95, – AE ⓓ MC VISA AV t
fermé 1 sem. carnaval, 2 sem. en août, lundi et mardi – **Repas** Lunch 850 – 1400.

XX **La Table d'Hôte,** quai Sadoine 7, ☎ (0 4) 337 00 66, Fax (0 4) 336 98 27, – AE ⓓ MC VISA AU f
fermé juin, fin déc., sam. midi, dim. soir et lundi – **Repas** Lunch 895 – 1350/1850.

à Tilff au Sud : 12 km par N 633 Ⓒ Esneux 13 160 h. – ✉ 4130 Tilff :

XX **Le Casino,** pl. du Roi Albert 3, ☎ (0 4) 388 22 89, Fax (0 4) 388 22 89, ←, , « Terrasse au bord de l'Ourthe » – AE ⓓ MC VISA.
fermé 2 sem. carnaval, fin sept.-début oct., lundi et sam. midi – **Repas** 1090/1890.

XX **La Mairie,** r. Blandot 15, ☎ (0 4) 388 24 24, Fax (0 4) 388 24 24, – P. AE ⓓ MC VISA.
fermé 22 fév.-14 mars, 1 sem. en sept., lundis non fériés, merc. soir et dim. soir – **Repas** 980/1400.

à Tilleur - plan p. 2 Ⓒ St-Nicolas 23 217 h. – ✉ 4420 Tilleur :

X **Chez Massimo,** quai du Halage 78, ☎ (0 4) 233 69 27, Fax (0 4) 234 00 31, , Cuisine italienne – AE ⓓ MC VISA AU a
fermé sam. midi, dim. midi et lundi – **Repas** Lunch 790 – 890/1150.

LIER (LIERRE) *2500 Antwerpen* 213 M 16 et 909 G 2 – *31 815 h.*

Voir *Église St-Gommaire★★ (St-Gummaruskerk) : jubé★★, verrière★ Z – Béguinage★ (Begijnhof) Z – Horloge astronomique★ de la tour Zimmer (Zimmertoren) Z* **A**.

au Nord : 10 km à Broechem, Kasteel Bossenstein, Moor 16 ☎ (0 3) 485 64 46, Fax (0 3) 425 78 41.

Stadhuis, Grote Markt 57 ☎ (0 3) 488 38 88, Fax (0 3) 488 12 76.

Bruxelles 45 ④ – Antwerpen 22 ⑤ – Mechelen 15 ④

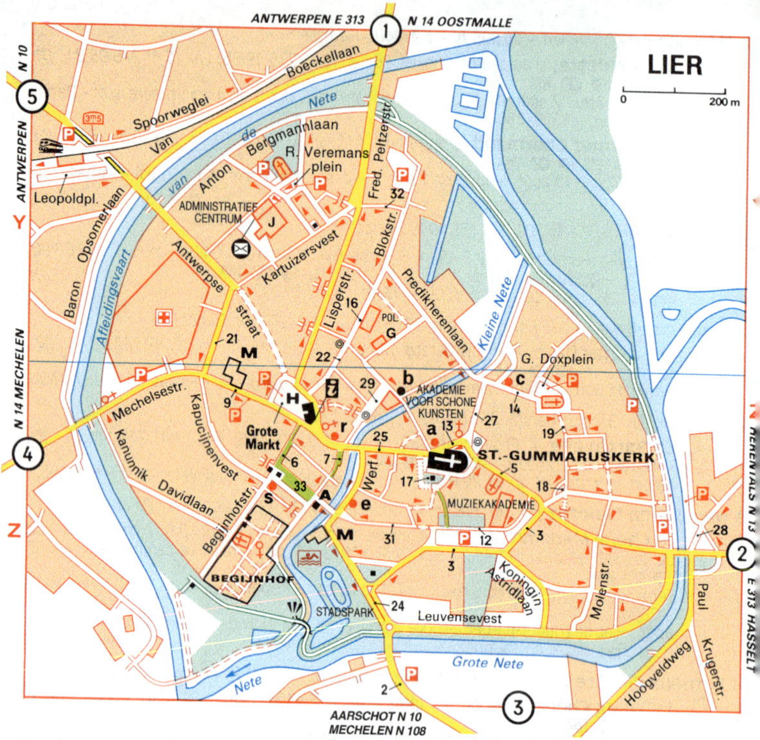

Hof van Aragon sans rest, Aragonstraat 6, ☎ (0 3) 491 08 00, *Fax (0 3) 491 08 10* – TV ☎ – 25 à 250. AE VISA.
16 ch ☕ 1800/2950. Z b

Symforosa, Kesselsesteenweg 11 (direction Herentals : 1 km), ☎ (0 3) 480 06 86, *Fax (0 3) 488 16 14,* – VISA.
fermé dern. sem. juil.-mi-août, fin déc., lundi et mardi – **Repas** Lunch 1295 – carte env. 1500.

De Werf, Werf 17, ☎ (0 3) 480 71 90, *Fax (0 3) 480 71 90,* « Rustique » – AE VISA JCB.
fermé du 4 au 29 août, merc., jeudi et sam. midi – **Repas** Lunch 1100 – 1200/2650. Z e

Numerus Clausus, Keldermansstraat 2, ☎ (0 3) 480 51 62, *Fax (0 3) 480 51 62,* – AE VISA.
fermé 2 sem. en sept., sam. midi, dim. et lundi – **Repas** Lunch 990 – 1090. Z c

Plantage 1er étage, Grote Markt 63b, ☎ (0 3) 488 19 00, *Fax (0 3) 480 04 20,* – VISA
fermé dern. sem. août-prem. sem. sept., lundi et mardi – **Repas** (dîner seult) 1190/1390. Z r

't Cleyn Paradijs, Heilige Geeststraat 2, ☎ (0 3) 480 78 57, *Fax (0 3) 480 78 57* – VISA.
fermé 2 sem. en août, mardi et merc. – **Repas** 990/2050. Z a

Land van Beloofte Begijnhofstraat 7, ☎ (0 3) 488 22 56, *Fax (0 3) 482 37 34* – AE VISA
fermé 1 sem. en mai, 1 sem. en août, 1 sem. en sept., lundi et mardi – **Repas** 1200/1600. Z s

à Broechem Nord : 10 km ☐ Ranst 17 463 h. – ✉ 2520 Broechem :

Bossenstein, Moor 16 (Nord : 2 km, direction Oelegem), ☎ (0 3) 485 64 46, Fax (0 3) 485 78 41, « Parc avec golf autour d'un château médiéval », – TV ☎ P – 35. AE VISA.
fermé 24 déc.-15 janv. – **Repas** (fermé lundi) 950/1690 – **16 ch** 4000/8500 – ½ P 5000.

LIERS 4042 Liège 213 S 18, 214 S 18 - 25 N et 909 18 N – voir à Liège, environs.

LIEZELE Antwerpen 213 K 16 – voir à Puurs.

LIGNEUVILLE Liège – voir Bellevaux-Ligneuville.

Keine Aufnahme in den **Michelin-Führer** *durch*
– Beziehungen oder
– Bezahlung !

LIGNY 5140 Namur ☐ Sombreffe 7 125 h. 213 M 19, 214 M 19 et 909 G 4.
Bruxelles 57 – Namur 25 – Charleroi 22 – Mons 51.

Le Coupe-Choux, r. Pont Piraux 23 (centre Général Gérard), ☎ (0 71) 88 90 51, Fax (0 71) 88 90 51 – P. AE VISA
fermé lundi soir, mardi soir, merc., jeudi soir et après 20 h 30 – **Repas** Lunch 790 – 1250/1450.

LILLOIS-WITTERZÉE 1428 Brabant Wallon ☐ Braine-l'Alleud 34 698 h. 213 L 19, 214 L 19 et 909 G 4.
Bruxelles 30 – Mons 47 – Namur 43.

Georges Tichoux, Grand'Route 491, ☎ (0 67) 21 65 33, Fax (0 67) 21 65 33, ←, « Terrasse » – P. AE VISA
fermé 2e quinz. juil., merc. soir et sam. midi – **Repas** Lunch 800 bc – 1360/1670.

LIMAL 1300 Brabant Wallon ☐ Wavre 30 467 h. 213 M 18, 214 M 18 et 909 G 3.
Bruxelles 26 – Namur 39 – Charleroi 43 – Wavre 4.

La mère pierre, r. Charles Jaumotte 3, ☎ (0 10) 41 16 42, « Jardin fleuri » – P. AE VISA
fermé mardi soir – **Repas** Lunch 600 – carte 1100 à 1600.

LIMBOURG (LIMBURG) 4830 Liège 213 U 19, 214 U 19 et 909 K 4 – 5 402 h.
Bruxelles 126 – Eupen 8 – Liège 36 – Verviers 8 – Maastricht 48 – Aachen 23.

Aub. Le Dragon avec ch, pl. St-Georges 31 (au centre historique), ☎ (0 87) 76 23 10, Fax (0 87) 76 44 23 – ☎ – 25. AE VISA JCB
Repas (fermé lundi d'oct. à mars, mardi, merc. et après 20 h 30) Lunch 1100 – 3200 bc – **5 ch** 3000/5500 – ½ P 3200.

Le Casino, av. Reine Astrid 7 (sur N 61 à Dolhain), ☎ (0 87) 76 23 74, Fax (0 87) 76 44 27 – P. AE VISA.
fermé lundi, mardi, jeudi soir et sam. midi – **Repas** Lunch 790 – 1190/2500 bc.

LIMELETTE 1342 Brabant Wallon ☐ Ottignies-Louvain-la-Neuve 26 202 h. 213 M 18, 214 M 18 et 909 G 3.
18 à l'Est : 1 km à Louvain-la-Neuve, r. A. Hardy 68 ☎ (0 10) 45 05 15, Fax (0 10) 45 44 17.
Bruxelles 29 – Namur 40 – Charleroi 41.

Château de Limelette, r. Ch. Dubois 87, ☎ (0 10) 42 19 99, Fax (0 10) 41 57 59, ←, « Terrasses et jardins avec cascades », – TV ☎ P – 25 à 600. AE VISA. rest
Repas **Saint-Jean-des-Bois** (fermé 24 déc. soir) Lunch 1395 – 1995/2395 – **78 ch** 6600/7600 – ½ P 3945.

LINKEBEEK Vlaams-Brabant 213 L 18 - 51 S et 909 G 3 - 21 S – voir à Bruxelles, environs.

LISOGNE Namur 213 O 21, 214 O 21 et 909 H 5 – voir à Dinant.

LISSEWEGE *8380 West-Vlaanderen* C *Brugge 115 573 h.* 213 E 15 *et* 909 C 2.

Voir *Grange abbatiale★ de l'ancienne abbaye de Ter Doest.*

Bruxelles 107 – Brugge 11 – Knokke-Heist 12.

XXX **De Goedendag,** Lisseweegsvaartje 2, ☎ (0 50) 54 53 35, *Fax (0 50) 54 57 68,* « Rustique » – ▤ P. AE ① MC VISA
fermé début mars et merc. – **Repas** Lunch 1395 bc – 1550.

X **Hof Ter Doest,** Ter Doeststraat 4 (Sud : 2 km, à l'ancienne abbaye), ☎ (0 50) 54 40 82, *Fax (0 50) 54 40 82,* ←, 🌳, Grillades, « Ancienne ferme abbatiale avec grange du 12e s. » – P. AE ① VISA
Repas carte 1100 à 1950.

LIVES-SUR-MEUSE *Namur* 213 O 20 *et* 214 O 20 – *voir à Namur.*

LOBBES *6540 Hainaut* 213 K 20, 214 K 20 *et* 909 F 4 – *5 459 h.*

Env. *au Nord-Ouest : 3 km à Thuin : site★.*

Bruxelles 60 – Charleroi 59 – Mons 40 – Maubeuge 35.

Le Relais Thudinien, r. Fontaine Pépin 12 (au site Avigroup), ☎ (0 71) 59 59 83 et 59 59 84 (rest), *Fax (0 71) 59 59 85,* 🌳, – ▤ rest, TV ☎ ♿ P. AE ① MC VISA JCB. ✻
fermé janv.-4 fév. – **Repas** 650 – **15 ch** ☐ 2300/2650 – ½ P 1975/2950.

LOCHRISTI *Oost-Vlaanderen* 213 I 16 *et* 909 E 2 – *voir à Gent, environs.*

LOKEREN *9160 Oost-Vlaanderen* 213 J 16 *et* 909 E 2 – *36 354 h.*

Markt 2 ☎ (0 9) 340 94 74, Fax (0 9) 340 94 77.

Bruxelles 41 – Aalst 25 – Antwerpen 38 – Gent 21.

PB Hotel sans rest, Dijkstraat 9 (près E 17 - A 14), ☎ (0 9) 348 49 20, *Fax (0 9) 349 29 93* – ▤ TV ☎ P. – 🏛 25 à 160. AE ① MC VISA
38 ch ☐ 2100/3100.

Bonneville sans rest, Zelebaan 120 (près E 17 - A 14), ☎ (0 9) 349 33 30, *Fax (0 9) 349 33 88* – TV ☎ P. AE ① MC VISA
fermé 21 déc.-2 janv. et sam. – **12 ch** ☐ 1900/2900.

XXX **'t Vier Emmershof,** Krommestraat 1 (par Karrestraat 3 km), ☎ (0 9) 348 63 98, *Fax (0 9) 348 00 02,* 🌳, « Terrasse et jardin » – P. AE ① MC VISA
fermé 2 sem. en sept., dim. soir, lundi et mardi – **Repas** Lunch 1100 – 1795/1995.

XXX **'t Groothof,** Oosteindestraat 15 (près E 17 - A 14), ☎ (0 9) 348 31 78, *Fax (0 9) 349 45 58,* 🌳 – ▤ P. MC VISA. ✻
fermé août, dim. soir, lundi et mardi – **Repas** Lunch 1550 – 1850/2250.

XXX **Brouwershof,** Zelebaan 100 (près E 17 - A 14), ☎ (0 9) 348 33 33, *Fax (0 9) 348 95 28,* « Villa de style flamand » – P. AE ① MC VISA
fermé mi-juil.-mi-août, lundi et mardi – **Repas** carte env. 1500.

XX **La Barakka** avec ch, Kerkplein 1, ☎ (0 9) 340 56 86, *Fax (0 9) 340 56 80,* 🌳 – ▤ rest, TV ☎. AE MC VISA. ✻ ch
Repas *(fermé jeudi)* 850/1350 – ☐ 250 – **13 ch** 2200/2500.

X **Vienna,** Staionsplein 6, ☎ (0 9) 349 03 02, *Fax (0 9) 349 30 28,* 🌳, Brasserie – MC VISA
fermé 1 sem. en mars, 3 sem. en sept., lundi et mardi – **Repas** Lunch 695 – 950/1495.

LOMMEL *3920 Limburg* 213 Q 15 *et* 909 I 2 – *29 946 h.*

Dorp 56 ☎ (0 11) 54 02 21, Fax (0 11) 55 22 66.

Bruxelles 93 – Hasselt 37 – Eindhoven 30.

die Prince 🐦 sans rest, Mezenstraat 1, ☎ (0 11) 54 44 61, *Fax (0 11) 54 64 12* – TV ☎ P. AE ① MC VISA. ✻
☐ 150 – **29 ch** 1800/2600.

Carré, Dorperheide 31 (Ouest : 3 km sur N 712), ☎ (0 11) 54 60 23, *Fax (0 11) 55 42 42,* 🌳, – ▤ rest, TV ☎ P. – 🏛 25 à 120. AE ① MC VISA. ✻ rest
Repas *(fermé lundi)* Lunch 990 – carte env. 1100 – **12 ch** ☐ 1650/2150 – ½ P 2200/3150.

Lommel Broek 🐦 sans rest, Kanaalstraat 91 (Sud : 9 km, lieu-dit Kerkhoven), ☎ (0 11) 39 10 34, *Fax (0 11) 39 10 74,* 🚲 – TV ☎ P. MC VISA
fermé du 20 au 30. sept. – **7 ch** ☐ 2000/2700.

XXX **St. Jan,** Koning Leopoldlaan 94, ☎ (0 11) 54 10 34, *Fax (0 11) 54 10 34,* « Décor style Art Nouveau » – ▤ P AE ⓞ ⓜⓒ VISA. ✂
fermé 1re quinz. août et jeudis soirs et dim. non fériés – **Repas** Lunch 1080 – 1180/2050.

XX **den Bonten Oss,** Dorp 33, ☎ (0 11) 54 15 97, *Fax (0 11) 54 47 47,* 🌳, Ouvert jusqu'à 23 h 30 – P AE ⓞ ⓜⓒ VISA
fermé lundi et sam. midi – **Repas** 990.

X **Kempenhof,** Kattenbos 52 (Sud : 2,5 km sur N 746), ☎ (0 11) 54 02 56, *Fax (0 11) 54 02 56* – ▤ P ⓜⓒ VISA. ✂
fermé merc. soir et dim. – **Repas** carte 1050 à 1350.

LOMPRET *Hainaut* 214 L 22 *et* 909 G 5 – *voir à Chimay.*

LONDERZEEL *1840 Vlaams-Brabant* 213 K 16 *et* 909 F 2 – *17 235 h.*
Bruxelles 22 – Antwerpen 28 – Gent 60 – Mechelen 20.

XX **Ter Wilgen,** Molenhoek 21 (Nord : 3 km près A 12), ☎ (0 52) 30 26 12, *Fax (0 52) 30 36 04,* ≤, 🌳 – P ⓜⓒ VISA. ✂
fermé 2 dern. sem. août, dim. soir et lundi – **Repas** Lunch 975 – carte env. 1600.

LOOZ *Limburg – voir Borgloon.*

LOTENHULLE *Oost-Vlaanderen* 213 F 16 *et* 909 D 2 – *voir à Aalter.*

LOUVAIN *Vlaams-Brabant – voir Leuven.*

LOUVAIN-LA-NEUVE *Brabant Wallon* 213 M 18, 214 M 18 *et* 909 G 3 – *voir à Ottignies.*

La LOUVIÈRE *7100 Hainaut* 213 K 20, 214 K 20 *et* 909 F 4 – *76 665 h.*
Env. *à l'Ouest : 6 km à Strépy-Thieu, Canal du Centre : les Ascenseurs hydrauliques*★.
Bruxelles 52 – Binche 10 – Charleroi 26 – Mons 21.

XXX **Aub. de la Louve,** r. Bouvy 86, ☎ (0 64) 22 87 87, *Fax (0 64) 28 20 53,* « Intérieur cossu » – ▤ P AE ⓞ ⓜⓒ VISA. ✂
fermé 15 juil.-15 août, janv., dim. soir, lundi et merc. soir – **Repas** Lunch 1050 – 1700/2500.

à Haine-St-Paul *Sud-Ouest : 2 km* C *La Louvière* – ✉ *7100 Haine-St-Paul :*

XX **La Villa d'Este** avec ch, r. Déportation 63, ☎ (0 64) 22 81 60, *Fax (0 64) 26 16 46,* 🌳 – ▤ rest, TV ☎ P AE ⓞ ⓜⓒ VISA. ✂
Repas *(fermé dim. soir et lundi)* Lunch 690 – 850/1790 – **8 ch** ⊐ 1950/2450 – ½ P 2600.

à Houdeng-Aimeries *Ouest : 2 km* C *La Louvière* – ✉ *7110 Houdeng-Aimeries :*

XX **Le Damier,** r. Hospice 59, ☎ (0 64) 22 28 70, *Fax (0 64) 22 28 70,* 🌳 – P AE ⓞ ⓜⓒ VISA. ✂
fermé mi-juil.-mi-août, lundis non fériés, merc. soir et dim. soir – **Repas** Lunch 1150 – 1700.

LOVERVAL *Hainaut* 213 L 20, 214 L 20 - ㉔ S *et* 909 G 4 – *voir à Charleroi.*

LUBBEEK *3210 Vlaams-Brabant* 213 O 17 *et* 909 H 3 – *13 485 h.*
Bruxelles 32 – Antwerpen 57 – Liège 71 – Namur 59.

XX **Maelendries,** Hertbosweg 5 (Sud : 3 km), ☎ (0 16) 73 48 60, *Fax (0 16) 73 46 16,* ≤, 🌳, « Fermette, cadre champêtre » – P AE ⓞ VISA. ✂
fermé 3 sem. en août, fin déc., merc. et dim. soir – **Repas** Lunch 1380 bc – carte 1300 à 1600.

XX **De Esdoren,** Geestbeek 6 (Nord-Ouest : 3 km), ☎ (0 16) 62 15 21, *Fax (0 16) 62 20 37,* 🌳 – P AE ⓞ ⓜⓒ VISA. ✂
fermé 2 dern. sem. août, lundi, mardi et sam. midi – **Repas** Lunch 1150 – 1750/3100 bc.

LUIK *Liège – voir Liège.*

LUMMEN *Limburg* 213 Q 17 *et* 909 I 3 – *voir à Hasselt.*

MAASEIK 3680 Limburg 213 T 16 et 909 K 2 - 22 575 h.

Stadhuis, Markt 1 (0 89) 56 63 72, Fax (0 89) 56 60 23.
Bruxelles 118 - Hasselt 41 - Maastricht 33 - Roermond 20.

Kasteel Wurfeld, Kapelweg 60, (0 89) 56 81 36, Fax (0 89) 56 87 89, « Parc », - - 25 à 100. AE VISA. rest
Repas *(fermé lundi midi et sam. midi)* 1050/1850 - **14 ch** 3000/3800 - ½ P 2800.

Ter Eyckerpoorte, Venlosesteenweg 3, (0 89) 56 67 57, Fax (0 89) 56 26 56, - rest, - 25 à 200. AE VISA.
Repas *(fermé dim. soir et lundi)* Lunch 420 - carte env. 900 - **16 ch** 1500/2700 - ½ P 1520/1770.

Aldeneikerhof sans rest, Hamontweg 103 (Est : 2 km, lieu-dit Aldeneik), (0 89) 56 67 77, Fax (0 89) 56 67 78, - AE VISA.
fermé 2 prem. sem. janv., dim. soir et lundi - **8 ch** 1780/2480.

Tiffany's, Markt 19, (0 89) 56 40 89 - AE VISA.
fermé lundi et sam. midi - **Repas** Lunch 995 - carte 1450 à 1850.

de Loteling, Willibrordusweg 5 (Est : 2 km, lieu-dit Aldeneik), (0 89) 56 35 89, - VISA
fermé du 7 au 18 août, mardi soir et merc. - **Repas** 1495.

Vivendum, Hepperstraat 4, (0 89) 57 28 60, Fax (0 89) 57 28 60, Avec cuisine italienne - . VISA JCB
fermé merc. - **Repas** (dîner seult) carte 1250 à 1850.

à Neeroeteren *Ouest : 7 km par N 773* C *Maaseik* - *3680 Neeroeteren :*

La Cloche, Maaseikerlaan 36, (0 89) 86 54 05, Fax (0 89) 86 13 89, , Produits de la mer - AE VISA.
fermé 17 juil.-9 août, sam. midi, dim. midi, lundi et mardi midi - **Repas** 1375/2250.

à Opoeteren *Sud-Ouest : 12 km par N 778* C *Maaseik* - *3680 Opoeteren :*

Oeterdal, Neeroeterenstraat 41, (0 89) 86 37 17, Fax (0 89) 86 73 70, , - - 25 à 80. AE VISA. rest
fermé 24 déc.-2 janv. - **Repas** (résidents seult) - **24 ch** 2150/3100 - ½ P 2450/2700.

MAASMECHELEN *3630 Limburg* 213 T 17 *et* 909 K 3 - *35 493 h.*

Bruxelles 106 - Hasselt 30 - Maastricht 15 - Aachen 42.

Valentin, Hermanslaan 9, (0 89) 77 69 90, Fax (0 89) 77 69 91, - AE VISA.
fermé dern. sem. juin-prem. sem. juil., vacances Toussaint, du 27 au 30 déc., lundi, mardi midi et sam. midi - **Repas** Lunch 890 - 1490.

à Eisden *Nord : 3 km* C *Maasmechelen* - *3630 Eisden :*

Lika sans rest, Pauwengraaf 2, (0 89) 76 01 26, Fax (0 89) 76 55 72, , , - - 25 à 150. AE VISA
42 ch 2300/4100.

à Vucht *Nord : 1,5 km par N 78* C *Maasmechelen* - *3630 Vucht :*

Henri F., Rijksweg 263a, (0 89) 76 53 78, Fax (0 89) 77 30 41, - AE VISA
fermé mi-juil.-prem. sem. août, mardi soir, jeudi soir et sam. midi - **Repas** Lunch 595 - carte 1300 à 1850.

MACHELEN *Vlaams-Brabant* 213 L 17 - (52) N *et* 909 G 3 - (22) N - *voir à Bruxelles, environs.*

MACHELEN *9870 Oost-Vlaanderen* C *Zulte 14 295 h.* 213 F 17 *et* 909 D 3.

Bruxelles 72 - Kortrijk 33 - Brugge 42 - Gent 22.

Morfeo sans rest, Rijksweg 154b (N 43), (0 9) 388 79 88, Fax (0 9) 388 70 64, - AE VISA.
8 ch 2400/2950.

MAISSIN *6852 Luxembourg belge* C *Paliseul 4 909 h.* 214 Q 23 *et* 909 I 6.

Bruxelles 135 - Bouillon 26 - Arlon 65 - Dinant 49 - St-Hubert 19.

Chalet-sur-Lesse, av. Bâtonnier Braun 1, (0 61) 65 53 91, Fax (0 61) 65 56 88, , - VISA. rest
Pâques-déc. et week-end ; fermé 3 prem. sem. janv. - **Repas** carte 1400 à 1700 - **29 ch** 2700/3500 - ½ P 3900/5700.

MALDEGEM *9990 Oost-Vlaanderen* 213 F 15 *et* 909 D 2 – *21 892 h.*
Bruxelles 89 – Brugge 23 – Antwerpen 73 – Gent 29.

Beukenhof, Brugsse Steenweg 200, (0 50) 71 55 95, – P. AE VISA
fermé 2 sem. carnaval, 2 sem. en juil., mardi et merc. – **Repas** 1200.

MALINES *Antwerpen – voir Mechelen.*

MALLE *Antwerpen – voir Oostmalle et Westmalle.*

MALMÉDY *4960 Liège* 213 V 20, 214 V 20 *et* 909 L 4 – *10 975 h.*
Voir *Site★ – Carnaval★ (dimanche avant Mardi-gras).*
Env. *au Nord : Hautes Fagnes★★, Signal de Botrange ★, Sentier de découverte nature★ – au Sud-Ouest : 6 km, Rocher de Falize★ – au Nord-Est : 6 km, Château de Reinhardstein★.*
Ancienne Abbaye, pl. du Châtelet 10 (0 80) 33 02 50, Fax (0 80) 77 05 88.
Bruxelles 156 – Eupen 29 – Liège 57 – Clervaux 57.

Le Chambertin, Chemin-rue 46, (0 80) 33 03 14, *Fax (0 80) 77 03 38* – TV. VISA.
fermé 1 sem. avant Pâques et lundi – **Repas** (Taverne-rest) *Lunch 450* – 950 – **10 ch** 2500 – ½ P 2000.

La Forge sans rest, r. Devant-les-Religieuses 31, (0 80) 79 95 95, *Fax (0 80) 79 95 99* – TV. AE VISA.
7 ch 1800/1950.

Plein Vent avec ch, rte de Spa 44 (Ouest : 7 km, lieu-dit Burnenville), (0 80) 33 05 54, *Fax (0 80) 33 70 60, vallées,* – rest, TV P. AE VISA.
fermé lundi soir et mardi – **Repas** 980/2450 – **7 ch** 1700/3900 – ½ P 2200/2550.

Albert Ier avec ch, pl. Albert Ier 40, (0 80) 33 04 52, *Fax (0 80) 33 06 16,* – ch, TV. AE VISA
fermé carnaval, du 1er au 15 juil., merc. soir et jeudi – **Repas** *Lunch 1200* – carte 1450 à 1900 – **5 ch** 2200/3000.

Au Petit Louvain, Chemin-rue 47, (0 80) 33 04 15, *Fax (0 80) 57 10 46* – . AE VISA
fermé du 3 au 12 juil., lundi soir et merc. – **Repas** *Lunch 450* – 750/1200.

à Bévercé *Nord : 3 km* C *Malmédy – 4960 Bévercé :*

Host. Trôs Marets, rte des Trôs Marets 2 (N 68), (0 80) 33 79 17, *Fax (0 80) 33 79 10, vallées,* – TV P. AE VISA. rest
fermé 13 mars-2 avril et du 6 au 24 déc. – **Repas** *Lunch 1750* – 2750 – **7 ch** 3100/8300, 4 suites – ½ P 3700/5900.

Du Tchession, r. Renier de Brialmont 1 (Nord-Est : 5 km, lieu-dit Xhoffraix), (0 80) 33 00 87, *Fax (0 80) 33 79 68,* – TV P. AE VISA
fermé 29 mars-14 avril et du 18 au 28 sept. – **Repas** *(fermé mardis soirs et merc. non fériés et après 20 h 30)* 1200/1500 – **16 ch** 2600/3000 – ½ P 2600/2950.

Maison Géron (annexe Géronprés - 6 ch) sans rest, Bévercé-Village 29, (0 80) 33 00 06, *Fax (0 80) 77 03 17,* « Terrasse et jardin », – TV P. AE VISA.
10 ch 1350/2940.

Le Grand Champs (annexe - 10 ch 1510/2420), Bévercé-Village 39, (0 80) 33 72 98, *Fax (0 80) 77 05 69, vallées,* – TV P – 25 à 80. AE VISA.
Repas voir rest ***Ferme Libert*** ci-après – **16 ch** 1740/2880 – ½ P 1940/2275.

Host. de la Chapelle avec ch, Bévercé-Village 30, (0 80) 33 08 65, *Fax (0 80) 33 98 66,* « Terrasse fleurie », – TV P – 30. AE VISA.
fermé mi-nov.-mi-déc., dim. soir et lundi – **Repas** *Lunch 1000* – carte env. 2000 – **5 ch** 3500 – ½ P 2900.

Ferme Libert - H. Le Grand Champs, avec ch, Bévercé-Village 26, (0 80) 33 02 47, *Fax (0 80) 33 98 85, vallées,* – TV P. AE VISA
Repas *(fermé après 20 h 30)* (Taverne-rest) *Lunch 750* – carte 900 à 1750 – **12 ch** 1665/2815 – ½ P 2035/2285.

MALONNE *Namur* 213 N 20, 214 N 20 *et* 909 H 4 – *voir à Namur.*

MANAGE *7170 Hainaut* 213 K 19, 214 K 19 et 909 F 4 – *21 944 h.*
Bruxelles 47 – Charleroi 24 – Mons 25.

XX **Le Petit Cellier,** Grand'rue 88, ☎ (0 64) 55 59 69, *Fax (0 64) 55 56 07*, – P. AE ⓓ ⓜ VISA
fermé 21 juil.-15 août, dim. soir et lundi – **Repas** Lunch 1100 – 1570/2300.

MARCHE-EN-FAMENNE *6900 Luxembourg belge* 213 R 21, 214 R 21 et 909 J 5 – *16 193 h.*
ℹ *r. Brasseurs 7* ☎ *(0 84) 31 21 35, Fax (0 84) 31 21 35.*
Bruxelles 107 – Arlon 80 – Liège 56 – Namur 46.

Quartier Latin, r. Brasseurs 2, ☎ (0 84) 32 17 13, *Fax (0 84) 32 17 12*, , , , – , rest, TV ☎ P – 25 à 100. AE ⓓ ⓜ VISA
Repas (Brasserie) Lunch 490 – 890/1450 – 300 – **39 ch** 2700/4200, 6 suites – ½ P 2700/3300.

XXX **Château d'Hassonville** avec ch, rte d'Hassonville 105 (Sud-Ouest : 4 km par N 836), ☎ (0 84) 31 10 25, *Fax (0 84) 31 60 27*, ←, « Demeure du 17e s. dans un vaste parc », , – , rest, ☎ P – 25. AE ⓓ ⓜ VISA. rest
fermé 2 sem. en janv. – **Repas** Lunch 1350 – 1950/2850 – **20 ch** 4000/6000 – ½ P 9800/15800.

XX **Aux Menus Plaisirs** avec ch, r. Manoir 2, ☎ (0 84) 31 38 71, *Fax (0 84) 31 52 81*, , « Jardin d'hiver » – rest, TV ☎ P. AE ⓓ ⓜ VISA.
fermé dim. soir sauf en saison et lundi – **Repas** Lunch 700 – 950/1450 – **6 ch** 2500/3900 – ½ P 2500.

XX **Les 4 Saisons,** rte de Bastogne 108 (Sud-Est : 2 km, lieu-dit Hollogne), ☎ (0 84) 32 18 10, *Fax (0 84) 32 18 81*, – P. AE ⓓ ⓜ VISA
fermé dim. soir et lundis non fériés – **Repas** Lunch 600 – carte 1350 à 1650.

X **des Arts** 1er étage, pl. du Roi Albert Ier 21, ☎ (0 84) 31 61 81, *Fax (0 84) 31 61 81* – AE ⓓ ⓜ VISA.
fermé 2e quinz. juil., 1 sem. en janv., dim. soir et lundi – **Repas** 1095/1450.

X **Le Yang-Tsé,** r. Neuve 3, ☎ (0 84) 31 26 88, *Fax (0 84) 31 26 88*, Cuisine chinoise, ouvert jusqu'à minuit – AE ⓓ ⓜ VISA
Repas Lunch 290 – carte env. 1000.

MARCINELLE *Hainaut* 213 L 20, 214 L 20 - ㉔ S et 909 G 4 – *voir à Charleroi.*

MARCOURT *6987 Luxembourg belge* C *Rendeux 2 222 h.* 213 S 21, 214 S 21 et 909 J 5.
Bruxelles 126 – Arlon 84 – Marche-en-Famenne 19 – La Roche-en-Ardenne 9.

La Grande Cure , Les Planesses 12, ☎ (0 84) 47 73 69, *Fax (0 84) 47 83 13*, ←, , – ☎ P. ⓜ VISA. rest
fermé janv., dim. soir et lundi – **Repas** carte 1250 à 1550 – **9 ch** 2250/2950 – ½ P 2750/2900.

XX **Le Marcourt** avec ch, Pont de Marcourt 7, ☎ (0 84) 47 70 88, *Fax (0 84) 47 70 88*, , – P. AE ⓜ.
fermé du 3 au 7 juil., 11 sept.-5 oct., 31 déc.-28 janv. et merc. et jeudi sauf du 8 juil. au 20 août – **Repas** *(fermé après 20 h 30)* 1050/2100 – **9 ch** 2700 – ½ P 2500.

MARENNE *6990 Luxembourg belge* C *Hotton 4 780 h.* 213 R 21, 214 R 21 et 909 J 5.
Bruxelles 109 – Dinant 44 – Liège 55 – Namur 53 – La Roche-en-Ardenne 22.

X **Les Pieds dans le Plat,** r. Centre 3, ☎ (0 84) 32 17 92, *Fax (0 84) 32 36 92*, , « Cadre champêtre » – P
fermé 15 fév.-16 mars, merc. soirs et jeudis non fériés, lundi et mardi – **Repas** Lunch 750 – 890/1395.

MARIAKERKE *West-Vlaanderen* 213 C 15 et 909 B 2 – *voir à Oostende.*

MARIEKERKE *Antwerpen* 213 K 16 et 909 F 2 – *voir à Bornem.*

MARILLES *1350 Brabant Wallon* C *Orp-Jauche 7 273 h.* 213 O 18, 214 O 18 et 909 H 3.
Bruxelles 57 – Namur 43 – Liège 50 – Tienen 19.

X **La Bergerie,** Grand-Route 1 (sur N 240), ☎ (0 19) 63 32 41, *Fax (0 19) 63 23 07*, « Cadre champêtre » – P. AE ⓓ ⓜ VISA
fermé août, lundi, mardi et sam. midi – **Repas** Lunch 650 – carte 1450 à 1800.

MARKE *West-Vlaanderen* 213 E 18 et 909 C 3 – *voir à Kortrijk.*

MARTELANGE *6630 Luxembourg belge* 214 T 24 et 909 K 6 – *1 469 h.*

Bruxelles 168 – Luxembourg 53 – Arlon 18 – Bastogne 21 – Diekirch 40 – Ettelbrück 36.

XX **Host. An der Stuff** avec ch (annexe), r. Roche Percée 1 (Nord : 2 km sur N 4), ☎ *(0 63) 60 04 28, Fax (0 63) 60 13 92,* ≤, « Environnement boisé » – TV ☎ P – 30. AE MC VISA.
fermé du 4 au 25 janv. et dim. soirs et lundis non fériés – **Repas** *Lunch 1250* – carte 1800 à 2100 – **12 ch** ☐ 2300/3100 – ½ P 2100.

MASNUY-ST-JEAN *Hainaut* 213 I 19, 214 I 19 et 909 E 4 – *voir à Mons.*

MASSEMEN *9230 Oost-Vlaanderen* C *Wetteren 22 738 h.* 213 I 17 et 909 E 3.

Bruxelles 45 – Antwerpen 65 – Gent 18.

XXX **Geuzenhof,** Lambroekstraat 90, ☎ *(0 9) 369 80 34, Fax (0 9) 368 20 68,* – P – 25 à 120. AE MC VISA.
fermé vacances Pâques, vacances Toussaint, dim. soir, lundi et merc. soir – **Repas** *Lunch 1100* – carte env. 1800.

MATER *Oost-Vlaanderen* 213 H 17 – *voir à Oudenaarde.*

MECHELEN (MALINES) *2800 Antwerpen* 213 L 16 et 909 G 2 – *75 429 h.*

Voir *Tour★★★ de la cathédrale St-Rombaut★★ (St. Romboutskathedraal)* AY – *Grand-Place★ (Grote Markt)* ABY **26** – *Hôtel de Ville★ (Stadhuis)* BY **H** – *Pont du Wollemarkt (Marché aux laines)* ≤★ AY **F**.

Musée : *Manufacture Royale de Tapisseries Gaspard De Wit★ (Koninklijke Manufactuur van Wandtapijten Gaspard De Wit)* AY **M¹**.

Env. *par ③ : 3 km à Muizen : Parc zoologique de Plankendael★★.*

Stadhuis, Grote Markt ☎ *(0 15) 29 76 55, Fax (0 15) 29 76 53.*

Bruxelles 30 ④ – Antwerpen 26 ⑥ – Leuven 24 ③

MECHELEN

- Antwerpsesteenweg .... C 2
- Battelsesteenweg .... C 4
- Brusselsesteenweg .... C 12
- Colomalaan .... C 14
- Eikestraat .... C 20
- Europalaan .... C 23
- Hanswijkvaart .... C 30
- Hombeeksesteenweg .... C 32
- Liersesteenweg .... C 47
- Postzegellaan .... C 57
- Steppeke .... C 66
- Stuivenbergbaan .... C 67
- Tervuursesteenweg .... C 69

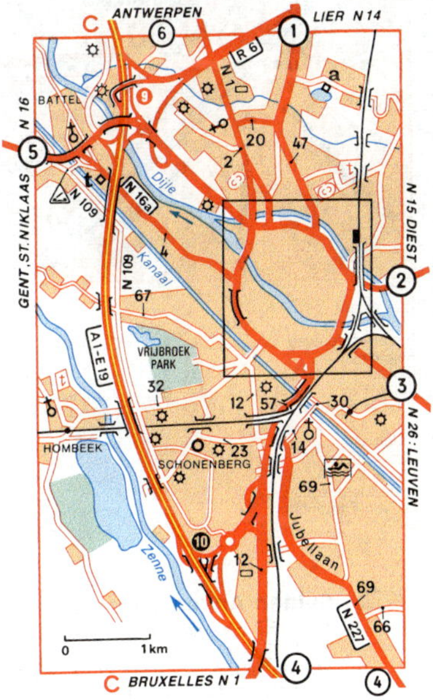

Alfa Alba, Korenmarkt 24, ☎ (0 15) 42 03 03, *Fax (0 15) 42 37 88* – TV ☎ – 25. AE MC VISA JCB. AZ s
Repas *(fermé lundi et sam. midi)* (Grillades, dîner seult) carte 1450 à 1750 – **43 ch** ☐ 3000/7500 – ½ P 3850/4150.

Battelsesteenweg . . . . AY 4
Begijnenstr. . . . . AY 5
Blokstr. . . . . BY 7
Botermarkt . . . . BY 8
Brusselsepoortstr. . . . . AZ 10
Bruul . . . . BYZ
Colomastr. . . . . AZ 15
Consciencestr. . . . . BZ 17
Frederik
de Merodestr. . . . . BY 19
Gr. van Egmontstr. . . . . . . BZ 25
Grote Markt . . . . ABY 26

Guldenstr. . . . . AZ 27
Hoogstr. . . . . AZ
Hoogstratenplein . . . . BY 34
Kardinaal Mercierplein . . . . BZ 35
Karmelietenstr. . . . . AZ 36
Keizerstr. . . . . BY 38
Korenmarkt . . . . AZ
Ijzerenleen . . . . AY
O.L. Vrouwstr. . . . . ABZ
O. Van Kesbeeckstr. . . . . . AY 42
Korte Pennincstr. . . . . AZ 43
Lange Heergracht . . . . BY 45

Liersesteenweg . . . . BY 47
Maurits Sabbestr. . . . . AY 48
Melaan . . . . AY 50
Nekkerspoelstr. . . . . BY 52
Onder den Toren . . . . AY 53
Persoonshoek . . . . AY 55
Schoutetstr. . . . . AY 60
St.-Janstr. . . . . BY 62
St.-Pietersberg . . . . BY 63
Veemarkt . . . . BY 72
Vismarkt . . . . AY 73
Wollemarkt . . . . AY 76

Gulden Anker, Brusselsesteenweg 2, ✆ (0 15) 42 25 35, *Fax (0 15) 42 34 99*, 🚲, ≘, – |♿|, ▤ rest, TV ☎ P – 🏃 25 à 120. AE ⓓ MC VISA. ✂ rest
Repas *(fermé du 10 au 28 juil., sam. midi et dim. soir)* Lunch 1225 bc – carte 1300 à 1700 – **34 ch** ☕ 4400 – ½ P 5200.

AZ u

Montreal, Duivenstraat 56, ✆ (0 15) 20 40 77, *Fax (0 15) 20 34 30*, ⩽, « Pièce d'eau » – TV ☎ P – 🏃 25 à 200. AE ⓓ MC VISA
Repas (Ouvert jusqu'à 23 h) *Lunch 425* – carte env. 1300 – **20 ch** ☕ 3075/4100 – ½ P 3150/3850.

C a

Hobbit sans rest, Battelsesteenweg 455 F, ✆ (0 15) 27 20 27, *Fax (0 15) 27 20 28* – AE MC VISA JCB. C t
230 – **21 ch** 1750.

Egmont sans rest, Oude Brusselstraat 50, ✆ (0 15) 42 13 99, *Fax (0 15) 41 34 98* – AE MC VISA BZ e
fermé 24 et 31 déc. et 1er janv. – **19 ch** 2650/3700.

D'Hoogh 1er étage, Grote Markt 19, ✆ (0 15) 21 75 53, *Fax (0 15) 21 67 30*, « Demeure début 20e s. » – AE MC VISA JCB. BY r
fermé prem. sem. Pâques, 3 sem. en août, sam. midi, dim. soir et lundi – **Repas** (nombre de couverts limité - prévenir) 1800 bc/2200 bc, carte 2300 à 2750
Spéc. Gibier en saison. Asperges régionales (mai-juin). Chausson de pommes à la frangipane.

Folliez, Korenmarkt 19, ✆ (0 15) 42 03 02, *Fax (0 15) 42 03 02* – AE MC VISA AZ f
fermé 2 dern. sem. fév., 3 sem. en août, sam. midi, dim. et lundi – **Repas** Lunch 1350 – 1950/2350.

à Bonheiden *par ② : 6 km – 13 858 h. – ✉ 2820 Bonheiden :*

't Wit Paard, Rijmenamseweg 85, ✆ (0 15) 51 32 20, « Terrasse » – AE MC VISA.
fermé 2 sem. en mars, 2 sem. en sept., mardi et merc. – **Repas** Lunch 1150 – carte 1100 à 1900.

Zellaer, Putsesteenweg 229, ✆ (0 15) 55 07 55, *Fax (0 15) 55 07 55*, – AE MC VISA JCB.
fermé du 1er au 15 sept., merc. et sam. midi – **Repas** Lunch 995 – 1350.

à Heffen *par ⑤ : 6 km C Mechelen – ✉ 2801 Heffen :*

Zander, Steenweg op Blaasveld 131 (N 16), ✆ (0 3) 866 10 60, *Fax (0 3) 866 10 60*, Produits de la mer – AE MC VISA
fermé juil., lundi et mardi – **Repas** Lunch 840 – carte 1400 à 2000.

à Rijmenam *par ② : 8 km C Bonheiden 13 858 h. – ✉ 2820 Rijmenam :*

Host. In den Bonten Os, Rijmenamseweg 214, ✆ (0 15) 52 04 50, *Fax (0 15) 52 07 19*, « Environnement boisé », – – 25 à 40. AE MC VISA
Repas *(fermé dim. soir)* (dîner seult sauf dim.) carte 1650 à 2050 – **25 ch** 3200/5350 – ½ P 2900/3500.

Villa Franck, Watermolenstraat 10, ✆ (0 15) 51 57 71, « Terrasse » – AE MC VISA.
fermé mardi et merc. – **Repas** (déjeuner seult) Lunch 990 – 1300/1900.

à Rumst *par ⑥ : 8 km – 14 550 h. – ✉ 2840 Rumst :*

La Salade Folle, Antwerpsesteenweg 84, ✆ (0 15) 31 53 41, *Fax (0 15) 31 08 28*, – – 25 à 70. AE MC VISA JCB.
fermé 24 juil.-9 août, du 2 au 10 janv., sam. midi et dim. soir – **Repas** Lunch 1200 – 1950/2700 bc.

MEERHOUT *2450 Antwerpen 213 P 16 et 909 I 2 – 9 221 h.*

Bruxelles 79 – Antwerpen 47 – Hasselt 39 – Turnhout 28.

Rembrandt, Meiberg 10, ✆ (0 14) 30 81 03, *Fax (0 14) 30 81 03*, – AE MC VISA.
fermé 1 sem. en juil., 2 dern. sem. août, sam. midi, dim. soir, lundi et mardi soir – **Repas** Lunch 1250 – carte env. 1600.

MEEUWEN *3670 Limburg C Meeuwen-Gruitrode 12 404 h. 213 S 16 et 909 J 2.*

Bruxelles 105 – Hasselt 26 – Maastricht 42 – Roermond 42.

à Ellikom *Nord : 3 km C Meeuwen-Gruitrode – ✉ 3670 Ellikom :*

Ellekenhuys, Weg naar Ellikom 286, ✆ (0 11) 61 06 80, *Fax (0 11) 63 61 80*, – – 25 à 80. AE VISA.
fermé du 4 au 11 mars – **Repas** *(fermé lundi)* Lunch 1195 – 1450/2250 – **11 ch** 1800/2800 – ½ P 1595/2245.

MEISE *Vlaams-Brabant 213 K 17 - ⑤① N et 909 F 3 - ②① N – voir à Bruxelles, environs.*

MÉLIN *Brabant Wallon 213 O 18 et 909 H 3 – voir à Jodoigne.*

MELLE *Oost-Vlaanderen 213 H 17 et 909 E 2 – voir à Gent, environs.*

MELSBROEK *Vlaams-Brabant* 213 L 17 - (52) N et 909 (22) N – *voir à Bruxelles, environs.*

MEMBRE *Namur* 214 O 23 et 909 H 6 – *voir à Vresse-sur-Semois.*

MENEN (MENIN) *8930 West-Vlaanderen* 213 D 18 et 909 C 3 – *32 281 h.*
Bruxelles 105 – Kortrijk 13 – Ieper 24 – Lille 23.

à Rekkem *Est : 4 km* C *Menen –* ✉ *8930 Rekkem :*

XXX **La Cravache,** Gentstraat 215 (Est : 4 km), ✆ (0 56) 42 67 87, *Fax (0 56) 42 67 97,* ⛱, « Villa avec terrasse dans un écrin de verdure » – ▤ P – 🔔 30. AE VISA
fermé 2 prem. sem. sept., dim. soir et lundi – **Repas** 950/1900.

X **Culinair,** Moeskroenstraat 700, ✆ (0 56) 42 67 33, *Fax (0 56) 41 14 21,* ⛱ – P. MC VISA
fermé prem. sem. mars, 2 sem. en sept., sam. midi, dim. soir et lundi – **Repas** *Lunch 990* – 1490/1690.

MERELBEKE *Oost-Vlaanderen* 213 H 17 et 909 E 3 – *voir à Gent, environs.*

MERENDREE *9850 Oost-Vlaanderen* C *Nevele 10 968 h.* 213 G 16 et 909 D 2.
Bruxelles 71 – Brugge 42 – Gent 12.

XXX **De Waterhoeve,** Durmenstraat 6, ✆ (0 9) 371 59 42, *Fax (0 9) 371 94 46,* <, « Environnement champêtre, jardin paysagé avec pièce d'eau » – ▤ P. AE ⓓ MC VISA. ✂
fermé 17 juil.-11 août, merc., sam. midi et dim. soir – **Repas** *Lunch 995* – carte env. 2000.

MERKSEM *Antwerpen* 213 L 15 - (13) S et 909 G 2 - (9) S – *voir à Antwerpen, périphérie.*

MEULEBEKE *8760 West-Vlaanderen* 213 E 17 et 909 C 3 – *10 962 h.*
Bruxelles 84 – Kortrijk 15 – Brugge 36 – Gent 39.

XX **'t Gisthuis,** Baronielaan 28, ✆ (0 51) 48 76 02, *Fax (0 51) 48 76 02,* ⛱, « Terrasse » – P. AE ⓓ MC VISA JCB
fermé dern. sem. juil.-prem. sem. août, merc. soir et jeudi – **Repas** *Lunch 1450 bc* – 1750.

MEUSE NAMUROISE (Vallée de la) ★★ *Namur* 213 O 21 - Q 19, 214 O 21 - Q 19 et 909 H 5 - K 3 – *G. Belgique-Luxembourg.*

MIDDELKERKE *8430 West-Vlaanderen* 213 B 15 et 909 B 2 – *16 390 h. – Station balnéaire – Casino Kursaal, Zeedijk* ✆ *(0 59) 30 05 05, Fax (0 59) 30 52 84.*
ℹ *Dr J. Casselaan 4* ✆ *(0 59) 30 03 68, Fax (0 59) 31 11 95.*
Bruxelles 124 – Brugge 37 – Oostende 8 – Dunkerque 43.

🏨 **Were-Di,** P. de Smet de Naeyerstraat 19, ✆ (0 59) 30 11 88, *Fax (0 59) 31 02 41,* ≋ – ⇕ TV ☎. ⓓ MC VISA. ✂ ch
fermé 18 janv.-4 fév. et du 16 au 30 oct. – **Repas** (*fermé merc. non fériés du 15 sept. au 15 juin*) *Lunch 595* – 875/1950 – **18 ch** ☐ 1850/2900 – ½ P 2250.

🏨 **Excelsior,** A. Degreefplein 9a, ✆ (0 59) 30 18 31, *Fax (0 59) 31 27 02,* ≋ – ⇕ TV ☎. AE MC VISA. ✂
16 mars-14 nov., vacances scolaires et week-end – **Repas** (dîner pour résidents seult) – **32 ch** ☐ 2100/2900 – ½ P 1350/2050.

🏠 **Isaura** sans rest, Koninginnelaan 86, ✆ (0 59) 30 38 13, *Fax (0 59) 31 04 11,* 🚲 – TV ☎ P. AE ⓓ MC VISA. ✂
fermé 14 nov.-5 déc. – **10 ch** ☐ 2100/2700.

XX **La Tulipe,** Leopoldlaan 81, ✆ (0 59) 30 53 40, *Fax (0 59) 30 61 39* – AE ⓓ MC VISA
fermé 1 sem. en mars, 2 prem. sem. oct. et lundi soir et mardi hors saison – **Repas** 690/1695.

XX **De Vlaschaard,** Leopoldlaan 246, ✆ (0 59) 30 18 37, *Fax (0 59) 31 40 40* – ▤. AE ⓓ MC VISA
fermé 3 sem. en nov. et mardi – **Repas** *Lunch 1250 bc* – 890/1550.

X **Bistrot Renty,** L. Logierlaan 51 (près du château d'eau Krokodil), ✆ (0 59) 31 20 77, *Fax (0 59) 30 07 54,* ⛱, Taverne-rest – P. VISA. ✂
fermé merc. soir et jeudi sauf vacances Pâques et en juil.-août – **Repas** (*du 20 nov. au 1er avril déjeuner seult sauf week-end*) *Lunch 495* – 795/895.

MILLEN *Limburg* 213 S 18 *et* 909 J 3 – *voir à Riemst.*

MIRWART *6870 Luxembourg belge* C *St-Hubert 5 669 h.* 214 Q 22 *et* 909 I 5.

Bruxelles 129 – Bouillon 55 – Arlon 71 – Marche-en-Famenne 26 – Namur 68 – St-Hubert 11.

Beau Site sans rest, pl. Communale 5, (0 84) 36 62 27, *Fax (0 84) 36 71 18,* « Rustique » – TV P. MC VISA
10 ch 1900/2400.

Aub. du Grandgousier avec ch, r. Staplisse 6, (0 84) 36 62 93, *Fax (0 84) 36 65 77,* , « Rustique », – TV P. MC
fermé 18 juin-8 juil., 23 août-14 sept., 2 janv.-10 fév., mardi midi de janv. à juin et mardi soir et merc. sauf en juil.-août – **Repas** 995/1750 – **13 ch** 1900/2600 – ½ P 2100/2500.

MODAVE *4577 Liège* 213 Q 20, 214 Q 20 *et* 909 I 4 – *3 488 h.*

Voir *Château★ : ≤★ de la terrasse de la chambre du Duc de Montmorency.*

Env. *au Sud : 6 km à Bois-et-Borsu, fresques★ dans l'église romane.*

Bruxelles 97 – Liège 38 – Marche-en-Famenne 25 – Namur 46.

La Roseraie, rte de Limet 80, (0 85) 41 13 60, *Fax (0 85) 41 13 60,* « Parc ombragé avec terrasse » – P. AE VISA JCB
fermé sem. carnaval, 1 sem. en août, dim. soir, lundi soir, mardi, merc. et après 20 h 30 – **Repas** 1495/1895.

Le Pavillon du Vieux Château, Vallée du Houyoux 9 (Sud-Ouest : 2 km, lieu-dit Pont de Vyle), (0 85) 41 13 43, – P. MC VISA
fermé 1 sem. en sept., 1 sem. en janv., lundi hors saison et mardi – **Repas** Lunch 690 – carte env. 1100.

MOERBEKE-WAAS *9180 Oost-Vlaanderen* C *Moerbeke 5 726 h.* 213 I 18 *et* 909 E 2.

Bruxelles 54 – Antwerpen 38 – Gent 26.

Molenhof, Heirweg 25, (0 9) 346 71 22, *Fax (0 9) 346 71 22,* , « Fermette, cadre champêtre » – P. VISA
fermé dern. sem. juil.-prem. sem. août, dern. sem. déc., sam. midi, dim. soir et lundi – **Repas** Lunch 1250 – carte 1300 à 2000.

MOERZEKE *Oost-Vlaanderen* 213 J 16 *et* 909 F 2 – *voir à Hamme.*

MOESKROEN *Hainaut – voir Mouscron.*

MOL *2400 Antwerpen* 213 P 15 *et* 909 I 2 – *31 264 h.*

18 *Kiezelweg 78 (Rauw) (0 14) 81 62 34, Fax (0 14) 81 62 78* – 18 *Steenovens 89 (Postel) (0 14) 37 36 61, Fax (0 14) 37 36 62.*

Markt (0 14) 33 07 85, Fax (0 14) 33 07 87.

Bruxelles 78 – Antwerpen 54 – Hasselt 42 – Turnhout 23.

Hippocampus avec ch, St-Jozeflaan 79 (Est : 7 km à Wezel), (0 14) 81 08 08, *Fax (0 14) 81 45 90,* , « Demeure ancienne dans un parc avec pièce d'eau », , – TV P. AE MC VISA
fermé dern. sem. août – **Repas** *(fermé dim. soir et lundi)* Lunch 1500 – 2000/2150 – **4 ch** 2950/4400 – ½ P 3200/3600.

't Zilte, Martelarenstraat 74, (0 14) 32 24 33, *Fax (0 14) 32 24 33,* – P. MC VISA.
fermé mardi et sam. midi – **Repas** Lunch 950 – 1450/1695.

De Partituur, Corbiestraat 59, (0 14) 31 94 82, *Fax (0 14) 32 36 05* – AE MC VISA.
fermé dim. et lundi midi – **Repas** Lunch 1100 – carte env. 1600.

MOLENBEEK-ST-JEAN (SINT-JANS-MOLENBEEK) *Région de Bruxelles-Capitale* 213 ⑪ S *et* 909 ㉑ S – *voir à Bruxelles.*

MOMIGNIES *Hainaut* 214 J 22 *et* 909 F 5 – *voir à Chimay.*

MONS (BERGEN) 7000 P Hainaut 213 I 20, 214 I 20 et 909 E 4 – 91 460 h.

Voir Collégiale Ste-Waudru★★ CY – Beffroi★ CY D.
Musées : de la Vie montoise★ (Maison Jean Lescarts) DY M¹ – François Duesberg★ CY M²

Env. par ① : 15 km à Strépy-Thieu, Canal du Centre : les Ascenseurs hydrauliques★.

18 9 par ① : 6 km à Erbisoeul, Chemin de la Verrerie 2 ☎ (0 65) 22 94 74, Fax (0 65) 22 51 54 - 18 par ⑥ : 6 km à Baudour, r. Mont Garni 3 ☎ (0 65) 62 27 19, Fax (0 65) 62 34 10.

Grand'Place 22 ☎ (0 65) 33 55 80, Fax (0 65) 35 63 36 – Fédération provinciale de tourisme, r. Clercs 31 ☎ (0 65) 36 04 64, Fax (0 65) 33 57 32.

Bruxelles 67 ① – Charleroi 36 ② – Namur 72 ① – Tournai 48 ⑤ – Maubeuge 20 ③

Plan page ci-contre

Lido M sans rest, r. Arbalestriers 112, ☎ (0 65) 32 78 00, – – 50 à 300. AE VISA JCB
67 ch ☐ 3050/4100. DY b

Infotel sans rest, r. Havré 32, ☎ (0 65) 40 18 30, Fax (0 65) 35 62 24 – P. AE VISA
30 ch ☐ 2600/3500. DY s

XXX **Devos,** r. Coupe 7, ☎ (0 65) 35 13 35, Fax (0 65) 35 37 71, « Ancienne hostellerie sur cour intérieure » – AE VISA DY r
fermé du 21 au 27 fév., 17 juil.-14 août, dim. soir, lundi soir et merc. – **Repas** Lunch 950 – 1900.

XXX **Le Vannes,** chaussée de Binche 177 (par ②), ☎ (0 65) 35 14 43, Fax (0 65) 35 57 58, – P – 40. AE VISA
fermé du 1ᵉʳ au 20 juil. et merc. – **Repas** Lunch 975 – carte env. 1700.

XXX **Chez John,** av. de l'Hôpital 10, ☎ (0 65) 33 51 21, Fax (0 65) 33 76 87 – 25. AE VISA DY e
fermé août, dim. soir et lundi – **Repas** 2125/2415.

XX **Marchal,** Rampe Ste-Waudru 4, ☎ (0 65) 31 24 02, Fax (0 65) 36 24 69, – P – 45. AE VISA JCB CY a
fermé dim. soir, lundi et mardi – **Repas** Lunch 750 – 890/1650.

XX **La Biche,** r. Fernand Maréchal 50, ☎ (0 65) 33 98 13, Fax (0 65) 33 98 18, – P. AE VISA CZ f
fermé fin août-début sept., 1 sem. en janv., sam. midi, dim. et lundi – **Repas** (déjeuner seult sauf vend. et sam.) Lunch 795 – 1495.

X **La Table des Matières,** r. Grand Trou Oudart 16, ☎ (0 65) 84 17 06, , Cuisine italienne, ouvert jusqu'à 23 h, « Maison du 18ᵉ s. » – VISA. CZ e
fermé 1 sem. après Pâques, 20 juil.-13 août, prem. sem. oct., dim. soir en août, merc. et sam. midi – **Repas** Lunch 970 – 1940.

X **Alter Ego,** r. Nimy 6, ☎ (0 65) 35 52 60, Fax (0 65) 35 16 70 – AE VISA DY c
fermé mi-juil.-mi-août, vend. midi, sam. midi, dim. et lundi – **Repas** carte 850 à 1300.

X **La Coquille St-Jacques,** r. Poterie 27, ☎ (065) 84 36 53, Fax (0 65) 84 36 53 – VISA CY h
fermé 21 juil.-14 août et dim. soirs et lundis non fériés – **Repas** 800.

à Baudour par ⑥ : 6 km C Saint-Ghislain 22 118 h. – ✉ 7331 Baudour :

XX **Chez Fernez,** pl. de la Résistance 1, ☎ (0 65) 64 44 67, Fax (0 65) 60 07 74 – 40. AE VISA
fermé mardi soir, merc. et dim. soir – **Repas** Lunch 1250 – 1350/1790.

X **Le Faitout,** av. Louis Goblet 161, ☎ (0 65) 64 48 57, Fax (0 65) 60 07 74, – 30. AE VISA
fermé dim. soir de nov. à fév. et lundi soir – **Repas** carte 1050 à 1400.

à Frameries par ⑩ : 6 km – 20 914 h. – ✉ 7080 Frameries :

XXX **L'Assiette au beurre,** r. Industrie 278, ☎ (0 65) 67 76 73, Fax (0 65) 66 43 87 – P – 30. AE VISA
fermé dim. soir, lundis midis non fériés, lundi soir et merc. soir – **Repas** 1290/2090.

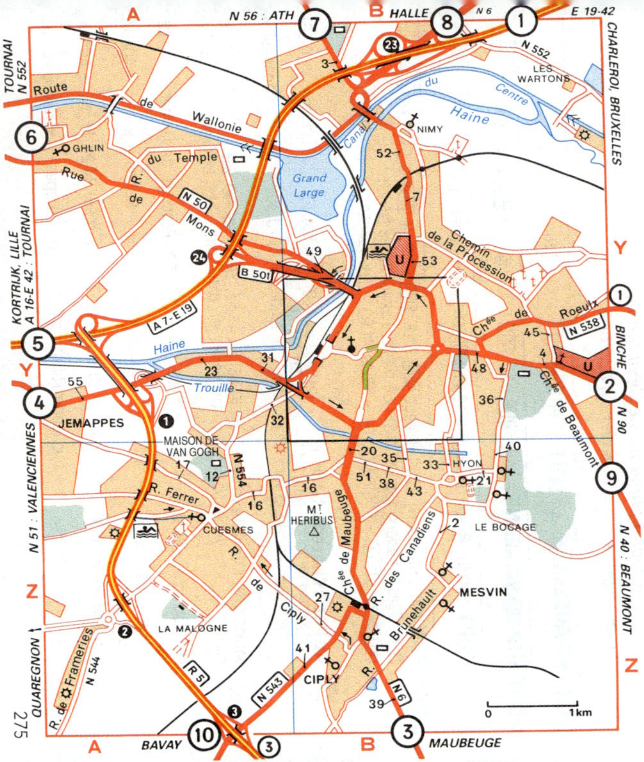

MONS

Américains (R. des) BZ 2
Ath (Rte d') BY 3
Binche (Chée de) BY 4
Bruxelles (Chée de) BY 7
Capucins (R. des) CZ 8
Chaussée (R. de la) CY 10
Chemin-de-Fer (R.) AZ 12
Clercs (R. des) CY 13
E.-Vandervelde (R.) ABZ 16
Etang-Derbaix (R.) AZ 17
Gaulle (Av. Gén.-de) BZ 20
Genièvrerie (R.) BZ 21
Grand-Route AY 23
Grand-Rue CZ 24
Havré (R. d') DY 25
Héribus (R. de l') BZ 27
Houssière (R. de la) CY 28
Jean-d'Avesnes (Av.) CZ 29
Jemappes (Av. de) AY 31
Joseph-Wauters (Av.) AY 32
Jules-Hoyois (R.) BZ 33
Lemiez (Av.) BZ 35
Léon-Savé (R.) BY 36
Léopold-II (R.) CY 37
Licorne (R. de la) BZ 38
Maubeuge (Chée de) BZ 39
Maurice-Flament (R.) BZ 40
Monte-en-Peine (R.) BZ 41

Montreuil-s-Bois (R.) BZ 43
Mourdreux (R. des) BY 45
Pte-Guirlande (R.) CZ 47
Reine-Astrid (Av.) BY 48
Université (Av. de l') BY 49
Vallière (Ch. de la) BZ 51
Viaducs (R. des) BY 52
Victor-Maistriau (Av.) BY 53
Wilson (Av.) AY 55

à Masnuy-St-Jean *par ⑦ : 6 km © Jurbise 9 036 h. – ✉ 7020 Masnuy-St-Jean :*

La Forêt ⑤, chaussée de Brunehault 3, ☎ (0 65) 72 36 85, *Fax (0 65) 72 41 44*, ≤, ☂, « Cadre de verdure », Ⅰ₅, ⛱ – ⎅ ▭ ☎ ℗ – ⛳ 25 à 80. AE ⓓ ⓜⓒ VISA
(fermé 2 sem. en déc. et week-end) 995/1200 **50 ch** ☐ 3400/3900 – ½ P 4050.

MONT *Namur* 213 O 20, 214 O 20 *et* 909 H 4 – *voir à Godinne.*

MONTAIGU *Vlaams-Brabant – voir Scherpenheuvel.*

MONTIGNIES-ST-CHRISTOPHE *6560 Hainaut © Erquelinnes 9 733 h.* 213 K 21, 214 K 21 *et* 909 F 5.
Bruxelles 70 – Charleroi 30 – Mons 25 – Maubeuge 20.

XX ✿ **La Villa Romaine,** chaussée de Mons 52, ☎ (0 71) 55 56 22, *Fax (0 71) 55 62 03*, ☂ – ▤ ℗ AE ⓓ ⓜⓒ VISA
fermé du 15 au 22 fév., du 4 au 25 sept., lundis non fériés et dim. soir – **Repas** Lunch 1600 bc – 1490/2480, carte 1500 à 1900
Spéc. Mille-feuille de foie gras de canard mariné, caramel aux raisins. Filet de dorade et pommes façon boulangère. Soufflé au chocolat et salade d'oranges au miel et crème glacée aux baies de genévrier.

MONTIGNIES-SUR-SAMBRE *Hainaut* 213 L 20, 214 L 20 - ㉔ S *et* 909 G 4 – *voir à Charleroi.*

MONT-ST-ANDRÉ *1367 Brabant Wallon © Ramillies 5 102 h.* 214 O 19.
Bruxelles 56 – Namur 26 – Charleroi 41 – Hasselt 60 – Liège 64 – Tienen 22.

XX **La Table de Saint André,** r. Petite Coyarde 10, ☎ (0 81) 87 84 52, *Fax (0 81) 87 84 52*, ☂ – AE ⓜⓒ VISA
fermé 3 sem. en sept., dim. soir sauf en juil.-août, lundi et mardi – **Repas** Lunch 575 – 995/1800.

Dans ce guide
un même symbole, un même mot,
imprimés en noir ou en rouge, en maigre ou en gras
n'ont pas tout à fait la même signification.
Lisez attentivement les pages explicatives.

MONT-ST-AUBERT *Hainaut* 213 F 19 *et* 909 D 4 – *voir à Tournai.*

MONT-SUR-MARCHIENNE *Hainaut* 213 L 20, 214 L 20 - ㉓ S *et* 909 G 4 – *voir à Charleroi.*

MOURCOURT *Hainaut* 213 F 19, 214 F 19 *et* 909 D 4 – *voir à Tournai.*

MOUSCRON (MOESKROEN) *7700 Hainaut* 213 E 18, 214 E 18 *et* 909 C 3 – *52 638 h.*
ℹ *pl. Gérard Kasiers 15b* ☎ *(0 56) 86 03 70, Fax (0 56) 86 03 71.*
Bruxelles 101 ③ – Kortrijk 13 ④ – Mons 71 ⑤ – Tournai 23 ⑤ – Lille 23 ③

Plan page ci-contre

XX **Au Petit Château,** bd des Alliés 243 (par ⑤ : 2 km sur N 58), ✉ 7700 Luingne, ☎ (0 56) 33 22 07, *Fax (0 56) 84 02 11* – ▤ ℗ AE ⓓ ⓜⓒ VISA
fermé 1 sem. en fév., 3 sem. en juil., dim. soir, lundi soir, mardi soir et merc. – **Repas** Lunch 725 – 1000/1595.

XX ☺ **Madame,** r. Roi Chevalier 17, ☎ (0 56) 34 43 53, ☂ – ⓓ ⓜⓒ VISA A c
fermé 24 juil.-13 août, lundis non fériés et dim. soir – **Repas** Lunch 750 – 950/2200 bc.

XX **l'Escapade,** Grand'Place 34, ☎ (0 56) 84 13 13, ☂, Produits de la mer – ▤. AE ⓓ VISA B a
fermé 3 dern. sem. juil., dim. soir, lundi soir et mardi soir – **Repas** Lunch 690 – 1080/1350.

XX **Les Roses,** av. Reine Astrid 111, ☎ (0 56) 34 84 73, *Fax (0 56) 84 24 14*, ☂ – AE ⓓ ⓜⓒ VISA B r
fermé 3 sem. en août, dim. soir, lundi midi, mardi midi et merc. – **Repas** Lunch 1200 bc – carte 1250 à 1550.

X **Au Jardin de Pékin,** r. Station 9, ☎ (0 56) 33 72 88, *Fax (0 56) 33 77 88,* Cuisine chinoise, ouvert jusqu'à 23 h – ▤. AE ⓓ MC VISA. ⚡ B u
fermé lundis non fériés – **Repas** *Lunch 300* – carte env. 900.

X **l'Aquarelle,** r. Menin 185, ☎ (0 56) 34 55 36 – MC VISA A f
fermé 2 sem. en mars, 3 sem. en sept., mardi soir et merc. – **Repas** *Lunch 625* – 1095 bc/1595 bc.

X **La Cloche,** r. Tournai 9, ☎ (0 56) 85 50 30, *Fax (0 56) 85 50 33,* Brasserie, ouvert jusqu'à 23 h – ▤. AE ⓓ MC VISA B h
Repas *Lunch 420* – 660/1050.

X **Le Galion,** r. Courtils 1a, ☎ (0 56) 34 54 37, *Fax (0 56) 48 46 12* – AE ⓓ MC VISA B d
fermé dim. soirs, lundis et mardis soirs non fériés – **Repas** *Lunch 470 bc* – 880.

à Herseaux *par ⑤ : 4 km* 🄲 *Mouscron* – ✉ *7712 Herseaux :*

X **La Broche de Fer,** r. Broche de Fer 273, ☎ (0 56) 33 15 16, *Fax (0 56) 34 10 54* – **P**. VISA
fermé 15 juil.-15 août, mardi, merc. et jeudi soir – **Repas** 1000/1300.

MULLEM *Oost-Vlaanderen* **213** G 17 – *voir à Oudenaarde.*

Verwechseln Sie nicht :

Komfort der Hotels	: 🏨🏨🏨🏨🏨 ... 🏨
Komfort der Restaurants	: XXXXX ... X
Gute Küche	: ✿✿✿, ✿✿, ✿, **Repas** ☺

NADRIN *6660 Luxembourg belge* *Houffalize 4 501 h.* 214 T 22 *et* 909 K 5.

Voir *Belvédère des Six Ourthe★★, Le Hérou★★.*

Bruxelles 140 – Bouillon 82 – Arlon 68 – Bastogne 29 – La Roche-en-Ardenne 13.

Les Alisiers sans rest, rte du Hérou 53, (0 84) 44 45 44, *Fax (0 84) 44 46 04* vallées, « Villa sur jardin » – TV P. AE MC VISA
5 ch 1500/2500.

Les Ondes, r. Villa Romaine 21, (0 84) 44 41 11, *Fax (0 84) 44 41 11,* « Jardin ombragé », – P. MC VISA. rest
fermé mi-août-début sept. et 3 sem. en janv. – **Repas** *(fermé merc.)* 850/1525 – **13 ch** 1975/3390 – ½ P 1950/2550.

Le Cabri avec ch, rte du Hérou 45, (0 84) 44 41 85, *Fax (0 84) 44 50 76,* « Auberge avec vallées », – P. AE MC VISA. ch
fermé du 13 au 21 mars, 26 juin-18 juil., du 11 au 19 déc., dim. soirs non fériés, lundi et mardi – **Repas** *Lunch 950* – carte 1950 à 2700 – **8 ch** 2950/3250 – ½ P 2800.

Host. du Panorama avec ch, rte du Hérou 41, (0 84) 44 43 24, *Fax (0 84) 44 46 63,* vallées, , – TV P. AE MC VISA
fermé janv. – **Repas** *(fermé mardi et jeudi de mi-nov. à Pâques et merc.)* 1000/2000 – 250 – **11 ch** 1650/1950 – ½ P 2300/3200.

La Plume d'Oie, pl. du Centre 3, (0 84) 44 44 36, *Fax (0 84) 44 47 74,* – AE MC VISA
fermé 2 prem. sem. juil. et mardi soir et merc. sauf en juil.-août – **Repas** 990/1990.

Au Vieux Chêne, r. Villa Romaine 4, (0 84) 44 41 14, *Fax (0 84) 44 46 04,* – P. AE MC VISA
fermé 1 sem. en juil., 2 sem. en sept., 2 sem. en janv. et mardi et merc. sauf 15 juil.-15 août – **Repas** 850/1275.

NALINNES *Hainaut* 213 L 21, 214 L 21 *et* 909 G 5 – *voir à Charleroi.*

NAMUR – NAMEN

5000 P 213 O 20, 214 O 20 *et* 909 H 4 – *104 986 h.*

Bruxelles 64 ① – Charleroi 38 ⑥ – Liège 61 ① – Luxembourg 158 ③.

RENSEIGNEMENTS PRATIQUES

Casino BZ, av. Baron de Moreau 1 ☎ (081) 22 30 21, Fax (081) 22 90 22.

ℹ *Square de l'Europe Unie ☎ (081) 24 64 47, Fax (081) 24 65 54 et (en saison) Chalet, pl. du Grognon ☎ (081) 24 64 48.*

CURIOSITÉS

Voir *Citadelle★ ※★★ BZ – Trésor★★ d'Oignies BCZ* **K** *– Église St-Loup★ BZ – Le Centre★.*

Musées : *Archéologique★ BZ* **M²** *– des Arts Anciens du Namurois★ BY* **M³** *– Diocésain et trésor de la cathédrale★ BYZ* **M⁴** *– de Croix★ BZ* **M⁵**.

Env. *par ⑤ : 11 km à Floreffe : stalles★ de l'église abbatiale .*

Quartiers du Centre :

XX **L'Espièglerie** avec ch, r. Tanneries 13, ☎ (0 81) 24 00 24, *Fax (0 81) 24 00 25*, « Intérieur rustique » – lift TV ☎ P – 25 à 100. AE ⓓ MC VISA. ch CZ x
Repas *(fermé 16 juil.-13 août, dim. sauf 1er du mois et sam. midi)* Lunch 1150 bc – 1395/1895 – 300 – **30 ch** 1900/8400 – ½ P 5000.

XX **Chez Chen,** r. Borgnet 8, ☎ (0 81) 22 48 22, *Fax (0 81) 24 12 46*, Cuisine chinoise, ouvert jusqu'à 23 h – AE ⓓ MC VISA. BY r
fermé 3 sem. en juil. et mardi – **Repas** 695/1550.

X **La Petite Fugue,** pl. Chanoine Descamps 5, ☎ (0 81) 23 13 20, *Fax (0 81) 23 13 20*, terrasse. VISA – *fermé 2 sem. Pâques, du 1er au 15 oct., sam. midi, dim. soir et lundi* – **Repas** *Lunch 750* – 895/1450. BZ f

X **La Bruxelloise,** av. de la Gare 2, ☎ (0 81) 22 09 02, *Fax (0 81) 22 09 02*, Moules en saison, ouvert jusqu'à 23 h 30 – P. AE ⓓ MC VISA BY a
Repas *Lunch 795* – carte env. 1300.

X **Côté Jardin,** r. Halle 2, ☎ (0 81) 23 01 84, *Fax (0 81) 23 01 75*, terrasse – AE ⓓ MC VISA BZ n
fermé dim. et lundi soir – **Repas** *Lunch 490* – 950.

X **Brasserie Henry,** pl. St-Aubain 3, ☎ (0 81) 22 02 04, *Fax (0 81) 22 05 66*, terrasse, Ouvert jusqu'à minuit – AE ⓓ MC VISA BZ s
fermé 2e quinz. juil. – **Repas** *Lunch 540* – 850/995.

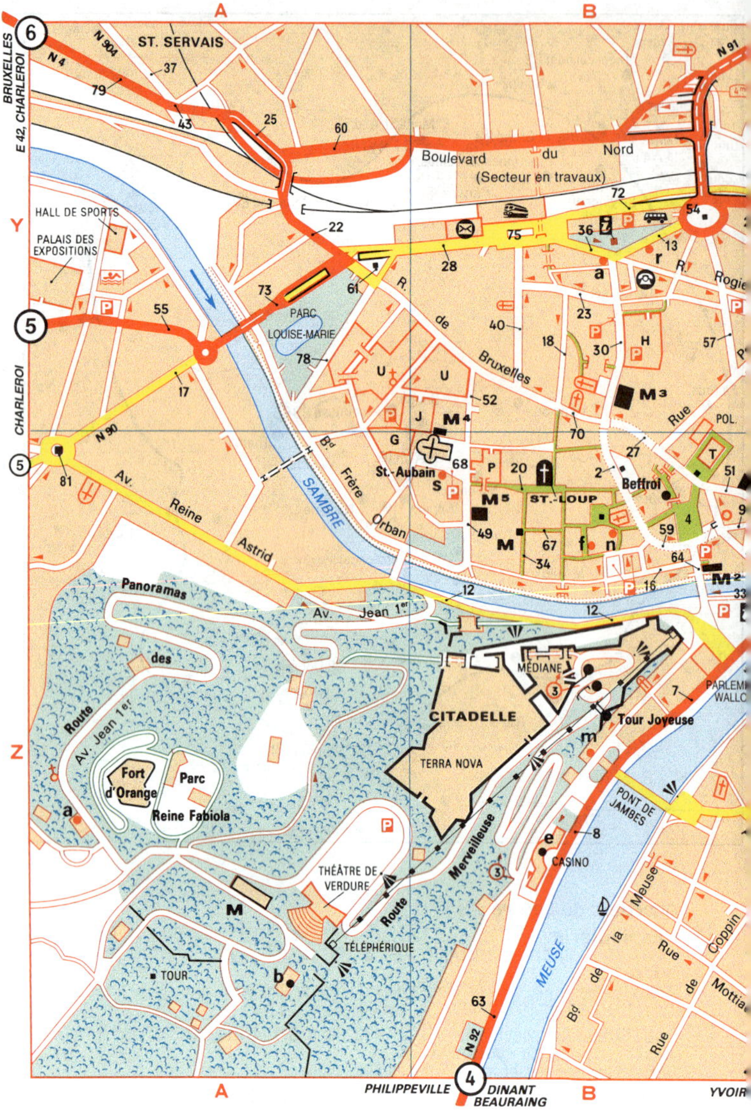

direction Citadelle :

Château de Namur (Établissement d'application hôtelière), av. Ermitage 1 (0 81) 72 99 00, *Fax (0 81) 72 99 99*, ≤, , – TV – 25 à 150. AE VISA JCB. rest AZ b
Repas Lunch 895 – 1150/1750 – 500 – **30 ch** 3800/4400 – ½ P 3800/4450.

Beauregard sans rest, av. Baron de Moreau 1, (0 81) 23 00 28, *Fax (0 81) 24 12 09* – TV – 25 à 200. AE VISA JCB BZ e
47 ch 3450/3950.

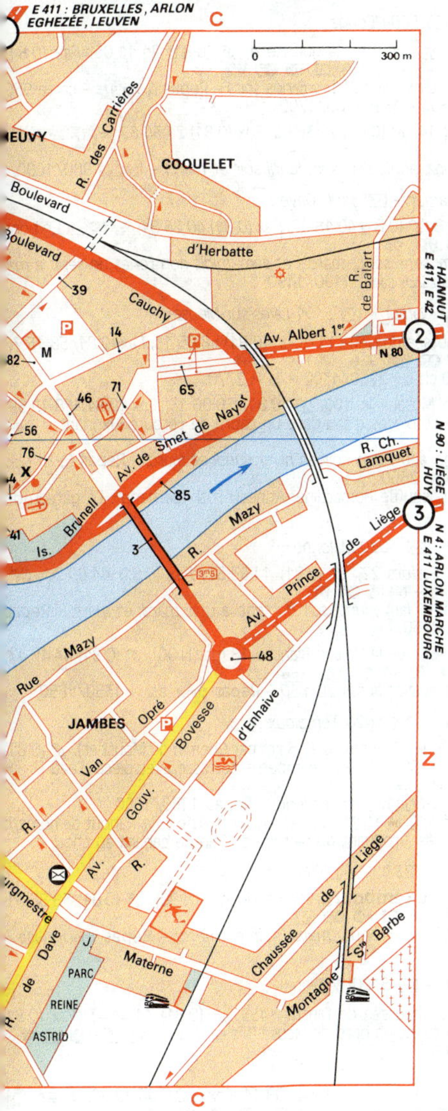

NAMUR

Michelin n'accroche pas de panonceau aux hôtels et restaurants qu'il signale.

XXX **Biétrumé Picar,** Tienne Maquet 16 (par ④ : 3 km sur N 92, La Plante), ✆ (0 81) 23 07 39, *Fax (0 81) 23 10 32*, – P – 25. AE ⓓ MC VISA
fermé prem. sem. janv., dim. soir et lundi – **Repas** *Lunch 1300 bc* – 2000 bc/2700 bc.

XX **L'Olivier,** av. Jean Ier 5 (rte des panoramas), ✆ (0 81) 74 41 41, *Fax (0 81) 73 98 44* – P. AE ⓓ MC VISA AZ a
fermé dim. soir et lundi – **Repas** *Lunch 750* – carte env. 600.

X **Au Trois Petits Cochons,** av. de la Plante 4, ✆ (0 81) 22 70 10, *Fax (0 81) 22 70 10*, – AE ⓓ MC VISA BZ m
fermé 2 prem. sem. mars, dern. sem. août-prem. sem. sept., sam. midi, dim. et lundi – **Repas** *Lunch 750 bc* – carte env. 1400.

à Bouge *par ② : 3 km* C *Namur – ✉ 5004 Bouge :*

La Ferme du Quartier, pl. Ste Marguerite 4, ✆ (0 81) 21 11 05, *Fax (0 81) 21 59 18*, – ☎ P – 🏃 25 à 160. AE ⓓ MC VISA.
fermé juil., du 23 au 31 déc., dim. soir et jours fériés soirs – **Repas** *Lunch 975* – carte 950 à 1300 – **14 ch** ☕ 1000/1550 – ½ P 1500/1700.

Les Alisiers, rte de Hannut 14, ✆ (0 81) 21 36 62, *Fax (0 81) 21 36 62*, ←, – P. AE MC VISA
fermé sem. carnaval, 1re quinz. août, dim. soir, lundi soir et mardi – **Repas** 980/1600.

à Dave *par N 947 : 7 km - BCZ* C *Namur – ✉ 5100 Dave :*

Le Beau Rivage, r. Rivage 8, ✆ (0 81) 40 18 97, *Fax (0 81) 40 26 81*, ←, , « En bord de Meuse » – P. AE ⓓ MC VISA.
fermé sem. carnaval, 3 prem. sem. sept., mardis et sam. midis non fériés de sept. à mai et lundis non fériés – **Repas** *Lunch 590* – 1190/1490.

à Lives-sur-Meuse *par ③ : 9 km* C *Namur – ✉ 5101 Lives-sur-Meuse :*

New Hotel de Lives, chaussée de Liège 1178, ✆ (0 81) 58 05 13, *Fax (0 81) 58 15 77* – TV ☎ P – 🏃 35. AE ⓓ MC VISA JCB. rest
Repas (résidents seult) – **10 ch** ☕ 2200/4300 – ½ P 2770.

La Bergerie (Lefevere), r. Mosanville 100, ✆ (0 81) 58 06 13, *Fax (0 81) 58 19 39*, « Élégante demeure bordée de pièces d'eau dans un cadre de verdure luxuriant » – P. AE ⓓ MC VISA
fermé 2e quinz. fév., 2e quinz. août, dim. soir en hiver, lundi et mardi – **Repas** *Lunch 1750* – 2950 bc/3975 bc, carte env. 2600
Spéc. Truite de notre vivier, soufflé homardine. Agneau rôti "Bergerie". Le gâteau de crêpes soufflées.

à Malonne *par ⑤ : 8 km* C *Namur – ✉ 5020 Malonne :*

Alain Peters, Trieux des Scieurs 22, ✆ (0 81) 44 03 32, *Fax (0 81) 44 60 20*, « Terrasse avec pièce d'eau » – P. MC VISA
fermé 3 sem. en juil., 23 déc.-4 janv., lundi soir de sept. à mai, mardi et merc. – **Repas** *Lunch 1250 bc* – carte 1300 à 2250.

Le Relais du Roy Louis, Allée de la Maison Blanche 18 (par N 90), ✆ (0 81) 44 48 47, *Fax (0 81) 44 48 47*, – P. AE ⓓ MC VISA JCB
fermé merc. soir, jeudi, dim. soir et après 20 h 30 – **Repas** *Lunch 850* – 1350/1850.

à Temploux *par ⑥ : 7 km* C *Namur – ✉ 5020 Temploux :*

L'Essentiel (Gersdorff), r. Roger Clément 32 (2,5 km par Chemin du Moustier), ✆ (0 81) 56 86 16, *Fax (0 81) 56 86 36*, , « Cadre champêtre, terrasse avec pièce d'eau » – P – 🏃 25 à 40. AE ⓓ MC VISA JCB
fermé 23 juil.-7 août, 24 déc.-8 janv., dim. et lundi – **Repas** 1480/1680
Spéc. Carpaccio de thon et foie gras à l'échalote et vinaigrette de soja. Ragoût de homard et poularde aux petits légumes. Croquant de pintade et foie de canard au chou.

à Thon *par ③ : 11 km* C *Andenne 23 323 h. – ✉ 5300 Thon :*

Léon et Les Jardins du Luxembourg, rte de Liège 2 (N 90), ✆ (0 81) 58 86 51, *Fax (0 81) 58 07 62*, ←, – P. AE ⓓ MC VISA
fermé 1 sem. carnaval, 22 juil.-6 août, mardi soir et merc. – **Repas** *Lunch 1000* – 1600 bc/2700 bc.

à Wépion *par ④ : 4,5 km* C *Namur – ✉ 5100 Wépion :*

Villa Gracia sans rest, chaussée de Dinant 1455, ✆ (0 81) 41 43 43, *Fax (0 81) 41 12 25*, ←, « Demeure mosanne en bord de Meuse (Maas) », , ⚓ – TV ☎ P – 🏃 30. AE ⓓ MC VISA JCB
☕ 380 – **8 ch** 3800/6200.

Novotel, chaussée de Dinant 1149, ✆ (0 81) 46 08 11, *Fax (0 81) 46 19 90*, ←, , , ⚓ – , rest, TV ☎ P – 🏃 25 à 270. AE ⓓ MC VISA JCB
Repas *Lunch 1100 bc* – carte 900 à 1550 – ☕ 500 – **110 ch** 3590/3990 – ½ P 3245.

La Petite Marmite, chaussée de Dinant 683, ✆ (0 81) 46 09 06, *Fax (0 81) 46 02 06*, ← Meuse (Maas), ⚓ – P. AE ⓓ MC VISA
fermé 2 sem. après Pâques, 3 sem. en oct. et dim. soirs et lundis non fériés – **Repas** *Lunch 1000* – 1300/1600.

à Wierde *par ③ : 9 km* C *Namur – ✉ 5100 Wierde :*

Le Petit Marais avec ch, r. Lambaitienne 7, ✆ (0 81) 40 25 65, *Fax (0 81) 40 20 72*, ←, , « Environnement champêtre », – TV ☎ P. MC VISA
Repas *(fermé mardi et merc.) Lunch 850* – 1590/1990 bc – ☕ 375 – **4 ch** 2950 – ½ P 2700/4175.

NANINNE *5100 Namur* C *Namur 104 986 h.* 213 O 20, 214 O 20 et 909 H 4.

Fédération provinciale de tourisme, Parc industriel, r. Pieds d'Alouette 18 (0 81) 40 80 10, Fax (0 81) 40 80 20.

Bruxelles 70 – Namur 13 – Marche-en-Famenne 38.

XX **Clos St-Lambert,** r. Haie Lorrain 2, (0 81) 40 06 30, *Fax (0 81) 40 14 61,* Avec grillades – P. AE VISA
fermé 1re quinz. fév., 2e quinz. août, mardi et merc. – **Repas** Lunch 1200 bc – 995/1575.

NASSOGNE *6950 Luxembourg belge* 214 R 22 *et* 909 J 5 – *4 726 h.*

Bruxelles 121 – Bouillon 56 – Dinant 45 – Liège 71 – Namur 62.

Beau Séjour, r. Masbourg 30, (0 84) 21 06 96, *Fax (0 84) 21 40 62,* – P – 25. AE VISA. rest
fermé du 5 au 13 avril, du 21 au 30 juin, du 11 au 29 sept. et merc. et jeudi midi hors saison – **Repas** Lunch 780 – carte env. 1300 – **25 ch** 2400/2700 – ½ P 2300.

XXX **La Gourmandine** (Guindet) avec ch, r. Masbourg 2, (0 84) 21 09 28, *Fax (0 84) 21 09 23,* – P. AE VISA
fermé 28 mars-10 avril, du 5 au 18 sept. et lundis soirs et mardis non fériés sauf en juil.-août – **Repas** *(fermé après 20 h 30)* Lunch 1250 – 2300, carte env. 2100 – **6 ch** 2500/3400 – ½ P 3400
Spéc. Carpaccio de langoustines. Pigeonneau rôti au miel et épices. Gibier en saison.

NAZARETH *9810 Oost-Vlaanderen* 213 G 17 *et* 909 D 3 – *10 744 h.*

Bruxelles 65 – Kortrijk 34 – Gent 20 – Oudenaarde 16.

Nazareth, Autostrade E 17, (0 9) 385 60 83, *Fax (0 9) 385 70 43,* – P – 25 à 250. AE VISA
Repas (Ouvert jusqu'à minuit) carte 850 à 1250 – 250 – **80 ch** 2300 – ½ P 2000/2650.

NEDERZWALM *9636 Oost-Vlaanderen* C *Zwalm 7 662 h.* 213 H 17 *et* 909 E 3.

Bruxelles 51 – Gent 23 – Oudenaarde 9.

XX **'t Kapelleke,** Neerstraat 39, (0 55) 49 85 29, *Fax (0 55) 49 66 97,* « Terrasse » – P. AE VISA
fermé dern. sem. juil.-prem. sem. août, dim. soir, lundi et jeudi soir – **Repas** Lunch 1200 bc – 2400 bc.

NEERHAREN *Limburg* 213 T 17 *et* 909 K 3 – *voir à Lanaken.*

NEERIJSE *3040 Vlaams-Brabant* C *Huldenberg 8 935 h.* 213 M 18 *et* 909 G 3.

Bruxelles 29 – Charleroi 58 – Leuven 10 – Namur 56.

Kasteel van Neerijse, Lindenhoflaan 1, (0 16) 47 28 50, *Fax (0 16) 47 23 80,* « Parc », – P – 25 à 90. AE VISA.
Repas *(fermé du 16 au 30 juil., sam. midi et dim. soir)* 1490 bc/2250 bc – **27 ch** 3950/4400 – ½ P 3690.

NEEROETEREN *Limburg* 213 T 16 *et* 909 K 2 – *voir à Maaseik.*

NEERPELT *3910 Limburg* 213 R 15 *et* 909 J 2 – *15 222 h.*

Bruxelles 108 – Antwerpen 86 – Hasselt 40 – Eindhoven 24.

X **Au Bain Marie,** Heerstraat 34, (0 11) 66 31 17, *Fax (0 11) 80 25 61* – . AE VISA.
fermé du 6 au 10 mars, du 10 au 21 avril, 30 oct.-3 nov, mardi midi en juil.-août, mardi soir et merc. – **Repas** 1950 bc.

X **'t Oud Klooster,** Kloosterstraat 23, (0 11) 66 59 97, *Fax (0 11) 66 59 97* – VISA.
fermé merc. et sam. midi – **Repas** carte 1100 à 1450.

NEUFCHÂTEAU *6840 Luxembourg belge* 214 R 23 *et* 909 J 6 – *6 183 h.*

Bruxelles 153 – Bouillon 41 – Arlon 36 – Dinant 71.

La Potinière, r. Bataille 5, (0 61) 27 70 71, *Fax (0 61) 27 70 71,* « Jardin », – . AE VISA.
Repas (dîner pour résidents seult) – 250 – **6 ch** 1700/2200 – ½ P 2600/3100.

à Grandvoir *Nord-Ouest : 7 km* C *Neufchâteau – ✉ 6840 Grandvoir :*

Cap au Vert, ✆ (0 61) 27 97 67, *Fax (0 61) 27 97 57*, ←, « Vallon boisé ave étang », – 🅿 – 25. AE VISA. rest
fermé du 4 au 21 sept. et du 3 au 20 janv. – **Repas** ***Les Claytones du Cap*** *(fermé dim soirs et lundis non fériés hors saison)* Lunch 1350 – carte env. 1600 – **12 ch** 3200/410 – ½ P 3500/3650.

NEUVILLE *Namur* 214 M 21 *et* 909 G 5 – *voir à Philippeville.*

NEUVILLE-EN-CONDROZ *Liège* 213 R 19, 214 R 19 - ㉔ S *et* 909 J 4 - ⑰ S – *voir à Liège environs.*

NIEUWERKERKEN *Limburg* 213 Q 17 *et* 909 I 3 – *voir à Sint-Truiden.*

NIEUWPOORT *8620 West-Vlaanderen* C *Nieuwpoort 10 232 h.* 213 B 16 *et* 909 B 2 – *Statio balnéaire.*

Musée : *K.R. Berquin★ dans la Halle (Stadshalle).*

Stadhuis, Marktplein 7 ✆ (0 58) 22 44 44, Fax (0 58) 22 44 45.

Bruxelles 131 – Brugge 44 – Oostende 19 – Veurne 13 – Dunkerque 31.

Martinique, Brugse Steenweg 7 (à l'écluse), ✆ (0 58) 24 04 08, *Fax (0 58) 24 04 07*, – 🅿. VISA.
carnaval-mi-nov. et week-end – **Repas** (dîner seult) 950/1700 – **5 ch** *(fermé vacances Noë* 2200/2850 – ½ P 2000/2200.

De Vierboete, Halve Maanstraat 2a (Nord-Est : 2 km au port de plaisance), ✆ (0 58 23 34 33, *Fax (0 58) 23 34 33*, ←, – 🅿 – 25 à 80. AE VISA.
fermé sem. carnaval et merc. sauf vacances scolaires – **Repas** 975/1475.

't Vlaemsch Galjoen 1er étage, Watersportlaan 11 (Nord-Est : 1 km ✆ (0 58) 23 54 95, *Fax (0 58) 23 99 73*, ← port de plaisance, – AE VISA
fermé 15 janv.-15 fév. – **Repas** (d'oct. à Pâques déjeuner seult sauf week-end) Lunch 50 – 600/1250.

Café de Paris, Kaai 16, ✆ (0 58) 24 04 80, *Fax (0 58) 24 03 90*, Taverne-rest ave produits de la mer, ouvert jusqu'à 23 h – AE VISA
fermé du 19 au 29 juin, 20 nov.-14 déc., lundi sauf vacances scolaires et mardi – **Repa** carte 1200 à 2200.

à Nieuwpoort-Bad : *(Nieuport-les-Bains) N : 1 km* C *Nieuwpoort – ✉ 8620 Nieuwpoort :*

Cosmopolite (avec annexe, 20 ch), Albert I-laan 141, ✆ (0 58) 23 33 66, *Fax (0 58 23 81 35* – , rest, 🅿 – 25 à 150. AE VISA
Repas Lunch 525 – 995/1495 – **58 ch** 1500/3500 – ½ P 1800/2250.

Duindomein, Albert I-laan 101, ✆ (0 58) 23 31 54, *Fax (0 58) 24 27 55*, – , rest, 🅿 – 25 à 150. AE VISA
mai-sept., vacances scolaires et week-end – **Repas** (Grillades) 595/995 – **38 c** 1500/3600 – ½ P 1900/2400.

Gérard, Albert I-laan 253, ✆ (0 58) 23 90 33, *Fax (0 58) 23 07 17* – . AE VISA JCB
fermé du 10 au 31 janv. et mardi et merc. sauf vacances scolaires – **Repas** Lunch 980 1600/2100.

Au Bon Coin, Albert I-laan 94, ✆ (0 58) 23 33 10, *Fax (0 58) 23 11 07* – 🅿. AE VISA
fermé juin, merc. et jeudi – **Repas** 1300/2600.

De Tuin, Zeedijk 6, ✆ (0 58) 23 91 00, *Fax (0 58) 23 95 26*, , Taverne-rest – VIS
fermé 12 nov.-10 déc. et merc. – **Repas** Lunch 395 – carte env. 1000.

NIJVEL *Brabant Wallon – voir Nivelles.*

NIL-ST-VINCENT-ST-MARTIN *1457 Brabant Wallon* C *Walhain 5 318 h.* 213 N 19, 214 N 1 *et* 909 H 4.

Bruxelles 39 – Namur 30.

Le Provençal, rte de Namur 11 (sur N 4), ✆ (0 10) 65 51 84 – 🅿. AE VISA
fermé 26 août-12 sept., 26 janv.-10 fév., dim. soir et lundi – **Repas** 1000/1500.

NINOVE *9400 Oost-Vlaanderen* 213 J 17 *et* 909 F 3 – *34 391 h.*

Voir *Boiseries★ dans l'église abbatiale.*

Geraardsbergsestraat 80, (0 54) 33 78 57, Fax (0 54) 31 92 77.

Bruxelles 24 – Aalst 15 – Gent 46 – Mons 47 – Tournai 58.

De Croone, Geraardsbergsestraat 49, (0 54) 33 30 03, *Fax (0 54) 32 55 88*, – 25 à 200. AE VISA.
Repas *(fermé mi-juil.-mi-août, lundi et sam. midi)* Lunch 350 – 1095 – **19 ch** 2400/3000 – ½ P 1930/2595.

De Swaene, Burchtstraat 27, (0 54) 32 33 51, *Fax (0 54) 32 79 48*, « Terrasse ombragée, pièce d'eau et jardin » – AE VISA JCB
fermé du 6 au 20 mars, du 9 au 17 avril, du 16 au 31 juil., 31 oct.-7 nov., début janv., dim. sauf le 1er du mois et lundi – **Repas** Lunch 1750 bc – 1750/2400.

Hof ter Eycken (Vanheule), Aalstersesteenweg 298 (Nord-Est : 2 km par N 405), (0 54) 33 70 81, *Fax (0 54) 32 81 74*, « Ancien haras, cadre champêtre » – AE VISA.
fermé 1 sem. carnaval, 2 dern. sem. juil.-prem. sem. août, mardi soir, merc. et sam. midi – **Repas** Lunch 1300 – 1895/2350 bc, carte 2000 à 2500
Spéc. Huîtres chaudes aux épinards, caviar et beurre au Champagne (oct.-avril). Salade gourmande de homard, foie de canard, haricots verts et jus de truffes. Gibier en saison.

De Hommel, Kerkplein 2, (0 54) 33 31 97, *Fax (0 54) 32 06 41*, – VISA
fermé 1 sem. carnaval, 2 sem. en sept., lundi soir, mardi et sam. midi – **Repas** Lunch 1500 bc – 1700.

NISMES *5670 Namur* C *Viroinval 5 650 h.* 214 M 22 *et* 909 G 5.

Bruxelles 113 – Charleroi 51 – Couvin 6 – Dinant 42 – Charleville-Mézières 50.

Le Melrose , r. Albert Grégoire 33, (0 60) 31 23 39, *Fax (0 60) 31 10 13*, – 40. AE VISA
fermé sem. carnaval – **Repas** *(fermé dim. soir, lundi et après 20 h 30)* 850/980 – **8 ch** 1550/1900 – ½ P 1820/2120.

NIVELLES (NIJVEL) *1400 Brabant Wallon* 213 L 19, 214 L 19 *et* 909 G 4 – *23 569 h.*

Voir *Collégiale Ste-Gertrude★★.*

Env. *Plan incliné de Ronquières★ O : 9 km.*

18 *(2 parcours) Chemin de Baudemont 23 (0 67) 89 42 66, Fax (0 67) 21 95 17* – 18 *au Nord-Est : 10 km à Vieux-Genappe, Bruyère d'Hulencourt 15 (0 67) 79 40 40, Fax (0 67) 79 40 48.*

Waux-Hall, pl. Albert Ier (0 67) 21 54 13.

Bruxelles 34 – Charleroi 28 – Mons 35.

Nivelles-Sud, chaussée de Mons 22 (E 19 - A 7, sortie ⑲), (0 67) 21 87 21, *Fax (0 67) 22 10 88*, – 25 à 450. AE VISA
Repas (Ouvert jusqu'à 23 h) 750/995 – 300 – **114 ch** 2430/2460, 1 suite – ½ P 2030/3230.

Ferme de Grambais , chaussée de Braine-le-Comte 102 (Ouest : 3 km sur N 533), (0 67) 22 01 18, *Fax (0 67) 84 13 07*, – 25 à 80. AE VISA
fermé du 2 au 15 janv. – **Repas** *(fermé dim. soir de nov. à mars et lundi)* (Taverne-rest) 900 – **10 ch** 1750/2000.

Le Champenois, r. Brasseurs 14, (0 67) 21 35 00, *Fax (0 67) 21 35 00* – VISA
fermé 15 août-1er sept., merc., sam. midi et dim. soir – **Repas** Lunch 650 – 1100.

à Petit-Rœulx-lez-Nivelles *Sud : 7 km* C *Seneffe 10 478 h.* – *7181 Petit-Rœulx-lez-Nivelles :*

Aub. St. Martin, r. Grinfaux 44, (0 67) 87 73 80, *Fax (0 67) 87 73 80*, – AE VISA
fermé mi-juil.-mi-août, mardi soir, merc. et dim. soir – **Repas** Lunch 995 – 1500/2500 bc.

NIVEZÉ *Liège* 214 U 20 – *voir à Spa.*

NOIREFONTAINE *6831 Luxembourg belge* [C] *Bouillon 5 469 h.* **214** P 24 *et* **909** I 6.
Env. *à l'Ouest : 7 km, Belvédère de Botassart* ≤★★.
Bruxelles 154 – Bouillon 8 – Arlon 67 – Dinant 59.

Aub. du Moulin Hideux ⛰, rte de Dohan 1 (Sud-Est : 2,5 km par N 865), ✆ (0 61) 46 70 15, *Fax (0 61) 46 72 81*, ≤, 🍽, « Ancien moulin réaménagé dans un environnement boisé, terrasse », 🏊, 🌳, 🎾 – 📺 ☎ 🅿. AE ⓓ ⓜⓒ VISA. ✈ rest
15 mars-nov. – **Repas** *(fermé merc. soir et jeudi midi de mars à juil. et merc. midi)* Lunch 2200 – 2900, carte 2300 à 2800 – **11 ch** ☕ 6500/7500, 2 suites – ½ P 5000/6000
Spéc. Nage de langoustines au gingembre confit et citron vert. Gibier en saison. Tian d'agneau, coulis d'olivettes à l'origan.

NOSSEGEM *Brabant* **213** M 17 - ⑤② N *et* **909** G 3 - ②② N – *voir à Bruxelles, environs.*

NOVILLE-SUR-MEHAIGNE *Namur* **213** O 19 *et* **214** O 19 – *voir à Éghezée.*

OCQUIER *4560 Liège* [C] *Clavier 3 976 h.* **213** R 20, **214** R 20 *et* **909** J 4.
Bruxelles 107 – Dinant 40 – Liège 41 – Marche-en-Famenne 21.

Le Castel du Val d'Or avec ch, Grand'Rue 62, ✆ (0 86) 34 41 03, *Fax (0 86) 34 49 56*, 🍽, 🌳, 🚲 – 📺 ☎ 🅿 – 🏛 25 à 200. AE ⓓ ⓜⓒ VISA. ✈ ch
fermé prem. sem. juil. et 2 sem. en janv. – **Repas** *(fermé mardi)* Lunch 795 – 1630/2950 – **15 ch** ☕ 1950/3800 – ½ P 1750/3600.

OEDELEM *West-Vlaanderen* **213** F 15 *et* **909** D 2 – *voir à Beernem.*

OHAIN *1380 Brabant Wallon* [C] *Lasne 13 583 h.* **213** L 18, **214** L 18 *et* **909** G 3.
⛳18 *(2 parcours)* ⛳9 *Vieux Chemin de Wavre 50* ✆ *(0 2) 633 18 50, Fax (0 2) 633 28 66.*
Bruxelles 23 – Charleroi 39 – Nivelles 17.

L'Aub. d'Ohain, chaussée de Louvain 709 (Nord : 2 km sur N 253), ✆ (0 2) 653 64 97, *Fax (0 2) 653 12 02*, 🍽, « Terrasse » – ▤ 🅿. AE ⓓ ⓜⓒ VISA
fermé 16 juil.-1er août, 3 prem. sem. janv., dim. et lundi – **Repas** Lunch 980 – 1500/2100

Le Dernier Tri, r. Try Bara 33, ✆ (0 2) 633 34 20, *Fax (0 2) 633 57 41*, 🍽 – AE ⓓ ⓜⓒ VISA
fermé du 1er au 15 fév., du 1er au 15 sept., dim. soir et lundi – **Repas** Lunch 395 – 1100

Aub. de la Roseraie, rte de la Marache 4, ✆ (0 2) 633 13 74, *Fax (0 2) 633 54 67*, 🍽, « Fermette avec terrasse » – 🅿. AE ⓓ ⓜⓒ VISA
fermé du 15 au 31 août, Noël-Nouvel An et merc. – **Repas** Lunch 395 – 750/1850.

OIGNIES-EN-THIÉRACHE *5670 Namur* [C] *Viroinval 5 650 h.* **214** M 22 *et* **909** G 5.
Bruxelles 120 – Chimay 30 – Dinant 42 – Namur 81 – Charleville-Mézières 40.

Au Sanglier des Ardennes (Buchet) avec ch, r. J.-B. Périquet 4, ✆ (0 60) 39 90 89, *Fax (0 60) 39 02 83* – ▤ rest, 🅿. ⓜⓒ VISA. ✈
fermé fév.-10 mars, du 1er au 12 sept., lundi et mardi – **Repas** 1600 bc/2500, carte 1700 à 2450 – ☕ 400 – **7 ch** 2000/2500
Spéc. Marbré de bœuf au foie gras et aux truffes. Gibier en saison. Tartelette chaude au chocolat, glace à la vanille.

OISQUERCQ *Brabant Wallon* **213** K 18 *et* **214** K 18 – *voir à Tubize.*

OLEN *2250 Antwerpen* **213** O 16 *et* **909** H 2 – *10 758 h.*
⛳9 *à l'Ouest : 1,5 km à Noorderwijk, Witbos* ✆ *(0 75) 46 29 45, Fax (0 3) 231 72 31.*
Bruxelles 67 – Antwerpen 33 – Hasselt 46 – Turnhout 27.

Doffenhof, Geelseweg 28a (Nord-Est : 5 km sur N 13), ✆ (0 14) 22 35 28, *Fax (0 14) 23 29 12*, 🍽, « Ancienne maison à colombages reconstituée avec terrasse » – 🅿. AE ⓜⓒ VISA. ✈
fermé 3 sem. vacances bâtiment, 23 déc.-6 janv., mardi et merc. – **Repas** Lunch 1300 – carte env. 2300.

OLSENE *9870 Oost-Vlaanderen* [C] *Zulte 14 295 h.* **213** F 17 *et* **909** D 3.
Bruxelles 73 – Kortrijk 18 – Gent 28.

Eikenhof, Kasteelstraat 20, ✆ (0 9) 388 95 46, *Fax (0 9) 388 40 33*, 🍽 – 🅿. AE ⓓ ⓜⓒ VISA
fermé dern. sem. janv.-prem. sem. fév., mardi soir et merc. – **Repas** Lunch 900 – carte 1550 à 2250.

O.L.V. LOMBEEK *Vlaams-Brabant C Roosdaal 10 435 h.* 213 J 18 *et* 909 F 3 – ✉ *1760 Roosdaal.*
Bruxelles 23 – Halle 16 – Ninove 8.

De Kroon, Koning Albertstraat 191, ☎ (0 54) 33 23 81, *Fax (0 54) 32 62 19,* « Relais du 18e s., rustique » – P. AE MC VISA.
fermé 3 dern. sem. juil.-prem. sem. août, 2 dern. sem. janv., lundi, mardi et sam. midi – **Repas** 1595.

OOSTAKKER *Oost-Vlaanderen* 213 H 16 *et* 909 E 2 – *voir à Gent, périphérie.*

OOSTDUINKERKE *8670 West-Vlaanderen C Koksijde 19 482 h.* 213 B 16 *et* 909 B 2.
Oud-Gemeentehuis, Leopold II-laan ☎ (0 58) 53 21 21, Fax (0 58) 53 21 22.
Bruxelles 133 – Brugge 48 – Oostende 24 – Veurne 8 – Dunkerque 34.

à Oostduinkerke-Bad *Nord : 1 km C Koksijde* – ✉ *8670 Oostduinkerke.*
(Pâques-sept.) Albert I-laan 78a, ☎ (0 58) 51 13 89 :

Britannia Beach M, Zeedijk 435, ☎ (0 58) 51 11 77, *Fax (0 58) 52 15 77,* ≤, – 30. MC VISA. ch
fermé 15 nov.-15 déc. et mardi sauf en juil.-août – **Repas** *(fermé après 20 h 30)* (Taverne-rest) carte 850 à 1550 – **29 ch** 2200/4000 – ½ P 2100/2650.

Artan Beach sans rest, IJslandplein 12 (Zeedijk), ☎ (0 58) 52 11 70, *Fax (0 58) 52 07 83,* ≤, – AE MC VISA
fermé prem. sem. mars et mi-nov.-début déc. – **16 ch** 2730/3900.

Hof ter Duinen, Albert I-laan 141, ☎ (0 58) 51 32 41, *Fax (0 58) 52 04 21,* – P – 25. AE MC VISA. rest
fermé 21 fév.-2 mars, 25 sept.-5 oct. et janv. – **Repas** voir rest ***Eglantier*** ci-après – **21 ch** 3800/4450 – ½ P 1750/2875.

Argos, Rozenlaan 20, ☎ (0 58) 52 11 00, *Fax (0 58) 52 12 00,* – P. AE MC VISA. rest
fermé du 15 au 30 nov. et du 10 au 30 janv. – **Repas *Bécassine*** *(fermé merc., jeudi et après 20 h 30) Lunch 1000* – 1250/1500 – **6 ch** 3200 – ½ P 4000/4600.

Albert I sans rest, Astridplein 11, ☎ (0 58) 52 08 69, *Fax (0 58) 52 09 04* – MC VISA
22 ch 2850/3500.

Westland sans rest, Zeedijk 414, ☎ (0 58) 51 31 97, *Fax (0 58) 51 42 07,* ≤ –
fermé 10 janv.-11 fév. et 15 nov.-12 déc. – 300 – **20 ch** 1500/2300.

Vanneuville, Albert I-laan 109, ☎ (0 58) 51 26 20 – MC VISA. ch
Repas *(fermé vacances Noël, dim. soir, lundi et après 20 h 30) Lunch 875* – 1200/2575 bc – **12 ch** 1850/2600 – ½ P 1750/2000.

Eglantier - H. Hof ter Duinen, Albert I-laan 141, ☎ (0 58) 51 32 41, *Fax (0 58) 52 04 21* – P. AE MC VISA.
fermé 21 fév.-2 mars, 25 sept.-5 oct. et janv. – **Repas** *(fermé mardi soir et merc. hors saison et après 20 h 30)* 950/1800.

OOSTENDE (OSTENDE) *8400 West-Vlaanderen* 213 C 15 *et* 909 B 2 – *67 595 h. – Station balnéaire – Casino Kursaal* CYZ *, Oosthelling ☎ (0 59) 70 51 11, Fax (0 59) 70 85 86.*
par ① : 9 km à De Haan, Koninklijke baan 2 ☎ (0 59) 23 32 83, Fax (0 59) 23 37 49.
Liaison maritime Oostende-Dover : Hover Speed Fast Ferries, Natiënkaai 9, ☎ (0 59) 55 99 55, Fax (0 59) 80 94 17.
Monacoplein 2 ☎ (0 59) 70 11 99, Fax (0 59) 70 34 77. 08705240241
Bruxelles 115 ③ – Brugge 27 ③ – Gent 64 ③ – Dunkerque 55 ⑤ – Lille 81 ④
Plans pages suivantes www.hoverspeed.co.uk

Andromeda, Kursaal Westhelling 5, ☎ (0 59) 80 66 11, *Fax (0 59) 80 66 29,* ≤, – 25 à 80. AE MC VISA JCB. rest CZ t
Repas 1100/1800 – 400 – **90 ch** 3400/7600.

Oostendse Compagnie, Koningstraat 79, ☎ (0 59) 70 48 16, *Fax (0 59) 80 53 16,* ≤, « Villa dominant plage et mer », – P – 25. AE MC VISA JCB A b
fermé 27 fév.-16 mars, 25 sept.-26 oct. et du 11 au 22 janv. – **Repas** voir rest ***Au Vigneron*** ci-après – 450 – **10 ch** 3500/5000, 3 suites.

Thermae Palace, Koningin Astridlaan 7, ☎ (0 59) 80 66 44, *Fax (0 59) 80 52 74,* ≤, – P – 25 à 650. AE MC VISA. rest A
Repas *Lunch 725* – 875/1595 – 400 – **156 ch** 5950/6950 – ½ P 7225/8225.

Tulip Inn Bero sans rest, Hofstraat 1a, (0 59) 70 23 35, *Fax (0 59) 70 25 91*, – 25 à 80. AE VISA CY t
53 ch 3200/4200.

Royal Astor, Hertstraat 15, (0 59) 80 37 73, *Fax (0 59) 80 23 90*, – ch, – 25 à 80. AE VISA. rest CY d
Repas (dîner seult) 850/995 – **95 ch** 3600/5000 – ½ P 2450/3150.

Holiday Inn Garden Court, Leopold II-laan 20, (0 59) 70 76 63, *Fax (0 59) 80 84 06*, – 25. AE VISA JCB. CZ b
Repas (dîner seult) 850 – 495 – **90 ch** 3900/4400.

Acces, Van Iseghemlaan 21, (0 59) 80 40 82, *Fax (0 59) 80 88 39*, – rest, – 60. AE VISA. rest CY a
Repas (résidents seult) – 300 – **63 ch** 2900/3000 – ½ P 2300/2600.

Strand, Visserskaai 1, (0 59) 70 33 83, *Fax (0 59) 80 36 78*, – rest, AE VISA. ch CZ r
fermé 21 juin-1er juil. et 15 nov.-6 déc. – **Repas** *(fermé lundis non fériés sauf en juil.-août)* (Produits de la mer) 875/1500 – **21 ch** 2750/4000 – ½ P 2525/3625.

Burlington, Kapellestraat 90, (0 59) 55 00 30, *Fax (0 59) 70 81 93*, – rest, – 25 à 90. AE VISA. ch CZ c
fermé 27 nov.-7 déc. – **Repas** (Taverne-rest) Lunch 350 – carte 850 à 1300 – **40 ch** 2400/3800 – ½ P 2250/3000.

Glenmore, Hofstraat 25, (0 59) 70 20 22, *Fax (0 59) 70 47 08*, – rest, – 25. AE VISA. rest CY x
fermé 2 janv.-11 fév. – **Repas** (résidents seult) – **40 ch** 2300/3000 – ½ P 1800/2800.

Pacific, Hofstraat 11, (0 59) 70 15 07, *Fax (0 59) 80 35 66*, – rest, AE VISA JCB CY t
Repas (dîner pour résidents seult) – **50 ch** 2400/4200 – ½ P 2000/2800.

OOSTENDE

Acacialaan . . . . A 2
Blauwkasteelstraat . . . . . B 3
Derbylaan . . . . A 5
Fortstraat . . . . B 6
Mariakerkelaan . . . . . AB 8
Paul Michielslaan . . . . . A 9
Nieuwelangestr. . . . . . B 10
Oprit . . . . B 12
Prins Albertlaan . . . . . B 13
Sint-Catharinaplein . . . . . A 15
Slijkensesteenweg . . . . . B 16
Troonstraat . . . . . . A 18
Zandvoorde-schorredijkstr. . . . . B 20
Zandvoordestr. . . . . . A 22

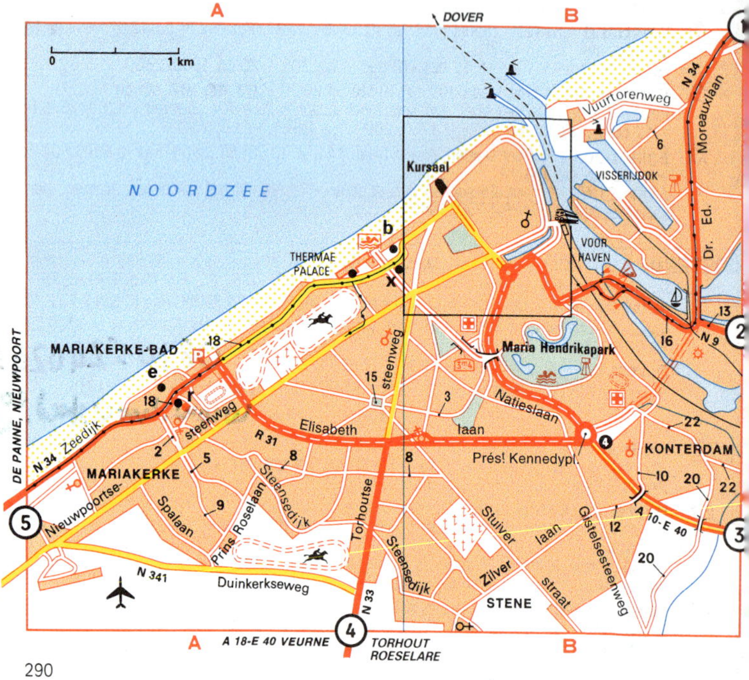

OOSTENDE

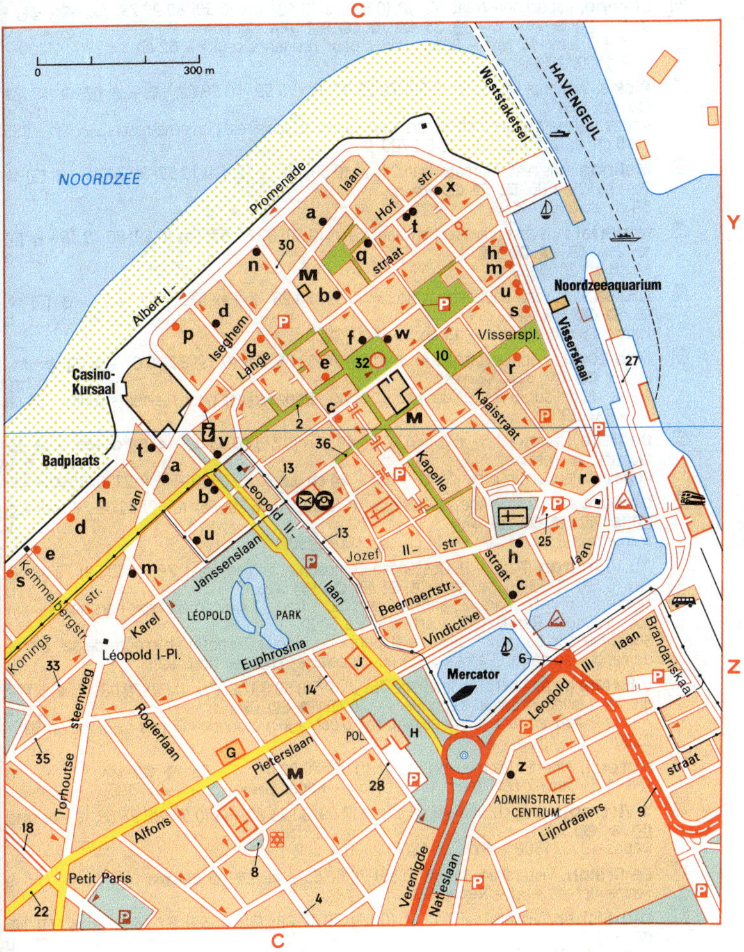

Ambassadeur, Wapenplein 8a, ☎ (0 59) 70 09 41, – TV ☎. AE ① MC VISA JCB — CY f
Repas (Taverne-rest) *Lunch 395* – 895 – **21 ch** 2200/3200.

Prado sans rest, Leopold II-laan 22, ☎ (0 59) 70 53 06, *Fax (0 59) 80 87 35* – TV ☎. AE ① MC VISA. — CZ b
28 ch 2200/3000.

Old Flanders sans rest, Jozef II-straat 49, ☎ (0 59) 80 66 03, *Fax (0 59) 80 16 95* – TV ☎. AE ① MC VISA — CZ h
15 ch 2100/3200.

Royal Astrid, Wellingtonstraat 1, (0 59) 51 51 55, *Fax (0 59) 51 51 56,* – 25 à 60. VISA AB x
Repas (résidents seult) – **99 ch** 2465/2730.

die Prince sans rest, Albert I Promenade 41, (0 59) 70 65 07, *Fax (0 59) 80 78 51,* – 25. AE VISA JCB. CY n
60 ch 1900/3900.

Europe, Kapucijnenstraat 52, (0 59) 70 10 12, *Fax (0 59) 80 99 79,* – 25. AE VISA JCB. rest CY q
fermé 2 janv.-15 fév. – **Repas** (dîner pour résidents seult) – **62 ch** 2200/4200 – ½ P 1600/2600.

Pick's, Wapenplein 13, (0 59) 70 28 97, *Fax (0 59) 50 68 62,* – AE VISA JCB CY w
Repas *(fermé mardi d'oct. à mars sauf vacances scolaires)* (Taverne-rest) *Lunch 450* – 995 – **15 ch** 2150/2750 – ½ P 2700.

Melinda sans rest, Mercatorlaan 21, (0 59) 80 72 72, *Fax (0 59) 80 74 25* – 25 à 80. AE VISA CZ z
38 ch 2900/3350.

Impérial sans rest, Van Iseghemlaan 76, (0 59) 80 67 67, *Fax (0 59) 80 78 38* – AE VISA CZ a
60 ch 2000/3900.

Louisa sans rest, Louisastraat 8b, (0 59) 50 96 77, *Fax (0 59) 51 37 55* – AE VISA. CY b
fermé 15 nov.-15 déc. – **15 ch** 1500/2800.

Lido 2000, L. Spilliaertstraat 1, (0 59) 70 08 06, *Fax (0 59) 80 40 07* – AE VISA JCB. rest CZ m
fermé du 1er au 28 fév. et du 3 au 31 janv. – **Repas** (dîner pour résidents seult) – **65 ch** 1700/2900.

Danielle, IJzerstraat 5, (0 59) 70 63 49, *Fax (0 59) 70 63 49* – 25. VISA. rest CZ u
Repas (déjeuner pour résidents seult) – **24 ch** 2000/2600 – ½ P 2200/2550.

Du Parc sans rest, Marie-Joséplein 3, (0 59) 70 16 80, *Fax (0 59) 80 08 79,* – AE VISA JCB CZ v
fermé du 10 au 31 janv. – **44 ch** 2300/2950.

Au Vigneron (Daue) - H. Oostendse Compagnie, Koningstraat 79, (0 59) 70 48 16, *Fax (0 59) 80 53 16,* – AE VISA JCB A b
fermé 27 fév.-16 mars, 25 sept.-26 oct., du 11 au 22 janv., merc. soir hors saison, dim. soir et lundi – **Repas** 1750, carte 2500 à 3600
Spéc. Filet de bar aux 5 saveurs et purée de fenouil. Turbotin en croûte de sel, crème de fenouil au caviar. Parfait glacé au chocolat et chutney de fraises.

Villa Maritza, Albert I Promenade 76, (0 59) 50 88 08, *Fax (0 59) 70 08 40,* « Villa du 19e s. avec intérieur d'époque » – AE VISA CZ s
fermé 2 sem. en juin, mardi et dim. soir d'oct. à juin et lundi – **Repas** *Lunch 895* – 1995/2500.

Auteuil, Albert I Promenade 54, (0 59) 70 00 41, – AE VISA CY p
fermé 31 janv.-7 fév., merc. soir et jeudi – **Repas** *Lunch 1100* – 1500/1900.

't Vistrapje avec ch, Visserskaai 37, (0 59) 80 23 82, *Fax (0 59) 80 95 68,* – rest, VISA CY m
Repas 1000/1800 – **6 ch** 1800/2800 – ½ P 1700/2400.

Le Grillon, Visserskaai 31, (0 59) 70 60 63 – AE VISA JCB CY s
fermé oct. et jeudi – **Repas** 980.

Old Fisher, Visserskaai 34, (0 59) 50 17 68, *Fax (0 59) 51 13 90* – AE VISA CY u
fermé du 12 au 16 juin, 14 nov.-7 déc., mardi soir sauf en juil.-août et merc. – **Repas** *Lunch 1095* – 850/1695.

Lusitania, Visserskaai 35, (0 59) 70 17 65, *Fax (0 59) 51 55 50,* « Collection de tableaux » – AE VISA CY u
fermé vend. – **Repas** 950/1450.

Petit Nice, Albert I Promenade 62b, (0 59) 80 39 28, *Fax (0 59) 80 96 44,* – AE VISA. CZ h
fermé 15 fév.-3 avril, 20 nov.-15 déc., lundi soir et merc. – **Repas** 790/1250.

David Dewaele, Visserskaai 39, (0 59) 70 42 26, *Fax (0 59) 70 42 26* – AE VISA CY h
fermé du 12 au 20 juin, 8 janv.-1er fév. et lundi sauf en juil.-août – **Repas** 995/1950.

La Crevette, Christinastraat 21, ✆ (0 59) 70 71 83, *Fax (0 50) 70 71 83* – ▤. AE ⓓ ⓜⓒ VISA — CY g
fermé jeudi et vend. midi – **Repas** 890/2100.

Richard, A. Buylstraat 9, ✆ (0 59) 70 32 37, *Fax (0 59) 51 43 34* – ⓓ ⓜⓒ VISA — CY e
fermé 15 juin-1er juil., 15 janv.-1er fév., merc. hors saison et mardi – **Repas** 1250.

Freddy's Must, Albert I Promenade 67f, ✆ (0 59) 70 49 47, – AE ⓓ ⓜⓒ VISA. — CZ d
fermé 1 sem. en fév., 2 sem. en oct., lundi midi et mardi – **Repas** *Lunch 625* – 1325/1695.

De Zeebries, Albert I Promenade 73, ✆ (0 59) 51 15 88, *Fax (0 59) 51 15 88*, ≤, , Taverne-rest, ouvert jusqu'à 23 h – AE ⓓ ⓜⓒ VISA. — CZ e
fermé oct., mardi soir et merc. soir – **Repas** *Lunch 595* – 995/1350.

Groeneveld avec ch, Torhoutsesteenweg 655 (par ④), ✆ (0 59) 80 86 51, *Fax (0 59) 50 02 81*, , – TV ☎ P. ⓜⓒ VISA.
Repas *(fermé dim. soir, lundi soir et mardi soir hors saison, merc. et après 20 h 30) Lunch 490* – carte 950 à 1300 – **7 ch** 1850/2600 – ½ P 2400.

Cardiff avec ch, St-Sebastiaanstraat 4, ✆ (0 59) 70 28 98 – AE ⓓ ⓜⓒ VISA. — CY c
fermé 15 nov.-15 déc. et mardi hors saison – **Repas** *(fermé après 20 h 30)* 630/950 – **14 ch** 1450/2500 – ½ P 2050/3100.

Adelientje, Bonenstraat 9, ✆ (0 59) 70 13 67, *Fax (0 59) 70 54 90*, Produits de la mer – ⓜⓒ VISA — CY r
fermé du 1er au 15 déc. et lundi – **Repas** carte 1350 à 1600.

à Gistel *par ④ : 12 km – 10 799 h. – ✉ 8470 Gistel :*

Ten Putte, Stationsstraat 9, ✆ (0 59) 27 70 44, *Fax (0 59) 27 35 03*, , – TV ☎ P – 25 à 450. AE ⓜⓒ VISA
fermé du 5 au 12 juin, du 25 au 31 août et dim. soir – **Repas** *(fermé après 20 h) Lunch 650* – carte 1150 à 1650 – **10 ch** 2000/3000 – ½ P 2500.

à Mariakerke Ⓒ *Oostende – ✉ 8400 Oostende :*

Royal Albert, Zeedijk 167, ✆ (0 59) 70 42 36, *Fax (0 59) 80 61 09*, ≤, – ▤ rest, TV ☎ – 25. AE ⓓ ⓜⓒ VISA JCB. rest — A e
8 avril-5 nov. – **Repas** *(fermé après 20 h)* – **22 ch.**

Glenn, Aartshertogstraat 78, ✆ (0 59) 70 26 72, *Fax (0 59) 70 50 26*, , « Patio fleuri », – TV ☎. AE ⓓ ⓜⓒ VISA JCB — A r
fermé 19 sept.-13 oct. – **Repas** *(fermé après 20 h 30) Lunch 1200* – 950/1200 – **23 ch** 1750/2500 – ½ P 2200/3000.

Au Grenache, Aartshertogstraat 80, ✆ (0 59) 70 76 85 – AE ⓓ ⓜⓒ VISA — A r
fermé prem. sem. nov. et mardi – **Repas** 2000/2950.

OOSTERZELE *9860 Oost-Vlaanderen* 213 *H 17 et* 909 *E 3 – 13 148 h.*

Bruxelles 57 – Aalst 28 – Gent 20.

De Bareel, Geraardsbergsesteenweg 54, ✆ (0 9) 362 82 28, – P. ⓜⓒ VISA.
fermé 2 dern. sem. août-prem. sem. sept., mardi soir, merc. et dim. soir – **Repas** *Lunch 990* – 1400/1600.

OOSTKERKE *West-Vlaanderen* 213 *E 15 et* 909 *C 2 – voir à Damme.*

OOSTMALLE *2390 Antwerpen* Ⓒ *Malle 13 737 h.* 213 *N 15 et* 909 *H 2.*

Bruxelles 65 – Antwerpen 27 – Turnhout 15.

De Eiken (Smets), Lierselei 173 (Sud : 2 km sur N 14), ✆ (0 3) 311 52 22, *Fax (0 3) 311 69 45*, ≤, , « Pièce d'eau, environnement boisé » – P. AE ⓓ ⓜⓒ VISA JCB.
fermé 2 sem. carnaval, 2e quinz. juil.-prem. sem. août, sam. midi, dim. et lundi – **Repas** *Lunch 1300* – 2200, carte 2300 à 2950
Spéc. Foie gras d'oie à notre façon. Pigeonneau et mosaïque jardinière. Paume de ris de veau à la mie de pain aux champignons.

OOSTROZEBEKE *8780 West-Vlaanderen* 213 *F 17 et* 909 *D 3 – 7 232 h.*

Bruxelles 85 – Kortrijk 15 – Brugge 41 – Gent 41.

Swaenenburg avec ch, Ingelmunstersteenweg 173, ✆ (0 56) 66 33 44, *Fax (0 56) 66 33 55*, , – TV ☎ P. AE ⓜⓒ VISA
fermé du 6 au 10 mars, mi-juil.-prem. sem. août, merc. et dim. soir – **Repas** 1550 bc/2450 bc – **6 ch** 2200/3200 – ½ P 2900/3700.

OPGLABBEEK *3660 Limburg* 213 S 16 *et* 909 J 2 – *8 957 h.*

Bruxelles 94 – Maastricht 36 – Antwerpen 79 – Hasselt 25 – Eindhoven 53.

Slagmolen (Meewis), Molenweg 177, ✆ (0 89) 85 48 88, *Fax (0 89) 81 27 82*, ☂, « Ancien moulin à eau dans un cadre champêtre » – P. MC VISA
fermé du 6 au 17 mars, du 14 au 31 août, mardi, merc. et sam. midi – **Repas** Lunch 1400 – carte 2550 à 2950
Spéc. Salade de homard aux pommes. Turbot au witlof, sauce dijonnaise. Râble de lièvre Arlequin.

OPHAIN-BOIS-SEIGNEUR-ISAAC *Brabant Wallon* 213 L 19 *et* 909 G 3 – *voir à Braine-l'Alleud.*

OPOETEREN *Limburg* 213 S 16 *et* 909 J 2 – *voir à Maaseik.*

ORROIR *7750 Hainaut* C *Mont-de-l'Enclus 3 123 h.* 213 F 18 *et* 909 D 3.

Bruxelles 73 – Kortrijk 22 – Gent 48 – Valenciennes 45.

Le Bouquet, Enclus du Haut 5 (au Mont-de-l'Enclus), ✆ (0 69) 45 45 86, *Fax (0 69) 45 41 58*, ☂, Ouvert jusqu'à 23 h – ▤ P. AE ① MC VISA
fermé mardi – **Repas** 1300/1700.

ORVAL (Abbaye d') ★★ *Luxembourg belge* 214 R 25 *et* 909 J 7 *G. Belgique-Luxembourg.*

Gerenommeerde keukens

Fijnproevers :
voor u hebben wij bepaalde hotels en restaurants aangeduid met ✿✿✿, ✿✿, ✿ of Repas.

OTTIGNIES *1340 Brabant Wallon* C *Ottignies-Louvain-la-Neuve 26 202 h.* 213 M 18, 214 M 18 *et* 909 G 3.

Env. *à l'Est : 8 km à Louvain-la-Neuve★, dans le musée : legs Charles Delsemme★.*

18 *à l'Est : 8 km à Louvain-la-Neuve, r. A. Hardy 68 ✆ (0 10) 45 05 15, Fax (0 10) 45 44 17.*

Bruxelles 31 – Namur 39 – Charleroi 36.

Château Balzat (annexe 8 studios), av. des Villas 14, ✆ (0 10) 41 10 08, *Fax (0 10) 41 98 15*, ≤, « Villa début 20e s. avec parc », , , – TV ☎ P – 25. AE ① MC VISA
Repas (dîner pour résidents seult) – **8 ch** 3500/5500, 1 suite – ½ P 3200/3700.

Le Chavignol, r. Invasion 99, ✆ (0 10) 45 10 40, *Fax (0 10) 45 54 19*, ☂ – AE MC VISA
fermé fin juil.-mi-août, mardi, merc. et dim. soir – **Repas** Lunch 450 – carte 1200 à 1550.

à Céroux-Mousty *Sud-Ouest : 3 km* C *Ottignies-Louvain-la-Neuve* – ✉ *1341 Céroux-Mousty :*

L'Aub. de Morimont, r. Bois des Rêves 63 (2 km par Mousty-Gare), ✆ (0 10) 45 26 82, ☂ – P. AE ① MC VISA
fermé août et dim. soirs et lundis non fériés – **Repas** Lunch 950 – 1500/2100.

à Louvain-la-Neuve *Est : 8 km* C *Ottignies-Louvain-la-Neuve* – ✉ *1348 Louvain-la-Neuve :*

Il Doge, Agora 22, ✆ (0 10) 45 30 63, *Fax (0 10) 45 30 86*, Avec cuisine italienne, ouvert jusqu'à minuit – AE ① MC VISA
Repas carte env. 1000.

OUDENAARDE (AUDENARDE) *9700 Oost-Vlaanderen* 213 G 17 *et* 909 D 3 – *27 452 h.*

Voir *Hôtel de Ville★★★ (Stadhuis) Z – Église N.-D. de Pamele★ (O.L. Vrouwekerk van Pamele) Z.*

18 9 *par ④ : 5 km à Wortegem-Petegem, Kortrijkstraat 52 ✆ (0 55) 31 41 61, Fax (0 55) 31 98 49.*

Stadhuis, Markt ✆ (0 55) 31 72 51, Fax (0 55) 30 92 48.

Bruxelles 61 ② – Kortrijk 28 ④ – Gent 27 ⑥ – Valenciennes 61 ③

Plan page ci-contre

de Rantere (et annexe - 9 ch M), Jan Zonder Vreeslaan 8, ✆ (0 55) 31 89 88, *Fax (0 55) 33 01 11*, ☂, – TV ☎ – 25 à 40. AE ① MC VISA Z e
Repas *(fermé 15 juil.-6 août et dim.)* Lunch 1000 – 1200/2200 – **27 ch** 3000/4200.

de Zalm, Hoogstraat 4, ✆ (0 55) 31 13 14, *Fax (0 55) 31 84 40,* – 25 à 150. AE VISA. Z a
fermé du 7 au 31 juil. et du 22 au 31 janv. – **Repas** *(fermé dim. soir et lundi)* Lunch 450 – carte env. 1200 – **7 ch** 2800/3500 – ½ P 2350/3400.

Da Vinci sans rest, Gentstraat 58 (par ⑥), ✆ (0 55) 31 13 05, *Fax (0 55) 31 15 03,* – AE VISA.
5 ch 2700/3500, 1 suite.

Wijnendael sans rest, Berchemweg 13 (par ②, sur N 8), ✆ (0 55) 30 49 90, *Fax (0 55) 31 84 95* – AE VISA
8 ch 2400/3200.

Host. La Pomme d'Or avec ch, Markt 62, ✆ (0 55) 31 19 00, *Fax (0 55) 30 08 44,* « Ancien relais postal du 15e s. », – 25 à 60. AE VISA Z z
Repas *(fermé août, 23 déc.-1er janv., dim. soir et lundi)* Lunch 950 – 1485 – **8 ch** *(fermé 23 déc.-1er janv.)* 2900/3900.

à Eine *par ⑥ : 5 km* Ⓒ *Oudenaarde* – ✉ *9700 Eine :*

't Craeneveldt, Serpentstraat 61a, ✆ (0 55) 31 72 91, *Fax (0 55) 33 01 82,* « Ancienne fermette » – AE VISA
fermé 3 prem. sem. juil., prem. sem. janv., merc., sam. midi et dim. soir – **Repas** Lunch 1350 bc – 1080/1990.

à Mater *par ② : 4 km sur N 8, puis à gauche* Ⓒ *Oudenaarde* – ✉ *9700 Mater :*

Zwadderkotmolen, Zwadderkotstraat 2, ✆ (0 55) 49 84 95, *Fax (0 55) 49 84 95,* « Ancien moulin à eau, rustique » – AE
fermé du 4 au 20 sept., du 4 au 27 janv., mardi et merc. – **Repas** 1250/1950.

OUDENAARDE

Aalststraat	Z	
Achterburg	Z	2
Achter de Wacht	Y	3
Baarstraat	Z	
Bekstraat	Y	
Bergstraat	Z	
Berestraat	Y	4
Bourgondiëstraat	Z	7
Broodstraat	Z	9
Burg	Z	10
Burgschelde	Z	14
Dijkstraat	Y	
Doornikstraat	Z	
Fortstraat	Y	
Gevaertsdreef	Y	
Grote Markt	Z	
Hoogstraat	YZ	17
Jezuïetenplein	Z	18
Kasteelstraat	Z	21
Kattestraat	Y	
Krekelput	Z	23
Louise-Mariekaai	Z	26
Margaretha van Parmastr.	Z	32
Marlboroughlaan	YZ	
Matthijs Casteleinstr.	Z	
Minderbroedersstr.	Z	33
Nederstraat	YZ	35
Parkstraat	Y	
Prins Leopoldstraat	Y	
Remparden	Z	
Stationsstraat	Y	
Tacambaroplein	Y	38
Tussenbruggen	Z	40
Tussenmuren	Z	
Voorburg	Z	42
Wijngaardstraat	Y	46
Woeker	Y	

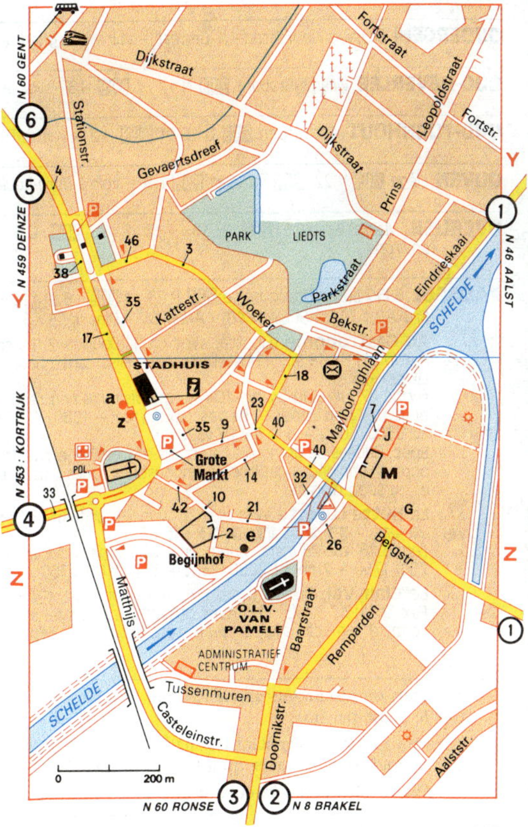

à Mullem *par ⑥ : 7,5 km sur N 60 © Oudenaarde – ✉ 9700 Mullem :*

XX **Moriaanshoofd** avec ch, Moriaanshoofd 27, ☎ (0 9) 384 37 87, *Fax (0 9) 384 67 25*, – TV P. AE MC VISA.
Repas *Lunch 1200 bc* – carte 1400 à 2050 – **12 ch** ☐ 1400/2300 – ½ P 1575/1775.

OUDENBURG *8460 West-Vlaanderen* 213 D 15 *et* 909 C 2 *– 8 710 h.*
Bruxelles 109 – Brugge 19 – Oostende 8.

Abdijhoeve, Marktstraat 1, ☎ (0 59) 26 51 67, *Fax (0 59) 26 53 10*, – TV ☎ P. – 25 à 250. AE MC VISA
Repas *(fermé dim. soir et lundi)* (Taverne-rest) 1150/2250 – **24 ch** ☐ 2900/4200 – ½ P 2600/2800.

à Roksem *Sud-Est : 4 km © Oudenburg – ✉ 8460 Roksem :*

De Stokerij M, Hoge dijken 2, ☎ (0 59) 26 83 80, *Fax (0 59) 26 89 35*, – TV ☎ P. AE MC VISA JCB
fermé du 14 au 30 nov. – **Repas** voir rest ***Jan Breydel*** ci-après – **9 ch** ☐ 2300/3600 – ½ P 2250/2750.

XX **Ten Daele,** Brugsesteenweg 65, ☎ (0 59) 26 80 35, « Cadre champêtre » – P. MC VISA
fermé 19 juin-6 juil., mardi soir, merc., dim. soir et après 20 h 30 – **Repas** *Lunch 1000* – carte env. 2200.

X **Jan Breydel** - H. De Stokerij, Brugsesteenweg 108, ☎ (0 59) 26 82 97, *Fax (0 59) 26 89 35*, Produits de la mer – P. AE MC VISA JCB
fermé du 14 au 30 nov. et mardi – **Repas** *Lunch 1200* – carte 1400 à 1750.

OUDERGEM *Brussels Hoofdstedelijk Gewest – voir Auderghem à Bruxelles.*

OUD-HEVERLEE *Vlaams-Brabant* 213 N 17 *et* 909 H 3 *– voir à Leuven.*

OUD-TURNHOUT *Antwerpen* 213 O 15 *et* 909 H 2 *– voir à Turnhout.*

OUREN *Liège* 213 V 22, 214 V 22 *et* 909 L 5 *– voir à Burg-Reuland.*

OVERIJSE *Vlaams-Brabant* 213 M 18 - ㊷ S *et* 909 G 3 - ㉒ S *– voir à Bruxelles, environs.*

PALISEUL *6850 Luxembourg belge* 214 P 23 *et* 909 I 6 *– 4 909 h.*
Bruxelles 146 – Bouillon 18 – Arlon 65 – Dinant 55.

XXX **Au Gastronome** (Libotte) avec ch, r. Bouillon 2 (Paliseul-Gare), ☎ (0 61) 53 30 64, *Fax (0 61) 53 38 91*, « Hostellerie ardennaise, jardin fleuri avec » – TV ☎ P. AE MC VISA
fermé 27 juin-6 juil., janv.-10 fév., mardis midis non fériés sauf en juil.-août et dim. soirs et lundis non fériés – **Repas** *Lunch 1300* – 1980/3250, carte 2250 à 2850 – **9 ch** ☐ 3300/6000 – ½ P 3500/3950
Spéc. Cuisses de grenouilles au coulis de persil et croquettes d'ail. Tarte Tatin de pied de porc, champignons des bois et langoustines rôties. L'assiette de cochon de lait aux épices et au sirop d'érable.

XX **La Hutte Lurette** avec ch, r. Station 64, ☎ (0 61) 53 33 09, *Fax (0 61) 53 52 79*, – TV ☎ P. AE MC VISA
fermé 18 fév.-26 mars, 1 sem. en sept. et mardi soir et merc. sauf en juil.-août – **Repas** 780/1750 – **7 ch** ☐ 2000/2300 – ½ P 2100/2300.

X **Le Clair Val,** Our 25 (Nord : 7 km, lieu-dit Our), ✉ 6852 Opont, ☎ (0 61) 53 32 75, *Fax (0 61) 53 32 75*, Avec grillades, « Auberge ardennaise » – MC VISA
fermé 1 sem. carnaval, 2e quinz. sept. et mardi – **Repas** 950/1850.

Les hôtels ou restaurants agréables sont indiqués dans le guide par un signe rouge.
Aidez-nous en signalant les maisons où, par expérience, vous savez qu'il fait bon vivre.
Votre guide Michelin sera encore meilleur.

De PANNE (LA PANNE) *8660 West-Vlaanderen* **213** A 16 *et* **909** A 2 – *9 859 h.* – *Station balnéaire.*

Voir *Plage*★.

Gemeentehuis, Zeelaan 21, ☎ (0 58) 42 18 18, Fax (0 58) 42 16 17.

Bruxelles 143 ① – Brugge 55 ① – Oostende 31 ① – Veurne 6 ② – Dunkerque 20 ③

Barkenlaan	B 2	Hoge Duinenlaan	A 9	Nieuwpoortlaan	B
Blauwe Distelweg	B 3	J. Demolderlaan	B 10	Sloepenlaan	AB 14
Bonzellaan	A 4	Koning Albertpl.	A 12	Toeristenlaan	B 16
Donnylaan	A 6	Lindenlaan	A 13	Wielewaalstr.	B 17
Egelantierlaan	A 8			Zeelaan	A

Host. Sparrenhof Ⓜ, Koninginnelaan 26, ☎ (0 58) 41 13 28, *Fax (0 58) 42 08 19*, « Jardin avec », – rest, ☎ – 25. AE MC VISA B f

fermé 27 nov.-8 déc. et 8 janv.-9 fév. – **Repas *La Bourgogne*** *(fermé merc. et jeudi midi d'oct. à mai)* 975/1850 – **24 ch** 2400/4000, 2 suites – ½ P 2700/3450.

Donny, Donnylaan 17, ☎ (0 58) 41 18 00, *Fax (0 58) 42 09 78*, ≤, – rest, ☎ – 25 à 80. AE MC VISA. rest A d

fermé janv. – **Repas** *Lunch 650* – 950/1400 – **43 ch** 2500/3700, 2 suites – ½ P 2375/2800.

Iris, Duinkerkelaan 41, ☎ (0 58) 41 51 41, *Fax (0 58) 42 11 77*, – ch, ☎ – 35. MC VISA. ch A n

Repas *(fermé merc. soir et jeudi)* *Lunch 575* – carte 1150 à 1950 – **25 ch** 2500/4000.

Terlinck, Zeelaan 175, (0 58) 42 01 08, *Fax (0 58) 42 05 86*, ← – 🛗 TV ☎ 🚗 P. MC VISA.
A c
15 fév.-15 nov. – **Repas** *(fermé après 20 h 30)* (Taverne-rest) *Lunch 790* – 990/1695 – **64 ch** 2000/3000 – ½ P 2100/3000.

Lotus, Duinkerkelaan 83, (0 58) 42 06 44, *Fax (0 58) 42 07 09*, – TV ☎ P. AE MC VISA. ch
A x
fermé 13 nov.-13 déc. – **Repas** *(fermé merc. et dim. soir sauf vacances scolaires) Lunch 900* – carte 1250 à 1700 – **8 ch** 2100/3000 – ½ P 4200/4400.

Ambassador, Duinkerkelaan 43, (0 58) 41 16 12, *Fax (0 58) 42 18 84*, – 🛗 TV ☎ P. MC VISA.
A c
carnaval-15 nov. – **Repas** *(fermé merc. sauf vacances scolaires)* 560/1600 bc – **28 ch** 1300/2850 – ½ P 1725/2150.

Cajou, Nieuwpoortlaan 42, (0 58) 41 13 03, *Fax (0 58) 42 01 23*, – 🛗, rest, TV ☎ 🚗 P – 35. AE MC VISA.
B e
fermé début janv.-début fév. – **Repas** *(fermé dim. soir et lundi sauf vacances scolaires) Lunch 665* – 850/1695 bc – **33 ch** 1700/2900 – ½ P 1825/2025.

Strandpark sans rest, Nieuwpoortlaan 151, (0 58) 42 02 22, *Fax (0 58) 42 06 85*, « Dans les dunes » – TV ☎ 🚗 P. MC VISA.
B s
fermé 7 janv.-fév. et 15 nov.-20 déc. – 200 – **54 ch** 2440.

Host. Le Fox (Buyens) avec ch, Walckiersstraat 2, (0 58) 41 28 55, *Fax (0 58) 41 58 79* – 🛗 TV ☎ 🚗. AE MC VISA
A u
fermé du 3 au 8 avril, 25 sept.-13 oct., du 14 au 23 janv., mardi midi sauf en juil.-août et lundi – **Repas** *Lunch 1550* – 2600, carte env. 2600 – 350 – **14 ch** 1800/3200 – ½ P 3550/3650
Spéc. Toast cannibale de langoustines au caviar. Canneloni de foie d'oie et langoustines aux truffes. Suprême de turbot en croûte.

Host. Avenue avec ch, Nieuwpoortlaan 56, (0 58) 41 13 70, *Fax (0 58) 42 12 21* – TV P. AE MC VISA
B v
fermé 15 janv.-5 fév., du 19 au 25 juin et mardi et merc. sauf vacances scolaires – **Repas** 1000/1995 – **4 ch** 1800/2800 – ½ P 2600/2650.

Le Fiore, Duinkerkelaan 19b, (0 58) 41 22 48, *Fax (0 58) 41 53 36* – P. AE MC VISA
A p
fermé fin janv.-début fév., fin nov.-début déc., merc. hors saison et mardi – **Repas** *Lunch 995* – 1450/2095.

Trio's, Nieuwpoortlaan 75, (0 58) 41 13 78, *Fax (0 58) 42 04 16* – P. AE MC VISA
B k
fermé 1 sem. après carnaval, 13 nov.-1er déc., mardi soir, merc. et dim. soir – **Repas** 995/1750.

La Coupole, Nieuwpoortlaan 9, (0 58) 41 54 54, *Fax (0 58) 42 05 49*, – AE MC VISA
A y
fermé 1 sem. en juin, dern. sem. sept., 3 dern. sem. janv., merc. de nov. à fév., jeudi et vend. midi – **Repas** *Lunch 545* – 850/1795.

De Braise, Bortierplein 1, (0 58) 42 23 09, , Grillades, ouvert jusqu'à 23 h – AE MC VISA
A g
fermé du 3 au 8 avril, 25 sept.-13 oct., du 14 au 23 janv., mardi d'oct. à Pâques et lundi – **Repas** 950.

Baan Thai, Sloepenplaats 22, (0 58) 41 49 76, , Cuisine thaïlandaise, ouvert jusqu'à 23 h, « Terrasse » – AE MC VISA
AB z
fermé 20 nov.-15 déc. et mardi et merc. sauf vacances scolaires – **Repas** *Lunch 545* – 895/1495.

La Bonne Auberge, Zeedijk 3, (0 58) 41 13 98 – AE MC VISA
A r
Pâques-sept., vacances scolaires et week-end ; fermé jeudi sauf en juil.-août – **Repas** 850/1095.

Imperial, Leopold I Esplanade 9, (0 58) 41 42 28, *Fax (0 58) 41 33 61*, ←, , Taverne-rest, « Exposition d'œuvres d'art » – 25. AE MC VISA
A b
fermé 21 fév.-12 mars et merc. – **Repas** 1150/1375.

Parnassia, Zeedijk 103, (0 58) 42 05 20, , Taverne-rest – MC VISA
A h
Pâques-oct., vacances scolaires et week-end ; fermé merc. – **Repas** carte 1150 à 1600.

PARIKE *9661 Oost-Vlaanderen C Brakel 13 612 h.* 213 H 18 *et* 909 E 3.

Bruxelles 48 – Gent 47 – Mons 55 – Tournai 42.

Molenwiek, Molenstraat 1, (0 55) 42 26 15, *Fax (0 55) 42 77 29*, , « Cadre champêtre », – TV P. MC VISA
fermé vacances Noël – **Repas** 850/1800 – 200 – **10 ch** 1900 – ½ P 1800/2400.

PEER *3990 Limburg* **213** R 16 *et* **909** J 2 - *14 960 h.*
Bruxelles 99 – Antwerpen 78 – Hasselt 30 – Eindhoven 33.

XX **Fleurie,** Baan naar Bree 27, ✆ (0 11) 63 26 33, *Fax (0 11) 63 26 33* – ▤ P. AE ⓓ ⓜⓒ VISA. ✈
fermé 2 prem. sem. juil. et merc. – **Repas** Lunch 950 – 1150/1750.

PEPINSTER *4860 Liège* **213** T 19, **214** T 19 *et* **909** K 4 – *9 175 h.*
Env. *au Sud-Ouest : Tancrémont, Statue★ du Christ dans la chapelle.*
Bruxelles 126 – Liège 26 – Verviers 6.

XXX ✿✿ **Host. Lafarque** avec ch, Chemin des Douys 20 (Ouest : 4 km par N 61, lieu-dit Goffontaine), ✆ (0 87) 46 06 51, *Fax (0 87) 46 97 28*, ≤, 🏠, « Parc », – TV ☎ P. AE ⓓ ⓜⓒ VISA. ✈ ch
fermé 15 mars-7 avril, du 4 au 24 sept., lundi et mardi – **Repas** *(fermé après 20 h 30)* Lunch 1750 – carte 2650 à 3300 – ☕ 450 – **6 ch** 3500/4950 – ½ P 5000/5500
Spéc. Langoustines aux artichauts et tomates confites à la badiane. Ris de veau braisé aux pamplemousses. Gibier en saison.

X **Au Pot de Beurre,** r. Neuve 116, ✆ (0 87) 46 06 43, *Fax (0 87) 46 06 43* – ▤. AE ⓓ ⓜⓒ VISA
fermé 25 août-15 sept., du 7 au 15 janv. et merc. non fériés – **Repas** Lunch 390 – 975/1275.

PERWEZ (PERWIJS) *1360 Brabant Wallon* **213** N 19, **214** N 19 *et* **909** H 4 – *6 863 h.*
Bruxelles 46 – Namur 27 – Charleroi 42 – Leuven 35 – Tienen 27.

XX **La Frairie,** av. de la Roseraie 9, ✆ (0 81) 65 87 30, *Fax (0 81) 65 87 30*, 🏠, « Terrasse » – P. AE ⓓ ⓜⓒ VISA. ✈
fermé fin août-début sept., lundi et mardi soir – **Repas** Lunch 750 – 1600 bc.

PETIT-ROEULX-LEZ-NIVELLES *Hainaut* **213** K 19, **214** K 19 *et* **909** F 4 – *voir à Nivelles.*

PHILIPPEVILLE *5600 Namur* **214** M 21 *et* **909** G 5 – *7 709 h.*
au Nord-Est : 10 km à Florennes, r. Henri de Rohan Chabot 120 ✆ (0 71) 68 22 61, Fax (0 71) 68 26 00.
r. Religieuses 2 ✆ (0 71) 66 89 85.
Bruxelles 88 – Charleroi 26 – Dinant 29 – Namur 44.

XXX **La Côte d'Or** avec ch, r. Gendarmerie 1, ✆ (0 71) 66 81 45, *Fax (0 71) 66 67 97*, 🏠, – TV ☎ P – 🏛 25 à 80. AE ⓓ ⓜⓒ VISA
Repas *(fermé dim. soir, lundi et merc. soir)* Lunch 990 – 1370/2200 – **8 ch** ☕ 1900/3300 – ½ P 1780/2440.

X **Aub. des 4 Bras,** r. France 49, ✆ (0 71) 66 72 38, *Fax (0 71) 66 93 59*, 🏠 – P. AE ⓓ ⓜⓒ VISA
fermé 2e quinz. fév., 1re quinz. sept., du 24 au 31 déc., dim. soir sauf en juil.-août et lundi – **Repas** Lunch 425 – 875/1350.

à Neuville *Sud-Ouest : 3 km* C *Philippeville* – ✉ *5600 Neuville :*

X **Chez Grand Mère,** rte de Mariembourg 45 (Sud-Est : 4 km sur N 5), ✆ (0 71) 66 78 34, *Fax (0 71) 66 78 34*, 🏠 – P. ⓜⓒ VISA
avril-déc. et week-end ; fermé janv.-13 fév. et lundis et mardis non fériés – **Repas** Lunch 595 – 950/1295.

PLANCENOIT *Brabant Wallon* **213** L 19, **214** L 19 *et* **909** G 4 – *voir à Lasne.*

POPERINGE *8970 West-Vlaanderen* **213** B 17 *et* **909** B 3 – *19 235 h.*
Stadhuis ✆ (0 57) 34 66 76, Fax (0 57) 33 57 03.
Bruxelles 134 – Brugge 64 – Kortrijk 41 – Oostende 54 – Lille 45.

Amfora, Grote Markt 36, ✆ (0 57) 33 88 66, *Fax (0 57) 33 88 77*, 🏠, « Terrasse », 🚲 – TV ☎. AE ⓓ ⓜⓒ VISA
fermé du 10 au 20 avril et 15 déc.-5 janv. – **Repas** *(fermé merc.)* Lunch 1500 bc – carte env. 1300 – **7 ch** ☕ 1900/2700 – ½ P 1950.

Belfort, Grote Markt 29, ✆ (0 57) 33 88 88, *Fax (0 57) 33 74 75*, 🚲 – TV ☎ P – 🏛 200. ⓜⓒ VISA
fermé 15 nov.-11 déc. et lundi – **Repas** (Taverne-rest) Lunch 310 – 1100 – **12 ch** ☕ 1700/2500 – ½ P 1850.

XXX **D'Hommelkeete,** Hoge Noenweg 3 (Sud : 3 km par Zuidlaan), ✆ (0 57) 33 43 65, *Fax (0 57) 33 65 74*, ≤, 🏠, « Fermette sur jardin avec pièce d'eau » – P. AE ⓓ ⓜⓒ VISA
fermé 15 juil.-15 août, Noël-Nouvel An, dim. soir, lundi et merc. soir – **Repas** 1750/2995 bc.

XX **De Kring** avec ch, Burg. Bertenplein 7, ✆ (0 57) 33 38 61, *Fax (0 57) 33 92 20*, – TV ☎ – 25 à 200. AE ⓓ MC VISA
fermé sem. carnaval et 24 juil.-10 août – **Repas** *(fermé dim. soir et lundi)* Lunch 320 – 895/1350 – **7 ch** ☐ 1700/2500 – ½ P 1850/1950.

X **Palace** avec ch, Ieperstraat 34, ✆ (0 57) 33 30 93, *Fax (0 57) 33 35 35* – TV ☎ P – 25 à 70. AE ⓓ MC VISA
fermé du 1er au 15 août – **Repas** *(fermé merc. et dim. soir)* Lunch 650 – 900 – **11 ch** ☐ 1700/2500 – ½ P 1850.

POUPEHAN *6830 Luxembourg belge* C *Bouillon 5 469 h.* 214 P 24 *et* 909 I 6.

Bruxelles 165 – Bouillon 12 – Arlon 82 – Dinant 69 – Sedan 23.

à Frahan *Nord : 6 km* C *Bouillon* – ✉ *6830 Poupehan :*

Aux Roches Fleuries , r. Crêtes 32, ✆ (0 61) 46 65 14, *Fax (0 61) 46 72 09*, <, « Terrasse et jardin », – TV ☎ P. AE ⓓ MC VISA
fermé fév.-3 mars – **Repas** 750/1860 – ☐ 375 – **14 ch** ☐ 2975/2900.

Beau Séjour , r. Tabac 7, ✆ (0 61) 46 65 21, *Fax (0 61) 46 78 80*, , – TV ☎ P. AE ⓓ MC VISA.
fermé 19 juin-6 juil. et 11 déc.-3 fév. – **Repas** *(fermé merc. sauf en juil.-août et après 20 h 30)* Lunch 800 – carte 1100 à 1500 – **16 ch** ☐ 2800 – ½ P 2300/2500.

PROFONDEVILLE *5170 Namur* 213 O 20, 214 O 20 *et* 909 H 4 – *10 461 h.*

Voir *Site★.*

Env. *au Sud-Ouest : 5 km à Annevoie-Rouillon : Parc★★ du Domaine et intérieur★ du château – à l' Est : 5 km à Lustin : Rocher de Frênes★, <★.*

18 *Chemin du Beau Vallon 45 ✆ (0 81) 41 14 18, Fax (0 81) 41 21 42.*

Bruxelles 74 – Namur 14 – Dinant 17.

XX **La Source Fleurie,** av. Général Gracia 11, ✆ (0 81) 41 22 28, *Fax (0 81) 41 21 86*, , « Jardin fleuri » – P. AE ⓓ MC VISA
fermé dim. soir de déc. à mars, mardi soir et merc. – **Repas** Lunch 850 – 1450/1850.

XX **La Sauvenière,** chaussée de Namur 57, ✆ (0 81) 41 33 03, *Fax (0 81) 41 33 03*, – P. MC VISA
fermé 1 sem. carnaval, dern. sem. août-prem. sem. sept., mardi de sept. à avril et lundi – **Repas** 890/1890.

PUURS *2870 Antwerpen* 213 K 16 *et* 909 F 2 – *15 705 h.*

Bruxelles 32 – Antwerpen 29 – Gent 50 – Mechelen 18.

à Liezele *Sud : 1,5 km* C *Puurs* – ✉ *2870 Liezele :*

XX **Hof ten Broeck,** Liezeledorp 3, ✆ (0 3) 899 28 00, *Fax (0 3) 899 38 10*, <, « Ancienne demeure entourée de douves, jardin fleuri » – P. MC VISA
fermé dern. sem. août-2 prem. sem. sept., lundi et mardi – **Repas** Lunch 1000 – carte env. 1700.

QUAREGNON *7390 Hainaut* 213 I 20, 214 I 20 *et* 909 E 4 – *19 352 h.*

Bruxelles 77 – Mons 12 – Tournai 37 – Valenciennes 30.

XXX **Dimitri,** pl. du Sud 27 (Lourdes), ✆ (0 65) 66 69 69, *Fax (0 65) 66 09 65* – ▤. AE ⓓ MC VISA
fermé août, dim. soir et lundi – **Repas** Lunch 1600 bc – 1490/1950.

QUENAST *1430 Brabant Wallon* C *Rebecq 9 740 h.* 213 J 18, 214 J 18 *et* 909 F 3.

Bruxelles 28 – Charleroi 51 – Mons 40.

XX **La Ferme du Faubourg,** r. Faubourg 2, ✆ (0 67) 63 69 03, *Fax (0 67) 63 69 03*, , « Ferme brabançonne » – P. AE ⓓ MC VISA
fermé 19 juin-4 juil., du 6 au 15 sept., 2 janv.-1er fév., lundi et mardi – **Repas** 980/1850.

RANCE *6470 Hainaut* C *Sivry-Rance 4 549 h.* 214 K 22 *et* 909 F 5.

Bruxelles 92 – Charleroi 39 – Chimay 12 – Mons 44.

XXX **La Braisière,** rte de Chimay 13, ✆ (0 60) 41 10 83, *Fax (0 60) 41 10 83*, – P. AE ⓓ MC VISA
fermé 27 mars-7 avril, du 19 au 30 juin, 21 août-15 sept., mardis et merc. non fériés et après 20 h 30 – **Repas** (déjeuner seult sauf vend. et sam.) 1290/1690.

à Sautin *Nord-Ouest : 4 km* 🄲 *Sivry-Rance – ✉ 6470 Sautin :*

Le Domaine de la Carrauterie 🐦 sans rest, r. Station 11, ☏ (0 60) 45 53 52, *Fax (0 60) 45 66 96*, « Style cottage », ≘s, 🏊, 🌳 – TV P. AE ⓓ MC VISA
5 ch ☕ 2500/3300.

Château Sautin, Ry Fromont 2, ☏ (0 60) 41 27 89, *Fax (0 60) 41 28 29*, 🍽, « Manoir au bord d'un étang dans un vallon boisé » – P. ⓓ MC VISA
fermé dim. soir, lundi et mardi – **Repas** carte env. 1500.

REBECQ *1430 Brabant Wallon* 213 J 18, 214 J 18 *et* 909 F 4 – *9 740 h.*
Bruxelles 33 – Charleroi 50 – Mons 40.

Nouveau Relais d'Arenberg, pl. de Wisbecq 30 (par E 429 - A 8, sortie ㉔, lieu-dit Wisbecq), ☏ (0 67) 63 60 82, *Fax (0 67) 63 72 03*, 🍽, « Jardin » – P – 🎓 25. AE ⓓ MC VISA
fermé sem. carnaval, 2e quinz. août et dim. soirs et lundis non fériés – **Repas** Lunch 590 – 995/1650.

RECOGNE *Luxembourg belge* 214 R 23 *et* 909 J 6 – *voir à Libramont.*

REET *2840 Antwerpen* 🄲 *Rumst 14 550 h.* 213 L 16 *et* 909 G 2.
Bruxelles 32 – Antwerpen 17 – Gent 56 – Mechelen 11.

Pastorale, Laarstraat 22, ☏ (0 3) 844 65 26, *Fax (0 3) 844 73 47*, 🍽, « Presbytère du 19e s. sur parc public » – ▤ P – 🎓 45. AE ⓓ MC VISA
fermé 23 août-10 sept. et sam. midi – **Repas** Lunch 1200 – 1700/2100.

La REID *Liège* 213 T 20, 214 T 20 *et* 909 K 4 – *voir à Spa.*

REKEM *Limburg* 213 T 17 *et* 909 K 3 – *voir à Lanaken.*

REKKEM *West-Vlaanderen* 213 D 18 *et* 909 C 3 – *voir à Menen.*

REMOUCHAMPS *Liège – voir Sougné-Remouchamps.*

RENAIX *Oost-Vlaanderen – voir Ronse.*

RENDEUX *6987 Luxembourg belge* 213 S 21, 214 S 21 *et* 909 J 5 – *2 222 h.*
Bruxelles 119 – Arlon 83 – Marche-en-Famenne 15 – La Roche-en-Ardenne 11.

Au Moulin de Hamoul, r. Hotton 86 (lieu-dit Rendeux-Bas), ☏ (0 84) 47 81 81, *Fax (0 84) 47 81 81*, 🍽 – P. AE ⓓ MC VISA
fermé lundis non fériés – **Repas** Lunch 800 bc – 850/1600.

RENINGE *8647 West-Vlaanderen* 🄲 *Lo-Reninge 3 181 h.* 213 B 17 *et* 909 B 3.
Bruxelles 131 – Brugge 54 – Ieper 22 – Oostende 53 – Veurne 21.

't Convent (De Volder) 🐦 avec ch, Halve Reningestraat 1 (direction Oostvleteren), ☏ (0 57) 40 07 71, *Fax (0 57) 40 11 27*, ≤, 🍽, « Hostellerie avec jardin fleuri et vignoble », 🏋, ≘s, 🏊, 🚲 – 🛗, ▤ ch, TV ☎ P – 🎓 25. AE ⓓ MC VISA
fermé 22 fév.-15 mars et du 23 au 31 août – **Repas** *(fermé merc.)* Lunch 2400 bc – 3300/5700, carte env. 3400 – ☕ 600 – **11 ch** 3000/6950, 4 suites – ½ P 6200/10000
Spéc. Carpaccio de turbot aux truffes de noisetier. Pomme de terre à la façon de ma grand-mère et purée de truffes. Chausson de truffes.

RESTEIGNE *6927 Luxembourg belge* 🄲 *Tellin 2 154 h.* 214 Q 22 *et* 909 I 5.
Bruxelles 116 – Bouillon 49 – Dinant 35 – Namur 57.

Host. de la Lesse 🐦, Grand'rue 25, ☏ (0 84) 38 81 29, *Fax (0 84) 38 83 82*, 🍽, 🌳 – TV ☎ P. AE ⓓ MC VISA
fermé lundis soirs et mardis non fériés sauf en juil.-août – **Repas** 1100 – **10 ch** ☕ 2200/3000 – ½ P 2150/3800.

RETIE *2470 Antwerpen* © *Oud-Turnhout 12 389 h.* 213 P 15 et 909 I 2.
Bruxelles 89 – Antwerpen 51 – Turnhout 12 – Eindhoven 38.

Postel Ter Heyde ⛰, Postelsebaan 74 (Est : 4 km sur N 123), ☎ (0 14) 37 23 21, *Fax (0 14) 37 23 31*, ☂, 🚲 – P – 25. AE MC VISA
fermé déc. – **Repas** *(fermé lundi sauf en juil.-août)* carte 1100 à 1400 – **10 ch** ☐ 2750 – ½ P 1925.

De Pas, Passtraat 11, ☎ (0 14) 37 80 35, *Fax (0 14) 37 33 36*, ☂, « Aménagement cossu » – AE VISA JCB. ✗
fermé lundi, mardi et sam. midi – **Repas** Lunch 1550 – carte 2150 à 2825.

RHODE-ST-GENÈSE *Région de Bruxelles-Capitale – voir Sint-Genesius-Rode à Bruxelles, environs.*

RIEMST *3770 Limburg* 213 S 18 et 909 J 3 – *15 550 h.*
Bruxelles 111 – Maastricht 9 – Hasselt 30 – Liège 24.

à Millen *Sud : 3 km* © *Riemst* – ✉ *3770 Millen :*

Hoeve Dewalleff, Tikkelsteeg 13, ☎ (0 12) 23 70 89, *Fax (0 12) 26 25 30*, ☂, « Ferme du 17ᵉ s. avec cour intérieure fleurie » – P – 25 à 450. AE ⓓ MC VISA
fermé mardi, merc. et dim. soir – **Repas** 950/1650.

RIJKEVORSEL *2310 Antwerpen* 213 N 14 et 909 H 1 – *10 308 h.*
Bruxelles 80 – Antwerpen 34 – Turnhout 16 – Breda 41.

Waterschoot, Bochtenstraat 11, ☎ (0 3) 314 78 78, *Fax (0 3) 314 78 78*, ☂ – MC VISA JCB
fermé sem. carnaval, 3 dern. sem. août, lundi et mardi – **Repas** Lunch 1200 – 895.

RIJMENAM *Antwerpen* 213 M 16 et 909 G 2 – *voir à Mechelen.*

RIXENSART *Brabant Wallon* 213 M 18, 214 M 18 et 909 G 3 – *voir à Genval.*

ROBERTVILLE *4950 Liège* © *Waimes 6 376 h.* 213 V 20, 214 V 20 et 909 L 4.
Voir *Lac*★, ≤★.
ℹ *r. Centrale 53* ☎ *(0 80) 44 64 75.*
Bruxelles 154 – Liège 58 – Malmédy 14 – Aachen 40.

des Bains, Lac de Robertville 2 (rte de Waimes, Sud : 1,5 km), ✉ 4950 Waimes, ☎ (0 80) 67 95 71, *Fax (0 80) 67 81 43*, ≤ lac, ☂, « Jardin au bord de l'eau », ≘s, ☐ – ▮ TV ☎ P – 25 à 40. AE MC VISA. ✗
fermé 16 fév.-24 mars et du 2 au 12 janv. – **Repas** *(fermé merc. non fériés)* 1300/2700 – ***Briscot d'Art*** *(fermé merc.)* 750/925 – **14 ch** ☐ 2950/6000 – ½ P 3600/5000.

Domaine des Hautes Fagnes ⛰, r. Charmilles 67 (lieu-dit Ovifat), ☎ (0 80) 44 69 87, *Fax (0 80) 44 69 19*, Fō, ≘s, ☐, ✗, 🚲 – ▮ TV ☎ P – 25 à 130. AE ⓓ MC VISA. ✗
Repas ***Le Tetras Lyre*** 995/1700 – **69 ch** ☐ 3700/5700, 1 suite – ½ P 3850/4700.

La Chaumière du Lac, r. Barrage 23 (lieu-dit Ovifat), ☎ (0 80) 44 63 39, *Fax (0 80) 44 46 01*, ☂, ⛱, 🚲 – TV P. MC VISA. ✗
fermé début juil. et lundis et mardis non fériés sauf vacances scolaires – **Repas** *(fermé après 20 h 30)* Lunch 750 – 1400 – **10 ch** ☐ 2000/3000 – ½ P 2200/2900.

Résidence du Lac sans rest, r. Barrage 5, ☎ (0 80) 44 46 94, *Fax (0 80) 44 77 52*, ⛵, ⛱ – ▮ ☎ P. ✗
fermé du 1ᵉʳ au 15 avril et merc. – **8 ch** ☐ 1500/2600.

Aub. du Lac, r. Lac 24, ☎ (0 80) 44 41 59, *Fax (0 80) 44 58 20*, ≘s – TV ☎. MC VISA. ✗ ch
fermé 26 juin-7 sept. et 25 sept.-12 oct. – **Repas** *(fermé lundi sauf en juil.-août et mardi)* (Taverne-rest) carte env. 1100 – **6 ch** ☐ 1250/2000.

International, r. Lac 41, ☎ (0 80) 44 62 58, *Fax (0 80) 44 76 93*, ☂ – 25. AE ⓓ VISA. ✗ rest
fermé 20 mars-7 avril, 26 juin-7 juil., 28 août-15 sept., mardi hors saison et merc. – **Repas** *(fermé après 20 h 30)* 900/1560 – **11 ch** ☐ 1500/2500 – ½ P 1950/2200.

du Barrage, r. Barrage 46, ☎ (0 80) 44 62 61, *Fax (0 80) 44 62 61*, ☂, « Terrasse avec ≤ lac » – P. MC VISA
fermé 27 mars-3 avril, 21 août-1ᵉʳ sept., 13 nov.-8 déc., lundi soir et mardi – **Repas** 900/1500.

La ROCHE-EN-ARDENNE 6980 *Luxembourg belge* 214 S 21 et 909 J 5 – *4 028 h.*

Voir *Site★★ – Chapelle Ste-Marguerite* ✳★★ A B.

Env. *par ② : 14,5 km, Belvédère des Six Ourthe★★, le Hérou★★ – Point de vue des Crestelles★.*

pl. du Marché 15 ✆ (0 84) 41 13 42, Fax (0 84) 41 23 43 – Fédération provinciale de tourisme, Quai de l'Ourthe 9 ✆ (0 84) 41 10 11, Fax (0 84) 41 24 39.

Bruxelles 127 ⑤ – Bouillon 69 ④ – Arlon 75 ④ – Liège 77 ① – Namur 66 ⑤

LA ROCHE-EN-ARDENNE

Bastogne (Rte de)	A 2	Église (R. de l')	B 17
Beausaint (R. de)	B 3	Faubourg (Pont du)	B 18
Beausaint (Vlle Rte de)	A 4	Gare (R. de la)	B 20
Bon-Dieu-de-Maka (R.)	B 7	Gravier (Pt du)	B 21
Châlet (R. du)	B 8	Gravier (Q. du)	B 22
Chamont (R.)	B 10	Hospice (R. de l')	B 24
Champlon (Rte de)	A 12	Hotton (Rte de)	A 25
Chanteraine (Pl.)	B 13	Marché (Pl. du)	B 27
Chanteraine (R. de)	B 14	Moulin (R. du)	B 28
Chats (R. des)	B 15	Nulay (R.)	B 30
Cielle (Rte de)	A 16	Ourthe (Q. de l')	B 32
		Pafy (Ch. du)	A 33
		Presbytère (R. du)	B 35
		Purnalet (R. du)	B 36
		Rompré (R.)	B 37
		Val-du-Pierreux	A 39

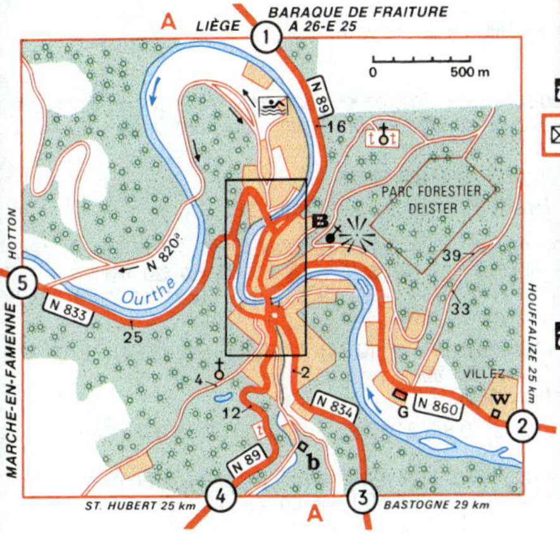

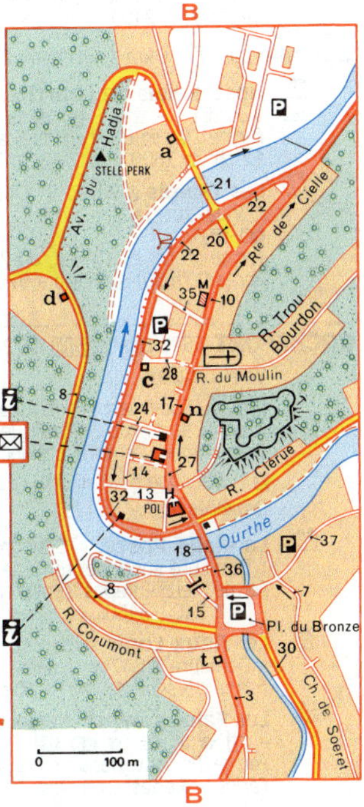

Host. Linchet, rte de Houffalize 11, ✆ (0 84) 41 13 27, *Fax (0 84) 41 24 10*, ≤, 🌳, « Aménagement cossu » – TV ☎ 🚗 P. AE MC VISA. ✂ ch — A w
fermé 13 mars-7 avril, 20 juin-14 juil., du 15 au 29 déc., du 2 au 18 janv., mardi et merc. – **Repas** (déjeuner seult sauf en juil.-août et week-end) 1500 bc/2100 – **11 ch** ☐ 2000/4200 – ½ P 3000/4500.

La Claire Fontaine, rte de Hotton 64 (par ⑤ : 2 km), ✆ (0 84) 41 24 70, *Fax (0 84) 41 21 11*, ≤, « Jardin ombragé au bord de l'Ourthe », 🚲 – |≡| TV ☎ P – 🏛 25 à 60. AE MC VISA
Repas *Lunch 680* – 950/2200 – **28 ch** ☐ 3000/4000 – ½ P 2500/3300.

Le Chalet, r. Chalet 61, ✆ (0 84) 41 24 13, *Fax (0 84) 41 13 38*, ≤, 🌳 – TV ☎ P. AE ⊙ MC VISA — B d
fermé 20 juin-6 juil., 29 nov.-23 déc. et 3 janv.-12 fév. – **Repas** *(fermé après 20 h 30)* (dîner seult sauf sam. et dim.) *Lunch 1190* – 1450/1980 – **17 ch** *(fermé lundi et mardi sauf en juil.-août)* ☐ 2525/2950 – ½ P 2850/3875.

Moulin de la Strument 🐟, Petite Strument 62, ✆ (0 84) 41 15 07, *Fax (0 84) 41 10 80*, 🌳 – TV ☎ P. MC VISA. ✂ — A b.
fermé janv. et lundis, mardis et merc. non fériés sauf en juil.-août – **Repas** *Lunch 660* – carte env. 1100 – **8 ch** ☐ 2500/2700 – ½ P 2250/3400.

Le Midi, r. Beausaint 6, ✆ (0 84) 41 11 38, *Fax (0 84) 41 22 38* – TV ☎. AE ⊙ MC VISA — B t
fermé 26 juin-7 juil. – **Repas** 595/1375 – **8 ch** ☐ 1650/2300 – ½ P 1645/1900.

Le Luxembourg sans rest, av. du Hadja 1a, ☎ (0 84) 41 14 15, *Fax (0 84) 41 19 71* – TV ☎ P. AE ① MC VISA B a
8 ch ☐ 1350/1800.

Beau Rivage sans rest, Quai de l'Ourthe 26, ☎ (0 84) 41 12 41, *Fax (0 84) 41 12 42* – TV ☎. AE MC VISA. B c
fermé du 23 au 31 août, du 13 au 30 nov. et merc. sauf en juil.-août – **8 ch** ☐ 1900/2200.

La Huchette, r. Église 6, ☎ (0 84) 41 13 33, *Fax (0 84) 41 13 33*, – AE MC VISA B n
fermé 2e quinz. janv., lundi soir de déc. à avril et mardi soir et merc. sauf en juil.-août – **Repas** 750/2100.

à Jupille *par ⑤ : 6 km* C *Rendeux 2 222 h.* – ✉ *6987 Hodister :*

Host. Relais de l'Ourthe, r. Moulin 3, ☎ (0 84) 47 76 88, *Fax (0 84) 47 70 85*, « Jardin » – ch, TV P. AE ① MC VISA. rest
fermé 28 juin-8 juil. et du 3 au 18 janv. – **Repas** *(fermé merc.)* Lunch 650 – 750/1950 – **12 ch** ☐ 2600 – ½ P 1800/2250.

Les Tilleuls avec ch, Clos Champs 11, ☎ (0 84) 47 71 31, *Fax (0 84) 47 79 55*, « Villa sur jardin avec ≤ vallée de l'Ourthe », – TV ☎ P – 25. AE MC VISA
fermé du 1er au 11 fév., du 7 au 31 janv. et lundi et mardi hors saison – **Repas** *(fermé après 20 h 30)* Lunch 690 – 975/2100 – **12 ch** ☐ 2200/2900 – ½ P 3950/4900.

ROCHEFORT *5580 Namur* 214 Q 22 *et* 909 I 5 – *11 720 h.*

Voir *Grotte★.*

Env. *au Sud-Ouest : 6 km à Han-sur-Lesse, Grotte★★★ - Safari★ - Fragment de diplôme★ (d'un vétéran romain) dans le Musée du Monde souterrain – au Nord-Ouest : 15 km à Chevetogne, Domaine provincial Valéry Cousin★.*

r. Behogne 5 ☎ (0 84) 21 25 37, Fax (0 84) 22 13 74.

Bruxelles 117 – Bouillon 52 – Dinant 32 – Liège 71 – Namur 58.

La Malle Poste, r. Behogne 46, ☎ (0 84) 21 09 87, *Fax (0 84) 22 11 13*, ≤, « Demeure ancienne, terrasse et jardin » – TV ☎ P – 25. AE ① MC VISA
fermé merc. – **Repas** *(fermé après 20 h 30)* Lunch 650 – 975/1950 – **12 ch** ☐ 2150/2650 – ½ P 3100/3150.

Le Vieux Logis sans rest, r. Jacquet 71, ☎ (0 84) 21 10 24, *Fax (0 84) 22 12 30*, « Demeure fin 17e s. », – TV ☎. MC VISA
fermé 15 sept.-1er oct. – **10 ch** ☐ 1800/2100.

Les Falizes avec ch, r. France 90, ☎ (0 84) 21 12 82, *Fax (0 84) 22 10 86*, « Terrasse » – TV ☎ P. AE ① MC VISA
fermé fin janv.-début mars, lundis soirs non fériés sauf en juil.-août et mardis non fériés – **Repas** Lunch 975 – 1350/2050 – ☐ 300 – **6 ch** 2000/2400 – ½ P 2900/3100.

Le Limbourg avec ch, pl. Albert Ier 21, ☎ (0 84) 21 10 36, *Fax (0 84) 21 44 23* – TV ☎. AE ① MC VISA
fermé du 13 au 30 janv. et merc. – **Repas** Lunch 625 – 850/1600 – **6 ch** ☐ 1575/2050 – ½ P 1900/2100.

Trou Maulin avec ch, rte de Marche 19, ☎ (0 84) 21 32 40, *Fax (0 84) 22 13 81*, – TV ☎ P. AE MC VISA. ch
fermé mardi et merc. sauf en juil.-août – **Repas** 850/1850 – **6 ch** ☐ 1760/2320 – ½ P 2010/2210.

Le Relais du Château, r. Jacquet 22, ☎ (0 84) 21 09 81, *Fax (0 84) 21 09 81* – AE ① MC VISA
fermé du 16 au 28 fév. et merc. soir et jeudi sauf en juil.-août – **Repas** 850/1290.

à Belvaux *Sud-Ouest : 9 km* C *Rochefort* – ✉ *5580 Belvaux :*

Aub. des Pérées avec ch, r. Pairées 37, ☎ (0 84) 36 62 77, *Fax (0 84) 36 72 05*, « Terrasse fleurie », – TV ☎ P. MC VISA.
fermé fin janv.-début fév., 20 sept.-6 oct., mardi soir sauf en juil.-août, mardi midi et merc. – **Repas** *(fermé après 20 h 30)* 795/1550 – **6 ch** ☐ 2150 – ½ P 2300.

à Eprave *Sud-Ouest : 7 km* C *Rochefort* – ✉ *5580 Eprave :*

Aub. du Vieux Moulin avec ch en annexe, r. Aujoule 51, ☎ (0 84) 37 73 18, *Fax (0 84) 37 84 60*, – TV ☎ P – 25. AE ① MC VISA.
Repas *(fermé merc. et jeudi de sept. à juin)* 750/1595 – **13 ch** ☐ 2300/2850 – ½ P 2250/2950.

à Han-sur-Lesse *Sud-Ouest : 6 km* Ⓒ *Rochefort* – ✉ *5580 Han-sur-Lesse :*

Ardennes 2, r. Grottes 6, ✆ (0 84) 37 72 20, *Fax (0 84) 37 80 62,* – ☎ 🅿 – 40. AE ⓓ MC VISA
Repas *(fermé du 6 au 31 janv. et merc. sauf en juil.-août)* Lunch 650 bc – 850/1595 – **14 ch** 2650/2995 – ½ P 2450/2650.

Host. Henry IV, r. Chasseurs Ardennais 59 (Nord : 1 km), ✆ (0 84) 37 72 21, *Fax (0 84) 37 81 78,* – 🅿. MC VISA.
Repas *(fermé jeudi)* (dîner seult sauf week-end, jours fériés et en juil.-août) Lunch 575 – 645/1495 – 250 – **8 ch** 1550/1700 – ½ P 1750/2550.

ROCHEHAUT *6830 Luxembourg belge* Ⓒ *Bouillon 5 469 h.* **214** P 23 et **909** I 6.

Voir ≤★★.

ℹ *r. Cense 37* ✆ *(0 61) 46 69 70, Fax (0 61) 46 69 70.*

Bruxelles 159 – Bouillon 20 – Arlon 76 – Dinant 63 – Sedan 26.

L'Auberg'Inn, r. Faligeotte 26, ✆ (0 61) 46 10 00, *Fax (0 61) 46 10 01,* ≤, – TV ☎ 🅿
fermé 2 prem. sem. janv. – **Repas** voir rest ***Aub. de la Ferme*** ci-après – **15 ch** 1680/2400.

Les Tonnelles, pl. Marie Howet 5, ✆ (0 61) 46 40 18, *Fax (0 61) 46 40 12,* – ☎ 🅿. AE ⓓ MC VISA. rest
fermé du 19 au 30 juin – **Repas** *(fermé après 20 h 30)* Lunch 700 – 850/1500 – **19 ch** 1700/2300 – ½ P 1800.

L'Aub. de la Ferme avec ch, r. Cense 12, ✆ (0 61) 46 10 00, *Fax (0 61) 46 10 01,* « Ambiance ardennaise », – TV ☎ 🅿 – 60.
fermé 2 prem. sem. janv. – **Repas** *(fermé après 20 h 30)* 1000/2200 – **20 ch** 2400/3000 – ½ P 2200/3600.

L'An 1600 avec ch, r. Palis 7, ✆ (0 61) 46 40 60, *Fax (0 61) 46 83 82,* « Rustique ardennais », – TV ☎ 🅿. AE MC VISA
fermé janv.-14 fév. et 20 juin-10 juil. – **Repas** *(fermé après 20 h 30)* Lunch 690 – 850/1800 – **10 ch** 2500/2800 – ½ P 2500.

ROESELARE (ROULERS) *8800 West-Vlaanderen* **213** D 17 *et* **909** C 3 – *53 821 h.*

ℹ *Zuidstraat 3* ✆ *(0 51) 26 24 50, Fax (0 51) 26 24 60.*

Bruxelles 111 ③ – Kortrijk 20 ③ – Brugge 34 ① – Lille 45 ③

Plan page suivante

Parkhotel (annexe Flanders Inn - 19 ch), Vlamingstraat 8, ✆ (0 51) 26 31 31, *Fax (0 51) 26 31 13,* – TV ☎ 🅿 – 25 à 50. AE ⓓ MC VISA — BY a
Repas *(fermé dim.)* (dîner seult) Lunch 450 – carte 1150 à 2000 – **42 ch** 2500/3500, 5 suites.

Savarin avec ch, Westlaan 359, ✆ (0 51) 22 59 16, *Fax (0 51) 22 07 99,* – TV ☎ 🅿 – 25 à 60. AE ⓓ MC VISA — AY d
Repas *(fermé 1 sem. Pâques, du 15 au 31 août, prem. sem. janv., dim. midi en juil.-août, dim. soir et lundi)* Lunch 1350 – carte 2200 à 2500 – **11 ch** *(fermé dim.)* 2450/3200 – ½ P 3350/4950.

De Ooievaar, Noordstraat 91, ✆ (0 51) 20 54 86, *Fax (0 51) 24 46 76,* « Terrasse » – 🅿. AE ⓓ MC VISA — AY s
fermé 1 sem. en fév., 2 dern. sem. juil.-prem. sem. août, dim. soir et lundi – **Repas** Lunch 1100 – 1350/1950.

Den Haselt, Diksmuidsesteenweg 53, ✆ (0 51) 22 52 40, *Fax (0 51) 24 10 64,* – AE ⓓ MC VISA — AZ r
fermé mardi soir et merc. – **Repas** Lunch 850 – carte 1600 à 1950.

Bistro Novo, Hugo Verrieststraat 12, ✆ (0 51) 24 14 77, *Fax (0 51) 20 09 90,* Ouvert jusqu'à 23 h – . MC VISA — AY c
fermé août, prem. sem. déc., sam. midi et dim. – **Repas** carte 1400 à 1800.

Orchidee 12e étage, Begoniastraat 9, ✆ (0 51) 21 17 23, *Fax (0 51) 20 01 14,* ≤ ville – 🅿 – 25. AE ⓓ MC VISA — BZ b
fermé du 20 au 27 fév., 15 juil.-8 août, dim. soir, lundi et merc. soir – **Repas** 1300/1750.

à Beveren *Nord-Est : 5 km par Beverseaardeweg* - BY Ⓒ *Roeselare* – ✉ *8800 Beveren :*

't Strohof, Kruisboommolenstraat 9 (par E 403 - A 17, sortie ⑧), ✆ (0 51) 22 58 50, *Fax (0 51) 22 63 17,* – TV ☎ 🅿 – 25 à 300. AE ⓓ MC VISA
Repas Lunch 850 – 995 bc/1495 bc – 250 – **14 ch** 1450/1650 – ½ P 2150.

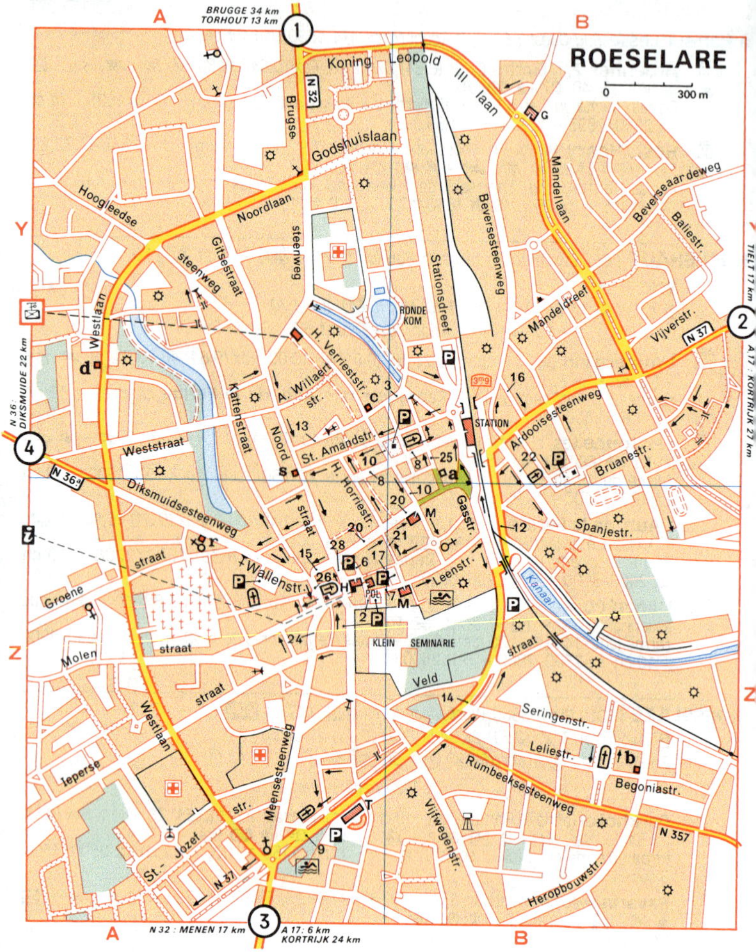

- Botermarkt ... AZ 2
- Cichoreistr. ... ABY 3
- Grote Markt ... AZ 6
- Hazeltstr. ... ABZ 7
- Hendrik Consciencestr. ... ABY 8
- Hippoliet Spilleboutdreef ... AZ 9
- Jan Mahieustr. ... ABYZ 10
- Jules Lagaelaan ... BZ 12
- Kokelaarstr. ... AY 13
- Koning Albert I-laan ... BZ 14
- Manestr. ... AZ 15
- Mariastr. ... BY 16
- Nonnenstr. ... AZ 17
- Noordstr. ... AYZ
- Ooststr. ... ABZ 20
- Poststr. ... BZ 21
- St. Hubrechtsstr. ... BY 22
- St. Michielsstr. ... AZ 24
- Vlamingstr. ... BY 25
- Vrouwenstr. ... AZ 26
- Zuidstr. ... AZ 28

à Gits *par ① : 5 km sur N 32 Ⓒ Hooglede 9 679 h. – ✉ 8830 Gits :*

Epsom, Bruggesteenweg 175, ✆ (0 51) 20 25 10, *Fax (0 51) 20 52 43*, – P. AE Ⓓ MC VISA
fermé 17 juil.-8 août, merc. soir et dim. soir – **Repas** Lunch 950 – carte 1450 à 2050.

à Hooglede *par Hoogleedsesteenweg Nord-Est : 7 km* - AY – *9 679 h.* – ✉ *8830 Hooglede :*

De Vossenberg, Hogestraat 194, ✆ (0 51) 70 25 83, *Fax (0 51) 70 06 42*, ≤, « Environnement campagnard », – TV ☎ P – 25 à 800. AE Ⓓ MC VISA. rest
Repas *(fermé 15 juil.-5 août et lundi)* Lunch 325 – 850/1650 – **15 ch** 2500/3500 – ½ P 2500/3250.

à Rumbeke *Sud-Est : 3 km* Ⓒ *Roeselare – ✉ 8800 Rumbeke :*

Host. Vijfwegen Ⓜ sans rest, Groene Herderstraat 171 (au domaine Sterrebos), ☎ (0 51) 24 34 72, *Fax (0 51) 24 16 74* – TV ☎ P. ① MC VISA.
fermé du 15 au 23 juil. – **11 ch** 2390/2900.

Cá d'Oro, Hoogstraat 97, ☎ (0 51) 24 71 81, *Fax (0 51) 24 56 27,* , Avec cuisine italienne – AE MC VISA
fermé mardis et merc. non fériés – **Repas** Lunch 1300 – carte 1450 à 1950.

Le RŒULX *7070 Hainaut* 213 J 19, 214 J 19 *et* 909 F 4 – *7 909 h.*
Bruxelles 55 – Binche 12 – Charleroi 27 – Mons 14.

Aub. Saint-Feuillien, chaussée de Mons 1, ☎ (0 64) 66 22 85, *Fax (0 64) 66 22 85* – AE ① MC VISA
fermé mi-juil.-mi-août, dim. soir, lundi et merc. soir – **Repas** Lunch 820 – 1580.

ROKSEM *West-Vlaanderen* 213 D 15 *et* 909 C 2 – *voir à Oudenburg.*

ROLLEGEM *West-Vlaanderen* 213 E 18 – *voir à Kortrijk.*

ROMERSHOVEN *Limburg* 213 R 17 – *voir à Hasselt.*

RONSE (RENAIX) *9600 Oost-Vlaanderen* 213 G 18 *et* 909 D 3 – *24 040 h.*
Voir *Crypte★ de la Collégiale St-Hermès.*
Hoge Mote, De Biesestraat 2, ☎ *(0 55) 23 28 16, Fax (0 55) 23 28 19.*
Bruxelles 57 – Kortrijk 34 – Gent 38 – Valenciennes 49.

Host. Lou Pahou, Zuidstraat 25, ☎ (0 55) 21 91 11, *Fax (0 55) 20 91 04,* – TV ☎. AE ① MC VISA.
fermé du 8 au 31 juil. – **Repas** *(fermé mardi, merc. midi et dim. soir)* 1000/1495 – **6 ch** 1850/2500 – ½ P 1700/2300.

Host. Shamrock avec ch, Ommegangstraat 148 (Louise-Marie, Nord-Est : 7 km par N 60 et N 425), ✉ 9681 Maarkedal, ☎ (0 55) 21 55 29, *Fax (0 55) 21 56 83,* ≤, , « Manoir de style anglais avec terrasse sur parc », , – TV ☎ P. AE ① MC VISA.
fermé 2e quinz. juil., lundi et mardi – **Repas** 1950/3750 – **4 ch** 6200/8200, 1 suite – ½ P 5500/7000.

Beau Séjour, Viermaartlaan 109, ☎ (0 55) 21 33 65, *Fax (0 55) 21 92 65,* – P. AE MC VISA
fermé dern. sem. mars, 2 dern. sem. juil.-prem. sem. août, dim. soir, lundi et merc. soir – **Repas** Lunch 1000 bc – 1350/1700.

Bois Joly, Hogerlucht 7, ☎ (0 55) 21 10 17, *Fax (0 55) 21 10 17,* – P. AE ① MC VISA
fermé 2 sem. en août, 1 sem. en janv., mardi soir et merc. – **Repas** Lunch 320 – 1350/1550.

RONSELE *Oost-Vlaanderen* 213 G 16 – *voir à Zomergem.*

ROTHEUX-RIMIERE *Liège* 213 R 19, 214 R 19 *et* 909 J 4 – *voir à Liège, environs.*

ROULERS *West-Vlaanderen – voir Roeselare.*

ROUVEROY *7120 Hainaut* Ⓒ *Estinnes 7 494 h.* 213 J 20, 214 J 20 *et* 909 F 4.
Bruxelles 74 – Charleroi 33 – Mons 13 – Maubeuge 21.

Les Ramiers sans rest, Barrière d'Aubreux 2 (rte de Mons), ☎ (0 64) 77 12 61, *Fax (0 64) 77 12 61* – TV P. AE ① MC VISA.
fermé dim. et jours fériés – 250 – **6 ch** 2000/2300.

La Brouette, Barrière d'Aubreux 4 (rte de Mons), ☎ (0 64) 77 13 42, *Fax (0 64) 77 13 42,* – P. AE ① MC VISA.
fermé du 1er au 15 fév., mardi soir en hiver, merc. et après 20 h 30 – **Repas** Lunch 800 – carte 1050 à 1700.

RUDDERVOORDE *West-Vlaanderen* 213 E 16 *et* 909 C 2 – *voir à Brugge, environs.*

RUISELEDE *8755 West-Vlaanderen* 213 F 16 *et* 909 D 2 – *5 085 h.*

Bruxelles 79 – Brugge 31 – Gent 29.

XX **Lindenhof,** Tieltstraat 29, ✆ (0 51) 68 75 39, *Fax (0 51) 68 62 15,* – P. AE ① ⓞ VISA.
fermé sem. carnaval, 2e quinz. juil., mardi soir et merc. – **Repas** Lunch 495 – 950/2000.

RUMBEKE *West-Vlaanderen* 213 D 17 *et* 909 C 3 – *voir à Roeselare.*

RUMST *Antwerpen* 213 L 16 *et* 909 G 2 – *voir à Mechelen.*

SAINTE-CÉCILE *6820 Luxembourg belge* C *Florenville 5 625 h.* 214 Q 24 *et* 909 I 6.

Bruxelles 171 – Bouillon 18 – Arlon 46 – Neufchâteau 30.

Host. Sainte-Cécile ⛰, r. Neuve 1, ✆ (0 61) 31 31 67, *Fax (0 61) 31 50 04,* « Jardin au bord de l'eau » – TV ☎ P. AE ① ⓞ VISA. rest
fermé 15 janv.-15 mars, 2 prem. sem. sept. et dim. soirs et lundis non fériés sauf en juil.-août – **Repas** Lunch 850 – 1250/2100 – ☐ 300 – **14 ch** 2800/3950 – ½ P 6100/7300.

SAINTE-ODE *6680 Luxembourg belge* 214 S 22 *et* 909 J 5 – *2 183 h.*

Bruxelles 139 – Bouillon 50 – Arlon 57 – Namur 83 – La Roche-en-Ardenne 30.

X **Le Primordia** 1er étage, Beauplateau 1, ✆ (0 61) 68 90 75, *Fax (0 61) 68 87 80* – P. AE ① ⓞ VISA
fermé du 2 au 13 janv. et lundi – **Repas** (déjeuner seult sauf vend. et sam.) 850/1150.

ST-GEORGES-SUR-MEUSE *4470 Liège* 213 R 19, 214 R 19 *et* 909 J 4 – *6 818 h.*

Bruxelles 87 – Liège 20 – Marche-en-Famenne 60 – Namur 43.

XX **Philippe Fauchet,** r. Warfée 62 (lieu-dit Verlaine), ✆ (0 4) 259 59 39, *Fax (0 4) 259 59 39,* – P. ⓞ VISA.
fermé 15 fév.-1er mars, du 1er au 15 oct., lundi, jeudi soir et sam. midi – **Repas** Lunch 850 – 1050/1850.

ST-GILLES (SINT-GILLIS) *Région de Bruxelles-Capitale* 213 ⑤① S *et* 909 ②① S – voir à Bruxelles.

ST-HUBERT *6870 Luxembourg belge* 214 R 22 *et* 909 J 5 – *5 669 h.*

Voir *Intérieur★★ de la Basilique St-Hubert★.*

Musée : *de la Vie rurale en Wallonie★★.*

Exc. *au Nord : 7 km à Fourneau-St-Michel★★ : Musée du Fer et de la Métallurgie ancienne★.*

r. St-Gilles 12 ✆ (0 61) 61 30 10.

Bruxelles 137 – Bouillon 44 – Arlon 60 – La Roche-en-Ardenne 25 – Sedan 59.

Du Luxembourg, pl. du Marché 7, ✆ (0 61) 61 10 93, *Fax (0 61) 61 32 20* – TV ☎ P. AE ① ⓞ VISA.
fermé du 15 au 30 juin, du 13 au 27 janv. et merc. soir et jeudi sauf vacances scolaires – **Repas** Lunch 1000 – 850/1350 – **18 ch** ☐ 1500/2600 – ½ P 1600/2250.

XX **La Maison Blanche** (Hollebeke), r. Rogations 2, ✆ (0 61) 61 13 51, *Fax (0 61) 61 13 51* – AE ⓞ VISA
fermé merc. soir et jeudi – **Repas** Lunch 1200 – 1600, carte env. 2000
Spéc. Salade de foie d'oie aux pommes de terre grillées. Brochettes de langoustines à la sauge, risotto aux coquillages et lard paysan croustillant. Petit lard croustillant de porcelet à la truffe et légumes poêlés.

X **Le Cor de Chasse** avec ch, av. Nestor Martin 3, ✆ (0 61) 61 16 44, *Fax (0 61) 61 33 15* – TV ☎. ⓞ VISA
fermé 2e quinz. fév., 2e quinz. juin, 2e quinz. sept. et lundis et mardis non fériés sauf en juil.-août – **Repas** Lunch 400 – 850/1250 – **11 ch** ☐ 1900/2050 – ½ P 2050/2650.

à Awenne *Nord-Ouest : 9 km* C *St-Hubert* – ✉ *6870 Awenne :*

XX **L'Aub. du Sabotier et Les 7 Fontaines** ⛰ avec ch, Grand'rue 21, ✆ (0 84) 36 65 04 et 36 65 23 (ch), *Fax (0 84) 36 63 68,* « Rustique ardennais », – TV ☎ P. – 30. AE ① ⓞ VISA. rest
fermé 2 sem. avant Pâques et 2 prem. sem. juil. – **Repas** *(fermé mardi et merc.)* Lunch 880 – 1250/1900 – **15 ch** ☐ 2550/2800 – ½ P 2300/3250.

ST-JOSSE-TEN-NOODE (SINT-JOOST-TEN-NODE) *Région de Bruxelles-Capitale* 213 ㉛ N *et* 909 ㉑ N *– voir à Bruxelles.*

ST-NICOLAS *Oost-Vlaanderen – voir Sint-Niklaas.*

ST-SAUVEUR *7912 Hainaut* C *Frasnes-lez-Anvaing 10 803 h.* 213 G 18, 214 G 18 *et* 909 D 3.
Bruxelles 73 – Kortrijk 40 – Gent 48 – Tournai 20 – Valenciennes 45.

X **Les Marronniers,** r. Vertes Feuilles 7, ✆ (0 69) 76 99 58, ≤, « Auberge dominant une vallée verdoyante » – P. MC VISA
fermé 2 sem. en fév., 2 sem. en sept., mardi et merc. – **Repas** 990.

ST-TROND *Limburg – voir Sint-Truiden.*

ST-VITH *Liège – voir Sankt-Vith.*

SALMCHÂTEAU *Luxembourg belge* 213 U 21, 214 U 21 *et* 909 K 5 *– voir à Vielsalm.*

SANKT-VITH (ST-VITH) *4780 Liège* 213 V 21, 214 V 21 *et* 909 L 5 *– 8 952 h.*
Mühlenbachstr. 2 ✆ (0 80) 22 11 37, Fax (0 80) 22 16 22.
Bruxelles 180 – Liège 78 – La Roche-en-Ardenne 51 – Clervaux 36.

Pip-Margraff, Hauptstr. 7, ✆ (0 80) 22 86 63, Fax (0 80) 22 87 61, – TV ☎ – 25 à 80. AE MC VISA.
fermé du 10 au 21 avril et 26 juin-7 juil. – **Repas** *(fermé dim. soirs et lundis non fériés)* Lunch 550 – 975/1975 – **20 ch** 2500/3500, 3 suites – ½ P 1900/2750.

Am Steineweiher , Rodter Str. 32, ✆ (0 80) 22 72 70, Fax (0 80) 22 91 53, , « Terrasse au bord de l'eau », – TV ☎ P. AE MC VISA
Repas Lunch 550 – 980 – **15 ch** 1750/2500 – ½ P 1750/2000.

XXX **Zur Post** (Pankert) avec ch, Hauptstr. 39, ✆ (0 80) 22 80 27, Fax (0 80) 22 93 10 – TV ☎. AE MC VISA. rest
✿✿ *fermé 2 prem. sem. juin, janv., dim. soir, lundi et mardi midi* – **Repas** Lunch 1450 – 1800/3500, carte 2500 à 3000 – **8 ch** 2500/4200 – ½ P 3500/3900
Spéc. Fond d'artichaut farci d'une poêlée de foie d'oie aux épinards. Bouillabaisse claire à l'orientale aux langoustines royales grillées. Mignonettes de chevreuil à la sauce au vin d'Arbois et sureau (oct.-15 déc.).

XX **Le Luxembourg** arrière-salle, Hauptstr. 71, ✆ (0 80) 22 80 22 – MC VISA.
fermé 2 sem. en mars, 28 juin-17 juil., 1 sem. en janv., merc. soir et jeudi – **Repas** Lunch 1200 – carte 1750 à 2150.

SART *Liège* 213 U 19, 214 U 19 *et* 909 K 5 *– voir à Spa.*

SAUTIN *Hainaut* 214 K 22 *et* 909 F 5 *– voir à Rance.*

SCHAERBEEK (SCHAARBEEK) *Région de Bruxelles-Capitale* 213 L 17 - ㉛ N *et* 909 ㉑ N *– voir à Bruxelles.*

SCHEPDAAL *Vlaams-Brabant* 213 K 18 *et* 909 F 3 *– voir à Bruxelles, environs.*

SCHERPENHEUVEL (MONTAIGU) *3270 Vlaams-Brabant* C *Scherpenheuvel-Zichem 21 711 h.* 213 O 17 *et* 909 H 3.
Bruxelles 52 – Antwerpen 52 – Hasselt 31.

XX **De Zwaan** avec ch, Albertusplein 12, ✆ (0 13) 77 13 69, Fax (0 13) 78 17 77 – , rest, TV ☎ P – 25. AE MC VISA.
Repas *(fermé sam. de sept. à avril)* 950/1985 – **9 ch** 1600/2800 – ½ P 2400/2800.

SCHILDE *Antwerpen* 213 M 15 *et* 909 G 2 *– voir à Antwerpen, environs.*

SCHOONAARDE *9200 Oost-Vlaanderen* C *Dendermonde 43 066 h.* 213 J 17 *et* 909 F 2.
Bruxelles 39 – Aalst 11 – Dendermonde 7 – Gent 26.

X **het Palinghuis,** Oude Brugstraat 16, ✆ (0 52) 42 32 46, Anguilles – P. AE MC VISA.
fermé déc., vend. et sam. midi – **Repas** carte 850 à 1450.

SCHOTEN *Antwerpen* 213 L 15 - ⑬ S et 909 G 2 - ⑨ S – *voir à Antwerpen, environs.*

SEMOIS (Vallée de la) ★★ *Luxembourg belge et Namur* 214 P 24 - T 24 909 J 7 - H 6
G. Belgique-Luxembourg.

SERAING *Liège* 213 S 19, 214 S 19 - ㉕ S et 909 J 4 - ⑰ S – *voir à Liège, environs.*

SILENRIEUX *5630 Namur* C *Cerfontaine 4 220 h.* 213 L 21, 214 L 21 et 909 G 5.
Env. *au Sud : Barrages de l'Eau d'Heure★ – Barrage de la Plate-Taille★.*
Bruxelles 77 – Charleroi 25 – Dinant 39 – Maubeuge 40.

XX **La Plume d'Oie** avec ch, r. par delà l'Eau 6, ☎ (0 71) 63 35 35, *Fax (0 71) 63 38 22,* – TV ☎ P. AE ① MC VISA. rest
Repas *(fermé 2 prem. sem. juil., dim. soir, lundi et mardi soir)* Lunch 695 – 1600/1750 – **6 ch** *(fermé lundi)* 2500/2800 – ½ P 3200.

SINAAI *9112 Oost-Vlaanderen* C *Sint-Niklaas 68 034 h.* 213 J 16 et 909 F 2.
Bruxelles 55 – Antwerpen 33 – Gent 35 – Sint-Niklaas 12.

XX **Klein Londen,** Wapenaarteinde 5, ☎ (0 9) 349 37 47, *Fax (0 9) 349 37 44,* ,
« Environnement champêtre » – P. MC VISA.
fermé 3 dern. sem. juil., sam. midi, dim. soir et lundi – **Repas** Lunch 1250 – 1800.

SINT-AGATHA-BERCHEM *Brussels Hoofdstedelijk Gewest – voir Berchem-Ste-Agathe à Bruxelles.*

SINT-AMANDS *2890 Antwerpen* 213 K 16 et 909 F 2 – *7 493 h.*
Bruxelles 40 – Antwerpen 32 – Mechelen 23.

X **'t Kombuis,** Kaai 24, ☎ (0 52) 33 40 80, ≤, , Produits de la mer – AE ① MC VISA
fermé du 4 au 22 oct., merc. et jeudi – **Repas** Lunch 895 – 995/1750.

X **De Veerman,** Kaai 26, ☎ (0 52) 33 32 75, *Fax (0 52) 33 25 70,* ≤, , Taverne-rest – . AE ① MC VISA
fermé lundi et mardi – **Repas** 995/1550.

SINT-DENIJS-BOEKEL *9630 Oost-Vlaanderen* C *Zwalm 7 662 h.* 213 H 17 et 909 E 3.
Bruxelles 54 – Gent 26 – Oudenaarde 13.

X **Ter Maelder,** Molenberg 8 (direction Horebeke : 3 km), ☎ (0 55) 49 83 26, ,
« Cadre champêtre » – P.
fermé du 6 au 16 mars, 28 août-8 sept., merc., jeudi et après 20 h 30 – **Repas** 1050/1600.

SINT-DENIJS-WESTREM *Oost-Vlaanderen* 213 H 16 et 909 D 2 – *voir à Gent, périphérie.*

SINT-ELOOIS-VIJVE *West-Vlaanderen* 213 F 17 et 909 D 3 – *voir à Waregem.*

SINT-GENESIUS-RODE *Vlaams-Brabant* 213 L 18 et 909 G 3 – *voir à Bruxelles, environs.*

SINT-GILLIS *Brussels Hoofdstedelijk Gewest – voir St-Gilles à Bruxelles.*

SINT-HUIBRECHTS-LILLE *3910 Limburg* C *Neerpelt 15 222 h.* 213 R 15 et 909 J 2.
Bruxelles 113 – Antwerpen 84 – Eindhoven 23.

XXX **Sint-Hubertushof,** Broekkant 23, ☎ (0 11) 66 27 71, *Fax (0 11) 66 28 83,* ,
« Ancien relais de halage » – P. AE MC VISA.
fermé du 13 au 31 août, lundi, mardi et sam. midi – **Repas** Lunch 1350 – carte 2200 à 2600.

SINT-IDESBALD *West-Vlaanderen* 213 A 16 et 909 A 2 – *voir à Koksijde-Bad.*

SINT-JAN-IN-EREMO *Oost-Vlaanderen* 213 G 15 et 909 D 2 – *voir à Sint-Laureins.*

SINT-JANS-MOLENBEEK *Brussels Hoofdstedelijk Gewest – voir Molenbeek-St-Jean à Bruxelles.*

SINT-JOOST-TEN-NODE *Brussels Hoofdstedelijk Gewest – voir St-Josse-Ten-Noode à Bruxelles.*

SINT-KRUIS *West-Vlaanderen* 213 E 15 et 909 C 2 – *voir à Brugge, périphérie.*

SINT-LAMBRECHTS-WOLUWE *Brussels Hoofdstedelijk Gewest – voir Woluwé-St-Lambert à Bruxelles.*

SINT-LAUREINS *9980 Oost-Vlaanderen* 213 G 15 *et* 909 D 2 *– 6 565 h.*

Bruxelles 98 – Brugge 31 – Antwerpen 70 – Gent 28.

Slependamme, Lege Moerstraat 26 (Sud-Est : 5,5 km sur N 434), (0 9) 377 78 31, *Fax (0 9) 377 78 31,* – P. AE MC VISA
fermé 17 août-1er sept., merc. et jeudi midi – **Repas** Lunch 990 – 1600.

à Sint-Jan-in-Eremo *Nord-Est : 5,5 km* C *Sint-Laureins –* *9982 Sint-Jan-in-Eremo :*

De Warande, Warande 10 (Bentille), (0 9) 379 00 51, *Fax (0 9) 379 03 77,* ,
« Jardin fleuri avec pièce d'eau » – P. AE MC VISA
fermé du 6 au 17 mars, du 4 au 20 oct., lundi soir et merc. – **Repas** Lunch 1150 – 1750.

't Schuurke, St-Jansstraat 56 (Bentille), (0 9) 379 86 61, *Fax (0 9) 379 08 00* – P. MC VISA
fermé 2e quinz. oct., lundi et mardi – **Repas** – carte 1350 à 1700.

SINT-MARTENS-LATEM (LAETHEM-ST-MARTIN) *9830 Oost-Vlaanderen* 213 G 16 *et* 909 D 2 *– 8 380 h.*

18 *Latemstraat 120* *(0 9) 282 54 11, Fax (0 9) 282 90 19.*

Bruxelles 65 – Antwerpen 70 – Gent 10.

Sabatini, Kortrijksesteenweg 114, (0 9) 282 80 35, *Fax (0 9) 282 80 35,* Avec cuisine italienne – P. AE MC VISA
fermé 15 juil.-15 août, merc. et sam. midi – **Repas** Lunch 1190 bc – 1090/1490.

Eric Goossens, Kortrijksesteenweg 198, (0 9) 281 11 00 – AE MC VISA
fermé 2 prem. sem. sept., sam. midi, dim. soir et lundi – **Repas** 1200/2300.

Meersschaut, Kortrijksesteenweg 134, (0 9) 282 38 56, *Fax (0 9) 282 02 14,* Produits de la mer – P. AE MC VISA.
fermé 15 août-15 sept., dim. et lundi – **Repas** 1100/2200.

Brasserie Latem, Kortrijksesteenweg 9, (0 9) 282 36 17, *Fax (0 9) 281 06 23,* , Ouvert jusqu'à minuit – P. MC VISA.
fermé vacances de Pâques, dern. sem. août-prem. sem. sept., vacances Noël et mardi – **Repas** Lunch 990 – carte env. 1600.

Tampopo, Kortrijksesteenweg 17, (0 9) 282 82 85, *Fax (0 9) 282 91 90,* Cuisine chinoise – P. MC VISA.
fermé Pâques, 3 sem. en juil., mardi et merc. midi – **Repas** Lunch 595 – 885/1185.

à Deurle *Est : 2 km* C *Sint-Martens-Latem –* *9831 Deurle :*

Aub. du Pêcheur , Pontstraat 41, (0 9) 282 31 44, *Fax (0 9) 282 90 58,* , ,
« Terrasse et jardin au bord de la Lys (Leie) », , – , rest, P – 25 à 80. AE MC VISA.
Repas Orangerie *(fermé 2e quinz. déc., sam. midi, dim. soir et lundi)* Lunch 1050 – 1750/2300 – ***The Green*** (Taverne-rest) Lunch 425 – 850/1400 – 390 – **26 ch** *(fermé du 24 déc.-1er janv.)* 3200/4400, 1 suite.

de Meander, Pontstraat 96, (0 9) 282 20 11, *Fax (0 9) 281 04 67,* – P. MC VISA
fermé mardi soir et merc. – **Repas** Lunch 995 – 1850.

SINT-MARTENS-LEERNE *Oost-Vlaanderen* 213 G 16 *– voir à Deinze.*

SINT-NIKLAAS (ST-NICOLAS) *9100 Oost-Vlaanderen* 213 J 15 *et* 909 F 2 *– 68 034 h.*

Grote Markt 45 *(0 3) 777 26 81 et (0 3) 776 27 48.*

Bruxelles 47 ② – Antwerpen 25 ② – Gent 39 ③ – Mechelen 32 ②

Plan page suivante

Serwir, Koningin Astridlaan 57, (0 3) 778 05 11, *Fax (0 3) 778 13 73,* – , rest, P – 25 à 400. AE MC VISA BZ c
Repas Lunch 585 – carte 950 à 1250 – **37 ch** 2700/4000.

Des Flandres, Stationsplein 5, (0 3) 777 10 02, *Fax (0 3) 777 05 96* – – 25 à 60. AE MC VISA AY n
fermé du 8 au 25 juil. et 17 déc.-5 janv. – **Repas** (dîner pour résidents seult) – **20 ch** 2500/3500.

Den Silveren Harynck, Grote Baan 51 (par ① : 5 km sur N 70), (0 3) 777 50 62, *Fax (0 3) 766 67 61,* Produits de la mer – P. AE VISA
fermé 3 dern. sem. juil., sam. midi, dim. soir et lundi – **Repas** Lunch 1175 – carte 1850 à 3150.

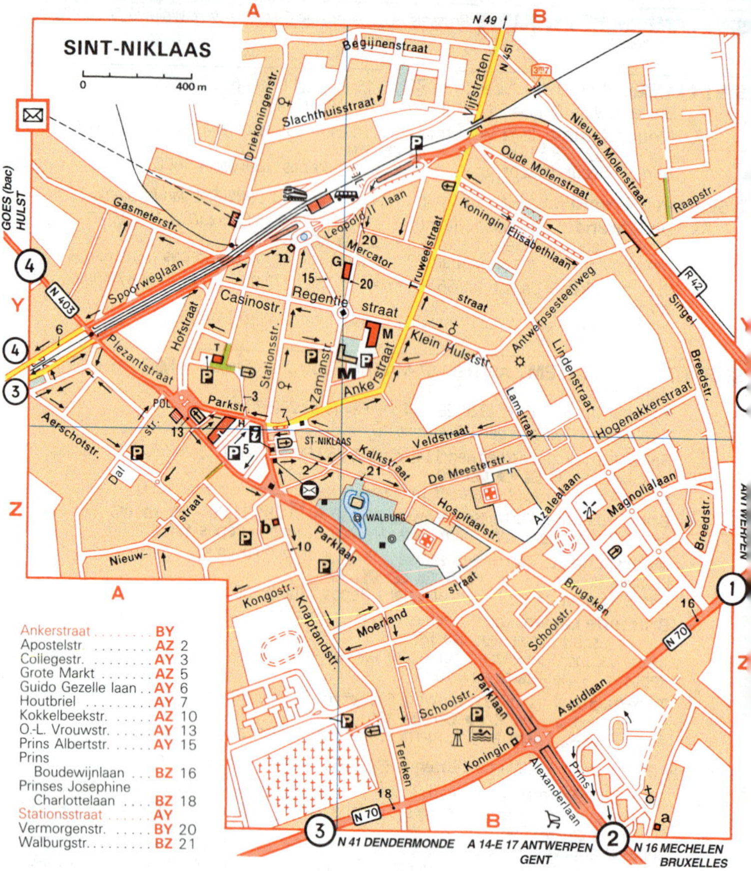

Ankerstraat	BY	
Apostelstr.	AZ	2
Collegestr.	AY	3
Grote Markt	AZ	5
Guido Gezelle laan	AY	6
Houtbriel	AY	7
Kokkelbeekstr.	AZ	10
O.-L. Vrouwstr.	AY	13
Prins Albertstr.	AY	15
Prins Boudewijnlaan	BZ	16
Prinses Josephine Charlottelaan	BZ	18
Stationsstraat	AY	
Vermorgenstr.	BY	20
Walburgstr.	BZ	21

XXX **'t Mezennestje,** De Meulenaerstraat 2, ☎ (0 3) 776 28 73, *Fax (0 3) 766 24 61*, 🏠, « Villa avec jardin et terrasse » – P. AE ⓓ ⓜ VISA — BZ a
fermé du 7 au 17 mars, du 10 au 28 juil., du 12 au 22 sept., mardi et merc. – **Repas** *Lunch 950* – 1500/2300.

XXX **'t Begijnhofken,** Kokkelbeekstraat 73, ☎ (0 3) 776 38 44, *Fax (0 3) 778 19 50* – P – 25. AE ⓓ ⓜ VISA — AZ b
fermé 3 sem. en juil., merc. soir et dim. – **Repas** *Lunch 1325* – carte 2200 à 2800.

X **Gasthof Malpertus,** Beeldstraat 10 (par ① : 5 km, près du parc récréatif), ☎ (0 3) 776 73 44, *Fax (0 3) 766 50 18*, 🏠 – P – 25 à 150. AE ⓓ ⓜ VISA
fermé prem. sem. fév., 3 sem. en juil., mardi et merc. – **Repas** *Lunch 825* – 1300/1750.

à Sint-Pauwels *par ④ : 7 km* C *Sint-Gillis-Waas 17 068 h.* – ✉ *9170 Sint-Pauwels :*

XX **De Rietgaard,** Zandstraat 221 (sur N 403), ☎ (0 3) 779 55 48, *Fax (0 3) 779 55 48*, 🏠 – P. AE ⓜ VISA.
fermé du 6 au 10 mars, du 17 au 31 juin, lundi soir et mardi – **Repas** 1025/1725.

SINT-PAUWELS *Oost-Vlaanderen* 213 J 15 *et* 909 F 2 – *voir à Sint-Niklaas.*

SINT-PIETERS-LEEUW *Vlaams-Brabant* 213 K 18 - ⑤① S *et* 909 F 3 - ②① S – *voir à Bruxelles, environs.*

SINT-PIETERS-WOLUWE *Brussels Hoofdstedelijk Gewest* – *voir Woluwé-St-Pierre à Bruxelles.*

SINT-TRUIDEN (ST-TROND) *3800 Limburg* 213 Q 17 *et* 909 I 3 – *37 294 h.*
Stadhuis, Grote Markt ☎ *(0 11) 70 18 18, Fax (0 11) 70 18 20.*
Bruxelles 63 ⑥ *– Hasselt 17* ② *– Liège 35* ④ *– Namur 50* ⑤ *– Maastricht 39* ③

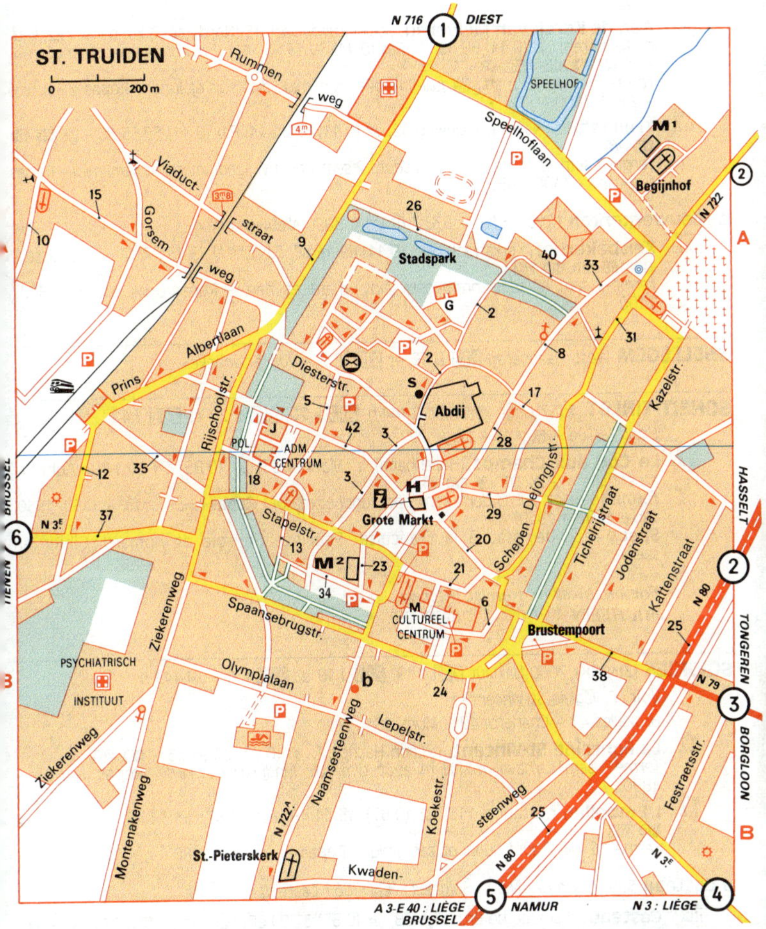

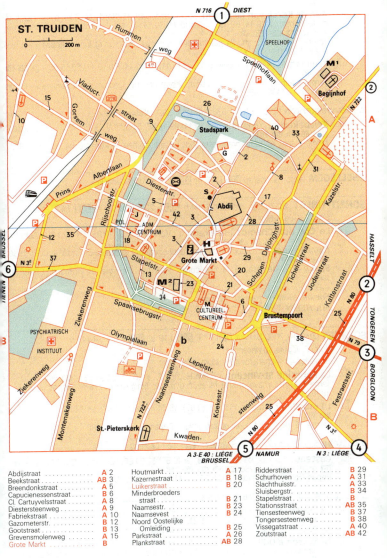

Abdijstraat .... A 2	Houtmarkt .... A 17	Ridderstraat .... B 29
Beekstraat .... AB 3	Kazernestraat .... B 18	Schurhoven .... A 31
Breendonkstraat .... A 5	Luikerstraat .... B 20	Slachthuisstr. .... A 33
Capucienessenstraat .... B 6	Minderbroeders straat .... B 21	Sluisbergstr. .... B 34
Cl. Cartuyvelsstraat .... A 8	Naamsestr. .... B 23	Stapelstraat .... B
Diestersteenweg .... A 9	Naamsevest .... B 24	Stationsstraat .... AB 35
Fabriekstraat .... A 10	Noord Oostelijke Omleiding .... B 25	Tiensesteenweg .... B 37
Gazometerstr. .... B 12	Parkstraat .... A 26	Tongersesteenweg .... B 38
Gootstraat .... B 13	Plankstraat .... AB 28	Vissegatstraat .... A 40
Grevensmolenweg .... A 15		Zoutstraat .... AB 42
Grote Markt .... B		

Cicindria sans rest, Abdijstraat 6, ☎ (0 11) 68 13 44, *Fax (0 11) 67 41 38* – 30. AE VISA — A s
fermé 24 déc.-10 janv. – **25 ch** 2400/3800.

Four Seasons sans rest, Tiensesteenweg 264 (par ⑥ sur N 3), ☎ (0 11) 69 42 28, *Fax (0 11) 69 16 78* – AE VISA.
11 ch 2000/2250.

XXX **De Fakkels,** Hasseltsesteenweg 61 (Nord-Est : 2 km sur N 722, lieu-dit Melveren), ☎ (0 11) 68 76 34, Fax (0 11) 68 67 63, ☂, « Maison bourgeoise début 20e s. avec terrasse » – P – 25 à 40. AE ⊕ MC VISA. ✈
fermé 2 dern. sem. août, 1 sem. en janv., dim. soir et lundi – **Repas** *Lunch 1100* – 1750.

XXX **Aen de Kerck van Melveren,** St-Godfriedstraat 15 (Nord-Est : 3 km par N 722, lieu-dit Melveren), ☎ (0 11) 68 39 65, Fax (0 11) 69 13 05, ≤, « Environnement champêtre » – P. AE ⊕ MC VISA. ✈
fermé du 5 au 13 mars, 24 juil.-11 août, sam. midi, dim. soir et lundi – **Repas** *Lunch 1600* – 2100/2600.

XX **Truiershuis,** Naamsesteenweg 42, ☎ (0 11) 67 31 44, Fax (0 11) 69 55 80 – ▤. AE ⊕ MC VISA — B b
fermé 1 sem. en mars, 2 sem. en sept., 2 sem. en janv., lundi, mardi et sam. midi – **Repas** *Lunch 980* – 1300/1650.

à Nieuwerkerken *Nord : 6 km – 6 337 h. – ✉ 3850 Nieuwerkerken :*

XX **Kelsbekerhof,** Kerkstraat 2, ☎ (0 11) 69 13 87, Fax (0 11) 69 13 87, ☂, « Terrasse » – P. AE ⊕ MC VISA
fermé 1 sem. en sept., prem. sem. janv., mardi et merc. – **Repas** *Lunch 1350 bc* – 1600/2100.

SNELLEGEM *West-Vlaanderen* 213 D 16 et 909 C 2 – *voir à Jabbeke.*

SOHEIT-TINLOT *4557 Liège* C *Tinlot 2 144 h.* 213 R 20, 214 R 20 et 909 J 4.

Bruxelles 96 – Huy 13 – Liège 29.

XX ✿ **Le Coq aux Champs** (Horenbach), r. Montys 33, ☎ (0 85) 51 20 14, « Auberge ardennaise » – P. AE ⊕ MC VISA
fermé 1re quinz. juil., 3 dern. sem. déc., lundi et mardi – **Repas** *Lunch 1600 bc* – 1350/1950, carte 1500 à 1950
Spéc. Tête de veau à la française. Feuilleté de sole et homard. Gibier en saison.

For business or tourist interest :
MICHELIN Red Guide : EUROPE.

SOIGNIES (ZINNIK) *7060 Hainaut* 213 J 19, 214 J 19 et 909 F 4 – *24 443 h.*

Voir *Collégiale St-Vincent★★.*

Bruxelles 41 – Charleroi 40 – Mons 18.

XX **La Fontaine St-Vincent,** r. Léon Hachez 7, ☎ (0 67) 33 95 95 – MC VISA
fermé 1 sem. carnaval, mi-juil.-mi-août, dim. soir, lundi soir et mardi – **Repas** *Lunch 990* – 1890.

XX **L'Embellie,** r. Station 115, ☎ (0 67) 33 31 48, Fax (0 67) 33 31 48, ☂ – AE ⊕ MC VISA
fermé 16 juil.-7 août, lundi et sam. midi – **Repas** *Lunch 750* – 1180.

à Casteau *Sud : 7 km par N 6* C *Soignies – ✉ 7061 Casteau :*

🏨 **Casteau,** chaussée de Bruxelles 38, ☎ (0 65) 32 04 00, Fax (0 65) 72 87 44, 🎾 – ⇆ TV ☎ P – 25 à 250. AE ⊕ MC VISA. ✈
Repas *(fermé lundi midi)* 1200/1550 – **71 ch** ☕ 2900/3800.

à Thieusies *Sud : 6 km par N 6* C *Soignies – ✉ 7061 Thieusies :*

XX **La Saisinne,** r. Saisinne 133, ☎ (0 65) 72 86 63, Fax (0 65) 73 02 61, « Environnement champêtre » – P. AE MC VISA. ✈
fermé 1 sem. Pâques, juil., dim. et lundi – **Repas** 1350/1800.

X **La Maison d'Odile,** r. Sirieu 303, ☎ (0 65) 73 00 72, ☂ – ⊕ MC VISA
fermé mi-juil.-mi-août, du 25 au 30 déc., mardi soir, merc. et dim. soir – **Repas** *Lunch 1450* – 1850.

SOLRE-ST-GÉRY *Hainaut* 214 K 21 et 909 F 5 – *voir à Beaumont.*

SORINNES *Namur* 213 O 21, 214 O 21 et 909 H 5 – *voir à Dinant.*

SOUGNÉ-REMOUCHAMPS *4920 Liège* [C] *Aywaille 9 808 h.* **213** T 20, **214** T 20 *et* **909** K 4.

Voir *Grotte★★.*

Bruxelles 122 – Liège 28 – Spa 13.

Bonhomme avec ch, r. Reffe 26, ☎ (0 4) 384 40 06, *Fax (0 4) 384 59 46*, – AE MC VISA. ch
avril-27 nov., 11 déc.-17 janv. et week-end ; fermé dern. sem. juin, dern. sem. sept., jeudi hors saison et merc. – **Repas** Lunch 995 – 1175/1675 – **9 ch** 1875/2975 – ½ P 2350/2975.

Aub. du Cheval Blanc, r. Louveigné 1, ☎ (0 4) 384 44 17, *Fax (0 4) 384 73 10*, – AE MC VISA
fermé 15 déc.-janv., lundi et mardi – **Repas** Lunch 545 – 1250.

SOUMOY *Namur* **214** 21 *et* **909** G 5 – *voir à Cerfontaine.*

SPA *4900 Liège* **213** U 20, **214** U 20 *et* **909** K 4 – *10 367 h. – Station thermale★★ – Casino* AY, *r. Royale 4* ☎ *(0 87) 77 20 52, Fax (0 87) 77 02 06.*

Voir *par ② : Promenade des Artistes★.*

Musée : *de la Ville d'Eau : collection★ de "jolités"* AY **M.**

Env. *par ③ : 9 km, Circuit autour de Spa★ - Parc à gibier de la Reid★.*

par ① : 2,5 km à Balmoral, av. de l'Hippodrome 1 ☎ (0 87) 79 30 30, Fax (0 87) 79 30 39.

Pavillon des Petits Jeux, pl. Royale 41 ☎ (0 87) 79 53 53, Fax (0 87) 79 53 54.

Bruxelles 139 ③ – Liège 38 ③ – Verviers 16 ③

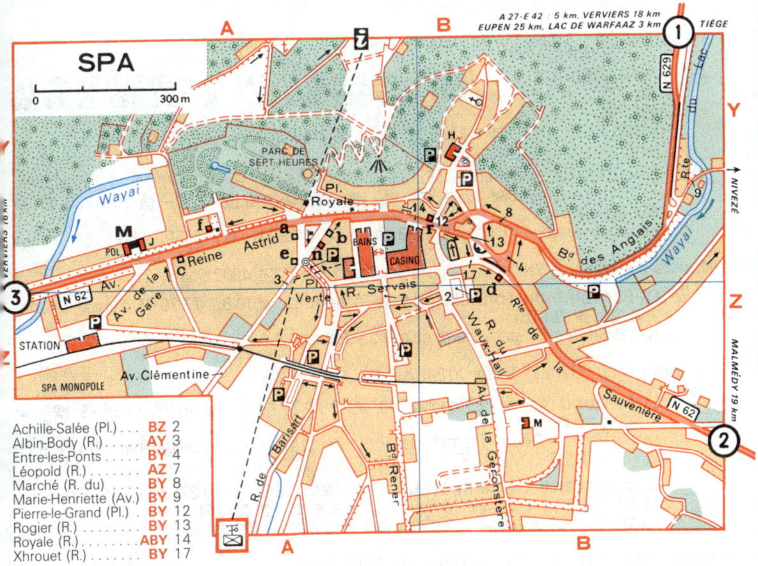

Achille-Salée (Pl.) . . . BZ 2
Albin-Body (R.) . . . . . AY 3
Entre-les-Ponts . . . . . BY 4
Léopold (R.) . . . . AZ 7
Marché (R. du) . . . . BY 8
Marie-Henriette (Av.) . BY 9
Pierre-le-Grand (Pl.) . . BY 12
Rogier (R.) . . . . BY 13
Royale (R.) . . . . ABY 14
Xhrouet (R.) . . . . BY 17

La Villa des Fleurs sans rest, r. Albin Body 31, ☎ (0 87) 79 50 50, *Fax (0 87) 79 50 60*, « Maison de maître avec jardin clos de murs » – TV ☎ P. AE MC VISA JCB — AY e
fermé du 3 au 28 janv. – **12 ch** 2800/4900.

La Heid des Pairs sans rest, av. Prof. Henrijean 143 (Sud-Ouest : 1,5 km), ☎ (0 87) 77 43 46, *Fax (0 87) 77 06 44*, « Villa sur jardin », – TV ☎ P. MC VISA. — par av. Clémentine AZ
11 ch 2900/5200.

L'Auberge, pl. du Monument 3, ☎ (0 87) 77 44 10, *Fax (0 87) 77 48 40* – rest, TV ☎. AE MC VISA. — AY a
Repas *(fermé mi-nov.-mi-déc.)* Lunch 895 – carte 1300 à 1800 – 295 – **20 ch** 2100/2450, 10 suites.

Le Pierre, av. Reine Astrid 86, (0 87) 77 52 10, *Fax (0 87) 77 52 20*, – TV P. AE VISA AY c
Repas (dîner pour résidents seult) – **14 ch** 3050/3300 – ½ P 2450/3150.

Le Relais, pl. du Monument 22, (0 87) 77 11 08, *Fax (0 87) 77 25 93*, – TV AE VISA JCB AY b
fermé 26 nov.-15 déc. – **Repas** 750/1695 – **12 ch** 2100/2600 – ½ P 1895.

L'art de vivre, av. Reine Astrid 53, (0 87) 77 04 44, *Fax (0 87) 77 17 43*, – AE VISA AY f
fermé mardi et merc. – **Repas** Lunch 1100 – carte 1750 à 2300.

La Brasserie du Grand Maur, r. Xhrouet 41, (0 87) 77 36 16, *Fax (0 87) 77 36 16*, « Maison du 18e s. » – AE VISA BYZ d
fermé 2 sem. en juin, 2 sem. en déc. et lundi – **Repas** Lunch 995 – carte 1350 à 1650.

La Belle Epoque, pl. du Monument 15, (0 87) 77 54 03, *Fax (0 87) 77 54 03* – AE VISA AZ n
fermé 2 sem. en juin, 2 sem. en déc., lundi et mardi – **Repas** 850/1495.

La Source de Barisart, rte de Barisart 295 (Sud : 3 km), (0 87) 77 09 88, *Fax (0 87) 77 64 28*, Taverne-rest, « Terrasse, environnement boisé » – P. AE VISA AZ
fermé du 1er au 15 sept., mardi et merc. – **Repas** Lunch 780 bc – 780/1450.

Le Sofloti, r. Royale 1, (0 87) 77 52 66, Ouvert jusqu'à 23 h – VISA BZ r
fermé 1 sem. en juin, 2 sem. en sept., 1 sem. en janv. et lundi et jeudi soir sauf en saison – **Repas** Lunch 790 – carte 850 à 1400.

à Balmoral *par ① : 3 km* C *Spa* – *4900 Spa :*

Alfa Balmoral M, av. Léopold II 40, (0 87) 79 21 41, *Fax (0 87) 79 21 51*, – TV P – 25 à 180. AE VISA.
Repas Lunch 1200 – carte 1100 à 1750 – **50 ch** 5000/6600, 38 suites – ½ P 3900/5900.

Dorint, rte de Balmoral 33, (0 87) 77 25 81, *Fax (0 87) 77 41 74*, « Environnement boisé », – TV P – 25 à 200. AE VISA. rest
Repas Lunch 950 – 1050/1790 – **98 ch** 4800/7900 – ½ P 3350/7850.

à Nivezé *par rte de la Sauvenière, puis à gauche* C *Spa* – *4900 Spa :*

La Fontaine du Tonnelet, rte du Tonnelet 82, (0 87) 77 26 03, Cuisine italienne – P. AE VISA
fermé fin déc.-fin janv., mardi et merc. – **Repas** 1280.

à la Reid *par ③ : 9 km* C *Theux 10 842 h.* – *4910 La Reid :*

Le Menobu, rte de Menobu 546, (0 87) 37 60 42, *Fax (0 87) 37 69 35*, – TV P. VISA
fermé janv. – **Repas** *(fermé mardi et merc.)* Lunch 890 – carte env. 1100 – **6 ch** 1500/2200 – ½ P 1750.

A la Retraite de Lempereur, Basse Desnié 842, (0 87) 37 62 15, *Fax (0 87) 37 62 15*, « Ancienne ferme, jardin » – P. AE VISA
fermé fin août-début sept., fin déc., mardi et merc. – **Repas** Lunch 995 – 1495/1990.

à Sart *par ① : 7 km* C *Jalhay 7 231 h.* – *4845 Sart :*

L'Aub. du Wayai, rte du Stockay 2, (0 87) 47 53 93, *Fax (0 87) 47 53 95*, « Cadre champêtre », – TV P. AE VISA
Repas *(fermé merc.)* Lunch 750 – 995 – **15 ch** 2000/3000 – ½ P 2500/3250.

Aub. les Santons avec ch, Cokaifagne 47 (rte de Francorchamps), (0 87) 47 43 15, *Fax (0 87) 47 43 16*, « Terrasse et jardin » – TV P. VISA
20 avril-8 nov., week-end et jours fériés ; fermé 11 nov.-21 déc. et merc. – **Repas** *(fermé après 20 h 30)* Lunch 1450 – 1800/2000 – 400 – **6 ch** 2300.

Le Petit Normand, r. Roquez 47 (Sud-Est : 3 km, direction Francorchamps), (0 87) 47 49 04, *Fax (0 87) 47 49 04*, « Environnement boisé » – P. VISA
fermé 15 janv.-12 fév., 3 prem. sem. sept., 2 sem. Toussaint, merc. et jeudi – **Repas** Lunch 1200 – carte 1400 à 1800.

SPONTIN *5530 Namur* C *Yvoir 7 626 h.* 213 P 21, 214 P 21 *et* 909 I 5.

Voir *Château*★.

Bruxelles 83 – Namur 24 – Dinant 11 – Huy 31.

Host. du Bocq et Aub. des Nutons, chaussée de Dinant 13, ☎ (0 83) 69 91 42, *Fax (0 83) 69 91 42* – TV. MC VISA
Repas *(fermé mardi soir et merc. sauf en saison)* Lunch 680 – 800/1850 – **6 ch** ☕ 2050/2500 – ½ P 3150.

à Dorinne *Sud-Ouest : 2,5 km* C *Yvoir* – ✉ *5530 Dorinne :*

Le Vivier d'Oies (Godelet), r. État 7, ☎ (0 83) 69 95 71, *Fax (0 83) 69 90 36* – P. AE ① MC VISA
fermé du 1er au 10 mars, 25 sept.-10 oct. et merc. et jeudis non fériés – **Repas** Lunch 980 – 1525/2200, carte 1950 à 2400
Spéc. Salade de homard poêlé aux haricots verts. Canette fermière rôtie aux épices. Croquant d'amandes aux fruits caramélisés et glace au miel de lavande.

SPRIMONT *4140 Liège* 213 T 19, 214 T 19 *et* 909 JK 4 – *12 247 h.*

Bruxelles 112 – Liège 19 – Spa 12.

La Maison des Saveurs, r. Grand Bru 27 (sur N 30, direction Liège), ☎ (0 4) 382 35 60, – P. MC VISA
fermé 2 sem. en août, 1 sem. en déc., lundi soir et mardi – **Repas** Lunch 950 – carte 1500 à 1800.

STALHILLE *West-Vlaanderen* 213 D 15 *et* 909 C 2 – *voir à Jabbeke.*

STAVELOT *4970 Liège* 213 U 20, 214 U 20 *et* 909 K 4 – *6 492 h.*

Voir *Carnaval du Laetare*★★ *(3e dim. avant Pâques) – Châsse de St-Remacle*★★ *dans l'église St-Sébastien.*

Musée : *religieux régional dans l'Ancienne Abbaye : section des Tanneries*★.

Env. *à l'Ouest : Vallée de l'Amblève*★★ *de Stavelot à Comblain-au-Pont – à l'Ouest : 8,5 km : Cascade*★ *de Coo, Montagne de Lancre* ✻★.

Musée de l'Ancienne Abbaye, Cour de l'Hôtel de Ville ☎ *(0 80) 86 27 06, Fax (0 80) 86 27 06.*

Bruxelles 158 – Bastogne 64 – Liège 59 – Malmédy 9 – Spa 18.

d'Orange, Devant les Capucins 8, ☎ (0 80) 86 20 05, *Fax (0 80) 86 42 92*, , « Ancien relais postal du 18e s. », – TV ☎ – 25. AE ① MC VISA
avril-nov., vacances scolaires et week-end – **Repas** *(fermé après 20 h 30)* 750/1650 – **17 ch** ☕ 2800/3300 – ½ P 2250/3100.

Le Val d'Amblève avec ch, rte de Malmédy 7, ☎ (0 80) 86 23 53, *Fax (0 80) 86 41 21*, ←, , « Jardin », – rest, TV ☎ P – 35. AE ① MC VISA
fermé 3 prem. sem. janv. – **Repas** *(fermé lundis non fériés)* Lunch 1350 – 1750/1975 – **12 ch** ☕ 3000/4500.

à la cascade de Coo *Ouest : 8,5 km* C *Stavelot* – ✉ *4970 Stavelot :*

Val de la Cascade, Petit-Coo 1, ☎ (0 80) 68 40 78, *Fax (0 80) 68 49 80*, – TV ☎ P – 30. AE ① MC VISA
Repas Lunch 495 – 650/1175 – **20 ch** ☕ 1600/2400 – ½ P 2550/2750.

Au Vieux Moulin, Petit-Coo 2, ☎ (0 80) 68 40 41, *Fax (0 80) 68 40 41*, ← – AE MC VISA
fermé mardis soirs et merc. non fériés sauf vacances scolaires – **Repas** 750/1850.

STEKENE *9190 Oost-Vlaanderen* 213 J 15 *et* 909 F 2 – *16 701 h.*

Bruxelles 59 – Antwerpen 30 – Gent 32.

't Oud Gelaag, Nieuwstraat 66b, ☎ (0 3) 779 82 94, *Fax (0 3) 779 82 94* – VISA.
fermé 3 prem. sem. oct., merc. soir, jeudi et vend. midi – **Repas** Lunch 1200 – carte env. 1400.

STEVOORT *Limburg* 213 Q 17 *et* 909 I 3 – *voir à Hasselt.*

STOUMONT *4987 Liège* 213 T 20, 214 T 20 *et* 909 K 4 – *2 821 h.*

Env. *à l'Ouest : Belvédère "Le Congo" ≤★ – Site★ du Fonds de Quareux.*

Bruxelles 139 – Liège 45 – Malmédy 24.

Zabonprés, Zabonprés 3 (Ouest : 4,5 km sur N 633, puis route à gauche), ☎ (0 80) 78 56 72, *Fax (0 80) 78 61 41*, « Fermette au bord de l'Amblève » – P. AE O MC VISA
ouvert 21 mars-21 sept., week-end et jours fériés ; fermé carnaval, sem. Toussaint, Noël-Nouvel An, lundi soir sauf en juil.-août et mardi – **Repas** 900/1350.

STROMBEEK-BEVER *Vlaams-Brabant* 213 L 17 - (51) N *et* 909 G 3 – *voir à Bruxelles, environs.*

STUIVEKENSKERKE *West-Vlaanderen* 213 C 16 – *voir à Diksmuide.*

TAMISE *Oost-Vlaanderen – voir Temse.*

TEMPLOUX *Namur* 213 N 20, 214 N 20 *et* 909 H 4 – *voir à Namur.*

TEMSE (TAMISE) *9140 Oost-Vlaanderen* 213 K 16 *et* 909 F 2 – *25 278 h.*

De Watermolen, Wilfordkaai 23 ☎ (0 3) 771 51 31, Fax (0 3) 711 01 01.

Bruxelles 40 – Antwerpen 26 – Gent 41 – Mechelen 25 – Sint-Niklaas 7,5.

Belle Vue, Wilfordkaai 37, ☎ (0 3) 711 08 08, *Fax (0 3) 771 57 58*, – rest, TV ☎. AE O MC VISA JCB
Repas *(fermé fin déc. et vend.)* Lunch 990 – 1690 – **11 ch** 2300/2700 – ½ P 2900/3150.

La Provence, Doornstraat 252 (Nord : 2 km, lieu-dit Velle), ☎ (0 3) 711 07 63, *Fax (0 3) 711 07 53*, « Ancienne ferme avec terrasse » – P. AE MC VISA
fermé du 15 au 24 fév., du 7 au 24 sept., mardi, merc. et sam. midi – **Repas** 1075/1850.

de Sonne, Markt 10, ☎ (0 3) 771 37 73, *Fax (0 3) 771 37 73*, – AE O MC VISA
fermé 12 juil.-5 août, merc. et jeudi – **Repas** Lunch 1050 – 1500/1900.

De Pepermolen, Nijverheidsstraat 1 (près N 16), ☎ (0 3) 771 12 41, *Fax (0 3) 771 12 41* – P. AE VISA.
fermé 1 sem. en fév., 3 sem. en juil., mardi soir et merc. – **Repas** Lunch 450 – carte 1050 à 1550.

TERHULPEN *Brabant Wallon – voir La Hulpe.*

TERMONDE *Oost-Vlaanderen – voir Dendermonde.*

TERTRE *7333 Hainaut* C *St-Ghislain 22 118 h.* 213 H 20, 214 H 20 *et* 909 E 4.

18 *au Nord-Est : 4 km à Baudour, r. Mont Garni 3 ☎ (0 65) 62 27 19, Fax (0 65) 62 34 10.*

Bruxelles 77 – Mons 12 – Tournai 37 – Valenciennes 30.

Le Vieux Colmar, rte de Tournai 197 (N 50), ☎ (0 65) 62 26 79, *Fax (0 65) 62 36 14*, « Jardin fleuri » – P. AE O MC VISA
fermé 2 sem. carnaval et 16 juil.-3 août – **Repas** (déjeuner seult sauf vend. et sam.) Lunch 985 – 1500/1800.

La Cense de Lalouette, rte de Tournai 188 (N 50), ☎ (0 65) 62 08 70, *Fax (0 65) 62 35 58*, « Rustique » – P. AE O MC VISA
fermé 2e quinz. août-1er sept., du 1er au 15 janv., lundi et sam. midi – **Repas** (déjeuner seult sauf sam.) Lunch 1495 – 935/2250.

TERVUREN *Vlaams-Brabant* 213 M 18 - (52) S *et* 909 G 3 - (22) S – *voir à Bruxelles, environs.*

TESSENDERLO *3980 Limburg* 213 P 16 *et* 909 I 2 – *15 352 h.*

Voir *Jubé★ de l'église St-Martin (St-Martinuskerk).*

Gemeentehuis, Markt ☎ (0 13) 66 17 15, Fax (0 13) 67 36 93.

Bruxelles 66 – Antwerpen 57 – Liège 70.

Lindehoeve , Zavelberg 12 (Ouest : 3,5 km, lieu-dit Schoot), ☎ (0 13) 66 31 67, *Fax (0 13) 67 16 95*, ≤, « Environnement boisé », – TV ☎ P. AE O MC VISA. rest
Repas *(fermé vacances Noël, dim. soir, lundi et après 20 h 30)* 850/990 – **6 ch** 2500/3500.

La Forchetta, Stationsstraat 69, ☎ (0 13) 66 40 14, *Fax (0 13) 66 40 14*, « Terrasse fleurie » – P. AE O MC VISA
fermé sem. carnaval, dern. sem. juil.-2 prem. sem. août, lundi et sam. midi – **Repas** carte 1450 à 1850.

TEUVEN *3793 Limburg* C *Voeren 4 318 h.* 213 U 18 et 909 K 3.
Bruxelles 134 – Maastricht 22 – Liège 43 – Verviers 26 – Aachen 22.

XXX **Hof de Draeck** avec ch, Hoofstraat 6, ✆ (0 4) 381 10 17, *Fax (0 4) 381 11 88*, « Ferme-château », – TV ☎ P. AE MC VISA.
fermé 14 fév.-4 mars et 14 août-1er sept. – **Repas** *(fermé lundi et mardi midi)* Lunch 950 – 1890 – **9 ch** 2100/3200 – ½ P 2700/3800.

THEUX *4910 Liège* 213 T 19, 214 T 19 et 909 K 4 – *10 842 h.*
Bruxelles 131 – Liège 31 – Spa 7 – Verviers 12.

XX **Le Relais du Marquisat,** r. Hocheporte 13, ✆ (0 87) 54 21 38, *Fax (0 87) 53 01 39*, « Maisonnette restaurée » – AE D MC VISA.
fermé août, lundi et merc. soir – **Repas** Lunch 795 – 995/1650.

X **L'Aubergine,** chaussée de Spa 87, ✆ (0 87) 53 02 59, *Fax (0 87) 53 02 59* – P. D MC VISA
fermé merc. – **Repas** Lunch 900 – 1250.

THIEUSIES *Hainaut* 213 J 19, 214 J 19 et 909 F 4 – *voir à Soignies.*

Do not mix up :

Comfort of hotels : ...
Comfort of restaurants : XXXXX ... X
Quality of the cuisine : ⚘⚘⚘, ⚘⚘, ⚘, **Repas**

THIMISTER *4890 Liège* C *Thimister-Clermont 4 910 h.* 213 U 19, 214 U 19 et 909 K 4.
Bruxelles 121 – Maastricht 34 – Liège 29 – Verviers 12 – Aachen 22.

à Clermont *Est : 2 km* C *Thimister-Clermont* – ✉ *4890 Clermont :*

XXX **Le Charmes-Chambertin,** Crawhez 40, ✆ (0 87) 44 50 37, *Fax (0 87) 44 71 61* – P. AE D MC VISA
fermé 1 sem. Pâques, fin juil.-début août, fin déc.-début janv., dim. soir, lundi soir et merc. – **Repas** Lunch 1050 – 1500/1750.

THON *Namur* 213 P 20, 214 P 20 et 909 I 4 – *voir à Namur.*

TIELRODE *9140 Oost-Vlaanderen* C *Temse 25 278 h.* 213 K 16 et 909 F 2.
Bruxelles 44 – Antwerpen 30 – Gent 40 – Mechelen 29.

X **Ter Schroeven,** Hofstraat 53, ✆ (0 3) 766 48 87, *Fax (0 3) 766 48 87*, « Ancienne grange » – MC VISA.
fermé 2 sem. en sept., mardi, merc. et jeudi midi – **Repas** Lunch 1000 – 1325/1750.

TIELT *8700 West-Vlaanderen* 213 F 17 et 909 D 2 – *19 240 h.*
Bruxelles 85 – Brugge 34 – Kortrijk 21 – Gent 32.

Shamrock, Euromarktlaan 24 (près rte de ceinture), ✆ (0 51) 40 15 31, *Fax (0 51) 40 40 92*, , , – , rest, TV ☎ P – 25 à 250. AE D MC VISA
fermé 2 dern. sem. juil.-prem. sem. août et dim. – **Repas** *(fermé dim. et lundi)* Lunch 400 – carte env. 1400 – **27 ch** 2300/3400 – ½ P 2650.

XX **De Meersbloem,** Polderstraat 3 (Nord-Est : 4,5 km, direction Ruiselede, puis rte à gauche), ✆ (0 51) 40 25 01, *Fax (0 51) 40 77 52*, ≤, , « Jardin » – P. AE D MC VISA
fermé 1 sem. en avril, 1 sem. en sept., 1 sem. en janv., mardi soir, merc. et dim. soir – **Repas** Lunch 1100 – 1900.

TIENEN (TIRLEMONT) *3300 Vlaams-Brabant* 213 O 18 et 909 H 3 – *31 488 h.*
Voir *Église N.-D.-au Lac★ (O.L. Vrouw-ten-Poelkerk) : portails★* ABY **D.**
Env. *par ② : 3 km à Hakendover, retable★ de l'église St-Sauveur (Kerk van de Goddelijke Zaligmaker) – à l'Est : 15 km à Zoutleeuw, Église St-Léonard★★ (St-Leonarduskerk) : intérieur★★ (musée d'art religieux, tabernacle★★).*
Grote Markt 4 ✆ *(0 16) 80 56 86, Fax (0 16) 81 04 79.*
Bruxelles 46 ④ – Charleroi 60 ④ – Hasselt 35 ② – Liège 57 ④ – Namur 47 ④

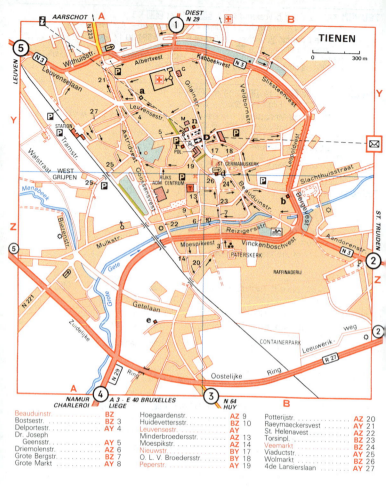

Beauduinstr. . . . . BZ
Bostsestr. . . . . BZ 3
Delportestr. . . . . AY 4
Dr. Joseph Geensstr. . . . . AY 5
Driemolenstr. . . . . AZ 6
Grote Bergstr. . . . . BZ 7
Grote Markt . . . . AY 8
Hoegaardenstr. . . . . AZ 9
Huidevettersstr. . . . . BZ 10
Leuvensestr. . . . . AY
Minderbroedersstr. . . . . AZ 13
Moespikstr. . . . . AZ 14
Nieuwstr. . . . . BY 17
O. L. V. Broedersstr. . . . . BY 18
Peperstr. . . . . AY 19
Potterijstr. . . . . AZ 20
Raeymaeckersvest . . . . AY 21
St. Helenavest . . . . AZ 22
Torsinpl. . . . . BZ 23
Veemarkt . . . . BZ 24
Viaductstr. . . . . AY 25
Wolmarkt . . . . BZ 26
4de Lansierslaan . . . . AY 27

Alpha, Leuvensestraat 95, (0 16) 82 28 00, *Fax (0 16) 82 24 54*, , – P. AE MC VISA — AY a
Repas *(fermé sam. et dim.)* Lunch 500 – 700/995 – 300 – **18 ch** 2400/2800 – ½ P 2000/3695.

De Fidalgo, Outgaardenstraat 23 (Bost), (0 16) 81 73 58, *Fax (0 16) 82 28 17*, , « Jardin avec étang » – P. AE O MC VISA. — AZ e
fermé prem. sem. mars, 2 dern. sem. juil.-prem. sem. août, sam. midi, dim. soir et lundi – **Repas** Lunch 1100 – 1295/1750.

Vigiliae, Grote Markt 10, (0 16) 81 77 03, *Fax (0 16) 82 12 68*, , Ouvert jusqu'à 23 h 30 – AE O MC VISA. — AY n
fermé 2 dern. sem. juil.-prem. sem. août et lundi – **Repas** 750/1280.

Casa Al Parma, Grote Markt 40, (0 16) 81 68 55, *Fax (0 16) 82 26 56*, , Avec cuisine italienne, ouvert jusqu'à 23 h – AE O MC VISA. — AY r
fermé merc. – **Repas** Lunch 850 – carte env. 1300.

De Valgaer, Veemarkt 34, (0 16) 82 12 53, *Fax (0 16) 82 28 15*, , « Rustique » – AE MC VISA — BYZ d
fermé 1 sem. en mars, 2 sem. en nov., lundi et mardi – **Repas** carte env. 1300.

De Refugie, Kapucijnenstraat 75, ☎ (0 16) 82 45 32, *Fax (0 16) 81 45 32,* – AE ⓓ ⓜ VISA BZ b
fermé 1 sem. vacances Pâques, mi-juil.-début août, mardi soir, merc. et sam. midi – **Repas** *Lunch 600* – 950/1400.

TILFF *Liège* 213 S 19, 214 S 19 - ㉕ S et 909 J 4 - ⑱ S – *voir à Liège, environs.*

TILLEUR *Liège* 909 ⑰ S – *voir à Liège, environs.*

TIRLEMONT *Vlaams-Brabant – voir Tienen.*

TONGEREN (TONGRES) *3700 Limburg* 213 R 18 *et* 909 J 3 – *29 803 h.*

Voir *Basilique Notre-Dame★★ (O.L. Vrouwebasiliek) : trésor★★, retable★, statue polychrome★ de Notre-Dame, cloître★* Y.
Musée : *Gallo-romain★* Y M¹.
Stadhuis, Stadhuisplein 9 ☎ (0 12) 39 02 55, Fax (0 12) 39 11 43.
Bruxelles 87 ④ – *Maastricht 19* ② – *Hasselt 20* ⑤ – *Liège 19* ③

TONGEREN

Achttiende-Oogstwal	Y	2
Clarissenstraat	Y	4
Corversstraat	YZ	5
Eeuwfeestwal	Y	6
Elisabethwal	Z	9
Grote Markt	Y	
Hasseltsesteenweg	Y	10
Hemelingenstraat	Y	12
Hondsstraat	Y	14
Luikerstraat	Z	15
Looierstraat	Z	17
Maastrichterstraat	Y	18
Minderbroederstraat	Z	19
Moerenstraat	Y	20
Momberstraat	Z	23
Muntstraat	Z	24
Nevenstraat	Y	25
Piepelpoel	Y	27
Plein	Y	28
Pliniuswal	Y	30
Predikherenstraat	Y	31
Regulierenplein	Z	34
Riddersstraat	Y	35
de Schiervelstraat	Y	37
St. Catharinastraat	Y	38
St. Jansstraat	Z	39
St. Maternuswal	Y	41
St. Truidenstraat	Y	42
Stationslaan	Y	44
Vermeulenstraat	Y	46
11 Novemberwal	Y	47

Ambiotel, Veemarkt 2, ☎ (0 12) 26 29 50, *Fax (0 12) 26 15 42,* – 25 à 50. AE ⓓ ⓜ VISA. Y e
Repas (Taverne-rest, ouvert jusqu'à 23 h) carte 950 à 1650 – **22 ch** 4150 – ½ P 2600.

Biessenhuys, Hemelingenstraat 23, ☎ (0 12) 23 47 09, *Fax (0 12) 23 83 76,* « Demeure ancienne, jardin » – AE ⓓ ⓜ VISA. rest Y a
fermé du 6 au 15 mars, 17 juil.-10 août, mardi soir et merc. – **Repas** *Lunch 1050* – 1575/2150.

De Brasserie, Grote Markt 31, ☎ (0 12) 23 85 51, *Fax (0 12) 39 19 49* – VISA Y n
fermé merc. et jeudi midi – **Repas** 1000.

à 's-Herenelderen *Nord-Est : 4 km par N 758, direction Mopertingen* C *Tongeren* – ✉ *3700 's-Herenelderen :*

Bavershof, Elderenstraat 133, ☎ (0 12) 23 43 18, *Fax (0 12) 39 25 18,* – P.
Repas *(fermé merc.)* (Taverne-rest, dîner seult sauf week-end) *Lunch 395* – carte env. 900 – **9 ch** 1400/2000 – ½ P 1395/1795.

à Vliermaal *par ⑤ : 5 km* Ⓒ *Kortessem 7 971 h.* – ✉ *3724 Vliermaal :*

XXXXX ✿✿ **Clos St. Denis** (Denis), Grimmertingenstraat 24, ✆ (0 12) 23 60 96, *Fax (0 12) 26 32 07*, « Ferme-château du 17e s., terrasse ombragée et jardin » – P. AE ⓓ ⓜ VISA. ✻
fermé 1 sem. Pâques, du 3 au 18 juil., du 1er au 7 nov., 27 déc.-9 janv., lundi et mardi – **Repas** Lunch 1750 – 3500/4950, carte 3100 à 4000
Spéc. Rosace de pommes de terre ratte aux truffes et homard minute. Raviolis de langoustines à l'estragon. Poularde de Bresse truffée sous la peau, rôtie et poêlée d'asperges.

TONGERLO *Limburg* 213 T 16 – *voir à Bree.*

TORGNY *Luxembourg belge* 214 R 25 *et* 909 J 7 – *voir à Virton.*

TORHOUT *8820 West-Vlaanderen* 213 D 16 *et* 909 C 2 – *18 743 h.*

Kasteel Ravenhof ✆ (0 50) 22 07 70, Fax (0 50) 22 15 04.
Bruxelles 107 – Brugge 23 – Oostende 25 – Roeselare 13.

Kasteel d'Aertrycke M, Zeeweg 42, ✆ (0 50) 22 01 24, *Fax (0 50) 22 01 26*, ←, « Château au milieu d'un parc avec étangs », – TV ☎ P – 25 à 60. AE ⓓ ⓜ VISA JCB. ✻ rest
Repas *(fermé dim. soir)* Lunch 1500 bc – 2500 bc/3500 bc – **20 ch** 3700/5300 – ½ P 3650/6150.

Host. 't Gravenhof, Oostendestraat 343 (Nord-Ouest : 3 km à Wijnendale), ✆ (0 50) 21 23 14, *Fax (0 50) 21 69 36*, – rest, TV ☎ P – 25 à 320. AE ⓓ ⓜ VISA. ✻ rest
Repas *(fermé 15 fév.-1er mars, du 1er au 16 nov., mardi et merc.)* 1500/2700 – **10 ch** 2500/3500 – ½ P 2400.

XX **Forum,** Rijksweg 42 (Sud-Ouest : 7 km sur N 35 à Sint-Henricus), ✆ (0 51) 72 54 85, *Fax (0 51) 72 63 57* – P. AE ⓓ ⓜ VISA
fermé du 3 au 10 mars, du 1er au 15 août, dim. soir et lundi – **Repas** Lunch 700 – 1500/2500.

X **De Zwaan,** Oostendestraat 3, ✆ (0 50) 21 26 58, *Fax (0 50) 22 15 50* – P. AE ⓜ VISA
fermé 22 juil.-10 août, dim. soir et lundi – **Repas** Lunch 400 – 850/1650.

X **'t Heuvelhof,** Oostendestraat 394 (Nord-Ouest : 3 km à Wijnendale), ✆ (0 50) 21 50 01, *Fax (0 50) 21 69 36*, Taverne-rest – P. AE ⓓ ⓜ VISA
fermé lundi et mardi – **Repas** Lunch 350 – 850.

à Lichtervelde *Sud : 7 km – 8 331 h.* – ✉ *8810 Lichtervelde :*

De Voerman, Koolskampstraat 105 (par E 403 - A 17, sortie ⑨), ✆ (0 51) 74 67 67, *Fax (0 51) 74 80 80*, – rest, TV ☎ P. ⓜ VISA. ✻
Repas *(fermé 2e quinz. sept., Noël, Nouvel An et lundi midi)* carte env. 850 – **10 ch** 1400/2100.

XXX **De Bietemolen,** Hogelaanstraat 3 (direction Ruddervoorde : 3 km à Groenhove), ✆ (0 50) 21 38 34, *Fax (0 50) 22 07 60*, ←, « Terrasse fleurie et jardin » – P. AE ⓓ ⓜ VISA
fermé 3 dern. sem. août, dim. soir et lundi – **Repas** 2300 bc/3000 bc.

TOURINNES-ST-LAMBERT *1457 Brabant Wallon* Ⓒ *Walhain 5 318 h.* 213 N 19, 214 N 19 *et* 909 H 4.
Bruxelles 43 – Namur 26 – Charleroi 39.

X **Au Beurre Blanc,** r. Nil 8, ✆ (0 10) 65 03 65, *Fax (0 10) 65 05 68* – P. AE ⓓ ⓜ VISA
fermé 2 sem. en mars, 2 sem. en sept., fin déc.-début janv., dim. soir et lundi – **Repas** Lunch 925 – 1300.

TOURNAI (DOORNIK) *7500 Hainaut* 213 F 19, 214 F 19 *et* 909 D 4 – *67 651 h.*

Voir *Cathédrale Notre-Dame★★★ : trésor★★* C – *Pont des Trous★ : ←★* AY – *Beffroi★* C.
Musées : *des Beaux-Arts★ (avec peintures anciennes★)* C M2 – *d'histoire et d'archéologie : sarcophage en plomb gallo-romain★* C M3.
Env. *au Nord : 6 km à Mont-St-Aubert ✻★* AY.
Vieux Marché-aux-Poteries 14 (au pied du Beffroi) ✆ (0 69) 22 20 45, Fax (0 69) 21 62 21.
Bruxelles 86 ② – Kortrijk 29 ⑥ – Charleroi 93 ② – Gent 70 ⑥ – Mons 48 ② – Lille 28 ⑥

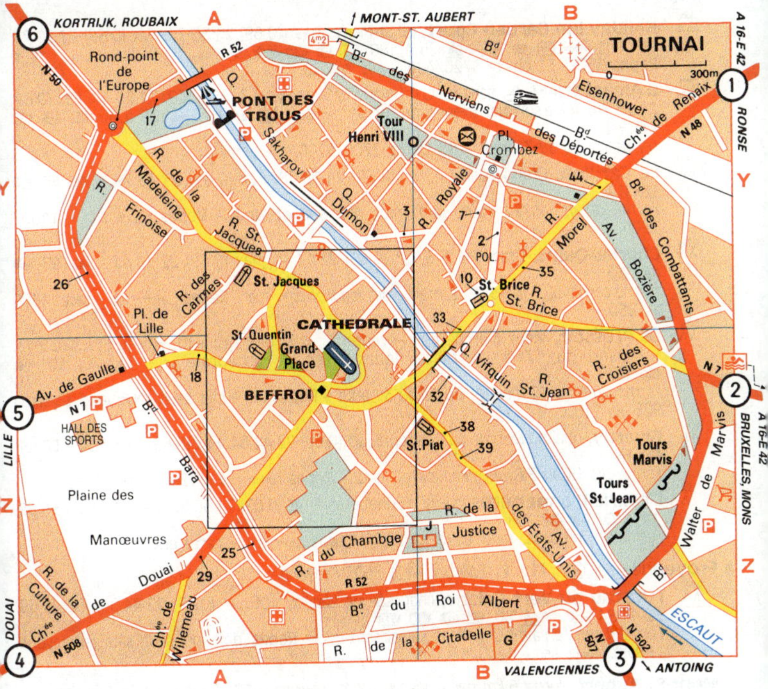

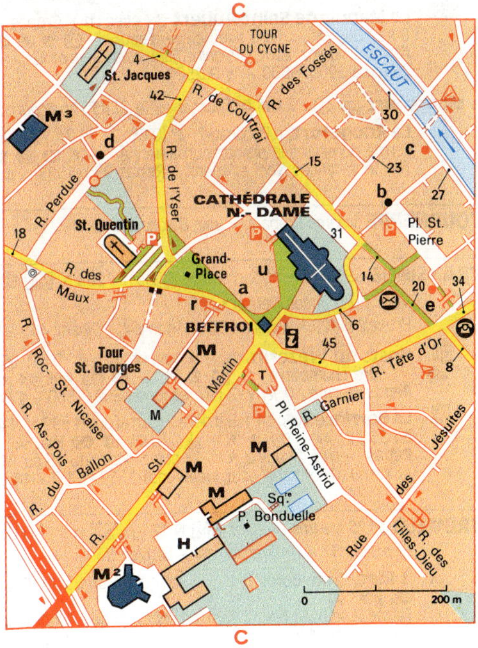

Athénée (R. de l') . . . . BY 2
Becquerelle (R. du) . . . . . AY 3
Bourdon-St-Jacques
(R. du) . . . . C 4
Chapeliers (R. des) . . . . . . C 6
Childeric (R.) . . . . BY 7
Clairisses (R. des) . . . . C 8
Clovis (Pl.) . . . . BY 10
Cordonnerie
(R. de la) . . . . C 14
Curé-N.-Dame (R. du) . . . . C 15
Delwart (Bd) . . . . AY 17
Dorez (R.) . . . . AZ 18
Gallait (R.) . . . . C 20
Grand-Place C
Hôpital-Notre-Dame
(R. de l') . . . . C 23
Lalaing (Bd) . . . . AZ 25
Léopold (Bd) . . . . AY 26
Marché-au-Poisson
(Quai du) . . . . C 27
Montgomery (Av.) . . . . . . AZ 29
Notre-Dame (Quai) . . . . . . C 30
Paul-E.-Janson (Pl.) . . . . . C 31
Poissonsceaux
(Quai des) . . . . BZ 32
Pont (R. de) . . . . BYZ 33
Puits-d'Eau
(R. des) . . . . C 34
Quesnoy (R. du) . . . . BY 35
Royale (R.) . . . . BY
Saint-Piat (R.) . . . . BZ 38
Sainte-Catherine (R.) . . . . BZ 39
Tête-d'Argent (R.) . . . . C 42
Volontaires
(R. des) . . . . BY 44
Wallonie
(R. de la) . . . . C 45

Holiday Inn Garden Court, pl. St-Pierre 2, (0 69) 21 50 77, *Fax (0 69) 21 50 78,* – – 25 à 180. AE MC VISA. C b
Repas 850 – **59 ch** 3720/4140 – ½ P 4320.

d'Alcantara M sans rest, r. Bouchers St-Jacques 2, (0 69) 21 26 48, *Fax (0 69) 21 28 24,* « Maison patricienne du 18e s. », – P – 25 à 40. AE MC VISA. C d
fermé du 25 au 30 déc. – **15 ch** 2700/4200.

Le Carillon, Grand'Place 64, (0 69) 21 18 48, *Fax (0 69) 21 33 79* – . AE MC VISA C r
fermé du 1er au 22 août, sam. midi, dim. soir et lundi – **Repas** Lunch 695 – 1100/2300.

Charles-Quint, Grand'Place 3, (0 69) 22 14 41, *Fax (0 69) 22 14 41* – . AE MC VISA C a
fermé carnaval, 5 juil.-5 août, merc. soir, jeudi et dim. soir – **Repas** Lunch 1100 – carte 1300 à 1850.

Le Pressoir, Vieux Marché aux Poteries 2, (0 69) 22 35 13, *Fax (0 69) 22 35 13,* « Maison du 17e s., terrasse fleurie avec cathédrale » – 70. AE MC VISA C u
fermé du 6 au 12 mars et du 16 au 31 août – **Repas** (déjeuner seult sauf vend. et sam.) 995 bc/1100.

Giverny, quai du Marché au Poisson 6, (0 69) 22 44 64, *Fax (0 69) 22 44 64* – AE MC VISA C c
fermé du 15 au 31 juil., dim. soir et lundi – **Repas** Lunch 700 – 1200/1800.

L'écurie D'ennetières, ruelle d'Ennetières 7, (0 69) 21 56 89, *Fax (0 69) 21 56 89,* – AE MC VISA C e
fermé 11 juil.-août, lundi et mardi soir – **Repas** Lunch 330 – carte env. 1000.

à Froyennes *par ⑥ : 4 km* C *Tournai* – *7503 Froyennes :*

l'Oustau du Vert Galant, chaussée de Lannoy 106, (0 69) 22 44 84, *Fax (0 69) 22 44 84* – P – 60. AE MC VISA
fermé 1 sem. en avril, 2 sem. en juil. et sam. midi – **Repas** *(déjeuner seult sauf jeudi, vend. et sam.)* Lunch 850 – 1200/1800 bc.

à Mont-St-Aubert *Nord : 6 km par r. Viaduc* AY C *Tournai* – *7542 Mont-St-Aubert :*

Le Manoir de Saint-Aubert avec ch, r. Crupes 14, (0 69) 21 21 63, *Fax (0 69) 84 27 05,* , « Parc avec pièce d'eau » – P AE MC VISA
fermé 2e quinz. août, 1re quinz. janv., dim. soir et lundi – **Repas** Lunch 990 – 1700/2150 – **7 ch** 2900/3800 – ½ P 2500.

à Mourcourt *par ① : 7 km* C *Tournai* – *7543 Mourcourt :*

Le Rougefort, r. Bardeau 2, (0 69) 22 80 74, *Fax (0 69) 22 80 74,* , « Ancienne ferme dominant la plaine tournaisienne » – P AE MC VISA.
fermé vacances Noël et merc. – **Repas** 995/1595.

TOURNEPPE *Vlaams-Brabant* – *voir Dworp à Bruxelles, environs.*

TRANSINNE *6890 Luxembourg belge* C *Libin 4 266 h.* 214 Q 23 *et* 909 I 6.

Voir *Euro Space Center*★.

Bruxelles 129 – Bouillon *32* – *Arlon 64* – *Dinant 44* – *Namur 73.*

Host. du Wezerin , r. Couvent 50, (0 61) 65 58 74, *Fax (0 61) 65 57 92,* , « Cadre champêtre » – P AE MC VISA. rest
Repas *(fermé 10 janv.-2 fév. et lundi)* 850/1500 – **12 ch** 1850/2500.

La Barrière avec ch, r. Barrière 2 (carrefour N 899 et N 40), (0 61) 65 50 37, *Fax (0 61) 65 55 32,* – P – 25. AE MC VISA. rest
Repas *(fermé 2e quinz. juin, 2e quinz. sept., du 18 au 28 déc., du 2 au 23 janv., dim. soir et lundi)* (dîner seult sauf week-end) 1550/1950 – **14 ch** 3100/3500.

TREMELO *3120 Vlaams-Brabant* 213 N 17 *et* 909 H 3 – *13 050 h.*

Bruxelles 37 – *Antwerpen 44* – *Leuven 25.*

't Riet, Grote Bollostraat 118, (0 16) 53 63 00, *Fax (0 16) 52 00 36,* – P AE MC VISA.
fermé 2 sem. en fév., 2 sem. en sept., fin déc., lundi, mardi et sam. midi – **Repas** Lunch 950 – carte env. 1800.

TROIS-PONTS 4980 Liège 213 U 20, 214 U 20 et 909 K 4 - 2 327 h.

Exc. Circuit des panoramas★.

pl. Communale 10 ✆ (0 80) 68 40 45, Fax (0 80) 68 52 68.

Bruxelles 152 - Liège 54 - Stavelot 6.

à Basse-Bodeux Sud-Ouest : 4 km Ⓒ Trois-Ponts - ✉ 4983 Basse-Bodeux :

Aub. Père Boigelot, r. Pèlerin 1, ✆ (0 80) 68 43 22, Fax (0 80) 68 43 11, « Jardin » - AE VISA.
fermé janv. - **Repas** (fermé mardi d'oct. à mars et merc.) 850/1500 - **12 ch** 1900/2500 - ½ P 1950/2100.

à Haute-Bodeux Sud-Ouest : 7 km Ⓒ Trois-Ponts - ✉ 4983 Haute-Bodeux :

Host. Doux Repos Haute-Bodeux 34, ✆ (0 80) 68 42 07, Fax (0 80) 68 42 82, - AE VISA
fermé mars, 29 nov.-20 déc., lundis et mardis non fériés de nov. à mars et merc. - **Repas** 900/1600 bc - **15 ch** 2050/3480 - ½ P 2100/2600.

à Wanne Sud-Est : 6 km Ⓒ Trois-Ponts - ✉ 4980 Wanne :

La Métairie, Wanne 4, ✆ (0 80) 86 40 89, Fax (0 80) 86 40 89 - AE VISA
fermé début oct., lundi soir et mardi - **Repas** 990.

TROOZ 4870 Liège 213 T 19, 214 T 19 et 909 K 4 - 7 653 h.

Bruxelles 110 - Liège 16 - Verviers 18.

Château Bleu, r. Rys-de-Mosbeux 52, ✆ (0 4) 351 74 57, Fax (0 4) 351 73 43, « Demeure du 19ᵉ s. », - 25. VISA.
fermé janv. et dim., lundi et jeudi sauf vacances scolaires - **Repas** (dîner seult) 950/1750 - **12 ch** 2500/3700 - ½ P 2350/3600.

TUBIZE (TUBEKE) 1480 Brabant Wallon 213 K 18, 214 K 18 et 909 F 3 - 21 379 h.

Bruxelles 24 - Charleroi 47 - Mons 36.

Le Pivert, r. Mons 183, ✆ (0 2) 355 29 02, Fax (0 2) 355 29 02 - AE VISA
fermé 1 sem. Pâques, 15 juil.-8 août, dim. soir, lundi soir et mardi - **Repas** Lunch 550 - 650/1450.

à Oisquercq Sud-Est : 4 km Ⓒ Tubize - ✉ 1480 Oisquercq :

La Petite Gayolle, r. Bon Voisin 79, ✆ (0 67) 64 84 44, Fax (0 67) 64 66 28, « Terrasse fleurie » - VISA
fermé 20 août-10 sept., dim. soir, lundi et jeudi soir - **Repas** Lunch 750 - 1550.

TURNHOUT 2300 Antwerpen 213 O 15 et 909 H 2 - 38 412 h.

par ③ : 4 km à Oud-Turnhout, Begijnenhoefstraat 11 ✆ (0 14) 45 05 09, Fax (0 14) 58 42 73.

Grote Markt 44 ✆ (0 14) 44 33 55, Fax (0 14) 44 33 54.

Bruxelles 84 ⑤ - Antwerpen 45 ⑤ - Liège 99 ④ - Breda 37 ① - Eindhoven 44 ③ - Tilburg 28 ②

Corsendonk Viane, Korte Vianenstraat 2, ✆ (0 14) 41 47 48, Fax (0 14) 41 47 48, - 25 à 580. AE VISA. rest Z a
Repas (fermé dim.) 895 - 425 - **80 ch** 3290/3690 - ½ P 4610.

Ter Driezen avec ch, Herentalsstraat 18, ✆ (0 14) 41 87 57, Fax (0 14) 42 03 10, « Terrasse », - AE VISA. ch Z c
Repas (fermé du 7 au 31 juil., 23 déc.-2 janv., sam. midi et dim.) Lunch 1395 - 2050/2600 - **10 ch** (fermé 23 déc.-2 janv.) 3050/4350.

La Gondola, Patersstraat 9, ✆ (0 14) 42 43 81, Fax (0 14) 43 87 00, Cuisine italienne - AE VISA Y e
fermé 1 sem. en avril, 2 dern. sem. juil., du 10 au 15 nov., sam. midi, dim. et lundi - **Repas** Lunch 995 - 1750/2100.

Boeket, Klein Engeland 67 (Nord : 5 km, direction Breda), ✆ (0 14) 42 70 28, Fax (0 14) 43 15 96, - AE VISA
fermé 1 sem. en juin, 1 sem. en sept., prem. sem. janv., merc., jeudi midi et sam. midi - **Repas** Lunch 1400 bc - 1750.

d'Achterkeuken, Baron Fr. du Fourstraat 4 (Bloemekensgang), ✆ (0 14) 43 86 42, Fax (0 14) 43 86 42 - VISA Z n
fermé 1 sem. en mars et mardi - **Repas** carte env. 1300.

TURNHOUT

Baron Fr. Du Fourstr. . . . Y 2
Beekstr. . . . . Y 3
Deken Adamsstr. . . . . . Z 5
Druivenstr. . . . . Z 6
Gasthuisstr. . . . . Z 7
Guldensporenlei . . . . . . Y 9
Hannuitstr. . . . . Y 12
Hofpoort . . . . Z 13
Kasteelstr. . . . . Y 14
Koningin Elisabethlei . . . . Y 16
Korte Gasthuisstr. . . . . . Z 17
Kwakkelstr . . . . Z 18
Mermansstr. . . . . Z 19
Otterstr . . . . Z 21
Oude Vaartstr . . . . Y 22
Renier Sniedersstr. . . . . Z 23
Sint Antoniusstr. . . . . . . Z 25
Spoorwegstr . . . . Z 26
Veldstr. . . . . Z 28
Victoriestr. . . . . Z 29
Wezenstr. . . . . Y 31

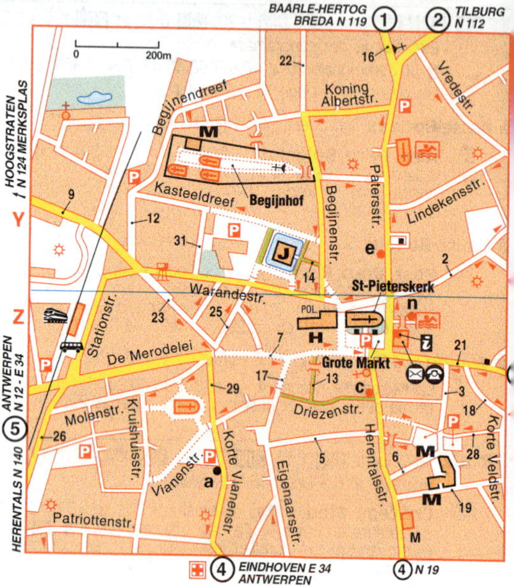

à Oud-Turnhout *par ③ : 4 km – 12 389 h. – ✉ 2360 Oud-Turnhout :*

Priorij Corsendonk, Corsendonk 5 (près E 34 - A 21, sortie ㉕), ☎ (0 14) 46 28 00, *Fax (0 14) 46 28 99*, ≤, 🏞, 🎾, 🚲 – 📺 ☎ 🅿 – 🏛 25 à 250. AE MC VISA. 🚫
Repas (résidents seult) – ☕ 410 – **71 ch** 2830/4240 – ½ P 3360/3780.

't Vrouwenhuys, Corsendonk 5a (près E 34 - A 21, sortie ㉕), ☎ (0 14) 46 28 97, *Fax (0 14) 45 03 96*, 🌳, « Dépendance d'un prieuré du 17e s. avec jardin » – 🅿. MC VISA. 🚫
fermé 1 sem. en août, 1 sem. en nov., lundi, mardi et sam. midi – **Repas** Lunch 1250 bc – 1600/2200.

UCCLE (UKKEL) *Région de Bruxelles-Capitale* 213 L 18 - ⑤① S *et* 909 G 3 - ②① S – *voir à Bruxelles.*

VAALBEEK *Vlaams-Brabant* 213 N 18 – *voir à Leuven.*

VARSENARE *West-Vlaanderen* 213 D 15 *et* 909 C 2 – *voir à Brugge, environs.*

VAUX-et-BORSET *Liège* 213 Q 19, 214 Q 19 *et* 909 I 4 – *voir à Villers-le-Bouillet.*

VENCIMONT *5575 Namur* C *Gedinne 4 370 h.* 214 O 22 *et* 909 H 5.
Bruxelles 129 – Bouillon 38 – Dinant 35.

Le Barbouillon, r. Grande 25, ☎ (0 61) 58 82 60, *Fax (0 61) 58 82 60*, 🌳 – 🅿. MC VISA
fermé 30 janv.-11 fév., 11 juin-1er juil. et merc. non fériés hors saison – **Repas** 1000/1900.

VERVIERS *4800 Liège* 213 U 19, 214 U 19 *et* 909 K 4 – *53 303 h.*
Musées : *des Beaux-Arts et de la Céramique*★ D M¹ – *d'Archéologie et de Folklore : dentelles*★ D M².
Env. *par ③ : 14 km, Barrage de la Gileppe*★★, ≤★★.
🏌18 *par ③ : 16 km à Gomzé-Andoumont, Sur Counachamps, r. Gomzé 30 ☎ (0 4) 360 92 07, Fax (0 4) 360 92 06.*
ℹ *r. Xhavée 61 ☎ (0 87) 33 02 13, Fax (0 87) 33 70 63.*
Bruxelles 122 ④ – Liège 32 ④ – Aachen 36 ④

VERVIERS

\nne-de-Molina (R.)	B	3
3rou (R. du)	C	4
Carmes (R. des)	D	6
Chapelle (R. de la)	B	7
Chêne (Pont du)	C	8
Clément XIV (R.)	B	9
Coronmeuse (R.)	D	10
Crapaurue	D	
Déportés (R. des)	B	12
Fabriques (R. des)	B	15
Franchimont (R. de)	B	16
Franchimontois (R. des)	B	17
Grandjean (R.)	C	18
Grappe (R. de la)	B	19
Grétry (R.)	B	20
Harmonie (Av. de l')	C	22
Heid des Fawes	B	24
Lions (Pont aux)	D	25
Maçons (Quai des)	D	27
Martyr (Pl. du)	C	28
Namur (R. de)	C	29
Ortmans-Hauzeur (R.)	D	30
Palais de Justice (Pl. du)	D	31
Paroisse (R. de la)	D	33
Raines (R. des)	D	34
Récollets (Pont des)	C	36
Saint-Laurent (Pont)	C	37
Sommeleville (Pl.)	D	39
Sommeleville (Pont)	D	40
Spintay (R.)	C	
Théâtre (R. du)	C	42
Thier-Mère-Dieu (R.)	D	43
Tribunal (R. du)	D	45
Verte (Pl.)	C	
Verviers (R. de)	B	46

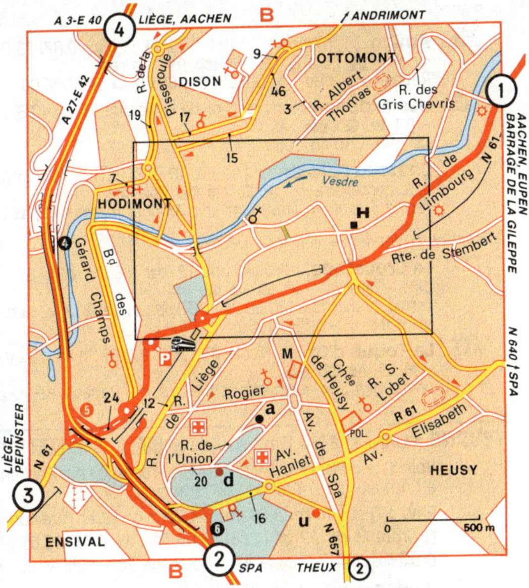

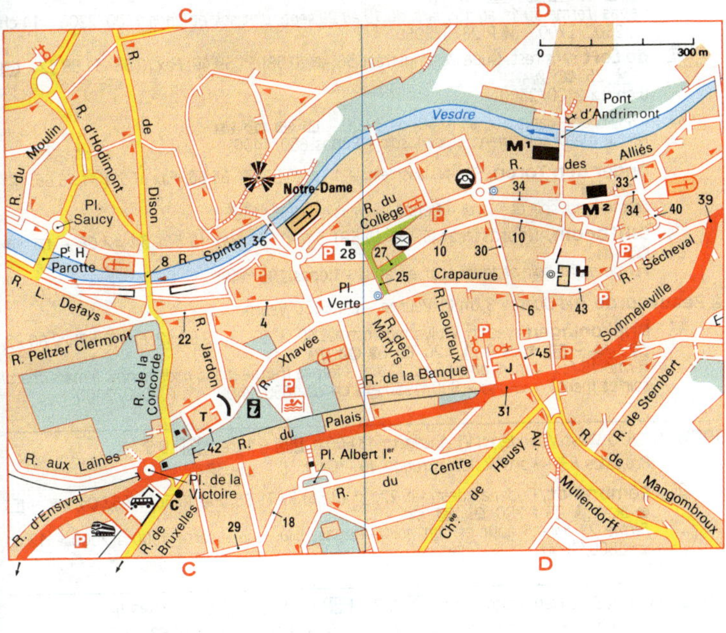

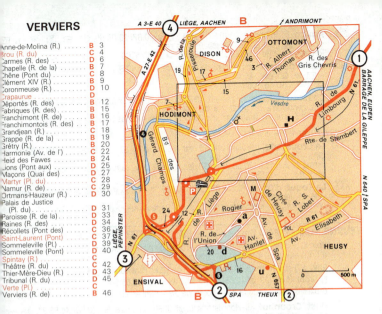

Ne confondez pas :

Confort des hôtels : 🏨🏨🏨🏨🏨 ... 🏨

Confort des restaurants : XXXXX ... X

Qualité de la table : ✿✿✿, ✿✿, ✿, Repas

Amigo, r. Herla 1, (0 87) 22 11 21, *Fax (0 87) 23 03 69*, – TV – P – 25 à 80. AE O MC VISA. rest B a
Repas *Lunch 1050* – 1200/2500 – **50 ch** 3400/6200 – ½ P 2550/3860.

des Ardennes sans rest, pl. de la Victoire 15, (0 87) 22 39 25, *Fax (0 87) 23 17 09*
– TV. MC VISA. C c
180 – **10 ch** 1000/2000.

Château Peltzer, r. Grétry 1, (0 87) 23 09 70, *Fax (0 87) 23 08 71*, « Dans un parc centenaire » – P. AE O MC VISA. B d
fermé 3 sem. en janv., dim. soir, lundi et mardi – **Repas** *Lunch 1500* – 2350/3500.

à Heusy C Verviers – 4802 Heusy :

La Croustade, r. Hodiamont 13 (par N 657), (0 87) 22 68 39, *Fax (0 87) 22 79 21*, « Jardin » – P. AE O MC VISA B
fermé 17 juil.-13 août, du 24 au 30 déc., 1er et 2 janv., sam. midi, dim. soir et lundi – **Repas** *Lunch 1050 bc* – 1150/1950.

La Toque d'Or, av. Nicolaï 43, (0 87) 22 11 11, *Fax (0 87) 22 94 59*, « Jardin » – P. AE O MC VISA B u
fermé dim. soir, lundi soir et merc. soir – **Repas** *Lunch 1200* – 1475/2150.

VEURNE (FURNES) *8630 West-Vlaanderen* 213 B 16 *et* 909 B 2 – *11 693 h.*

Voir *Grand-Place★★ (Grote Markt) – Procession des Pénitents★★ (Boetprocessie) – Cuirs★ à l'intérieur de l'Hôtel de Ville (Stadhuis).*

Env. *à l'Est : 10 km à Diksmuide, Tour de l'Yser (IJzertoren) ★.*

Grote Markt 29 (0 58) 33 05 31, Fax (0 58) 33 05 96.

Bruxelles 134 – Brugge 47 – Oostende 26 – Dunkerque 21.

Host. Croonhof M, Noordstraat 9, (0 58) 31 31 28, *Fax (0 58) 31 56 81*, – TV. AE O MC VISA. ch
Repas *(fermé du 1er au 15 mars, du 19 au 29 sept., dim. soir et lundi)* 1100/2200 – **14 ch** 2300/3700 – ½ P 2675/2950.

de Loft sans rest, Oude Vestingstraat 36, (0 58) 31 59 49, *Fax (0 58) 31 68 12* – TV – 25. MC VISA
8 ch 2100/2300.

Ibis, Grote Markt 10, (0 58) 31 37 00 – AE O MC VISA
fermé mardi soir, merc. et dim. soir – **Repas** 650/1400.

Onder den Toren, Sint-Niklaaspleintje 1, (0 58) 31 65 66, *Fax (0 58) 31 65 66*, – MC VISA
fermé lundi soir et mardi – **Repas** *Lunch 1375* – 995/1595.

Olijfboom, Noordstraat 3, (0 58) 31 70 77, *Fax (0 58) 31 42 08* – AE O MC VISA
fermé merc. soir et jeudi sauf en août – **Repas** 795/1495.

à Beauvoorde *Sud-Ouest : 8 km* C *Veurne* – *8630 Veurne :*

Driekoningen avec ch, Wulveringemstraat 40, (0 58) 29 90 12, *Fax (0 58) 29 80 22*, – TV P – 120. AE O MC VISA
fermé 15 fév.-4 mars et du 9 au 20 oct. – **Repas** *(fermé mardi midi de nov. à mars, mardi soir et merc.)* *Lunch 950* – 890/1950 – **7 ch** 1650/2400 – ½ P 2000/2100.

VICHTE *8570 West-Vlaanderen* C *Anzegem 13 600 h.* 213 F 18 *et* 909 D 3.

Bruxelles 83 – Kortrijk 13 – Brugge 49 – Gent 38 – Lille 37.

Rembrandt, Oudenaardestraat 22, (0 56) 77 73 55, *Fax (0 56) 77 57 04*, – TV P – 25 à 280. AE VISA.
fermé 21 juil.-15 août et dim. soir – **Repas** *Lunch 1200* – carte 1500 à 2000 – **17 ch** 1800/3000.

VIELSALM *6690 Luxembourg belge* 213 U 21, 214 U 21 *et* 909 K 5 – *7 085 h.*

r. Chasseurs Ardennais 1 (0 80) 21 50 52, Fax (0 80) 21 74 62.

Bruxelles 171 – Arlon 86 – Malmédy 28 – Clervaux 40.

Belle Vue, r. Jean Bertholet 5, (0 80) 21 62 61, *Fax (0 80) 21 62 01*, < lac, – TV. AE O MC VISA.
fermé 30 juin-14 juil., du 1er au 12 sept, 30 déc.-14 janv. et dim. soirs et lundis non fériés – **Repas** *Lunch 1000* – 850/1475 – **14 ch** 1900/2350 – ½ P 1900/2000.

à Baraque de Fraiture *Ouest : 15 km* C *Vielsalm –* ✉ *6690 Vielsalm :*

Aub. du Carrefour, rte de Liège 42, ✆ (0 80) 41 87 47, Fax *(0 80) 41 88 60,* – TV P – 25. AE MC VISA JCB
fermé 2 sem. en mars et du 1er au 15 sept. – **Repas** *(fermé mardi soir, merc. et après 20 h 30)* Lunch 480 – 850/1250 – **15 ch** 1200/2400 – ½ P 1750/1850.

à Grand-Halleux *Nord : 5 km* C *Vielsalm –* ✉ *6698 Grand-Halleux :*

Host. Les Linaigrettes, Rocher de Hourt 60, ✆ (0 80) 21 59 68, Fax *(0 80) 21 46 64,* « Terrasse au bord de la Salm » – TV ☎ P – 25. MC VISA.
fermé du 1er au 15 juin, du 1er au 12 sept., merc. et jeudi – **Repas** Lunch 650 – 1380 – **8 ch** 1700/2600 – ½ P 2700.

L'Ecurie, av. de la Résistance 30, ✆ (0 80) 21 59 54, Fax *(0 80) 21 76 43,* ≤, , Avec cuisine italienne, ouvert jusqu'à 23 h – P. AE VISA
fermé lundis et mardis midis non fériés sauf vacances scolaires – **Repas** carte 1400 à 1750.

à Hébronval *Ouest : 10 km* C *Vielsalm –* ✉ *6690 Vielsalm :*

Le Val d'Hébron, Hébronval 10, ✆ (0 80) 41 88 73, Fax *(0 80) 41 80 73,* – TV ☎ P – 25 à 40. AE MC VISA. rest
fermé 1 sem. en mars, 17 août-2 sept. et mardi – **Repas** Lunch 700 – 980/1500 – 250 – **12 ch** 1200/1800 – ½ P 1800.

à Salmchâteau *Sud : 2 km* C *Vielsalm –* ✉ *6690 Vielsalm :*

Résidence du Vieux Moulin , rte de Cierreux 41 (sur N 68), ✆ (0 80) 21 68 45, Fax *(0 80) 21 58 79,* , – TV ☎ P. AE MC VISA JCB
mi-mars-mi-sept. – **Repas** *(fermé mardi midi et merc. hors saison)* Lunch 600 – carte 1100 à 1550 – **11 ch** 1640/2580 – ½ P 2420/2520.

VIERVES-SUR-VIROIN *5670 Namur* C *Viroinval 5 650 h.* 214 M 22 *et* 909 G 5.
Bruxelles 121 – Charleroi 59 – Chimay 26 – Dinant 35 – Namur 65 – Charleville-Mézières 56.

La Bergerie 1880 sans rest, r. Centre 2, ✆ (0 60) 39 00 62, Fax *(0 60) 39 06 49,* .
5 ch 900/1600.

VIEUXVILLE *4190 Liège* C *Ferrières 4 070 h.* 213 S 20, 214 S 20 *et* 909 J 4.
Ferme de la Bouverie, r. Bouverie 1 ✆ (0 86) 21 30 88.
Bruxelles 120 – Liège 42 – Marche-en-Famenne 27 – Spa 30.

Château de Palogne sans rest, rte du Palogne 3, ✆ (0 86) 21 38 74, Fax *(0 86) 21 38 76,* « Demeure ancienne, parc », – TV ☎ P. AE MC VISA
390 – **11 ch** 2500/4200.

Le Lido , r. Logne 8, ✆ (0 86) 21 13 67, Fax *(0 86) 21 34 22,* ≤, , , – ☎ P. AE MC VISA
fermé 2e quinz. sept., 2e quinz. janv. et merc. et jeudis non fériés sauf vacances scolaires – **Repas** carte 850 à 1300 – **13 ch** 1700/2400 – ½ P 1920.

Au Chalet, rte des Fagnes 2 (Nord-Est : 3 km, lieu-dit Ville-My), ✆ (0 86) 40 03 35, Fax *(0 86) 21 36 03,* ≤ – TV ☎ P. AE MC VISA. ch
fermé 2 prem. sem. sept., lundi, mardi et après 20 h – **Repas** Lunch 500 – 850/1000 – **8 ch** 1500/1900 – ½ P 1450/1950.

Au Vieux Logis, rte de Logne 1, ✆ (0 86) 21 14 60, Fax *(0 86) 21 14 60* – P. AE MC VISA
fermé fin août-début sept., 1 sem. en nov., jeudis non fériés de janv. à mars, mardis et merc. non fériés – **Repas** Lunch 1250 – 1550/2150.

VILLERS-LA-VILLE *1495 Brabant Wallon* 213 M 19, 214 M 19 *et* 909 G 4 – *9 012 h.*
Voir *Ruines de l'abbaye★★.*
r. Châtelet 62 ✆ (0 71) 87 77 65, Fax (0 71) 87 77 83 - au Sud-Ouest : 3 km à Sart-Dames-Avelines, r. Jumerée 1 ✆ (0 71) 87 72 67, Fax (0 71) 87 43 38.
r. Abbaye 53 ✆ (0 71) 87 98 98.
Bruxelles 36 – Charleroi 28 – Namur 33.

Cigalon, av. Arsène Tournay 40, ✆ (0 71) 87 85 54, Fax *(0 71) 87 53 63,* Ouvert jusqu'à 23 h – P. AE MC VISA
fermé lundi et sam. midi – **Repas** Lunch 700 – 850/1850 bc.

VILLERS-LE-BOUILLET 4530 Liège 213 Q 19, 214 Q 19 et 909 I 4 – 5 418 h.
Bruxelles 86 – Namur 37 – Huy 8 – Liège 25.

à Vaux-et-Borset *Nord : 5 km sur N 65 © Villers-le-Bouillet – ✉ 4530 Vaux-et-Borset :*

Le Grandgagnage, pl. Grandgagnage 5, ✆ (0 19) 56 70 18 – AE ⓓ ⓜⓒ VISA
fermé merc. – **Repas** Lunch 750 – carte 900 à 1450.

VILLERS-SUR-LESSE 5580 Namur © Rochefort 11 720 h. 214 P 22 et 909 I 5.
Bruxelles 115 – Bouillon 55 – Dinant 25 – Namur 54 – Rochefort 9.

Château de Vignée, r. Montainpré 27 (Ouest : 3,5 km près E 411 - A 4 sortie ㉒, lieu-dit Vignée), ✆ (0 84) 37 84 05, *Fax (0 84) 37 84 26*, « Dans un parc avec terrasse ≤ Lesse et campagne », – TV ☎ P – 25 à 180. AE ⓜⓒ VISA
fermé lundis soirs et mardis non fériés – **Repas** Lunch 980 – 1800 – 350 – **13 ch** 3600/4600, 2 suites – ½ P 2930/3950.

Beau Séjour, r. Platanes 16, ✆ (0 84) 37 71 15, *Fax (0 84) 37 81 34*, ≤, « Jardin fleuri », – TV ☎ P. AE ⓓ ⓜⓒ VISA
fermé 17 janv.-8 fév., 28 août-8 sept., merc. sauf en juil.-août et mardi – **Repas** Lunch 1490 bc – 1190/1985 – 400 – **11 ch** 2700/3600 – ½ P 2625/3405.

VILVOORDE (VILVORDE) *Vlaams-Brabant* 213 L 17 - ⑤② N et 909 G 3 - ㉒ N – *voir à Bruxelles, environs.*

VIRELLES *Hainaut* 214 K 22 et 909 F 5 – *voir à Chimay.*

VIRTON 6760 Luxembourg belge 214 S 25 et 909 J 7 – 11 020 h.
Pavillon, r. Grasses Oies 2b ✆ (0 63) 57 89 04, Fax (0 63) 57 71 14.
Bruxelles 221 – Bouillon 53 – Arlon 29 – Longwy 32 – Montmédy 15.

Le Franc Gourmet, r. Roche 13, ✆ (0 63) 57 01 36, *Fax (0 63) 58 17 19*, – AE ⓓ ⓜⓒ VISA
fermé sem. carnaval, dern. sem. août, dim. soir et lundi – **Repas** 850/1750.

à Latour *Est : 4 km © Virton – ✉ 6761 Latour :*

Le Château de Latour, r. 24 Août 1, ✆ (0 63) 57 83 52, *Fax (0 63) 57 83 52*, ≤, « Dans les ruines d'une demeure ancienne » – TV ☎ P. AE ⓓ ⓜⓒ VISA. rest
fermé 21 août-2 sept. et du 2 au 27 janv. – **Repas** *(fermé merc.)* Lunch 950 – carte 1400 à 1900 – 250 – **14 ch** 1950/2200 – ½ P 2950.

à Torgny *Sud : 6 km © Rouvroy 1 892 h. – ✉ 6767 Torgny :*

Aub. de la Grappe d'Or (Boulanger) avec ch, r. Ermitage 18, ✆ (0 63) 57 70 56, *Fax (0 63) 57 03 44*, « Maison du 19e s. dans un village gaumais typique », – rest, TV ☎ P. AE ⓓ ⓜⓒ VISA. rest
fermé dern. sem. janv.-prem. sem. fév., 28 août-13 sept., mardi midi d'oct. à mars, dim. soir et lundi – **Repas** Lunch 1050 – 1650/2050, carte 2100 à 2500 – **10 ch** 2850/4200 – ½ P 3300/3600
Spéc. St-Pierre rôti au foie gras de canard tiède sur quartiers de pommes de terre croustillantes. Carré d'agneau en persillade au coulis de fenouil. Crème brûlée de ma grand-mère à la bière régionale.

VLEZENBEEK *Vlaams-Brabant* 213 K 18 et 909 F 3 – *voir à Bruxelles, environs.*

VLIERMAAL *Limburg* 213 R 17 et 909 J 3 – *voir à Tongeren.*

VLISSEGEM *West-Vlaanderen* 213 D 15 et 909 C 2 – *voir à De Haan.*

VORST *Brussels Hoofdstedelijk Gewest* – *voir Forest à Bruxelles.*

VRASENE 9120 Oost-Vlaanderen © Beveren 44 933 h. 213 K 15 et 909 F 2.
Bruxelles 55 – Antwerpen 13 – Gent 49 – Sint-Niklaas 8.

Villa de Bergeyck, Hogenakker 1 (sur N 451), ✆ (0 3) 755 17 75, *Fax (0 3) 755 17 36*, « Terrasse » – P. AE ⓓ ⓜⓒ VISA.
fermé 17 juil.-4 août, mardi soir, jeudi et sam. midi – **Repas** Lunch 1200 – 1600/2450.

VRESSE-SUR-SEMOIS 5550 Namur 214 O 23 et 909 H 6 – 2 758 h.

Env. au Nord-Est : Gorges du Petit Fays★ – Route de Membre à Gedinne ≤★★ sur "Jambon de la Semois" : 6,5 km.

r. Albert Raty 112 ✆ (0 61) 50 08 27.

Bruxelles 154 – Bouillon 29 – Namur 95 – Charleville-Mézières 30.

Le Relais, r. Albert Raty 72, ✆ (0 61) 50 00 46, Fax (0 61) 50 02 26, – rest, TV ☎ P. AE ① VISA
avril-déc. – **Repas** (fermé merc. et jeudi sauf juil.-15 sept. et après 20 h 30) 720/1600 – **21 ch** 1500/2800 – ½ P 1450/2150.

Pont St. Lambert avec ch, r. Ruisseau 8, ✆ (0 61) 50 04 49, Fax (0 61) 50 16 93, ≤, – AE ① MC VISA
fermé du 3 au 20 avril, 19 juin-10 juil., du 18 au 29 sept. et mardi soir et merc. sauf en juil.-août – **Repas** (fermé après 20 h 30) Lunch 650 – 990/1390 – **7 ch** 1400/2200 – ½ P 1550/1800.

à Laforêt Sud : 2 km C Vresse-sur-Semois – ✉ 5550 Laforêt :

Aub. du Moulin Simonis , rte de Charleville 42 (sur N 935), ✆ (0 61) 50 00 81, Fax (0 61) 50 17 41, « Environnement boisé », – P. MC VISA. rest
fermé janv.-carnaval, 2 prem. sem. sept. et merc. hors saison – **Repas** 690/1550 – **20 ch** 2100/2500 – ½ P 1650/2000.

à Membre Sud : 3 km C Vresse-sur-Semois – ✉ 5550 Membre :

Des Roches, rte de Vresse 93, ✆ (0 61) 50 00 51, Fax (0 61) 50 20 67 – ☎ P. MC VISA.
fermé janv.-carnaval, dern. sem. sept. et merc. du 15 nov. à Pâques – **Repas** (fermé après 20 h 30) 750/1250 – **14 ch** 1700/2100 – ½ P 1700.

When looking for a very quiet or secluded hotel use the maps in the introduction or look for establishments with the sign or

VROENHOVEN 3770 Limburg C Riemst 15 550 h. 213 S 18 et 909 J 3.

Bruxelles 106 – Maastricht 6 – Hasselt 37 – Liège 26 – Aachen 42.

Mary Wong, Maastrichtersteenweg 242, ✆ (0 12) 45 57 57, Fax (0 12) 45 72 90, , Cuisine chinoise – AE ① MC VISA
fermé du 10 au 26 juil., du 23 au 30 août et merc. – **Repas** 890/2300.

VUCHT Limburg 213 T 17 – voir à Maasmechelen.

WAARDAMME West-Vlaanderen 213 E 16 et 909 C 2 – voir à Brugge, environs.

WAARMAARDE 8581 West-Vlaanderen C Avelgem 9 035 h. 213 F 18 et 909 D 3.

Bruxelles 64 – Kortrijk 20 – Gent 42 – Tournai 26.

De Gouden Klokke, Trappelstraat 25, ✆ (0 55) 38 85 60, Fax (0 55) 38 79 29, – P. AE ① MC VISA.
fermé carnaval, 17 août-9 sept., dim. soir, lundi et mardi soir – **Repas** 1100/2280.

WAASMUNSTER 9250 Oost-Vlaanderen 213 J 16 et 909 F 2 – 10 118 h.

Bruxelles 39 – Antwerpen 29 – Gent 31.

Zilverberk, Veldstraat 32 (Est : 2 km, lieu-dit Sombeke), ✆ (0 52) 46 16 47, Fax (0 52) 46 13 61, – P – 35. AE ① MC VISA
fermé du 15 au 21 fév., 18 juil.-7 août et lundi – **Repas** Lunch 1305 – 1425/2325.

Pichet, Belselestraat 4 (sur E 17 - A 14, sortie ⑬), ✆ (0 52) 46 00 29, Fax (0 52) 46 34 59, – AE ① MC VISA.
fermé 20 août-15 sept., lundi soir, mardi et sam. midi – **Repas** Lunch 1150 – 2250.

De Snip (De Wolf), Schrijberg 122 (carrefour N 446 et N 70), ✆ (0 3) 772 20 81, Fax (0 3) 722 06 95, , « Villa avec terrasse et pièce d'eau » – P. AE ① MC VISA
fermé 2 sem. avant Pâques, 3 dern. sem. juil., 23 déc.-5 janv., dim. midis et lundis midis non fériés, dim. soir et lundi soir – **Repas** Lunch 1320 – 1900/2100, carte env. 2500
Spéc. Croustillant de pieds de porc aux champignons et artichauts. Filet de St-Pierre poché au beurre sur un lit de girolles. Gibier en saison.

WAIMES (WEISMES) *4950 Liège* 213 V 20, 214 V 20 *et* 909 L 4 – *6 376 h.*

Bruxelles 164 – Liège 65 – Malmédy 8 – Spa 27.

Hotleu, r. Hottleux 106 (Ouest : 2 km), ☎ (0 80) 67 97 05, *Fax (0 80) 67 84 62*, « Terrasse avec ≤ vallée », – 25 à 80. AE VISA.
fermé 2 sem. en juil., 2 sem. en janv. et merc. non fériés – **Repas** Lunch 950 – carte 1350 à 1650 – **12 ch** 1600/2950 – ½ P 2000/3225.

Cyrano avec ch, r. Chanteraine 11, ☎ (0 80) 67 99 89, *Fax (0 80) 67 83 85*, – 25 à 120. AE VISA
Repas *(fermé 2e sem. après Pâques, merc. non fériés sauf vacances scolaires et sam. midi)* Lunch 990 – carte 1550 à 2000 – **11 ch** 1600/3600 – ½ P 2490/3490.

Aub. de la Warchenne avec ch, r. Centre 20, ☎ (0 80) 67 93 63, *Fax (0 80) 67 84 59* – AE VISA
Repas *(fermé merc. et après 20 h 30)* 850/1295 – **7 ch** 1500/2600 – ½ P 1750/1950.

à Faymonville *Est : 2 km* C *Waimes* – ✉ *4950 Faymonville :*

Au Vieux Sultan avec ch, r. Wemmel 12, ☎ (0 80) 67 91 97, *Fax (0 80) 67 81 28*, – rest, – 30. AE VISA.
fermé du 3 au 14 juil., du 2 au 14 janv., dim. soir et lundi – **Repas** Lunch 850 – 1150/1800 – **8 ch** 1800/2500 – ½ P 1980/2300.

WALCOURT *5650 Namur* 213 L 21, 214 L 21 *et* 909 G 5 – *16 634 h.*

Voir *Basilique St-Materne★ : jubé★, trésor★.*

Env. *au Sud : 6 km, Barrage de l'Eau d'Heure★, Barrage de la Plate Taille★.*

Grand'Place 25 ☎ (0 71) 61 25 26.

Bruxelles 81 – Charleroi 21 – Dinant 43 – Namur 53 – Maubeuge 44.

Host. Dispa avec ch, r. Jardinet 7, ☎ (0 71) 61 14 23, *Fax (0 71) 61 11 04*, « Jardin d'hiver » – AE VISA. ch
fermé 15 fév.-3 mars, du 3 au 7 juil., du 9 au 22 sept., mardi soir et jeudi soir sauf en juil.-août et merc. – **Repas** Lunch 890 – 1100/1950 – **6 ch** 1900/3200 – ½ P 2500.

WANNE *Liège* 213 U 20, 214 U 20 *et* 909 K 4 – *voir à Trois-Ponts.*

WAREGEM *8790 West-Vlaanderen* 213 F 17 *et* 909 D 3 – *35 714 h.*

Bergstraat 41 ☎ (0 56) 60 88 08, Fax (0 56) 61 29 42.

Bruxelles 79 – Kortrijk 16 – Brugge 47 – Gent 34.

St-Janshof, Anzegemseweg 26 (Sud : 3 km, près E 17 - A 14, sortie ⑤), ☎ (0 56) 61 08 88, *Fax (0 56) 60 34 45* – – 25 à 40. AE VISA.
fermé 15 juil.-15 août et du 20 au 31 déc. – **Repas** (dîner pour résidents seult) – **21 ch** 2395/3030 – ½ P 2400/3000.

De Peracker, Caseelstraat 45 (Ouest : 3 km sur rte de Desselgem, puis rte à gauche), ☎ (0 56) 60 03 31, *Fax (0 56) 60 03 25*, « Étang », – – 40 à 100. AE VISA.
Repas (dîner pour résidents seult) – **14 ch** 2420/3430 – ½ P 3025/4035.

't Oud Konijntje (Mmes Desmedt), Bosstraat 53 (Sud : 2 km près E 17 - A 14), ☎ (0 56) 60 19 37, *Fax (0 56) 60 92 12*, « Terrasse avec fontaine et jardin fleuri » – AE VISA
fermé du 8 au 13 avril, 21 juil.-13 août, 24 déc.-6 janv., jeudi soir, vend. et dim. soir – **Repas** Lunch 1700 – 1950/2950, carte 2500 à 3050
Spéc. Effiloché de raie à l'huile d'olives et roquette au foie d'oie. Dos de lapereau à la Vieille Fine Champagne, méli-mélo du légumier. Raviolis de ris de veau poché au bouillon de poule, râpée de truffes et vieux Parmesan.

à Sint-Eloois-Vijve *Nord-Ouest : 3 km* C *Waregem* – ✉ *8793 Sint-Eloois-Vijve :*

De Houtsnip, Posterijstraat 56, ☎ (0 56) 61 13 77, – AE VISA
fermé 21 juil.-13 août, prem. sem. janv., merc. soir, jeudi et dim. soir – **Repas** Lunch 1050 – 1600/2900 bc.

Anna's Place avec ch Gentseweg 606, ☎ (0 56) 60 11 72, *Fax (0 56) 61 45 86* – VISA
Repas *(fermé lundi midi et merc.)* 1395 – **8 ch** 2250/3800.

Bistro Desanto, Gentseweg 558, ☎ (0 56) 60 24 13, *Fax (0 56) 61 17 84*, Ouvert jusqu'à 23 h – VISA
fermé 21 juil.-15 août, 24 déc.-3 janv., sam. midi, dim. et jours fériés – **Repas** Lunch 590 – carte 1050 à 1700.

WAREMME (BORGWORM) *4300 Liège* 213 Q 18, 214 Q 18 *et* 909 I 3 – *13 001 h.*

Bruxelles 76 – Namur 47 – Liège 28 – Sint-Truiden 19.

XX **Le Petit Axhe,** r. Petit-Axhe 12 (Sud-Ouest : 2 km, lieu-dit Petit Axhe), ℘ (0 19) 32 37 22, *Fax (0 19) 32 88 92*, « Jardin » – P. AE ⓓ ⓜⓒ VISA
fermé 1 sem. en mars, 2 sem. en juil., 1 sem. en oct., lundi, mardi et sam. midi – **Repas** Lunch 990 – 1600/1950.

XX **Armand Bollingh,** av. G. Joachim 25, ℘ (0 19) 32 23 32, « Terrasse » – ⓜⓒ VISA
fermé du 24 au 30 avril, 21 août-11 sept., du 1er au 8 janv., sam. midi, dim. soir et lundi – **Repas** Lunch 995 – 1350/1800.

WATERLOO *1410 Brabant Wallon* 213 L 18, 214 L 18 *et* 909 G 3 – *28 772 h.*

18 (2 parcours) 9 à l'Est : 5 km à Ohain, Vieux Chemin de Wavre 50 ℘ (0 2) 633 18 50, Fax (0 2) 633 28 66 - 18 (2 parcours) 9 au Sud-Ouest : 5 km à Braine-l'Alleud, chaussée d'Alsemberg 1021 ℘ (0 2) 353 02 46, Fax (0 2) 354 68 75.

chaussée de Bruxelles 149 ℘ (0 2) 354 99 10 – Fédération provinciale de tourisme, chaussée de Bruxelles 218 ℘ (0 2) 351 12 00, Fax (0 2) 351 13 00.

Bruxelles 17 – Charleroi 37 – Nivelles 15.

Grand H. M, chaussée de Tervuren 198, ℘ (0 2) 352 18 15, *Fax (0 2) 352 18 88*, – rest, TV P – 25 à 85. AE ⓓ ⓜⓒ VISA JCB
Repas *(fermé sam. midi et dim. midi)* Lunch 570 – 950 – **75 ch** 8000/9200, 4 suites.

Le Côté Vert, chaussée de Bruxelles 200g, ℘ (0 2) 354 01 05, *Fax (0 2) 354 08 60* – TV P – 50. AE ⓜⓒ VISA
Repas voir rest ***La Cuisine "au Vert"*** ci-après – **29 ch** 4050/4800.

Le 1815, rte du Lion 367 (Sud : 3 km), ℘ (0 2) 387 00 60, *Fax (0 2) 387 12 92*, , – rest, TV P – 25 à 60. AE ⓓ ⓜⓒ VISA.
fermé 2 dern. sem. déc.-prem. sem. janv. – **Repas** 850/950 – **15 ch** 3750/4500 – ½ P 3500/5500.

Le Joli-Bois sans rest, r. Ste-Anne 59 (Sud : 2 km à Joli-Bois), ℘ (0 2) 353 18 18, *Fax (0 2) 353 05 16*, – TV P. AE ⓓ ⓜⓒ VISA JCB
fermé 23 déc.-8 janv. – **14 ch** 2950/3800.

XXX **La Maison du Seigneur,** chaussée de Tervuren 389 (Nord-Ouest : 3,5 km sur R0), ℘ (0 2) 354 07 50, *Fax (0 2) 353 11 34*, « Ancienne ferme brabançonne du 17e s. » – P. AE ⓓ ⓜⓒ VISA JCB
fermé fév., 2 dern. sem. août, lundi et mardi – **Repas** Lunch 1350 bc – 1800/2500.

XX **L'Asie Impériale,** chaussée de Bruxelles 30, ℘ (0 2) 354 15 16, *Fax (0 2) 353 11 64*, , Cuisine chinoise – P. AE ⓓ ⓜⓒ VISA
fermé lundi et sam. midi – **Repas** Lunch 650 – carte 900 à 1250.

XX **Rêve Richelle,** Drêve Richelle 96, ℘ (0 2) 354 82 24, *Fax (0 2) 354 82 24*, – P. AE ⓜⓒ VISA
fermé 1 sem. Pâques, 3 sem. en août, 1 sem. Toussaint, sam. midi, dim. soir et lundi – **Repas** Lunch 650 – 1095/1590.

XX **La Cuisine "au Vert"** - H. Le Côté Vert, chaussée de Bruxelles 200g, ℘ (0 2) 354 88 73, *Fax (0 2) 354 08 60*, – P. AE ⓜⓒ VISA
fermé 31 juil.-14 août, 25 déc.-2 janv., sam. et dim. – **Repas** Lunch 640 – carte 1200 à 1650.

XX **The Winds,** chaussée de Bruxelles 212b, ℘ (0 2) 351 48 20, *Fax (0 2) 351 48 55*, – . AE ⓓ ⓜⓒ VISA
fermé mardi et sam. midi – **Repas** Lunch 550 – 990.

XX **Le Sphinx,** chaussée de Tervuren 178, ℘ (0 2) 354 86 43, *Fax (0 2) 354 19 69*, – P. AE ⓓ VISA
fermé du 11 au 31 juil., dim. soir et lundi – **Repas** Lunch 525 – 950/1650.

X **La Tonnelle des Délices,** rte du Lion 379 (Sud : 3 km), ℘ (0 2) 387 33 34, *Fax (02) 387 33 34*, – P. AE ⓓ ⓜⓒ VISA
fermé sam. midi, dim. soir et jours fériés soirs – **Repas** Lunch 495 – 995/1295 bc.

X **Le Jardin des Délices,** chaussée de Bruxelles 253, ℘ (0 2) 354 80 33, *Fax (0 2) 354 80 33*, – AE ⓓ ⓜⓒ VISA
fermé 3 sem. en sept., dim. soir et lundi – **Repas** Lunch 490 – 950/1250 bc.

WATERMAEL-BOITSFORT (WATERMAAL-BOSVOORDE) *Région de Bruxelles-Capitale* 213 L 18 - ⑤① S *et* 909 ㉒ S – *voir à Bruxelles.*

WAUDREZ *Hainaut* 213 J 20 *et* 214 J 20 – *voir à Binche.*

WAVRE (WAVER) *1300* P *Brabant Wallon* 213 M 18, 214 M 18 et 909 G 3 – *30 467 h.*

18 9 *chaussée du Château de la Bawette 5* ☎ *(0 10) 22 33 32, Fax (0 10) 22 90 04 -* 18 *au Nord-Est : 10 km à Grez-Doiceau, Les Gottes 1* ☎ *(0 10) 84 15 01, Fax (0 10) 84 55 95.*

Hôtel de Ville, r. Nivelles 1 ☎ *(0 10) 23 03 52.*

Bruxelles 27 – Namur 37 – Charleroi 45 – Liège 87.

Novotel, r. Wastinne 45 (près E 411 - A 4, sortie ⑥), ✉ 1301, ☎ (0 10) 41 13 63, *Fax (0 10) 41 19 22,* – TV ☎ P – 25 à 120. AE MC VISA JCB
Repas *(fermé sam. midi)* Lunch 425 – carte 1000 à 1450 – 475 – **102 ch** 3700/3900 – ½ P 4775.

Le Domaine des Champs, Chemin des Charrons 14 (N 25), ☎ (0 10) 22 75 25, *Fax (0 10) 24 17 31,* ≤, – TV ☎ P – 25 à 50. AE MC VISA JCB
Repas ***La Cuisine des Champs*** *(fermé 2 sem. Pâques, dim. et lundi)* Lunch 840 – 1200 – 300 – **18 ch** 2200/2800, 1 suite – ½ P 3340.

Wavre, r. Manil 91, ✉ 1301, ☎ (0 10) 24 33 34, *Fax (0 10) 24 36 80,* – TV ☎ P – 25 à 45. AE MC VISA
Repas *(fermé dim.)* 850 – **70 ch** 3000 – ½ P 3200.

Carte Blanche, av. Reine Astrid 8, ☎ (0 10) 24 23 63, *Fax (0 10) 24 23 63,* – VISA
fermé 21 juil.-14 août, du 1er au 14 janv., sam. midi, dim. soir, lundi et après 20 h 30 – Repas Lunch 650 – 850/1450.

Le Vert Délice, Chemin du Pauvre Diable 2 (Nord-Ouest : 1 km sur N 4), ☎ (0 10) 22 90 01, *Fax (0 10) 22 90 01,* – AE MC VISA
fermé carnaval, 2e quinz. juil., sam. midi, dim. soir et lundi – Repas Lunch 490 – 950/1450.

Le Bateau Ivre, Ruelle Nuit et Jour 17, ☎ (0 10) 24 37 64, *Fax (0 10) 24 37 64,* – AE MC VISA
fermé dim. et lundi – **Repas** Lunch 590 – carte env. 1400.

WEELDE *2381 Antwerpen* C *Ravels 12 903 h.* 213 O 14 et 909 H 1.

Bruxelles 94 – Antwerpen 44 – Turnhout 11 – Breda 38 – Eindhoven 47 – Tilburg 20.

de Groes, Meir 1, ☎ (0 14) 65 64 84, *Fax (0 14) 65 64 84,* , « Rustique » – P. AE MC VISA.
fermé dern. sem. juil.-prem. sem. août, prem. sem. janv., mardi soir, merc. et sam. midi – **Repas** Lunch 1050 – 1450/1800.

WEISMES *Liège – voir Waimes.*

WELLIN *6920 Luxembourg belge* 214 P 22 et 909 I 5 – *2 831 h.*

Bruxelles 110 – Bouillon 44 – Dinant 34 – Namur 53 – Rochefort 14.

La Papillote, r. Station 59, ☎ (0 84) 38 88 16, *Fax (0 84) 38 97 05* – MC VISA
fermé 10 juil.-4 août, 3 prem. sem. janv., mardi soir et merc. – **Repas** Lunch 750 – carte 1050 à 1450.

à Halma *Sud-Est : 3 km* C *Wellin* – ✉ *6922 Halma :*

Le père Finet avec ch, r. Libin 75 (lieu-dit Neupont), ☎ (0 84) 38 81 35, *Fax (0 84) 38 82 12,* – P. MC VISA
fermé 1 sem. en mars, 1 sem. en sept., 1 sem. en janv., lundis soirs et mardis non fériés sauf vacances scolaires et jeudi soir de déc. à mars – **Repas** Lunch 1250 bc – 875/1595 – **10 ch** 1995/2595 – ½ P 2295/2445.

WEMMEL *Vlaams-Brabant* 213 K 17 - 51 N et 909 F 3 - 21 N – *voir à Bruxelles, environs.*

WENDUINE *8420 West-Vlaanderen* C *De Haan 11 230 h.* 213 D 15 et 909 C 2.

Bruxelles 111 – Brugge 17 – Oostende 16.

Georges sans rest, de Smet de Naeyerlaan 19, ☎ (0 50) 41 90 17, *Fax (0 50) 41 90 17* – TV ☎. AE MC VISA
fermé mardi et merc. sauf vacances scolaires – **18 ch** 2000/2600.

Les Mouettes, Zeedijk 7, ☎ (0 50) 41 15 14, *Fax (0 50) 41 15 14,* ≤, – TV. MC VISA. rest
fermé du 6 au 12 mars et 7 nov.-27 déc. – **Repas** (résidents seult de Pâques à sept. et vacances scolaires) – **30 ch** 1450/2850 – ½ P 1550/1750.

Odette avec ch, Kerkstraat 34, ☎ (0 50) 41 36 90, Fax (0 50) 42 81 34 – TV ☎. AE ① MC VISA JCB. ✗ ch
fermé 3 sem. en janv., mardi et merc. – **Repas** 725/1950 – **6 ch** ☐ 3000 – ½ P 2000.

Kallista-Bristol avec ch, De Bruynehelling 15, ☎ (0 50) 41 84 84, Fax (0 50) 42 81 59, – |‡| TV ☎. AE ① MC VISA
Repas *(fermé du 18 au 31 oct., mardi soir et merc.)* Lunch 450 – 850/1500 – **17 ch** ☐ 2000/2500 – ½ P 1550/1700.

Rita, Kerkstraat 6, ☎ (0 50) 41 19 09, Fax (0 50) 41 19 09, – VISA
fermé mi-nov.-mi-déc. et lundi – **Repas** Lunch 795 – 850/1350.

Ensor-Inn, Zeedijk 63, ☎ (0 50) 41 41 59, Fax (0 50) 42 87 24, ≤, – ▤. AE ① MC VISA JCB
fermé dern. sem. janv.-prem. sem. fév. et jeudi sauf vacances scolaires – **Repas** 850/995.

WÉPION *Namur* 213 O 20, 214 O 20 *et* 909 H 4 – *voir à Namur.*

WESTENDE *8434 West-Vlaanderen* C *Middelkerke 16 390 h.* 213 B 16 *et* 909 B 2 – *Station balnéaire.*
Bruxelles 127 – Brugge 40 – Oostende 11 – Veurne 14 – Dunkerque 40.

à Westende-Bad *Nord : 2 km* C *Middelkerke* – ✉ *8434 Westende :*

St-Laureins , Strandlaan 12 (Ouest : 1 km, Sint-Laureinsstrand), ☎ (0 58) 23 39 58, Fax (0 58) 23 08 99, ≤ plage et dunes, – ▤ rest, TV ☎. MC VISA
fermé 12 nov.-15 déc. – **Repas** *(fermé merc. hors saison et après 20 h 30)* (Taverne-rest) Lunch 500 – 895/1600 – **9 ch** ☐ 2000/2750 – ½ P 2125.

Splendid, Meeuwenlaan 20, ☎ (0 59) 30 00 32, Fax (0 59) 31 09 17 – |‡| TV ☎. AE ① MC VISA. ✗ ch
avril-sept. – **Repas** *(fermé lundi et mardi hors saison)* 850/1550 – **18 ch** ☐ 2000/2900 – ½ P 2200/2400.

Isba, Henri Jasparlaan 148, ☎ (0 59) 30 23 64, Fax (0 59) 31 06 26, , – TV ☎. AE ① MC VISA. ✗ rest
avril-15 oct. – **Repas** (dîner pour résidents seult) – **6 ch** ☐ 1800/2500 – ½ P 2600/2800.

Host. Melrose avec ch, Henri Jasparlaan 127, ☎ (0 59) 30 18 67, Fax (0 59) 31 02 35, – TV ☎ P. AE ① MC VISA
Repas *(fermé du 1er au 15 oct., merc. et dim. soir sauf en juil.-août et après 20 h 30)* 1050/1950 – **10 ch** ☐ 2125/3150 – ½ P 2525.

Nelson, Priorijlaan 30, ☎ (0 59) 30 23 07, Fax (0 59) 30 25 22 – AE ① MC VISA
avril-sept. et week-end ; fermé 27 sept.-6 oct., 1er déc.-5 janv. et mardi soir et merc. sauf vacances scolaires – **Repas** Lunch 890 – carte env. 1500.

Marquize, Henri Jasparlaan 175, ☎ (0 59) 31 11 11, Fax (0 59) 30 65 83, – MC VISA
fermé 15 nov.-1er déc., 23 janv.-1er fév. et jeudi sauf 15 juil.-15 août – **Repas** 1295/1795.

La Plage, Meeuwenlaan 4, ☎ (0 59) 30 11 90, Fax (0 59) 30 11 90 – ▤. AE ① MC
fermé 15 nov.-15 déc., du 10 au 28 janv. et jeudi sauf vacances scolaires – **Repas** carte 950 à 1650.

WESTERLO *2260 Antwerpen* 213 O 16 *et* 909 H 2 – *21 691 h.*
Env. *au Nord : 2 km à Tongerlo, Musée Léonard de Vinci★.*
Boerenkrijglaan 25 ☎ (0 14) 54 54 28, Fax (0 14) 54 76 56.
Bruxelles 57 – Antwerpen 46 – Diest 20 – Turnhout 30.

Vivaldi, Bell Telephonelaan 4 (près E 313 - A 13, sortie ㉓), ☎ (0 14) 58 10 03, Fax (0 14) 58 11 20, – |‡| TV ☎ P – 25 à 80. AE ① MC VISA JCB
Repas *(fermé sam. et dim.)* Lunch 350 – carte 850 à 1250 – **64 ch** ☐ 2450/3100 – ½ P 2800/3000.

Geerts avec ch, Grote Markt 50, ☎ (0 14) 54 40 17, Fax (0 14) 54 18 80, , « Jardin », – |‡|, ▤ rest, TV ☎ P. AE ① MC VISA. ✗ ch
fermé du 1er au 16 mars et 16 août-8 sept. – **Repas** *(fermé merc. et dim. soir)* Lunch 1300 – 1800 – **18 ch** ☐ 2700/3900 – ½ P 2400/2950.

't Kempisch Pallet, Bergveld 120 (Ouest : 4 km sur N 152), ☎ (0 14) 54 70 97, Fax (0 14) 54 70 57, , « Cadre de verdure » – P. AE ① MC VISA. ✗
fermé jeudi et dim. soir – **Repas** 1200/1850.

WESTKAPELLE *West-Vlaanderen* 213 E 15 *et* 909 C 2 – *voir à Knokke-Heist.*

WESTMALLE *2390 Antwerpen* Ⓒ *Malle 13 737 h.* **213** N 15 et **909** H 2.
Bruxelles 65 – Antwerpen 23 – Turnhout 18.

De Witte Lelie, Antwerpsesteenweg 333, ✆ (0 3) 309 09 61, *Fax (0 3) 309 01 55,* – rest, TV ☎ P. MC VISA
Repas *(fermé dim.)* (Taverne-rest) Lunch 995 – carte 850 à 1500 – 300 – **14 ch** 1850/2600.

WESTOUTER *8954 West-Vlaanderen* Ⓒ *Heuvelland 8 435 h.* **213** B 18 et **909** B 3.
Bruxelles 136 – Brugge 66 – Ieper 14 – Lille 39.

Picasso (Van Kerckhove), Rodebergstraat 69, ✆ (0 57) 44 69 08, *Fax (0 57) 44 69 08,* ≤, , « Fermette avec ≤ plaine des Flandres » – P. AE MC VISA.
fermé dern. sem. juin-prem. sem. juil., du 2 au 17 janv., mardi soir et merc. – **Repas** Lunch 1150 – 1900, carte 1800 à 2350
Spéc. Suprême de turbot au "stoemp" d'épinards. Joues de porcelet à la bière régionale. Salade de fraises à l'orange.

Berkenhof, Bellestraat 53 (à la frontière), ✆ (0 57) 44 44 26, *Fax (0 57) 44 75 21,* , Taverne-rest – MC VISA
fermé janv. et lundi et mardi sauf en juil.-août – **Repas** Lunch 450 – 850/1400.

WEVELGEM *8560 West-Vlaanderen* **213** E 18 et **909** C 3 – *31 192 h.*
Bruxelles 99 – Kortrijk 8 – Brugge 54 – Lille 23.

Cortina, Lauwestraat 59, ✆ (0 56) 41 25 22, *Fax (0 56) 41 45 67* – TV ☎ P – 25 à 600. AE MC VISA
fermé 21 juil.-15 août – **Repas** voir rest ***Pinogri*** ci-après – **26 ch** 2500/2950.

Bell-X sans rest, Kortrijkstraat 351, ✆ (0 56) 37 17 71, *Fax (0 56) 35 92 82* – TV ☎ P. AE MC VISA
14 ch 2700/3500.

Pinogri - H. Cortina, Lauwestraat 59, ✆ (0 56) 42 41 41, *Fax (0 56) 41 45 67* – P. MC VISA
fermé 21 juil.-15 août et jours fériés soirs – **Repas** Lunch 450 – carte 1000 à 1450.

à Gullegem *Nord : 5 km* Ⓒ *Wevelgem* – ✉ *8560 Gullegem :*

Gouden Kroon, Koningin Fabiolastraat 41, ✆ (0 56) 40 04 76, *Fax (0 56) 40 04 76,* – P – 25. AE MC VISA
fermé du 18 au 21 avril, 25 juil.-9 août, sam. midi, dim. soir, lundi et merc. soir – **Repas** Lunch 1500 bc – 3000 bc.

WEZEMBEEK-OPPEM *Vlaams-Brabant* **213** L 17 - ⑫ S et **909** G 3 - ㉒ S – *voir à Bruxelles, environs.*

WIBRIN *Luxembourg belge* **214** T 22 et **909** K 5 – *voir à Houffalize.*

WIERDE *Namur* **213** O 20, **214** O 20 et **909** H 4 – *voir à Namur.*

WIJNEGEM *Antwerpen* **213** M 15 - ⑬ S et **909** G 2 - ⑨ S – *voir à Antwerpen, environs.*

WILLEBROEK *2830 Antwerpen* **213** L 16 et **909** G 2 – *22 423 h.*
Bruxelles 29 – Antwerpen 22 – Mechelen 10 – Sint-Niklaas 22.

Breendonck, Dendermondsesteenweg 309 (près du fort), ✆ (0 3) 886 61 63, *Fax (0 3) 886 25 40,* – P. AE MC VISA
Repas Lunch 495 – 1350/1850.

WILRIJK *Antwerpen* **213** L 16 - ⑬ S et **909** G 2 - ⑨ S – *voir à Antwerpen, péripherie.*

WINKSELE *Vlaams-Brabant* **213** M 17 et **909** H 3 – *voir à Leuven.*

WOLUWÉ-ST-LAMBERT (SINT-LAMBRECHTS-WOLUWE) *Région de Bruxelles-Capitale* **213** L 17 - ⑫ S et **909** G 3 - ㉒ S – *voir à Bruxelles.*

WOLUWÉ-ST-PIERRE (SINT-PIETERS-WOLUWE) *Région de Bruxelles-Capitale* **213** L 18 - ⑫ S et **909** G 3 - ㉒ S – *voir à Bruxelles.*

WORTEGEM-PETEGEM *9790 Oost-Vlaanderen* **213** *G 17 et* **909** *D 3 – 6 085 h.*

18 9 Kortrijkstraat 52 ✆ (0 55) 31 41 61, Fax (0 55) 31 98 49.

Bruxelles 81 – Kortrijk 21 – Gent 36 – Oudenaarde 8.

X **Bistronoom,** Waregemseweg 155 (Wortegem), ✆ (0 56) 61 11 22, 余 – P. AE MC VISA
fermé 26 juil.-10 août, merc. soir et jeudi – **Repas** Lunch 950 – 1600 bc.

YPRES *West-Vlaanderen – voir Ieper.*

YVES-GOMEZÉE *5650 Namur* C *Walcourt 16 634 h.* **213** *L 21,* **214** *L 21 et* **909** *G 5.*

Bruxelles 89 – Charleroi 27 – Dinant 36 – Namur 49.

X **La botte d'Yves,** chaussée de Charleroi 3 (N 5), ✆ (0 71) 65 52 75, *Fax (0 71) 65 52 75* – P. MC VISA
fermé lundi soir et mardi – **Repas** Lunch 890 – 1390.

YVOIR *5530 Namur* **213** *O 21,* **214** *O 21 et* **909** *H 5 – 7 626 h.*

Env. *à l'Ouest : Vallée de la Molignée★.*

18 au Nord : 10 km à Profondeville, Chemin du Beau Vallon 45 ✆ (0 81) 41 14 18, Fax (0 81) 41 21 42.

Bruxelles 92 – Namur 22 – Dinant 8.

XXX **Host. Henrotte - Au Vachter** avec ch, chaussée de Namur 140, ✉ 5537 Anhée, ✆ (0 82) 61 13 14, *Fax (0 82) 61 28 58,* ←, 余, « Jardin au bord de la Meuse (Maas) », ⚓ – TV ☎ P – 🏃 25. AE ◑ MC VISA. ✻ ch
Repas *(fermé 15 déc.-12 fév., dim. soir et lundi)* Lunch 1450 bc – 1490/1990 – **10 ch** ☐ 3180/4800 – ½ P 2950.

XX **Le Pré Fleuri,** r. Fostrie 1 (Sud-Est : 2 km par N 937), ✆ (0 82) 61 17 75, *Fax (0 82) 61 43 39,* 余 – P. AE ◑ MC VISA
fermé fév., 1re quinz. sept., lundi soir et mardi – **Repas** Lunch 850 – 1150/1500.

X **La Tonnelle,** r. Fenderie 41, ✆ (0 82) 61 13 94, *Fax (0 82) 61 13 94,* 余 – P. AE ◑ MC VISA
fermé sem. carnaval, 2e quinz. sept., mardi soir et merc. – **Repas** Lunch 800 – carte 850 à 1400.

ZAVENTEM *Vlaams-Brabant* **213** *L 17 – ⑫ N et* **909** *G 3 – ㉒ N – voir à Bruxelles, environs.*

ZEDELGEM *West-Vlaanderen* **213** *D 16 et* **909** *C 2 – voir à Brugge, environs.*

ZEEBRUGGE *West-Vlaanderen* C *Brugge 115 573 h.* **213** *E 14 et* **909** *C 1 – ✉ 8380 Zeebrugge (Brugge).*

Liaison maritime Zeebrugge-Hull : P and O North Sea Ferries, Leopold II Dam 13 (Kaaien 106-108) ✆ (0 50) 54 34 30, Fax (0 50) 54 71 12.

Bruxelles 111 ② – Brugge 15 ② – Knokke-Heist 8 ① – Oostende 25 ③

Plan page suivante

Monaco, Baron de Maerelaan 26, ✆ (0 50) 54 44 37, *Fax (0 50) 54 44 85,* 余 – |¢| TV ☎ – 🏃 25. AE ◑ MC VISA. ✻ A r
Repas *(fermé vend.)* carte 850 à 1250 – **15 ch** ☐ 2500/3000 – ½ P 2100/2400.

Maritime sans rest, Zeedijk 6, ✆ (0 50) 54 40 66, *Fax (0 50) 54 66 08,* ← – |¢| TV ☎ P. AE ◑ MC VISA. ✻ A e
12 ch ☐ 2500/3500.

Atlas sans rest, Brusselstraat 15, ✆ (0 50) 55 74 00, *Fax (0 50) 55 06 44* – |¢| TV ☎ P. AE ◑ MC VISA JCB. ✻ A b
16 ch ☐ 2600/2900.

XXX ✿ **Maison Vandamme,** Tijdokstraat 7, ✆ (0 50) 55 13 51, *Fax (0 50) 55 01 79,* ←, Produits de la mer – ▤. AE ◑ MC VISA B g
fermé 27 juin-5 juil., du 3 au 17 oct., du 2 au 19 janv., mardi et merc. – **Repas** Lunch 1650 bc – 2150/2650, carte 2200 à 2950
Spéc. Foie d'oie au naturel. Aumônière de homard au gingembre. Filet de turbot grillé, sauce dijonnaise.

XXX **De Barcadère,** Tijdokstraat 8, ✆ (0 50) 54 49 69, 余, Produits de la mer – ▤. AE MC VISA. ✻ B v
fermé 26 mars-10 avril, 29 oct.-20 nov., dim. et lundi – **Repas** Lunch 1495 bc – carte 1900 à 2950.

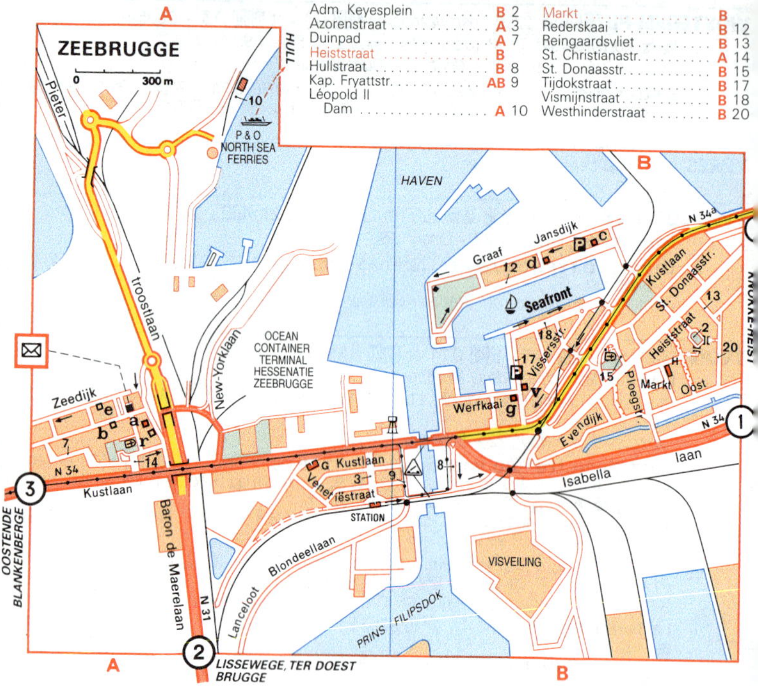

XX **Le Chalut,** Rederskaai 26, ☎ (0 50) 54 41 15, *Fax (0 50) 54 53 62*, ←, 🏠, Produits de la mer, « Décor maritime design » – AE ⓓ MC VISA B d
fermé 1 sem. en sept., 2 dern. sem. janv.-prem. sem. fév., mardi soir sauf en juil.-août et merc. – **Repas** *Lunch 1350 bc* – carte env. 2000.

XX **Slipway,** Rederskaai 42, ☎ (0 50) 54 44 45, *Fax (0 50) 55 17 16*, 🏠, Produits de la mer – ▤. AE ⓓ MC VISA B c
fermé 2 sem. en fév., 3 sem. en oct., merc. soir et jeudi – **Repas** *Lunch 1500 bc* – 1600/2100.

X **Michel's,** Baron de Maerelaan 18, ☎ (0 50) 54 57 86, *Fax (0 50) 54 64 50* – AE ⓓ MC VISA A a
fermé 1 sem. carnaval et merc. soirs et dim. non fériés d'oct. à Pâques – **Repas** *Lunch 850* – 1150.

par ② : *2 km sur N 31 :*

XX ✿✿ **'t Molentje** (Horseele), Baron de Maerelaan 211, ☎ (0 50) 54 61 64, *Fax (0 50) 54 79 94*, 🏠, « Fermette avec décor personnalisé » – P. AE ⓓ MC VISA. ✂
fermé 2e quinz. fév., 3 dern. sem. sept., du 1er au 4 janv. et merc. et dim. non fériés – **Repas** (nombre de couverts limité - prévenir) *Lunch 1600 bc* – carte 2450 à 3000
Spéc. St-Jacques aux épices orientales et étuvée de poireaux. Dos de pigeonneau à l'écrasé de truffes et champignons des bois. L'Abstrait de dame blanche.

ZELLIK *Vlaams-Brabant* 213 K 17 - ⑤① N *et* 909 F 3 - ②① N – *voir à Bruxelles, environs.*

ZELZATE *9060 Oost-Vlaanderen* 213 H 15 *et* 909 E 2 – *12 260 h.*
Bruxelles 76 – Brugge 44 – Gent 21.

XX **Den Hof** avec ch, Stationsstraat 22b, ☎ (0 9) 345 60 48, *Fax (0 9) 342 93 60*, 🏠, 🏡 – TV ☎ P – 🏛 25 à 50. AE MC VISA. ✂ ch
fermé 3 sem. en juil. et vacances Noël – **Repas** *(fermé dim. et après 20 h 30) Lunch 450* – carte env. 1500 – **10 ch** ☕ 2350/2950 – ½ P 2000/2750.

ZILLEBEKE *West-Vlaanderen* 213 C 18 *et* 909 B 3 – *voir à Ieper.*

ZINGEM *9750 Oost-Vlaanderen* 213 G 17 *et* 909 D 3 – *6 556 h.*
Bruxelles 57 – Gent 31 – Kortrijk 35 – Oudenaarde 9.

à Huise *Ouest : 2,5 km* C *Zingem* – ✉ *9750 Huise :*

Gasthof 't Peerdeke, Gentsesteenweg 45 (N 60), ℰ (0 9) 384 55 11, *Fax (0 9) 384 26 16,* – TV ☎ P – 25 à 50. AE MC VISA.
Repas *(fermé 2 dern. sem. juil.-prem. sem. août, 24, 25 et 31 déc., 1er janv., sam. midi et dim.)* (Ouvert jusqu'à 23 h) Lunch 1100 – 850/2200 – **15 ch** 2300/2960 – ½ P 2850/3050.

ZINNIK *Hainaut* – *voir Soignies.*

ZOLDER *3550 Limburg* C *Heusden-Zolder 29 699 h.* 213 Q 16 *et* 909 I 2.
au Nord-Est : 10 km à Houthalen, Golfstraat 1 ℰ (0 89) 38 35 43, Fax (0 89) 84 12 08.
au Nord-Ouest : 6 km à Heusden, Domein Bovy, Galgeneinde 22 ℰ (0 11) 25 13 17, Fax (0 11) 25 65 34.
Bruxelles 77 – Maastricht 46 – Diest 22 – Hasselt 12.

Villa Buzet, Stationstraat 110, ℰ (0 11) 57 13 34, *Fax (0 11) 57 31 01* – P. AE MC VISA.
fermé mardi, merc. et sam. midi – **Repas** Lunch 1500 – carte env. 1400.

au Sud-Ouest : *7 km par N 729, sur Omloop (circuit) Terlamen* – ✉ *3550 Zolder :*

De Gulden Schalmei, Sterrenwacht 153, ℰ (0 11) 25 17 50, *Fax (0 11) 25 38 75* – P. AE MC VISA
fermé 2dern. sem. fév., 2 dern. sem. juil., jeudi et dim. soir – **Repas** Lunch 1100 – 1500/1950.

à Bolderberg *Sud-Ouest : 8 km sur N 729* C *Heusden-Zolder* – ✉ *3550 Zolder :*

Soete Wey , Kluisstraat 48, ℰ (0 11) 25 20 66, *Fax (0 11) 87 10 59,* , « Environnement boisé », , – TV ☎ P – 25 à 60. AE MC VISA. rest
Repas *(fermé sam. midi, dim. soir et lundi)* Lunch 925 – 1250/2350 – **20 ch** 2750/4250 – ½ P 3675/4000.

Oud Bolderberg, St-Jobstraat 83, ℰ (0 11) 25 33 66, *Fax (0 11) 25 33 92,* – P. AE MC VISA
fermé 2 sem. en juin, 1 sem. en juil., 2 sem. en janv., lundi, merc. soir et sam. midi) – **Repas** Lunch 1200 bc – 1650.

à Heusden *Nord-Ouest : 6 km* C *Heusden-Zolder* – ✉ *3550 Heusden :*

De Wijnrank, Kooidries 10, ℰ (0 11) 42 55 57, *Fax (0 11) 43 29 73,* , « Terrasse » – P. AE VISA.
fermé du 4 au 19 sept., mardi et sam. midi – **Repas** Lunch 625 – 995/1895.

ZOMERGEM *9930 Oost-Vlaanderen* 213 G 16 *et* 909 D 2 – *8 206 h.*
Bruxelles 77 – Gent 21 – Brugge 38 – Roeselare 53.

De Gouden Poort, Kerkstraat 1, ℰ (0 9) 372 63 02, *Fax (0 9) 372 63 02* – . MC VISA
fermé lundi soir et mardi – **Repas** Lunch 500 – 1500/1750.

à Ronsele *Nord-Est : 3,5 km* C *Zomergem* – ✉ *9932 Ronsele :*

Landgoed Den Oker, Stoktevijver 36, ℰ (0 9) 372 40 76, « Jardin » – P – 25. VISA.
fermé dern. sem. fév.-prem. sem. mars, du 1er au 12 sept., dim. soir et lundi – **Repas** Lunch 1100 – carte 1850 à 2500.

ZONHOVEN *3520 Limburg* 213 R 17 *et* 909 J 3 – *18 790 h.*
Bruxelles 86 – Maastricht 42 – Diest 31 – Hasselt 7.

De 4 Jaargetijden, Houthalenseweg 32, ℰ (0 11) 82 11 04, *Fax (0 11) 82 11 04,* – P. AE MC VISA
fermé merc. et sam. midi – **Repas** 950/2500.

ZOTTEGEM *9620 Oost-Vlaanderen* 213 H 17 *et* 909 E 3 *- 24 675 h.*
Bruxelles 46 - Aalst 24 - Gent 28 - Oudenaarde 18.

à Elene *Nord : 2 km* C *Zottegem -* ✉ *9620 Elene :*

XXX **In den Groenen Hond,** Leopold III straat 1, ✆ (0 9) 360 12 94, *Fax (0 9) 361 08 03,* « Ancien moulin à eau » - P. AE ⓓ MC VISA
fermé 1re quinz. fév., 3 dern. sem. août-début sept., merc. soir, jeudi et dim. soir - **Repas** Lunch 1690 bc - 2080/2970 bc.

HET ZOUTE *West-Vlaanderen* C *Knokke-Heist* 213 E 14 *et* 909 C 1 *- voir à Knokke-Heist.*

ZUIENKERKE *West-Vlaanderen* 213 D 15 *et* 909 C 2 *- voir à Blankenberge.*

ZUTENDAAL *3690 Limburg* 213 S 17 *et* 909 J 3 *- 6 564 h.*
Oosterzonneplein 1, ✆ (0 89) 61 17 51, Fax (0 89) 61 37 32.
Bruxelles 104 - Maastricht 16 - Hasselt 20 - Liège 38.

De Klok, Daalstraat 9, ✆ (0 89) 61 11 31, *Fax (0 89) 61 24 70,* - TV ☎. AE ⓓ MC VISA JCB.
Repas *(fermé merc. et sam. midi)* Lunch 1250 - carte 1900 à 2500 - **11 ch** 1800/3000 - ½ P 2400/3250.

ZWEVEGEM *8550 West-Vlaanderen* 213 F 18 *et* 909 D 3 *- 23 380 h.*
Bruxelles 91 - Kortrijk 6 - Brugge 48 - Gent 46 - Lille 31.

Sachsen M sans rest, Avelgemstraat 23, ✆ (0 56) 75 94 75, *Fax (0 56) 75 50 66* - TV ☎ P - 60. AE ⓓ MC VISA
18 ch 2500/3300.

XX **'t Ovenbuur** (Winne), Bellegemstraat 48, ✆ (0 56) 75 64 40, *Fax (0 56) 75 64 65,* ≤, « Collection d'œuvres d'art contemporain » - P. AE ⓓ MC VISA
fermé 24 juil.-18 août, dim., lundi soir et merc. soir - **Repas** Lunch 1850 bc - 2250/2950 bc, carte 2250 à 2700
Spéc. Nage de langoustines et saumon parfumé au safran. Mozaïque de St-Jacques au blanc de poireau et estragon (15 oct.-15 avril). Râble de lièvre, sauce smitane (15 oct.-déc.).

XX **Molenberg,** Kwadepoelstraat 51, ✆ (0 56) 75 93 97, *Fax (0 56) 75 93 97,* « Auberge dans un cadre champêtre » - P. AE ⓓ MC VISA JCB
fermé du 1er au 15 août, merc. et dim. soir - **Repas** Lunch 1500 bc - 2300 bc/2950 bc.

ZWIJNAARDE *Oost-Vlaanderen* 213 H 17 *et* 909 E 2 *- voir à Gent, périphérie.*

Grand-Duché de Luxembourg

Lëtzebuerg

Les prix sont donnés en francs luxembourgeois (les francs belges sont également utilisés au Gd. Duché).

Les étoiles
De sterren
Die Sterne
The stars

"Bib Gourmand"

Repas 1100

Repas soignés à prix modérés

Verzorgde maaltijden voor een schappelijke prijs

Sorgfältig zubereitete preiswerte Mahlzeiten

Good food at moderate prices

L'agrément
Aangenaam verblijf
Annehmlichkeit
Peaceful atmosphere and setting

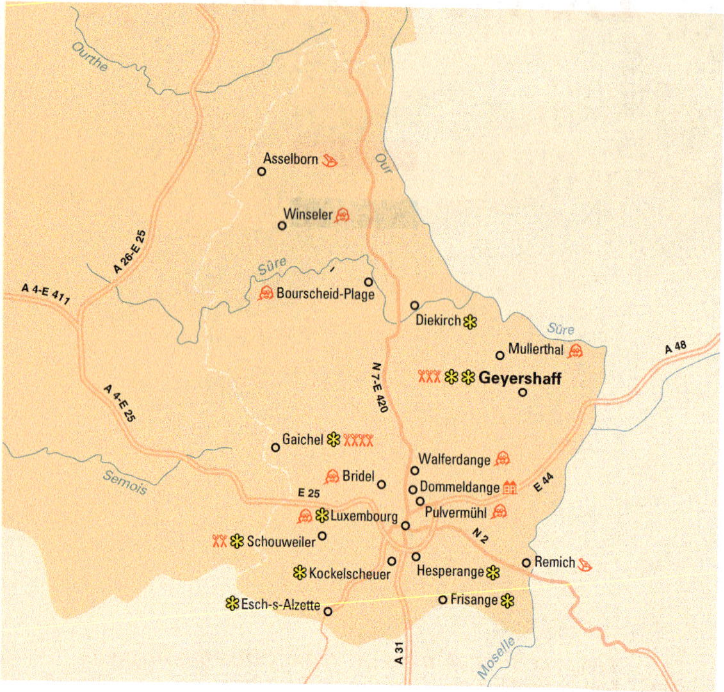

AHN (OHN) *Wormeldange 2 269 h.* 924 X 25 *et* 909 M 7.
Luxembourg 36 – Ettelbrück 51 – Remich 15 – Trier 27.

XX **Mathes,** rte du Vin 37, ✉ 5401, ☎ 76 01 06, *Fax 76 06 45,* ≤, « Terrasse et jardin » – P. AE ⓓ MC VISA
fermé 27 déc.-12 janv., mardi hors saison et lundi – **Repas** Lunch 1350 – 1550/2600.

ASSELBORN (AASSELBUR) *Wincrange 3 038 h.* 924 U 22 *et* 909 K 5.
Luxembourg 75 – Clervaux 13 – Ettelbrück 47 – Bastogne 26.

Vieux Moulin Luxembourg, Maison 158, ✉ 9940, ☎ 99 86 16, *Fax 99 86 17,* « Musée, cadre de verdure », – TV ☎ P – 25. AE MC VISA. rest
fermé du 13 au 30 nov. et 8 janv.-1er fév. – **Repas** 1250/2500 – **15 ch** 1850/3000 – ½ P 2650/2950.

BASCHARAGE (NIDDERKÄERJHÉNG) 924 U 25 *et* 909 K 7 – *6 065 h.*
Luxembourg 19 – Esch-sur-Alzette 14 – Arlon 21 – Longwy 17.

XX **Le Pigeonnier,** av. de Luxembourg 211, ✉ 4940, ☎ 50 25 65, *Fax 50 53 30* – P. AE ⓓ MC VISA.
fermé 2 sem. en août, 2 sem. en janv., lundi et mardi – **Repas** Lunch 1200 – carte env. 2000.

BASCHLEIDEN (BASCHELT) 924 T 23 – *voir à Boulaide.*

BEAUFORT (BEFORT) 924 W 23 *et* 909 L 6 – *1 314 h.*
Voir *Ruines du château★ – au Sud-Est : 4 km et 30 mn AR à pied, Gorges du Hallerbach★.*
r. Église 9, ✉ 6315, ☎ 83 60 81, Fax 86 91 08.
Luxembourg 38 – Diekirch 15 – Echternach 15 – Ettelbrück 25.

Meyer, Grand-Rue 120, ✉ 6310, ☎ 83 62 62, *Fax 86 90 85,* « Jardin avec terrasse », – rest, TV ☎ P – 30. AE ⓓ MC VISA. rest
7 avril-2 janv. – **Repas** *(fermé après 20 h 30)* 1400/1750 – **33 ch** 3700/4000 – ½ P 2500/3000.

Aub. Rustique, r. Château 55, ✉ 6313, ☎ 83 60 86, *Fax 86 92 22,* – rest, TV ☎. MC VISA
fermé 15 nov.-15 déc. et 31 déc.-22 fév. – **Repas** *(fermé après 20 h 30)* Lunch 420 – 1260 – **9 ch** 1500/2300 – ½ P 1650.

BELAIR – *voir à Luxembourg, périphérie.*

BELVAUX (BIELES) *Sanem 12 639 h.* 924 U 25 *et* 909 K 7.
Luxembourg 21 – Esch-sur-Alzette 5 – Arlon 31 – Longwy 21.

X **St. Laurent,** r. Alliés 24, ✉ 4412, ☎ 59 10 80, *Fax 59 21 82* – AE ⓓ MC VISA JCB
fermé du 15 au 30 sept., du 15 au 31 janv., mardi et merc. – **Repas** Lunch 375 – 800/1300.

BERDORF (BÄERDREF) 924 X 24 *et* 909 M 6 – *973 h.*
Voir *au Nord-Ouest : Ile du Diable★★ – au Nord : Plateau des Sept Gorges★ (Sieweschluff), Kasselt★ – au Sud : 2 km, Werschrumschluff★.*
Exc. *Promenade à pied★★ : Perekop.*
r. Laach 7, ✉ 6550, ☎ 79 06 43, Fax 79 91 82.
Luxembourg 38 – Diekirch 24 – Echternach 6 – Ettelbrück 31.

Parc, rte de Grundhof 16, ✉ 6550, ☎ 79 01 95, *Fax 79 02 23,* « Parc ombragé avec », – TV ☎ P. AE ⓓ MC VISA.
Pâques-oct. – **Repas** *(fermé après 20 h 30)* Lunch 790 – 1200/1550 – **20 ch** 2000/4900 – ½ P 2200/3200.

Bisdorff, r. Heisbich 39, ✉ 6551, ☎ 79 02 08, *Fax 79 06 29,* « Cadre de verdure », – TV ☎ P – 25. ⓓ MC VISA. rest
21 avril-14 nov. et du 16 au 31 déc. – **Repas** *(fermé lundi, mardi et après 20 h 30)* 850/2200 – **26 ch** 2000/4000 – ½ P 2100/2600.

XX **Kinnen** avec ch, rte d'Echternach 2, ✉ 6550, ☎ 79 01 83, *Fax 79 90 02,* – ☎ P. AE MC VISA.
avril-11 nov. – **Repas** 750/1250 – **30 ch** 1200/2800 – ½ P 1600/2070.

BOLLENDORF-PONT (BOLLENDORFER BRÉCK) C *Berdorf 973 h.* 924 X 23 et 909 M 6.
Luxembourg 40 – Diekirch 21 – Echternach 7 – Ettelbrück 27.

André, rte de Diekirch 23, ✉ 6555, ☎ 72 03 93, *Fax 72 87 70,* ... – ... VISA.
mars-nov. – **Repas** *(fermé après 20 h 30)* carte 850 à 1500 – **22 ch** 2000/3200 – ½ P 2100/2200.

BOULAIDE (BAUSCHELT) 924 T 23 et 909 K 6 – *644 h.*
Luxembourg 65 – Ettelbrück 35 – Arlon 30 – Bastogne 27.

Hames, r. Curé 2, ✉ 9640, ☎ 99 30 07, *Fax 99 36 49,* ... – ... VISA. rest
fermé du 21 au 29 juin, du 4 au 21 sept., janv., mardi soir et merc. – **Repas** Lunch 330 – carte 900 à 1750 – **10 ch** 1400/2400 – ½ P 1650/1760.

à Baschleiden *(Baschelt) Nord : 1 km* C *Boulaide :*

An der Flébour, r. Principale 45, ✉ 9633, ☎ 99 35 04, *Fax 99 30 03,* ..., « Ancienne ferme », ... – ... VISA. rest
fermé fév., du 1er au 15 sept., lundi sauf de juin à sept. et mardi – **Repas** Lunch 350 – carte env. 1100 – **13 ch** 1790/2580 – ½ P 1840.

BOUR (BUR) C *Tuntange 895 h.* 924 V 24 et 909 L 6.
Luxembourg 16 – Ettelbrück 27 – Mersch 12 – Arlon 18.

Gwendy, rte de Luxembourg 3, ✉ 7412, ☎ 308 88 81, *Fax 30 79 99,* ... – ... 25. ... VISA
Repas *(fermé merc. et jeudi midi)* Lunch 365 – carte env. 900 – **12 ch** 2420/2825 – ½ P 3020.

XXX **Janin,** r. Arlon 2, ✉ 7412, ☎ 30 03 78, *Fax 30 79 02,* ... – ... VISA
fermé sept., lundi et mardi midi – **Repas** carte 1500 à 2500.

BOURGLINSTER (BUERGLËNSTER) C *Junglinster 5 450 h.* 924 W 24 et 909 L 6.
Luxembourg 20 – Echternach 25 – Ettelbruck 29.

XX **La Distillerie,** r. Château 8, ✉ 6162, ☎ 787 87 81, *Fax 78 81 84,* ≤, « Dans un château-fort dominant la ville » – ... – ... 25 à 100. AE ... VISA.
fermé du 7 au 29 fév., sam. midi, dim. soir et lundi – **Repas** 1850/2450.

BOURSCHEID (BUURSCHENT) 924 V 23 et 909 L 6 – *1 063 h.*
Voir *Route du château* ≤★★ – *Ruines★ du château★,* ≤★.
Luxembourg 47 – Diekirch 14 – Ettelbrück 18 – Wiltz 22.

St-Fiacre, r. Principale 4, ✉ 9140, ☎ 99 00 23, *Fax 99 06 66,* ≤, ... – ... AE ... VISA.
fermé 25 mars-10 janv. – **Repas** *(fermé mardi soir, merc. et après 20 h 30)* Lunch 650 – 1250/1850 – **19 ch** 1820/2700 – ½ P 2000/2235.

XX **Host. de Bourscheid** avec ch, r. Principale 5, ✉ 9140, ☎ 99 00 08, *Fax 90 80 17* – ... AE ... VISA
fermé lundi soir et mardi – **Repas** Lunch 1000 – carte 1650 à 2300 – 350 – **8 ch** 1800 – ½ P 1950.

à Bourscheid-Moulin *(Buurschenter-millen) Est : 4 km :*

du Moulin, ✉ 9164, ☎ 99 00 15, *Fax 99 07 40,* ≤, ... – ... VISA
mars-15 nov. – **Repas** *(fermé lundi)* Lunch 950 – 900/1250 – **13 ch** 2500/3000 – ½ P 2300.

à Bourscheid-Plage *Est : 5 km :*

Theis, ✉ 9164, ☎ 99 00 20, *Fax 99 07 34,* ≤, « Au bord de la Sûre », ... – ..., rest, ... – ... 30. ... VISA.
fin mars-mi-nov. – **Repas** *(fermé jeudi)* 1100 – **19 ch** 1900/3180 – ½ P 1980/2380.

BRIDEL (BRIDDEL) 924 V 25 – *voir à Luxembourg, environs.*

CAPELLEN (KAPELLEN) C *Mamer 6 647 h.* 924 U 25 et 909 K 7.
Luxembourg 15 – Ettelbrück 37 – Mondorf-les-Bains 37 – Arlon 18 – Longwy 30.

Drive-In sans rest, rte d'Arlon 1, ✉ 8310, ☎ 30 91 53, *Fax 30 73 53* – ... AE ... VISA
fermé 23 déc.-10 janv. – 250 – **22 ch** 1900/3200.

CLERVAUX (KLIERF) 924 V 22 et 909 L 5 – *1 641 h.*

Voir *Site★★ – Château★ : exposition de maquettes★ – au Sud : route de Luxembourg ≤★★.*

au Nord-Ouest : 3 km à Eselborn, Mecherwee, ✉ 9748, ℘ 92 93 95, Fax 92 94 51.

(avril-oct.) Château, ✉ 9712, ℘ 92 00 72, Fax 92 93 12.

Luxembourg 62 – Diekirch 30 – Ettelbrück 34 – Bastogne 28.

International, Grand-rue 10, ✉ 9710, ℘ 92 93 91, *Fax 92 04 92,* – rest, – 25 à 50. AE MC VISA. rest
Repas Lunch 690 – 890/1650 – **51 ch** 2000/6800, 2 suites – ½ P 2700/3700.

Koener, Grand-rue 14, ✉ 9710, ℘ 92 10 02, *Fax 92 08 26,* – AE MC VISA
fermé fév. – **Repas** *(fermé après 20 h 30)* Lunch 380 – 640/1350 – **28 ch** 1600/2850 – ½ P 1850/2050.

Le Claravallis, r. Gare 3, ✉ 9707, ℘ 92 10 34, *Fax 92 90 89,* – AE MC VISA JCB
fermé 15 fév.-15 mars et jeudi hors saison – **Repas** Lunch 520 – 720/980 – **28 ch** 2400/3400 – ½ P 2500/2850.

du Commerce, r. Marnach 2, ✉ 9709, ℘ 92 91 81, *Fax 92 91 08,* – 60. MC VISA. rest
fermé déc.-janv. et merc. hors saison – **Repas** *(fermé après 20 h 30)* Lunch 380 – 850/1300 – **54 ch** 2100/3600 – ½ P 1990/2300.

du Parc , r. Parc 2, ✉ 9708, ℘ 92 06 50, *Fax 92 10 68,* ≤, – MC VISA
fermé janv. – **Repas** *(fermé mardi et sam. midi)* Lunch 850 – carte env. 1300 – **7 ch** 1650/2600 – ½ P 2150.

du Vieux Château 1er étage, Montée du Château 4, ✉ 9712, ℘ 92 00 12, *Fax 92 05 52,* , Taverne-rest, « Ancienne tour de garde » – AE MC VISA
15 mars-déc. ; fermé mardi et merc. midi sauf en juil.-août – **Repas** Lunch 800 – carte 1100 à 1500.

à Eselborn *(Eselbuer) Nord-Ouest : 3 km* C *Clervaux :*

du Golf , Mecherwee, ✉ 9748, ℘ 92 99 09, *Fax 92 99 10,* , « Sur le parcours de golf avec ≤ collines boisées », – 60. MC VISA
fermé 1re quinz. fév. – **Repas** *(fermé lundi)* 850 – **10 ch** 2350/3450 – ½ P 2850/3200.

à Reuler *(Reiler) Est : 1 km par N 18* C *Clervaux :*

St-Hubert, ✉ 9768, ℘ 92 04 32, *Fax 92 93 04,* ≤, « Chalet fleuri », – AE MC VISA.
fermé mi-déc.-mi-fév. et mardi – **Repas** *(fermé après 20 h 30)* carte env. 1200 – **21 ch** 1900/2900 – ½ P 2000.

à Roder *(Roeder) Est : 4,5 km* C *Munshausen 744 h :*

Kasselslay avec ch, Maison 21, ✉ 9769, ℘ 92 12 55, *Fax 92 91 13* – AE MC VISA.
fermé mi-nov.-mi-déc., 31 déc. soir, lundi soir et mardi – **Repas** *(fermé après 20 h 30)* carte env. 1200 – **10 ch** 1100/2500 – ½ P 900/1950.

CONSDORF (KONSDRËF) 924 X 24 et 909 M 6 – *1 573 h.*

Luxembourg 33 – Echternach 11 – Ettelbrück 34.

Domaine Moulin de Consdorf avec ch, r. Moulin 2, ✉ 6211, ℘ 79 00 02, *Fax 79 95 06,* , « Auberge dans une vallée boisée », – MC VISA
3 mars-2 janv. – **Repas** *(fermé merc. sauf en juil.-août)* Lunch 320 – 720/1800 – **11 ch** 1750/2500 – ½ P 1700/1900.

DIEKIRCH (DIKRECH) 924 V 23 et 909 L 6 – *5 666 h.*

Env. *au Nord : 8 km et 15 mn AR à pied, Falaise de Grenglay ≤★★.*

Esplanade 1, ✉ 9227, ℘ 80 30 23, Fax 80 27 86.

Luxembourg 33 – Clervaux 30 – Echternach 28 – Ettelbrück 5 – Bastogne 46.

du Parc, av. de la Gare 28, ✉ 9233, ℘ 803 47 21, *Fax 80 98 61* – MC VISA
fermé déc.-janv et mardi – **Repas** Lunch 850 – carte 1150 à 1600 – **40 ch** 2500/3300 – ½ P 2250/2400.

Hiertz (Pretti) avec ch, r. Clairefontaine 1, ✉ 9220, ℘ 80 35 62, *Fax 80 88 69,* « Terrasse et jardin suspendus, fleuris » – rest, AE MC VISA
fermé 2e quinz. août, fin déc.-début janv., lundi et mardi – **Repas** (nombre de couverts limité - prévenir) 2800, carte 1950 à 2400 – **9 ch** 2300/2900 – ½ P 3000
Spéc. Ravioli de bœuf braisé au Chianti, pâtes aux cèpes. Blanc de St-Pierre sauce vierge. Gibier en saison. **Vins** Riesling, Pinot noir.

DIFFERDANGE (DÉIFFERDANG) 924 U 25 *et* 909 K 7 – *16 466 h.*

Luxembourg 25 – Esch-sur-Alzette 9 – Arlon 27 – Longwy 19.

Au Petit Casino, pl. du Marché 10, ✉ 4621, ☏ 582 30 11, *Fax 58 38 91*, – ☎ – 40. AE ⓓ ⓜ VISA
Repas *Lunch 350* – carte env. 1400 – **24 ch** 1800/2600.

If you write to a hotel abroad, enclose an International Reply Coupon (available in Post Offices).

DOMMELDANGE (DUMMELDÉNG) 924 V 25 – *voir à Luxembourg, périphérie.*

ECHTERNACH (IECHTERNACH) 924 X 24 *et* 909 M 6 – *4 367 h.*

Voir *Place du Marché★* Y **10** - *Abbaye★* X – *à l'Ouest : Gorge du Loup★★ (Wolfschlucht,* ⩽★ *du belvédère de Troosknepchen* Z.

Porte St-Willibrord, Parvis de la Basilique, ✉ *6401,* ☏ *72 02 30, Fax 72 75 24.*

Luxembourg 36 ② – Diekirch 28 ③ – Ettelbrück 30 ③ – Bitburg 21 ①

ECHTERNACH

Bénédictins (R. des) . . . Y 2
Bons Malades (R. des) . . . . Y 3
Breilekes (R.) . . . . Y
Duchscher (R. André) . Y
Ermesinde (R.) . . . . X 5
Gare (R. de la) X
Gibraltar (R.) . . . . Y
Haut-Ruisseau (R.) . . . . X 6
Hoovelek . . . . Y
Hôpital (R. de l') . . . . . . Y
Luxembourg (R. de) . . . Y 9
Marché (Pl. du) . . . . . . Y 10
Maximilien (R.) . . . . XY
Merciers (R. des) . . . . . X 12
Montagne (R. de la) . . . Y 13
Pont (R. du) . . . . XY
Remparts (R. des) . . . . Y
Sigefroi (R. Comte) . . . . Y 15
Sûre (R. de la) . . . . Y
Val des Roses X
Wasserbillig (R. de) . . . Y 17

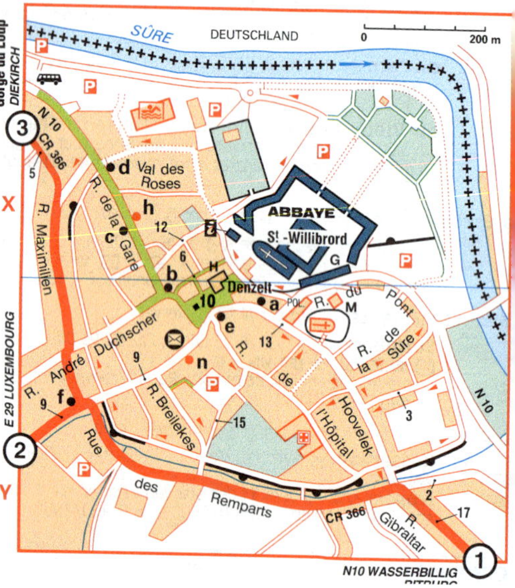

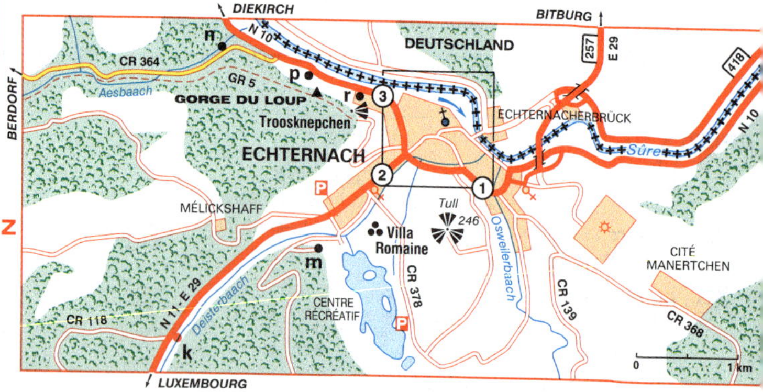

Eden au Lac, au-dessus du lac, ✉ 6474, ℘ 72 82 83, *Fax 72 81 44*, ← ville et vallée boisée, - , rest, - 40 à 80. AE VISA. Z m
15 mars-2 janv. – **Repas** *(fermé sam. soir)* (dîner seult sauf week-end et jours fériés) 2750/3000 – **60 ch** 3200/6400, 3 suites – ½ P 3000/4200.

Bel Air, rte de Berdorf 1, ✉ 6409, ℘ 72 93 83, *Fax 72 86 94*, ←, « Parc avec pièce d'eau dans la vallée boisée de la Sûre », - - 25 à 100. AE VISA. Z n
Repas Lunch 1000 – 1650/2350 – **31 ch** 3900/5950, 8 suites – ½ P 2850/4500.

Grand H., rte de Diekirch 27, ✉ 6430, ℘ 72 96 72, *Fax 72 90 62*, ←, - AE VISA. Z p
10 avril-nov. – **Repas** *(fermé après 20 h)* Lunch 900 – 1500/2800 – **32 ch** 3000/3800, 8 suites – ½ P 2400/2900.

Welcome, rte de Diekirch 9, ✉ 6430, ℘ 72 03 54, *Fax 72 85 81*, - - 25. VISA. Z r
fermé 20 déc.-20 fév. – **Repas** *(fermé merc.)* 850/1080 – **27 ch** 4600 – ½ P 1950/3100.

Host. de la Basilique, pl. du Marché 7, ✉ 6460, ℘ 72 94 83, *Fax 72 88 90*, - AE VISA. ch Y a
avril-12 nov. – **Repas** 850 – **14 ch** 3000/3500 – ½ P 2250/3775.

Le Pavillon, r. Gare 2, ✉ 6440, ℘ 72 98 09, *Fax 72 86 23*, - . AE VISA XY b
Repas *(fermé merc.)* Lunch 350 – 740/1590 – **9 ch** 2100/2700 – ½ P 1950/2700.

du Commerce, pl. du Marché 16, ✉ 6460, ℘ 72 03 01, *Fax 72 87 90*, - - 25 à 80. AE VISA Y e
fermé 13 nov.-21 déc. et janv.-20 fév. – **Repas** Lunch 420 – 480/950 – **44 ch** 1800/2800 – ½ P 1900/2050.

des Ardennes, r. Gare 38, ✉ 6440, ℘ 72 01 08, *Fax 72 94 80*, - - 25. AE VISA. X d
Repas *(fermé mi-janv.-début mars, dim. soir hors saison et jeudi)* Lunch 600 – 900/1500 – **30 ch** 2300/2900 – ½ P 2100/2200.

Universel, rte de Luxembourg 40, ✉ 6450, ℘ 72 99 91, *Fax 72 87 87*, - - 25 à 80. VISA. rest Y f
avril-11 nov. – **Repas** *(fermé après 20 h 30)* Lunch 420 – carte 850 à 1150 – **45 ch** 2200/3000 – ½ P 1900/2000.

St-Hubert, r. Gare 21, ✉ 6440, ℘ 72 03 06, *Fax 72 87 72*, - - 25. AE VISA X c
fermé 15 nov.-15 déc. et lundis et mardis non fériés en hiver – **Repas** carte 900 à 1600 – **27 ch** 2200/300 – ½ P 1450/2550.

La Coppa, r. Gare 22, ✉ 6440, ℘ 72 73 24, *Fax 72 76 07*, - VISA X h
fermé du 3 au 16 avril, 18 sept.-4 oct., lundi soir et mardi – **Repas** Lunch 350 – carte 1350 à 1750.

Relais de la Poste, r. Luxembourg 7, ✉ 6450, ℘ 72 74 26, *Fax 72 74 24*, Avec grillades – VISA Y n
fermé 17 août-14 sept., lundi et sam. midi – **Repas** 740/1100.

à Geyershaff *(Geieschhaff) par ② : 6,5 km par E 27 C Bech 872 h :*

La Bergerie (Phal),, ✉ 6251, ℘ 79 04 64, *Fax 79 07 71*, ←, , « Cadre champêtre, abords fleuris » – AE VISA
fermé 15 janv.-fin fév., dim. soir et lundi – **Repas** 2850/3650, carte env. 3000
Spéc. Foie gras d'oie au naturel. Les grosses langoustines en robe des champs. Ballottine de volaille de Bresse au foie gras. **Vins** Pinot gris, Pinot noir.

à Lauterborn *(Lauterbur) C Echternach :*

Au Vieux Moulin avec ch, Maison 6, ✉ 6562, ℘ 72 00 68, *Fax 72 71 25* – AE VISA. Z k
fermé 2 sem. en nov., 3 sem. en janv. et lundi – **Repas** *(fermé après 20 h 30 sauf en été)* Lunch 1300 – 1600 – **4 ch** 2100/3000 – ½ P 2050/2450.

à Steinheim *(Stenem) par ① : 4 km C Rosport 1 694 h :*

Gruber M, rte d'Echternach 36, ✉ 6585, ℘ 72 04 33, *Fax 72 87 56*, , « Jardin », - VISA. rest
fin mars-nov. – **Repas** *(fermé après 20 h 30)* Lunch 500 – carte 1000 à 1450 – **18 ch** 1900/3000 – ½ P 2000/2300.

EHNEN (ÉINEN) C *Wormeldange 2 269 h.* 924 X 25 *et* 909 M 7.
Luxembourg 31 – Ettelbrück 55 – Remich 10 – Trier 32.

Bamberg's, rte du Vin 131, ✉ 5416, ☎ 76 00 22, *Fax 76 00 56*, ≤ – |‡| TV ☎ P. AE MC VISA. ✻
fermé déc.-15 janv. et mardi – **Repas** carte 1650 à 2100 – **12 ch** ☐ 2400/3400 – ½ P 2400/2500.

Simmer avec ch, rte du Vin 117, ✉ 5416, ☎ 76 00 30, *Fax 76 03 06*, ≤, « Terrasse » – TV ☎ P. AE MC VISA. ✻
fermé fév. – **Repas** 980/1950 – **15 ch** ☐ 2200/2700 – ½ P 2700/3050.

EICH (EECH) – *voir à Luxembourg, périphérie.*

ELLANGE (ELLÉNG) 924 W 25 – *voir à Mondorf-les-Bains.*

ERNZ NOIRE (Vallée de l') (MULLERTHAL-MËLLERDALL) ★★★ 924 W 24 *et* 909 L 6
G. Belgique-Luxembourg.

ERPELDANGE (IERPELDÉNG) 924 V 23 *et* 909 L 6 – *voir à Ettelbruck.*

ESCHDORF (ESCHDUERF) C *Heiderscheid 1 037 h.* 924 U 23 *et* 909 K 6.
Env. *au Sud : 4,5 km à Rindschleiden : Église paroissiale★.*
Luxembourg 46 – Diekirch 22 – Ettelbrück 17 – Bastogne 17.

Braas, an Haesbich 1, ✉ 9150, ☎ 83 92 13, *Fax 83 95 78*, 🚲 – |‡| TV ☎ P. MC VISA. ✻ rest
fermé 7 janv.-15 fév. – **Repas** *(fermé lundi soir et mardi)* Lunch 350 – carte env. 1400 – **15 ch** ☐ 1600/2500 – ½ P 1800/1980.

ESCH-SUR-ALZETTE (ESCH-UELZECHT) 924 U 26 *et* 909 K 7 – *24 564 h.*
ℹ *Hôtel de Ville,* ✉ *4004,* ☎ *54 73 83 (ext. 246), Fax 54 26 27.*
Luxembourg 18 ① – Longwy 26 ① – Thionville 32 ③

Plan page ci-contre

Mercure Renaissance 🐟, pl. Boltgen 2, ✉ 4044, ☎ 54 19 91, *Fax 54 19 90*, – |‡| ✻, ▤ rest, TV ☎ 🚗 – 🏛 25 à 100. AE ⓓ MC VISA JCB BZ t
Repas *(fermé dim. soir)* Lunch 380 – carte env. 1000 – **41 ch** ☐ 3600/5000 – ½ P 3050/5150.

Topaz M sans rest, r. Remparts 5, ✉ 4303, ☎ 531 44 11, *Fax 53 14 54* – |‡| TV ☎ P. AE MC VISA. ✻ BZ r
22 ch ☐ 2400/3400.

Acacia, r. Libération 10, ✉ 4210, ☎ 54 10 61, *Fax 54 35 02* – |‡|, ▤ rest, TV ☎. AE ⓓ MC VISA BZ b
Repas *(fermé 24 déc.-1er janv., dim. et jours fériés)* Lunch 1400 – carte 1250 à 1850 – **23 ch** ☐ 1900/3000 – ½ P 2300/2800.

Fridrici, rte de Belvaux 116, ✉ 4026, ☎ 55 80 94, *Fax 57 33 35* – AE ⓓ MC VISA. ✻ AY d
fermé sem. carnaval, août, mardi et sam. midi – **Repas** Lunch 1600 – 1800/2000, carte 2050 à 2400
Spéc. Gibier en saison. Queue de lotte rôtie aux épices. L'arlette aux framboises et son sorbet citron basilic (21 juin-21 sept.). **Vins** Riesling, Pinot gris.

Aub. Royale Favaro, r. Remparts 19, ✉ 4303, ☎ 542 72 31, *Fax 54 27 23 20*, Avec cuisine italienne – 🏛 40. AE ⓓ MC VISA. ✻ BZ a
fermé 2 sem. en juin, 2 sem. en sept., 25 déc.-8 janv., sam. midi, dim. soir et lundi – **Repas** Lunch 1480 – 2000/2800.

Postkutsch, r. Xavier Brasseur 8, ✉ 4040, ☎ 54 51 69, *Fax 54 82 35* – ▤. AE ⓓ MC VISA BZ f
fermé sam. midi, dim. soir et lundi – **Repas** Lunch 680 – 1500/2500.

Domus (Mosconi), r. Brill 60 (transfert prévu), ✉ 4042, ☎ 54 69 94, *Fax 54 00 43*, Cuisine italienne – ▤. AE ⓓ MC VISA AZ e
fermé du 6 au 13 mars, du 6 au 24 août, 24 déc.-2 janv., dim. soir et lundi – **Repas** Lunch 1350 – carte 1700 à 2300
Spéc. Crème de pois chiches aux cappelletti et romarin. Risotto aux truffes blanches (oct.-déc.). Turbot en croûte de sel, sauce légère à la marjolaine, câpres et tomate. **Vins** Pinot gris, Vin de la Barrique.

Bec Fin, pl. Norbert Metz 15, ✉ 4239, ☎ 54 33 22, *Fax 54 00 99* – AE ⓓ MC VISA BZ s
fermé lundi soir et mardi – **Repas** 1080.

ESCH-SUR-ALZETTE

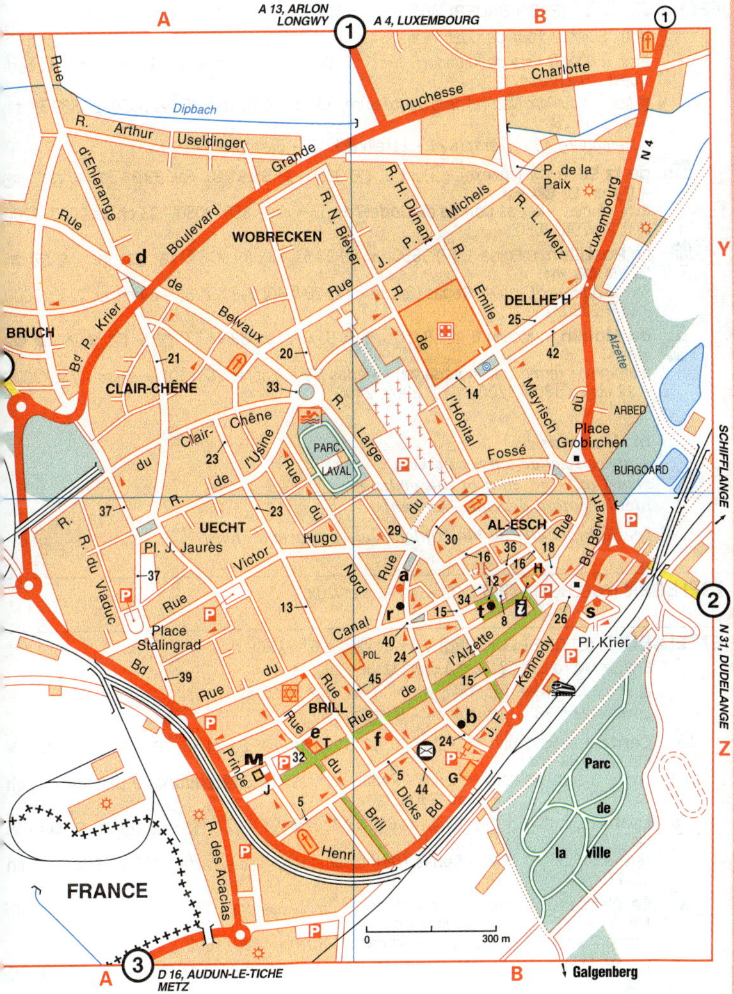

For Gourmets

We distinguish for your use certain hotels (...) and restaurants (...) by awarding them « ✿✿✿ », « ✿✿ », « ✿ » or « ».

à Foetz *(Féitz) par ① : 5 km* Ⓒ *Mondercange 5 817 h :*

De Foetz, r. Avenir 1 (dans zoning commercial), ✉ 3895, ☎ 57 25 45, *Fax 57 25 65* – TV ☎ P – 40. AE MC VISA
fermé 20 déc.-2 janv. – **Repas** *(fermé dim. et jours fériés)* Lunch 320 – 850 – **40 ch** ☐ 1700/2500 – ½ P 1600/2000.

ESCH-SUR-SÛRE (ESCH SAUER) 924 U 23 et 909 K 6 – *187 h.*

Voir *Site★ – Tour de Guet* ≤★.

Env. *à l'Ouest : rte de Kaundorf* ≤★ *– à l'Ouest : Lac de la Haute-Sûre★,* ≤★ *– au Sud-Ouest : Hochfels★.*

Maison du Parc Naturel de la Haute-Sûre, rte de Lultzhausen 15, ✉ 9650, ☎ 899 33 11, Fax 89 95 20.

Luxembourg 48 – Diekirch 24 – Ettelbrück 19 – Bastogne 27.

de la Sûre (annexe), r. Pont 1, ✉ 9650, ☎ 83 91 10, *Fax 89 91 01,* ≤, – TV ☎. AE MC VISA
avril-15 déc. – **Repas *Comte de Godefroy*** Lunch 450 – 850/2050 – **23 ch** ☐ 2600/4200 – ½ P 1795/2550.

Le Postillon, r. Eglise 1, ✉ 9650, ☎ 89 90 33, *Fax 89 90 34,* – TV ☎. AE MC VISA
fermé du 3 au 26 janv. – **Repas** *(fermé après 20 h 30)* 1080/2250 – **24 ch** ☐ 2200/3000 – ½ P 2250/2500.

du Moulin, r. Moulin 6, ✉ 9650, ☎ 83 91 07, *Fax 89 91 37,* – TV ☎ P. MC VISA.
mars-nov. ; fermé lundi hors saison – **Repas** *(fermé après 20 h 30)* Lunch 550 – 730/2000 – **22 ch** ☐ 1800/3200 – ½ P 2000/2400.

In deze gids
heeft een zelfde letter of teken,
zwart of rood, dun of dik gedrukt
niet helemaal dezelfde betekenis.

Lees aandachtig de bladzijden met verklarende tekst.

ESELBORN (ESELBUER) 924 U 22 – *voir à Clervaux.*

ETTELBRÜCK (ETTELBRÉCK) 924 V 23 et 909 L 6 – *7 269 h.*

Env. *au Nord-Est : 2,5 km à Erpeldange : cadre★.*

pl. de la Gare 1, ✉ 9044, ☎ 81 20 68, Fax 81 98 39.

Luxembourg 28 – Clervaux 34 – Bastogne 41.

Central, r. Bastogne 25, ✉ 9010, ☎ 81 21 16, *Fax 81 21 38,* – TV ☎. AE MC VISA JCB.
fermé 2 sem. en août et lundi – **Repas** voir rest ***Le Châteaubriand*** ci-après – **15 ch** ☐ 1800/3100 – ½ P 2250/2800.

Lanners, r. Gare 1, ✉ 9044, ☎ 812 12 71, *Fax 81 62 77,* – TV ☎. AE MC VISA.
fermé 22 déc.-7 janv. – **Repas** *(fermé sam.)* Lunch 450 – carte 1400 à 1850 – **11 ch** ☐ 1750/2400 – ½ P 1850.

Le Châteaubriand - H. Central, 1er étage, r. Bastogne 25, ✉ 9010, ☎ 81 21 16, *Fax 81 21 38* – AE MC VISA.
fermé 2 sem. en août et lundi – **Repas** Lunch 750 – 1490/1800.

Le Navarin, r. Prince Henri 15, ✉ 9047, ☎ 81 80 82, *Fax 81 13 12* – AE MC VISA
fermé du 1er au 20 mars, lundi soir et mardi – **Repas** Lunch 400 – 850/1100.

à Erpeldange *(Ierpeldéng) Nord-Est : 2,5 km par N 27* Ⓒ *Eschweiler 511 h :*

Dahm, Porte des Ardennes 57, ✉ 9145, ☎ 816 25 51, *Fax 816 25 52 10,* « Jardin fleuri », – TV ☎ P – 25 à 120. AE MC VISA. rest
fermé 19 déc.-20 janv. – **Repas** *(fermé lundi et jeudi soir)* Lunch 550 – 850/1800 – **25 ch** ☐ 2300/3450 – ½ P 2280/2475.

FOETZ (FÉITZ) 924 V 25 – *voir à Esch-sur-Alzette.*

FRISANGE (FRÉISENG) 924 W 25 et 909 L 7 – 2 473 h.

Luxembourg 12 – Thionville 20.

de la Frontière, r. Robert Schuman 52 (au poste frontière), ✉ 5751, ☎ 66 84 05, *Fax 66 17 53*, – TV ☎ P. AE MC VISA. rest
fermé fin fév., fin sept., lundi et mardi midi – **Repas** carte env. 1000 – **18 ch** 1600/2200 – ½ P 1800.

Lea Linster, rte de Luxembourg 17, ✉ 5752, ☎ 66 84 11, *Fax 67 64 47*, ≤, – P. AE MC VISA.
fermé 2 dern. sem. août, 22 déc.-12 janv., lundi et mardi – **Repas** 2700, carte 2550 à 3000
Spéc. Œuf en surprise de caviar et crème épaisse à la Vodka. Agneau en croûte de pomme de terre. Sandre poché au Vin Jaune, gros ravioli de grenouilles (juin-nov.).

GAICHEL (GÄICHEL) C *Hobscheid 2 403 h.* 924 U 24 et 909 K 6.

9 ☎ 39 71 08, Fax 39 00 75.

Luxembourg 35 – Diekirch 35 – Arlon 5.

La Gaichel avec ch, Maison 5, ✉ 8469 Eischen, ☎ 39 01 29, *Fax 39 00 37*, ≤, « Parc ombragé avec 9 », – TV ☎ P – 30. AE MC VISA.
fermé 9 janv.-9 fév., du 20 au 30 août, dim. soir et lundi – **Repas** *Lunch 1600* – 1950/2700, carte env. 2500 – **12 ch** 4250/5500 – ½ P 7500
Spéc. Salade de queues de langoustines rôties et vinaigrette au jus de truffes. Tartare de saumon d'Écosse. Canard sauvage au poivre vert. **Vins** Riesling Koëppchen, Pinot blanc.

La Bonne Auberge avec ch, Maison 7, ✉ 8469 Eischen, ☎ 39 01 40, *Fax 39 71 13*, ≤, « Parc avec pièce d'eau », – TV ☎ P. AE MC VISA
Repas *(fermé mardi et sam. midi)* 1550/2500 – **17 ch** 2250/3500 – ½ P 2575/3145.

GASPERICH (GAASPERECH) – *voir à Luxembourg, périphérie.*

GEYERSHAFF (GEIESCHHAFF) – *voir à Echternach.*

GONDERANGE (GONNERÉNG) C *Junglinster 5 450 h.* 924 W 24 et 909 L 6.

18 au Nord : 3 km à Junglinster, Domaine de Behlenhaff, ✉ 6141, ☎ 78 00 68, Fax 78 71 28.

Luxembourg 16 – Echternach 22 – Ettelbrück 30.

Euro, rte de Luxembourg 11, ✉ 6182, ☎ 78 85 51, *Fax 78 85 50* – rest, TV ☎ P – 25 à 100. AE MC VISA
Repas 980/1950 – **50 ch** 2500/3100 – ½ P 2000/2750.

GORGE DU LOUP (WOLLEFSSCHLUCHT) ★★ 924 X 24 et 909 M 6 *G. Belgique-Luxembourg.*

GRUNDHOF (GRONDHAFF) C *Beaufort 1 314 h.* 924 W 23 et 909 L 6.

Luxembourg 37 – Diekirch 18 – Echternach 10 – Ettelbrück 24.

Brimer, rte de Beaufort, ✉ 6360, ☎ 83 62 51, *Fax 83 62 12*, – TV ☎ P. AE MC VISA.
27 fév.-15 nov. – **Repas** *(fermé après 20 h 30)* 1375/1475 – **23 ch** 3600/3800 – ½ P 2500/2750.

Ferring sans rest, rte de Beaufort 4, ✉ 6360, ☎ 83 60 15, *Fax 86 91 40* – TV ☎ P. AE MC VISA.
15 avril-15 nov. – **25 ch** 1750/2700.

L'Ernz Noire avec ch, rte de Beaufort 2, ✉ 6360, ☎ 83 60 40, *Fax 86 91 51*, – TV ☎ P. AE MC VISA.
fermé 10 janv.-5 mars – **Repas** *(fermé mardi midi) Lunch 980* – carte 1900 à 2300 – **11 ch** 2200/2800 – ½ P 2200/2800.

Send us your comments on the restaurants we recommend
and your opinion on the specialities
and local wines they offer.

HALLER (HALER) Ⓒ *Waldbillig 940 h.* **924** W 24 *et* **909** L 6.

Voir *Gorges du Hallerbach★ : 30 mn AR à pied.*

Luxembourg 35 – Echternach 20 – Ettelbrück 20 – Mersch 19.

Hallerbach, r. Romains 2, ✉ 6370, ✆ 83 65 26, *Fax 83 61 51*, « Terrasse ombragée, jardin avec pièce d'eau », – TV ☎ P – 25. AE ⓓ MC VISA. rest
fermé déc.-janv. – **Repas** *(fermé lundi et après 20 h 30)* Lunch 950 – 1850 – **25 ch** 2650/3500 – ½ P 2675/2900.

HAUT-MARTELANGE (UEWER-MAARTEL) Ⓒ *Rambrouch 2 939 h.* **924** T 24 *et* **909** K 6.

Luxembourg 53 – Diekirch 38 – Ettelbrück 38 – Bastogne 22.

à Rombach-Martelange *(Rombech-Maarteléng) Nord : 1,5 km* Ⓒ *Rambrouch :*

Maison Rouge, rte d'Arlon 5, ✉ 8832, ✆ 64 00 06, *Fax 64 90 14*, « Jardin d'hiver » – P. AE ⓓ MC VISA.
fermé mi-fév.-mi-mars, dern. sem. août-prem. sem. sept., lundi soir, merc. soir et jeudi. – **Repas** Lunch 995 – carte env. 1400.

HESPERANGE (HESPER) **924** V 25 *et* **909** L 7 – *voir à Luxembourg, environs.*

HOSCHEID (HOUSCHENT) **924** V 23 *et* **909** L 6 – *373 h.*

Luxembourg 42 – Clervaux 19 – Ettelbrück 15 – Vianden 14.

Des Ardennes, Haaptstr. 33, ✉ 9376, ✆ 99 00 77, *Fax 99 07 19* – TV ☎ P. ⓓ MC VISA
fermé 15 déc.-15 janv. – **Repas** Lunch 325 – carte 1100 à 1600 – **24 ch** 1325/2500 – ½ P 1625/1850.

HULDANGE (HULDANG) Ⓒ *Troisvierges 2 234 h.* **924** V 22 *et* **909** L 5.

Luxembourg 75 – Clervaux 22 – Ettelbrück 47.

Knauf avec ch, r. Stavelot 67 (Est : sur N 7), ✉ 9964, ✆ 97 90 56, *Fax 99 75 16*, Grillades – TV P. AE ⓓ MC VISA
fermé 24 et 25 déc., 1er et 2 janv. et lundis non fériés – **Repas** *(fermé après 20 h 30)* 720/1350 – **10 ch** 1000/1700.

KAUNDORF (KAUNEREF) Ⓒ *Lac Haute-Sûre 1 212 h.* **924** U 23 *et* **909** K 6.

Luxembourg 52 – Diekirch 28 – Ettelbrück 23 – Bastogne 24.

Naturpark-H. Zeimen, Am Enneschtduerf 2, ✉ 9662, ✆ 83 91 72, *Fax 83 95 73*, – TV ☎ P. MC VISA
fermé du 1er au 15 sept. et du 10 au 31 janv. – **Repas** *(fermé mardi)* Lunch 330 – 1150/1280 – **11 ch** 1750/2600 – ½ P 1900/2000.

KAUTENBACH (KAUTEBAACH) **924** V 23 *et* **909** L 6 – *260 h.*

Luxembourg 56 – Clervaux 24 – Ettelbrück 28 – Wiltz 11.

Hatz Maison 24, ✉ 9663, ✆ 95 85 61, *Fax 95 81 31*, – TV ☎ P. MC VISA. rest
3 mars-26 déc. – **Repas** *(fermé merc. et jeudi midi)* 695/1475 – 300 – **18 ch** 1800/2500, 1 suite – ½ P 1830/2120.

KOPSTAL (KOPLESCHT) **924** V 24 *et* **909** L 7 – *voir à Luxembourg, environs.*

LAROCHETTE (an der FIELS) **924** W 24 *et* **909** L 6 – *1416 h.*

Voir *à l'Ouest : 5 km, Nommerlayen★.*

Hôtel de Ville, ✉ 7619, ✆ 83 76 76 ax 87 96 46.

Luxembourg 27 – Diekirch 12 – Echternach 20 – Ettelbrück 17 – Arlon 35.

du Château, r. Medernach 1, ✉ 7619, ✆ 83 70 09, *Fax 87 96 36*, – TV ☎ – 40. AE ⓓ MC VISA. rest
Repas Lunch 500 – 850/1200 – **38 ch** 2350/3000 – ½ P 2850/3150.

Résidence, r. Medernach 14, ✉ 7619, ✆ 83 73 91, *Fax 87 94 42*, – TV ☎ P. AE ⓓ MC VISA. rest
15 fév.-15 nov. – **Repas** Lunch 500 – carte env. 1400 – **20 ch** 2350/3000 – ½ P 2850/3150.

Aub. Op der Bleech avec ch, pl. Bleech 4, ✉ 7610, ☎ 87 80 58, *Fax 87 97 25*, - TV ☎. AE MC VISA
fermé 20 déc.-15 janv. – **Repas** *(fermé mardi et merc. hors saison)* carte 1000 à 1400 – **9 ch** ☕ 1900/2750.

LAUTERBORN (LAUTERBUR) 924 X 24 – *voir à Echternach.*

LIMPERTSBERG (LAMPERTSBIERG) – *voir à Luxembourg, périphérie.*

LIPPERSCHEID (LËPSCHT) C *Bourscheid 1 063 h.* 924 V 23 et 909 L 6.

Voir *à l'Est : 2 km et 15 mn AR à pied, Falaise de Grenglay* ≤★★.

Luxembourg 45 – Clervaux 24 – Diekirch 10 – Ettelbrück 18.

Leweck, contrebas E 421, ✉ 9378, ☎ 99 00 22, *Fax 99 06 77*, « Jardin avec pièce d'eau et ≤ vallée », , , , - TV ☎ P - 25 à 80. AE MC VISA
fermé 28 fév.-27 mars – **Repas** *(fermé mardi midi)* 1250/1975 – **47 ch** ☕ 2500/4875 – ½ P 2375/3800.

Ponies Haff sans rest, r. Principale 6, ✉ 9164, ☎ 99 03 78, *Fax 99 06 77*, ≤ vallée et ruines, - TV ☎ P. AE MC VISA
avril-mi-nov. ; fermé lundi et mardi hors saison – **12 ch** ☕ 1900/2500.

LUXEMBOURG – LËTZEBUERG

924 V 25 et 909 L 7 – *78 290 h.*

Amsterdam 391 ⑧ – Bonn 190 ③ – Bruxelles 219 ⑧.

OFFICES DE TOURISME

pl. d'Armes, ✉ 2011, ☎ 22 28 09, Fax 47 48 18
Air Terminus, gare centrale, ✉ 1010, ☎ 42 82 82 20, Fax 42 82 82 30.
Aérogare à Findel ☎ 42 82 82 21

RENSEIGNEMENTS PRATIQUES

BUREAUX DE CHANGE

La ville de Luxembourg est connue pour la multitude de banques qui y sont représentées, et vous n'aurez donc aucune difficulté à changer de l'argent.

TRANSPORTS

Il est préférable d'emprunter les bus (fréquents) qui desservent quelques parkings périphériques.
Principale compagnie de Taxi : Taxi Colux ☎ 48 22 33, Fax 40 26 80 16.
Transports en commun : Pour toute information ☎ 47 96 29 75, Fax 29 68 08.

COMPAGNIES DE TRANSPORT AÉRIEN

Renseignements départs-arrivées ☎ 47 98 50 50 et 47 98 50 51. Findel par E 44 : 6 km ☎ 42 82 82 1 – Aérogare : pl. de la Gare ☎ 48 11 99.

GOLF

18 *Hoehenhof (Senningerberg) près de l'Aéroport, rte de Trèves 1, ✉ 2633, ☎ 34 00 90, Fax 34 83 91.*

LE SHOPPING

Grand'Rue et rues piétonnières autour de la Place d'Armes F *– Quartier de la Gare* CDZ.

CURIOSITÉS

POINTS DE VUE

Place de la Constitution★★ F *– Plateau St-Esprit*★★ G *– Chemin de la Corniche*★★ G *– Le Bock*★★ G *– Boulevard Victor Thorn*★ G 121 *– Les Trois Glands*★ DY.

MUSÉE

Musée national d'Histoire et d'Art★ *: section gallo-romaine*★ *et section Vie luxembourgeoise (arts décoratifs, arts et traditions populaires)*★★ G **M¹** *– Musée d'Histoire de la Ville de Luxembourg*★ G **M³**.

AUTRES CURIOSITÉS

Les Casemates du Bock★★ G *– Palais Grand-Ducal*★ G *– Cathédrale Notre-Dame*★ F *– Pont Grande-Duchesse Charlotte*★ DY.

ARCHITECTURE MODERNE

Sur le plateau de Kirchberg : Centre Européen DEY.

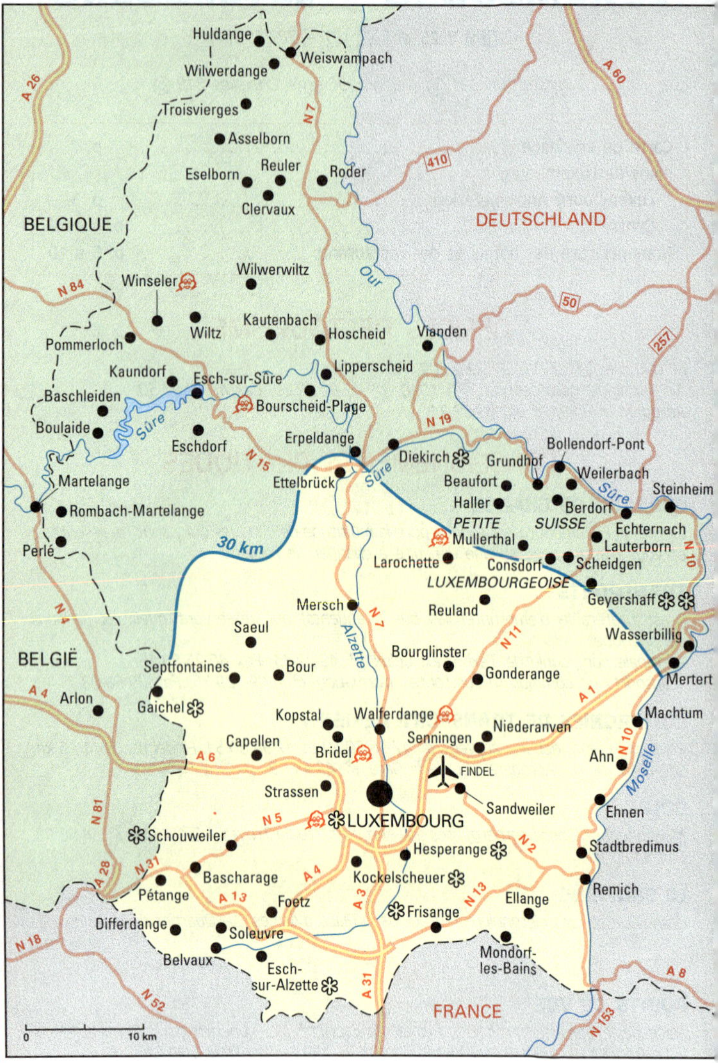

Pleasant hotels and restaurants are shown in the Guide by a red sign.

Please let us know the places where you have enjoyed your stay.

Your Michelin Guide will be even better.

LUXEMBOURG

Sur la route :
la signalisation routière est rédigée
dans la langue de la zone linguistique traversée.
Dans ce guide,
les localités sont classées selon leur nom officiel :
Antwerpen pour Anvers, **Mechelen** pour Malines.

C
D
LUXEMBOURG
0
400 m
Y
Z
R. F. Seimetz
Square Édouard André
LIMPERTSBERG
Av. du Bois
CIMETIÈRE ISRAÉLITE
Côte d'Eich
Rue Laurent Ménager
R. St. Mathieu
Av. Victor Hugo
Av. Pasteur
Av. Henri VII
Av. de la Faïencerie
R. des Glacis
CHAMP DES GLACIS
R. de la Foire
Bd. Royal
Av. de la Porte Neuve
Bd. Joseph II
Bd. Grande-Duchesse Charlotte
Av. E. Reuter
RTL
Av. Monterey
Av. Marie Thérèse
Bd. Grande Duchesse
Boulevard
PALAIS Gd-DUCAL
CATHÉDRALE N.-DAME
Av. de la Pétrusse
Viaduc
Pétrusse
Alzette
R. Vauban
Montée de Clausen
Rue de Trèves
BANQUE EUROPÉENNE D'INVESTISSEMENT
Avenue J. F. Kennedy
PONT GRANDE-DUCHESSE CHARLOTTE
Cour de Justice Européenne
Centre R. Schuman
Les Trois Glands
TOUR MALAKOFF
CLAUSEN
Val des Bons Malades
Bd. Konrad Adenauer
Bd. d'Avranches
R. de Strasbourg
R. d'Anvers
Av. de la Liberté
Pl. de la Gare
Rue de Hollerich
HOLLERICH
Route d'Esch
R. E. Lavandier
R. de la vallée
Boulevard
R. des Trévires
Bd. de la Fraternité
Rue A. Fischer
POL.
N 7
CR 218
N 52
N 12
N 6
N 5
N 5A
N 51
N 4
N 2
N 3
N 56
N 50
N 1
m
M
T
a
c
p
s
x
h
f
b
e
g
k
z
v
d
37
21
60
87
99
100
105
118
117
110
42
22
93
88
66
3
126
127
55
106
103
97
75
31
82
81
78
85
49
40
69
50
12
120
96
14
124
39
45
30
63
86

E

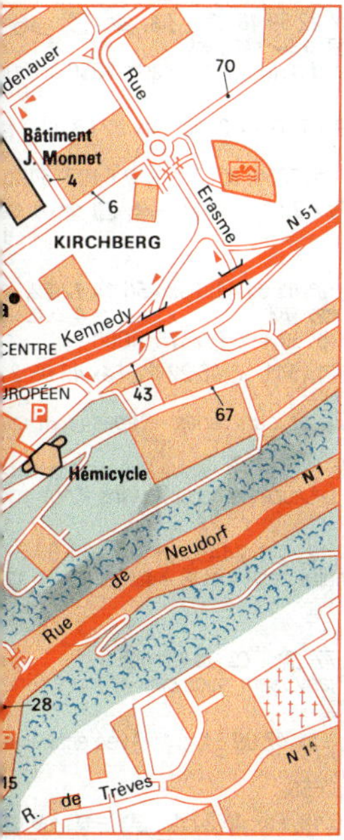
denauer
Rue
70
Bâtiment
J. Monnet
4
6
KIRCHBERG
Erasme
N 51
Kennedy
CENTRE
UROPÉEN
43
67
Hémicycle
N 1
Rue de Neudorf
28
N 1A
R. de Trèves
15

E

Y

F G

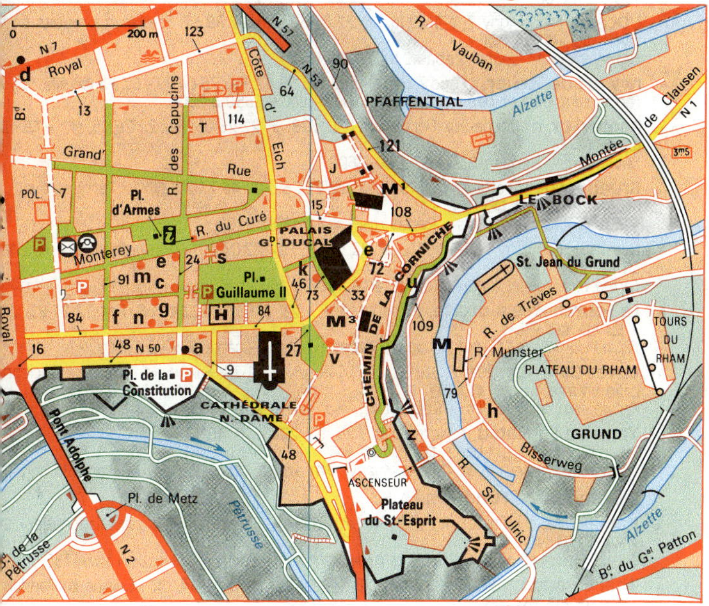
0
200 m
N 7
Royal
123
d
13
Bd
Grand
Rue
R. des Capucins
114
T
Côte d' Eich
64
N 57
N 53
90
R. Vauban
PFAFFENTHAL
Alzette
de Clausen
N 1
121
Montée
J
M1
POL.
7
Pl. d'Armes
R. du Curé
15
108
LE BOCK
PALAIS Gd-DUCAL
CORNICHE
St. Jean du Grund
Monterey
e
24
s
Pl. Guillaume II
k
72
91
m
c
46
73
33
DE LA
u
R. de Trèves
TOURS DU RHAM
84
f
n
g
H
M3
109
Royal
16
48
N 50
a
27
v
M
R. Munster
PLATEAU DU RHAM
Pl. de la Constitution
9
CHEMIN
79
CATHÉDRALE N.-DAME
h
GRUND
Pont Adolphe
48
Z
Bisserweg
ASCENSEUR
R. St. Ulric
Pl. de Metz
Pétrusse
Plateau du St.-Esprit
Alzette
N 2
Bd du Gal Patton
de la Pétrusse

F G

Luxembourg-Centre - *plan p. 5 sauf indication spéciale :*

Le Royal, bd Royal 12, ✉ 2449, ☎ 241 61 61, *Fax 22 59 48,* – 25 à 350. AE MC VISA JCB. rest F
Repas voir rest ***La Pomme Cannelle*** ci-après – ***Le Jardin*** *Lunch 1080* – carte 1250 à 180
– **185 ch** 9800/10800, 20 suites.

Gd H. Cravat, bd Roosevelt 29, ✉ 2450, ☎ 22 19 75, *Telex 2846, Fax 22 67 11* – – 25. AE MC VISA. F
Repas (Taverne-rest) *Lunch 490* – 950/1250 – **58 ch** 7850/8000 – ½ P 6190/6490.

Rix sans rest, bd Royal 20, ✉ 2449, ☎ 47 16 66, *Fax 22 75 35,* – MC VISA. F
fermé 22 déc.-7 janv. – **21 ch** 4680/5980.

Parc-Belle-Vue, av. Marie-Thérèse 5, ✉ 2132, ☎ 45 61 41, *Fax 456 14 12 22,* – – 25 à 400. AE MC VISA plan p. 4 CZ
Repas *Lunch 650* – carte env. 1200 – **58 ch** 3300/3750 – ½ P 2575/4000.

Clairefontaine (Tintinger), pl. de Clairefontaine 9, ✉ 1341, ☎ 46 22 11, *Fax 47 08 2* – AE MC VISA G
fermé 28 fév.-4 mars, du 14 au 29 août, sam. midi, dim. et jours fériés – **Repas** *Lunch 175*
– 2560, carte 2250 à 2600
Spéc. Foie gras d'oie et gelée au Porto. Poularde de Bresse en vessie, sauce Albufer
Homard rôti, fricassée d'asperges vertes et navets à la sauce homardine. **Vins** Pinot gris
Riesling.

La Pomme Cannelle - H. Le Royal, bd Royal 12, ✉ 2449, ☎ 241 61 67 3
Fax 22 59 48, « Évocation d'un intérieur de style Empire des Indes » – AE
VISA JCB. F
fermé sam. midi – **Repas** carte 1650 à 2250.

Speltz, r. Chimay 8, ✉ 1333, ☎ 47 49 50, *Fax 47 46 77,* – AE MC VISA F
fermé du 22 au 30 avril, 29 juil.-15 août, 23 déc.-1er janv., sam. midi, dim. et jours férié
– **Repas** 1450/2450.

La Lorraine, pl. d'Armes 7, ✉ 1136, ☎ 47 14 36, *Fax 47 09 64,* , Avec écailler e
produits de la mer – AE MC VISA F
fermé 2e quinz. août et dim. – **Repas** carte 1900 à 2650.

Jan Schneidewind, r. Curé 20, ✉ 1368, ☎ 22 26 18, *Fax 46 24 40,* – AE
VISA. F
fermé 2 sem. en fév., 2 sem. en sept., sam. midi, dim. midi et lundi – **Repas** *Lunch 880*
1580/2180 bc.

L'Océan, r. Louvigny 7, ✉ 1946, ☎ 22 88 66, *Fax 22 88 67,* Écailler et produits de l
mer – AE MC VISA F
fermé 9 juil.-1er août – **Repas** 2100/3900.

Iwwert de Steiler, r. Loge 2, ✉ 1945, ☎ 46 08 42, *Fax 75 04 77* – AE MC VISA G
fermé sam. midi et dim. – **Repas** *Lunch 980* – carte 1350 à 2000.

Poêle d'Or, r. Marché-aux-Herbes 20, ✉ 1728, ☎ 22 26 06, *Fax 22 26 05,* – AE
MC VISA JCB G
fermé dim. – **Repas** *Lunch 380* – 990/2600.

Breedewee, r. Large 9, ✉ 1917, ☎ 22 26 96, *Fax 46 77 20,* , « Terrasse avec
Grund » – AE MC VISA. G
fermé dim. d'oct. à mars – **Repas** *Lunch 420* – 1200/2200.

Roma, r. Louvigny 5, ✉ 1946, ☎ 22 36 92, *Fax 22 03 30,* , Cuisine italienne –
AE MC VISA F
fermé dim. soir et lundi – **Repas** carte 1000 à 1400.

La fourchette à droite, av. Monterey 5, ✉ 2163, ☎ 22 13 60, *Fax 22 24 95,*
– AE MC VISA F
fermé du 15 au 31 août et dim. – **Repas** *Lunch 520* – carte 1250 à 1650.

Caves Gourmandes, r. Eau 32, ✉ 1449, ☎ 46 11 24, *Fax 46 11 24,* , « Ancienn
cave voûtée » – MC VISA G
fermé sam. midi et dim. – **Repas** *Lunch 890* – carte env. 1500.

Yamayu Santatsu, r. Notre-Dame 26, ✉ 2240, ☎ 46 12 49, *Fax 46 05 71,* Cuisin
japonaise avec Sushi-bar – AE MC VISA F
fermé 3 prem. sem. août, 24 déc.-3 janv., dim. midi et lundi – **Repas** *Lunch 480* – 850/155

Luxembourg-Grund - *plan p. 5 :*

Kamakura, r. Münster 4, ✉ 2160, ☎ 47 06 04, *Fax 46 73 30,* Cuisine japonaise –
MC VISA. G
fermé 2 sem. en août, jours fériés midis, sam. midi et dim. – **Repas** *Lunch 380* – 755/198

Thai Céladon, Montée du Grund 28, ✉ 1645, ☎ 47 49 34, , Cuisine thaïlandais
– AE MC VISA. G
fermé du 15 au 30 janv., sam. midi et dim. – **Repas** *Lunch 590* – carte 1100 à 1500.

Luxembourg-Gare - *plan p. 4 :*

Gd H. Mercure Alfa sans rest, pl. de la Gare 16, ✉ 1616, ✆ 490 01 11, *Fax 49 00 09* - AE VISA DZ z
500 - **149 ch** 5400/6400, 1 suite.

President, pl. de la Gare 32, ✉ 1024, ✆ 48 61 61, *Fax 48 61 80* - 40. AE VISA. DZ v
Repas *(fermé août, 20 déc.-5 janv., dim. et jours fériés)* Lunch 680 - carte 1400 à 1800 - **34 ch** 5500/7500.

City sans rest, r. Strasbourg 1, ✉ 2561, ✆ 29 11 22, *Fax 29 11 33* - 25 à 100. AE VISA DZ k
35 ch 4000/5400.

Christophe Colomb, r. Anvers 10, ✉ 1130, ✆ 408 41 41, *Fax 40 84 08*, - rest, - 25. AE VISA CZ h
Repas *(fermé sam. et dim.)* (déjeuner seult) Lunch 350 - carte 850 à 1300 - **24 ch** 3950/4350 - ½ P 2675/4450.

International, pl. de la Gare 20, ✉ 1616, ✆ 48 59 11, *Fax 49 32 27* - rest, - 25 à 50. AE VISA DZ z
Repas *(fermé 22 déc.-6 janv.)* Lunch 975 - 850/1500 - **48 ch** 4250/5250, 1 suite - ½ P 5025/5750.

Central Molitor, av. de la Liberté 28, ✉ 1930, ✆ 48 99 11, *Fax 48 33 82*, - rest, - 35. AE VISA CDZ x
Repas *(fermé août, 20 déc.-9 janv., sam. et dim. soir)* Lunch 365 - carte 850 à 1400 - **36 ch** 3800/4800 - ½ P 4450.

Marco Polo sans rest, r. Fort Neipperg 27, ✉ 2230, ✆ 406 41 41, *Fax 40 48 84* - . AE VISA DZ d
18 ch 3950/4350.

Aub. Le Châtelet (en annexe - 9 ch), bd de la Pétrusse 2, ✉ 2320, ✆ 40 21 01, *Fax 40 36 66* - . AE VISA. rest CZ e
Repas (dîner pour résidents seult) - **34 ch** 3300/4500 - ½ P 4100/4500.

Nobilis, av. de la Gare 47, ✉ 1611, ✆ 49 49 71, *Fax 40 31 01* - - 50. AE VISA DZ a
Repas Lunch 650 - carte env. 1000 - 450 - **47 ch** 3900/4600 - ½ P 2600/3100.

Delta, r. Ad. Fischer 74, ✉ 1521, ✆ 49 30 96, *Fax 40 43 20*, , , - ch, - 25. AE VISA CZ g
fermé 12 août-4 sept. - **Repas** *(fermé sam., dim. et jours fériés)* Lunch 450 - 895/970 - **18 ch** 2800/4200, 3 suites - ½ P 2750/3450.

Cordial 1er étage, pl. de Paris 1, ✉ 2314, ✆ 48 85 38, *Fax 40 77 76* - VISA DZ b
fermé sem. carnaval, 1 sem. après Pentecôte, 15 juil.-15 août, lundi et sam. midi - **Repas** 1450/2700.

Arpège, r. Sainte Zithe 29, ✉ 2763, ✆ 48 88 08, *Fax 48 88 20*, - . VISA CZ s
fermé 27 déc.-7 janv. - **Repas** Lunch 750 - 1350/1750.

Italia avec ch, r. Anvers 15, ✉ 1130, ✆ 48 66 26, *Fax 48 08 07*, , Avec cuisine italienne - . AE VISA CZ f
Repas carte 1200 à 1800 - **20 ch** 2625/3255.

Périphérie - *plan p. 3 sauf indication spéciale :*

à l'Aéroport *par ③ : 8 km :*

Sheraton Aérogolf , rte de Trèves 1, ✉ 1019, ✆ 34 05 71, *Fax 34 02 17* - - 25 à 120. AE VISA
Repas ***Le Montgolfier*** (Ouvert jusqu'à minuit) Lunch 1050 - carte 1600 à 2900 - 690 - **144 ch** 9900/10400, 1 suite.

Ibis, rte de Trèves, ✉ 2632, ✆ 43 88 01, *Fax 43 88 02*, - - 25 à 80. AE VISA
Repas Lunch 400 - 850 - **120 ch** 2900/3900.

Campanile, rte de Trèves 22, ✉ 2633, ✆ 34 95 95, *Fax 34 94 95*, - - 25 à 90. AE VISA
Repas (Avec buffet) Lunch 495 - 850 - 290 - **108 ch** 2600 - ½ P 3100.

Trust Inn sans rest, r. Neudorf 679 (par rte de Trèves), ✉ 2220, ✆ 42 30 51, *Fax 42 30 56* - . AE VISA
200 - **7 ch** 2000/2300.

XX **Le Grimpereau,** r. Cents 140, ✉ 1319, ✆ 43 67 87, *Fax 42 60 26*, – P. AE MC VISA. BV b
fermé 1 sem. carnaval, 3 sem. en août, prem. sem. nov., lundi et mardi – **Repas** 1250/1600.

X **Porta Vecchia,** r. Golf 1, ✉ 1638, ✆ 34 91 98, *Fax 34 91 98*, , Avec cuisine italienne – AE D VISA
fermé 15 août-10 sept. et lundi – **Repas** carte 1200 à 1600.

à Belair C *Luxembourg* :

Albert Premier , r. Albert Ier 2a, ✉ 1117, ✆ 442 44 21, *Fax 44 74 41*, « Intérieur cossu de style anglais », – TV. AE D MC VISA. plan p. 4 CZ c
fermé du 24 au 26 déc. – **Repas** voir rest ***Le Restaurant*** ci-après – 450 – **10 ch** 14000.

Parc Belair M , av. du X Septembre 109, ✉ 2551, ✆ 44 23 23, *Fax 44 44 84*, , – , rest, TV – 25 à 400. AE D MC VISA AV q
Repas (dîner seult sauf dim.) carte 1150 à 1650 – **46 ch** 7125/8325, 6 suites – ½ P 4860/8075.

XXX **Le Restaurant** - H. Albert Premier, r. Albert Ier 2a, ✉ 1117, ✆ 442 44 21, *Fax 44 74 41*. AE D MC VISA plan p. 4 CZ c
fermé sam. midi et dim. – **Repas** Lunch 950 – carte 1800 à 2300.

XX **Astoria,** av. du X Septembre 44, ✉ 2550, ✆ 44 62 23, *Fax 45 82 96*, – – 25. AE D MC VISA plan p. 4 CZ a
fermé sam. midi, dim. soir et lundi soir – **Repas** 950/1340.

XX **Thailand,** av. Gaston Diderich 72, ✉ 1420, ✆ 44 27 66, Cuisine thaïlandaise – AE D MC VISA. AV a
fermé 15 août-4 sept., lundi et sam. midi – **Repas** Lunch 690 – carte 1150 à 1500.

à Dommeldange *(Dummeldéng)* C *Luxembourg* :

Inter.Continental , r. Jean Engling 12, ✉ 1466, ✆ 4 37 81, *Fax 43 60 95*, , , , , – TV P – 25 à 360. AE D MC VISA JCB. rest BV f
Repas voir rest ***Les Continents*** ci-après – ***Café Stiffchen*** *(Ouvert jusqu'à 23 h 30)* Lunch 1050 – 1250 – 720 – **306 ch** 9950, 31 suites.

Parc, rte d'Echternach 120, ✉ 1453, ✆ 43 56 43, *Fax 43 69 03*, , , , , , – , rest, TV P – 25 à 1500. AE D MC VISA BV s
Repas (Ouvert jusqu'à 23 h 30) Lunch 750 – carte env. 1100 – **268 ch** 3800/5600, 3 suites.

Host. du Grünewald, rte d'Echternach 10, ✉ 1453, ✆ 43 18 82 et 42 03 14 (rest), *Fax 42 06 46 et 42 03 14 (rest)*, – , rest, TV P – 25 à 40. AE D MC VISA. rest BV d
Repas *(fermé du 1er au 24 janv., sam. midi, dim. et jours fériés)* Lunch 1590 – carte 1900 à 2450 – **23 ch** 3900/4900, 2 suites.

XXXX **Les Continents** - H. Inter.Continental, 1er étage, r. Jean Engling 12, ✉ 1466, ✆ 4 37 81, *Fax 43 60 95*, , – P. AE D MC VISA. BV f
fermé 31 juil.-7 déc., début janv., sam. midi, dim. et lundi – **Repas** Lunch 1500 – carte 2000 à 2400.

à Eich *(Eech)* C *Luxembourg* :

XX **La Mirabelle,** pl. d'Argent 9, ✉ 1413, ✆ 42 22 69, *Fax 42 22 69*, , Ouvert jusqu'à 23 h – . AE D MC VISA AV c
fermé sam. midi et dim. – **Repas** Lunch 580 – carte 1500 à 1900.

X **Chez Omar,** r. Mühlenbach 136 (pl. d'Argent), ✉ 2168, ✆ 42 09 09, *Fax 42 00 14*, , Cuisine algérienne – MC VISA AV m
fermé fin août, fin déc., dim. et lundi – **Repas** (dîner seult) carte env. 1300.

à Gasperich *(Gaasperech)* C *Luxembourg* :

Inn Side M, r. Henri Schnadt 1 (Zone d'activité Cloche d'Or), ✉ 2530, ✆ 490 00 61, *Fax 49 06 80*, , « Architecture design », , , – , rest, TV – 25 à 200. AE D MC VISA AX t
Repas (Buffets) 850 – **158 ch** 5400/6100.

au plateau de Kirchberg *(Kiirchbierg)* :

Sofitel M , r. Fort Niedergrünewald 6 (Centre Européen), ✉ 2015, ✆ 43 77 61, *Fax 42 50 91* – TV P – 25 à 75. AE D MC VISA.
Repas ***Oro e Argento*** *(fermé août et sam.)* Lunch 1490 – carte env. 1700 – 750 – **100 ch** 8500/9000, 4 suites – ½ P 10200/10700. plan p. 5 EY a

Novotel, r. Fort Niedergrünewald 6 (Centre Européen), ✉ 2015, ☎ 429 84 81, *Fax 43 86 58*, ... 25 à 300. AE ⓓ ⓜ VISA — plan p. 5 EY a
Repas (Ouvert jusqu'à minuit) 750 – ☐ 500 – **260 ch** 5100.

à la patinoire de Kockelscheuer *(Kockelscheier)* :

Patin d'Or (Berring), rte de Bettembourg 40, ✉ 1899, ☎ 22 64 99, *Fax 40 40 11* – ▤ P. AE ⓓ ⓜ VISA. ✻ — AX n
fermé fin août-début sept., fin déc.-début janv., sam. et dim. – **Repas** 2000, carte 2150 à 3050
Spéc. Timbale de homard et raviole de chèvre tiède au bouillon aigre-doux. Pied de porc farci à l'ancienne et joue de bœuf braisée, compote de chou pointu. Fondant moelleux au chocolat et aux agrumes. **Vins** Pinot gris, Riesling Koëppchen.

à Limpertsberg *(Lampertsbierg)* C *Luxembourg* :

Bouzonviller, r. A. Unden 138, ✉ 2652, ☎ 47 22 59, *Fax 46 43 89*, ←, ... – ▤. AE ⓜ VISA — AV e
fermé 1 sem. Pâques, mi-juil.-mi-août, 1 sem. Noël, sam. et dim. – **Repas** Lunch 1600 – carte 1800 à 2150.

à Pulvermühl *(Polfermillen)* C *Luxembourg* :

L'Espadon et H. la Cascade avec ch, r. Pulvermühl 2, ✉ 2356, ☎ 42 87 36, *Fax 42 47 88*, ..., « Villa fin 19e s. avec terrasse au bord de l'Alzette » – ▤ TV ☎ P. AE ⓓ ⓜ VISA. ✻ — BV u
Repas *Lunch 420* – 1100 – **7 ch** ☐ 3050/4050 – ½ P 3850/4850.

à Rollingergrund *(Rolléngergronn)* C *Luxembourg* :

Sieweburen, r. Septfontaines 36, ✉ 2534, ☎ 44 23 56, *Fax 44 23 53*, ←, ..., « Environnement boisé », ... – TV ☎ P. ⓜ VISA — AV g
Repas *(fermé merc.)* (Taverne-rest) *Lunch 360* – carte 950 à 1350 – **14 ch** ☐ 2800/3800.

Théâtre de l'Opéra, r. Rollingergrund 100, ✉ 2440, ☎ 25 10 33, *Fax 25 10 29*, ... – AE ⓓ ⓜ VISA — AV r
fermé sam. midi et dim. – **Repas** *Lunch 450* – carte 1400 à 1900.

Himalaya, r. Rollingergrund 8 (pl. de l'Étoile), ✉ 2440, ☎ 25 23 85, *Fax 45 61 19*, Cuisine indienne – AE ⓓ ⓜ VISA — plan p. 4 CY m
Repas *Lunch 330* – carte env. 900.

Environs

à Bridel *(Briddel) par N 12 : 7 km - AV - C Kopstal 3 002 h* :

Le Rondeau, r. Luxembourg 82, ✉ 8140, ☎ 33 94 73, *Fax 33 37 46*, ... – P. AE ⓓ ⓜ VISA
fermé 2 sem. en mars, 3 sem. en août, lundi soir et mardi – Repas 980/1900.

Brideler Stuff, r. Strassen 1, ✉ 8156, ☎ 33 87 34, *Fax 33 90 64*, ... – P. ⓜ VISA
fermé fin déc.-mi-janv. et lundi – **Repas** *Lunch 395* – carte 1100 à 1800.

à Hesperange *(Hesper) - plan p. 3 – 10 287 h.*

L'Agath (Steichen), rte de Thionville 274 (Howald), ✉ 5884, ☎ 48 86 87, *Fax 48 55 05*, ... – P – 60. AE ⓓ ⓜ VISA — BX k
fermé du 1er au 20 août, début janv., sam. midi, dim. soir et lundi – **Repas** *Lunch 1600* – 1850, carte 2250 à 2850
Spéc. Raviolis de homard et sa bisque mousseuse. St-Pierre, fricassée de girolles et caviar d'aubergines. Foie d'oie chaud au jus de pommes. **Vins** Riesling, Pinot gris.

Le Jardin Gourmand, rte de Thionville 432, ✉ 5886, ☎ 36 08 42, *Fax 36 08 43*, ... – AE ⓜ VISA — BX p
fermé lundi et sam. midi – **Repas** *Lunch 390* – 990.

à Kopstal *(Koplescht) par N 12 : 9 km - AV – 3 002 h.*

Weidendall avec ch, r. Mersch 5, ✉ 8181, ☎ 30 74 66, *Fax 30 74 67* – TV ☎. AE ⓓ ⓜ VISA
Repas *(fermé 2 sem. carnaval, 2 prem. sem. sept. et mardi) Lunch 380* – 980/1280 – **9 ch** ☐ 1800/2700 – ½ P 1865/2000.

à Sandweiler *par ④ : 7 km – 2 222 h.*

Hoffmann, r. Principale 21, ✉ 5240, ☎ 35 01 80, *Fax 35 79 36*, ... – P. AE ⓓ ⓜ VISA. ✻
fermé 1 sem. carnaval, 2 sem. en août, dim. soir, lundi et mardi soir – **Repas** 1350/1950.

à Strassen *(Stroossen) - plan p. 3* – *5 844 h.*

L'Olivier avec appartements, rte d'Arlon 140, ✉ 8008, ☎ 31 36 66, *Fax 31 36 27* – P – 25 à 50. AE VISA AV h
Repas voir rest ***La Cime*** ci-après – **42 ch** 4375/6175, 4 suites – ½ P 3200/4000.

Mon Plaisir sans rest, rte d'Arlon 218 (par ⑧ : 4 km), ✉ 8010, ☎ 31 15 41, *Fax 31 61 44* – P. AE VISA
26 ch 2800/2950.

La Cime - H. L'Olivier, rte d'Arlon 140a, ✉ 8008, ☎ 31 88 13, *Fax 31 36 27*, – P. AE VISA AV h
fermé sam. et dim. du 22 juil. au 3 sept. et jours fériés – **Repas** Lunch 1290 – carte 1500 à 2200.

Le Nouveau Riquewihr, rte d'Arlon 373 (par ⑧ : 5 km), ✉ 8011, ☎ 31 99 80, *Fax 31 97 05*, – P. AE VISA
fermé 24, 25 et 31 déc., 1er janv. et dim. – **Repas** 1250.

à Walferdange *(Walfer) par ① : 5 km – 6 138 h.*

Moris, pl. des Martyrs, ✉ 7201, ☎ 330 10 51, *Fax 33 30 70*, – , rest, P – 50. AE VISA
fermé 27 déc.-7 janv. – **Repas** *(fermé lundi du 15 juil. au 15 sept.)* Lunch 650 – 1100/1500 – **24 ch** 2900/3900.

l'Etiquette, rte de Diekirch 50, ✉ 7220, ☎ 33 51 67, *Fax 33 51 69*, – P. AE VISA
fermé dim. soir – **Repas** 780/950.

MACHTUM (MIECHTEM) C *Wormeldange 2 269 h.* 924 X 25 *et* 909 M 7.

Luxembourg 31 – Ettelbrück 46 – Grevenmacher 4 – Mondorf-les-Bains 29.

Aub. du Lac, rte du Vin 77, ✉ 6841, ☎ 75 02 53, *Fax 75 88 87*, ←, – P. AE VISA
fermé 15 déc.-15 janv. et mardi – **Repas** 1170/1800.

MERSCH (MIERSCH) 924 V 24 *et* 909 L 6 – *6 772 h.*

Voir *Vallée de l'Eisch★ de Koerich à Mersch.*
Env. *au Sud-Ouest : 4 km, Hunnebour : cadre★.*
Hôtel de Ville (Château), ✉ 7501, ☎ 32 50 23 (ext. 214).
Luxembourg 18 – Diekirch 20 – Ettelbrück 12 – Bastogne 53.

Host. Val Fleuri, r. Lohr 28, ✉ 7545, ☎ 329 89 10, *Fax 32 61 09*, , – P. VISA. rest
Repas *(fermé sam.)* Lunch 380 – carte 850 à 1450 – **13 ch** 2100/3250 – ½ P 2475/2975.

MERTERT (MÄERTERT) 924 X 24 *et* 909 M 6 – *3 139 h.*

Luxembourg 32 – Ettelbrück 46 – Thionville 56 – Trier 15.

Goedert avec ch, pl. de la Gare 4, ✉ 6674, ☎ 74 84 89, *Fax 74 84 71*, – rest, P. AE VISA
fermé janv. – **Repas** *(fermé lundi soir et mardi)* Lunch 950 – 1550/1850 – **10 ch** 2000/2900 – ½ P 2400/2750.

Paulus, r. Haute 1, ✉ 6680, ☎ 74 00 70, *Fax 74 84 02* – . VISA
fermé sem. carnaval, août, lundi soir et mardi – **Repas** Lunch 320 – carte 1100 à 1500.

MONDORF-LES-BAINS (MUNNERËF) 924 W 25 *et* 909 L 7 – *3 292 h.* – *Station thermale* –

Casino 2000, r. Flammang, ✉ 5618, ☎ 661 01 01, Fax 661 01 02 29.
Voir *Parc★ – Mobilier★ de l'église St-Michel.*
Env. *à l'Est : Vallée de la Moselle Luxembourgeoise★ de Schengen à Wasserbillig.*
av. des Bains 26, ✉ 5610, ☎ 66 75 75, Fax 66 16 17.
Luxembourg 19 – Remich 11 – Thionville 22.

Parc , Domaine thermal, av. Dr E. Feltgen, ✉ 5601, ☎ 661 21 25 55, *Fax 66 10 93*, , , , , , , , – P – 25 à 90. AE VISA JCB.
fermé prem. sem. janv. – **Repas *De Jangeli*** Lunch 850 – carte 900 à 1600 – **97 ch** 4600/6600, 16 suites – ½ P 4750/5350.

Casino 2000, r. Flammang, ✉ 5618, ☎ 661 01 01, *Fax 661 01 02 29*, – P – 25 à 700. AE VISA
Repas ***La Calèche*** *(fermé 26 juin-4 août, 24 déc., lundi et mardi)* Lunch 1200 – carte env. 2000 – **28 ch** *(fermé 23 et 24 déc.)* 3950/4800, 3 suites – ½ P 4950.

Grand Chef, av. des Bains 36, ✉ 5610, ✆ 66 80 12, *Fax 66 15 10*, – 30. AE MC VISA. rest
20 mars-20 nov. – **Repas** *Lunch 780* – 1050/1350 – **34 ch** 2400/3750, 2 suites – ½ P 2400/2860.

Beau Séjour, av. Dr Klein 3, ✉ 5630, ✆ 66 81 08, *Fax 66 08 89* – . AE MC VISA.
fermé 15 déc.-15 janv. et jeudi – **Repas** *Lunch 800* – 850/1750 – **10 ch** 2350/3300 – ½ P 2400/2600.

à Ellange-gare *(Elléng) Nord-Ouest : 2,5 km* C *Mondorf-les-Bains* :

XXX **La Rameaudière**, r. Gare 10, ✉ 5690, ✆ 66 10 63, *Fax 66 10 64*, « Terrasse et verger » – . AE MC VISA
fermé 1 sem. en juin, 2 sem. en sept., janv. et lundis non fériés – **Repas** 1400/1700.

MULLERTHAL (MËLLERDALL) C *Waldbillig 940 h.* 924 W 24 et 909 L 6.

Voir *Vallée des meuniers★★★ (Vallée de l'Ernz Noire).*

au Sud-Ouest : 2 km à Christnach, ✉ 7641, ✆ 87 83 83, Fax 79 93 90.

Luxembourg 30 – Echternach 14 – Ettelbrück 31.

XX **Le Cigalon** avec ch, r. Ernz Noire 1, ✉ 6245, ✆ 79 94 95, *Fax 79 93 83*, « Terrasse », – . AE MC VISA. rest
fermé janv.-fév. – **Repas** *(fermé mardi)* 1080 – **13 ch** 2100/3200 – ½ P 2450.

NIEDERANVEN (NIDDERANWEN) 924 W 25 et 909 L 7 – *5 315 h.*

Luxembourg 13 – Ettelbrück 36 – Grevenmacher 16 – Remich 19.

XX **Host. de Niederanven**, r. Munsbach 2, ✉ 6941, ✆ 34 00 61, *Fax 34 93 92* – AE MC VISA.
fermé 2e quinz. août, Toussaint et merc. – **Repas** *Lunch 850* – 1450/1700.

OUR (Vallée de l') (URDALL) ★★ 924 V 22 - W 23 et 909 L 5 - L 6 *G. Belgique-Luxembourg.*

PERLÉ (PÄREL) C *Rambrouch 2 939 h.* 924 T 24 et 909 K 6.

Luxembourg 52 – Ettelbrück 36 – Arlon 16 – Bastogne 25.

X **Aub. La Perle d'Or**, r. Neuve 4, ✉ 8824, ✆ 64 96 11, *Fax 64 00 51*, – . AE MC VISA
fermé 16 août-3 sept. et merc. – **Repas** *Lunch 330* – 750/950.

X **Roder** avec ch, r. Église 13, ✉ 8826, ✆ 64 00 32, *Fax 64 91 42*, – . MC VISA
fermé 26 août-11 sept. et mardi – **Repas** *Lunch 350* – carte 1200 à 1600 – 350 – **8 ch** 2100 – ½ P 1850.

PÉTANGE (PÉITÉNG) 924 U 25 et 909 K 7 – *13 248 h.*

Luxembourg 22 – Esch-sur-Alzette 15 – Arlon 18 – Longwy 14.

Threeland, r. Pierre Hamer 52, ✉ 4737, ✆ 50 59 50, *Fax 50 59 54*, – – 25 à 300. AE MC VISA
Repas *Lunch 350* – 1550 – **60 ch** 2700/2950.

POMMERLOCH (POMMERLACH) C *Winseler 704 h.* 924 U 23 et 909 K 6.

Luxembourg 56 – Diekirch 37 – Ettelbrück 7 – Wiltz 7 – Bastogne 12.

Motel Bereler Stuff sans rest, rte de Bastogne 6, ✉ 9638, ✆ 95 79 09, *Fax 95 79 08* – . MC VISA
18 ch 1100/1800.

PULVERMÜHL (POLFERMILLEN) – *voir à Luxembourg, périphérie.*

REMICH (RÉIMECH) 924 X 25 et 909 M 7 – *2 736 h.*

Voir *Vallée de la Moselle Luxembourgeoise★ de Schengen à Wasserbillig.*

au Nord-Ouest : 12 km à Canach, Scheierhaff, ✉ 5412, ✆ 35 61 35, Fax 35 74 50.

(juil.-août) Esplanade (gare routière), ✉ 5533, ✆ 69 84 88.

Luxembourg 22 – Mondorf-les-Bains 11 – Saarbrücken 77.

Saint Nicolas, Esplanade 31, ✉ 5533, ☎ 69 88 88, *Fax 69 88 69*, ≤, 🏞, ≘s, ☐, ⚲ – |♦| ⇔ TV ☎ – 🏛 60. AE ⓘ ⓜ VISA JCB. ✂ ch
Repas ***Lohengrin*** 1160/1850 – **40 ch** ☐ 2600/4000 – ½ P 2650/2950.

des Vignes ♨, rte de Mondorf 29, ✉ 5552, ☎ 69 91 49, *Fax 69 84 63*, ≤ vignobles et vallée de la Moselle, 🏞 – |♦|, ≡ rest, TV ☎ P – 🏛 25 à 40. AE ⓘ ⓜ VISA
fermé sam. et dim. du 15 déc. à fin fév. – **Repas** 1290/1850 – **24 ch** ☐ 2800/3500 – ½ P 2550/3600.

Domaine la Forêt, rte de l'Europe 36, ✉ 5531, ☎ 69 99 99 et 66 94 73 (rest), *Fax 69 98 98 et 69 77 02 (rest)*, ≤, 🏞, Lδ, ≘s, ⚲ – P. AE ⓘ ⓜ VISA. ✂
Repas *(fermé 1 sem. en nov., 3 sem. en janv. et lundis non fériés)* 1190/1800 – **14 ch** ☐ 2500/3800 – ½ P 2400/2800.

Esplanade, Esplanade 5, ✉ 5533, ☎ 66 91 71, *Fax 69 89 24*, ≤, 🏞 – TV ☎. ⓜ VISA. ✂ rest
fermé déc.-janv. et lundi sauf 15 juin-15 sept. – **Repas** Lunch 725 – carte 850 à 1400 – **18 ch** ☐ 1950/2800 – ½ P 1900/2000.

REULAND Ⓒ *Heffingen 769 h.* 924 W 24 *et* 909 L 6.
Luxembourg 24 – Diekirch 18 – Echternach 19 – Ettelbrück 24.

XX **Reilander Millen,** Est : 2 km sur rte Junglinster-Müllerthal, ✉ 7639, ☎ 83 72 52, *Fax 87 97 43*, 🏞, « Moulin du 18e s., intérieur rustique » – P. ⓜ VISA. ✂
fermé 3 sem. en fév., 2 prem. sem. sept., lundi et mardi midi – **Repas** Lunch 350 – carte env. 1900.

REULER (REILER) 924 V 22 – *voir à Clervaux.*

RODER (ROEDER) 924 V 22 – *voir à Clervaux.*

ROLLINGERGRUND (ROLLÉNGERGRONN) – *voir à Luxembourg, périphérie.*

ROMBACH-MARTELANGE (ROMBECH-MAARTELÉNG) 924 T 24 – *voir à Haut-Martelange.*

SAEUL (SËLL) 924 U 24 *et* 909 K 6 – *465 h.*
Luxembourg 21 – Ettelbrück 22 – Mersch 11 – Arlon 14.

XX **Maison Rouge,** r. Principale 10, ✉ 7470, ☎ 63 02 21, *Fax 63 07 58*
fermé 3 sem. en fév., 3 sem. en août, lundi et mardi – **Repas** 1650/1850.

SANDWEILER 924 W 25 *et* 909 L 7 – *voir à Luxembourg, environs.*

SCHEIDGEN (SCHEEDGEN) Ⓒ *Consdorf 1 573 h.* 924 X 24 *et* 909 M 6.
Luxembourg 35 – Echternach 8 – Ettelbrück 36.

de la Station ♨, rte d'Echternach 10, ✉ 6250, ☎ 79 08 91, *Fax 79 91 64*, ≤, ≘s, ☐, ⚲ – |♦| TV ☎ 🚗 P – 🏛 25 à 40. ⓜ VISA JCB. ✂
avril-15 nov. et 15 déc.-1er janv. – **Repas** *(fermé lundi et mardi sauf en juil.-août)* Lunch 980 – carte 1300 à 1650 – **25 ch** ☐ 1700/2800 – ½ P 1950/2200.

SCHOUWEILER (SCHULLER) Ⓒ *Dippach 3 004 h.* 924 U 25 *et* 909 K 7.
Luxembourg 14 – Mondorf-les-Bains 29 – Arlon 20 – Longwy 18.

XX ✿ **La Table des Guilloux,** r. Résistance 17, ✉ 4996, ☎ 37 00 08, *Fax 37 11 61*, 🏞, « Ferme-auberge avec terrasse » – P
fermé 25 avril-2 mai, 31 juil.-15 août, 24 déc.-3 janv., lundi, mardi et sam. midi – **Repas** carte 1500 à 2000
Spéc. Trio de foie de canard. Filet de St-Pierre aux truffes de Meuse (21 sept.-21 déc.). Joue de veau braisée, purée grand-mère. **Vins** Pinot blanc, Riesling.

XX **La Chaumière,** r. Gare 65, ✉ 4999, ☎ 37 05 66, *Fax 37 11 05*, 🏞 – P. ⓘ ⓜ VISA
fermé 1 sem. carnaval, 3 sem. en août, lundi soir et mardi – **Repas** carte 1150 à 1700.

X **Toit pour Toi,** r. IX Septembre 2, ✉ 4996, ☎ 26 37 02 32, 🏞, « Ancienne grange avec rôtissoire » – P. VISA
fermé du 1er au 20 août, du 3 au 10 janv. et jeudi – **Repas** (dîner seult jusqu'à 23 h 30) carte env. 1400.

SENNINGEN (SENNÉNG) C *Niederanven 5 315 h.* **924** W 25 *et* **909** L 7.
Luxembourg 13 – Ettelbrück 33 – Grevenmacher 19 – Mondorf-les-Bains 31.

Host. du Château, rte de Trêves 122, ✉ 6960, ☎ 34 83 28, Fax 34 91 46, 🍽 – P. AE ① MC VISA
fermé dim. soir et lundi – **Repas** Lunch 335 – 850/1750.

SEPTFONTAINES (SIMMER) **924** U 24 *et* **909** K 6 – *734 h.*
Luxembourg 24 – Diekirch 32 – Ettelbrück 28 – Arlon 13.

Host. du Vieux Moulin, Léisbech (Est : 1 km), ✉ 8363, ☎ 30 50 27, ≤, 🍽, « Au creux d'un vallon boisé » – ▤ P. MC VISA
fermé 10 janv.-10 fév., mardi soir du 15 sept. à avril et mardi midi – **Repas** 1850.

SOLEUVRE (ZOLWER) C *Sanem 12 639 h.* **924** U 25 *et* **909** K 7.
Luxembourg 22 – Esch-sur-Alzette 8 – Arlon 27 – Longwy 22.

La Petite Auberge, r. Aessen 1, ✉ 4411, ☎ 59 44 80, Fax 59 53 51 – P. AE MC VISA. ✗
fermé fin août-début sept., fin déc.-début janv., dim. et lundi – **Repas** Lunch 450 – carte 1600 à 1950.

STADTBREDIMUS (STADBRIEDEMES) **924** X 25 *et* **909** M 7 – *1 206 h.*
Env. *au Nord : rte de Greiveldange* ≤★.
Luxembourg 25 – Mondorf-les-Bains 14 – Saarbrücken 80.

l'Écluse, rte du Vin 29, ✉ 5450, ☎ 66 95 46, Fax 69 76 12, 🍽, 🌳, 🚲 – TV ☎ 🚗 P. AE MC VISA. ✗ rest
fermé 2 sem. Noël-Nouvel An – **Repas** *(fermé jeudi)* (Taverne-rest) carte 850 à 1300 – **16 ch** ▭ 1800/2400 – ½ P 1700.

STEINHEIM (STENEM) **924** X 24 – *voir à Echternach.*

STRASSEN (STROOSSEN) **924** V 25 *et* **909** L 7 – *voir à Luxembourg, environs.*

SUISSE LUXEMBOURGEOISE (Petite) ★★★ **924** W 24 - X 24 *et* **909** L 6 - M 6 *G. Belgique-Luxembourg.*

SÛRE (Vallée de la) (SAUERDALL) ★★ **924** T 23 - Y 24 *et* **909** K 6 *G. Belgique-Luxembourg.*

TROISVIERGES (ELWEN) **924** U 22 *et* **909** L 5 – *2 234 h.*
Luxembourg 75 – Clervaux 19 – Bastogne 28.

Aub. Lamy avec ch, r. Asselborn 51, ✉ 9907, ☎ 99 80 41, Fax 97 80 72, ≤ – |‡| TV P. AE ① MC VISA
fermé mardis non fériés – **Repas** 780/1600 – **7 ch** ▭ 1200/1900.

VIANDEN (VEIANEN) **924** W 23 *et* **909** L 6 – *1 501 h.*
Voir *Site★★, ≤★★, ✳★★ par le télésiège – Château★★ : chemin de ronde ≤★ – au Nord-Ouest : 4 km, Bassins supérieurs du Mont St-Nicolas (route ≤★★ et ≤★) – au Nord : 3,5 km à Bivels : site★.*
Exc. *au Nord : Vallée de l'Our★★.*
ℹ *r. Vieux Marché 1, ✉ 9417, ☎ 83 42 57, Fax 84 90 81.*
Luxembourg 44 – Clervaux 31 – Diekirch 11 – Ettelbrück 16.

Oranienburg, Grand-Rue 126, ✉ 9411, ☎ 83 41 53, Fax 83 43 33, « Terrasse », 🌳 – |‡| TV ☎ – 🏛 25 à 40. AE ① MC VISA
5 mars-15 nov. – **Repas** voir rest ***Le Châtelain*** ci-après – **12 ch** ▭ 1750/3500, 2 suites – ½ P 1950/2400.

Host. des Remparts, Grand-Rue 77, ✉ 9411, ☎ 83 45 74, Fax 83 47 20, 🍽 – |‡| TV ☎. MC VISA
avril-3 déc. ; fermé jeudi et vend. midi – **Repas** (Taverne-rest, grillades) 445 – **13 ch** ▭ 2100/2900 – ½ P 1750/1900.

Heintz, Grand-Rue 55, ✉ 9410, ☎ 83 41 55, Fax 83 45 59, 🍽, 🌳, 🚲 – |‡| TV ☎ P. AE ① MC VISA
20 avril-14 nov. – **Repas** *(fermé merc. midi et jeudi midi sauf en juil.-août)* Lunch 550 – 1200 – **30 ch** ▭ 2000/2700 – ½ P 1650/2100.

XX **Le Châtelain** - H. Oranienburg, Grand-Rue 126, ✉ 9411, ☎ 83 41 53, Fax *83 43 33*, – . AE ⓓ ⓂⒸ VISA
5 mars-15 nov. ; fermé lundis et mardis non fériés sauf en juil.-août – **Repas** 980/2500.

XX **Aub. du Château** avec ch, Grand-Rue 74, ✉ 9410, ☎ 83 45 74, Fax *83 47 20*, , – TV ☎. ⓂⒸ VISA. rest
fermé 4 déc.-25 janv. – **Repas** *(fermé merc.)* 895/1975 – **26 ch** 2100/2900, 3 suites – ½ P 1750/1900.

X **Aub. Aal Veinen "Beim Hunn"** avec ch, Grand-Rue 114, ✉ 9411, ☎ 83 43 68, *Fax 83 40 84*, , « Rustique » – TV. ⓂⒸ VISA
Repas *(fermé lundi soir et mardi hors saison)* (Grillades) *Lunch 350* – 500/1095 – **8 ch** 1850/2200 – ½ P 1750.

WALFERDANGE (WALFER) 924 V 25 *et* 909 L 7 – *voir à Luxembourg, environs.*

WASSERBILLIG (WAASSERBËLLEG) C *Mertert 3 139 h.* 924 X 24 *et* 909 M 6.
Luxembourg 33 – Ettelbrück 48 – Thionville 58 – Trier 18.

XX **Kinnen** avec ch, rte de Luxembourg 32, ✉ 6633, ☎ 74 00 88, Fax *74 01 08*, – TV ☎ P. ⓂⒸ VISA.
fermé fin janv.-13 fév. et 2 sem. en oct. – **Repas** *(fermé merc.)* carte 1350 à 2150 – **10 ch** 1500/2200 – ½ P 1700/2250.

WEILERBACH (WEILERBAACH) C *Berdorf 973 h.* 924 X 23 *et* 909 M 6.
Luxembourg 39 – Diekirch 24 – Echternach 5 – Ettelbrück 29.

Schumacher, rte de Diekirch 1, ✉ 6590, ☎ 72 01 33, Fax *72 87 13*, ≤, , , – TV ☎ P. ⓂⒸ VISA.
15 mars-nov. – **Repas** *(fermé jeudi et après 20 h 30)* 1200 – **25 ch** 2300/3100 – ½ P 1900/2100.

WEISWAMPACH (WÄISWAMPECH) 924 V 22 *et* 909 L 5 – *1 108 h.*
Luxembourg 69 – Clervaux 16 – Diekirch 36 – Ettelbrück 41.

Keup, rte de Stavelot 143 (sur N 7), ✉ 9991, ☎ 997 59 94 00, Fax *997 59 94 40* – , rest, TV ☎ P – 40. AE ⓓ ⓂⒸ VISA
Repas *(fermé merc.)* 850/1900 – **25 ch** 2400 – ½ P 1965.

XX **Host. du Nord** avec ch, rte de Stavelot 113, ✉ 9991, ☎ 99 83 19, Fax *99 74 61*, , , – TV P. ⓂⒸ VISA
fermé 30 août-14 sept. – **Repas** *(fermé lundi soir et mardi)* *Lunch 360* – carte 850 à 1300 – **11 ch** 1250/2050 – ½ P 1250/1450.

WILTZ (WOLZ) 924 U 23 - V 23 *et* 909 K 6 – *4 277 h.*
Château, ✉ 9501, ☎ 95 74 44, Fax 95 75 56.
Luxembourg 55 – Clervaux 21 – Ettelbrück 26 – Bastogne 21.

Aux Anciennes Tanneries , r. Jos Simon 42a, ✉ 9550, ☎ 95 75 99, *Fax 95 75 95*, , « Terrasse en bordure de rivière » – TV ☎ – 25 à 80. ⓂⒸ VISA
fermé du 19 au 28 déc. – **Repas** *(fermé merc. soir et jeudi)* 750/1300 – **14 ch** 2300/3000 – ½ P 2500/2900.

du Commerce, r. Tondeurs 9, ✉ 9570, ☎ 95 82 20, Fax *95 78 06* – TV – 25 à 80. ⓂⒸ VISA.
fermé 2 sem. en mars et 2 sem. en oct. – **Repas** *(fermé dim. soir, lundi et après 20 h)* *Lunch 800* – carte 1100 à 1600 – **14 ch** 2000/3000 – ½ P 2000/2200.

XXX **du Vieux Château** avec ch, Grand-Rue 1, ✉ 9530, ☎ 958 01 81, *Fax 95 77 55*, , « Terrasse ombragée », , – TV ☎ P. AE ⓓ ⓂⒸ VISA.
fermé 3 prem. sem. août et 2 prem. sem. janv. – **Repas** *(fermé dim. soirs et lundis non fériés)* *Lunch 750* – carte 1400 à 2000 – **7 ch** 3000, 1 suite – ½ P 3000.

XX **Host. des Ardennes,** Grand-Rue 61, ✉ 9530, ☎ 95 81 52, Fax *95 94 47*, ≤ – AE ⓂⒸ VISA.
fermé 26 fév.-19 mars, 31 juil.-21 août, sam. et après 20 h 30 – **Repas** carte 1150 à 1900.

à Winseler *(Wanseler) Ouest : 3 km – 704 h.*

L'Aub. Campagnarde, Duerfstrooss 12, ✉ 9696, ☎ 95 84 71, *Fax 95 84 71,* – VISA.
fermé 7 fév.-1er mars, 28 août-16 sept., lundi soir et mardi – **Repas** Lunch 980 – 1080/1290.

WILWERDANGE (WILWERDANG) C *Troisvierges 2 234 h.* 924 V 22 *et* 909 L 5.
Luxembourg 71 – Diekirch 41 – Ettelbrück 43 – Bastogne 31.

L'Ecuelle, r. Principale 15, ✉ 9980, ☎ 99 89 56, *Fax 97 93 44,* – P. AE VISA.
fermé dern. sem. juil., 26 déc.-25 janv., mardi soir et merc. – **Repas** Lunch 750 – 1100/1900.

WILWERWILTZ (WËLWERWOLZ) 924 V 23 *et* 909 L 6 – *560 h.*
Luxembourg 64 – Clervaux 11 – Ettelbrück 11 – Wiltz 11 – Bastogne 32.

Host. La Bascule, r. Principale 24, ✉ 9776, ☎ 92 14 15, *Fax 92 10 88* – TV ☎ P. VISA.
fermé 23 déc.-14 janv. – **Repas** *(fermé après 20 h 30)* 850 – **12 ch** 1700/2600 – ½ P 2000/2200.

WINSELER (WANSELER) 924 U 23 *et* 909 K 6 – *voir à Wiltz.*

Nederland
Pays-Bas

Het is gebruikelijk, dat bepaalde restaurants in Nederland pas geopend zijn vanaf 16 uur, vooral in het weekend. Reserveert u daarom uit voorzorg. De prijzen zijn vermeld in guldens.

L'usage veut que certains restaurants aux Pays-Bas n'ouvrent qu'à partir de 16 heures, en week-end particulièrement. Prenez donc la précaution de réserver en conséquence. Les prix sont donnés en florins (guldens).

✻✻✻	*Les étoiles*
✻✻	*De sterren*
✻	*Die Sterne*
	The stars
	"Bib Gourmand"
Repas 60	*Repas soignés à prix modérés*
	Verzorgde maaltijden voor een schappelijke prijs
	Sorgfältig zubereitete preiswerte Mahlzeiten
	Good food at moderate prices
	L'agrément
...	*Aangenaam verblijf*
XXXXXX ... X	*Annehmlichkeit*
	Peaceful atmosphere and setting

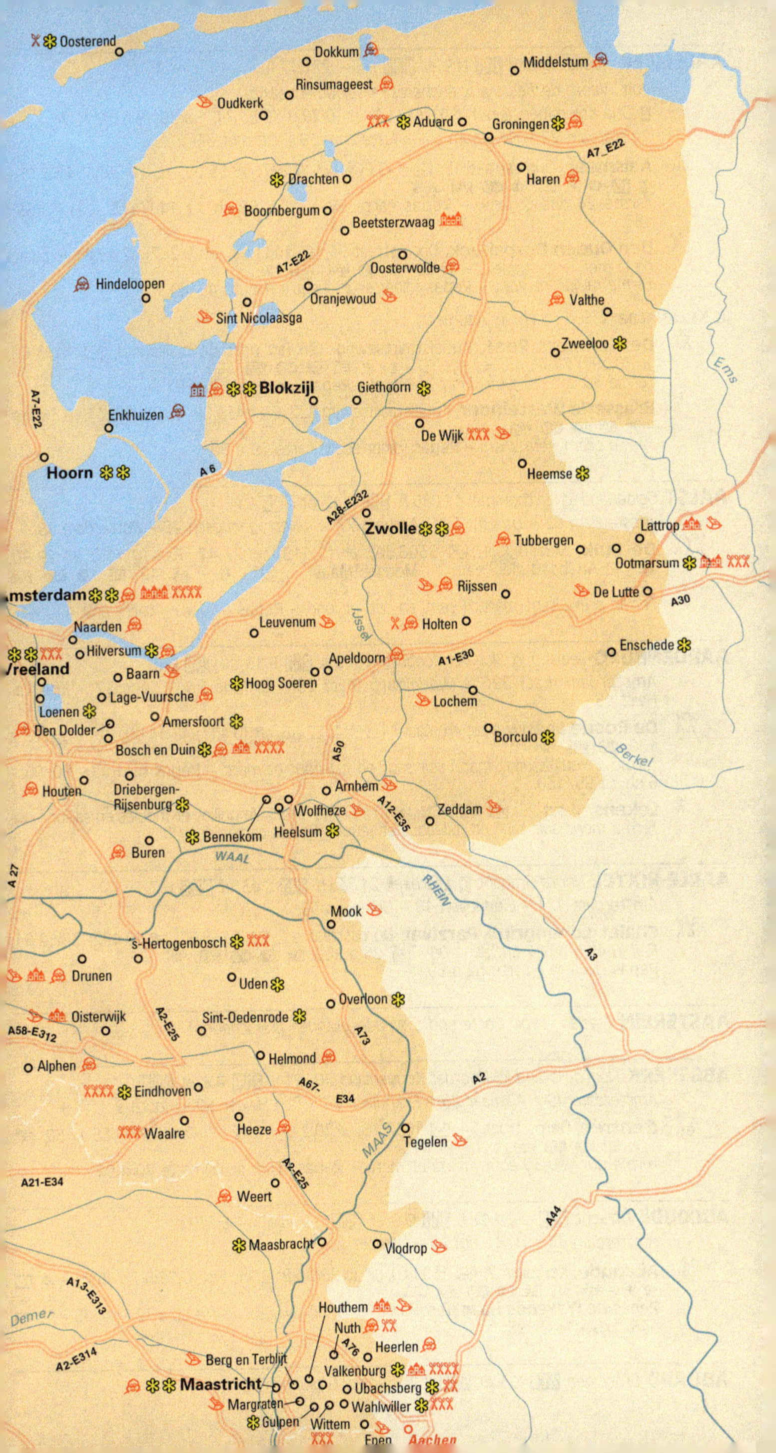

Oosterend
Dokkum
Middelstum
Rinsumageest
Oudkerk
Aduard
Groningen
A7-E22
Haren
Drachten
Boornbergum
Beetsterzwaag
A7-E22
Oosterwolde
Hindeloopen
Oranjewoud
Valthe
Sint Nicolaasga
Zweeloo
Ems
Blokzijl
Giethoorn
Enkhuizen
A7-E22
De Wijk
Heemse
Hoorn
A 6
A28-E232
Zwolle
Lattrop
Tubbergen
Ootmarsum
msterdam
Rijssen
De Lutte
A30
Naarden
Leuvenum
IJssel
Holten
Enschede
Hilversum
Apeldoorn
A1-E30
Vreeland
Baarn
Hoog Soeren
Lage-Vuursche
Lochem
Loenen
Amersfoort
Den Dolder
Borculo
Bosch en Duin
A50
Berkel
Arnhem
Houten
Driebergen-
Rijsenburg
Wolfheze
A12-E35
Zeddam
Bennekom
Heelsum
Buren
WAAL
A 27
RHEIN
Mook
A3
's-Hertogenbosch
Drunen
Uden
Overloon
Oisterwijk
A2-E25
Sint-Oedenrode
A58-E312
A73
Helmond
Alphen
A2
A67-
E34
Eindhoven
Waalre
Heeze
MAAS
Tegelen
A2-E25
A21-E34
Weert
A44
Maasbracht
Vlodrop
A13-E313
Houthem
Demer
Nuth
A76
Heerlen
A2-E314
Berg en Terblijt
Valkenburg
Maastricht
Ubachsberg
Margraten
Wahlwiller
Gulpen
Wittem
Epen
Aachen

AALSMEER *Noord-Holland* **211** N 9 et **908** F 5 – *22 600 h.*

Voir *Vente de fleurs aux enchères★★ (Bloemenveiling).*

Drie Kolommenplein 1, ✉ 1431 LA, ☎ (0 297) 32 53 74, Fax (0 297) 38 76 76.

Amsterdam 22 – Hilversum 31 – Rotterdam 59 – Utrecht 36.

Aalsmeer, Dorpsstraat 15, ✉ 1431 CA, ☎ (0 297) 38 55 00, *Fax (0 297) 34 35 35* – AE VISA JCB
fermé 24 déc.-2 janv. – **Repas** carte 58 à 74 – **58 ch** 140/175 – ½ P 155/180.

Den Ouden Dorpshoek, Dorpsstraat 93, ✉ 1431 CB, ☎ (0 297) 32 49 51, Produits de la mer, « Rustique » – AE VISA JCB.
fermé mi-juil.-mi-août – **Repas** (dîner seult jusqu'à minuit) 45/80.

à Kudelstaart *Sud : 4 km* *Aalsmeer :*

De Kempers Roef, Kudelstaartseweg 226 (au port de plaisance), ✉ 1433 GR, ☎ (0 297) 32 41 45, ←, – AE VISA JCB
fermé 30 déc.-10 janv., lundi et mardi – **Repas** Lunch 58 – 75/89.

Brasserie Westeinder, Kudelstaartseweg 222, ✉ 1433 GR, ☎ (0 297) 34 18 36, – AE VISA
fermé prem. sem. mars – **Repas** (dîner seult) carte 59 à 80.

AALST *Gelderland* *Zaltbommel 11 086 h.* **211** P 12 et **908** G 6.

Amsterdam 82 – Utrecht 51 – Arnhem 77 – 's-Hertogenbosch 20 – Rotterdam 68.

De Fuik, Maasdijk 1, ✉ 5308 JA, ☎ (0 418) 55 22 47, *Fax (0 418) 55 29 80*, « Au bord de l'eau, ← Meuse (Maas) », – – 40. AE VISA JCB.
fermé prem. sem. mars, 1 sem. en oct. et lundi – **Repas** Lunch 80 – carte env. 115.

AARDENBURG *Zeeland* *Sluis-Aardenburg 6 512 h.* **211** F 15 et **908** B 8.

Amsterdam (bac) 226 – Middelburg (bac) 28 – Brugge 26 – Gent 37 – Knokke-Heist 16.

De Roode Leeuw avec ch, Kaai 31, ✉ 4527 AE, ☎ (0 117) 49 14 00, – 25 à 100. VISA. ch
fermé 1re quinz. nov., mardi soir sauf en juil.-août et merc. – **Repas** Lunch 43 – 80/90 – **6 ch** 95/130.

Lekens, Markt 25, ✉ 4527 CN, ☎ (0 117) 49 14 35, Anguilles et moules en saison –
fermé merc. soir sauf en juil.-août et jeudi – **Repas** carte 61 à 80.

AARLE-RIXTEL *Noord-Brabant* *Laarbeek 21 635 h.* **211** S 13 et **908** H 7.

Amsterdam 121 – Eindhoven 18 – Nijmegen 58.

Châlet Lohengrin - Parzival, Dorpsstraat 92, ✉ 5735 EG, ☎ (0 492) 38 12 64, *Fax (0 492) 38 12 64*, – – 25 à 100. AE VISA.
Repas Lunch 49 – carte 52 à 89.

AASTEREIN *Fryslân – voir Oosterend à Waddeneilanden (Terschelling).*

ABBEKERK *Noord-Holland* *Noorder-Koggenland 10 291 h.* **210** P 6 et **908** G 3.

Amsterdam 49 – Alkmaar 26 – Enkhuizen 20 – Den Helder 50 – Hoorn 9.

d'entrée, Dorpsstraat 54, ✉ 1657 AD, ☎ (0 229) 58 12 58, *Fax (0 229) 58 17 50*, – AE VISA
fermé du 7 au 30 août, mardi et merc. – **Repas** (dîner seult) carte 70 à 91.

ABCOUDE *Utrecht* **210** O 9 - ㉙ S **211** O 9 et **908** F 5 - ㉘ S – *8 410 h.*

Amsterdam 15 – Hilversum 20 – Utrecht 25.

Abcoude, Kerkplein 7, ✉ 1391 GJ, ☎ (0 294) 28 12 71, *Fax (0 294) 28 56 21* – – 50. AE VISA JCB
Repas ***De Wakende Haan*** *(fermé dim. et lundi).* Lunch 50 – carte 50 à 72 – 15 – **19 ch** 143/170 – ½ P 193.

ADUARD *Groningen* **210** X 3 et **908** K 2 – *voir à Groningen.*

AFFERDEN *Limburg* C *Bergen 13 382 h.* 211 V 13 *et* 908 J 7.
Amsterdam 142 – Eindhoven 61 – Nijmegen 30 – Venlo 32.

Aub. De Papenberg avec ch, Hengeland 1a (Nord : 1 km sur N 271), ✉ 5851 EA, ☎ (0 485) 53 17 44, *Fax (0 485) 53 22 64*, « Terrasse et jardin », – – 30. AE VISA.
fermé 23 juil.-8 août et 27 déc.-4 janv. – **Repas** *(fermé dim.)* (dîner seult) 68/90 – **21 ch** 130/180 – ½ P 130/213.

AFSLUITDIJK (DIGUE DU NORD) ★★ *Fryslân et Noord-Holland* 210 Q 4 *et* 908 G 3 *G. Hollande.*

AKERSLOOT *Noord-Holland* 210 N 7 *et* 908 F 4 – *4 846 h.*
Amsterdam 30 – Alkmaar 13 – Haarlem 23.

Akersloot, Geesterweg 1a (près A 9), ✉ 1921 NV, ☎ (0 251) 31 91 02, *Fax (0 251) 31 45 08*, – rest, – 25 à 600. AE VISA
Repas (Ouvert jusqu'à 23 h) *Lunch 23* – carte env. 45 – 15 – **187 ch** 125.

AKKRUM *Fryslân* C *Boarnsterhim 18 073 h.* 210 U 4 *et* 908 I 2.
Amsterdam 137 – Groningen 60 – Leeuwarden 20 – Zwolle 74.

De Oude Schouw, Oude Schouw 6 (Nord-Ouest : 3 km), ✉ 8491 MP, ☎ (0 566) 65 21 25, *Fax (0 566) 65 21 02*, ≤, « Terrasse au bord de l'eau », – – 25 à 80. AE VISA
Repas 45/100 – **18 ch** 135/160 – ½ P 135/200.

ALBERGEN *Overijssel* 210 Z 8 *et* 908 L 4 – *voir à Tubbergen.*

ALBLASSERDAM *Zuid-Holland* 211 N 11 *et* 908 F 6 – *17 800 h.*
Voir *au Nord : 5 km, Moulins de Kinderdijk★★, ≤★ (de la rive gauche du Lek).*
Amsterdam 92 – Rotterdam 20 – Arnhem 101 – Breda 45 – Den Haag 46 – Utrecht 59.

Het Wapen van Alblasserdam, Dam 24, ✉ 2952 AB, ☎ (0 78) 691 47 11, *Fax (0 78) 691 61 16*, – rest, – 40 à 170. AE VISA JCB
Repas *Lunch 29* – 65 – **20 ch** 105/155 – ½ P 106/133.

Kinderdijk, West-Kinderdijk 361 (Nord-Ouest : 3 km), ✉ 2953 XV, ☎ (0 78) 691 24 25, *Fax (0 78) 691 50 71*, ≤ moulins et rivière Noord, – rest, ☎. AE VISA
Repas carte env. 45 – **12 ch** 90/135.

ALDTSJERK *Fryslân* – *voir Oudkerk à Leeuwarden.*

ALKMAAR *Noord-Holland* 210 N 7 *et* 908 F 4 – *92 960 h.*
Voir *Marché au fromage★★ (Kaasmarkt) sur la place du Poids public (Waagplein)* Y *34 – Grandes orgues★, petit orgue★ dans la Grande église ou église St-Laurent (Grote- of St. Laurenskerk)* Y **A.**
18 *Sluispolderweg 7, ✉ 1817 BM, ☎ (0 72) 515 68 07, Fax (0 72) 515 68 07.*
Waagplein 3, ✉ 1811 JP, ☎ (0 72) 511 42 84, Fax (0 72) 511 75 13.
Amsterdam 39 ③ – Haarlem 31 ③ – Leeuwarden 109 ②

Plan page suivante

Bios 1er étage, Gedempte Nieuwesloot 54a, ✉ 1811 KT, ☎ (0 72) 512 44 22, *Fax (0 72) 512 44 99*, « Brasserie moderne dans une dermeure historique » – . AE VISA JCB — Y a
fermé lundi – **Repas** *Lunch 53* – 55.

Het Paleis (arrière-salle), Verdronkenoord 102, ✉ 1811 BH, ☎ (0 72) 520 20 00, *Fax (0 72) 520 20 21* – . AE VISA JCB — Z b
Repas *Lunch 48* – 68.

Eric's Stokpaardje, Vrouwenstraat 1, ✉ 1811 GA, ☎ (0 72) 512 88 70, *Fax (0 72) 511 28 58* – . AE VISA. — Z e
fermé fin juil.-début août et lundi – **Repas** (dîner seult) 53.

à Noord-Scharwoude *Nord : 8 km* C *Langedijk 23 208 h :*

De Buizerd, Spoorstraat 124, ✉ 1723 NG, ☎ (0 226) 31 23 88, *Fax (0 226) 31 76 27*, – rest, – 80. VISA
Repas *Lunch 30* – carte 50 à 75 – **12 ch** 75/140 – ½ P 105.

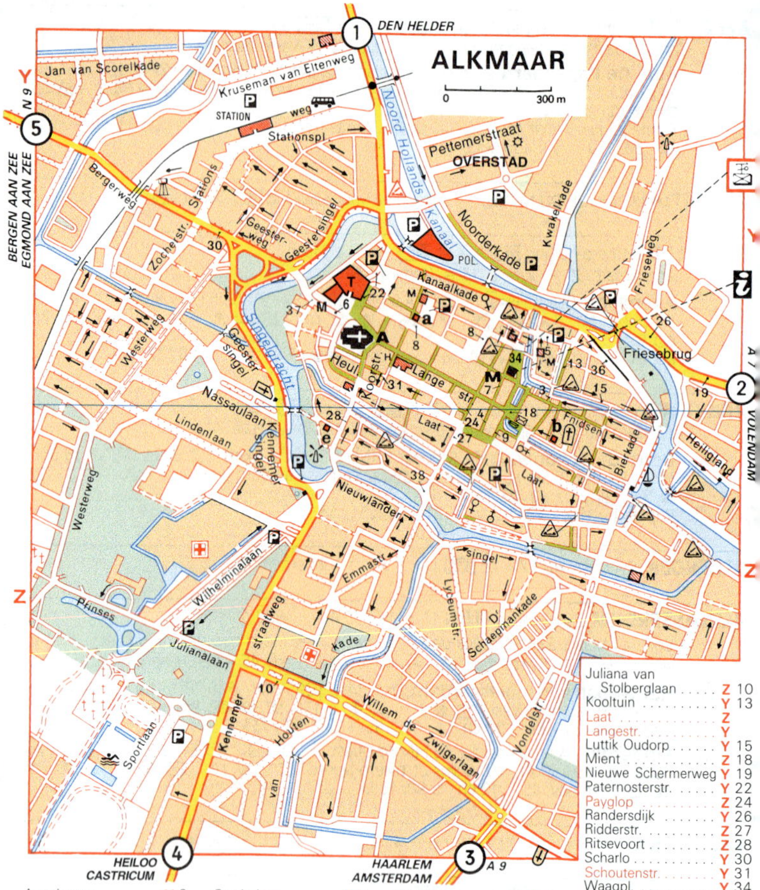

Juliana van Stolberglaan . . . . . Z 10
Kooltuin . . . . Y 13
Laat . . . . Z
Langestr. . . . . Y
Luttik Oudorp . . . . . . Y 15
Mient . . . . Z 18
Nieuwe Schermerweg Y 19
Paternosterstr. . . . . . Y 22
Payglop . . . . Z 24
Randersdijk . . . . Y 26
Ridderstr. . . . . Z 27
Ritsevoort . . . . Z 28
Scharlo . . . . Y 30
Schoutenstr. . . . . Y 31
Waagpl. . . . . Y 34
Wageweg . . . . Y 36
Zevenhuizen . . . . Y 37
Zilverstr. . . . . Z 38

Appelsteeg . . . . Y 3
Boterstr. . . . . Z 4
Dijk . . . . Y 5

Gasthuisstr. . . . . . . Y 6
Gedempte Nieuwesloot . . . . Y 8

Houttil . . . . Y 7
Huigbrouwerstr. . . . . Z 9

ALMELO *Overijssel* **210** Z 8, **211** Z 8 *et* **908** K 4 – *65 632 h.*

à l'Ouest : 4 km à Wierden, Rijssensestraat 142a, ✉ 7642 NN, ☎ (0 546) 57 61 50, Fax (0 546) 57 81 09.

Centrumplein 2, ✉ 7607 SB, ☎ (0 546) 81 87 65, Fax (0 546) 82 30 12.
Amsterdam 146 – Enschede 23 – Zwolle 48.

Theater, Schouwburgplein 1, ✉ 7607 AE, ☎ (0 546) 81 00 61, *Fax (0 546) 82 16 65*, – 25 à 750. AE VISA
Repas *Lunch 18* – carte 45 à 83 – ☕ 15 – **112 ch** 105/120 – ½ P 163/205.

Jährlich eine neue Ausgabe, jährlich eine Ausgabe, die lohnt : Aktuellste Informationen, jährlich für Sie !

ALMEN *Gelderland* C *Gorssel 13 248 h.* **211** W 10 *et* **908** J 5.
Amsterdam 119 – Apeldoorn 32 – Arnhem 42 – Enschede 52.

De Hoofdige Boer, Dorpsstraat 38, ✉ 7218 AH, ☎ (0 575) 43 17 44, *Fax (0 575) 43 15 67*, « Terrasse et jardin », – 25 à 100. AE VISA.
Repas *(fermé après 20 h 30)* 53/83 – **23 ch** ☕ 138/195 – ½ P 125/145.

ALMERE *Flevoland* 210 *Q 8,* 211 *Q 8 et* 908 *G 4 – 126 720 h.*

18 9 Watersnipweg 21, ✉ 1341 AA, ☎ (0 36) 538 44 74, Fax (0 36) 538 44 35.

Spoordreef 20 (Almere-Stad), ✉ 1315 GP, ☎ (0 36) 533 46 00, Fax (0 36) 534 36 65.

Amsterdam 30 – Apeldoorn 86 – Lelystad 34 – Utrecht 46.

à Almere-Haven C *Almere :*

XX **Gasterie Rivendal,** Kruisstraat 33, ✉ 1357 NA, ☎ (0 36) 531 90 00, *Fax (0 36) 531 90 00* – ▤. AE ◑ MC VISA
fermé 27 déc.-1er janv. et lundi – **Repas** 50/68.

X **Bestevaer,** Sluiskade 16, ✉ 1357 NX, ☎ (0 36) 531 15 57, – AE ◑ MC VISA
fermé mardi, sam. midi et dim. midi – **Repas** 55.

à Almere-Stad C *Almere :*

Bastion, Audioweg 1 (près A 6, sortie ③, Almere-West), ✉ 1322 AT, ☎ (0 36) 536 77 55, *Fax (0 36) 536 70 09* – TV ☎ P. AE ◑ MC VISA.
Repas (Grillades, ouvert jusqu'à 23 h) 45 – ☕ 17 – **40 ch** 135.

ALPHEN *Noord-Brabant* C *Alphen-Chaam 9 385 h.* 211 *O 14 et* 908 *H 6.*

Amsterdam 122 – Breda 25 – 's-Hertogenbosch 37 – Tilburg 14.

XX **Bunga Melati,** Oude Rielseweg 2 (Nord-Est : 2 km), ✉ 5131 NR, ☎ (0 13) 508 17 28, *Fax (0 13) 508 19 63,* Cuisine indonésienne, « Terrasse et jardin » – ▤ P. AE ◑ MC VISA.
Repas Lunch 25 – 45/58.

ALPHEN AAN DEN RIJN *Zuid-Holland* 211 *M 10 et* 908 *F 5 – 68 652 h.*

18 Kromme Aarweg 5, ✉ 2403 NB, ☎ (0 172) 47 45 67, Fax (0 172) 49 46 60.

Wilhelminalaan 1, ✉ 2405 EB, ☎ (0 172) 49 56 00, Fax (0 172) 47 33 53.

Amsterdam 36 – Rotterdam 41 – Den Haag 32 – Utrecht 38.

Toor, Stationsplein 2, ✉ 2405 BK, ☎ (0 172) 49 01 00, *Fax (0 172) 49 37 81* – |♦|, ▤ rest, TV ☎ P – 25 à 200. AE ◑ MC VISA
Repas carte 45 à 68 – **57 ch** ☕ 150/180.

Avifauna, Hoorn 65, ✉ 2404 HG, ☎ (0 172) 48 75 75, *Fax (0 172) 48 75 06,* , « Parc ornithologique », , , – |♦|, ▤ rest, TV ☎ P – 25 à 400. AE ◑ MC VISA
Repas (Ouvert jusqu'à 23 h) carte env. 45 – ☕ 14 – **94 ch** 110/120 – ½ P 94/154.

AMELAND (Ile de) *Fryslân* 210 *T 2 - U 2 et* 908 *I 1 – voir à Waddeneilanden.*

AMERONGEN *Utrecht* 211 *R 10 et* 908 *H 5 – 7 307 h.*

Amsterdam 71 – Utrecht 29 – Arnhem 38.

X **Herberg Den Rooden Leeuw,** Drostestraat 35, ✉ 3958 BK, ☎ (0 343) 45 40 55, *Fax (0 343) 45 77 65* – P. AE ◑ MC VISA
fermé fin juil.-2 prem. sem. août, mardi et merc. – **Repas** (dîner seult) 55.

AMERSFOORT *Utrecht* 211 *R 10 et* 908 *H 5 – 120 512 h.*

Voir *Vieille Cité★ : Muurhuizen★ (maisons de rempart) BYZ – Tour Notre-Dame★ (O. L. V-rouwe Toren) AZ S – Koppelpoort★ AY.*

Env. *au Sud : 14 km à Doorn : Collection d'objets d'art★ dans le château (Huis Doorn).*

18 au Sud-Est : 4 km à Leusden, Appelweg 4, ✉ 3832 RK, ☎ (0 33) 461 69 44, Fax (0 33) 465 29 21.

Stationsplein 9, ✉ 3818 LE, ☎ 0 900-112 23 64, Fax (0 33) 465 01 08.

Amsterdam 51 ① – Utrecht 21 ④ – Apeldoorn 46 ① – Arnhem 51 ③

Plan page suivante

Berghotel, Utrechtseweg 225, ✉ 3818 EG, ☎ (0 33) 422 42 22, *Fax (0 33) 465 05 05,* , , , – |♦| TV ☎ P – 25 à 160. AE ◑ MC VISA JCB AX a
Repas Lunch 68 – carte env. 65 – ☕ 32 – **90 ch** 263/310.

Campanile, De Brand 50 (Nord-Est : 4 km près A 1, sortie ⑬), ✉ 3823 LM, ☎ (0 33) 455 87 57, *Fax (0 33) 456 26 20,* – |♦| TV ☎ P – 25 à 50. AE ◑ MC VISA. rest
Repas (Avec buffet) Lunch 25 – 45 – ☕ 14 – **75 ch** 120 – ½ P 156/161.

AMERSFOORT

- Arnhemseweg . . . . AZ 3
- Arnhemsestr. . . . . AZ 4
- Bergstraat . . . . BX 5
- Bloemendalse Binnenpoort . . . . ABY 6
- van Campenstr. . . . . AX 8
- Everard Meysterweg . . . . . BX 9
- Gasthuislaan . . . . BX 10
- Groenmarkt . . . . BY 12
- Grote Spui . . . . AY 14
- Herenstr. . . . . BZ 15
- Kersenbaan . . . . ABX 16
- Kleine Spui . . . . AY 17
- Krankeledenstr. . . . . AZ 18
- Krommestr. . . . . AY 20
- Kwekersweg . . . . AX 21
- Langestr. . . . . ABZ
- Lieve Vrouwekerkhof . . . . AZ 23
- Lieve Vrouwestr. . . . . AZ 24
- Utrechtsestr. . . . . AZ 26
- Varkensmarkt . . . . AZ 27
- Vondellaan . . . . AX 29
- Windsteeg . . . . BY 30
- Zielhorsterweg . . . . BX 32

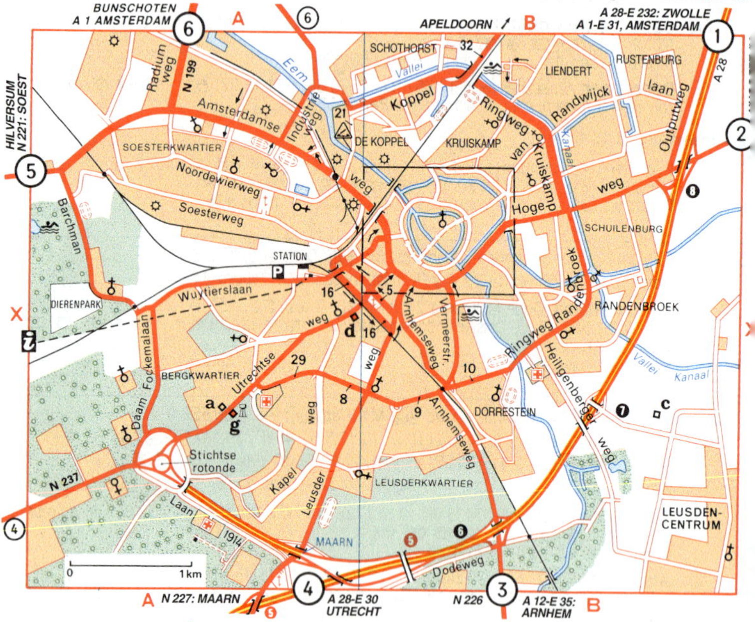

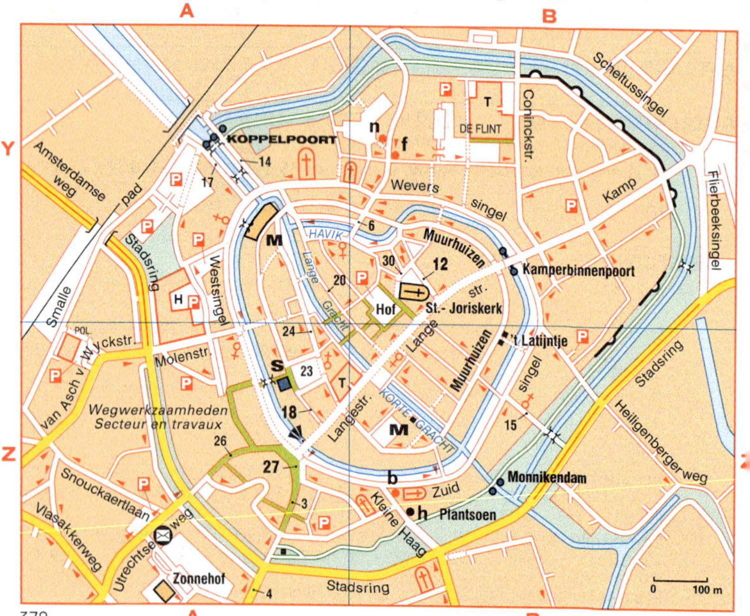

XXXX **Mariënhof,** Kleine Haag 2, ✉ 3811 HE, ✆ (0 33) 463 29 79, *Fax (0 33) 465 51 26*, « Dans un couvent-musée, jardin intérieur » – P. AE ① MC VISA BZ h
fermé 24 juil.-14 août, fin déc.-début janv., sam. midi, dim. et lundi – **Repas** *Lunch 65* – carte env. 130
Spéc. Champignons des bois confits, magret de canard séché et St-Jacques crues. Consommé d'anguille au ravioli de mousse d'anguille fumée. Canard de Bresse à la rôtissoire et salade d'épinards.

XX **De Rôtisserie,** Kleine Haag 2 (dans le complexe Mariënhof), ✉ 3811 HE, ✆ (0 33) 463 29 79, *Fax (0 33) 465 51 26*, « Rôtissoire en salle » – – 40. AE ① MC VISA BZ b
fermé 24 juil.-14 août, 27 déc.-4 janv., dim. et lundi – **Repas** (dîner seult) carte env. 80.

XX **Tollius,** Utrechtseweg 42, ✉ 3818 EM, ✆ (0 33) 465 17 93, *Fax (0 33) 463 87 96*, – AE MC VISA ABX d
fermé du 17 au 30 juil. et dim. – **Repas** *Lunch 50* – carte 78 à 93.

XX **Dorloté,** Bloemendalsestraat 24, ✉ 3811 ES, ✆ (0 33) 472 04 44, – AE ① MC VISA. BY n
fermé 25 juil.-5 août, 23 déc.-13 janv., dim. et lundi – **Repas** *Lunch 48* – carte 75 à 92.

XX **De Kraton,** Utrechtseweg 180, ✉ 3818 ES, ✆ (0 33) 461 50 00, *Fax (0 33) 461 89 45*, , Cuisine indonésienne – P. AE ① MC VISA AX g
fermé dim. et lundi – **Repas** (dîner seult) carte env. 75.

XX **'t Bloemendaeltje,** Bloemendalsestraat 3, ✉ 3811 EP, ✆ (0 33) 475 00 01, *Fax (0 33) 475 00 01* – AE ① MC VISA. BY f
fermé 2 prem. sem. fév., fin juil.-début août, mardi et merc. – **Repas** *Lunch 55* – carte env. 85.

à Leusden *Sud-Est : 4 km – 27 993 h.*

Leusden, Philipsstraat 18, ✉ 3833 LC, ✆ (0 33) 434 53 45, *Fax (0 33) 434 53 00*, – , rest, TV ☎ P – 25 à 350. AE ① MC VISA BX c
Repas (Ouvert jusqu'à 23 h) *Lunch 23* – 38/60 – **177 ch** 163/185.

XX **Ros Beyaart,** Hamersveldseweg 55, ✉ 3833 GL, ✆ (0 33) 494 31 27, *Fax (0 33) 432 12 48*, – P – 25 à 100. AE ① MC VISA JCB
fermé 25 juil.-5 août – **Repas** *Lunch 50* – 65.

AMMERZODEN *Gelderland* C *Maasdriel 9 405 h.* 211 Q 12 *et* 908 G 6.

Amsterdam 81 – Utrecht 49 – 's-Hertogenbosch 8.

X **'t Oude Veerhuis,** Molendijk 1, ✉ 5324 BC, ✆ (0 73) 599 13 42, *Fax (0 73) 599 44 02*, <, , « Terrasse », – P. AE ① MC VISA JCB
fermé lundi – **Repas** *Lunch 60* – carte env. 90.

AMSTELVEEN *Noord-Holland* 210 O 9 - ㉘ S, 211 O 9 *et* 908 F 5 - ㉗ S – *voir à Amsterdam, environs.*

AMSTERDAM

Noord-Holland 210 O 8 - ㉘ ㉙, 211 O 8 et 908 G 4 - ㉗ S - *718 151 h.*

Bruxelles 204 ③ - Düsseldorf 227 ③ - Den Haag 60 ④ - Luxembourg 419 ③ - Rotterdam 76 ④.

OFFICE DE TOURISME

V.V.V. Amsterdam, Stationsplein 10. ✉ 1012 AB ☎ 0 900-400 40 40, Fax (020) 625 28 69.
Pour approfondir votre visite touristique, consultez le Guide Vert Amsterdam et le Plan d'Amsterdam nº 36.

RENSEIGNEMENTS PRATIQUES

TRANSPORTS

Un réseau étendu de transports publics (tram, bus et métro) dessert toute la ville, et le "canalbus" couvre toute la ceinture des canaux grâce à une série d'embarcadères. Les taxis sur l'eau ou "Water Taxi" sont également très rapides.
Le soir, il est préférable et conseillé de se déplacer en taxi.

AÉROPORT

À Schiphol (p. 6 AQR) : 9,5 km ☎ (020) 601 91 11, Fax (020) 604 14 75.

QUELQUES GOLFS

18 par ⑥ à Halfweg, Machineweg 1b, ✉ 1165 NB, ☎ (023) 513 29 39, Fax (023) 513 29 39 - 9 à Duivendrecht (CQ), Zwarte Laantje 4, ✉ 1099 CE, ☎ (020) 694 36 50, Fax (020) 663 46 21 - 18 par ①, Buikslotermeerdijk 141, ✉ 1027 AC, ☎ (020) 632 56 50, Fax (020) 634 35 06 - 18 à Holendrecht (DR), Abcouderstraatweg 46, ✉ 1105 AA, ☎ (0294) 28 12 41, Fax (0294) 28 63 47.

LE SHOPPING

Grands Magasins :
Centre piétonnier, Shopping Center et Magna Plaza.
Commerces de luxe :
Beethovenstraat FU - P.C. Hooftstraat JKZ - Van Baerlestraat.
Marché aux fleurs★★ *(Bloemenmarkt) KY.*
Marché aux puces *(Vlooienmarkt) :*
Waterlooplein LXY.
Antiquités et Objets d'Art :
Autour du Rijksmuseum et du Spiegelgracht.

CASINO

Holland Casino KY, Max Euweplein 62, ✉ 1017 MB (près Leidseplein) ☎ (020) 521 11 11, Fax (020) 521 11 10.

CURIOSITÉS

POINTS DE VUE

Keizersgracht★★ KVY – *du Pont-écluse Oudezijds Kolk-Oudezijds Voorburgwal★* LX.

QUELQUES MONUMENTS HISTORIQUES

Dam : Palais Royal★ (Koninklijk Paleis) KX – *Béguinage★★ (Begijnhof)* KX – *Maisons Cromhout★ (Cromhouthuizen)* KY **A⁴** – *Westerkerk★* KX – *Nieuwe Kerk★* KX – *Oude Kerk★* LX.

MUSÉES HISTORIQUES

Musée Historique d'Amsterdam★★ (Amsterdams Historisch Museum) KX – *Musée Historique Juif★ (Joods Historisch Museum)* LY – *Musée Allard Pierson★ : collections archéologiques* LXY – *Maison d'Anne Frank★★* KX – *Musée d'Histoire maritime des Pays-Bas★★ (Nederlands Scheepvaart Museum)* MX – *Musée des Tropiques★ (Tropenmuseum)* HT – *Musée Van Loon★★* LY – *Musée Willet-Holthuysen★* LY.

COLLECTIONS CÉLÈBRES

Rijksmuseum★★★ KZ – *National (Rijksmuseum) Van Gogh★★★* JZ – *Municipal★★ (Stedelijk Museum) : art moderne* JZ – *Amstelkring "Le Bon Dieu au Grenier"★ (Museum Amstelkring Ons' Lieve Heer op Solder) : ancienne chapelle clandestine* LX – *Maison de Rembrandt★ (Rembrandthuis) : oeuvres graphiques du maître* LX – *Cobra (art moderne)* BR **M⁵**.

ARCHITECTURE MODERNE

Logements sociaux dans le quartier Jordaan et autour du Nieuwmarkt – Créations contemporaines à Amsterdam Zuid-Oost (banque ING).

QUARTIERS PITTORESQUES ET PARCS

Vieil Amsterdam★★★ – *Herengracht* KVY – *Les canaux★★★ (Grachten) avec bateaux-logements (Amstel) – Le Jordaan (Prinsengracht★★, Brouwersgracht★, Lijnbaansgracht, Looiersgracht, Egelantiersgracht★, Bloemgracht★)* KX-JKY – *Realeneiland* BN – *Dam* KX – *Pont Maigre★ (Magere Brug)* LY – *De Walletjes (Quartier chaud)* LX – *Sarphatipark* GU – *Oosterpark* HT – *Vondelpark* JZ – *Artis (jardin zoologique)★★* MY – *Singel★★* KY.

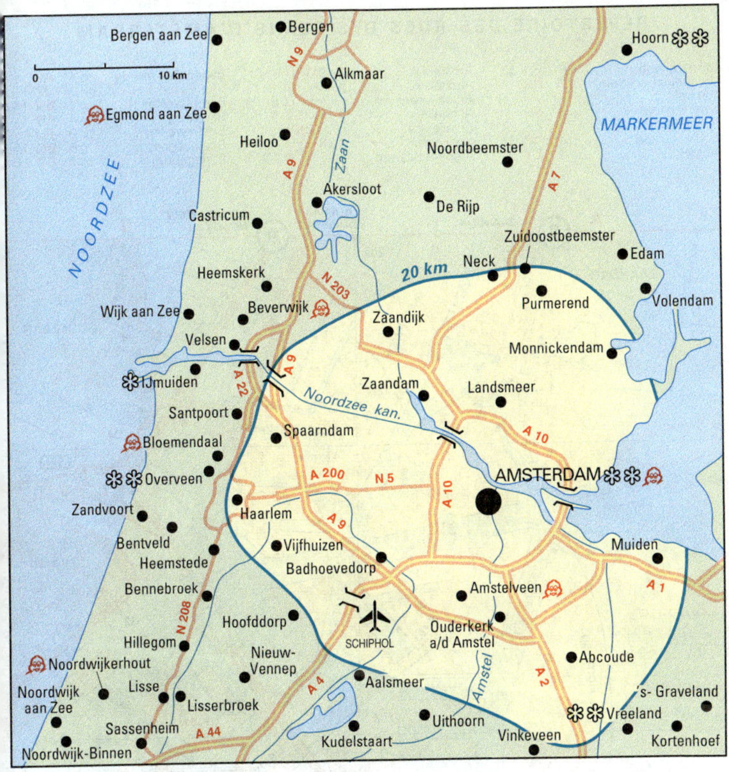
Bergen aan Zee
Bergen
Hoorn
0
10 km
N 9
Alkmaar
MARKERMEER
Egmond aan Zee
Heiloo
Noordbeemster
A 9
Zaan
NOORDZEE
A 7
Akersloot
De Rijp
Castricum
Zuidoostbeemster
Edam
20 km
Neck
Heemskerk
N 203
Purmerend
Volendam
Wijk aan Zee
Beverwijk
Zaandijk
Velsen
Monnickendam
A 9
IJmuiden
Zaandam
Landsmeer
A 22
Noordzee kan.
Santpoort
A 10
Spaarndam
Bloemendaal
AMSTERDAM
Overveen
A 200
N 5
A 10
Zandvoort
Haarlem
A 9
Bentveld
Vijfhuizen
Muiden
Heemstede
Badhoevedorp
A 1
Bennebroek
Amstelveen
N 208
Hoofddorp
Ouderkerk a/d Amstel
SCHIPHOL
Hillegom
Nieuw-Vennep
Abcoude
Noordwijkerhout
Amstel
A 2
A 4
Aalsmeer
Noordwijk aan Zee
Lisse
's- Graveland
Lisserbroek
Vreeland
Uithoorn
Sassenheim
Kortenhoef
A 44
Vinkeveen
Kudelstaart
Noordwijk-Binnen

RÉPERTOIRE DES RUES DES PLANS D'AMSTERDAM

Aalsmeerweg	p.8	EU	3
Abcouderstraatweg	p.7	DR	
Admiraal de Ruyterweg	p.8	ES	
President Allendelaan	p.4	AP	6
Amstel	p.11	LY	
Amsteldijk	p.9	GHU	
Amstelstr	p.11	LY	
Amstelveenseweg	p.4	BPQ	8
Amstelveld	p.11	LY	9
Anjeliersstr	p.10	JKV	
Apollolaan	p.8	EFU	
Archimedesweg	p.5	CP	12
Baden Powellweg	p.4	AP	
Van Baerlestr	p.10	JZ	13
Barentszplein	p.4	BN	14
Basisweg	p.4	AN	
Beethovenstr	p.8	FU	
Beethovenstr	p.6	BQ	15
Berlagebrug	p.7	CQ	16

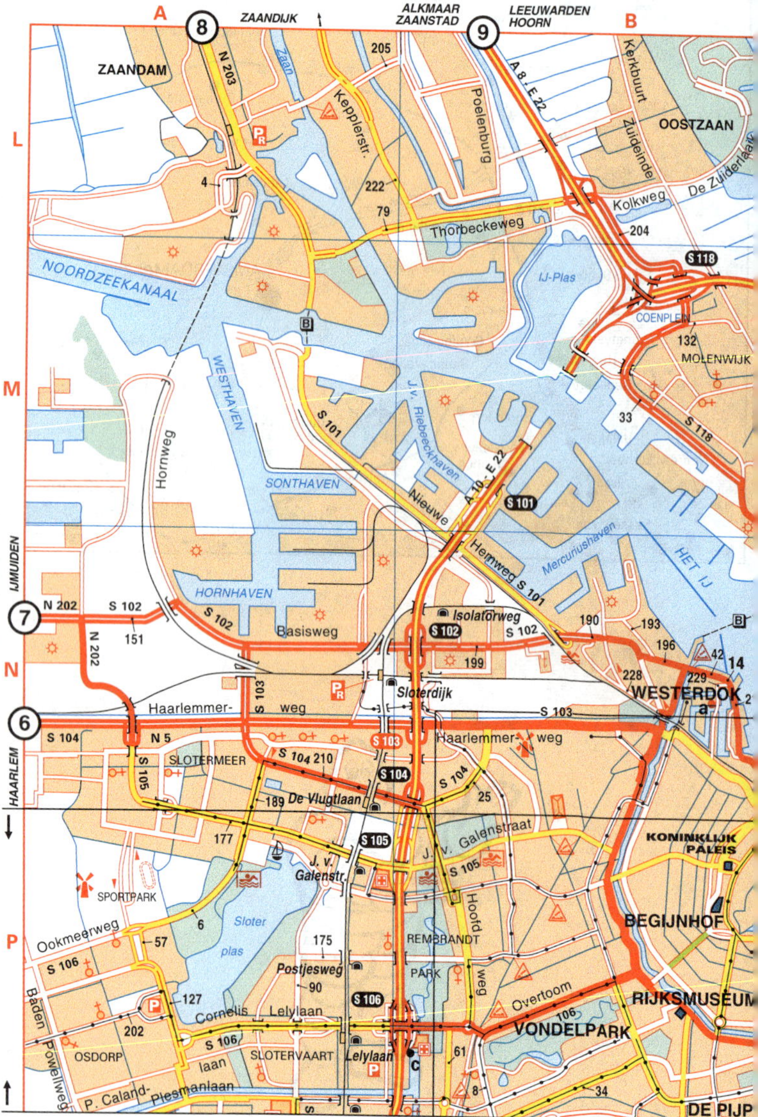

C
D
PURMEREND
L
M
N
P
HOORN
1
WATERGANG
BROEK-IN-WATERLAND
LANDSMEER
150
48
e
232
S 117
HET SCHOUW
N 235
N 247
Kanaal
Noordhollands
A 10 - E 35
TUINDORP OOSTZAAN
IJdoorn-laan
S 117
S 116
BUIKSLOOT
ZUNDERDORP
18
S 118
97
144
108
FLORA PARK
n
m
91
214
168
S 115
NIEUWENDAM
IJdoorn-laan
SPORTPARK
RANSDORP
S 116
W.H. VLIEGENBOS
211
S 115
146
Meeuwenlaan
SCHELLINGWOUDE
184
HET IJ
JAVA EILAND
M
Piet Heinkade
153
DURGERDAM
103
S 114
Piet Heintunnel
weg
Buiten - IJ
163
37
ARTIS
230
54
Zuiderzee
S 114
M
81
FLEVOPARK
IJmeer
133
Linnaeus str.
S 112
S 110
Amstel
12
55
Midden
Amsterdam
DE DAGERAAD

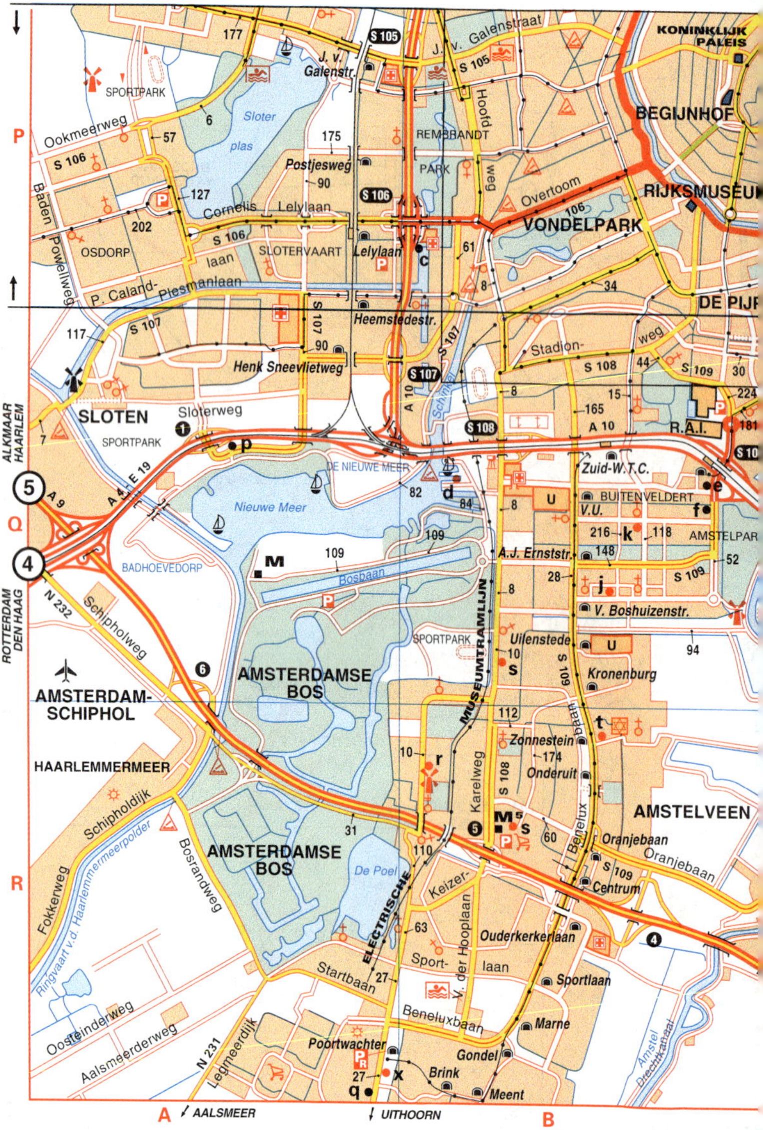

P
Q
R
A
B
ALKMAAR HAARLEM
ROTTERDAM DEN HAAG
AALSMEER
UITHOORN
KONINKLIJK PALEIS
BEGIJNHOF
RIJKSMUSEUM
VONDELPARK
DE PIJP
R.A.I.
SPORTPARK
Sloter plas
Ookmeerweg
S 106
OSDORP
SLOTERVAART
Cornelis Lelylaan
Postjesweg
Lelylaan
J. v. Galenstr.
J. v. Galenstraat
REMBRANDT PARK
Hoofdweg
Overtoom
P. Calandlaan
Plesmanlaan
Heemstedestr.
Henk Sneevlietweg
SLOTEN
Sloterweg
Stadionweg
Zuid-W.T.C.
BUITENVELDERT
V.U.
AMSTELPARK
A.J. Ernststr.
V. Boshuizenstr.
DE NIEUWE MEER
Nieuwe Meer
BADHOEVEDORP
Bosbaan
AMSTERDAMSE BOS
MUSEUMTRAMLIJN
Uilenstede
Kronenburg
Zonnestein
Onderuit
AMSTERDAM-SCHIPHOL
HAARLEMMERMEER
Schipholweg
Schipholdijk
Ringvaart v.d. Haarlemmermeerpolder
Bosrandweg
Fokkerweg
Oosteinderweg
Aalsmeerderweg
Legmeerdijk
N 231
N 232
De Poel
ELECTRISCHE
Karelweg
AMSTELVEEN
Oranjebaan
Centrum
Keizer-
V. der Hooplaan
Ouderkerkerlaan
Sportlaan
Marne
Gondel
Brink
Meent
Poortwachter
Startbaan
Beneluxbaan
Amstel Drechtkanaal

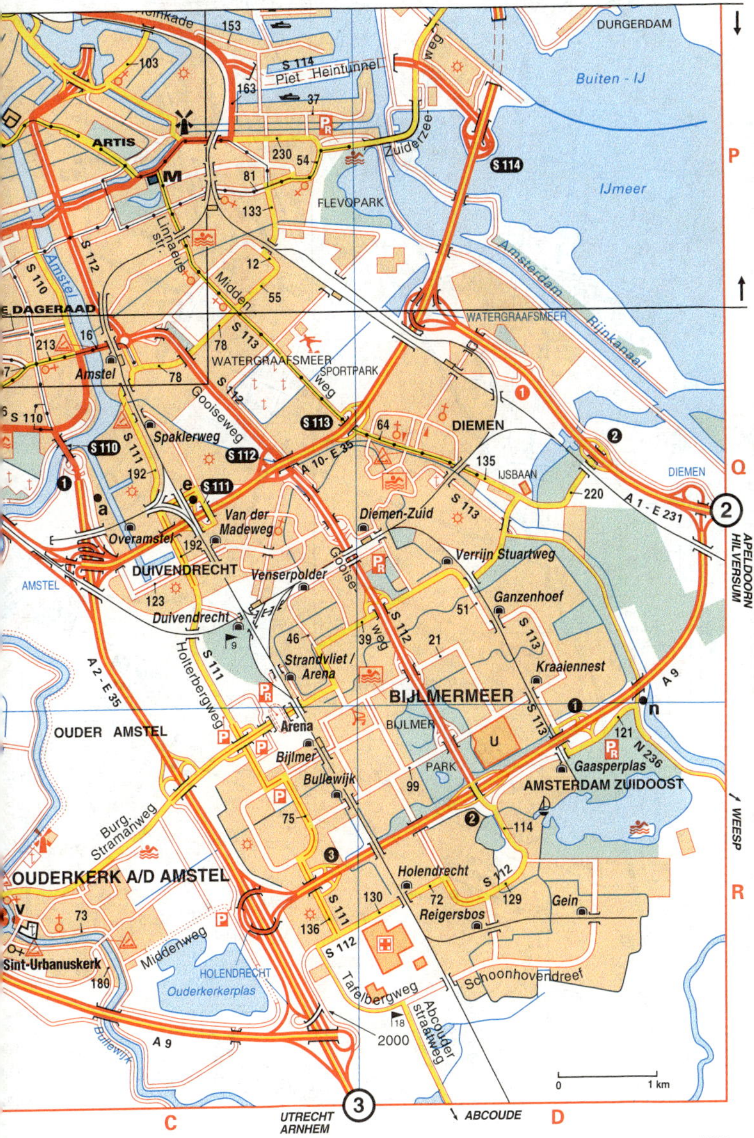

DURGERDAM
Buiten - IJ
IJmeer
Piet Heintunnel
S 114
Zuiderzee-weg
ARTIS
FLEVOPARK
Linnaeus str.
Midden weg
S 113
S 112
S 110
S 111
Amstel
DAGERAAD
WATERGRAAFSMEER
SPORTPARK
Amsterdam Rijnkanaal
DIEMEN
IJSBAAN
A 10 - E 35
A 1 - E 231
Gooiseweg
Spaklerweg
Van der Madeweg
Overamstel
DUIVENDRECHT
Duivendrecht
Venserpolder
Diemen-Zuid
Verrijn Stuartweg
Ganzenhoef
Kraaiennest
Strandvliet / Arena
BIJLMERMEER
BIJLMER PARK
Arena
Bijlmer
Bullewijk
Holterbergweg
A 2 - E 35
OUDER AMSTEL
AMSTEL
Burg. Stramanweg
OUDERKERK A/D AMSTEL
Sint-Urbanuskerk
Middenweg
HOLENDRECHT
Ouderkerkerplas
Bullewijk
A 9
N 236
Gaasperplas
AMSTERDAM ZUIDOOST
Holendrecht
Reigersbos
Gein
Tafelbergweg
Abcouder straatweg
Schoonhovendreef
APELDOORN HILVERSUM
WEESP
UTRECHT ARNHEM
ABCOUDE
0 1 km
P
Q
R
C
D

E
F
S
T
U
Haarlemmer
weg
Harlemmerpoort
S 100
S 103
S 104
S 105
S 106
S 107
S 108
Admiraal
Bos en Lommerweg
de
Willem
CENTRALE GROOTHANDELS-MARKT
Kattensloot
vaart
straat
Ruyterweg
Zwijgerlaan
de
Galen
straat
van
Jan
Hoofd
weg
2e H. de Grootstr.
Kostverloren
Hendrikstr.
Nassaukade
Marnix
Fred.
WESTERKERK
Raadhuisst
Rozengracht
Admiralen
Admiraal de
Ruyter
van
weg
Evertsenstr.
Jan
Hoofdweg
gracht
Speijkstr.
de Bilderdijk
Bilderdijkstr.
Clercq-
str.
Nassau
straat
Marnixstraat
PRINSEN
KEIZERS
HEREN
GRACHT
BROUWERS
Haarlemme
kade
Kinker
Lennep
straat
Postjes
weg
Jacob
van
87
1e Constantijn
SINGEL
Leidsegracht
Leidsestr.
POL
Wilhelminastr.
Overtoom
S 100
GRACHT
Weteringschar
Hoofdweg
Kostverlorenvaart
Westlandgracht
Suriname plein
RIJKSMUSEUM
Huygensstr.
van
Eeghen
straat
Overtoom
VONDELPARK
van
Willemsparkweg
M
Werk in uitvoering
a
Amstelveense
m
n
s
Cornelis Schuytstr.
straat
85
T
r
h
Baerlestr.
n
y
kade
S 108
Haarlemmermeerstr.
x
weg
k
Koninginne
de
Lairesse
g
b
Reijnier
J. M. Coenenstr.
z
178
f
d
Amstel
Vinkeleskade
Hobbema
Ruysdael
Zeilstr.
Cornelis Krusemanstr.
p
Noorder
76
3
q
kanaal
Apollolaan
Gerrit
v. d.
Veenstraat
Apollolaan
ELECTRISCHE MUSEUMTRAMLIJN
weg
weg
z
e
Olympia
Stadionweg
straat
Beethoven
k
18
44
Stadionweg
OLYMPISCH STADION
Stadion plein
Stadion
kade
Zuider Amstel kanaal
BEATRIXPARK
RAI
S 10

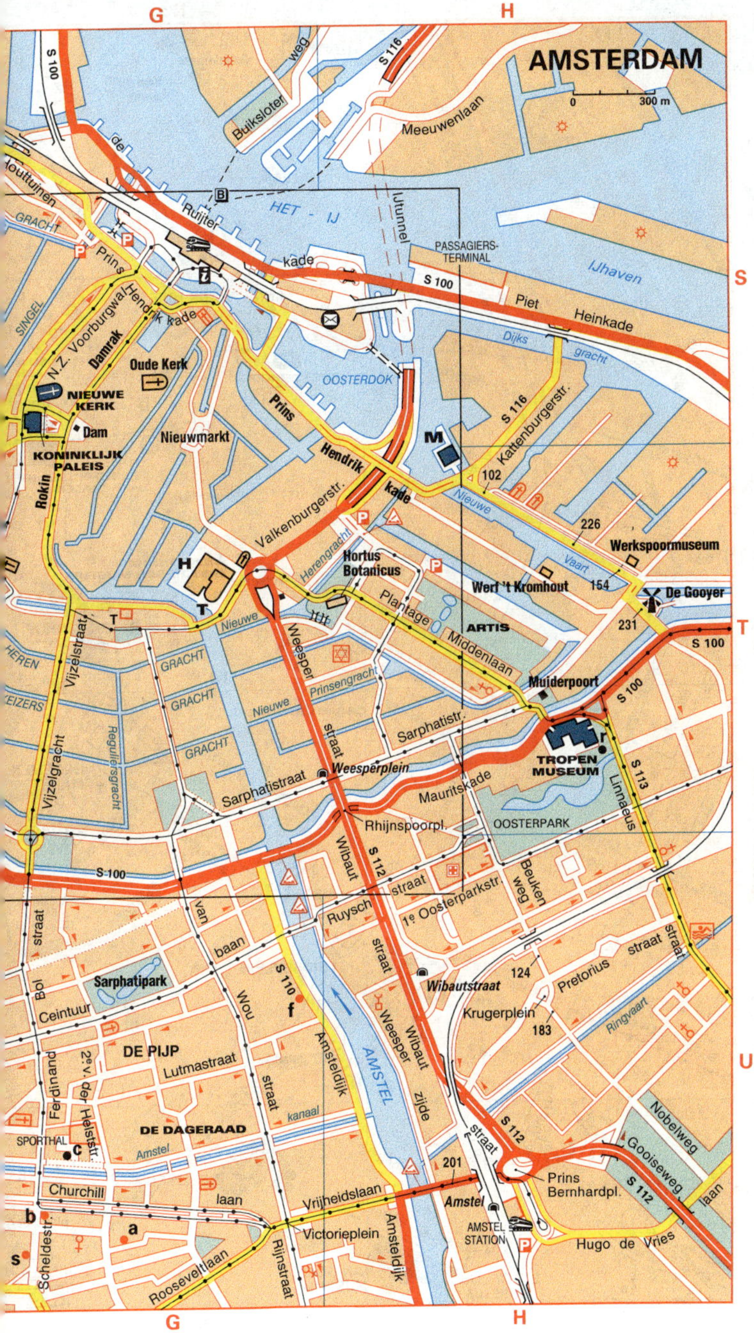
AMSTERDAM
0 300 m
G
H
S
T
U
HET - IJ
IJhaven
OOSTERDOK
PASSAGIERS-TERMINAL
Buiksloterweg
Meeuwenlaan
IJtunnel
De Ruijterkade
Prins Hendrik kade
Piet Heinkade
Dijksgracht
Kattenburgerstr.
Nieuwe Vaart
Damrak
N.Z. Voorburgwal
Oude Kerk
NIEUWE KERK
Dam
KONINKLIJK PALEIS
Nieuwmarkt
Rokin
Valkenburgerstr.
Herengracht
Hortus Botanicus
Plantage Middenlaan
ARTIS
Werf 't Kromhout
Werkspoormuseum
De Gooyer
Muiderpoort
TROPEN MUSEUM
Linnaeus
OOSTERPARK
Mauritskade
Sarphatistr.
Sarphatistraat
Weesperplein
Weesperstraat
Nieuwe Prinsengracht
Nieuwe Keizersgracht
Rhijnspoorpl.
Wibautstraat
Vijzelstraat
Vijzelgracht
Reguliersgracht
HEREN GRACHT
KEIZERS GRACHT
SINGEL
Ruysch straat
1e Oosterparkstr.
Beukenweg
Pretoriusstraat
Krugerplein
Ringvaart
Sarphatipark
Ceintuur baan
Van Woustraat
Amsteldijk
AMSTEL
Weesper zijde
DE PIJP
Lutmastraat
2e v. der Helststr.
Ferdinand Bolstraat
DE DAGERAAD
SPORTHAL
Amstel kanaal
Churchill laan
Vrijheidslaan
Victorieplein
Rooseveltlaan
Rijnstraat
Scheldestr.
Amstel
AMSTEL STATION
Prins Bernhardpl.
Hugo de Vries laan
Gooiseweg
Nobelweg
S 100
S 110
S 112
S 113
S 116
102
124
154
183
201
226
231
a
b
c
f
s
r
H
T
M

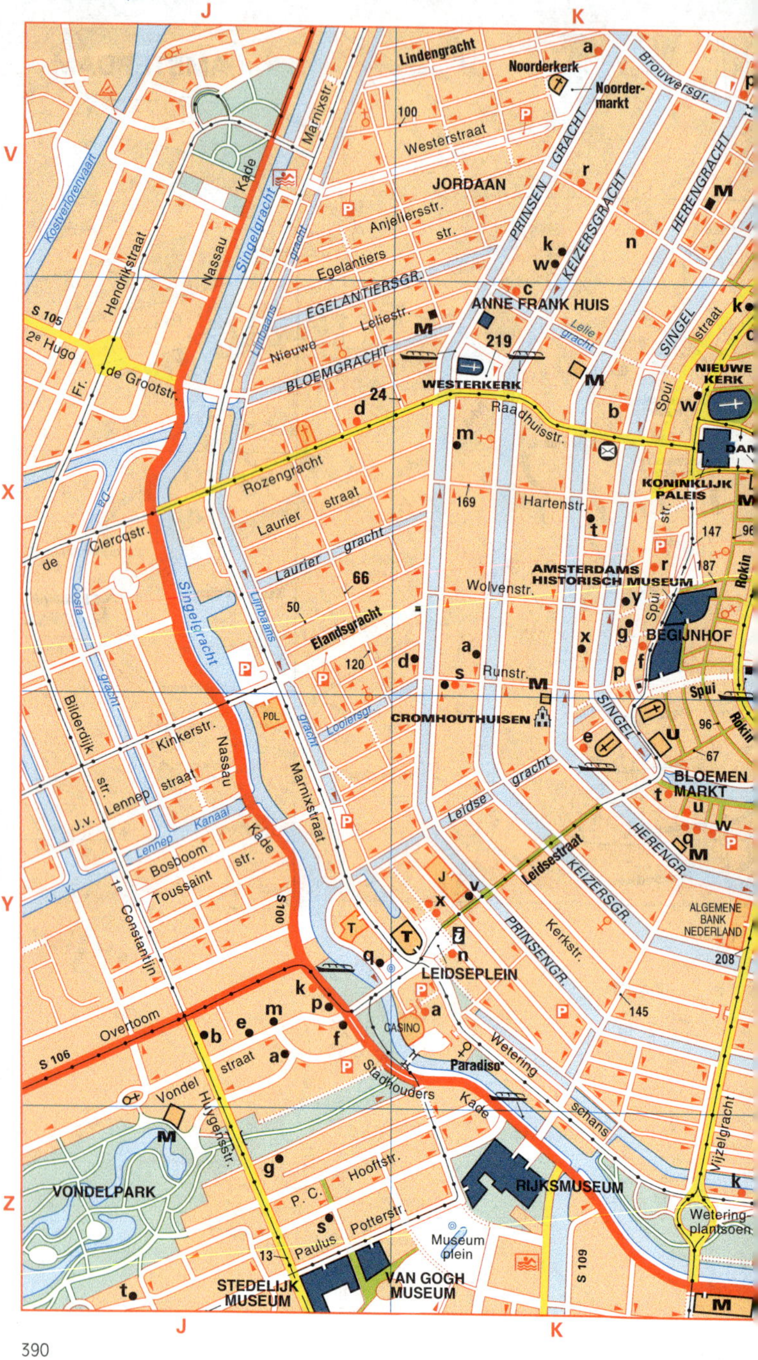
J
K
V
X
Y
Z
Lindengracht
Noorderkerk
Noorder-
markt
Brouwersgr.
Westerstraat
JORDAAN
Marnixstr.
Kostverlorenvaart
Hendrikstraat
Nassau
Kade
Singelgracht
Anjeliersstr.
Egelantiers
gracht
str.
PRINSENGRACHT
KEIZERSGRACHT
HERENGRACHT
EGELANTIERSGR.
Leliestr.
ANNE FRANK HUIS
Lellie
gracht
SINGEL
straat
S 105
2e Hugo
de Grootstr.
Fr.
Lijnbaans
Nieuwe
BLOEMGRACHT
WESTERKERK
219
24
NIEUWE
KERK
Raadhuisstr.
Spui
DAM
Rozengracht
KONINKLIJK
PALEIS
Laurier
straat
169
Hartenstr.
Clercqstr.
de
gracht
147
187
Rokin
AMSTERDAMS
HISTORISCH MUSEUM
66
Wolvenstr.
50
Elandsgracht
Costa
BEGIJNHOF
120
Runstr.
Looiersgr.
CROMHOUTHUISEN
POL.
Bilderdijk
Kinkerstr.
Marnixstraat
96
67
BLOEMEN
MARKT
Lennep
Kanaal
J.v.
Leidse
Leidsestraat
HERENGR.
KEIZERSGR.
Bosboom
Toussaint
1e Constantijn
S 100
PRINSENGR.
Kerkstr.
ALGEMENE
BANK
NEDERLAND
208
LEIDSEPLEIN
CASINO
145
Overtoom
S 106
Paradiso
Wetering
schans
Stadhouders
Kade
Vondel
Huygensstr.
Vijzelgracht
VONDELPARK
P. C.
Hooftstr.
RIJKSMUSEUM
Paulus
Potterstr.
Museum
plein
S 109
Wetering-
plantsoen
13
STEDELIJK
MUSEUM
VAN GOGH
MUSEUM

AMSTERDAM
0
200 m
L
M
V
X
Y
Z
HET IJ
IJ-tunnel
S 116
S 100
PASSAGIERS-TERMINAL
de Ruijter Kade
Centraal Station
Stationspl.
AIR TERMINAL
Open Haven
Front
Damrak
Nieuwe
NIEUWE ZIJDE
BEURS VAN BERLAGE
MUSEUM AMSTELKRING
Scheepvaart huis
Prins Hendrikkade
OOSTERDOK
NEW METROPOLIS
NEDERLANDS SCHEEPVAART MUSEUM
OUDE KERK
OUDE ZIJDE
Voorburg Wal
Achterburg Wal
Zeedijk
Geldersekade
Waals Eilandsgracht
Waag
Nieuw markt
Recht Boomssloot
Montelbaanstoren
Prinsenhof
Oude Zijds
Kloveniers burgwal
Zuiderkerk
OUDE SCHANS
Uilenburgergracht
Valkenburgerstr.
Entrepot dok
REMBRANDT HUIS
Zwanenburg wal
Waterloopl.
Mr. Visser Plein
Herengr.
ALLARD PIERSON M.
AMSTEL
Muntplein
Waterlooplein
Blauwbrug
JOODS HISTORISCH MUSEUM
Hortus Botanicus
Plantage
ARTIS
PLANTAGE
Middenlaan
REMBRANDTPL.
Amstelstr.
MUSEUM WILLET-HOLTHUYSEN
Nieuwe
AMSTELHOF
Keizers gracht
Plantage Muider gr.
Weesperstr.
Roeters-str.
Prinsengracht
MUSEUM VAN LOON
Utrechtsestr.
MAGERE BRUG
Achter
gracht
Kerkstr.
Amstel Kerk
Amstelsluizen
Weesperplein
Sarphatistr.
De Duif
Reguliersgr.
Hogesluis Brug
Frederiksplein
Mauritskade
Wetering-schans
Westeinde
Oosteinde
Wibautstraat
Ruyschstr.
Singelgracht
Stadhouderskade
Amstel

Service and taxes

In Belgium, Luxembourg and Netherlands prices include service and taxes.

Liste alphabétique des hôtels et restaurants
Alfabetische lijst van hotels en restaurants
Alphabetisches Hotel- und Restaurantverzeichnis
Alphabetical list of hotels and restaurants

K – L

M – N

O – P – Q – R

S – T

V – W – Y – Z

La cuisine que vous recherchez...
Het soort keuken dat u zoekt
Welche Küche, welcher Nation suchen Sie
That special cuisine

Buffets

25 Greenhouse *H. Hilton Schiphol, Env. à Schiphol*

Grillades

24 Bastion Amstel *Q. Sud-Est*
23 Bastion Noord *Q. Nord*
22 Bastion Zuid-West *Q. Sud et Ouest*

Produits de la mer

21 Lucius *Q. Centre*
20 Oesterbar *Q. Centre*
19 Le Pêcheur *Q. Centre*
24 Le Pescadou *Env. à Amstelveen*

Taverne – Brasseries

17 American *Q. Centre*
17 The Amstel Bar and Brasserie *H. Amstel Q. Centre*
22 Brasserie Beau Bourg *Q. Rijksmuseum*
22 Brasserie Camelia *H. Okura, Q. Sud et Ouest*
17 Brasserie De Palmboom *H. Radisson SAS, Q. Centre*
17 Brasserie Reflet *H. Gd H. Krasnapolsky, Q. Centre*
23 Brasserie Richard *Q. Sud et Ouest*
24 Brasserie Sjef Schets *Env. à Landsmeer*
22 Brasserie van Baerle *Q. Rijksmuseum*
19 Café Roux *H. The Grand, Q. Centre*
18 Eden *Q. Centre*
22 Le Garage *Q. Rijksmuseum*
22 Keyzer *Q. Rijksmuseum*
18 Die Port van Cleve *Q. Centre*
23 Quartier Sud Chez Denise *Q. Sud et Ouest*
23 Ravel *Q. Buitenveldert*
18 Schiller *Q. Centre*
18 Tulip Inn *Q. Centre*
21 ! Zest *Q. Centre*

Américaine

23 Vermont *H. Holiday Inn, Q. Buitenveldert*

Asiatique

25 East West *H. Hilton Schiphol, Env. à Schiphol*
17 Blakes *Q. Centre*
20 Sea Palace *Q. Centre*

Chinoise

20 Sichuan Food *Q. Centre*

Hollandaise régionale

17 Dorrius *Crowne Plaza City Centre, Q. Centre*
18 De Roode Leeuw *H. Amsterdam, Q. Centre*

Indienne

Indonésienne

Italienne

Japonaise

Orientale

Quartiers du Centre - *plans p. 10 et 11 sauf indication spéciale :*

Amstel, Prof. Tulpplein 1, ✉ 1018 GX, (0 20) 622 60 60, *Fax (0 20) 622 58 08*, – 25 à 180. MZ a
Repas voir rest ***La Rive*** ci-après – ***The Amstel Bar and Brasserie*** (Ouvert jusqu'à 23 h 30) *Lunch 60* – carte env. 90 – 49 – **64 ch** 850, 15 suites.

The Grand, O.Z. Voorburgwal 197, ✉ 1012 EX, (0 20) 555 31 11, *Fax (0 20) 555 32 22*, « Immeuble historique, salons Art Nouveau authentiques, jardin intérieur », – 25 à 300. LX b
Repas voir rest ***Café Roux*** ci-après – 38 – **169 ch** 705, 13 suites.

Europe, Nieuwe Doelenstraat 2, ✉ 1012 CP, (0 20) 531 17 77, *Fax (0 20) 531 17 78*, « Lounge fin 19e s., collection de tableaux de paysagistes néerlandais », – 25 à 80. LY c
Repas voir rest ***Excelsior*** ci-après – ***Le Relais*** (Ouvert jusqu'à minuit) 43/79 – 48 – **94 ch** 655/755, 6 suites.

Barbizon Palace, Prins Hendrikkade 59, ✉ 1012 AD, (0 20) 556 45 64, *Fax (0 20) 624 33 53*, – 25 à 300. LV d
Repas voir rest ***Vermeer*** ci-après – ***Hudson's Terrace and Restaurant*** (Ouvert jusqu'à 23 h) *Lunch 58* – carte 70 à 98 – 38 – **271 ch** 452/650, 3 suites.

Gd H. Krasnapolsky, Dam 9, ✉ 1012 JS, (0 20) 554 91 11, *Fax (0 20) 622 86 07*, « Jardin d'hiver 19e s. », ch, – 25 à 750. rest LX k
Repas voir rest ***Edo and Kyo*** ci-après – ***Brasserie Reflet*** *(fermé 31 déc. et 1er janv.)* (dîner seult jusqu'à 23 h) 63 – 39 – **422 ch** 551/628, 7 suites.

Radisson SAS, Rusland 17, ✉ 1012 CK, (0 20) 623 12 31, *Fax (0 20) 520 82 00*, « Atrium avec presbytère du 18e s. », – 25 à 300. LX h
Repas ***Talavera*** (Cuisine italienne, dîner seult) carte env. 80 – ***Brasserie De Palmboom*** (déjeuner seult) carte env. 70 – 38 – **242 ch** 475/495, 1 suite.

Crowne Plaza City Centre, N.Z. Voorburgwal 5, ✉ 1012 RC, (0 20) 620 05 00 et 420 22 24 (rest), – 25 à 250. ch LV g
Repas ***Dorrius*** (Avec cuisine hollandaise, dîner seult jusqu'à 23 h) carte env. 65 – **268 ch**, 2 suites.

Pulitzer, Prinsengracht 323, ✉ 1016 GZ, (0 73) 523 52 35, *Fax (0 73) 627 67 53*, « Façade composée de 24 maisons 17 et 18e s. », – 25 à 150. KX m
Repas carte 72 à 89 – 43 – **222 ch** 625/755, 2 suites.

Renaissance, Kattengat 1, ✉ 1012 SZ, (0 20) 621 22 23, *Fax (0 20) 627 52 45*, – 25 à 400. LV e
Repas *(fermé dim.)* (dîner seult) carte 58 à 77 – 38 – **399 ch** 600/695, 6 suites.

Victoria, Damrak 1, ✉ 1012 LG, (0 20) 623 42 55, *Fax (0 20) 625 29 97*, – 30 à 150. LV j
Repas carte env. 75 – 33 – **295 ch** 490/525, 10 suites.

Blakes, Keizersgracht 384, ✉ 1016 GB, (0 20) 530 20 10, *Fax (0 20) 530 20 30*, « Ancienne demeure, design d'inspiration orientale », ch, KX a
Repas *(fermé dim.)* (Avec cuisine asiatique, dîner seult) carte env. 130 – 32 – **25 ch** 550/875, 1 suite.

American, Leidsekade 97, ✉ 1017 PN, (0 20) 556 30 00, *Fax (0 20) 556 30 01*, ch, – 25 à 150. JY q
Repas (Taverne-rest Art Déco, ouvert jusqu'à minuit) *Lunch 48* – 76/79 – 35 – **186 ch** 295/525, 2 suites.

Jolly Carlton, Vijzelstraat 4, ✉ 1017 HK, (0 20) 622 22 66 et 623 83 20 (rest), *Fax (0 20) 626 61 83* – 25 à 180. LY n
Repas ***Caruso*** *(fermé 25 déc.)* (Cuisine italienne, dîner seult jusqu'à 23 h) 64/80 – 30 – **224 ch** 515/660.

Swissôtel, Damrak 96, ✉ 1012 LP, (0 20) 522 30 00, *Fax (0 20) 522 32 23* – 25 à 60. LX s
Repas *Lunch 45* – carte 48 à 76 – 30 – **109 ch** 350/650 – ½ P 430/560.

Sofitel, N.Z. Voorburgwal 67, ✉ 1012 RE, (0 20) 627 59 00, *Fax (0 20) 623 89 32*, – 25 à 70. KX q
Repas (dîner seult) carte 45 à 76 – 34 – **148 ch** 475 – ½ P 552/589.

Doelen, Nieuwe Doelenstraat 24, ✉ 1012 CP, (0 20) 554 06 00, *Fax (0 20) 622 10 84*, « Demeure du 19e s. le long de l'Amstel », – 25 à 150. LY z
Repas (dîner seult) carte env. 55 – 33 – **85 ch** 421 – ½ P 289/444.

Toren sans rest, Keizersgracht 164, ✉ 1015 CZ, ☎ (0 20) 622 63 52, *Fax (0 20) 626 97 05*, – 🛗 ▤ TV ☎ – 🏛 25. AE ⓓ MC VISA KV w
☕ 25 – **40 ch** 265/410.

Canal Crown sans rest, Herengracht 519, ✉ 1017 BV, ☎ (0 20) 420 00 55, *Fax (0 20) 420 09 93* – 🛗 TV ☎. LY d
☕ 25 – **57 ch** 350/420.

Ambassade sans rest, Herengracht 341, ✉ 1016 AZ, ☎ (0 20) 555 02 22, *Fax (0 20) 555 02 77*, ≤, « Ensemble de maisons typiques du 17ᵉ s. », 🚲 – 🛗 TV ☎. AE ⓓ MC VISA KX x
☕ 25 – **52 ch** 270/345, 7 suites.

Schiller, Rembrandtsplein 26, ✉ 1017 CV, ☎ (0 20) 554 07 00, *Fax (0 20) 626 68 31*, – 🛗 TV ☎. AE ⓓ MC VISA JCB. LY x
Repas (Brasserie, ouvert jusqu'à 23 h) *Lunch 48* – carte 50 à 100 – ☕ 33 – **91 ch** 351/421, 1 suite – ½ P 293/432.

Caransa sans rest, Rembrandtsplein 19, ✉ 1017 CT, ☎ (0 20) 554 08 00, *Fax (0 20) 622 27 73* – 🛗 ▤ TV ☎ – 🏛 25 à 200. AE ⓓ MC VISA JCB. LY v
☕ 33 – **66 ch** 421/496.

Inntel Ⓜ sans rest, Nieuwezijdskolk 19, ✉ 1012 PV, ☎ (0 20) 530 18 18, *Fax (0 20) 422 19 19* – 🛗 ▤ TV ☎. AE ⓓ MC VISA JCB LVX a
☕ 30 – **236 ch** 395/550.

Tulip Inn, Spuistraat 288, ✉ 1012 VX, ☎ (0 20) 420 45 45, *Fax (0 20) 420 43 00*, – 🛗 ▤ TV ☎ ♿. AE ⓓ MC VISA. KX g
Repas (Taverne-rest avec cuisine italienne) carte env. 45 – ☕ 24 – **209 ch** 287/309.

Eden, Amstel 144, ✉ 1017 AE, ☎ (0 20) 530 78 88, *Fax (0 20) 623 32 67*, – 🛗 TV ☎ ♿. AE ⓓ MC VISA JCB. LY r
Repas (Taverne-rest) 41/63 – ☕ 23 – **327 ch** 225/390.

Mercure Arthur Frommer sans rest, Noorderstraat 46, ✉ 1017 TV, ☎ (0 20) 622 03 28, *Fax (0 20) 620 32 08* – 🛗 ▤ TV ☎ P. AE ⓓ MC VISA JCB LYZ j
☕ 26 – **90 ch** 200/295.

Estheréa sans rest, Singel 305, ✉ 1012 WJ, ☎ (0 20) 624 51 46, *Fax (0 20) 623 90 01* – 🛗 TV ☎. AE ⓓ MC VISA JCB. KX y
☕ 28 – **70 ch** 380/450.

Cok City Ⓜ sans rest, N.Z. Voorburgwal 50, ✉ 1012 SC, ☎ (0 20) 422 00 11, *Fax (0 20) 420 03 57*, 🚲 – 🛗 TV ☎ ♿. AE ⓓ MC VISA JCB. LV f
106 ch ☕ 285/309.

Canal House sans rest, Keizersgracht 148, ✉ 1015 CX, ☎ (0 20) 622 51 82, *Fax (0 20) 624 13 17*, « Intérieur avec mobilier de style », – 🛗 ☎. AE ⓓ MC VISA JCB. KV k
26 ch ☕ 265/345.

Die Port van Cleve, N.Z. Voorburgwal 178, ✉ 1012 SJ, ☎ (0 20) 624 48 60, *Fax (0 20) 622 02 40* – 🛗, ▤ rest, TV ☎ – 🏛 25 à 45. AE ⓓ MC VISA JCB. rest KX w
Repas (Brasserie) *Lunch 40* – carte 46 à 84 – **119 ch** ☕ 315/445, 1 suite – ½ P 354.

Amsterdam, Damrak 93, ✉ 1012 LP, ☎ (0 20) 555 06 66, *Fax (0 20) 620 47 16* – 🛗 ▤ TV ☎. AE ⓓ MC VISA JCB. rest LX s
Repas ***De Roode Leeuw*** (Cuisine régionale hollandaise) 55 – ☕ 25 – **80 ch** 280/385.

Dikker en Thijs Fenice, Prinsengracht 444, ✉ 1017 KE, ☎ (0 20) 626 77 21, *Fax (0 20) 625 89 86*, – 🛗 TV ☎ – 🏛 25. AE ⓓ MC VISA JCB KY v
Repas ***De Prinsenkelder*** (dîner seult) carte 65 à 107 – **26 ch** ☕ 345/450 – ½ P 283/350.

Avenue sans rest, N.Z. Voorburgwal 27, ✉ 1012 RD, ☎ (0 20) 623 83 07, *Fax (0 20) 638 39 46* – 🛗 TV ☎. AE ⓓ MC VISA JCB. LV z
50 ch ☕ 210/290.

Rembrandt sans rest, Herengracht 255, ✉ 1016 BJ, ☎ (0 20) 622 17 27, *Fax (0 20) 625 06 30*, – 🛗 TV ☎ – 🏛 25. AE ⓓ MC VISA KX t
111 ch ☕ 195/240.

Citadel sans rest, N.Z. Voorburgwal 100, ✉ 1012 SG, ☎ (0 20) 627 38 82, *Fax (0 20) 627 46 84* – 🛗 TV ☎. AE ⓓ MC VISA JCB KX k
38 ch ☕ 195/275.

Wiechmann sans rest, Prinsengracht 328, ✉ 1016 HX, ☎ (0 20) 626 33 21, *Fax (0 20) 626 89 62* – TV ☎ KX d
37 ch ☕ 200/250.

Lancaster sans rest, Plantage Middenlaan 48, ✉ 1018 DH, ☎ (0 20) 535 68 88, *Fax (0 20) 535 68 89* – AE VISA. MY e
93 ch 230/325.

Prinsengracht sans rest, Prinsengracht 1015, ✉ 1017 KN, ☎ (0 20) 623 77 79, *Fax (0 20) 623 89 26,* – AE VISA LY e
34 ch 185/255.

Singel sans rest, Singel 15, ✉ 1012 VC, ☎ (0 20) 626 31 08, *Fax (0 20) 620 37 77* – AE VISA JCB LV h
32 ch 275.

Asterisk sans rest, Den Texstraat 16, ✉ 1017 ZA, ☎ (0 20) 626 23 96, *Fax (0 20) 638 27 90* – VISA LZ d
33 ch 149/205.

Nicolaas Witsen sans rest, Nicolaas Witsenstraat 4, ✉ 1017 ZH, ☎ (0 20) 623 61 43, *Fax (0 20) 620 51 13* – AE VISA. LZ b
29 ch 125/195.

Nes sans rest, Kloveniersburgwal 137, ✉ 1011 KE, ☎ (0 20) 624 47 73, *Fax (0 20) 620 98 42* – AE VISA LY f
39 ch 195/265.

Amstel Botel sans rest, Oosterdokskade 2, ✉ 1011 AE, ☎ (0 20) 626 42 47, *Fax (0 20) 639 19 52,* « Bâteau amarré » – AE VISA JCB. MX x
13 – **176 ch** 136/154.

La Rive - H. Amstel, Prof. Tulpplein 1, ✉ 1018 GX, ☎ (0 20) 622 60 60, *Fax (0 20) 622 58 08,* ≤, « Au bord de l'Amstel », – P. AE VISA JCB. MZ a
fermé 24 juil.-6 août, sam. midi et dim. – **Repas** 165/195, carte 170 à 190
Spéc. Marinière d'endives à la moutarde de Crémone et grillade de St-Jacques. Filet de bar rôti, tartare de langoustines et truffes. Râble de lièvre à la badiane en papillote.

Vermeer - H. Barbizon Palace, Prins Hendrikkade 59, ✉ 1012 AD, ☎ (0 20) 556 48 85, *Fax (0 20) 624 33 53* – P. AE VISA JCB. LV d
fermé 17 juil.-13 août, 26 déc.-7 janv., sam. midi et dim. – **Repas** Lunch 56 – 98/132, carte 129 à 162
Spéc. Terrine de jambon Jabugo et foie d'oie en gelée de queue de bœuf. Croquette de morue, huîtres et pommes de terre à la crème de poireaux. Quatre-quarts d'amandes et de chocolat.

Excelsior - H. Europe, Nieuwe Doelenstraat 2, ✉ 1012 CP, ☎ (0 20) 531 17 05, *Fax (0 20) 531 17 78,* ≤, « Terrasse au bord de l'Amstel », – P. AE VISA JCB LY c
fermé sam. midi – **Repas** Lunch 80 – carte 118 à 172.

Christophe (Royer), Leliegracht 46, ✉ 1015 DH, ☎ (0 20) 625 08 07, *Fax (0 20) 638 91 32* – AE VISA KVX c
fermé 1re quinz. janv., dim. et lundi – **Repas** (dîner seult) 85/115, carte 135 à 185
Spéc. Agneau rôti au thym et ravioli de ratatouille. Émincé d'ananas tiède à la coriandre fraîche. Fricassée de homard au Vin Jaune et morilles fraîches (avril-juin).

d'Vijff Vlieghen, Spuistraat 294, ✉ 1012 VX, ☎ (0 20) 624 83 69, *Fax (0 20) 623 64 04,* « Maisonettes du 17e s. », – AE VISA JCB KX p
fermé du 24 au 30 déc. et 1er janv. – **Repas** (dîner seult) carte 81 à 98.

Dynasty, Reguliersdwarsstraat 30, ✉ 1017 BM, ☎ (0 20) 626 84 00, *Fax (0 20) 622 30 38,* Cuisine orientale, ouvert jusqu'à 23 h, « Terrasse » – AE VISA. KY q
fermé janv. et mardi – **Repas** (dîner seult) 70.

't Swarte Schaep 1er étage, Korte Leidsedwarsstraat 24, ✉ 1017 RC, ☎ (0 20) 622 30 21, *Fax (0 20) 624 82 68,* Ouvert jusqu'à 23 h, « Intérieur vieil hollandais du 17e s. » – AE VISA JCB KY n
fermé 25, 26 et 31 déc. et 1er janv. – **Repas** Lunch 55 – carte env. 105.

Het Tuynhuys, Reguliersdwarsstraat 28, ✉ 1017 BM, ☎ (0 20) 627 66 03, *Fax (0 20) 423 59 99,* « Terrasse » – AE VISA JCB KY q
fermé 31 déc., 1er janv., sam. et dim. midi – **Repas** Lunch 55 – carte 72 à 92.

Café Roux - H. The Grand, O.Z. Voorburgwal 197, ✉ 1012 EX, ☎ (0 20) 555 35 60, *Fax (0 20) 555 32 22,* Ouvert jusqu'à 23 h – P. AE VISA JCB. LY b
Repas Lunch 45 – 50.

Les Quatre Canetons, Prinsengracht 1111, ✉ 1017 JJ, ☎ (0 20) 624 63 07, *Fax (0 20) 638 45 99,* – AE VISA JCB. LY m
fermé dim. – **Repas** Lunch 65 – carte 101 à 125.

Le Pêcheur, Reguliersdwarsstraat 32, ✉ 1017 BM, ☎ (0 20) 624 31 21, *Fax (0 20) 624 31 21,* Produits de la mer – AE VISA JCB. KY w
fermé dim. – **Repas** Lunch 55 – 73.

Sichuan Food, Reguliersdwarsstraat 35, ✉ 1017 BK, ☎ (0 20) 626 93 27, *Fax (0 20) 627 72 81*, Cuisine chinoise – ▤. AE ⓓ MC VISA. ⊁ KY u
fermé 31 déc. – **Repas** (dîner seult jusqu'à 23 h, nombre de couverts limité - prévenir) 58/83, carte 58 à 78
Spéc. Dim Sum. Canard laqué à la pékinoise. Huîtres sautées maison.

Van Vlaanderen, Weteringschans 175, ✉ 1017 XD, ☎ (0 20) 622 82 92, ⛱, ⚓ – ▤. AE MC VISA KZ k
fermé 3 dern. sem. juil., prem. sem. janv., dim. et lundi – **Repas** (dîner seult) 63/75.

Tout Court, Runstraat 13, ✉ 1016 GJ, ☎ (0 20) 625 86 37, *Fax (0 20) 625 44 11* – AE ⓓ MC VISA KX s
fermé fin déc.-mi-janv. et dim. et lundi de juin à août – **Repas** (dîner seult jusqu'à 23 h 30) 58/120.

Takens, Runstraat 17d, ✉ 1016 GJ, ☎ (0 20) 627 06 18, *Fax (0 20) 624 28 61* – AE ⓓ MC VISA KX s
fermé 2 prem. sem. août et 27 déc.-7 janv. – **Repas** (dîner seult jusqu'à 23 h) 65.

Manchurian, Leidseplein 10a, ✉ 1017 PT, ☎ (0 20) 623 13 30, *Fax (0 20) 626 21 05*, Cuisine orientale – ▤. AE ⓓ MC VISA. ⊁ KY x
fermé 31 déc. – **Repas** 50/93.

Indrapura, Rembrandtsplein 42, ✉ 1017 CV, ☎ (0 20) 623 73 29, *Fax (0 20) 624 90 78*, Cuisine indonésienne – ▤. AE ⓓ MC VISA JCB LY h
fermé 31 déc. – **Repas** (dîner seult) carte env. 60.

Hosokawa, Max Euweplein 22, ✉ 1017 MB, ☎ (0 20) 638 80 86, *Fax (0 20) 638 22 19*, Cuisine japonaise avec Teppan-Yaki – AE ⓓ MC VISA JCB. ⊁ KY a
fermé dern. sem. juil.-2 prem. sem. août – **Repas** (dîner seult) carte 89 à 127.

Oesterbar, Leidseplein 10, ✉ 1017 PT, ☎ (0 20) 626 34 63, *Fax (0 20) 623 21 99*, Produits de la mer, ouvert jusqu'à minuit – ▤. AE MC VISA. ⊁ KY x
fermé 25, 26 et 31 déc. – **Repas** Lunch 70 – carte 98 à 115.

Sea Palace, Oosterdokskade 8, ✉ 1011 AE, ☎ (0 20) 626 47 77, *Fax (0 20) 620 42 66*, Cuisine asiatique, ouvert jusqu'à 23 h, « Restaurant flottant avec ≤ ville », ⚓ – ▤. AE ⓓ MC VISA JCB. ⊁ MX b
Repas 45.

d' theeboom, Singel 210, ✉ 1016 AB, ☎ (0 20) 623 84 20, *Fax (0 20) 421 25 12*, ⛱ – AE ⓓ MC VISA JCB KX b
fermé 23 déc.-4 janv., sam. midi, dim. et lundi midi – **Repas** 50.

Bordewijk, Noordermarkt 7, ✉ 1015 MV, ☎ (0 20) 624 38 99, *Fax (0 20) 420 66 03*, ⛱, « Trendy ambiance amstellodamoise » – AE MC VISA. ⊁ plan p. 8 KV a
fermé 27 déc.-10 janv. et lundi – **Repas** (dîner seult) 63/88.

De Gouden Reael, Zandhoek 14, ✉ 1013 KT, ☎ (0 20) 623 38 83, *Fax (0 20) 625 73 17*, ⛱, « Maison du 17e s. dans un site typique », ⚓ – AE ⓓ MC VISA. ⊁ plan p. 4 BN a
fermé fin déc., dim. et jours fériés – **Repas** Lunch 55 – 75.

Zuid Zeeland, Herengracht 413, ✉ 1017 BP, ☎ (0 20) 624 31 54, *Fax (0 20) 428 31 71*, ⛱, Ouvert jusqu'à 23 h – AE MC VISA KY e
Repas 58/78.

Zuidlande, Utrechtsedwarsstraat 141, ✉ 1017 WE, ☎ (0 20) 620 73 93, ⛱ – AE MC VISA. ⊁ LY s
fermé fin déc., dim. et lundi – **Repas** (dîner seult) carte env. 75.

Long Pura, Rozengracht 46, ✉ 1016 ND, ☎ (0 20) 623 89 50, *Fax (0 20) 623 46 54*, Cuisine indonésienne, « Décor exotique » – ▤. AE ⓓ MC VISA. ⊁ JX d
Repas (dîner seult jusqu'à 23 h) carte env. 65.

Chez Georges, Herenstraat 3, ✉ 1015 BX, ☎ (0 20) 626 33 32 – ▤. AE ⓓ MC VISA KV n
fermé 1 sem. en fév., 3 dern. sem. juil., merc. et dim. – **Repas** (dîner seult) 58/75.

Tempo doeloe, Utrechtsestraat 75, ✉ 1017 VJ, ☎ (0 20) 625 67 18, *Fax (0 20) 639 23 42*, Cuisine indonésienne – ▤. AE ⓓ MC VISA. ⊁ LY t
fermé 24, 25 et 31 déc. – **Repas** (dîner seult jusqu'à 23 h 30) 45/85.

De Compagnon, Guldehandsteeg 17, ✉ 1012 RA, ☎ (0 20) 620 42 25, *Fax (0 20) 420 51 50* – AE ⓓ MC VISA JCB. ⊁ LX c
fermé 17 juil.-6 août, 24 déc.-7 janv., dim. et jours fériés – **Repas** Lunch 55 – 63/80.

Haesje Claes, Spuistraat 275, ✉ 1012 VR, ☎ (0 20) 624 99 98, *Fax (0 20) 627 48 17*, « Ambiance amstellodamoise » – AE ⓓ MC VISA JCB. ⊁ KX f
Repas 35/55.

Memories of India, Reguliersdwarsstraat 88, ✉ 1017 BN, ☎ (0 20) 623 57 10, *Fax (0 20) 638 75 84*, ⛱, Cuisine indienne – ▤. AE ⓓ MC VISA. ⊁ LY a
Repas (dîner seult jusqu'à 23 h 30) carte 45 à 65.

Lucius, Spuistraat 247, ✉ 1012 VP, ☎ (0 20) 624 18 31, *Fax (0 20) 627 61 53*, Produits de la mer – AE ◑ MC VISA KX r
Repas (dîner seult jusqu'à minuit) 53.

De Belhamel, Brouwersgracht 60, ✉ 1013 GX, ☎ (0 20) 622 10 95, *Fax (0 20) 623 88 40*, – AE MC VISA. KV p
Repas (dîner seult) carte env. 75.

! Zest, Prinsenstraat 10, ✉ 1015 DC, ☎ (0 20) 428 24 55, *Fax (0 20) 428 24 66*, Bistrot – AE MC VISA KV r
fermé 25 déc.-1er janv. – **Repas** (dîner seult jusqu'à 23 h 30) carte env. 85.

Edo and Kyo - Gd H. Krasnapolsky, Dam 9, ✉ 1012 JS, ☎ (0 20) 554 60 96, *Fax (0 20) 639 31 46*, Cuisine japonaise avec Teppan-Yaki – ▤. AE ◑ MC VISA JCB. LX k
Repas Lunch 40 – 45/100.

Sampurna, Singel 498, ✉ 1017 AX, ☎ (0 20) 625 32 64, *Fax (0 20) 659 44 51*, , Cuisine indonésienne – ▤. AE ◑ MC VISA JCB. KY t
Repas 35/60.

Quartier Rijksmuseum (Vondelpark) - *plans p. 8 et 10 :*

Marriott, Stadhouderskade 12, ✉ 1054 ES, ☎ (0 20) 607 55 55, *Fax (0 20) 607 55 11*, – ▤ TV ☎ – 25 à 500. AE ◑ MC VISA. JY f
Repas ***Port O'Amsterdam*** (dîner seult jusqu'à 23 h) carte 60 à 75 – 34 – **387 ch** 440, 5 suites.

Golden Tulip Centre Ⓜ, Stadhouderskade 7, ✉ 1054 ES, ☎ (0 20) 685 13 51, *Fax (0 20) 685 16 11*, – ▤ TV ☎ – 25 à 280. AE ◑ MC VISA JCB. rest JY p
Repas (Ouvert jusqu'à 23 h) Lunch 48 – carte 60 à 82 – 36 – **233 ch** 573, 2 suites – ½ P 360/382.

Memphis sans rest, De Lairessestraat 87, ✉ 1071 NX, ☎ (0 20) 673 31 41, *Fax (0 20) 673 73 12* – TV ☎ – 25 à 60. AE ◑ MC VISA JCB. FU g
35 – **74 ch** 399/499.

Toro sans rest, Koningslaan 64, ✉ 1075 AG, ☎ (0 20) 673 72 23, *Fax (0 20) 675 00 31*, « Terrasse au bord de l'eau, face au parc » – TV ☎. AE ◑ MC VISA. EU m
22 ch 225/275.

Lairesse sans rest, De Lairessestraat 7, ✉ 1071 NR, ☎ (0 20) 671 95 96, *Fax (0 20) 671 17 56* – ▤ TV ☎. AE ◑ MC VISA JCB FU h
25 – **34 ch** 240/340.

Cok Hotels sans rest, Koninginneweg 34, ✉ 1075 CZ, ☎ (0 20) 664 61 11, *Fax (0 20) 664 53 04*, – ▤ TV ☎ – 25 à 80. AE ◑ MC VISA JCB. EU k
143 ch 430.

Vondel (avec annexe) sans rest, Vondelstraat 28, ✉ 1054 GE, ☎ (0 20) 612 01 20, *Fax (0 20) 685 43 21*, « Intérieur cossu », – TV ☎. AE ◑ MC VISA JY m
30 – **70 ch** 425/495.

Terdam sans rest, Tesselschadestraat 23, ✉ 1054 ET, ☎ (0 20) 612 68 76, *Fax (0 20) 683 83 13* – ▤ TV ☎. AE ◑ MC VISA JCB. JY a
89 ch 280/390.

Borgmann Villa sans rest, Koningslaan 48, ✉ 1075 AE, ☎ (0 20) 673 52 52, *Fax (0 20) 676 25 80*, – TV ☎. AE ◑ MC VISA JCB. EU n
15 ch 135/265.

Fita sans rest, Jan Luykenstraat 37, ✉ 1071 CL, ☎ (0 20) 679 09 76, *Fax (0 20) 664 39 69* – TV ☎. AE ◑ MC VISA JZ s
16 ch 205/260.

Atlas, Van Eeghenstraat 64, ✉ 1071 GK, ☎ (0 20) 676 63 36, *Fax (0 20) 671 76 33* – TV ☎. AE ◑ MC VISA JCB. JZ t
Repas (dîner seult) carte env. 55 – **23 ch** 200/250.

Europa 92 sans rest, 1e Constantijn Huygensstraat 103, ✉ 1054 BV, ☎ (0 20) 618 88 08, *Fax (0 20) 683 64 05* – TV ☎. AE ◑ MC VISA JY b
32 ch 210/240.

Concert Inn sans rest, De Lairessestraat 11, ✉ 1071 NR, ☎ (0 20) 305 72 72, *Fax (0 20) 305 72 71*, – TV ☎. AE ◑ MC VISA JCB. FU r
25 ch 210/260.

Prinsen sans rest, Vondelstraat 36, ✉ 1054 GE, ☎ (0 20) 616 23 23, *Fax (0 20) 616 61 12*, – TV ☎. AE ◑ MC VISA JCB JY e
45 ch 195/240.

Zandbergen sans rest, Willemsparkweg 205, ✉ 1071 HB, ☎ (0 20) 676 93 21, *Fax (0 20) 676 18 60* – TV ☎. AE ◑ MC VISA. EU s
fermé du 4 au 15 janv. – **18 ch** 175/295.

Washington sans rest, Frans van Mierisstraat 10, ✉ 1071 RS, ☎ (0 20) 679 67 54, *Fax (0 20) 673 44 35* – TV ☎. AE ⓓ MC VISA. ✈ FU n
17 ch ☕ 140/250.

Piet Hein sans rest, Vossiusstraat 53, ✉ 1071 AK, ☎ (0 20) 662 72 05, *Fax (0 20) 662 15 26* – TV ☎. AE ⓓ MC VISA JCB. ✈ JZ g
37 ch ☕ 155/225.

XXX **Radèn Mas,** Stadhouderskade 6, ✉ 1054 ES, ☎ (0 20) 685 40 41, *Fax (0 20) 685 39 81*, Cuisine indonésienne, ouvert jusqu'à 23 h – ▤. AE ⓓ MC VISA JCB. ✈ JY k
Repas Lunch 35 – carte env. 90.

XX **Beddington's,** Roelof Hartstraat 6, ✉ 1071 VH, ☎ (0 20) 676 52 01, *Fax (0 20) 671 74 29* – AE ⓓ MC VISA. ✈ FU z
fermé 17 juil.-6 août, 23 déc.-6 janv. et dim. – **Repas** (dîner seult) carte env. 90.

XX **Le Garage,** Ruysdaelstraat 54, ✉ 1071 XE, ☎ (0 20) 679 71 76, *Fax (0 20) 662 22 49*, Ouvert jusqu'à 23 h, « Ambiance artistique dans une brasserie actuelle, cosmopolite » – AE ⓓ MC VISA. ✈ FU y
fermé dern. sem. juil.-2 prem. sem. août – **Repas** Lunch 55 – 78.

XX **Brasserie Beau Bourg** 1er étage, Emmalaan 25, ✉ 1075 AT, ☎ (0 20) 664 01 55, *Fax (0 20) 664 01 57*, 🏕, Ouvert jusqu'à 23 h 30 – ▤. AE ⓓ MC VISA JCB EU x
fermé 1er janv. – **Repas** Lunch 53 – 63/75.

XX **Keyzer,** Van Baerlestraat 96, ✉ 1071 BB, ☎ (0 20) 671 14 41, *Fax (0 20) 673 73 53*, 🏕, Taverne-rest, ouvert jusqu'à 23 h 30, « Ambiance amstellodamoise » – AE ⓓ MC VISA. ✈ FU a
Repas 70.

X **Brasserie van Baerle,** Van Baerlestraat 158, ✉ 1071 BG, ☎ (0 20) 679 15 32, *Fax (0 20) 671 71 96*, 🏕, Taverne-rest, ouvert jusqu'à 23 h – AE ⓓ MC VISA. ✈ FU b
fermé 25 déc.-1er janv. et sam. – **Repas** Lunch 55 – 59/69.

Quartiers Sud et Ouest - *plans p. 8 et 9 sauf indication spéciale :*

Okura Ⓜ 🍂, Ferdinand Bolstraat 333, ✉ 1072 LH, ☎ (0 20) 678 71 11, *Fax (0 20) 671 23 44*, <, Fō, ≘s, ▣, ⚓ – ▮ ⇌ ▤ TV ☎ ♿ 🚗 P – 🎤 25 à 650. AE ⓓ MC VISA JCB. ✈ GU c
Repas voir rest ***Ciel Bleu*** et ***Yamazato*** ci-après – ***Sazanka*** (Cuisine japonaise avec Teppan-Yaki, en juil.-août dîner seult) Lunch 45 – 90/135 – ***Brasserie Le Camelia*** (Ouvert jusqu'à 23 h) Lunch 30 – carte 64 à 83 – ☕ 45 – **358 ch** 595/645, 12 suites.

Hilton Ⓜ, Apollolaan 138, ✉ 1077 BG, ☎ (0 20) 710 60 00, *Fax (0 20) 710 90 00*, 🏕, « Jardin et terrasses le long d'un canal », Fō, ≘s, 🚲, ⚓ – ▮ ⇌ ▤ TV ☎ ♿ P – 🎤 25 à 350. AE ⓓ MC VISA JCB. ✈ FU f
Repas ***Roberto's*** (Cuisine italienne) 63/70 – ☕ 39 – **267 ch** 620/650, 4 suites.

Bilderberg Garden Ⓜ, Dijsselhofplantsoen 7, ✉ 1077 BJ, ☎ (0 20) 664 21 21, *Fax (0 20) 679 93 56* – ▮ ⇌ ▤ TV ☎ – 🎤 25 à 150. AE ⓓ MC VISA JCB FU d
Repas voir rest ***Mangerie De Kersentuin*** ci-après – ☕ 38 – **122 ch** 510/590, 2 suites.

Le Meridien Apollo, Apollolaan 2, ✉ 1077 BA, ☎ (0 20) 673 59 22, *Fax (0 20) 570 57 44*, 🏕, « Terrasse avec < canal », 🚲, ⚓ – ▮ ⇌, ▤ ch, TV ☎ P – 🎤 25 à 200. AE ⓓ MC VISA JCB. ✈ FU e
Repas (Ouvert jusqu'à 23 h) Lunch 53 – carte env. 95 – ☕ 51 – **216 ch** 478/758, 2 suites.

Mercure a/d Amstel, Joan Muyskenweg 10, ✉ 1096 CJ, ☎ (0 20) 665 81 81, *Fax (0 20) 694 87 35*, Fō, ≘s, ⚓ – ▮ ⇌ ▤ TV ☎ P – 🎤 25 à 450. AE ⓓ MC VISA. ✈ plan p. 7 CQ a
Repas Lunch 35 – carte 48 à 70 – ☕ 33 – **178 ch** 295/425 – ½ P 230/280.

Delphi sans rest, Apollolaan 105, ✉ 1077 AN, ☎ (0 20) 679 51 52, *Fax (0 20) 675 29 41* – ▮ TV ☎. AE ⓓ MC VISA JCB. ✈ FU q
47 ch ☕ 175/275.

Bastion Zuid-West, Nachtwachtlaan 11, ✉ 1058 EV, ☎ (0 20) 669 16 21, *Fax (0 20) 669 16 31*, 🏕 – ▮ TV ☎ P. AE ⓓ MC VISA. ✈ plan p. 6 BP c
Repas (Grillades, ouvert jusqu'à 23 h) 45 – ☕ 17 – **80 ch** 150.

La Richelle 🍂 sans rest, Holbeinstraat 41, ✉ 1077 VC, ☎ (0 20) 671 79 71, *Fax (0 20) 671 05 41* – TV ☎. AE ⓓ MC VISA JCB FU k
☕ 20 – **15 ch** 195/295.

XXX **Ciel Bleu** - H. Okura, 23e étage, Ferdinand Bolstraat 333, ✉ 1072 LH, ☎ (0 20) 678 71 11, *Fax (0 20) 671 23 44*, < ville, ⚓ – ▮ ▤ P. AE ⓓ MC VISA JCB. ✈ GU c
Repas (dîner seult jusqu'à 23 h) 85/128.

XX **Aujourd'hui,** C. Krusemanstraat 15, ✉ 1075 NB, ☎ (0 20) 679 08 77, *Fax (0 20) 676 76 27*, 🏕 – AE ⓓ MC VISA JCB EU p
fermé 24 juil.-14 août, 24 déc.-10 janv., sam. et dim. – **Repas** Lunch 55 – carte env. 65.

XX **Mangerie De Kersentuin** - H. Bilderberg Garden, Dijsselhofplantsoen 7, ✉ 1077 BJ, ☎ (0 20) 664 21 21, *Fax (0 20) 679 93 56*, Ouvert jusqu'à 23 h – AE VISA JCB. FU d
fermé 31 déc.-3 janv., sam. midi et dim. – **Repas** 58/78.

XX **Het Bosch,** Jollenpad 10, ✉ 1081 KC, ☎ (0 20) 644 58 00, *Fax (0 20) 644 19 64*, « Terrasse au bord du lac », – AE VISA JCB. plan p. 6 BQ d
fermé fin déc., sam. et dim. – **Repas** *Lunch 58* – carte env. 90.

XX **Yamazato** - H. Okura, Ferdinand Bolstraat 333, ✉ 1072 LH, ☎ (0 20) 678 71 11, *Fax (0 20) 671 23 44*, Cuisine japonaise, – AE VISA JCB. GU c
Repas *Lunch 45* – 90/150.

X **Quartier Sud Chez Denise,** Olympiaplein 176, ✉ 1076 AM, ☎ (0 20) 675 39 90, *Fax (0 20) 675 42 60*, Brasserie – AE VISA EU z
fermé sam. et dim. – **Repas** carte env. 70.

X **Pakistan,** Scheldestraat 100, ✉ 1078 GP, ☎ (0 20) 675 39 76, *Fax (0 20) 675 39 76*, Cuisine indienne – AE VISA GU s
Repas (dîner seult jusqu'à 23 h) 46/60.

X **de Veranda,** Amstelveenseweg 764, ✉ 1081 JK, ☎ (0 20) 644 58 14, *Fax (0 20) 661 37 89*, – – 25 à 45. AE VISA
fermé 31 déc. – **Repas** *Lunch 48* – 65.

X **Brasserie Richard,** Scheldestraat 23, ✉ 1078 GD, ☎ (0 20) 675 78 08, *Fax (0 20) 662 33 85*, – AE VISA GU b
fermé dern. sem. juil.-prem. sem. août – **Repas** (dîner seult) 55/63.

X **Le Hollandais,** Amsteldijk 41, ✉ 1074 HV, ☎ (0 20) 679 12 48, *Fax (0 20) 672 00 44* – . VISA JCB. GU f
fermé 24 juil.-16 août et dim. – **Repas** (dîner seult) 55.

X **Kaiko,** Jekerstraat 114 (angle Maasstraat), ✉ 1078 MJ, ☎ (0 20) 662 56 41, *Fax (0 20) 676 54 66*, Cuisine japonaise avec Sushi-bar – . AE VISA JCB. GU a
fermé dern. sem. juil.-2 prem. sem. août, dern. sem. déc., jeudi et dim. – **Repas** (dîner seult) 50/115.

Quartier Buitenveldert (RAI) - *plan p. 6 :*

Holiday Inn, De Boelelaan 2, ✉ 1083 HJ, ☎ (0 20) 646 23 00, *Fax (0 20) 646 47 90*, – – 25 à 350. AE VISA JCB. rest BQ e
Repas ***Vermont*** (Cuisine américaine, ouvert jusqu'à 23 h) *Lunch 55* – carte 76 à 103 – 38 – **256 ch** 450/510, 2 suites – ½ P 458/568.

Novotel, Europaboulevard 10, ✉ 1083 AD, ☎ (0 20) 541 11 23, *Fax (0 20) 646 28 23* – – 25 à 225. AE VISA JCB BQ f
Repas (Ouvert jusqu'à minuit) *Lunch 33* – 45 – 33 – **596 ch** 320, 4 suites – ½ P 675.

XX **Rosarium,** Amstelpark 1, ✉ 1083 HZ, ☎ (0 20) 644 40 85, *Fax (0 20) 646 60 04*, « Rotonde sur parc » – 25 à 400. AE VISA JCB.
fermé dim. – **Repas** *Lunch 55* – carte env. 90.

XX **De Castheele,** Kastelenstraat 172, ✉ 1082 EJ, ☎ (0 20) 644 72 67, *Fax (0 20) 644 72 67*, – AE VISA BQ j
fermé dern. sem. juil.-2 prem. sem. août, dim. et lundi – **Repas** *Lunch 35* – 60.

X **Ravel,** Gelderlandplein 233 (dans centre commercial), ✉ 1082 LX, ☎ (0 20) 644 16 43, *Fax (0 20) 642 86 84*, Taverne-rest – AE VISA BQ k
fermé 25 déc. et 1er janv. – **Repas** *Lunch 53* – 59.

Quartier Nord - *plan p. 5 :*

Galaxy, Distelkade 21, ✉ 1031 XP, ☎ (0 20) 634 43 66, *Fax (0 20) 636 03 45*, – – 25 à 275. AE VISA JCB CN m
Repas *Lunch 38* – carte 45 à 65 – **269 ch** 315/355 – ½ P 215/353.

Bastion Noord, Rode Kruisstraat 28 (par Nieuwe Purmerweg), ✉ 1025 KN, ☎ (0 20) 632 31 31, *Fax (0 20) 634 44 96* – AE VISA. CN n
Repas (Grillades, ouvert jusqu'à 23 h) 45 – 17 – **40 ch** 150.

Quartier Sud-Est - *plan p. 7 sauf indication spéciale :*

AC Hotel, Provincialeweg 38 (sur A 9, sortie S 113), ✉ 1108 AB, ☎ (0 20) 312 14 16, *Fax (0 20) 312 14 65*, – – 25 à 60. AE VISA. DQR n
Repas 45 – 20 – **192 ch** 190/210.

Tulip Inn Tropen sans rest, Linnaeusstraat 2c, ✉ 1092 CK, ☎ (0 20) 692 51 11, *Fax (0 20) 663 09 79*, – – 80. AE VISA JCB. plan p. 9 HT r
80 ch 247/280.

Bastion Amstel, Verlengde van Marwijk Kooystraat 30 (sur A 10, sortie S 111), ✉ 1096 BX, ☎ (0 20) 663 45 67, *Fax (0 20) 663 31 16* – P. AE MC VISA. CQ e
Repas (Grillades, ouvert jusqu'à 23 h) 45 – 17 – **80 ch** 150.

par autoroute de Den Haag (A 4) - *plan p. 6 :*

Mercure Airport, Oude Haagseweg 20 (sur A 4, sortie S 107), ✉ 1066 BW, ☎ (0 20) 617 90 05, *Fax (0 20) 615 90 27* – TV P – 25 à 300. AE MC VISA. AQ p
Repas carte env. 65 – 33 – **152 ch** 350/380.

Environs

à Amstelveen - *plans p. 4 et 6 – 77 725 h.*

Thomas Cookstraat 1, ✉ 1181 ZS, ☎ (0 20) 441 55 45, Fax (0 20) 647 19 66

Grand Hotel M, Bovenkerkerweg 81 (Sud : 2,5 km, direction Uithoorn), ✉ 1187 XC, ☎ (0 20) 645 55 58, *Fax (0 20) 641 21 21,* – TV P. AE MC VISA JCB. AR q
Repas voir rest ***Résidence Fontaine Royale*** ci-après, par navette – 28 – **81 ch** 305/345 – ½ P 360/395.

De Jonge Dikkert, Amsterdamseweg 104a, ✉ 1182 HG, ☎ (0 20) 643 33 33, *Fax (0 20) 645 91 62,* , « Moulin à vent du 17e s. » – P. AE MC VISA JCB BR r
fermé 31 déc. – **Repas** 63/73.

Résidence Fontaine Royale - H. Grand Hotel, Dr Willem Dreesweg 1 (Sud : 2 km, direction Uithoorn), ✉ 1185 VA, ☎ (0 20) 640 15 01, *Fax (0 20) 640 16 61,* – P – 25 à 225. AE MC VISA. ABR x
fermé dim. – **Repas** Lunch 55 – carte 73 à 118.

Le Pescadou, Amsterdamseweg 448, ✉ 1181 BW, ☎ (0 20) 647 04 43, Produits de la mer – AE MC VISA JCB BQ s
fermé 27 juil.-15 août, 21 déc.-6 janv. et dim. – **Repas** Lunch 50 – carte 84 à 110.

Metropole, Stadsplein 12, ✉ 1181 ZM, ☎ (0 20) 347 33 00, *Fax (0 20) 347 28 89,* , Cuisines de différentes nationalités, ouvert jusqu'à 23 h – AE MC VISA JCB BR s
Repas Lunch 50 – carte env. 85.

La Belle Auberge, Kostverlorenhof 54 (dans un centre commercial), ✉ 1183 HG, ☎ (0 20) 643 31 00, *Fax (0 20) 643 35 03* – AE MC VISA JCB. BR t
fermé fin juil.-début août, sam. et dim. – **Repas** Lunch 57 – carte 74 à 93.

à Badhoevedorp *par Schipholweg* AQ - *Haarlemmermeer 108 909 h :*

Dorint M, Sloterweg 299, ✉ 1171 VB, ☎ (0 20) 658 81 11, *Fax (0 20) 658 81 00,* , ch, TV P – 25 à 150. AE MC VISA JCB. rest
Repas (Ouvert jusqu'à 23 h 30) Lunch 40 – 53 – 20 – **216 ch** 375/440 – ½ P 440/740.

De Herbergh avec ch, Sloterweg 259, ✉ 1171 CP, ☎ (0 20) 659 26 00, *Fax (0 20) 659 83 90,* – rest, TV P – 25 à 80. AE MC VISA. ch
Repas – 45/85 – 22 – **15 ch** 175/190 – ½ P 250/300.

à Landsmeer *Nord : 9 km - plan p. 5 – 10 361 h.*

Brasserie Sjef Schets, Dorpsstraat 40a, ✉ 1121 BX, ☎ (0 20) 482 23 25, *Fax (0 20) 482 45 84,* CL e
fermé sam. midi, dim. midi, lundi et mardi – **Repas** Lunch 33 – carte env. 75.

à Ouderkerk aan de Amstel - *plans p. 6 et 7 - Amstelveen 77 725 h :*

Paardenburg, Amstelzijde 55, ✉ 1184 TZ, ☎ (0 20) 496 12 10, *Fax (0 20) 496 40 17,* , « Peintures murales du 19e s., terrasse au bord de l'eau », – P – 25 à 200. AE MC VISA JCB. BCR u
fermé 28 déc.-15 janv. et dim. – **Repas** Lunch 70 – 85/138.

't Jagershuis avec ch, Amstelzijde 2, ✉ 1184 VA, ☎ (0 20) 496 20 20, *Fax (0 20) 496 45 41,* , « Auberge avec terrasse au bord de l'Amstel », – TV P – 30. AE MC VISA. ch BCR u
Repas 65/78 – 23 – **12 ch** 245.

Klein Paardenburg, Amstelzijde 59, ✉ 1184 TZ, ☎ (0 20) 496 13 35, *Fax (0 20) 496 16 90,* , « Terrasse au bord de l'eau » – AE MC VISA BCR u
fermé 25 déc.-3 janv. et dim. – **Repas** Lunch 70 – carte env. 90.

Ron Blaauw, Kerkstraat 56, ✉ 1191 JE, ☎ (0 20) 496 19 43, *Fax (0 20) 496 57 01,* – AE MC VISA JCB. CR v
fermé dern. sem. juil.-2 prem. sem. août et dim. – **Repas** Lunch 65 – carte env. 110.

't Deurtje, Amstelzijde 51, ✉ 1184 TZ, ☎ (0 20) 496 37 32, *Fax (0 20) 496 38 09,* – AE VISA JCB BCR u
fermé vacances bâtiment, 24 déc.-4 janv. et mardi – **Repas** carte env. 75.

De Voetangel, Ronde Hoep Oost 3 (Sud-Est : 3 km), ✉ 1191 KA, ☎ (0 294) 28 13 73, *Fax (0 294) 28 49 39,* – P. AE VISA.
fermé merc. et jeudi – **Repas** *Lunch 40* – carte 51 à 74.

à Schiphol *(Aéroport international) - par A4-E19 ④ - Haarlemmermeer 108 909 h : – Casino, Luchthaven Schiphol, Terminal Centraal* AQR , ☎ *(0 23) 574 05 74, Fax (0 23) 571 62 26*

Sheraton Airport M, Schiphol bd 101, ✉ 1118 BG, ☎ (0 20) 316 43 00, *Fax (0 20) 316 43 99,* – – 25 à 500. AE VISA JCB
Repas ***Voyager*** (Ouvert jusqu'à 23 h) *Lunch 80* – carte 98 à 116 – 44 – **408 ch** 670/710.

Hilton Schiphol, Herbergierstraat 1, ✉ 1118 CA, ☎ (0 20) 710 40 00, *Fax (0 20) 710 40 90,* – P – 25 à 60. AE VISA JCB
Repas ***East West*** (Avec cuisine asiatique, dîner seult jusqu'à 23 h 30) 80/90 – ***Greenhouse*** (Buffets, ouvert jusqu'à 23 h 30) 60/70 – 43 – **279 ch** 625/695, 1 suite.

Radisson SAS Airport M, Boeing Avenue 2 (Rijk), ✉ 1119 PB, ☎ (0 20) 655 31 31, *Fax (0 20) 655 31 00,* – . AE VISA JCB.
Repas carte env. 75 – 38 – **277 ch** 425/475, 2 suites.

APELDOORN *Gelderland* **211** U 9 *et* **908** I 5 – *152 354 h.*

Voir *Musée-Palais (Rijksmuseum Paleis) Het Loo★★★ : nouvelle salle à manger★★★, cabinet privé★★★ de la reine, porte★★★ vers la terrasse* X *– Appartements★★★, Salon et bureau de la reine Wilhelmine★, Les Jardins★★.*

à l'Ouest : 6 km à Hoog Soeren, Hoog Soeren 57, ✉ 7346 AC, ☎ (0 55) 519 12 75, Fax (0 55) 519 12 75 - par ④ : 10 km au Domaine de Bussloo, Bussloselaan 6, ✉ 7383 RP, ☎ (0 571) 26 19 55, Fax (0 571) 26 20 89.

Stationsstraat 72, ✉ 7311 MH, ☎ 0 900-168 16 36, Fax (0 55) 521 12 90.

Amsterdam 90⑦ – Arnhem 33⑥ – Enschede 73④ – Groningen 335② – Utrecht 72⑦

Plan page suivante

De Keizerskroon, Koningstraat 7, ✉ 7315 HR, ☎ (0 55) 521 77 44, *Fax (0 55) 521 47 37,* – rest, P – 25 à 220. AE VISA X a
Repas *Lunch 50* – 75 – 35 – **93 ch** 200/225, 4 suites – ½ P 128.

De Cantharel, Van Golsteinlaan 20 à Ugchelen (Sud-Ouest : par Europaweg, près A 1), ✉ 7339 GT, ☎ (0 55) 541 44 55, *Fax (0 55) 533 41 07,* – rest, P – 50 à 500. AE VISA. rest Y
Repas (Ouvert jusqu'à 23 h) carte env. 50 – 25 – **92 ch** 115 – ½ P 153/168.

Apeldoorn, Soerenseweg 73, ✉ 7313 EH, ☎ (0 55) 355 45 55, *Fax (0 55) 355 73 61,* – P – 25 à 225. AE VISA. X b
Repas *Lunch 25* – carte 58 à 78 – **38 ch** 150/175 – ½ P 127/190.

Astra, Bas Backerlaan 14, ✉ 7316 DZ, ☎ (0 55) 522 30 22, *Fax (0 55) 522 30 21,* – P. AE VISA. X n
fermé 24 déc.-1er janv. – **Repas** (dîner pour résidents seult) – **28 ch** 123/140 – ½ P 89/105.

Poppe, Paslaan 7, ✉ 7311 AH, ☎ (0 55) 522 32 86, – P. AE VISA Z u
fermé lundi – **Repas** 53/84.

à Beekbergen *par ⑥ : 5 km Apeldoorn :*

Engelanderhof, Arnhemseweg 484, ✉ 7361 CM, ☎ (0 55) 506 33 18, *Fax (0 55) 506 32 20,* – P. AE VISA.
Repas *(fermé dim. de nov. à avril)* 40/69 – **17 ch** 98/145 – ½ P 100/125.

à Hoog Soeren *Ouest : 6 km par Soerenseweg* X *Apeldoorn :*

Oranjeoord, Hoog Soeren 134, ✉ 7346 AH, ☎ (0 55) 519 12 27, *Fax (0 55) 519 14 51,* « Dans les bois », – P – 25. AE VISA JCB.
rest
Repas *Lunch 33* – 60 – **36 ch** 143/198, 1 suite – ½ P 155/180.

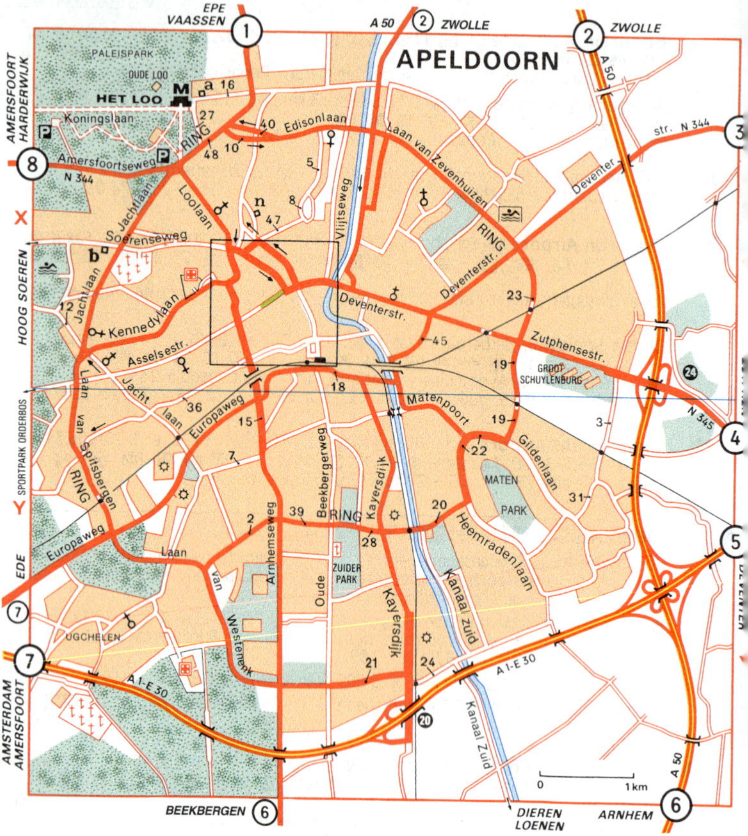

Aluminiumweg	Y	2
Barnewinkel	Y	3
Boerhaavestr.	X	5
Eendrachtstr.	Y	7
Gen. van Heutszlaan	X	8
Hertenlaan	X	10
Hoofdstr.	Z	
J. C. Wilslaan	X	12
Kapelstr.	Z	13
Koning Stadhouderlaan	Y	15
Koningstr.	X	16
Korenstr.	Z	17
Laan van de Mensenrechten	X	18
Laan van Erica	XY	19
Laan van Kuipershof	Y	20
Laan van Malkenschoten	Y	21
Laan van Maten	Y	22
Laan van Osseveld	X	23
Lange Amerikaweg	Y	24
Loseweg	X	27
Marchantstr.	Y	28
Marktpl.	Z	30
Marskramersdonk	Y	31
Molenstr.	Z	32
Mr. van Rhemenslaan	Z	34
Paul Krügerstr.	Z	35
Prins W. Alexanderlaan	Y	36
Ravenweg	Y	39
Reeënlaan	X	40
Sprengenweg	Z	43
Stationspl.	Z	44
Wapenrustlaan	X	45
Wilhelminapark	X	47
Zwolseweg	X	48

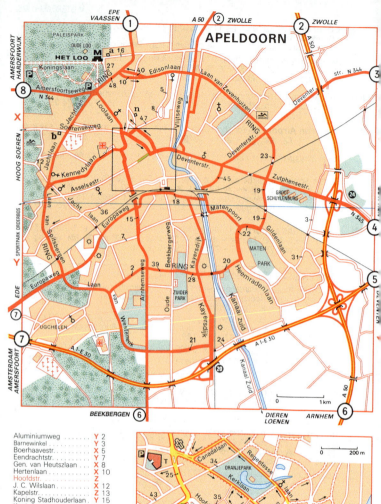

XXX **De Echoput,** Amersfoortseweg 86 (par ⑧ : 5 km), ✉ 7346 AA, ☎ (0 55) 519 12 48, *Fax (0 55) 519 14 09*, « Terrasse et jardin » – P. AE VISA JCB
fermé 27 déc.-9 janv., lundi et sam. midi – **Repas** Lunch 75 – 165.

XX ✿ **Het Jachthuis,** Hoog Soeren 55, ✉ 7346 AC, ☎ (0 55) 519 13 97, *Fax (0 55) 519 18 06*, « Petite auberge au milieu des bois » – P. AE VISA JCB
fermé 18 juil.-7 août et lundi – **Repas** 98, carte 97 à 118
Spéc. Lotte poêlée et tapenade. Selle d'agneau sauce légère au fenouil. Tarte aux pommes maison.

APPELSCHA *Fryslân* C *Ooststellingwerf 25 423 h.* 210 W 5 *et* 908 K 3.

Amsterdam 190 – Groningen 49 – Assen 19 – Leeuwarden 55.

Appelscha, Boerestreek 2, ✉ 8426 BP, ☎ (0 516) 43 15 93, *Fax (0 516) 43 26 63*, – TV – 50. AE VISA
Repas *(fermé après 19 h 30)* Lunch 17 – carte env. 60 – 15 – **34 ch** 100 – ½ P 95/125.

APPINGEDAM *Groningen* 210 AA 3 *et* 908 L 2 – *12 267 h.*

Voir ⩤★ *de la passerelle (Smalle brug).*
Env. *au Nord-Ouest : 20 km à Uithuizen★ : Château Menkemaborg★.*
Wijkstraat 38, ✉ 9901 AJ, ☎ (0 596) 62 03 00, Fax (0 596) 62 82 51.
Amsterdam 208 – Groningen 26.

Landgoed Ekenstein , Alberdaweg 70 (Ouest : 3 km), ✉ 9901 TA, ☎ (0 596) 62 85 28, *Fax (0 596) 62 06 21*, – TV P – 25 à 200. AE VISA JCB. rest
Repas Lunch 35 – carte env. 70 – **28 ch** 145/175 – ½ P 175/185.

Het Wapen van Leiden, Wijkstraat 44, ✉ 9901 AJ, ☎ (0 596) 62 29 63, *Fax (0 596) 62 48 53*, – TV. AE VISA. rest
Repas *(fermé vend., sam., dim. et après 20 h 30)* Lunch 30 – carte env. 60 – **28 ch** 100/140.

ARCEN *Limburg* C *Arcen en Velden 9 058 h.* 211 W 14 *et* 908 J 7.

Wal 26, ✉ 5944 AW, ☎ (0 77) 473 12 47, Fax (0 77) 473 30 19.
Amsterdam 167 – Maastricht 88 – Nijmegen 53 – Venlo 13.

Rooland, Roobeekweg 1 (Nord : 3 km sur N 271), ✉ 5944 EZ, ☎ (0 77) 473 66 66, *Fax (0 77) 473 29 15*, – TV P – 25 à 250. AE VISA
Repas Lunch 40 – 45 – **54 ch** 125/150 – ½ P 98/110.

De Maasparel, Schans 3, ✉ 5944 AE, ☎ (0 77) 473 12 96, *Fax (0 77) 473 13 35*, – TV P. VISA. ch
Repas *(fermé lundi d'oct. à mai)* (dîner seult) carte 54 à 77 – **10 ch** 105/130 – ½ P 98/108.

Verwechseln Sie nicht :
Komfort der Hotels : ...
Komfort der Restaurants : XXXXX ... X
Gute Küche : ✿✿✿, ✿✿, ✿, **Repas**

ARNHEM P *Gelderland* 211 U 11 *et* 908 I 6 – *136 174 h.*

Voir *Parc de Sonsbeek★ (Sonsbeek Park)* CY – *Burgers' zoo, Bush, Desert et Safaripark★.*
Musées : *Néerlandais de plein air★★ (Het Nederlands Openluchtmuseum)* AV – *Municipal★ (Gemeentemuseum)* AVX **M** – *Historique Het Burgerweeshuis★* DZ **M**².
Env. *au Nord-Est : Parc National (Nationaal Park) Veluwezoom★, route de Posbank ★ par ②.*
Papendallaan 22, ✉ 6816 VD, ☎ (0 26) 482 12 82, Fax (0 26) 482 13 48 et Apeldoornseweg 450, ✉ 6816 SN, ☎ (0 26) 442 39 27, Fax (0 26) 351 11 96 - au Sud-Ouest : 8 km à Elst, Grote Molenstraat 173, ✉ 6661 NH, ☎ (0 481) 37 65 91, Fax (0 481) 37 70 55.
Willemsplein 8, ✉ 6811 KL, ☎ 0 900-202 40 75, Fax (0 26) 442 26 44.
Amsterdam 100 ⑥ – Apeldoorn 27 ① – Essen 110 ③ – Nijmegen 19 ④ – Utrecht 64 ⑥

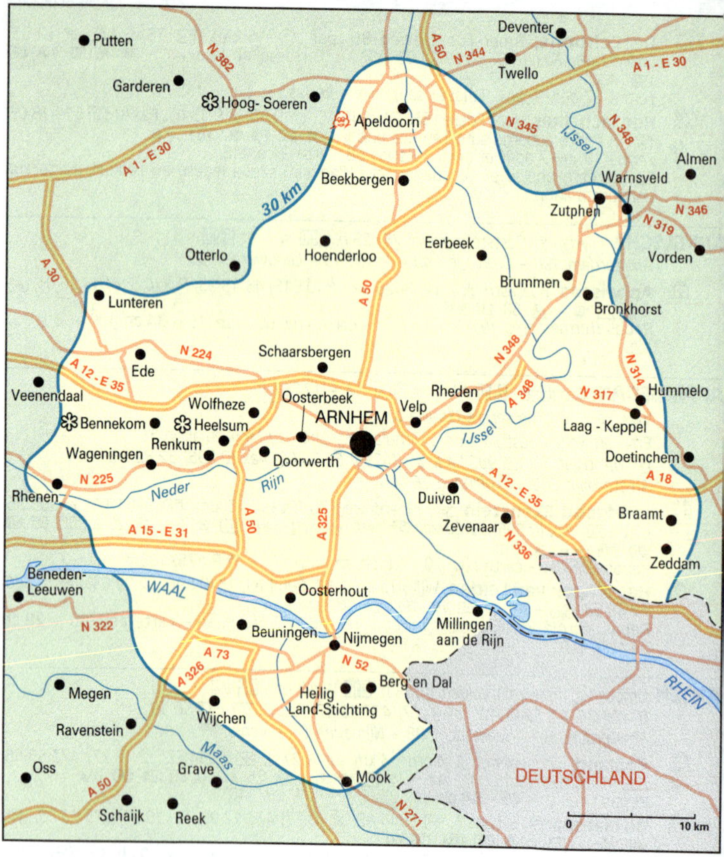

Landgoed Groot Warnsborn 🐌, Bakenbergseweg 277, ✉ 6816 VP, ✆ (0 26) 445 57 51, *Fax (0 26) 443 10 10*, ⩤, 🍽, « Environnement boisé », – TV ☎ P – 25 à 100. AE ⓓ ⓜⓒ VISA. AX e
fermé 27 déc.-14 janv. – **Repas** *(fermé dim. midi)* Lunch 53 – carte env. 95 – **30 ch** ☕ 195/270 – ½ P 190/255.

Rijnhotel, Onderlangs 10, ✉ 6812 CG, ✆ (0 26) 443 46 42, *Fax (0 26) 445 48 47*, ⩤, 🍽, « Au bord du Rhin (Rijn) » – |‡| TV ☎ P – 25 à 80. AE ⓓ ⓜⓒ VISA JCB AX a
Repas ***Le Saumon*** Lunch 48 – carte 48 à 98 – **67 ch** ☕ 225/330, 1 suite – ½ P 153/245.

Haarhuis, Stationsplein 1, ✉ 6811 KG, ✆ (0 26) 442 74 41, *Fax (0 26) 442 74 49*, |‡|, rest, TV ☎ P – 25 à 600. AE ⓓ ⓜⓒ VISA. rest CZ f
Repas Lunch 35 – 50 – **84 ch** ☕ 175/325 – ½ P 155/195.

Mercure H. Postiljon, Europaweg 25 (près A 12), ✉ 6816 SL, ✆ (0 26) 357 33 33, *Fax (0 26) 357 33 61*, 🍽, – |‡| TV ☎ P – 25 à 500. AE ⓓ ⓜⓒ VISA ABV d
Repas carte env. 50 – ☕ 23 – **82 ch** 139/165 – ½ P 80/128.

Blanc sans rest, Coehoornstraat 4, ✉ 6811 LA, ✆ (0 26) 442 80 72, *Fax (0 26) 443 47 49* – |‡| TV ☎ – 25. AE ⓓ ⓜⓒ VISA CZ c
22 ch ☕ 150/200.

Old Dutch sans rest, Stationsplein 8, ✉ 6811 KG, ✆ (0 26) 442 07 92, *Fax (0 26) 445 78 30* – |‡| TV ☎. AE ⓓ ⓜⓒ VISA JCB. CZ k
22 ch ☕ 140/180.

ARNHEM

Arnhemsestraatweg . . . . . . BV 4
Beekhuizenseweg . . . . BV 6
Beukenweg . . . . BV 7
Bronbeeklaan . . . . BV 10
Burg Matsersingel . . . . AX 12
Cattepoelseweg . . . . AV 13
van Heemstralaan . . . . AV 18
Heijenoordseweg . . . . AV 19
Hulkesteinseweg . . . . AX 22
Huygenslaan . . . . BV 24
Jacob Marislaan . . . . AV 27
Johan de Wittlaan . . . . AX 33
Koppelstraat . . . . AX 36
Lerensteinselaan . . . . BV 37
Nijmeegseweg . . . . AX 42
Nordlaan . . . . BV 43
van Oldenbarneveldstr. . . . . AX 45
Onderlangs . . . . AX 46
Parkweg . . . . AV 49
President Kennedylaan . . . . BV 52
Ringallee . . . . BV 54
Rosendaalseweg . . . . BV 57
Thomas a Kempislaan . . . . . AV 58
Voetiuslaan . . . . ABX 64
Weg achter het Bos . . . . . . AV 67
Zijpendaalseweg . . . . AV 69
Zutphensestraatweg . . . . . . BV 70

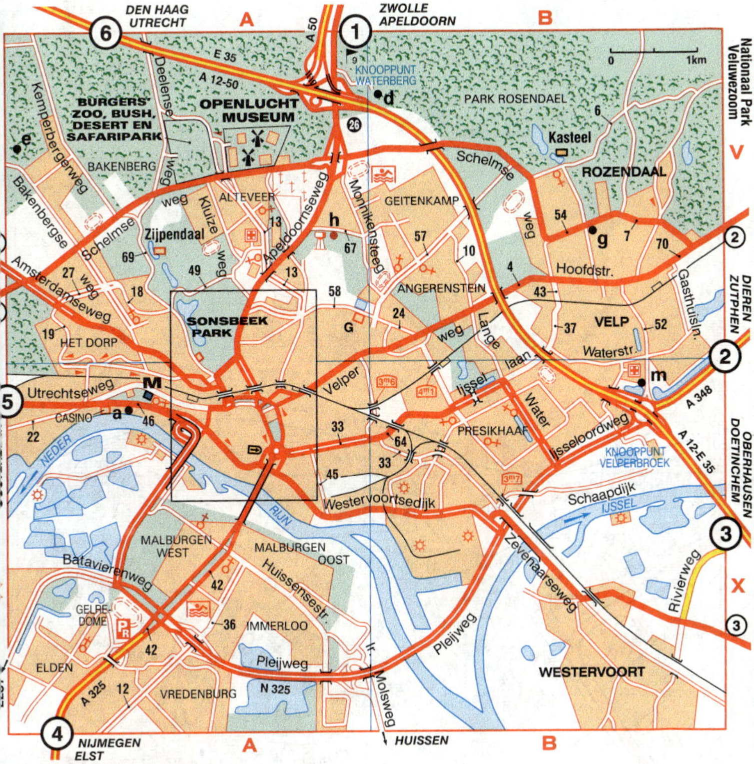

XX **Zilli en Zilli,** Mariënburgstraat 1, ⊠ 6811 CS, ☎ (0 26) 442 02 88, *Fax (0 26) 442 48 95,* Cuisine italienne avec trattoria – MC VISA. ✂ — CZ u
fermé 3 prem. sem. août et lundi – **Repas** Lunch 45 – 72.

XX **De Steenen Tafel,** Weg achter het Bosch 1, ⊠ 6822 LV, ☎ (0 26) 443 53 13, *Fax (0 26) 442 16 59,* 🍽 – P. AE ① MC VISA. ✂ — AV h
fermé 26 fév.-14 mars et dim. – **Repas** Lunch 63 – 68/125.

XX **La Rusticana,** Bakkerstraat 58, ⊠ 6811 EJ, ☎ (0 26) 351 56 07, *Fax (0 26) 351 56 07,* 🍽, Cuisine italienne – AE ① MC VISA — CZ m
fermé 3 sem. en sept. et mardi – **Repas** (dîner seult) carte 70 à 89.

XX **CocoLinie,** Rijnkade 39, ⊠ 6811 HA, ☎ (0 26) 442 66 64, *Fax (0 26) 442 32 63,* 🍽 – AE ① MC VISA — CZ n
fermé 26 déc.-2 janv. et mardi – **Repas** Lunch 48 – 50/75.

à Duiven *par ③ : 10 km – 24 504 h.*

Duiven, Nieuwgraaf 3 (sur A 12, sortie ㉗), ⊠ 6921 RJ, ☎ (0 26) 311 11 50, *Fax (0 26) 311 74 60,* 🍽 – ⅍ TV ☎ P. AE ① MC VISA JCB. ✂
Repas (dîner seult) 45 – ☕ 13 – **40 ch** 99/119 – ½ P 141.

ARNHEM

- Apeldoornsestr. .... DY 3
- Bouriciusstraat .... CY 9
- Eusebiusbinnensingel .... DZ 16
- Heuvelink Bd. .... DZ 21
- Ir. J. P. van Muylwijkstr. .... DZ 25
- Jansbinnensingel .... CZ 28
- Jansplein .... CZ 30
- Janstraat .... CZ 31
- Ketelstraat .... CDZ 34
- Looierstraat .... DZ 39
- Oranjewachtstr. .... DZ 48
- Rijnstraat .... CZ
- Roggestraat .... DZ 55
- Velperbinnensingel .... DZ 60
- Velperbuitensingel .... DZ 61
- Vijzelstraat .... CZ 63
- Walburgstraat .... DZ 66

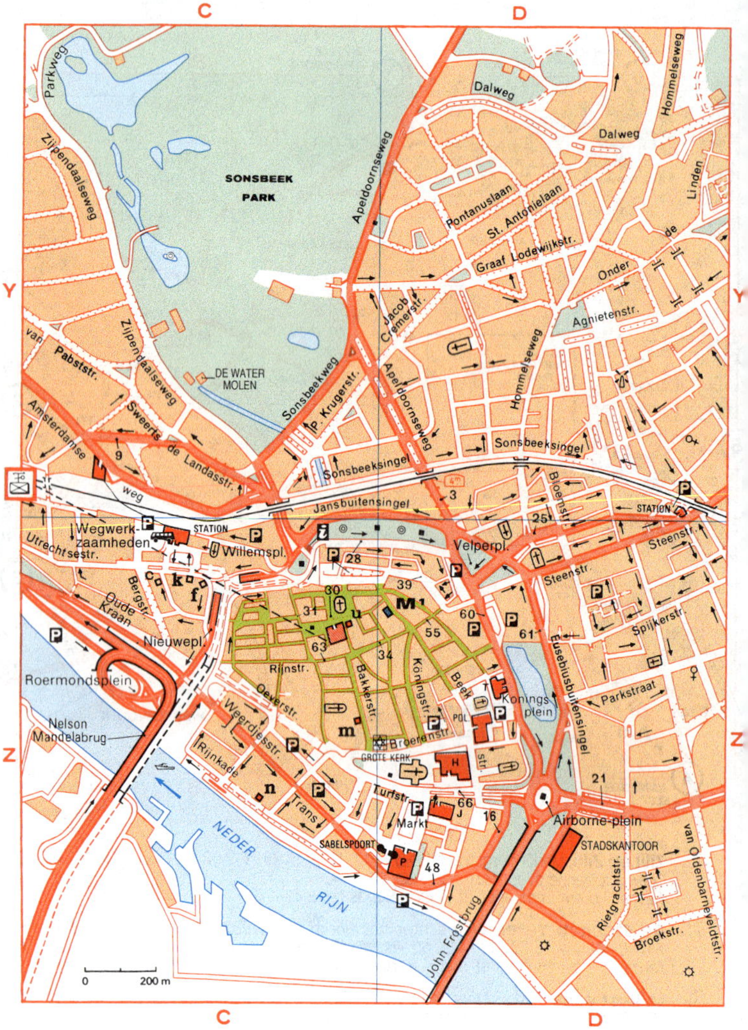

Bijzonder aangename hotels of restaurants worden in de gids in het rood aangeduid.

U kunt helpen door ons attent te maken op bedrijven, waarvan u uit ervaring weet dat zij aangenaam zijn.

Uw Michelingids zal dan nog beter zijn.

à Schaarsbergen *10 km par Kemperbergerweg* AV C *Arnhem :*

XX **Rijzenburg,** Koningsweg 17 (à l'entrée du parc national), ✉ 6816 TC, ☎ (0 26) 443 67 33, ☂ – ▤ P. AE ⊙ MC VISA JCB. ✂
Repas carte 52 à 67.

à Velp C *Rheden 44 311 h :*

Velp, Pres. Kennedylaan 102, ✉ 6883 AX, ☎ (0 26) 364 98 49, *Fax (0 26) 364 24 27,* ☂, 🏋, ≋, 🚲 – ✈ TV ☎ P – 🎤 25 à 150. AE ⊙ MC VISA JCB. ✂ rest BVX m
Repas *Lunch 43* – 68/78 – ☕ 30 – **74 ch** 150/280 – ½ P 143/190.

de Rozenhoek, Rozendaalselaan 60, ✉ 6881 LE, ☎ (0 26) 364 72 90, *Fax (0 26) 361 75 88,* ☂ – TV ☎ P. AE ⊙ MC VISA. ✂ ch BV g
fermé 2 prem. sem. janv. – **Repas** 45 – **8 ch** ☕ 110/162.

Prices

For notes on the prices quoted in this Guide, see pages in the introduction.

ASSEN

ASSEN P *Drenthe* 210 Y 5 *et* 908 K 3 – *56 331 h.*

Voir *Musée de la Drenthe★ (Drents Museum) : section archéologique★ – Ontvangershuis★* Y M¹.

Env. *au Nord-Ouest à Midwolde, monument funéraire★ dans l'église – à l'Est à Eexterhalte, hunebed★ (dolmen).*

ℹ *Marktstraat 8,* ✉ *9401 JH,* ☎ *(0 592) 31 43 24, Fax (0 592) 31 73 06.*
Amsterdam 187 ③ – *Groningen 27* ① – *Zwolle 76* ③

Assen, Balkenweg 1 (par ④ : 2 km), ✉ 9405 CC, ☎ (0 592) 85 15 15, *Fax (0 592) 85 15 16,* ☂, ✂, 🚲 – 🛗 ✈ TV ☎ ♿ P – 🎤 25 à 500. AE ⊙ MC VISA JCB
Repas (Ouvert jusqu'à 23 h) carte env. 45 – ☕ 15 – **136 ch** 120 – ½ P 105/165.

ASSEN

Brinkstr.	Y 3
Burg. Jollesstr.	Z 4
Ceresstr.	Y 5
Collardslaan	Z 6
van de Feltzpark	Z 12
Gedemptesingel	Y 13
Havenkade	Y 18
Julianastr.	Y 22
Kloekhorststr.	Y 23
Kloosterstr.	YZ 24
Koopmansplein	Y 25
Kruisstr.	Y 27
Marktstr.	Y 30
Minervalaan	Y 31
Neptunusplein	Y 32
Nieuwe Huizen	Y 33
Noordersingel	Y 34
Oudestr.	Y 36
Oude Molenstr.	Y 37
Parkstr.	Z 39
Prinses Beatrixlaan	Z 40
Singelpassage	Y 43
Torenlaan	Z 48
Zuidersingel	Z 57

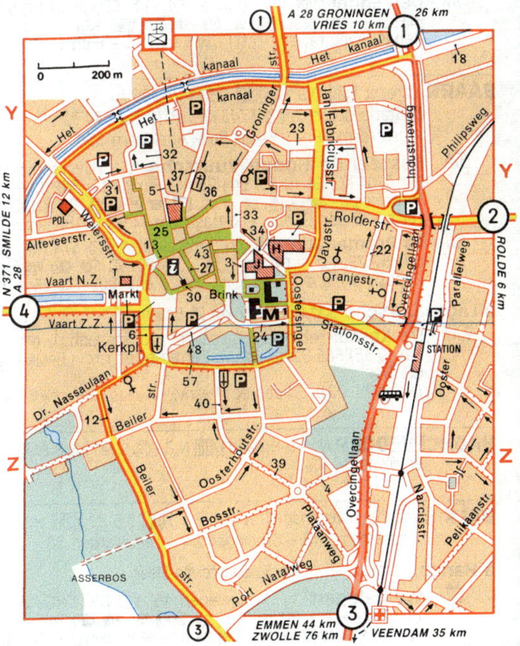

ASTEN *Noord-Brabant* 211 T 14 et 908 I 7 – *15 894 h.*

Musée : *National du Carillon★ (Nationaal Beiaardmuseum).*

Env. *au Sud-Est : De Groote Peel★ (réserve naturelle d'oiseaux).*

Amsterdam 152 – Eindhoven 24 – Helmond 14 – 's-Hertogenbosch 63 – Venlo 33.

Nobis, Nobisweg 1 (près A 67), ✉ 5721 VA, ☎ (0 493) 69 68 00, *Fax (0 493) 69 10 58,* – TV ☎ P – 25 à 400. AE MC VISA. ch
Repas (Taverne-rest) 35 – 16 – **24 ch** 125/155 – ½ P 99/160.

In 't Eeuwig Leven, Pr. Bernhardstraat 22, ✉ 5721 GC, ☎ (0 493) 69 35 62, *Fax (0 493) 69 53 17,* – AE MC VISA.
fermé 2 dern. sem. vacances bâtiment, merc., sam. midi et dim. midi – **Repas** *Lunch 36* – carte 67 à 95.

AXEL *Zeeland* 211 I 15 et 908 C 8 – *12 111 h.*

Justaasweg 4, ✉ 4571 NB, ☎ (0 115) 56 44 67, Fax (0 115) 56 48 51.

Amsterdam (bac) 193 – Middelburg (bac) 50 – Antwerpen 42 – Gent 29.

Zomerlust, Boslaan 1, ✉ 4571 SW, ☎ (0 115) 56 16 93, *Fax (0 115) 56 36 45,* « Terrasse et jardin au bord de l'eau » – P. AE MC VISA JCB.
fermé 18 janv.-12 fév., lundi et sam. midi – **Repas** *Lunch 78* – 115.

in d'Ouwe Baencke, Kerkstraat 10, ✉ 4571 BC, ☎ (0 115) 56 33 73, *Fax (0 115) 56 33 73,* – AE MC VISA.
fermé dern. sem. juil.-prem. sem. août, 31 déc.-prem. sem. janv., mardi et merc. – **Repas** *Lunch 55* – carte 55 à 71.

à Zuiddorpe *Sud : 3 km* C *Axel :*

Onder de Linden, Dorpsplein 12, ✉ 4574 RD, ☎ (0 115) 60 82 95, *Fax (0 115) 60 84 63* – AE MC VISA.
fermé du 6 au 12 mars, 20 juin-20 juil., 24 déc.-2 janv., mardi soir et merc. – **Repas** carte 60 à 79.

BAARLE-NASSAU *Noord-Brabant* 211 O 14 et 908 F 7 – *6 079 h.*

Nieuwstraat 16, ✉ 5111 CW, ☎ (0 13) 507 99 21, Fax (0 13) 507 31 08.

Amsterdam 126 – Breda 23 – Eindhoven 54 – 's-Hertogenbosch 43 – Antwerpen 57.

Den Engel avec ch, Singel 3, ✉ 5111 CD, ☎ (0 13) 507 93 30, *Fax (0 13) 507 82 69,* – rest, TV ☎. AE MC VISA JCB
Repas (Avec taverne-rest) *Lunch 30* – 45 – **6 ch** 115/180 – ½ P 160/200.

BAARN *Utrecht* 211 Q 9 et 908 G 5 – *24 398 h.*

Stationsplein 7, ✉ 3743 KK, ☎ (0 35) 541 32 26, Fax (0 35) 543 08 28.

Amsterdam 38 – Utrecht 26 – Apeldoorn 53.

Kasteel De Hooge Vuursche, Hilversumsestraatweg 14 (Ouest : 2 km), ✉ 3744 KC, ☎ (0 35) 541 25 41, *Fax (0 35) 542 32 88,* « Parc en terrasse et fontaines », – rest, TV ☎ P – 25 à 100. AE MC VISA.
fermé 28 déc.-2 janv. – **Repas** *Lunch 64* – 68/185 – 25 – **25 ch** 240/420.

La Promenade avec ch, Amalialaan 1, ✉ 3743 KE, ☎ (0 35) 541 29 13, *Fax (0 35) 541 57 75,* – TV ☎ – 25 à 70. AE MC VISA. rest
Repas *(fermé dim.) Lunch 49* – carte env. 90 – 25 – **22 ch** 145/160.

à Lage-Vuursche *Sud-Ouest : 7 km* C *Baarn :*

De Kastanjehof avec ch, Kloosterlaan 1, ✉ 3749 AJ, ☎ (0 35) 666 82 48, *Fax (0 35) 666 82 48,* « Terrasses et jardin fleuri », – TV ☎ P – 30. AE MC VISA
fermé 24, 25 et 31 déc. et 1er janv. – **Repas** *Lunch 53* – 63/73 – **10 ch** 165/195.

BADHOEVEDORP *Noord-Holland* 210 N 8 - ㉘ S, 211 N 8 et 908 F 4 - ㉗ S – *voir à Amsterdam, environs.*

BALK *Fryslân* C *Gaasterlân-Sleat 9 698 h.* 210 S 5 et 908 H 3.

Amsterdam 119 – Groningen 84 – Leeuwarden 50 – Zwolle 63.

à Harich *Nord-Ouest : 1 km* C *Gaasterlân-Sleat :*

Welgelegen, Welgelegen 15, ✉ 8571 RG, ☎ (0 514) 60 50 50, *Fax (0 514) 60 51 99,* – TV ☎ P – 200. AE MC VISA JCB. rest
fermé 31 déc.-2 janv. – **Repas** (résidents seult) – **20 ch** 85/145 – ½ P 98/105.

BALLUM *Fryslân* 210 T 2 et 908 I 1 – *voir à Waddeneilanden (Ameland).*

BARENDRECHT *Zuid-Holland* 211 M 11 - ⑩ S et 908 E 6 - ㉕ S – *voir à Rotterdam, environs.*

BAVEL *Noord-Brabant* 211 O 13 – *voir à Breda.*

BEEK *Limburg* 211 T 17 et 908 I 9 – *voir à Maastricht.*

BEEKBERGEN *Gelderland* 211 U 10 et 908 I 5 – *voir à Apeldoorn.*

BEEK EN DONK *Noord-Brabant* C *Laarbeek 21 635 h.* 211 S 13 et 908 H 7.
Amsterdam 116 – Eindhoven 20 – Nijmegen 54.

Woo Ping, Piet van Thielplein 10 (Donk), ✉ 5741 CP, ☎ (0 492) 46 22 13, *Fax (0 492) 46 57 98*, Cuisine asiatique – AE D MC VISA. – *fermé lundis non fériés* – **Repas** (dîner seult sauf week-end) carte env. 55.

BEETSTERZWAAG (BEETSTERSWEACH) *Fryslân* C *Opsterland 28 565 h.* 210 V 4 et 908 J 2.
van Harinxmaweg 8a, ✉ 9244 CJ, ☎ (0 512) 38 25 94, Fax (0 512) 38 37 39.
Amsterdam 143 – Groningen 41 – Leeuwarden 34.

Lauswolt, van Harinxmaweg 10, ✉ 9244 CJ, ☎ (0 512) 38 12 45, *Fax (0 512) 38 14 96*, « Demeure du 19e s. sur parc », – 25 à 80. AE D MC VISA. rest
Repas Lunch 48 – 75/175 – 33 – **63 ch** 390/475, 2 suites – ½ P 475/535.

Prins Heerlijck, Hoofdstraat 23, ✉ 9244 CL, ☎ (0 512) 38 24 55, *Fax (0 512) 38 33 71*, « Terrasse » – P. AE D MC VISA JCB
Repas carte env. 60.

à Olterterp *Nord-Est : 2 km* C *Opsterland :*

Het Witte Huis avec ch, van Harinxmaweg 20, ✉ 9246 TL, ☎ (0 512) 38 22 22, *Fax (0 512) 38 23 07*, – TV P – 25 à 75. AE D MC VISA. rest
fermé 31 déc.-2 janv. – **Repas** *(fermé lundi midi)* 48/78 – **8 ch** 95/150 – ½ P 120/140.

BEILEN *Drenthe* C *Middenveld 32 024 h.* 210 Y 5 et 908 K 3.
Amsterdam 169 – Assen 17 – Groningen 44 – Leeuwarden 70 – Zwolle 59.

à Spier *Sud-Ouest : 5 km* C *Middenveld :*

De Woudzoom, Oude Postweg 2, ✉ 9417 TG, ☎ (0 593) 56 26 45, *Fax (0 593) 56 25 50*, « Terrasse », – TV P – 25 à 250. AE D MC VISA.
fermé 27 déc.-15 janv. – **Repas** Lunch 45 – carte 45 à 75 – **37 ch** 170/220 – ½ P 180/210.

BELFELD *Limburg* 211 V 15 et 908 J 8 – *5 406 h.*
Amsterdam 172 – Eindhoven 61 – Maastricht 67 – Roermond 17.

De Krekelberg, Parallelweg 11 (Sud-Ouest : 2 km sur N 271), ✉ 5951 AP, ☎ (0 77) 475 12 66, *Fax (0 77) 475 35 05* – TV P – 100. AE MC VISA. rest
Repas *(fermé carnaval et sam. midi)* carte 45 à 84 – **9 ch** 98/130.

BENEDEN-LEEUWEN *Gelderland* C *West Maas en Waal 17 918 h.* 211 S 11 et 908 H 6.
Amsterdam 90 – Arnhem 42 – 's-Hertogenbosch 34 – Nijmegen 30.

De Twee Linden, Zandstraat 100, ✉ 6658 CX, ☎ (0 487) 59 12 34, *Fax (0 487) 59 42 24* – TV P – 25 à 350. AE MC VISA.
fermé 27 déc.-6 janv. – **Repas** 45/50 – **14 ch** 110/150.

Brouwershof, Brouwersstraat 1, ✉ 6658 AD, ☎ (0 487) 59 40 00, *Fax (0 487) 59 40 40*, – P – 25 à 100. AE D MC VISA JCB
fermé lundi – **Repas** Lunch 50 – carte 80 à 135.

BENNEBROEK *Noord-Holland* 210 M 9, 211 M 9 et 908 E 5 – *5 131 h.*

Voir *au Nord : 1,5 km à Vogelenzang ≤★ : Tulipshow★.*

Amsterdam 27 – Den Haag 37 – Haarlem 8 – Rotterdam 62.

De Geleerde Man, Rijksstraatweg 51, ✉ 2121 AB, ✆ (0 23) 584 87 32, – P. AE MC VISA.
fermé du 1er au 21 août et lundi – **Repas** carte 67 à 85.

Les Jumeaux, Bennebroekerlaan 19b, ✉ 2121 GP, ✆ (0 23) 584 63 34, *Fax (0 23) 584 96 83,* – . AE MC VISA
fermé mardi – **Repas** *Lunch 48* – 58.

BENNEKOM *Gelderland* C *Ede 101 319 h.* 211 T 10 et 908 I 5.

Amsterdam 83 – Apeldoorn 45 – Arnhem 21 – Utrecht 45.

Het Koetshuis (Löhr), Panoramaweg 23a (Est : 3 km), ✉ 6721 MK, ✆ (0 318) 41 73 70, *Fax (0 318) 42 01 16,* , « Demeure à toit de chaume à la lisière des bois, terrasses » – P. AE MC VISA JCB
Repas *Lunch 53* – 85/125 carte 85 à 105
Spéc. Salade de homard et foie gras à la truffe. Gâteau de caille, shii-také et sauce aux cèpes. Bar sur sa peau, calamars et cèpes.

BENTVELD *Noord-Holland* 210 M 8 et 211 M 8 – *voir à Zandvoort.*

BERGAMBACHT *Zuid-Holland* 211 N 11 et 908 F 6 – *9 173 h.*

Amsterdam 64 – Rotterdam 25 – Gouda 11 – Utrecht 34.

De Arendshoeve, Molenlaan 14 (Ouest : par N 207), ✉ 2861 LB, ✆ (0 182) 35 10 00 et 35 13 00 (rest), *Fax (0 182) 35 11 55 et 35 39 69 (rest),* , , , , , – , rest, ☎ P – 25 à 150. AE MC VISA. rest
fermé 28 déc.-7 janv. – voir rest **Puccini** ci-après – **Onder de Molen** *(fermé sam. midi et dim. midi)* carte env. 65 – 25 – **24 ch** 250/300, 3 suites – ½ P 230/425.

Puccini - H. De Arendshoeve, Molenlaan 14 (Ouest : par N 207), ✉ 2861 LB, ✆ (0 182) 35 10 00, *Fax (0 182) 35 11 55,* – P. AE MC VISA.
fermé 28 déc.-7 janv., dim. et lundi – **Repas** (dîner seult) 110.

BERGEN *Noord-Holland* 210 N 6 et 908 F 3 – *14 125 h.*

Plein 1, ✉ 1861 JX, ✆ (0 72) 581 31 00, Fax (0 72) 581 38 90.

Amsterdam 43 – Alkmaar 6 – Haarlem 38.

Parkhotel, Breelaan 19, ✉ 1861 GC, ✆ (0 72) 581 22 23, *Fax (0 72) 589 74 35,* – ☎ – 30 à 70. AE MC VISA
Repas *Lunch 25* – carte 53 à 73 – **26 ch** 105/175 – ½ P 105/115.

Het Witte Huis, Ruïnelaan 15, ✉ 1861 LK, ✆ (0 72) 581 25 30, *Fax (0 72) 581 39 57,* , – ☎ P – 60. AE MC VISA.
Repas (dîner pour résidents seult) – **31 ch** 125/185 – ½ P 95/138.

Sans Souci sans rest, Hoflaan 7, ✉ 1861 CP, ✆ (0 72) 581 80 55, *Fax (0 72) 589 63 70,* « Jardin » – ☎ P.
6 ch 130/160.

Duinpost sans rest, Kerkelaan 5, ✉ 1861 EA, ✆ (0 72) 581 21 50, *Fax (0 72) 589 96 96,* , – ☎ P.
16 mars-oct. – **16 ch** 80/125.

De Kleine Prins, Oude Prinsweg 29, ✉ 1861 CS, ✆ (0 72) 589 69 69 – . AE MC VISA.
fermé lundi et mardi – **Repas** (dîner seult) carte env. 70.

à Bergen aan Zee *Ouest : 5 km* C *Bergen – Station balnéaire.*

Van der Wijckplein 8, ✉ 1865 AP, ✆ (0 72) 581 24 00, Fax (0 72) 581 31 73

Nassau Bergen, Van der Wijckplein 4, ✉ 1865 AP, ✆ (0 72) 589 75 41, *Fax (0 72) 589 70 44,* ≤, , – ☎ P – 25 à 60. MC VISA. rest
fermé 24 déc.-2 janv. – **Repas** (dîner pour résidents seult) – **40 ch** 145/275 – ½ P 195/375.

Victoria, Zeeweg 33, ✉ 1865 AB, ✆ (0 72) 581 23 58, *Fax (0 72) 589 60 01,* , , – rest, ☎ P – 25. AE MC VISA
Repas (Taverne-rest) carte env. 45 – **30 ch** 95/220 – ½ P 88/143.

Prins Maurits, Van Hasseltweg 7, ✉ 1865 AL, ✆ (0 72) 581 23 64, *Fax (0 72) 581 82 98,* – ☎ P. MC. rest
mars-oct. – **Repas** (dîner pour résidents seult) – **22 ch** 120/180 – ½ P 105/120.

BERG EN DAL *Gelderland* 211 U 12 *et* 908 I 6 – *voir à Nijmegen.*

BERG EN TERBLIJT *Limburg* 211 T 16 *et* 908 I 9 – *voir à Valkenburg.*

BERGEN OP ZOOM *Noord-Brabant* 211 K 14 *et* 908 D 7 – *63 983 h.*

Voir *Markiezenhof*★ AY **M**[1].

18 par ② : 9 km, Zoomvlietweg 66, ✉ 4624 RP, ☎ (0 165) 37 71 05, Fax (0 165) 37 71 01.

ℹ Stationsstraat 4, ✉ 4611 CC, ☎ 0 900-202 03 36, Fax (0 164) 24 60 31.

Amsterdam 143 ② – Breda 40 ② – 's-Hertogenbosch 90 ② – Rotterdam 70 ② – Antwerpen 39 ③

BERGEN OP ZOOM

Antwerpsestraatweg	BZ	3
Arn. Asselbergsstr.	BY	4
Auvergnestr.	AZ	6
Blauwehandstr.	BY	7
Boutershemstr.	AZ	8
Burg. Stulemeijerlaan	AY	9
Burg. van Hasseltstr.	BZ	10
Fortuinstr.	AY	13
Glymesstr.	AZ	14
Grote Markt	AY	15
Halsterseweg	AY	16
Kerkstr.	BZ	20
Kloosterstr.	BZ	22
Kortemeestr.	AY	23
Kremerstr.	AY	24
Lange Parkstr.	BY	25
Lieve Vrouwestr.	AY	26
Minderbroedersstr.	ABY	28
van Overstratenlaan	AY	30
van der Rijtstr.	BY	32
St. Josephstr.	BYZ	34
Stationsstr.	BY	36
Steenbergsestr.	AY	37
Rooseveltlaan	BZ	39
Wouwsestraatweg	BY	41
Zuivelstr.	BY	43

Mercure De Draak, Grote Markt 36, ✉ 4611 NT, ☎ (0 164) 25 20 50, *Fax (0 164) 25 20 50,* – ch, – 25 à 120. AE VISA JCB. AY a

Repas *(fermé 27 déc.-2 janv., sam. midi et dim. midi)* **De Beurze** 50/58 – **49 ch** *(fermé 25 déc.-2 janv.)* 225/395, 2 suites.

Golden Tulip, Gertrudisboulevard 200, ✉ 4615 MA, ☎ (0 164) 26 02 02, *Fax (0 164) 26 03 03,* – – 25 à 350. AE VISA JCB AZ d

Repas *Lunch 35* – carte 45 à 61 – 24 – **51 ch** 215/259.

Tulip Inn De Schelde sans rest, Antwerpsesteenweg 56, ✉ 4611 AK, ☎ (0 164) 26 52 65, *Fax (0 164) 26 65 24* – AE ① ⓪ VISA JCB. – **63 ch** 160/200. BZ e

Moerstede, Vogelenzang 5 (Moerstraatsebaan, Nord : 2 km), ✉ 4614 PP, ☎ (0 164) 25 88 00, *Fax (0 164) 25 99 21*, « Cadre de verdure » – – 40. AE ① ⓪ VISA par Ravelstraat BY
fermé lundi – **Repas** *Lunch 60* – 90.

De Fortuyn, Molstraat 1, ✉ 4611 NL, ☎ (0 164) 23 43 40, *Fax (0 164) 26 53 82* – AE ⓪ VISA. AY b
fermé 1 sem. carnaval et lundi – **Repas** carte env. 80.

De Bloemkool, Wouwsestraatweg 146 (par ②), ✉ 4623 AS, ☎ (0 164) 23 30 45, – AE ① ⓪ VISA.
fermé mardi, sam. midi et dim. midi – **Repas** 55/85.

Napoli, Kerkstraat 10, ✉ 4611 NV, ☎ (0 164) 24 37 04, Cuisine italienne – AE ① ⓪ VISA. BZ r
fermé carnaval, 24 et 31 déc. et 1er janv. – **Repas** 58/93.

BERKEL-ENSCHOT *Noord-Brabant* 211 P 13 *et* 908 G 7 – *voir à Tilburg.*

BEST *Noord-Brabant* 211 R 13 *et* 908 H 7 – *24 890 h.*

Golflaan 1, ✉ 5683 RZ, ☎ (0 499) 39 14 43, Fax (0 499) 39 32 21.
Amsterdam 111 – Breda 53 – Eindhoven 11 – 's-Hertogenbosch 22.

Tulip Inn, De Maas 2 (Sud : 2 km par A 58, sortie ⑦), ✉ 5684 PL, ☎ (0 499) 39 01 00, *Fax (0 499) 39 16 50*, – – 25 à 200. AE ① ⓪ VISA. ch
Repas *Lunch 30* – carte env. 55 – **68 ch** 199/232 – ½ P 130/243.

Le Bouquet 1er étage, Golflaan 1 (Sud-Est : 2 km, au golf), ✉ 5683 RZ, ☎ (0 499) 39 33 74, *Fax (0 499) 39 30 59*, ≤ parcours de golf, – – 25 à 125. AE ① ⓪ VISA.
fermé lundi de nov. à mai – **Repas** 55/75.

BEUNINGEN *Gelderland* 211 T 11 *et* 908 I 6 – *voir à Nijmegen.*

BEUNINGEN *Overijssel* 210 AB 8 – *voir à Denekamp.*

BEVERWIJK *Noord-Holland* 210 M 8 *et* 908 E 4 – *35 603 h.*

Amsterdam 28 – Alkmaar 22 – Haarlem 13.

't Gildehuys, Baanstraat 32, ✉ 1942 CJ, ☎ (0 251) 22 15 15, *Fax (0 251) 21 38 66*, – VISA
fermé du 17 au 21 août et lundi – **Repas** (dîner seult) 53/75.

Ind' Hooghe Heeren 1er étage, Meerstraat 82, ✉ 1941 JD, ☎ (0 251) 21 18 77, *Fax (0 251) 21 44 67* – AE ① ⓪ VISA JCB
fermé du 1er au 13 août, sam. midi, dim. midi et lundi – **Repas** *Lunch 48* – carte env. 75.

de Halewijn, Duinwijklaan 46, ✉ 1942 GC, ☎ (0 251) 22 08 59, *Fax (0 251) 21 67 19*, – AE ① ⓪ VISA JCB.
fermé mardi – **Repas** 50.

BIDDINGHUIZEN *Flevoland* C *Dronten 33 448 h.* 210 T 8 *et* 908 I 4.

Amsterdam 70 – Apeldoorn 58 – Utrecht 74 – Zwolle 41.

Dorhout Mees , Strandgaperweg 30 (Sud : 6 km, direction Veluwemeer), ✉ 8256 PZ, ☎ (0 321) 33 11 38, *Fax (0 321) 33 10 57*, – – 25 à 300. AE ① ⓪ VISA JCB
Repas *Lunch 28* – carte env. 100 – **42 ch** 190/300.

De Klink, Bremerbergdijk 27 (Sud-Est : 8 km, Veluwemeer), ✉ 8256 RD, ☎ (0 321) 33 14 65, *Fax (0 321) 33 41 43*, ≤, – AE ① ⓪ VISA
avril-sept. et week-end en mars et oct. ; fermé lundi – **Repas** *Lunch 25* – carte 56 à 78.

De BILT *Utrecht* 211 P 10 *et* 908 G 5 – *32 703 h.*

Amsterdam 49 – Utrecht 7 – Apeldoorn 65.

Motel De Biltsche Hoek, De Holle Bilt 1 (sur N 225), ✉ 3732 HM, ☎ (0 30) 220 58 11, *Fax (0 30) 220 28 12*, – – 25 à 200. AE ① ⓪ VISA
Repas (Ouvert jusqu'à minuit) *Lunch 30* – 45/78 – **102 ch** 148/176 – ½ P 178.

BILTHOVEN *Utrecht* 🄲 *De Bilt 32 703 h.* 211 Q 10 et 908 G 5.
Amsterdam 48 – Utrecht 10 – Apeldoorn 65.

Heidepark , Jan Steenlaan 22, ✉ 3723 BV, ☎ (0 30) 228 24 77, *Fax (0 30) 229 21 84,* – ▤ rest, TV ☎ P – 25 à 180. AE ⓓ ⓜ VISA
fermé Noël-Nouvel An et dim. – **Repas** ***Rib Room*** carte 69 à 86 – ☕ 18 – **20 ch** 165/215 – ½ P 235.

De Kuuk, Soestdijkseweg-Noord 492 (Nord : 2 km), ✉ 3723 HM, ☎ (0 30) 225 00 52, *Fax (0 30) 225 00 35,* – ▤ P AE ⓓ ⓜ VISA
fermé 18 juil.-7 août, 27 déc.-3 janv. et lundi – **Repas** Lunch 48 – 49/85.

BLADEL *Noord-Brabant* 🄲 *Bladel 18 963 h.* 211 Q 14 et 908 G 7.
Markt 20, ✉ 5531 BC, ☎ (0 497) 38 33 00, Fax (0 497) 38 59 22.
Amsterdam 141 – Eindhoven 21 – 's-Hertogenbosch 52 – Antwerpen 67.

Bladel, Europalaan 77, ✉ 5531 BE, ☎ (0 497) 38 33 19, *Fax (0 497) 38 36 30,* – TV ☎ – 25. AE ⓓ ⓜ VISA JCB
Repas ***Aub. de Sleutel*** 45/58 – **14 ch** ☕ 108/145 – ½ P 113/128.

De Hofstee, Sniederslaan 121, ✉ 5531 EK, ☎ (0 497) 38 15 00, *Fax (0 497) 38 80 93,* « Ancienne fermette avec terrasse et jardin » – P ⓜ VISA
fermé 2 sem. en juil., fin déc., merc., sam. midi et dim. midi – **Repas** Lunch 60 – 65/75.

BLARICUM *Noord-Holland* 210 Q 9, 211 Q 9 et 908 G 5 – *9 809 h.*
Amsterdam 34 – Apeldoorn 63 – Hilversum 9 – Utrecht 24.

Rust Wat, Schapendrift 79, ✉ 1261 HP, ☎ (0 35) 538 32 86, *Fax (0 35) 533 44 93,* « Auberge avec terrasse au bord de l'eau » – P AE ⓓ ⓜ VISA.
fermé fin déc., dim. et lundi – **Repas** Lunch 49 – carte 76 à 96.

Nelson's, Huizerweg 1, ✉ 1261 AR, ☎ (0 35) 531 56 93, Produits de la mer, « Terrasse ombragée » – AE ⓓ ⓜ VISA JCB.
fermé 25 et 31 déc. et 1er janv. – **Repas** (dîner seult) 68.

BLOEMENDAAL *Noord-Holland* 210 M 8, 211 M 8 et 908 E 4 – *voir à Haarlem.*

BLOKZIJL *Overijssel* 🄲 *Brederwiede 12 296 h.* 210 U 6 et 908 I 3.
Amsterdam 102 – Assen 66 – Leeuwarden 65 – Zwolle 33.

Kaatje bij de Sluis , Brouwerstraat 20, ✉ 8356 DV, ☎ (0 527) 29 18 33, *Fax (0 527) 29 18 36,* ←, « Terrasse et jardin le long d'un croisement de canaux », – ▤ TV ☎ P AE ⓓ ⓜ VISA
fermé fév., fin déc.-début janv., lundi, mardi et sam. midi – **Repas** Lunch 85 – 120/170, carte 110 à 170 – ☕ 43 – **8 ch** 230/295 – ½ P 330/350
Spéc. Carpaccio de hareng au caviar osciètre. Les 3 canapés de foie d'oie et tartares diverses. Anguille de la région à l'étuvée, sauce aux fines herbes (juin-sept.).

Hof van Sonoy avec ch, Kerkstraat 9, ✉ 8356 DN, ☎ (0 527) 29 17 08, *Fax (0 527) 29 17 09,* « Dans une ancienne école du 19e s. », – TV ☎. AE ⓓ ⓜ VISA.
fermé 2 sem. en mars, 2 sem. en nov. et merc. – Repas (dîner seult) 58 – ☕ 13 – **4 ch** 125/150 – ½ P 135.

BODEGRAVEN *Zuid-Holland* 211 N 10 et 908 F 5 – *19 264 h.*
Amsterdam 48 – Rotterdam 36 – Den Haag 45 – Utrecht 30.

AC Hotel, Goudseweg 32 (près A 12, sortie ⑫), ✉ 2411 HL, ☎ (0 172) 65 00 03, *Fax (0 172) 61 81 01,* – ▤ rest, TV ☎ P – 25 à 250. AE ⓓ ⓜ VISA
Repas (Avec buffet) 45 – ☕ 18 – **64 ch** 130.

BOEKEL *Noord-Brabant* 211 T 13 et 908 I 7 – *9 057 h.*
Amsterdam 119 – Eindhoven 31 – 's-Hertogenbosch 31 – Nijmegen 43.

Brabants Hof, Erpseweg 16 (Ouest : 1 km), ✉ 5427 PG, ☎ (0 492) 32 20 03, *Fax (0 492) 32 46 60,* « Ferme du 18e s., terrasse et jardin anglais » – P AE ⓓ ⓜ VISA
fermé 2 dern. sem. juil.-prem. sem. août et lundi – **Repas** Lunch 68 – carte env. 90.

BOEKELO *Overijssel* 211 Z 9 et 908 L 5 – *voir à Enschede.*

BOLLENVELDEN (CHAMPS DE FLEURS) ★★ *Zuid-Holland* 210 L 9 à N 5, 211 J 10 à M 8 et 908 E 5 à G 3 *G. Hollande.*

BOLSWARD *Fryslân* 210 S 4 *et* 908 H 2 - *9 339 h.*

Voir *Hôtel de ville★ (Stadhuis) - Stalles★ et chaire★ de l'église St-Martin (Martinikerk)*
Exc. *au Sud-Ouest : Digue du Nord★★ (Afsluitdijk).*
Marktplein 1, ✉ 8701 KC, ☎ (0 515) 57 27 27, Fax (0 515) 57 77 18.
Amsterdam 114 - Leeuwarden 30 - Zwolle 85.

Hid Hero Hiem, Kerkstraat 51, ✉ 8701 HR, ☎ (0 515) 57 52 99, Fax (0 515) 57 30 52, - 30. VISA. rest
Repas *(fermé fév. et mardi et merc. d'oct. à mars)* (dîner seult) 45 - **14 ch** 147/19 - ½ P 270/300.

De Wijnberg, Marktplein 5, ✉ 8701 KC, ☎ (0 515) 57 22 20, *Fax (0 515) 57 26 65,* - - 25 à 75. AE MC VISA. ch
Repas Lunch 35 - carte 45 à 75 - **26 ch** 90/150 - ½ P 85/125.

De Lavendelhof, Nieuwmarkt 24, ✉ 8701 KL, ☎ (0 515) 57 48 97, *Fax (0 515) 57 34 45* - - 25 à 300. AE MC VISA JCB.
Repas (dîner seult) 55/80.

BOORNBERGUM (BOARBURGUM) *Friesland* 210 V 4 *et* 908 J 2 - *voir à Drachten.*

BORCULO *Gelderland* 211 Y 10 *et* 908 K 5 - *10 259 h.*

Hofstraat 5, ✉ 7271 AP, ☎ (0 545) 27 19 66, Fax (0 545) 27 19 66.
Amsterdam 134 - Apeldoorn 48 - Arnhem 61 - Enschede 34.

De Stenen Tafel (Prinsen), Het Eiland 1, ✉ 7271 BK, ☎ (0 545) 27 20 30, *Fax (0 545) 27 33 36,* « Moulin à eau du 17ᵉ s., terrasse ombragée » - AE MC VISA
fermé 3 sem. en fév., fin août-début sept., sam. midi, dim. midi, lundi et mardi - **Repas** Lunch 55 - 95, carte 100 à 140
Spéc. Foie d'oie et boudin noir poêlés, compote de pommes à la badiane. Homard et ris de veau croquant à la crème de pommes de terre et jus de crustacés. Filet de turbot aux fines herbes et ravioli de langoustines.

BORGER *Drenthe* C *Borger-Odoorn 25 857 h.* 210 Z 5 *et* 908 L 3.

Voir *Hunebed★ (dolmen).*
Amsterdam 198 - Groningen 40 - Assen 22.

Bieze, Hoofdstraat 21, ✉ 9531 AA, ☎ (0 599) 23 43 21, *Fax (0 599) 23 61 45* - - 25 à 150. AE MC VISA JCB. rest
fermé 1ᵉʳ janv. - **Repas** 28/58 - **28 ch** 88/140 - ½ P 108/113.

à Ees *Sud-Est : 3,5 km* C *Borger-Odoorn :*

Ees, Dorpsstraat 2, ✉ 9536 PD, ☎ (0 599) 23 42 27, *Fax (0 599) 23 41 58,* - - 25 à 130. MC VISA
Repas *(fermé après 20 h 30)* carte env. 45 - **15 ch** 75/130 - ½ P 90.

BORN *Limburg* 211 T 16 *et* 908 I 8 - *14 737 h.*

Amsterdam 190 - Eindhoven 62 - Maastricht 28 - Roermond 23 - Aachen 43.

Born, Langereweg 21 (Est : 2 km près A 2 - E 9), ✉ 6121 SB, ☎ (0 46) 485 16 66, *Fax (0 46) 485 12 23,* - - 25 à 200. MC VISA
Repas Lunch 50 - carte env. 75 - 25 - **59 ch** 155/210.

BORNE *Overijssel* 210 Z 9, 211 Z 9 *et* 908 L 5 - *22 051 h.*

Nieuwe Markt 8, ✉ 7622 DD, ☎ (0 74) 266 65 02, Fax (0 74) 266 93 01.
Amsterdam 145 - Apeldoorn 61 - Arnhem 83 - Groningen 135 - Munster 77.

Dorset Mansion House, Grotestraat 167, ✉ 7622 GE, ☎ (0 74) 266 19 25, *Fax (0 74) 267 05 53,* - AE MC VISA
fermé 27 déc.-4 janv. et lundi - **Repas** Lunch 55 - 65/98.

à Hertme *Nord : 3 km* C *Borne :*

Jachtlust, Weerselosestraat 306, ✉ 7626 LJ, ☎ (0 74) 266 16 65, *Fax (0 74) 266 81 50,* - - 25 à 150. AE MC VISA.
Repas 45/60 - **22 ch** 145 - ½ P 95/125.

Den BOSCH P *Noord-Brabant - voir 's-Hertogenbosch.*

BOSCH EN DUIN *Utrecht* 211 Q 10 *et* 908 G 5 - *voir à Zeist.*

BOSSCHENHOOFD *Noord-Brabant* 211 M 13 et 908 E 7 – *voir à Roosendaal.*

BOXMEER *Noord-Brabant* 211 U 13 et 908 I 7 – *28 494 h.*
Amsterdam 139 – Eindhoven 46 – 's-Hertogenbosch 57 – Nijmegen 31.

van Diepen, Spoorstraat 74, ✉ 5831 CM, ✆ (0 485) 57 13 45, *Fax (0 485) 57 62 13,* – TV ☎ P – 25 à 125. AE ⓓ ⓜ VISA
fermé 24 déc.-1er janv. – **Repas** *(fermé sam.)* carte 45 à 64 – **22 ch** 115/150.

't Wapen van Boxmeer avec ch, Stationsweg 12, ✉ 5831 CR, ✆ (0 485) 57 70 17, *Fax (0 485) 52 21 05* – TV ☎ P – 25 à 100. AE ⓓ ⓜ VISA.
fermé carnaval et 29 déc.-1er janv. – **Repas** carte 45 à 100 – **10 ch** 140 – ½ P 127/203.

BOXTEL *Noord-Brabant* 211 Q 13 et 908 G 7 – *29 309 h.*
Amsterdam 101 – Breda 48 – Eindhoven 21 – 's-Hertogenbosch 12.

De Ceulse Kaar, Eindhovenseweg 41 (Sud-Est : 2 km), ✉ 5283 RA, ✆ (0 411) 67 62 82, *Fax (0 411) 68 52 12,* , « Auberge du 18e s. » – P. AE ⓓ ⓜ VISA JCB
fermé 27 déc.-4 janv., lundi et mardi – **Repas** Lunch 45 – 55/70.

De Negenmannen, Fellenoord 8, ✉ 5281 CB, ✆ (0 411) 67 85 64, *Fax (0 411) 67 62 76* – . AE ⓓ ⓜ VISA.
fermé 26 fév.-3 mars, 9 juil.-4 août et merc. – **Repas** (dîner seult) carte env. 75.

Aub. van Boxtel avec ch, Stationsplein 2, ✉ 5281 GH, ✆ (0 411) 67 22 37, *Fax (0 411) 67 41 24,* – TV ☎ – 30. AE ⓓ ⓜ VISA JCB
Repas *(fermé carnaval, 24 et 31 déc. et 1er janv.)* Lunch 45 – carte 64 à 92 – **11 ch** *(fermé carnaval)* 80/130.

BRAAMT *Gelderland* 211 W 11 – *voir à Zeddam.*

BREDA *Noord-Brabant* 211 N 13 et 908 F 7 – *157 057 h.* – *Casino* B , *Bijster 30,* ✉ *4817 HX,* ✆ *(0 76) 525 11 00, Fax (0 76) 522 50 29.*
Voir *Carnaval★ – Grande église ou Église Notre-Dame★ (Grote- of O. L. Vrouwekerk) : clocher★, tombeau★ d'Englebert II de Nassau* C B *– Valkenberg★* D.
Env. *au Nord par ①, Parc national De Biesbosch★ : promenade en bateau★.*
Exc. *par ① : 15 km à Raamsdonksveer, Musée national de l'Automobile★.*
par ② : 4 km à Molenschot, Veenstraat 89, ✉ *5124 NC,* ✆ *(0 161) 41 12 00, Fax (0 161) 41 17 15 et Bavelseweg 153,* ✉ *5124 PX,* ✆ *(0 161) 43 18 11, Fax (0 161) 45 35 54.*
Willemstraat 17, ✉ *4811 AJ,* ✆ *(0 76) 522 24 44, Fax (0 76) 521 85 30.*
Amsterdam 103 ① – Rotterdam 52 ⑦ – Tilburg 22 ② – Utrecht 72 ① – Antwerpen 56 ⑤

Plans pages suivantes

Mercure, Stationsplein 14, ✉ 4811 BB, ✆ (0 76) 522 02 00, *Fax (0 76) 521 49 67,* – TV ☎ P – 25 à 150. AE ⓓ ⓜ VISA CD b
Repas Lunch 33 – carte env. 75 – 26 – **40 ch** 230 – ½ P 276.

Novotel, Dr. Batenburglaan 74, ✉ 4837 BR, ✆ (0 76) 565 92 20, *Fax (0 76) 565 87 58,* – TV ☎ P – 25 à 150. AE ⓓ ⓜ VISA A m
Repas Lunch 33 – carte env. 65 – 25 – **106 ch** 200.

Brabant, Heerbaan 4, ✉ 4817 NL, ✆ (0 76) 522 46 66, *Fax (0 76) 521 95 92,* – TV ☎ P – 25 à 300. AE ⓓ ⓜ VISA. B f
Repas Lunch 35 – 55 – **71 ch** 247/295 – ½ P 232.

Keyser, Keizerstraat 5, ✉ 4811 HL, ✆ (0 76) 520 51 73, *Fax (0 76) 520 52 25,* – TV ☎ – 30. AE ⓓ ⓜ VISA. ch D h
Repas *(fermé fin juil.-début 15 août)* 40 – 23 – **20 ch** 125/150 – ½ P 137/185.

Bastion, Lage Mosten 4, ✉ 4822 NJ, ✆ (0 76) 542 04 03, *Fax (0 76) 542 06 03* – TV ☎ P. AE ⓓ ⓜ VISA. A s
Repas (Grillades, ouvert jusqu'à 23 h) 45 – 17 – **40 ch** 125.

de Stadstuin, Ginnekenweg 138, ✉ 4818 JK, ✆ (0 76) 530 96 36, *Fax (0 76) 530 97 77,* – AE ⓓ ⓜ VISA. B a
fermé carnaval, 1er juin, dern. sem. juil.-2 prem. sem. août, fin déc.-prem. sem. janv. et merc. – **Repas** Lunch 50 – 53/93.

à Ginneken C *Breda :*

Vivaldi, Ginnekenweg 309, ✉ 4835 NC, ✆ (0 76) 560 02 01, *Fax (0 76) 565 20 42,* – . AE ⓓ ⓜ VISA. B x
fermé sem. carnaval, 1 sem. en août et dim. – **Repas** Lunch 55 – 65.

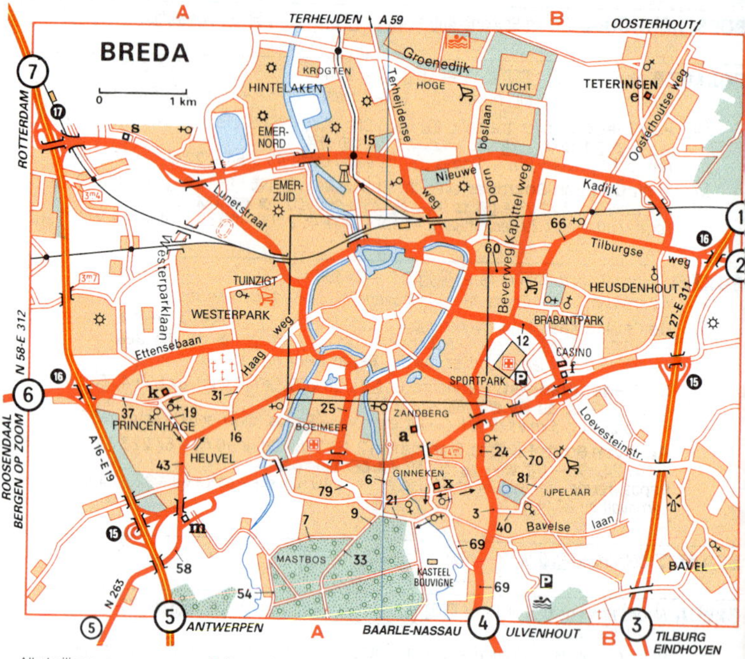

Allerheiligenweg . . . . B 3
Backer en Ruebweg . . . . . . A 4
Baronielaan . . . . AB 6
Burg. de Manlaan . . . . A 7
Burg. Kerstenlaan . . . . A 9
Claudius
Prinsenlaan . . . . B 12
Crogtdijk . . . . A 15
Dr. Struyckenstr. . . . . A 16
Dreef . . . . A 19
Duivelsbruglaan . . . . B 21
Fatimastraat . . . . B 24
Graaf Hendrik III laan . . . . A 25
Heuvelstraat . . . . A 31
Huisdreef . . . . A 33
Liesboslaan . . . . A 37
Marialaan . . . . B 40
Mastbosstraat . . . . A 43
Overaseweg . . . . A 54
Rijsbergseweg . . . . A 58
Sint Ignatiusstr. . . . . B 60
Teteringsedijk . . . . B 66
Ulvenhoutselaan . . . . B 69
Valkenierslaan . . . . B 70
Willem
van Oranjelaan . . . . A 79
Zwijnsbergenstr. . . . . B 81

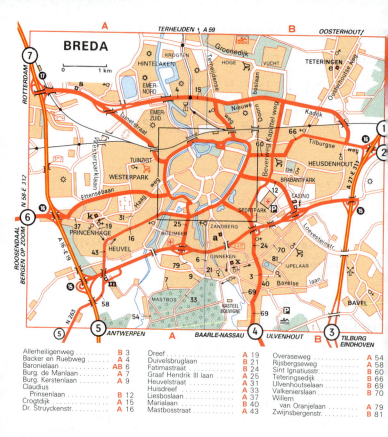

à Princenhage C *Breda* :

XXX **Le Canard,** Haagsemarkt 22, ✉ 4813 BB, ✆ (0 76) 522 16 40, *Fax (0 76) 522 68 03,* 🌳, « Terrasse » – AE ⓓ ⓜⓒ VISA A k
fermé carnaval, dern. sem. juil.-prem. sem. août et dim. – **Repas** Lunch 50 – carte 82 à 112.

à Bavel *par* ③ : *5 km* C *Breda* :

XX **Vanouds de Brouwers,** Gilzeweg 24, ✉ 4854 SG, ✆ (0 161) 43 22 72, *Fax (0 161) 43 39 67,* 🌳, « Terrasse » – P. AE ⓜⓒ VISA.
fermé sam. midi, dim. midi et lundi – **Repas** Lunch 49 – 59/86.

à Teteringen *Nord-Est : 2,5 km* C *Breda* :

XXX **Boschlust,** Oosterhoutseweg 139, ✉ 4847 DB, ✆ (0 76) 571 33 83, *Fax (0 76) 571 17 47,* 🌳 – P. AE ⓓ ⓜⓒ VISA JCB B
fermé 2 prem. sem. août, dim. et lundi – **Repas** Lunch 50 – 85/110.

XX **Heestermans,** A. Oomenstraat 1a, ✉ 4847 DH, ✆ (0 76) 571 32 59, 🌳 – P. AE ⓓ ⓜⓒ VISA B e
fermé 2 dern. sem. juil.-2 prem. sem. août, dim. et lundi – **Repas** Lunch 35 – 55/75.

à Ulvenhout *par* ④ : *7 km* C *Breda* :

X **'t Jagthuijs,** Dorpstraat 3, ✉ 4851 CJ, ✆ (0 76) 565 69 56, *Fax (0 76) 565 48 21,* 🌳, « Terrasse » – P. AE ⓜⓒ VISA.
fermé carnaval, 2 prem. sem. sept. et merc. – **Repas** Lunch 55 – carte env. 75.

à l'Ouest : *par* ⑥ : *8 km* :

XX **Boswachter Liesbosch,** Nieuwe Dreef 4, ✉ 4839 AJ, ✆ (0 76) 521 27 36, *Fax (0 76) 520 06 34,* 🌳, « Dans les bois » – P. – 🏃 25. AE ⓓ ⓜⓒ VISA JCB.
fermé lundi – **Repas** Lunch 53 – 76/88.

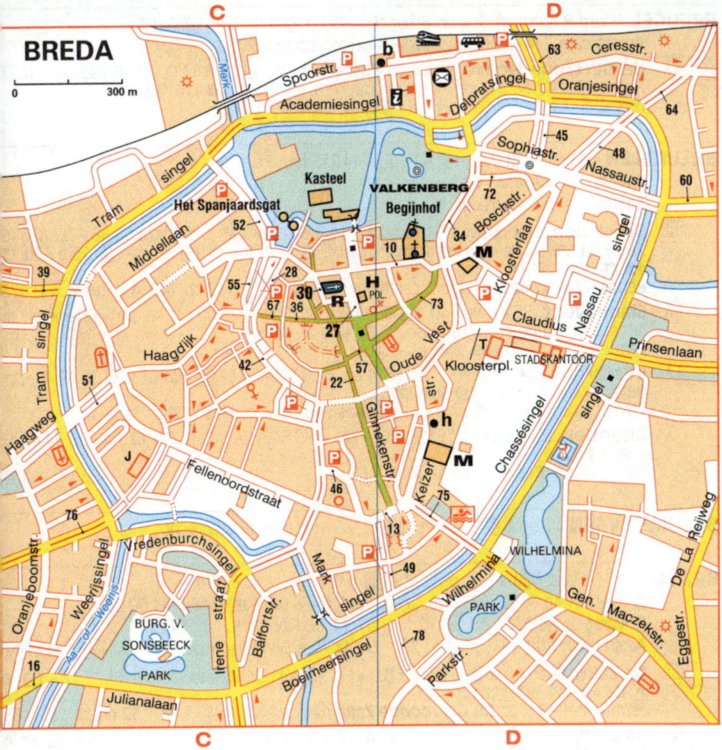

Catharinastraat . . . . CD 10
van Coothplein . . . . CD 13
Dr. Struyckenstr. . . . . C 16
Eindstraat . . . . C 22
Ginnekenstraat C
Grote Markt . . . . C 27
Haven . . . . C 28
Havermarkt . . . . C 30
J. F. Kennedylaan . . . . D 34
Lange Brugstraat . . . . C 36
Lunetstraat . . . . C 39
Markendaalseweg . . . . C 42
Mauritsstraat . . . . D 45
Mr. Dr. Frederickstr. . . . . . . C 46
Nieuwe Boschstraat . . . . D 48
Nieuwe Ginnekenstraat . . . . CD 49
Nieuwe Haagdijk . . . . C 51
Nieuwe Prinsenkade . . . . . . C 52
Prinsenkade . . . . C 55
Ridderstraat . . . . C 57
Sint Ignatiusstraat . . . . D 60
Terheijdenstraat . . . . D 63
Teteringenstraat . . . . D 64
Tolbrugstraat . . . . C 67
Valkenstraat . . . . D 72
Veemarktstraat . . . . D 73
Vierwindenstraat . . . . D 75
Vincent van Goghstr. . . . . . C 76
Wihlelminastraat . . . . D 78

BRESKENS *Zeeland* C *Oostburg 17 819 h.* 211 G 14 *et* 908 B 7.

vers Vlissingen : Prov. Stoombootdiensten Zeeland ✆ (0 117) 38 16 63. Durée de la traversée : 20 min. Prix passager : gratuit (en hiver) et 1,50 Fl (en été) ; voiture : 12,50 Fl (en hiver) et 17,25 Fl (en été).

Boulevard 14, ✉ 4511 AC, ✆ (0 117) 38 18 88, Fax (0 117) 38 38 67.

Amsterdam 205 – Middelburg (bac) 8 – Antwerpen 87 – Brugge 41.

de Milliano sans rest, Promenade 4, ✉ 4511 RB, ✆ (0 117) 38 18 55, *Fax (0 117) 38 35 92*, ≤ embouchure de l'Escaut (Schelde), – TV ☎ P. AE ① MC VISA
24 ch 140/250.

Scaldis, Langeweg 3, ✉ 4511 GA, ✆ (0 117) 38 24 20, *Fax (0 117) 38 60 21*, – ☎ P – 30. MC VISA. ch
Repas *(fermé merc.)* carte env. 70 – **10 ch** 120/150 – ½ P 155.

de Milliano, Scheldekade 27, ✉ 4511 AW, ✆ (0 117) 38 18 12, *Fax (0 117) 38 35 92*, Produits de la mer – P. AE ① MC VISA
fermé janv. et lundi – **Repas** 50/120.

Les cartes Michelin sont constamment tenues à jour.

BREUGEL *Noord-Brabant* Ⓒ *Son en Breugel 14 493 h.* 211 S 13 et 908 H 7.
Amsterdam 114 – Eindhoven 8 – 's-Hertogenbosch 27.

de Gertruda Hoeve, Van den Elsenstraat 23, ✉ 5694 ND, ☎ (0 499) 47 10 37, *Fax (0 499) 47 68 84,* « Ferme du 17e s. » – P. AE ⓓ MC VISA.
fermé du 11 au 30 juil. et lundi – **Repas** Lunch 50 – 60/85.

BREUKELEN *Utrecht* 211 P 9 et 908 G 5 – *14 033 h.*
Env. *au Sud : route* ≤★.
Amsterdam 27 – Utrecht 12.

Breukelen, Stationsweg 91 (près A 2), ✉ 3621 LK, ☎ (0 346) 26 58 88, *Fax (0 346) 26 28 94,* « Pavillon et jardin chinois », – ⎕ TV ☎ P – 25 à 180. AE ⓓ MC VISA. ch
Repas (Ouvert jusqu'à minuit) carte env. 45 – ⊑ 45 – **137 ch** 140, 4 suites – ½ P 123.

Slangevegt, Straatweg 40, ✉ 3621 BN, ☎ (0 346) 25 00 11, ≤, « Demeure du 18e s. au bord de l'eau, terrasses », – ⎕ P. MC VISA
fermé 31 déc. – **Repas** Lunch 55 – 60.

L'Escargot, Stationsweg 1, ✉ 3621 LJ, ☎ (0 346) 26 32 22, *Fax (0 346) 26 39 48,* Ouvert jusqu'à 23 h – MC VISA.
fermé 3 dern. sem. juil. et merc. – **Repas** Lunch 43 – carte env. 90.

Bisantiek, Stationsweg 16, ✉ 3621 LL, ☎ (0 346) 26 34 40, *Fax (0 346) 26 34 40,* – AE ⓓ MC
fermé dim. – **Repas** (dîner seult) 50/65.

BREUKELEVEEN *Utrecht* 211 P 9 et 908 G 5 – *voir à Oud-Loosdrecht.*

BRIELLE *Zuid-Holland* 211 J 11 - ㊳ S et 908 D 6 - ㉓ S – *15 842 h.*
Krabbeweg 9, ✉ 3231 NB, ☎ (0 181) 41 78 09, Fax (0 181) 41 00 26.
Markt 1, ✉ 3231 AH, ☎ (0 181) 47 54 75, Fax (0 181) 47 54 70.
Amsterdam 100 – Rotterdam 29 – Breda 75 – Den Haag (bac) 37.

De Zalm, Voorstraat 6, ✉ 3231 BJ, ☎ (0 181) 41 33 88, *Fax (0 181) 41 77 12* – TV ☎ P. AE ⓓ MC VISA.
fermé Noël – **Repas** ***De Gekroonde Zalm*** Lunch 55 – carte 45 à 78 – **32 ch** ⊑ 135/185.

Bastion, Amer 1, ✉ 3232 HA, ☎ (0 181) 41 65 88, *Fax (0 181) 41 01 15* – TV ☎ P. AE ⓓ MC VISA.
Repas (Grillades, ouvert jusqu'à 23 h) 45 – ⊑ 17 – **66 ch** 135.

Pablo, Voorstraat 89, ✉ 3231 BG, ☎ (0 181) 41 29 60, *Fax (0 181) 41 02 06,* Cuisine indonésienne – ⎕. AE MC
fermé lundi – **Repas** carte 45 à 76.

Paraplu Parasol, Voorstraat 41, ✉ 3231 BE, ☎ (0 181) 41 52 30, *Fax (0 181) 41 80 84,* – AE MC VISA
fermé 27 déc.-18 janv. et mardi – **Repas** (dîner seult) 50.

BROEKHUIZEN *Limburg* 211 V 14 et 908 J 7 – *1 928 h.*
Amsterdam 167 – Eindhoven 60 – Nijmegen 60 – Venlo 28.

't Veerhuis, Veerweg 11, ✉ 5872 AE, ☎ (0 77) 463 21 14, *Fax (0 77) 463 28 67,* « Terrasse au bord de la Meuse (Maas) », – TV ☎ P. AE ⓓ MC VISA JCB.
fermé carnaval – **Repas** Lunch 35 – 55/85 – **10 ch** ⊑ 160/175, 2 suites – ½ P 155/185.

à Broekhuizenvorst *Nord : 3 km* Ⓒ *Broekhuizen* :

Kasteel Ooyen, Blitterswijckseweg 2, ✉ 5871 CE, ☎ (0 77) 463 23 32, *Fax (0 77) 463 82 13* – P. MC VISA.
fermé du 13 au 24 mars, mardi d'oct. à mars et lundi – **Repas** (dîner seult) carte env. 80.

BROEKHUIZENVORST *Limburg* 211 V 14 et 908 J 7 – *voir à Broekhuizen.*

BRONKHORST *Gelderland* Ⓒ *Steenderen 4 855 h.* 211 W 10 et 908 J 5.
Amsterdam 119 – Apeldoorn 33 – Arnhem 25 – Enschede 67.

Herberg de Gouden Leeuw avec ch, Bovenstraat 2, ✉ 7226 LM, ☎ (0 575) 45 12 31, *Fax (0 575) 45 25 66,* « Auberge du 17e s. », – TV P. AE ⓓ MC VISA JCB.
fermé du 1er au 15 mars – **Repas** Lunch 55 – 68/103 – **6 ch** ⊑ 113/175 – ½ P 170.

BROUWERSHAVEN *Zeeland* C *Schouwen-Duiveland 32 954 h.* **211** I 12 *et* **908** C 6.

Amsterdam 143 – Middelburg 57 – Rotterdam 79.

X **De Brouwerie,** Molenstraat 31, ✉ 4318 BS, ☎ (0 111) 69 18 80, *Fax (0 111) 69 25 51,* – P. AE ⓓ MC VISA JCB

fermé nov., janv., mardi et merc. sauf en juil.-août et jeudi d'oct. à avril – **Repas** (dîner seult) 45/70.

BRUINISSE *Zeeland* C *Schouwen-Duiveland 32 954 h.* **211** J 13 *et* **908** D 7.

Amsterdam 156 – Breda 95 – Middelburg 56 – Rotterdam 81.

X **De Vluchthaven,** Zijpe 1, ✉ 4311 RK, ☎ (0 111) 48 12 28, *Fax (0 111) 48 12 28,* <, , ⚓ – P. MC VISA

fermé mi-janv.-mi-fév., 1 sem. en juin, 2 sem. en sept., mardi sauf en juil.-août, lundi et après 20 h 30 – **Repas** 45/55.

BRUMMEN *Gelderland* **211** V 10 *et* **908** J 5 – *21 503 h.*

Amsterdam 113 – Apeldoorn 25 – Arnhem 22 – Enschede 63.

Kasteel Landgoed Engelenburg, Eerbeekseweg 6, ✉ 6971 LB, ☎ (0 575) 56 99 99, *Fax (0 575) 56 99 92,* <, , « Manoir sur ilot dans un parc centenaire avec 9 », , – TV ☎ P – 25 à 80. AE ⓓ MC VISA.

fermé 24 déc.-7 janv. – **Repas** Lunch 65 – carte 89 à 112 – 35 – **30 ch** 255/355, 1 suite – ½ P 235/275.

BUNNIK *Utrecht* **211** Q 10 *et* **908** G 5 – *14 006 h.*

Amsterdam 49 – Utrecht 9 – Arnhem 52.

Mercure H. Postiljon, Kosterijland 8 (sur A 12), ✉ 3981 AJ, ☎ (0 30) 656 92 22, *Fax (0 30) 656 40 74,* – , rest, TV ☎ P – 25 à 300. AE ⓓ MC VISA

Repas Lunch 20 – carte env. 55 – 23 – **80 ch** 170/250 – ½ P 108/178.

BUNSCHOTEN *Utrecht* **211** R 9 *et* **908** H 5 – *19 179 h.*

Voir *Costumes traditionnels*★.

Oude Schans 90 à Spakenburg, ✉ 3752 AH, ☎ (0 33) 298 21 56, Fax (0 33) 299 62 35.

Amsterdam 46 – Utrecht 32 – Amersfoort 12 – Apeldoorn 52.

à Spakenburg *Nord : 2,5 km* C *Bunschoten :*

X **De Mandemaaker,** Kerkstraat 103, ✉ 3751 AT, ☎ (0 33) 298 02 55, *Fax (0 33) 298 03 55* – AE ⓓ MC VISA JCB

fermé dim. – **Repas** 46/63.

BUREN *Fryslân* **210** T 2 *et* **908** I 1 – *voir à Waddeneilanden (Ameland).*

BUREN *Gelderland* **211** R 11 *et* **908** H 6 – *10 114 h.*

18 9 *à l'Est : 4 km à Zoelen, Oost Kanaalweg 1, ✉ 4011 LA, ☎ (0 344) 62 43 70, Fax (0 344) 61 30 96.*

Markt 1, ✉ 4116 BE, ☎ (0 344) 57 19 22, Fax (0 344) 57 25 58.

Amsterdam 74 – Utrecht 37 – 's-Hertogenbosch 29 – Nijmegen 48.

XXX **Gravin van Buren,** Kerkstraat 4, ✉ 4116 BL, ☎ (0 344) 57 16 63, *Fax (0 344) 57 21 81,* – AE ⓓ MC VISA

fermé 16 juil.-7 août, 5, 24 et 31 déc., 1er janv., dim. et lundi – **Repas** Lunch 80 – 110/145.

X **Brasserie Floris,** Kerkstraat 5, ✉ 4116 BL, ☎ (0 344) 57 27 70, *Fax (0 344) 57 21 81,* – AE ⓓ MC VISA

fermé 5, 24 et 31 déc., 1er janv., sam. midi, dim. et lundi – **Repas** Lunch 43 – 50.

Den BURG *Noord-Holland* **210** N 4 *et* **908** F 2 – *voir à Waddeneilanden (Texel).*

BURGH-HAAMSTEDE *Zeeland* C *Schouwen-Duiveland 32 954 h.* **211** H 12 *et* **908** C 6.

Amsterdam 142 – Middelburg 37 – Rotterdam 69.

Duinhotel , Torenweg 1, ✉ 4328 JC, ☎ (0 111) 88 77 66, *Fax (0 111) 88 77 55,* <, , , , , – TV ☎ P – 25 à 250. AE ⓓ MC VISA.

Repas 70 – **41 ch** 175/250 – ½ P 155/168.

BUSSUM *Noord-Holland* 210 P 9, 211 P 9 *et* 908 G 5 – *31 027 h.*

au Sud : 7 km à Hilversum, Soestdijkerstraatweg 172, ✉ 1213 XJ, ☎ (0 35) 685 86 88, Fax (0 35) 685 38 13.

Amsterdam 21 – Apeldoorn 66 – Utrecht 30.

Jan Tabak, Amersfoortsestraatweg 27, ✉ 1401 CV, ☎ (0 35) 695 99 11, *Fax (0 35) 695 94 16,* – rest, 25 à 350. AE VISA JCB. rest
Repas ***The Garden*** *(fermé sam. midi et dim.)* Lunch 63 – carte env. 75 – 30 – **86 ch** 386/474, 1 suite.

Man Wah, Havenstraat 9, ✉ 1404 EK, ☎ (0 35) 691 06 66, *Fax (0 35) 692 03 29,* Cuisine chinoise – . AE VISA
Repas carte 45 à 60.

CADZAND *Zeeland* *Oostburg 17 819 h.* 211 F 14 *et* 908 B 7.

Boulevard de Wielingen 44d à Cadzand-Bad, ✉ 4506 JK, ☎ (0 117) 39 12 98, Fax (0 117) 39 25 60.

Amsterdam 218 – Middelburg (bac) 21 – Brugge 29 – Gent 53 – Knokke-Heist 12.

à Cadzand-Bad *Nord-Ouest : 3 km* *Oostburg :*

De Blanke Top, Boulevard de Wielingen 1, ✉ 4506 JH, ☎ (0 117) 39 20 40, *Fax (0 117) 39 14 27,* mer et dunes, – rest, – 25 à 70. AE VISA JCB.
fermé 10 janv.-17 fév. – **Repas** carte env. 100 – **42 ch** 135/355 – ½ P 155/243.

Strandhotel, Boulevard de Wielingen 49, ✉ 4506 JK, ☎ (0 117) 39 21 10, *Fax (0 117) 39 15 35,* – rest, – 25 à 40. AE VISA.
fermé 20 nov.-20 déc. – **Repas** *(fermé après 20 h 30)* 70/100 – **42 ch** 140/250 – ½ P 115/190.

De Wielingen, Kanaalweg 1, ✉ 4506 KN, ☎ (0 117) 39 15 11, *Fax (0 117) 39 16 30,* – rest, – 25 à 40. VISA
Repas *(fermé après 20 h 30)* 45 – **31 ch** 155/220.

Noordzee, Noordzeestraat 2, ✉ 4506 KM, ☎ (0 117) 39 18 10, *Fax (0 117) 39 14 16,* – rest, – 30. AE VISA JCB
fermé 3 sem. en janv. – **Repas** *(fermé après 20 h 30)* Lunch 43 – carte env. 70 – **34 ch** 100/250 – ½ P 119/164.

De Schelde, Scheldestraat 1, ✉ 4506 KL, ☎ (0 117) 39 17 20, *Fax (0 117) 39 22 24,* – – 30. AE VISA JCB
Repas 55/68 – **29 ch** 130/230 – ½ P 110/150.

CALLANTSOOG *Noord-Holland* *Zijpe 11 203 h.* 210 N 5 *et* 908 F 3.

Jewelweg 8, ✉ 1759 HA, ☎ (0 224) 58 15 41, Fax (0 224) 58 15 40.

Amsterdam 67 – Alkmaar 27 – Den Helder 22.

Landgoed de Horn, Previnaireweg 4a, ✉ 1759 GX, ☎ (0 224) 58 12 42, – – 25.
Repas (dîner pour résidents seult) – **30 ch.**

CAMPERDUIN *Noord-Holland* 210 M 6 *et* 908 E 3 – *voir à Schoorl.*

CAPELLE AAN DEN IJSSEL *Zuid-Holland* 211 M 11 - 40 N *et* 908 E 6 - 25 N – *voir à Rotterdam, environs.*

CASTRICUM *Noord-Holland* 210 M 7 *et* 908 E 4 – *22 896 h.*

Amsterdam 33 – Alkmaar 11 – Haarlem 20.

Le Moulin, Dorpsstraat 96, ✉ 1901 EN, ☎ (0 251) 65 15 00, « Rustique » – AE VISA.
fermé lundi et mardi – **Repas** (dîner seult) 70.

CHAAM *Noord-Brabant* *Alphen-Chaam 9 385 h.* 211 O 13 *et* 908 F 7.

Amsterdam 112 – Breda 16 – Eindhoven 65 – 's-Hertogenbosch 54 – Antwerpen 56 – Turnhout 65.

Huis Ten Bosch, Bredaseweg 72 (Nord-Ouest : 2 km), ✉ 4861 TD, ☎ (0 161) 49 12 75, *Fax (0 161) 49 31 81,* – AE VISA JCB
fermé du 6 au 16 mars, du 4 au 14 sept., 31 déc.-1er janv., lundi et mardi – **Repas** 45/80.

CHAMPS DE FLEURS - *voir Bollenvelden.*

De COCKSDORP *Noord-Holland* 210 O 4 *et* 908 F 2 - *voir à Waddeneilanden (Texel).*

COEVORDEN *Drenthe* 210 Z 7 *et* 908 L 4 - *34 497 h.*

Haven 2, ✉ 7741 JV, (0 524) 52 51 50, Fax (0 524) 51 19 23.

Amsterdam 163 - Assen 54 - Enschede 72 - Groningen 75 - Zwolle 53.

Gasterie Het Kasteel, Kasteel 29, ✉ 7741 GC, (0 524) 51 21 70, *Fax (0 524) 51 57 80,* « Dans une cave voûtée » - AE ⓓ ⓜⓒ VISA JCB. ch
fermé du 5 au 19 mars, prem. sem. vacances bâtiment, dim. de sept. à mars et lundi - **Repas** Lunch 35 - 45/75.

Pour être inscrit au **guide Michelin**
– pas de piston,
– pas de pot-de-vin !

DALFSEN *Overijssel* 210 W 7 *et* 908 J 4 - *17 376 h.*

Prinsenstraat 18, ✉ 7721 AJ, (0 529) 43 37 11, Fax (0 529) 43 46 27.

Amsterdam 130 - Assen 64 - Enschede 64 - Zwolle 20.

Hof van Dalfsen, Haersolteweg 3, ✉ 7722 SE, (0 529) 43 18 18, *Fax (0 529) 43 48 92,* - TV ☎ P - 25 à 300. AE ⓓ ⓜⓒ VISA
Repas carte env. 55 - **17 ch** 100/150 - ½ P 135.

Pien, Kerkplein 23, ✉ 7721 AD, (0 529) 43 44 44, *Fax (0 529) 43 47 44,* - AE ⓜⓒ VISA
fermé dern. sem. juil.-2 prem. sem. août, fin déc., dim. et lundi - **Repas** (dîner seult) 65/95.

De Witte Gans, Heinoseweg 30 (Sud : 5,5 km), ✉ 7722 JP, (0 529) 43 05 15, *Fax (0 529) 43 59 75,* « Terrasse, cadre champêtre » - P. ⓜⓒ VISA
fermé mardi - **Repas** (dîner seult) carte env. 65.

De - *voir au nom propre.*

DEIL *Gelderland* © *Geldermalsen 23 610 h.* 211 Q 11 *et* 908 G 6.

Amsterdam 63 - Utrecht 33 - Arnhem 56 - Gorinchem 28 - 's-Hertogenbosch 25.

de Os en het Paard avec ch, Deilsedijk 73, ✉ 4158 EG, (0 345) 65 16 13, *Fax (0 345) 65 22 87,* - TV ☎ P. AE ⓓ ⓜⓒ VISA. ch
fermé fin juil.-début août - **Repas** *(fermé dim.)* Lunch 53 - 65/95 - **4 ch** 145/200 - ½ P 150.

DELDEN *Overijssel* © *Stad Delden 7 344 h.* 210 Z 9, 211 Z 9 *et* 908 L 5.

au Nord-Ouest : 5 km à Bornerbroek, Almelosestraat 17, ✉ 7495 TG, (0 74) 384 11 67, Fax (0 74) 384 10 67.

Langestraat 29, ✉ 7491 AA, (0 74) 376 63 63, Fax (0 74) 376 63 64.

Amsterdam 144 - Apeldoorn 59 - Enschede 17 - Zwolle 60.

Carelshaven, Hengelosestraat 30, ✉ 7491 BR, (0 74) 376 13 05, *Fax (0 74) 376 12 91,* « Terrasse et jardin fleuri », - TV ☎ P - 40. AE ⓓ ⓜⓒ VISA JCB. ch
fermé 28 déc.-10 janv. - **Repas** 65/78 - 20 - **20 ch** 140/175 - ½ P 180.

In den Drost van Twenthe avec ch, Hengelosestraat 8, ✉ 7491 BR, (0 74) 376 40 55, *Fax (0 74) 376 54 12,* - TV ☎ P. AE ⓓ ⓜⓒ VISA JCB. rest
fermé 31 juil.-7 août et 27 déc.-10 janv. - **Repas** *(fermé dim.)* Lunch 65 - 78/105 - **6 ch** 120/195 - ½ P 195/215.

In den Weijenborg, Spoorstraat 16, ✉ 7491 CK, (0 74) 376 30 79, *Fax (0 74) 376 13 27,* - AE ⓓ ⓜⓒ VISA JCB
fermé 27 fév.-5 mars et merc. - **Repas** (dîner seult) 45.

à Deldenerbroek *Nord : 3 km sur la rte de Bornerbroek* © *Ambt Delden 5 444 h :*

't Schaafje, Almelosestraat 23, ✉ 7495 TG, (0 74) 384 12 30, *Fax (0 74) 384 11 28,* - P. AE ⓜⓒ VISA
fermé lundi - **Repas** (dîner seult) carte 84 à 100.

DELDENERBROEK *Overijssel* - *voir à Delden.*

DELFT *Zuid-Holland* 211 L 10 - ㊴ N et 908 E 5 - ㉔ N - *94 706 h.*

Voir *Nouvelle Église★ (Nieuwe Kerk) : mausolée de Guillaume le Taciturne★, de la tour* ≤★ CDY – *Vieux canal★ (Oude Delft)* CYZ – *Pont de Nieuwstraat* ≤★ CY – *Porte de l'Est★ (Oostpoort)* DZ – *Promenade sur les canaux★* CZ – *Centre historique et canaux★★*

Musées : *Prinsenhof★* CY – *"Huis Lambert van Meerten"★ : collection de carreaux de faïence★* CY **M³** – *royal de l'Armée des Pays-Bas★ (Koninklijk Nederlands Legermuseum)* CZ **M²**.

18 *à l'Est : 12 km à Bergschenhoek, Rottebandreef 40,* ✉ *2661 JK,* ☏ *(0 10) 522 07 03, Fax (0 10) 521 93 50.*

Markt 85, ✉ *2611 GS,* ☏ *(0 15) 212 61 00, Fax (0 15) 215 86 95.*

Amsterdam 58 ④ – Rotterdam *16* ① – *Den Haag 13* ④ – *Utrecht 62* ④

Delftgauwseweg . . . . BV 9
Delftsestraatweg . . . . BV 10
Hof van Delftlaan . . . . AV 16
Hoornseweg . . . . AV 18
Krakeelpolderweg . . . . BV 24
Martinus Nijhofflaan . . . . . . BV 28
Nassaulaan . . . . BV 30
Papsouwselaan . . . . BV 42
Ruys de Beerenbrouckstr. . . . . AV 43
Voorhofdreef . . . . BV 52
Westplantsoen . . . . AV 57

Museumhotel en Residence sans rest, Oude Delft 189, ✉ 2611 HD, ☏ (0 15) 214 09 30, *Fax (0 15) 214 09 35,* « Collection de céramiques contemporaines » – ☎. AE ⓓ MC VISA JCB
fermé 24 déc.-2 janv. – 25 – **49 ch** 250. — CY a

De Kok sans rest, Houttuinen 14, ✉ 2611 AJ, ☏ (0 15) 212 21 25, *Fax (0 15) 212 21 25* – TV ☎ – 25. AE ⓓ MC VISA.
30 ch 175. — CZ e

Leeuwenbrug sans rest, Koornmarkt 16, ✉ 2611 EE, ☏ (0 15) 214 77 41, *Fax (0 15) 215 97 59* – TV ☎ – 40. AE MC VISA JCB.
fermé dern. sem. déc. et prem. sem. janv. – **38 ch** 141/169. — CZ b

Herberg de Emauspoort sans rest, Vrouwenregt 11, ✉ 2611 KK, ☏ (0 15) 219 02 19, *Fax (0 15) 214 82 51* – TV ☎ ♿ P. AE MC VISA JCB.
13 ch 135/150. — DY v

DELFT

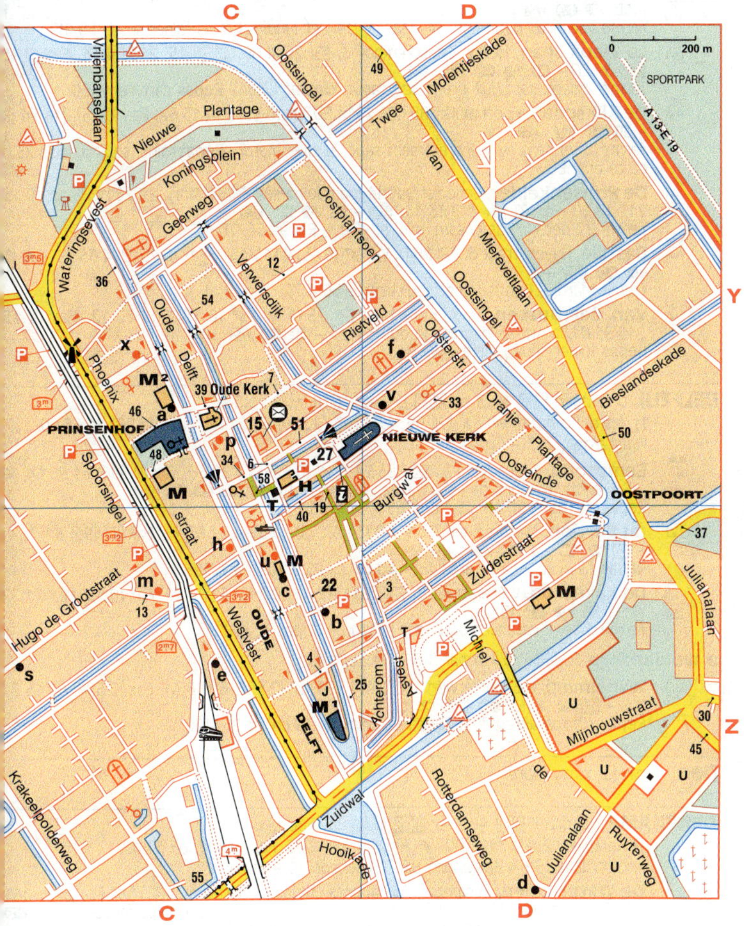

De Vlaming sans rest, Vlamingstraat 52, ✉ 2611 KZ, ☎ (0 15) 213 21 27, *Fax (0 15) 212 20 06* – TV ☎. AE ⓓ ⓜⓒ VISA JCB DY f
12 ch ☐ 125/180.

Special De Kok sans rest, Hugo de Grootstraat 145, ✉ 2613 VS, ☎ (0 15) 214 18 95, *Fax (0 15) 214 18 95* – TV ☎. AE ⓓ ⓜⓒ VISA. ✈ CZ s
9 ch ☐ 145.

Juliana sans rest, Maerten Trompstraat 33, ✉ 2628 RC, ☎ (0 15) 256 76 12, *Fax (0 15) 256 57 07* – TV ☎. AE ⓓ ⓜⓒ VISA DZ d
27 ch ☐ 120/160.

De Ark sans rest, Koornmarkt 65, ✉ 2611 EC, ☎ (0 15) 215 79 99, *Fax (0 15) 214 49 97* – |‡| TV ☎ P. AE ⓓ ⓜⓒ VISA JCB CZ c
28 ch ☐ 185/235.

De Zwethheul, Rotterdamseweg 480 (Sud-Est : 5 km), ✉ 2629 HJ, ☎ (0 10) 470 41 66, *Fax (0 10) 470 65 22*, « Au bord de l'eau avec ← trafic de péniches » – AE MC VISA BV
fermé 24 déc.-6 janv. et lundi – **Repas** Lunch 80 – 110, carte 105 à 145
Spéc. Raviolis de poulet de Bresse aux langoustines sautées. Éventail d'agneau aux beignet d'ail et jus au basilic. Boudin de homard sur lit de poireaux, à la crème truffée.

L'Orage, Oude Delft 111b, ✉ 2611 BE, ☎ (0 15) 212 36 29, *Fax (0 15) 214 19 34*, – AE MC VISA CZ
fermé vacances bâtiment, 31 déc.-1er janv. et lundi – **Repas** (dîner seult) 59/89.

Le Vieux Jean, Heilige Geestkerkhof 3, ✉ 2611 HP, ☎ (0 15) 213 04 33, *Fax (0 15) 214 67 20* – AE MC VISA. CY
fermé 2 dern. sem. juil.-prem. sem. août, dim. et lundi – **Repas** carte env. 90.

De Klikspaan, Koornmarkt 85, ✉ 2611 ED, ☎ (0 15) 214 15 62, *Fax (0 15) 214 74 3* – AE MC VISA JCB. CZ
fermé prem. sem. avril, 2 prem. sem. sept., lundi et mardi – **Repas** (dîner seult jusqu'à 23 h) carte env. 80.

De Prinsenkelder, Schoolstraat 11 (dans le musée Prinsenhof), ✉ 2611 HS, ☎ (0 15) 212 18 60, *Fax (0 15) 213 33 13*, – AE MC VISA CY
fermé 27 déc.-1er janv., sam. midi et dim. – **Repas** 56/70.

Bastille, Havenstraat 6, ✉ 2613 VK, ☎ (0 15) 213 23 90, *Fax (0 15) 214 65 31* – P. AE MC VISA JCB CZ
fermé mardi – **Repas** (dîner seult) carte 56 à 72.

Van der Dussen, Bagijnhof 118, ✉ 2611 AS, ☎ (0 15) 214 72 12, *Fax (0 15) 215 95 01*, « Ancien béguinage du 13e s. » – AE MC VISA. CY
Repas (dîner seult) carte env. 70.

DELFZIJL *Groningen* 210 AA 3 et 908 L 1 – *30 016 h.*

J. v.d. Kornputplein 1a, ✉ 9934 EA, ☎ (0 596) 61 81 04, Fax (0 596) 61 65 50.
Amsterdam 213 – Groningen 30.

Eemshotel, Zeebadweg 2, ✉ 9933 AV, ☎ (0 596) 61 26 36, *Fax (0 596) 61 96 54*, ←, « Sur pilotis au bord de l'eau », – rest, TV ☎. AE MC VISA
Repas 45/65 – **20 ch** 125/165 – ½ P 95.

du Bastion, Waterstraat 78, ✉ 9934 AX, ☎ (0 596) 61 87 71, *Fax (0 596) 61 71 4* – TV ☎. AE MC VISA JCB
Repas Lunch 30 – carte env. 45 – **40 ch** 95/120 – ½ P 125.

De Kakebrug, Waterstraat 8, ✉ 9934 AV, ☎ (0 596) 61 71 22, *Fax (0 596) 61 71 22* – AE MC VISA
fermé 3 sem. vacances bâtiment et dim. – **Repas** 45/98.

à Woldendorp *Sud-Est : 7 km par N 362* C *Delfzijl :*

Wilhelmina, A.E. Gorterweg 1, ✉ 9946 PA, ☎ (0 596) 60 16 41, *Fax (0 596) 60 15 21* – TV ☎ P. AE MC VISA. ch
Repas *(fermé après 20 h 30)* carte env. 45 – **9 ch** 95/120.

Den – *voir au nom propre.*

DENEKAMP *Overijssel* 210 AB 8 et 908 M 4 – *12 300 h.*

Kerkplein 2, ✉ 7591 DD, ☎ (0 541) 35 12 05, Fax (0 541) 35 57 42.
Amsterdam 169 – Apeldoorn 85 – Enschede 19 – Zwolle 77.

De Watermolen, Schiphorstdijk 4 (près château Singraven), ✉ 7591 PS, ☎ (0 541) 35 13 72, *Fax (0 541) 35 51 50*, ←, , « Ancien moulin à eau avec musée » – P. MC
fermé 8 nov.-1er déc. et lundi – **Repas** Lunch 35 – carte 55 à 88.

à Beuningen *Sud-Ouest : 2 km* C *Losser 22 722 h :*

Dinkeloord, Denekamperstraat 48, ✉ 7588 PW, ☎ (0 541) 35 13 87, *Fax (0 541) 35 38 75*, , , , – TV ☎ P – 25 à 200. AE MC VISA. rest
Repas carte env. 60 – 20 – **50 ch** 128/224 – ½ P 160/188.

DEURNE *Noord-Brabant* 211 T 14 et 908 I 7 – *32 034 h.*

Amsterdam 136 – Eindhoven 25 – 's-Hertogenbosch 51 – Venlo 33.

Hof van Deurne, Haageind 29, ✉ 5751 BB, ☎ (0 493) 31 21 41, *Fax (0 493) 31 21 41*, « Ancienne ferme » – P – 40 à 125. MC VISA
fermé 1 sem. carnaval, 2 sem. vacances bâtiment, 27 déc.-1er janv. et lundi – **Repas** Lunch 50 – 58/98.

DEVENTER *Overijssel* 210 W 9, 211 W 9 et 908 J 5 – *70 665 h.*

Voir *Ville*★.

au Nord : 4 km à Diepenveen, Golfweg 2, ✉ 7431 PR, ☎ (0 570) 59 32 69, Fax (0 570) 59 32 69. **i** *Keizerstraat 22, ✉ 7411 HH, ☎ (0 570) 61 31 00, Fax (0 570) 64 33 38.*
Amsterdam 106 ④ – Apeldoorn 16 ⑤ – Arnhem 44 ④ – Enschede 59 ④ – Zwolle 38 ②

DEVENTER

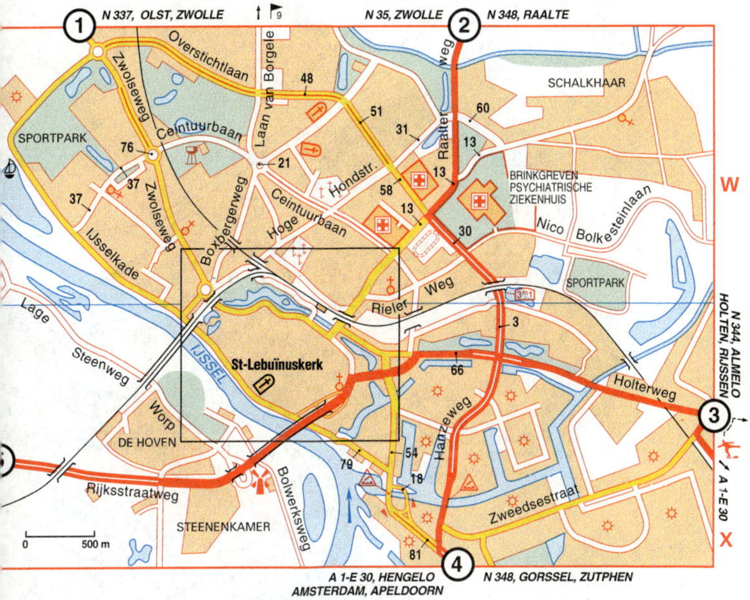

Mercure H. Postiljon, Deventerweg 121 (par ④ : 2 km près A 1), ✉ 7418 DA, ☎ (0 570) 62 40 22, *Fax (0 570) 62 53 46*, – – 25 à 250. AE ① ⓂⒸ VISA
Repas *Lunch 33* – carte env. 55 – ☐ 23 – **99 ch** 155/175 – ½ P 297/322.

Gilde sans rest, Nieuwstraat 41, ✉ 7411 LG, ☎ (0 570) 64 18 46, *Fax (0 570) 64 18 19*, « Ancien cloître », – – 25 à 45. AE ① ⓂⒸ VISA. YZ a
24 ch ☐ 165.

De Leeuw sans rest, Nieuwstraat 25, ✉ 7411 LG, ☎ (0 570) 61 02 90, *Fax (0 570) 61 31 83*, « Ancienne demeure avec façade du 17e s. » – . AE ⓂⒸ VISA. Z r
fermé 25 et 31 déc. et 1er janv. – **11 ch** ☐ 135/165.

't Diekhuus, Bandijk 2 (Ouest : 6 km par Lage Steenweg, à Terwolde), ✉ 7396 NB, ☎ (0 571) 27 39 68, *Fax (0 571) 27 04 07*, ≤, – . AE ① ⓂⒸ VISA W
fermé du 17 au 31 juil., 27 déc.-15 janv., sam. midi, dim. midi et lundi – **Repas** *Lunch 50* – carte 82 à 99.

de Bistro, Golstraat 6, ✉ 7411 BP, ☎ (0 570) 61 95 08, *Fax (0 570) 64 44 33*, , « Cadre rustique » – 25 à 60. AE ① ⓂⒸ VISA. Z c
fermé 24 déc. soir et 31 déc. – **Repas** carte 56 à 69.

't Arsenaal, Nieuwe Markt 33, ✉ 7411 PC, ☎ (0 570) 61 64 95, *Fax (0 570) 61 57 52*, – AE ① ⓂⒸ VISA Z s
fermé sam. midi et dim. midi – **Repas** *Lunch 48* – 53/68.

da Mario, Vleeshouwerstraat 6, ✉ 7411 JN, ☎ (0 570) 61 93 93, *Fax (0 570) 64 44 33*, , Cuisine italienne – . AE ① ⓂⒸ VISA. Z b
fermé lundi – **Repas** (dîner seult) 45.

DEVENTER

Bagijnenstraat	Y	3
Bergkerkplein	Z	6
Binnensingel	Y	9
Bokkingshang	Z	10
Brink	Z	
Brinkpoortstr	Y	15
Broederenstr	Z	16
Burseplein	Z	17
Engestraat	Z	19
Gedempte Gracht	Y	22
Golstraat	Z	23
Graven	Z	24
Grote Kerkhof	Z	25
Grote Overstraat	Z	27
Grote Poot	Z	28
Hofstraat	Z	33
Hoge Hondstraat	Y	34
Industrieweg	Z	36
Kapjeswelle	Y	39
Kleine Overstr	Z	40
Kleine Poot	Z	42
Korte Bisschopsstr	Z	45
Lange Bisschopsstr	Z	46
Leeuwenbrug	Y	49
Menstraat	Z	52
Nieuwstraat	YZ	
Noordenbergstr	Z	5
Ossenweerdstraat	Y	6
Pontsteeg	Z	6
Roggestraat	Z	6
Sijzenbaanpl	Y	6
Snipperlingsdijk	Z	6
Spijkerboorsteeg	Z	6
Stromarkt	Z	6
T. G. Gibsonstraat	Y	7
van Twickelostraat	Y	7
Verlengde Kazernestr	Z	7
Verzetslaan	Y	7
Walstraat	Z	
Zandpoort	Z	7

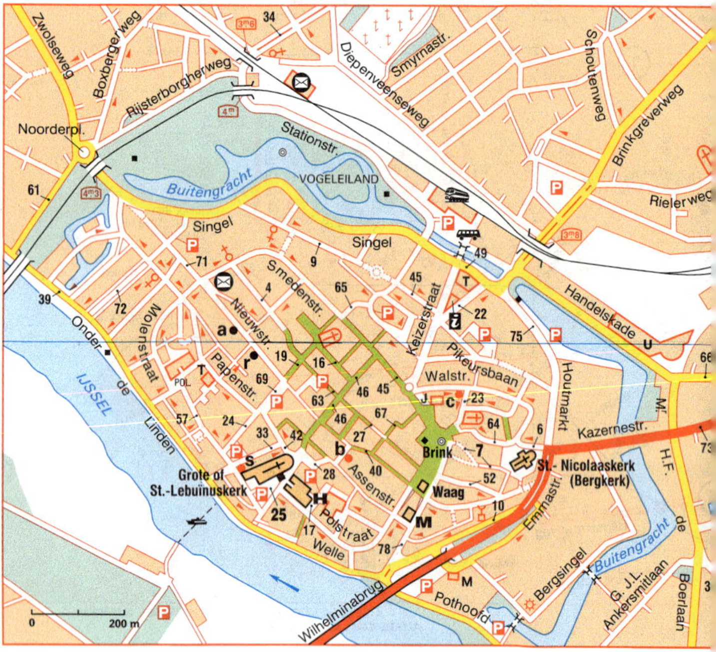

à Diepenveen *Nord : 5 km* 🄲 *Deventer :*

XXX **De Roetertshof,** Kerkplein 6, ✉ 7431 EE, ✆ (0 570) 59 25 28, *Fax (0 570) 59 32 6*
« Auberge rustique à l'ombre du clocher » – AE ⓓ ⓜⓒ VISA JCB
fermé 27 juil.-9 août, 27 déc.-5 janv. et merc. – **Repas** (dîner seult sauf dim.) *Lunch 58* 63/108.

DIEPENHEIM *Overijssel* **211** Y 9 *et* **908** K 5 – *2 768 h.*

Amsterdam 137 – Apeldoorn 47 – Arnhem 72 – Enschede 31 – Zwolle 53.

XX **Den Haller,** Watermolenweg 34, ✉ 7478 PW, ✆ (0 547) 35 12 87, *Fax (0 547) 35 24 3*
« Dans une ancienne ferme saxonne, terrasse avec ≼ moulin à eau » – ⓜⓒ VISA
fermé fin déc., mardi sauf en juil.-août et lundi d'oct. à avril et en juil.-août – **Repas** 58/8

DIEPENVEEN *Overijssel* **210** V 9 *et* **908** J 5 – *voir à Deventer.*

DIEVER *Drenthe* 🄲 *Westerveld 18 497 h* **210** W 5 *et* **908** J 3.

Amsterdam 159 – Assen 27 – Groningen 52 – Leeuwarden 69 – Zwolle 49.

X **De Walhof** avec ch, Hezenes 6, ✉ 7981 LC, ✆ (0 521) 59 17 93, *Fax (0 52*
59 25 57, « Environnement boisé » – TV ☎ P AE ⓓ ⓜⓒ VISA
fermé du 1er au 28 janv. – **Repas** *(fermé après 20 h)* carte env. 65 – **9 ch** ☐ 140
½ P 90/100.

DIFFELEN *Overijssel* 210 Y 7 – *voir à Hardenberg.*

DIGUE DU NORD – *voir Afsluitdijk.*

DOENRADE *Limburg* 211 U 17 – *voir à Sittard.*

DOETINCHEM *Gelderland* 211 W 11 *et* 908 J 6 – *45 310 h.*

au Nord-Ouest : 8 km à Hoog-Keppel, Oude Zutphenseweg 15, ✉ 6997 CH, ☏ (0 314) 38 14 16, Fax (0 57) 546 43 99.

IJsselkade 30, ✉ 7001 AP, ☏ (0 314) 32 33 55, Fax (0 314) 34 50 27.

Amsterdam 130 – Apeldoorn 43 – Arnhem 33 – Enschede 60.

de Graafschap, Simonsplein 12, ✉ 7001 BM, ☏ (0 314) 32 45 41, *Fax (0 314) 32 58 63,* – TV ☎ P – 25 à 70. AE ⓓ MC VISA JCB. rest
Repas *Lunch 38* – carte env. 50 – **27 ch** 110/193 – ½ P 118/125.

DOKKUM *Fryslân* C *Dongeradeel 24 369 h.* 210 V 3 *et* 908 I 2.

Env. *à l Ouest : Hoogebeintum, 16 armoiries funéraires★ dans l'église.*

Op de Fetze 13, ✉ 9101 LE, ☏ (0 519) 29 38 00, Fax (0 519) 29 80 15.

Amsterdam 163 – Groningen 58 – Leeuwarden 24.

De Abdij van Dockum , Markt 30, ✉ 9101 LS, ☏ (0 519) 22 04 22, *Fax (0 519) 22 04 14,* , « Ancien orphelinat avec façade de style Renaissance », – TV ☎ P – 45. AE ⓓ MC VISA JCB.
fermé 30 janv.-16 fév., 30 oct.-7 nov. et 31 déc.-1er janv. – **Repas** ***De Regentenkamer*** *(fermé mardi)* (dîner seult) 58/98 – **13 ch** 115/215, 3 suites – ½ P 140/185.

Den DOLDER *Utrecht* 211 Q 10 *et* 908 G 5 – *voir à Zeist.*

DOMBURG *Zeeland* C *Veere 22 183 h.* 211 F 13 *et* 908 B 7 – *Station balnéaire.*

Schelpweg 26, ✉ 4357 BP, ☏ (0 118) 58 61 08, Fax (0 118) 58 61 09.

Schuitvlotstraat 32, ✉ 4357 EB, ☏ (0 118) 58 13 42, Fax (0 118) 58 35 45.

Amsterdam 190 – Middelburg 16 – Rotterdam 111.

Badhotel M , Domburgseweg 1a, ✉ 4357 BA, ☏ (0 118) 58 88 88, *Fax (0 118) 58 88 99,* , , , , – TV ☎ P – 25 à 120. AE ⓓ MC VISA. rest
Repas (dîner seult) 50 – **113 ch** 280/350, 3 suites – ½ P 203/225.

The Wigwam , Herenstraat 12, ✉ 4357 AL, ☏ (0 118) 58 12 75, *Fax (0 118) 58 25 25* – TV ☎ P. MC VISA.
2 mars-10 nov. – **Repas** (dîner pour résidents seult) – **31 ch** 130/240 – ½ P 100/150.

Duinvliet sans rest, Domburgseweg 44, ✉ 4357 NH, ☏ (0 118) 58 39 21, *Fax (0 118) 58 39 22,* « Ancienne demeure dans un parc », – TV ☎ P. AE ⓓ MC VISA
mars-oct. – **7 ch** 255.

Wilhelmina sans rest, Noordstraat 20, ✉ 4357 AP, ☏ (0 118) 58 12 62, *Fax (0 118) 58 41 10,* – TV ☎ P. AE MC VISA
16 ch 175/270, 4 suites.

Strandhotel Duinheuvel sans rest, Badhuisweg 2, ✉ 4357 AV, ☏ (0 118) 58 12 82, *Fax (0 118) 58 33 45* – TV ☎ P. AE MC VISA
20 ch 175/245.

De Burg, Ooststraat 5, ✉ 4357 BE, ☏ (0 118) 58 13 37, *Fax (0 118) 58 20 72* – TV ☎ P. AE MC VISA
fermé 14 nov.-27 déc. et 4 janv.-15 fév. – **Repas** carte env. 50 – **22 ch** 65/140 – ½ P 83/98.

In den Walcherschen Dolphijn, Markt 9, ✉ 4357 BG, ☏ (0 118) 58 28 39, *Fax (0 118) 58 66 00* – AE ⓓ MC VISA
fermé janv. et merc. de sept. à mai – **Repas** *Lunch 60* – carte 76 à 97.

Mondriaan, Ooststraat 6, ✉ 4357 BE, ☏ (0 118) 58 44 34, *Fax (0 118) 58 39 23* – .
AE ⓓ MC VISA JCB
fermé Noël, janv. et lundi de sept. à mai – **Repas** (dîner seult) carte env. 65.

DOORWERTH *Gelderland* C *Renkum 32 070 h.* 211 T 11 *et* 908 I 6.

Amsterdam 98 – Arnhem 9.

Kasteel Doorwerth, Fonteinallee 4, ✉ 6865 ND, ☏ (0 26) 333 34 20, *Fax (0 26) 333 81 16,* , « Dans les dépendances du château » – P. AE ⓓ MC VISA
fermé mardi – **Repas** (dîner seult) 75/120.

DORDRECHT *Zuid-Holland* 211 N 12 *et* 908 F 6 – *118 118 h.*

Voir *La Vieille Ville★ – Grande Église ou église Notre-Dame★ (Grote- of O.L. Vrouwekerk) stalles★, de la tour* ≤★★ CV **R** – *Groothoofdspoort : du quai* ≤★ DV.

Musée : *Mr. Simon van Gijn★* CV **M**².

18 Baanhoekweg 50, ✉ 3313 LP, ℘ (0 78) 621 12 21, Fax (0 78) 616 10 36 - 18 au Sud Ouest : 20 km à Numansdorp, Veerweg 26, ✉ 3281 LX, ℘ (0 186) 65 44 55, Fax (0 186 65 46 81.

au Nord-Ouest : 23 km par ④ à Rotterdam-Zestienhoven ℘ (0 10) 446 34 44, Fa (0 10) 446 34 99.

Stationsweg 1, ✉ 3311 JW, ℘ (0 78) 613 28 00, Fax (0 78) 613 17 83.

Amsterdam 95 ① – Rotterdam 28 ④ – Arnhem 106 ① – Breda 29 ② – Den Haag 5 ④ – Utrecht 58 ①

DORDRECHT

Brouwersdijk	AZ	10
Burgemeester Jaslaan	BZ	12
Dubbelsteynlaan	BZ	15
Jan Vethkade	AZ	24
Kapteynweg	BZ	27
Kotterstr.	AZ	28
Krispijnseweg	AZ	30
Laan der Verenigde Naties	AZ	31
Maarten Harpertszoon Trompweg	AZ	33

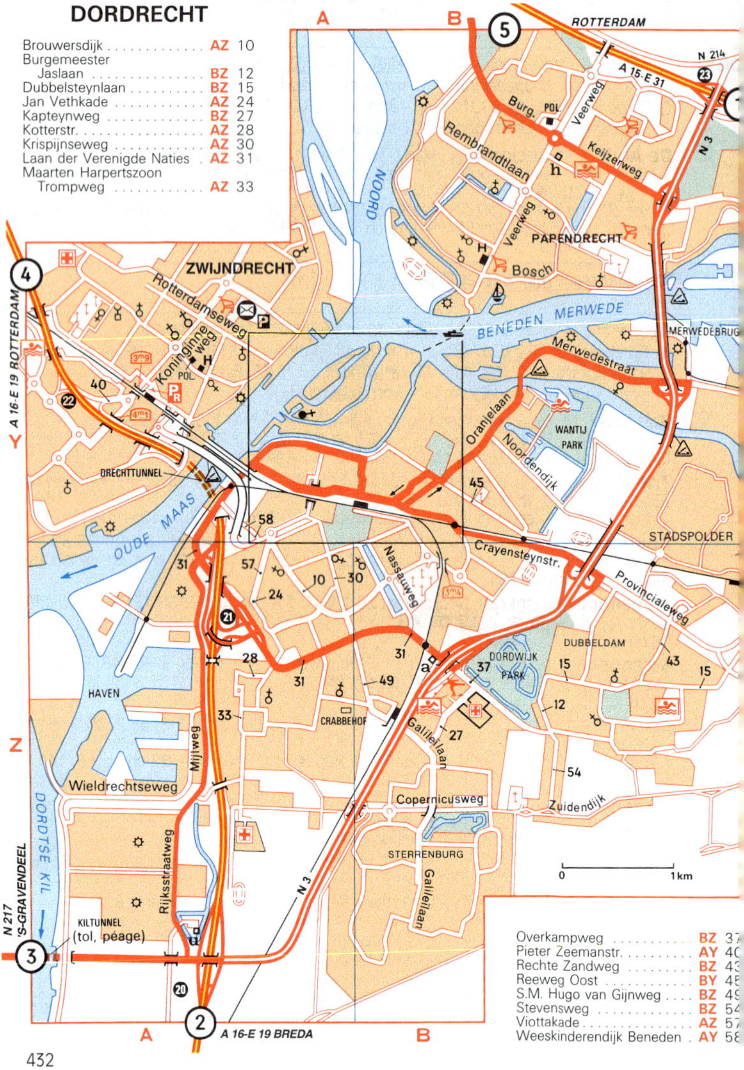

Overkampweg	BZ	37
Pieter Zeemanstr.	AY	40
Rechte Zandweg	BZ	43
Reeweg Oost	BY	45
S.M. Hugo van Gijnweg	BZ	49
Stevensweg	BZ	54
Viottakade	AZ	57
Weeskinderendijk Beneden	AY	58

DORDRECHT

Achterhakkers	CX	3
Aert de Gelderstr.	CX	4
Bagijnhof	DV	6
Blauwpoortspl.	CV	7
Bleijenhoek	DV	9
Dubbeldamseweg	DX	13
Groenmarkt	CV	16
Groothoofd	DV	18
Grote Kerksbuurt	CV	19
Grote Spuistr.	CV	21
Hoogstratensingel	DVX	22
Johan de Wittstr.	DX	25
Museumstr.	DV	34
Oranjelaan	DX	36
Papeterspad	CX	39
Prinsenstr.	CV	42
Riedijk	DV	46
Scheffersp.	CDV	48
Spuiweg	CX	
Stationsweg	DX	51
Steegoversloot	DV	52
Twintighuizen	CX	55
Visstr.	CV	57
Voorstr.	CDV	
Vriesestr.	DV	
Wilgenbos	CX	60
Wolwevershaven	CV	61

Dordrecht, Achterhakkers 72, ✉ 3311 JA, ☎ (0 78) 613 60 11, *Fax (0 78) 613 74 70*, – TV ☎ P. AE ⓓ MC VISA JCB — CX d
Repas *(fermé vend., sam. et dim.)* (dîner seult) carte 45 à 85 – **21 ch** *(fermé 24 déc.-2 janv.)* 155/205.

Mercure H. Postiljon, Rijksstraatweg 30 ('s-Gravendeel), ✉ 3316 EH, ☎ (0 78) 618 44 44, *Fax (0 78) 618 79 40*, – rest, TV ☎ P – 25 à 500. AE ⓓ MC VISA — AZ u
Repas *Lunch 20* – carte env. 60 – 23 – **96 ch** 165/185 – ½ P 203.

Bellevue, Boomstraat 37, ✉ 3311 TC, ☎ (0 78) 613 79 00, *Fax (0 78) 613 79 21*, ≤ confluent de rivières et port de plaisance, , – rest, TV ☎ – 25 à 50. AE ⓓ MC VISA — DV b
Repas (Ouvert jusqu'à 23 h) *Lunch 40* – carte 50 à 85 – **26 ch** 150/200, 1 suite – ½ P 175/225.

Bastion, Laan der Verenigde Naties 363, ✉ 3318 LA, ☎ (0 78) 651 15 33, *Fax (0 78) 617 81 63* – TV ☎ P. AE ⓓ MC VISA JCB. — BZ a
Repas (Grillades, ouvert jusqu'à 23 h) 45 – 17 – **40 ch** 125.

Klarenbeek, Johan de Wittstraat 35, ✉ 3311 KG, ☎ (0 78) 614 41 33, *Fax (0 78) 614 08 61*, , – TV ☎. rest — DX s
Repas (dîner pour résidents seult) – **23 ch** 145 – ½ P 125/145.

Le Mouton, Toulonselaan 12, ✉ 3312 ET, ☎ (0 78) 613 50 09, *Fax (0 78) 631 57 3*
– AE ⓓ MC VISA. DX
fermé 31 déc. et lundi – **Repas** Lunch 30 – carte 59 à 80.

Bonne Bouche, Groenmarkt 8, ✉ 3311 BE, ☎ (0 78) 614 05 00, *Fax (0 78) 631 25 3*
– ▤. AE ⓓ MC VISA JCB CV
fermé 3 sem. vacances bâtiment, Noël-début janv. et mardi – **Repas** 55/95.

De Stroper, Wijnbrug 1, ✉ 3311 EV, ☎ (0 78) 613 00 94, *Fax (0 78) 631 86 74,*
Produits de la mer, ouvert jusqu'à minuit – ▤. AE ⓓ MC VISA DV
fermé 24 et 31 déc. – **Repas** 30.

Marktzicht, Varkenmarkt 17, ✉ 3311 BR, ☎ (0 78) 613 25 84, *Fax (0 78) 613 61 6*
Produits de la mer – ▤. AE ⓓ MC VISA. CV
fermé 24 juil.-13 août, dim. et lundi – **Repas** 58/98.

Jongepier 1er étage, Groothoofd 8, ✉ 3311 AG, ☎ (0 78) 613 06 16, *Fax (0 78*
631 77 33, ←, – AE ⓓ MC VISA DV
fermé lundi et mardi de nov. à mars – **Repas** Lunch 38 – 50/65.

à Papendrecht *Nord-Est : 4 km – 28 827 h.*

Mercure, Lange Tiendweg 2, ✉ 3353 CW, ☎ (0 78) 615 20 99, *Fax (0 78) 615 85 97*
– ▤ ▤ TV ☎ P – 25 à 200. AE ⓓ MC VISA. rest BY
Repas carte env. 65 – ☕ 25 – **76 ch** 205/235.

DRACHTEN *Fryslân C Smallingerland 51 092 h.* 210 V 4 *et* 908 J 2.

Burg. Wuiteweg 56, ✉ 9203 KL, ☎ (0 512) 51 77 71, Fax (0 512) 53 24 13.
Amsterdam 147 – Groningen 38 – Leeuwarden 27 – Zwolle 85.

Golden Tulip, Zonnedauw 1, ✉ 9202 PE, ☎ (0 512) 52 07 05, *Fax (0 512) 52 32 32*
, – ▤ ▤ TV ☎ P – 25 à 200. AE ⓓ MC VISA JCB. rest
fermé 25 et 26 déc. – **Repas** Lunch 44 – 50/60 – ☕ 25 – **48 ch** 155/180 – ½ P 105/125.

De Wilgenhoeve, De Warren 2, ✉ 9203 HT, ☎ (0 512) 51 25 10, *Fax (0 512) 53 14 19*
, Ouvert jusqu'à minuit, « Ancienne ferme » – P. AE ⓓ MC VISA
fermé lundi – **Repas** Lunch 45 – 60/88.

Koriander (Gaastra), Burgemeester Wuiteweg 18, ✉ 9203 KK, ☎ (0 512) 54 88 50
Fax (0 512) 54 81 24, – AE ⓓ MC VISA
fermé 31 juil.-17 août, 27 déc.-4 janv., sam. midi, dim. midi et lundi – **Repas** Lunch 45 – 55, carte env. 75
Spéc. Filet de turbot braisé aux fines herbes et tomates séchées. Suprême de canard sauvage à la crème de céleri-rave (15 août-15 janv.). Gâteau de glace à la coriandre, figues et compote de baies de sureau.

à Boornbergum *(Boarburgum) Sud-Ouest : 5 km C Smallingerland :*

Het Spijshuys, Westerbuorren 2, ✉ 9212 PL, ☎ (0 512)38 30 47, *Fax (0 512)*
38 17 80, – AE ⓓ MC VISA
fermé lundi – **Repas** 50.

à Rottevalle *Nord : 4 km C Smallingerland :*

De Herberg van Smallingerland, Muldersplein 2, ✉ 9221 SP, ☎ (0 512) 34 20 64,
Fax (0 512) 34 22 39, , « Auberge du 18e s. » – P – 25 à 40. MC VISA JCB
fermé du 1er au 18 août et lundi – **Repas** (dîner seult) carte 68 à 83.

DRIEBERGEN-RIJSENBURG *Utrecht* 211 Q 10 *et* 908 G 5 – *18 487 h.*

Hoofdstraat 87a, ✉ 3971 KE, ☎ (0 343) 51 31 62, Fax (0 343) 53 24 11.
Amsterdam 54 – Utrecht 15 – Amersfoort 22 – Arnhem 49.

De Koperen Ketel sans rest, Welgelegenlaan 28, ✉ 3971 HN, ☎ (0 343) 51 61 74,
Fax (0 343) 53 24 65, « Jardin » – P. AE ⓓ MC VISA
15 ch ☕ 120/180.

Lai Sin, Arnhemse Bovenweg 46, ✉ 3971 MK, ☎ (0 343) 51 68 58, *Fax (0 343) 51 71 97,*
, Cuisine chinoise – AE ⓓ MC VISA JCB.
fermé 27 fév.-6 mars, 23 juil.-14 août, dim. et lundi – **Repas** Lunch 70 – 98/155, carte 90 à 108
Spéc. Yuxiang (bœuf) piquant aux 3 champignons. Homard à la cantonnaise. Rouget poêlé sauce piquante au vinaigre de riz.

La Provence, Hoofdstraat 109, ✉ 3971 KG, ☎ (0 343) 51 29 20 – P. AE ⓓ MC VISA
fermé 2 dern. sem. juil.-prem. sem. août et lundi – **Repas** 60.

DRONRIJP (DRONRYP) *Fryslân* © *Menaldumadeel 13 759 h.* 210 S 3 *et* 908 H 2.
Amsterdam 138 – Leeuwarden 15 – Sneek 23 – Zwolle 110.

Op Hatsum, Hatsum 13 (Sud : 2 km), ✉ 9035 VK, ☎ (0 517) 23 16 88, *Fax (0 517) 23 21 63,* Anguilles – P. AE ① MC VISA JCB
fermé lundi et mardi – **Repas** (dîner seult jusqu'à 23 h) carte 65 à 92.

DRONTEN *Flevoland* 210 T 7 *et* 908 I 4 – *33 448 h.*
Amsterdam 72 – Apeldoorn 51 – Leeuwarden 94 – Lelystad 23 – Zwolle 31.

Het Galjoen, De Rede 50, ✉ 8251 EW, ☎ (0 321) 31 70 30, *Fax (0 321) 31 58 22* – TV ☎ P – 25 à 300. AE ① MC VISA
Repas carte 47 à 70 – 19 – **38 ch** 83/125 – ½ P 114/136.

à Ketelhaven *Nord : 8 km* © *Dronten :*

Lands-End, Vossemeerdijk 23, ✉ 8251 PM, ☎ (0 321) 31 33 18, *Fax (0 321) 31 42 49,* ←, – P. MC VISA
fermé 24 janv.-16 fév. et lundi – **Repas** carte 51 à 84.

DRUNEN *Noord-Brabant* © *Heusden 41 940 h.* 211 P 12 *et* 908 G 6.
Amsterdam 101 – Breda 34 – 's-Hertogenbosch 15 – Rotterdam 73.

de Duinrand M, Steegerf 2 (Sud : 2 km), ✉ 5151 RB, ☎ (0 416) 37 24 98, *Fax (0 416) 37 49 19,* ←, , « Élégants pavillons à l'orée du bois », , , – rest, TV ☎ P – 25 à 40. AE ① MC VISA
fermé 2 sem. carnaval – **Repas** Lunch 60 – 90/140 – 25 – **10 ch** 195/225, 5 suites.

Royal, Raadhuisplein 13, ✉ 5151 JH, ☎ (0 416) 37 23 81, *Fax (0 416) 37 88 63,* , – TV ☎. AE ① MC VISA JCB.
fermé carnaval et 31 déc. – **Repas** carte 45 à 78 – **15 ch** 115/160 – ½ P 145.

Gelagkamer Busio, Grotestraat 148a, ✉ 5151 BN, ☎ (0 416) 37 33 93, *Fax (0 416) 37 33 93,* , Taverne-rest – . AE MC VISA
fermé du 5 à 14 mars, 31 juil.-15 août, 24 et 31 déc. et mardi – **Repas** Lunch 45 – 65/90.

MICHELIN NEDERLAND N.V., Bedrijvenpark Groenewoud II, Huub van Doorneweg 2 – ✉ 5151 DT, ☎ (0 416) 38 41 00, Fax (0 416) 38 41 26

DUIVEN *Gelderland* 211 V 11 *et* 908 J 6 – *voir à Arnhem.*

DWINGELOO *Drenthe* © *Westerveld 18 497 h.* 210 X 5 *et* 908 K 3.
Brink 46, ✉ 7991 CJ, ☎ (0 521) 59 13 31, Fax (0 521) 59 37 11.
Amsterdam 158 – Assen 30 – Groningen 50 – Leeuwarden 70 – Zwolle 50.

Wesseling, Brink 26, ✉ 7991 CH, ☎ (0 521) 59 15 44, *Fax (0 521) 59 25 87,* – TV ☎ P – 25. AE ① MC VISA
fermé du 1er au 16 janv. – **Repas** *(fermé après 20 h 30)* Lunch 37 – 47 – **23 ch** 103/165 – ½ P 128.

De Brink, Brink 30, ✉ 7991 CH, ☎ (0 521) 59 13 19, *Fax (0 521) 59 25 87,* – ☎ P
fermé 15 janv.-15 mars et nov.-15 déc. – **Repas** *(fermé après 20 h 30)* Lunch 35 – 60 – **6 ch** 80/130 – ½ P 95.

à Lhee *Sud-Ouest : 1,5 km* © *Westerveld :*

De Börken, Lhee 76, ✉ 7991 PJ, ☎ (0 521) 59 72 00, *Fax (0 521) 59 72 87,* , , , , , – TV ☎ P – 25 à 100. AE ① MC VISA JCB. rest
fermé 31 déc. et 1er janv. – **Repas** Lunch 45 – carte env. 65 – **35 ch** 175/210.

EARNEWÂLD *Fryslân* – *voir Eernewoude.*

EDAM *Noord-Holland* © *Edam-Volendam 26 840 h.* 210 P 7 *et* 908 G 4.
Damplein 1, ✉ 1135 BK, ☎ (0 299) 31 51 25, Fax (0 299) 37 42 36.
Amsterdam 22 – Alkmaar 28 – Leeuwarden 116.

De Fortuna, Spuistraat 3, ✉ 1135 AV, ☎ (0 299) 37 16 71, *Fax (0 299) 37 14 69,* , « Maisonnettes typiques dans un jardin fleuri », – TV ☎. AE ① MC VISA JCB.
Repas (dîner seult) 55 – **23 ch** 142/192.

EDE *Gelderland* 211 S 10 et 908 I 5 – *101 319 h.*

Env. *Parc National de la Haute Veluwe*** (Nationaal Park de Hoge Veluwe) : Parc***, Musée national (Rijksmuseum) Kröller-Müller*** – au Nord-Est : 13 km, Parc à sculptures** (Beeldenpark).*

Achterdoelen 36, ✉ 6711 AV, ☏ (0 318) 61 44 44, Fax (0 318) 65 03 35.

Amsterdam 81 – Apeldoorn 32 – Arnhem 23 – Utrecht 43.

De Reehorst, Bennekomseweg 24, ✉ 6717 LM, ☏ (0 318) 64 11 88, *Fax (0 318) 64 13 49,* – – 25 à 600. AE VISA.
fermé 31 déc. – **Repas** *(fermé dim. midi)* carte env. 50 – **90 ch** 153/205.

La Façade, Notaris Fischerstraat 31, ✉ 6711 BB, ☏ (0 318) 61 62 54, *Fax (0 318) 65 19 80,* – . AE VISA
fermé dern. sem. janv.-prem. sem. fév. et mardi – **Repas** (dîner seult) 60.

Het Pomphuis, Klinkenbergerweg 41, ✉ 6711 MJ, ☏ (0 318) 65 31 33, , « Terrasse » – . AE VISA JCB.
Repas Lunch 55 – 45.

EEMNES *Utrecht* 211 Q 9 et 908 G 5 – *8 297 h.*

Amsterdam 34 – Utrecht 22 – Apeldoorn 61 – Hilversum 5.

De Witte Bergen, Rijksweg 2 (sur A 1), ✉ 3755 MV, ☏ (0 35) 538 67 54, *Fax (0 35) 531 38 48,* , – – 25 à 300. AE VISA
Repas (Ouvert jusqu'à minuit) carte 45 à 68 – 15 – **112 ch** 120.

EERBEEK *Gelderland* *Brummen 21 503 h.* 211 V 10 et 908 J 5.

Amsterdam 107 – Apeldoorn 23 – Arnhem 26 – Enschede 71.

Landgoed Het Huis te Eerbeek , Prof. Weberlaan 1, ✉ 6961 LX, ☏ (0 313) 65 91 35, *Fax (0 313) 65 41 75,* « Parc », , – – 25 à 80. AE VISA.
Repas *(fermé après 20 h)* Lunch 40 – carte 62 à 83 – **39 ch** 155/350 – ½ P 175.

EERNEWOUDE (EARNEWÂLD) *Fryslân* *Tytsjerksteradiel 31 062 h.* 210 U 4 et 908 I 2.

Amsterdam 148 – Drachten 18 – Groningen 50 – Leeuwarden 17.

Princenhof , P. Miedemaweg 15, ✉ 9264 TJ, ☏ (0 511) 53 92 06, *Fax (0 511) 53 93 19,* , , – – 25 à 120. AE VISA.
15 mars-oct. – **Repas** Lunch 38 – carte 58 à 78 – **43 ch** 110/200 – ½ P 123/138.

EERSEL *Noord-Brabant* 211 Q 14 et 908 G 7 – *18 282 h.*

Markt 30a, ✉ 5521 AN, ☏ (0 497) 51 31 63, Fax (0 497) 51 41 32.

Amsterdam 136 – Eindhoven 16 – 's-Hertogenbosch 47 – Antwerpen 72.

de Acht Zaligheden, Markt 3, ✉ 5521 AJ, ☏ (0 497) 51 28 11, – . AE VISA JCB
fermé du 4 au 11 mars, 17 juil.-7 août, dim. et lundi – **Repas** Lunch 53 – 88/95.

Aub. La Cave, Markt 5, ✉ 5521 AJ, ☏ (0 497) 53 05 10, *Fax (0 497) 53 05 09,* – AE VISA JCB
fermé du 4 au 7 mars, 29 juin-4 juil. et lundi – **Repas** (dîner seult) 55.

EES *Drenthe* 210 Z 5 – *voir à Borger.*

EGMOND AAN ZEE *Noord-Holland* *Egmond 11 435 h.* 210 M 7 et 908 E 4.

Voorstraat 82a, ✉ 1931 AN, ☏ (0 72) 506 13 62, Fax (0 72) 506 50 54.

Amsterdam 46 – Alkmaar 10 – Haarlem 34.

Bellevue, Strandboulevard A 7, ✉ 1931 CJ, ☏ (0 72) 506 10 25, *Fax (0 72) 506 11 16,* , – , rest, – 40 à 60. AE VISA. rest
Repas 55/65 – **51 ch** 70/195 – ½ P 105/133.

De Boei, Westeinde 2, ✉ 1931 AB, ☏ (0 72) 506 93 93, *Fax (0 72) 506 24 54,* , – – 40. VISA
Repas 45 – 15 – **37 ch** 89/148 – ½ P 116.

Golfzang, Boulevard Ir. de Vassy 19, ✉ 1931 CN, ☏ (0 72) 506 15 16, *Fax (0 72) 506 22 22* – . AE VISA.
fermé 20 déc.-5 janv. – **Repas** (dîner pour résidents seult) – **24 ch** 110/160 – ½ P 90/110.

De Vassy sans rest, Boulevard Ir. de Vassy 3, ✉ 1931 CN, ☏ (0 72) 506 15 73, *Fax (0 72) 506 53 06* – . VISA.
fermé 12 janv.-15 fév. et 3 nov.-26 déc. – **17 ch** 79/185.

La Châtelaine, Smidstraat 7, ✉ 1931 EX, ☏ (0 72) 506 23 55, *Fax (0 72) 506 69 26,* « Rustique » – AE VISA
fermé janv. et merc. – **Repas** (dîner seult) 50/60.

EIBERGEN *Gelderland* **211** Y 10 et **908** K 5 – *16 491 h.*

Amsterdam 146 – Apeldoorn 60 – Arnhem 71 – Enschede 24.

De Greune Weide, Lutterweg 1 (Sud : 2 km), ✉ 7152 CC, ☎ (0 545) 47 16 92, *Fax (0 545) 47 74 15*, « Cadre champêtre », – 25. AE MC VISA.
Repas *Lunch 38* – 60/99 – **18 ch** 95/210 – ½ P 113/143.

Belle Fleur, J.W. Hagemanstraat 85, ✉ 7151 AE, ☎ (0 545) 47 21 49, *Fax (0 545) 47 59 53*, – P. MC VISA.
fermé 24 juil.-10 août, 27 déc.-11 janv., sam. midi, dim. midi et lundi – **Repas** (en juil.-août dîner seult) 79.

In this guide,
a symbol or a character, printed in red or black, in bold or light type, does not have the same meaning.
Please read the explanatory pages carefully.

EINDHOVEN *Noord-Brabant* **211** S 14 et **908** H 7 – *198 339 h.* – *Casino* BY, *Heuvel Galerie 134,* ✉ *5611 DK,* ☎ *(0 40) 235 73 57, Fax (0 40) 235 73 60.*

Musée : *Van Abbe★ (Stedelijk Van Abbemuseum)* BZ **M¹**.

Ch. Roelslaan 15, ✉ *5644 HX,* ☎ *(0 40) 252 09 62, Fax (0 40) 221 38 99 - Welschapsedijk 164,* ✉ *5657 BB,* ☎ *(0 40) 251 57 97, Fax (0 40) 252 92 97 - par ④ : 11 km à Valkenswaard, Eindhovenseweg 300,* ✉ *5533 VB,* ☎ *(0 40) 201 27 13, Fax (0 40) 204 40 38 - à l'Ouest : 5 km à Veldhoven, Locht 140,* ✉ *5504 RP,* ☎ *(0 40) 253 44 44, Fax (0 40) 254 97 47.*

5 km par Noord Brabantlaan AV ☎ *(0 40) 291 98 18, Fax (0 40) 291 98 20.*

Stationsplein 1, ✉ *5611 AC,* ☎ *0 900-112 23 63, Fax (0 40) 243 31 35.*

Amsterdam 122 ⑦ – Duisburg 99 ③ – 's-Hertogenbosch 35 ⑦ – Maastricht 86 ③ – Tilburg 36 ⑥ – Antwerpen 86 ④

Plan page suivante

Holiday Inn, Veldm. Montgomerylaan 1, ✉ 5612 BA, ☎ (0 40) 243 32 22, *Fax (0 40) 244 92 35*, – – 40 à 200. AE MC VISA JCB. BY t
Repas *(fermé 31 déc.)* (dîner seult) carte 50 à 78 – **199 ch** 220.

Dorint, Vestdijk 47, ✉ 5611 CA, ☎ (0 40) 232 61 11, *Fax (0 40) 244 01 48*, – – – 25 à 450. AE MC VISA JCB BY h
Repas *Lunch 30* – 45 – **184 ch** 375/450, 4 suites – ½ P 150/350.

Mandarin Park Plaza, Geldropseweg 17, ✉ 5611 SC, ☎ (0 40) 212 50 55 et 212 12 25 (rest), *Fax (0 40) 212 15 55 et 211 66 67 (rest)*, – – 30 à 120. AE MC VISA JCB. BZ y
Repas ***Mandarin Garden*** (Cuisine chinoise, dîner seult jusqu'à 23 h) 68 – ***Mei Ling*** (Cuisine asiatique, ouvert jusqu'à 23 h) *Lunch 35* – 45 – ***Momoyama*** (Cuisine japonaise, dîner seult jusqu'à 23 h) 45 – 38 – **100 ch** 315/360, 2 suites – ½ P 395/440.

Pierre, Leenderweg 80, ✉ 5615 AB, ☎ (0 40) 212 10 12, *Fax (0 40) 212 12 61* – rest, – 25 à 150. AE MC VISA. rest BX n
Repas *(fermé vend.)* (dîner seult) 45/75 – 20 – **60 ch** 192 – ½ P 180/230.

Tulip Inn, Markt 35, ✉ 5611 EC, ☎ (0 40) 245 45 45, *Fax (0 40) 243 56 45* – . AE MC VISA. BY f
Repas (dîner seult) carte 45 à 63 – **75 ch** 210/240.

Motel Eindhoven, Aalsterweg 322 (par ④ : 3 km), ✉ 5644 RL, ☎ (0 40) 211 60 33, *Fax (0 40) 212 07 74*, – – 25 à 500. AE MC VISA
Repas (Ouvert jusqu'à 23 h) *Lunch 25* – carte env. 45 – 15 – **170 ch** 125 – ½ P 110/200.

Campanile, Noord-Brabantlaan 309 (près A 2, sortie ㉛), ✉ 5657 GB, ☎ (0 40) 254 54 00, *Fax (0 40) 254 44 10*, – – 40. AE MC VISA JCB
Repas (Brasserie) *Lunch 18* – 45 – 15 – **83 ch** 110 – ½ P 160/170.

Parkzicht, Alb. Thijmlaan 18, ✉ 5615 EB, ☎ (0 40) 211 41 00, *Fax (0 40) 211 41 00*, – – 30 à 60. AE MC VISA JCB. BZ c
Repas 35 – **44 ch** 140/160 – ½ P 130/160.

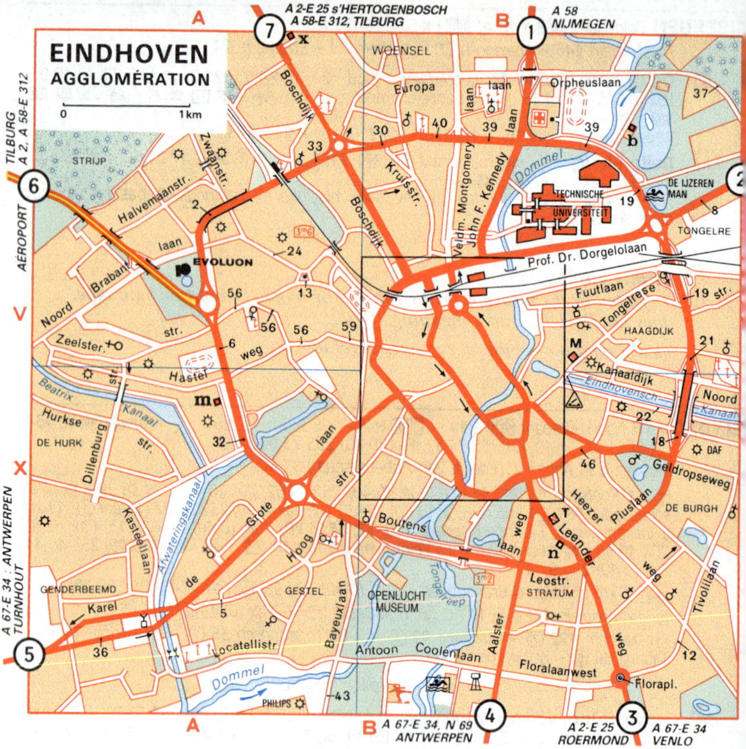

Beukenlaan	AV	2
Bilderdijklaan	BZ	3
Blaarthemseweg	AX	5
Botenlaan	AV	6
Demer	BY	
Eisenhowerlaan	BV	8
Floralaan Oost	BX	12
Frederiklaan	AV	13
Geldropseweg	BZ	15
Hermanus Boexstr.	BY	16
Hugo van der Goeslaan	BX	18
Insulindelaan	BV	19
Jeroen Boschlaan	BV	21
Kanaaldijk Zuid	BX	22
Kastanjelaan	AV	24
Keizersgracht	BY	25
Kerkstr.	BY	28
Kleine Berg	BY	27
Kronehoefstr.	BV	30
Lardinoisstr.	Y	31
Limburglaan	AX	32
Marconilaan	AV	33
Mecklenburgstr.	BZ	34
Meerveldhovenseweg	AX	36
v. Oldenbarneveltlaan	BV	37
Onze Lieve Vrouwstr.	BV	39
Pastoriestr.	BV	40
P. C. Hooftlaan	BZ	42
Prof. Holstlaan	AX	43
Rechtestr.	BY	45
St. Jorislaan	BZ	48
Stadhuispl.	BZ	50
Stationspl.	BY	51
Stationsweg	BY	53
Stratumseind	BY	54
Strijpsestr.	AV	56
Ten Hagestr.	BY	57
Vrijstr.	BY	
Willemstr.	AV	59
18 Septemberpl.	BY	60

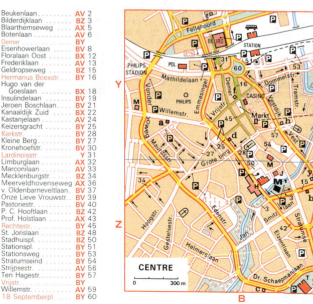

XXXX **De Karpendonkse Hoeve,** Sumatralaan 3, ✉ 5631 AA, ✆ (0 40) 281 36 63, *Fax (0 40) 281 11 45*, ☂, « Terrasse avec ≤ parc et lac » – P. AE ⓓ MC VISA. ✈ BV b
✿ *fermé du 7 au 9 mars, 21 avril, 24 et 31 déc., dim. et lundis non fériés et sam. midi* – **Repas** Lunch 80 – 110/155, carte 115 à 140
Spéc. Filet de sole grillé et farci de risotto au coulis de poivron jaune. Cassolette de homard au céleri-branche. Magret de canard rôti et rouleau de printemps au confit de sa cuisse, sauce aux baies de cassis.

XXX **De Luytervelde,** Jo Goudkuillaan 11 (Nord-Ouest : 7 km par ⑦ à Acht), ✉ 5626 GC, ✆ (0 40) 262 31 11, *Fax (0 40) 262 20 90*, ☂, « Terrasses et jardin fleuri » – P. AE ⓓ MC VISA. ✈
fermé carnaval, 2 dern. sem. juil.-prem. sem. août, 27 déc.-1er janv. et dim. – **Repas** Lunch 40 – 90.

XX **Willem van Oranje,** Willemstraat 43a, ✉ 5611 HC, ✆ (0 40) 296 38 19, *Fax (0 40) 296 38 20* – ▤. AE MC VISA. ✈ BY a
fermé 17 juil.-4 août et dim. non fériés – **Repas** Lunch 53 – 63/88.

XX **Bali,** Keizersgracht 13, ✉ 5611 GC, ✆ (0 40) 244 56 49, *Fax (0 40) 246 61 90*, Cuisine indonésienne – ▤. AE ⓓ MC VISA. ✈ BY d
Repas Lunch 21 – 45.

XX **De Blauwe Lotus,** Limburglaan 20, ✉ 5652 AA, ✆ (0 40) 251 48 76, *Fax (0 40) 251 15 25*, Cuisine asiatique, « Décor oriental » – ▤. AE ⓓ MC VISA. ✈ AX m
fermé sam. midi et dim. midi – **Repas** Lunch 45 – 53/105.

X **De Waterkers,** Geldropseweg 4, ✉ 5611 SH, ✆ (0 40) 212 49 99 – ▤. AE ⓓ MC VISA JCB BZ b
fermé du 4 au 14 mars, 16 juil.-8 août, 27 déc.-3 janv., dim. et lundi – **Repas** (dîner seult) carte env. 75.

X **Djawa,** Keldermansstraat 58, ✉ 5622 PJ, ✆ (0 40) 244 37 86, *Fax (0 40) 245 48 07*, Cuisine indonésienne – ▤. ✈ AV x
fermé 11 juil.-17 août et merc. – **Repas** (dîner seult) 45/55.

à l'aéroport *Ouest : 5 km :*

Novotel, Anthony Fokkerweg 101, ✉ 5657 EJ, ✆ (0 40) 252 65 75, *Fax (0 40) 252 28 50*, ☂, 🏊, 🚲 – 🛗 ⇔ ▤ TV ☎ ♿ P – 🏛 25 à 200. AE ⓓ MC VISA
Repas Lunch 38 – 48 – ☕ 25 – **92 ch** 198 – ½ P 268.

à Veldhoven *Ouest : 5 km – 41 439 h.*

XX **The Fisherman,** Kruisstraat 23, ✉ 5502 JA, ✆ (0 40) 254 58 38, *Fax (0 40) 254 58 57*, ☂, Produits de la mer – P. AE ⓓ MC VISA JCB. ✈
fermé 2 dern. sem. juil. et 24 déc.-2 janv. – **Repas** Lunch 45 – 65.

ELSLOO *Limburg* ⓒ *Stein 26 389 h.* 211 T 17 *et* 908 I 9.
Amsterdam 205 – Eindhoven 70 – Maastricht 20.

Kasteel Elsloo, Maasberg 1, ✉ 6181 GV, ✆ (0 46) 437 76 66, *Fax (0 46) 437 75 70*, ☂, « Terrasse sur parc », 🌳, 🎾, 🚲 – TV ☎ P – 🏛 25 à 90. AE ⓓ MC VISA. ✈ rest
fermé 27 déc.-4 janv. – **Repas** *(fermé sam. midi et dim. midi)* Lunch 55 – 63/93 – **24 ch** ☕ 135/215 – ½ P 143/168.

EMMELOORD *Flevoland* ⓒ *Noordoostpolder 41 755 h.* 210 T 6 *et* 908 I 3.
ℹ *De Deel 25a, ✉ 8302 EK, ✆ (0 527) 61 20 00, Fax (0 527) 61 44 57.*
Amsterdam 89 – Groningen 94 – Leeuwarden 66 – Zwolle 36.

X **Le Mirage** 2e étage, Beursstraat 2, ✉ 8302 CW, ✆ (0 527) 69 91 04, *Fax (0 527) 69 80 35* – ▤. AE ⓓ MC VISA. ✈
fermé 31 juil.-17 août et lundi – **Repas** 53/63.

EMMEN *Drenthe* 210 AA 6 *et* 908 L 3 – *105 228 h.*
Voir *Hunebed d'Emmerdennen★ (dolmen) – Jardin zoologique★ (Noorder Dierenpark).*
Env. *à l'Ouest : 6,5 km à Noordsleen : Hunebed★ (dolmen) – au Nord-Ouest : 18 km à Orvelte★.*
⛳18 *à l'Ouest : 12 km à Aalden, Gebbeveenweg 1, ✉ 7854 TD, ✆ (0 591) 37 17 84, Fax (0 591) 37 24 22.*
ℹ *Marktplein 9, ✉ 7811 AM, ✆ (0 591) 61 30 00, Fax (0 591) 64 41 06.*
Amsterdam 180 – Assen 44 – Groningen 57 – Leeuwarden 97 – Zwolle 70.

Tulip Inn Ten Cate, Noordbargerstraat 44, ✉ 7812 AB, ☎ (0 591) 61 76 00, *Fax (0 591) 61 84 32*, ☂ – TV ☎ P – 35 à 65. AE ⓓ MC VISA JCB. ch
Repas *Lunch 28* – carte 54 à 82 – ☕ 15 – **33 ch** 130/175 – ½ P 150/175.

De Giraf, Van Schaikweg 55, ✉ 7811 HN, ☎ (0 591) 64 20 02, *Fax (0 591) 64 69 54*, ☂, Ls, ≘s, ✕, ⚲ – |♦| ⇔ TV ☎ P – 25 à 1000. AE MC VISA.
rest
Repas *Lunch 20* – carte env. 50 – ☕ 18 – **43 ch** 118/128 – ½ P 108/163.

La Couronne, Zuidbargerstraat 108 (Sud : 3 km à Zuidbarge), ✉ 7812 AK, ☎ (0 591) 63 08 13, *Fax (0 591) 63 04 38*, ☂, « Terrasse » – P – 25. AE MC VISA JCB
fermé sam. midi et dim. – **Repas** *Lunch 55* – carte 82 à 100.

ENGELEN *Noord-Brabant* 211 Q 12 *et* 908 G 6 – *voir à 's-Hertogenbosch.*

ENKHUIZEN *Noord-Holland* 210 Q 6 *et* 908 G 3 – *16 572 h.*

Voir *La vieille ville★ – Jubé★ dans l'église de l'Ouest ou de St-Gommaire (Wester- of St.Gomaruskerk)* AB – *Drommedaris★ : du sommet ✻★, du quai ⋖★* B.

Musée : *du Zuiderzee★ (Zuiderzeemuseum) : Binnenmuseum★ en Buitenmuseum★★* B.

⛴ *vers Stavoren : Rederij Naco B.V., De Ruyterkade, Steiger 7 à Amsterdam ☎ (0 20) 626 24 66, Fax (0 20) 624 40 61. Durée de la traversée : 1 h 25. Prix AR : 17,50 Fl, bicyclette : 9,50 Fl. - vers Urk : Rederij F.R.O. à Urk ☎ (0 527) 68 34 07, Fax (0 527) 68 47 82. Durée de la traversée : 1 h 30. Prix AR : 18,50 Fl, bicyclette : 10,50 Fl.*

ℹ *Tussen Twee Havens 1, ✉ 1601 EM, ☎ (0 228) 31 31 64, Fax (0 228) 31 55 31.*

Amsterdam 62 ① – Hoorn 19 ② – Leeuwarden 113 ①

ENKHUIZEN

Bocht . . . . . B 3	Melkmarkt . . . . . B 12	Venedie . . . . . B 25
Driebanen . . . . . B 4	Nieuwstraat . . . . . B 13	Vijzelstr. . . . . . B
Hoornseveer . . . . . A 6	Noorder Havendijk . . . . . B 15	Waagstraat . . . . . B 27
Kaasmarkt . . . . . B 7	Oosterhavenstr. . . . . . B 16	Wegje . . . . . B 28
Karnemelksluis . . . . . B 9	St. Janstraat . . . . . B 19	Westerstraat . . . . . AB
Klopperstraat . . . . . A 10	Spijtbroeksburgwal . . . . . A 21	Zuider Boerenvaart . . . . . A 30
	Staeleversgracht . . . . . B 22	Zuider Havendijk . . . . . B 31
	Sijbrandsplein . . . . . B 24	Zuiderspui . . . . . B 33
		Zwaanstraat . . . . . B 34

XX **Die Drie Haringhe,** Dijk 28, ✉ 1601 GJ, ☎ (0 228) 31 86 10, *Fax (0 228) 32 11 35,* ≤, 🏞, « Entrepôt du 17ᵉ s. » – AE ⓓ ⓜⓒ VISA JCB. ✻ — B b
fermé 1 sem. en oct., lundi d'oct. à mars, mardi, sam. midi et dim. midi – **Repas** Lunch 53 – 60/88. — B b

XX **d'Alsace,** Westerstraat 116, ✉ 1601 AM, ☎ (0 228) 31 52 25, *Fax (0 228) 31 52 25,* 🏞, « Terrasse fleurie » – AE ⓜⓒ VISA — B a
fermé lundi – **Repas** Lunch 55 – carte env. 85.

X **De Smederij,** Breedstraat 158, ✉ 1601 KG, ☎ (0 228) 31 46 04, *Fax (0 228) 32 30 79,* « Rustique » – AE ⓓ ⓜⓒ VISA — B d
fermé merc. – **Repas** (dîner seult) carte env. 70.

Bijzonder aangename hotels of restaurants worden in de gids in het rood aangeduid.
Help ons. Maak ons attent op bedrijven, waarvan u uit ervaring weet dat zij aangenaam zijn.
Uw **Michelingids** zal dan nog beter zijn.

🏨🏨🏨🏨🏨 ... 🏨 XXXXX ... X

ENSCHEDE *Overijssel* **210** AA 9, **211** AA 9 *et* **908** L 5 – *148 360 h.*

Musée : *de la Twente★ (Rijksmuseum Twenthe)* V.

18 par ① : Veendijk 100, ✉ 7525 PZ, ☎ (0 541) 53 03 31, Fax (0 541) 53 16 90 - 9 par ③ : 9 km à Hengelo, Enschedesestraat 381, ✉ 7552 CV, ☎ (074) 250 84 66.

✈ Twente ☎ (0 53) 486 22 22, Fax (0 53) 435 96 91.

ℹ Oude Markt 31, ✉ 7511 GB, ☎ (0 53) 432 32 00, Fax (0 53) 430 41 62.

Amsterdam 160 ⑤ – Groningen 148 ① – Zwolle 73 ⑥ – Düsseldorf 141 ④ – Münster 64 ②

Plan page suivante

De Broeierd Ⓜ, Hengelosestraat 725 (par ⑥ : 3 km), ✉ 7521 PA, ☎ (0 53) 435 98 82, *Fax (0 53) 434 05 02,* 🏞, « Terrasse », ≘s, 🚲 – |‡| TV ☎ P – 🏛 25 à 150. AE ⓓ ⓜⓒ VISA JCB. ✻
Repas Lunch 55 – carte 46 à 80 – ☕ 25 – **61 ch** 175/225 – ½ P 128.

Dish, Boulevard 1945 nʳ 2, ✉ 7511 AE, ☎ (0 53) 486 66 66, *Fax (0 53) 435 31 04,* 🚲 – |‡|, ▤ rest, TV ☎ P – 🏛 25 à 250. AE ⓓ ⓜⓒ VISA. ✻ — Z b
Repas *(fermé dim.)* carte 65 à 120 – ☕ 34 – **76 ch** 160, 4 suites – ½ P 290/370.

Amadeus sans rest, Oldenzaalsestraat 103, ✉ 7511 DZ, ☎ (0 53) 435 74 86, *Fax (0 53) 430 43 83* – TV ☎ P. AE ⓓ ⓜⓒ VISA. ✻ — Y c
12 ch ☕ 125/160.

XXX ✿ **Het Koetshuis Schuttersveld** (Böhnke), Hengelosestraat 111, ✉ 7514 AE, ☎ (0 53) 432 28 66, *Fax (0 53) 433 39 57,* 🏞 – P. AE ⓓ ⓜⓒ VISA. ✻ — V r
fermé 24 juil.-7 août, 24 déc.-8 janv., sam. midi, dim. midi et lundi – **Repas** Lunch 80 – 110/140, carte env. 115
Spéc. Queues de langoustines sautées et tête de veau à la vinaigrette d'oignons blancs et fèves (mai-août). Médaillons de lotte braisée au jus de veau. Médaillon de cerf régional et civet de gibier, sauce aux airelles (15 oct.-janv.).

XX **La Petite Bouffe,** Deurningerstraat 11, ✉ 7514 BC, ☎ (0 53) 430 30 40, *Fax (0 53) 436 23 72,* 🏞 – ▤. AE ⓓ ⓜⓒ VISA — Y u
fermé lundi et mardi – **Repas** (dîner seult) 75/95.

à Boekelo *par ④ : 8 km* 🄲 *Enschede :*

Bad Boekelo 🐎, Oude Deldenerweg 203, ✉ 7548 PM, ☎ (0 53) 428 30 05, *Fax (0 53) 428 30 35,* 🏞, « Environnement boisé », ≘s, 🏊, 🌳, 🎾, 🚲 – ⇔ TV ☎ P – 🏛 25 à 220. AE ⓓ ⓜⓒ VISA. ✻
Repas 45 – **76 ch** ☕ 142/195, 2 suites – ½ P 115.

à Usselo *par ④ : 4 km* 🄲 *Enschede :*

XX **Hanninkshof,** Usselerhofweg 5, ✉ 7548 RZ, ☎ (0 53) 428 31 29, *Fax (0 53) 428 21 29,* 🏞 – P. ⓓ ⓜⓒ VISA. ✻
Repas 44/83.

ENSCHEDE

Achter't Hofje	Z	3
Bisschopstr.	X	4
Blijdensteinlaan	V	6
Brammelerstr.	Y	7
Gronausestr.	X	9
Haverstraatpassage	Z	10
Hendrik Jan van Heekpl.	Z	12
Hengelosestr.	V	
Hofpassage	Z	13
Kalanderstr.	Z	16
Klokkenplas	YZ	18
Korte Haaksbergerstr.	YZ	19
Korte Hengelosestr.	Y	21
Langestr.	Z	22
Lochemstr.	Y	24
van Loenshof	Z	25
Marktstr.	Y	27
Minkaatstr.	V	28
Nijverheidstr.	Z	31
Piet Heinstr.	Y	33
Pijpenstr.	Z	34
Raadhuisstr.	Z	36
Schouwinkstr.	V	37
Stadsgravenstr.	Y	39
Visserijstr.	Y	40
Volksparksingel	X	42
Walstr.	YZ	43
Windbrugstr.	Z	46

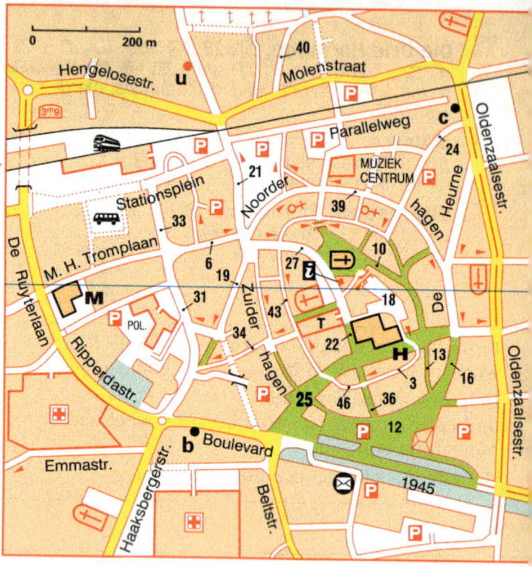

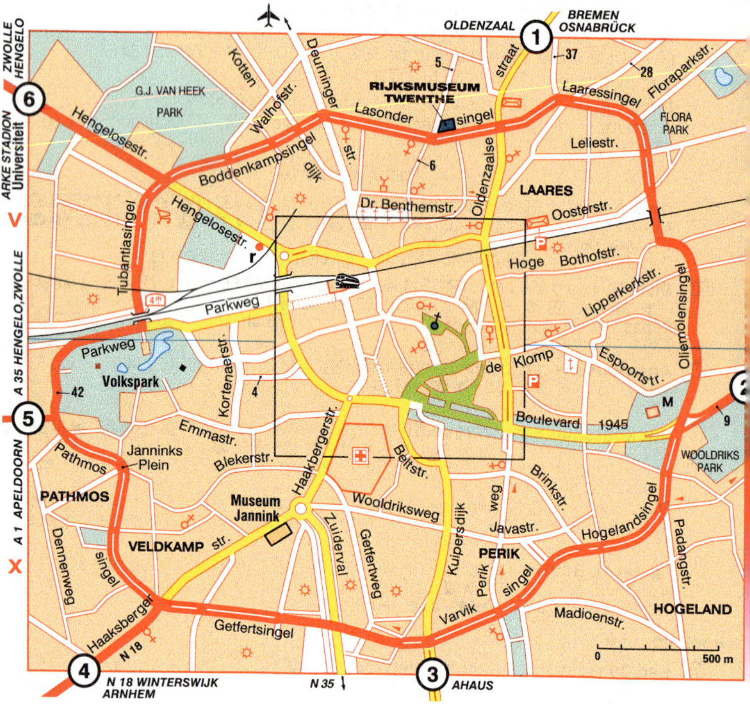

Bediening en belasting

In België, in Luxemburg en in Nederland zijn bediening en belasting bij de prijzen inbegrepen.

ENTER *Overijssel* Ⓒ *Wierden 22 946 h.* 210 Y 9, 211 Y 9 et 908 K 5.
Amsterdam 131 – Apeldoorn 45 – Enschede 33 – Zwolle 45.

X **bistro T-bone,** Dorpsstraat 154, ✉ 7468 CS, ☎ (0 547) 38 12 59, 🍴, Grillades – P. AE ⓓ ⓜⓒ VISA. ✂
fermé du 1er au 23 août, mardi et merc. – **Repas** (dîner seult) carte env. 90.

EPE *Gelderland* 210 U 8, 211 U 8 et 908 I 4 – *33 244 h.*
ℹ *Past. Somstraat 6, ✉ 8162 AK, ☎ (0 578) 61 26 96, Fax (0 578) 61 55 81.*
Amsterdam 97 – Apeldoorn 21 – Arnhem 44 – Zwolle 25.

Golden Tulip ⛰, Dellenweg 115, ✉ 8161 PW, ☎ (0 578) 61 28 14, *Fax (0 578) 61 54 93*, 🍴, ≘s, 🏊, 🎾, 🚲 – |‡|, ▤ rest, TV ☎ P – 🏛 25 à 275. AE ⓓ ⓜⓒ VISA JCB. ✂
Repas *Lunch 28* – 45 – **138 ch** ☕ 236/302 – ½ P 280.

Dennenheuvel, Heerderweg 27 (Nord : 2 km), ✉ 8161 BK, ☎ (0 578) 61 23 26, *Fax (0 578) 67 76 99*, 🍴, ≘s – ▤ rest, TV ☎ P – 🏛 25 à 50. AE ⓓ ⓜⓒ VISA
fermé 27 déc.-4 janv. – **Repas** *(fermé sam. midi et dim. midi) Lunch 45* – carte 51 à 81 – **34 ch** ☕ 144/190 – ½ P 103/125.

XXX **'t Soerel,** Soerelseweg 22 (Ouest : 7 km, direction Nunspeet), ✉ 8162 PB, ☎ (0 578) 68 82 76, *Fax (0 578) 68 82 86*, 🍴, « Environnement boisé » – P. AE ⓓ ⓜⓒ VISA JCB
fermé du 1er au 13 fév., du 3 au 15 oct. et lundis non fériés – **Repas** *Lunch 60* – 80.

XX **Affiloir,** Dellenweg 109, ✉ 8161 AJ, ☎ (0 578) 61 37 00, *Fax (0 578) 61 37 55*, 🍴, « Pavillon dans les bois » – P. AE ⓓ ⓜⓒ VISA JCB
fermé 28 fév.-23 mars, lundi et mardi – **Repas** *Lunch 55* – 50/89.

EPEN *Limburg* Ⓒ *Gulpen-Wittem 7 807 h.* 211 U 18 et 908 I 9.
Voir *Route de Epen à Slenaken* ≤★.
ℹ *Julianastraat 15, ✉ 6285 AG, ☎ (0 43) 455 13 46, Fax (0 43) 455 24 33.*
Amsterdam 235 – Maastricht 24 – Aachen 15.

Zuid Limburg, Julianastraat 23a, ✉ 6285 AH, ☎ (0 43) 455 18 18, *Fax (0 43) 455 24 15*, ≤, 🍴, Lδ, ≘s, 🏊, 🌳, 🚲 – TV ☎ P – 🏛 25 à 50. AE ⓓ ⓜⓒ VISA. ✂ rest
Repas *(fermé après 20 h 30) Lunch 25* – carte env. 60 – ☕ 21 – **47 ch** 203/256 – ½ P 171/202.

Creusen ⛰, Wilhelminastraat 50, ✉ 6285 AW, ☎ (0 43) 455 12 15, *Fax (0 43) 455 21 01*, ≤, 🌳 – |‡|, ▤ rest, TV ☎ 🚗 P – 🏛 25. AE ⓜⓒ VISA JCB. ✂
mars-nov. – **Repas** (dîner pour résidents seult) – **19 ch** ☕ 124/188 – ½ P 105/128.

Ons Krijtland, Julianastraat 22, ✉ 6285 AJ, ☎ (0 43) 455 15 57, *Fax (0 43) 455 21 45*, ≤ – |‡| TV ☎ P – 🏛 30. ⓜⓒ. ✂
fermé fin déc.-début janv. – **Repas** *(fermé après 20 h) Lunch 35* – 50 – **32 ch** ☕ 140/195.

Alkema ⛰, Kap. Houbenstraat 12, ✉ 6285 AB, ☎ (0 43) 455 13 35, *Fax (0 43) 455 27 44* – |‡| TV ☎ P. ⓜⓒ VISA. ✂ rest
10 mars-déc. – **Repas** (dîner pour résidents seult) – **18 ch** ☕ 100/160.

Os Heem Ⓜ, Wilhelminastraat 19, ✉ 6285 AS, ☎ (0 43) 455 16 23, *Fax (0 43) 455 22 85*, 🚲 – |‡|, ▤ rest, TV ☎ ♿ P. AE ⓓ ⓜⓒ VISA JCB. ✂
Repas (dîner pour résidents seult) – **24 ch** ☕ 225/285 – ½ P 143/163.

Schoutenhof ⛰, Molenweg 1, ✉ 6285 NJ, ☎ (0 43) 455 20 02, *Fax (0 43) 455 26 05*, ≤ campagne vallonnée, 🌳, 🚲 – TV ☎ P. AE ⓓ ⓜⓒ VISA. ✂
Repas (dîner pour résidents seult) – **10 ch** ☕ 145/199 – ½ P 145/150.

Berg en Dal, Roodweg 18, ✉ 6285 AA, ☎ (0 43) 455 13 83, *Fax (0 43) 455 27 05*, 🍴, 🌳, 🚲 – |‡| ▤ TV ☎ P. ⓜⓒ VISA JCB. ✂
Repas *(fermé après 20 h)* 45 – **35 ch** ☕ 115/150 – ½ P 80/95.

ERMELO *Gelderland* 210 S 9, 211 S 9 et 908 H 5 – *27 008 h.*
Amsterdam 75 – Apeldoorn 33 – Arnhem 60 – Utrecht 51.

Heerlickheijd van Ermelo ⛰, Staringlaan 1, ✉ 3852 LA, ☎ (0 341) 56 85 85, *Fax (0 341) 56 85 00*, 🍴, Lδ, ≘s, 🏊, 🌳, 🚲 – |‡| ⇆, ▤ rest, TV ☎ ♿ P – 🏛 25 à 600. AE ⓓ ⓜⓒ VISA. ✂ rest
Repas *(fermé dim.) Lunch 35* – carte env. 85 – ☕ 30 – **127 ch** 215/265 – ½ P 145/300.

ESCAUT ORIENTAL (Barrage de l'), Stormvloedkering - *voir Oosterscheldedam, Stormvloedkering.*

ETTEN-LEUR *Noord-Brabant* 211 M 13 *et* 908 E 7 - *35 700 h.*

Amsterdam 115 - Breda 13 - 's-Hertogenbosch 63 - Rotterdam 56 - Antwerpen 59.

De Zwaan, Markt 7, ✉ 4875 CB, ✆ (0 76) 501 26 96, *Fax (0 76) 501 73 59,* « Collection de tableaux » - ▤. AE ⓓ ⓜⓒ VISA JCB
fermé 17 juil.-7 août, 27 déc.-1er janv., sam. midi, dim. midi et lundi - **Repas** Lunch 80 - 90/125, carte env. 120
Spéc. Chaud-froid de St-Jacques. Bar vapeur au risotto de truffes (avril-sept.). Mille-feuille de framboises à la crème brûlée.

EXLOO *Drenthe* 210 AA 5 *et* 908 L 3 - *voir à Odoorn.*

FRANEKER (FRJENTSJER) *Fryslân* Ⓒ *Franekeradeel 20 144 h.* 210 S 3 *et* 908 H 2.

Voir *Hôtel de Ville★ (Stadhuis) - Planetarium★.*

Amsterdam 122 - Leeuwarden 17.

Tulip Inn De Valk, Hertog van Saxenlaan 78, ✉ 8802 PP, ✆ (0 517) 39 80 00, *Fax (0 517) 39 31 11,* - ▤ TV ☎ ♿ P - 25 à 350. AE ⓓ ⓜⓒ VISA
Repas carte env. 65 - **42 ch** 120/165 - ½ P 120/137.

FREDERIKSOORD *Drenthe* Ⓒ *Westerveld 18 497 h.* 210 W 5 *et* 908 J 3.

Amsterdam 154 - Assen 37 - Groningen 62 - Leeuwarden 62 - Zwolle 44.

Frederiksoord, Maj. van Swietenlaan 20, ✉ 8382 CG, ✆ (0 521) 38 55 55, *Fax (0 521) 38 15 24,* - ☎ P. AE ⓓ ⓜⓒ VISA.
fermé 27 déc.-3 janv. et lundi d'oct. à mars - **Repas** Lunch 23 - carte env. 75 - **11 ch** 83/145 - ½ P 115/120.

GARDEREN *Gelderland* Ⓒ *Barneveld 46 868 h.* 211 T 9 *et* 908 I 5.

Amsterdam 72 - Apeldoorn 20 - Arnhem 47 - Utrecht 54.

Résidence Groot Heideborgh Ⓜ, Hogesteeg 50 (Sud : 1,5 km), ✉ 3886 MA, ✆ (0 577) 46 27 00, *Fax (0 577) 46 28 00,* « Bois et landes de bruyères », - ▤ TV ☎ ♿ P - 25 à 300. AE ⓓ ⓜⓒ VISA. rest
fermé 30 déc.-2 janv. - **Repas** Lunch 50 - carte env. 85 - 29 - **84 ch** 248/310.

't Speulderbos, Speulderbosweg 54, ✉ 3886 AP, ✆ (0 577) 46 15 46, *Fax (0 577) 46 11 24,* « Dans les bois », - ▤ TV ☎ ♿ P - 25 à 250. AE ⓓ ⓜⓒ VISA. rest
fermé 31 déc. et 1er janv. - **Repas** Lunch 58 - carte 79 à 98 - 29 - **100 ch** 235/275, 2 suites - ½ P 188/215.

Overbosch, Hooiweg 23 (Sud : 1,5 km), ✉ 3886 PM, ✆ (0 577) 46 13 14, *Fax (0 577) 46 20 79,* - TV ☎ P - 25 à 500. AE ⓓ ⓜⓒ VISA. rest
fermé 27 déc.-7 janv. - **Repas** 55/75 - **47 ch** 100/140 - ½ P 98/108.

Camposing, Oud Milligenseweg 7, ✉ 3886 MB, ✆ (0 577) 46 22 88, *Fax (0 577) 46 22 88,* Cuisine chinoise - ▤ P. ⓜⓒ VISA.
fermé lundi sauf en juil.-août - **Repas** 55/65.

GEERTRUIDENBERG *Noord-Brabant* 211 O 12 *et* 908 F 6 - *21 035 h.*

au Nord : 6 km à Hank, Kurenpolderweg 33, ✉ 4273 LA, ✆ (0 162) 40 28 20.

Amsterdam 90 - Breda 20 - 's-Hertogenbosch 36 - Rotterdam 55.

't Weeshuys, Markt 52, ✉ 4931 BT, ✆ (0 162) 51 36 98, *Fax (0 162) 51 60 02,* « Dans une chapelle du 14e s. » - AE ⓓ ⓜⓒ VISA.
fermé du 4 au 7 mars et du 10 au 23 juil. - **Repas** Lunch 60 - carte env. 90.

Verwar niet :

Comfort van de hotels	: ...
Comfort van de restaurants	: XXXXX ... X
Kwaliteit van de keuken	: ✿✿✿, ✿✿, ✿, Repas

GEERVLIET *Zuid-Holland* C *Bernisse 12 502 h.* 211 K 11 - (38) S et 908 D 6 - (23) S.
Amsterdam 93 – Rotterdam 19 – Den Haag 41.

XXX **In de Bernisse Molen,** Spuikade 1, ✉ 3211 BG, ✆ (0 181) 66 12 92, *Fax (0 181) 64 14 55,* « Moulin du 19e s. » – P. AE O MO VISA JCB
fermé 17 juil.-7 août, 27 déc.-2 janv., dim. et lundi – **Repas** Lunch 59 – carte 83 à 99.

GELDROP *Noord-Brabant* 211 S 14 et 908 H 7 – *27 194 h.*
Amsterdam 137 – Eindhoven 6 – 's-Hertogenbosch 49 – Venlo 48 – Aachen 106.

Golden Tulip, Bogardeind 219 (près A 67), ✉ 5664 EG, ✆ (0 40) 286 75 10, *Fax (0 40) 285 57 64,* – TV ☎ P – 25 à 200. AE O MO VISA JCB. rest
Repas *(fermé dim. midi)* Lunch 35 – carte 50 à 75 – **131 ch** 254/292.

De Gouden Leeuw sans rest, Korte Kerkstraat 46, ✉ 5664 HH, ✆ (0 40) 286 23 93, *Fax (0 40) 285 69 41* – TV ☎ P – 25 à 60. AE MO VISA.
18 ch 90/150.

GELEEN *Limburg* 211 U 17 et 908 I 9 – *33 973 h.*
Amsterdam 202 – Eindhoven 74 – Maastricht 23 – Aachen 33.

Bastion, Rijksweg Zuid 301, ✉ 6161 BN, ✆ (0 46) 474 75 17, *Fax (0 46) 474 89 33* – TV ☎ P. AE O MO VISA.
Repas (Grillades, ouvert jusqu'à 23 h) 45 – 17 – **40 ch** 100.

Normandie sans rest, Wolfstraat 7, ✉ 6162 BB, ✆ (0 46) 474 58 83, *Fax (0 46) 475 33 88* – TV ☎. AE O MO VISA.
20 ch 88/118.

XXX **De Lijster,** Rijksweg Zuid 172, ✉ 6161 BV, ✆ (0 46) 474 39 57, *Fax (0 46) 474 38 38,* – P. AE O MO VISA
fermé sem. carnaval, 1 sem. vacances bâtiment, mardi, sam. midi et dim. midi – **Repas** Lunch 55 – carte env. 75.

X **Angelique's,** Rijksweg Centrum 24, ✉ 6161 EE, ✆ (0 46) 474 22 63, *Fax (0 46) 474 22 63* – . MO VISA.
fermé lundi – **Repas** (dîner seult) 48/70.

GEMERT *Noord-Brabant* C *Gemert-Bakel 27 255 h.* 211 T 13 et 908 I 7.
Amsterdam 111 – Eindhoven 25 – Nijmegen 54.

XX **Kastanjehof,** Heuvel 4, ✉ 5421 CN, ✆ (0 492) 36 19 12, *Fax (0 492) 36 81 00,* – P. AE O MO VISA
fermé du 4 au 8 mars, 3 prem. sem. juil. et merc. – **Repas** Lunch 55 – carte 76 à 103.

à Handel *Nord-Est : 3,5 km* C *Gemert-Bakel :*

Handelia, Past. Castelijnsstraat 1, ✉ 5423 SP, ✆ (0 492) 32 12 90, *Fax (0 492) 32 38 41,* – TV ☎ P.
fermé 25 déc.-1er janv. – **Repas** (résidents seult) – **9 ch** 95/140 – ½ P 95/120.

GEYSTEREN *Limburg* 211 V 13 et 908 J 7 – *voir à Wanssum.*

GIETHOORN *Overijssel* C *Brederwiede 12 296 h.* 210 V 6 et 908 J 3.
Voir *Village lacustre★★.*
(bateau) Beulakerweg 114a, ✉ 8355 AL, ✆ (0 521) 36 12 48, Fax (0 521) 36 22 81.
Amsterdam 135 – Assen 63 – Leeuwarden 63 – Zwolle 28.

De Harmonie , Beulakerweg 55 (Nord : 2 km), ✉ 8355 AB, ✆ (0 521) 36 13 72, *Fax (0 521) 36 10 82,* – TV ☎ P – 25 à 100.
Repas *(fermé après 20 h 30)* Lunch 43 – 45/75 – **16 ch** 135/150.

De Pergola, Ds. T.O. Hylkemaweg 7, ✉ 8355 CD, ✆ (0 521) 36 13 21, *Fax (0 521) 36 24 08,* – TV ☎ P
Repas *(avril-oct. ; fermé jeudi sauf en juil.-août et après 20 h 30)* (Taverne-rest) Lunch 21 – 49 – **15 ch** *(mars-nov.)* 92/123.

XX **De Lindenhof** (Kruithof), Beulakerweg 77 (Nord : 1,5 km), ✉ 8355 AC, ✆ (0 521) 36 14 44, *Fax (0 521) 36 14 44,* « Maison typique à toit de chaume » – P. AE O MO VISA JCB.
fermé 2 prem. sem. mars, 2 dern. sem. oct. et jeudi – **Repas** (dîner seult) 89/125, carte env. 125
Spéc. Cannelloni à la queue de bœuf et crème de morilles. Canard sauvage au witlof caramélisé (15 août-15 janv.). Pain perdu au rhum, cannelle et glace vanille.

à Wanneperveen *Sud : 6 km, Brederwiede :*

de Prinsenije, Veneweg 294 (Beulaeke Haven), 7946 LX, (0 522) 28 11 85, *Fax (0 522) 28 14 93*, – – 25 à 175. ch
Repas carte 48 à 65 – **15 ch** 138/165 – ½ P 173.

GILZE *Noord-Brabant Gilze en Rijen 23 850 h.* 211 O 13 *et* 908 F 7.

Amsterdam 105 – Breda 15 – 's-Hertogenbosch 37 – Tilburg 10.

Gilze-Rijen, Klein Zwitserland 8 (près A 58), 5126 TA, (0 161) 45 49 51, *Fax (0 161) 45 21 71*, – – 25 à 450.
Repas (Ouvert jusqu'à 23 h) Lunch 45 – carte env. 50 – 18 – **133 ch** 110, 4 suites.

GINNEKEN *Noord-Brabant* 211 N 13 *et* 908 F 7 – *voir à Breda.*

GLIMMEN *Groningen* 210 Y 4 *et* 908 K 2 – *voir à Haren.*

GOEDEREEDE *Zuid-Holland* 211 I 12 *et* 908 C 6 – *11 114 h.*

Amsterdam 118 – Rotterdam 44 – Den Haag 66 – Middelburg 76.

De Gouden Leeuw, Markt 11, 3252 BC, (0 187) 49 13 71 –
fermé du 3 au 24 janv. et lundi – **Repas** Lunch 43 – 57.

GOES *Zeeland* 211 I 13 *et* 908 C 7 – *34 959 h.*

Golfpark 52, 4465 BH, (0 113) 22 95 56, Fax (0 113) 22 95 54.
Stationsplein 3, 4461 HP, 0 900-168 16 66, Fax (0 113) 25 13 50.
Amsterdam 165 ② – Breda 78 – Middelburg 22 – Rotterdam 87 – Antwerpen 68.

Bolsjoi, Grote Markt 28, 4461 AJ, (0 113) 23 23 23, *Fax (0 113) 25 17 55*, – – 25 à 60.
fermé 25 et 26 déc. – **Repas** (Taverne-rest) carte 48 à 73 – **12 ch** 125/150 – ½ P 150.

De Stadsschuur, Schuttershof 32, 4461 DZ, (0 113) 21 23 32, *Fax (0 113) 25 02 29*, « Grange aménagée avec terrasse ombragée » –
fermé 31 déc.-2 janv., sam. midi et dim. midi – **Repas** Lunch 58 bc – 58/80.

Bon Vivant, Dam 2, 4461 HV, (0 113) 23 00 66, *Fax (0 113) 23 00 66*, « Terrasse au bord de l'eau » – .
fermé 27 déc.-15 janv. et lundi – **Repas** 60/98.

In this guide,
a symbol or a character, printed in red or black, in bold or light type, does not have the same meaning.

Please read the explanatory pages carefully.

GOIRLE *Noord-Brabant* 211 P 13 *et* 908 G 7 – *voir à Tilburg.*

GORINCHEM *Zuid-Holland* 211 O 11 *et* 908 F 6 – *32 654 h.*

Grote Markt 17, 4201 EB, (0 183) 63 15 25, Fax (0 183) 63 40 40.
Amsterdam 74 – Utrecht 37 – Breda 41 – Den Haag 68 – 's-Hertogenbosch 40 – Rotterdam 42.

Gorinchem, Van Hogendorpweg 10 (échangeur A 27/A 15, sortie ㉗), 4204 XW, (0 183) 62 24 00, *Fax (0 183) 62 29 48*, – – 25 à 250.
Repas *(fermé sam. soir et dim.)* 45 – **25 ch** 130/154 – ½ P 155.

Campanile, Franklinweg 1 (sur A 15, sortie ㉘), 4207 HX, (0 183) 62 58 77, *Fax (0 183) 62 95 36*, – – 25.
Repas (Avec buffet) 45 – 15 – **53 ch** 115 – ½ P 156/161.

Solo, Zusterhuis 1, 4201 EH, (0 183) 63 77 90, *Fax (0 183) 63 77 91* – – 35.
fermé dern. sem. juil.-2 prem. sem. août – **Repas** 47/63.

Bistro de Poort, Eind 19, 4201 CP, (0 183) 66 05 22, *Fax (0 183) 66 09 91*, « Terrasse sur écluse, Merwede » –
Repas (dîner seult) carte 52 à 74.

GOUDA *Zuid-Holland* **211** N 10 *et* **908** F 5 – *71 544 h.*

Voir *Le Cœur de la ville★ – Hôtel de Ville★ (Stadhuis)* BY **H**[1] – *Vitraux★★★ de l'église St-Jean★ (St. Janskerk)* BY **A**.

Musée : *Het Catharina Gasthuis★* BY **M**[1].

Env. *par* ① *: Étangs de Reeuwijk★ (Reeuwijkse Plassen) – de Gouda à Oudewater route de digue ≤★ par Goejanverwelledijk* BZ.

Markt 27, ✉ 2801 JJ, ☎ (0 182) 51 36 66, Fax (0 182) 58 32 10.

Amsterdam 53 ④ – Rotterdam 27 ③ – Den Haag 30 ④ – Utrecht 36 ④

GOUDA

Boelekade	BY	2
Doelenstr.	BZ	4
Dubbele Buurt	BY	5
Goejanverwelledijk	BZ	6
Hoogstr.	BY	7
Jeruzalemstr.	BY	8
Kerkhoflaan	BZ	9
Kleiweg	BY	
Korte Groenendaal	BY	10
Korte Tiendeweg	BY	12
Lange Noodgodsstr.	BZ	13
Lange Tiendeweg	BY	14
Lazaruskade	AYZ	16
Nieuwe Markt	BY	17
Nieuwe Veerstal	BZ	19
Onder de Boompjes	AY	20
Reigerstr.	AZ	21
Sint Anthoniestr.	BY	23
Vossenburchkade	BY	24
Vredebest	BY	25
Walestr.	BZ	26
Wijdstr.	BY	27

Campanile, Kampenringweg 39 (par ④ : 3 km près A 12), ✉ 2803 PE, ☎ (0 182) 53 55 55, *Fax (0 182) 57 15 75*, – – 30. AE ① ⓜ VISA JCB AY

Repas *(fermé 24 et 31 déc.)* (Avec buffet) *Lunch 17* – 45 – 15 – **74 ch** 110.

Rôtiss. l'Etoile, Blekerssingel 1, ✉ 2806 AA, ☎ (0 182) 51 22 53, *Fax (0 182) 51 22 53*, – – 80. AE ① ⓜ VISA JCB BY a

fermé 27 déc.-8 janv., dim. et lundi – **Repas** *Lunch 55* – 75.

Jean Marie, Oude Brugweg 4, ✉ 2808 NP, ☎ (0 182) 51 62 62, – AE ① ⓜ VISA BZ e

fermé 18 juil.-14 août, dim. et lundi – **Repas** *Lunch 50* – carte env. 75.

XX **Brunel,** Hoge Gouwe 23, ✉ 2801 LA, ☎ (0 182) 51 89 79, 🏔 - AE ⓓ MC VISA JCB. 🚭 — BZ r
Repas (dîner seult) 63.

XX **La Grenouille,** Oosthaven 20, ✉ 2801 PC, ☎ (0 182) 51 27 31, *Fax (0 182) 51 27 31* - ▤. AE ⓓ MC VISA JCB — BZ n
fermé 14 juil.-7 août, lundi et mardi - **Repas** *Lunch 50* - carte env. 80.

XX **De Mallemolen,** Oosthaven 72, ✉ 2801 PG, ☎ (0 182) 51 54 30, 🏔 - ▤. AE ⓓ MC VISA — BZ b
fermé mardi en juil.-août et lundi - **Repas** (dîner seult) carte 75 à 95.

X **De Zes Sterren,** Achter de Kerk 14 (dans le musée municipal **M**[1]), ✉ 2801 JX, ☎ (0 182) 51 60 95, *Fax (0 182) 51 97 27*, 🏔, Avec cuisine traditionelle hollandaise - ▤. AE ⓓ MC VISA JCB — BY
fermé 3 sem. en juil., dim. et lundi - **Repas** *Lunch 50* - carte 75 à 93.

à Reeuwijk *par ① : 6 km - 12 867 h.*

XX **d'Ouwe Stee,** 's Gravenbroekseweg 80, ✉ 2811 GG, ☎ (0 182) 39 40 08, *Fax (0 182) 39 51 92*, 🏔, « Intérieur vieil hollandais et terrasse au bord de l'eau », ⚓ - ▤ P. AE ⓓ MC VISA
fermé lundi et mardi - **Repas** carte env. 75.

Dans ce guide
un même symbole, un même mot,
*imprimés en **noir** ou en rouge, en maigre ou en **gras***
n'ont pas tout à fait la même signification.
Lisez attentivement les pages explicatives.

GRAVE *Noord-Brabant 211 T 12 et 908 I 6 - 12 492 h.*

Amsterdam 115 - Arnhem 33 - Eindhoven 47 - 's-Hertogenbosch 33 - Nijmegen 15.

X **Het Wapen van Grave,** Arnoud van Gelderweg 61, ✉ 5361 CV, ☎ (0 486) 47 59 75, *Fax (0 486) 47 59 75*, 🏔, Taverne-rest - P. AE ⓓ MC VISA
fermé carnaval et lundi - **Repas** *Lunch 15* - carte 62 à 80.

's-GRAVELAND *Noord-Holland 211 P 9 et 908 G 5 - voir à Hilversum.*

's-GRAVENHAGE P *Zuid-Holland - voir Den Haag.*

's GRAVENMOER *Noord-Brabant C Dongen 24 295 h. 211 O 13 et 908 F 7.*

Amsterdam 97 - Breda 24 - 's-Hertogenbosch 34 - Tilburg 32.

XX **Le Bouc,** Hoofdstraat 75, ✉ 5109 AB, ☎ (0 162) 45 08 88, *Fax (0 162) 43 76 13*, 🏔, « Brasserie avec aménagement design » - P. MC VISA. 🚭
fermé du 7 au 21 août, du 8 au 22 janv. et lundi - Repas 50/70.

's-GRAVENZANDE *Zuid-Holland 211 J 10 - ㊳ N et 908 D 5 - ㉓ N - 18 777 h.*

Amsterdam 77 - Rotterdam 32 - Den Haag 17.

X **De Spaansche Vloot,** Langestraat 137, ✉ 2691 BD, ☎ (0 174) 41 24 95, *Fax (0 174) 41 71 24*, 🏔 - P. AE ⓓ MC VISA JCB
fermé dim. sauf en mai-juin - **Repas** 45/78.

X **Hoeve de Viersprong,** Nieuwlandsedijk 10 (Sud-Ouest : 1 km), ✉ 2691 KW, ☎ (0 174) 41 33 22, *Fax (0 174) 41 77 24*, 🏔 - ▤ P. AE ⓓ MC VISA. 🚭
fermé du 1er au 15 fév., lundi et mardi - **Repas** *Lunch 45* - 65.

GROEDE *Zeeland C Oostburg 17 819 h. 211 G 14 et 908 B 7.*

Amsterdam 209 - Middelburg (bac) 12 - Antwerpen 89 - Brugge 33 - Knokke-Heist 22.

🏠 **Het Vlaemsche Duyn** 🐴, Gerard de Moorsweg 4, ✉ 4503 PD, ☎ (0 117) 37 12 10, *Fax (0 117) 37 17 28*, 🏔, 🌳, 🚲 - ☎ P. ⓓ MC VISA. 🚭 rest
fermé janv. - **Repas** *(fermé lundi)* (dîner seult jusqu'à 20 h 30) carte 55 à 80 - **14 ch** ▭ 125/150 - ½ P 110/115.

GROENEKAN *Utrecht 211 P 10 - voir à Utrecht.*

GRONINGEN P 210 Y 3 et 908 K 2 – *168 752 h.* – *Casino* Z, *Gedempte Kattendiep 150,* ✉ *9711 PV,* ✆ *(0 50) 312 34 00, Fax (0 50) 312 98 31.*

Voir *Goudkantoor★* Z B – *Tour★ (Martinitoren) de l'église St-Martin (Martinikerk)* Z.

Musée : *maritime du Nord★ (Noordelijk Scheepvaartmuseum)* Z M² – *Groninger Museum★* Z M¹.

Env. *par ② à Loppersum : Les églises rurales★ (fresques★ dans l'église) – par ② à Zeerijp : coupoles★ dans l'église – par ⑦ à Uithuizen : château Menkemaborg★★ – par ⑥ à Leens : buffet d'orgues★ dans l'église St-Pierre (Petruskerk).*

Exc. *par ② à Garmerwolde : église★.*

par ④ : 12 km à Glimmen (Haren), Pollselaan 5, ✉ *9756 CJ,* ✆ *(0 50) 406 20 04, Fax (0 50) 406 19 22.*

par ④ : 12 km à Eelde ✆ *(0 50) 309 34 00, Fax (0 50) 309 50 11.*

Gedempte Kattendiep 6, ✉ *9711 PN,* ✆ *0 900-202 30 50, Fax (0 50) 311 02 58.*

Amsterdam 181 ⑤ – Leeuwarden 59 ⑥ – Bremen 181 ③

Mercure, Expositielaan 7 (Sud : 2 km près N 7), ✉ 9727 KA, ✆ (0 50) 525 84 00, *Fax (0 50) 527 18 28*, ... 30 à 60. AE ⓓ ⓜⓒ VISA. rest X v
Repas *Lunch 30* – carte 48 à 70 – 26 – **155 ch** 190/225, 2 suites.

Hotel de Ville M, Oude Boteringestraat 43, ✉ 9712 GD, ✆ (0 50) 318 12 22, *Fax (0 50) 318 17 77*, ... AE ⓓ ⓜⓒ VISA Z r
Repas ***Bistro 't Gerecht*** *(fermé 31 déc.-5 janv. et dim. et lundi en juil.-août) (dîner seult)* carte 64 à 84 – 23 – **45 ch** 215/415.

Schimmelpenninck Huys, Oosterstraat 53, ✉ 9711 NR, ✆ (0 50) 318 95 02, *Fax (0 50) 318 31 64*, « Maison classée » – ... 25 à 70. AE ⓓ ⓜⓒ VISA Z h
Repas 60/73 – 25 – **46 ch** 189 – ½ P 205/250.

Martini, Dondersiaan 156 (Sud : 2 km près N 7), ✉ 9728 KX, ✆ (0 50) 525 20 40, *Fax (0 50) 526 21 09*, ... rest, ... 25 à 200. AE ⓜⓒ VISA JCB. ch X y
Repas *(fermé dim.)* carte 45 à 62 – **58 ch** 173/199 – ½ P 216.

Cityhotel M sans rest, Gedempte Kattendiep 25, ✉ 9711 PM, ✆ (0 50) 588 65 65, *Fax (0 50) 311 51 00*, ... AE ⓜⓒ VISA. Z b
18 – **93 ch** 170/200.

GRONINGEN

Asingastraat	X	6
Emmaviaduct	X	13
Europaweg	X	16
Helperbrink	X	19
Helperzoom	X	21
Hoendiep	X	24
van Iddekingeweg	X	25
Ieperlaan	X	27
Julianaplein	X	28
Julianaweg	X	30
Kastanjelaan	X	31
Metaallaan	X	36
Noorderstationsstr.	X	40
Oosterhamriklaan	X	42
Overwinningsplein	X	48
Paterswoldseweg	X	49
Pleiadenlaan	X	52
Prof. Dr. J. C. Kapteijnlaan	X	54
Sontweg	X	61
Sumatralaan	X	64
Weg der Verenigde Naties	X	69
Winsumerweg	X	73
Zonnelaan	X	75

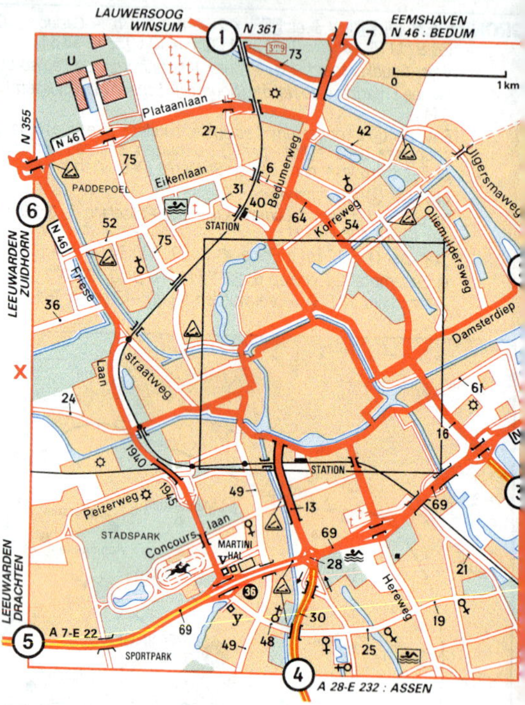

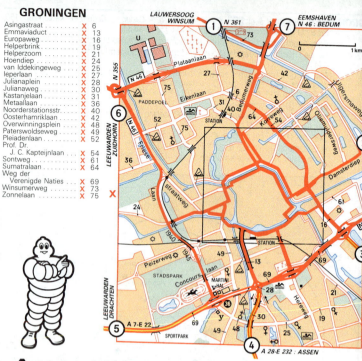

Aub. Corps de Garde, Oude Boteringestraat 74, ✉ 9712 GN, ✆ (0 50) 314 54 37, *Fax (0 50) 313 63 20* – TV ☎. AE ⓓ MC VISA Y n
Repas *(fermé dim.)* (dîner seult) carte env. 65 – 15 – **21 ch** 170/185.

Bastion, Bornholmstraat 99 (par ③ : 5 km), ✉ 9723 AW, ✆ (0 50) 541 49 77, *Fax (0 50) 541 30 12* – TV ☎ P. AE ⓓ MC VISA.
Repas (Grillades, ouvert jusqu'à 23 h) 45 – 17 – **40 ch** 125.

Muller (Hengge), Grote Kromme Elleboog 13, ✉ 9712 BJ, ✆ (0 50) 318 32 08, *Fax (0 50) 312 58 76* – AE ⓓ MC VISA JCB Z c
fermé 30 juil.-21 août, 27 déc.-9 janv., dim. et lundi – **Repas** (dîner seult) 78/135
Spéc. Ballottine de foie d'oie et de canard. Foie d'oie confit et homard en gelée de langoustines. Selle d'agneau en croûte de sel (avril-août).

De Pauw, Gelkingestraat 52, ✉ 9711 NE, ✆ (0 50) 318 13 32, *Fax (0 50) 313 34 63* – AE ⓓ MC VISA JCB Z e
fermé 27 déc.-4 janv. et lundi et mardi en juil.-août – **Repas** (dîner seult jusqu'à 20 h) 60/75.

Ni Hao, Hereweg 1, ✉ 9726 AA, ✆ (0 50) 318 14 00, *Fax (0 50) 313 11 37*, Cuisine chinoise, ouvert jusqu'à 23 h – P. AE ⓓ MC VISA JCB. Z a
Repas 45/108.

Ganga, Carolieweg 11, ✉ 9711 LP, ✆ (0 50) 313 32 20, *Fax (0 50) 313 34 80*, Cuisine indienne – AE ⓓ MC VISA Z f
Repas (dîner seult jusqu'à 23 h) carte env. 45.

à Aduard *par ⑧ : 6 km* C *Zuidhorn 17 910 h :*

Aduard, Friesestraatweg 13 (sur N 355), ✉ 9831 TB, ✆ (0 50) 403 14 00, *Fax (0 50) 403 12 16*, – TV ☎ ♿ P – 80. AE ⓓ MC VISA JCB. rest
Repas (Ouvert jusqu'à 23 h) 45 – **22 ch** 65/125 – ½ P 90/150.

Herberg Onder de Linden (Slenema) avec ch, Burg. van Barneveldweg 3, ✉ 9831 RD, ✆ (0 50) 403 14 06, *Fax (0 50) 403 18 14*, , « Auberge typique frisonne du 18e s. avec jardin » – TV ☎ P. AE ⓓ MC VISA JCB
fermé 24 juil.-2 août, 27 déc.-2 janv., dim. et lundi – **Repas** 88/125, carte env. 130 – **5 ch** 145/175 – ½ P 215
Spéc. Salade de crevettes et cabillaud sur la peau à la moutarde. Dégustation de délicatesses d'agneau (fév.-sept.). Rouget farci aux tomates séchées et homard.

GRONINGEN

A-Kerkhof . . . . Z 3
A-Straat . . . . Z 4
de Brink . . . . Z 7
Brugstraat . . . . Z 9
Eeldersingel . . . . Z 10
Eendrachtskade . . . . Z 12
Emmaviaduct . . . . Z 13
Gedempte Zuiderdiep . . . . . Z 18
Grote Markt . . . . Z
Herestraat . . . . Z
Lopende Diep . . . . Y 33
Martinikerkhof . . . . Z 34
Noorderhaven N. Z. . . . . Y 37
Noorderhaven Z. Z. . . . . Z 39
Oosterstraat . . . . Z
Ossenmarkt . . . . Y 43
Oude Boteringestr. . . . . Z 45
Oude Ebbingestr. . . . . Y 46
Paterswoldseweg . . . . Z 49
Rademarkt . . . . Z 55
Radesingel . . . . Z 57
Schuitendiep . . . . Z 58
St. Jansstraat . . . . Z 60
Spilsluizen . . . . Y 63
Verlengde Oosterstr. . . . . . . Z 66
Vismarkt . . . . Z 67
Westerhaven . . . . Z 70
Westersingel . . . . Z 72
Zuiderpark . . . . Z 76

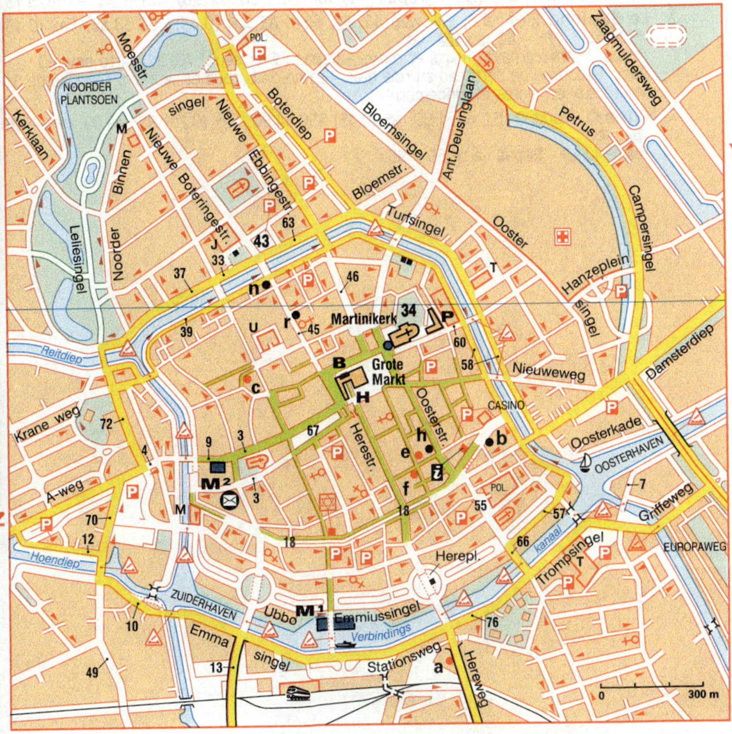

à Paterswolde *Sud : 5 km par Paterswoldseweg* X *Haren 18 725 h :*

't Familiehotel, Groningerweg 19, 9765 TA, (0 50) 309 54 00, *Fax (0 50) 309 11 57,* – 25 à 150. rest
Repas *Lunch 48* – carte env. 65 – **71 ch** 210/325, 2 suites – ½ P 188/220.

GRONSVELD *Limburg Eijsden 11 873 h.* 211 T 18 et 908 I 9.
Amsterdam 217 – Maastricht 8 – Aachen 31.

De Keizerskroon, Europapark 1, 6247 AX, (0 43) 408 15 32, *Fax (0 43) 408 35 55,* « Terrasse avec jardin fleuri » –
fermé carnaval, 24 déc. et lundi – **Repas** *Lunch 55* – 80/99.

Les hôtels ou restaurants agréables sont indiqués dans le guide par un signe rouge.
Aidez-nous en nous signalant les maisons où, par expérience, vous savez qu'il fait bon vivre.
Votre guide Michelin sera encore meilleur.

GULPEN *Limburg* Ⓒ *Gulpen-Wittem 7 862 h.* 211 U 18 *et* 908 I 9.

au Sud-Est : 6 km à Mechelen, Dalbissenweg 22, ✉ 6281 NC, ☎ (0 43) 455 13 97, Fax (0 43) 455 15 76.

Amsterdam 229 – Maastricht 16 – Aachen 16.

De Oude Geul, Oude Rijksweg 20, ✉ 6271 AA, ☎ (0 43) 450 39 88, *Fax (0 43) 450 38 44,* , – – 25 à 40. AE VISA JCB. rest
fermé 27 déc.-2 janv. – **Repas** 49/90 – **21 ch** 98/155 – ½ P 98/113.

Le Sapiche (Cremers), Rijksweg 12, ✉ 6271 AE, ☎ (0 43) 450 38 33, *Fax (0 43) 450 20 97,* – AE VISA.
fermé 2 sem. carnaval, mardi et merc. – **Repas** (dîner seult) 70/90, carte env. 90
Spéc. Ballottine de perdreau au foie gras. Terrine de barbue et saumon. Tonneau de St-Maure aux échalotes et gingembre.

Chez Q, Markt 9, ✉ 6271 BD, ☎ (0 43) 450 44 90, *Fax (0 20) 883 49 09,* – VISA.
fermé lundi – **Repas** carte 60 à 95.

DEN HAAG

P Zuid-Holland 211 K 10 - ① ② et 908 D 5 - 442 799 h.

Amsterdam 55 ② - Bruxelles 182 ④ - Rotterdam 27 ④ - Delft 13 ④.

Plans de Den Haag

RENSEIGNEMENTS PRATIQUES

Kon. Julianaplein 30. ✉ 2595 AA. ✆ 0 900-340 35 05, Fax (070) 347 21 02.

Amsterdam-Schiphol Nord-Est : 37 km ✆ (020) 601 91 11, Fax (020) 604 14 75 – Rotterdam-Zestienhoven Sud-Est : 17 km ✆ (010) 446 34 44, Fax (020) 446 34 99.

18 à Rijswijk (BR), *Delftweg 58 ✉ 2289 AL ✆ (070) 319 24 24, Fax (070) 399 50 40 – 18 au Nord-Est : 11 km à Wassenaar, Groot Haesebroekseweg 22, ✉ 2243 EC, ✆ (070) 517 96 07, Fax (070) 514 01 71 et 18 Dr Mansveltkade 15, ✉ 2242 TZ, ✆ (070) 517 88 99 – 18 à Leidschendam* (CQ), *Elzenlaan 31, ✉ 2267 AT, ✆ (070) 399 10 96, Fax (070) 399 86 15.*

CURIOSITÉS

Voir *Binnenhof★ : salle des Chevaliers★ (Ridderzaal)* JY – *Étang de la Cour (Hofvijver) ←★* HJY – *Lange Voorhout★* HJX – *Madurodam★★* ET – *Scheveningen★★.*

Musées : *Mauritshuis★★★* JY – *Galerie de peintures Prince Guillaume V★ (Schilderijengalerij Prins Willem V)* HY **M²** – *Panorama Mesdag★* HX – *Musée Mesdag★* EU – *Municipal★★ (Gemeentemuseum)* DEU – *Bredius★* JY.

RÉPERTOIRE DES RUES DU PLAN DE DEN HAAG

Alexanderstr. . . . . . . p. 6 HX
van Alkemadelaan . . p. 3 BQ
Amaliastr. . . . . p. 6 HX 3
Amsterdamse Veerkade . . . . p. 6 JZ 4
Anna Paulownastr. . p. 5 FU 6
Annastr. . . . . p. 6 HY 7
Ary van der Spuyweg . p. 4 ETU 9
Badhuiskade . . . . . . p. 7 DS 10
Badhuisweg . . . . p. 7 ES
Bankastr. . . . . p. 5 FTU
Beatrixlaan . . . . p. 5 GU
Beeklaan . . . . p. 4 DUV
Belgischepl. . . . . p. 7 ES
Benoordenhoutseweg . p. 5 GTU
Binckhorstlaan . . . . . p. 5 GV
Bleijenburg . . . . p. 6 JY 12
Boekhorststr. . . . . . . p. 6 HZ
van Boetzelaerlaan . . . p. 4 DU
Breedstr. . . . . p. 6 HY
Buitenhof . . . . p. 6 HY
Buitenom . . . . p. 5 FV
Burg. de Monchyplein . p. 5 FU 15
Burg. Patijnlaan . . . . p. 5 FU
Carnegielaan . . . . . . p. 4 EU 18
Conradkade . . . . p. 4 DEU
Delftselaan . . . . p. 4 EV
Denneweg . . . . p. 6 JX
Dierenselaan . . . . p. 4 EV
Dr. Lelykade . . . . . . p. 7 DT
Dr. de Visserpl. . . . . p. 7 DS 21
Doornstr. . . . . p. 7 DT
Drie Hoekjes . . . . . . p. 6 HY 22
Duinstr. . . . . p. 7 DT
Duinweg . . . . p. 7 ET
Dunne Bierkade . . . p. 6 JZ
Eisenhowerlaan . . . . p. 4 DET
Elandstr. . . . . p. 4 EUF
Erasmusweg . . . . . . p. 2 AR
Escamplaan . . . . p. 2 AR
Fahrenheitstr. . . . . . p. 4 DUV
Fluwelen Burgwal . . p. 6 JY 24
Frankenslag . . . . p. 7 DT
Fred. Hendriklaan . . p. 7 DT
Geest . . . . p. 6 HY
Gentsestr. . . . . p. 7 ES
Gevers Deynootplein . p. 7 ES 27
Gevers Deynootweg . p. 7 DES
Goeverneurlaan . . . . p. 3 BR
Goudenregenstr. . . . p. 4 DV
Groen van Prinstererlaan p. 2 AR 30
Groene Wegje . . . . . p. 6 JZ 31
Groenmarkt . . . . p. 6 HZ
Groot Hertoginnelaan . . p. 4 DEU
Grote Marktstr. . . . . p. 6 HJZ
Haringkade . . . . p. 7 EST
Harstenhoekweg . . . p. 7 ES
Herengracht . . . . . . p. 6 JY
Hobbemastr. . . . . . . p. 5 FV
Hoefkade . . . . p. 5 FV
Hofweg . . . . p. 6 HJY
Hofzichtlaan . . . . p. 3 CQ
van Hogenhoucklaan . p. 5 FT
Hogewal . . . . p. 6 HX
Hoogstr. . . . . p. 6 HY
Hooikade . . . . p. 6 JX 33
Houtmarkt . . . . p. 6 JZ
Houtrustweg . . . . . . p. 4 DU
Houtwijklaan . . . . . . p. 2 AR 34
Houtzagerssingel . . . p. 5 FV
Hubertusviaduct . . . p. 5 FT
Huygenspark . . . . . . p. 6 JZ
Jacob Catslaan . . . . p. 4 EU
Jacob Catsstr. . . . . . p. 5 FV
Jacob Pronkstr. . . . . p. 7 DS 36
Jan Hendrikstr. . . . . p. 6 HZ
Jan van den Heydenstr. . p. 3 BR 39
Jan van Nassaustr. . p. 5 FU
Javastr. . . . . p. 5 FU
Johan de Wittlaan . . p. 4 ETU 40
Jozef Israëlslaan . . . p. 5 GU
Juliana van Stolberglaan . p. 5 GU 42
Jurrian Kokstr. . . . . . p. 7 S

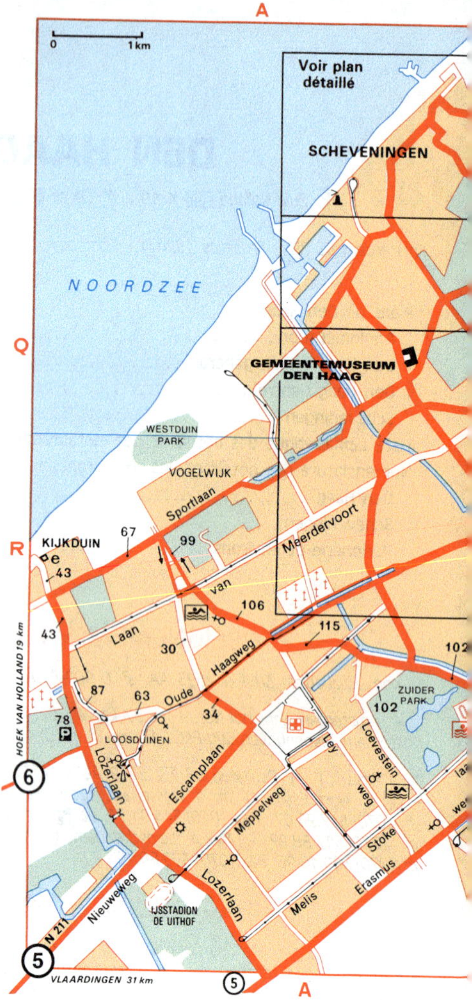

Kalvermarkt . . . . p. 6 JY
Kanaalweg . . . . p. 7 ET
Kazernestr. . . . . p. 6 HJ
Keizerstr. . . . . p. 7 DS
Kempstr. . . . . p. 4 EV
Kijkduinsestr. . . . . . . p. 2 AR 43
Kneuterdijk . . . . p. 6 HY 45
Koningin Emmakade . . . . . p. 4 EUV
Koningin Julianaplein . p. 5 GU 48
Koningin Marialaan . . p. 5 GU 51
Koninginnegracht . . . p. 5 FTU
Koningspl. . . . . p. 4 EU
Koningstr. . . . . p. 5 FV
Korte olenstr. . . . . p. 6 HY 52
Korte Poten . . . . p. 6 JY 54
Korte Vijverberg . . . . p. 6 JY 55
Kranenburgweg . . . . p. 4 DU
Laan Copes van Cattenburch . . p. 5 FU 57
Laan van Eik en Duinen . p. 4 DV
Laan van Meerdervoort . . p. 4 DVE
Laan van Nieuw Oost Indie . . . . p. 5 GU
Lands-cheidingsweg . . . . p. 3 BQ
Lange Houtstr. . . . . . p. 6 JY
Lange Poten . . . . p. 6 JY
Lange Vijverberg . . . . p. 6 HJY 60
Lange Voorhout . . . . p. 6 JX
Leidsestraatweg . . . . p. 3 BCQ
Lekstr. . . . . p. 5 GV
Leyweg . . . . p. 2 AR
Lisztstr. . . . . p. 2 AR 63
Loevesteinlaan . . . . . p. 2 AR
Loosduinsekade . . . . p. 4 DEV
Lozerlaan . . . . p. 2 AR
Lutherse Burgwal . . . p. 6 HZ 64

B
C
A 44 13 km
HAARLEM 46 km
LEIDEN 22 km
OOSTDUINPARK
DE KIEVIET
Buurtweg
Wittenburgerweg
Rijksstraatweg N 44
Landscheidingsweg
Alkemadelaan
KERKEHOUT
Veenwatering
DUINDIGT
MADURODAM
Leidsestraatweg
Bezuidenhoutseweg
Hofzicht
HUIS TEN BOSCH
MARIAHOEVE
Q
LEIDEN
Heuvelweg
Noordsingel
LEIDSCHENDAM
HAARLEM 65 km
BEZUIDENHOUT
Schenkkade
Mgr. van Steenlaan
Rodelaan
AMSTERDAM 55 km
LEIDEN 22 km
BINNENHOF
VOORBURG
Parkweg
Oosteinde
vliet
A 4
E 19
Binckhorstlaan
Rijswijkseweg
Neherkade
West
PRINS CLAUSPLEIN
R
Goeverneurlaan
Haagweg
RECREATIEPARK
DRIEVLIET
A 12-E 30
Moerweg
A 4-E 19
RIJSWIJK
Vredenburchweg
Prinses Beatrixlaan
DE PUT
Spoorlaan
Winston Churchill laan
VOORMALIG
VLIEGVELD
YPENBURG
NOOTDORP
UTRECHT 61 km
GOUDA 30 km
YPENBURG
van
Schaapweg
Gen.
Sir
Delftweg
E 19
A 13
N 4-E 30
Dobbeplas
B
C
DELFT 13 km
ROTTERDAM 24 km

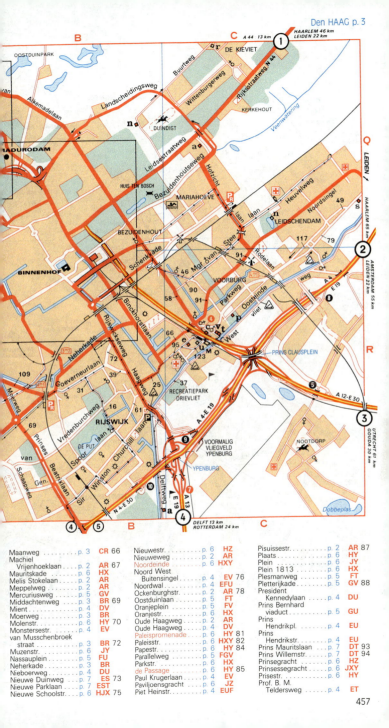

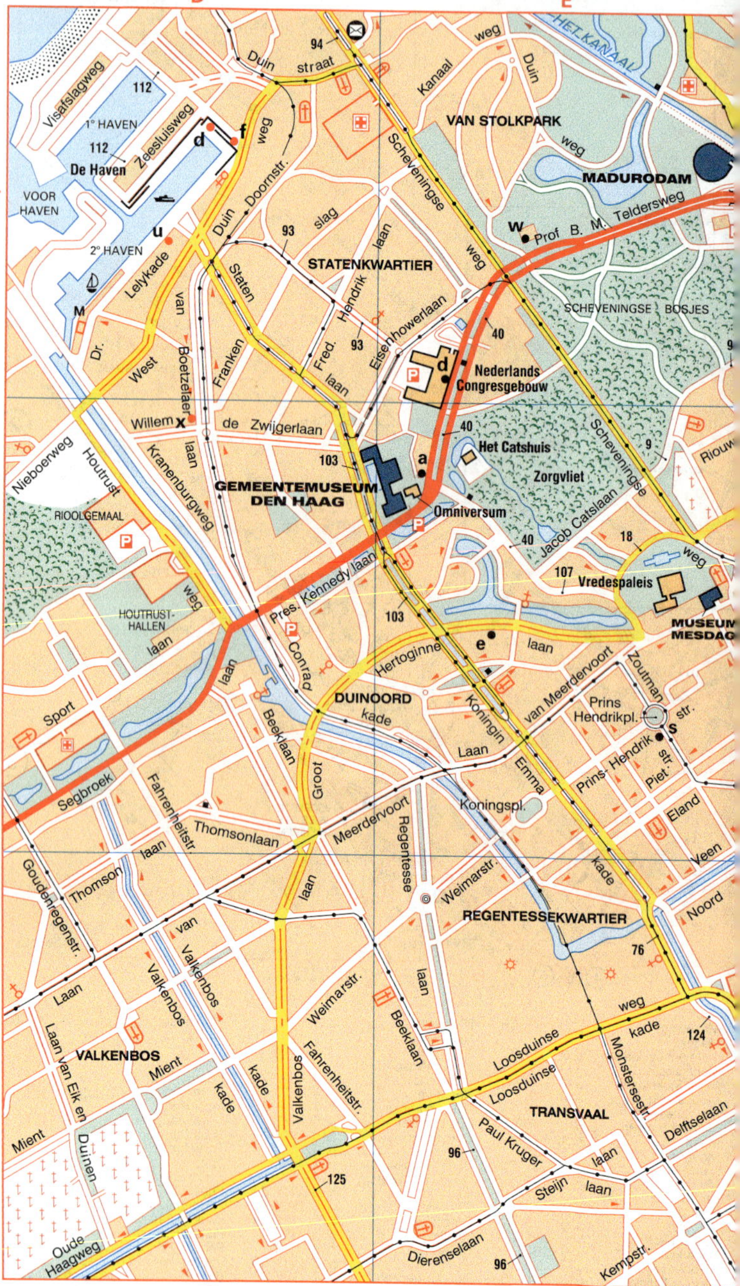
D
E
T
U
V
De Haven
1° HAVEN
2° HAVEN
VOOR HAVEN
Visafslagweg
Zeesluisweg
Lelykade
VAN STOLKPARK
MADURODAM
STATENKWARTIER
SCHEVENINGSE BOSJES
Nederlands Congresgebouw
Het Catshuis
Zorgvliet
GEMEENTEMUSEUM DEN HAAG
Omniversum
RIOOLGEMAAL
HOUTRUST-HALLEN
Vredespaleis
MUSEUM MESDAG
DUINOORD
Prins Hendrikpl.
Koningspl.
REGENTESSEKWARTIER
VALKENBOS
TRANSVAAL
HET KANAAL
Duinstraat
Scheveningse weg
Prof B. M. Teldersweg
Pres. Kennedylaan
Willem de Zwijgerlaan
Conrad
Hertoginnelaan
Koningin Emma
Laan van Meerdervoort
Beeklaan
Thomsonlaan
Fahrenheitstr.
Segbroek
Sportlaan
Goudenregenstr.
Laan van Eik en Duinen
Oude Haagweg
Loosduinse weg
Loosduinse kade
Monstersestr.
Paul Kruger laan
Steijn laan
Dierenselaan
Kempstr.
Delftselaan
Weimarstr.
Valkenbos kade
Mient
Regentesse laan
Groot Hertoginnelaan
Zoutman str.
Prins Hendrik str.
Piet
Eland
Veen
Noord
Jacob Catslaan
Nieboerweg
Houtrust weg
Kranenburgweg
Boetzelaer laan
Franken
Fred. Hendrik laan
Eisenhowerlaan
Statenlaan
Doornstr.
Duinweg
Dr.
West
Kanaalweg
Duin weg
Riouw
Duinoord kade
94
112
93
40
103
9
18
107
76
124
125
96

DEN HAAG
('S- GRAVENHAGE)
0
300 m
F
G
T
U
V
St- Annalands
Clingendael
HUBERTUSPARK
Plesmanweg
Viaduct
Badhuisweg
Waalsdorperweg
van
Alkemadelaan
laan
van
Hogenhoucklaan
Ruychrock
Oost
duin
Raam
BENOORDENHOUT
OOSTDUIN
ARENDSDORP
Wassenaarse
weg
weg
weg
N 44
Alkemadelaan
ARCHIPELBUURT
Banka
straat
Koninginne
gracht
weg
laan
ROSARIUM
Benoordenhoutse
Laan van Nieuw Oost Indië
Burg. Patijnlaan
Nassauplein
str.
57
22
15
Java
str.
Jan van Nassaustr.
Konings
Jozef Israëls
laan
Leidse
Haagse
Bos
straat
e a b c r
Plein 1813
PANORAMA
MESDAG
Bezuidenhoutseweg
51
kade
KOEKAMP
BEZUIDENHOUT
6
Heinstr.
Parkstr.
LANGE
VOORHOUT
Tunnelbouw
uitvoering
48
42
J
Beatrix
laan
MAURITSHUIS
BINNENHOF
CENTRAAL
STATION
97
Prins Bernhard
Viaduct
Utrechtse
baan
t
u
Buitenhof
Hofweg
in
uitvoering
Torenstr.
Groenmarkt
Marktstr.
Spui
Grote
Tunnelbouw
Lekstraat
Schenkviaduct
A 12
E 30
Prinsegracht
88
Buitenom
wal
Stationsweg
Rijswijksepl.
Zuid
Spinozastr.
Oranje
plein
Houtzagerssingel
Hobbemastr.
Jacob
Koning
STATION
HS
Rijswijkseweg
Haagvliet
of
Binckhorstlaan
Mercuriusweg
SCHILDERSWIJK
Catsstr.
straat
Hoefkade
U
Trekvliet
Vaillantlaan
Hoefkade
Parallel weg
Waldorpstr.
Laakhaven
Neherkade
Trekweg
v. der Vennestr.
ondelstr.
kade
Wal
POL.
F
G

RÉPERTOIRE DES RUES DU PLAN DE DEN HAAG (SUITE)

Raamweg . . . . p. 5 FTU
Regentesselaan . . . . p. 4 EUV
de la Reyweg . . . . . p. 4 EV 96
Rijnstr. . . . . p. 5 GU 97
Rijswijksepl. . . . . p. 5 GV
Rijwijkseweg . . . . . . p. 5 GV
Riouwstr. . . . . p. 4 EUF
Ruychrocklaan . . . . . p. 5 FGT
de Savornin
Lohmanlaan . . . . . p. 2 AR 99
Schenkkade . . . . p. 3 BCR
Schenkviaduct . . . . . p. 5 GV
Scheveningseveer . . p. 6 HX 100
Scheveningseweg . . p. 4 TEU
Segbroeklaan . . . . . p. 4 DU
Soestdijksekade . . . . p. 2 AR 102
Sophialaan . . . . p. 6 HX
Spinozastr. . . . . p. 5 FV
Sportlaan . . . . p. 2 AR
Spuistr. . . . . p. 6 JYZ
Spui . . . . p. 6 JZ
Stadhouderslaan . . . p. 4 DEU 103
Statenlaan . . . . p. 7 DT
Stationsweg . . . . . . p. 5 FGV
Steijnlaan . . . . p. 4 EV
Stevinstr. . . . . p. 7 ES
Stille Veerkade . . . . p. 6 JZ 105
Strandweg . . . . p. 7 DS
Thomsonlaan . . . . . . p. 4 DUV
Thorbeckelaan . . . . . p. 2 AR 106
Tobias Asserlaan . . . p. 4 EU 107
Torenstr. . . . . p. 6 HY
Tournooiveld . . . . . . p. 6 JXY 108
Trekweg . . . . p. 5 GV
Troelstrakade . . . . . . p. 3 BR 109
Utrechtsebaan . . . . . p. 5 GUV
Vaillantlaan . . . . p. 5 FV
Valkenboskade . . . . p. 4 DV
Valkenboslaan . . . . . p. 4 DV
Veenkade . . . . p. 4 EUV
van der Vennestr. . . p. 5 FV
Venestr. . . . . p. 6 HYZ
Visafslagweg . . . . . . p. 7 DT
Visserhavenstr . . . . . p. 7 DS 110
Visserhavenweg . . . p. 7 DT 112
Vlamingstr. . . . . p. 6 HZ 114
Vleerstr. . . . . p. 6 HZ
Volendamlaan . . . . . p. 2 AR 115
Vondelstr. . . . . p. 5 FU
Vos in Tuinstr. . . . . . p. 6 JX 118
Vreeswijkstr. . . . . . . p. 2 AR 120
Waalsdorperweg . . . p. 5 FT
Wagenstr. . . . . p. 6 JZ
Waldorpstr. . . . . p. 5 FGV
Wassenaarseweg . . p. 5 GT
Wassenaarsestr. . . . p. 7 DS 121
Weimarstr. . . . . p. 4 DEV
West Duinweg . . . . p. 7 DT
Westeinde . . . . p. 6 HZ
Willem de
Zwijgerlaan . . . . . p. 4 DU
Willemstr. . . . . p. 6 HX
Zeesluisweg . . . . . . p. 7 DT
Zeestr. . . . . p. 6 HX
Zieken . . . . p. 6 JZ
Zoutkeetsingel . . . . . p. 4 EV 124
Zoutmanstr. . . . . p. 4 EU
Zuidparklaan . . . . . . p. 4 DV 125
Zuidwal . . . . p. 5 FV
Zwolsestr. . . . . p. 7 ES

LEIDSCHENDAM

Heuvelweg . . . . p. 3 CQ
Koningin
Julianaweg . . . . . p. 3 CQ 49

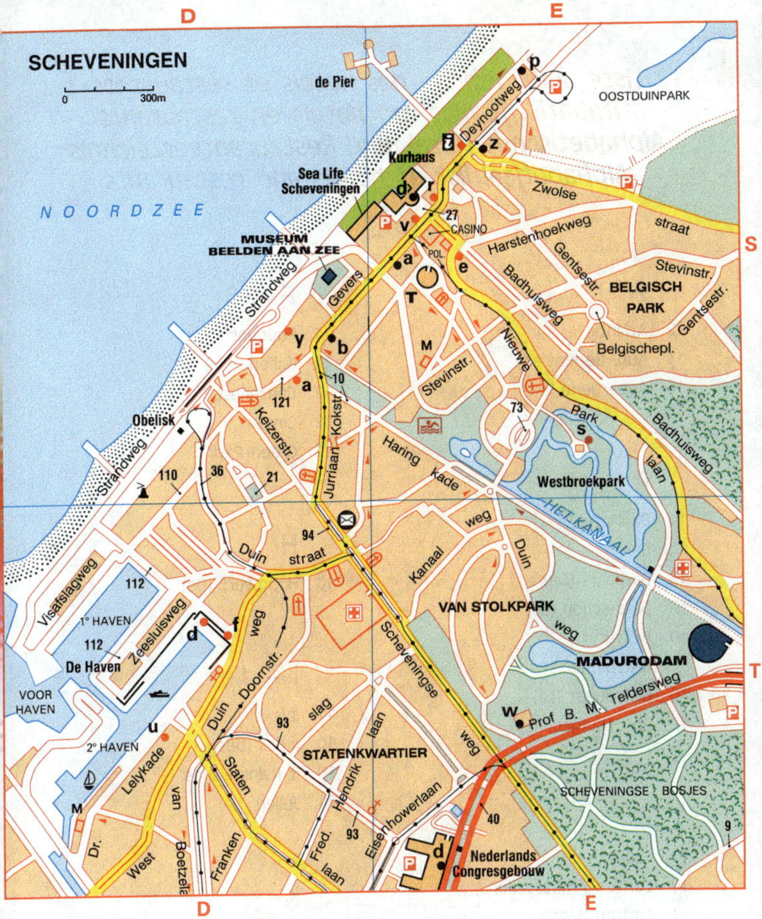

RÉPERTOIRE DES RUES DU PLAN DE DEN HAAG (FIN)

De taal die u ziet op de borden langs de wegen,
is de taal van de streek waarin u zich bevindt.
In deze gids zijn de plaatsen vermeld onder hun officiële naam :
Liège voor Luik, **Huy** voor Hoei.

Liste alphabétique des hôtels et restaurants
Alfabetische lijst van hotels en restaurants
Alphabetisches Hotel- und Restaurantverzeichnis
Alphabetical list of hotels and restaurants

Quartiers du Centre - *plans p. 5 et 6 sauf indication spéciale :*

Des Indes, Lange Voorhout 54, ✉ 2514 EG, ℘ (0 70) 361 23 44, *Fax (0 70) 361 23 50*, « Demeure fin 19e s. » – 25 à 75. AE VISA JCB. rest JX s
Repas ***Le Restaurant*** *(fermé mi-juil.-mi-août et sam. midi)* Lunch 55 – 80/120 – 39 – **70 ch** 450/675, 6 suites.

Crowne Plaza Promenade, van Stolkweg 1, ✉ 2585 JL, ℘ (0 70) 352 51 61, *Fax (0 70) 354 10 46*, ≤, « Collection de peintures néerlandaises modernes », – 25 à 400. AE VISA JCB plan p. 4 ET w
Repas ***Brasserie Promenade*** Lunch 55 – 63 – ***Trattoria dell'Arte*** (Cuisine italienne, ouvert jusqu'à minuit) Lunch 45 – carte 75 à 93 – 38 – **94 ch** 455/475.

Dorint Ⓜ, Johan de Wittlaan 42, ✉ 2517 JR, ℘ (0 70) 416 91 11, *Fax (0 70) 416 91 00*, – ch, – 25 à 2000. AE VISA JCB. rest plan p. 4 ET d
Repas Lunch 48 – carte env. 65 – 31 – **214 ch** 335/395, 2 suites – ½ P 413/435.

Carlton Ambassador Ⓜ, Sophialaan 2, ✉ 2514 JP, ℘ (0 70) 363 03 63, *Fax (0 70) 360 05 35*, « Aménagement de style hollandais ou anglais » – 25 à 150. AE VISA JCB. HX c
Repas ***Henricus*** Lunch 50 – 55 – 42 – **78 ch** 405/445, 1 suite – ½ P 315/345.

Sofitel, Koningin Julianaplein 35, ✉ 2595 AA, ℘ (0 70) 381 49 01, *Fax (0 70) 382 59 27* – 25 à 150. AE VISA JCB GU u
Repas 50/65 – 33 – **143 ch** 395/480.

Bel Air, Johan de Wittlaan 30, ✉ 2517 JR, ℘ (0 70) 352 53 54, *Fax (0 70) 352 53 53*, – ch, – 25 à 250. AE VISA JCB plan p. 4 EU a
Repas Lunch 37 – 43/80 – 29 – **350 ch** 265/330 – ½ P 301/367.

Mercure Central sans rest, Spui 180, ✉ 2511 BW, ℘ (0 70) 363 67 00, *Fax (0 70) 363 93 98* – 25 à 130. AE VISA JCB JZ v
25 – **156 ch** 265/275, 3 suites.

Corona, Buitenhof 42, ✉ 2513 AH, ℘ (0 70) 363 79 30, *Fax (0 70) 361 57 85*, – rest, – 30 à 100. AE VISA JCB. HY v
Repas ***Brasserie Buitenhof*** 55/68 – 30 – **26 ch** 275/320 – ½ P 330/343.

Parkhotel sans rest, Molenstraat 53, ✉ 2513 BJ, ℘ (0 70) 362 43 71, *Fax (0 70) 361 45 25* – 25 à 100. AE VISA JCB HY a
114 ch 210/320.

Novotel, Hofweg 5, ✉ 2511 AA, ℘ (0 70) 364 88 46, *Fax (0 70) 356 28 89*, – rest, – 25 à 100. AE VISA JCB HJY e
Repas (Ouvert jusqu'à 23 h) carte 53 à 68 – 25 – **106 ch** 255.

Paleis sans rest, Molenstraat 26, ✉ 2513 BL, ℘ (0 70) 362 46 21, *Fax (0 70) 361 45 33*, –. AE VISA JCB HY r
20 – **20 ch** 165/225.

Petit sans rest, Groot Hertoginnelaan 42, ✉ 2517 EH, ℘ (0 70) 346 55 00, *Fax (0 70) 347 32 57* –. AE VISA JCB plan p. 4 EU e
20 ch 145/185.

Sebel sans rest, Zoutmanstraat 40, ✉ 2518 GR, ℘ (0 70) 345 92 00, *Fax (0 70) 345 58 55* –. AE VISA JCB. plan p. 4 EU s
fermé 25 déc.-2 janv. – **27 ch** 135/160.

De Hoogwerf, Zijdelaan 20, ✉ 2594 BV, ℘ (0 70) 347 55 14, *Fax (0 70) 381 95 96*, « Ferme du 17e s., jardin » – AE VISA. plan p. 3 CQ a
fermé dim. et jours fériés sauf Noël – **Repas** Lunch 60 – carte env. 70.

Da Roberto, Noordeinde 196, ✉ 2514 GS, ℘ (0 70) 346 49 77, *Fax (0 70) 362 52 86*, Cuisine italienne –. AE VISA HX k
fermé dim. – **Repas** Lunch 58 – carte env. 90.

Calla's, Laan van Roos en Doorn 51a, ✉ 2514 BC, ℘ (0 70) 345 58 66, *Fax (0 70) 345 57 10* – AE VISA. JX u
fermé 24 juil.-14 août, 27 déc.-1er janv. et lundi – **Repas** Lunch 60 – 75/120.

Aubergerie, Nieuwe Schoolstraat 19, ✉ 2514 HT, ℘ (0 70) 364 80 70, *Fax (0 70) 360 73 38*, – AE VISA JX b
fermé dim. et lundi – **Repas** Lunch 48 – 52/98.

Danton, Groenewegje 115, ✉ 2515 LP, ℘ (0 70) 380 19 86 JZ r
fermé 2 prem. sem. août et prem. sem. janv. – **Repas** (dîner seult) carte env. 60.

It Rains Fishes, Noordeinde 123, ✉ 2514 GG, ℘ (0 70) 365 25 98, *Fax (0 70) 365 25 22*, Avec cuisine asiatique –. AE VISA HX k
fermé sam. midi, dim. midi et lundi – **Repas** Lunch 55 – carte 85 à 105.

Le Bistroquet, Lange Voorhout 98, ✉ 2514 EJ, ℘ (0 70) 360 11 70, *Fax (0 70) 360 55 30*, –. AE VISA JX d
fermé 24 déc.-1er janv. et dim. – **Repas** Lunch 53 – 68/85.

XX **Rousseau**, Van Boetzelaerlaan 134, ✉ 2581 AX, ☎ (0 70) 355 47 43, 🏖 - AE ⓓ ⓜ VISA — plan p. 4 DU x
fermé sam. midi, dim. midi et lundi – **Repas** *Lunch 45* – 55/98.

XX **Julien**, Vos in Tuinstraat 2a, ✉ 2514 BX, ☎ (0 70) 365 86 02, *Fax (0 70) 365 31 47*, « Décor Art Nouveau » – AE ⓓ ⓜ VISA JCB — JX s
fermé dim. – **Repas** *Lunch 45* – 53/79.

XX **Roma**, Papestraat 22, ✉ 2513 AW, ☎ (0 70) 346 23 45, *Fax (0 70) 365 28 18*, Cuisine italienne – AE ⓓ ⓜ VISA JCB. — HY n
fermé août et mardi – **Repas** (dîner seult) carte env. 55.

XX **The Raffles**, Javastraat 63, ✉ 2585 AG, ☎ (0 70) 345 85 87, Cuisine indonésienne – AE ⓓ ⓜ VISA JCB — FU r
fermé dern. sem. juil.-prem. sem. août, du 1er au 4 janv. et dim. – **Repas** (dîner seult) carte 61 à 80.

XX **Sapphire Tower** 25e étage, Jan van Riebeekstraat 571, ✉ 2595 TZ, ☎ (0 70) 383 67 67, *Fax (0 70) 347 50 54*, ✳ ville, Cuisine chinoise – AE ⓜ VISA. — GU t
fermé sam. midi et dim. midi – **Repas** *Lunch 33* – 55/83.

XX **Shirasagi**, Spui 170, ✉ 2511 BW, ☎ (0 70) 346 47 00, *Fax (0 70) 346 26 01*, Cuisine japonaise avec Teppan-Yaki – AE ⓓ ⓜ VISA JCB. — JZ v
fermé 31 déc.-3 janv., sam. midi, dim. midi et lundi midi – **Repas** *Lunch 35* – 58/140.

X **Saur**, Lange Voorhout 47, ✉ 2514 EC, ☎ (0 70) 346 25 65, *Fax (0 70) 365 86 14*, 🏖 – AE ⓓ ⓜ VISA JCB. — JX h
fermé dim. et jours fériés – **Repas** *Lunch 58* – carte 75 à 135.

X **Les Ombrelles**, Hooistraat 4a, ✉ 2514 BM, ☎ (0 70) 365 87 89, 🏖, Produits de la mer – P. AE ⓓ ⓜ VISA — JX r
fermé sam. midi et dim. – **Repas** *Lunch 48* – carte 54 à 71.

X **Fouquet**, Javastraat 31a, ✉ 2585 AC, ☎ (0 70) 360 62 73, *Fax (0 70) 386 55 92*, 🏖 – AE ⓓ ⓜ VISA JCB — FU a
fermé 25, 26 et 31 déc. et 1er janv. – **Repas** (dîner seult) 50/80.

X **Bistro-mer**, Javastraat 9, ✉ 2585 AB, ☎ (0 70) 360 73 89, *Fax (0 70) 360 73 89*, Produits de la mer, ouvert jusqu'à 23 h – AE ⓓ ⓜ VISA JCB. — FU e
Repas 50/110.

X **Chez Pierrette**, Frederikstraat 56, ✉ 2514 LL, ☎ (0 70) 360 61 67, *Fax (0 70) 360 61 67*, Bistrot, ouvert jusqu'à minuit – AE ⓓ ⓜ VISA JCB — FU c
fermé dim. – **Repas** *Lunch 20* – carte env. 65.

X **Djawa**, Mallemolen 12a, ✉ 2585 XJ, ☎ (0 70) 363 57 63, *Fax (0 70) 362 30 80*, 🏖, Cuisine indonésienne – AE ⓓ ⓜ VISA JCB — FU b
fermé dern. sem. juil.-prem. sem. août – **Repas** (dîner seult) carte 53 à 70.

à Scheveningen - *plan p. 7* - *'s-Gravenhage – Station balnéaire★★ – Casino* ES, *Kurhausweg 1, ✉ 2587 RT, ☎ (0 70) 306 77 77, Fax (0 70) 306 88 88.*
Gevers Deijnootweg 1134, ✉ 2586 BX, ☎ 0 900-340 35 05, Fax (0 70) 352 04 26

Kurhaus, Gevers Deijnootplein 30, ✉ 2586 CK, ☎ (0 70) 416 26 36, *Fax (0 70) 416 26 46*, ≤, 🏖, « Ancienne salle de concert fin 19e s. », – P – 35 à 480. AE ⓓ ⓜ VISA JCB. rest — ES d
Repas voir rest ***Kandinsky*** ci-après – ***Kurzaal*** (Buffets) 45/68 – 38 – **247 ch** 360/585, 8 suites – ½ P 278/398.

Europa, Zwolsestraat 2, ✉ 2587 VJ, ☎ (0 70) 416 95 95, *Fax (0 70) 416 95 55*, 🏖, – 25 à 460. AE ⓓ ⓜ VISA. rest — ES z
Repas ***Oxo*** (dîner seult jusqu'à 23 h) 60/70 – 33 – **173 ch** 300/340, 1 suite.

Carlton Beach, Gevers Deijnootweg 201, ✉ 2586 HZ, ☎ (0 70) 354 14 14, *Fax (0 70) 352 00 20*, ≤, – P – 25 à 250. AE ⓓ ⓜ VISA — ES p
Repas (Ouvert jusqu'à minuit) *Lunch 38* – carte env. 75 – 33 – **183 ch** 305/495 – ½ P 180/430.

Badhotel, Gevers Deijnootweg 15, ✉ 2586 BB, ☎ (0 70) 351 22 21, *Fax (0 70) 355 58 70* – P – 25 à 150. AE ⓓ ⓜ VISA JCB. rest — DS b
Repas (dîner seult) 45/90 – 30 – **90 ch** 210/260 – ½ P 258.

Ibis, Gevers Deijnootweg 63, ✉ 2586 BJ, ☎ (0 70) 354 33 00, *Fax (0 70) 352 39 16* – P – 25 à 80. AE ⓓ ⓜ VISA — ES a
Repas (dîner seult) carte env. 45 – 20 – **87 ch** 140/200.

XXXX **Kandinsky** - H. Kurhaus, Gevers Deijnootplein 30, ✉ 2586 CK, ☎ (0 70) 416 26 34, *Fax (0 70) 416 26 46*, <, – AE VISA JCB.
fermé sam. midi et dim. – **Repas** Lunch 70 – 73/128. ES d

XXX **Seinpost,** Zeekant 60, ✉ 2586 AD, ☎ (0 70) 355 52 50, *Fax (0 70) 355 50 93*, <, Produits de la mer – AE VISA
fermé dim. et jours fériés – **Repas** Lunch 69 – carte env. 95. DS y

XXX **Radèn Mas,** Gevers Deijnootplein 125, ✉ 2586 CR, ☎ (0 70) 354 54 32, *Fax (0 70) 350 60 42*, Avec cuisine indonésienne – AE VISA JCB.
Repas Lunch 30 – 48/95. ES v

XX **Rederserf,** Schokkerweg 37, ✉ 2583 BH, ☎ (0 70) 350 50 23, *Fax (0 70) 350 84 54*, <, – AE VISA JCB.
fermé sam. midi et dim. midi – **Repas** Lunch 70 – 90/100. DT d

XX **China Delight,** Dr Lelykade 116, ✉ 2583 CN, ☎ (0 70) 355 54 50, *Fax (0 70) 354 66 52*, Cuisine chinoise – VISA JCB
Repas Lunch 25 – carte env. 50. DT u

XX **Ginza,** Dr Lelykade 28b, ✉ 2583 CM, ☎ (0 70) 358 96 63, *Fax (0 70) 358 55 48*, Cuisine japonaise avec Teppan-Yaki, ouvert jusqu'à 23 h 30 – AE VISA JCB.
Repas carte env. 60. DT f

XX **Bali** avec ch, Badhuisweg 1, ✉ 2587 CA, ☎ (0 70) 350 24 34, *Fax (0 70) 354 03 63*, Cuisine indonésienne – AE VISA JCB.
Repas *(fermé 31 déc.)* (dîner seult) carte 55 à 95 – **16 ch** 125/155. ES e

X **Westbroekpark,** Kapelweg 35, ✉ 2587 BK, ☎ (0 70) 354 60 72, *Fax (0 70) 354 85 60*, <, « Parc, parterres de roses » – AE VISA.
fermé 24 déc.-2 janv. et lundi – **Repas** 50. ES s

X **Le Bon Mangeur,** Wassenaarsestraat 119, ✉ 2586 AM, ☎ (0 70) 355 92 13 – AE VISA.
fermé dern. sem. juin-2 prem. sem. juil., dern. sem. déc., dim. et lundi – **Repas** (dîner seult) carte env. 75. DS a

X **La Galleria,** Gevers Deijnootplein 105, ✉ 2586 CP, ☎ (0 70) 352 11 56, *Fax (0 70) 350 19 99*, Cuisine italienne, ouvert jusqu'à minuit – AE VISA
Repas Lunch 35 – carte 53 à 79. ES r

à Kijkduin *Ouest : 4 km* - *plan p. 2* - C *'s-Gravenhage :*

Atlantic, Deltaplein 200, ✉ 2554 EJ, ☎ (0 70) 448 24 82, *Fax (0 70) 368 67 21*, <, – – 25 à 300. AE VISA JCB. rest
Repas (Buffet) carte 67 à 82 – 28 – **142 ch** 255 – ½ P 193/273. AR e

Environs

à Leidschendam - *plan p. 3* – *34 698 h.*

Green Park, Weigelia 22, ✉ 2262 AB, ☎ (0 70) 320 92 80, *Fax (0 70) 327 49 07*, <, – – 25 à 250. AE VISA JCB. rest
Repas ***The Greenery*** Lunch 55 – carte env. 60 – **92 ch** 325/340, 3 suites – ½ P 380. CQ n

XXX **Villa Rozenrust,** Veursestraatweg 104, ✉ 2265 CG, ☎ (0 70) 327 74 60, *Fax (0 70) 327 50 62*, « Terrasse » – AE VISA
fermé 27 déc.-4 janv. et dim. – **Repas** Lunch 65 – carte 83 à 123. CQ s

à Rijswijk - *plan p. 3* – *48 488 h.*

XX **'t Ganzenest** (Visbeen), Delftweg 58 (près A 4 - E 19, sortie ⑨), ✉ 2289 AL, ☎ (0 70) 414 06 42, *Fax (0 70) 414 07 05*, <, « En bordure d'un terrain de golf » – AE VISA.
fermé fin juil.-début août, prem. sem. janv., dim. et lundi – **Repas** Lunch 55 – 60/100, carte 80 à 106 BCR a
Spéc. Paupiette de thon mariné et petits légumes aux gambas poêlées. Aubergine à la grecque, fromage de chèvre frais et taboulé. Gazpacho doux aux langoustines poêlées et sorbet à la tomate.

à Voorburg - *plan p. 3* – *39 099 h.*

Mövenpick M, Stationsplein 8, ✉ 2275 AZ, ☎ (0 70) 337 37 37, *Fax (0 70) 337 37 00*, – – 25 à 160. AE VISA JCB
Repas (Buffets) Lunch 28 – 45 – 22 – **125 ch** 240 – ½ P 240/275. CR u

XXX **Savelberg** avec ch, Oosteinde 14, ✉ 2271 EH, ☎ (0 70) 387 20 81, *Fax (0 70) 387 77 15*, <, « Maison du 17e s. avec terrasse sur parc public » – – 35. AE VISA JCB
fermé fin déc.-début janv. – **Repas** *(fermé dim. et lundi)* Lunch 65 – 98, carte env. 140 – 35 – **14 ch** 250 – ½ P 248 CR p
Spéc. Salade de homard maison. Turbot grillé, sauce aux pommes de terre et à la truffe (déc.-mars). Pigeon de Bresse à la sauge.

XX **Villa la Ruche,** Prinses Mariannelaan 71, ✉ 2275 BB, ☎ (0 70) 386 01 10, *Fax (0 70) 386 50 64,* – ▤. AE ⓓ MC VISA CR e
fermé 25 déc.-4 janv. et dim. – **Repas** *Lunch 53* – carte 80 à 116.

XX **De Barbaars,** Kerkstraat 52, ✉ 2271 CT, ☎ (0 70) 386 29 00, *Fax (0 70) 386 29 00,* , Ouvert jusqu'à 23 h, « Maisons classées du 19e s. » – ▤. AE ⓓ MC VISA JCB CR t
Repas *Lunch 53* – 70/88.

X **Papermoon,** Herenstraat 175, ✉ 2271 CE, ☎ (0 70) 387 31 61, *Fax (0 70) 387 75 20,* – ▤. VISA. CR c
fermé dern. sem. déc., lundi et jours fériés – **Repas** (dîner seult) 50/70.

X **Le Barquichon,** Kerkstraat 6, ✉ 2271 CS, ☎ (0 70) 387 11 81, – ▤. AE MC VISA JCB CR v
fermé 2 dern. sem. juil.-prem. sem. août et merc. – **Repas** (dîner seult) carte env. 85.

à Wassenaar *au Nord-Est : 11 km – 26 144 h.*

Aub. de Kieviet , Stoeplaan 27, ✉ 2243 CX, ☎ (0 70) 511 92 32, *Fax (0 70) 511 09 69,* , « Terrasse fleurie », – ▤ TV ☎ P – 25 à 90. AE ⓓ MC VISA plan p. 3 CQ r
Repas *Lunch 65* – carte 79 à 114 – 33 – **23 ch** 315/410, 1 suite – ½ P 198/298.

Duinoord, Wassenaarseslag 26 (Ouest : 3 km), ✉ 2242 PJ, ☎ (0 70) 511 93 32, *Fax (0 70) 511 22 10,* ←, , « Dans les dunes », – TV ☎ P – 25. AE MC VISA
Repas *(fermé lundis midis non fériés)* 38/55 – **20 ch** 93/168 – ½ P 110/130.

X **De Keuken van Waarde,** Waalsdorperlaan 43 (près hippodrome Duindigt), ✉ 2244 BN, ☎ (0 70) 328 11 67, *Fax (0 70) 324 36 30,* – P. AE MC VISA
fermé lundi – **Repas** 58/85. plan p. 3 BQ n

HAAKSBERGEN *Overijssel* 211 Z 10 *et* 908 L 5 – *23 706 h.*

Amsterdam 163 – Apeldoorn 78 – Arnhem 78 – Enschede 21.

Morssinkhof 't Hoogeland, Eibergsestraat 157 (N 18), ✉ 7481 HJ, ☎ (0 53) 573 10 20, *Fax (0 53) 573 10 25,* , – TV ☎ P – 25 à 350. AE ⓓ MC VISA.
fermé 27 déc.-3 janv. – **Repas** carte 45 à 75 – 18 – **36 ch** 105/125 – ½ P 140.

XXX **Villa de Blanckenborgh,** Enschedesestraat 65, ✉ 7481 CL, ☎ (0 53) 574 11 55, *Fax (0 53) 574 11 65,* , « Villa début du siècle sur parc public » – P. AE ⓓ MC VISA JCB
fermé du 7 au 15 août, 31 déc.-16 janv., lundi, mardi et sam. midi – **Repas** *Lunch 65 bc* – 85.

HAARLEM P *Noord-Holland* 210 M 8, 211 M 8 *et* 908 E 4 – *147 839 h.*

Voir *Grand-Place★ (Grote Markt)* BY – *Grande église ou église St-Bavon★★ (Grote- of St. Bavokerk) : grille★ du chœur, grandes orgues★, tour-lanterne★* BCY – *Hôtel de Ville★ (Stadhuis)* BY **H** – *Halle aux viandes★ (Vleeshal)* BY.

Musées : *Frans Hals★★★* BZ – *Teylers★ : dessins★★* CY **M**[1].

Env. *par ③ : 7,5 km, Champs de fleurs★★ – par ③ : 13 km, Parc de Keukenhof★★ (fin mars à mi-mai), passerelle du moulin ←★★ – au Nord : 16 km par ⑦, Écluses★ d'IJmuiden.*

18 9 *par ⑦ : 10 km à Velsen-Zuid, Recreatieoord Spaarnwoude, Het Hoge Land 2, ✉ 1981 LT, ☎ (0 23) 538 27 08, Fax (0 23) 538 72 74.*

au Sud-Est : 14 km par ⑤ à Amsterdam-Schiphol ☎ (0 20) 601 91 11, Fax (0 20) 604 14 75.

Stationsplein 1, ✉ 2011 LR, ☎ 0 900-616 16 00, Fax (0 23) 534 05 37.

Amsterdam 20 ⑥ – Den Haag 59 ⑤ – Rotterdam 79 ⑤ – Utrecht 54 ⑤

Plans pages suivantes

Carlton Square, Baan 7, ✉ 2012 DB, ☎ (0 23) 531 90 91, *Fax (0 23) 532 98 53,* – , ▤ ch, TV ☎ – 25 à 200 BZ d
106 ch.

Lion d'Or, Kruisweg 34, ✉ 2011 LC, ☎ (0 23) 532 17 50, *Fax (0 23) 532 95 43* – , ▤ ch, TV ☎ – 25 à 100. AE ⓓ MC VISA JCB. BCX d
Repas 45/50 – **36 ch** 240/310 – ½ P 195/250.

Haarlem Zuid, Toekanweg 2, ✉ 2035 LC, ☎ (0 23) 536 75 00, *Fax (0 23) 536 79 80,* , , – TV ☎ P – 25 à 500. AE ⓓ MC VISA. ch AV b
Repas (Ouvert jusqu'à 23 h 30) *Lunch 15* – carte env. 50 – 15 – **286 ch** 135 – ½ P 111/198.

HAARLEM

Amerikaweg	AV	3
Amsterdamse Vaart	AU	4
Anegang	BCY	
Bakenessergracht	CY	6
Barrevoetestr.	BY	7
Barteljorisstr.	BY	9
Binnenweg	AV	10
Bloemendaalseweg	ATU	12
Botermarkt	BYZ	13
Cesar Francklaan	AV	15
Cruquiusweg	AV	16
Damstr.	CY	18
Donkere Spaarne	CY	19
Duinlustweg	AU	21
Europaweg	AV	22
Fonteinlaan	AV	24
Frans Halsstr.	CX	25
Friese Varkenmarkt	CXY	27
Gasthuisvest	BZ	28
Ged. Voldersgracht	BY	30
Gierstr.	BZ	31
Groot Heiligland	BZ	33
Grote Houtstr.	BYZ	
Hagestr.	CZ	34
Hartenlustlaan	AT	36
Hoge Duin en Daalseweg	AT	37
Hoogstr.	CZ	39
Jacobstr.	BY	40
Julianapark	AT	42
Kamperlaan	AV	43
Keizerstr.	BY	45
Kennemerweg	AT	46
Klokhuispl.	CY	48
Koningstr.	BY	49
Kruisstr.	BY	
Lanckhorstlaan	AV	51
van Merlenlaan	AV	52
Nassaustr.	BY	54
Nieuwe Groenmarkt	BY	55
Ostadestr.	BX	57
Oude Groenmarkt	BCY	58
Paviljoenslaan	AV	60
Prins Bernhardlaan	AU	61
Raadhuisstr.	AV	63
Schoterweg	AU	64
Smedestr.	BY	66
Spaarndamseweg	CX	67
Spaarnwouderstr.	CZ	69
Spanjaardslaan	AV	70
Tuchthuisstr.	BZ	72
Verspronckweg	AU	73
Verwulft	BYZ	75
Westergracht	AU	76
Zandvoortselaan	AV	78
Zijlsingel	BY	79
Zijlstr.	BY	
Zijlweg	AU	81
Zomerzorgerlaan	AT	82
Zuiderhoutlaan	AV	84

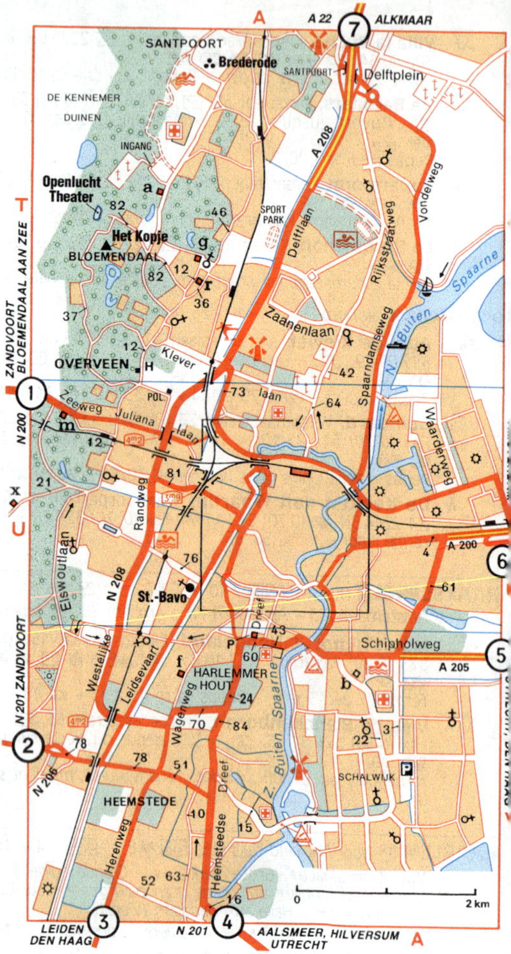

XXX **De Componist,** Korte Veerstraat 1, ✉ 2011 CL, ✆ (0 23) 532 88 53, *Fax (0 23) 532 73 00*, 🏞, « Décor style Art Nouveau » – ▤. AE ◑ MC VISA
fermé 31 déc. – **Repas** (dîner seult) 60/120. CZ c

XX **Peter Cuyper,** Kleine Houtstraat 70, ✉ 2011 DR, ✆ (0 23) 532 08 85, *Fax (0 23) 534 33 85*, 🏞, « Demeure du 17e s. » – AE ◑ MC VISA
fermé 2 dern. sem. juil., 27 déc.-3 janv., dim. et lundi – **Repas** 55. BZ s

XX **Water en Vuur,** Gravinnesteeg 9, ✉ 2011 DG, ✆ (0 23) 531 05 07, *Fax (0 23) 534 35 27* – AE VISA
fermé prem. sem. janv. et dim. – **Repas** 53/85. BCZ n

XX **de Eetkamer van Haarlem,** Lange Veerstraat 45, ✉ 2011 DA, ✆ (0 23) 531 22 61, 🏞 – AE ◑ MC VISA JCB
Repas (dîner seult jusqu'à 23 h) 45/55. CY h

X **Wisma Hilda,** Wagenweg 214, ✉ 2012 NM, ✆ (0 23) 531 28 71, 🏞, Cuisine indonésienne – ▤. MC VISA
fermé lundi – **Repas** (dîner seult) carte 45 à 66. AV f

X **Napoli,** Houtplein 1, ✉ 2012 DD, ✆ (0 23) 532 44 19, *Fax (0 23) 532 02 38*, 🏞, Cuisine italienne, ouvert jusqu'à 23 h – AE ◑ MC VISA
Repas 58/123. BZ e

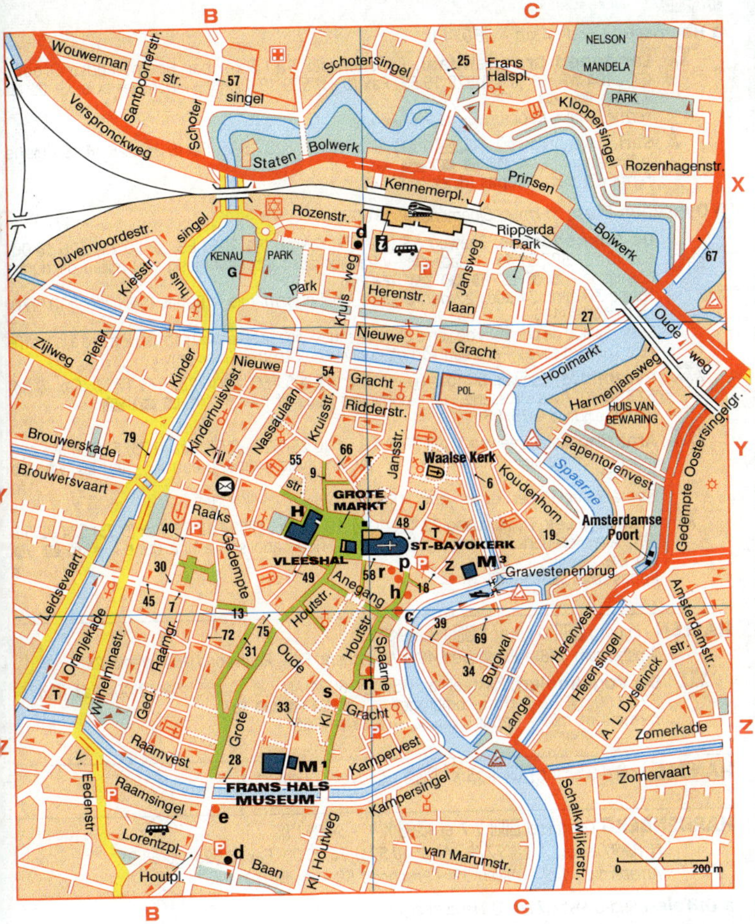

Haarlem aan Zee, Oude Groenmarkt 10, ✉ 2011 HL, ✆ (0 23) 531 48 84, *Fax (0 23) 573 03 36*, , Produits de la mer – AE MC VISA — BCY r
fermé 31 déc. et dim. midi – **Repas** *Lunch 50* – 65/75.

Herberg De Waag, Damstraat 29, ✉ 2011 HA, ✆ (0 23) 531 16 40, *Fax (0 23) 534 33 56*, , « Poids public du 16e s. » — CY z
fermé 3 sem. en août, 5, 24, 25 et 31 déc., 1er janv. et merc. – **Repas** (dîner seult) 56/83.

De Keuken, Lange Veerstraat 4, ✉ 2011 DB, ✆ (0 23) 534 53 43 – AE MC VISA JCB — CY p
fermé du 14 au 24 août et 27 déc.-4 janv. – **Repas** (dîner seult) 58.

à Bloemendaal *Nord-Ouest : 4 km – 16 605 h.*

Chapeau !, Hartenlustlaan 2, ✉ 2061 HB, ✆ (0 23) 525 29 25, *Fax (0 23) 525 53 19*, – P. AE MC VISA JCB — AT r
fermé 3 prem. sem. août, fin déc., dim. et lundi – **Repas** *Lunch 55* – carte 78 à 97.

Terra Cotta, Kerkplein 16a, ✉ 2061 JD, ✆ (0 23) 527 79 11, *Fax (0 23) 525 13 32*, – AE MC VISA JCB. — AT g
fermé merc. – **Repas** 50/58.

Le Gourmand, Brederodelaan 80, ✉ 2061 JS, ✆ (0 23) 525 11 07, *Fax (0 23) 526 05 09*, – MC VISA — AT a
fermé lundi et mardi – **Repas** (dîner seult) 60.

à Heemstede *Sud : 4 km – 26 024 h.*

XX **Landgoed Groenendaal,** Groenendaal 3 (1,5 km par Heemsteedse Dreef), ✉ 2104 WP, ☎ (0 23) 528 15 55, *Fax (0 23) 529 18 41,* ☕, « Dans les bois » – P. AE ◑ MC VISA. ✗
fermé lundi – **Repas** *Lunch 45* – 55/65.

X **Sari,** Valkenburgerlaan 48, ✉ 2103 AP, ☎ (0 23) 528 45 36, *Fax (0 23) 528 14 16,* Cuisine indonésienne – ▤. AE ◑ MC VISA. ✗
fermé 31 déc. – **Repas** (dîner seult) 48.

à Overveen *Ouest : 4 km* C *Bloemendaal 16 605 h :*

XXXX ✿✿ **De Bokkedoorns,** Zeeweg 53 (par ① : 2 km), ✉ 2051 EB, ☎ (0 23) 526 36 00, *Fax (0 23) 527 31 43,* ≤ lac, ☕, « Pavillon avec intérieur design au milieu de dunes boisées » – ▤ P. AE ◑ MC VISA JCB. ✗
fermé 30 avril, 24 déc., 27 déc.-8 janv., lundi et sam. midi – **Repas** *Lunch 80* – 110/170, carte 160 à 195
Spéc. Salade de pommes de terre et St-Jacques, vinaigrette aux huîtres. Homard à la truffe et à l'huile d'olives. Perdreau rôti et endives aux truffes (nov.-janv.).

XXX **Pyramides,** Zeeweg 80 (par ① : 7 km), ✉ 2051 EC, ☎ (0 23) 573 17 00, *Fax (0 23) 573 18 40,* Avec brasserie, « ≤ dominant plage et mer » – P. AE MC VISA
Repas *Lunch 65* – 75/98.

XXX **Amazing Asia,** Zeeweg 3, ✉ 2051 EB, ☎ (0 23) 525 60 57, *Fax (0 23) 525 34 32,* ☕, Cuisine chinoise, « Terrasse sur jardin avec pièce d'eau » – P. AE ◑ MC VISA. ✗ AU m
fermé 24 et 31 déc. et 1er janv. – **Repas** *Lunch 50* – 75/100.

XX **Kraantje Lek,** Duinlustweg 22, ✉ 2051 AB, ☎ (0 23) 524 12 66, *Fax (0 23) 524 82 54,* ☕, Avec crêperie, « Petite auberge historique adossée à une dune » – P. AE ◑ MC VISA AU x
Repas *Lunch 48* – 58/83.

HAELEN *Limburg* 211 U 15 *et* 908 I 8 – *9 873 h.*

Amsterdam 176 – Eindhoven 48 – Maastricht 54 – Roermond 10 – Venlo 23.

XXX **De Vogelmolen,** Kasteellaan 15, ✉ 6081 AN, ☎ (0 475) 59 42 00, *Fax (0 475) 59 52 00,* ☕, « Terrasse ombragée » – P. AE ◑ MC VISA
fermé sam. midi – **Repas** *Lunch 58* – carte env. 65.

HANDEL *Noord-Brabant* 211 T 13 *et* 908 I 7 – *voir à Gemert.*

HARDENBERG *Overijssel* 210 Y 7 *et* 908 K 4 – *34 891 h.*

ℹ *Badhuisweg 2,* ✉ *7772 XA,* ☎ *(0 523) 26 20 00, Fax (0 523) 26 65 95.*
Amsterdam 149 – Assen 59 – Enschede 58 – Zwolle 39.

à Diffelen *Sud-Ouest : 7 km* C *Hardenberg :*

X **De Gloepe,** Rheezerweg 84a, ✉ 7795 DA, ☎ (0 523) 25 12 31, *Fax (0 523) 25 20 61,* ☕, « Ancienne ferme typique » – P. MC VISA
fermé 2 prem. sem. fév., lundi et mardi – **Repas** *Lunch 63* – carte env. 70.

à Heemse *Ouest : 1 km* C *Hardenberg :*

XX ✿ **De Bokkepruik** (Istha) avec ch, Hessenweg 7, ✉ 7771 CH, ☎ (0 523) 26 15 04, *Fax (0 523) 26 74 73,* ☕, « Jardin fleuri », 🚲 – |‡| TV ☎ P – 🏛 25 à 150. AE ◑ MC VISA JCB. ✗
fermé 27 déc.-1er janv. et dim. – **Repas** *Lunch 80* – 70/110, carte 107 à 137 – **23 ch** ☕ 120/195 – ½ P 125/170
Spéc. St-Jacques mi-cuites à la fondue de poireaux. Saumon écossais de notre fumoir. Massepain cuit, miel, figues et noix, sorbet aux poires et raisins de Muscat.

HARDERWIJK *Gelderland* 210 S 8, 211 S 8 *et* 908 H 4 – *38 441 h.*

Voir *Dolfinarium★.*

Exc. *Polders de l'Est et Sud Flevoland★ (Oostelijk en Zuidelijk Flevoland).*

⛳18 ⛳9 *à l'Ouest : à Zeewolde, Golflaan 1,* ✉ *3896 LL,* ☎ *(0 36) 522 20 73, Fax (0 36) 522 41 00 et* ⛳9 *Pluvierenweg 7,* ✉ *3898 LL,* ☎ *(0 320) 28 81 16, Fax (0 320) 28 80 09.*
ℹ *Havendam 58,* ✉ *3841 AA,* ☎ *(0 341) 42 66 66, Fax (0 341) 42 77 13.*
Amsterdam 72 – Apeldoorn 32 – Arnhem 71 – Utrecht 54 – Zwolle 42.

Baars, Smeepoortstraat 52, 3841 EJ, (0 341) 41 20 07, *Fax (0 341) 41 87 22*, - - 25 à 40. AE VISA JCB
Repas *(fermé dim. d'oct. à avril)* carte 48 à 84 - **43 ch** 140/185 - ½ P 114/176.

Klomp, Markt 8, 3841 CE, (0 341) 41 30 32, *Fax (0 341) 41 32 30*, - . AE VISA
Repas ***Marktzicht*** (Taverne-rest) Lunch 29 - 45/53 - 13 - **26 ch** 98/130 - ½ P 100/153.

Olivio, Vischmarkt 57a, 3841 BE, (0 341) 41 52 90, *Fax (0 341) 43 35 10*, - AE VISA
fermé dern. sem. juil., prem. sem. janv. et lundi - **Repas** Lunch 59 - 85

't Nonnetje, Vischmarkt 38, 3841 BG, (0 341) 41 58 48, *Fax (0 341) 42 25 78*, - AE VISA JCB
fermé du 1er au 17 fév., du 3 au 19 oct., 31 déc. et mardi - **Repas** (dîner seult) 75.

Zeezicht, Strandboulevard West 2, 3841 CS, (0 341) 41 20 58, *Fax (0 341) 42 14 90*, - AE VISA
fermé 27 déc.-1er janv. - **Repas** carte 50 à 79.

HARDINXVELD-GIESSENDAM *Zuid-Holland* 211 N 12 et 908 F 6 - *17 594 h.*

Amsterdam 78 - Utrecht 42 - Arnhem 87 - Breda 45 - Den Haag 58 - Rotterdam 32.

Kampanje, Troelstrastraat 5, 3371 VJ, (0 184) 61 26 13, *Fax (0 184) 61 19 53*, , - - 25 à 250. AE VISA JCB
fermé lundi en juil.-août et dim. - **Repas** Lunch 60 - 70/100.

HAREN *Groningen* 210 Y 3 et 908 K 2 - *18 725 h.*

18 au Sud : 2 km à Glimmen, Pollselaan 5, 9756 CJ, (0 50) 406 20 04, Fax (0 50) 406 19 22.

Amsterdam 207 - Groningen 8 - Zwolle 99.

Mercure H. Postiljon, Emmalaan 33 (Sud-Ouest : 1 km sur A 28), 9752 KS, (0 50) 534 70 41, *Fax (0 50) 534 01 75*, , - - 25 à 450. AE VISA
Repas Lunch 35 - 45 - 23 - **97 ch** 145/185 - ½ P 105/205.

Rôtiss. de Rietschans, Meerweg 221 (Ouest : 2 km), 9752 XC, (0 50) 309 13 65, *Fax (0 50) 309 39 34*, , , « Terrasse au bord du lac », - . AE VISA
fermé 27 déc.-3 janv., sam. midi, dim. et lundi soir - **Repas** 60/75.

à Glimmen *Sud : 2 km* *Haren :*

Le Grillon, Rijksstraatweg 10, 9756 AE, (0 50) 406 13 92, *Fax (0 50) 406 31 69*, , « Terrasse » - . AE VISA JCB
fermé du 5 au 20 août, du 6 au 21 janv. et dim. et jours fériés sauf Noël - **Repas** Lunch 56 - 60/70.

HARICH *Fryslân* 210 S 5 - *voir à Balk.*

HARLINGEN *Fryslân* 210 R 3 et 908 H 2 - *15 356 h.*

Voir *Noorderhaven★ (bassin portuaire).*

vers Terschelling : Rederij Doeksen, Willem Barentszkade 21 à West-Terschelling (0 562) 44 21 41, Fax (0 562) 44 32 41. Durée de la traversée : 1 h 45. Prix AR : 42,65 Fl, voiture : 22,40 Fl par 0,50 m de longueur. Il existe aussi un service rapide (pour passagers uniquement). Durée de la traversée : 50 min.

vers Vlieland : Rederij Doeksen, Willem Barentszkade 21 à West-Terschelling (0 562) 44 21 41, Fax (0 562) 44 32 41. Durée de la traversée : 1 h 45. Prix AR : 38,40 Fl, bicyclette : 17,75 Fl. Il existe aussi un service rapide. Durée de la traversée : 45 min.

Amsterdam 113 - Leeuwarden 28.

Zeezicht, Zuiderhaven 1, 8861 CJ, (0 517) 41 25 36, *Fax (0 517) 41 90 01*, - - 50. AE VISA
fermé 15 déc.-15 janv. - **Repas** Lunch 43 - carte 66 à 125 - **24 ch** 138/178 - ½ P 153/212.

Anna Casparii, Noorderhaven 69, 8861 AL, (0 517) 41 20 65, *Fax (0 517) 41 45 40*, , - - 40. AE VISA.
fermé Noël et Nouvel An - **Repas** Lunch 39 - carte 52 à 89 - **16 ch** 118/140 - ½ P 179.

De Gastronoom, Voorstraat 38, 8861 BM, (0 517) 41 21 72, *Fax (0 517) 41 39 26*, , Taverne-rest - AE VISA JCB
fermé lundi soir d'oct. à mars - **Repas** Lunch 38 - carte env. 75.

HARMELEN *Utrecht* 211 O 10 *et* 908 F 5 *– 8 032 h.*

au Nord : 7 km à Vleuten, Parkweg 5, ✉ 3451 RH, ☎ (0 30) 677 28 60, Fax (0 30) 677 39 03.

Amsterdam 44 – Utrecht 13 – Den Haag 54 – Rotterdam 49.

XXX **Kloosterhoeve,** Kloosterweg 2, ✉ 3481 XC, ☎ (0 348) 44 40 40, *Fax (0 348) 44 42 35,* , « Ancienne ferme du 18e s. » – – P – 25 à 120. AE ⓓ MC VISA.
Repas Lunch 65 – carte 103 à 125.

HASSELT *Overijssel* 210 V 7 *et* 908 J 4 *– 7 525 h.*

Amsterdam 111 – Meppel 20 – Zwolle 20.

XX **De Herderin,** Hoogstraat 1, ✉ 8061 HA, ☎ (0 38) 477 33 00, *Fax (0 38) 477 23 05,* – AE MC VISA.
fermé du 1er au 14 août, 28 déc.-7 janv., dim. et lundi – **Repas** 45/75.

HATTEM *Gelderland* 210 V 8 *et* 908 J 4 *– 11 725 h.*

Veenwal 11, ✉ 8051 AS, ☎ (0 38) 444 19 09.

Amsterdam 116 – Assen 83 – Enschede 80 – Zwolle 7.

XX **Herberg Molecaten** avec ch, Molecaten 7, ✉ 8051 PN, ☎ (0 38) 444 69 59, *Fax (0 38) 444 68 49,* , « Auberge du 19e s. avec moulin à eau, dans les bois », –
TV ☎ P. AE ⓓ MC VISA.
fermé 31 déc.-21 janv. – **Repas** Lunch 60 – 70 – **6 ch** 165 – ½ P 125/135.

X **Mistelle,** Kerkstraat 2, ✉ 8051 GL, ☎ (0 38) 444 88 20, *Fax (0 38) 444 88 26,* – AE ⓓ MC VISA JCB
fermé dim. et lundi – **Repas** Lunch 55 – carte env. 75.

à Hattemerbroek *Ouest : 4 km* C *Oldebroek 22 135 h :*

XX **Host. Vogelesangh,** Hanesteenseweg 50, ✉ 8094 PM, ☎ (0 38) 376 16 14, *Fax (0 38) 376 25 04,* , « Pavillon dans sapinière » – P. AE ⓓ MC VISA JCB
Repas Lunch 55 – carte 70 à 93.

HATTEMERBROEK *Gelderland – voir à Hattem.*

HAUTE VELUWE (Parc National de la) *– voir Hoge Veluwe.*

HAZERSWOUDE-RIJNDIJK *Zuid-Holland* C *Rijnwoude 19 379 h.* 211 M 10 *et* 908 E 5.

Amsterdam 48 – Rotterdam 40 – Den Haag 25 – Utrecht 47.

Groenendijk, Rijndijk 96 (sur N 11), ✉ 2394 AJ, ☎ (0 71) 341 90 06, *Fax (0 71) 341 38 02,* , – TV ☎ P – 25 à 150. AE ⓓ MC VISA JCB
Repas Lunch 18 – carte env. 45 – **49 ch** 115/170 – ½ P 145.

HEELSUM *Gelderland* C *Renkum 32 070 h.* 211 T 11 *et* 908 I 6.

Amsterdam 90 – Arnhem 13 – Utrecht 52.

Klein Zwitserland , Klein Zwitserlandlaan 5, ✉ 6866 DS, ☎ (0 317) 31 91 04, *Fax (0 317) 31 39 43,* , , , , – TV ☎ P – 25 à 200. AE ⓓ MC VISA. rest
Repas voir rest ***De Kromme Dissel*** ci-après – ***De Kriekel*** Lunch 45 – 63 – 30 – **71 ch** 250/300 – ½ P 175/290.

XXX **De Kromme Dissel** - H. Klein Zwitserland, Klein Zwitserlandlaan 5, ✉ 6866 DS, ☎ (0 317) 31 31 18, *Fax (0 317) 31 39 43,* , « Ancienne ferme saxonne, intérieur rustique » – P. AE ⓓ MC VISA JCB.
fermé sam. midi, dim. et lundi – **Repas** Lunch 98 – 110/155, carte 127 à 150
Spéc. Crémeuse de fenouil avec sandre et truffes (nov.-mars). Pigeon fermier en salade d'épinards sauvages et d'artichauts. Tourteau décortiqué aux tomates mi-confites, crème d'avocat aux fines herbes.

HEEMSE *Overijssel* 210 Y 7 *et* 908 K 4 *– voir à Hardenberg.*

HEEMSKERK *Noord-Holland* 210 N 7 *et* 908 F 4 *– 34 968 h.*

Communicatieweg 18, ✉ 1967 PR, ☎ (0 251) 25 00 88, Fax (0 251) 24 16 27.

Amsterdam 28 – Alkmaar 18 – Haarlem 18.

XX **De Vergulde Wagen,** Rijksstraatweg 161 (Nord : 1,5 km, direction Castricum), ✉ 1969 LE, ☎ (0 251) 23 24 17, *Fax (0 251) 25 35 94,* – AE ⓓ MC VISA.
fermé dim. et lundi – **Repas** Lunch 65 – carte 90 à 117.

HEEMSTEDE *Noord-Holland* 210 M 8, 211 M 8 et 908 E 4 – *voir à Haarlem.*

HEERENVEEN *Fryslân* 210 U 5 et 908 I 3 – *39 869 h.*

Heidemeer 2, ✉ 8445 SB, ☎ (0 513) 63 65 19.

Van Kleffenslaan 6, ✉ 8442 CW, ☎ (0 513) 62 55 55, Fax (0 513) 65 06 09.

Amsterdam 129 – Groningen 58 – Leeuwarden 30 – Zwolle 62.

De Heide, Golflaan 1 (Sud : 3 km), ✉ 8445 SR, ☎ (0 513) 63 02 00, *Fax (0 513) 63 02 01,* – 25 à 200. AE VISA
Repas *Lunch 25* – 45 – **42 ch** 175/225 – ½ P 123/160.

Mercure H. Postiljon, Schans 65 (Nord : 2 km sur A 7), ✉ 8441 AC, ☎ (0 513) 61 86 18, *Fax (0 513) 62 91 00,* – 25 à 300. AE VISA
Repas *Lunch 23* – carte env. 45 – 23 – **55 ch** 125/185 – ½ P 117/150.

Sir Sèbastian, Herenwal 186, ✉ 8441 BG, ☎ (0 513) 65 04 08, *Fax (0 513) 65 05 62,* – AE VISA JCB.
fermé 2 prem. sem. août et dim. – **Repas** *Lunch 45* – 53/75.

à Katlijk *Est : 8 km* C *Heerenveen :*

De Grovestins, W.A. Nyenhuisweg 7, ✉ 8455 JS, ☎ (0 513) 54 19 93, *Fax (0 513) 54 18 84,* « Ancienne ferme » – AE VISA
fermé lundi – **Repas** (dîner seult) carte env. 100.

à Oranjewoud *Sud : 4 km* C *Heerenveen :*

Tjaarda M, Koningin Julianaweg 98, ✉ 8453 WH, ☎ (0 513) 63 62 51, *Fax (0 513) 63 12 44,* « Dans les bois », – 25 à 450. AE VISA
Repas *Lunch 58* – carte env. 80 – 25 – **70 ch** 185/250 – ½ P 150.

HEERLEN *Limburg* 211 U 17 et 908 I 9 – *95 685 h.*

(2 parcours) au Nord : 7 km à Brunssum, Rimburgerweg 50, ✉ 6445 PA, ☎ (0 45) 527 09 68, Fax (0 45) 525 12 80 - au Sud-Ouest : 5 km à Voerendaal, Hoensweg 17, ✉ 6367 GN, ☎ (0 45) 575 44 88, Fax (0 45) 575 09 00.

Promenade 40, ✉ 6411 JK, ☎ (0 45) 571 62 00, Fax (0 45) 571 83 83.

Amsterdam 214 – Maastricht 25 – Roermond 47 – Aachen 18.

Grand H., Groene Boord 23, ✉ 6411 GE, ☎ (0 45) 571 38 46, *Fax (0 45) 574 10 99,* rest, – 25 à 180. AE VISA JCB. rest
Repas *Lunch 35* – 60/65 – **100 ch** 175/265, 6 suites – ½ P 185/210.

Motel Heerlen, Terworm 10 (Ouest : 3 km sur ring N 281), ✉ 6411 RV, ☎ (0 45) 571 94 50, *Fax (0 45) 571 51 96,* rest, – 25 à 500. AE VISA JCB. ch
Repas (Ouvert jusqu'à 23 h 30) 50 – **146 ch** 125/160.

de la Station, Stationstraat 16, ✉ 6411 NH, ☎ (0 45) 571 90 63, *Fax (0 45) 571 18 82,* – 25 à 60. AE VISA JCB
Repas 45/85 – 18 – **42 ch** 118/180 – ½ P 148/162.

Bastion, In de Cramer 199 (sur N 281 sortie Heerlen-Noord), ✉ 6412 PM, ☎ (0 45) 575 45 40, *Fax (0 45) 575 45 44,* – AE VISA.
Repas (Grillades, ouvert jusqu'à 23 h) 45 – 17 – **40 ch** 100.

De Boterbloem, Laanderstraat 27, ✉ 6411 VA, ☎ (0 45) 571 42 41, *Fax (0 45) 574 37 73,* – AE VISA.
fermé 2 sem. en fév., 2 sem. en août, sam. midi et dim. – Repas 58/83.

Geleenhof, Valkenburgerweg 54, ✉ 6419 AV, ☎ (0 45) 571 80 00, *Fax (0 45) 571 80 86,* « Ferme du 18e s. » – VISA.
fermé 24 juil.-7 août et lundi – **Repas** *Lunch 59* – 79/89.

à Hoensbroek *Nord-Ouest : 5 km* C *Heerlen :*

De Marquis, Klinkertstraat 110 (dans les dépendances du château), ✉ 6433 PB, ☎ (0 45) 563 11 85, *Fax (0 45) 563 11 84,* « Château entouré de douves » – AE VISA.
fermé du 2 au 9 mars, 2 dern. sem. juil., 27 déc.-3 janv. et lundi – **Repas** *Lunch 55* – 75/95.

à Welten *Sud : 2 km* C *Heerlen :*

In Gen Thún, Weltertuynstraat 31, ✉ 6419 CS, ☎ (0 45) 571 16 16, *Fax (0 45) 571 09 74,* – 25 à 50. AE VISA.
fermé carnaval et vacances bâtiment – **Repas** (dîner seult) carte env. 60.

HEEZE *Noord-Brabant* © *Heeze-Leende 15 304 h.* 211 S 14 *et* 908 H 7.
Amsterdam 139 – Eindhoven 11 – 's-Hertogenbosch 50 – Roermond 42 – Venlo 50.

XX **Host. Van Gaalen** avec ch, Kapelstraat 48, ✉ 5591 HE, ☏ (0 40) 226 35 15, *Fax (0 40) 226 38 76*, «Terrasse et jardin» – rest, TV ☎ P – 25. AE ⓓ MC VISA
fermé sem. carnaval, 24 juil.-7 août et 28 déc.-4 janv. – **Repas** *(fermé dim. et lundi)* Lunch 53 – 63/110 – 28 – **13 ch** 170/195, 1 suite – ½ P 155/210.

XX **D'n Doedelaer,** Jan Deckersstraat 7, ✉ 5591 HN, ☏ (0 40) 226 32 32, *Fax (0 40) 226 50 77*, – AE MC VISA JCB
fermé sem. carnaval, 2 sem. vacances bâtiment, mardi et merc. – **Repas** Lunch 55 – 85.

HEIJEN *Limburg* © *Gennep 16 868 h.* 211 U 12 *et* 908 I 6.
Amsterdam 140 – Eindhoven 67 – Maastricht 115 – Nijmegen 26 – Venlo 38.

XXX **Mazenburg,** Boxmeerseweg 61 (Sud-Ouest : 3 km, Zuidereiland), ✉ 6598 MX, ☏ (0 485) 51 71 71, *Fax (0 485) 51 87 87*, ←, – P. AE ⓓ MC VISA
fermé sem. carnaval, 2e quinz. oct., merc. d'oct. à avril, sam. midi et dim. midi – **Repas** Lunch 60 – 75/115.

HEILIG LAND-STICHTING *Gelderland* 211 U 12 – *voir à Nijmegen.*

HEILLE *Zeeland* 211 F 15 – *voir à Sluis.*

HEILOO *Noord-Holland* 210 N 7 *et* 908 F 4 – *21 375 h.*
Amsterdam 36 – Alkmaar 5 – Haarlem 27.

Golden Tulip, Kennemerstraatweg 425, ✉ 1851 PD, ☏ (0 72) 505 22 44, *Fax (0 72) 505 37 66*, – rest, TV ☎ – 40 à 800. AE ⓓ MC VISA
Repas (Ouvert jusqu'à 23 h 30) 45 – **42 ch** 130/175 – ½ P 162.

XX **De Loocatie,** 't Loo 20 (dans centre commercial), ✉ 1851 HT, ☏ (0 72) 533 33 52, *Fax (0 72) 533 93 48*, – MC VISA JCB
fermé lundi et mardi – **Repas** carte env. 80.

HELDEN *Limburg* 211 V 15 *et* 908 I 8 – *19 140 h.*
Amsterdam 174 – Eindhoven 46 – Maastricht 68 – Roermond 24 – Venlo 15.

Antiek, Mariaplein 1, ✉ 5988 CH, ☏ (0 77) 306 71 00, *Fax (0 77) 306 72 19*, – TV ☎ P – 40. AE ⓓ MC VISA
fermé du 16 au 30 juil. et 26 déc.-9 janv. – **Repas** *(fermé sam. midi et dim.)* Lunch 40 – 98 – **12 ch** 110/159.

Den HELDER *Noord-Holland* 210 N 5 *et* 908 F 3 – *60 286 h.*
au Sud : 7 km à Julianadorp, Van Foreestweg, ✉ 1787 PS, ☏ (0 223) 64 01 25, Fax (0 223) 64 01 26.
vers Texel : Rederij Teso, Pontweg 1 à Den Hoorn (Texel) ☏ (0 222) 36 96 00, Fax (0 222) 36 96 59. Durée de la traversée : 20 min. Prix AR : 8,25 Fl (en hiver) et 10,00 Fl (en été), voiture : 40,50 Fl (en hiver) et 48,50 Fl (en été).
Bernhardplein 18, ✉ 1781 HH, ☏ (0 223) 62 55 44, Fax (0 223) 61 48 88.
Amsterdam 79 – Alkmaar 40 – Haarlem 72 – Leeuwarden 90.

Forest 1er étage, Julianaplein 43, ✉ 1781 HA, ☏ (0 223) 61 48 58, *Fax (0 223) 61 81 41* – TV ☎ – 25. AE ⓓ MC VISA JCB
Repas (dîner seult) carte 45 à 90 – **25 ch** 105/143 – ½ P 107/140.

Lands End, Havenplein 1, ✉ 1781 AB, ☏ (0 223) 62 15 70, *Fax (0 223) 62 85 40*, ←, – TV ☎. AE ⓓ MC VISA
Repas carte 45 à 67 – **24 ch** 108/145 – ½ P 108.

à Huisduinen *Ouest : 2 km* © *Den Helder :*

Beatrix , Badhuisstraat 2, ✉ 1783 AK, ☏ (0 223) 62 40 00, *Fax (0 223) 62 73 24*, ←, – rest, TV ☎ P – 25 à 100. AE ⓓ MC VISA JCB
Repas (Ouvert jusqu'à 23 h) carte 45 à 65 – **46 ch** 165/220 – ½ P 125/195.

HELLENDOORN *Overijssel* 210 X 8 *et* 908 K 4 – *35 544 h.*
Amsterdam 142 – Enschede 42 – Zwolle 35.

Tulip Inn, Johanna van Burenstraat 9, ✉ 7447 HB, ☏ (0 548) 65 54 25, *Fax (0 548) 65 58 33*, – TV ☎ P – 25 à 80. AE ⓓ MC VISA
Repas *(fermé après 20 h)* 45/58 – **28 ch** 150/200 – ½ P 100/135.

HELLEVOETSLUIS *Zuid-Holland* **211** J 12 - ㊳ S et **908** D 6 - ㉓ S - *37 356 h.*

Env. *à l'Ouest : 10 km, Barrage du Haringvliet★★ (Haringvlietdam).*

Amsterdam 101 - Rotterdam 31 - Breda 74 - Den Haag 51.

XX **Hazelbag,** Rijksstraatweg 151, ✉ 3222 KC, ☎ (0 181) 31 22 10, *Fax (0 181) 31 26 77,* - P. AE ① MC VISA.
fermé fév., lundi et mardi - **Repas** (dîner seult) carte env. 75.

HELMOND *Noord-Brabant* **211** T 14 et **908** I 7 - *77 616 h.*

Voir *Château★ (Kasteel).*

Verliefd Laantje 3b, ☎ (0 492) 52 78 77, Fax (0 492) 52 78 77.

Markt 211, ✉ 5701 RJ, ☎ (0 492) 54 31 55, Fax (0 492) 54 68 66.

Amsterdam 124 - 's-Hertogenbosch 39 - Eindhoven 13 - Roermond 47.

West-Ende, Steenweg 1, ✉ 5707 CD, ☎ (0 492) 52 41 51, *Fax (0 492) 54 32 95,* - TV ☎ P. - 25 à 100. AE ① MC VISA. rest
Repas *(fermé dim.)* Lunch 33 - 45/75 - **28 ch** 160/210 - ½ P 185.

XXX **De Hoefslag,** Warande 2 (Nord-Ouest : 1 km), ✉ 5707 GP, ☎ (0 492) 53 63 61, *Fax (0 492) 52 26 15,* « Terrasse avec ≤ parc et étang » - P. AE ① MC VISA.
fermé 2 dern. sem. juil., du 27 au 31 déc., sam. midi et dim. - **Repas** Lunch 80 - 85/110.

XX **de Raymaert,** Mierloseweg 130, ✉ 5707 AR, ☎ (0 492) 54 18 18, *Fax (0 492) 50 75 05,* « Terrasse » - P. MC VISA.
fermé 2 prem. sem. août, sam. midi, dim. midi et lundi - **Repas** 45/68.

X **de Steenoven,** Steenovenweg 21, ✉ 5708 HN, ☎ (0 492) 50 75 07, *Fax (0 492) 50 75 05,* - P. MC VISA.
fermé 2 dern. sem. juil., merc., sam. midi et dim. - **Repas** Lunch 45 - 40/58.

HELVOIRT *Noord-Brabant* C *Haaren 14 000 h.* **211** Q 13 et **908** G 7.

Amsterdam 98 - Eindhoven 36 - 's-Hertogenbosch 9 - Tilburg 13.

XX **De Helvoirtse Hoeve,** Margrietweg 9 (Nord-Ouest : 5,5 km), ✉ 5268 LW, ☎ (0 411) 64 16 61, *Fax (0 411) 64 38 67,* - P. AE ① MC VISA.
fermé mardi d'oct. à avril et lundi - **Repas** Lunch 49 - 63/93 bc.

X **De Zwarte Leeuw,** Oude Rijksweg 20, ✉ 5268 BT, ☎ (0 411) 64 12 66, *Fax (0 411) 64 22 51,* - P. AE ① MC VISA.
fermé 2e quinz. juil., mardi et merc. - **Repas** Lunch 33 - 49/65.

HENGELO *Overijssel* **210** Z 9, **211** Z 9 et **908** L 5 - *78 306 h. - Ville industrielle.*

Enschedesestraat 381, ✉ 7552 CV, ☎ (0 74) 250 84 66.

au Nord-Est : 6 km à Enschede-Twente ☎ (0 53) 486 22 22, Fax (0 53) 435 96 91.

Molenstraat 26, ✉ 7551 DC, ☎ (0 74) 242 11 20, Fax (0 74) 242 17 80.

Amsterdam 149 - Apeldoorn 62 - Enschede 9 - Zwolle 61.

Hengelo, Bornsestraat 400 (près A 1, direction Borne), ✉ 7556 BN, ☎ (0 74) 255 50 55, *Fax (0 74) 255 50 10,* - TV ☎ P - 25 à 1000. AE ① MC VISA
Repas (Ouvert jusqu'à 23 h) Lunch 18 - carte env. 45 - 23 - **136 ch** 115 - ½ P 148/160.

't Lansink, C.T. Storkstraat 18, ✉ 7553 AR, ☎ (0 74) 291 00 66, - TV ☎ P - 25 à 80. AE ① MC VISA. rest
fermé 25 déc.-2 janv. et dim. - **Repas *le Rossignol*** Lunch 48 - carte 73 à 94 - **16 ch** 123/163 - ½ P 148/175.

X **De Bourgondiër,** Langestraat 29, ✉ 7551 DX, ☎ (0 74) 243 31 33, *Fax (0 74) 243 32 63,* - AE ① MC VISA JCB
Repas 48.

HENGEVELDE *Overijssel* C *Ambt Delden 5 444 h.* **211** Y 9 et **908** K 5.

Amsterdam 135 - Apeldoorn 53 - Arnhem 32 - Enschede 18 - Zwolle 63.

Pierik, Goorsestraat 25 (sur N 347), ✉ 7496 AB, ☎ (0 547) 33 30 00, *Fax (0 547) 33 36 56,* - TV ☎ P. AE ① MC VISA. rest
fermé 23 déc.-3 janv. - **Repas** Lunch 38 - 43/50 - **34 ch** 93/135 - ½ P 90/93.

HERKENBOSCH *Limburg* **211** V 16 et **908** J 8 - *voir à Roermond.*

HERTME *Overijssel* **210** Z 9 et **211** Z 9 - *voir à Borne.*

's-HERTOGENBOSCH *ou* **Den BOSCH** P *Noord-Brabant* 211 *Q 12 et* 908 *G 6 – 127 352 h.*

Voir *Cathédrale St-Jean★★ (St. Janskathedraal) : retable★ Z.*

Musée : *du Brabant Septentrional★ (Noordbrabants Museum) Z M³.*

Env. *au Nord-Est : 3 km à Rosmalen, collection de véhicules★ dans le musée du transport Autotron – a l'Ouest : 25 km à Kaatsheuvel, De Efteling★ (parc récréatif).*

par ④ : 10 km à St-Michielsgestel, Zegenwerp 12, ✉ 5271 NC, ☎ (0 73) 551 23 16, Fax (0 73) 551 91 68 - au Nord : 8 km à Kerkdriel, Piekenwaardweg 3, ☎ (0 418) 63 48 03, Fax (0 418) 63 46 30.

par ④ : 32 km à Eindhoven-Welschap ☎ (0 40) 291 98 18, Fax (0 40) 291 98 20.

lignes directes France, Suisse, Italie, Autriche, Yougoslavie et Allemagne ☎ 0 900-92 96.

Markt 77, ✉ 5211 JX, ☎ 0 900-112 23 34, Fax (0 73) 612 89 30.

Amsterdam 83 ⑦ – Eindhoven 35 ④ – Nijmegen 47 ② – Tilburg 23 ⑤ – Utrecht 51 ⑦

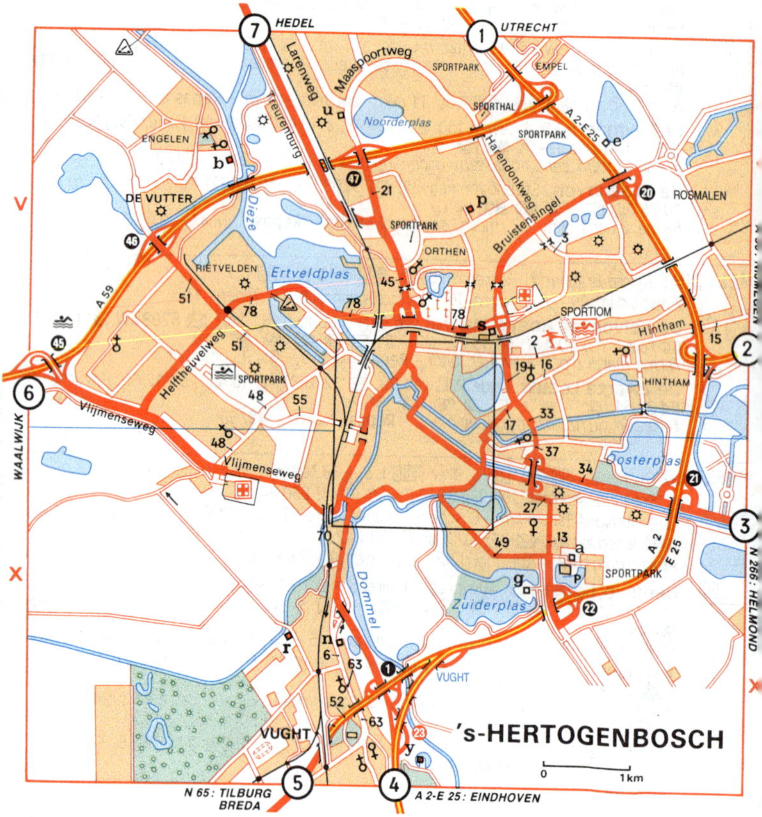

Aartshertogenlaan	V 2	Hambakenweg	V 21	Pettelaarseweg	X 49
Balkweg	V 3	Jacob v. Maerlantstr.	X 27	Rietveldenweg	V 51
Bosscheweg	X 6	Lagelandstr.	V 33	Rijksweg-West	X 52
Gestelseweg	X 13	Maastrichtseweg	X 34	Simon Stevinweg	V 55
Graafsebaan	V 15	Merwedelaan	X 37	Taalstr.	X 63
Graafseweg	V 16	Orthenseweg	V 45	Vughterweg	X 70
van Grobbendoncklaan	V 19	Oude Vlijmenseweg	VX 48	Zandzuigerstr.	V 78

Central, Burg. Loeffplein 98, ✉ 5211 RX, ☎ (0 73) 692 69 26, *Fax (0 73) 614 56 99* – , rest, – 25 à 325. AE VISA JCB. rest Z c
Repas ***Leeuwenborgh*** carte 63 à 83 – 25 – **123 ch** 210/260, 1 suite – ½ P 200.

's-HERTOGENBOSCH

Bethaniestr.	Z	4
de Bossche Pad	Z	7
Burg. Loeffpl.	YZ	9
Emmaplein	Y	10
Geert van Woustr.	Y	12
Graafseweg	Y	16
Havensingel	Y	22
Hinthamereinde	Z	24
Hinthamerstr.	Z	
Hoge Steenweg	Z	25
Jan Heinsstr.	Y	28
Kerkstr.	Z	30
Koninginnenlaan	Y	31
Maastrichtseweg	Z	34
Muntelbolwerk	Y	39
van Noremborghstr.	Y	40
Oostwal	Z	42
Oranje Nassaulaan	Z	43
Orthenstr.	Y	46
Schapenmarkt	Z	54
Sint-Jacobstr.	Z	57
Sint-Josephstr.	Z	58
Spinhuiswal	Z	60
Stationsweg	YZ	61
Torenstr.	Z	66
Visstraat	Z	67
Vlijmenseweg	Z	69
Vughterstr.	Z	
Vughterweg	Z	70
van der Weeghensingel	Y	73
Wilhelminaplein	Z	75
Willemsplein	Z	76

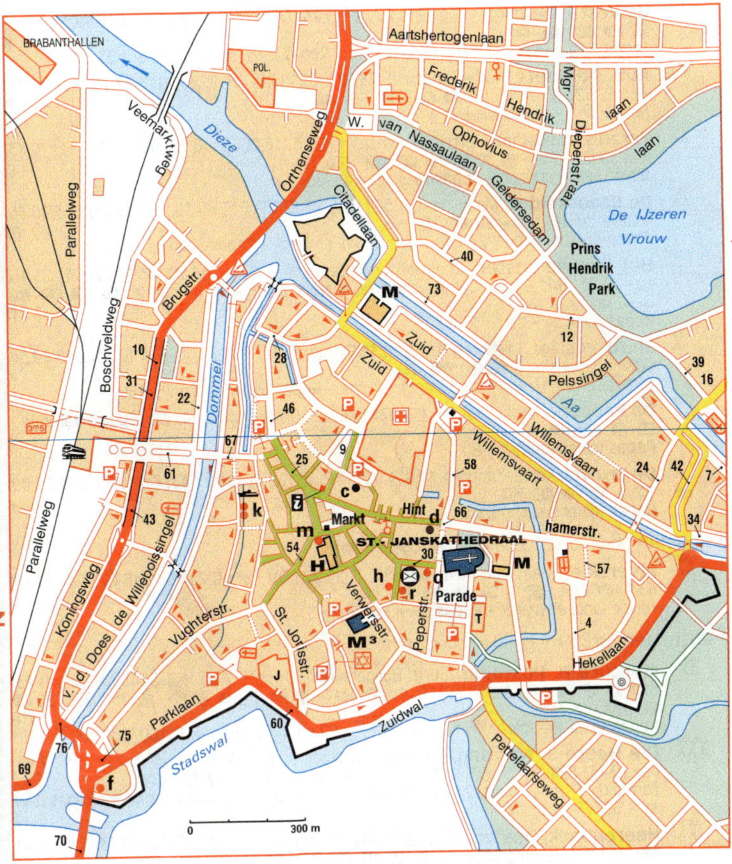

Mövenpick, Pettelaarpark 90, ✉ 5216 PH, ✆ (0 73) 687 46 74, *Fax (0 73) 687 46 35*, ≤, 🌳, ≘s, 🚲 – |♦| ⇌, ▤ ch, TV ☎ ♿ P – 🏃 25 à 85. AE ⓞ MC VISA JCB — X a
Repas (Taverne-rest) *Lunch 30* – carte 49 à 68 – ☕ 23 – **92 ch** 198.

Eurohotel sans rest, Hinthamerstraat 63, ✉ 5211 MG, ✆ (0 73) 613 77 77, *Fax (0 73) 612 87 95* – |♦| TV ☎ 🚗 – 🏃 25 à 150. AE ⓞ MC VISA. ✂ — Z d
fermé 24 déc.-2 janv. – ☕ 13 – **42 ch** 100/150.

Campanile, Goudsbloemvallei 21 (Maaspoortweg), ✉ 5237 MH, ✆ (0 73) 642 25 25, *Fax (0 73) 641 00 48*, 🌳, 🚲 – TV ☎ P – 🏃 25 à 40. AE ⓞ MC VISA JCB. ✂ — V u
Repas *(fermé 24 et 31 déc.)* (Avec buffet) *Lunch 17* – 45 – ☕ 15 – **46 ch** 110 – ½ P 156/161.

Bark, Zandzuigerstraat 101, ✉ 5231 XW, ✆ (0 73) 644 14 00, *Fax (0 73) 644 13 37*, 🌳 – TV ☎ P. AE ⓞ MC VISA. ✂ — V s
Repas (Avec cuisine espagnole) 45 – **40 ch** ☕ 125/135.

XXX ✿ **Chalet Royal** (Greveling), Wilhelminaplein 1, ✉ 5211 CG, ✆ (0 73) 613 57 71, *Fax (0 73) 614 77 82*, ⛱, « Terrasse, ≤ campagne et douves » – P – 🏛 25. AE ⓓ MC VISA JCB Z f
fermé 30 juil.-15 août, 27 déc.-2 janv., dim. et lundi – **Repas** Lunch 70 – 110/130, carte 112 à 148
Spéc. Cannelloni de homard et gambas, sauce aux truffes. Turbot et fondue d'échalotes, beurre au vin de Crozes-Hermitage. Foie d'oie poêlé aux nouilles d'asperges et Gewürztraminer (avril-juin).

XX **de Veste,** Uilenburg 2, ✉ 5211 EV, ✆ (0 73) 614 46 44, *Fax (0 73) 612 49 34*, ⛱ – AE ⓓ MC VISA. ✻ Z k
fermé 23 juil.-12 août, sam. midi et dim. – **Repas** Lunch 52 – carte 75 à 93.

XX **Aub. De Koets,** Korte Putstraat 23, ✉ 5211 KP, ✆ (0 73) 613 27 79, *Fax (0 73) 614 62 52*, ⛱ – ▤. AE ⓓ MC VISA JCB. ✻ Z h
fermé dim. – **Repas** Lunch 55 – 70/85.

XX **Paradis-Pettelaar,** Pettelaarseschans 1, ✉ 5216 CG, ✆ (0 73) 613 73 51, *Fax (0 73) 613 56 05*, ⛱ – ▤ P. AE ⓓ MC VISA JCB. ✻ X g
fermé sem. carnaval – **Repas** Lunch 45 – 48/80.

XX **De Raadskelder,** Markt 1a, ✉ 5211 JV, ✆ (0 73) 613 69 19, *Fax (0 73) 613 00 46*, « Cave du 16e s. » – AE MC VISA. ✻ Z m
fermé 16 juil.-7 août, 24 déc.-2 janv., dim. et lundi – **Repas** Lunch 25 – 53/73.

X **Het Nieuwe Oosten,** Rompert(winkel)centrum 7, ✉ 5233 RG, ✆ (0 73) 641 23 15, *Fax (0 73) 641 61 36*, Cuisine chinoise, ouvert jusqu'à 23 h – ▤ P. AE ⓓ MC VISA JCB. ✻ V p
Repas Lunch 28 – carte 45 à 82.

X **Shiro** 1er étage, Uilenburg 4, ✉ 5211 EV, ✆ (0 73) 612 76 00, *Fax (0 73) 612 49 34*, Cuisine japonaise – AE MC VISA JCB Z k
fermé carnaval, du 1er au 15 août et dim. – **Repas** (dîner seult) 75/150.

X **Da Peppone,** Kerkstraat 77, ✉ 5211 KE, ✆ (0 73) 614 78 94, ⛱, Cuisine italienne – AE ⓓ MC VISA Z q
Repas (dîner seult) 45/80.

X ◎ **De Truffel,** Korte Putstraat 14, ✉ 5211 KP, ✆ (0 73) 614 27 42, *Fax (0 73) 612 02 09*, ⛱ – AE ⓓ MC VISA Z r
Repas (dîner seult) 45/63.

à Engelen *Nord-Ouest : 3 km* C *'s-Hertogenbosch :*

XX **Riverside,** Graaf van Solmsweg 85, ✉ 5221 BM, ✆ (0 73) 631 16 07, *Fax (0 73) 631 16 07*, ≤, ⛱ – AE ⓓ MC VISA. ✻ V b
fermé lundi et mardi – **Repas** Lunch 55 – 65/85.

à Rosmalen *Est : 3 km* C *'s-Hertogenbosch :*

🏨 **Mercure H. Postiljon,** Burg. Burgerslaan 50 (près A 2), ✉ 5245 NH, ✆ (0 73) 521 91 59, *Fax (0 73) 521 62 15*, ≤, ⛱, 🚲 – 🛗 ⇆ TV ☎ ♿ P – 🏛 25 à 250. AE ⓓ MC VISA. ✻ rest V e
Repas Lunch 29 – carte 45 à 65 – ☕ 23 – **82 ch** 145/190 – ½ P 100/202.

XXX **Die Heere Sewentien,** Sparrenburgstraat 9, ✉ 5244 JC, ✆ (0 73) 521 77 44, *Fax (0 73) 521 00 75*, ⛱, « Terrasse et jardin » – P. AE ⓓ MC VISA
fermé du 1er au 15 mars, 24 juil.-15 août, sam. midi, dim. midi, lundi et mardi – **Repas** Lunch 53 – 60/75.

XX **Heerenbeek,** Graafsebaan 42, ✉ 5242 JN, ✆ (0 73) 521 22 06, *Fax (0 73) 521 99 41*, ⛱, « Terrasse ombragée » – P. AE ⓓ MC VISA. ✻
Repas Lunch 55 – 60/95.

à Vught *Sud : 4 km – 25 102 h.*

🏨 **Vught,** Bosscheweg 2, ✉ 5261 AA, ✆ (0 73) 658 77 77, *Fax (0 73) 658 77 00*, ⛱, 🏋, ≘s, 🎾, 🏸 – 🛗, ▤ rest, TV ☎ ♿ P – 🏛 25 à 500. AE ⓓ MC VISA. ✻ X n
Repas (Ouvert jusqu'à 23 h) carte env. 50 – ☕ 28 – **124 ch** 150.

XX **Kasteel Maurick,** Maurick 3 (sur N 2), ✉ 5261 NA, ✆ (0 73) 657 91 08, *Fax (0 73) 656 04 40*, ⛱, « Terrasse et jardin » – P – 🏛 25 à 200. AE ⓓ MC VISA JCB. ✻ X y
fermé carnaval et dim. – **Repas** Lunch 53 – carte env. 100.

XX **Ons Kabinet,** Kampdijklaan 80, ✉ 5263 CK, ✆ (0 73) 657 17 10, *Fax (0 73) 656 41 75*, ⛱ – P – 🏛 25 à 70. AE ⓓ MC VISA JCB X t
fermé 1 sem. carnaval, 2 sem. vacances bâtiment et lundi – **Repas** Lunch 45 – 50/85.

HEUSDEN Noord-Brabant 211 P 12 et 908 G 6 – 41 940 h.

Pelsestraat 17, ✉ 5256 AT, ✆ (0 416) 66 21 00, Fax (0 416) 66 33 80.
Amsterdam 96 – Utrecht 57 – Breda 43 – 's-Hertogenbosch 19 – Rotterdam 67.

XXX **In den Verdwaalde Koogel** avec ch, Vismarkt 1, ✉ 5256 BC, ✆ (0 416) 66 19 33, Fax (0 416) 66 12 95, « Maison du 17e s. » – rest, TV – 30. MC VISA
fermé fin déc.-début janv. et dim. – **Repas** Lunch 55 – carte 77 à 95 – **11 ch** 130/155 – ½ P 130/150.

HILLEGERSBERG Zuid-Holland 211 M 11 - ㊵ N et 908 E 6 - ㉕ N – voir à Rotterdam, périphérie.

HILLEGOM Zuid-Holland 210 M 9, 211 M 9 et 908 E 5 – 20 480 h.

Amsterdam 36 – Den Haag 33 – Haarlem 12.

Flora, Hoofdstraat 55, ✉ 2181 EB, ✆ (0 252) 51 51 00, Fax (0 252) 52 93 14 – TV P – 25 à 250. AE MC VISA.
Repas (fermé 24 et 25 déc. et 31 déc.-2 janv.) 45/70 – **21 ch** (fermé 24, 25 et 26 déc. et 31 déc.-2 janv.) 140/170.

Si vous cherchez un hôtel tranquille ou isolé,
consultez d'abord les cartes de l'introduction
ou repérez dans le texte les établissements indiqués avec le signe ou

HILVARENBEEK Noord-Brabant 211 P 14 et 908 G 7 – 14 452 h.

Amsterdam 120 – Eindhoven 30 – 's-Hertogenbosch 31 – Tilburg 12 – Turnhout 33.

Herberg Sint Petrus, Gelderstraat 1, ✉ 5081 AA, ✆ (0 13) 505 21 66, Fax (0 13) 505 46 19, – TV. AE MC VISA.
fermé 25 déc.-2 janv. – **Repas** 45/53 – **6 ch** 90/150 – ½ P 133/143.

XX **van Groeninge et Brasserie De Egelantier,** Vrijthof 26, ✉ 5081 CB, ✆ (0 13) 505 45 04, Fax (0 13) 505 39 82, « Patio » – P. AE MC VISA.
fermé 31 juil.-20 août, 27 déc.-5 janv., sam. midi, dim. midi, lundi et mardi – **Repas** Lunch 63 – 75/105.

XX **Aub. Het Kookhuys,** Vrijthof 27, ✉ 5081 CB, ✆ (0 13) 505 14 33, Fax (0 13) 505 49 23, « Terrasse » – . MC VISA.
fermé carnaval et lundi – **Repas** (dîner seult sauf dim.) carte 72 à 99.

XX **Pieter Bruegel,** Gelderstraat 7, ✉ 5081 AA, ✆ (0 13) 505 17 58, Fax (0 13) 505 46 77 – . AE MC VISA.
fermé du 3 au 9 mars, 17 juil.-3 août, du 26 au 31 déc., lundi et mardi – **Repas** (dîner seult) carte env. 85.

HILVERSUM Noord-Holland 211 Q 9 et 908 G 5 – 82 297 h.

Voir Hôtel de ville★ (Raadhuis) Y H – Le Gooi★ (Het Gooi).
Env. par ④ : 7 km, Étangs de Loosdrecht★★ (Loosdrechtse Plassen).
18 Soestdijkerstraatweg 172, ✉ 1213 XJ, ✆ (0 35) 685 86 88, Fax (0 35) 685 38 13.
Noordse Bosje 1, ✉ 1211 BD, ✆ (0 35) 624 17 51, Fax (0 35) 623 74 60.
Amsterdam 34 ⑤ – Utrecht 20 ③ – Apeldoorn 65 ① – Zwolle 87 ①

Plan page suivante

Lapershoek, Utrechtseweg 16, ✉ 1213 TS, ✆ (0 35) 623 13 41, Fax (0 35) 628 43 60, – TV P – 25 à 600. AE MC VISA. rest X e
Repas 58/109 – **80 ch** 270.

Hilfertsom , Koninginneweg 30, ✉ 1217 LA, ✆ (0 35) 623 24 44, Fax (0 35) 623 49 76 – TV P – 25 à 110. AE MC VISA JCB. Y c
Repas (fermé vend., sam. et dim. d'oct. à avril) (dîner seult) 45 – **46 ch** 155/195.

Ravel sans rest, Emmastraat 35, ✉ 1213 AJ, ✆ (0 35) 621 06 85, Fax (0 35) 624 37 77 – TV. AE MC VISA JCB. Z d
19 ch 165/220.

XX **Spandershoeve,** Bussumergrintweg 46, ✉ 1217 BS, ✆ (0 35) 621 11 30, Fax (0 35) 623 51 53, Cuisine indonésienne – P. AE MC VISA. V s
fermé sem. Noël – **Repas** Lunch 25 – 70, carte 64 à 87
Spéc. Oedang Bakar (crevettes). Ikan Colo (cabillaud). Bistik Mentega (bœuf).

XX **De Uitdaging,** Albertus Perkstraat 3, ✉ 1217 NK, ✆ (0 35) 624 93 13, Fax (0 35) 624 93 13, Ouvert jusqu'à 23 h – . AE MC VISA JCB. Y a
fermé mi-juil.-mi-août et mardi – **Repas** Lunch 55 – 63/110.

HILVERSUM

Achterom . . . . Z 2
Berkenlaan . . . . X 3
Bosdrift . . . . X 4
Bussumergrintweg V 7
Eikenlaan . . . . X 8
Geert van
Mesdagweg . . . . V 9
van Ghentlaan . . . . X 12
Godelindeweg . . . . V 13
Groest . . . . Z
Havenstr. . . . . Z
Hilvertsweg . . . . X 14
Hoge Naarderweg . Y 17
Insulindelaan . . . . . . V 18
Jan
van der Heijdenstr. V 19
Kerkstr. . . . . YZ
Kolhornseweg . . . . . X 22
Krugerweg . . . . V 23
Lage Naarderweg . . V 24
Langestr. . . . . Z 26
Larenseweg . . . . . . V 27
Leeuwenstr. . . . . Y 28
Loosdrechtse bos . . X 29
Loosdrechtseweg . . X 32
Minckelersstr. . . . . . V 34
Noorderweg . . . . Y 37
Oostereind . . . . X 38
Oosterengweg . . . . . X 39
Prins Bernhardstr. . . Z 42
Prof. Kochstr. . . . . . Y 43
Schapenkamp . . . . YZ 44
Schoutenstr. . . . . . . Y 47
Soestdijkers-
traatweg X 48
Spoorstr. . . . . Z 49
Stationsstr. . . . . Y 52
Vaartweg . . . . V 53
Veerstr. . . . . Z 54
Vreelandseweg . . . . X 57
Zuiderweg . . . . YZ 58

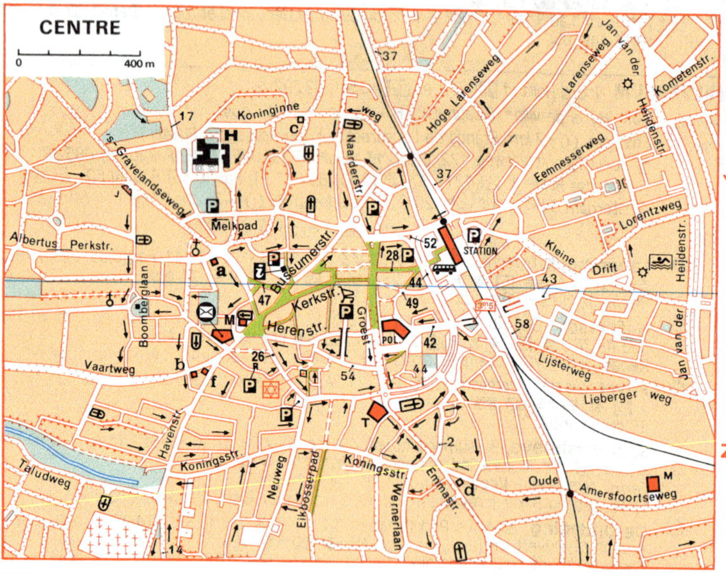

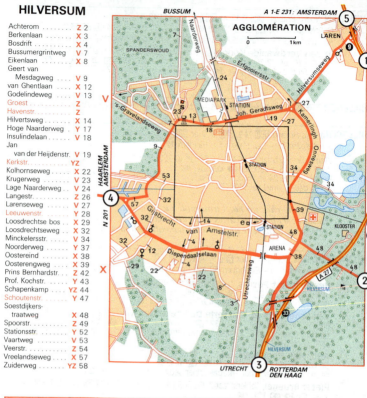

Nusantara 1er étage, Vaartweg 15a, 1211 JD, (0 35) 623 23 67, Fax (0 35) 623 70 72, Cuisine indonésienne – VISA. Z f
fermé 25, 26 et 31 déc. et 1er janv. – **Repas** (dîner seult) carte 45 à 85.

Joffers, Vaartweg 33, 1211 JD, (0 35) 621 45 56, Fax (0 35) 624 41 21, – VISA Z b
fermé 24 juil.-14 août, 24 déc.-8 janv. et dim. – **Repas** Lunch 58 – carte env. 85.

à 's-Graveland *par ④ : 7 km – 9 363 h.*

Berestein, Zuidereinde 208, 1243 KR, (0 35) 656 10 30, *Fax (0 35) 656 98 44* – VISA JCB
fermé lundi – **Repas** (dîner seult) 55.

HINDELOOPEN (HYLPEN) *Fryslân C Nijefurd 10 605 h.* 210 R 5 *et* 908 H 3.

Amsterdam 118 – Leeuwarden 47 – Zwolle 86.

De Gasterie, Kalverstraat 13, 8713 KV, (0 514) 52 19 86, *Fax (0 514) 52 20 53,* – VISA JCB
avril-oct. ; fermé lundis non fériés – **Repas** (dîner seult) 55.

HOEK VAN HOLLAND *Zuid-Holland C Rotterdam 590 478 h.* 211 J 11 – ㊳ N *et* 908 O 6 – ㉓ N.

vers Harwich : Stena Line, Stationsweg 10, (0 174) 38 93 33, Fax (0 174) 38 70 47. Prix AR : de 150,00 Fl à 180,00 Fl, avec voiture de 490,00 Fl à 790,00 Fl.

Amsterdam 80 – Rotterdam 32 – Den Haag 24.

Het Jagershuis, Badweg 1 (Ouest : 1 km), 3151 HA, (0 174) 38 22 51, *Fax (0 174) 38 27 67,* – VISA
fermé lundi du 4 oct. au 28 fév. – **Repas** Lunch 50 – 50/73.

Sand, Zeekant 125, Strand (Ouest : 1,5 km), 3151 HW, (0 174) 38 25 03, *Fax (0 174) 31 02 47,* , « estuaire et trafic maritime » – VISA JCB
fermé mardi en hiver et lundi – **Repas** Lunch 58 – 60/83.

HOENDERLOO *Gelderland C Apeldoorn 152 354 h.* 211 U 10 *et* 908 I 5.

Amsterdam 88 – Apeldoorn 14 – Arnhem 21.

Buitenlust, Apeldoornseweg 30, 7351 AB, (0 55) 378 13 62, *Fax (0 55) 378 17 29,* – VISA.
fermé 20 déc.-janv. et lundi et mardi de nov. à fév. – **Repas** *(fermé après 20 h 30)* Lunch 20 – carte env. 60 – **14 ch** 110/135 – ½ P 100.

HOENSBROEK *Limburg* 211 U 17 *et* 908 I 9 – *voir à Heerlen.*

HOEVELAKEN *Gelderland* 211 R 9 *et* 908 H 5 – *8 508 h.*

à l'Est : 10 km à Voorthuizen, Hunnenweg 16, 3781 NN, (0 342) 47 38 32, Fax (0 342) 47 10 37.

Amsterdam 50 – Utrecht 28 – Amersfoort 8 – Apeldoorn 42 – Arnhem 57 – Zwolle 66.

De Klepperman, Oosterdorpsstraat 11, 3871 AA, (0 33) 253 41 20, *Fax (0 33) 253 74 34,* – rest, – 25 à 225. VISA JCB. rest
Repas voir rest ***De Gasterie*** ci-après – ***Eethuys 't Backhuys*** *(fermé 20 juil.-1er août)* (dîner seult sauf dim.) 60/90 – 39 – **79 ch** 260/310 – ½ P 165/205.

De Gasterie - H. De Klepperman, Oosterdorpsstraat 11, 3871 AA, (0 33) 253 41 20, *Fax (0 33) 253 74 34,* – VISA JCB.
fermé du 2 au 23 août – **Repas** carte env. 95.

De HOGE VELUWE (Nationaal Park) (Parc National de la HAUTE VELUWE) ★★★ : *Musée Kröller-Müller★★★ Gelderland* 211 U 10 *et* 908 I 5 *G. Hollande.*

HOLLANDSCHE RADING *Utrecht* 211 Q 9 *et* 908 G 5 – *voir à Maartensdijk.*

HOLLUM *Fryslân* 210 S 2 *et* 908 H 1 – *voir à Waddeneilanden (Ameland).*

HOLTEN *Overijssel* 210 X 9, 211 X 9 *et* 908 K 5 – *8 761 h.*

Voir *Musée (Bos Museum)★ sur le Holterberg.*

Dorpsstraat 27, 7451 BR, (0 548) 36 15 33, Fax (0 548) 36 69 54.

Amsterdam 124 – Apeldoorn 40 – Enschede 42 – Zwolle 40.

AC Hotel, Langstraat 22 (sur A 1, sortie Struik), 7451 ND, (0 548) 36 26 80, *Fax (0 548) 36 45 50,* – 25 à 250. AE VISA
Repas (Avec buffet) carte env. 55 – 18 – **58 ch** 130, 2 suites.

sur le Holterberg :

't Lösse Hoes, Holterbergweg 14, 7451 JL, (0 548) 36 33 33, *Fax (0 548) 36 47 90,* « Dans les bois », – 25. AE VISA JCB. rest
fermé 27 déc.-7 janv. ; ouvert week-end seult en janv., mars et avril – **Repas** (dîner seult) carte 75 à 91 – **16 ch** 125/200 – ½ P 135.

Hoog Holten avec ch, Forthaarsweg 7, 7451 JS, (0 548) 36 13 06, *Fax (0 548) 36 30 75,* « Dans les bois », – 30. AE VISA JCB. rest
fermé 27 déc.-6 janv. – **Repas** Lunch 55 – carte env. 80 – 23 – **21 ch** 130/160 – ½ P 140/190.

Bistro de Holterberg, Forthaarsweg 1, 7451 JS, (0 548) 36 38 49, *Fax (0 548) 36 51 12,* « Intérieur convivial, terrasse avec » – AE VISA JCB.
fermé 27 déc.-10 janv., lundi et mardi – **Repas** (dîner seult) 53/63.

HOOFDDORP *Noord-Holland* C *Haarlemmermeer 108 909 h.* 210 N 9, 211 N 9 *et* 908 F 5.

Raadhuisplein 5, 2131 TZ, (0 23) 563 33 90, Fax (0 23) 562 77 59.

Amsterdam 23 – Den Haag 45 – Haarlem 12 – Rotterdam 62 – Utrecht 42.

Crowne Plaza Amsterdam-Schiphol, Planeetbaan 2, 2132 HZ, (0 23) 565 00 00, *Fax (0 23) 565 05 21,* – 25 à 350. AE VISA JCB. rest
Repas *La Vie en Rose* (Ouvert jusqu'à 23 h) Lunch 55 – carte 71 à 86 – 42 – **233 ch** 515/615, 10 suites.

Barbizon Schiphol, Kruisweg 495 (près A 4 - De Hoek), 2132 NA, (0 20) 655 05 50, *Fax (0 20) 653 49 99,* – 30 à 250. AE VISA.
Repas carte env. 75 – 36 – **419 ch** 506/572.

Schiphol A 4, Rijksweg A 4 nr 3 (Sud : 4 km - Den Ruygen Hoek), 2132 MA, (0 252) 67 53 35, *Fax (0 252) 68 69 78,* – 25 à 1500. AE VISA. rest
Repas (Ouvert jusqu'à 23 h) Lunch 15 – carte 45 à 63 – 35 – **320 ch** 150, 2 suites.

De Beurs, Kruisweg 1007, 2131 CR, (0 23) 563 42 34, *Fax (0 23) 561 68 00,* – rest, – 200. AE VISA JCB.
Repas Lunch 25 – carte env. 50 – 18 – **44 ch** 130/195 – ½ P 189.

Bastion Airport, Vuursteen 1 (près A 4 - De Hoek), 2132 LZ, (0 20) 653 26 11, *Fax (0 20) 653 34 78* – AE VISA.
Repas (Grillades, ouvert jusqu'à 23 h) 45 – 17 – **80 ch** 150.

Bastion Schiphol, Adrianahoeve 8 (Ouest : 5 km près N 201), 2131 MN, (0 23) 562 36 32, *Fax (0 23) 562 28 48* – AE VISA.
Repas (Grillades, ouvert jusqu'à 23 h) 45 – 17 – **40 ch** 135.

Marktzicht, Marktplein 31, 2132 DA, (0 23) 561 24 11, *Fax (0 23) 563 72 91,* – AE VISA.
Repas Lunch 60 – carte 70 à 109.

HOOFDPLAAT *Zeeland* C *Oostburg 17 819 h.* 211 G 14 *et* 908 C 7.

Amsterdam 225 – Middelburg 14 – Terneuzen 18 – Brugge 50.

De Kromme Watergang, Slijkplaat 6 (Ouest : 4 km, Slijkplaat), 4513 KK, (0 117) 34 86 96, *Fax (0 117) 34 86 79,* « Terrasse avec jardin paysagé autour de petits étangs » – VISA
fermé 2 dern. sem. sept., 26 déc.-10 janv. et lundi – **Repas** Lunch 65 – 98/125.

HOOGERHEIDE *Noord-Brabant* 🄲 *Woensdrecht 20 870 h.* 211 *K 14 et* 908 *E 7.*

Amsterdam 148 – Bergen op Zoom 10 – Breda 46 – 's-Hertogenbosch 96 – Antwerpen 33.

XX **La Castelière,** Nijverheidsstraat 28, ✉ 4631 KS, ☎ (0 164) 61 26 12, *Fax (0 164) 61 31 09,* 🏞, « Cadre de verdure » – P. MC VISA. ✂
fermé dim. et lundi – **Repas** (dîner seult) carte env. 85.

Sur la route :
la signalisation routière est rédigée
dans la langue de la zone linguistique traversée.
Dans ce guide,
les localités sont classées selon leur nom officiel :
Antwerpen pour Anvers, **Mechelen** pour Malines.

HOOGEVEEN *Drenthe* 210 *X 6 et* 908 *K 3 – 52 722 h.*

🏌9 *au Nord-Est : 7 km à Tiendeveen, Haarweg 22,* ✉ *7936 TP,* ☎ *(0 528) 33 15 58, Fax (0 528) 33 14 77.*

🅸 *Hoofdstraat 13,* ✉ *7902 EA,* ☎ *(0 528) 26 83 73, Fax (0 528) 22 11 35.*

Amsterdam 155 – Assen 34 – Emmen 32 – Zwolle 45.

🏨 **Hoogeveen,** Mathijsenstraat 1 (Sud-Ouest : 2 km sur A 28), ✉ 7909 AP, ☎ (0 528) 26 33 03, *Fax (0 528) 26 49 25,* 🏞, 🚲 – ▤ rest, TV ☎ ♿ P – 🏛 25 à 300. AE ① MC VISA
Repas carte env. 70 – **39 ch** ☕ 135/150 – ½ P 100.

XX **De Herberg,** Hoogeveenseweg 27 (Nord : 2 km, Fluitenberg), ✉ 7931 TD, ☎ (0 528) 27 59 83, *Fax (0 528) 22 07 30,* 🏞 – P. AE ① MC VISA
fermé 2 sem. en août et lundi – **Repas** *Lunch 55* – 60/85.

XX **Spaarbankhoeve** avec ch, Hoogeveenseweg 5 (Nord : 2 km, Fluitenberg), ✉ 7931 TD, ☎ (0 528) 26 21 89, *Fax (0 528) 27 58 12,* 🏞, 🚲 – ▤ rest, TV ☎ P – 🏛 25 à 120. AE ① MC VISA JCB
fermé dim. – **Repas** *(fermé après 20 h 30)* 45/55 – **4 ch** ☕ 120/140.

HOOG-SOEREN *Gelderland* 211 *U 9 et* 908 *I 5 – voir à Apeldoorn.*

HOORN *Noord-Holland* 210 *P 7 et* 908 *G 4 – 62 905 h.*

Voir *Le vieux quartier★ YZ – Rode Steen★ Z – Façade★ du musée de la Frise Occidentale (Westfries Museum) Z* **M**[1] *– Veermanskade★ Z.*

🏌9 *au Nord-Est : 8 km à Westwoud, Zittend 19,* ✉ *1617 KS,* ☎ *(0 228) 56 31 28, Fax (0 228) 56 27 40.*

🅸 *Veemarkt 4,* ✉ *1621 JC,* ☎ *0 900-403 10 55, Fax (0 229) 21 50 23.*

Amsterdam 40 ② – Alkmaar 26 ② – Enkhuizen 19 ① – Den Helder 52 ③

Plan page suivante

🏨 **Petit Nord,** Kleine Noord 53, ✉ 1621 JE, ☎ (0 229) 21 27 50, *Fax (0 229) 21 57 45* – 🛗 ✈ TV ☎ – 🏛 25 à 80. AE ① MC VISA Y r
Repas (Taverne-rest) carte env. 55 – **33 ch** ☕ 135/195.

XXX **L'Oasis de la Digue,** De Hulk 16, ✉ 1622 DZ, ☎ (0 229) 55 33 44, *Fax (0 229) 55 31 64,* ←, 🏞 – P. AE MC VISA par Westerdijk X
fermé dim. – **Repas** *Lunch 53* – 55/90.

XX ✿✿ **De Oude Rosmolen** (Fonk), Duinsteeg 1 (transfert prévu), ✉ 1621 ER, ☎ (0 229) 21 47 52, *Fax (0 229) 21 49 38* – ▤. AE ① MC VISA Y z
fermé 2 sem. en fév., du 6 au 31 août, 27 déc.-4 janv. et jeudi – **Repas** (dîner seult, nombre de couverts limité - prévenir) 75/135, carte env. 125
Spéc. Profiteroles à la mousse de foie gras. Canard au sang à la rouennaise. Pâtisseries maison.

XX **Azië,** Veemarkt 49, ✉ 1621 JB, ☎ (0 229) 21 85 55, *Fax (0 229) 24 96 04,* Cuisine chinoise, ouvert jusqu'à 23 h – ▤. AE ① MC VISA Y a
Repas *Lunch 25* – 39/67.

HOORN

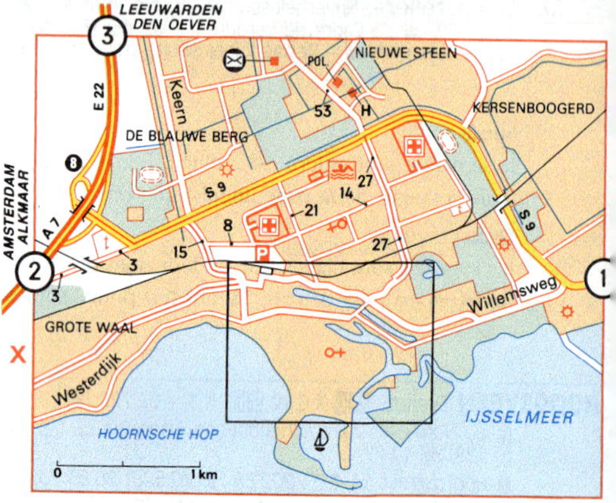

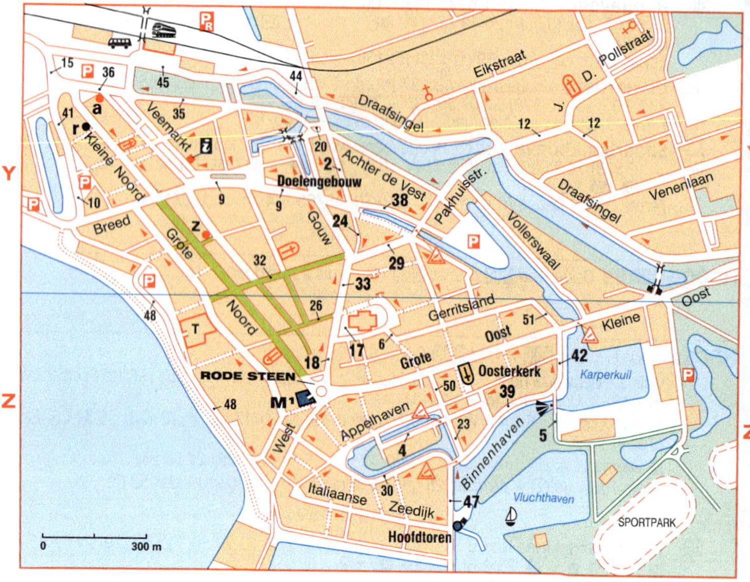

Keine Aufnahme in den **Michelin-Führer** *durch*
– Beziehungen oder
– Bezahlung !

HOORN (HOARNE) *Fryslân* **210** R 2 *et* **908** H 1 – *voir à Waddeneilanden (Terschelling).*

Den HOORN *Noord-Holland* **210** N 4 *et* **908** F 2 – *voir à Waddeneilanden (Texel).*

HORN *Limburg* **211** U 15 *et* **908** I 8 – *voir à Roermond.*

HORST *Limburg* 211 V 14 et 908 J 7 – 19 447 h.
Amsterdam 160 – Eindhoven 53 – Maastricht 86 – Roermond 41 – Venlo 13.

XX **Het Groene Woud,** Jacob Merlostraat 6, ✉ 5961 AB, ☎ (0 77) 398 38 20, *Fax (0 77) 398 77 55*, « Jardin avec expositions permanentes de sculptures » – AE ① ⓂⒸ VISA JCB.
fermé 1 sem. carnaval, 1 sem. en mai et merc. – **Repas** 55/63.

HOUTEN *Utrecht* 211 P 10 et 908 G 5 – 31 925 h.
Amsterdam 38 – Utrecht 12 – Rotterdam 63.

XX **de hofnar,** Plein 22 (Oude Dorp), ✉ 3991 DL, ☎ (0 30) 637 37 44, *Fax (0 30) 637 32 33*, – P. AE ⓂⒸ VISA JCB
fermé 18 juil.-8 août et dim. – **Repas** Lunch 53 – carte env. 75.

XX **Coco Pazzo,** Plein 20 (Oude Dorp), ✉ 3991 DL, ☎ (0 30) 637 14 03, *Fax (0 30) 637 14 03*, , Avec cuisine italienne – P. AE ⓂⒸ VISA
fermé 23 juil.-8 août, 27 déc.-8 janv., dim. et lundi – **Repas** Lunch 60 – 55/65.

HOUTHEM *Limburg* 211 T 17 – *voir à Valkenburg.*

HUISDUINEN *Noord-Holland* 210 N 5 – *voir à Den Helder.*

HUIZEN *Noord-Holland* 210 Q 9, 211 Q 9 et 908 G 5 – 41 692 h.
Amsterdam 31 – Apeldoorn 65 – Hilversum 10 – Utrecht 27.

Newport, Labradorstroom 75, ✉ 1271 DE, ☎ (0 35) 528 96 00, *Fax (0 35) 528 96 11*, ≤, , « Sur le port de plaisance du Gooimeer », – ☎ P – 25 à 250. AE ① ⓂⒸ VISA JCB.
Repas Lunch 45 – carte env. 85 – 30 – **14 ch** 325/395, 47 suites.

HULST *Zeeland* 211 J 15 et 908 D 8 – 19 517 h.
Grote Markt 19, ✉ 4561 EA, ☎ (0 114) 38 92 99, Fax (0 114) 38 91 35.
Amsterdam (bac) 183 – Antwerpen 32 – Middelburg (bac) 52 – Sint-Niklaas 16.

L'Aubergerie, van der Maelstedeweg 4a, ✉ 4561 GT, ☎ (0 114) 31 98 30, *Fax (0 114) 31 14 31*, – ☎. AE ① ⓂⒸ VISA JCB. rest
Repas (dîner pour résidents seult) – **26 ch** 100/145 – ½ P 103.

X **Napoleon,** Stationsplein 10, ✉ 4561 GC, ☎ (0 114) 31 37 91, *Fax (0 114) 31 37 91*, – AE ① ⓂⒸ VISA
fermé du 6 au 10 mars, 19 juin-5 juil., mardi soir et merc. – **Repas** 49.

HUMMELO *Gelderland* C *Hummelo en Keppel 4 514 h.* 211 W 10 et 908 J 5.
9 à l'Ouest : 3 km à Hoog-Keppel, Oude Zutphenseweg 15, ✉ 6997 CH, ☎ (0 314) 38 14 16, Fax (0 57) 546 43 99.
Amsterdam 126 – Apeldoorn 37 – Arnhem 29.

De Gouden Karper, Dorpsstraat 9, ✉ 6999 AA, ☎ (0 314) 38 12 14, *Fax (0 314) 38 22 38*, – ☎ P – 25 à 250. AE ⓂⒸ VISA
Repas carte 54 à 73 – **15 ch** 75/150.

HYLPEN *Fryslân* – *voir Hindeloopen.*

IJMUIDEN *Noord-Holland* C *Velsen 66 157 h.* 210 M 8 et 908 E 4.
Voir *Écluses*★.
18 9 à Velsen-Zuid, Het Hoge Land 2, ✉ 1981 LT, Recreatieoord Spaarnwoude ☎ (0 23) 538 27 08, Fax (0 23) 538 72 74.
vers Newcastle : Scandinavian Seaways, Felison Terminal, Sluisplein 33 ☎ (0 255) 53 45 46, Fax (0 255) 53 78 84.
Plein 1945 nr 105, ✉ 1971 GC, ☎ (0 255) 51 56 11, Fax (0 255) 52 42 26.
Amsterdam 25 – Alkmaar 26 – Haarlem 14.

Augusta, Oranjestraat 98 (direction Sluizen), ✉ 1975 DD, ☎ (0 255) 51 42 17, *Fax (0 255) 53 47 03*, « Maison début 20e s. » – ☎ – 25 à 100. AE ⓂⒸ VISA JCB.
Repas *(fermé 25 juil.-14 août et 24 déc.-9 janv.)* Lunch 55 – 60 – **25 ch** 140/225.

XX ✿ **Imko's** (Binnerts) 3e étage, Halkade 9c (port de pêche), ✉ 1976 DC, ☎ (0 255) 51 75 26, *Fax (0 255) 51 92 64*, ≤, , Produits de la mer – P. AE ① ⓂⒸ VISA JCB.
fermé sam. midi – **Repas** Lunch 60 – 79/95, carte 84 à 130
Spéc. Saumon mariné comme au barbecue. Salade niçoise maison au thon frais. Cassolette de St-Jacques aux truffes (déc.-mars).

à Velsen-Zuid *sortie IJmuiden sur A 9 C Velsen :*

XX **Het Roode Hert,** Zuiderdorpstraat 15, ✉ 1981 BC, ✆ (0 255) 51 57 97, 🍽, « Auberge du 17e s. » – ▤. AE MC VISA
fermé 27 déc.-3 janv. et lundi – **Repas** Lunch 56 – carte 77 à 107.

X **Beeckestijn,** Rijksweg 136, ✉ 1981 LD, ✆ (0 255) 51 44 69, *Fax (0 255) 51 12 66*, <, 🍽, « Dans les dépendances d'une résidence du 18e s., parc » – P – 🏛 80. AE ⦿ MC VISA
fermé lundi et mardi – **Repas** carte env. 70.

IJSSELSTEIN *Utrecht* 211 P 10 *et* 908 G 5 – *25 133 h.*
Amsterdam 47 – Utrecht 14 – Breda 61 – 's-Hertogenbosch 45 – Rotterdam 60.

Epping, Utrechtsestraat 44, ✉ 3401 CW, ✆ (0 30) 688 31 14, *Fax (0 30) 687 01 04* – TV ☎ – 🏛 30. AE ⦿ MC VISA JCB
fermé 25 et 26 déc. et 1er janv. – **Repas** carte env. 50 – **35 ch** ☕ 108/145 – ½ P 105/137.

XX **Les Arcades,** Weidstraat 1, ✉ 3401 DL, ✆ (0 30) 688 39 01, *Fax (0 30) 687 15 74*, « Cave voûtée du 16e s. » – AE ⦿ MC VISA JCB
fermé 2 dern. sem. juil.-prem. sem. août, sam. midi et dim. – **Repas** 63/83.

IJZENDIJKE *Zeeland* C *Oostburg 17 819 h.* 211 G 15 *et* 908 B 8.
Amsterdam (bac) 218 – Middelburg (bac) 21 – Terneuzen 19 – Brugge 40.

XX **Hof van Koophandel,** Markt 23, ✉ 4515 BB, ✆ (0 117) 30 12 34, *Fax (0 117) 30 12 34* – ▤. AE ⦿ MC VISA. ⚔
fermé lundi – **Repas** carte env. 55.

JOURE (DE JOUWER) *Fryslân* C *Skarsterlân 26 415 h.* 210 T 5 *et* 908 I 3.
⛳18 *au Sud : 7,5 km à Sint Nicolaasga, Legemeersterweg 16, ✉ 8527 DS, ✆ (0 513) 49 94 66, Fax (0 513) 49 97 77.*
ℹ *Douwe Egbertsplein 6, ✉ 8501 AB, ✆ (0 513) 41 60 30, Fax (0 513) 41 52 82.*
Amsterdam 122 – Leeuwarden 37 – Sneek 14 – Zwolle 67.

XX **'t Plein,** Douwe Egbertsplein 1a, ✉ 8501 AB, ✆ (0 513) 41 70 70, *Fax (0 513) 41 72 21*, 🍽 – ▤. AE ⦿ MC VISA JCB
fermé 1 sem. en oct., 2 prem. sem. janv. et dim. – **Repas** Lunch 29 – 60/83.

à Sint Nicolaasga (St. Nyk) *Sud : 7,5 km* C *Skarsterlân :*

De IJsvogel 🐦, Legemeersterweg 1a (à Legemeer), ✉ 8527 DS, ✆ (0 513) 43 29 99, <, 🍽, 🚲 – TV ☎ P – 🏛 30. AE ⦿ MC VISA. ⚔ rest
Repas Lunch 45 – carte 48 à 70 – **13 ch** *(fermé janv.-fév.)* ☕ 140/170, 1 suite – ½ P 199/225.

KAAG *Zuid-Holland* C *Alkemade 14 433 h.* 211 M 9.
Amsterdam 42 – Rotterdam 60 – Den Haag 25 – Haarlem 22.

XX **Tante Kee,** Julianalaan 14 (par bac), ✉ 2159 LA, ✆ (0 252) 54 42 06, *Fax (0 252) 54 52 90*, <, 🍽, « Terrasse au bord de l'eau », ⚓ – P. AE MC VISA
Repas Lunch 53 – 63/73.

KAART *Fryslân* 210 Q 2 – *voir à Waddeneilanden (Terschelling).*

KAATSHEUVEL *Noord-Brabant* C *Loon op Zand 22 494 h.* 211 P 13 *et* 908 G 7.
Voir *De Efteling★.*
⛳18 *Veldstraat 6, ✉ 5176 NB, ✆ (0 416) 28 83 99, Fax (0 416) 28 84 39.*
Amsterdam 107 – Breda 25 – 's-Hertogenbosch 26 – Tilburg 12.

Efteling M, Horst 31, ✉ 5171 RA, ✆ (0 416) 28 20 00, *Fax (0 416) 28 15 15*, 🍽, 🚲 – 🛗 ⚔, ▤ ch, TV ☎ ♿ P – 🏛 25 à 200. AE ⦿ MC VISA
Repas Lunch 38 – 53 – ☕ 25 – **120 ch** 170/215.

XX **de viersprong,** Horst 1, ✉ 5171 RA, ✆ (0 416) 27 45 84, 🍽 – P. AE ⦿ MC VISA JCB. ⚔
fermé 18 sept.-4 oct. et mardi – **Repas** Lunch 45 – carte 65 à 80.

KAMPEN *Overijssel* 210 U 7 *et* 908 I 4 – *32 161 h.*
Voir *Rive droite de l'IJssel* <★ Y – *Ancien hôtel de ville (Oude Raadhuis) : cheminée★ dans la salle des échevins★ (Schepenzaal)* Y **H** – *Hanap★ dans le musée municipal (Stedelijk Museum)* Y **M**.
ℹ *Botermarkt 5, ✉ 8261 GR, ✆ (0 38) 331 35 00, Fax (0 38) 332 89 00.*
Amsterdam 115 ③ – Leeuwarden 86 ① – Zwolle 14 ②

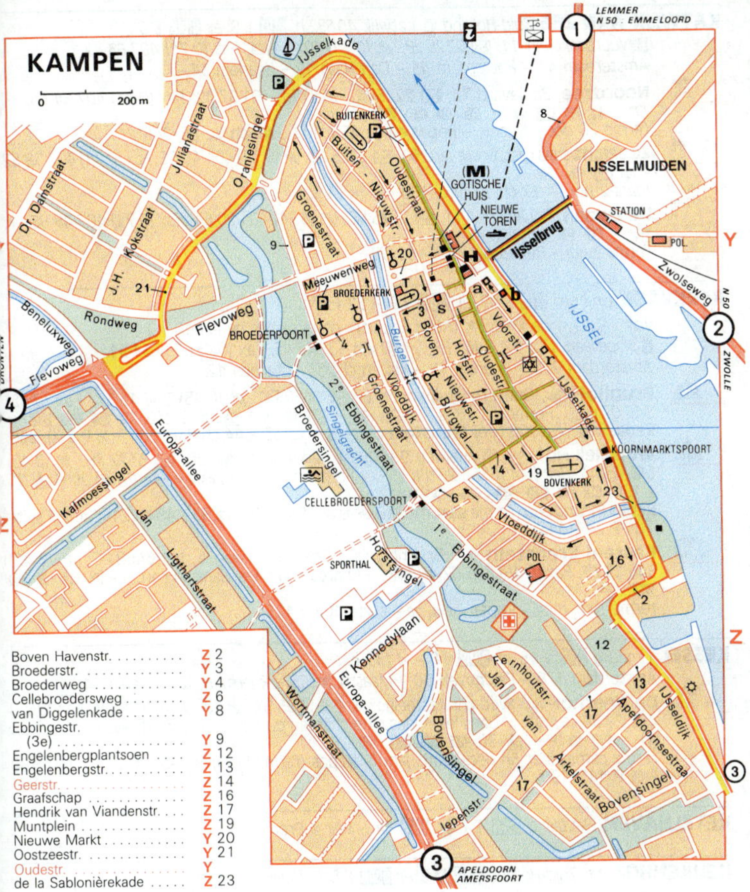

De Stadsherberg, IJsselkade 48, ✉ 8261 AE, ☎ (0 38) 331 26 45, *Fax (0 38) 332 78 14*, ← – |‡| TV ☎ ♿ – 🏛 25 à 200. AE ◑ MC VISA Y a
Repas *Lunch 40* – carte 45 à 68 – ☕ 13 – **16 ch** 70/120 – ½ P 108/117.

Van Dijk sans rest, IJsselkade 30, ✉ 8261 AC, ☎ (0 38) 331 49 25, *Fax (0 38) 331 65 08*, 🚲 – TV ☎ – 🏛 25 à 40. AE MC VISA JCB Y r
fermé fin déc. – **20 ch** ☕ 113/133.

De Roggebot, Flevoweg 85 (par ④ : 5 km, à l'écluse), ✉ 8264 PA, ☎ (0 38) 333 22 44, *Fax (0 38) 333 03 61*, ←, 🌳, « Pavillon actuel au bord du lac », ⚓ – ▤ P – 🏛 25 à 60. AE ◑ MC VISA
fermé lundi – **Repas** *Lunch 45* – 50/73.

De Bottermarck, Broederstraat 23, ✉ 8261 GN, ☎ (0 38) 331 95 42, *Fax (0 38) 332 89 95* – AE ◑ MC VISA JCB Y s
fermé 26 fév.-5 mars, dern. sem. juil.-1re quinz. août, dim. et lundi – **Repas** *Lunch 48* – carte 74 à 95.

d'Olde Vismark, IJsselkade 45, ✉ 8261 AE, ☎ (0 38) 331 34 90, *Fax (0 38) 332 96 63* – AE ◑ MC VISA. ✈ Y b
fermé 3 sem. en fév. – **Repas** 45/75.

KATLIJK *Fryslân* 210 V 5 – *voir à Heerenveen.*

KATWIJK AAN ZEE *Zuid-Holland* C *Katwijk 40 582 h.* 211 L 9 et 908 E 5.
Vuurbaakplein 11, ✉ 2225 JB, ☎ (0 71) 407 54 44, Fax (0 71) 407 63 42.
Amsterdam 44 – Rotterdam 43 – Den Haag 19 – Haarlem 34.

Noordzee, Boulevard 72, ✉ 2225 AC, ☎ (0 71) 401 57 42, Fax (0 71) 407 51 65, ≤, – AE VISA. ch
fermé 20 déc.-15 janv. – **Repas** carte 45 à 102 – **46 ch** 85/245.

Zeezicht sans rest, Boulevard 50, ✉ 2225 AD, ☎ (0 71) 401 40 55, Fax (0 71) 407 58 52 – TV.
mars-2 nov. – **27 ch** 110/160.

De Zwaan, Boulevard 111, ✉ 2225 HC, ☎ (0 71) 401 20 64, Fax (0 71) 407 48 86, ≤, – AE VISA.
fermé lundi – **Repas** Lunch 50 – 65/73.

KERKRADE *Limburg* 211 V 17 et 908 J 9 – *52 150 h.*
Voir *Abbaye de Rolduc★ (Abdij Rolduc) : chapiteaux★ de la nef.*
Kapellaan 13a, ✉ 6461 EH, ☎ (0 45) 535 48 45, Fax (0 45) 535 51 91.
Amsterdam 225 – Heerlen 12 – Maastricht 33 – Aachen 12.

Brughof, Oud Erensteinerweg 6, ✉ 6468 PC, ☎ (0 45) 546 13 33, Fax (0 45) 546 07 48, « Ferme du 18e s. », – TV – 25 à 230. AE VISA
Repas voir rest ***Kasteel Erenstein*** ci-après – 33 – **44 ch** 210/260 – ½ P 240/260.

Winseler Hof, Tunnelweg 99 (Ouest : 2 km à Landgraaf), ✉ 6372 XH, ☎ (0 45) 546 43 43, Fax (0 45) 535 27 11, , « Ferme du 16e s. », – TV – 25 à 120. AE VISA JCB. rest
Repas *Pirandello* *(fermé sam. midi)* Lunch 95 bc – 83/120 – 33 – **48 ch** 210/265, 1 suite – ½ P 245/345.

Kasteel Erenstein - H. Brughof, Oud Erensteinerweg 6, ✉ 6468 PC, ☎ (0 45) 546 13 33, Fax (0 45) 546 07 48, , « Château du 14e s. dans un parc » – AE VISA.
fermé sam. midi – **Repas** Lunch 78 – carte 108 à 125.

KESSEL *Limburg* 211 V 15 et 908 J 8 – *4 135 h.*
Amsterdam 178 – Eindhoven 50 – Maastricht 65 – Roermond 21 – Venlo 14.

De Neerhof avec ch, Kasteelhof 1, ✉ 5995 BX, ☎ (0 77) 462 28 98, Fax (0 77) 462 29 56, ≤, , « Dans les ruines d'un château du 12e s., en bord de Meuse (Maas) », – TV – 30. AE VISA.
fermé carnaval et fin déc.-début janv. – **Repas** *(fermé lundi)* 60/93 – **6 ch** 140/180 – ½ P 143/190.

KETELHAVEN *Flevoland* 210 T 7 et 908 I 4 – *voir à Dronten.*

KEUKENHOF ★★ *Zuid-Holland* 211 M 9 et 908 E 5 *G. Hollande.*

KIJKDUIN *Zuid-Holland* 211 K 10 - ① et 908 D 5 – *voir à Den Haag.*

KINDERDIJK (Molens van) (Moulins de KINDERDIJK) ★★ *Zuid-Holland* 211 M 11 et 908 E 6 *G. Hollande.*

De KOOG *Noord-Holland* 210 N 4 et 908 F 2 – *voir à Waddeneilanden (Texel).*

KORTENHOEF *Noord-Holland* C *'s-Graveland 9 363 h.* 211 P 9 et 908 G 5.
Amsterdam 26 – Utrecht 23 – Hilversum 7.

De Nieuwe Zuwe 1er étage, Zuwe 20 (Ouest : 2 km sur N 201), ✉ 1241 NC, ☎ (0 35) 656 33 63, Fax (0 35) 656 40 41, ≤, – AE VISA
fermé fin déc.-début janv., dim. soir d'oct. à avril et lundi – **Repas** Lunch 68 – carte 75 à 109.

KORTGENE *Zeeland* C *Noord-Beveland 6 889 h.* 211 H 13 et 908 C 7.
Amsterdam 165 – Goes 11 – Middelburg 26 – Rotterdam 82.

De Korenbeurs, Kaaistraat 12, ✉ 4484 CS, ☎ (0 113) 30 13 42, Fax (0 113) 30 23 94, , – rest, TV – 25 à 100. AE VISA
fermé du 6 au 21 fév. – **Repas** *(fermé dim. de nov. à avril)* Lunch 50 – carte 75 à 103 – **7 ch** 100/150 – ½ P 110.

KOUDEKERKE *Zeeland* **211** G 14 *et* **908** B 7 *– voir à Vlissingen.*

KOUDUM *Fryslân* C *Nijefurd 10 605 h.* **210** R 5 *et* **908** H 3.
Amsterdam 129 – Bolsward 22 – Leeuwarden 50 – Zwolle 76.

Galamadammen, Galamadammen 1, ✉ 8723 CE, ☎ (0 514) 52 13 46, *Fax (0 514) 52 24 01*, ←, « Au bord du lac avec port de plaisance privé », –
Repas 45/53 – **49 ch** 102/238 – ½ P 142.

KRAGGENBURG *Flevoland* C *Noordoostpolder 41 755 h.* **210** U 7 *et* **908** I 4.
Amsterdam 96 – Emmeloord 16 – Zwolle 32.

Van Saaze, Dam 16, ✉ 8317 AV, ☎ (0 527) 25 23 53, *Fax (0 527) 25 25 59*, –
– 40 à 200. AE MC VISA JCB
Repas carte env. 50 – **9 ch** 85/125 – ½ P 113/118.

KRALINGEN *Zuid-Holland* **908** (25) N *– voir à Rotterdam, périphérie.*

KRIMPEN AAN DEN IJSSEL *Zuid-Holland* **211** M 11 - (40) N *et* **908** E 6 - (25) N *– voir à Rotterdam, environs.*

KRÖLLER-MÜLLER (Musée) ★★★ *Gelderland* **211** U 10 *et* **908** I 5 *G. Hollande.*

KRUININGEN *Zeeland* C *Reimerswaal 20 360 h.* **211** J 14 *et* **908** D 7.
au Sud-Est : 13 km à Rilland Bath, Grensweg 21, ✉ 4411 ST, ☎ (0 113) 55 12 65, Fax (0 113) 55 12 64.
vers Perkpolder : Prov. Stoombootdiensten Zeeland ☎ (0 113) 38 14 66. Durée de la traversée : 20 min. Prix passager : gratuit, voiture : 12,50 FL (en hiver) et 17,25 Fl (en été).
Amsterdam 169 – Breda 67 – Middelburg 34 – Antwerpen 56.

Le Manoir, Zandweg 2 (Ouest : 1 km), ✉ 4416 NA, ☎ (0 113) 38 17 53, *Fax (0 113) 38 17 63*, ←, – AE MC VISA
fermé prem. sem. oct. et janv. – **Repas** voir rest ***Inter Scaldes*** ci-après – 33 – **10 ch** 300/465, 2 suites.

Inter Scaldes (Mme Boudeling) - H. Le Manoir, Zandweg 2 (Ouest : 1 km), ✉ 4416 NA, ☎ (0 113) 38 17 53, *Fax (0 113) 38 17 63*, « Terrasse-véranda ouvrant sur un jardin anglais » – AE MC VISA JCB
fermé prem. sem. oct., janv., lundi et mardi – **Repas** *Lunch 90* – 158/195, carte 183 à 235
Spéc. Homard fumé, sauce au caviar. Huîtres chaudes de Zélande, vinaigrette à la rose (sept.-mai). Turbot en robe de truffes et son beurre.

KUDELSTAART *Noord-Holland* **211** N 9 *– voir à Aalsmeer.*

LAAG-KEPPEL *Gelderland* C *Hummelo en Keppel 4 514 h.* **211** W 11 *et* **908** J 6.
au Nord-Ouest : 2 km à Hoog-Keppel, Oude Zutphenseweg 15, ✉ 6997 CH, ☎ (0 314) 38 14 16, Fax (0 57) 546 43 99.
Amsterdam 125 – Arnhem 27 – Doetinchem 5.

De Gouden Leeuw, Rijksweg 91, ✉ 6998 AG, ☎ (0 314) 38 21 41, *Fax (0 314) 38 16 55*, – rest, – 25 à 100. AE MC VISA
fermé 28 déc.-10 janv. – **Repas** *Lunch 28* – carte 58 à 75 – **20 ch** 100/165 – ½ P 279/289.

LAGE-VUURSCHE *Utrecht* **211** Q 9 *et* **908** G 5 *– voir à Baarn.*

LANDSMEER *Noord-Holland* **210** O 8 - (29) N *et* **908** F 4 - (28) N *– voir à Amsterdam, environs.*

LANGWEER (LANGWAR) *Fryslân* C *Skarsterlân 26 415 h.* **210** T 5 *et* **908** I 3.
Amsterdam 122 – Leeuwarden 51 – Sneek 13 – Zwolle 68.

't Jagertje, Buorren 7, ✉ 8525 EB, ☎ (0 513) 49 92 97, *Fax (0 513) 49 95 26*, – AE MC VISA JCB
fermé 31 janv.-17 fév., du 18 au 28 nov. et merc. et jeudi de nov. à fév. – **Repas** *Lunch 47* – carte 69 à 93.

LAREN *Noord-Holland* 211 Q 9 et 908 G 5 – *11 664 h.*

Env. *à l'Ouest : Le Gooi★ (Het Gooi).*

au Sud-Ouest : 6 km à Hilversum, Soestdijkerstraatweg 172, ✉ 1213 XJ, ✆ (0 35) 685 86 88, Fax (0 35) 685 38 13.

Amsterdam 29 – Utrecht 23 – Apeldoorn 61 – Hilversum 6.

De Vrije Heere, Naarderstraat 46, ✉ 1251 BD, ✆ (0 35) 538 68 58, *Fax (0 35) 538 95 88,* – P. AE VISA
fermé lundi – **Repas** (dîner seult) 59/85.

Le Mouton, Krommepad 5, ✉ 1251 HP, ✆ (0 35) 531 04 27, *Fax (0 35) 531 04 27* – AE VISA JCB.
fermé lundi – **Repas** (dîner seult) carte env. 85.

LATTROP *Overijssel* 210 AA 8 et 908 L 4 – *voir à Ootmarsum.*

LEEK *Groningen* 210 X 3 et 908 K 2 – *18 633 h.*

Amsterdam 170 – Groningen 17 – Leeuwarden 52.

Leek, Euroweg 1, ✉ 9351 EM, ✆ (0 594) 51 88 00, *Fax (0 594) 51 74 55,* – P – 25 à 200. AE VISA. rest
Repas *Lunch 25* – 45/68 – **35 ch** 105/143 – ½ P 104/138.

LEENDE *Noord-Brabant* C *Heeze-Leende 15 304 h.* 211 S 14 et 908 H 7.

Maarheezerweg N. 11, ✉ 5595 ZG, ✆ (0 40) 206 18 18.

Amsterdam 139 – Eindhoven 12 – 's-Hertogenbosch 51 – Roermond 38 – Venlo 54.

in den Muzerick, Dorpstraat 42, ✉ 5595 CH, ✆ (0 40) 206 17 31, *Fax (0 40) 206 19 15,* « Terrasse » – P. AE VISA JCB
fermé 28 déc.-7 janv., mardi et merc. – **Repas** *Lunch 55* – 65/80.

Jagershorst, Valkenswaardseweg 44 (près A 2, sortie ㉞), ✉ 5595 XB, ✆ (0 40) 206 13 86, *Fax (0 40) 206 27 55,* « Environnement boisé » – P – 25 à 60. AE VISA
Repas *Lunch 58* – 83/130.

Herberg De Scheuter, Dorpstraat 52, ✉ 5595 CJ, ✆ (0 40) 206 16 86, *Fax (0 40) 206 14 24,* – – 25 à 80. AE VISA
Repas 55/78.

LEENS *Groningen* C *De Marne 10 934 h.* 210 X 2 et 908 K 1.

Amsterdam 196 – Groningen 27 – Assen 51 – Leeuwarden 52.

Het Schathoes Verhildersum, Wierde 42, ✉ 9965 TB, ✆ (0 595) 57 22 04, *Fax (0 595) 57 26 07,* « Ancienne ferme » – P. AE VISA JCB
fermé 27 déc.-5 janv., mardi de nov. à juin et lundi – **Repas** (dîner seult) 55/100.

LEEUWARDEN P *Fryslân* 210 T 3 et 908 I 2 – *88 551 h.*

Musées : *Frison★★ (Fries Museum/Verzetsmuseum)* CY – *Het Princessehof, Musée néerlandais de la céramique★★ (Nederlands Keramiek Museum)* BY.

par ①, Woelwijk 101, ✉ 8926 XD, ✆ (0 511) 43 22 99.

Stationsplein 1, ✉ 8911 AC, ✆ 0 900-202 40 60, Fax (0 58) 215 35 93.

Amsterdam 139 ④ – Groningen 59 ① – Sneek 24 ③

Plan page ci-contre

Paleis het Stadhouderlijk Hof sans rest, Hofplein 29, ✉ 8911 HJ, ✆ (0 58) 216 21 80, *Fax (0 58) 216 38 90,* « Ancienne résidence des gouverneurs frisons », – P – 25 à 60. AE VISA BY v
fermé 22 déc.-1er janv. – 25 – **25 ch** 175/595, 4 suites.

Oranje, Stationsweg 4, ✉ 8911 AG, ✆ (0 58) 212 62 41, *Fax (0 58) 212 14 41,* – rest, – 25 à 350. AE VISA JCB. rest BZ a
fermé 24 déc.-1er janv. – **Repas** *Lunch 50* – 45 – 28 – **76 ch** 213/330 – ½ P 295/495.

Wyswert (Établissement d'application hôtelière), Rengerslaan 8, ✉ 8917 DD, ✆ (0 58) 215 77 15, *Fax (0 58) 212 32 11* – P. AE VISA JCB. AV d
fermé vacances scolaires, sam. soir et dim. – **Repas** *(fermé après 20 h 30) Lunch 25* – 45/68 – 15 – **28 ch** 105/125 – ½ P 93/135.

Campanile, Wergeasterdijk 1 (Goutum), ✉ 9084 AS, ✆ (0 58) 288 06 05, *Fax (0 58) 288 06 35,* – P – 35. AE VISA AX f
Repas (Avec buffet) *Lunch 17* – 45 – **43 ch** 115/131 – ½ P 150.

Bastion, Legedijk 6, ✉ 8935 DG, ✆ (0 58) 289 01 12, *Fax (0 58) 289 05 12* – P. AE VISA. AX u
Repas (Grillades, ouvert jusqu'à 23 h) 45 – 17 – **40 ch** 100.

LEEUWARDEN

Bagijnestr.	BYZ	3
Blokhuispl.	CZ	4
de Brol	CZ	6
Drachtsterweg	AX	7
Druifstreek	CZ	9
Europaplein	AV	10
Franklinstr.	AX	12
Groningerstraatweg	CY	13
Harlingersingel	BY	15
Harlingerstraatweg	BY	16
Hoeksterend	CY	18
Julianastr.	AX	19
Kleine Kerkstr.	BY	21
Monnikemuurstr.	CY	22
Naauw	CZ	24
Nieuwe Kade	CY	25
Nieuwestad	BZ	
Over de Kelders	CYZ	27
Peperstr.	CZ	28
Pieter Stuyvesantweg	AX	30
Prins Hendrikstr.	BZ	31
Prof. M. Gerbrandweg	AV	33
Schoenmakersperk	BY	34
St. Jacobsstr.	CY	36
Sophialaan	BZ	37
Speelmansstr.	CY	39
Stephenson viaduct	AX	40
Tesselschadestr.	BZ	42
Torenstr.	BY	43
Tuinen	CY	44
Turfmarkt	CY	45
Tweebaksmarkt	CZ	46
Voorstreek	CY	
Waagplein	CZ	48
Westerplantage	BYZ	49
W. Lodewijkstr.	CZ	51
Wirdumerdijk	CZ	53

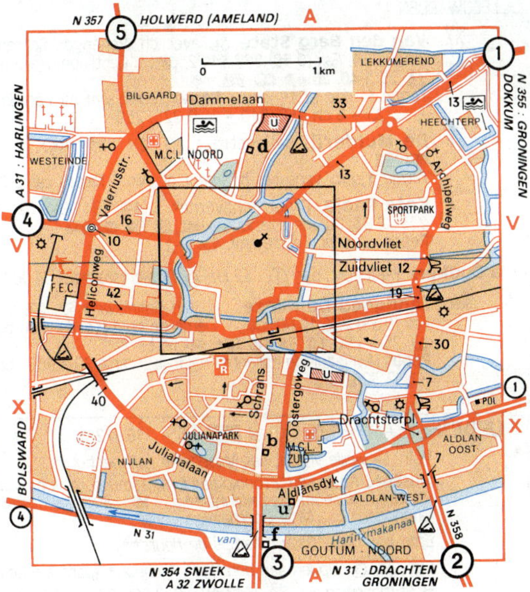

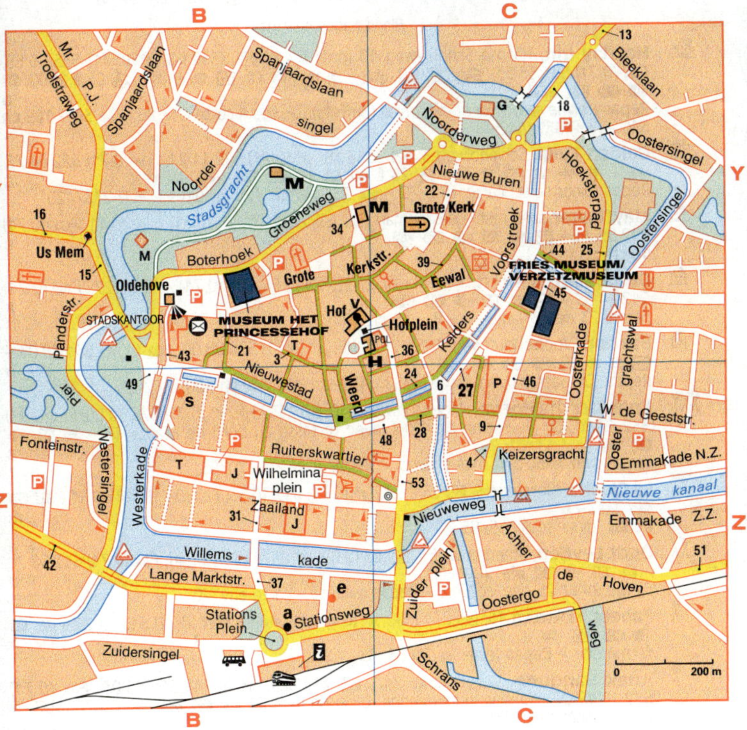

XX **Van den Berg State** avec ch, Verlengde Schrans 87, ✉ 8932 NL, ✆ (0 58) 280 05 84, *Fax (0 58) 288 34 22*, « Gentilhommière fin 19e s. », – ▣ – 25 à 40. AE ⓘ MC VISA. AX b
fermé 31 déc. et 1er janv. – **Repas** *(fermé sam. midi et dim. midi)* Lunch 63 – carte env. 90 – ☕ 25 – **6 ch** 160/210 – ½ P 225/250.

XX **De Mulderij**, Baljeestraat 19, ✉ 8911 AK, ✆ (0 58) 213 48 02 – ▤. AE MC VISA BZ e
fermé 3 sem. vacances bâtiment et dim. – **Repas** carte 71 à 99.

X **Kota Radja**, Groot Schavernek 5, ✉ 8911 BW, ✆ (0 58) 213 35 64, *Fax (0 58) 213 72 83*, Cuisine asiatique – ▤. AE ⓘ MC VISA BZ s
Repas Lunch 13 – carte env. 45.

à Oudkerk *(Aldtsjerk) par ① : 12 km* Ⓒ *Tytsjerksteradiel 31 062 h :*

Landgoed De Klinze, Van Sminiaweg 32, ✉ 9064 KC, ✆ (0 58) 256 10 50, *Fax (0 58) 256 10 60*, « Demeure du 17e s. dans un parc », – 25 à 250. AE ⓘ MC VISA. rest
Repas (Avec cuisine italienne) Lunch 50 – carte 70 à 98 – ☕ 25 – **26 ch** 225/350, 1 suite – ½ P 325/495.

LEIDEN *Zuid-Holland* 211 L 10 *et* 908 E 5 – *116 972 h.*

Voir *La vieille ville et ses Musées★★ – Rapenburg★* CZ.

Musées : *National d'Ethnologie★★ (Rijksmuseum voor Volkenkunde)* CY **M**4 – *Municipal (Stedelijk Museum) De Lakenhal★★* DY **M**5 – *National des Antiquités★★ (Rijksmuseum van Oudheden)* CYZ **M**3 – *Boerhaave★* DY **M**1.

Env. *par ⑥ : 10 km, Champs de fleurs★★.*

Exc. *par ③ Alphen aan den Rijn : Archeon★ (parc à thèmes archéologiques).*

Stationsweg 2d, ✉ 2312 AV, ✆ 0 900-222 23 33, Fax (0 71) 516 12 27.

Amsterdam 41 ⑤ – Rotterdam 36 ② – Den Haag 19 ② – Haarlem 32 ⑥

Plans pages suivantes

Holiday Inn, Haagse Schouwweg 10 (près A 44), ✉ 2332 KG, ✆ (0 71) 535 55 55, *Fax (0 71) 535 55 53*, – ▤ ch, – 25 à 2000. AE ⓘ MC VISA JCB AU u
Repas *(fermé sam. midi et dim. midi)* (Buffets) Lunch 25 – carte env. 85 – ☕ 30 – **189 ch** 340 – ½ P 357/412.

Golden Tulip, Schipholweg 3, ✉ 2316 XB, ✆ (0 71) 522 11 21, *Fax (0 71) 522 66 75*, – ▤ – 25 à 40. AE ⓘ MC VISA JCB. rest CX c
Repas (dîner seult) carte 46 à 70 – ☕ 25 – **47 ch** 325, 4 suites – ½ P 233/420.

Mayflower sans rest, Beestenmarkt 2, ✉ 2312 CC, ✆ (0 71) 514 26 41, *Fax (0 71) 512 85 16* – AE ⓘ MC VISA CY e
18 ch ☕ 185.

De Doelen sans rest, Rapenburg 2, ✉ 2311 EV, ✆ (0 71) 512 05 27, *Fax (0 71) 512 84 53* – AE ⓘ MC VISA CYZ k
fermé 23 déc.-3 janv. – ☕ 8 – **15 ch** 100/225.

Bastion, Voorschoterweg 8, ✉ 2324 NE, ✆ (0 71) 576 88 00, *Fax (0 71) 531 80 03* – AE ⓘ MC VISA. AV b
Repas (Grillades, ouvert jusqu'à 23 h) 45 – ☕ 17 – **40 ch** 100.

XXX **Engelbertha Hoeve**, Hoge Morsweg 140, ✉ 2332 HN, ✆ (0 71) 576 50 00, *Fax (0 71) 532 37 80*, « Ferme du 18e s. avec terrasse au bord de l'eau », – AE ⓘ MC VISA AV s
fermé sam. midi, dim. midi et lundi – **Repas** Lunch 45 – 70/85.

XX **La Cloche**, Kloksteeg 3, ✉ 2311 SK, ✆ (0 71) 512 30 53, *Fax (0 71) 514 60 51* – AE ⓘ MC VISA JCB CDZ m
Repas (dîner seult) 55/85.

XX **Oudt Leyden**, Steenstraat 53, ✉ 2312 BV, ✆ (0 71) 513 31 44, *Fax (0 71) 512 08 21* – ▤. AE ⓘ MC VISA JCB CY q
fermé 24 et 25 déc. et lundi – **Repas** Lunch 50 – carte env. 70.

X **Fabers**, Kloksteeg 13, ✉ 2311 SK, ✆ (0 71) 512 40 12, *Fax (0 71) 513 11 20* – ▤. AE ⓘ MC VISA. CDZ n
fermé dim. – **Repas** (dîner seult) 53/63.

X **Anak Bandung**, Garenmarkt 24a, ✉ 2311 PJ, ✆ (0 71) 512 53 03, *Fax (0 71) 512 10 49*, Cuisine indonésienne, table de riz – AE ⓘ MC VISA DZ t
Repas (dîner seult) 50.

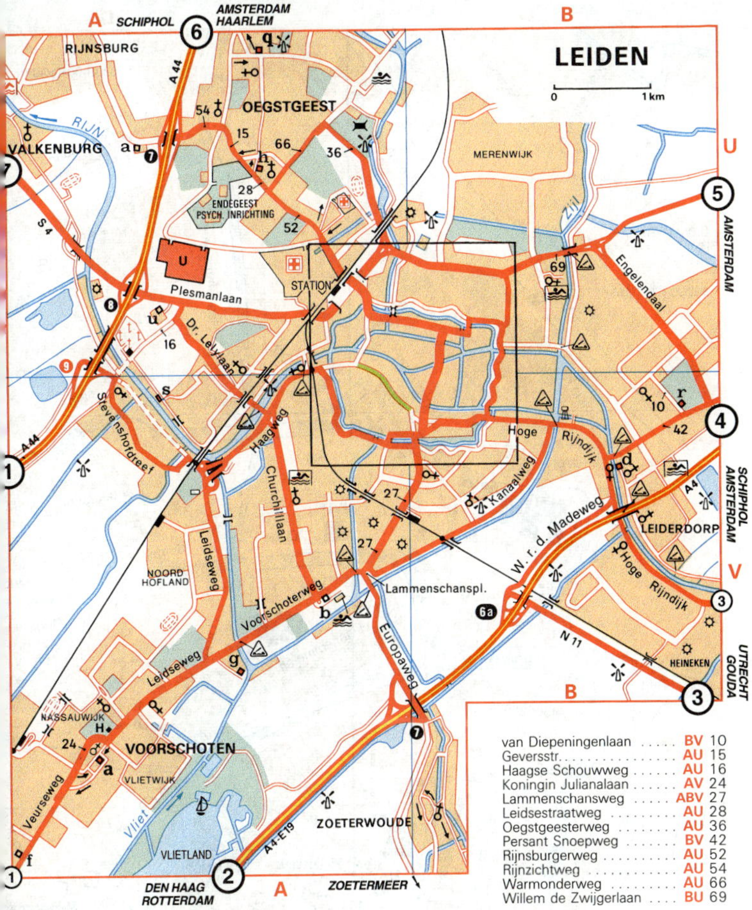

van Diepeningenlaan	BV	10
Geversstr.	AU	15
Haagse Schouwweg	AU	16
Koningin Julianalaan	AV	24
Lammenschansweg	ABV	27
Leidsestraatweg	AU	28
Oegstgeesterweg	AU	36
Persant Snoepweg	BV	42
Rijnsburgerweg	AU	52
Rijnzichtweg	AU	54
Warmonderweg	AU	66
Willem de Zwijgerlaan	BU	69

à Leiderdorp *Sud-Est : 2 km – 24 086 h.*

AC Hotel, Persant Snoepweg 2 (près A 4, sortie ⑥), ✉ 2353 KA, ☎ (0 71) 589 93 02, *Fax (0 71) 541 56 69,* – 🛗 TV ☎ ♿ P – 25 à 250. AE ① MC VISA
Repas (Avec buffet) 45 – ☕ 18 – **60 ch** 135.

Elckerlyc, Hoofdstraat 14, ✉ 2351 AJ, ☎ (0 71) 541 14 07, *Fax (0 71) 541 14 07,* – AE ① MC VISA BV d
fermé 21 juil.-9 août, 27 déc.-3 janv., sam. midi, dim. et lundi – **Repas** *Lunch 60* – 65/75.

In Den Houtkamp, Van Diepeningenlaan 2, ✉ 2352 KA, ☎ (0 71) 589 12 88, *Fax (0 71) 541 73 15,* , « Ferme du 19e s. » – P AE ① MC VISA BV r
fermé lundi et mardi – **Repas** (dîner seult) 45/110.

à Oegstgeest *Nord : 3 km – 20 178 h.*

Bastion, Rijnzichtweg 97, ✉ 2342 AX, ☎ (0 71) 515 38 41, *Fax (0 71) 515 49 81* – TV ☎ P AE ① MC VISA. AU a
Repas (Grillades, ouvert jusqu'à 23 h) 45 – ☕ 17 – **40 ch** 100.

De Beukenhof, Terweeweg 2, ✉ 2341 CR, ☎ (0 71) 517 31 88, *Fax (0 71) 517 61 69,* , « Terrasses et jardin fleuris » – P – 40. AE ① MC VISA. AU h
fermé 31 déc., 1er janv., dim. et lundi midi – **Repas** *Lunch 70* – carte 90 à 167.

De Moerbei, Lange Voort 11 B/E, ✉ 2343 CA, ☎ (0 71) 515 68 98, *Fax (0 71) 515 68 98* – AE MC VISA JCB AU q
fermé fév., 2 prem. sem. août et lundi – **Repas** (dîner seult) 53/70.

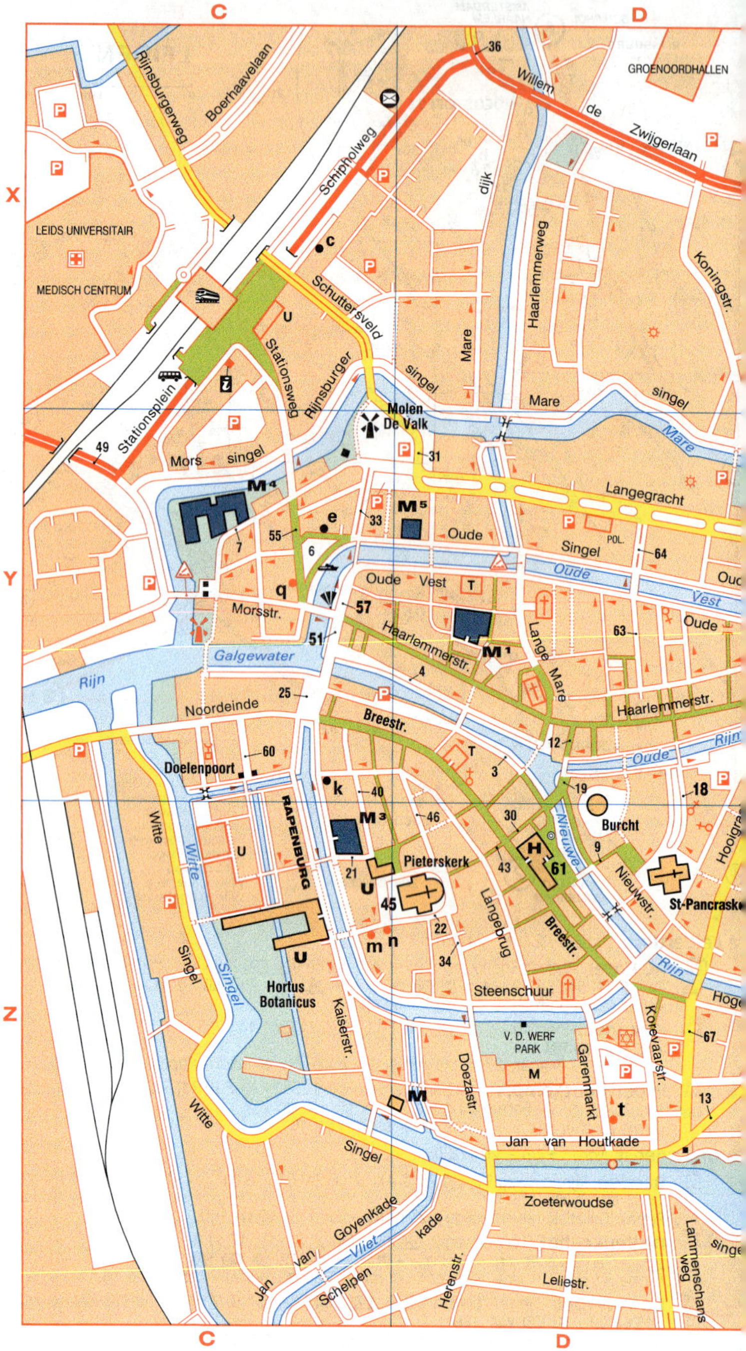
C
D
X
Y
Z
GROENOORDHALLEN
Willem de Zwijgerlaan
36
Rijnsburgerweg
Boerhaavelaan
Schipholweg
LEIDS UNIVERSITAIR MEDISCH CENTRUM
Schuttersveld
Stationsweg
Rijnsburger singel
Stationsplein
49
Mors singel
Molen De Valk
31
dijk
Mare
Haarlemmerweg
Mare singel
Mare
Koningstr.
Langegracht
POL.
64
M4
M5
33
55
7
6
q
57
51
Oude Singel
Oude Vest
Oude Vest
Oude
Morsstr.
Galgewater
Rijn
Haarlemmerstr.
M1
Lange Mare
63
Haarlemmerstr.
4
25
Noordeinde
Breestr.
12
Oude Rijn
3
60
Doelenpoort
k
40
19
Burcht
18
RAPENBURG
M3
46
30
H
61
9
Nieuwe Rijn
Nieuwstr.
St-Pancraskerk
Witte Singel
21
Pieterskerk
45
U
43
Langebrug
Breestr.
22
m
n
34
Hortus Botanicus
Kaiserstr.
Steenschuur
V. D. WERF PARK
Doezastr.
Garenmarkt
Korevaarstr.
67
13
t
Jan van Houtkade
Singel
Zoeterwoudse singel
Goyenkade
Vliet
Jan van Goyenkade
Schelpen kade
Herenstr.
Leliestr.
Lammenschansweg

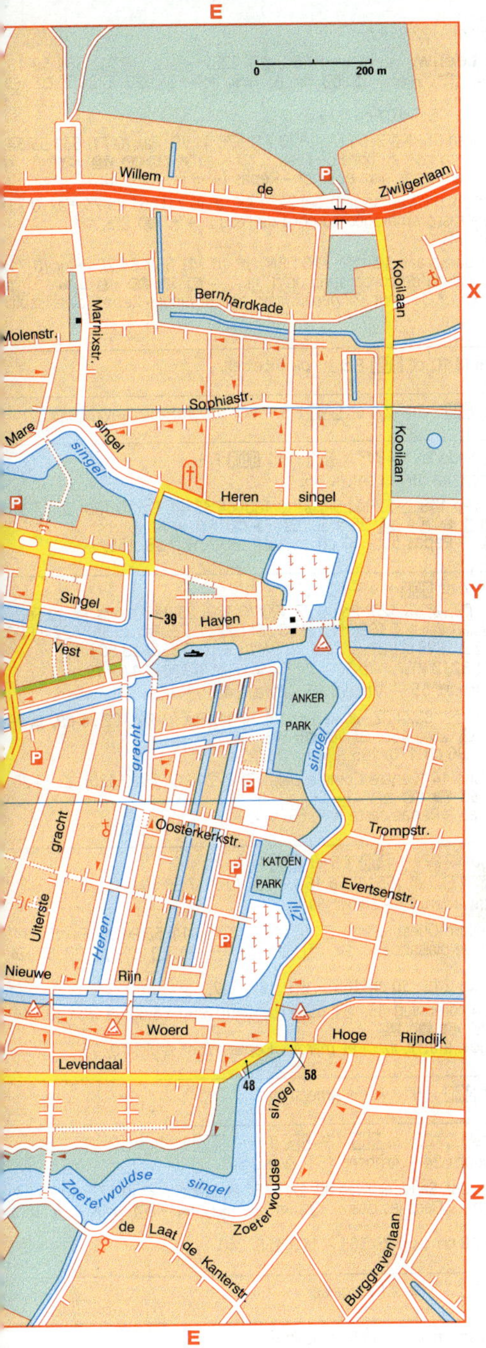
E
0
200 m
Willem
de
Zwijgerlaan
Kooilaan
Bernhardkade
Molenstr.
Marnixstr.
X
Sophiastr.
Mare
singel
singel
Kooilaan
Heren
singel
Singel
39
Haven
Y
Vest
ANKER
PARK
singel
gracht
Oosterkerkstr.
Trompstr.
gracht
KATOEN
PARK
Evertsenstr.
Zijl
Uiterste
Heren
Nieuwe
Rijn
Woerd
Hoge
Rijndijk
Levendaal
48
58
singel
Zoeterwoudse
singel
Zoeterwoudse
Z
de
Laat
de
Kanterstr.
Burggravenlaan
E

LEIDEN

à Voorschoten *Sud-Ouest : 5 km – 22 913 h.*

Motel De Gouden Leeuw, Veurseweg 180, ✉ 2252 AG, ☎ (0 71) 561 59 16, *Fax (0 71) 561 27 94,* – 25 à 200. AE VISA AV f
Repas carte 45 à 72 – ☕ 15 – **107 ch** 125.

Allemansgeest, Hofweg 55, ✉ 2251 LP, ☎ (0 71) 576 41 75, *Fax (0 71) 531 55 54,* ≤, « Auberge avec terrasse au bord de l'eau », – AE VISA. AV g
fermé 24 déc.-1er janv., sam. midi, dim. et lundi – **Repas** Lunch 65 – 78/95.

De Knip, Kniplaan 22 (4 km par Veurseweg), ✉ 2251 AK, ☎ (0 71) 561 25 73, *Fax (0 71) 561 40 96,* ≤, « Terrasse ombragée au bord de l'eau » – VISA. AV
fermé lundi – **Repas** 55/75.

Gasterij Floris V, Voorstraat 12, ✉ 2251 BN, ☎ (0 71) 561 84 70, *Fax (0 71) 512 88 85,* « Ancienne maison de corporation du 17e s. » – AE VISA JCB AV a
fermé du 1er au 7 mai, 31 juil.-13 août, 27 déc.-2 janv., dim. et lundi – **Repas** (dîner seult) 65/83.

LEIDERDORP *Zuid-Holland* 211 M 10 *et* 908 E 5 – *voir à Leiden.*

LEIDSCHENDAM *Zuid-Holland* 211 L 10 - ② *et* 908 E 5 – *voir à Den Haag, environs.*

LEKKERKERK *Zuid-Holland* C *Nederlek 14 843 h.* 211 N 11 908 F 6.
Amsterdam 102 – Rotterdam 19 – Utrecht 45.

De Witte Brug, Kerkweg 138, ✉ 2941 BP, ☎ (0 180) 66 33 44, *Fax (0 180) 66 13 35,* – 25 à 50. AE VISA JCB. rest
fermé du 26 au 31 déc. – **Repas** 50 – **37 ch** ☕ 150/180 – ½ P 98/135.

LELYSTAD P *Flevoland* 210 R 7 *et* 908 H 4 – *60 882 h.*
Bosweg 98, ✉ 8231 DZ, ☎ (0 320) 23 00 77, Fax (0 320) 23 09 32 - au Sud : 20 km à Zeewolde, Golflaan 1, ✉ 3896 LL, ☎ (0 36) 522 20 73, Fax (0 36) 522 41 00 et Pluvierenweg 7, ✉ 3898 LL, ☎ (0 320) 28 81 16, Fax (0 320) 28 80 09.
Stationsplein 186, ✉ 8232 VT, ☎ (0 320) 24 34 44, Fax (0 320) 28 02 18.
Amsterdam 57 – Amersfoort 55 – Arnhem 96 – Zwolle 49.

Mercure, Agoraweg 11, ✉ 8224 BZ, ☎ (0 320) 24 24 44, *Fax (0 320) 22 75 69,* – ch, – 25 à 150. AE VISA.
Repas 45/70 – ☕ 24 – **86 ch** 170/195 – ½ P 176/224.

Raedtskelder, Maerlant 14 (Centre Commercial), ✉ 8224 AC, ☎ (0 320) 22 23 25, *Fax (0 320) 22 80 32* – AE VISA JCB
fermé dim. et jours fériés – **Repas** carte env. 65.

LEMMER *Fryslân* C *Lemsterland 12 279 h.* 210 T 5 *et* 908 I 3.
Nieuwburen 1, ✉ 8531 EE, ☎ (0514) 56 16 19, Fax (0 514) 56 16 64.
Amsterdam 106 – Leeuwarden 49 – Zwolle 51.

Iselmar, Plattedijk 16 (Nord-Ouest : 2 km), ✉ 8531 PC, ☎ (0 514) 56 90 96, *Fax (0 514) 56 29 24,* ≤, « Sur port de plaisance », – 80. AE VISA
Repas carte 45 à 65 – ☕ 24 – **30 ch** 165 – ½ P 122/142.

De Connoisseur, Vuurtorenweg 15, ✉ 8531 HJ, ☎ (0 514) 56 55 59, *Fax (0 514) 56 53 49,* – AE VISA
fermé janv., merc. de nov. à avril, lundi et mardi – **Repas** (dîner seult) 70/95.

LEUSDEN *Utrecht* 211 R 10 *et* 908 H 5 – *voir à Amersfoort.*

LEUVENUM *Gelderland* C *Ermelo 27 008 h.* 210 T 9, 211 T 9 *et* 908 I 5.
Amsterdam 80 – Apeldoorn 24 – Arnhem 46 – Zwolle 38.

Het Roode Koper , Jhr. Sandbergweg 82, ✉ 3852 PV Ermelo, ☎ (0 577) 40 73 93, *Fax (0 577) 40 75 61,* « Dans les bois », – 25 à 50. AE VISA. rest
Repas carte 67 à 93 – **26 ch** ☕ 145/365 – ½ P 158/240.

LHEE *Drenthe* 210 X 6 *et* 908 K 3 – *voir à Dwingeloo.*

LIES *Fryslân* 210 Q 2 – *voir à Waddeneilanden (Terschelling).*

LINSCHOTEN *Utrecht* 211 O 10 *et* 908 F 5 – *voir à Montfoort.*

LISSE *Zuid-Holland* 211 M 9 *et* 908 E 5 – *21 942 h.*

Voir *Parc de Keukenhof*★★★ *(fin mars à mi-mai), passerelle du moulin* ⩤★★.
ℹ *Grachtweg 53,* ✉ *2161 HM,* ✆ *(0 252) 41 42 62, Fax (0 252) 41 86 39.*
Amsterdam 36 – Den Haag 29 – Haarlem 16.

⌂⌂⌂ **De Nachtegaal,** Heereweg 10 (Nord : 2 km), ✉ 2161 AG, ✆ (0 252) 43 30 30, *Fax (0 252) 43 30 10,* ☂, ≘s, 🏊, 🌳, %, 🚲 – |$|, ≡ rest, TV ☎ ♿ P – 🎓 25 à 350. AE ① MC VISA
Repas 50 – ☕ 25 – **142 ch** 165/215, 2 suites – ½ P 225/300.

⌂⌂ **De Duif,** Westerdreef 49, ✉ 2161 GN, ✆ (0 252) 41 00 76, *Fax (0 252) 41 09 99* – TV ☎ – 🎓 50. AE ① MC VISA
Repas *(fermé lundi)* (dîner seult) carte 45 à 90 – ☕ 23 – **27 ch** 173/195, 12 suites.

X **Het Lisser Spijshuis,** Heereweg 234, ✉ 2161 BR, ✆ (0 252) 41 16 65, *Fax (0 252) 41 97 77,* ☂ – ≡. AE ① MC VISA JCB
fermé sam. midi, dim. midi et lundi – **Repas** Lunch 53 – 60/75.

à Lisserbroek *Est : 1 km* Ⓒ *Haarlemmermeer 108 909 h :*

XX **Het Oude Dykhuys,** Lisserdijk 567, ✉ 2165 AL, ✆ (0 252) 41 39 05, *Fax (0 252) 42 10 92,* ☂, ⚓ – P. AE ① MC VISA. 🚫
fermé 2 dern. sem. août, 27 déc.-1er janv. et lundi – **Repas** Lunch 65 – carte 88 à 124.

LISSERBROEK *Noord-Holland* 211 M 9 – *voir à Lisse.*

LOCHEM *Gelderland* 211 X 10 *et* 908 K 5 – *18 872 h.*

⛳18 *Sluitdijk 4,* ✉ *7241 RR,* ✆ *(0 573) 25 43 23, Fax (0 573) 25 84 50.*
ℹ *Tramstraat 4,* ✉ *7241 CJ,* ✆ *(0 573) 25 18 98, Fax (0 573) 25 68 85.*
Amsterdam 121 – Apeldoorn 37 – Arnhem 49 – Enschede 42.

⌂⌂⌂ **De Scheperskamp** 🐦, Paasberg 3 (Sud-Ouest : 1 km), ✉ 7241 JR, ✆ (0 573) 25 40 51, *Fax (0 573) 25 71 50,* ☂, « Environnement boisé », ≘s, 🏊, 🌳, 🚲 – |$| 🚭, ≡ rest, TV ☎ P – 🎓 25 à 120. AE ① MC VISA. 🚫
Repas 69/75 – **50 ch** ☕ 175/300.

⌂⌂⌂ **'t Hof van Gelre** 🐦, Nieuweweg 38, ✉ 7241 EW, ✆ (0 573) 25 33 51, *Fax (0 573) 25 42 45,* ☂, 🏊, 🌳, 🚲 – |$|, ≡ rest, TV ☎ P – 🎓 25 à 120. AE MC VISA. 🚫 rest
Repas 58/73 – **48 ch** ☕ 105/260 – ½ P 132/168.

⌂⌂ **Alpha** 🐦, Paasberg 2 (Sud-Ouest : 1 km), ✉ 7241 JR, ✆ (0 573) 25 47 51, *Fax (0 573) 25 33 41,* ⩤, 🌳, 🚲 – |$| TV ☎ – 🎓 25 à 100. AE ① MC VISA. 🚫
Repas *(fermé après 20 h)* carte 45 à 85 – **36 ch** ☕ 140/240 – ½ P 130/155.

⌂ **de Vijverhof** 🐦 sans rest, Mar. Naefflaan 11, ✉ 7241 GC, ✆ (0 573) 25 10 24, *Fax (0 573) 25 18 50,* 🌳, 🚲 – |$| ☎ P. 🚫
14 ch ☕ 80/100.

⌂ **De Lochemse Berg,** Lochemseweg 42 (Sud-Ouest : 2,5 km), ✉ 7244 RS, ✆ (0 573) 25 13 77, *Fax (0 573) 25 82 24,* 🌳, 🚲 – |$| TV ☎ P. MC VISA. 🚫 rest
15 avril-oct. et 20 déc.-janv. – **Repas** (résidents seult) – **15 ch** ☕ 190 – ½ P 128/139.

X **Kawop,** Markt 23, ✉ 7241 AA, ✆ (0 573) 25 33 42, *Fax (0 573) 25 88 60,* ☂ – AE MC VISA
fermé dern. sem. sept., dern. sem. janv. et jeudi – **Repas** (dîner seult de sept. à avril) Lunch 40 – carte 69 à 84.

LOENEN *Utrecht* 211 P 9 *et* 908 G 5 – *8 450 h.*

Amsterdam 22 – Utrecht 17 – Hilversum 14.

X ✿ **Tante Koosje,** Kerkstraat 1, ✉ 3632 EL, ✆ (0 294) 23 32 01, *Fax (0 294) 23 46 13,* ☂, « Bistrot typique à l'ombre du clocher » – ≡. AE ① MC VISA. 🚫
fermé 31 déc. et merc. – **Repas** Lunch 60 – 70/80, carte 74 à 97
Spéc. Foie de veau sauté aux lardons et oignons, sauce au Calvados. Petit braisé au risotto de champignons, sauce aux truffes. Mesclun aux St-Jacques, Pata Negra et foie d'oie en copeaux.

X **'t Amsterdammertje,** Rijksstraatweg 119, ✉ 3632 AB, ✆ (0 294) 23 48 48, *Fax (0 294) 23 21 68,* ☂ – ≡. MC VISA
fermé 31 déc. – **Repas** (dîner seult) 49.

X **De Proeverij,** Kerkstraat 5a, ✉ 3632 EL, ✆ (0 294) 23 47 74, *Fax (0 294) 23 46 13,* ☂ – AE ① MC VISA
fermé 31 déc., lundi et mardi – **Repas** (dîner seult) carte env. 70.

à Nieuwersluis *Sud : 2 km* C *Loenen :*

't Stoute Soldaatje, Rijksstraatweg 35, ✉ 3631 AA, ☎ (0 294) 23 14 96, *Fax (0 294) 23 19 51,* – P. MC VISA
fermé du 24 au 31 déc. – **Repas** (dîner seult) carte env. 60.

LOON OP ZAND *Noord-Brabant* 211 P 13 *et* 908 G 7 – *22 494 h.*

Env. *au Nord : Kaatsheuvel, De Efteling★.*
Amsterdam 104 – Breda 29 – 's-Hertogenbosch 29 – Tilburg 9.

Castellanie, Kasteellaan 20, ✉ 5175 BD, ☎ (0 416) 36 12 51, *Fax (0 416) 36 12 51,* « Terrasse et jardin » – P. AE ① MC VISA.
fermé 2 sem. en sept., lundi, mardi et merc. – **Repas** Lunch 35 – 45/95.

à De Moer *Est : 5 km* C *Loon op Zand :*

Aub. De Moerse Hoeve, Heibloemstraat 12, ✉ 5176 NM, ☎ (0 13) 515 92 36, *Fax (0 13) 515 95 75,* – TV ☎ ♿ P – 25 à 70. AE MC VISA. rest
fermé 23 déc.-3 janv. – **Repas** *(fermé sam.)* carte 48 à 68 – 11 – **17 ch** 115/135 – ½ P 156.

LOPPERSUM *Groningen* 210 Z 3 *et* 908 L 2 – *11 040 h.*

Voir *Fresques★ dans l'église.*
Amsterdam 216 – Groningen 21 – Appingedam 8.

't Regthuys, Fromaweg 1 (Sud-Est : 3 km à Wirdum), ✉ 9917 PK, ☎ (0 596) 57 18 90, – P. AE ① MC VISA JCB.
fermé 31 déc.-10 janv. et lundi – **Repas** Lunch 35 – 50/55.

LUNTEREN *Gelderland* C *Ede 101 319 h.* 211 S 10 *et* 908 H 5.

Amsterdam 69 – Arnhem 29 – Apeldoorn 43 – Utrecht 46.

Host. De Lunterse Boer, Boslaan 87, ✉ 6741 KD, ☎ (0 318) 48 36 57, *Fax (0 318) 48 55 21,* « Dans les bois », – TV ☎ P – 25. AE ① MC VISA
Repas Lunch 43 – carte env. 55 – **16 ch** 111/168 – ½ P 183/206.

De LUTTE *Overijssel* C *Losser 22 722 h.* 210 AA 9, 211 AA 9 *et* 908 L 5.

Plechelmusstraat 14, ✉ 7587 AM, ☎ (0 541) 55 17 77, Fax (0 541) 55 22 11.
Amsterdam 165 – Enschede 15 – Zwolle 78.

De Wilmersberg M, Rhododendronlaan 7, ✉ 7587 NL, ☎ (0 541) 58 55 55, *Fax (0 541) 58 55 65,* « Terrasses et jardin », – TV ☎ ♿ P – 25 à 180. AE ① MC VISA JCB.
Repas Lunch 55 – carte 57 à 95 – 28 – **64 ch** 275, 2 suites – ½ P 200/275.

Bloemenbeek, Beuningerstraat 6 (Nord-Est : 1 km), ✉ 7587 LD, ☎ (0 541) 55 12 24, *Fax (0 541) 55 22 85,* – TV ☎ P – 25 à 250. AE ① MC VISA. rest
fermé 28 déc.-8 janv. – **Repas** 58/125 – **55 ch** 160/450, 5 suites – ½ P 150.

't Kruisselt, Kruisseltlaan 3, ✉ 7587 NM, ☎ (0 541) 55 15 67, *Fax (0 541) 55 18 62,* « Terrasse avec bois et 9 », – TV ☎ P – 25 à 100. AE ① MC VISA. rest
Repas Lunch 25 – carte 46 à 66 – **43 ch** 180/190 – ½ P 125/135.

De Lutt, Beuningerstraat 20 (Nord-Est : 2 km), ✉ 7587 LD, ☎ (0 541) 55 25 25, *Fax (0 541) 55 22 55,* « Parc avec pièce d'eau », – rest, TV ☎ P. MC.
Repas Lunch 48 – carte 52 à 80 – **25 ch** 138/275 – ½ P 120/178.

Berg en Dal avec ch, Bentheimerstraat 34, ✉ 7587 NH, ☎ (0 541) 55 12 02, *Fax (0 541) 55 15 54,* – TV ☎ P. AE ① MC VISA JCB.
fermé du 27 au 31 déc. – **Repas** 45/73 – **12 ch** 130 – ½ P 110/130.

MAARSSEN *Utrecht* 211 P 10 *et* 908 G 5 – *41 052 h.*

Amsterdam 32 – Utrecht 9.

Carlton President, Floraweg 25 (Sud : 2 km près A 2), ✉ 3608 BW, ☎ (0 30) 241 41 82, *Fax (0 30) 241 05 42,* – TV ☎ P – 25 à 300. AE ① MC VISA
Repas Lunch 20 – carte env. 80 – 33 – **172 ch** 375/405.

XX **Auguste,** Straatweg 144, ✉ 3603 CS, ☎ (0 346) 56 56 66, *Fax (0 346) 56 56 66*, 🌳 – ▤ P. AE ⓓ MC VISA
fermé lundi – **Repas** (dîner seult) 63.

XX **De Nonnerie,** Langegracht 51, ✉ 3601 AK, ☎ (0 346) 56 22 01, *Fax (0 346) 56 18 24*, 🌳 – ▤ P – 🏛 25 à 80. AE ⓓ MC VISA
fermé 27 déc.-7 janv. et lundi – **Repas** Lunch 60 – carte env. 70.

MAARTENSDIJK *Utrecht* 211 Q 10 *et* 908 G 5 – *9 421 h.*

Amsterdam 53 – Utrecht 19 – Apeldoorn 70.

X **Martinique,** Dorpsweg 153, ✉ 3738 CD, ☎ (0 346) 21 26 27, Fax (0 346) 21 43 20, 🌳 – P. AE ⓓ MC VISA JCB
fermé lundi – **Repas** (dîner seult) 59/80.

à Hollandsche Rading *Nord : 3 km* C *Maartensdijk :*

XX **Maartenshof,** Tolakkerweg 3, ✉ 3739 JG, ☎ (0 35) 577 12 27, *Fax (0 35) 577 24 05*, 🌳 – P – 🏛 25 à 150. AE MC VISA JCB
fermé lundi – **Repas** (dîner seult) carte env. 80.

XX **De Fazantenhof,** Karnemelkseweg 1, ✉ 3739 LA, ☎ (0 35) 577 14 64, *Fax (0 35) 577 12 28*, 🌳, « Dans les bois » – P – 🏛 25 à 40. AE ⓓ MC VISA JCB
fermé 27 déc.-5 janv. et lundi soir – **Repas** 55/65.

MAASBRACHT *Limburg* 211 U 16 *et* 908 I 8 – *13 623 h.*

Amsterdam 176 – Eindhoven 48 – Maastricht 39 – Venlo 40.

XXX ✿ **Da Vinci** (Mme Reuten), Havenstraat 27 (au port des péniches), ✉ 6051 CS, ☎ (0 475) 46 59 79, *Fax (0 475) 46 66 11*, « Aménagement design » – AE ⓓ MC VISA. ⛔
fermé 1 sem. carnaval, 3 sem. vacances bâtiment, fin déc. et lundis et mardis non fériés – **Repas** Lunch 55 – 70/110, carte 105 à 130
Spéc. Salade de langoustines en feuilletage et jus de homard. Turbot meunière à la truffe et au foie gras. Parfait glacé au moka.

MAASDAM *Zuid-Holland* C *Binnenmaas 18 982 h.* 211 M 12 - ㊳ N *et* 908 E 6.

Amsterdam 100 – Rotterdam 21 – Breda 35 – Dordrecht 14.

🏠 **De Hoogt** 🐎, Raadhuisstraat 3, ✉ 3299 AP, ☎ (0 78) 676 18 11, *Fax (0 78) 676 47 25*, 🌳, ⚓ – ▤ TV ☎ P. AE ⓓ MC VISA
fermé 27 déc.-1er janv. – **Repas** *(fermé dim. en juil.-août)* carte 61 à 80 – **10 ch** ☕ 143/160 – ½ P 125/188.

MAASSLUIS *Zuid-Holland* 211 K 11 - ㊳ N *et* 908 D 6 - ㉓ N – *33 046 h.*

⛴ *vers Rozenburg : van der Schuyt-van den Boom-Stanfries B.V., Burg. v.d. Lelykade 4 ☎ (0 10) 591 22 12, Fax (0 10) 592 85 55. Durée de la traversée : 10 min. Prix : 0,80 Fl, voiture 6,80Fl.*

Amsterdam 81 – Rotterdam 17 – Den Haag 26.

XX **De Ridderhof,** Sportlaan 2, ✉ 3141 XN, ☎ (0 10) 591 12 11, *Fax (0 10) 591 37 80*, 🌳, « Ferme du 17e s. » – P. AE ⓓ MC VISA. ⛔
Repas Lunch 40 – 70.

MAASTRICHT P *Limburg* 211 T 17 *et* 908 I 9 – *120 179 h.*

Voir *La vieille ville★ - Basilique St-Servais★★ (St. Servaasbasiliek) : Portail royal★, chœur★, chapiteaux★, Trésor★★ (Kerkschat)* CY **B** – *Basilique Notre-Dame★ (O. L. Vrouwebasiliek) : chœur★★* CZ **A** – *Remparts Sud★ (Walmuur)* CZ – *Carnaval★ – au Sud : 2 km, St. Pietersberg★* AX.

Musée : *des Bons Enfants★★ (Bonnefantenmuseum)* DZ **M¹**.

✈ *par ① : 11 km à Beek ☎ (0 43) 358 99 99, Fax (0 43) 358 99 88.*

ℹ *Kleine Staat 1, ✉ 6211 ED, ☎ (0 43) 325 21 21, Fax (0 43) 321 37 46.*

Amsterdam 213 ① – Bruxelles 124 ⑤ – Liège 33 ⑤ – Aachen 36 ② – Mönchengladbach 81 ①

Plans pages suivantes

Quartiers du Centre :

🏨 **Derlon,** O.L.Vrouweplein 6, ✉ 6211 HD, ☎ (0 43) 321 67 70, *Fax (0 43) 325 19 33*, 🌳, « Exposition de vestiges romains en sous-sol » – 🛗 ⛔ ▤ TV ☎ 🚗 – 🏛 25 à 50. AE ⓓ MC VISA. ⛔ rest CZ e
Repas (Brasserie) carte env. 60 – ☕ 38 – **42 ch** 395/545.

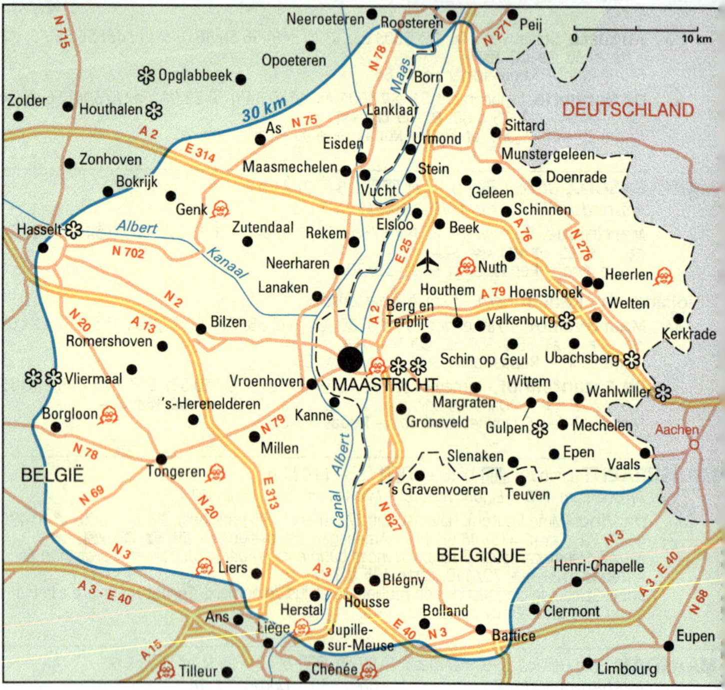

de Pauwenhof, Boschstraat 70, ✉ 6211 AX, ☎ (0 43) 350 33 33, *Fax (0 43) 350 33 39*, « Demeure fin 19e s. avec terrasse intérieure » – AE VISA CY k
Repas *(fermé sam. midi et dim.)* *Lunch 50* – carte 90 à 110 – 35 – **15 ch** 255/355.

Botticelli sans rest, Papenstraat 11, ✉ 6211 LG, ☎ (0 43) 352 63 00, *Fax (0 43) 352 63 36*, « Terrasse clos de murs avec pièce d'eau » – AE VISA CZ s
fermé sem. carnaval – **18 ch** 159/320.

Pauw, Boschstraat 27, ✉ 6211 AS, ☎ (0 43) 321 22 22, *Fax (0 43) 321 34 32* – 25 à 120. AE VISA JCB CY g
Repas 55 – 23 – **124 ch** 165/195 – ½ P 155/165.

Mabi, Kleine Gracht 24, ✉ 6211 CB, ☎ (0 43) 351 44 44, *Fax (0 43) 351 44 55*, – rest, – 35. AE VISA. CY q
Repas *(fermé sam. midi et dim. midi)* (Brasserie) *Lunch 48* – carte 55 à 75 – 25 – **55 ch** 175/215 – ½ P 175.

d'Orangerie sans rest, Kleine Gracht 4, ✉ 6211 CB, ☎ (0 43) 326 11 11, *Fax (0 43) 326 12 87*, « Maison bourgeoise du 18e s. » – AE VISA CY d
28 – **32 ch** 150/175.

Du Casque sans rest, Helmstraat 14, ✉ 6211 TA, ☎ (0 43) 321 43 43, *Fax (0 43) 325 51 55* – AE VISA JCB CY m
38 ch 215/275.

Les Charmes sans rest, Lenculenstraat 18, ✉ 6211 KR, ☎ (0 43) 321 74 00, *Fax (0 43) 325 85 74* – AE VISA JCB. CZ t
20 – **15 ch** 175/225.

Toine Hermsen, St-Bernardusstraat 2, ✉ 6211 HL, ☎ (0 43) 325 84 00, *Fax (0 43) 325 83 73* – AE VISA JCB. CZ b
fermé 1 sem. carnaval, dern. sem. déc., sam. midi, dim. et lundi – **Repas** *Lunch 65* – 125/175, carte env. 135
Spéc. Salade d'asperges et petits œufs pochés, vinaigrette de truffes d'été (mai-juin). Queues de langoustines grillées, risotto de homard et bisque de homard à ma façon. Perdreau sauvage rôti au naturel (sept.-nov.).

Ambyerweg	BV 5	John Kennedysingel	BX 29	Noorderbrug	AX 54
Burg. Cortenstr.	BX 9	Koningin Emmapl.	AX 38	Oranjepl.	BX 56
Carl Smulderssingel	AV 12	Koningspl.	BX 39	President Rooseveltlaan	BV 61
Dr. van Kleefstr.	AV 14	Luikerweg	AX 40	St. Annalaan	AX 63
Franciscus Romanusweg	ABV 17	Mergelweg	AX 49	Statensingel	AV 73
Hertogsingel	AX 24	Nassaulaan	BX 52	Vijverdalseweg	BX 78

XX **Au Premier** 1er étage, Brusselsestraat 15, ✉ 6211 PA, ☎ (0 43) 321 97 61, *Fax (0 43) 325 59 00*, – AE ⓓ MC VISA JCB — CY p
fermé 28 août-8 sept., du 2 au 13 janv., lundi et sam. midi – **Repas** 70/100.

XX **'t Plenkske,** Plankstraat 6, ✉ 6211 GA, ☎ (0 43) 321 84 56, *Fax (0 43) 325 81 33*, « Jardin d'hiver » – AE ⓓ MC VISA — CYZ v
fermé dim. – **Repas** Lunch 43 – carte 51 à 95.

XX ✿ **Beluga** (Van Wolde), Havenstraat 19, ✉ 6211 GJ, ☎ (0 43) 321 33 64, *Fax (0 43) 321 33 64*, – AE ⓓ MC VISA JCB. — CYZ a
fermé sem. carnaval, 2 prem. sem. sept., 27 déc.-5 janv., sam. midi, dim. et lundi – **Repas** 85/140, carte 110 à 150
Spéc. Thon farci de figues et anchois, crème d'amandes au lard. Caille confite et foie de canard en pâté aux petits boudins (21 sept.-21 déc.). Crêpe gratinée à la glace de noix de coco (21 déc.-21 mars).

XX **Au Coin des Bons Enfants,** Ezelmarkt 4, ✉ 6211 LJ, ☎ (0 43) 321 23 59, *Fax (0 43) 325 82 52*, – ▤. AE ⓓ MC VISA JCB — CZ h
fermé 24 juil.-8 août, 31 déc.-17 janv. et mardi – **Repas** Lunch 50 – 60/100.

XX **le bon vivant,** Capucijnenstraat 91, ✉ 6211 RP, ☎ (0 43) 321 08 16, *Fax (0 43) 325 37 82*, « Salle voûtée » – ▤. AE MC VISA — CY e
fermé sem. carnaval, 16 juil.-15 août, 26 déc., dim. et lundi – **Repas** (dîner seult) 55/75.

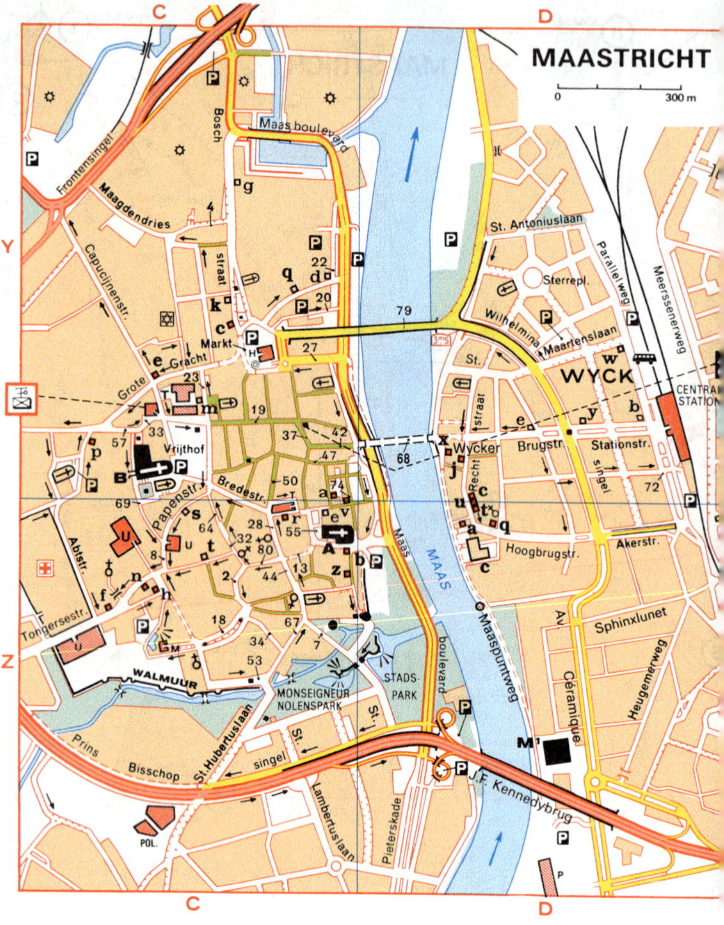

Achter de Molens	CZ 2	Hoenderstr.	CY 27	Onze Lieve Vrouweplein	CZ 55
A. D. Barakken	CY 4	Hondstr.	CZ 28	Oude Tweebergenpoort	CY 57
Begijnenstr.	CZ 7	Kapoenstr.	CZ 32	St. Jacobstr.	CY 64
Bouillonstr.	CZ 8	Keizer Karelpl.	CY 33	St. Pieterstr.	CZ 67
Cortenstr.	CZ 13	Kleine Looiersstr.	CZ 34	St. Servaasbrug	DY 68
Grote Looiersstr.	CZ 18	Kleine Staat	CY 37	St. Servaasklooster	CZ 69
Grote Staat	CY 19	Maastr. Brugstr.	CY 42	Spoorweglaan	DY 72
Gubbelstr.	CY 20	Maastr. Heidenstr.	CZ 44	Stokstr.	CY 74
van Hasseltkade	CY 22	Maastr. Smedenstr.	CY 47	Wilhelminabrug	DY 79
Helmstr.	CY 23	Mickelersstr.	CY 50	Witmakersstr.	CZ 80
		Nieuwenhofstr.	CZ 53	Wycker Brugstr.	DY

Jean La Brouche, Tongersestraat 9, ✉ 6211 LL, ✆ (0 43) 321 46 09 – ▤. AE ⓓ MC VISA
fermé 2 dern. sem. juil., dim. et lundi – **Repas** (dîner seult) 70. CZ r

Sagittarius, Bredestraat 7, ✉ 6211 HA, ✆ (0 43) 321 14 92, Grillades – AE ⓓ MC VISA JCB
fermé dim. et lundi – **Repas** (dîner seult) carte env. 80. CZ

Paparazzi, Boschstraat 98, ✉ 6211 AZ, ✆ (0 43) 351 08 93, *Fax (0 43) 327 06 13* – AE ⓓ MC VISA.
fermé lundi – **Repas** Lunch 43 – 48/68. CY c

't Drifke, Lage Kanaaldijk 22, ✉ 6212 AE, ✆ (0 43) 321 45 81, *Fax (0 43) 321 45 81*, – MC VISA
fermé 3 sem. avant carnaval et lundis et mardis non fériés – **Repas** (dîner seult) carte env. 65 AX b

Sukhothai, Tongersestraat 54, ✉ 6211 LP, ☎ (0 43) 321 79 46, *Fax (0 43) 321 59 90*, Cuisine thaïlandaise – AE ⓓ ⓜ VISA JCB — CZ f
fermé lundi – **Repas** (dîner seult) 48/73.

't Liewke, Grote Gracht 62, ✉ 6211 SX, ☎ (0 43) 321 04 59, « Maisonette ancienne » – AE ⓓ ⓜ VISA JCB. — CY e
fermé août, prem. sem. janv., lundi et mardi – **Repas** (dîner seult jusqu'à minuit) 75.

Tout à Fait, St-Bernardusstraat 16, ✉ 6211 HL, ☎ (0 43) 350 04 05, *Fax (0 43) 350 05 35*, Avec rôtisserie – AE ⓓ ⓜ VISA. — CZ z
fermé du 5 au 15 mars, 24 juil.-16 août, 27 déc.-4 janv., lundi et mardi – **Repas** *Lunch 58* – carte env. 105.

Rive droite (Wyck - Station - MECC) :

Crowne Plaza, De Ruiterij 1, ✉ 6221 EW, ☎ (0 43) 350 91 91, *Fax (0 43) 350 91 92*, ←, « Terrasse au bord de l'eau » – 25 à 500. AE ⓓ ⓜ VISA. rest — DZ c
Repas carte env. 70 – 35 – **145 ch** 300, 16 suites.

Golden Tulip, Forum 110, ✉ 6229 GV, ☎ (0 43) 383 82 81, *Fax (0 43) 361 58 62*, rest, 25 à 300. AE ⓓ ⓜ VISA JCB. — BX e
Repas *Lunch 70* – carte 79 à 96 – 30 – **170 ch** 298/408, 2 suites – ½ P 296/372.

Gd H. de l'Empereur, Stationsstraat 2, ✉ 6221 BP, ☎ (0 43) 321 38 38, *Fax (0 43) 321 68 19*, – 25 à 100. AE ⓓ ⓜ VISA JCB. — DY b
Repas *(fermé sam. midi et dim. midi)* carte 69 à 104 – 31 – **93 ch** 245 – ½ P 304.

Beaumont H. Résidence, Wycker Brugstraat 2, ✉ 6221 EC, ☎ (0 43) 325 44 33, *Fax (0 43) 325 36 55* – rest, – 25 à 75. AE ⓓ ⓜ VISA JCB. rest — DY e
Repas *(fermé 31 déc.-1er janv. et dim. midi)* (Avec cuisine alsacienne) *Lunch 53* – 73/88 – 23 – **117 ch** 185/275 – ½ P 150.

Tulip Inn, Forum 112, ✉ 6229 GV, ☎ (0 43) 382 45 45, *Fax (0 43) 382 45 00*, – rest, – 25 à 300. AE ⓓ ⓜ VISA. — BX r
Repas *Lunch 70* – carte 79 à 96 – 30 – **99 ch** 226/276, 4 suites – ½ P 248/265.

Apple Park M, Pierre de Coubertinweg 3, ✉ 6225 XT, ☎ (0 43) 352 90 00, *Fax (0 43) 352 02 24*, – 25 à 100. AE ⓓ ⓜ VISA. — BV u
Repas (Ouvert jusqu'à 23 h) carte env. 50 – 28 – **166 ch** 245/315.

Novotel, Sibemaweg 10, ✉ 6227 AH, ☎ (0 43) 361 18 11, *Fax (0 43) 361 60 44*, – 25 à 200. AE ⓓ ⓜ VISA JCB — BX b
Repas *(fermé sam. midi, dim. midi et jours fériés midis)* carte env. 60 – 25 – **92 ch** 205/220.

Bergère, Stationsstraat 40, ✉ 6221 BR, ☎ (0 43) 325 16 51, *Fax (0 43) 325 54 98*, AE ⓓ ⓜ VISA JCB. — DY y
Repas *(fermé dim.)* *Lunch 40* – carte env. 75 – 23 – **66 ch** 185/225.

In den Hoof, Akersteenweg 218, ✉ 6227 AE, ☎ (0 43) 361 06 00, *Fax (0 43) 361 80 40*, – 25. AE ⓓ ⓜ VISA. — BX s
fermé du 24 au 27 déc. et 31 déc.-1er janv. – **Repas** *(fermé après 20 h 30)* carte env. 65 – **24 ch** 120/190 – ½ P 108/130.

Le Roi sans rest, St-Maartenslaan 1, ✉ 6221 AV, ☎ (0 43) 325 38 38, *Fax (0 43) 321 08 35* – 35. AE ⓓ ⓜ VISA. — DY w
fermé 31 déc.-3 janv. – 20 – **42 ch** 180/200.

't Pakhoes, Waterpoort 4, ✉ 6221 GB, ☎ (0 43) 325 70 00, *Fax (0 43) 325 59 61*, « Ancien entrepôt » – AE ⓓ ⓜ VISA JCB — DZ a
fermé 1 sem. carnaval, lundi en juil.-août et dim. – **Repas** (dîner seult) 70/110.

Ca' del Biro, Hoogbrugstraat 66, ✉ 6221 CS, ☎ (0 43) 326 41 52, *Fax (0 43) 326 41 54*, Avec cuisine italienne – AE ⓓ ⓜ VISA JCB — DZ q
fermé dim. et lundi – **Repas** *Lunch 60* – 90/105.

Mediterraneo, Rechtstraat 73, ✉ 6221 EH, ☎ (0 43) 325 50 37, *Fax (0 43) 325 88 74*, Cuisine italienne – AE ⓓ ⓜ VISA JCB. — DY c
fermé carnaval, 2 sem. en août et merc. – **Repas** (dîner seult jusqu'à 23 h) 79.

Chez Jacques, Rechtstraat 83, ✉ 6221 EH, ☎ (0 43) 351 00 15, *Fax (043) 351 00 81*, – AE ⓓ ⓜ VISA. — DZ t
fermé sem. carnaval, 2 dern. sem. juil.-prem. sem. août, mardi, sam. midi et dim. midi – **Repas** *Lunch 60* – carte 84 à 105.

X **Fines Claires,** Cörversplein 9, ✉ 6221 EZ, ☎ (0 43) 325 25 25, *Fax (0 43) 321 14 56*
– AE ⊙ MC VISA. DY x
fermé sem. carnaval, 2 dern. sem. juil., 31 déc.-5 janv., sam. midi, dim. et lundi – **Repas** Lunch 55 – carte 79 à 118.

X **Le Courage,** Rechtstraat 81, ✉ 6221 EH, ☎ (0 43) 321 17 27, *Fax (0 43) 326 39 56*
– AE ⊙ MC VISA JCB. DYZ u
fermé sem. carnaval, dern. sem. août, dim. et lundi – **Repas** (dîner seult) 60/90.

X **Gadjah Mas,** Rechtstraat 42, ✉ 6221 EK, ☎ (0 43) 321 15 68, *Fax (0 43) 321 15 68*
Cuisine indonésienne – AE ⊙ MC VISA. DY
fermé 1 sem. carnaval – **Repas** (dîner seult) 43/75.

X **De Burght,** Burghtstraat 25a (Heer), ✉ 6227 RR, ☎ (0 43) 367 08 45, *Fax (0 43) 367 27 40*, « Cave voûtée d'une ancienne demeure entourée de douves » – P. MC VISA. BX a
fermé sem. carnaval, 2 sem. vacances bâtiment, lundi et mardi – **Repas** Lunch 48 – 69/88.

au Sud : *5 km par Bieslanderweg :*

XXX **Château Neercanne,** Cannerweg 800, ✉ 6213 ND, ☎ (0 43) 325 13 59, *Fax (0 43) 321 34 06*, « Château du 17e s., jardin en terrasses, ≤ vallée et campagne » – P. AE ⊙ MC VISA JCB
fermé lundi et sam. midi – **Repas** Lunch 125 – 120/150, carte 110 à 148
Spéc. Carpaccio de St-Jacques à la crème et à la vinaigrette citronnée (15 oct.-mars). Champignons des grottes aux petits-gris et fromage régional. Délice de chocolat à la crème de vanille et sauce au Cointreau.

X **L'Auberge,** Cannerweg 800 (cour intérieure du château), ✉ 6213 ND, ☎ (0 43) 325 13 59, *Fax (0 43) 321 34 06*, « Ancienne chapelle voûtée » – P. AE ⊙ MC VISA JCB – *fermé sam.* – **Repas** (déjeuner seult) carte env. 65.

à Beek *par ① : 15 km – 17 283 h.*

Mercure, Vliegveldweg 19 (Sud : 2,5 km à l'aéroport), ✉ 6191 SB, ☎ (0 43) 364 21 31, *Fax (0 43) 364 46 68*, ≤, – ch, TV ☎ P – 35 à 100. AE ⊙ MC VISA JCB. rest – **Repas** 45 – 23 – **62 ch** 125/250 – ½ P 180/305.

XX **De Bokkeriejer,** Prins Mauritslaan 22, ✉ 6191 EG, ☎ (0 46) 437 13 19, *Fax (0 46) 437 47 47* – P. AE ⊙ MC VISA.
fermé 2 prem. sem. août, lundi et sam. midi – **Repas** Lunch 53 – 50/85.

XX **Pasta e Vino,** Brugstraat 2, ✉ 6191 KC, ☎ (0 46) 437 99 94, , Cuisine italienne – . MC VISA.
fermé 1 sem. carnaval, 3 sem. en août, lundi et mardi – **Repas** (dîner seult) carte 71 à 97.

X **Bistro La Bergerie,** Geverikerstraat 42 (Sud-Ouest : 1 km à Geverik), ✉ 6191 RP, ☎ (0 46) 437 47 27, *Fax (0 46) 437 47 27*, – P. AE ⊙ MC VISA.
fermé lundi et mardi – **Repas** carte env. 75.

à Margraten *par ④ : 10 km – 13 814 h.*

Groot Welsden , Groot Welsden 27, ✉ 6269 ET, ☎ (0 43) 458 13 94, *Fax (0 43) 458 23 55*, « Aménagement cossu, jardin avec pièce d'eau » – TV ☎ P. AE MC VISA.
fermé carnaval – **Repas** 45 – 15 – **14 ch** 123/165 – ½ P 123/143.

Wippelsdaal , Groot Welsden 13, ✉ 6269 ET, ☎ (0 43) 458 18 91, *Fax (0 43) 458 27 15*, ≤, « Cadre champêtre » – TV ☎ P. MC VISA. rest
fermé 27 déc.-22 janv. – **Repas** (dîner pour résidents seult) – **14 ch** 93/145 – ½ P 98/100.

MADE *Noord-Brabant* C *Drimmelen 26 484 h.* 211 N 12 *et* 908 F 6.
Amsterdam 94 – Bergen op Zoom 45 – Breda 13 – 's-Hertogenbosch 40 – Rotterdam 46.

De Korenbeurs, Kerkstraat 13, ✉ 4921 BA, ☎ (0 162) 68 21 50, *Fax (0 162) 68 21 50*, – TV ☎ P – 25 à 350. AE ⊙ MC VISA JCB
Repas Lunch 22 – carte env. 45 – **54 ch** 175 – ½ P 180/200.

MARGRATEN *Limburg* 211 T 18 *et* 908 I 9 – *voir à Maastricht.*

MARKELO *Overijssel* 210 X 9, 211 X 9 *et* 908 K 5 – *7 135 h.*
Goorseweg 1, ✉ 7475 BB, ☎ (0 547) 36 15 55, Fax (0 547) 36 38 81.
Amsterdam 125 – Apeldoorn 41 – Arnhem 59 – Enschede 34 – Zwolle 50.

XX **In de Kop'ren Smorre** avec ch, Holterweg 20, ✉ 7475 AW, ☎ (0 547) 36 13 44, *Fax (0 547) 36 22 01*, « Ancienne ferme, intérieur décoré de faïences de Delft, jardin paysagé » – TV P. AE ⊙ MC VISA.
fermé 24 et 31 déc. et 1er janv. – **Repas** *(fermé dim. midi et lundi)* 45/93 – **7 ch** 100/155 – ½ P 125/165.

MECHELEN *Limburg* © *Wittem 7 807 h.* 211 U 18 *et* 908 I 9.
Dalbissenweg 22, ✉ 6281 NC, ☎ (0 43) 455 13 97, Fax (0 43) 455 15 76.
Amsterdam 235 – Maastricht 21 – Aachen 14.

Brull, Hoofdstraat 26, ✉ 6281 BD, ☎ (0 43) 455 12 63, *Fax (0 43) 455 23 00*, « Cour intérieure décorée de colombages », – 25. rest
fermé 25 fév.-13 mars – **Repas** (dîner pour résidents seult) – **26 ch** 90/190 – ½ P 130/145.

't Hilleshagerhofke, Hilleshagerweg 33b, ✉ 6281 AD, ☎ (0 43) 455 19 50, *Fax (0 43) 455 19 50*, « Terrasse avec ≤ dominant la vallée » –
fermé du 8 au 24 fév., mardi et merc. de nov. à mars et lundi – **Repas** carte 48 à 64.

MEDEMBLIK *Noord-Holland* 210 P 6 *et* 908 G 3 – *7 294 h.*
Voir *Oosterhaven*★.
Amsterdam 58 – Alkmaar 36 – Enkhuizen 21 – Hoorn 19.

Tulip Inn Het Wapen van Medemblik, Oosterhaven 1, ✉ 1671 AA, ☎ (0 227) 54 38 44, *Fax (0 227) 54 23 97*, – 40 à 80. ch
fermé 31 déc. et 1er janv. – **Repas** carte 50 à 70 – **26 ch** 115/170 – ½ P 105.

MEERKERK *Zuid-Holland* © *Zederik 13 546 h.* 211 O 11 *et* 908 F 6.
Amsterdam 55 – Utrecht 24 – Arnhem 76 – Breda 46 – Den Haag 80 – Rotterdam 50.

AC Hotel, Energieweg 116 (près A 27, sortie ㉕), ✉ 4231 DJ, ☎ (0 183) 35 21 98, *Fax (0 183) 35 22 99*, – rest, – 25 à 250.
Repas (Avec buffet) 45 – 18 – **64 ch** 135.

MEGEN *Noord-Brabant* © *Oss 64 582 h.* 211 S 12 *et* 908 H 6.
Amsterdam (bac) 103 – Arnhem 45 – 's-Hertogenbosch 30 – Nijmegen 28.

Den Uiver, Torenstraat 3, ✉ 5366 BJ, ☎ (0 412) 46 25 48, *Fax (0 412) 46 30 41*, « Grange du 19e s. » –
fermé du 4 au 13 mars et lundi – **Repas** carte 65 à 98.

MEPPEL *Drenthe* 210 W 6 *et* 908 J 3 – *29 139 h.*
à Havelte : 10 km, Kolonieweg 2, ✉ 7971 RA, ☎ (0 521) 34 22 00.
Kromme Elleboog 2, ✉ 7941 KC, ☎ (0 522) 25 28 88, Fax (0 522) 25 96 88.
Amsterdam 135 – Assen 55 – Groningen 82 – Leeuwarden 68 – Zwolle 25.

à De Wijk *Est : 7,5 km* © *De Wolden 23 310 h :*

Havesathe de Havixhorst avec ch, Schiphorsterweg 34 (De Schiphorst), ✉ 7957 NV, ☎ (0 522) 44 14 87, *Fax (0 522) 44 14 89*, « Demeure du 18e s., jardin », – 25 à 100.
fermé dim. et lundi – **Repas** (dîner seult) carte 88 à 113 – 23 – **8 ch** 185/285 – ½ P 255/325.

MIDDELBURG P *Zeeland* 211 G 14 *et* 908 B 7 – *44 440 h.*
Voir *Hôtel de ville*★ *(Stadhuis)* AYZ **H** – *Abbaye*★ *(Abdij)* ABY – *Miniatuur Walcheren*★ ABY.
Musée : *de Zélande*★ *(Zeeuws Museum)* AY **M**1.
Nieuwe Burg 40, ✉ 4331 AH, ☎ (0 118) 65 99 00, Fax (0 118) 65 99 40.
Amsterdam 194 ① – Breda 98 ① – Rotterdam 106 ① – Antwerpen 91 ① – Brugge (bac) 47 ②

Plan page suivante

Arneville, Buitenruststraat 22 (par ①), ✉ 4337 EH, ☎ (0 118) 63 84 56, *Fax (0 118) 61 51 54*, – 25 à 250. rest BZ
fermé 27 déc.-8 janv. – **Repas** Lunch 48 – 69/78 – **44 ch** 145/260 – ½ P 130/143.

De Nieuwe Doelen, Loskade 3, ✉ 4331 HV, ☎ (0 118) 61 21 21, *Fax (0 118) 63 66 99*, – BZ a
Repas (dîner pour résidents seult) – **26 ch** 135/225 – ½ P 178/278.

Middelburg, Bosschaartsweg 2 (par ① : 2 km), ✉ 4336 PB, ☎ (0 118) 64 00 44, *Fax (0 118) 64 00 55*, –
Repas (Taverne-rest) carte env. 45 – 13 – **40 ch** 99/119.

Le Beau Rivage sans rest, Loskade 19, ✉ 4331 HW, ☎ (0 118) 63 80 60, *Fax (0 118) 62 96 73*, – BZ b
9 ch 85/275.

MIDDELBURG

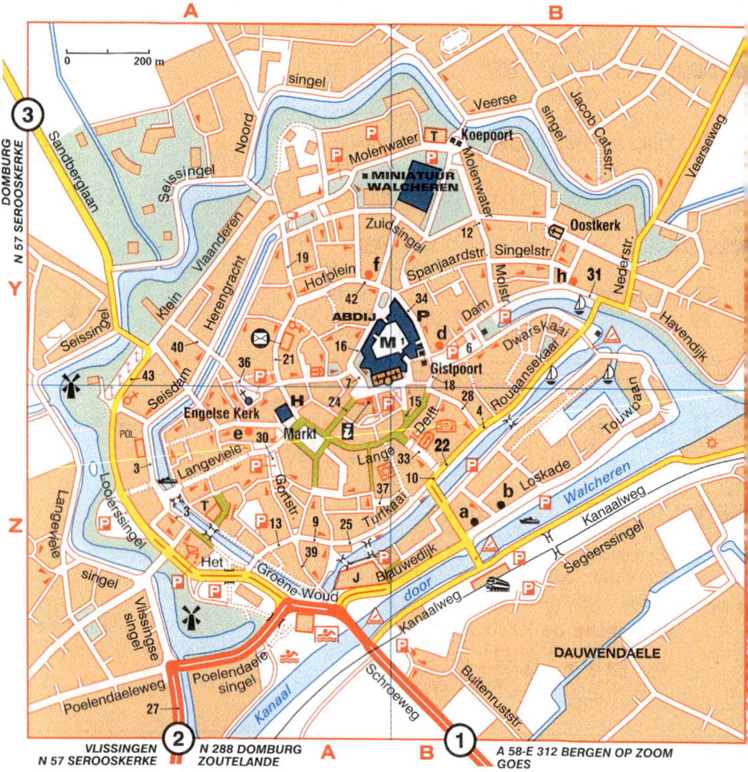

Het Groot Paradijs (Henderikse), Damplein 13, ✉ 4331 GC, ☎ (0 118) 65 12 00, *Fax (0 118) 65 12 21*, – AE ⓓ MC VISA — BY d
fermé du 10 au 24 avril, du 6 au 20 nov., 26 déc.-2 janv., sam. midi, dim. et lundi – **Repas** *Lunch 80* – 75/130, carte env. 100
Spéc. Huîtres de Zélande au Champagne (15 sept.-15 mai). Tartelette de homard au safran et fines herbes. Agneau régional en persillade, sauce à l'ail (avril-sept.).

de Gespleten Arent, Vlasmarkt 25, ✉ 4331 PC, ☎ (0 118) 63 61 22, *Fax (0 118) 61 80 35*, – MC VISA — AZ e
fermé mardi et merc. – **Repas** (dîner seult) 50.

De Eetkamer, Wagenaarstraat 13, ✉ 4331 CX, ☎ (0 118) 63 56 76 – MC VISA. — AY f
fermé lundi et jeudi – **Repas** (dîner seult) carte 75 à 96.

Nummer 7, Rotterdamsekaai 7, ✉ 4331 GM, ☎ (0 118) 62 70 77 – ▤. AE ⓓ MC VISA — BY h
fermé janv. et lundi – **Repas** (dîner seult) 40.

Ne voyagez pas aujourd'hui avec une carte d'hier.

MIDDELHARNIS *Zuid-Holland* 211 J 12 *et* 908 D 6 – *16 417 h.*

Kade 9, ✉ 3241 CE, ✆ (0 187) 48 48 70, Fax (0 187) 48 78 15.

Amsterdam 133 – Rotterdam 49 – Breda 65 – Den Haag 83 – Zierikzee 22.

XXX **De Hooge Heerlijkheid,** Voorstraat 21, ✉ 3241 EE, ✆ (0 187) 48 32 64, *Fax (0 187) 48 53 29,* « Maisonnettes hollandaises du 17e s. avec terrasse » – AE MC VISA
fermé 2 sem. en juin, 2 sem. en oct., 2 sem. en janv., lundi et mardi – **Repas** (dîner seult) 95/125.

X **Brasserie 't Vingerling,** Vingerling 23, ✉ 3241 EB, ✆ (0 187) 48 33 33, *Fax (0 187) 48 53 29,* ←, « Entrepôt du 18e s. sur le port de plaisance », VISA
fermé 2 sem. en fév., 2 sem. en oct., fin déc., merc. en hiver et lundi – **Repas** 45/60.

MIDDELSTUM *Groningen* C *Loppersum 11 040 h.* 210 Y 2 *et* 908 K 1.

Amsterdam 201 – Groningen 20 – Appingedam 17.

X **Herberg "in de Valk",** Burchtstraat 12, ✉ 9991 AB, ✆ (0 595) 55 22 16, *Fax (0 595) 55 22 04,* – P. AE MC VISA
fermé 27 déc.-4 janv. et lundi – **Repas** (dîner seult) 60/70.

MIDSLAND (MIDSLÂN) *Fryslân* 210 Q 2 *et* 908 G 1 – *voir à Waddeneilanden (Terschelling).*

MIERLO *Noord-Brabant* 211 S 14 *et* 908 H 7 – *10 158 h.*

Heiderschoor 18, ✉ 5731 RC, ✆ (0 492) 66 03 93, Fax (0 492) 66 01 69.

Amsterdam 129 – Eindhoven 12 – Helmond 5 – 's-Hertogenbosch 44.

Carlton De Brug, Arkweg 3, ✉ 5731 PD, ✆ (0 492) 67 89 11, *Fax (0 492) 66 48 95,* rest, P – 25 à 850. AE MC VISA JCB
Repas Lunch 33 – carte 60 à 77 – 34 – **149 ch** 295 – ½ P 165/360.

X **De Cuijt,** Burg. Termeerstraat 50 (Nord-Ouest : 1 km, direction Nuenen), ✉ 5731 SE, ✆ (0 492) 66 13 23, *Fax (0 492) 66 57 41,* « Auberge rustique » – P. MC VISA.
fermé du 4 au 13 mars, 30 juil.-14 août, 24 déc.-3 janv., dim. et lundi – **Repas** Lunch 45 – carte 50 à 77.

MILL *Noord-Brabant* C *Mill en Sint Hubert 10 989 h.* 211 T 12 *et* 908 I 6.

Amsterdam 123 – Eindhoven 48 – 's-Hertogenbosch 41 – Nijmegen 25.

XX **Aub. de Stoof,** Kerkstraat 14, ✉ 5451 BM, ✆ (0 485) 45 11 37, *Fax (0 485) 45 39 22* – AE MC VISA.
fermé merc. – **Repas** (dîner seult) 45/58.

X **'t Centrum,** Kerkstraat 4, ✉ 5451 BM, ✆ (0 485) 45 19 04, *Fax (0 485) 47 05 40* – MC VISA.
fermé vacances bâtiment et sam. – **Repas** carte env. 60.

MILLINGEN AAN DE RIJN *Gelderland* 211 V 11 *et* 908 J 6 – *5 889 h.*

Amsterdam 134 – Arnhem 32 – Nijmegen 17.

Millings Centrum, Heerbaan 186, ✉ 6566 EW, ✆ (0 481) 43 12 04, *Fax (0 481) 43 27 19,* – P – 25 à 300. MC VISA
Repas *(fermé après 20 h)* Lunch 18 – 45 – **29 ch** *(fermé 31 déc. et 1er janv.)* 80/135 – ½ P 103/115.

De MOER *Noord-Brabant* 211 P 13 – *voir à Loon op Zand.*

MOERDIJK *Noord-Brabant* 211 M 12 *et* 908 E 6 – *36 532 h.*

Amsterdam 107 – Breda 20 – 's-Hertogenbosch 55 – Rotterdam 35.

Holiday Inn Express sans rest, Sebastiaansweg 1 (sur A 17, sortie 27), ✉ 4781 PE, ✆ (0 168) 41 66 41, *Fax (0 168) 41 29 10* – P. AE MC VISA JCB.
62 ch 170.

MONNICKENDAM *Noord-Holland* C *Waterland 17 647 h.* 210 P 8 - 29 N *et* 908 G 4 - 28 N.

Env. *à l'Est : 8 km, Marken★ : village★, costumes traditionnels★.*

De Zarken 2, ✉ 1141 BL, ✆ (0 299) 65 19 98, Fax (0 299) 65 52 68.

Amsterdam 16 – Alkmaar 34 – Leeuwarden 122.

X **De Roef,** Noordeinde 40, ✉ 1141 AN, ✆ (0 299) 65 18 60, *Fax (0 299) 65 45 41,* Grillades – AE MC VISA JCB
fermé 1 sem. en oct., 3 prem. sem. janv. et merc. – **Repas** (dîner seult) carte env. 65.

MONSTER *Zuid-Holland* 211 K 10 - ㊳ N *et* 908 D 5 - ㉓ N - *20 012 h.*

Amsterdam 73 - Rotterdam 33 - Den Haag 13.

Elzenduin, Strandweg 18 (Nord : 1 km à Terheyde aan Zee), ✉ 2684 VT, ☎ (0 174) 21 42 00, *Fax (0 174) 21 42 04*, – rest, – 30. AE VISA JCB
Repas *Lunch 35* – carte 62 à 95 – 15 – **27 ch** 125/150.

MONTFOORT *Utrecht* 211 O 10 *et* 908 F 5 – *13 237 h.*

Amsterdam 33 – Utrecht 15 – Den Haag 52 – Rotterdam 48.

Kasteel Montfoort 1er étage, Kasteelplein 1, ✉ 3417 JG, ☎ (0 348) 47 27 27, *Fax (0 348) 47 27 28*, – – 25 à 80. AE VISA JCB
fermé 27 déc.-6 janv. et dim. – **Repas** *Lunch 60* – carte 70 à 94.

de Schans, Willeskop 87 (Sud-Ouest : 4,5 km sur N 228), ✉ 3417 MC, ☎ (0 348) 56 23 09, *Fax (0 348) 56 73 07*, – . AE VISA
fermé lundi – **Repas** 65/80.

à Linschoten *Nord-Ouest : 3 km* C *Montfoort :*

De Burgemeester, Raadhuisstraat 17, ✉ 3461 CW, ☎ (0 348) 41 40 40, *Fax (0 348) 43 25 95* – – 25 à 40. AE VISA JCB
fermé dern. sem. juil.-prem. sem. août, dim. et lundi – **Repas** *Lunch 60* – 70/85.

MOOK *Limburg* C *Mook en Middelaar 7 472 h.* 211 U 12 *et* 908 I 6.

Amsterdam 129 – Arnhem 30 – 's-Hertogenbosch 48 – Maastricht 133 – Nijmegen 12 – Venlo 54.

De Plasmolen, Rijksweg 170 (Sud-Est : 3 km sur N 271), ✉ 6586 AB, ☎ (0 24) 696 14 44, *Fax (0 24) 696 22 71*, « Jardins au bord de l'eau », – – 25 à 80. AE VISA JCB. rest
Repas carte 58 à 73 – 25 – **36 ch** 135 – ½ P 131/168.

Motel De Molenhoek, Rijksweg 1 (Nord : 1 km), ✉ 6584 AA, ☎ (0 24) 358 01 55, *Fax (0 24) 358 21 75*, – – 25 à 150. AE VISA
Repas (Ouvert jusqu'à 23 h) 45 – **56 ch** 118/130.

Jachtslot de Mookerheide avec ch, Heumensebaan 2 (Nord-Est : 2 km), ✉ 6584 CL, ☎ (0 24) 358 30 35, *Fax (0 24) 358 43 55*, « Dans un vaste parc, intérieur Art Nouveau », – – 25 à 150. AE VISA.
Repas *Lunch 58* – carte env. 75 – 53 – **14 ch** 235/315, 7 suites – ½ P 165/205.

MUIDEN *Noord-Holland* 210 P 9, 211 P 9 *et* 908 G 5 – *6 876 h.*

Voir *Château★ (Muiderslot).*

Amsterdam 18 – Hilversum 22.

De Doelen, Sluis 1, ✉ 1398 AR, ☎ (0 294) 26 32 00, *Fax (0 294) 26 48 75*, « Rustique » – AE VISA
Repas carte env. 95.

De Muiderhof, Herengracht 75, ✉ 1398 AD, ☎ (0 294) 26 45 07, *Fax (0 294) 26 36 92*, « Terrasse » – AE VISA
Repas *Lunch 40* – carte env. 70.

MUNSTERGELEEN *Limburg* 211 U 17 – *voir à Sittard.*

NAALDWIJK *Zuid-Holland* 211 K 11 - ㊳ N *et* 908 D 6 - ㉓ N – *28 722 h.*

Amsterdam 77 – Rotterdam 26 – Den Haag 13.

Carlton, Tiendweg 20, ✉ 2671 SB, ☎ (0 174) 64 01 77, *Fax (0 174) 64 02 21*, – rest, – 30 à 150. AE VISA JCB
Repas *Lunch 20* – 53/70 – 28 – **80 ch** 248/270 – ½ P 158/215.

NAARDEN *Noord-Holland* 210 P 9, 211 P 9 *et* 908 G 5 – *16 807 h.*

Voir *Fortifications★.*

Adr. Dorstmanplein 1b, ✉ 1411 RC, ☎ (0 35) 694 28 36, Fax (0 35) 694 34 24.

Amsterdam 21 – Apeldoorn 66 – Utrecht 30.

Tulip Inn, IJsselmeerweg 3 (près A 1, sortie ⑥ - Gooimeer), ✉ 1411 AA, ☎ (0 35) 695 15 14, *Fax (0 35) 695 10 89*, – – 25 à 150. AE VISA. rest
Repas carte env. 60 – 27 – **107 ch** 221/265, 21 suites – ½ P 331.

XX **Het Arsenaal,** Kooltjesbuurt 1, ✉ 1411 RZ, ✆ (0 35) 694 91 48, Fax *(0 35) 694 03 69*, – P. AE ① MC VISA.
fermé 25 déc.-2 janv. et lundi – **Repas** Lunch 55 – 79/95.

XX **Aub. Le Bastion,** St. Annastraat 3, ✉ 1411 PE, ✆ (0 35) 694 66 05, Fax *(0 35) 694 66 05*, – AE ① MC VISA
fermé lundi – **Repas** Lunch 58 – carte env. 80.

X **Chef's,** Cattenhagestraat 9, ✉ 1411 CR, ✆ (0 35) 694 88 03, Fax *(0 35) 694 88 03*, – AE ① MC VISA
Repas Lunch 38 – 45/55.

NECK *Noord-Holland* 210 O 7 – *voir à Purmerend.*

NEDERWETTEN *Noord-Brabant* 211 S 14 – *voir à Nuenen.*

NES *Fryslân* 210 T 2 *et* 908 I 1 – *voir à Waddeneilanden (Ameland).*

NIEUWEGEIN *Utrecht* 211 P 10 *et* 908 G 5 – *61 241 h.*
Blokhoeve 7, ✉ 3438 LC, ✆ (0 30) 604 07 69, Fax (0 30) 604 21 92.
Amsterdam 50 – Utrecht 11 – Rotterdam 65.

Mercure, Buizerdlaan 10 (Ouest : 1 km), ✉ 3435 SB, ✆ (0 30) 604 48 44, – 25 à 450. AE ① MC VISA JCB
Repas carte 56 à 98 – 26 – **78 ch** 250.

XX **De Middenhof,** Duetlaan 1 (par Nedereindseweg), ✉ 3438 TA, ✆ (0 30) 603 37 71, Fax *(0 30) 603 53 02*, « Ferme du 19e s. » – P. AE ① MC VISA
fermé 2 dern. sem. juil.-prem. sem. août, sam. midi et dim. midi – **Repas** Lunch 50 – 63.

XX **De Bovenmeester,** Dorpsstraat 49 (Est : 1,5 km, Vreeswijk), ✉ 3433 CL, ✆ (0 30) 606 66 22, – . AE ① MC VISA
fermé 25 déc.-5 janv. et lundi – **Repas** Lunch 48 – 45/63.

NIEUWERKERK AAN DEN IJSSEL *Zuid-Holland* 211 M 11 - (40) N *et* 908 E 6 - (25) N – *20 249 h.*
Blaardorpseweg 1, ✉ 2911 BC, ✆ (0 180) 31 71 88, Fax (0 180) 39 02 12.
Amsterdam 53 – Rotterdam 17 – Gouda 12 – Den Haag 42.

Nieuwerkerk a/d IJssel, Parallelweg Zuid 185 (près A 20, sortie (17)), ✉ 2914 LE, ✆ (0 180) 32 11 03, Fax *(0 180) 32 11 84*, – TV P – 25 à 125. AE ① MC VISA. ch
Repas Lunch 28 – carte env. 60 – 23 – **101 ch** 130, 2 suites – ½ P 115.

NIEUWERSLUIS *Utrecht* 211 P 9 – *voir à Loenen.*

NIEUWESCHANS *Groningen* C *Reiderland 6 888 h.* 210 AC 3 *et* 908 M 2.
Amsterdam 243 – Groningen 49 – Assen 60.

Fontana, Weg naar de Bron 7, ✉ 9693 GA, ✆ (0 597) 52 77 77, Fax *(0 597) 52 85 85*, – TV P – 30 à 100. AE ① MC VISA.
Repas carte env. 65 – **67 ch** 165/175 – ½ P 127.

NIEUW-VENNEP *Noord-Holland* C *Haarlemmermeer 108 909 h.* 211 M 9 *et* 908 E 5.
Amsterdam 31 – Den Haag 36 – Haarlem 17.

De Rustende Jager, Venneperweg 471, ✉ 2153 AD, ✆ (0 252) 62 93 33, Fax *(0 252) 62 93 34*, – rest, TV P – 25 à 300. AE ① MC VISA JCB.
Repas 52/58 – 15 – **42 ch** 125/165 – ½ P 176.

NIEUWVLIET *Zeeland* C *Oostburg 17 819 h* 211 F 14 *et* 908 B 7.
Amsterdam 185 – Middelburg (bac) 17 – Antwerpen 84 – Brugge 31 – Knokke-Heist 21.

à Nieuwvliet-Bad *Nord-Ouest : 3 km* C *Oostburg :*

Delta Residence, Zouterik 2, ✉ 4504 RX, ✆ (0 117) 37 20 20, Fax *(0 117) 37 20 07*, – TV – 25 à 250. AE ① MC VISA.
Repas *La Coquille* *(fermé lundi)* Lunch 70 – carte 99 à 116 – 18 – **35 ch** 100/125 – ½ P 117/192.

NIJKERK *Gelderland* 211 *R 9 et* 908 *H 5 – 27 164 h.*

Amsterdam 60 – Utrecht 34 – Apeldoorn 53 – Zwolle 57.

Ampt van Nijkerk, Berencamperweg 4, ✉ 3861 MC, ☎ (0 33) 247 16 16, *Fax (0 33) 247 16 00,* – 25 à 250. AE VISA. rest
Repas *Lunch 38* – 55/95 – 35 – **110 ch** 215/265 – ½ P 180/240.

de Salentein, Putterstraatweg 7 (Nord-Est : 1,5 km), ✉ 3862 RA, ☎ (0 33) 245 41 14, *Fax (0 33) 246 20 18,* – 25 à 175. AE VISA
fermé sam. midi et dim. – **Repas** *Lunch 45* – 55/95.

NIJMEGEN *Gelderland* 211 *T 11 et* 908 *I 6 – 150 495 h. – Casino* Y *, Waalkade 68, ✉ 6511 XP, ☎ (0 24) 360 00 00, Fax (0 24) 360 16 02.*

Voir *Poids public★ (Waag)* BC *– Chapelle St-Nicolas★ (St. Nicolaaskapel)* C **R.**
Musée : *Nationaal Fietsmuseum Velorama★* C **M³.**

(2 parcours) au Sud-Est : 9 km à Groesbeek, Postweg 17, ✉ 6561 KJ, ☎ (0 24) 397 66 44, Fax (0 24) 397 69 42.

Keizer Karelplein 2, ✉ 6511 NC, ☎ 0 900-112 23 44, Fax (0 24) 329 78 79.

Amsterdam 119 ① – Arnhem 19 ① – Duisburg 114 ②

Plan page ci-contre

Mercure, Stationsplein 29, ✉ 6512 AB, ☎ (0 24) 323 88 88, *Fax (0 24) 324 20 90,* ch, – 25 à 90. AE VISA — B r
Repas *(fermé dim. midi) Lunch 23* – 45 – 25 – **104 ch** 160/185.

Belvoir, Graadt van Roggenstraat 101, ✉ 6522 AX, ☎ (0 24) 323 23 44, *Fax (0 24) 323 99 60,* – 25 à 350. AE VISA JCB. rest — C p
Repas (dîner seult) 45 – 25 – **74 ch** 220/250 – ½ P 245/305.

Bastion, Neerbosscheweg 614, ✉ 6544 LL, ☎ (0 24) 373 01 00, *Fax (0 24) 373 03 73,* – AE VISA. — A e
Repas (Grillades, ouvert jusqu'à 23 h) 45 – 17 – **40 ch** 135.

Chalet Brakkestein, Driehuizerweg 285, ✉ 6525 PL, ☎ (0 24) 355 39 49, *Fax (0 24) 356 46 19,* « Demeure du 18ᵉ s., parc » – AE VISA — A n
fermé carnaval, 31 déc. et 1ᵉʳ janv. – **Repas** (dîner seult) carte 79 à 112.

Het Heimwee, Oude Haven 76, ✉ 6511 XH, ☎ (0 24) 322 22 56, *Fax (0 24) 323 98 12,* – AE VISA — B c
fermé 31 déc. – **Repas** *Lunch 45* – carte env. 75.

De Schat, Lage Markt 79, ✉ 6511 VK, ☎ (0 24) 322 40 60, *Fax (0 24) 360 88 88,* Ouvert jusqu'à 23 h – AE VISA JCB — B d
fermé 24 déc.-1ᵉʳ janv., sam. midi, dim. midi et lundi – **Repas** *Lunch 53* – 73.

Het Savarijn, Van der Brugghenstraat 14, ✉ 6511 SL, ☎ (0 24) 323 26 15, *Fax (0 24) 360 51 67,* – AE VISA JCB. — C h
fermé du 12 au 23 juin, du 15 au 21 juil., 24 et 31 déc., sam. midi et dim. midi – **Repas** *Lunch 49* – 55.

Hoo Wah 1ᵉʳ étage, Plein 1944 nʳ 52, ✉ 6511 JE, ☎ (0 24) 322 01 52, *Fax (0 24) 324 16 97,* Cuisine asiatique – AE VISA — B m
fermé lundi de carnaval, 24 juil.-3 août, mardis non fériés et dim. midi – **Repas** *Lunch 23* – 48/82.

Claudius, Bisschop Hamerstraat 12, ✉ 6511 NB, ☎ (0 24) 322 14 56, *Fax (0 24) 322 14 56,* Grillades – AE VISA — B f
fermé lundi – **Repas** (dîner seult jusqu'à 23 h) carte env. 75.

à Berg en Dal C *Groesbeek 19 208 h :*

Val-Monte , Oude Holleweg 5, ✉ 6572 AA, ☎ (0 24) 684 20 00, *Fax (0 24) 684 33 53,* « Jardin », – 25 à 140. AE VISA. — A y
Repas *Lunch 42* – carte env. 65 – **98 ch** 105/240, 1 suite – ½ P 125/145.

Erica , Molenbosweg 17, ✉ 6571 BA, ☎ (0 24) 684 35 14, *Fax (0 24) 684 36 13,* « Environnement boisé », – 25 à 250. AE VISA. rest — A x
Repas *(fermé après 19 h 30) Lunch 15* – 45 – **59 ch** 150/220 – ½ P 145.

à Beuningen *par ⑤ : 7 km – 24 502 h.*

De Prins, Van Heemstraweg 79, ✉ 6641 AB, ☎ (0 24) 677 12 17, *Fax (0 24) 677 81 26,* – AE VISA.
fermé dern. sem. août et lundi – **Repas** *Lunch 35* – carte 55 à 77.

NIJMEGEN

Almarasweg . . . . A 3
Augustinenstr. . . . . B 4
Barbarossastr. . . . . C 6
van Berchenstr. . . . . B 7
Bloemerstr. . . . . B
Broerstr. . . . . BC
Burchstr. . . . . B
in de Betouwstr. . . . . B 9
Bisschop Hamerstr. . . . . B 10
van Broeckhuysen straat . . . . . C 12
van Demerbroeck straat . . . . . B 13
Gerard Noodstr. . . . . C 15
Graadt Roggenstr. . . . . C 16
Groesbeekseweg . . . . B 18
Grote Markt . . . . B 19
Grotestr. . . . . C 21
Heyendaalseweg . . . . A 22
Houtlaan . . . . A 24
Industrieweg . . . . A 25
Jonkerbospl. . . . . A 27
Julianapl. . . . . C 28
Keizer Traianusplein . . . . . . C 30
Kelfkenbos . . . . C 31
Kwakkenbergweg . . . . A 33
Lange Hezelstr. . . . . B
Molenstr. . . . . B
Mr. Franckenstr. . . . . C 34
Muntweg . . . . A 36
Nassausingel . . . . B 37
Nieuwe Ubbergseweg . . . . . . A 39
Nonnenstr. . . . . B 40
van Oldenbarnevelt straat . . . . B 42
Oude Kleefse Baan . . . . A 43
Passage Molenpoort . . . . B 45
Plein 1944 . . . . B
Prins Bernhardstr. . . . . C 46
Prins Hendrikstr. . . . . C 48
Regulierstr. . . . . B 49
van Schevichaven straat . . . . C 51
Sionsweg . . . . A 52
Slotemaker de Brüineweg . . . . A 54
Stationspl. . . . . B 55
Stikke Hezelstr. . . . . B 57
van Triestr. . . . . B 58
Tunnelweg . . . . B 60
Tweede Walstr. . . . . B 61
Weg door Jonkerbos . . . . . . A 63
Wilhelminasingel . . . . B 64
Ziekerstr. . . . . BC

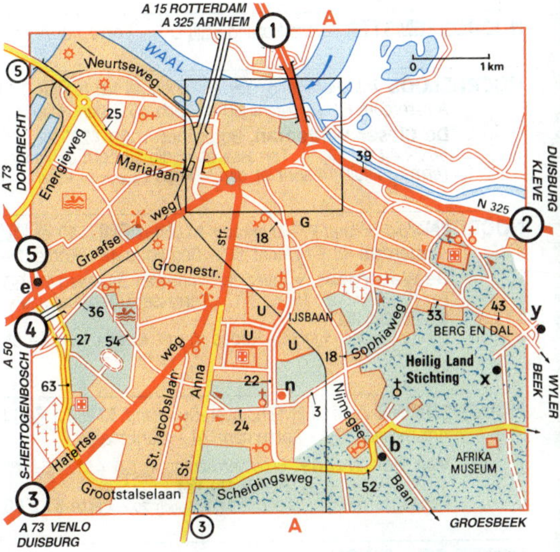

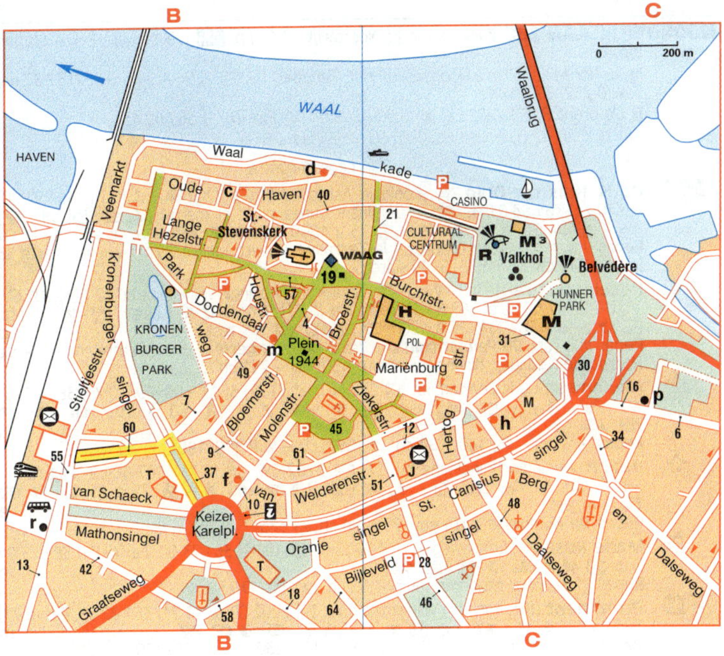

à Heilig Land-Stichting *C Groesbeek 19 208 h :*

Sionshof, Nijmeegsebaan 53, ✉ 6564 CC, ☎ (0 24) 322 77 27, *Fax (0 24) 322 62 23,* 🍴, 🚲 – TV ☎ P – 🎤 25 à 80. AE ⓓ MC VISA. ✗ rest A b
fermé du 24 au 26 déc. et 31 déc.-1er janv. – **Repas** *(fermé après 20 h 30)* Lunch 30 – carte 56 à 74 – **22 ch** ☕ 110/240 – ½ P 110/149.

NOORDBEEMSTER *Noord-Holland* 210 O 7 – *voir à Purmerend.*

NOORDELOOS *Zuid-Holland* C *Giessenlanden 14 105 h.* 211 O 11 *et* 908 F 6.

Amsterdam 61 – Utrecht 30 – Breda 45 – Den Haag 70 – Rotterdam 43.

XXX **De Gieser Wildeman,** Botersloot 1, ✉ 4225 PR, ☎ (0 183) 58 25 01, *Fax (0 183) 58 29 44,* ≤, 🍴, « Terrasse et jardin au bord de l'eau » – ▤ P. AE ⓓ MC VISA JCB
fermé 31 juil.-14 août et dim. – **Repas** Lunch 58 – carte 85 à 108.

NOORDEN *Zuid-Holland* C *Nieuwkoop 11 051 h.* 211 N 10 *et* 908 F 5.

Amsterdam 42 – Utrecht 50 – Den Haag 48 – Rotterdam 47.

XX **De Watergeus** 🐦 avec ch, Simon van Capelweg 10, ✉ 2431 AG, ☎ (0 172) 40 83 98, *Fax (0 172) 40 92 15,* ≤, 🍴, « Terrasse au bord de l'eau », 🌳, 🚲, ⚓ – TV ☎ P – 🎤 25. AE ⓓ MC VISA
fermé 24 déc.-3 janv. – **Repas** *(fermé lundi)* Lunch 55 – 65 – **9 ch** ☕ 110/160, 1 suite – ½ P 160/240.

NOORDGOUWE *Zeeland* C *Schouwen-Duiveland 32 954 h.* 211 I 12 *et* 908 C 6.

Amsterdam 150 – Rotterdam 74 – Zierikzee 10.

Van der Weijde, Brouwerijstraat 1, ✉ 4317 AC, ☎ (0 111) 40 14 91, *Fax (0 111) 40 21 29,* 🌳 – TV. AE ⓓ MC VISA
Repas *(fermé dim. d'oct. à avril)* Lunch 20 – carte 51 à 68 – **7 ch** ☕ 75/125 – ½ P 98.

NOORD-SCHARWOUDE *Noord-Holland* 210 N 6 – *voir à Alkmaar.*

NOORDWIJK AAN ZEE *Zuid-Holland* C *Noordwijk 25 241 h.* 211 L 9 *et* 908 E 5 – *Station balnéaire.*

⛳18 *au Nord-Est : 5 km à Noordwijkerhout, Randweg 25,* ✉ *2204 AL,* ☎ *(0 252) 37 37 61, Fax (0 252) 37 00 44.*

🅸 *De Grent 8,* ✉ *2202 EK,* ☎ *0 900-202 04 04, Fax (0 71) 361 69 45.*

Amsterdam 42 ① – Den Haag 26 ① – Haarlem 28 ①

Plan page ci-contre

Gd H. Huis ter Duin 🐦, Koningin Astrid bd 5, ✉ 2202 BK, ☎ (0 71) 361 92 20, *Fax (0 71) 361 94 01,* ≤, 🍴, « Dominant dunes, plage et mer », 🏋, ♨, 🏊, 🌳, 🎾, 🚲 – 🛗 ⇆ TV ☎ ♿ 🚗 P – 🎤 25 à 1000. AE ⓓ MC VISA JCB. ✗ AX a
Repas voir rest ***Latour*** ci-après – ***la Terrasse*** (Ouvert jusqu'à 23 h) Lunch 28 – carte 66 à 83 – **242 ch** ☕ 415/575, 19 suites.

Hotels van Oranje (en annexe 🏨 Boulevard), Koningin Wilhelmina bd 20, ✉ 2202 GV, ☎ (0 71) 367 68 69 et 367 68 52 (rest), *Fax (0 71) 367 68 00,* ≤, 🏋, ♨, 🏊 – 🛗, ▤ rest, TV ☎ ♿ 🚗 P – 🎤 25 à 1200. AE ⓓ MC VISA. ✗ rest AX d
Repas voir rest ***De Palmentuin*** ci-après – ***De Orangerie*** Lunch 55 – carte env. 70 – ***De Harmonie*** (Grillades, dîner seult) carte 45 à 70 – **231 ch** ☕ 485.

Alexander, Oude Zeeweg 63, ✉ 2202 CJ, ☎ (0 71) 361 89 00, *Fax (0 71) 361 78 82,* ♨, 🎾, 🚲 – 🛗, ▤ rest, TV ☎ 🚗 P – 🎤 50 à 200. AE ⓓ MC VISA JCB. ✗ AX b
Repas Lunch 30 – 45/140 – **62 ch** ☕ 185/260 – ½ P 170/190.

Beach, Koningin Wilhelmina bd 31, ✉ 2202 GW, ☎ (0 71) 367 68 69, *Fax (0 71) 367 68 00,* ≤, 🏋, ♨, 🏊 – 🛗, ▤ rest, TV ☎ 🚗 P – 🎤 25 à 75. AE ⓓ MC VISA. ✗ rest AX e
Repas ***De Mangerie*** carte env. 70 – **84 ch** ☕ 375.

Marie Rose 🐦, Emmaweg 25, ✉ 2202 CP, ☎ (0 71) 361 73 00, *Fax (0 71) 361 73 01* – 🛗 TV ☎ P. AE ⓓ MC VISA. ✗ AX c
Repas (dîner pour résidents seult) – **32 ch** ☕ 150/170.

Prominent Inn, Koningin Wilhelmina bd 4, ✉ 2202 GR, ☎ (0 71) 361 22 53, *Fax (0 71) 361 13 65,* ≤, 🍴, ♨ – 🛗 TV ☎ P – 🎤 25. AE ⓓ MC VISA AX m
Repas Lunch 38 – carte env. 55 – **26 ch** ☕ 135/230 – ½ P 125/150.

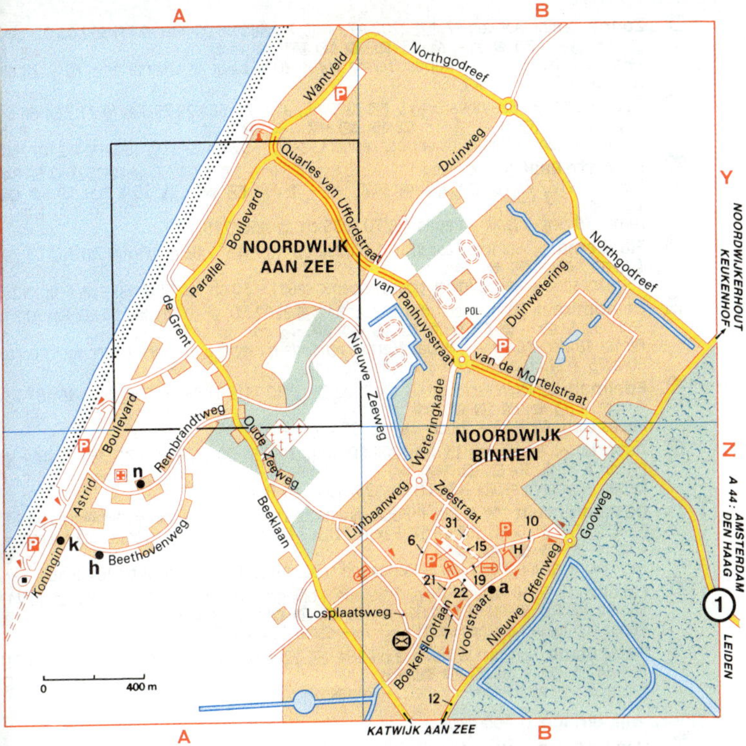

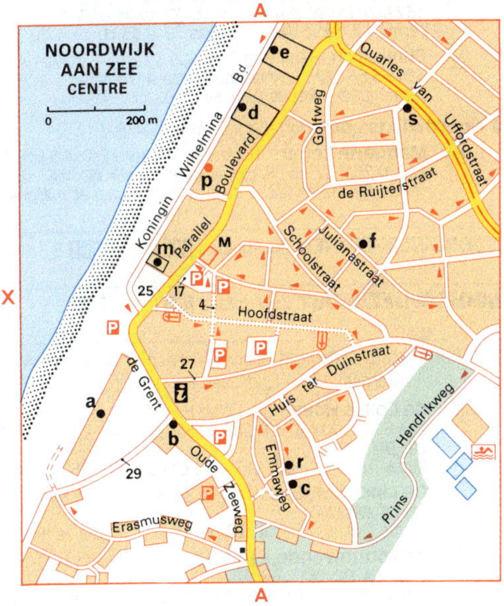

Bomstraat	AX	4
Bronckhorststraat	BZ	6
Douzastraat	BZ	7
Heilige Geestweg	BZ	10
Herenweg	BZ	12
Hoofdstraat	AX	
Kerkstraat	BZ	15
Kroonsplein (Jan)	AX	17
Limburg Stirumstraat (van)	BZ	19
Lindenhofstraat	BZ	21
Lindenplein	BZ	22
Palaceplein	AX	25
Royenstraat (Abraham van)	AX	27
Tappenbeckweg (Rudolf)	AX	29
Tramsteeg	BZ	31

Aux Pays-Bas,
le petit déjeuner est
généralement inclus
dans le prix
de la chambre.

In Nederland
is het ontbijt
in het algemeen
bij de kamerprijs
inbegrepen.

Zonne, Rembrandtweg 17, ✉ 2202 AT, ☎ (0 71) 361 96 00, *Fax (0 71) 362 06 02,* ✖, ✿, – TV ☎ P – 25. AE ① MC VISA. rest AZ r
fermé 24 déc.-6 janv. – **Repas** *(fermé après 20 h)* Lunch 33 – carte env. 70 – **28 ch** 148/200 – ½ P 130/168.

Belvedere, Beethovenweg 5, ✉ 2202 AE, ☎ (0 71) 361 29 29, *Fax (0 71) 364 60 61* – rest, TV ☎ – 25. AE ① MC VISA JCB. rest AZ h
fermé déc.-janv. – **Repas** (dîner pour résidents seult) – **32 ch** 130/180 – ½ P 210/230.

De Witte Raaf, Duinweg 117 (Nord-Est : 4,5 km), ✉ 2204 AT, ☎ (0 252) 37 59 84, *Fax (0 252) 37 75 78,* – TV ☎ – 25 à 100. AE ① MC VISA. BY
fermé 30 déc.-4 janv. – **Repas** 45/70 – **35 ch** 150/225.

Fiankema, Julianastraat 32, ✉ 2202 KD, ☎ (0 71) 362 03 40, *Fax (0 71) 362 03 70,* – TV ☎. AX f
15 mars-sept. – **Repas** (dîner pour résidents seult) – **30 ch** 125/180 – ½ P 90/125.

De Admiraal, Quarles van Uffordstraat 81, ✉ 2202 ND, ☎ (0 71) 361 24 60, *Fax (0 71) 361 68 14,* – TV ☎ P. AE ① MC VISA. ch AX s
fermé 18 déc.-16 janv. – **Repas** *(fermé vend. de mi-sept. à mi-mars)* (dîner seult) carte 60 à 75 – **27 ch** 100/165 – ½ P 110/112.

Edelman, Koningin Astrid bd 48, ✉ 2202 BE, ☎ (0 71) 361 31 24, *Fax (0 71) 361 07 73,* ←, – TV ☎. AE ① MC VISA. rest AZ k
Repas carte 62 à 83 – **26 ch** 116/203 – ½ P 89/139.

Astoria, Emmaweg 13, ✉ 2202 CP, ☎ (0 71) 361 00 14, *Fax (0 71) 361 66 44* – TV ☎ P – 30. AE MC VISA. AX r
Repas (résidents seult) – **34 ch** 125/150 – ½ P 150/180.

De Palmentuin - 1er étage H. Boulevard (Hotels van Oranje), Koningin Wilhelmina bd 24, ✉ 2202 GV, ☎ (0 71) 367 68 50, *Fax (0 71) 367 68 00,* ←, « Terrasse face à la mer » – P. AE ① MC VISA. AX d
fermé dim. et lundi en hiver – **Repas** (de sept. à mai dîner seult) carte 104 à 165.

Latour - H. Gd H. Huis ter Duin, 1er étage, Koningin Astrid bd 5, ✉ 2202 BK, ☎ (0 71) 361 92 20, *Fax (0 71) 361 94 01,* ← – P. AE ① MC VISA JCB. AX a
Repas (en juil.-août dîner seult) Lunch 48 – carte 104 à 195.

Petit Blanc, Koningin Wilhelmina bd 16a, ✉ 2202 GT, ☎ (0 71) 361 48 75, *Fax (0 71) 361 48 75,* – . AE ① MC VISA AX p
fermé du 1er au 21 janv. et merc. – **Repas** Lunch 48 – 63.

à Noordwijk-Binnen C *Noordwijk :*

Het Hof van Holland, Voorstraat 79, ✉ 2201 HP, ☎ (0 71) 361 22 55, *Fax (0 71) 362 06 01,* – rest, TV ☎ P – 25 à 100. AE ① MC VISA. BZ a
fermé 27 déc.-5 janv. – **Repas** 70 – **33 ch** 175/250, 2 suites – ½ P 240/250.

Cleyburch, Herenweg 225 (Sud : 2 km), ✉ 2201 AG, ☎ (0 71) 364 84 48, *Fax (0 71) 364 63 66,* « Ancienne ferme à fromages » – P. AE ① MC VISA BZ
fermé lundi – **Repas** Lunch 58 – 70.

à Noordwijkerhout *Nord-Est : 5 km – 15 475 h.*

Mangerie Zegers, Herenweg 78 (Nord-Est : 1,5 km), ✉ 2211 CD, ☎ (0 252) 37 25 88, *Fax (0 252) 37 25 88,* – P. AE ① MC VISA.
fermé 2 sem. en juil., 2 sem. en janv., lundi et mardi – **Repas** Lunch 45 – 53/63.

NOORDWIJK-BINNEN *Zuid-Holland* 211 G 9 et 908 E 5 – *voir à Noordwijk aan Zee.*

NOORDWIJKERHOUT *Zuid-Holland* 211 L 9 et 908 E 5 – *voir à Noordwijk aan Zee.*

NUENEN *Noord-Brabant* C *Nuenen, Gerwen en Nederwetten 23 382 h.* 211 S 14 et 908 H 7.
Amsterdam 125 – Eindhoven 8 – 's-Hertogenbosch 39.

de Collse Hoeve, Collse Hoefdijk 24 (à Eeneind, Sud : 3 km), ✉ 5674 VK, ☎ (0 40) 283 81 11, *Fax (0 40) 283 42 55,* – rest, TV ☎ P – 25 à 150. AE ① MC VISA
Repas Lunch 53 – 58/113 – **42 ch** 125/325 – ½ P 215/275.

De Lindehof, Beekstraat 1, ✉ 5671 CS, ☎ (0 40) 283 73 36, *Fax (0 40) 284 01 16* – . AE MC VISA
fermé 24 juil.-16 août, 27 déc.-3 janv., mardi et merc. – **Repas** (dîner seult) 73/85.

de Zonnewende, Park 63, ✉ 5671 GC, ☎ (0 40) 284 00 60, *Fax (0 40) 284 20 45,* – AE ① MC VISA JCB
fermé du 3 au 10 mars, du 7 au 21 juil. et dim. – **Repas** (dîner seult) carte env. 90.

à Nederwetten *Ouest : 3 km* [C] *Nuenen, Gerwen en Nederwetten :*

Heerendonck, Hoekstraat 21, ✉ 5674 NN, ✆ (040) 283 39 27, *Fax (0 40) 284 01 85,* – P. MC VISA
fermé 3 sem. en août, 2 prem. sem. janv., lundi, mardi et merc. – **Repas** (dîner seult) 55.

NUTH *Limburg* 211 U 17 *et* 908 I 9 – *16 744 h.*
Amsterdam 207 – Maastricht 19 – Heerlen 8 – Aachen 24.

Pingerhof, Pingerweg 11, ✉ 6361 AL, ✆ (0 45) 524 17 99, *Fax (0 45) 524 20 23,* ,
« Rustique, terrasse et jardin » – P. AE ① MC VISA
fermé merc. – **Repas** *Lunch 69* – 85/93.

In De'n Dillegaard, Dorpstraat 89, ✉ 6361 EK, ✆ (0 45) 524 55 94, *Fax (0 45) 524 55 94,* – MC VISA
fermé lundi et mardi – **Repas** 60/75.

ODOORN *Drenthe* [C] *Borger-Odoorn 25 857 h.* 210 AA 5 *et* 908 L 3.
Amsterdam 185 – Assen 32 – Emmen 8 – Groningen 49.

De Oringer Marke, Hoofdstraat 9, ✉ 7873 BB, ✆ (0 591) 51 28 88, *Fax (0 591) 51 28 11* – TV ☎ P – 30 à 150. AE MC VISA. rest
Repas *Lunch 20* – carte env. 50 – **31 ch** 110/160 – ½ P 108/163.

De Stee, Hoofdstraat 24, ✉ 7873 BC, ✆ (0 591) 51 22 63, *Fax (0 591) 51 36 18* – TV ☎ P – 30. MC VISA. ch
Repas (résidents seult) – **11 ch** 90/135.

à Exloo *Nord : 4 km* [C] *Borger-Odoorn :*

De Meulenhoek, Hoofdstraat 61, ✉ 7875 AB, ✆ (0 591) 54 91 88, *Fax (0 591) 54 96 49,* , – TV ☎ P. AE ① MC VISA JCB. ch
fermé du 1er au 15 janv. – **Repas** carte env. 55 – **14 ch** 105/138 – ½ P 193/213.

à Valthe *Est : 3 km* [C] *Borger-Odoorn :*

De Gaffel, Odoornerweg 1, ✉ 7872 PA, ✆ (0 591) 51 35 36, *Fax (0 591) 51 31 85,* ,
« Ancienne ferme saxonne » – P. AE MC VISA JCB
fermé du 14 au 31 août, lundi et mardi – **Repas** (dîner seult) 60/83.

OEFFELT *Noord-Brabant* [C] *Boxmeer 28 494 h.* 211 U 12 *et* 908 I 6.
Amsterdam 135 – Eindhoven 52 – 's-Hertogenbosch 62 – Nijmegen 26.

't Veerhuis avec ch, Veerweg 2 (direction Gennep, puis 2e rte à gauche), ✉ 5441 PL, ✆ (0 485) 36 13 13, *Fax (0 485) 36 28 14,* , « Terrasse avec ≤ Meuse (Maas) », – P. AE ① MC VISA.
Repas *(fermé sam. midi et dim. midi) Lunch 45* – carte env. 65 – **6 ch** *(fermé merc. d'oct. à mars, lundi et mardi)* 100/125.

OEGSTGEEST *Zuid-Holland* 211 L 9 *et* 908 E 5 – *voir à Leiden.*

OHÉ en LAAK *Limburg* [C] *Maasbracht 13 623 h.* 211 T 16 - U 16 *et* 908 I 8.
Amsterdam 182 – Eindhoven 56 – Maastricht 29 – Roermond 14.

Lakerhof , Walburgisstraat 3 (Laak), ✉ 6109 RE, ✆ (0 475) 55 16 54, *Fax (0 475) 55 21 44,* , – TV ☎ P. AE MC VISA. rest
fermé du 3 au 10 mars et du 27 au 31 déc. – **Repas** *Lunch 40* – carte env. 50 – **8 ch** 80/125 – ½ P 105/138.

OIRSCHOT *Noord-Brabant* 211 Q 13 *et* 908 G 7 – *17 482 h.*
St-Odulphusstraat 11, ✉ 5688 BA, ✆ (0 499) 55 05 99, Fax (0 499) 57 76 33.
Amsterdam 117 – Eindhoven 17 – 's-Hertogenbosch 28 – Tilburg 21.

De Kroon, Rijkesluisstraat 6, ✉ 5688 ED, ✆ (0 499) 57 10 95, *Fax (0 499) 57 57 85,* – TV ☎. AE ① MC VISA JCB. ch
fermé dern. sem. déc.-prem. sem. janv. – **Repas** *Lunch 35* – 45 – **12 ch** 125/200 – ½ P 155/173.

De Zwaan, Markt 4, ✉ 5688 AJ, ✆ (0 499) 55 14 14, *Fax (0 499) 55 14 15,* – . AE ① MC VISA.
Repas carte 74 à 102.

La Fleurie, Rijkesluisstraat 4, ✉ 5688 ED, ✆ (0 499) 57 41 36, *Fax (0 499) 57 49 68,* – AE ① MC VISA.
fermé lundi – **Repas** *Lunch 40* – 53/80.

XX **De Meulen,** Korenaar 49, ✉ 5688 TS, ☎ (0 499) 57 51 92, *Fax (0 499) 57 50 22*, 🍽, « Moulin du 19e s. » – P. AE ⓓ MC VISA JCB. ✂
fermé 2 sem. en fév., 2 sem. vacances bâtiment, lundi et mardi – **Repas** (dîner seult) 60/83.

OISTERWIJK *Noord-Brabant* 211 Q 13 *et* 908 G 7 – *25 275 h.*

Voir *Site★.*
De Lind 57, ✉ 5061 HT, ☎ (0 13) 528 23 45.
Amsterdam 106 – 's-Hertogenbosch 17 – Tilburg 10.

De Swaen, De Lind 47, ✉ 5061 HT, ☎ (0 13) 523 32 33, *Fax (0 13) 528 58 60*, 🍽, « Terrasse et jardin fleuri », 🚲 – |\$| ▤ TV ☎ P – 🏛 25 à 200. AE ⓓ MC VISA
fermé 2 sem. en juil. et lundi et mardi de carnaval – **Repas** *(fermé lundi)* Lunch 75 – 145/185 – ***Amuserij De Jonge Swaen*** *(fermé mardi)* Lunch 45 – 60/80 – ☕ 33 – **22 ch** 285/325, 2 suites – ½ P 240/340.

Landgoed De Rosep 🌲, Oirschotsebaan 15 (Sud-Est : 3 km), ✉ 5062 TE, ☎ (0 13) 523 21 00, *Fax (0 13) 523 21 99*, 🍽, « Terrasse et pièce d'eau », 🏊, 🏊, 🌳, 🎾, 🚲 – ▤ rest, TV ☎ P – 🏛 25 à 350. AE ⓓ MC VISA JCB
Repas Lunch 63 – carte env. 70 – **73 ch** ☕ 200/255 – ½ P 180.

Bos en Ven 🌲, Klompven 26, ✉ 5062 AK, ☎ (0 13) 528 88 56, *Fax (0 13) 528 68 10*, ←, 🍽, « Terrasse », 🌳, 🚲 – |\$|, ▤ rest, TV ☎ P – 🏛 25 à 150. AE ⓓ MC VISA
Repas 65/103 – **31 ch** ☕ 198/255 – ½ P 180.

Bosrand, Gemullehoekenweg 60, ✉ 5062 CE, ☎ (0 13) 521 90 15, *Fax (0 13) 528 63 66*, 🍽, 🌳, 🚲 – TV ☎ P – 🏛 25 à 45. AE ⓓ MC VISA JCB. ✂ rest
fermé 29 déc.-5 janv. – **Repas** *(fermé après 20 h 30)* carte 50 à 68 – **25 ch** ☕ 110/155 – ½ P 105/135.

De Blauwe Kei 🌲, Rosepdreef 4 (Sud-Est : 3 km), ✉ 5062 TB, ☎ (0 13) 528 23 14, *Fax (0 13) 528 22 21*, 🍽, « Dans les bois » – TV ☎ P. AE MC VISA. ✂
fermé 3 prem. sem. janv. et lundi et mardi de nov. à mars – **Repas** Lunch 38 – 45/90 – **11 ch** ☕ 85/150 – ½ P 97/107.

XX **De Jonge Hertog,** Moergestelseweg 123 (Sud-Ouest : 3 km), ✉ 5062 SP, ☎ (0 13) 528 22 20, *Fax (0 13) 528 73 16*, 🍽 – P. AE MC VISA. ✂
fermé lundi – **Repas** Lunch 53 – 68/83.

XX **Rasa Senang,** Gemullehoekenweg 127, ✉ 5062 CC, ☎ (0 13) 528 60 86, *Fax (0 13) 528 30 40*, 🍽, Cuisine indonésienne – P. AE ⓓ MC VISA
fermé lundi d'oct. à mars – **Repas** (dîner seult) 45/90.

XX **De Parel** 🌲 avec ch, Scheibaan 17 (Sud-Est : 4,5 km), ✉ 5062 TM, ☎ (0 13) 528 25 25, *Fax (0 13) 528 54 14*, 🍽, 🏊, 🏊, 🌳, 🎾, 🚲 – ▤ rest, TV ☎ – 🏛 25 à 80. AE ⓓ MC VISA. ✂
Repas *(fermé 24 et 31 déc.)* 55/68 – **7 ch** ☕ 145/250 – ½ P 125.

X **Roberto,** Burg. Verwielstraat 11, ✉ 5061 JA, ☎ (0 13) 528 23 12, 🍽, Cuisine italienne, « Terrasse fleurie » – AE MC
fermé lundi – **Repas** (dîner seult) carte env. 55.

X **Bunga Muda,** Gemullehoekenweg 5, ✉ 5061 MA, ☎ (0 13) 521 02 68, *Fax (0 13) 521 01 45*, Cuisine indonésienne – ▤. AE ⓓ MC VISA. ✂
Repas (dîner seult) 45.

*Die im **Michelin-Führer***
*verwendeten Zeichen und Symbole haben - **fett** oder dünn gedruckt, in Rot oder Schwarz - jeweils eine andere Bedeutung.*
Lesen Sie daher die Erklärungen aufmerksam durch.

OLDEBERKOOP *Fryslân* C *Ooststellingwerf 25 423 h.* 210 V 5 *et* 908 J 3.

Amsterdam 127 – Groningen 61 – Assen 41 – Leeuwarden 50 – Steenwijk 23.

XX **Lunia** avec ch, Molenhoek 2, ✉ 8421 PG, ☎ (0 516) 45 10 57, *Fax (0 516) 45 10 20*, 🍽, 🌳, 🎾, 🚲 – ⊭ ☎ P – 🏛 30. AE MC VISA JCB
fermé dern. sem. janv.-1re quinz. fév. et mardi – **Repas** 50/85 – **18 ch** ☕ 93/130 – ½ P 128.

XX **Hof van Oldeberkoop,** Oosterwoldseweg 3, ✉ 8421 PA, ☎ (0 516) 45 14 27, *Fax (0 516) 45 14 23*, 🍽 – AE ⓓ MC VISA JCB
fermé 2 sem. en sept., lundi et mardi – **Repas** (dîner seult) 59/69.

OLDENZAAL *Overijssel* 210 AA 9, 211 AA 9 et 908 L 5 – *30 670 h.*

St-Plechelmusplein 5, ✉ 7571 EC, ✆ (0 541) 51 40 23, Fax (0 541) 51 75 42.

Amsterdam 161 – Enschede 11 – Zwolle 74.

Herberg de Gulden Kroes, Marktstraat 1, ✉ 7571 ED, ✆ (0 541) 51 21 02, – TV ☎ – 25 à 450. AE ⓓ MC VISA
fermé début janv. – **Repas** (Taverne-rest) carte 50 à 76 – **14 ch** 110/150 – ½ P 127/159.

De Kroon, Steenstraat 17, ✉ 7571 BH, ✆ (0 541) 51 24 02, *Fax (0 541) 52 06 30,* – TV ☎ – 30. AE ⓓ MC VISA
Repas (dîner pour résidents seult) – **25 ch** 170 – ½ P 123/133.

OLTERTERP *Fryslân* 210 V 4 – *voir à Beetsterzwaag.*

OMMEN *Overijssel* 210 X 7 et 908 K 4 – *16 493 h.*

au Nord-Est : 2 km à Arriën, Hessenweg Oost 3a, ✉ 7735 KP, ✆ (0 529) 45 59 99, Fax (0 529) 45 57 77.

Markt 1, ✉ 7731 DB, ✆ (0 529) 45 16 38, Fax (0 529) 45 14 50.

Amsterdam 134 – Assen 59 – Enschede 59 – Zwolle 24.

De Herbergier, Hammerweg 40, ✉ 7731 AK, ✆ (0 529) 45 15 92, *Fax (0 529) 45 51 92,* – TV ☎ P – 60. MC VISA
fermé 20 déc.-1er fév. – **Repas** *(fermé après 20 h)* 45 – **12 ch** 95/150 – ½ P 113.

De Zon avec ch, Voorbrug 1, ✉ 7731 BB, ✆ (0 529) 45 55 50, *Fax (0 529) 45 62 35,* ≤, , « Terrasse en bordure de rivière », – TV ☎ P – 25 à 100. AE ⓓ MC VISA.
Repas 64/85 – **35 ch** 135/275 – ½ P 123/185.

OOSTBURG *Zeeland* 211 F 15 et 908 B 8 – *17 819 h.*

Brugsevaart 10, ✉ 4501 NE, ✆ (0 117) 45 34 10, Fax (0 117) 45 55 11.

Amsterdam (bac) 217 – Middelburg (bac) 20 – Brugge 27 – Knokke-Heist 18.

De Eenhoorn, Markt 1, ✉ 4501 CJ, ✆ (0 117) 45 27 28, *Fax (0 117) 45 33 94,* – AE ⓓ MC VISA JCB
fermé du 10 au 20 juin, du 1er au 16 janv., vend. et sam. midi – **Repas** 60/125.

OOSTERBEEK *Gelderland* C *Renkum 32 070 h.* 211 U 11 et 908 I 6.

Raadhuisplein 1, ✉ 6861 GT, ✆ (0 26) 333 31 72.

Amsterdam 97 – Arnhem 6.

De Bilderberg , Utrechtseweg 261, ✉ 6862 AK, ✆ (0 26) 339 63 33, *Fax (0 26) 339 63 96,* , « Environnement boisé », – TV ☎ P – 25 à 200. AE ⓓ MC VISA JCB. rest
Repas *(fermé 27 déc.-3 janv.)* carte 59 à 75 – 30 – **144 ch** 265/280 – ½ P 205/215.

OOSTEREND (AASTEREIN) *Fryslân* 210 R 2 et 908 H 1 – *voir à Waddeneilanden (Terschelling).*

OOSTEREND *Noord-Holland* 210 S 4 et 908 F 2 – *voir à Waddeneilanden (Texel).*

OOSTERHOUT *Gelderland* C *Valburg 12 962 h.* 211 U 11 et 908 I 6.

Amsterdam 113 – Arnhem 22 – Nijmegen 8.

De Altena, Waaldijk 38, ✉ 6678 MC, ✆ (0 481) 48 21 96, *Fax (0 481) 48 21 96,* ≤, – P. AE MC VISA.
fermé prem. sem. janv. – **Repas** Lunch 48 – 60.

In this guide,
a symbol or a character, printed in red or black, in bold or light type, does not have the same meaning.
Please read the explanatory pages carefully.

OOSTERHOUT *Noord-Brabant* 211 O 13 et 908 F 7 – *51 623 h.*

Dukaatstraat 21, ✉ 4903 RN, ☎ (0 162) 45 87 59, Fax (0 162) 43 32 85.

Bouwlingplein 1, ✉ 4901 KZ, ☎ (0 162) 45 44 59, Fax (0 162) 43 10 48.

Amsterdam 92 – Breda 8 – 's-Hertogenbosch 38 – Rotterdam 58

AC Hotel, Beneluxweg 1 (sur A 27, sortie ⑰), ✉ 4904 SJ, ☎ (0 162) 45 36 43, *Fax (0 162) 43 46 62,* – – 25 à 250. AE VISA
Repas (Avec buffet) *Lunch 11* – 45 – 18 – **63 ch** 135.

Golden Tulip, Waterlooplein 50, ✉ 4901 EN, ☎ (0 162) 45 20 03, *Fax (0 162) 43 50 03,* – – – 25 à 300. AE VISA.
Repas *Lunch 30* – 45 – **51 ch** 160/210 – ½ P 198/285.

De Vrijheid, Heuvel 11, ✉ 4901 KB, ☎ (0 162) 43 32 43, *Fax (0 162) 43 37 83* – AE VISA.
fermé carnaval, Noël et lundi – **Repas** 45/90.

OOSTERSCHELDEDAM, Stormvloedkering (Barrage de l'ESCAUT ORIENTAL) ★★★ *Zeeland* 211 H 3 et 908 C 7 *G. Hollande.*

OOSTERWOLDE *Fryslân* C *Ooststellingwerf 25 423 h.* 210 W 5 et 908 J 3.

Amsterdam 194 – Groningen 40 – Assen 30 – Leeuwarden 46.

De Zon, Stationsstraat 1, ✉ 8431 ET, ☎ (0 516) 51 24 30, *Fax (0 516) 51 30 68,* – – 25 à 300. VISA.
Repas *(fermé après 19 h 30)* carte env. 60 – **34 ch** 101/132 – ½ P 95.

De Kienstobbe, Houtwal 4, ✉ 8431 EW, ☎ (0 516) 51 55 55, « Rustique » – .
fermé mi-juil.-mi-août, dim. et lundi – **Repas** 58/75.

OOSTKAPELLE *Zeeland* C *Veere 22 183 h.* 211 G 13 et 908 B 7.

Amsterdam 186 – Middelburg 12 – Rotterdam 107.

Villa Magnolia sans rest, Oude Domburgseweg 20, ✉ 4356 CC, ☎ (0 118) 58 19 80, *Fax (0 118) 58 40 58,* « Jardin fleuri », – .
15 fév.-oct. – **16 ch** 100/160.

OOST-VLIELAND *Fryslân* 210 P 3 et 908 G 2 – *voir à Waddeneilanden (Vlieland).*

OOSTVOORNE *Zuid-Holland* C *Westvoorne 13 921 h.* 211 J 11 - ㊲ S et 908 D 6 - ㉒ S.

Amsterdam 106 – Rotterdam 37 – Brielle 6 – Den Haag 43.

Duinoord, Zeeweg 23, ✉ 3233 CV, ☎ (0 181) 48 20 44, *Fax (0 181) 48 57 26* – AE VISA.
Repas carte 55 à 73 – **28 ch** 100/150 – ½ P 110/140.

Parkzicht, Stationsweg 61, ✉ 3233 CS, ☎ (0 181) 48 22 84, *Fax (0 181) 48 56 16* – AE VISA
fermé 2 dern. sem. fév., dim. et lundi – **Repas** *Lunch 63* – carte env. 90.

OOTMARSUM *Overijssel* 210 AA 8 et 908 L 4 – *4 472 h.*

Voir *Village*★.

Markt 1, ✉ 7631 BW, ☎ (0 541) 29 21 83, Fax (0 541) 29 18 84.

Amsterdam 165 – Enschede 28 – Zwolle 67.

De Wiemsel , Winhofflaan 2 (Est : 1 km), ✉ 7631 HX, ☎ (0 541) 29 21 55, *Fax (0 541) 29 32 95,* , « Terrasse avec et jardin fleuris », , , , , – – 25 à 90. AE VISA
Repas voir rest ***De Wanne*** ci-après – ***De Gouden Korenaar*** *Lunch 75* – 100/150 – **44 ch** 335/455, 5 suites – ½ P 270/375.

Twents Gastenhoes , Molenstraat 22, ✉ 7631 AZ, ☎ (0 541) 29 30 85, *Fax (0 541) 29 20 67,* , – – 30. AE VISA JCB. rest
fermé du 2 au 31 janv. – **Repas** *(fermé après 20 h)* carte 45 à 67 – **38 ch** 77/107 – ½ P 95/126.

Van der Maas, Grotestraat 7, ✉ 7631 BT, ☎ (0 541) 29 12 81, *Fax (0 541) 29 34 62,* , – rest, – 30 à 100. AE VISA.
Repas *(fermé après 20 h 30)* carte 51 à 68 – **20 ch** 95/135.

de Landmarke, Rossummerstraat 5, ✉ 7636 PK, ✆ (0 541) 29 12 08, *Fax (0 541) 29 22 15*, – 40. AE VISA. rest
Repas 45/48 – **37 ch** 120/170 – ½ P 110/120.

De Rozenstruik, Denekamperstraat 15, ✉ 7631 AA, ✆ (0 541) 29 23 21, –
Repas (résidents seult) – **10 ch** 150 – ½ P 98/105.

De Wanne - H. De Wiemsel, Winhofflaan 2 (Est : 1 km), ✉ 7631 HX, ✆ (0 541) 29 21 55, *Fax (0 541) 29 32 95*, « Terrasse et jardin » – AE VISA
fermé du 2 au 24 juil., dim. et lundi – **Repas** (dîner seult) 110/140, carte 95 à 132
Spéc. Salade de cailles et foie d'oie sauté aux figues et romarin. Ragoût de homard, volaille et truffes. Bar poêlé au lard et jus de laurier (21 déc.-21 mars).

à Lattrop *Nord-Est : 6 km* C *Denekamp 12 300 h :*

De Holtweijde, Spiekweg 7, ✉ 7635 LP, ✆ (0 541) 22 92 34, *Fax (0 541) 22 94 45*, « Environnement campagnard boisé », – 25 à 200. AE VISA JCB.
Repas 85/105 – 38 – **70 ch** 250/310, 12 suites – ½ P 185/235.

ORANJEWOUD *Fryslân* 210 U 5 *et* 908 I 3 – *voir à Heerenveen.*

OSS *Noord-Brabant* 211 S 12 *et* 908 H 6 – *64 582 h.*
au Sud-Est : 7 km à Nistelrode, Slotenseweg 11, ✉ 5388 RC, ✆ (0 412) 61 19 92, Fax (0 412) 61 28 98.
Spoorlaan 24, ✉ 5348 KB, ✆ (0 412) 63 36 04, Fax (0 412) 65 20 93.
Amsterdam 102 – Arnhem 49 – Eindhoven 51 – 's-Hertogenbosch 20 – Nijmegen 29.

De Weverij, Oostwal 175, ✉ 5341 KM, ✆ (0 412) 69 46 46, *Fax (0 412) 69 46 47*, – rest, – 25 à 150. AE VISA JCB
Repas ***Cordial*** *(fermé 30 juil.-13 août, sam. midi et dim. midi)* Lunch 50 – carte 85 à 108 – 24 – **45 ch** 170/210, 3 suites – ½ P 160/175.

City, Raadhuislaan 43, ✉ 5341 GL, ✆ (0 412) 63 33 75, *Fax (0 412) 62 26 55* – – 25 à 130. AE VISA JCB.
fermé 24, 30 et 31 déc. et 1er janv. – **Repas** Lunch 58 – 45/68 – 15 – **45 ch** 195 – ½ P 200/250.

De Amsteleindse Hoeve, Amsteleindstraat 15 (Sud-Ouest : 3 km par Raadhuislaan et Kromstraat), ✉ 5345 HA, ✆ (0 412) 63 26 00, *Fax (0 412) 69 15 07*, « Rustique » – AE VISA.
fermé 17 juil.-6 août, 27 déc.-8 janv., dim. et lundi – **Repas** (dîner seult) carte env. 90.

De Pepermolen, Peperstraat 22, ✉ 5341 CZ, ✆ (0 412) 62 56 99, *Fax (0 412) 65 69 62* – AE VISA
fermé 2 dern. sem. juil. et merc. – **Repas** (dîner seult) 63/90.

OSSENZIJL *Overijssel* C *IJsselham 5 529 h.* 210 U 6 *et* 908 I 3.
Amsterdam 116 – Leeuwarden 53 – Zwolle 57.

Kolkzicht, Hoofdstraat 30, ✉ 8376 HG, ✆ (0 561) 47 72 52, *Fax (0 561) 47 74 24*, « Terrasse au bord de l'eau » – VISA
fermé 2 prem. sem. mars, 2 prem. sem. nov., jeudi de nov. à avril et merc. – **Repas** 55/90.

OTTERLO *Gelderland* C *Ede 101 319 h.* 211 T 10 *et* 908 I 5.
Voir *Parc National de la Haute Veluwe**** *(Nationaal Park De Hoge Veluwe) : Musée Kröller-Müller**** *– à l'Est : 1 km, Parc à sculptures*** *(Beeldenpark).*
Amsterdam 79 – Arnhem 33 – Apeldoorn 22.

Sterrenberg, Houtkampweg 1, ✉ 6731 AV, ✆ (0 318) 59 12 28, *Fax (0 318) 59 16 93*, – – 35. AE VISA JCB.
Repas carte env. 50 – **30 ch** 155/210 – ½ P 125/165.

Carnegie's Cottage, Onderlangs 35, ✉ 6731 BK, ✆ (0 318) 59 12 20, « En bordure du Parc National », – ch
fermé janv.-fév. et du 17 au 31 déc. – **Repas** *(fermé après 20 h 30)* carte 48 à 75 – **12 ch** 130/175 – ½ P 100/160.

't Witte Hoes, Dorpsstraat 35, ✉ 6731 AS, ✆ (0 318) 59 13 92, *Fax (0 318) 59 15 04*, – VISA.
mars-27 déc. – **Repas** *(fermé après 20 h et lundi de sept. au 23 avril)* carte env. 60 – **10 ch** 108/165 – ½ P 105/120.

OUDDORP *Zuid-Holland* [C] *Goedereede 11 114 h.* **211** I 12 et **908** C 6.

Bosweg 2, ✉ 3253 XA, ☎ (0 187) 68 17 89, Fax (0 187) 68 37 83.

Amsterdam 118 – Den Haag 56 – Middelburg 51 – Rotterdam 52.

X **Havenzicht,** Ouddorpse Haven 13 (Sud : 2 km), ✉ 3253 LM, ☎ (0 187) 68 17 67, *Fax (0 187) 68 22 94,* ≤, terrasse, Avec taverne-rest – P. AE MC VISA
fermé 3 sem. en nov., 2 sem. en janv., jeudi et vend. midi – **Repas** 57.

OUDEMIRDUM (ALDEMARDUM) *Fryslân* [C] *Gaasterlân-Sleat 9 698 h.* **210** S 5 et **908** H 3.

Amsterdam 119 – Leeuwarden 60 – Lemmer 17 – Sneek 30.

Boschlust, De Brink 3, ✉ 8567 JD, ☎ (0 514) 57 12 70, *Fax (0 514) 57 19 46,* terrasse, tennis, vélos – TV ☎ P – 40. MC VISA
fermé Noël, Nouvel An et mardi et merc. du 15 oct. à mars – **Repas** carte 45 à 75 – **16 ch** 86/130 – ½ P 98/110.

OUDENBOSCH *Noord-Brabant* [C] *Halderberge 29 367 h.* **211** M 13 et **908** E 7.

Amsterdam 119 – Breda 22 – Roosendaal 9 – Rotterdam 51 – Antwerpen 58.

Tivoli, Markt 68, ✉ 4731 HR, ☎ (0 165) 31 24 12, *Fax (0 165) 32 04 44,* terrasse, « Ancien cloître », jardin, vélos – ascenseur TV ☎ P – 25 à 400. AE D MC VISA. ✗
Repas 45/59 – **30 ch** 145/205 – ½ P 170.

OUDERKERK AAN DE AMSTEL *Noord-Holland* **210** O 9 - ㉙ S, **211** O 9 et **908** F 5 - ㉘ S
– voir à Amsterdam, environs.

OUDESCHILD *Noord-Holland* **210** O 4 et **908** F 2 *– voir à Waddeneilanden (Texel).*

OUDEWATER *Utrecht* **211** O 10 et **908** F 5 – *9 847 h.*

Amsterdam 39 – Utrecht 21 – Den Haag 58 – Rotterdam 54.

X **Joia,** Havenstraat 2, ✉ 3421 BS, ☎ (0 348) 56 71 50, *Fax (0 348) 56 79 48,* Brasserie – VISA JCB
fermé fin déc., lundi d'oct. à mars et mardi – **Repas** Lunch 50 – carte env. 60.

OUDKERK (ALDTSJERK) *Fryslân* **210** T 3 et **908** I 2 *– voir à Leeuwarden.*

OUD-LOOSDRECHT *Utrecht* **211** P 9 et **908** G 5 – *8 854 h.*

Voir *Étangs★★ (Loosdrechtse Plassen).*

Oud Loosdsrechtsedijk 198, ✉ 1231 NC, ☎ (0 35) 582 39 58, Fax (0 35) 582 72 04.

Amsterdam 27 – Utrecht 23 – Hilversum 7.

Golden Tulip, Oud Loosdrechtsedijk 253, ✉ 1231 LZ, ☎ (0 35) 582 49 04, *Fax (0 35) 582 48 74,* ≤, terrasse, vélos, port de plaisance – ascenseur, non-fumeurs TV ☎ P – 25 à 100. AE D MC VISA
Repas Lunch 33 – carte 73 à 99 – **68 ch** *(fermé 31 déc.)* 298/342 – ½ P 197/219.

XX **Host. 't Kompas** avec ch en annexe, Oud Loosdrechtsedijk 203, ✉ 1231 LW, ☎ (0 35) 582 32 00, *Fax (0 35) 582 45 88,* terrasse, vélos, port de plaisance – TV ☎ P – 25 à 140. AE D MC VISA
fermé 24 déc.-1er janv. – **Repas** Lunch 53 – 68 – **16 ch** 155/175.

à Breukeleveen *Sud : 11 km* [C] *Loosdrecht :*

XX **De Veenhoeve,** Herenweg 37, ✉ 3625 AB, ☎ (0 35) 582 43 99, *Fax (0 35) 582 32 80,* terrasse, « Terrasse » – P. AE D MC VISA. ✗
fermé merc. – **Repas** (dîner seult) carte 72 à 116.

OUD-ZUILEN *Utrecht* **211** P 10 et **908** G 5 *– voir à Utrecht.*

OVERLOON *Noord-Brabant* [C] *Boxmeer 28 494 h.* **211** U 13 et **908** I 7.

Amsterdam 157 – Eindhoven 47 – 's-Hertogenbosch 72 – Nijmegen 42.

XX ✿ **Onder de Boompjes** (Brienen), Irenestraat 1, ✉ 5825 CA, ☎ (0 478) 64 22 27, *Fax (0 478) 64 26 30,* terrasse, « Terrasses » – P. AE MC VISA. ✗
fermé 2 sem. carnaval, 2 sem. en août, lundi et mardi – **Repas** Lunch 70 – 148, carte 116 à 135
Spéc. Foie d'oie de 3 façons. Bouillon de volaille aux langoustines, caille et foie d'oie fondant. Filets de sole frits en panure piquante, sauce aux fines herbes et ail.

OVERVEEN *Noord-Holland* 210 M 8, 211 M 8 *et* 908 E 4 – *voir à Haarlem.*

PAPENDRECHT *Zuid-Holland* 211 N 12 *et* 908 F 6 – *voir à Dordrecht.*

PATERSWOLDE *Drenthe* 210 Y 4 *et* 908 K 2 – *voir à Groningen.*

PEIJ *Limburg* C *Echt 19 039 h.* 211 U 16 *et* 908 I 8.

Amsterdam 183 – Maastricht 36 – Eindhoven 54 – Venlo 40.

XX **Hof van Herstal,** Pepinusbrug 8 (Est : 3 km), ✉ 6102 RJ, ☎ (0 475) 48 41 50, *Fax (0 475) 48 85 63,* – P. AE MC VISA.
fermé 29 fév.-17 mars, du 1er au 11 août, lundi et sam. midi – **Repas** 55/95.

PHILIPPINE *Zeeland* C *Sas van Gent 8 691 h.* 211 H 15 *et* 908 C 8.

Amsterdam (bac) 204 – Middelburg (bac) 34 – Gent 35 – Sint-Niklaas 43.

Au Port, Waterpoortstraat 1, ✉ 4553 BG, ☎ (0 115) 49 18 55, *Fax (0 115) 49 17 65,* – TV ☎ – 25 à 350. AE D MC VISA
Repas *(fermé mai, 28 déc.-15 janv., mardi et merc.)* Lunch 30 – 51/58 – **7 ch** *(fermé 1 sem. en mai et 28 déc.-15 janv.)* 100/130 – ½ P 110/145.

XX **Aub. des Moules,** Visserslaan 3, ✉ 4553 BE, ☎ (0 115) 49 12 65, *Fax (0 115) 49 16 56,* Produits de la mer – P. AE D MC VISA
fermé du 6 au 26 juin, 17 déc.-2 janv. et lundi – **Repas** 52/75.

X **De Fijnproever,** Visserslaan 1, ✉ 4553 BE, ☎ (0 115) 49 13 13, Moules en saison – P. AE D MC VISA
fermé 15 mai-5 juin, du 15 au 31 janv., merc. soir et jeudi – **Repas** carte 54 à 76.

PRINCENHAGE *Noord-Brabant* 211 N 13 *et* 908 F 7 – *voir à Breda.*

PURMEREND *Noord-Holland* 210 O 7 *et* 908 F 4 – *66 922 h.*

18 9 *Westerweg 60, ✉ 1445 AD, ☎ (0 299) 48 16 66, Fax (0 299) 64 70 81* - 9 *au Sud-Ouest : 5 km à Wijdewormer (Wormerland), Zuiderweg 68, ✉ 1456 NH, ☎ (0 299) 47 91 23.*

Koestraat 9, ✉ 1441 CV, ☎ (0 299) 41 86 00, Fax (0 299) 43 44 40.

Amsterdam 19 – Alkmaar 25 – Leeuwarden 117.

Golden Tulip, Westerweg 60 (Est : 3 km, direction Volendam), ✉ 1445 AD, ☎ (0 299) 48 16 66, *Fax (0 299) 64 46 91,* ≤, « Sur le parcours de golf », – TV ☎ P – 25 à 200. AE D MC VISA JCB
Repas Lunch 33 – carte env. 70 – 23 – **90 ch** 221/247 – ½ P 183/280.

XX **Sichuan Food,** Tramplein 9, ✉ 1441 GP, ☎ (0 299) 42 64 50, *Fax (0 20) 627 72 81,* Cuisine chinoise – AE D MC VISA.
fermé 31 déc. – **Repas** (dîner seult) 50/73.

à Neck *Sud-Ouest : 2 km* C *Wormerland 14 785 h :*

XX **Mario** avec ch, Dorpstraat 15, ✉ 1456 AA, ☎ (0 299) 42 39 49, – rest, TV ☎ P. AE D MC VISA.
fermé 2 prem. sem. juil., 2 prem. sem. janv. et lundi – **Repas** (Cuisine italienne, ouvert jusqu'à 23 h) 63/110 – **4 ch** 230.

à Noordbeemster *Nord : 10 km direction Hoorn* C *Beemster 8 303 h :*

XX **De Beemster Hofstee,** Middenweg 48, ✉ 1463 HC, ☎ (0 299) 69 05 22, *Fax (0 299) 69 05 04,* « Terrasse » – P. AE D MC VISA
fermé dern. sem. juil.-prem. sem. août, sam. midi, dim. midi et lundi – **Repas** carte env. 80.

à Zuidoostbeemster *Nord : 2 km* C *Beemster 8 303 h :*

Purmerend, Purmerenderweg 232, ✉ 1461 DN, ☎ (0 299) 43 68 58, *Fax (0 299) 43 69 54,* – rest, TV ☎ P – 25. AE D MC VISA. rest
Repas Lunch 30 – carte 50 à 69 – **40 ch** 135/145 – ½ P 173/188.

XX **La Ciboulette,** Kwadijkerweg 7 (ancienne forteresse), ✉ 1461 DW, ☎ (0 299) 68 35 85, *Fax (0 299) 68 42 54,* – P. AE D MC VISA
fermé 27 déc.-4 janv., lundi et mardi – **Repas** (dîner seult) 85/95.

PUTTEN *Gelderland* 210 S 9, 211 S 9 *et* 908 H 5 – *22 340 h.*

Kerkplein 15, ✉ 3881 BH, ☎ (0 341) 35 17 77, Fax (0 341) 35 30 40.

Amsterdam 66 – Arnhem 57 – Apeldoorn 41 – Utrecht 48 – Zwolle 49.

Mercure H. Postiljon, Strandboulevard 3 (Ouest : 4 km sur A 28), ✉ 3882 RN ☎ (0 341) 35 64 64, *Fax (0 341) 35 85 16,* – rest, – 25 à 400. AE VISA
Repas *Lunch 23* – carte env. 60 – 20 – **84 ch** 140/220.

PUTTERSHOEK *Zuid-Holland* C *Binnenmaas 18 982 h.* 211 M 12 *et* 908 E 6.

Amsterdam 103 – Rotterdam 20 – Dordrecht 17.

De Wijnzolder 1er étage, Schouteneinde 60, ✉ 3297 AV, ☎ (0 78) 676 18 32, *Fax (0 78) 676 35 42* – AE VISA
fermé lundi – **Repas** (dîner seult) 59/89.

RAALTE *Overijssel* 210 W 8, 211 W 8 *et* 908 J 4 – *28 286 h.*

Varkensmarkt 8, ✉ 8102 EG, ☎ (0 572) 35 24 06, Fax (0 572) 35 23 43.

Amsterdam 124 – Apeldoorn 35 – Enschede 50 – Zwolle 21.

De Zwaan, Kerkstraat 2, ✉ 8102 EA, ☎ (0 572) 36 37 38, *Fax (0 572) 36 37 39,* – 25 à 60. AE VISA JCB. ch
Repas *Lunch 35* – carte 50 à 85 – **21 ch** 125/200 – ½ P 110/150.

RAAMSDONKSVEER *Noord-Brabant* C *Geertruidenberg 21 035 h.* 211 O 12 *et* 908 F 6.

Amsterdam 90 – Breda 16 – 's-Hertogenbosch 34 – Rotterdam 42.

d'Omslag, Maasdijk 20, ✉ 4941 TD, ☎ (0 162) 52 32 55, *Fax (0 162) 51 20 21,* – AE VISA.
Repas carte env. 70.

RAVENSTEIN *Noord-Brabant* 211 S 12 *et* 908 H 6 – *8 509 h.*

Amsterdam 110 – Arnhem 36 – 's-Hertogenbosch 31 – Nijmegen 17.

Rôtiss. De Ravenshoeve, Mgr. Zwijsenstraat 5, ✉ 5371 BS, ☎ (0 486) 41 28 03, *Fax (0 486) 41 28 03,* « Ferme du 19e s., terrasse » – AE VISA
fermé carnaval, 2 prem. sem. août et lundi – **Repas** (dîner seult) 55/68.

REEK *Noord-Brabant* C *Landerd 14 192 h.* 211 T 12 *et* 908 I 6.

Amsterdam 120 – Arnhem 34 – Eindhoven 48 – 's-Hertogenbosch 30 – Nijmegen 10.

in De Witte Molen, Rijksweg 76, ✉ 5375 KZ, ☎ (0 486) 47 62 66, *Fax (0 486) 47 63 09,* « Moulin à vent du 19e s. » – VISA JCB.
fermé 3 sem. carnaval, mardi, sam. midi et dim. midi – **Repas** *Lunch 65* – carte 81 à 119.

REEUWIJK *Zuid-Holland* 211 N 10 *et* 908 F 5 – *voir à Gouda.*

RENESSE *Zeeland* C *Schouwen-Duiveland 32 954 h.* 211 H 12 *et* 908 C 6.

Zeeanemoonweg 4a, ✉ 4325 BZ, ☎ (0 111) 46 03 60, Fax (0 111) 46 14 36.

Amsterdam 140 – Middelburg 37 – Rotterdam 68.

De Zeeuwse Stromen, Duinwekken 5, ✉ 4325 GL, ☎ (0 111) 46 20 40, *Fax (0 111) 46 20 65,* – 25 à 400. AE VISA
Repas *Lunch 35* – carte 57 à 83 – **134 ch** 145/410 – ½ P 155/230.

RENKUM *Gelderland* 211 T 11 *et* 908 I 6 – *32 070 h.*

Amsterdam 89 – Arnhem 14 – Utrecht 52.

Campman, Hartenseweg 23 (Nord-Ouest : 1,5 km), ✉ 6871 NB, ☎ (0 317) 31 22 21, *Fax (0 317) 31 74 33,* « Environnement boisé » – – 25 à 100. AE VISA JCB
fermé du 24 au 27 déc. – **Repas** 55/65.

RETRANCHEMENT *Zeeland* 211 F 14 *et* 908 B 7 – *voir à Sluis.*

REUSEL *Noord-Brabant* C *Reusel-De Mierden 12 347 h.* 211 P 14 *et* 908 G 7.

Amsterdam 135 – Eindhoven 25 – 's-Hertogenbosch 45 – Antwerpen 63.

De Nieuwe Erven, Mierdseweg 69, ✉ 5541 EP, ☎ (0 497) 64 33 76, *Fax (0 497) 64 54 08,* « Terrasse fleurie » – AE VISA.
fermé du 16 au 25 août, lundi et mardi – **Repas** (dîner seult) 55/79.

RHEDEN *Gelderland* **211** V 10 *et* **908** J 5 – *44 311 h.*

Amsterdam 110 – Arnhem 11 – Apeldoorn 34 – Enschede 80.

De Roskam, Arnhemsestraatweg 62, ✉ 6991 JG, ✆ (0 26) 495 48 41, *Fax (0 26) 495 29 25,* ... – ... 25 à 200. AE ⓓ ⓜ VISA JCB. rest
fermé 23 déc.-5 janv. et vend., sam., dim. et jours fériés sauf en juil.-août – **Repas** Lunch 45 – carte 60 à 90 – **58 ch** ☕ 215/255 – ½ P 275.

de Bronckhorst, Arnhemsestraatweg 251, ✉ 6991 JG, ✆ (0 26) 495 22 07, ... – ... AE ⓓ ⓜ VISA JCB
fermé lundi – **Repas** 55.

RHENEN *Utrecht* **211** S 11 *et* **908** H 6 – *17 050 h.*

Markt 20, ✉ 3911 LJ, ✆ (0 317) 61 23 33, Fax (0 317) 61 34 10.

Amsterdam 79 – Arnhem 26 – Nijmegen 33 – Utrecht 41.

't Paviljoen, Grebbeweg 103, ✉ 3911 AV, ✆ (0 317) 61 90 03, *Fax (0 317) 61 72 13,* ... – ... rest, ... – ... 25 à 80. AE ⓓ ⓜ VISA JCB. rest
fermé 31 déc. et 1er janv. – **Repas** (dîner seult) 70 – ☕ 26 – **32 ch** 180/260 – ½ P 140/145.

't Kalkoentje, Utrechtsestraatweg 143 (Nord-Ouest : 2 km), ✉ 3911 TS, ✆ (0 317) 61 23 44, *Fax (0 317) 61 65 00,* ≤, ..., « Terrasse sur verger au bord de l'eau » – ... AE ⓓ ⓜ VISA
fermé 3 prem. sem. janv. et dim. – **Repas** Lunch 55 – 93/110.

RHOON *Zuid-Holland* **211** L 11 - ㊴ S *et* **908** E 6 - ㉔ S – *voir à Rotterdam, environs.*

RIIS *Fryslân – voir Rijs.*

De RIJP *Noord-Holland* C *Graft-De Rijp 6 188 h.* **210** O 7 *et* **908** F 4.

Amsterdam 31 – Alkmaar 17.

Het Rijper Wapen, Oosteinde 33, ✉ 1483 AC, ✆ (0 299) 67 15 23, *Fax (0 299) 67 44 16,* ... – ... AE ⓓ ⓜ VISA
fermé 2 prem. sem. janv.et mardi – **Repas** (dîner seult) carte env. 80.

De Blaasbalg, Grote Dam 2, ✉ 1483 BK, ✆ (0 299) 67 13 50, *Fax (0 299) 67 48 31,* ..., « Rustique » – ... 25. AE ⓓ ⓜ VISA
fermé lundi et mardi – **Repas** (dîner seult jusqu'à 23 h) carte env. 85.

RIJS (RIIS) *Fryslân* C *Gaasterlân-Sleat 9 698 h.* **210** S 5 *et* **908** H 3.

Amsterdam 124 – Leeuwarden 50 – Lemmer 18 – Sneek 26.

Jans ..., Mientwei 1, ✉ 8572 WB, ✆ (0 514) 58 12 50, *Fax (0 514) 58 16 41,* ..., « Cadre champêtre », ... – ... – ... 25 à 40. AE ⓓ ⓜ VISA
fermé 28 déc.-7 janv. et dim. et lundi midi de nov. à avril – **Repas** 55/99 – **21 ch** ☕ 105/180 – ½ P 220/240.

RIJSOORD *Zuid-Holland* C *Ridderkerk 46 725 h.* **211** M 11 - ㊵ N *et* **908** E 6 - ㉕ S.

Amsterdam 90 – Rotterdam 14 – Breda 39 – Den Haag 40.

Hermitage in Herberg 't Wapen van Rijsoord (Klein), Rijksstraatweg 67, ✉ 2988 BB, ✆ (0 180) 42 09 96, *Fax (0 180) 43 33 03,* ..., « Au bord de l'eau » – ... AE ⓓ ⓜ VISA.
fermé 24 juil.-15 août, 27 déc.-9 janv., sam. midi et dim. – **Repas** Lunch 68 – 93/123, carte env. 110
Spéc. Bar rôti sur sa peau, sauce au Chianti. Canard sauvage en bigarade et figues fraîches. Bonbon de thon aux crevettes et vinaigrette d'herbes.

RIJSSEN *Overijssel* **210** Y 9, **211** Y 9 *et* **908** K 5 – *26 083 h.*

Oranjestraat 131, ✉ 7461 DK, ✆ (0 548) 52 00 11, Fax (0 548) 52 14 29.

Amsterdam 131 – Apeldoorn 45 – Enschede 36 – Zwolle 40.

Rijsserberg ..., Burg. Knottenbeltlaan 77 (Sud : 2 km sur rte de Markelo), ✉ 7461 PA, ✆ (0 548) 51 69 00, *Fax (0 548) 52 02 30,* ..., « Dans les bois », ... – ... – ... 25 à 150. AE ⓓ ⓜ VISA JCB. rest
Repas Lunch 50 – carte env. 80 – ☕ 43 – **50 ch** 230/380, 4 suites – ½ P 185/225.

RIJSWIJK *Zuid-Holland* 211 K 10 - ② *et* 908 D 5 – *voir à Den Haag, environs.*

RINSUMAGEEST (RINSUMAGEAST) *Fryslân* C *Dantumadeel 19 930 h.* 210 U 3 *et* 908 I 2.
Amsterdam 157 – Dokkum 5 – Groningen 59 – Leeuwarden 18.

Het Rechthuis, Rechthuisstraat 1, ✉ 9105 KH, ✆ (0 511) 42 31 00, – AE ⓓ MC VISA JCB
fermé 27 déc.-2 janv. et lundi – **Repas** (dîner seult) 49/73.

ROCKANJE *Zuid-Holland* C *Westvoorne 13 921 h.* 211 J 11 - ㊲ S *et* 908 D 6 - ㉒ S.
Amsterdam 111 – Rotterdam 38 – Den Haag 48 – Hellevoetsluis 10.

Badhotel, Tweede Slag 1 (Ouest : 1 km), ✉ 3235 CR, ✆ (0 181) 40 17 55, *Fax (0 181) 40 39 33*, – 25 à 75. AE ⓓ MC VISA JCB
Repas Lunch 20 – carte env. 55 – 18 – **68 ch** 118/168 – ½ P 110/137.

RODEN *Drenthe* C *Noordenveld 30 876 h.* 210 X 4 *et* 908 K 2.
Oosteinde 7a, ✉ 9301 ZP, ✆ (0 50) 501 51 03.
Amsterdam 205 – Groningen 14 – Leeuwarden 56 – Zwolle 94.

Langewold, Ceintuurbaan-Noord 1, ✉ 9301 NR, ✆ (0 50) 501 38 50, *Fax (0 50) 501 38 18*, – 25 à 100. AE ⓓ MC VISA. rest
Repas (dîner seult) 43/100 – **30 ch** 110/224 – ½ P 125.

ROERMOND *Limburg* 211 V 15 *et* 908 I 8 – *44 128 h.*
au Sud-Est : 10 km à Herkenbosch, Stationsweg 100, ✉ 6075 CD, ✆ (0 475) 53 14 58, Fax (0 475) 53 35 80.
par ④ : *34 km à Beek ✆ (0 43) 358 99 99, Fax (0 43) 358 99 88.*
Kraanpoort 1, ✉ 6041 EG, ✆ 0 475-33 32 05, Fax (0 475) 33 50 68.
Amsterdam 178 ⑤ – Eindhoven 50 ⑤ – Maastricht 47 ④ – Venlo 25 ① – Düsseldorf 65 ②

Plan page ci-contre

TheaterHotel De Oranjerie, Kloosterwandplein 12, ✉ 6041 JA, ✆ (0 475) 39 14 91, *Fax (0 475) 31 71 88*, – 25 à 750. AE ⓓ MC VISA. rest — Z b
Repas 50/80 – **92 ch** 150/160 – ½ P 150.

Kasteeltje Hattem, Maastrichterweg 25, ✉ 6041 NZ, ✆ (0 475) 31 92 22, *Fax (0 475) 31 92 92*, « Elégante rotonde avec ≤ parc », – 40. AE ⓓ MC VISA. — Z a
fermé carnaval, du 17 au 30 juil., 24, 25, 26 et 31 déc. et 1er janv. – **Repas** Lunch 60 – 95/120 – **8 ch** 290/345 – ½ P 345/360.

Landhotel Cox, Maalbroek 102 (par ② sur N 68, à la frontière), ✉ 6042 KN, ✆ (0 475) 34 88 99, *Fax (0 475) 32 51 42*, rest, – 25 à 100. AE ⓓ MC VISA JCB. rest
Repas 45/65 – **54 ch** 185/230 – ½ P 153/235.

à Herkenbosch *6 km par Keulsebaan Z* C *Roerdalen 10 463 h :*

Kasteel Daelenbroeck, Kasteellaan 2, ✉ 6075 EZ, ✆ (0 475) 53 24 65, *Fax (0 475) 53 60 30*, « Dans les dépendances d'un château-ferme entouré de douves », – 25 à 180. AE ⓓ MC VISA. rest
fermé sem. carnaval – **Repas** Lunch 55 – 75/115 – 20 – **18 ch** 165/265 – ½ P 208/295.

à Horn *par ⑤ : 3 km* C *Haelen 9 873 h :*

De Abdij, Kerkpad 5, ✉ 6085 BA, ✆ (0 475) 58 12 54, *Fax (0 475) 58 31 31*, – 25. AE ⓓ MC VISA JCB.
fermé 24 déc.-8 janv. – **Repas** (dîner pour résidents seult) – **27 ch** 95/145.

à Vlodrop *8 km par Keulsebaan Z* C *Roerdalen 10 463 h :*

Boshotel, Boslaan 1 (près de la frontière), ✉ 6063 NN, ✆ (0 475) 53 49 59, *Fax (0 475) 53 45 80*, rest, – 25 à 300. AE ⓓ MC VISA. rest
Repas Lunch 50 – carte 45 à 68 – **60 ch** 120/205 – ½ P 145/170.

ROERMOND

Bergstr. . . . . Y 2
Brugstr. . . . . Y
Dr. Leursstr. . . . . Z 5
Hamstr. . . . . Z
Julianalaan . . . . Y 6
Kapellerpoort . . . . Z 7
Kloosterwandstr. . . . . Z 9
Kraanpoort . . . . Y 10
Leliestr. . . . . YZ 12
Lindanusstr. . . . . Y 14
Markt . . . . Y
Marktstr. . . . . Y 15
Molenstr. . . . . Z 16
Mgr. Driessenstr. . . . . Z 18
Mgr. Evertsstr. . . . . Z 19
Munsterpl. . . . . Z
Neerstr. . . . . Z
Notenboomlaan . . . . YZ 21
Parédisstr. . . . . Z 22

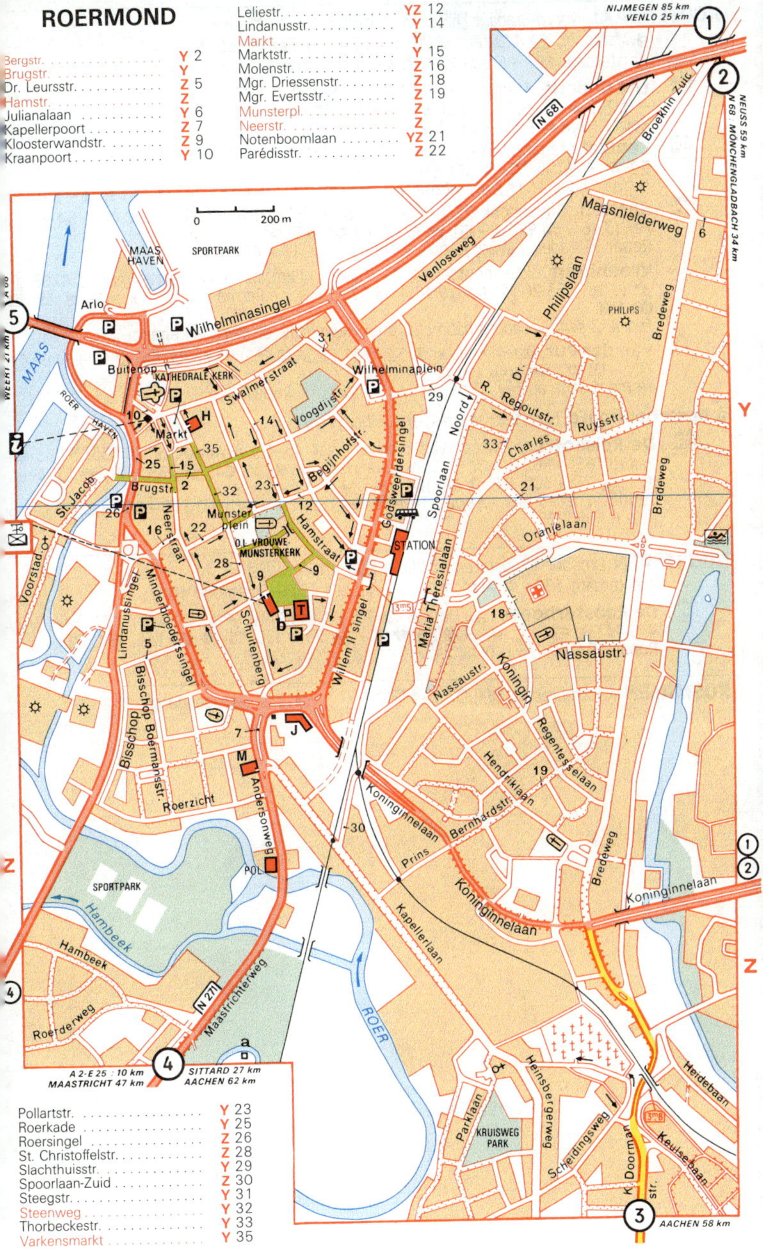

Pollartstr. . . . . Y 23
Roerkade . . . . Y 25
Roersingel . . . . Z 26
St. Christoffelstr. . . . . Z 28
Slachthuisstr. . . . . Y 29
Spoorlaan-Zuid . . . . Z 30
Steegstr. . . . . Y 31
Steenweg . . . . Y 32
Thorbeckestr. . . . . Y 33
Varkensmarkt . . . . Y 35

Les cartes Michelin sont constamment tenues à jour.

ROOSENDAAL Noord-Brabant 211 L 13 et 908 E 7 – 73 813 h.

Markt 71, ✉ 4701 PC, ✆ (0 165) 55 44 00, Fax (0 165) 56 75 22.
Amsterdam 127 – Breda 25 – 's-Hertogenbosch 75 – Rotterdam 56 – Antwerpen 44.

the Goderië, Stationsplein 5b, ✉ 4702 VX, ✆ (0 165) 55 54 00, Fax (0 165) 56 06 60 – 25 à 200. AE MC VISA JCB. Repas Lunch 40 – 68 – 25 – **49 ch** 165/295 – ½ P 245/285.

Central, Stationsplein 9, ✉ 4702 VZ, ✆ (0 165) 53 56 57, Fax (0 165) 56 92 94 – rest, – 45. AE MC VISA JCB.
fermé 31 déc. et 1er janv. – **Repas** Lunch 40 – 60/93 – **20 ch** 143/180, 1 suite – ½ P 130.

Bastion, Bovendonk 23 (sur A 58, sortie ㉔), ✉ 4707 ZH, ✆ (0 165) 54 94 19, Fax (0 165) 54 96 54 – AE MC VISA.
Repas (Grillades, ouvert jusqu'à 23 h) 45 – 17 – **40 ch** 100.

Vroenhout, Vroenhoutseweg 21 (Ouest : 4 km sur A 17, sortie ⑲), ✉ 4703 SG, ✆ (0 165) 53 26 32, Fax (0 165) 53 52 31, « Ferme du 18e s. » – AE MC VISA
fermé 2 sem. vacances bâtiment, prem. sem. janv. et merc. – **Repas** Lunch 65 – 75.

Van der Put, Bloemenmarkt 9, ✉ 4701 JA, ✆ (0 165) 53 35 04, Fax (0 165) 54 61 61, – AE MC VISA JCB
fermé 1 sem. en fév., 2 sem en août et lundi – **Repas** 48/80.

à Bosschenhoofd Nord-Est : 4 km C Halderberge 29 367 h :

De Reiskoffer, Pastoor van Breugelstraat 45, ✉ 4744 AA, ✆ (0 165) 31 63 10, Fax (0 165) 31 82 00, « Dans un ancien couvent », – – 25 à 300. AE MC VISA JCB.
fermé 24 déc.-3 janv. – **Repas** (Taverne-rest) Lunch 18 – carte 60 à 78 – **55 ch** 155/175 – ½ P 195/225.

ROOSTEREN Limburg C Susteren 13 056 h. 211 T 16 et 908 I 8.

Amsterdam 186 – Maastricht 33 – Eindhoven 57 – Roermond 18.

De Roosterhoeve, Hoekstraat 29, ✉ 6116 AW, ✆ (0 46) 449 31 31, Fax (0 46) 449 44 00, – – 25 à 150. AE MC VISA JCB.
Repas 48/130 – **60 ch** 245.

ROSMALEN Noord-Brabant 211 Q 13 et 908 H 6 – voir à 's-Hertogenbosch.

ROTTERDAM

Zuid-Holland **211** **L 11** - ㊴ ㊵ *et* **908** **E 6** - ㉕ N - *590 478 h.*

Amsterdam 76 ① *- Den Haag 24* ① *- Antwerpen 103* ③ *- Bruxelles 148* ③ *- Utrecht 57* ②.

RENSEIGNEMENTS PRATIQUES

Coolsingel 67, ✉ 3012 AC, ✆ 0 900-403 40 65, Fax (010) 413 01 24 et Centraal Station, Stationsplein 1, ✉ 3013 AJ, ✆ 0 900-403 40 65.

Zestienhoven (BR) *✆ (010) 446 34 44, Fax (010) 446 34 99.*

Europoort vers Hull : P and O North Sea Ferries ✆ (0181) 25 55 00 (renseignements) et (0181) 25 55 55 (réservations), Fax (0181) 25 52 15.

Casino JY, *Plaza-Complex, Weena 624, ✉ 3012 CN, ✆ (010) 206 82 06, Fax (010) 206 85 00.*

9 Kralingseweg 200, ✉ 3062 CG (DS), *✆ (010) 452 22 83 - 18 à Capelle aan den IJssel* (DR), *'s Gravenweg 311, ✉ 2905 LB, ✆ (010) 442 21 09, Fax (010) 284 06 06 - 18 à Rhoon* (AT), *Veerweg 2a, ✉ 3161 EX, ✆ (010) 501 80 58.*

CURIOSITÉS

Voir *Lijnbaan★* JY *- Intérieur★ de l'Église St-Laurent (Grote- of St-Laurenskerk)* KY *- Euromast★ (※★★, ≤★)* JZ *- Le port★★ (Haven)* KZ *- Willemsbrug★★* HV *- Erasmusbrug★★* KZ *- Delftse Poort (bâtiment)★* JY **C** *- World Trade Centre★* KY **Y** *- Nederlands Architectuur Instituut★* JZ **W** *- Boompjes★* KZ *- Willemswerf (bâtiment)★* KY.

Musées : *Historique (Historisch Museum) Het Schielandshuis★* KY **M4** *- Boijmans-van Beuningen★★★* JZ *- Historique « De Dubbelde Palmboom »★* EV.

Env. *par* ③ *: 7 km : Moulins de Kinderdijk★★.*

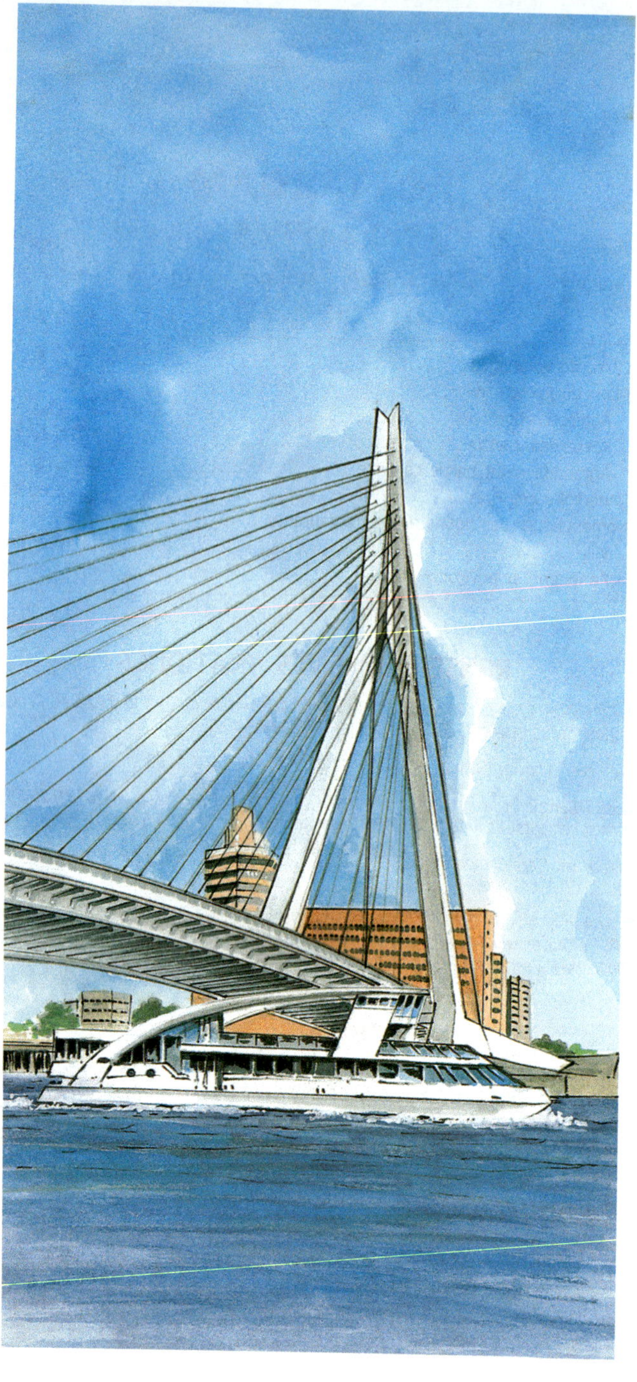

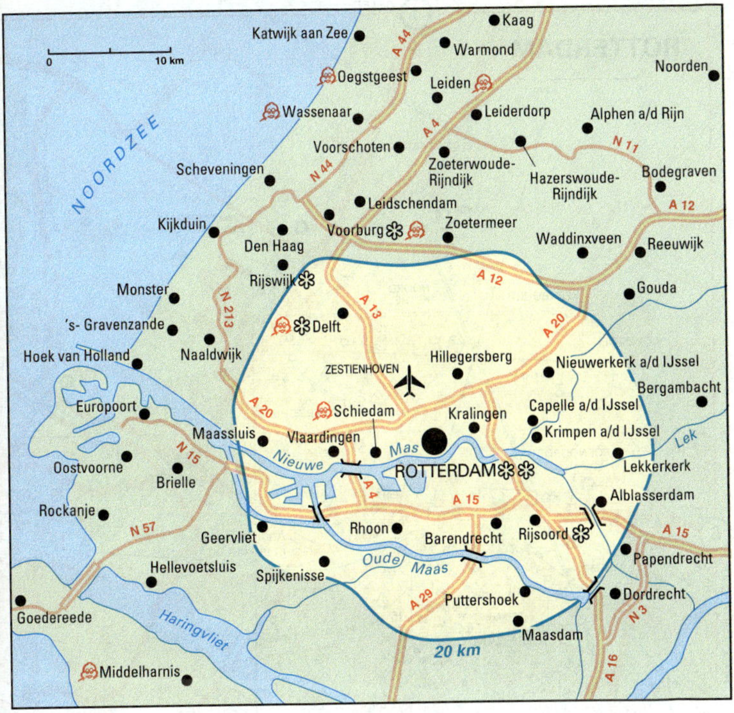
0
10 km
NOORDZEE
Katwijk aan Zee
Kaag
Warmond
Noorden
Oegstgeest
Leiden
Wassenaar
Leiderdorp
Alphen a/d Rijn
A 44
A 4
N 44
N 11
Voorschoten
Zoeterwoude-
Rijndijk
Hazerswoude-
Rijndijk
Bodegraven
Scheveningen
Leidschendam
A 12
Kijkduin
Den Haag
Voorburg
Zoetermeer
Waddinxveen
Reeuwijk
Rijswijk
A 12
Gouda
Monster
N 213
A 13
's- Gravenzande
Delft
A 20
Hoek van Holland
Naaldwijk
ZESTIENHOVEN
Hillegersberg
Nieuwerkerk a/d IJssel
Bergambacht
Europoort
A 20
Schiedam
Kralingen
Capelle a/d IJssel
Maassluis
Vlaardingen
Krimpen a/d IJssel
Lek
Mas
Nieuwe
N 15
Oostvoorne
Brielle
ROTTERDAM
Lekkerkerk
A 4
Alblasserdam
A 15
Rockanje
N 57
Geervliet
Rhoon
Barendrecht
Rijsoord
A 15
Papendrecht
Hellevoetsluis
Spijkenisse
Oude
Maas
A 29
Puttershoek
Dordrecht
N 3
Goedereede
Haringvliet
20 km
Maasdam
A 16
Middelharnis

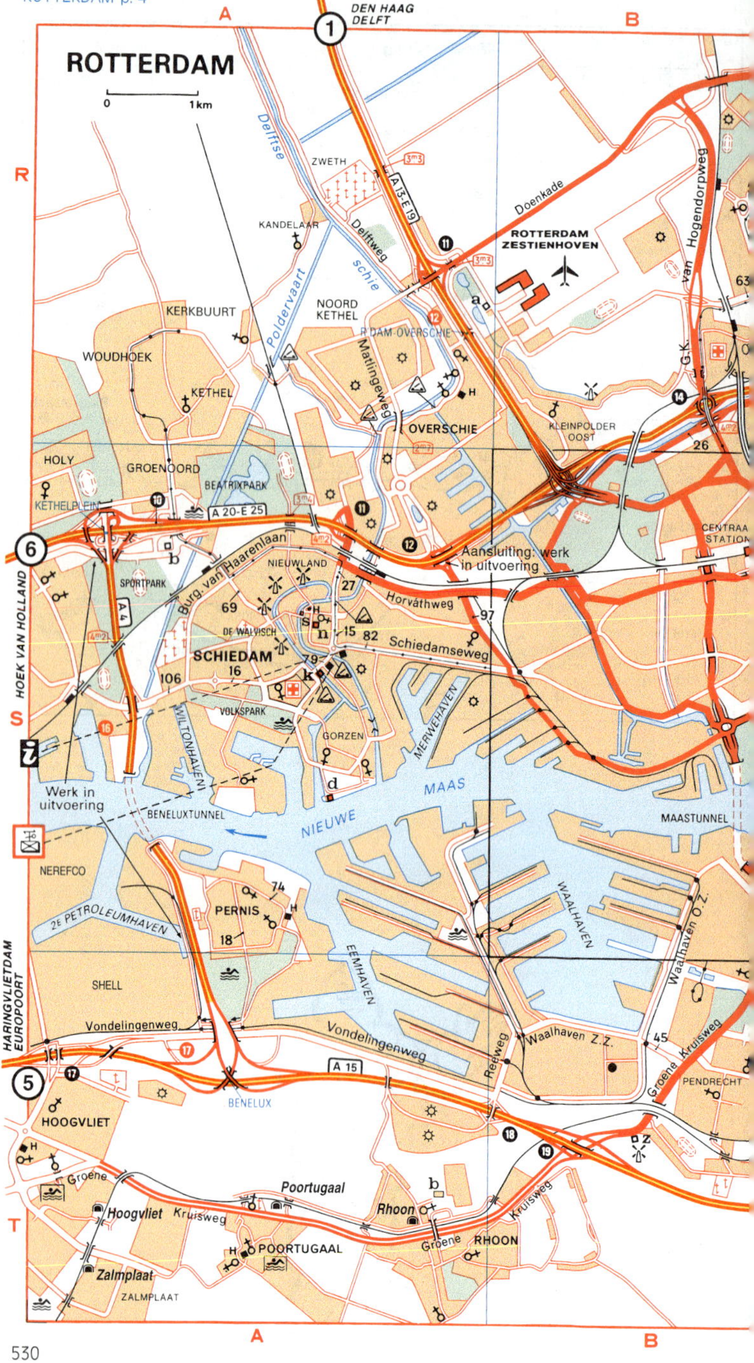
ROTTERDAM
0 1 km
DEN HAAG
DELFT
A
B
R
S
T
ZWETH
KANDELAAR
Delftse
Delftweg
schie
Poldervaart
A 13-E 19
Doenkade
ROTTERDAM ZESTIENHOVEN
van Hogendorpweg
NOORD KETHEL
R'DAM-OVERSCHIE
KERKBUURT
WOUDHOEK
KETHEL
Matlingeweg
OVERSCHIE
KLEINPOLDER OOST
HOLY
GROENOORD
BEATRIXPARK
KETHELPLEIN
A 20-E 25
CENTRAAL STATION
Aansluiting: werk in uitvoering
Burg. van Haarenlaan
NIEUWLAND
Horváthweg
SPORTPARK
HOEK VAN HOLLAND
DE WALVISCH
SCHIEDAM
Schiedamseweg
A 4
106
WILTONHAVEN
VOLKSPARK
GORZEN
MERWEHAVEN
MAAS
Werk in uitvoering
BENELUXTUNNEL
NIEUWE
MAASTUNNEL
NEREFCO
2E PETROLEUMHAVEN
PERNIS
EEMHAVEN
WAALHAVEN
Waalhaven O.Z.
HARINGVLIETDAM EUROPOORT
SHELL
Vondelingenweg
Waalhaven Z.Z.
Reeweg
Groene Kruisweg
A 15
BENELUX
PENDRECHT
HOOGVLIET
Groene
Poortugaal
Rhoon
Hoogvliet
Kruisweg
RHOON
POORTUGAAL
Zalmplaat
ZALMPLAAT

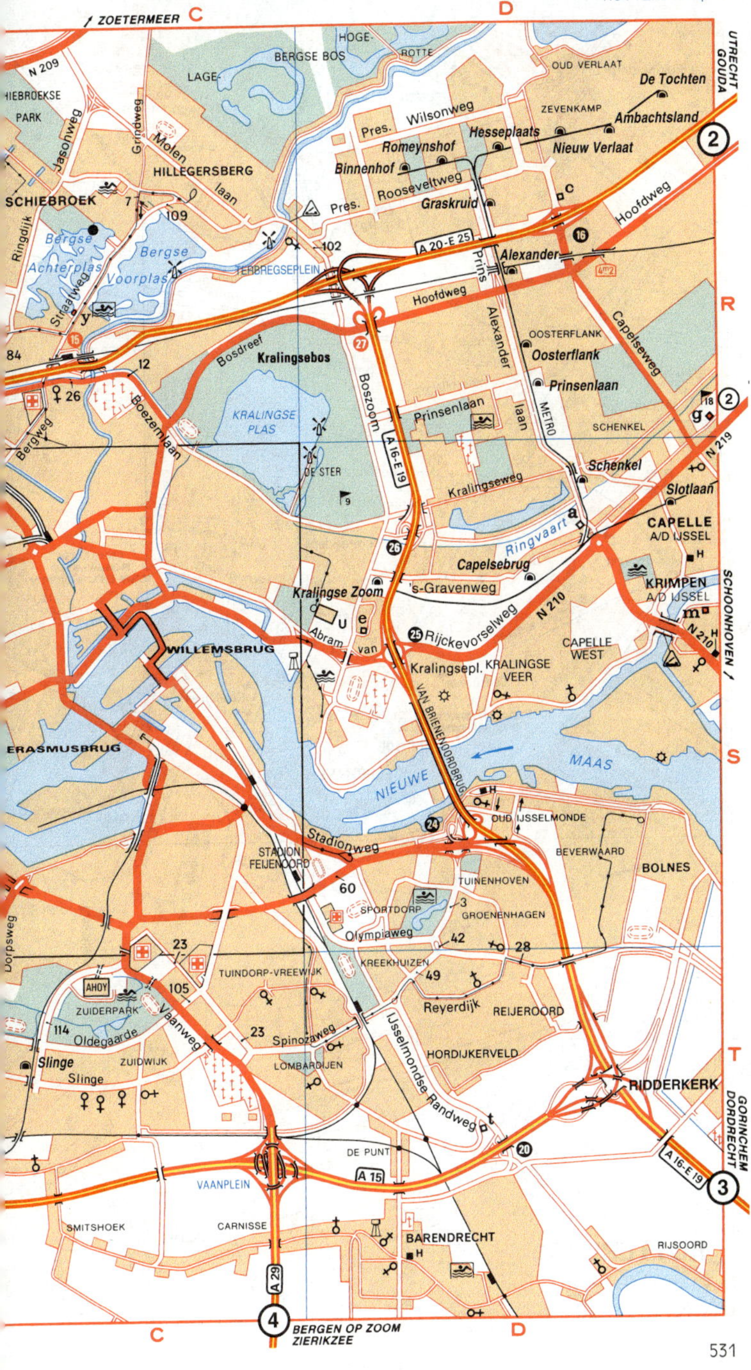
ZOETERMEER
C
D
UTRECHT
GOUDA
N 209
HIEBROEKSE PARK
LAGE-
BERGSE BOS
HOGE-
ROTTE
OUD VERLAAT
De Tochten
ZEVENKAMP
Ambachtsland
Nieuw Verlaat
Hesseplaats
Romeynshof
Binnenhof
Pres. Wilsonweg
Pres. Rooseveltweg
Graskruid
Grindweg
Molen laan
Jasonweg
HILLEGERSBERG
SCHIEBROEK
Ringdijk
Bergse Achterplas
Bergse Voorplas
Straatweg
109
102
TERBREGSEPLEIN
A 20-E 25
Prins Alexander
Alexander
Hoofdweg
Capelseweg
R
84
12
26
Bosdreef
Kralingsebos
KRALINGSE PLAS
DE STER
Boszoom
A 16-E 19
Prinsenlaan
OOSTERFLANK
Oosterflank
Prinsenlaan
METRO
SCHENKEL
Schenkel
Slotlaan
N 219
Bergweg
Boezemlaan
Kralingseweg
Ringvaart
CAPELLE A/D IJSSEL
Capelsebrug
Kralingse Zoom
's-Gravenweg
KRIMPEN A/D IJSSEL
SCHOONHOVEN
N 210
WILLEMSBRUG
Abram van Rijckevorselweg
Kralingsepl.
KRALINGSE VEER
CAPELLE WEST
VAN BRIENENOORDBRUG
ERASMUSBRUG
MAAS
NIEUWE
S
OUD IJSSELMONDE
BEVERWAARD
BOLNES
Stadionweg
STADION FEIJENOORD
60
TUINENHOVEN
SPORTDORP
GROENENHAGEN
Olympiaweg
42
28
KREEKHUIZEN
49
23
Dorpsweg
TUINDORP-VREEWIJK
AHOY
ZUIDERPARK
105
Vaanweg
114
Oldegaarde
Reyerdijk
REIJEROORD
HORDIJKERVELD
Spinozaweg
LOMBARDIJEN
T
Slinge
ZUIDWIJK
IJsselmondse Randweg
RIDDERKERK
GORINCHEM
DORDRECHT
DE PUNT
A 15
VAANPLEIN
A 16-E 19
SMITSHOEK
CARNISSE
BARENDRECHT
RIJSOORD
A 29
BERGEN OP ZOOM
ZIERIKZEE

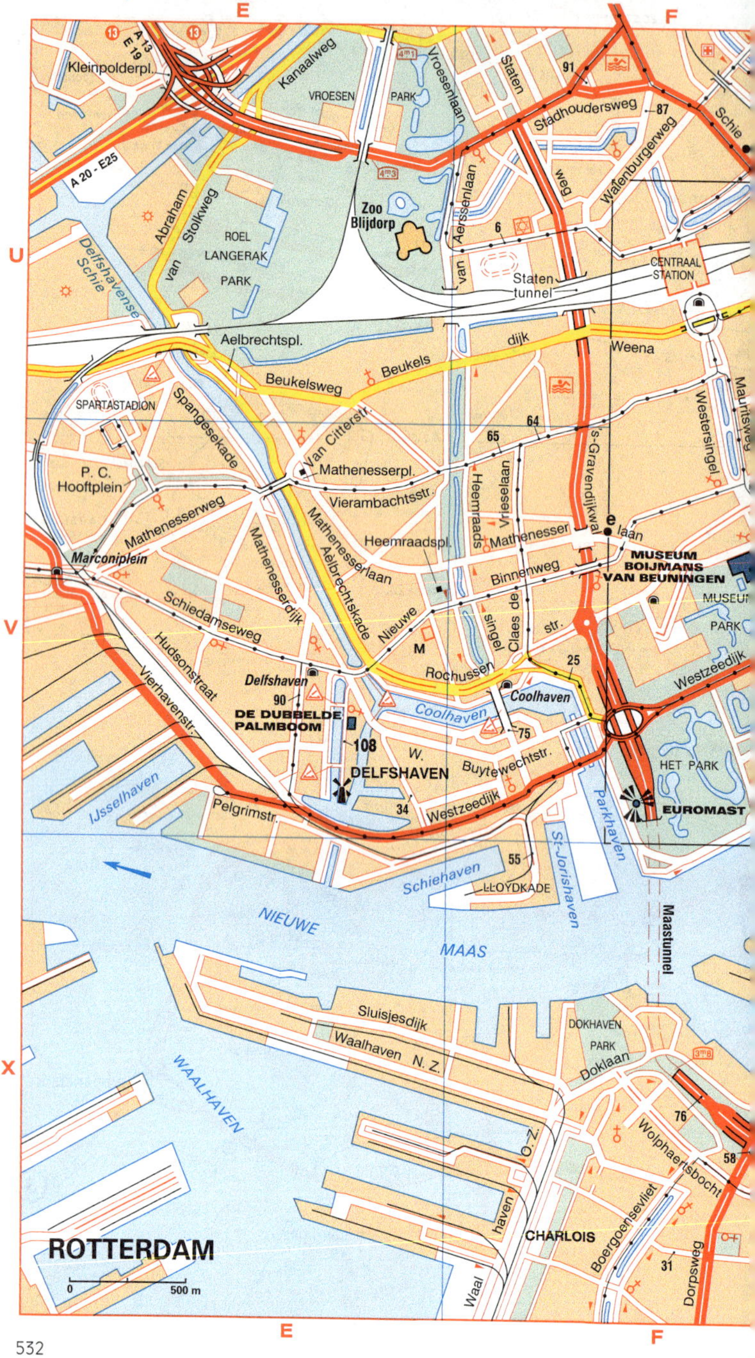
E
F
U
V
X
A 13
E 19
Kleinpolderpl.
Kanaalweg
VROESEN
PARK
Vroesenlaan
Staten
Stadhoudersweg
Schie
A 20 - E25
Abraham
van
Stolkweg
ROEL
LANGERAK
PARK
Zoo
Blijdorp
Aerssenlaan
weg
Walenburgerweg
CENTRAAL
STATION
Staten
tunnel
Delfshavense
Schie
Aelbrechtspl.
Beukels
dijk
Weena
Beukelsweg
SPARTASTADION
Spangesekade
Van Cittersstr.
Mathenesserpl.
Westersingel
Mauritsweg
P. C.
Hooftplein
Vierambachtsstr.
Heemraads
Vrieselaan
's-Gravendijkwal
Mathenesserweg
Heemraadspl.
Mathenesser
laan
Marconiplein
Mathenesserdijk
Mathenesserlaan
Aelbrechtskade
Binnenweg
MUSEUM
BOIJMANS
VAN BEUNINGEN
MUSEUM
PARK
Schiedamseweg
Nieuwe
singel
Claes de
str.
M
Westzeedijk
Hudsonstraat
Vierhavenstr.
Delfshaven
Rochussen
Coolhaven
DE DUBBELDE
PALMBOOM
Coolhaven
DELFSHAVEN
W.
Buytewechtstr.
HET PARK
IJsselhaven
Pelgrimstr.
Westzeedijk
Parkhaven
EUROMAST
St-Jorishaven
Schiehaven
LLOYDKADE
NIEUWE
MAAS
Maastunnel
Sluisjesdijk
Waalhaven N. Z.
DOKHAVEN
PARK
Doklaan
WAALHAVEN
Wolphaertsbocht
O. Z.
haven
Waal
CHARLOIS
Boergoensevliet
Dorpsweg
ROTTERDAM
0
500 m

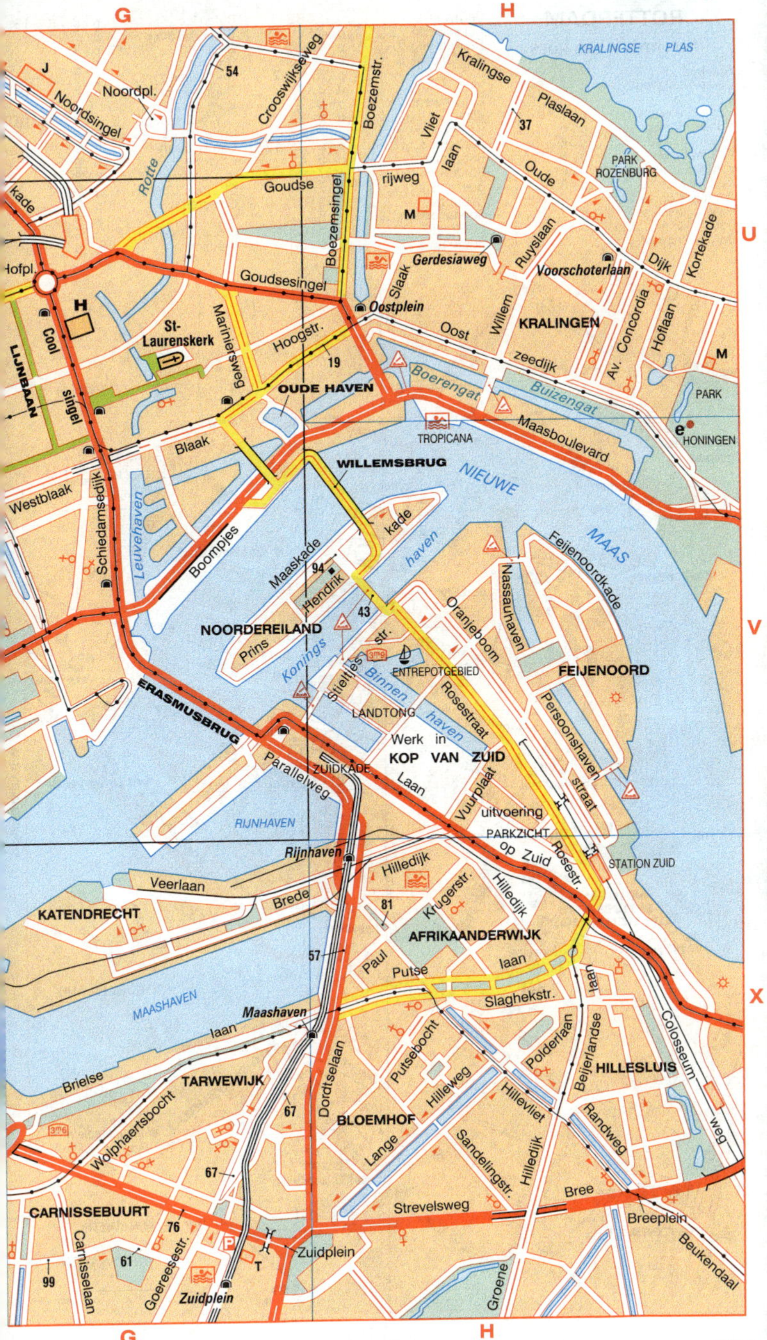
G
H
U
V
X
KRALINGSE PLAS
Noordpl.
Noordsingel
Crooswijkseweg
Boezemstr.
Kralingse
Plaslaan
Vliet
laan
Oude
Dijk
Kortekade
PARK ROZENBURG
Rotte
Goudse
rijweg
Boezemsingel
kade
Hofpl.
Goudsesingel
Gerdesiaweg
Ruyslaan
Voorschoterlaan
Slaak
Oostplein
Oost
Willem
zeedijk
KRALINGEN
Av. Concordia
Hoflaan
Cool
LIJNBAAN
St-Laurenskerk
Mariniersweg
Hoogstr.
OUDE HAVEN
singel
Boerengat
Buizengat
PARK
HONINGEN
TROPICANA
Maasboulevard
Blaak
WILLEMSBRUG
NIEUWE
MAAS
Westblaak
Schiedamsedijk
Leuvehaven
Boompjes
Maaskade
Hendrik
kade
haven
Nassauhaven
Feijenoordkade
Oranjeboom
NOORDEREILAND
Prins
Konings
str.
Stieltjes
ENTREPOTGEBIED
FEIJENOORD
Binnen
haven
LANDTONG
Rosestraat
Persoonshaven
straat
ERASMUSBRUG
Parallelweg
ZUIDKADE
Werk in
KOP VAN ZUID
Laan
Vuurplaat
uitvoering
PARKZICHT
op Zuid
Rosestr.
STATION ZUID
RIJNHAVEN
Rijnhaven
Hilledijk
Veerlaan
Brede
KATENDRECHT
Krugerstr.
Hilledijk
AFRIKAANDERWIJK
Paul
Putse
laan
Slaghekstr.
laan
MAASHAVEN
Maashaven
laan
Colosseum
weg
Brielse
TARWEWIJK
Dordtselaan
Putsebocht
Polderlaan
Beijerlandse
HILLESLUIS
Hilleweg
Hillevliet
Randweg
Wolphaertsbocht
BLOEMHOF
Lange
Sandelingstr.
Hilledijk
Bree
CARNISSEBUURT
Strevelsweg
Breeplein
Carnisselaan
Goereesestr.
Zuidplein
Zuidplein
Groene
Beukendaal
54
37
19
94
43
81
57
67
67
76
61
99
J
H
M
M
P
T

ROTTERDAM

RÉPERTOIRE DES RUES

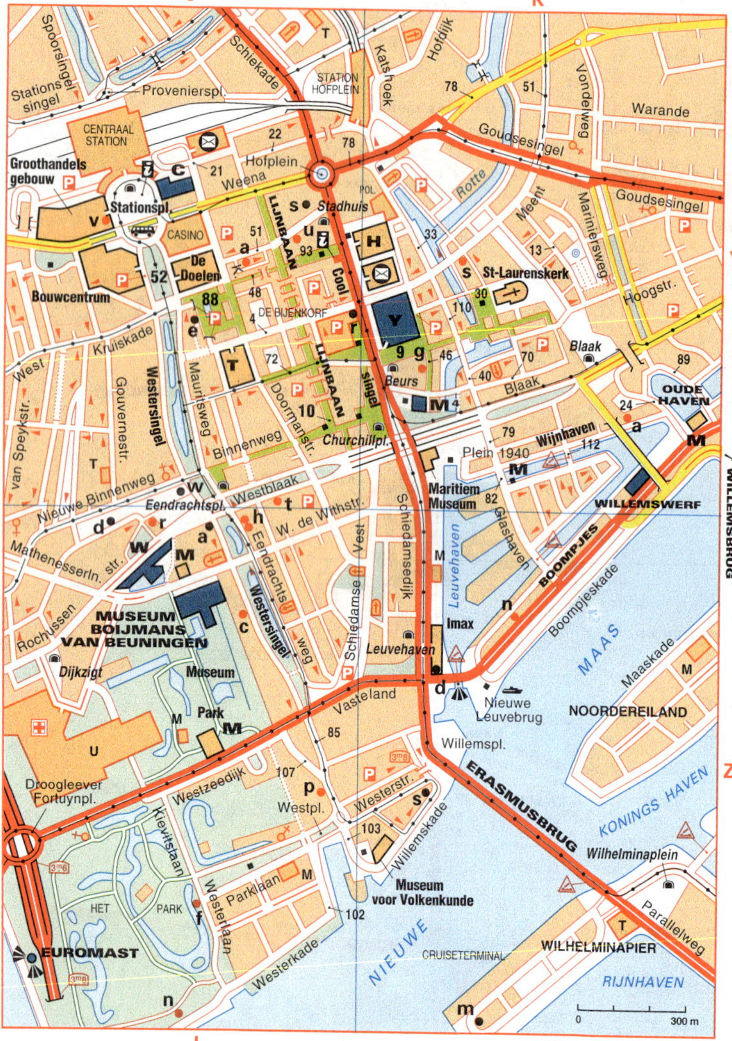

Sur la route :
la signalisation routière est rédigée
dans la langue de la zone linguistique traversée.

Dans ce guide,
les localités sont classées selon leur nom officiel :
Antwerpen pour Anvers, **Mechelen** pour Malines.

Quartiers du Centre - *plan p. 8 sauf indication spéciale :*

Parkhotel, Westersingel 70, 3015 LB, (0 10) 436 36 11, *Fax (0 10) 436 42 12*, - - 25 à 60. rest JZ a
Repas Lunch 50 - carte env. 85 - 40 - **187 ch** 265/575, 2 suites.

Hilton, Weena 10, 3012 CM, (0 10) 710 80 00, *Fax (0 10) 710 80 80* - - 25 à 365. rest JY s
Repas (dîner seult jusqu'à 23 h) carte env. 60 - 43 - **246 ch** 375/435, 8 suites.

Golden Tulip, Aert van Nesstraat 4, 3012 CA, (0 10) 206 78 00, *Fax (0 10) 413 53 20* - - 25 à 325. JY r
Repas (Ouvert jusqu'à 23 h) 60 - 30 - **215 ch** 324/338 - ½ P 397/503.

Holiday Inn City Centre, Schouwburgplein 1, 3012 CK, (0 10) 433 38 00, *Fax (0 10) 206 25 60* - - 25 à 300. JY e
Repas (Ouvert jusqu'à 23 h) 60/70 - 39 - **100 ch** 360/525.

New York, Koninginnehoofd 1, 3072 AD, (0 10) 439 05 00, *Fax (0 10) 484 27 01*, « Ancien siège de la compagnie maritime Holland-America Line » - - 25 à 120. ch KZ m
Repas (Ouvert jusqu'à 23 h) 45 - 18 - **72 ch** 190/275.

Inntel, Leuvehaven 80, 3011 EA, (0 10) 413 41 39, *Fax (0 10) 413 32 22*, rest, - 25 à 250. rest KZ d
Repas 45 - 35 - **149 ch** 325/375.

Tulip Inn, Willemsplein 1, 3016 DN, (0 10) 413 47 90, *Fax (0 10) 412 78 90*, - - 25 à 60. KZ s
Repas *(fermé sam. et dim.)* (dîner seult) 43 - **112 ch** 165/245.

Van Walsum, Mathenesserlaan 199, 3014 HC, (0 10) 436 32 75, *Fax (0 10) 436 44 10* - rest FV e
fermé 24 déc.-1er janv. - **Repas** (résidents seult) - **30 ch** 125/225 - ½ P 158/193.

Pax sans rest, Schiekade 658, 3032 AK, (0 10) 466 33 44, *Fax (0 10) 467 52 78* - plan p. 6 FU m
45 ch 150/290.

Breitner, Breitnerstraat 23, 3015 XA, (0 10) 436 02 62, *Fax (0 10) 436 40 91* - rest JZ d
Repas (dîner pour résidents seult) - **31 ch** 140/200.

Emma sans rest, Nieuwe Binnenweg 6, 3015 BA, (0 10) 436 55 33, *Fax (0 10) 436 76 58* - JY w
24 ch 150/180.

Parkheuvel (Helder), Heuvellaan 21, 3016 GL, (0 10) 436 07 66, *Fax (0 10) 436 71 40*, « Terrasse et trafic maritime » - JZ n
fermé 24 juil.-6 août, 27 déc.-3 janv., sam. midi et dim. - **Repas** Lunch 78 - 105/168, carte 122 à 140
Spéc. Ris de veau braisé aux blinis de pommes de terre, salsifis et truffes. Turbot grillé à la crème d'anchois et basilic. Bœuf à la ficelle et ravioli de foie d'oie aux truffes.

Old Dutch, Rochussenstraat 20, 3015 EK, (0 10) 436 03 44, *Fax (0 10) 436 78 26*, - JZ r
fermé sam. en juil.-août, dim. et jours fériés - **Repas** Lunch 60 - carte 88 à 115.

Radèn Mas 1er étage, Kruiskade 72, 3012 EH, (0 10) 411 72 44, *Fax (0 10) 411 97 11*, Cuisine indonésienne - JY a
Repas Lunch 33 - carte env. 80.

Brasserie La Vilette, Westblaak 160, 3012 KM, (0 10) 414 86 92, *Fax (0 10) 414 33 91* - JY t
fermé 17 juil.-6 août, 24 déc.-1er janv. et dim. - **Repas** Lunch 55 - 70/78.

de Castellane, Eendrachtsweg 22, 3012 LB, (0 10) 414 11 59, *Fax (0 10) 214 08 97*, « Terrasse » - JZ h
fermé 24 juil.-19 août, 25 déc.-7 janv., sam. midi, dim., lundi midi et jours fériés - **Repas** Lunch 55 - carte env. 95.

World Trade Center 23e étage, Beursplein 37, 3011 AA, (0 10) 405 44 65, *Fax (0 10) 405 51 20*, ville - KY g
Repas Lunch 55 - 75.

Brancatelli, Boompjes 264, 3011 XD, (0 10) 411 41 51, *Fax (0 10) 404 57 34*, Cuisine italienne - KZ n
Repas Lunch 60 - carte 69 à 87.

Chalet Suisse, Kievitslaan 31, 3016 CG, (0 10) 436 50 62, *Fax (0 10) 436 54 62*, Avec fondue et raclette, « Terrasse sur parc public » - JZ f
fermé dim. - **Repas** Lunch 50 - 58.

de Engel (den Blijker), Eendrachtsweg 19, ✉ 3012 LB, ☎ (0 10) 413 82 56, *Fax (0 10) 412 51 96* – AE ⓓ MC VISA JCB — JZ h
fermé 25, 26 et 31 déc. et dim. – **Repas** (dîner seult) 70/110, carte 85 à 115
Spéc. Velouté de truffes au ris de veau croquant. Côte de bœuf aux pommes fondantes et ail. Jarret d'agneau au bouillon de thym et romarin.

De Harmonie, Westersingel 95, ✉ 3015 LC, ☎ (0 10) 436 36 10, *Fax (0 10) 436 36 08*, « Terrasse » – AE ⓓ MC VISA JCB — JZ c
fermé 31 déc. et 1er janv. – **Repas** *Lunch 68* – carte 85 à 103.

Kip, Van Vollenhovenstraat 25, ✉ 3016 BG, ☎ (0 10) 436 99 23, *Fax (0 10) 436 27 02*, « Terrasse » – AE ⓓ MC VISA JCB — JZ p
fermé 31 déc. – **Repas** (dîner seult) carte 77 à 102.

Brasserie De Tijdgeest, Oost-Wijnstraat 14, ✉ 3011 TZ, ☎ (0 10) 233 13 11, *Fax (0 10) 433 06 19*, Taverne-rest – 35. AE ⓓ MC VISA. — KY a
Repas 47.

Engels, Stationsplein 45, ✉ 3013 AK, ☎ (0 10) 411 95 50, *Fax (0 10) 413 94 21*, Cuisines de différentes nationalités – P – 25 à 800. AE ⓓ MC VISA JCB — JY v
Repas *Lunch 45* – 50.

Anak Mas, Meent 72a, ✉ 3011 JN, ☎ (0 10) 414 84 87, *Fax (0 10) 412 44 74*, Cuisine indonésienne – AE ⓓ MC VISA JCB — KY s
fermé dim. – **Repas** (dîner seult) carte env. 50.

Fuji-Benkei en sous-sol, Kruiskade 26, ✉ 3012 EH, ☎ (0 10) 414 33 38, *Fax (0 10) 404 69 09*, Cuisine japonaise – AE ⓓ MC VISA JCB. — JY u
fermé fin juil. et dim. – **Repas** 68/128.

Périphérie - *plans p. 4 et 5 sauf indication spéciale :*

à l'Aéroport :

Airport, Vliegveldweg 59, ✉ 3043 NT, ☎ (0 10) 462 55 66, *Fax (0 10) 462 22 66*, – TV P – 25 à 425. AE ⓓ MC VISA JCB — AR a
Repas *Lunch 40* – carte env. 85 – 28 – **97 ch** 245, 1 suite.

au Sud :

Bastion, Driemanssteenweg 5 (près A 15), ✉ 3084 CA, ☎ (0 10) 410 10 00, *Fax (0 10) 410 31 94* – TV P. AE ⓓ MC VISA. — BT z
Repas (Grillades, ouvert jusqu'à 23 h) 45 – 17 – **80 ch** 150.

à Hillegersberg C *Rotterdam :*

Mangerie Lommerrijk, Straatweg 99, ✉ 3054 AB, ☎ (0 10) 422 00 11, *Fax (0 10) 422 64 96*, ←, – P – 25 à 250. AE ⓓ MC VISA — CR y
fermé lundi – **Repas** (dîner seult) 60.

à Kralingen C *Rotterdam :*

Novotel Brainpark, K.P. van der Mandelelaan 150 (près A 16), ✉ 3062 MB, ☎ (0 10) 453 07 77, *Fax (0 10) 453 15 03*, – TV P – 25 à 400. AE ⓓ MC VISA — DS e
Repas (Ouvert jusqu'à minuit) *Lunch 35* – carte 51 à 80 – 24 – **196 ch** 205.

In den Rustwat, Honingerdijk 96, ✉ 3062 NX, ☎ (0 10) 413 41 10, *Fax (0 10) 404 85 40*, « Auberge du 16e s. sur jardin fleuri » – P. AE ⓓ MC VISA JCB — plan p. 7 HV e
fermé 27 déc.-2 janv. et dim. – **Repas** *Lunch 63* – carte 88 à 103.

Zone Europoort *par ⑤ : 25 km :*

De Beer Europoort, Europaweg 210 (N 15), ✉ 3198 LD, ☎ (0 181) 26 23 77, *Fax (0 181) 26 29 23*, ←, – TV P – 25 à 180. AE ⓓ MC VISA
Repas *Lunch 45* – carte env. 75 – **78 ch** 157/190 – ½ P 190.

Environs

à Barendrecht - *plan p. 5* – *24 796 h.*

Bastion, Van der Waalsweg 27 (près A 15), ✉ 2991 XN, ☎ (0 10) 479 22 04, *Fax (0 10) 479 23 85* – TV P. AE ⓓ MC VISA. — DT t
Repas (Grillades, ouvert jusqu'à 23 h) 45 – 17 – **40 ch** 135.

à Capelle aan den IJssel - *plan p. 5* – *63 228 h.*

Barbizon M, Barbizonlaan 2 (près A 20), ✉ 2908 MA, ☎ (0 10) 456 44 55, *Fax (0 10) 456 78 58*, ←, – TV P – 30 à 250. AE ⓓ MC VISA JCB. rest — DR c
Repas *Lunch 42* – carte env. 70 – 35 – **100 ch** 287/474, 1 suite – ½ P 203/349.

Bastion, Rhijnspoor 300, ✉ 2901 LC, ☎ (0 10) 202 01 04, *Fax (0 10) 202 02 47* – AE MC VISA. DS a
Repas (Grillades, ouvert jusqu'à 23 h) 45 – 17 – **40 ch** 135.

Johannahoeve, 's Gravenweg 347, ✉ 2905 LB, ☎ (0 10) 450 38 00, *Fax (0 10) 442 07 34*, « Ferme du 17ᵉ s » – AE MC VISA DR g
Repas *Lunch 59* – 55.

à Krimpen aan den IJssel *- plan p. 5 – 28 198 h.*

De Schelvenaer, Korenmolen 1, ✉ 2922 BS, ☎ (0 180) 51 29 11, *Fax (0 180) 55 21 32*, « Moulin avec terrasse au bord de l'eau », – AE MC VISA DS m
fermé lundi – **Repas** *Lunch 53* – carte env. 80.

à Rhoon *- plan p. 4 -* *Albrandswaard 15 395 h :*

Het Kasteel van Rhoon, Dorpsdijk 63, ✉ 3161 KD, ☎ (0 10) 501 88 96, *Fax (0 10) 506 72 59*, ←, « Dans les dépendances du château » – AE MC VISA. AT b
Repas *Lunch 80* – 75/113.

à Schiedam *- plan p. 4 – 74 910 h.*

Buitenhavenweg 9, ✉ 3113 BC, ☎ (0 10) 473 30 00, Fax (0 10) 473 66 95

Novotel, Hargalaan 2 (près A 20), ✉ 3118 JA, ☎ (0 10) 471 33 22, *Fax (0 10) 470 06 56*, – – 25 à 200. AE MC VISA AS b
Repas 45 – 25 – **134 ch** 205/240.

Duchesse, Maasboulevard 7, ✉ 3114 HB, ☎ (0 10) 426 46 26, *Fax (0 10) 473 25 01*, ← Nieuwe Maas (Meuse), – AE MC VISA JCB AS d
fermé 31 déc. et dim. – **Repas** *Lunch 65* – 75/105.

Le Pêcheur, Nieuwe Haven 97, ✉ 3116 AB, ☎ (0 10) 473 33 41, *Fax (0 10) 273 11 55*, « Entrepôt du 19ᵉ s. » – AE MC VISA JCB AS k
fermé 27 déc.-3 janv. – **Repas** *Lunch 50* – carte env. 85.

Bistrot Hosman Frères, Korte Dam 10, ✉ 3111 BG, ☎ (0 10) 426 40 96, *Fax (0 10) 426 90 41* – AE MC VISA JCB. AS s
fermé 31 déc. – Repas 53.

Orangerie Duchesse, Maasboulevard 7, ✉ 3114 HB, ☎ (0 10) 426 46 26, *Fax (0 10) 473 25 01*, ← Nieuwe Maas (Meuse), – AE MC VISA JCB AS d
fermé 25, 26 et 31 déc. et dim. – **Repas** (dîner seult) 55.

Italia, Hoogstraat 118, ✉ 3111 HL, ☎ (0 10) 473 27 56, Cuisine italienne – AE MC VISA AS n
fermé 19 juil.-9 août, 27 déc.-10 janv., lundi et mardi – **Repas** (dîner seult) 75.

ROTTEVALLE *Fryslân* 210 *V 4 – voir à Drachten.*

RUINEN *Drenthe* *De Wolden 23 310 h.* 210 *X 6 et* 908 *K 3.*

Brink 3, ✉ 7963 AA, ☎ (0 522) 47 17 00, Fax (0 522) 47 30 45.
Amsterdam 154 – Assen 36 – Emmen 51 – Zwolle 41.

De Stobbe, Westerstraat 84, ✉ 7963 BE, ☎ (0 522) 47 12 24, *Fax (0 522) 47 27 47*, – rest, MC VISA.
Repas 45 – **24 ch** 105/155 – ½ P 113/126.

RUURLO *Gelderland* 211 *X 10 et* 908 *K 5 – 7 989 h.*

Amsterdam 134 – Apeldoorn 45 – Arnhem 53 – Doetinchem 21 – Enschede 39.

De Tuinkamer en De Herberg avec ch, Hengeloseweg 1 (Sud-Ouest : 3 km), ✉ 7261 LV, ☎ (0 573) 45 21 47, *Fax (0 573) 45 21 47*, ←, « Ferme-auberge », – MC VISA. ch
fermé 27 déc.-28 janv. – **Repas** *(fermé lundi et mardi)* (dîner seult) carte env. 70 – **9 ch** *(fermé lundi et mardi d'oct. à mai)* 100/130 – ½ P 108.

SANTPOORT *Noord-Holland* *Velsen 66 157 h.* 210 *M 8,* 211 *M 8 et* 908 *E 4.*

Amsterdam 24 – Haarlem 7.

De Weyman sans rest, Hoofdstraat 248, ✉ 2071 EP, ☎ (0 23) 537 04 36 – AE MC VISA JCB
20 ch 125/155.

Bastion, Vlietweg 20, ✉ 2071 KW, ☎ (0 23) 538 74 74, *Fax (0 23) 538 43 34* – AE MC VISA.
Repas (Grillades, ouvert jusqu'à 23 h) 45 – 17 – **40 ch** 125.

SASSENHEIM *Zuid-Holland* 211 M 9 et 908 E 5 – *14 592 h.*
Amsterdam 35 – Den Haag 25 – Haarlem 20.

Motel Sassenheim, Warmonderweg 8 (près A 44), ✉ 2171 AH, ☎ (0 252) 21 90 19, *Fax (0 252) 21 68 29*, – – 25 à 200. AE MC VISA
Repas 45 – 25 – **72 ch** 138 – ½ P 184.

de Gelegenheid, Kastanjelaan 1, ✉ 2171 GJ, ☎ (0 252) 23 10 53, *Fax (0 71) 362 17 42* – AE MC VISA.
fermé dern. sem. juil.-2 prem. sem. août, mardi et merc. – **Repas** (dîner seult) 65/73.

SAS VAN GENT *Zeeland* 211 H 15 et 908 C 8 – *8 691 h.*
Amsterdam (bac) 202 – Middelburg (bac) 49 – Antwerpen 49 – Brugge 46 – Gent 25.

Royal (avec annexes), Gentsestraat 12, ✉ 4551 CC, ☎ (0 115) 45 18 53, *Fax (0 115) 45 17 96*, – rest, . AE MC VISA JCB
Repas *(fermé 26 déc.-1er janv. et sam.)* 53/83 – **43 ch** 100/165 – ½ P 145/190.

SCHAARSBERGEN *Gelderland* 211 U 10 et 908 I 5 – *voir à Arnhem.*

SCHAGEN *Noord-Holland* 210 N 6 et 908 F 3 – *17 287 h.*
Amsterdam 64 – Alkmaar 19 – Den Helder 23 – Hoorn 29.

Igesz, Markt 22, ✉ 1741 BS, ☎ (0 224) 21 48 24, *Fax (0 224) 21 20 86*, – – 25 à 250. AE MC VISA. ch
Repas carte 58 à 75 – **20 ch** 125/160.

SCHAIJK *Noord-Brabant* C *Landerd 14 192 h.* 211 S 12 et 908 H 6.
Amsterdam 99 – Arnhem 44 – 's-Hertogenbosch 25 – Nijmegen 22.

De Peppelen, Schutsboomstraat 43, ✉ 5374 CB, ☎ (0 486) 46 35 48, , « Terrasse » – . MC VISA
fermé du 8 au 22 mars, mardi et merc. – **Repas** 63/95.

SCHERPENZEEL *Gelderland* 211 R 10 et 908 H 5 – *9 123 h.*
Amsterdam 64 – Utrecht 29 – Amersfoort 13 – Arnhem 34.

De Witte Holevoet, Holevoetplein 282, ✉ 3925 CA, ☎ (0 33) 277 91 11, *Fax (0 33) 277 26 13*, , – – 25 à 100. AE MC VISA.
Repas *(fermé sam. midi et dim.)* Lunch 50 – 63/88 – **22 ch** 165/195.

SCHEVENINGEN *Zuid-Holland* 211 K 10 - ① et 908 D 5 – *voir à Den Haag (Scheveningen).*

SCHIEDAM *Zuid-Holland* 211 L 11 - ㊴ N et 908 E 6 - ㉔ N – *voir à Rotterdam, environs.*

SCHIERMONNIKOOG (Ile de) *Fryslân* 210 W 2 et 908 J 1 – *voir à Waddeneilanden.*

SCHINNEN *Limburg* 211 U 17 et 908 I 9 – *14 029 h.*
Amsterdam 206 – Maastricht 20 – Aachen 25.

Aan Sjuuteeänjd, Dorpsstraat 74, ✉ 6365 BH, ☎ (0 46) 443 17 67, *Fax (0 46) 443 49 30*, , « Ferme rustique avec cour fleurie » – . MC VISA.
fermé dern. sem. juin-prem. sem. juil., 1 sem. en janv. et merc. – **Repas** Lunch 53 – 50/75.

SCHIN OP GEUL *Limburg* C *Valkenburg aan de Geul 18 044 h.* 211 U 17 et 908 I 9.
Amsterdam 217 – Maastricht 19 – Liège 47 – Aachen 21.

Oud Schin, Strucht 21, ✉ 6305 AE, ☎ (0 43) 459 12 92, *Fax (0 43) 459 13 01*, – . MC VISA. rest
mars-oct. – **Repas** *(fermé après 20 h)* carte env. 50 – **13 ch** 105 – ½ P 75.

SCHIPHOL *Noord-Holland* 210 N 9 - ㉘ S, 211 N 9 et 908 F 5 - ㉗ N – *voir à Amsterdam, environs.*

SCHOONEBEEK *Drenthe* C *Emmen 105 228 h.* 210 AA 7 et 908 L 4.
Amsterdam 165 – Assen 48 – Groningen 73 – Zwolle 56.

De Wolfshoeve, Europaweg 132, ✉ 7761 AL, ☎ (0 524) 53 24 24, *Fax (0 524) 53 12 02*, – – 50 à 300. AE MC VISA
Repas *(fermé dim. et après 20 h)* carte 45 à 60 – **21 ch** 78/120 – ½ P 106/130.

SCHOONHOVEN *Zuid-Holland* 211 O 11 et 908 F 6 – *11 804 h.*

Voir Collection d'horloges murales★ dans le musée d'orfèvrerie et d'horlogerie (Nederlands Goud-, Zilver- en Klokkenmuseum) – route de digue de Gouda à Schoonhoven : parcours★.

Stadhuisstraat 1, ✉ 2871 BR, ✆ (0 182) 38 50 09, Fax (0 182) 38 74 46.

Amsterdam 62 – Utrecht 32 – Den Haag 55 – Rotterdam 28.

Belvédère, Lekdijk West 4, ✉ 2871 MK, ✆ (0 182) 32 52 22, *Fax (0 182) 32 52 22*, ≤, « Sur une digue avec terrasse ombragée », – 25 à 80. AE VISA. ch
Repas 48/70 – **12 ch** 130/170 – ½ P 135/147.

Brasserie de Hooiberg, Van Heuven Goedhartweg 1 (Est : 1 km), ✉ 2871 AZ, ✆ (0 182) 38 36 01, *Fax (0 182) 38 63 40*, – P. VISA
fermé lundi et mardi – **Repas** (dîner seult) 50.

SCHOORL *Noord-Holland* 210 N 6 et 908 F 3 – *6 569 h.*

Duinvoetweg 1, ✉ 1871 EA, ✆ (0 72) 509 15 04, Fax (0 72) 509 10 24.

Amsterdam 49 – Alkmaar 10 – Den Helder 32.

Merlet, Duinweg 15, ✉ 1871 AC, ✆ (0 72) 509 36 44, *Fax (0 72) 509 14 06*, ≤, « Terrasse dans un cadre champêtre », – 25 à 45. AE VISA
fermé du 1er au 14 janv. – **Repas** Lunch 65 – 88, carte env. 105 – **14 ch** 140/190 – ½ P 155/270
Spéc. Turbot braisé aux champignons et mousseline de truffes. Ragoût de langoustines et asperges à la tomate (mai-juin). Gratin de figues et pommes à la glace vanille (oct.-déc.).

Jan van Scorel, Heereweg 89, ✉ 1871 ED, ✆ (0 72) 509 44 44, *Fax (0 72) 509 29 41*, – 25 à 150. AE VISA.
Repas Lunch 25 – 45 – 30 – **44 ch** 140, 12 suites.

De Schoorlse Heeren, Heereweg 215, ✉ 1871 EG, ✆ (0 72) 509 13 80, *Fax (0 72) 509 42 04*, « Ancienne ferme à toit de chaume » – P. AE VISA JCB.
fermé prem. sem. août et lundi – **Repas** Lunch 58 – 65/95.

à Camperduin *Nord-Ouest : 6 km* C *Schoorl :*

Strandhotel, Heereweg 395, ✉ 1871 GL, ✆ (0 72) 509 14 36, *Fax (0 72) 509 41 66*, – 25. AE VISA. rest
Repas (dîner seult) 45 – **21 ch** 98/105, 3 suites – ½ P 125.

SCHUDDEBEURS *Zeeland* 211 J 15 et 908 C 6 – *voir à Zierikzee.*

SEROOSKERKE *(Schouwen) Zeeland* C *Schouwen-Duiveland 32 954 h.* 211 H 12 et 908 C 6.

Amsterdam 137 – Middelburg 54 – Rotterdam 69.

De Waag, Dorpsplein 6, ✉ 4327 AG, ✆ (0 111) 67 15 70, *Fax (0 111) 67 29 08*, – P. AE VISA.
fermé du 11 au 30 juin, 27 déc.-15 janv., lundi et mardi – **Repas** Lunch 70 – 95/115.

Michelin n'accroche pas de panonceau aux hôtels et restaurants qu'il signale.

SEVENUM *Limburg* 211 V 14 et 908 J 7 – *7 225 h.*

Maasduinenweg 1, ✉ 5977 NP, ✆ (0 77) 467 80 30, Fax (0 77) 467 80 31.

Amsterdam 172 – Eindhoven 44 – Maastricht 80 – Venlo 12.

AC Hotel, Kleefsedijk 29 (Sud-Ouest : 5 km, près A 67 - E 34 sortie 38), ✉ 5975 NV, ✆ (0 77) 467 20 02, *Fax (0 77) 467 30 85*, – 25 à 250. AE VISA
Repas (Avec buffet) carte env. 50 – 18 – **61 ch** 135, 3 suites.

SINT ANNA TER MUIDEN *Zeeland* 211 F 15 et 908 B 8 – *voir à Sluis.*

SINT NICOLAASGA (ST. NYK) *Fryslân* 210 T 5 et 908 I 3 – *voir à Joure.*

SINT-OEDENRODE *Noord-Brabant* 211 R 13 et 908 H 7 – 17 023 h.

Schootsedijk 18, ✉ 5491 TD, ✆ (0413) 47 92 56, Fax (0 413) 47 92 56.
Amsterdam 107 – Eindhoven 15 – Nijmegen 48.

Wollerich, Heuvel 23, ✉ 5492 AC, ✆ (0 413) 47 33 33, *Fax (0 413) 49 00 07,* – P. AE VISA.
fermé 31 déc.-14 janv. et sam. midi – **Repas** *Lunch 60* – 95/110, carte env. 110
Spéc. Foie d'oie sauté, compote douce d'échalotes. Langoustines au four, chou blanc et jus de homard. Chocolat blanc frit et glace au chocolat amer.

de Rooise Boerderij, Schijndelseweg 2, ✉ 5491 TB, ✆ (0 413) 47 49 01, *Fax (0 413) 47 49 01,* – P. AE VISA.
fermé 17 juil.-7 août et lundi – **Repas** *Lunch 45* – 85.

SITTARD *Limburg* 211 U 17 et 908 I 8 – 49 271 h.

au Sud : 8 km à Beek ✆ (0 43) 358 99 99, Fax (0 43) 358 99 88.
Rosmolenstraat 40, ✉ 6131 HZ, ✆ (0 46) 452 41 44, Fax (0 46) 458 05 55.
Amsterdam 194 – Maastricht 29 – Eindhoven 66 – Roermond 27 – Aachen 36.

De Limbourg, Markt 22, ✉ 6131 EK, ✆ (0 46) 451 81 51, *Fax (0 46) 452 34 86,* – P – 25 à 60. AE VISA
Repas (Taverne-rest, ouvert jusqu'à 23 h) *Lunch 50* – carte 63 à 78 – **18 ch** 135/210 – ½ P 185.

De Prins, Rijksweg Zuid 25, ✉ 6131 AL, ✆ (0 46) 451 50 41, *Fax (0 46) 451 46 41* – P – 25 à 60. AE VISA. rest
fermé 27 déc.-1er janv. et dim. – **Repas** 45/68 – **23 ch** 113/190 – ½ P 148/165.

Walraven's, Paardestraat 25, ✉ 6131 HA, ✆ (0 46) 451 12 24, *Fax (0 46) 458 48 66,* – AE VISA.
fermé dim. et lundi – **Repas** *Lunch 55* – 85/95.

à Doenrade *Sud : 6 km par N 276* C *Schinnen 14 029 h :*

Kasteel Doenrade , Limpensweg 20 (Klein-Doenrade), ✉ 6439 BE, ✆ (0 46) 442 41 41, *Fax (0 46) 442 40 30,* , « Environnement champêtre », , , – , ch, P – 25 à 50. AE VISA JCB. rest
Repas *Lunch 60* – 80 – **23 ch** 175/295, 1 suite – ½ P 175/225.

à Munstergeleen *Sud : 3 km* C *Sittard :*

Zelissen, Houbeneindstraat 4, ✉ 6151 CR, ✆ (0 46) 451 90 27, *Fax (0 46) 411 14 47* – AE VISA JCB
fermé 1 sem. carnaval, 2 dern. sem. juil., mardi soir et merc. – **Repas** 40/65.

SLEAT *Fryslân – voir Sloten.*

SLENAKEN *Limburg* C *Wittem 7 807 h.* 211 U 18 et 908 I 9.

Voir *Route de Epen* ≤★.
Amsterdam 230 – Maastricht 19 – Aachen 20.

Klein Zwitserland , Grensweg 11, ✉ 6277 NA, ✆ (0 43) 457 32 91, *Fax (0 43) 457 32 94,* ≤ campagne, – , rest, P. AE VISA.
mars-mi-nov., vacances scolaires et week-end ; fermé janv.-fév. – **Repas** (dîner seult jusqu'à 19 h 30) 55/110 – **25 ch** 199/249, 1 suite.

't Gulpdal, Dorpsstraat 40, ✉ 6277 NE, ✆ (0 43) 457 33 15, *Fax (0 43) 457 33 16,* ≤, « Jardin paysagé avec pièce d'eau », , , , , – P. AE VISA JCB.
fermé janv.-fév. – **Repas** (résidents seult) – **19 ch** 160/250, 5 suites – ½ P 129/169.

Slenaker Vallei, Dorpsstraat 1, ✉ 6277 NC, ✆ (0 43) 457 26 35, *Fax (0 43) 457 26 28,* ≤, – P – 25 à 50. AE VISA. rest
mars-nov. et week-end en déc. – **Repas** 46/125 – **20 ch** 145/155 – ½ P 128/140.

Tulip Inn, Heyenratherweg 4, ✉ 6276 PC, ✆ (0 43) 457 35 46, *Fax (0 43) 457 20 92,* – P. AE VISA
Repas *(fermé après 20 h) Lunch 38* – 45/100 – **37 ch** 149/265 – ½ P 189/350.

SLOTEN (SLEAT) *Fryslân* © *Gaasterlân-Sleat 9 698 h.* 210 S 5 et 908 H 3.

Voir *Ville fortifiée★.*

Amsterdam 119 – Groningen 78 – Leeuwarden 50 – Zwolle 63.

De Zeven Wouden, Voorstreek 120, ✉ 8556 XV, ☎ (0 514) 53 12 70, *Fax (0 514) 53 15 96*, 余 – AE ⓓ MC VISA JCB
mars-oct. et week-end ; fermé nov. – **Repas** Lunch 40 – carte 49 à 79.

SLUIS *Zeeland* © *Sluis-Aardenburg 6 512 h.* 211 F 15 et 908 B 8.

ℹ *St-Annastraat 15,* ✉ *4524 JB,* ☎ *(0 117) 46 17 00, Fax (0 117) 46 26 84.*

Amsterdam (bac) 225 – Middelburg (bac) 29 – Brugge 21 – Knokke-Heist 9.

XX ✿✿ **Oud Sluis** (Herman), Beestenmarkt 2, ✉ 4524 EA, ☎ (0 117) 46 12 69, *Fax (0 117) 46 30 05*, 余, Produits de la mer, « Petite auberge typique » – AE ⓓ MC VISA
fermé 2 sem. en juin, 2 sem. en oct., dern. sem. déc., lundi et mardi – **Repas** Lunch 80 – 110/150, carte 140 à 175
Spéc. Six préparations d'huîtres de Zélande (sept.-avril). Thon mariné et langoustines à la vapeur au foie de canard. Hochepot aux légumes d'été et nage de turbot aux moules (juil.-sept.).

X **Gasterij Balmoral,** Kaai 16, ✉ 4524 CK, ☎ (0 117) 46 14 98, *Fax (0 117) 46 18 07*, 余 – AE ⓓ MC VISA JCB
fermé 20 janv.-13 fév., du 16 au 25 juin et vend. – **Repas** 35/46.

X **Lindenhoeve,** Beestenmarkt 4, ✉ 4524 EA, ☎ (0 117) 46 18 10, *Fax (0 117) 46 26 00*, 余, Taverne-rest – ▤ P. AE MC VISA JCB
fermé 3 prem. sem. fév. – **Repas** 39/45.

à Heille *Sud-Est : 5 km* © *Sluis-Aardenburg :*

XX **De Schaapskooi,** Zuiderbruggeweg 23, ✉ 4524 KH, ☎ (0 117) 49 16 00, *Fax (0 117) 49 22 19*, 余, « Ancienne bergerie dans cadre champêtre » – P. AE ⓓ MC VISA. ✗
fermé 2 sem. en fév., 2 sem. en oct., lundi soir sauf en juil.-août et mardi – **Repas** carte 83 à 118.

à Retranchement *Nord : 6 km* © *Sluis-Aardenburg :*

X **De Witte Koksmuts,** Kanaalweg 8, ✉ 4525 NA, ☎ (0 117) 39 16 87, *Fax (0 117) 39 20 30*, ←, 余 – P. AE MC
fermé 6 nov.-1er déc., merc. sauf en juil.-août et jeudi – **Repas** carte 64 à 93.

à Sint Anna ter Muiden *Nord-Ouest : 2 km* © *Sluis-Aardenburg :*

XX **De Vijverhoeve,** Greveningseweg 2, ✉ 4524 JK, ☎ (0 117) 46 13 94, *Fax (0 117) 46 25 59*, 余, « Terrasse et jardin dans cadre champêtre » – P. AE ⓓ MC VISA
fermé merc. et jeudi – **Repas** 65/130.

SNEEK *Fryslân* 210 T 4 et 908 I 2 – *30 496 h.*

Voir *Porte d'eau★ (Waterpoort)* A **A**.

Exc. *Circuit en Frise Méridionale★ - par ④ à Sloten★ (ville fortifiée).*

ℹ *Marktstraat 18,* ✉ *8601 CV,* ☎ *(0 515) 41 40 96, Fax (0 515) 42 37 03.*

Amsterdam 125 ④ – Groningen 78 ② – Leeuwarden 24 ① – Zwolle 74 ③

Plan page ci-contre

🏠 **De Wijnberg,** Marktstraat 23, ✉ 8601 CS, ☎ (0 515) 41 24 21, *Fax (0 515) 41 33 69* – ▤ rest, TV ☎. AE MC VISA JCB — A d
Repas Lunch 33 – carte 61 à 125 – **23 ch** ⊐ 85/130 – ½ P 88.

XX **Hanenburg** avec ch, Wijde Noorderhorne 2, ✉ 8601 EB, ☎ (0 515) 41 25 70, *Fax (0 515) 42 58 95* – TV P – 🏛 25 à 60. AE ⓓ MC VISA. ✗ rest — A e
Repas *(fermé dim. midi)* Lunch 45 – 85 – **20 ch** *(fermé 31 déc. et 1er janv.)* ⊐ 95/215 – ½ P 107/147.

X **Onder de Linden,** Marktstraat 30, ✉ 8601 CV, ☎ (0 515) 41 26 54, *Fax (0 515) 41 26 54* – MC VISA JCB — B b
fermé 27 déc.-14 janv. et lundi – **Repas** Lunch 28 – 38/50.

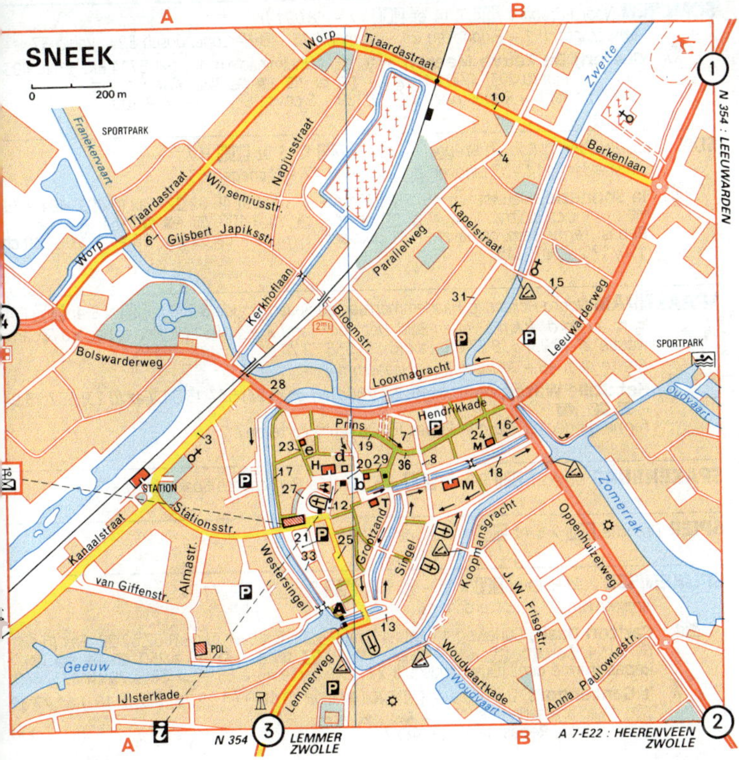

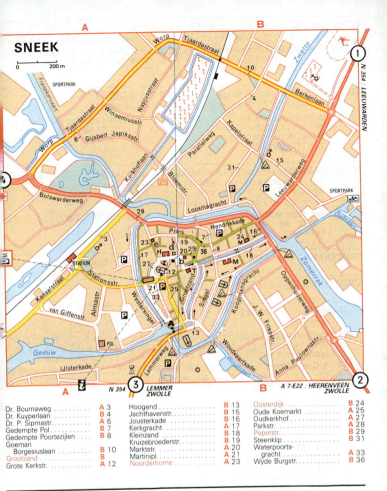

SOEST *Utrecht* 211 Q 9 et 908 G 5 – *43 760 h.*
Steenhoffstraat 9a, ✉ 3764 BH, ☎ (0 35) 601 20 75, Fax (0 35) 602 80 17.
Amsterdam 42 – Utrecht 18 – Amersfoort 7.

Het Witte Huis (avec annexe), Birkstraat 138 (Sud-Ouest : 3 km sur N 221), ✉ 3768 HN, ☎ (0 33) 461 71 47, *Fax (0 33) 465 05 66* – 25 à 160. AE VISA JCB
fermé 27 déc.-4 janv. – **Repas** carte 50 à 68 – **68 ch** 185/230 – ½ P 120/158.

Van den Brink, Soesterbergsestraat 122, ✉ 3768 EL, ☎ (0 35) 601 27 06, *Fax (0 35) 601 97 18*, – P – 25 à 40. AE VISA
Repas *Lunch 53* – carte env. 65.

à Soestdijk C *Soest :*

't Spiehuis, Biltseweg 45 (sur N 234), ✉ 3763 LD, ☎ (0 35) 666 82 36, *Fax (0 35) 666 84 76*, , « Auberge en lisière des bois » – P. AE VISA.
fermé 20 juil.-11 août, 27 déc.-8 janv. et mardi – **Repas** *Lunch 60* – carte 77 à 101.

SOESTDIJK *Utrecht* 211 Q 9 et 908 G 5 – *voir à Soest.*

SOMEREN *Noord-Brabant* 211 T 14 et 908 I 7 – *18 091 h.*
Amsterdam 151 – Eindhoven 23 – Helmond 13 – 's-Hertogenbosch 52 – Venlo 37.

XX **Gasterij De Zeuve Meeren** avec ch, Wilhelminaplein 14, ✉ 5711 EK, ℘ (0 493) 49 27 28, *Fax (0 493) 47 01 12,* – AE MC VISA JCB. rest
fermé fin sept. – **Repas** Lunch 49 – 59/89 – **5 ch** 85/120 – ½ P 100.

SON *Noord-Brabant* © *Son en Breugel 14 493 h.* 211 R 13 et 908 H 7.
Amsterdam 114 – Eindhoven 8 – Helmond 17 – Nijmegen 53.

la Sonnerie, Nieuwstraat 45, ✉ 5691 AB, ℘ (0 499) 46 02 22, *Fax (0 499) 46 09 75,* « Ancien cloître », – P – 25 à 100. AE MC VISA JCB.
Repas *(fermé sem. carnaval et 31 déc. soir)* Lunch 55 – carte env. 95 – 20 – **30 ch** 150/175 – ½ P 215.

SPAARNDAM *Noord-Holland* © *Haarlemmerliede en Spaarnwoude 5 236 h.* 211 N 8 et 908 F 4.
18 9 *au Nord : 8 km à Velsen-Zuid, Het Hoge Land 2, ✉ 1981 LT, Recreatieoord Spaarnwoude ℘ (0 23) 538 27 08, Fax (0 23) 538 72 74.*
Amsterdam 18 – Alkmaar 28 – Haarlem 11.

X **Het Stille Water,** Oostkolk 19, ✉ 2063 JV, ℘ (0 23) 537 13 94, *Fax (0 23) 537 13 94* – AE MC VISA
fermé fin déc. et mardi – **Repas** (dîner seult) carte env. 75.

SPAKENBURG *Utrecht* 211 R 9 et 908 H 5 – *voir à Bunschoten-Spakenburg.*

SPIER *Drenthe* 210 X 6 et 908 K 3 – *voir à Beilen.*

SPIJKENISSE *Zuid-Holland* 211 K 11 - ㊴ S et 908 D 6 - ㉔ S – *71 513 h.*
Amsterdam 92 – Rotterdam 16.

Carlton Oasis, Curieweg 1 (Sud : 1 km), ✉ 3208 KJ, ℘ (0 181) 62 52 22, *Fax (0 181) 61 10 94,* ch, P – 40 à 250. AE MC VISA
Repas *(fermé dim.)* (Ouvert jusqu'à 23 h 30) carte 45 à 65 – 38 – **79 ch** 385/430.

X **'t Ganzengors,** Oostkade 4, ✉ 3201 AM, ℘ (0 181) 61 25 78, *Fax (0 181) 61 77 32,* Avec brasserie – P. AE MC VISA JCB
fermé lundi – **Repas** Lunch 43 – 48/73.

STAPHORST *Overijssel* 210 W 7 et 908 J 4 – *15 178 h.*
Voir *Ville typique★ : fermes★, costume traditionnel★.*
Amsterdam 128 – Groningen 83 – Leeuwarden 74 – Zwolle 18.

Waanders, Rijksweg 12, ✉ 7951 DH, ℘ (0 522) 46 18 88, *Fax (0 522) 46 10 93* – rest, P – 25 à 230. AE MC VISA JCB
Repas (Ouvert jusqu'à 23 h) Lunch 28 – carte 68 à 95 – **24 ch** 110/165.

XX **Het Boerengerecht,** Middenwolderweg 2, ✉ 7951 EC, ℘ (0 522) 46 19 67, *Fax (0 522) 46 11 66,* « Ferme du 17e s. » – P. AE MC VISA.
fermé dern. sem. juil.-prem. sem. août, fin déc., dim. et lundi – **Repas** Lunch 45 – carte env. 80.

X **De Molenmeester,** Gemeenteweg 364 (Est : 3 km), ✉ 7951 PG, ℘ (0 522) 46 31 16, – P. AE MC VISA JCB
fermé lundi et mardi – **Repas** 55/63.

STEENWIJK *Overijssel* 210 V 6 et 908 J 3 – *22 396 h.*
Markt 60, ✉ 8331 HK, ℘ (0 521) 51 20 10, Fax (0 521) 51 17 79.
Amsterdam 148 – Assen 55 – Leeuwarden 54 – Zwolle 38.

De "Eese", Duivenslaagte 2 (Nord : 5,5 km, direction Frederiksoord à De Bult), ✉ 8346 KH, ℘ (0 521) 51 14 54, *Fax (0 521) 51 13 16,* – rest, P – 80 à 250. AE MC VISA. ch
Repas Lunch 40 – 49/79 – **56 ch** 125/220 – ½ P 135/155.

Hiddingerberg, Woldmeentherand 15 (près A 32, sortie ⑥), ✉ 8332 JE, ℘ (0 521) 51 23 11, *Fax (0 521) 51 20 64,* – – 25 à 500. MC VISA. ch
fermé 31 déc.-2 janv. – **Repas** carte env. 45 – **12 ch** 155 – ½ P 190.

X **Patijntje,** Scholestraat 15, ✉ 8331 HS, ℘ (0 521) 51 44 25, *Fax (0 521) 51 44 25* –
fermé fév., 2e quinz. sept., lundi et mardi – **Repas** (dîner seult jusqu'à 20 h 30) carte env. 65.

STEIN *Limburg* 211 T 17 et 908 I 9 – *26 389 h.*
Amsterdam 197 – Maastricht 21 – Roermond 30 – Aachen 36.

François, Mauritsweg 96, ✉ 6171 AK, ☎ (0 46) 433 14 52, *Fax (0 46) 433 28 06* – AE ⓓ ⓜ VISA
fermé carnaval, mardi soir et merc. – **Repas** carte 52 à 67.

à Urmond *Nord : 3 km* Ⓒ *Stein :*

Motel Stein-Urmond, Mauritslaan 65 (près A 2), ✉ 6129 EL, ☎ (0 46) 433 85 73, *Fax (0 46) 433 86 86,* – AE ⓓ ⓜ VISA 25 à 400.
Repas (Ouvert jusqu'à 23 h) Lunch 20 – carte 45 à 62 – 25 – **165 ch** 110/130.

STEVENSWEERT *Limburg* Ⓒ *Maasbracht 13 623 h.* 211 U 16 et 908 I 8.
Amsterdam 184 – Eindhoven 58 – Maastricht 37 – Venlo 39.

Herberg Stadt Stevenswaert, Veldstraat Oost 1, ✉ 6107 AS, ☎ (0 475) 55 23 76, *Fax (0 475) 55 23 76,* – AE ⓜ VISA
fermé janv. et lundi – **Repas** 50/75.

TEGELEN *Limburg* 211 V 14 et 908 J 7 – *voir à Venlo.*

TERBORG *Gelderland* Ⓒ *Wisch 19 868 h.* 211 X 11 et 908 K 6.
Amsterdam 135 – Arnhem 37 – Enschede 58.

't Hoeckhuys, Stationsweg 16, ✉ 7061 CT, ☎ (0 315) 32 39 33, *Fax (0 315) 33 04 97,* – P. AE ⓓ ⓜ VISA
fermé 3 sem. en juil. et merc. – **Repas** 55/75.

TERNEUZEN *Zeeland* 211 I 14 et 908 C 7 – *34 712 h.*
ℹ *Markt 11, ✉ 4531 EP, ☎ (0 115) 69 59 76, Fax (0 115) 64 87 70.*
Amsterdam (bac) 196 – Middelburg (bac) 39 – Antwerpen 56 – Brugge 58 – Gent 39.

L'Escaut, Scheldekade 65, ✉ 4531 EJ, ☎ (0 115) 69 48 55, *Fax (0 115) 62 09 81,* – 25 à 80. AE ⓓ ⓜ VISA JCB. rest
fermé 31 déc. et 1er janv. – **Repas** *(fermé sam. midi et dim. midi)* Lunch 60 – carte 93 à 110 – 20 – **31 ch** 135/230 – ½ P 260.

Winston Churchill, Churchilllaan 700, ✉ 4532 JB, ☎ (0 115) 62 11 20, *Fax (0 115) 69 73 93,* – P – 25 à 125. AE ⓓ ⓜ VISA JCB. rest
fermé 1er janv. – **Repas** carte 65 à 81 – **48 ch** 160/195 – ½ P 138.

Triniteit, Kastanjelaan 2 (angle Axelsestraat), ✉ 4537 TR, ☎ (0 115) 61 41 50, *Fax (0 115) 61 44 69,* – P. AE ⓓ ⓜ VISA.
fermé 23 déc.-2 janv. et jours fériés – **Repas** (dîner pour résidents seult) – **15 ch** 115/165 – ½ P 150/170.

De Kreek, Noteneeweg 28 (Otheense Kreek), ✉ 4535 AS, ☎ (0 115) 62 08 17, *Fax (0115) 62 08 19,* ≤, , « Terrasse au bord de l'eau » – P. AE ⓓ ⓜ VISA
fermé lundi et mardi – **Repas** Lunch 50 – carte 54 à 84.

TERSCHELLING (Ile de) *Fryslân* 210 R 2 et 908 H 1 – *voir à Waddeneilanden.*

TETERINGEN *Noord-Brabant* 211 N 13 et 908 F 7 – *voir à Breda.*

TEXEL (Ile de) *Noord-Holland* 210 N 4 et 908 F 2 – *voir à Waddeneilanden.*

THOLEN *Zeeland* 211 J 13 et 908 D 7 – *23 431 h.*
Amsterdam 133 – Bergen op Zoom 9 – Breda 51 – Rotterdam 56.

Hof van Holland, Kaaij 1, ✉ 4691 EE, ☎ (0 166) 60 25 90, *Fax (0 166) 60 48 35,* Produits de la mer – AE ⓓ ⓜ VISA
fermé 25 oct.-15 nov. et lundi – **Repas** Lunch 45 – carte env. 70.

THORN *Limburg* 211 U 16 et 908 I 8 – *2 651 h.*
Voir *Bourgade★.*
ℹ *Wijngaard 14, ✉ 6017 AG, ☎ (0 475) 56 27 61.*
Amsterdam 172 – Eindhoven 44 – Maastricht 44 – Venlo 35.

Host. La Ville Blanche, Hoogstraat 2, ✉ 6017 AR, ☎ (0 475) 56 23 41, *Fax (0 475) 56 28 28,* – P – 25 à 90. AE ⓓ ⓜ VISA. rest
fermé 30 déc.-4 janv. – **Repas** Lunch 48 – carte 62 à 92 – **23 ch** 130/185 – ½ P 110/150.

Host. Crasborn, Hoogstraat 6, ✉ 6017 AR, ☎ (0 475) 56 12 81, *Fax (0 475) 56 22 33*, – TV P. AE ① MC VISA JCB
Repas *(fermé janv.-15 fév.)* Lunch 28 – carte 45 à 62 – ☐ 18 – **12 ch** 95/135 – ½ P 205.

TIEL *Gelderland* 211 R 11 et 908 H 6 – *36 413 h.*

au Nord-Ouest : 4 km à Zoelen, Oost Kanaalweg 1, ✉ 4011 LA, ☎ (0 344) 62 43 70, Fax (0 344) 61 30 96.

Korenbeursplein 4, ✉ 4001 KX, ☎ (0 344) 61 64 41, Fax (0 344) 61 56 49.

Amsterdam 80 – Utrecht 49 – Arnhem 44 – 's-Hertogenbosch 38 – Nijmegen 41 – Rotterdam 76.

Tiel, Laan van Westroyen 10 (près A 15, sortie ㉝), ✉ 4003 AZ, ☎ (0 344) 62 20 20, *Fax (0 344) 61 21 28*, – TV ☎ P – 25 à 2000. AE ① MC VISA
Repas (Ouvert jusqu'à 23 h) Lunch 18 – carte 53 à 88 – **124 ch** ☐ 138/170.

Lotus, Westluidensestraat 49, ✉ 4001 NE, ☎ (0 344) 61 57 02, *Fax (0 344) 62 07 65*, Cuisine chinoise – P. AE ① MC VISA.

TILBURG *Noord-Brabant* 211 P 13 et 908 G 7 – *185 714 h.*

Voir *De Pont (Stichting voor Hedendaagse Kunst)★★* V.
Musée : *Nederlands Textielmuseum★* V **M¹**.

Env. *au Sud-Est : 4 km par ②, Domaine récréatif de Beekse Bergen★.*

Gilzerbaan 400, ✉ 5032 VC, ☎ (0 13) 467 23 32, Fax (0 13) 467 78 23- - au Sud : 5 km à Goirle, Nieuwkerksedijk Zuid 50, ✉ 5051 DW, ☎ (0 13) 534 20 29, Fax (0 13) 534 53 60.

par ② : 32 km à Eindhoven-Welschap ☎ (0 40) 291 98 18, Fax (0 40) 291 98 20.
Stadhuisplein 128, ✉ 5038 TC, ☎ (0 13) 535 11 35, Fax (0 13) 535 37 95.
Amsterdam 110 ① – Breda 22 ③ – Eindhoven 36 ② – 's-Hertogenbosch 23 ①

Plan page ci-contre

De Postelse Hoeve, Dr. Deelenlaan 10, ✉ 5042 AD, ☎ (0 13) 463 63 35, *Fax (0 13) 463 93 90*, – rest, TV ☎ P – 25 à 200. AE ① MC VISA V v
Repas Lunch 33 – 55/75 – **35 ch** ☐ 140/225 – ½ P 178/238.

Mercure, Heuvelpoort 300, ✉ 5038 DT, ☎ (0 13) 535 46 75, *Fax (0 13) 535 58 75*, – rest, TV ☎ – 25 à 175. AE ① MC VISA JCB. rest Y b
Repas *(fermé 31 déc.)* Lunch 27 – 45/50 – ☐ 20 – **61 ch** 178, 2 suites – ½ P 208/220.

Aub. du Bonheur, Bredaseweg 441 (par ④ : 3 km), ✉ 5036 NA, ☎ (0 13) 468 69 42, *Fax (0 13) 590 09 59*, – TV ☎ P – 25 à 80. AE ① MC VISA JCB.
Repas Lunch 50 – carte 78 à 101 – **26 ch** ☐ 195/260 – ½ P 255.

De Lindeboom sans rest, Heuvelring 126, ✉ 5038 CL, ☎ (0 13) 535 13 55, *Fax (0 13) 536 10 85* – TV ☎. AE ① MC VISA. Y c
18 ch ☐ 160/185.

Bastion, Kempenbaan 2, ✉ 5018 TK, ☎ (0 13) 544 19 99, *Fax (0 13) 543 89 10* – TV ☎ P. AE ① MC VISA. X f
Repas (Grillades, ouvert jusqu'à 23 h) 45 – ☐ 17 – **40 ch** 100.

Ibis, Dr. Hub. van Doorneweg 105, ✉ 5026 RB, ☎ (0 13) 463 64 65, *Fax (0 13) 468 16 24*, – TV ☎ P – 25 à 200. AE ① MC VISA X p
Repas Lunch 15 – 45 – ☐ 18 – **71 ch** 115/128 – ½ P 115/165.

L'Orangerie sur la butte, Heuvel 39, ✉ 5038 CS, ☎ (0 13) 543 11 32, *Fax (0 13) 542 54 65*, – . AE ① MC VISA Y a
fermé merc. – **Repas** (dîner seult sauf week-end) carte env. 80.

Valentijn, Heuvel 43, ✉ 5038 CS, ☎ (0 13) 543 33 86, *Fax (0 13) 544 14 19* – P. AE MC VISA Y a
fermé carnaval – **Repas** Lunch 50 – 55/90.

Schouwburg, Schouwburgring, ✉ 5000 DA, ☎ (0 13) 543 25 15, *Fax (0 13) 543 09 57*, – AE ① MC VISA Z e
fermé 2 dern. sem. juil.-2 prem. sem. août, mardi en juil.-août et lundi – **Repas** (dîner seult) carte env. 80.

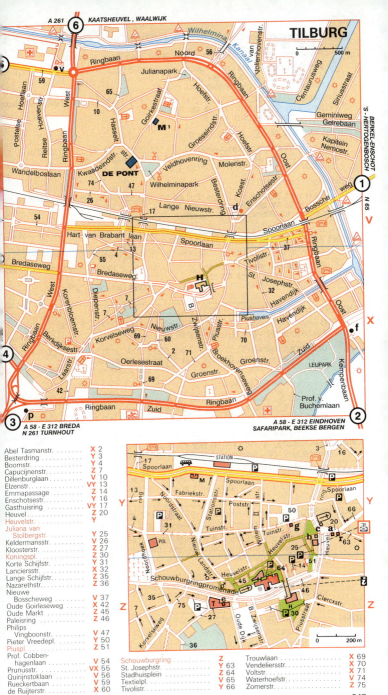

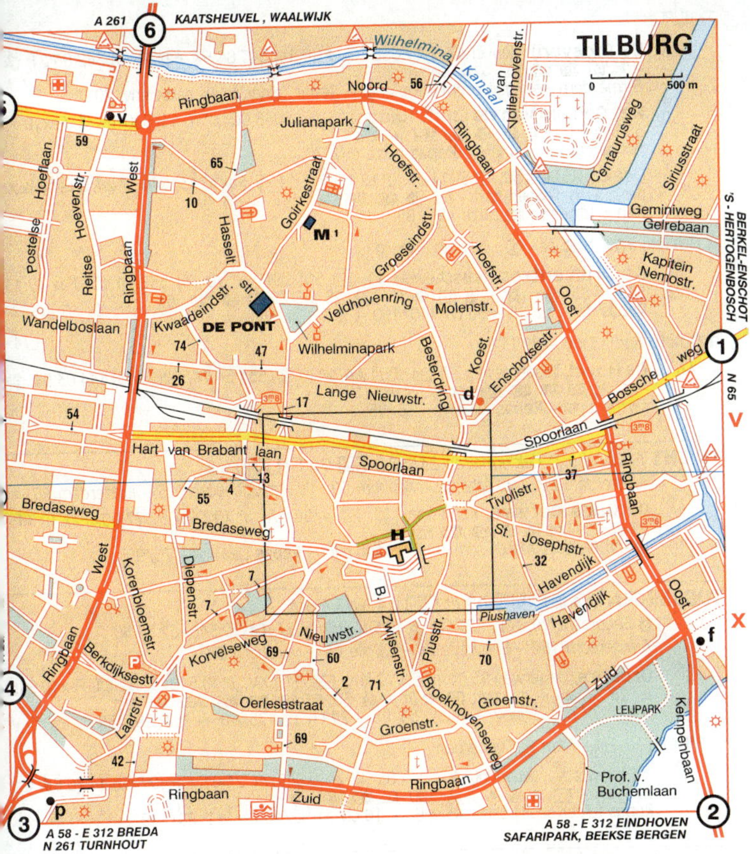
TILBURG
A 261
6
KAATSHEUVEL, WAALWIJK
Wilhelmina Kanaal
0 500 m
Noord
56
Ringbaan
Julianapark
van Vollenhovenstr.
Centaurusweg
Siriusstraat
Geminiweg
Gelrebaan
Kapitein Nemostr.
'S-HERTOGENBOSCH
BERKEL-ENSCHOT
59
65
10
Hoeflaan
Postelse
Hoevenstr.
Reitse
West
Hasselt
Goirkestraat
Hoefstr.
M 1
Groeseindstr.
Hoefstr.
Oost
Kwaadeindstr.
str.
Veldhovenring
Molenstr.
Wandelboslaan
DE PONT
Wilhelminapark
Besterdring
Koest.
Enschotsestr.
74
47
1
26
weg
Bosschelaan
N 65
17
Lange Nieuwstr.
d
54
V
Spoorlaan
Hart van Brabant laan
Spoorlaan
37
13
4
55
Tivolistr.
Bredaseweg
Bredaseweg
H
St. Josephstr.
32
Havendijk
West
Korenbloemstr.
Diepenstr.
7
7
B.
Piushaven
Havendijk
Oost
X
f
Nieuwstr.
Zwijsenstr.
Piusstr.
Korvelseweg
69
60
70
Ringbaan
Berkdijksestr.
P
4
2
71
Broekhovenseweg
Groenstr.
Zuid
LEIJPARK
Kempenbaan
Oerlesestraat
Laarstr.
Groenstr.
69
42
Ringbaan
Prof. v. Buchemlaan
Ringbaan
Zuid
3
p
2
A 58 - E 312 BREDA
N 261 TURNHOUT
A 58 - E 312 EINDHOVEN
SAFARIPARK, BEEKSE BERGEN

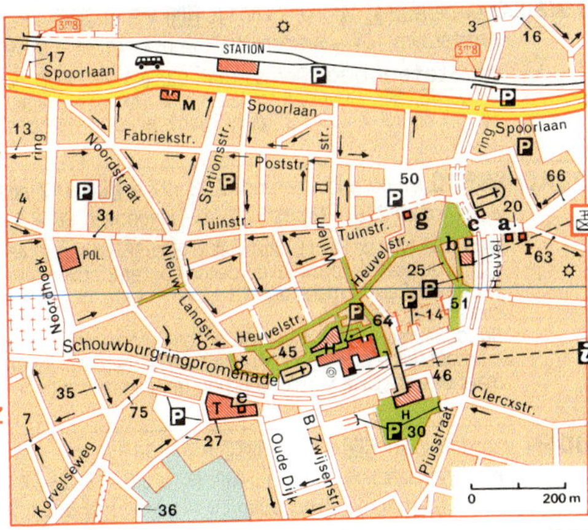
STATION
3
16
17
Spoorlaan
M
Spoorlaan
Spoorlaan
13
ring
Noordstraat
Fabriekstr.
Stationsstr.
str.
Poststr.
Y
Y
ring
66
50
20
4
31
Tuinstr.
Tuinstr.
Willem II
g
c
a
b
r
63
POL.
Nieuwlandstr.
Heuvelstr.
25
Heuvel
Noordhoek
51
14
64
Heuvelstr.
45
H
Schouwburgringpromenade
46
Clercxstr.
35
Z
Z
7
75
e
T
B. Zwijsenstr.
Oude Dijk
H
30
Piusstraat
27
Korvelseweg
36
0 200 m

De Proeverij, Heuvel 47, ✉ 5038 CS, ✆ (0 13) 543 81 57, *Fax (0 13) 542 06 21,* – AE VISA JCB.
fermé dern. sem. juil.-prem. sem. août – **Repas** (dîner seult) carte env. 70.

Het Geheim van de Smit, Tuinstraat 6, ✉ 5038 DC, ✆ (0 13) 580 16 73, *Fax (0 13) 580 16 74* – AE VISA JCB.
fermé du 3 au 9 mars – **Repas** carte env. 70.

Osaka, NS Plein 38, ✉ 5014 DC, ✆ (0 13) 542 11 75, *Fax (0 13) 544 37 24,* Cuisine japonaise avec Teppan-Yaki – AE VISA.
Repas (dîner seult) carte 49 à 85.

à Berkel-Enschot *par ① : 5 km* C *Tilburg :*

De Druiventros, Bosscheweg 11, ✉ 5056 PP, ✆ (0 13) 533 91 15, *Fax (0 13) 533 14 35,* – – 25 à 600. AE VISA
Repas 43 – 18 – **56 ch** 140/160 – ½ P 186/364.

à Goirle *Sud : 5 km – 22 132 h.*

De Hovel, Tilburgseweg 37, ✉ 5051 AA, ✆ (0 13) 534 54 74, *Fax (0 13) 534 03 54,* – AE VISA.
fermé lundi – **Repas** Lunch 45 – 65/95.

TRICHT

Gelderland C *Geldermalsen 23 610 h.* 211 Q 11 *et* 908 G 6.
Amsterdam 68 – Utrecht 39 – Arnhem 59 – 's-Hertogenbosch 25 – Rotterdam 68.

De Oude Betuwe, Kerkstraat 19, ✉ 4196 AA, ✆ (0 345) 57 77 00, *Fax (0 345) 57 06 70* – AE VISA
fermé fin déc., mardi, sam. midi et dim. midi – **Repas** Lunch 60 – 70/90.

TUBBERGEN

Overijssel 210 Z 8 *et* 908 L 4 – *19 793 h.*
Eendracht 19, ✉ 7651 CZ, ✆ (0 546) 62 16 27, Fax (0 546) 62 36 40.
Amsterdam 162 – Enschede 28 – Zwolle 65 – Nordhorn 28.

Droste's, Uelserweg 95 (Nord-Est : 2 km), ✉ 7651 KV, ✆ (0 546) 62 12 64, *Fax (0 546) 62 28 28,* – rest, – 30. AE VISA JCB. rest
fermé 27 déc.-3 janv. – **Repas** 53/95 – **24 ch** 125/185 – ½ P 99/139.

à Albergen *Est : 7 km* C *Tubbergen :*

't Elshuis, Gravendijk 6, ✉ 7665 SK, ✆ (0 546) 44 21 61, *Fax (0 546) 44 20 53,* – – 100. AE VISA.
Repas (dîner seult) carte 45 à 64 – **16 ch** 90/130 – ½ P 90/119.

TWELLO

Gelderland C *Voorst 23 601 h.* 211 V 9 *et* 908 J 5.
Amsterdam 104 – Arnhem 40 – Apeldoorn 11 – Deventer 7 – Enschede 66.

de Statenhoed, Dorpsstraat 12, ✉ 7391 DD, ✆ (0 571) 27 70 23, *Fax (0 571) 27 03 48,* Ouvert jusqu'à 23 h, « Terrasse » – AE VISA JCB
fermé 24 juil.-7 août, 27 déc.-3 janv. et lundi – **Repas** Lunch 58 – carte env. 65.

UBACHSBERG

Limburg C *Voerendaal 13 127 h.* 211 U 17 *et* 908 I 9.
Amsterdam 218 – Maastricht 31 – Eindhoven 88 – Aachen 16.

De Leuf (van de Bunt), Dalstraat 2, ✉ 6367 JS, ✆ (0 45) 575 02 26, *Fax (0 45) 575 35 08,* « Ancienne ferme avec décor contemporain, cour intérieure » – AE VISA
fermé du 3 au 11 mars, du 11 au 29 juil., sam. midi, dim. et lundi – **Repas** Lunch 80 – 98/155, carte 120 à 168
Spéc. Saumon fumé minute à notre façon. Entrecôte rôtie aux chanterelles, petits pois en mousseline et mayonnaise de truffes d'été (mi-juin-mi-août). Cake au chocolat, cerises marinées et glace vanille Bourbon (mi-juin-mi-août).

UDEN

Noord-Brabant 211 S 13 *et* 908 H 7 – *38 649 h.*
Mondriaanplein 14a, ✉ 5401 HX, ✆ (0 413) 25 07 77, Fax (0 413) 25 52 02.
Amsterdam 113 – Eindhoven 30 – 's-Hertogenbosch 28 – Nijmegen 33.

Arrows M sans rest, St. Janstraat 14, ✉ 5401 BB, ✆ (0 413) 26 85 55, *Fax (0 413) 26 16 15,* – , ch, AE VISA JCB.
fermé du 22 au 30 déc. – **38 ch** 175/215.

XX **Helianthushof** (Brevet), Boekelsedijk 17 (au Sud par N 264, derrière le parc sportif), ✉ 5404 NK, ✆ (0 413) 26 01 01, *Fax (0 413) 25 18 93*, « Ferme rustique et terrasse avec tonnelle » – P. AE ⓓ MC VISA
fermé carnaval, dern. sem. juil.-prem. sem. août et lundi – **Repas** Lunch 65 – 69/89, carte 95 à 116
Spéc. Foie gras sauté, compote de pommes et de fruits de la passion. Pigeon fermier en croûte de sel. Soufflé de fromage blanc au citron et vanille.

XX **'t Raadhuis,** Markt 1a (dans la mairie), ✉ 5401 GN, ✆ (0 413) 25 70 00, *Fax (0 413) 25 67 22*, – P. AE ⓓ MC VISA JCB
fermé du 4 au 13 mars, du 9 au 24 juil. et 24 et 31 déc. – **Repas** Lunch 40 – 55/70.

XX **de Tweede Kamer,** Kerkstraat 55, ✉ 5401 BD, ✆ (0 413) 25 44 60, *Fax (0 413) 25 28 51* – AE ⓓ MC VISA JCB.
fermé 2 sem. carnaval, 2 sem. en août, lundi et mardi – **Repas** Lunch 50 – carte 79 à 97.

UDENHOUT *Noord-Brabant* C *Tilburg 185 714 h.* 211 P 13 et 908 G 7.
Amsterdam 103 – Eindhoven 36 – 's-Hertogenbosch 18 – Tilburg 10.

X **L'Abeille,** Kreitenmolenstraat 59, ✉ 5071 BB, ✆ (0 13) 511 36 12, *Fax (0 13) 511 00 65*, – AE ⓓ MC VISA.
fermé lundi et mardi – **Repas** (dîner seult) 58.

UITHOORN *Noord-Holland* 211 N 9 et 908 F 5 – *25 673 h.*
Amsterdam 24 – Den Haag 54 – Haarlem 23 – Utrecht 31.

X **La Musette,** Wilhelminakade 39h, ✉ 1421 AB, ✆ (0 297) 56 09 00 – AE ⓓ MC VISA.
fermé 3 sem. en juil, fin déc.-mi-janv., lundi et mardi – **Repas** (dîner seult jusqu'à 23 h) 45/70.

ULVENHOUT *Noord-Brabant* 211 N 13 – *voir à Breda.*

URK *Flevoland* 210 S 7 et 908 H 4 – *15 185 h.*
Voir *Site★.*
vers Enkhuizen : Rederij F.R.O. ✆ (0 527) 68 34 07, Fax (0 527) 68 47 82. Durée de la traversée : 1 h 30. Prix AR : 18,50 Fl, bicyclette : 10,50 Fl.
Wijk 2 nr 2, ✉ 8321 EP, ✆ (0 527) 68 40 40, Fax (0 527) 68 61 80.
Amsterdam 84 – Emmeloord 12 – Zwolle 42.

X **De Kaap** avec ch, Wijk 1 nº 5b, ✉ 8321 EK, ✆ (0 527) 68 15 09, *Fax (0 527) 68 50 09*, ≤, , Produits de la mer – TV. AE MC VISA. ch
Repas *(fermé lundi de nov. à mars)* Lunch 22 – carte 45 à 69 – **10 ch** 60/120.

X **'t Achterhuis,** Burg. J. Schipperkade 1, ✉ 8321 EH, ✆ (0 527) 68 27 96, *Fax (0 527) 27 18 00*, ≤, Produits de la mer, – P. AE MC VISA JCB
mi-mai-10 sept. ; fermé dim. – **Repas** carte 45 à 109.

URMOND *Limburg* 211 T 17 et 908 I 9 – *voir à Stein.*

USSELO *Overijssel* 211 Z 9 et 908 L 5 – *voir à Enschede.*

UTRECHT P 211 P 10 et 908 G 5 – *232 744 h.*
Voir *La vieille ville★★ – Tour de la Cathédrale★★ (Domtoren) ★★* BY *– Ancienne cathédrale★ (Domkerk)* BY **D** *– Vieux canal★ (Oudegracht) : ≤★* ABXY *– Bas reliefs★ et crypte★ dans l'église St-Pierre (Pieterskerk)* BY *– Maison (Huis) Rietveld Schröder★★* CY.
Musées : *Catharijneconvent★★* BY *– Central★★ (Centraal Museum)* BZ *– Université★ (Universiteitsmuseum)* BZ **M**5 *– Chemin de fer★ (Nederlands Spoorwegmuseum)* CY **M**4.
Env. *par ⑥ : 10 km, Château de Haar : collections★ (mobilier, tapisseries, peinture).*
18 par ② : 13 km à Bosch en Duin, Amersfoortseweg 1, ✉ 3735 LJ, ✆ (0 30) 695 52 23, Fax (0 30) 696 37 69 - 9 à l'Ouest : 8 km à Vleuten, Parkweg 5, ✉ 3451 RH, ✆ (0 30) 677 28 60, Fax (0 30) 677 39 03.
par ⑥ : 37 km à Amsterdam-Schiphol ✆ (0 20) 601 91 11, Fax (0 20) 604 14 75.
Vredenburg 90, ✉ 3511 BD, ✆ (0 30) 233 15 44, Fax (0 30) 233 14 17.
Amsterdam 36 ⑥ – Den Haag 61 ⑤ – Rotterdam 57 ⑤

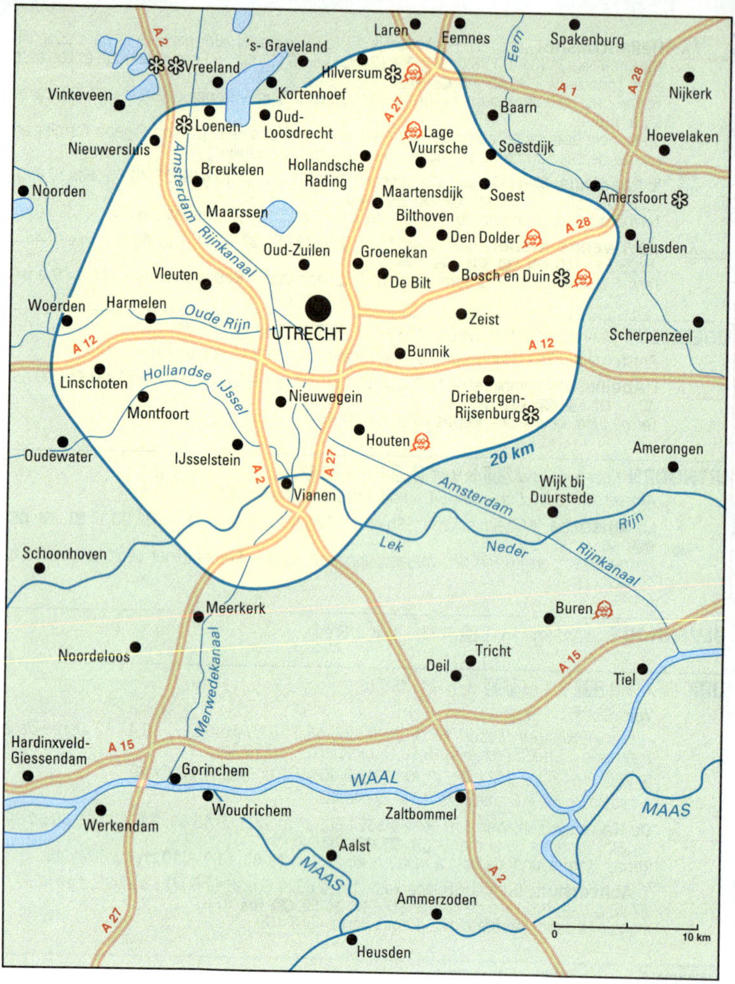

Gd H. Karel V, Geertebolwerk 1, ✉ 3511 XA, ℘ (0 30) 233 75 55, *Fax (0 30) 233 75 00*, « Ancienne commanderie de l'ordre Teutonique sur jardin clos de murs », – 25 à 120. AE VISA JCB. BY q
Repas *(fermé dim.)* 125 – ***Brasserie Goeie Louisa*** (Rôtissoire en salle) carte env. 65 – 33 – **38 ch** 465, 5 suites.

Golden Tulip, Jaarbeursplein 24, ✉ 3521 AR, ℘ (0 30) 297 79 77, *Fax (0 30) 297 79 99*, – 25 à 250. AE VISA JCB. AY s
Repas (Cuisine italienne, dîner seult) 60 – 29 – **275 ch** 353/386, 1 suite.

Park Plaza, Westplein 50, ✉ 3531 BL, ℘ (0 30) 292 52 00, *Fax (0 30) 292 51 99*, – 25 à 170. AE VISA JCB AY b
Repas *Lunch 40* – 45/48 – 38 – **120 ch** 360/395.

Mitland, Ariënslaan 1, ✉ 3573 PT, ℘ (0 30) 271 58 24, *Fax (0 30) 271 90 03*, – 25 à 250. AE VISA CX t
Repas *Lunch 26* – 48/63 – **82 ch** 156/237 – ½ P 139/166.

UTRECHT

hornsr. . . . . FU 7
ntonius Matthaeuslaan . . GU 9
iltse Rading . . . . GU 13
iltsestraatweg . . . . GU 15
lauwkapelseweg . . . . GU 18
railledreef . . . . GU 24
urg. van Tuyllkade . . . . . . FU 27
arnegiedreef . . . . GU 28
artesiusweg . . . . FU 30
amstr. . . . . FUV 34
arwindreef . . . . GU 36
s. Martin Luther
Kinglaan . . . . FV 42
't Goy laan . . . . GV 45
Graadt van Roggenweg . . FV 46
Herculeslaan . . . . GV 48
van Hoornekade . . . . FU 51
J. M. de Muinck
Keizerlaan . . . . FU 52
Joseph Haydnlaan . . . . . . FV 58
Koningin Wilhelminalaan . FV 64
Laan van Chartroise . . . . . FU 72
Lessinglaan . . . . FV 81
Marnixlaan . . . . FU 85
Omloop . . . . GU 94
Oudenoord . . . . GU 96
Overste den Oudenlaan . . FV 99
Pieter Nieuwlandstr. . . . . . GU 102
Pijperlaan . . . . FV 105
Prins Bernhardlaan . . . . . . FU 109
Rio Brancodreef . . . . FU 112
Royaards van den
Hamkade . . . . FU 114
Sint Josephlaan . . . . FU 118
Socrateslaan . . . . GV 120
Spinozaweg . . . . FU 121
Sweder van Zuylenweg . . FU 123
Talmalaan . . . . GU 124
Thomas à Kempisweg . . . FU 126
Verlengde Vleutenseweg . FU 132
W. A. Vultostr. . . . . GV 136
Weg der Verenigde
Naties . . . . FV 138
Weg tot de Wetenschap . GV 139
Zamenhofdreef . . . . GU 147

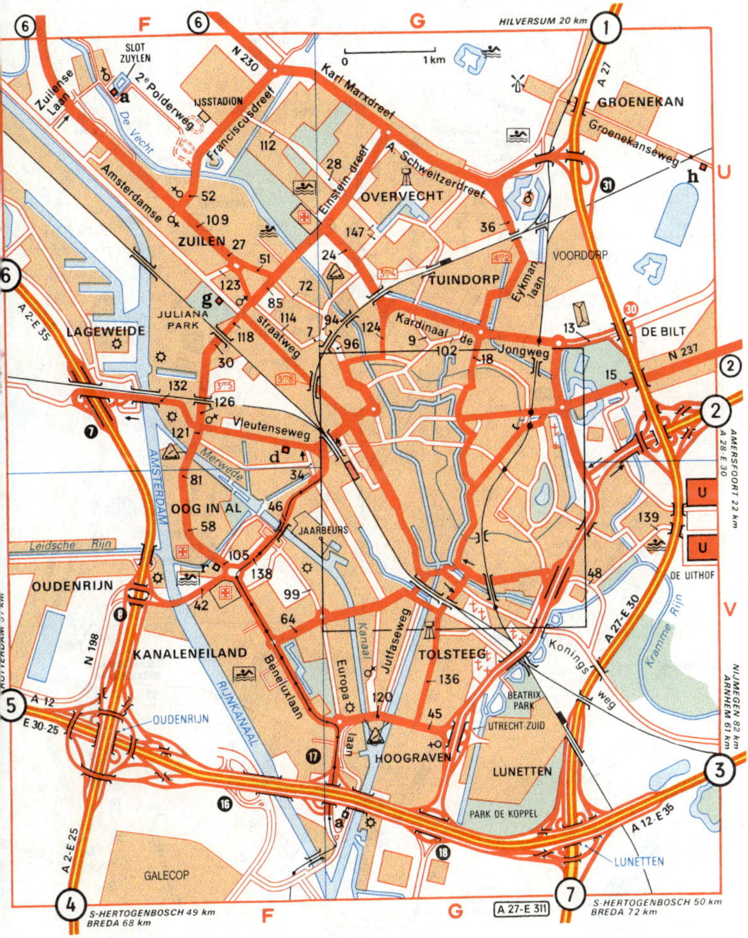

Ne confondez pas :

Confort des hôtels : ...

Confort des restaurants : XXXXX ... X

Qualité de la table : ✽✽✽, ✽✽, ✽, **Repas**

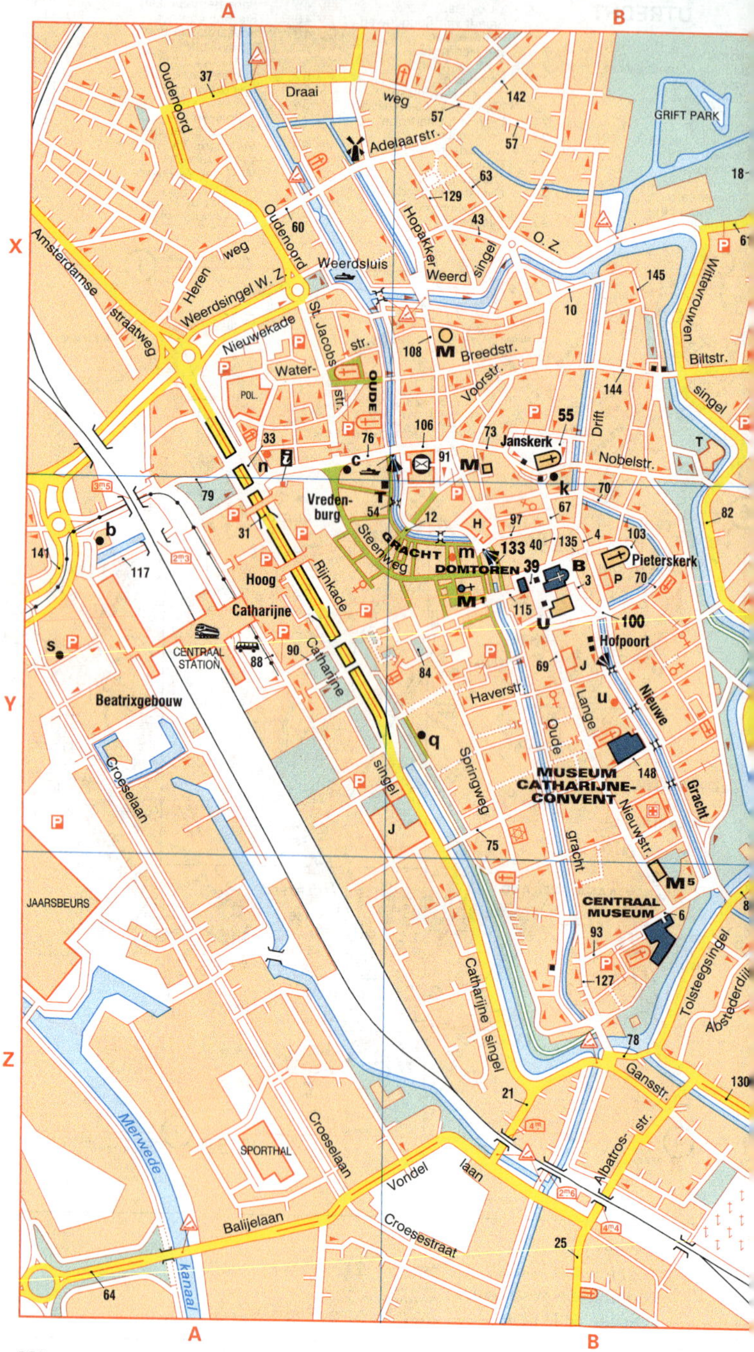
A
B
X
Y
Z
Oudenoord
Draai
weg
Adelaarstr.
GRIFT PARK
Amsterdamse straatweg
Heren weg
Weerdsingel W. Z.
Weerdsluis
Hopakker
Weerd
singel
O. Z.
Wittevrouwen
Biltstr.
singel
Nieuwekade
Water-
St. Jacobs str.
OUDE
Breedstr.
Voorstr.
Drift
Janskerk
Nobelstr.
POL.
Vredenburg
Steenweg
GRACHT
DOMTOREN
Pieterskerk
Hoog Catharijne
Rijnkade
Catharijne
CENTRAAL STATION
Hofpoort
Haverstr.
Lange
Oude
Nieuwe
Gracht
Nieuwstr.
gracht
MUSEUM CATHARIJNE-CONVENT
CENTRAAL MUSEUM
Beatrixgebouw
Croeselaan
Springweg
singel
JAARSBEURS
Catharijne singel
Gansstr.
Albatros-str.
Tolsteegsingel
Abstederdijk
Merwede kanaal
SPORTHAL
Vondel laan
Croesestraat
Balijelaan

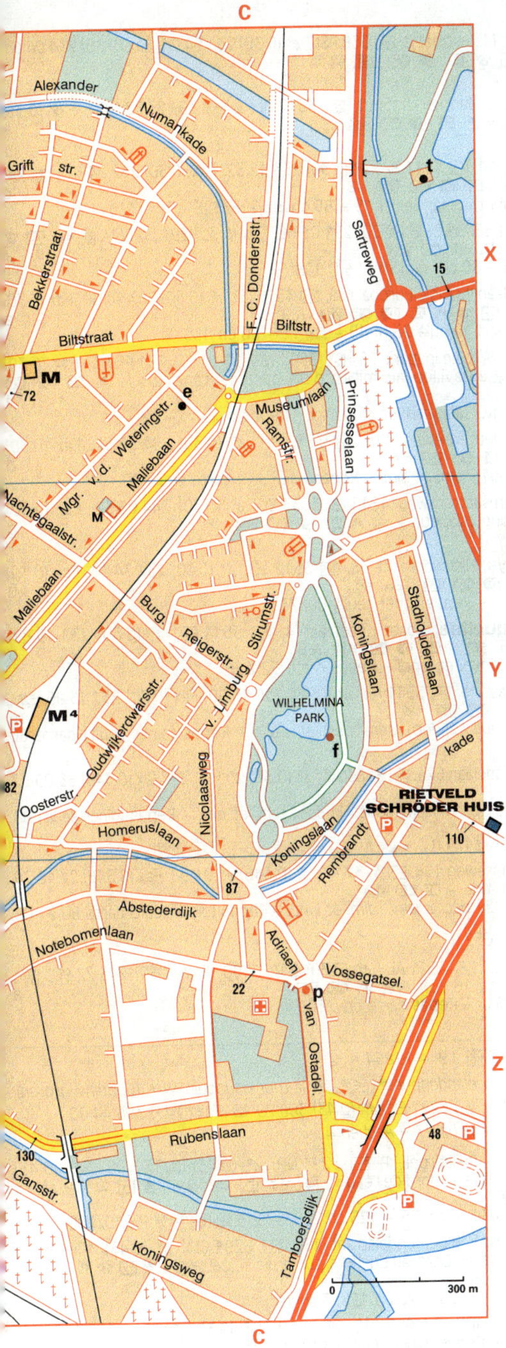
C
X
Y
Z
Alexander
Numankade
Grift
str.
Bekkerstraat
F. C. Dondersstr.
Sartreweg
15
Biltstr.
Biltstraat
M
72
e
Museumlaan
Ramstr.
Prinsesselaan
Mgr. v.d. Weteringstr.
Maliebaan
Nachtegaalstr.
M
Maliebaan
Burg. Reigerstr.
Stirumstr.
v. Limburg
Koningslaan
Stadhouderslaan
WILHELMINA
PARK
f
kade
M⁴
Oudwijkerdwarsstr.
Nicolaasweg
82
Oosterstr.
Homeruslaan
RIETVELD
SCHRÖDER HUIS
110
Koningslaan
Rembrandt
87
Abstederdijk
Notebomenlaan
Adriaen
Vossegatsel.
22
p
van Ostadel.
Rubenslaan
48
130
Gansstr.
Koningsweg
Tamboersdijk
0
300 m
C

UTRECHT

Malie sans rest, Maliestraat 2, ✉ 3581 SL, ℘ (0 30) 231 64 24, *Fax (0 30) 234 06 61* – AE VISA CX e
45 ch 185/260.

Tulip Inn sans rest, Janskerkhof 10, ✉ 3512 BL, ℘ (0 30) 231 31 69, *Fax (0 30) 231 01 48* – AE VISA BX k
45 ch 250/275.

Smits, Vredenburg 14, ✉ 3511 BA, ℘ (0 30) 233 12 32, *Fax (0 30) 232 84 51* – 25 à 55. AE VISA AX c
Repas *(fermé juil.-août)* (dîner seult) 45 – **85 ch** 295/325 – ½ P 330.

Ibis, Bizetlaan 1, ✉ 3533 KC, ℘ (0 30) 291 03 66, *Fax (0 30) 294 20 66* – 30 à 60. AE VISA FV r
Repas *Lunch 28* – 45 – **80 ch** 150 – ½ P 208.

Bastion, Mauritiuslaan 1 (angle Europalaan), ✉ 3526 LD, ℘ (0 30) 287 14 00, *Fax (0 30) 287 10 12* – AE VISA JCB. GV a
Repas (Grillades, ouvert jusqu'à 23 h) 45 – 17 – **80 ch** 150.

Wilhelminapark, Wilhelminapark 65, ✉ 3581 NP, ℘ (0 30) 251 06 93, *Fax (0 30) 254 07 64*, ≤, « Pavillon au milieu d'un parc centenaire » – AE VISA JCB CY f
fermé 24 déc.-1er janv., sam. midi et dim. midi – **Repas** *Lunch 70* – 90.

Jean d'Hubert, Vleutenseweg 228, ✉ 3532 HP, ℘ (0 30) 294 59 52, *Fax (0 30) 296 48 35* – AE VISA FU d
fermé 2 dern. sem. juil., sam. et dim. – **Repas** *Lunch 69* – carte env. 100.

Juliana, Amsterdamsestraatweg 464, ✉ 3553 EL, ℘ (0 30) 244 00 32, *Fax (0 30) 244 55 45*, Cuisine asiatique – AE VISA. FU g
Repas 63/130.

het Grachtenhuys, Nieuwegracht 33, ✉ 3512 LD, ℘ (0 30) 231 74 94, *Fax (0 30) 236 70 25* – AE VISA JCB. BY u
fermé 27 déc.-4 janv. – **Repas** (dîner seult) 60/73.

Bistro Chez Jacqueline, Korte Koestraat 4, ✉ 3511 RP, ℘ (0 30) 231 10 89, *Fax (0 30) 232 18 55*, – AE VISA JCB AX n
fermé 25 juil.-9 août, dim. et lundi – **Repas** carte 62 à 85.

Sardegna, Massegast 1a, ✉ 3511 AL, ℘ (0 30) 231 15 90, *Fax (0 30) 231 15 90*, Cuisine italienne – VISA. BY m
fermé 2 dern. sem. juil., 2 dern. sem. déc. et dim ; – **Repas** (dîner seult) carte 60 à 87.

Kaatje's, A. van Ostadelaan 67a, ✉ 3583 AC, ℘ (0 30) 251 11 82, *Fax (0 348) 55 09 22.* CZ P
fermé 2 dern. sem. juil.-prem. sem. août, fin déc., sam. et dim. – **Repas** (dîner seult) 58.

à Groenekan C *Maartensdijk 9 421 h :*

Voordaan, Groenkanseweg 168, ✉ 3737 AK, ℘ (0 346) 21 21 98, *Fax (0 346) 21 16 79*, Avec cuisine italienne – AE VISA GU h
fermé 24 juil.-7 août, 27 déc.-8 janv., dim. et lundi – **Repas** (dîner seult) carte 80 à 105.

à Oud-Zuilen C *Maarssen 41 052 h :*

Belle, Dorpsstraat 12, ✉ 3611 AE, ℘ (0 30) 244 17 90, *Fax (0 30) 243 72 90*, « Dans une demeure du 18e s. » – VISA FU a
fermé du 24 au 31 déc. – **Repas** carte env. 60.

VAALS *Limburg* 211 V 18 *et* 908 J 9 – *10 864 h.*

Voir *au Sud : 1,5 km, Drielandenpunt★, ≤★, de la tour Baudouin ★ (Boudewijntoren).*
Maastrichterlaan 73a, ✉ 6291 EL, ℘ (0 43) 306 29 18, Fax (0 43) 306 44 00.
Amsterdam 229 – Maastricht 27 – Aachen 4.

Vaalsbroek M, Vaalsbroek 1, ✉ 6291 NH, ℘ (0 43) 308 93 08, *Fax (0 43) 308 93 33*, « Terrasse au bord de l'eau », – 25 à 220. AE VISA
Repas (dîner seult) 65/95 – 25 – **125 ch** 250/375, 5 suites – ½ P 210/300.

Kasteel Bloemendal, Bloemendalstraat 150, ✉ 6291 CM, ℘ (0 43) 306 66 00, *Fax (0 43) 306 66 12*, « Château du 18e s. sur jardin », – 25 à 175. AE VISA.
Repas carte 78 à 93 – 25 – **73 ch** 155, 3 suites.

Ambiente, Lindenstraat 1, ✉ 6291 AE, ℘ (0 43) 306 59 39,
fermé merc. et jeudi – **Repas** (dîner seult) carte env. 65.

VAASSEN *Gelderland* © *Epe 33 244 h.* 210 U 9, 211 U 9 et 908 I 5.
Amsterdam 98 – Apeldoorn 10 – Arnhem 36 – Zwolle 33.

De Leest, Kerkweg 1, ✉ 8171 VT, ☏ (0 578) 57 13 82, *Fax (0 578) 57 74 88,* – AE VISA JCB.
fermé lundi et mardi – **Repas** 55/75.

VALKENBURG *Limburg* © *Valkenburg aan de Geul 18 044 h.* 211 U 17 et 908 I 9 – *Station thermale – Casino* Y, *Kuurpark Cauberg 28,* ✉ *6301 BT,* ☏ *(0 43) 609 96 00, Fax (0 43) 609 96 99.*

Musée : *de la mine★ (Steenkolenmijn Valkenburg)* Z.

Exc. *Circuit Zuid-Limburg★ ((Limbourg Méridional).*

Th. Dorrenplein 5, ✉ *6301 DV,* ☏ *(0 43) 609 86 00, Fax (0 43) 609 86 08.*
Amsterdam 212 ① – Maastricht 15 ① – Liège 40 ③ – Aachen 26 ①

Plan page suivante

Prinses Juliana (annexe Residentie - 3 ch et 5 suites), Broekhem 11, ✉ 6301 HD, ☏ (0 43) 601 22 44, *Fax (0 43) 601 44 05,* – 50. AE VISA. Y m
fermé du 1er au 10 janv. – **Repas** voir rest ***Juliana*** ci-après – 33 – **17 ch** 285/375 – ½ P 275/325.

Grand-Hotel, Walramplein 1, ✉ 6301 DC, ☏ (0 43) 601 28 41, *Fax (0 43) 601 62 45* – 25 à 100. AE VISA JCB Z s
fermé 28 déc.-5 janv. – **Repas** voir rest ***Voncken*** ci-après – **42 ch** 150/285, 2 suites – ½ P 150/215.

Parkhotel Rooding, Neerhem 68, ✉ 6301 CJ, ☏ (0 43) 601 32 41, *Fax (0 43) 601 32 40,* – – 25 à 140. AE VISA JCB. Z n
7 avril-oct. – **Repas** (dîner seult jusqu'à 20 h) 48/73 – **94 ch** 170/198, 1 suite – ½ P 115/150.

Tummers, Stationstraat 21, ✉ 6301 EZ, ☏ (0 43) 601 37 41, *Fax (0 43) 601 36 47,* – AE VISA. Y e
Repas 45/125 – **28 ch** 170, 1 suite – ½ P 125.

Walram, Walramplein 37, ✉ 6301 DC, ☏ (0 43) 601 30 47, *Fax (0 43) 601 42 00,* – ch, – 35. AE VISA. rest Z x
Repas (dîner seult) carte 45 à 65 – **84 ch** 102/198 – ½ P 107/145.

Atlanta, Neerhem 20, ✉ 6301 CH, ☏ (0 43) 601 21 93, *Fax (0 43) 601 53 29* – AE VISA JCB. rest Z y
Repas (dîner pour résidents seult) – **33 ch** 165 – ½ P 100/113.

Monopole, Nieuweweg 22, ✉ 6301 ET, ☏ (0 43) 601 35 45, *Fax (0 43) 601 47 11* – VISA. Y b
4 avril-oct. et 21 nov.-2 janv. – **Repas** carte 50 à 73 – **46 ch** 83/160 – ½ P 85/100.

Limburgia sans rest, Grendelplein 19, ✉ 6301 BS, ☏ (0 43) 601 00 80, *Fax (0 43) 609 00 39* – – 40. AE VISA. Z t
fermé du 1er au 11 mars – **17 ch** 90/170.

Kasteelsteeg, Grendelplein 15, ✉ 6301 BS, ☏ (0 43) 609 00 43, *Fax (0 43) 609 00 39,* – Z z
fermé 28 fév.-9 mars – **Repas** (Taverne-rest) carte env. 50 – **13 ch** 75/150 – ½ P 88/108.

Juliana - H. Prinses Juliana, Broekhem 11, ✉ 6301 HD, ☏ (0 43) 601 22 44, *Fax (0 43) 601 44 05,* « Terrasse et jardin fleuri » – AE VISA. Y m
fermé du 1er au 10 janv. et sam. midi – **Repas** Lunch 80 – 110/175, carte env. 160
Spéc. Queue de homard en 2 services, chaud et froid. Carré d'agneau au persil et ail fumé. Cappuccino de brie de Meaux et de truffes (janv.-mars).

Voncken - H. Grand-Hotel, Walramplein 1, ✉ 6301 DC, ☏ (0 43) 601 28 41, *Fax (0 43) 601 62 45,* – AE VISA JCB. Z s
fermé 28 déc.-5 janv. et sam. midi et dim. midi en juil.-août – **Repas** Lunch 53 – carte env. 100.

't Mergelheukske 1er étage, Berkelstraat 13a, ✉ 6301 CB, ☏ (0 43) 601 63 50, *Fax (0 43) 601 63 50,* – AE VISA. Z a
fermé dern. sem. sept.-2 prem. sem. oct., 2 sem. après carnaval, lundi et mardi – **Repas** (dîner seult) 43/63.

VALKENBURG

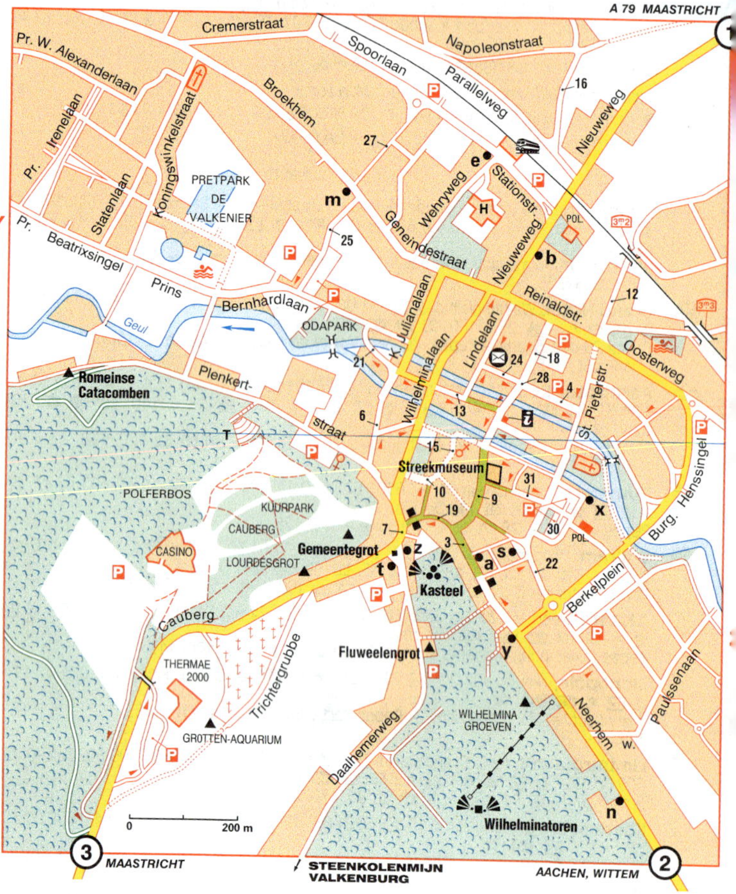

à Berg en Terblijt *Ouest : 5 km* ⓒ *Valkenburg aan de Geul :*

Kasteel Geulzicht ⚘, Vogelzangweg 2, ✉ 6325 PN, ☎ (0 43) 604 04 32, *Fax (0 43) 604 20 11*, ≤, ⌂, « Atmosphère de vie de château début 20e s. », ⌂ – |♦| TV ☎ P. AE ⓓ ⓜⓒ VISA. ✂ rest
Repas (dîner pour résidents seult) – **9 ch** ⊏ 290/395.

à Houthem *Ouest : 3,5 km* ⓒ *Valkenburg aan de Geul :*

Château St. Gerlach ⚘, Joseph Corneli Allée 1, ✉ 6301 KK, ☎ (0 43) 608 88 88, *Fax (0 43) 604 28 83*, ⌂, « Anciennes dépendances, ≤ campagne boisée », ⌂, ⌂, ⌂, ⚲ – |♦|, ≡ ch, TV ☎ P – 🔺 25 à 200. AE ⓓ ⓜⓒ VISA. ✂ rest
Repas voir rest ***Les Trois Corbeaux*** ci-après – ***Bistrot de Liège*** 85 – ⊏ 35 – **58 ch** 330/660, 39 suites – ½ P 310/415.

XXX **Les Trois Corbeaux** - H. Château St. Gerlach, Joseph Corneli Allée 1, ✉ 6301 KK, ✆ (0 43) 608 88 88, Fax (0 43) 604 28 83, ≤, « Dans le château de style Renaissance avec parc » – P. AE ① MC VISA.
fermé dim. midi – **Repas** Lunch 60 – 110/130.

VALKENSWAARD *Noord-Brabant* 211 R 14 *et* 908 H 7 – *31 182 h.*

Eindhovenseweg 300, ✉ 5553 VB, ✆ (0 40) 201 27 13, Fax (0 40) 204 40 38.
Bakkerstraat 8, ✉ 5554 EE, ✆ (0 40) 201 51 15, Fax (0 40) 204 08 05.
Amsterdam 135 – Eindhoven 9 – 's-Hertogenbosch 46 – Venlo 58 – Turnhout 41.

de Valk, Frans van Beststraat 1, ✉ 5554 EA, ✆ (0 40) 201 23 69, Fax (0 40) 204 03 65, – TV ☎. AE ① MC VISA. rest
fermé 25 et 26 déc. – **Repas** (dîner pour résidents seult) – **23 ch** 115/150 – ½ P 113/153.

XXX **Normandie,** Leenderweg 4, ✉ 5554 CL, ✆ (0 40) 201 88 80, Fax (0 40) 204 75 66, – . AE ① MC VISA.
fermé du 4 au 8 mars et du 15 au 30 juil. – **Repas** Lunch 53 – 85/95.

VALTHE *Drenthe* 210 AA 5 *et* 908 L 3 – *voir à Odoorn.*

VEENDAM *Groningen* 210 AA 4 *et* 908 L 2 – *28 476 h.*

Ontspanningslaan 1, ✆ (0 598) 62 70 06, Fax (0 598) 62 52 72.
Amsterdam 213 – Groningen 35 – Assen 33.

Parkzicht, Winkler Prinsstraat 3, ✉ 9641 AD, ✆ (0 598) 62 64 64, Fax (0 598) 61 90 37, – TV ☎ P – 25 à 500. AE MC VISA
Repas Lunch 20 – carte 50 à 66 – **50 ch** 108/160 – ½ P 100/143.

à Wildervank *Sud : 7 km* C *Veendam :*

de Veenkoloniën, K.J. de Vriezestraat 1, ✉ 9648 HA, ✆ (0 598) 61 84 80, , – TV ☎ P. AE ① MC VISA JCB
Repas *(fermé dim.)* carte 54 à 75 – **19 ch** 95/140.

Les Bonnes Tables

Gourmets...

Nous distinguons à votre intention certains hôtels (...) et restaurants (XXXXX ... X) par ✿✿✿, ✿✿, ✿ ou Repas .

VEENENDAAL *Utrecht* 211 S 10 *et* 908 H 5 – *58 139 h.*

au Sud-Est : 10 km à Maarsbergen, Woudenbergseweg 13a, ✉ 3953 ME, ✆ (0 343) 43 19 11, Fax (0 343) 43 20 62.
Kerkewijk 10, ✉ 3901 EC, ✆ (0 318) 52 98 00, Fax (0 318) 55 31 33.
Amsterdam 74 – Arnhem 35 – Utrecht 36.

XX **De Vendel,** Vendelseweg 69, ✉ 3905 LC, ✆ (0 318) 52 55 06, Fax (0 318) 52 25 02, , Ouvert jusqu'à 23 h – P. AE ① MC VISA
fermé dim. – **Repas** Lunch 58 – carte 72 à 90.

VEERE *Zeeland* 211 G 13 *et* 908 C 7 – *22 183 h.*

Voir *Maisons écossaises★ (Schotse Huizen)* **A** – *Ancien hôtel de ville★ (Oude stadhuis).*
Oudestraat 28, ✉ 4351 AV, ✆ (0 118) 50 13 65, Fax (0 118) 50 17 92.
Amsterdam 181 ② – Middelburg 7 ① – Zierikzee 38 ②

Plan page suivante

XX **De Campveerse Toren** avec ch en annexe, Kaai 2, ✉ 4351 AA, ✆ (0 118) 50 12 91, ≤, , « Bastion du 15e s. » – ☎. AE ① MC VISA a
fermé 10 janv.-4 fév. et lundi et mardi du 8 nov. à fin fév. – **Repas** Lunch 45 – 55/115 – **14 ch** 145/200 – ½ P 150/250.

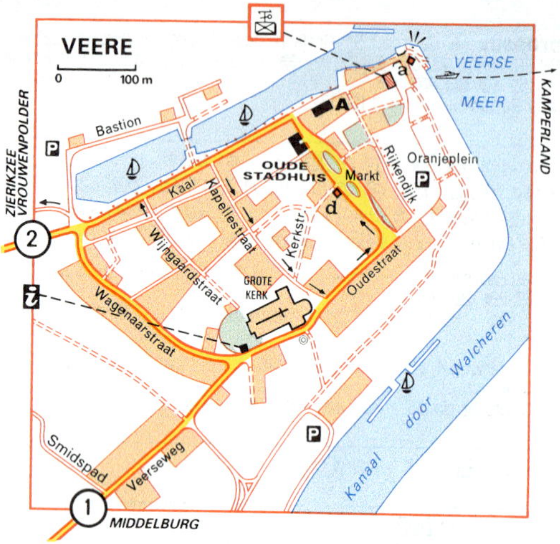

't Waepen van Veere avec ch, Markt 23, ✉ 4351 AG, ☎ (0 118) 50 12 31, *Fax (0 118) 50 60 09*, 🚲 – TV ☎ P. AE ⓓ MC VISA d
fermé janv.-13 fév. et lundi et mardi du 10 nov. au 20 mars – **Repas** 54/75 – **11 ch** ☕ 120/150 – ½ P 110/123.

In den Struyskelder, Kaai 25, ✉ 4351 AA, ☎ (0 118) 50 13 92, *Fax (0 118) 50 19 83*, 🍽, Taverne-rest, « Dans une cave » – AE MC VISA A
avril-oct. et week-end – **Repas** 45.

VELDHOVEN *Noord-Brabant* 211 R 14 et 908 H 7 – *voir à Eindhoven.*

VELP *Gelderland* 211 U 10 et 908 I 6 – *voir à Arnhem.*

VELSEN *Noord-Holland* 210 N 8 et 908 E 4 – *voir à IJmuiden.*

VENLO *Limburg* 211 W 14 et 908 J 7 – *64 411 h.*

Voir *Mobilier★ de l'église St-Martin (St. Martinuskerk)* Y.

18 par ⑦ : 30 km à Geysteren, Het Spekt 2, ✉ 5862 AZ, ☎ (0 478) 53 25 92, Fax (0 478) 53 29 63.

Koninginneplein 2, ✉ 5911 KK, ☎ (0 77) 354 38 00, Fax (0 77) 320 77 70.

Amsterdam 181 ⑥ – Eindhoven 51 ⑥ – Maastricht 73 ④ – Nijmegen 65 ⑧

Plan page ci-contre

De Bovenste Molen ⛰, Bovenste Molenweg 12, ✉ 5912 TV, ☎ (0 77) 359 14 14, *Fax (0 77) 354 82 57*, 🍽, « Terrasse et étang », ≘s, 🏊, 🌳, 🎾, 🚲 – 🛗 ⇔ TV ☎ P – 🏛 30 à 80. AE ⓓ MC VISA JCB. ✻ rest X v
Repas 90 – ☕ 31 – **82 ch** 243/340 – ½ P 250.

Motel Venlo, Nijmeegseweg 90 (Nord : 4 km près A 67 - E 34, sotie ㊵), ✉ 5916 PT, ☎ (0 77) 354 41 41, *Fax (0 77) 354 31 33*, 🍽 – 🛗 ⇔, ▤ rest, TV ☎ P – 🏛 25 à 400. AE ⓓ MC VISA V s
Repas (Ouvert jusqu'à 23 h 30) carte 45 à 73 – **148 ch** ☕ 105/135.

Wilhelmina, Kaldenkerkerweg 1, ✉ 5913 AB, ☎ (0 77) 351 62 51, *Fax (0 77) 351 22 52*, 🚲 – 🛗, ▤ rest, TV ☎ P – 🏛 25 à 150. AE ⓓ MC VISA Z a
Repas *Lunch 38* – carte env. 75 – **43 ch** ☕ 115/150 – ½ P 148/170.

Campanile, Noorderpoort 5 (Nord : 4 km près A 67 - E 34, sortie ㊵), ✉ 5916 PJ, ☎ (0 77) 351 05 30, *Fax (0 77) 354 80 57*, 🍽 – ⇔ TV ☎ ♿ P – 🏛 30. AE ⓓ MC VISA JCB V d
Repas (Avec buffet) *Lunch 17* – 45 – **48 ch** ☕ 100/115.

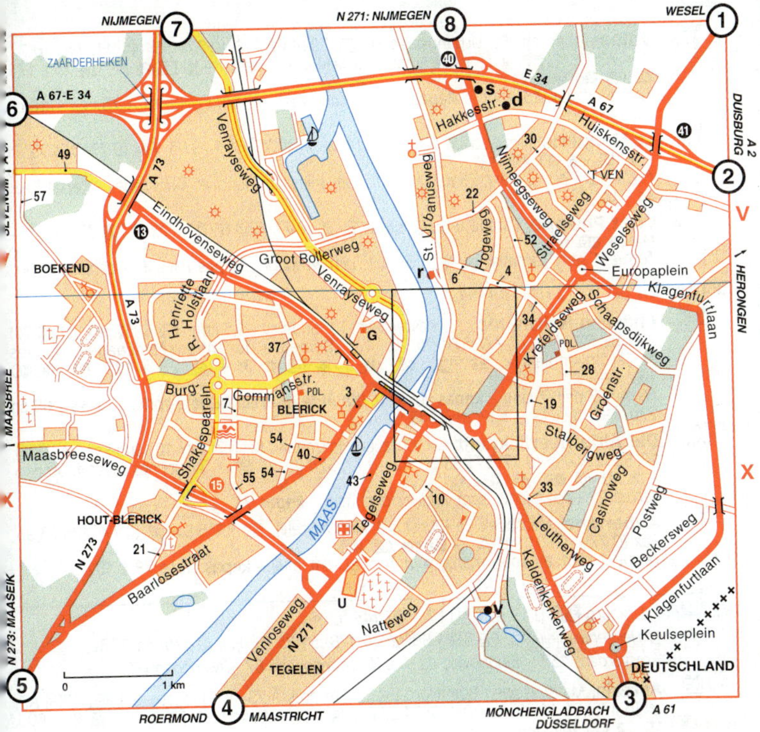

NIJMEGEN
7
N 271: NIJMEGEN
8
WESEL
1
ZAARDERHEIKEN
A 67-E 34
6
E 34
A 67
Hakkesstr.
Huiskensstr.
A 2
DUISBURG
2
41
40
Venrayseweg
A 73
49
57
13
Eindhovenseweg
St. Urbanusweg
22
30
Nijmeegseweg
Straelseweg
'T VEN
Weselseweg
V
Groot Bollerweg
Hogeweg
52
Europaplein
Klagenfurtlaan
HERONGEN
BOEKEND
Henriette R. Holstlaan
A 73
Venrayseweg
G
34
Krefeldseweg
Schaapsdijkweg
POL.
37
Gommansstr.
POL.
BLERICK
3
28
Groenstr.
Burg.
7
19
Maasbreeseweg
Shakespearelaan
54
40
Stalbergweg
54
55
15
43
Tegelseweg
10
33
Casinoweg
Postweg
X
HOUT-BLERICK
MAAS
Beckersweg
N 273
21
Baarlosestraat
Leutherweg
Kaldenkerkerweg
Klagenfurtlaan
U
Natteweg
Keulseplein
N 273: MAASEIK
Venloseweg
N 271
DEUTSCHLAND
TEGELEN
0
1 km
5
4
3
A 61
ROERMOND
MAASTRICHT
MÖNCHENGLADBACH
DÜSSELDORF

VENLO

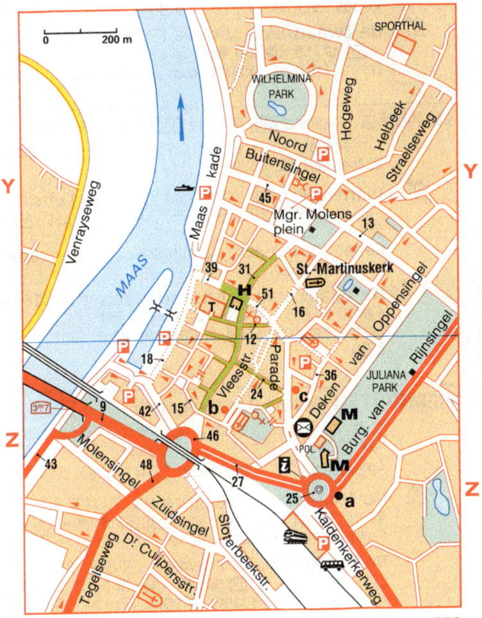

0
200 m
SPORTHAL
WILHELMINA PARK
Hogeweg
Helbeek
Straelseweg
Noord
Buitensingel
Y
Maas kade
Venrayseweg
45
Mgr. Molens plein
13
MAAS
39
31
H
51
St.-Martinuskerk
T
16
Oppensingel
12
Rijnsingel
Parade
van
18
Vleesstr.
36
JULIANA PARK
24
c
Deken
9
42
15
b
M
Burg. van
Z
46
POL
M
43
Molensingel
48
27
25
a
Zuidsingel
Kaldenkerkerweg
Tegelseweg
Dr Cuijperstr.
Sloterbeekstr.

XXX **Valuas** avec ch, St. Urbanusweg 9, ✉ 5914 CA, ☎ (0 77) 354 11 41, *Fax (0 77) 354 70 22*, ≤, 🏠, « Terrasse au bord de la Meuse (Maas) » – |‡| TV ☎ P – 🏢 25 à 125. AE ① MC VISA. ✗ V r
fermé 22 juil.-13 août – **Repas** *(fermé sam. midi et dim.)* Lunch 58 – 75/92 – **18 ch** ☐ 145/195.

XXX **La Mangerie,** Nieuwstraat 58, ✉ 5911 JV, ☎ (0 77) 351 79 93, *Fax (0 77) 351 72 61* – P. AE ① MC VISA. ✗ Z b
fermé du 3 au 12 mars, 25 juil.-15 août, sam. midi, dim., lundi et jours fériés – **Repas** Lunch 60 – 65/79.

X **Chez Philippe,** Parade 61, ✉ 5911 CB, ☎ (0 77) 354 89 01, *Fax (0 77) 352 31 77* – AE ① MC VISA Z c
fermé 1 sem. carnaval, du 9 au 31 juil., dim. et lundi – **Repas** Lunch 45 – carte env. 80.

à Tegelen *par ④ : 5 km – 19 451 h.*

Château Holtmühle 🐴, Kasteellaan 10 (Sud-Est : 1,5 km), ✉ 5932 AG, ☎ (0 77) 373 88 00, *Fax (0 77) 374 05 00*, ≤, « Demeure du 14e s. réaménagée, douves et jardin anglais », ≋s, 🏊, 🎾, 🚲 – |‡| TV ☎ P – 🏢 25 à 120. AE ① MC VISA JCB
fermé 27 déc.-7 janv. – **Repas** voir rest ***Die Alde Heerlickheijt*** ci-après – ☐ 33 – **65 ch** 270/695, 1 suite – ½ P 285/345.

XXX **Die Alde Heerlickheijt** – H. Château Holtmühle, Kasteellaan 10 (Sud-Est : 1,5 km), ✉ 5932 AG, ☎ (0 77) 373 88 00, *Fax (0 77) 374 05 00*, 🏠, « Anciennes caves voûtées » – P. AE ① MC VISA JCB. ✗
fermé 27 déc.-7 janv., sam. midi et dim. midi – **Repas** 73.

XXX **Aubergine,** Maashoek 2a (Ouest : 0,5 km à Steijl), ✉ 5935 BJ, ☎ (0 77) 326 03 90, *Fax (0 77) 326 03 91*, 🏠 – AE ① MC VISA
fermé 2 sem. en août, mardi, sam. midi et dim. midi – **Repas** carte 78 à 102.

VENRAY *Limburg* 211 U 13 *et* 908 I 7 – *37 143 h.*

🅸 Henseniusplein 13, ✉ 5801 BB, ☎ (0 478) 51 05 05, Fax (0 478) 51 27 36.
Amsterdam 157 – Eindhoven 42 – 's-Hertogenbosch 67 – Nijmegen 47.

Asteria, Maasheseweg 80a (Nord-Est : 2 km près A 73 - E 31, sortie ⑧), ✉ 5804 AD, ☎ (0 478) 51 14 66, *Fax (0 478) 51 23 00*, 🏠, 🚲 – |‡|, ▤ rest, TV ☎ P – 🏢 25 à 600. AE ① MC VISA JCB
Repas Lunch 43 – carte 54 à 80 – **74 ch** ☐ 125/145 – ½ P 98/135.

de Zwaan, Grote Markt 2a, ✉ 5801 BL, ☎ (0 478) 51 34 00, *Fax (0 478) 51 35 33*, 🏠 – TV ☎. AE ① MC VISA. ✗ ch
fermé fin déc. – **Repas** Lunch 43 – carte 59 à 75 – **10 ch** ☐ 125/165.

VIANEN *Zuid-Holland* 211 P 11 *et* 908 G 6 – *19 239 h.*

Amsterdam 48 – Utrecht 16 – Breda 56 – Den Haag 66 – 's-Hertogenbosch 40 – Rotterdam 59.

Vianen, Prins Bernhardstraat 75 (Ouest : 1 km sur A 2), ✉ 4132 XE, ☎ (0 347) 32 59 59, *Fax (0 347) 32 59 60*, 🏠, 🚲 – ▤ rest, TV ☎ P – 🏢 25 à 800. AE ① MC VISA. ✗ ch
Repas (Ouvert jusqu'à minuit) Lunch 25 – carte env. 55 – **164 ch** ☐ 130/140 – ½ P 105/165.

X **De Graaf van Brederode,** Voorstraat 26, ✉ 4132 AR, ☎ (0 347) 37 38 34, *Fax (0 347) 37 04 26* – AE ① MC VISA
fermé dern. sem. juil.-prem. sem. août, sam. midi et dim. – **Repas** Lunch 58 – carte 75 à 90.

VIERHOUTEN *Gelderland* © *Nunspeet 26 025 h.* 211 T 9 *et* 908 I 4.

⛳18 ⛳9 au Sud-Est : 8 km à Nunspeet, Plesmanlaan 30, ✉ 8072 PT, ☎ (0 341) 26 11 49, Fax (0 341) 26 11 49.
Amsterdam 88 – Apeldoorn 27 – Arnhem 53 – Zwolle 34.

De Mallejan 🐴, Nunspeterweg 70, ✉ 8076 PD, ☎ (0 577) 41 12 41, *Fax (0 577) 41 16 29*, 🏠, ≋s, 🎾, 🚲 – |‡| TV ☎ P – 🏢 25 à 100. AE ① MC VISA JCB. ✗ rest
fermé janv. – **Repas** Lunch 55 – 65/125 – ☐ 35 – **41 ch** 150/190 – ½ P 175/225.

De Foreesten, Gortelseweg 8, ✉ 8076 PS, ☎ (0 577) 41 13 23, *Fax (0 577) 41 17 03*, 🏠, 🌳, 🚲 – |‡| TV ☎ P – 🏢 25 à 50. AE ① MC VISA. ✗ rest
fermé du 1er au 8 janv. – **Repas** Lunch 38 – 58 – **37 ch** ☐ 98/150.

VIJFHUIZEN *Noord-Holland* C *Haarlemmermeer 108 909 h.* 210 N 8, 211 I 8 et 908 F 4.

18 9 Spieringweg (Cruquius), ✉ 2141 EV, ☎ (0 23) 558 31 24, Fax (0 23) 558 15 54.

Amsterdam 31 – Haarlem 5.

XXX **De Ouwe Meerpaal,** Vijfhuizerdijk 3, ✉ 2141 BA, ☎ (0 23) 558 12 89, *Fax (0 23) 558 36 92,* – P. AE VISA
fermé 30 déc.-15 janv. et lundi – **Repas** Lunch 58 – carte 82 à 107.

VINKEVEEN *Utrecht* C *De Ronde Venen 33 957 h.* 211 O 9 et 908 F 5.

9 au Sud-Ouest : 4 km à Wilnis, Bovendijk 16a, ✉ 3648 NM, ☎ (0 297) 28 11 43, Fax (0 297) 27 34 35.

Herenweg 144, ✉ 3645 DT, ☎ (0 297) 21 42 31, Fax (0 297) 21 42 35.

Amsterdam 23 – Utrecht 24 – Den Haag 61 – Haarlem 32.

Résidence Vinkeveen, Groenlandsekade 1 (Est : 3 km près A 2), ✉ 3645 BA, ☎ (0 294) 29 30 66, *Fax (0 294) 29 31 01,* – TV P – 25 à 120. AE VISA
Repas voir rest ***Le Canard Sauvage*** ci-après – 30 – **59 ch** 335/355.

XXX **Le Canard Sauvage** - H. Résidence Vinkeveen, Groenlandsekade 1 (Est : 3 km près A 2), ✉ 3645 BA, ☎ (0 294) 29 30 66, *Fax (0 294) 29 31 01,* – P. AE VISA.
Repas Lunch 68 – carte 62 à 96.

XX **De Lokeend** avec ch, Groenlandsekade 61 (Est : 3 km près A 2), ✉ 3645 BB, ☎ (0 294) 29 15 44, *Fax (0 294) 29 30 01,* – TV P. AE VISA JCB
fermé du 14 au 28 fév. – **Repas** *(fermé lundi)* Lunch 60 – 70/90 – 25 – **7 ch** 150/200.

XX **Buitenlust,** Herenweg 75, ✉ 3645 DG, ☎ (0 297) 26 13 60, « Terrasse » – AE VISA JCB.
fermé prem. sem. janv., lundi et mardi – **Repas** Lunch 65 – carte 73 à 100.

X **De Eetkamer van Vinkeveen,** Vinkenkade 2, ✉ 3645 AR, ☎ (0 294) 29 54 50, *Fax (0 294) 29 59 15,* « Terrasse » – P. VISA
fermé 2 dern. sem. fév. et merc. – **Repas** 53.

X **Bistro Lauffer,** Herenweg 75, ✉ 3645 DG, ☎ (0 297) 26 38 41, AE VISA JCB.
fermé lundi et mardi – **Repas** 45.

VISVLIET *Groningen* C *Zuidhorn 17 910 h.* 210 W 3 et 908 J 2.

Amsterdam 181 – Groningen 27 – Dokkum 37 – Leeuwarden 38.

X **Aub. Visvliet,** Heirweg 13, ✉ 9845 AA, ☎ (0 594) 24 95 55, *Fax (0 594) 24 94 59,* – P. AE VISA
fermé fév. et lundi – **Repas** (dîner seult) 60.

VLAARDINGEN *Zuid-Holland* 211 L 11 - (39) S et 908 E 6 - (24) S – *74 250 h.*

18 Watersportweg 100, ✉ 3138 HD, ☎ (0 10) 249 55 55, Fax (0 10) 249 55 79.

Markt 12, ✉ 3131 CR, ☎ (0 10) 434 66 66, Fax (0 10) 435 89 97.

Amsterdam 78 – Rotterdam 13 – Den Haag 28.

Delta, Maasboulevard 15, ✉ 3133 AK, ☎ (0 10) 434 54 77, *Fax (0 10) 434 95 25,* Meuse (Maas), – TV P – 25 à 150. AE VISA
Repas ***Nautique*** 53/70 – 27 – **78 ch** 315 – ½ P 213/368.

Campanile, Kethelweg 220 (près A 20, sortie (10)), ✉ 3135 GP, ☎ (0 10) 470 03 22, *Fax (0 10) 471 34 30,* – TV P – 30. AE VISA
Repas (Avec buffet) 45 – 15 – **48 ch** 110.

XX **Taveerne D'Ouwe Haven,** Westhavenkade 10, ✉ 3131 AB, ☎ (0 10) 435 30 00, *Fax (0 10) 460 10 50,* Ouvert jusqu'à 23 h, – AE VISA JCB
fermé lundi – **Repas** Lunch 58 – 73.

VLEUTEN *Utrecht* C *Vleuten-De Meern 19 302 h.* 211 P 10 et 908 G 5.

9 au Nord-Ouest : 2 km, Parkweg 5, ✉ 3451 RH, ☎ (0 30) 677 28 60, Fax (0 30) 677 39 03.

Amsterdam 32 – Utrecht 11 – Den Haag 63 – Rotterdam 49.

XX **'t Claeverblat,** Schoolstraat 15, ✉ 3451 AA, ☎ (0 30) 677 47 70, *Fax (0 30) 677 47 24,* – VISA.
fermé Pâques, Pentecôte, 23 juil.-16 août, fin déc., lundi et mardi – **Repas** (dîner seult) 50.

VLIELAND (Ile de) *Fryslân 210 O 3 - 908 F 2 - voir à Waddeneilanden.*

VLIJMEN *Noord-Brabant © Heusden 41 940 h. 211 Q 12 et 908 G 6.*

Amsterdam 94 – Breda 40 – 's-Hertogenbosch 8.

Prinsen ⛯, Julianastraat 21, ✉ 5251 EC, ☎ (0 73) 511 91 31, *Fax (0 73) 511 79 75*, « Terrasse et jardin », – rest, TV ☎ P – 25 à 200. AE MC VISA. ✱ res
Repas carte 54 à 82 – 17 – **29 ch** 108/138 – ½ P 123/131.

VLISSINGEN *Zeeland 211 G 14 et 908 B 7 – 44 754 h.*

vers Breskens : Prov. Stoombootdiensten Zeeland, Prins Hendrikweg 10 ☎ (0 118) 46 59 05. Durée de la traversée : 20 min. Prix passager : gratuit (en hiver) et 1,50 Fl (en été) ; voiture : 12,50 Fl (en hiver) et 17,25 Fl (en été).

Oude Markt 3, ✉ 4381 ER, ☎ (0 118) 42 21 90, Fax (0 118) 42 21 91.

Amsterdam 205 – Middelburg 6 – Brugge (bac) 43 – Knokke-Heist (bac) 32.

Arion, Boulevard Bankert 266, ✉ 4382 AC, ☎ (0 118) 41 05 02, *Fax (0 118) 41 63 62*, ≤, – rest, TV ☎ P – 25 à 400. AE MC VISA JCB. ✱ rest
Repas 55/60 – **64 ch** 160/225 – ½ P 163/210.

De Leugenaar, Boulevard Bankert 132, ✉ 4382 AC, ☎ (0 118) 41 25 00, *Fax (0 118) 41 25 58*, – TV ☎. AE MC VISA. ✱ ch
fermé déc. – **Repas** (Taverne-rest) 45 – **15 ch** 103/178 – ½ P 115/124.

De Bourgondiër, Boulevard Bankert 280, ✉ 4382 AC, ☎ (0 118) 41 38 91, *Fax (0 118) 41 61 85*, ≤, – AE MC VISA
fermé 25, 26 et 31 déc. – **Repas** 68/110.

Valentijn, Nieuwendijk 14, ✉ 4381 BX, ☎ (0 118) 41 64 50, « Terrasse avec ≤ port de plaisance » – AE MC VISA JCB
fermé fin déc.-mi-janv. et lundi sauf en juil.-août – **Repas** 70/100.

Solskin, Boulevard Bankert 58, ✉ 4382 AC, ☎ (0 118) 41 73 50, *Fax (0 118) 44 00 72*, ≤ – AE MC VISA JCB. ✱
fermé 2 prem. sem. janv. – **Repas** Lunch 50 – carte 52 à 80.

De Gevangentoren 1er étage, Boulevard de Ruyter 1a, ✉ 4381 KA, ☎ (0 118) 41 70 76, « Dans une tour du 15e s. » – AE MC VISA
fermé merc. sauf en juil.-août – **Repas** 45.

à Koudekerke *Nord-Ouest : 3 km © Veere 22 183 h :*

Westduin ⛯, Westduin 1 (Dishoek), ✉ 4371 PE, ☎ (0 118) 55 25 10, *Fax (0 118) 55 27 76*, – TV ☎ P – 25 à 80. AE MC VISA. ✱
Repas 45 – **89 ch** 139/191 – ½ P 136/163.

VLODROP *Limburg 211 V 16 et 908 J 8 – voir à Roermond.*

VOLENDAM *Noord-Holland © Edam-Volendam 26 840 h. 210 P 8 et 908 G 4.*

Voir *Costume traditionnel★.*

Zeestraat 37, ✉ 1131 ZD, ☎ (0 299) 36 37 47, Fax (0 299) 36 84 84.

Amsterdam 23 – Alkmaar 33 – Leeuwarden 121.

Motel Katwoude, Wagenweg 1 (Ouest : 3 km), ✉ 1145 PW, ☎ (0 299) 36 56 56, *Fax (0 299) 36 83 19*, – TV ☎ P – 40 à 250. AE MC VISA
Repas (ouvert jusqu'à 23 h) 45 – 22 – **86 ch** 107/118 – ½ P 107.

Spaander, Haven 15, ✉ 1131 EP, ☎ (0 299) 36 35 95, *Fax (0 299) 36 96 15*, « Collection de tableaux », – rest, TV ☎ P – 25 à 70. AE MC VISA JCB
Repas Lunch 45 – carte env. 65 – **80 ch** 150/230 – ½ P 190.

Van Den Hogen avec ch, Haven 106, ✉ 1131 EV, ☎ (0 299) 36 37 75, *Fax (0 299) 36 94 98* – rest, TV. AE MC VISA JCB. ✱ ch
Repas 45 – **5 ch** 120/150.

Van Diepen arrière-salle, Haven 35, ✉ 1131 EP, ☎ (0 299) 36 37 05, *Fax (0 299) 36 45 29*, ≤, – P. AE MC VISA. ✱
Repas carte env. 75.

VOLLENHOVE *Overijssel © Brederwiede 12 296 h. 210 U 6 et 908 I 3.*

Amsterdam 103 – Emmeloord 14 – Zwolle 26.

Seidel, Kerkplein 3, ✉ 8325 BN, ☎ (0 527) 24 12 62, *Fax (0 527) 24 42 72*, « Dans l'ancien hôtel de ville du 17e s. » – MC VISA JCB
fermé fév. et lundi – **Repas** Lunch 60 – 75/95.

VOORBURG *Zuid-Holland* 211 L 10 - ② 908 E 5 - *voir à Den Haag, environs.*

VOORSCHOTEN *Zuid-Holland* 211 L 10 et 908 E 5 - *voir à Leiden.*

VORDEN *Gelderland* 211 W 10 et 908 J 5 - *8 407 h.*

au Sud : 6 km à Hengelo, Vierblokkenweg 1, ✉ 7255 MZ, ✆ (0 575) 46 75 33, Fax (0 575) 46 75 62.

Kerkstraat 1, ✉ 7251 BC, ✆ (0 575) 55 32 22, Fax (0 575) 55 22 76.

Amsterdam 117 - Arnhem 41 - Apeldoorn 31 - Enschede 51.

Bakker (annexe), Dorpsstraat 24, ✉ 7251 BB, ✆ (0 575) 55 13 12, *Fax (0 575) 55 13 12,* - rest, - 25 à 200. AE MC VISA JCB
Repas Lunch 30 - carte env. 65 - **12 ch** 165 - ½ P 265.

Bloemendaal, Stationsweg 24, ✉ 7251 EM, ✆ (0 575) 55 12 27, *Fax (0 575) 55 38 55,* - MC VISA.
fermé 20 déc.-mi-janv. - **Repas** (dîner pour résidents seult) - **15 ch** 130/200.

VREELAND *Utrecht* C *Loenen 8 538 h.* 211 P 9 et 908 G 5.

Amsterdam 22 - Utrecht 24 - Hilversum 11.

De Nederlanden (de Wit) avec ch, Duinkerken 3, ✉ 3633 EM, ✆ (0 294) 23 23 26, *Fax (0 294) 23 14 07,* « Au bord d'une rivière à côté d'un pont-levis typique », - rest, - 30. AE MC VISA.
fermé fin juil.-début août, 25 et 31 déc., 1er janv., sam. midi, dim. et lundi - **Repas** Lunch 73 - 99/145, carte env. 155 - 28 - **7 ch** 285/425
Spéc. Compression de tourteau au foie gras de canard, crème de moutarde régionale. Solette fumée à la minute, vinaigrette de champignons et lavande. Escalopes de ris de veau rôties aux épinards, marrons et persil au jus de truffes.

VUGHT *Noord-Brabant* 211 Q 13 et 908 G 7 - *voir à 's-Hertogenbosch.*

De WAAL *Noord-Holland* 210 N 4 et 908 F 2 - *voir à Waddeneilanden (Texel).*

WAALRE *Noord-Brabant* 211 R 14 et 908 H 7 - *16 045 h.*

Amsterdam 128 - Eindhoven 7 - Venlo 56 - Turnhout 47.

De Treeswijkhoeve, Valkenswaardseweg 14 (sur N 69), ✉ 5582 VB, ✆ (0 40) 221 55 93, *Fax (0 40) 221 75 32,* « Terrasse et jardin » - AE MC VISA
fermé 7 mars, 21 avril, 13 juin, dern sem. juil.-prem. sem. août, 27 déc.-5 janv., lundi et sam. midi - **Repas** Lunch 55 - 65/90.

WAALWIJK *Noord-Brabant* 211 P 12 et 908 G 6 - *44 823 h.*

Vredesplein 14, ✉ 5142 RA, ✆ (0 416) 33 22 28, Fax (0 416) 65 13 13.

Amsterdam 100 - Breda 30 - 's-Hertogenbosch 18 - Tilburg 17.

Waalwijk, Burg. van der Klokkenlaan 55, ✉ 5141 EG, ✆ (0 416) 33 60 45, *Fax (0 416) 33 59 68,* - 25 à 300. AE MC VISA JCB. ch
Repas 45 - 15 - **62 ch** 155/175 - ½ P 215.

Aub. De Pepermolen, Olympiaweg 8, ✉ 5143 NA, ✆ (0 416) 33 93 08, *Fax (0 416) 34 34 00,* - 25 à 200. MC VISA
fermé 2 sem. vacances bâtiment, sam. midi, dim. midi et merc. - **Repas** Lunch 50 - carte 66 à 88.

Het Heerenhuys, Grotestraat 283, ✉ 5141 JT, ✆ (0 416) 65 03 15, *Fax (0 416) 65 16 91,* - AE MC VISA.
fermé carnaval, Pâques, Pentecôte et 31 déc. - **Repas** 53/79.

WADDENEILANDEN
ILES DES WADDEN★★

210 - N 5 à X 1
908 - F 2 à J 1

● *Les îles des Wadden comprennent Texel (province de Hollande du Nord) et les îles Frisonnes (Vlieland, Terschelling, Ameland et Schiermonnikoog). Elles constituent une réserve naturelle exceptionnelle, peuplée de nombreux oiseaux. Sur Vlieland et Schiermonnikoog, les voitures ne sont pas admises.*

● *Texel (provincie Noord-Holland) en de Friese eilanden (Vlieland, Terschelling, Ameland en Schiermonnikoog) zijn de belangrijkste Nederlandse Waddeneilanden. Samen vormen zij een uitzonderlijk natuurreservaat met ontelbare vogels. Op Vlieland en Schiermonnikoog zijn geen auto's toegelaten.*

● *Die Westfriesischen Inseln mit Texel (Provinz Nordholland) und die Friesischen Inseln (Vlieland, Terschelling, Ameland und Schiermonnikoog) bilden ein außergewöhnliches Naturschutzgebiet, welches von zahlreichen Seevögeln bewohnt wird. Auf Vlieland und Schiermonnikoog sind Autos nicht zugelassen.*

● *The Wadden islands are made up of Texel (province of Northern Holland) and the Frisonnes islands (Vlieland, Terschelling, Ameland and Schiermonnikoog). These islands are areas of outstanding natural beauty, and are home to many different species of birds. Cars are not allowed on Vlieland or Schiermonnikoog.*

WADDENEILANDEN (ILES DES WADDEN) ★★ *Fryslân - Noord-Holland* 210 N 5 à X 1 et 908 F 2 à J 1 *G. Hollande.*

La plupart des hôteliers ne louent qu'à partir de 2 nuitées.

De meeste hotelhouders verhuren maar vanaf 2 overnachtingen.

AMELAND *Fryslân* 210 O 2 - P 2 et 908 I 1 – *3 446 h.*

vers Holwerd : Wagenborg Passagiersdiensten B.V., Reeweg 4 à Nes ✆ (0 519) 54 61 11. Durée de la traversée : 45 min. Prix AR : 16,90 Fl (en hiver) et 20,10 Fl (en été), voiture 113,50 Fl (en hiver) et 136,20 Fl (en été).

Amsterdam (bac) 169 – Dokkum (bac) 14 – Leeuwarden (bac) 30.

Nes

Rixt van Doniastraat 2, ✉ 9163 GR, ✆ (0 519) 54 65 46, Fax (0 519) 54 65 50.

Hofker sans rest, Johannes Hofkerweg 1, ✉ 9163 GW, ✆ (0 519) 54 20 02, Fax (0 519) 54 28 65, – 25 à 50.
40 ch 170.

Ameland, Strandweg 48 (Nord : 1 km), ✉ 9163 GN, ✆ (0 519) 54 21 50, Fax (0 519) 54 31 06, –
mars-oct. – **Repas** (dîner pour résidents seult) – **21 ch** 100/150 – ½ P 93/95.

Töben sans rest, Strandweg 11, ✉ 9163 GK, ✆ (0 519) 54 21 63, Fax (0 519) 54 27 71 –
14 ch 150.

De Klimop, Johannes Hofkerweg 2, ✉ 9163 GW, ✆ (0 519) 54 22 96, Fax (0 519) 54 25 18, « Taverne rustique » – AE VISA
fermé 22 nov.-16 déc., du 6 au 26 janv. et mardi.

Ballum

Nobel , Gerrit Kosterweg 16, ✉ 9162 EN, ✆ (0 519) 55 41 57, Fax (0 519) 55 45 15, « Dans un village à architecture typique locale 18e s. », – rest, – 25. AE VISA.
Repas carte 66 à 84 – **23 ch** 101/162 – ½ P 106/135.

Buren

De Klok, Hoofdweg 11, ✉ 9164 KL, ✆ (0 519) 54 21 81, Fax (0 519) 54 24 97, – – 80. AE VISA. rest
Repas carte 50 à 67 – **15 ch** 59/140 – ½ P 73/98.

Hollum

Oosterhiemweg, ✉ 9160 AA, ✆ (0 519) 55 42 19, Fax (0 519) 55 48 09.

d'Amelander Kaap, Oosterhiemweg 1, ✉ 9161 CZ, ✆ (0 519) 55 46 46, Fax (0 519) 55 48 09, – – 40 à 250. AE VISA JCB.
fermé 4 et 5 déc. – **Repas** carte env. 50 – **40 ch** 130/210 – ½ P 134/144.

SCHIERMONNIKOOG *Fryslân* 210 W 2 et 908 J 1 – *1 003 h.*

Voir *Het Rif★, ≤★.*

vers Lauwersoog : Wagenborg Passagiersdiensten B.V., Zeedijk 9 à Lauwersoog ✆ (0 519) 34 90 50. Durée de la traversée : 45 min. Prix AR : 17,65 Fl (en hiver) et 20,85 Fl (en été), bicyclette : 7,95 Fl (en hiver) et 9,55 Fl (en été).

Amsterdam (bac) 181 – Groningen (bac) 44 – Leeuwarden (bac) 42.

Schiermonnikoog .

Reeweg 5, ✉ 9166 PW, ✆ (0 519) 53 12 33, Fax (0 519) 53 13 25.

Graaf Bernstorff avec appartements, Reeweg 1, ✉ 9166 PW, ✆ (0 519) 53 20 00, Fax (0 519) 53 20 50, – – 70. AE VISA JCB.
Repas Lunch 30 – carte 70 à 90 – **17 ch** 155/325 – ½ P 168/218.

Duinzicht , Badweg 17, ✉ 9166 ND, ✆ (0 519) 53 12 18, Fax (0 519) 53 14 25, – – 30. AE VISA
Repas carte 50 à 77 – **35 ch** 176 – ½ P 81/104.

Van der Werff, Reeweg 2, ✉ 9166 PX, ✆ (0 519) 53 12 03, Fax (0 519) 53 17 48, « Évocation de l'histoire touristique locale », – – 25. VISA. rest
Repas Lunch 33 – carte 45 à 77 – **50 ch** 93/185 – ½ P 110/120.

TERSCHELLING *Fryslân* 210 R 2 *et* 908 G 1 - H 1 - *4 776 h.*

Voir *Site★ – De Boschplaat★ (réserve d'oiseaux).*

vers Harlingen : Rederij Doeksen, Willem Barentszkade 21 à West-Terschelling (0 562) 44 21 41, Fax (0 562) 44 32 41. Durée de la traversée : 1 h 45. Prix AR : 36,65 Fl, voiture : 22,40 Fl par 0,50 m de longueur. Il existe aussi un service rapide (pour passagers uniquement). Durée de la traversée : 50 min.

Amsterdam (bac) 115 – Leeuwarden (bac) 28 – (distances de West-Terschelling).

West-Terschelling (West-Skylge).

Willem Barentszkade 19a, 8881 BC, (0 562) 44 30 00, Fax (0 562) 44 28 75.

Schylge, Burg. van Heusdenweg 37, 8881 ED, (0 562) 44 21 11, Fax (0 562) 44 28 00, <, « Dominant la Waddenzee et le port de plaisance », rest, – 25 à 200. AE VISA. *fermé du 3 au 11 janv.* – **Repas** Lunch 38 – carte 55 à 93 – **96 ch** 189/308, 1 suite – ½ P 172/202.

Nap, Torenstraat 55, 8881 BH, (0 562) 44 32 10, Fax (0 562) 44 33 15, – AE VISA
Repas 45 – **33 ch** 125/270 – ½ P 120/175.

Bornholm, Hoofdweg 6, 8881 HA, (0 562) 44 22 66, Fax (0 562) 44 22 77, – AE VISA. rest
Repas (Taverne-rest) 45 – **27 ch** 103/155 – ½ P 110.

Europa, Europalaan 35, 8881 EJ, (0 562) 44 22 41, Fax (0 562) 44 31 25, – – 25 à 80. VISA. ch
mars-oct. – **Repas** *(fermé après 20 h)* carte env. 50 – **66 ch** 87/174 – ½ P 119/126.

Oepkes, De Ruyterstraat 3, 8881 AM, (0 562) 44 20 05, Fax (0 562) 44 33 45, – – 40. AE VISA.
Repas *(fermé après 20 h 30)* Lunch 23 – 45 – **19 ch** 113/175 – ½ P 115/145.

De Brandaris, Boomstraat 3, 8881 BS, (0 562) 44 25 54, Fax (0 562) 44 35 66, Taverne-rest – AE VISA
fermé janv.-fév. et mardi d'oct. à avril – **Repas** Lunch 23 – carte 53 à 77.

Kaart

De Horper Wielen sans rest, Kaart 4, 8883 HD, (0 562) 44 82 00, Fax (0 562) 44 82 45, –
12 ch 55/75.

Midsland (Midslân).

Claes Compaen sans rest, Heereweg 36 (Midsland-Noord), 8891 HT, (0 562) 44 80 10, Fax (0 562) 44 94 49, –
7 ch 153, 2 suites.

Lies

De Walvisvaarder, Lies 23, 8895 KP, (0 562) 44 90 00, Fax (0 562) 44 86 77, –
Pâques-mi-nov. et du 20 au 31 déc. – **Repas** (résidents seult) – **61 ch** 170, 1 suite – ½ P 98/118.

Hoorn (Hoarne).

De Millem, Dorpsstraat 58, 8896 JC, (0 562) 44 84 24, Fax (0 562) 44 38 14, « Ancienne ferme régionale » – AE VISA.
fermé 3 janv.-20 fév. et lundi – **Repas** carte env. 65.

Oosterend (Aasterein).

De Grië (van Scheppingen), Hoofdstraat 43, 8897 HX, (0 562) 44 84 99, Fax (0 562) 44 83 22, – AE VISA
18 mars-2 janv. ; fermé mardi – **Repas** (dîner seult) carte env. 80
Spéc. Bar cuit à l'ail sur salade de tomates. Côte de bœuf au parfait de foies de volaille, sauce aux truffes d'été. Feuilleté d'amandes et parfait au café.

TEXEL *Noord-Holland* 210 N 4 *et* 908 F 2 – *13 378 h.*

Voir *Site★★ – Réserves d'oiseaux★ – De Slufter <★.*

vers Den Helder : Rederij Teso, Pontweg 1 à Den Hoorn (0 222) 36 96 00, Fax (0 222) 36 96 59. Durée de la traversée : 20 min. Prix AR : 8,25 Fl (en hiver) et 10,00 Fl (en été), voiture 40,50 Fl (en hiver) et 48,50 Fl (en été).

Amsterdam (bac) 85 – Haarlem (bac) 78 – Leeuwarden (bac) 96 – (distances de Den Burg).

Den Burg

Emmalaan 66, ✉ 1791 AV, ☎ (0 222) 31 47 41, *Fax (0 222) 31 00 54.*

De Smulpot, Binnenburg 5, ✉ 1791 CG, ☎ (0 222) 31 27 56, *Fax (0 222) 31 27 56,* – TV ☎. AE MC VISA. ch
Repas carte env. 50 – **7 ch** 110/175 – ½ P 135/155.

Het Vierspan, Gravenstraat 3, ✉ 1791 CJ, ☎ (0 222) 31 31 76 – AE MC VISA
fermé 2 prem. sem. mars, lundi et mardi – **Repas** (dîner seult) carte 82 à 97.

Bij Jef, Gravenstraat 16, ✉ 1791 CK, ☎ (0 222) 31 52 62, *Fax (0 222) 31 55 98,* – AE MC VISA
fermé 3 dern. sem. janv., lundi et mardi – **Repas** (dîner seult) carte 68 à 93.

De Cocksdorp

Molenbos M, Postweg 224, ✉ 1795 JT, ☎ (0 222) 31 64 76, *Fax (0 222) 31 63 77,* ←, « En bordure d'une réserve naturelle » – TV ☎ P. AE MC VISA
fermé 10 janv.-fév. et 13 nov.-15 déc. – **Repas** (dîner seult jusqu'à 20 h 30) carte 48 à 91 – **27 ch** 110/215 – ½ P 116/146.

Nieuw Breda, Postweg 134 (Sud-Ouest : 4 km), ✉ 1795 JS, ☎ (0 222) 31 12 37, *Fax (0 222) 31 16 01,* – TV ☎ P – 25. AE MC VISA.
Repas (résidents seult) – **20 ch** 126/300 – ½ P 68/168.

Den Hoorn

Het Kompas, Herenstraat 7, ✉ 1797 AE, ☎ (0 222) 31 93 60, *Fax (0 222) 31 93 56* – AE MC VISA.
fermé mi-janv.-mi-fév. et mardi – **Repas** (dîner seult) carte env. 75.

De Koog

Opduin M, Ruyslaan 22, ✉ 1796 AD, ☎ (0 222) 31 74 45, *Fax (0 222) 31 77 77,* « En bordure des dunes », – TV ☎ P – 25 à 120. AE MC VISA. rest
fermé 5 janv.-12 fév. – **Repas** Lunch 35 – carte 66 à 101 – **100 ch** 175/293, 3 suites – ½ P 210/280.

Boschrand, Bosrandweg 225, ✉ 1796 NA, ☎ (0 222) 31 72 81, *Fax (0 222) 31 74 59,* – TV ☎ P. rest
fermé déc.-janv. – **Repas** (dîner pour résidents seult) – **51 ch** 140/170 – ½ P 90/110.

Zeerust, Boodtlaan 5, ✉ 1796 BD, ☎ (0 222) 31 72 61, *Fax (0 222) 31 78 39* – TV ☎ P. AE MC VISA JCB.
fermé janv.-15 fév. – **Repas** (dîner pour résidents seult) – **16 ch** 130 – ½ P 90/100.

Alpha, Boodtlaan 84, ✉ 1796 BG, ☎ (0 222) 31 76 77, *Fax (0 222) 31 72 75* – TV ☎ P. AE MC VISA.
Repas (dîner pour résidents seult) – **12 ch** 85/134.

Oosterend

Rôtiss.'t Kerckeplein, Oesterstraat 6, ✉ 1794 AR, ☎ (0 222) 31 89 50, *Fax (0 222) 32 90 32* – P. AE MC VISA
fermé 10 janv.-15 fév., mardi hors saison et lundi – **Repas** carte 67 à 93.

Oudeschild

't Pakhuus, Haven 8, ✉ 1792 AE, ☎ (0 222) 31 35 81, *Fax (0 222) 31 04 04,* ←, Produits de la mer, « Ancien entrepôt » – AE MC VISA JCB
Repas carte env. 70.

De Waal

Rebecca, Hogereind 39, ✉ 1793 AE, ☎ (0 222) 31 27 45, *Fax (0 222) 31 58 47,* – ☎ P. MC. rest
fermé 7 nov.-27 déc. – **Repas** (dîner pour résidents seult) – **20 ch** 101/160 – ½ P 94/104.

De Weal, Hogereind 28, ✉ 1793 AH, ☎ (0 222) 31 32 82, *Fax (0 222) 31 58 37,* – TV P. rest
Repas (dîner pour résidents seult) – **18 ch** 100/110 – ½ P 70/90.

VLIELAND *Fryslân* 210 O 3 - P 3 *et* 908 F 2 - G 2 – *1 150 h.*

vers Harlingen : Rederij Doeksen, Willem Barentszkade 21 à West-Terschelling ☎ (0 562) 44 21 41, Fax (0 562) 44 32 41. Durée de la traversée : 1 h 45. Prix AR : 36,65 Fl, bicyclette : 17,75 Fl. Il existe aussi un service rapide. Durée de la traversée : 45 min.
Havenweg 10, ✉ 8899 BB, ☎ (0 562) 45 11 11, Fax (0 562) 45 13 61.
Amsterdam (bac) 115 – Leeuwarden (bac) 28.

Oost-Vlieland

Voir *Phare (Vuurtoren)* ≤★.

Strandhotel Seeduyn, avec appartements, Badweg 3 (Nord : 2 km), ✉ 8899 BV, ☎ (0 562) 45 15 60, *Fax (0 562) 45 11 15*, ≤, « Dominant dunes et mer », – 25 à 200. AE ① MC VISA.
fermé 15 janv.-mi-fév. – **Repas** carte 59 à 80 – **102 ch** 189/248 – ½ P 147/222.

De Wadden, Dorpsstraat 61, ✉ 8899 AD, ☎ (0 562) 45 26 26, *Fax (0 562) 45 26 23*, « Aménagement cossu », – ① MC VISA. ch
fermé fév. – **Repas** Lunch 18 – 45 – **20 ch** 123/175 – ½ P 123/138.

Bruin, Dorpsstraat 88, ✉ 8899 AL, ☎ (0 562) 45 13 01, *Fax (0 562) 45 12 27*, – – 25 à 100. AE ① MC VISA. rest
Repas Lunch 30 – carte 68 à 85 – **32 ch** 120/160 – ½ P 118/140.

Zeezicht, Havenweg 1, ✉ 8899 BB, ☎ (0 562) 45 13 24, *Fax (0 562) 45 11 99*, ≤, – . ch
avril-oct. – **Repas** Lunch 30 – carte env. 45 – **18 ch** 200 – ½ P 120/135.

Het Armhuis, Kerkplein 6, ✉ 8899 AW, ☎ (0 562) 45 19 35, *Fax (0 562) 45 19 35*, « Refuge du 17e s. » – MC
fermé 31 déc.-mi-fév. – **Repas** carte env. 80.

WADDINXVEEN *Zuid-Holland* 211 M 10 et 908 E 5 – *26 678 h.*

Amsterdam 46 – Rotterdam 26 – Den Haag 29 – Utrecht 37.

Bibelot, Limaweg 54, ✉ 2743 CD, ☎ (0 182) 61 66 95, *Fax (0 182) 63 09 55*, – P. AE ① MC VISA
fermé lundi – **Repas** Lunch 58 – carte 75 à 94.

't Baarsje, Zwarteweg 6 (Est : 2 km, direction Reeuwijk), ✉ 2741 LC, ☎ (0 182) 39 44 60, *Fax (0 182) 39 27 47*, – P. AE ① MC VISA JCB
fermé dern. sem. juil.-2 prem. sem. août et mardi – **Repas** 65/88.

WAGENINGEN *Gelderland* 211 S 11 et 908 I 6 – *32 852 h.*

Stadsbrink 1-G, ✉ 6707 AA, ☎ (0 317) 41 07 77, Fax (0 317) 42 31 86.
Amsterdam 85 – Arnhem 19 – Utrecht 47.

Nol in't Bosch, Hartenseweg 60 (Nord-Est : 2 km), ✉ 6704 PA, ☎ (0 317) 31 91 01, *Fax (0 317) 31 36 11*, « Dans les bois », – P – 25 à 150. AE ① MC VISA. rest
Repas Lunch 28 – carte env. 60 – **33 ch** 128/210 – ½ P 125/155.

't Gesprek, Grintweg 247, ✉ 6704 AN, ☎ (0 317) 42 37 01, *Fax (0 317) 41 74 14*, – P. AE ① MC VISA JCB
fermé 24 et 31 déc., sam. midi et dim. midi – **Repas** Lunch 43 – carte 69 à 88.

WAHLWILLER *Limburg* 211 U 18 – *voir à Wittem.*

WANNEPERVEEN *Overijssel* 210 V 6 et 908 J 3 – *voir à Giethoorn.*

WANSSUM *Limburg* C *Meerlo-Wanssum 7 366 h.* 211 V 13 et 908 J 7.

Amsterdam 159 – Eindhoven 51 – Maastricht 104 – Nijmegen 48.

Verstraelen, Geysterseweg 7, ✉ 5861 BK, ☎ (0 478) 53 25 41, *Fax (0 478) 53 26 48*, – P – 60. AE ① MC VISA JCB. rest
fermé 20 déc.-10 janv. – **Repas** *(fermé dim.)* 45/57 – **15 ch** 108/140 – ½ P 168/173.

De Kooy, De Kooy 15, ✉ 5861 EH, ☎ (0 478) 53 12 27, *Fax (0 478) 53 26 30*, « Terrasse en bord de Meuse (Maas) » – P. AE ① MC VISA
fermé 2 sem. carnaval, 2 prem. sem. août, lundi et mardi – **Repas** (dîner seult) 73/93.

à Geysteren *Nord-Est : 3 km* C *Meerlo-Wanssum :*

Eethoeve de Boogaard, Wanssumseweg 1, ✉ 5862 AA, ☎ (0 478) 53 90 70, *Fax (0 478) 53 90 71*, « Ancienne ferme typique avec cour fleurie » – P. MC VISA
fermé dern. sem. juil.-2 prem. sem. août, fin déc., lundi et mardi – **Repas** (dîner seult sauf dim.) 48/88.

WARKUM *Fryslân* – *voir Workum.*

WARMOND *Zuid-Holland* 211 M 9 *et* 908 E 5 *– 5 327 h.*

Veerpolder, ✉ 2360 AA, ☎ (0 71) 305 88 10, Fax (0 71) 301 21 86.
Dorpsstraat 4a, ✉ 2361 BB, ☎ (0 71) 301 06 31, Fax (0 71) 301 26 99.
Amsterdam 39 – Rotterdam 46 – Den Haag 20 – Haarlem 25.

De Stad Rome, De Baan 4, ✉ 2361 GH, ☎ (0 71) 301 01 44, *Fax (0 71) 301 25 17,* Grillades – P. AE ① MC VISA
fermé 3 sem. en août et lundi – **Repas** (dîner seult) 58/75.

WARNSVELD *Gelderland* 211 W 10 *et* 908 J 5 *– 9 056 h.*

Amsterdam 110 – Arnhem 30 – Apeldoorn 21 – Enschede 59 – Zwolle 58.

't Jachthuis, Vordenseweg 2 (N 319), ✉ 7231 PA, ☎ (0 575) 52 33 28, *Fax (0 575) 52 36 82,* – P. AE ① MC VISA
fermé lundi – **Repas** (dîner seult sauf dim.) 60/85.

WASPIK *Noord-Brabant* C *Waalwijk 44 823 h.* 211 O 12 *et* 908 F 6.

Amsterdam 104 – Breda 24 – 's-Hertogenbosch 25 – Tilburg 15.

Crystal Palace, Scharlo 2 (sur A 59, sortie ㉟), ✉ 5165 NG, ☎ (0 416) 31 38 33, *Fax (0 416) 31 22 59,* Cuisine chinoise – AE ① MC VISA.
Repas carte env. 55.

WASSENAAR *Zuid-Holland* 211 L 10 *et* 908 D 5 *– voir à Den Haag, environs.*

WEERT *Limburg* 211 T 15 *et* 908 I 8 *– 47 590 h.*

Laurabosweg 8, ✉ 6006 VR, ☎ (0 495) 51 84 38, Fax (0 495) 51 87 09.
Maasstraat 18, ✉ 6001 EC, ☎ (0 495) 53 68 00, Fax (0 495) 54 14 94.
Amsterdam 156 – Eindhoven 28 – Maastricht 57 – Roermond 21.

Golden Tulip, Driesveldlaan 99, ✉ 6001 KC, ☎ (0 495) 53 96 55, *Fax (0 495) 54 08 02* – |♿|, ▤ rest, TV ☎ ♿ – 🏛 25 à 300. AE ① MC VISA JCB. ✗ rest
Repas *(fermé sam. midi et dim. midi)* (en juil.-août dîner seult) Lunch 35 – carte env. 65 – **60 ch** ☕ 205/240 – ½ P 165/195.

De Brookhut, Heugterbroekdijk 2 (Nord : 3 km à Laar), ✉ 6003 RB, ☎ (0 495) 53 13 91, *Fax (0 495) 54 33 05,* – TV ☎ P. – 🏛 30. AE ① MC VISA. ✗ rest
fermé vacances bâtiment et dim. – **Repas** Lunch 33 – 55 – **8 ch** ☕ 135/165 – ½ P 168/235.

Bretelli, Hoogstraat 8, ✉ 6001 EV, ☎ (0 495) 45 20 28, *Fax (0 495) 45 20 38* – AE ① MC VISA
fermé 2 sem. vacances bâtiment et dim. – **Repas** Lunch 49 – 58/75.

WELL *Limburg* C *Bergen 13 382 h.* 211 V 13 *et* 908 J 7.

Amsterdam 156 – Eindhoven 50 – Maastricht 99 – Nijmegen 42 – Venlo 24.

Het Ankertje, Grotestraat 38, ✉ 5855 AN, ☎ (0 478) 50 12 34, *Fax (0 478) 50 27 65,* « Jardin d'hiver » – ▤. AE ① MC VISA
fermé carnaval, dern. sem. août et lundi – **Repas** Lunch 47 – 60/85.

WELLERLOOI *Limburg* C *Bergen 13 382 h.* 211 V 13 *et* 908 J 7.

Amsterdam 160 – Eindhoven 54 – Maastricht 95 – Nijmegen 46 – Venlo 20.

Host. de Hamert avec ch, Hamert 2 (rte Nijmegen-Venlo), ✉ 5856 CL, ☎ (0 77) 473 12 60, *Fax (0 77) 473 25 03,* « Au bord de l'eau, ← trafic fluvial (Meuse-Maas) et campagne », – |♿|, ▤ ch, TV ☎ P. – 🏛 35. AE ① MC VISA. ✗
fermé 28 déc.-5 janv. et mardi et merc. de nov. à avril – **Repas** Lunch 85 – 115/138 – **10 ch** ☕ 215/310 – ½ P 265/300.

WELTEN *Limburg* 211 U 17 *– voir à Heerlen.*

WERKENDAM *Noord-Brabant* 211 O 12 *et* 908 F 6 *– 25 673 h.*

au Sud : 7 km à Almkerk, Hoekje 7b, ✉ 4286 LN, ☎ (0 183) 40 35 92, Fax (0 183) 40 21 65.
Amsterdam 76 – Utrecht 43 – Breda 35 – 's-Hertogenbosch 43 – Rotterdam 46.

De Brabantse Biesbosch, Spieringsluis 6 (Sud-Ouest : 10 km, près Kop van 't Land), ✉ 4251 MR, ☎ (0 183) 50 42 48, *Fax (0 183) 50 56 73,* – P. AE ① MC VISA
fermé lundi – **Repas** 40.

WESTKAPELLE *Zeeland* [C] *Veere 22 183 h.* 211 F 13 *et* 908 B 7.
Amsterdam 219 – Middelburg 18.

Zuiderduin, De Bucksweg 2 (Sud : 3 km), ✉ 4361 SM, ✆ (0 118) 56 18 10, *Fax (0 118) 56 22 61,* « En bordure des dunes », – [TV] ☎ [P] – 25 à 240. AE MC VISA.
Repas carte env. 70 – **67 ch** *(fermé du 2 au 15 janv.)* 130/235 – ½ P 145/163.

Badmotel, Grindweg 2, ✉ 4361 JG, ✆ (0 118) 57 13 58, *Fax (0 118) 57 13 59,* ,
« Pavillon au bord de l'eau » – [P]. MC VISA
Pâques-oct. ; fermé lundi et mardi – **Repas** (dîner seult) carte env. 60.

WEST-TERSCHELLING (WEST-SKYLGE) *Fryslân* 210 Q 2 *et* 908 G 1 – *voir à Waddeneilanden (Terschelling).*

WIERDEN *Overijssel* 210 Y 8 *et* 908 K 4 – *22 946 h.*
Amsterdam 142 – Almelo 7 – Apeldoorn 54 – Enschede 33 – Zwolle 43.

De Oude Brink, Marktstraat 18, ✉ 7642 AL, ✆ (0 546) 57 12 89, *Fax (0 546) 57 12 89,* – AE MC VISA JCB
fermé 15 juil.-6 août et lundi – **Repas** 45/59.

WIJCHEN *Gelderland* 211 T 12 *et* 908 I 6 – *37 437 h.*
Weg door de Berendonck 40, ✉ 6603 LP, ✆ (0 24) 641 98 38, Fax (0 24) 641 12 54.
Amsterdam 122 – Arnhem 30 – 's-Hertogenbosch 38 – Nijmegen 10.

't Wichlant, Kasteellaan 16, ✉ 6602 DE, ✆ (0 24) 642 01 01, *Fax (0 24) 645 13 38,* ,
« Patio fleuri » – MC VISA
fermé sam. midi, dim. midi et lundi – **Repas** *Lunch 30* – 40/80.

De WIJK *Drenthe* 210 W 6 *et* 908 J 3 – *voir à Meppel.*

WIJK AAN ZEE *Noord-Holland* [C] *Beverwijk 35 603 h.* 210 M 8 *et* 908 E 4.
Amsterdam 29 – Alkmaar 27 – Haarlem 18.

de Klughte sans rest, Van Ogtropweg 2, ✉ 1949 BA, ✆ (0 251) 37 43 04, *Fax (0 251) 37 52 24,* « Villa début 20e s. en bordure des dunes », – [TV] ☎ [P]. MC VISA
17 ch 160.

Noordzee, Julianaweg 27, ✉ 1949 AM, ✆ (0 251) 37 42 04, *Fax (0 251) 37 54 36,* – [TV] ☎. AE MC VISA. rest
Repas (dîner pour résidents seult) – **43 ch** 130 – ½ P 153.

WIJK BIJ DUURSTEDE *Utrecht* 211 R 11 *et* 908 H 6 – *22 876 h.*
Markt 24, ✉ 3961 BC, ✆ (0 343) 57 59 95, Fax (0 343) 57 42 55.
Amsterdam 62 – Utrecht 24 – Arnhem 54 – 's-Hertogenbosch 48.

De Oude Lantaarn, Markt 2, ✉ 3961 BC, ✆ (0 343) 57 13 72 – [TV] ☎. AE MC VISA
Repas *(fermé sem. carnaval, dern. sem. juil., dern. sem. déc.-prem. sem. janv., dim. et lundi)* *Lunch 38* – carte 58 à 80 – **18 ch** 165, 2 suites – ½ P 170.

WILDERVANK *Groningen* 210 AA 4 *et* 908 L 2 – *voir à Veendam.*

WILHELMINADORP *Zeeland* [C] *Goes 34 959 h.* 211 I 13 *et* 908 C 7.
Amsterdam 163 – Goes 4 – Middelburg 27.

Katseveer, Katseveerweg 2 (Nord-Ouest : 2,5 km près barrage), ✉ 4475 PB, ✆ (0 113) 22 79 55, *Fax (0 113) 23 20 47,* digue et plages, – [P]. AE MC VISA
fermé 27 déc.-18 janv. et lundi – **Repas** carte 76 à 130.

WILLEMSTAD *Noord-Brabant* [C] *Moerdijk 36 532 h.* 211 L 12 *et* 908 E 6.
Amsterdam 117 – Bergen op Zoom 29 – Breda 45 – 's-Hertogenbosch 97 – Rotterdam 38.

Het Wapen van Willemstad avec ch, Benedenkade 12 (Vesting), ✉ 4797 AV, ✆ (0 168) 47 34 50, *Fax (0 168) 47 37 05,* – [TV] ☎ – 25 à 60. AE MC VISA.
fermé 1 sem. en oct. – **Repas** *(fermé mardi du 26 oct. au 4 avril)* *Lunch 45* – carte 80 à 105 – **6 ch** 118/155 – ½ P 160/250.

WINSCHOTEN *Groningen* 210 AB 4 *et* 908 M 2 – *18 766 h.*

Stationsweg 21a, ✉ 9671 AL, ☎ (0 597) 41 22 55, Fax (0 597) 42 40 62.

Amsterdam 230 – Groningen 41 – Assen 49.

Royal York, Stationsweg 21, ✉ 9671 AL, ☎ (0 597) 41 43 00, *Fax (0 597) 42 32 24* – 25 à 60. AE VISA JCB
fermé 31 déc. – **Repas** (Grillades) carte 69 à 88 – **40 ch** 109/140 – ½ P 145/170.

In den Stallen avec ch, Oostereinde 10 (Nord-Est : 3 km, près A 7), ✉ 9672 TC, ☎ (0 597) 41 40 73, *Fax (0 597) 42 26 53*, – AE VISA. ch
fermé 31 déc. et 1er janv. – **Repas** 30/60 – 15 – **10 ch** 110/120 – ½ P 195/210.

WINTERSWIJK *Gelderland* 211 Z 11 *et* 908 L 6 – *28 516 h.*

Vredenseweg 150, ✉ 7105 AE, ☎ (0 543) 56 25 25.

Markt 17a, ✉ 7101 DA, ☎ (0 543) 51 23 02, Fax (0 543) 52 40 81.

Amsterdam 152 – Apeldoorn 66 – Arnhem 67 – Enschede 43.

De Frerikshof, Frerikshof 2 (Nord-Ouest : 2 km), ✉ 7103 CA, ☎ (0 543) 51 77 55, *Fax (0 543) 52 20 35*, – 25 à 200. AE VISA JCB. rest
Repas *Lunch 48* – carte 60 à 95 – 23 – **66 ch** 170/375 – ½ P 145/155.

Stad Munster, Markt 11, ✉ 7101 DA, ☎ (0 543) 51 21 21, *Fax (0 543) 52 24 15*, – AE VISA.
fermé du 1er au 21 janv. – **Repas** *(fermé dim. midi)* 60/75 – 18 – **20 ch** 88/180 – ½ P 105/135.

De Beukenhorst, Markt 27, ✉ 7101 DA, ☎ (0 543) 52 28 94, *Fax (0 543) 51 35 95*, – AE VISA
fermé 27 déc.-10 janv., mardi et dim. midi – **Repas** carte env. 95.

WITTEM *Limburg* C *Gulpen-Wittem 7 807 h.* 211 U 18 *et* 908 I 9.

au Sud : 2 km à Mechelen, Dalbissenweg 22, ✉ 6281 NC, ☎ (0 43) 455 13 97, Fax (0 43) 455 15 76.

Amsterdam 225 – Maastricht 19 – Aachen 13.

In den Roden Leeuw van Limburg, Wittemer Allee 28, ✉ 6286 AB, ☎ (0 43) 450 12 74, *Fax (0 43) 450 23 62*, – VISA JCB. ch
Repas *(fermé lundi et après 20 h)* 50 – **10 ch** 50/130 – ½ P 80/100.

Kasteel Wittem avec ch, Wittemer Allee 3, ✉ 6286 AA, ☎ (0 43) 450 12 08, *Fax (0 43) 450 12 60*, ≤, « Château du 15e s. avec parc », – 30. AE VISA JCB.
Repas (dîner seult sauf les vend., sam. et dim.) *Lunch 80* – 110/150 – 35 – **10 ch** 275/350, 2 suites – ½ P 283/295.

à Wahlwiller *Est : 1,5 km* C *Wittem :*

Der Bloasbalg (Waghemans), Botterweck 3, ✉ 6286 DA, ☎ (0 43) 451 13 64, *Fax (0 43) 451 25 15*, « Cadre champêtre » – AE VISA
fermé 2 sem. carnaval, 24 déc., merc. et sam. midi de sept. à mai et mardi – **Repas** *Lunch 80* – 110/140, carte 89 à 113
Spéc. Brochette de langoustines, turbot, artichaut et tomate au romarin, sauce au gingembre. Trio de foie gras aux pommes confites. Agneau régional, sauce provençale.

't Klauwes, Oude Baan 1, ✉ 6286 BD, ☎ (0 43) 451 15 48, *Fax (0 43) 451 22 55*, « Ferme du 18e s. » – AE VISA
fermé carnaval, du 23 au 30 août, 24 déc., 1er janv., lundi et sam. midi – **Repas** *Lunch 63* – 75/85.

WOERDEN *Utrecht* 211 O 10 *et* 908 F 5 – *37 640 h.*

Molenstraat 40, ✉ 3441 BA, ☎ (0 348) 41 44 74, Fax (0 348) 41 78 43.

Amsterdam 52 – Utrecht 21 – Den Haag 46 – Rotterdam 41.

Tulip Inn sans rest, Utrechtsestraatweg 25, ✉ 3445 AL, ☎ (0 348) 41 25 15, *Fax (0 348) 42 18 53* – AE VISA JCB.
60 ch 170/230.

Floyds, Groenendaal 28, ✉ 3441 BD, ☎ (0 348) 41 53 00, *Fax (0 348) 43 45 73*, – AE VISA
fermé 25 et 31 déc., 1er janv. et lundi – **Repas** (dîner seult) 60/65.

WOLDENDORP *Groningen* 210 AB 3 *et* 908 M 2 – *voir à Delfzijl.*

WOLFHEZE *Gelderland* 🄲 *Renkum 32 070 h.* **211** T 10 *et* **908** I 5.

Amsterdam 93 – Arnhem 10 – Amersfoort 41 – Utrecht 57.

De Buunderkamp ⑤, Buunderkamp 8, ✉ 6874 NC, ℘ (0 26) 482 11 66, *Fax (0 26) 482 18 98*, «Dans les bois», ⑤, ⑤, ⑤, ⑤, ⑤ – ⑤, ▤ rest, TV ☎ ⑤ P – 🖪 25 à 120. AE ⓓ ⓜ VISA. ⑤ rest
fermé fin déc.-début janv. – **Repas** Lunch 45 – carte 89 à 108 – ⑤ 40 – **70 ch** 250/295, 24 suites – ½ P 205/255.

Wolfheze ⑤, Wolfhezerweg 17, ✉ 6874 AA, ℘ (0 26) 333 78 52, *Fax (0 26) 333 62 11*, ⑤, «Environnement boisé avec ⑤», ⑤, ⑤, ⑤, ⑤ – ⑤, ▤ rest, TV ☎ P – 🖪 25 à 120. AE ⓓ ⓜ VISA. ⑤ rest
Repas *Bistro de Foresterie* *(fermé lundi et mardi)* (dîner seult jusqu'à 23 h) 43/48 – ⑤ 30 – **68 ch** 250/300, 2 suites – ½ P 165/199.

Ga een hotel of restaurant binnen met de gids in de hand; op die manier toont u dat uw keuze geen toeval is.

WOLPHAARTSDIJK *Zeeland* 🄲 *Goes 34 959 h.* **211** H 13 *et* **908** C 7.

Amsterdam 186 – Middelburg 26 – Goes 6.

XX **'t Veerhuis**, Wolphaartsdijkseveer 1 (Nord : 2 km au bord du lac), ✉ 4471 ND, ℘ (0 113) 58 13 26, *Fax (0 113) 58 10 92*, ⑤ – P. AE ⓓ ⓜ VISA
fermé 20 déc.-20 janv., mardi et merc. – **Repas** Lunch 55 – 65/95.

WOUDRICHEM *Noord-Brabant* **211** P 12 *et* **908** G 6 – *13 907 h.*

Amsterdam 79 – Utrecht 40 – Breda 40 – 's-Hertogenbosch 32 – Rotterdam 48.

X **De Gevangenpoort**, Kerkstraat 3, ✉ 4285 BA, ℘ (0 183) 30 20 34, «Tour du 16e s.» – ▤. AE ⓓ ⓜ VISA JCB
fermé lundi – **Repas** 50/100.

WOUW *Noord-Brabant* 🄲 *Roosendaal 73 813 h.* **211** L 13 *et* **908** E 7.

Amsterdam 130 – Breda 32 – Rotterdam 53 – Antwerpen 60.

XX **Mijn Keuken**, Markt 1, ✉ 4724 BK, ℘ (0 165) 30 22 08, *Fax (0 165) 30 32 95*, ⑤ – AE ⓓ ⓜ VISA
fermé fin juil., fin déc., lundi et mardi – **Repas** (dîner seult) 75/95.

YERSEKE *Zeeland* 🄲 *Reimerswaal 20 360 h.* **211** J 14 *et* **908** D 7.

🅱 *Kerkplein 1, ✉ 4401 ED, ℘ (0 113) 57 18 64, Fax (0 113) 57 43 74.*

Amsterdam 173 – Bergen op Zoom 35 – Goes 14 – Middelburg 35.

XXX ✿ **Nolet-Het Reymerswale**, 1er étage, Burg. Sinkelaan 5, ✉ 4401 AL, ℘ (0 113) 57 16 42, *Fax (0 113) 57 25 05*, Produits de la mer et huîtres, «Hostellerie avec terrasse fleurie et homarium» – P. AE ⓓ ⓜ VISA
fermé fév., 2 sem. en juin, mardi et merc. – **Repas** 80/135, carte 95 à 123
Spéc. Homard régional à ma façon (15 avril-sept.). Bar étuvé et fumé, sauce au basilic (mai-sept.). Émincé de turbot cru et bouquet de crevettes grises à la vinaigrette tiède.

X **Oesterbeurs**, Wijngaardstraat 2, ✉ 4401 CS, ℘ (0 113) 57 22 11, *Fax (0 113) 57 16 15*, Produits de la mer – ⓜ VISA
fermé mi-janv.-mi-fév. et jeudi – **Repas** Lunch 45 – carte 68 à 96.

X **Nolet**, Lepelstraat 7, ✉ 4401 EB, ℘ (0 113) 57 13 09, *Fax (0 113) 57 43 48*, Produits de la mer et huîtres – AE ⓜ VISA JCB
fermé 3 dern. sem. juin et lundis non fériés – **Repas** carte 60 à 120.

X ⑤ **Nolet's Vistro**, Burg. Sinkelaan 6, ✉ 4401 AL, ℘ (0 113) 57 21 01, *Fax (0 113) 57 25 05*, ⑤, Produits de la mer – ▤
fermé 2 sem. en mai, janv. et lundi sauf en juil.-août – **Repas** 59.

ZAANDAM *Noord-Holland* 🄲 *Zaanstad 134 627 h.* **210** N 8 – ㉘ N *et* **908** F 4 – ㉗ N.

Voir *La région du Zaan★ (Zaanstreek) – La redoute Zanoise★ (De Zaanse Schans).*

⑤ *au Nord : 5 km à Wijdewormer (Wormerland), Zuiderweg 68, ✉ 1456 NH, ℘ (0 299) 47 91 23.*

🅱 *Gedempte Gracht 76, ✉ 1506 CJ, ℘ (0 75) 616 22 21, Fax (0 75) 670 53 81.*

Amsterdam 9 – Alkmaar 28 – Haarlem 27.

Inntel, Provincialeweg 15, ✉ 1506 MA, ℘ (0 75) 631 17 11, *Fax (0 75) 670 13 79,* – TV P – 25 à 175. AE ⓓ MC VISA
Repas *(fermé 31 déc.)* 45 – 25 – **71 ch** 220/275 – ½ P 170.

Bastion, Wibautstraat 278, ✉ 1505 HR, ℘ (0 75) 670 63 31, *Fax (0 75) 670 12 81* TV P. AE ⓓ MC VISA.
Repas (Grillades, ouvert jusqu'à 23 h) 45 – 17 – **40 ch** 135.

De Hoop Op d'Swarte Walvis, Kalverringdijk 15 (Zaanse Schans), ✉ 1509 BT ℘ (0 75) 616 56 29, *Fax (0 75) 616 24 76,* <, , « Maison du 18e s. dans un village musée, pergolas le long de la rivière De Zaan », – P. AE ⓓ MC VISA JCB
fermé sam. midi et dim. midi – **Repas** *Lunch 80* – carte 105 à 143.

à Zaandijk *Nord-Ouest : 5 km* C *Zaanstad :*

De Saense Schans, Lagedijk 32, ✉ 1544 BG, ℘ (0 75) 621 19 11, *Fax (0 75) 621 85 61,* <, , « Au bord de la rivière De Zaan » – ch, TV. AE ⓓ MC VISA.
fermé 31 juil.-13 août et 22 déc.-7 janv. – **Repas** *(fermé sam. et dim.)* 55/125 – 3 – **15 ch** 300/375 – ½ P 300/400.

't Heerenhuis, Zuiderweg 74 (Wijdewormer), ✉ 1456 NH, ℘ (0 75) 616 21 02, – P. MC VISA
fermé 24 et 31 déc. – **Repas** *Lunch 48* – carte env. 70.

ZAANDIJK *Noord-Holland* 210 N 8 - ㉘ N *et* 908 F 4 - ㉗ N – *voir à Zaandam.*

ZALTBOMMEL *Gelderland* 211 Q 12 *et* 908 G 6 – *11 086 h.*
Markt 15, ✉ 5301 AL, ℘ (0 418) 51 81 77.
Amsterdam 73 – Utrecht 44 – Arnhem 64 – 's-Hertogenbosch 15.

La Provence, Gamersestraat 81, ✉ 5301 AR, ℘ (0 418) 51 40 70, *Fax (0 418) 54 10 77,* – P. AE ⓓ MC VISA JCB
fermé vacances bâtiment, fin déc., dim. et lundi – **Repas** *Lunch 50* – 75/100.

ZANDVOORT *Noord-Holland* 210 M 8, 211 M 8 *et* 908 E 4 – *15 546 h. – Station balnéaire★ –*
Casino AX, Badhuisplein 7, ✉ 2042 JB, ℘ (0 23) 574 05 74, Fax (0 23) 571 62 26.
(3 parcours) par ②, Kennemerweg 78, ✉ 2042 XT, ℘ (0 23) 571 28 36, Fax (0 23) 571 95 20.
Schoolplein 1, ✉ 2042 VD, ℘ (0 23) 571 79 47, Fax (0 23) 571 70 03.
Amsterdam 29 ① – Den Haag 49 ② – Haarlem 11 ①

Plan page ci-contre

Strandhotel Gran Dorado, Trompstraat 2, ✉ 2041 JB, ℘ (0 23) 572 00 00, *Fax (0 23) 571 61 49,* <, , , , – TV P – 25 à 1000. AE ⓓ MC VISA. — BX d
Repas *Lunch 28* – 45 – **118 ch** 175/200.

Golden Tulip, Burg. van Alphenstraat 63, ✉ 2041 KG, ℘ (0 23) 571 32 34, *Fax (0 23) 571 90 94,* <, , – TV P – 25 à 180. AE ⓓ MC VISA. rest — BX a
Repas *Lunch 18* – 45 – 23 – **197 ch** 242/331, 14 suites – ½ P 309/430.

Palace, Burg. van Fenemaplein 2, ✉ 2042 TA, ℘ (0 23) 571 29 11, *Fax (0 23) 572 01 31,* < – TV P – 140. AE ⓓ MC VISA. rest — BX b
Repas (Taverne-rest) – **50 ch** 140/250, 5 suites – ½ P 130/153.

Triton, Zuiderstraat 3, ✉ 2042 GA, ℘ (0 23) 571 91 05, *Fax (0 23) 571 86 13,* – TV P – 60. AE ⓓ MC VISA. rest — AX h
Repas (résidents seult) – **22 ch** 93/175.

Hoogland sans rest, Westerparkstraat 5, ✉ 2042 AV, ℘ (0 23) 571 55 41, *Fax (0 23) 571 42 00* – TV. AE ⓓ MC VISA. — AX b
27 ch 90/220.

Zuiderbad, bd Paulus Loot 5, ✉ 2042 AD, ℘ (0 23) 571 26 13, *Fax (0 23) 571 31 90,* <, – TV P. AE MC VISA — BY e
Repas *(15 mars-oct.)* (Taverne-rest, dîner seult jusqu'à 20 h) 45 – **26 ch** *(fermé 15 nov.-27 déc. et 10 janv.-15 fév.)* 115/195 – ½ P 85/130.

Amare sans rest, Hogeweg 70, ✉ 2042 GJ, ℘ (0 23) 571 22 02, *Fax (0 23) 571 43 74* – TV. AE MC VISA — AX p
15 ch 120/140.

Schut, Kerkstraat 21, ✉ 2042 JD, ℘ (0 23) 571 21 21, *Fax (0 23) 571 21 21,* , Produits de la mer – AE ⓓ MC VISA JCB. — AX c
fermé mardi et merc. de nov. à fév. – **Repas** *Lunch 35* – carte 57 à 85.

ZANDVOORT

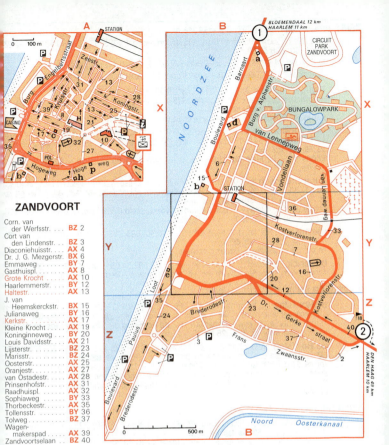

à Bentveld *par ② : 3 km* 🄲 *Zandvoort :*

XX **Beaulieu,** Zandvoortselaan 363, ✉ 2116 EN, ✆ (0 23) 524 00 29, *Fax (0 23) 524 74 01,* – P. AE ① ⓂⒸ VISA JCB.
fermé lundi – **Repas** (dîner seult) carte 74 à 105.

ZEDDAM *Gelderland* 🄲 *Bergh 18 362 h.* **211** W 11 *et* **908** J 6.

Kilderseweg 1, ✉ *7038 BW,* ✆ *(0 314) 65 14 86, Fax (0 314) 65 14 86.*
Amsterdam 129 – Arnhem 29 – Doetinchem 8 – Emmerich 8.

Montferland ⛰, Montferland 1, ✉ 7038 EB, ✆ (0 314) 65 14 44, *Fax (0 314) 65 26 75,* , « Dans les bois », – TV ☎ P – 25 à 60. AE ① ⓂⒸ VISA JCB.
fermé 27 déc.-27 janv. – **Repas** *Lunch 52* – 80 – **8 ch** 125/180 – ½ P 140/175.

à Braamt *Nord : 3 km* 🄲 *Bergh :*

Host. Hettenheuvel, Hooglandseweg 6, ✉ 7047 CN, ✆ (0 314) 65 14 52, *Fax (0 314) 65 12 65,* , , – TV ☎ P. AE ① ⓂⒸ VISA JCB
Repas *Lunch 38* – carte 57 à 73 – **8 ch** 98/155 – ½ P 95/117.

ZEEGSE *Drenthe* 🄲 *Zuidlaren 31 385 h.* **210** Y 4 *et* **908** K 2.

Amsterdam 203 – Groningen 21 – Assen 16.

Drenthe ⛰, Schipborgerweg 8, ✉ 9483 TL, ✆ (0 592) 54 39 00, *Fax (0 592) 54 39 19,* , « Environnement boisé », , , , – TV ☎ P – 25 à 250. AE ① ⓂⒸ VISA
Repas *Lunch 35* – carte 65 à 80 – **51 ch** 185/225, 2 suites – ½ P 148.

ZEIST *Utrecht* **211** Q 10 *et* **908** G 5 – *59 216 h.*

au Nord : 2 km à Bosch en Duin, Amersfoortseweg 1, ✉ 3735 LJ, ☎ (0 30) 695 52 23, Fax (0 30) 696 37 69.

Slotlaan 24, ✉ 3701 GL, ☎ 0 900-109 10 13, Fax (0 30) 692 00 17.

Amsterdam 55 – Utrecht 10 – Amersfoort 17 – Apeldoorn 66 – Arnhem 50.

Figi [M], Het Rond 2, ✉ 3701 HS, ☎ (0 30) 692 74 00, *Fax (0 30) 692 74 68*, « Collection de vitraux Art Déco de 1925 », – rest, – 25 à 500. AE VISA.
Repas ***Walkart Park*** Lunch 37 – carte env. 90 – 37 – **94 ch** 325/375, 3 suites – ½ P 408.

Oud London, Woudenbergseweg 52 (Est : 3 km sur N 224), ✉ 3707 HX, ☎ (0 343) 49 12 45, *Fax (0 343) 49 12 44*, – rest, – 25 à 350. AE VISA JCB.
Repas 47 – ***La Fine Bouche*** Lunch 45 – carte 80 à 95 – 24 – **92 ch** 228/293, 1 suite.

't Kerckebosch, Arnhemse Bovenweg 31 (Sud-Est : 1,5 km), ✉ 3708 AA, ☎ (0 30) 691 47 34, *Fax (0 30) 691 31 14*, « Demeure ancienne », – – 25 à 135. AE VISA JCB
fermé 27 déc.-4 janv. – **Repas *De kamer van Lintelo*** *(fermé dim.)* Lunch 60 – 70/145 – 29 – **30 ch** 225/550 – ½ P 175/295.

Hermitage, Het Rond 7, ✉ 3701 HS, ☎ (0 30) 693 31 59, *Fax (0 30) 693 39 79*, – – 25 à 45. AE VISA
fermé 24 et 25 déc. – **Repas** carte env. 75.

Beyerick, Jagerlaan 1, ✉ 3701 XG, ☎ (0 30) 692 34 05 – . AE VISA JCB
fermé prem. sem. fév., 3 sem. en juil., lundi et mardi – **Repas** (dîner seult) 75.

à Bosch en Duin *Nord : 2 km* [C] *Zeist :*

de Hoefslag, Vossenlaan 28, ✉ 3735 KN, ☎ (0 30) 225 10 51, *Fax (0 30) 228 58 21*, « Environnement boisé », – ch, – 25. AE VISA
fermé 31 déc. et 1er janv. – **Repas** voir rest **de Hoefslag** ci-après – **Repas *Bistro de Ruif*** (dîner seult) 52 – 35 – **26 ch** 350, 4 suites.

de Hoefslag, Vossenlaan 28, ✉ 3735 KN, ☎ (0 30) 225 10 51, *Fax (0 30) 228 58 21*, « Terrasse dans un environnement boisé » – . AE VISA
fermé 31 déc.-1er janv. et dim. – **Repas** Lunch 85 – 115/175, carte 133 à 152
Spéc. St-Jacques, mozzarella et tomates au beurre blanc de basilic (janv.-avril et sept.-déc.). Canard sauvage rôti au céleri et à la sauge (sept.-déc.). Grand dessert à la rhubarbe (avril-août).

à Den Dolder *Nord : 7 km* [C] *Zeist :*

Salle à Manger, Dolderseweg 77, ✉ 3734 BD, ☎ (0 30) 225 20 00, *Fax (0 30) 225 15 12*, – AE VISA JCB
fermé 28 déc.-3 janv. et lundi – **Repas** (dîner seult) 60/88.

Anak Dèpok, Dolderseweg 85, ✉ 3734 BD, ☎ (0 30) 229 29 15, *Fax (0 30) 228 11 26*, Cuisine indonésienne – . AE VISA.
fermé mardi – **Repas** (dîner seult) carte 50 à 73.

ZELHEM *Gelderland* **211** X 10 *et* **908** K 5 – *11 319 h.*

Amsterdam 139 – Arnhem 39 – Enschede 52.

't Wolfersveen, Ruurloseweg 38 (Nord-Est : 4 km), ✉ 7021 HC, ☎ (0 314) 62 13 75, – . AE VISA
fermé 31 déc.-11 janv., lundi et sam. midi – **Repas** Lunch 40 – 55/85.

ZEVENAAR *Gelderland* **211** V 11 *et* **908** J 6 – *26 781 h.*

Amsterdam 114 – Arnhem 15 – Emmerich 21.

Campanile, Hunneveldweg 2a (près A 12), ✉ 6903 ZM, ☎ (0 316) 52 81 11, *Fax (0 316) 33 12 32*, – – 35.
52 ch.

ZEVENBERGEN *Noord-Brabant* [C] *Moerdijk 36 532 h.* **211** M 13 *et* **908** E 7.

Amsterdam 111 – Bergen op Zoom 30 – Breda 17 – Rotterdam 43.

De 7 Bergsche Hoeve, Schansdijk 3, ✉ 4761 RH, ☎ (0 168) 32 41 66, *Fax (0 168) 32 38 72*, « Ancienne ferme » – . AE VISA
fermé sam. midi, dim. midi et lundi – **Repas** 70/125.

ZIERIKZEE Zeeland Ⓒ Schouwen-Duiveland 32 954 h. 211 I 13 et 908 C 7.

Voir *Noordhavenpoort*★ Z C.

Env. *par ③ : Pont de Zélande*★ *(Zeelandbrug).*

18 9 *à l'Est : 12 km à Bruinisse, Oudendijk 3,* ✉ *4311 NA,* ☏ *(0 111) 48 26 50, Fax (0 111) 48 15 66.*

🅸 *Meelstraat 4,* ✉ *4301 EC,* ☏ *(0 111) 41 24 50, Fax (0 111) 41 72 73.*

Amsterdam 149 ② – Breda 81 ② – Middelburg 44 ③ – Rotterdam 66 ②

ZIERIKZEE

Appelmarkt	Z	2
Basterstr.	Z	3
Dam	Z	5
Fonteine	Z	7
Hoofdpoortstr.	Z	12
Julianastr.	Z	14
Karsteil	Z	16
Kerkhof N.Z.	Z	17
Kerkhof Z.Z.	Z	18
Klokstr.	Z	20
Korte Nobelstr.	Y	22
Lange Nobelstr.	Y	25
Lange St. Janstr.	Z	26
Meelstr.	Z	
Melkmarkt	Z	28
Minderbroederstr.	Z	30
Oude Haven	Z	32
P.D. de Vosstr.	Y	34
Poststr.	Z	
Ravestr.	Z	36
Schuitaven	Z	38
Schuurbequ Boeyestr.	Y	39
Verrenieuwstr.	Y	42
Watermolen	Y	44
Wevershoek	Z	45
Zevengetijstr.	Y	48
Zuidwellestr.	Y	50

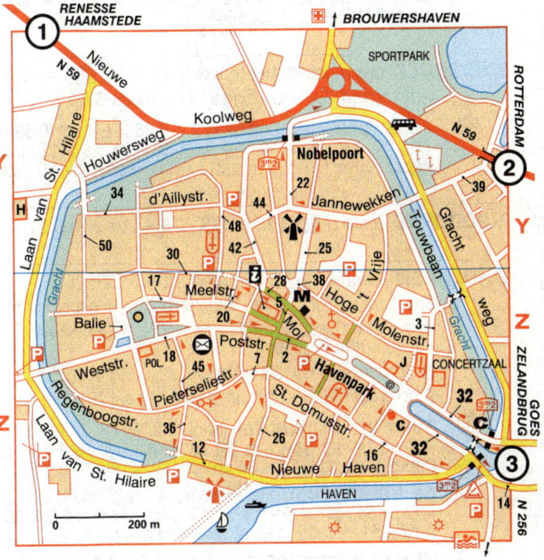

Les plans de villes sont orientés le Nord en haut.

De Drie Morianen, Kraanplein 12, ✉ 4301 CH, ☏ (0 111) 41 29 31, – AE ① ⓜ VISA JCB Z c
fermé mardi d'oct. à avril – **Repas** Lunch 35 – carte 46 à 77.

à Schuddebeurs *Nord : 4 km* Ⓒ *Schouwen-Duiveland :*

Host. Schuddebeurs ♨, Donkereweg 35, ✉ 4317 NL, ☏ (0 111) 41 56 51, *Fax (0 111) 41 31 03,* « Auberge campagnarde », – TV ☎ P – 25 à 40. AE ① ⓜ VISA. rest
fermé 22 déc.-15 janv. – **Repas** Lunch 55 – 85/100 – **21 ch** 175/265, 3 suites – ½ P 195/225.

ZOETERMEER Zuid-Holland 211 L 10 et 908 E 5 – *108 199 h.*

18 *Heuvelweg 3,* ✉ *2716 DZ,* ☏ *(0 79) 351 35 36, Fax (0 79) 352 13 35.*

🅸 *Zuidwaarts 7,* ✉ *2711 HA,* ☏ *(0 79) 341 95 63, Fax (0 79) 341 53 81.*

Amsterdam 64 – Rotterdam 24 – Den Haag 14.

Golden Tulip M, Danny Kayelaan 20 (près A 12, wijk 19), ✉ 2719 EH, ☏ (0 79) 361 02 02, *Fax (0 79) 361 63 49,* – TV ☎ – 25 à 200. AE ① ⓜ VISA JCB. rest
Repas *(fermé sam. et dim.)* Lunch 55 – 84 – 30 – **104 ch** 243/276 – ½ P 278/319.

Zoetermeer, Boerhaavelaan (près A 12, wijk 13), ✉ 2713 HB, ☏ (0 79) 321 92 28, *Fax (0 79) 321 15 01,* – TV ☎ P – 30 à 200. AE ① ⓜ VISA JCB. rest
Repas *(fermé 27 déc.-2 janv. et dim.)* Lunch 38 – 45 – 20 – **60 ch** 275 – ½ P 320.

ZOETERWOUDE-RIJNDIJK Zuid-Holland Ⓒ *Zoeterwoude 8 616 h.* 211 M 10 et 908 E 5.

Amsterdam 42 – Rotterdam 34 – Den Haag 22 – Leiden 3.

Meerbourgh, Hoge Rijndijk 123 (Nord-Est : 4 km sur N 11), ✉ 2382 AD, ☏ (0 71) 589 56 16, *Fax (0 71) 589 54 83,* – P. AE ⓜ VISA
fermé 3 sem. vacances bâtiment, sam. midi, dim. midi et lundi – **Repas** 48/100.

ZOUTELANDE *Zeeland* C *Veere 22 183 h.* 211 F 14 *et* 908 B 7.

Bosweg 2, ✉ 4374 EM, ☎ (0 118) 56 13 64, Fax (0 118) 56 12 38.

Amsterdam 213 – Middelburg 12 – Vlissingen 13.

De Distel, Westkapelseweg 1, ✉ 4374 BA, ☎ (0 118) 56 20 40, *Fax (0 118) 56 12 22* – TV ☎. AE VISA JCB.
Repas *(fermé fin déc.)* 45 – **31 ch** 135/185 – ½ P 110/130.

Willebrord, Smidsstraat 17, ✉ 4374 AT, ☎ (0 118) 56 12 15, *Fax (0 118) 56 26 86,* – TV ☎ P. VISA.
avril-oct., vacances scolaires, vend. et sam. ; fermé janv. – **Repas** *Lunch 35* – 53 – **21 ch** 132/145 – ½ P 95/104.

ZUIDBROEK *Groningen* C *Menterwolde 12 362 h.* 210 AA 3 *et* 908 L 2.

Amsterdam 200 – Groningen 24 – Assen 39.

Zuidbroek, Burg. Omtaweg 2, ✉ 9636 EM, ☎ (0 598) 45 37 87, *Fax (0 598) 45 38 31,* – TV ☎ P – 25 à 1200. AE VISA JCB
Repas (Ouvert jusqu'à minuit) *Lunch 17* – carte env. 50 – 13 – **120 ch** 115 – ½ P 100/158

ZUIDDORPE *Zeeland* 211 I 15 *et* 908 C 8 – *voir à Axel.*

ZUIDLAREN *Drenthe* 210 Z 4 *et* 908 L 2 – *31 385 h.*

Env. *au Sud-Est : 13 km à Eexterhalte : Hunebed★ (dolmen).*

18 au Nord-Ouest : 8 km à Glimmen (Haren), Pollselaan 5, ✉ 9756 CJ, ☎ (0 50) 406 20 04, Fax (0 50) 406 19 22.

Stationsweg 69, ✉ 9471 GL, ☎ (0 50) 409 23 33, Fax (0 50) 409 23 33.

Amsterdam 207 – Groningen 20 – Assen 18 – Emmen 42.

Tulip Inn Brinkhotel, Brink O.Z. 6, ✉ 9471 AE, ☎ (0 50) 409 12 61, *Fax (0 50) 409 60 11,* – TV ☎ P – 30 à 150. AE VISA JCB
Repas *Lunch 30* – 50 – **54 ch** 159/213 – ½ P 116/135.

de Vlindertuin, Stationsweg 41, ✉ 9471 GK, ☎ (0 50) 409 45 31, *Fax (0 50) 409 57 53,* « Ferme du 19e s. » – P. AE VISA JCB
fermé 31 déc.-10 janv. et dim. – **Repas** (dîner seult) carte 81 à 96.

Ni Hao Panorama, Stationsweg 11, ✉ 9471 GJ, ☎ (0 50) 409 04 39, *Fax (0 50) 409 67 81,* Cuisine asiatique – . AE VISA.
Repas (dîner seult) 45/90.

Ni Hao Buitenpaviljoen, Hondsrugstraat 14, ✉ 9471 GE, ☎ (0 50) 409 67 93, *Fax (0 50) 409 67 81,* Cuisine japonaise avec Teppan-Yaki et Sushi-bar – AE VISA.
Repas (dîner seult jusqu'à minuit) 55.

ZUIDOOSTBEEMSTER *Noord-Holland* 210 O 7 – *voir à Purmerend.*

ZUIDWOLDE *Drenthe* C *De Wolden 23 310 h.* 210 X 6 *et* 908 K 3.

Amsterdam 157 – Assen 38 – Emmen 38 – Zwolle 36.

In de Groene Lantaarn, Hoogeveenseweg 17 (Nord : 2 km), ✉ 7921 PC, ☎ (0 528) 37 29 38, *Fax (0 528) 37 20 47,* « Ferme du 18e s., jardin fleuri » – P. VISA JCB
fermé mardi – **Repas** (dîner seult jusqu'à minuit) 45/85.

ZUTPHEN *Gelderland* 211 W 10 *et* 908 J 5 – *34 024 h.*

Voir *La vieille ville★ – Bibliothèque★ (Librije) et lustre★ dans l'église Ste-Walburge (St. Walburgskerk) – Drogenapstoren★ – Martinetsingel ≤★.*

Stationsplein 39, ✉ 7201 MH, ☎ (0 900) 269 28 88, Fax (0 575) 51 79 28.

Amsterdam 112 – Arnhem 30 – Apeldoorn 21 – Enschede 58 – Zwolle 53.

Museumhotel, 's Gravenhof 6, ✉ 7201 DN, ☎ (0 575) 54 61 11, *Fax (0 575) 54 59 99,* « Demeure du 17e s. », – TV ☎ – 35. AE VISA. rest
Repas *(fermé dim.)* (dîner seult) 50/70 – **65 ch** 178/300.

Inntel, De Stoven 37 (Sud-Est : 2 km sur N 348), ✉ 7206 AZ, ☎ (0 575) 52 55 55, *Fax (0 575) 52 96 76,* – rest, TV ☎ P – 25 à 200. AE VISA. rest
Repas *Lunch 25* – 45 – 20 – **67 ch** 170/210 – ½ P 140/160.

XX **Galantijn,** Stationsstraat 9, ✉ 7201 MC, ☎ (0 575) 51 72 86, *Fax (0 575) 51 19 61* – AE ⓓ MC VISA
fermé dim. et lundi – **Repas** *Lunch 55* – 65.

XX **Jan van de Krent,** Burg. Dijckmeesterweg 27b, ✉ 7201 AJ, ☎ (0 575) 54 30 98, *Fax (0 575) 54 17 76*, Produits de la mer – ▤ P. AE ⓓ MC VISA
fermé dern. sem. juil.-prem. sem. août, fin déc.-début janv. et mardi – **Repas** 45.

XX **André,** IJsselkade 22, ✉ 7201 HD, ☎ (0 575) 51 44 36, *Fax (0 575) 54 38 96* – AE ⓓ MC VISA
fermé 25 juil.-12 août, sam. et dim. – **Repas** *Lunch 38* – carte 61 à 88.

ZWARTSLUIS *Overijssel* 210 V 7 *et* 908 J 4 – *4 466 h.*

Amsterdam 123 – Meppel 12 – Zwolle 16.

Zwartewater, De Vlakte 20, ✉ 8064 PC, ☎ (0 38) 386 64 44, *Fax (0 38) 386 62 75*, ≤, « Terrasse au bord de l'eau », ⇋, ▣, ✂, ⚲, ⚓ – |♦|, ▤ rest, TV ☎ ♿ P – 🏛 25 à 2500. AE ⓓ MC VISA
Repas *Lunch 25* – 45 – **51 ch** ☐ 95/198 – ½ P 105.

ZWEELOO *Drenthe* C *Coevorden 34 497 h.* 210 Z 6 *et* 908 L 3.

18 au Sud-Ouest : 2 km à Aalden, Gebbeveenweg 1, ✉ 7854 TD, ☎ (0 591) 37 17 84, Fax (0 591) 37 24 22.

Amsterdam 184 – Assen 34 – Emmen 13 – Groningen 60.

XX **Idylle** (Zwiep), Kruisstraat 21, ✉ 7851 AE, ☎ (0 591) 37 18 57, *Fax (0 591) 37 24 04*, 🌳, « Ancienne ferme typique avec jardin » – P. AE ⓓ MC VISA JCB
fermé 21 fév.-6 mars, 21 août-4 sept., lundis non fériés et sam. midi – **Repas** *Lunch 55* – 70 carte env. 95
Spéc. Langoustines sautées, foie d'oie fondu et sel de mer. Filet de chevreuil régional, garniture estivale (mai-août). Petite soupe de babeurre aux fruits rouges et sorbet de sureau (juin-août).

In this guide,
a symbol or a character, printed in red or black, in bold or light type, does not have the same meaning.
Please read the explanatory pages carefully.

ZWOLLE P *Overijssel* 210 V 7 *et* 908 J 4 – *102 622 h.*

Voir *Hôtel de ville (Stadhuis) sculptures★ du plafond dans la salle des Échevins (Schepenzaal)* BYZ **H.**
Musée : *Stedelijk Museum Zwolle★* BY **M².**
9 Zalnéweg 75, ✉ 8026 PZ, ☎ (0 38) 453 42 70 - 1g par ④ : 7 km à Hattem, Veenwal 11, ✉ 8051 AS, ☎ (0 38) 444 19 09.
Grote Kerkplein 14, ✉ 8011 PK, ☎ 0 900-112 23 75, Fax (0 38) 422 26 79.
Amsterdam 111 ④ – Apeldoorn 44 ④ – Enschede 73 ② – Groningen 102 ① – Leeuwarden 94 ①

Plan page suivante

Gd H. Wientjes, Stationsweg 7, ✉ 8011 CZ, ☎ (0 38) 425 42 54, *Fax (0 38) 425 42 60*, 🌳, ⚲ – |♦| ⇹ TV ☎ ♿ P – 🏛 25 à 200. AE ⓓ MC VISA JCB. ⚘ rest — BZ s
fermé 27 déc.-2 janv. – **Repas** ***Bon Aparte*** *(fermé sam. midi et dim.) Lunch 65* – carte 89 à 117 – ☐ 33 – **57 ch** 288/310 – ½ P 165/285.

Mercure H. Postiljon, Hertsenbergweg 1 (Sud-Ouest : 2 km), ✉ 8041 BA, ☎ (0 38) 421 60 31, *Fax (0 38) 422 30 69*, ⚲ – |♦| ⇹, ▤ rest, TV ☎ ♿ P – 🏛 25 à 450. AE ⓓ MC VISA — AX a
Repas *Lunch 23* – carte env. 45 – ☐ 20 – **72 ch** 140/190 – ½ P 194.

Fidder sans rest, Koningin Wilhelminastraat 6, ✉ 8019 AM, ☎ (0 38) 421 83 95, *Fax (0 38) 423 02 98*, 🌳 – TV ☎. AE ⓓ MC VISA JCB. ⚘ — AX b
fermé 23 déc.-1er janv. – **22 ch** ☐ 163/275.

Campanile, Schuttevaerkade 40, ✉ 8021 DB, ☎ (0 38) 455 04 44, *Fax (0 38) 455 07 50*, 🌳, ⚲ – |♦| ⇹ TV ☎ ♿ P – 🏛 25 à 70. AE ⓓ MC VISA — BY c
Repas *(fermé 26 déc.-1er janv.)* (Avec buffet) *Lunch 15* – 45 – ☐ 15 – **69 ch** 120 – ½ P 150/165.

ZWOLLE

Achter de Broeren	BCY	3
Assendorperlure	AX	4
Bagijnesingel	CY	6
Bisschop Willebrandlaan	AX	7
Buitenkant	BY	8
Deventerstraatweg	AX	9
Diezerpoortenplas	CY	10
Diezerstr.	CY	
Grote Kerkplein	BY	12
Hanekamp	AX	13
Harm Smeengekade	BZ	15
Ittersumallee	AX	16
Kamperstr.	BY	18
Luttekestr.	BY	19
Meppelerstraatweg	AX	21
Middelweg	AX	22
Nieuwe Markt	CYZ	24
Oude Vismarkt	BY	25
Potgietersingel	BZ	27
Rhijnvis Feithlaan	AX	28
Roggenstr.	BY	30
Sassenstr.	BYZ	31
Spoolderbergweg	AX	33
Ter Pelkwijkstr.	CY	34
Thomas a Kempisstr.	CY	36
Veerallee	AX	37
Voorsterweg	AX	38
Voorstr.	BY	39
van Wevelinkhovenstr.	CY	40
Wipstrikkerallee	AX	42
Zuidbroek	AX	43

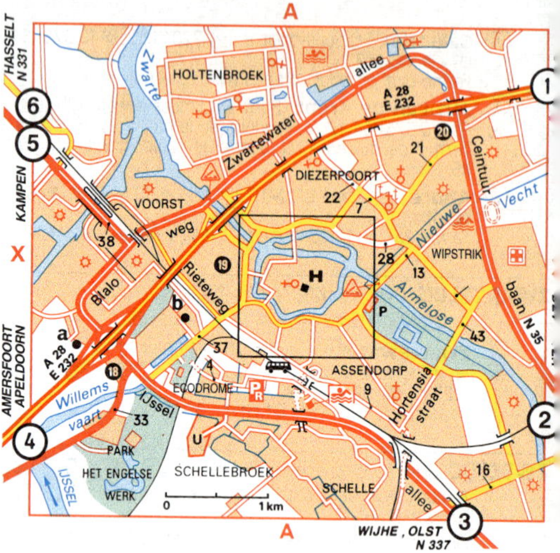

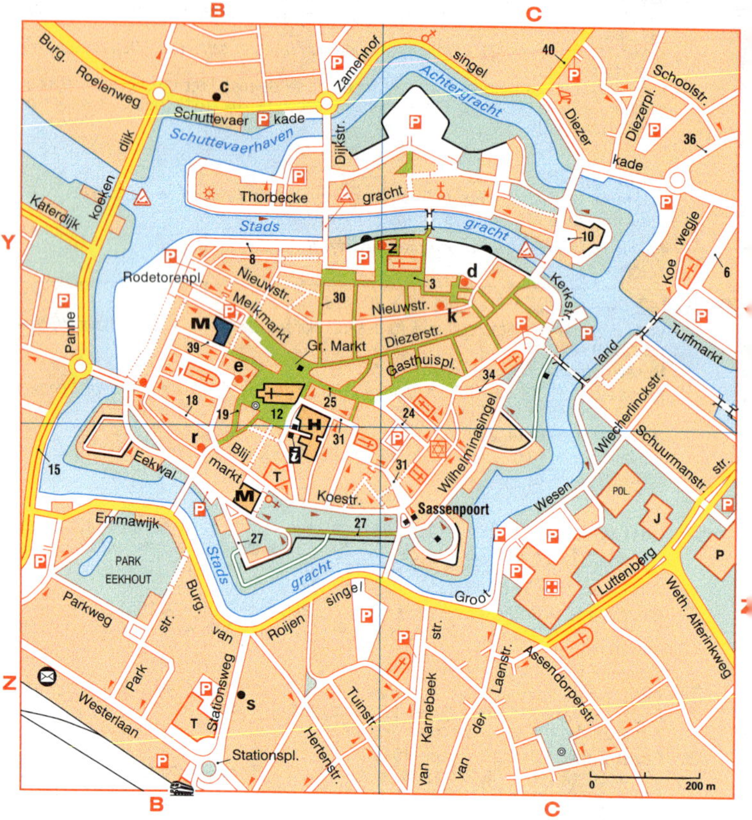

XXX ✿✿ **De Librije** (Boer), Broerenkerkplein 15, ✉ 8011 TW, ☎ (0 38) 421 20 83, *Fax (0 38) 423 23 29*, « Dans une aile d'un couvent du 15e s. » – AE ⓓ MC VISA CY z
fermé 3 prem. sem. août, prem. sem. janv., dim. et lundi – **Repas** *Lunch 65* – 80/150, carte env. 105
Spéc. Tartare de veau à l'œuf et mayonnaise de crabe (sept.-janv.). Sandre laqué au sirop de pommes (mai-janv.). Soufflé démoulé au miel et aux fruits.

XX **Ste Barbara,** Ossenmarkt 7, ✉ 8011 MR, ☎ (0 38) 421 19 48, *Fax (0 38) 421 11 28*, – ▤. AE ⓓ MC VISA JCB BY e
fermé 2 dern. sem. juil.-prem. sem. août et mardi – **Repas** (dîner seult) carte 68 à 83.

XX **Tiën's,** Eiland 42, ✉ 8011 XR, ☎ (0 38) 421 35 75, *Fax (0 38) 423 17 56*, Avec cuisine asiatique – AE ⓓ MC VISA CY d
fermé 1 sem. en août, prem. sem. janv., dim. et lundi – **Repas** (dîner seult) carte env. 65.

X **'t Pestengasthuys,** Weversgildeplein 1, ✉ 8011 XN, ☎ (0 38) 423 39 86, *Fax (0 38) 423 26 56*, , « Maison historique du 15e s. » – AE ⓓ MC VISA CY k
fermé 27 déc.-4 janv. et lundi – **Repas** (dîner seult) 58/75.

X **Poppe,** Luttekestraat 66, ✉ 8011 LS, ☎ (0 38) 421 30 50, *Fax (0 38) 421 60 74*, « Ancienne forge » – ▤. AE ⓓ MC VISA BZ r
fermé lundi – **Repas** 57/74.

X **Pampus,** Kamperstraat 40, ✉ 8011 LM, ☎ (0 38) 421 30 97, *Fax (0 38) 421 30 97*, – AE MC VISA BY f
fermé prem. sem. janv. et lundi – **Repas** (dîner seult) 45.

Principales marques automobiles
Belangrijkste auto-importeurs
Wichtigsten Automarken
Main car manufacturers

Belgique
België
Belgien

Audi
Porsche
Volkswagen
S.A. D'Ieteren N.V.
Rue du Mail, 50
Maliestraat, 50
1050 Bruxelles – Brussel
Tél. : 02/536 51 11

B.M.W.
Rover
S.A. B.M.W./
Rover Belgium N.V.
Lodderstraat, 16
2880 Bornem
Tél. : 03/890 97 11

Citroën
S.B.A. Citroën
Place de l'Yser, 7
Ijzerplein, 7
1000 Bruxelles – Brussel
Tél. : 02/206 06 11

Daewoo
Daewoo Motor Belgium N.V.
Mechelsesteenweg, 309
1800 Vilvoorde
Tél. : 02/257 29 50

Daihatsu
N.V Autoproducts
Kipdorp, 57
2000 Antwerpen
Tél. : 03/206 02 02

Ferrari
Garage Francorchamps
Lozenberg, 13
1932 Sint Stevens Woluwe
Tél. : 02/725 67 60

Fiat
Lancia
Alfa-Romeo
S.A. Fiat Belgio N.V.
Rue de Genève 175
Genèvestraat 175
1140 Bruxelles – Brussel
Tél. : 02/702 65 11

Ford
Ford Motor CY
Groenenborgerlaan 16
2610 Wilrijk
Tél. : 03/821 20 00

Honda
S.A. Honda Belgium N.V.
Wijngaardveld, 1
9300 Aalst
Tél. : 053/72 51 11

Hyundai
S.A. Korean Motor CY N.V.
Pierstraat, 231
2550 Kontich
Tél. : 03/450 06 11

Jaguar
Jaguar Belgium
Sint Bernardsesteenweg, 534
2660 Antwerpen
Tél. : 03/830 18 80

Kia
N.V. Kia Belgium
Seoelstraat 2-4
2321 Meer-Hoogstraten
Tél. : 03/315 09 19

Lada
S.A. Scaldia-Volga N.V.
Woluwélaan 145
1831 Diegem
Tél. : 02/715 08 00

Mazda
Beherman European
Industrieweg, 3
2880 Bornem
Tél. : 03/890 91 11

Mercedes
Benz
S.A. Mercedes-Benz Belgium N.V.
Avenue du Péage, 68
Tollaan, 68
1200 Bruxelles – Brussel
Tél. : 02/724 12 11

Mitsubishi
Moorkens Car Division
Pierstraat, 229
2550 Kontich
Tél. : 03/450 02 11

Nissan *S.A. Nissan Belgium N.V.*
Boomsesteenweg, 42
2630 Aartselaar
Tél. : 03/870 32 11

Opel *Opel Belgium N.V.*
Marketing Division
Prins Boudewijnlaan 30
2550 Kontich
Tél. : 03/450 63 11

Peugeot *S.A. Peugeot Talbot*
Belgique N.V.
Rue de l'Industrie, 22
1400 Nivelles
Tél. : 067/88 02 11

Renault *S.A. Renault Belgique*
Luxembourg N.V.
Avenue W.A. Mozart, 20
W.A.Mozartlaan, 20
1620 Drogenbos
Tél. : 02/334 76 11

Saab *Beherman European*
Distribution
Industrieweg 3
2880 Bornem
Tél. : 03/890 91 11

Seat *Seat Import*
Boulevard Industriel, 51
Industrielaan, 51
1070 Bruxelles – Brussel
Tél. : 02/556 35 11

Skoda *Skoda Import*
Avenue A. Giraud 29-35
A. Giraudlaan 29-35
1030 Bruxelles – Brussel
Tél. : 02/240 69 11

Ssangyong *Beherman European*
Industrieweg 3
2880 Bornem
Tél. : 03/890 91 11

Subaru *S.A. Subaru*
Belgium N.V.
Mechelsesteenweg, 588 d
1800 Vilvoorde
Tél. : 02/254 75 11

Suzuki *S.A. Suzuki*
Belgium N.V.
Satenrozen, 8
2550 Kontich
Tél. : 03/450 04 11

Toyota *S.A. Toyota*
Belgium N.V.
Avenue du Japon 51
1420 Braine-l'Alleud
Tél. : 02/386 72 11

Volvo *Volvo Cars Belgium*
Chaussée de Zellik, 30
Zelliksesteenweg, 30
1082 Bruxelles – Brussel
Tél. : 02/482 51 11

Grand-Duché de Luxembourg

Alfa-Romeo *Italcar*
Rte de Longwy 36
Helfent-Bertrange
Tél. : 45 04 13

BMW *Garage Arnold Kontz*
Rte de Thionville 184
Luxembourg
Tél. : 49 19 41

Citroën *Etoile Garage SARL*
Rue Robert Stumper 3
Luxembourg
Tél. : 40 22 66

Chrysler *Garage Norbert Bestgen SA*
Rue de Longwy 8 a
Helfent-Bertrange
Tél. : 45 25 26

Daihatsu *Multi-cars Jastrow*
Rte d'Arlon 23-25
Strassen
Tél. : 45 39 39

Ferrari *Garage Winandy Frères*
Rue de Kalchesbruck 11
Luxembourg
Tél. : 43 63 63

Fiat *New Car Marketing*
Rte d'Arlon 113
Mamer
Tél. : 31 89 91

Ford *Euro Motor Graas S.A.R.L.*
Rue des Labours 1
Luxembourg
Tél. : 43 30 30

G. M. *Muller Jean SARL*
Rte d'Esch 70
Luxembourg
Tél. : 44 64 61-1

Honda *Garage Puraye Vic*
Rte de Thionville 185
Luxembourg
Tél. : 49 57 25

Hyundai *Garage Costa et Fils*
Rte de Thionville 226
Luxembourg
Tél. : 40 72 27

Jaguar *Gd Garage de la Petrusse SA*
Rue des Jardiniers 13
Luxembourg
Tél. : 44 23 24

Kia *Multi-cars Jastrow*
Rte d'Arlon 23-25
Strassen
Tél. : 45 39 39

Lada *Multi-cars Jastrow*
Rte d'Arlon 23-25
Strassen
Tél. : 45 39 39

Lancia *Garage Intini*
Rte de Longwy 8b
Bertrange
Tél. : 45 00 47

Land Rover *Garage Nuss & Pleimling*
Rte d'Esch 294
Luxembourg
Tél. : 48 71 01

Maserati *Garage Franco Bertoli*
Rue de Luxembourg 87
Bereldange
Tél. : 33 08 13

Mazda *Garage Léon Pirsch SARL*
Rte d'Esch 164
Luxembourg
Tél. : 48 31 41

Mercedes-Benz *Garage Meris & Cie*
Rue de Bouillon 45
Luxembourg
Tél. : 44 21 21

Mitsubishi *Garage Konsbruck*
Rte de Beaufort 3
Grundhof
Tél. : 83 62 61

Nissan *Garage Paul Lentz*
Rte d'Arlon 257
Luxembourg
Tél. 44 45 45

Peugeot *Garage Rodenbourg*
Rte d'Arlon 54
Strassen
Tél. : 45 20 11-1

Renault *Renault Luxembourg S.A.*
Rue Robert Stumper 2
Luxembourg
Tél. : 40 30 40-1

Rover *Rover Luxembourg*
Rte de Thionville 128
Luxembourg
Tél. : 29 71 74

Saab *Garage Robert et Fils Grun*
Rte d'Arlon 242
Strassen
Tél. : 31 92 57

Subaru *Garage Subaru Luxbg. S.A.*
Rte d'Arlon 1
Strassen
Tél. : 45 09 55

Toyota *Gd Garage de Luxembourg*
Rte d'Arlon 293
Luxembourg
Tél. : 45 57 15 1

V.A.G. *Garage M. Losch*
S.E.C.S.
Rte de Thionville 88
Luxembourg
Tél. : 40 07 07

Volvo *Scancar Luxbg. S.A.*
Rue des Peupliers 18
Luxembourg-Hamm
Tél. : 43 96 96

Nederland
Pays-Bas

BMW *BMW Nederland B.V.*
Einsteinlaan 5
2289 CC Rijswijk
Tél. : 070/395 62 22

Citroën *Citroën Nederland B.V.*
Stadionplein 26-30
1076 CM Amsterdam
Tél. : 020/570 19 11

Chrysler *Chrysler Holland Import B.V.*
Lange Dreef 12
4131 NH Vianen
Tél. 0347/36 34 00

Daewoo *Daewoo Motor Benelux B.V.*
Jupiterstraat 210
2132 HJ Hoofddorp
Tél. : 023/563 17 12

Daihatsu *Daihatsu Holland B.V.*
Witboom 2
4131 PL Vianen ZH
Tél. : 0347/37 05 05

Ferrari *Kroymans B.V.*
Soestdijkerstr. wg. 64
1213 XE Hilversum
Tél. : 035/685 51 51

Fiat
Lancia
Alfa-Romeo *Hullenbergweg 1-3*
1101 BW Amsterdam
Tél. : 020/652 07 00

Ford *Ford Nederland B.V.*
Amsteldijk 217
1079 LK Amsterdam
Tél. : 020/540 99 11

Honda *Honda Nederland B.V.*
Nikkelstraat 17
2984 AM Ridderkerk
Tél. : 0180/45 73 33

Hyundai *Greenib Car B.V.*
H. v. Doorneweg 14
2171 KZ Sassenheim
Tél. : 0252/21 33 94

Kia *Kia Motors*
Marconiweg 2
4131 PD Vianen
Tél. : 0347/37 44 54

Mazda *Autopalace De Binckhorst B.V.*
Binckhorstlaan 312-334
2516 BL Den Haag
Tél. : 070/348 94 00

Mercedes *Mercedes-Benz Nederland B.V.*
Reactorweg 25
3542 AD Utrecht
Tél. : 030/247 19 11

Mitsubishi *Mitsubishi Motor Sales NL B.V.*
Diamantlaan 29
2132 WV Hoofddorp
Tél. : 023/555 52 22

Nissan *Nissan Motor Nederland B.V.*
Hornweg 32
1044 AN Amsterdam
Tél. : 020/516 31 11

Opel *Opel Nederland B.V.*
Baanhoek 188
3361 GN Sliedrecht
Tél. : 078/642 21 00

Peugeot *Peugeot-Talbot Nederland N.V.*
Uraniumweg 25
3542 AK Utrecht
Tél. : 030/247 54 75

Rover *Rover Nederland B.V.*
Sportlaan 1
4131 NN Vianen ZH
Tél. : 0347/36 66 00

Renault *Renault Nederland N.V.*
Wibautstraat 224
1097 DN Amsterdam
Tél. : 020/561 91 91

Saab *A.I.M. B.V.*
Jr. D.S. Tuynmanweg 7
4131 PN Vianen
Tél. : 0347/37 26 04

Seat *Seat Importeur Pon Car B.V.*
Klepelhoek 2
3833 GZ Leusden
Tél. : 033/495 15 50

Ssangyong *Kroymans Automobiel Divisie B.V.*
Meidoornkade 18
3992 AE Houten
Tél. : 030/637 90 31

Suzuki *Nimag B.V. – Reedijk 9*
3274 KE Heinenoord
Tél. : 0186/60 79 11

Toyota *Louwman & Parqui*
Steurweg 8
4941 VR Raamsdonksveer
Tél. : 0162/58 59 00

VW
Audi *Pon's Automobielhandel*
Zuiderinslag 2
3833 BP Leusden
Tél. : 033/494 99 44

Volvo *Volvo Nederland B.V.*
Stationsweg 2
4153 RD Beesd
Tél. : 0345/68 88 88

Jours fériés en 2000
Feestdagen in 2000
Feiertage im Jahre 2000
Bank Holidays in 2000

Belgique – België – Belgien

1er janvier	*Jour de l'An*
23 avril	*Pâques*
24 avril	*lundi de Pâques*
1er mai	*Fête du Travail*
1er juin	*Ascension*
11 juin	*Pentecôte*
12 juin	*lundi de Pentecôte*
21 juillet	*Fête Nationale*
15 août	*Assomption*
1er novembre	*Toussaint*
11 novembre	*Fête de l'Armistice*
25 décembre	*Noël*

Grand-Duché de Luxembourg

1er janvier	*Jour de l'An*
6 mars	*lundi de Carnaval*
23 avril	*Pâques*
24 avril	*lundi de Pâques*
1er mai	*Fête du Travail*
1er juin	*Ascension*
11 juin	*Pentecôte*
12 juin	*lundi de Pentecôte*
23 juin	*Fête Nationale*
15 août	*Assomption*
1er novembre	*Toussaint*
25 décembre	*Noël*
26 décembre	*Saint-Étienne*

Nederland – Pays-Bas

1er janvier	*Jour de l'An*
23 avril	*Pâques*
24 avril	*lundi de Pâques*
30 avril	*Jour de la Reine*
5 mai	*Jour de la Libération*
1er juin	*Ascension*
11 juin	*Pentecôte*
12 juin	*lundi de Pentecôte*
25 décembre	*Noël*
26 décembre	*2e jour de Noël*

Indicatifs Téléphoniques Internationaux

Internationale landnummers

de/van/ von/from — vers/naar nach/to	A	B	CH	CZ	D	DK	E	FIN	F	GB	GR
A Austria		0032	0041	00420	0049	0045	0034	00358	0033	0044	0030
B Belgium	0043		0041	00420	0049	0045	0034	00358	0033	0044	0030
CH Switzerland	0043	0032		00420	0049	0045	0034	00358	0033	0044	0030
CZ Czech Republic	0043	0032	0041		0049	0045	0034	00358	0033	0044	0030
D Germany	0043	0032	0041	00420		0045	0034	00358	0033	0044	0030
DK Denmark	0043	0032	0041	00420	0049		0034	00358	0033	0044	0030
E Spain	0043	0032	0041	00420	0049	0045		00358	0033	0044	0030
FIN Finland	0043	0032	0041	00420	0049	0045	0034		0033	0044	0030
F France	0043	0032	0041	00420	0049	0045	0034	00358		0044	0030
GB United Kingdom	0043	0032	0041	00420	0049	0045	0034	00358	0033		0030
GR Greece	0043	0032	0041	00420	0049	0045	0034	00358	0033	0044	
H Hungary	0043	0032	0041	00420	0049	0045	0034	00358	0033	0044	0030
I Italy	0043	0032	0041	00420	0049	0045	0034	00358	0033	0044	0030
IRL Ireland	0043	0032	0041	00420	0049	0045	0034	00358	0033	0044	0030
J Japan	00143	00132	00141	001420	00149	00145	00134	001358	00133	00144	00130
L Luxembourg	0043	0032	0041	00420	0049	0045	0034	00358	0033	0044	0030
N Norway	0043	0032	0041	00420	0049	0045	0034	00358	0033	0044	0030
NL Netherlands	0043	0032	0041	00420	0049	0045	0034	00358	0033	0044	0030
PL Poland	0043	0032	0041	00420	0049	0045	0034	00358	0033	0044	0030
P Portugal	0043	0032	0041	00420	0049	0045	0034	00358	0033	0044	0030
RUS Russia	81043	81032	81041	810420	81049	81045	*	810358	81033	81044	*
S Sweden	0043	0032	0041	00420	0049	0045	0034	00358	0033	0044	0030
USA	01143	01132	01141	011420	01149	01145	01134	01358	01133	01144	01130

** Pas de sélection automatique*

** Geen automatische selektie*

Important : pour les communications internationales, le zéro (0) initial de l'indicatif interurbain n'est pas à composer (excepté pour les appels vers l'Italie).
Aux Pays-Bas on n'utilise pas le préfixe dans la zone.

Belangrijk: bij internationale telefoongesprekken moet de eerste nul (0) van het netnummer worden weggelaten (behalve als u naar Italië opbelt). In Nederland moet men binnen eenzelfde zone geen kengetal draaien of intoetsen.

Internationale Telefon-Vorwahlnummern

International dialling codes

H	I	IRL	J	L	N	NL	PL	P	RUS	S	USA	
0036	0039	00353	0081	00352	0047	0031	0048	00351	007	0046	001	**Austria A**
0036	0039	00353	0081	00352	0047	0031	0048	00351	007	0046	001	**Belgium B**
0036	0039	00353	0081	00352	0047	0031	0048	00351	007	0046	001	**Switzerland CH**
0036	0039	00353	0081	00352	0047	0031	0048	00351	007	0046	001	**Czech Republic CZ**
0036	0039	00353	0081	00352	0047	0031	0048	00351	007	0046	001	**Germany D**
0036	0039	00353	0081	00352	0047	0031	0048	00351	007	0046	001	**Denmark DK**
0036	0039	00353	0081	00352	0047	0031	0048	00351	007	0046	001	**Spain E**
0036	0039	00353	0081	00352	0047	0031	0048	00351	007	0046	001	**Finland FIN**
0036	0039	00353	0081	00352	0047	0031	0048	00351	007	0046	001	**France F**
0036	0039	00353	0081	00352	0047	0031	0048	00351	007	0046	001	**United Kingdom GB**
0036	0039	00353	0081	00352	0047	0031	0048	00351	007	0046	001	**Greece GR**
	0039	00353	0081	00352	0047	0031	0048	00351	007	0046	001	**Hungary H**
0036		00353	0081	00352	0047	0031	0048	00351	*	0046	001	**Italy I**
0036	0039		0081	00352	0047	0031	0048	00351	007	0046	001	**Ireland IRL**
00136	00139	001353		001352	00147	00131	001480	001351	*	00146	0011	**Japan J**
0036	0039	00353	0081		0047	0031	0048	00351	007	0046	001	**Luxembourg L**
0036	0039	00353	0081	00352		0031	0048	00351	007	0046	001	**Norway N**
0036	0039	00353	0081	00352	0047		0048	00351	007	0046	001	**Netherlands NL**
0036	0039	00353	0081	00352	0047	0031		00351	007	0046	001	**Poland PL**
0036	0039	00353	0081	00352	0047	0031	0048		007	0046	001	**Portugal P**
81036	*	*	*	*	*	81031	81048	*		*	*	**Russia RUS**
0036	0039	00353	0081	00352	0047	0031	0048	00351	007		001	**Sweden S**
01136	01139	011353	01181	011352	01147	01131	01148	011351	*	01146		**USA**

* *Automatische Vorwahl nicht möglich* * *Direct dialling not possible*

Wichtig: bei Auslandsgesprächen darf die Null (0) der Ortsnetzkennzahl nicht gewählt werden (ausser bei Gesprächen nach Italien).
In den Niederlanden benötigt man keine Vorwahl innerhalb einer Zone.

Note: when making an international call, do not dial the first "0" of the city codes (except for calls to Italy).
The dialling code is not required for local calls in the Netherlands.

Distances

Quelques précisions

Au texte de chaque localité vous trouverez la distance de sa capitale d'état et des villes environnantes. Les distances intervilles du tableau les complètent.
La distance d'une localité à une autre n'est pas toujours répétée en sens inverse : voyez au texte de l'une ou de l'autre.
Utilisez aussi les distances portées en bordure des plans.
Les distances sont comptées à partir du centre-ville et par la route la plus pratique, c'est-à-dire celle qui offre les meilleures conditions de roulage, mais qui n'est pas nécessairement la plus courte.

Afstanden

Toelichting

In de tekst bij elke plaats vindt U de afstand tot de hoofdstad en tot de grotere steden in de omgeving. De afstandstabel dient ter aanvulling.
De afstand tussen twee plaatsen staat niet altijd onder beide plaatsen vermeld ; zie dan bij zowel de ene als de andere plaats.
Maak ook gebruik van de aangegeven afstanden rondom de plattegronden.
De afstanden zijn berekend vanaf het stadscentrum en via de gunstigste (niet altijd de kortste) route.

Entfernungen

Einige Erklärungen

Die Entfernungen zur Landeshauptstadt und zu den nächstgrößeren Städten in der Umgebung finden Sie in jedem Ortstext.
Die Kilometerangaben der Tabelle ergänzen somit die Angaben des Ortstextes.
Da die Entfernung von einer Stadt zu einer anderen nicht immer unter beiden Städten zugleich aufgeführt ist, sehen Sie bitte unter beiden entsprechenden Ortstexten nach. Eine weitere Hilfe sind auch die am Rande der Stadtpläne erwähnten Kilometerangaben.
Die Entfernungen gelten ab Stadmitte unter Berücksichtigung der güngstigsten (nicht immer kürzesten) Streckte.

Distances

Commentary

Each entry indicates how far the town or locality is from the capital and other nearby towns. The distances in the table complete those given under individual town headings for calculating total distances.
To avoid excessive repetition some distances have only been quoted once. You may, therefore, have to look under both town headings.
Note also that some distances appear in the margins of the town plans.
Distances are calculated from town centres and along the best roads from a motoring point of view – not necessarily the shortest.

Distances entre principales villes

Afstanden tussen de balangrijkste steden

Entfernungen zwischen den größeren Städten

Distances between major towns

Gent - Rotterdam 147 km

	Amsterdam	Antwerpen	Apeldoorn	Arlon	Arnhem	Bastogne	Breda	Brugge	Bruxelles/Brussel	Charleroi	's-Gravenhage	Dinant	Eindhoven	Enschede	Gent	Groningen	Haarlem	Hasselt	's-Hertogenbosch	Kortrijk	Leeuwarden	Liège	Luxembourg	Maastricht	Mechelen	Middelburg	Mons	Namur	Nijmegen	Oostende	Rotterdam	Tilburg	Tournai	Turnhout	Utrecht
Antwerpen	158																																		
Apeldoorn	92	189																																	
Arlon	371	228	352																																
Arnhem	101	163	35	313																															
Bastogne	330	188	311	40	273																														
Breda	102	56	133	286	114	229																													
Brugge	264	106	294	296	268	256	162																												
Bruxelles/Brussel	211	51	241	188	216	147	109	98																											
Charleroi	263	103	294	174	268	133	161	154	63																										
's-Gravenhage	60	130	136	360	125	306	80	211	183	232																									
Dinant	297	137	316	111	277	80	195	204	97	59	269																								
Eindhoven	124	87	127	241	98	201	64	193	125	175	146	164																							
Enschede	164	257	74	372	99	331	204	361	310	353	208	351	192																						
Gent	216	58	247	253	221	213	114	47	57	112	180	163	147	315																					
Groningen	182	308	140	489	171	448	252	404	361	410	233	447	264	153	366																				
Haarlem	20	172	109	384	115	344	116	254	225	274	46	311	138	181	223	199																			
Hasselt	188	77	191	170	162	130	100	183	81	105	177	103	60	244	138	328	202																		
's-Hertogenbosch	85	101	95	282	66	241	47	205	153	203	109	203	35	160	159	232	99	99																	
Kortrijk	256	98	287	282	261	242	154	52	92	123	232	172	188	355	48	406	270	178	199																
Leeuwarden	138	284	133	481	164	440	227	379	336	386	192	423	247	166	342	63	141	311	208	382															
Liège	245	119	226	128	188	87	142	197	95	95	219	73	116	261	156	363	259	43	156	191	355														
Luxembourg	383	255	364	31	325	73	313	322	215	201	387	139	253	359	281	501	396	203	294	309	493	161													
Maastricht	217	111	199	158	160	117	152	209	107	124	234	122	88	231	172	335	231	35	129	203	328	32	170												
Mechelen	185	25	216	207	190	167	83	112	30	79	157	116	97	284	66	335	199	78	128	106	310	103	234	111											
Middelburg	173	87	233	318	217	277	103	49	140	190	125	227	167	305	59	352	168	162	148	87	328	204	345	196	114										
Mons	280	120	310	209	284	169	178	133	71	49	251	99	194	378	86	429	293	145	222	79	405	130	236	158	99	209									
Namur	263	103	283	132	244	92	160	169	62	40	234	32	131	318	128	412	276	70	170	148	388	60	159	88	81	192	71								
Nijmegen	117	143	53	295	19	254	94	247	196	245	140	259	78	118	201	190	130	142	46	241	182	169	307	141	169	196	260	226							
Oostende	280	122	311	313	285	273	178	32	116	172	256	222	212	379	66	430	294	202	223	67	406	215	340	227	130	69	149	187	265						
Rotterdam	75	102	128	332	116	277	52	178	154	204	27	241	118	199	147	247	70	148	80	199	207	190	359	206	128	109	219	206	119	223					
Tilburg	111	73	125	259	95	219	26	177	126	175	108	212	43	189	131	261	125	90	33	171	237	132	286	131	99	129	190	178	75	195	80				
Tournai	273	115	304	252	278	212	171	84	87	93	249	142	205	372	65	423	287	168	216	29	399	173	280	202	112	123	49	118	258	99	216	188			
Turnhout	135	44	149	229	120	189	39	151	83	133	116	148	45	214	105	285	149	60	57	146	261	102	256	94	55	129	147	113	100	170	88	30	163		
Utrecht	40	124	67	336	61	296	68	220	177	226	68	263	90	139	182	184	53	154	51	222	160	211	349	183	150	168	241	228	76	246	60	77	239	101	
Zwolle	115	213	41	389	72	348	157	308	265	315	160	352	164	73	271	102	132	228	132	311	94	263	402	236	239	257	330	317	90	335	152	161	328	186	91

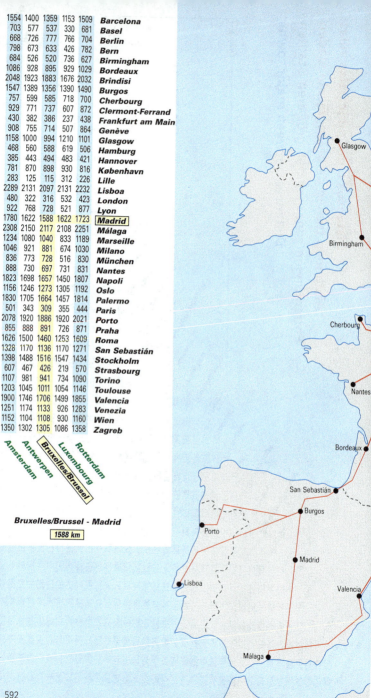

Amsterdam	Antwerpen	Bruxelles/Brussel	Luxembourg	Rotterdam	
1554	1400	1359	1153	1509	**Barcelona**
703	577	537	330	681	**Basel**
668	726	777	766	704	**Berlin**
798	673	633	426	782	**Bern**
684	526	520	736	627	**Birmingham**
1086	928	895	929	1029	**Bordeaux**
2048	1923	1883	1676	2032	**Brindisi**
1547	1389	1356	1390	1490	**Burgos**
757	599	585	718	700	**Cherbourg**
929	771	737	607	872	**Clermont-Ferrand**
430	382	386	237	438	**Frankfurt am Main**
908	755	714	507	864	**Genève**
1158	1000	994	1210	1101	**Glasgow**
468	560	588	619	506	**Hamburg**
385	443	494	483	421	**Hannover**
781	870	898	930	816	**København**
283	125	115	312	226	**Lille**
2289	2131	2097	2131	2232	**Lisboa**
480	322	316	532	423	**London**
922	768	728	521	877	**Lyon**
1780	1622	1588	1622	1723	**Madrid**
2308	2150	2117	2108	2251	**Málaga**
1234	1080	1040	833	1189	**Marseille**
1046	921	881	674	1030	**Milano**
836	773	728	516	830	**München**
888	730	697	731	831	**Nantes**
1823	1698	1657	1450	1807	**Napoli**
1156	1246	1273	1305	1192	**Oslo**
1830	1705	1664	1457	1814	**Palermo**
501	343	309	355	444	**Paris**
2078	1920	1886	1920	2021	**Porto**
855	888	891	726	871	**Praha**
1626	1500	1460	1253	1609	**Roma**
1328	1170	1136	1170	1271	**San Sebastián**
1398	1488	1516	1547	1434	**Stockholm**
607	467	426	219	570	**Strasbourg**
1107	981	941	734	1090	**Torino**
1203	1045	1011	1054	1146	**Toulouse**
1900	1746	1706	1499	1855	**Valencia**
1251	1174	1133	926	1283	**Venezia**
1152	1104	1108	930	1160	**Wien**
1350	1302	1305	1086	1358	**Zagreb**

Bruxelles/Brussel - Madrid

1588 km

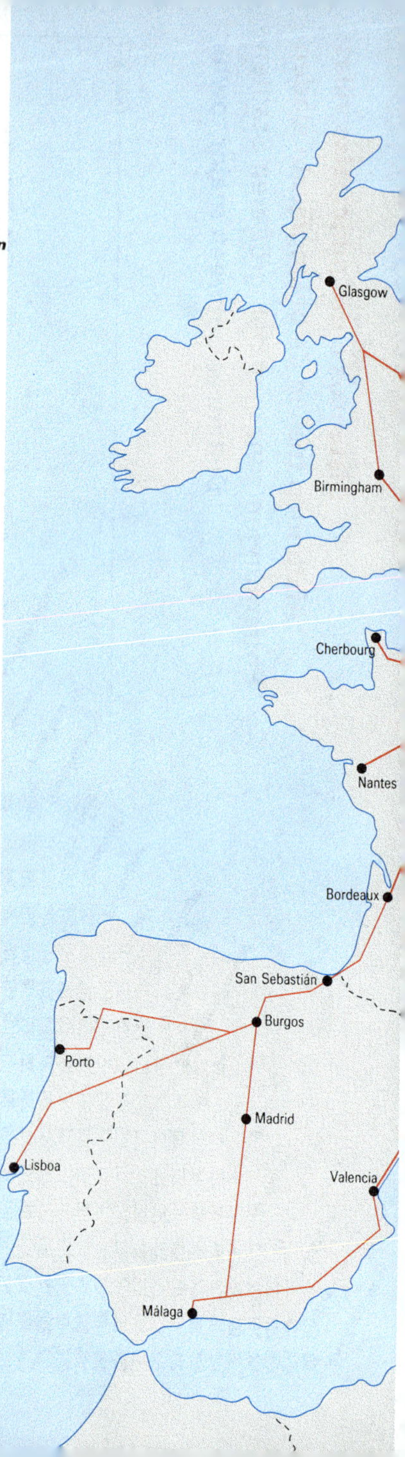

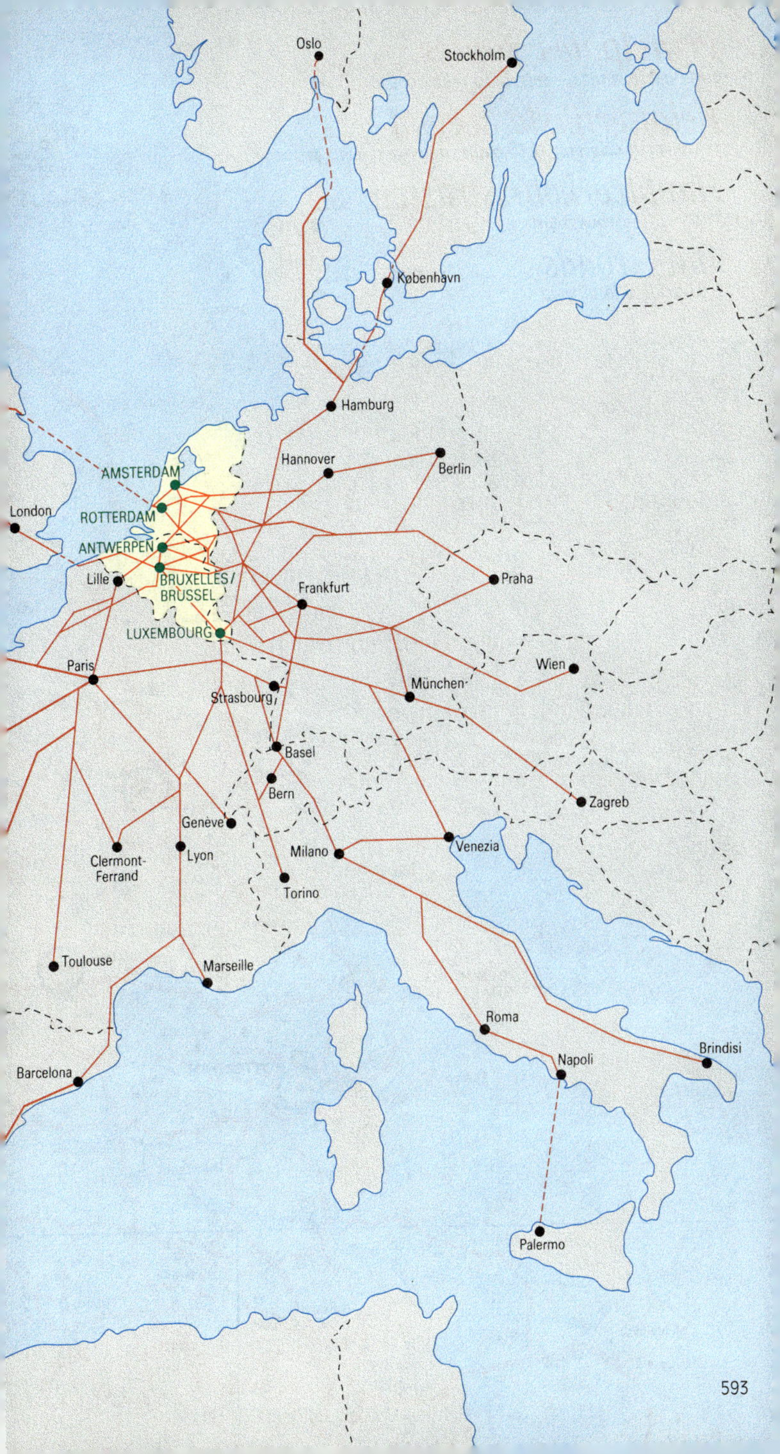
Oslo
Stockholm
København
Hamburg
Hannover
Berlin
AMSTERDAM
London
ROTTERDAM
ANTWERPEN
Lille
BRUXELLES / BRUSSEL
Praha
Frankfurt
LUXEMBOURG
Wien
Paris
Strasbourg
München
Basel
Bern
Zagreb
Genève
Venezia
Milano
Clermont-Ferrand
Lyon
Torino
Toulouse
Marseille
Roma
Brindisi
Napoli
Barcelona
Palermo

Principales routes
Carte de voisinage : voir à la ville choisie

Belangrijkste wegen
Kaart van de omgeving in de buurt van grote steden

Hauptverkehrsstrassen
Stadt mit Umgebungskarte

Main roads
Town with a local map

Schiermonnikoog
Eemshaven
Nes
Ameland
Lauwersoog
erschelling
Holwerd
Dokkum
Delfzijl
Groningen
Leeuwarden
Winschoten
Harlingen
Drachten
Assen
Bolsward
Sneek
Heerenvee
Ter Apel
Ems
Emmen
Steenwijk
Meppen
Meppel
Hoogeveen
Emmeloord
E R L A N D
Vecht
Kampen
Ommen
Zwolle
Lelystad
Almelo
Oldenzaal
Epe
Harderwijk
Hengelo
Enschede
Deventer
Apeldoorn
Berkel
Amersfoort
IJssel
Groenlo
Ede
Arnhem
Bocholt
WAAL
RHEIN
Nijmegen
Gennep
Wesel
s-Hertogenbosch
MAAS
Helmond
Duisburg
Essen
Eindhoven
Venlo
Wuppertal
Düsseldorf

BELGIQUE

Aalst . . . . *Alost*
Antwerpen . . . . *Anvers*
Arlon . . . . *Aarlen*
Ath . . . . *Aat*
Brugge . . . . *Bruges*
De Panne . . . . *la Panne*
Diksmuide . . . . . . *Dixmude*
Gent . . . . *Gand*
Halle . . . . *Hal*
Huy . . . . *Hoei*
Ieper . . . . *Ypres*
Kortrijk . . . . *Courtrai*
Leuven . . . . *Louvain*
Liège . . . . *Luik*
Lier . . . . *Lierre*
Mechelen . . . . *Malines*
Mons . . . . *Bergen*
Namur . . . . *Namen*
Nivelles . . . . *Nijvel*
Oostende . . . . *Ostende*
Oudenaarde . . . *Audenarde*
Roeselare . . . . *Roulers*
Ronse . . . . *Renaix*
St.-Niklaas . . . . *St. Nicolas*
St.-Truiden . . . . *St. Trond*
Soignies . . . . *Zinnik*
Tienen . . . . *Tirlemont*
Tongeren . . . . *Tongres*
Tournai . . . . *Doornik*
Veurne . . . . *Furnes*
Waremme . . . . *Borgworm*

PAYS-BAS

Afsluitdijk . . . . *Digue du Nord*
Den Haag / 's-Gravenhage . . . . *La Haye*
Groningen . . . . *Groningue*
Leiden . . . . *Leyde*
Nijmegen . . . . *Nimègue*
Roermond . . . . *Ruremonde*
's-Hertogenbosch / Den Bosch . . . *Bois-le-Duc*
Valkenburg . . . . *Fauquemont*
Vlissingen . . . . *Flessingue*

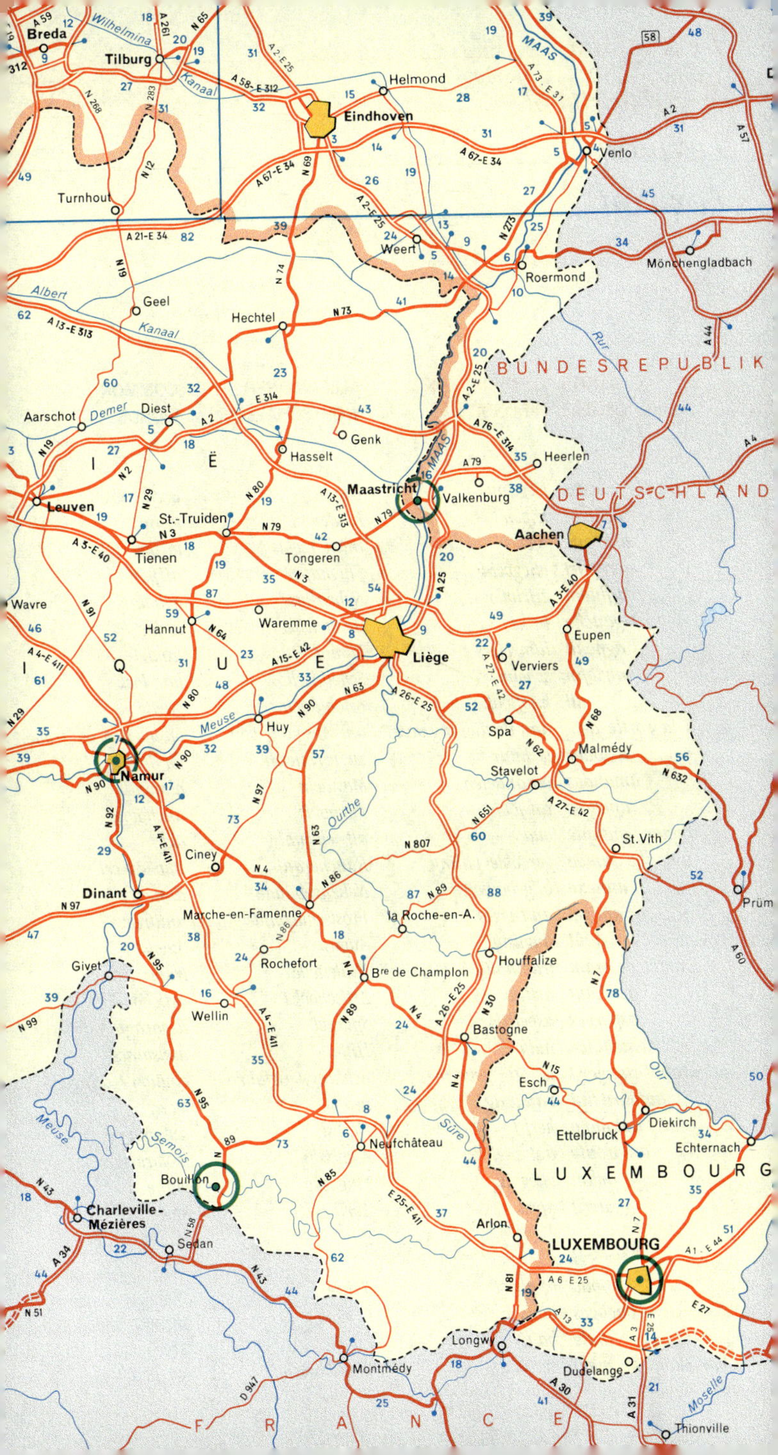

Breda
Tilburg
Wilhelmina Kanaal
Helmond
Eindhoven
MAAS
Venlo
Turnhout
Weert
Roermond
Mönchengladbach
Albert Kanaal
Geel
Hechtel
BUNDESREPUBLIK
DEUTSCHLAND
Aarschot
Demer
Diest
Genk
Hasselt
Heerlen
Maastricht
Valkenburg
Leuven
St.-Truiden
Tienen
Tongeren
Aachen
Wavre
Hannut
Waremme
Liège
Eupen
Verviers
Huy
Meuse
Spa
Malmédy
Namur
Stavelot
Ourthe
Ciney
St.Vith
Dinant
Marche-en-Famenne
la Roche-en-A.
Prüm
Givet
Rochefort
Houffalize
Bre de Champlon
Wellin
Bastogne
Our
Esch
Diekirch
Ettelbruck
Echternach
Semois
Neufchâteau
Sûre
LUXEMBOURG
Bouillon
Charleville-Mézières
Arlon
Sedan
Longwy
Dudelange
Montmédy
Moselle
Thionville
FRANCE

Lexique
Woordenlijst
Lexikon
Lexicon

MOTS USUELS	GEBRUIKELIJKE WOORDEN	ALLGEMEINER WORTSCHATZ	COMMON WORDS
A			
accès	toegang	Zugang	access to...
acheter	kopen	kaufen	to buy
à droite	rechts	nach rechts	to the right
aéroport	vliegveld	Flughafen	airport
affluent	zijrivier	Nebenfluss	tributary
à gauche	links	nach links	to the left
agneau	lamsvlees	Lamm	lamb
aiglefin	schelvis	Schellfisch	haddock
ail	knoflook	Knoblauch	garlic
à la sortie de...	aan de uitgang van...	am Ausgang von...	on the way out from...
à louer	te huur	zu vermieten	for hire
amandes	amandelen	Mandeln	almonds
anchois	ansjovis	Anchovis	anchovies
ancien, antique	oud	alt, ehemalig	old
anguille fumée	gerookte paling	Räucheraal	smoked eel
annexe	bijgebouw	Nebengebäude	annex
antigel	anti-vries	Frostschutzmittel	antifreeze
août	augustus	August	August
arrêt de tram	tramhalte	Haltestelle	tram stop
artichaut	artisjok	Artischocke	artichoke
asperges	asperges	Spargel	asparagus
assistance	hulp	Hilfe	assistance
attention ! danger !	let op ! gevaar !	Achtung ! Gefahr !	caution ! danger !
aujourd'hui	vandaag	heute	today
automne	herfst	Herbst	autumn
autoroute	autosnelweg	Autobahn	motorway
avion	vliegtuig	Flugzeug	plane
avril	april	April	April
B			
bac	veerboot	Fähre	ferry
bagages	bagage	Gepäck	luggage
baie	baai	Bucht	bay
bar (loup de mer)	zeebaars	Wolfsbarsch	sea perch

barbue	*griet*	*Butte*	*brill*
barque, canot	*boot, roeiboot*	*Ruderboot*	*rowing boat*
bas-côté non stabilisé	*zachte berm*	*nicht befestigter Seitenstreifen*	*soft shoulder*
bateau d'excursions	*rondvaartboot*	*Ausflugsdampfer*	*pleasure boat*
beau	*mooi*	*schön*	*pretty, beautiful*
bécasse	*houtsnip*	*Waldschnepfe*	*woodcock*
betterave	*biet*	*rote Rübe*	*beetroot*
beurre	*boter*	*Butter*	*butter*
bicyclette	*fiets*	*Fahrrad*	*bicycle*
bien, bon	*goed*	*gut*	*good, well*
bière	*bier*	*Bier*	*beer*
bifurcation	*tweesprong*	*Gabelung*	*road fork*
billet d'entrée	*toegangsbewijs*	*Eintrittskarte*	*admission ticket*
biscotte	*beschuit*	*Zwieback*	*rusk*
blanchisserie	*wasserij*	*Wäscherei*	*laundry*
boudin noir	*bloedworst*	*Blutwurst*	*blood sausage*
bouillon	*heldere soep*	*Fleischbrühe*	*clear soup*
bouteille	*fles*	*Flasche*	*bottle*
boutique	*winkel*	*Laden*	*shop*
brasserie	*café*	*Gastwirtschaft*	*pub*
brochet	*snoek*	*Hecht*	*pike*
brochette	*spies*	*kleiner Bratspiess*	*on a skewer*
brouillard	*mist*	*Nebel*	*fog*
bureau de police	*politiebureau*	*Polizeiwache*	*police station*
bureau de tabac	*tabakswinkel*	*Tabakladen*	*tobacconist*
bureau de voyages	*reisbureau*	*Reisebüro*	*travel bureau*

C

cabillaud	*kabeljauw*	*Kabeljau, Dorsch*	*cod*
café au lait	*koffie met melk*	*Milchkaffee*	*coffee and milk*
café crème	*koffie met room*	*Kaffee mit Sahne*	*coffee and cream*
caille	*kwartel*	*Wachtel*	*quail*
caisse	*kassa*	*Kasse*	*cash desk*
campagne	*platteland*	*Land*	*country*
canard	*eend*	*Ente*	*duck*
câpres	*kappers*	*Kapern*	*capers*
carottes	*wortelen*	*Karotten*	*carrots*
carpe	*karper*	*Karpfen*	*carp*
carrelet	*schol*	*Scholle*	*plaice*
carte postale	*briefkaart*	*Postkarte*	*postcard*
cédez le passage	*voorrang geven*	*Vorfahrt beachten*	*give way*
céleri	*selderij*	*Sellerie*	*celery*
cerf	*hert*	*Hirsch*	*deer*
cerises	*kersen*	*Kirschen*	*cherries*
champignons	*paddestoelen*	*Pilze*	*mushrooms*
change	*wisselkantoor*	*Geldwechsel*	*exchange*
charcuterie	*vleeswaren*	*Aufschnitt*	*pork-butchers' meats*
château	*kasteel*	*Burg, Schloss*	*castle*
château d'eau	*watertoren*	*Wasserturm*	*water tower*
chaussée déformée	*slecht wegdek*	*schlechte Wegstrecke*	*road subsidence*

chaussée glissante	*glad wegdek*	*Rutschgefahr*	*slippery road*
chemin privé	*private weg*	*Privatweg*	*private road*
chevreuil	*ree*	*Reh*	*venison*
chicorée, endive, chicon	*witlof*	*Endivie*	*endive*
chou	*kool*	*Kraut, Kohl*	*cabbage*
choucroute	*zuurkool*	*Sauerkraut*	*sauerkraut*
chou-fleur	*bloemkool*	*Blumenkohl*	*cauliflower*
chou de Bruxelles	*spruitjes*	*Rosenkohl*	*Brussels sprouts*
cimetière	*begraafplaats*	*Friedhof*	*cemetery*
cinéma	*bioscoop*	*Kino*	*cinema*
circuit	*rondrit*	*Rundfahrt*	*round tour*
citron	*citroen*	*Zitrone*	*lemon*
clé	*sleutel*	*Schlüssel*	*key*
cochon de lait	*speenvarken*	*Sauferkel*	*suckling pig*
coiffeur	*kapper*	*Friseur*	*hairdresser, barber*
collection	*verzameling*	*Sammlung*	*collection*
combien ?	*hoeveel ?*	*wieviel ?*	*how much ?*
commissariat	*hoofdbureau van politie*	*Polizeirevier*	*police headquarters*
concombre	*komkommer*	*Gurke*	*cucumber*
confiture	*jam*	*Konfitüre*	*jam*
coquillages	*schelpdieren*	*Schalentiere*	*shell-fish*
coquille St-Jacques	*jakobsschelp*	*Jakobsmuschel*	*scallops*
côte	*kust*	*Küste*	*coast*
côtelette	*kotelet*	*Kotelett*	*chop, cutlet*
cour	*binnenplaats*	*Hof*	*courtyard*
couverture	*deken*	*Decke*	*blanket*
crabe	*krab*	*Krabbe*	*crab*
crème	*room*	*Sahne*	*cream*
crème fouettée	*slagroom*	*Schlagsahne*	*whipped cream*
crevaison	*lekke band*	*Reifenpanne*	*puncture*
crevettes	*garnalen*	*Garnelen*	*shrimps*
croûtons	*croûtons*	*geröstetes Brot*	*croûtons*
crudités	*rauwkost*	*Rohkost*	*raw vegetables*
cuissot	*...bout*	*...keule*	*haunch (of venison)*

D

danger !	*gevaar !*	*Gefahr !*	*danger !*
dattes	*dadels*	*Datteln*	*dates*
daurade	*goudbrasem*	*Goldbrassen*	*dory*
décembre	*december*	*Dezember*	*December*
défense de doubler	*inhaalverbod*	*Überholen verboten*	*no overtaking*
défense de fumer	*verboden te roken*	*Rauchen verboten*	*no smoking*
défense d'entrer	*verboden toegang*	*Zutritt verboten*	*no admittance*
déjeuner, dîner	*lunch, diner*	*Mittag-, Abendessen*	*lunch, dinner*
demain	*morgen*	*morgen*	*tomorrow*
demander	*vragen*	*bitten, fragen*	*to ask for*
dentiste	*tandarts*	*Zahnarzt*	*dentist*
départ	*vertrek*	*Abfahrt*	*departure*
descente	*afdaling*	*Gefälle*	*steep hill*

descente dangereuse	*gevaarlijke afdaling*	*gefährliches Gefälle*	*dangerous hill*
digue	*dijk*	*Damm*	*dike*
dimanche	*zondag*	*Sonntag*	*Sunday*
dinde	*kalkoen*	*Truthenne*	*turkey*
docteur	*dokter*	*Arzt*	*doctor*
douane	*douane, tol*	*Zoll*	*customs*

E

eau minérale	*mineraalwater*	*Mineralwasser*	*mineral water*
écrevisse	*rivierkreeft*	*Flusskrebs*	*crayfish*
église	*kerk*	*Kirche*	*church*
en construction	*in aanbouw*	*im Bau*	*under construction*
en cours d'aménagement	*wordt verbouwd*	*im Umbau*	*in course of rearrangement*
en daube, en sauce	*gestoofd, met saus*	*geschmort, mit Sauce*	*stewed, with sauce*
en dessous	*lager dan, onder*	*unter*	*below*
en plein air	*in de openlucht*	*im Freien*	*outside*
entrée	*ingang*	*Eingang*	*entrance*
entrecôte	*tussenrib*	*Rumpsteak*	*rib steak*
enveloppes	*enveloppen*	*Briefumschläge*	*envelopes*
environ... km	*ongeveer... km*	*etwa... km*	*approx... km*
environs	*omgeving*	*Umgebung*	*surroundings*
épinards	*spinazie*	*Spinat*	*spinach*
escalope panée	*wienerschnitzel*	*Wiener Schnitzel*	*escalope in breadcrumbs*
escargots	*slakken*	*Schnecken*	*snails*
étage	*verdieping*	*Stock, Etage*	*floor*
été	*zomer*	*Sommer*	*summer*
exclus, non compris	*niet inbegrepen*	*nicht inbegriffen*	*excluded*
excursion	*uitstapje*	*Ausflug*	*excursion*
exposition	*tentoonstelling*	*Ausstellung*	*exhibition*

F

façade	*gevel*	*Fassade*	*façade*
faisan	*fazant*	*Fasan*	*pheasant*
farci	*gevuld*	*gefüllt*	*stuffed*
fermé	*gesloten*	*geschlossen*	*closed*
fèves	*bonen*	*dicke Bohnen*	*broad beans*
février	*februari*	*Februar*	*February*
filet de boeuf, de porc	*ossehaas, varkenshaasje*	*Filetsteak, Schweinefilet*	*fillet of beef, of pork*
fleurs	*bloemen*	*Blumen*	*flowers*
fleuve	*stroom*	*Fluss*	*river*
foie de veau	*kalfslever*	*Kalbsleber*	*calf's liver*
foie gras	*ganzenlever*	*Gänseleber*	*goose liver*
foire	*jaarbeurs*	*Messe, Markt*	*...show, exhibition*
fontaine	*fontein*	*Brunnen*	*fountain*
forêt, bois	*woud, bos*	*Wald, Wäldchen*	*forest, wood*
forteresse	*vesting*	*Festung*	*fortress*
fouilles	*opgravingen*	*Ausgrabungen*	*excavations*
fraises	*aardbeien*	*Erdbeeren*	*strawberries*

fresques	*fresco's*	*Fresken*	*frescoes*
frit	*gebakken*	*gebraten (Pfanne)*	*fried*
fromage	*kaas*	*Käse*	*cheese*
frontières	*grens*	*Grenze*	*frontier*
fumé	*gerookt*	*geräuchert*	*smoked*

G

garçon ! serveuse !	*ober ! juffrouw !*	*Ober ! Fräulein !*	*waiter ! waitress !*
gare	*station*	*Bahnhof*	*station*
gâteau	*gebak*	*Kuchen*	*cake*
genièvre	*jenever*	*Wacholderschnaps*	*juniper, gin*
gibier	*wild*	*Wild*	*game*
gigot	*lamsbout*	*Lammkeule*	*leg of mutton*
gingembre	*gember*	*Ingwer*	*ginger*
glace	*ijs*	*Speiseeis*	*ice-cream*
gorge	*bergengte, kloof*	*Schlucht*	*gorge*
graissage, lavage	*doorsmeren, wassen*	*Abschmieren, Waschen*	*greasing, car wash*
grand magasin	*warenhuis*	*Kaufhaus*	*department store*
grand'place	*grote markt*	*Hauptplatz*	*main square*
gravillons	*steenslag*	*Rollsplitt*	*gravel*
grenouille	*kikker*	*Frosch*	*frog*
grillé	*geroosterd*	*gegrillt*	*grilled*
groseilles	*aalbessen*	*Johannisbeeren*	*currants*
grotte	*grot*	*Höhle*	*cave*

H

hachis	*gehakt*	*gehackt*	*chopped*
hameau	*gehucht*	*Weiler*	*hamlet*
hareng (frais)	*haring (nieuwe)*	*Hering (grün)*	*herring (fresh)*
haricots blancs	*witte bonen*	*weisse Bohnen*	*haricot beans*
haricots verts	*sperziebonen*	*grüne Bohnen*	*French beans*
hebdomadaire	*wekelijks*	*wöchentlich*	*weekly*
hier	*gisteren*	*gestern*	*yesterday*
hiver	*winter*	*Winter*	*winter*
homard	*kreeft*	*Hummer*	*lobster*
hôpital	*ziekenhuis*	*Krankenhaus*	*hospital*
hôtel de ville	*stadhuis*	*Rathaus*	*town hall*
huile	*olie*	*Öl*	*olive oil*
huîtres	*oesters*	*Austern*	*oysters*

I – J

île	*eiland*	*Insel*	*island*
impasse	*doodlopende weg*	*Sackgasse*	*no through road*
interdit	*verboden*	*verboten*	*prohibited*
jambon (cru ou cuit)	*ham (rauwe of gekookte)*	*Schinken (roh oder gekocht)*	*ham (raw or cooked)*
janvier	*januari*	*Januar*	*January*
jardin, parc	*tuin, park*	*Garten, park*	*garden, park*
jardin botanique	*botanische tuin*	*botanischer Garten*	*botanical garden*
jeudi	*donderdag*	*Donnerstag*	*Thursday*

jeux	*spelen*	*Spiele*	*games*
jour férié	*feestdag*	*Feiertag*	*holiday*
journal	*krant*	*Zeitung*	*newspaper*
juillet	*juli*	*Juli*	*July*
juin	*juni*	*Juni*	*June*
jus de fruit	*vruchtensap*	*Fruchtsaft*	*fruit juice*

L

lac	*meer*	*See*	*lake*
lait	*melk*	*Milch*	*milk*
laitue	*kropsla*	*Kopfsalat*	*lettuce*
langouste	*pantserkreeft-langoest*	*Languste*	*spiny lobster*
langoustines	*doornkreeften*	*Langustinen*	*crayfish*
langue	*tong*	*Zunge*	*tongue*
lapereau	*jong konijn*	*junges Kaninchen*	*young rabbit*
lapin	*konijn*	*Kaninchen*	*hare, rabbit*
librairie	*boekhandel*	*Buchhandlung*	*bookshop, news agent*
lièvre	*haas*	*Hase*	*hare*
lit	*bed*	*Bett*	*bed*
lit d'enfant	*kinderbed*	*Kinderbett*	*child's bed*
localité	*plaats*	*Stadt*	*town*
lotte	*zeeduivel*	*Seeteufel*	*monkfish*
lundi	*maandag*	*Montag*	*Monday*

M

mai	*mei*	*Mai*	*May*
maison	*huis*	*Haus*	*house*
mandarines	*mandarijnen*	*Mandarinen*	*tangerines*
manoir	*landhuis, ridderhofstede*	*Herrensitz*	*manor house*
maquereau	*makreel*	*Makrele*	*mackerel*
mardi	*dinsdag*	*Dienstag*	*Tuesday*
mars	*maart*	*März*	*March*
mauvais	*slecht*	*schlecht*	*bad*
médiéval	*middeleeuws*	*mittelalterlich*	*mediaeval*
mer	*zee*	*Meer*	*sea*
mercredi	*woensdag*	*Mittwoch*	*Wednesday*
merlan, colin	*wijting, koolvis*	*Weissling, Kohlfisch*	*whiting, coal fish*
miel	*honing*	*Honig*	*honey*
môle, quai	*havenhoofd, kade*	*Mole, Kai*	*mole, quay*
monastère	*klooster*	*Kloster*	*monastery*
montée	*helling*	*Steigung*	*hill*
morue séchée	*stokvis*	*Stockfisch*	*dried cod*
moules	*mosselen*	*Muscheln*	*mussels*
moulin	*molen*	*Mühle*	*windmill*
moutarde	*mosterd*	*Senf*	*mustard*

N

navire	*schip*	*Schiff*	*ship*
neige	*sneeuw*	*Schnee*	*snow*
Noël	*Kerstmis*	*Weihnachten*	*Christmas*

noisettes	*hazelnoten*	*Haselnüsse*	*hazelnuts*
noix	*noten*	*Nüsse*	*walnuts*
note, addition	*rekening*	*Rechnung*	*bill, check*
novembre	*november*	*November*	*November*

O

octobre	*oktober*	*Oktober*	*October*
oeuvre d'art	*kunstwerk*	*Kunstwerk*	*work of art*
office de tourisme	*dienst voor toerisme, V.V.V.*	*Verkehrsverein*	*tourist information centre*
oie	*gans*	*Gans*	*goose*
oignons	*uien*	*Zwiebeln*	*onions*
oeuf à la coque	*zacht gekookt ei*	*weiches Ei*	*soft-boiled egg*
ombragé	*schaduwrijk*	*schattig*	*shady*
oranges	*sinaasappels*	*Orangen*	*oranges*
oreiller	*hoofdkussen*	*Kopfkissen*	*pillow*
ouvert	*geopend*	*offen*	*open*

P

pain	*brood*	*Brot*	*bread*
palais de justice	*gerechtshof*	*Gerichtsgebäude*	*Law Courts*
palais royal	*koninklijk paleis*	*Königsschloss*	*royal palace*
panne	*pech*	*Panne*	*breakdown*
papier à lettres	*briefpapier*	*Briefpapier*	*writing paper*
Pâques	*Pasen*	*Ostern*	*Easter*
parc d'attractions	*pretpark*	*Vergnügungspark*	*amusement park*
pâté en croûte	*pastei in korstdeeg*	*Pastete*	*meat pie*
pâtisseries	*banketgebak*	*Feingebäck, Süssigkeiten*	*pastries*
patron	*eigenaar*	*Besitzer*	*owner*
payer	*betalen*	*bezahlen*	*to pay*
péage	*tol*	*Mautgebühr*	*toll*
pêches	*perziken*	*Pfirsiche*	*peaches*
peintures, tableaux	*schilderijen*	*Malereien, Gemälde*	*paintings*
perdrix, perdreau	*patrijs*	*Rebhuhn*	*partridge*
petit déjeuner	*ontbijt*	*Frühstück*	*breakfast*
petits pois	*doperwten*	*junge Erbsen*	*green peas*
phare	*vuurtoren*	*Leuchtturm*	*lighthouse*
pharmacien	*apotheker*	*Apotheker*	*chemist*
piétons	*voetgangers*	*Fussgänger*	*pedestrians*
pigeon	*duif*	*Taube*	*pigeon*
pinacothèque	*schilderijengalerij*	*Gemäldegalerie*	*picture gallery*
pintade	*parelhoen*	*Perlhuhn*	*guinea-hen*
pistaches	*pistache-nootjes*	*Pistazie*	*pistachio*
pittoresque	*schilderachtig*	*malerisch*	*picturesque*
place du marché	*marktplein*	*Marktplatz*	*market place*
place publique	*plein*	*Platz*	*square*
plage	*strand*	*Strand*	*beach*
plaine verdoyante, pré	*weide*	*grüne Ebene, Wiese*	*green open country, meadow*

poireau	*prei*	*Lauch*	*leek*
poires	*peren*	*Birnen*	*pears*
poivre	*peper*	*Pfeffer*	*pepper*
pommes	*appels*	*Äpfel*	*apples*
pommes de terre (sautées)	*aardappelen (gebakken)*	*Kartoffeln (gebraten)*	*potatoes (fried)*
pont	*brug*	*Brücke*	*bridge*
port	*haven*	*Hafen*	*harbour*
porteur	*kruier*	*Gepäckträger*	*porter*
poste de secours	*hulppost*	*Unfall-Hilfsposten*	*first aid station*
potager	*groententuin, moestuin*	*Gemüsegarten*	*kitchen garden*
pourboire	*drinkgeld, fooi*	*Trinkgeld*	*tip*
pot-au-feu	*stoofpot*	*Rindfleischsuppe*	*boiled beef*
poulet	*kip*	*Hühnchen*	*chicken*
prêtre	*priester*	*Geistlicher*	*priest*
primeurs	*jonge groenten*	*Frühgemüse*	*early vegetables*
printemps	*lente*	*Frühling*	*spring (season)*
promenade	*wandeling*	*Spaziergang, Promenade*	*walk, promenade*
proximité	*nabijheid*	*Nähe*	*proximity*
prunes	*pruimen*	*Pflaumen*	*plums*

Q - R

quotidien	*dagelijks*	*täglich*	*daily*
raccordement	*verbindingsweg*	*Zufahrtsstrasse*	*access road*
raie	*rog*	*Rochen*	*skate, ray-fish*
raisin	*druiven*	*Traube*	*grapes*
raisins secs	*rozijnen*	*Rosinen*	*raisins*
recommandé	*aangetekend*	*Einschreiben*	*registered*
régime	*dieet*	*Diät*	*diet*
remorquer	*wegslepen*	*abschleppen*	*to tow*
renseignements	*inlichtingen*	*Auskünfte*	*information*
réparer	*repareren*	*reparieren*	*to repair*
repas	*maaltijd*	*Mahlzeit*	*meal*
repassage	*(het) strijken*	*Büglerei*	*pressing, ironing*
réservé aux piétons	*alleen voor voetgangers*	*nur für Fussgänger*	*pedestrians only*
ris de veau	*kalfszwezerik*	*Kalbsbries*	*sweetbreads*
rive, bord	*kant, oever*	*Ufer*	*shore*
rivière	*rivier*	*Fluss*	*river*
riz	*rijst*	*Reis*	*rice*
roches, rochers	*rotsen*	*Felsen*	*rocks*
rognons	*nieren*	*Nieren*	*kidneys*
rôti (au four)	*gebraden (in oven)*	*gebraten (Backofen)*	*roasted (in oven)*
rôtisserie	*rôtisserie*	*Rotisserie*	*grilled meat restaurant*
rouget	*knorhaan, rode poon*	*Barbe, Rötling*	*red mullet*
roulez prudemment	*voorzichtig rijden*	*voorsichtig fahren*	*drive carefully*
route barrée	*afgesloten rijweg*	*gesperrte Strasse*	*road closed*
route nationale	*rijksweg*	*Staatsstrasse*	*State road*

route, rue en mauvais état	*weg, straat met slecht wegdek*	*Weg, Strasse in schlechtem Zustand*	*road, street in bad condition*
rue	*straat*	*Strasse*	*street*
rue de traversée	*doorgaand verkeer*	*Durchgangsverkehr*	*through traffic*
rustique	*landelijk*	*ländlich*	*rustic*

S

saignant	*kort gebakken*	*englisch gebraten*	*rare*
St-Pierre	*zonnevis*	*Sankt-Peters Fisch*	*John Dory (fish)*
salade	*sla*	*Salat*	*green salad*
salle à manger	*eetzaal*	*Speisesaal*	*dining room*
salle de bain	*badkamer*	*Badezimmer*	*bathroom*
samedi	*zaterdag*	*Samstag*	*Saturday*
sandre	*snoekbaars*	*Zander*	*perch pike*
saucisse	*saucijs*	*Würstchen*	*sausage*
saucisson	*worst*	*Wurst*	*salami sausage*
saumon	*zalm*	*Lachs*	*salmon*
sculptures	*beeldhouwkunst*	*Schnitzwerk*	*carvings*
sel	*zout*	*Salz*	*salt*
septembre	*september*	*September*	*September*
service compris	*inclusief bediening*	*Bedienung inbegriffen*	*service included*
site, paysage	*landschap*	*Landschaft*	*site, landscape*
soir	*avond*	*Abend*	*evening*
sole	*tong (vis)*	*Seezunge*	*sole*
sortie	*uitgang*	*Ausgang*	*exit*
sortie de camions	*uitrit vrachtwagens*	*Lkw-Ausfahrt*	*truck exit*
sortie de secours	*nooduitgang*	*Notausgang*	*emergency exit*
source	*bron*	*Quelle*	*source, stream*
station d'essence	*benzinestation*	*Tankstelle*	*petrol station*
stationnement interdit	*parkeren verboden*	*Parkverbot*	*no parking*
sucre	*suiker*	*Zucker*	*sugar*
sur demande	*op verzoek*	*auf Verlangen*	*on request*

T

tapisseries	*wandtapijten*	*Wandteppiche*	*tapestries*
tarte	*taart*	*Torte*	*tart*
thé	*thee*	*Tee*	*tea*
thon	*tonijn*	*Thunfisch*	*tunny-fish*
timbre-poste	*postzegel*	*Briefmarke*	*stamp*
toiles originales	*originele doeken*	*Originalgemälde*	*original paintings*
tombeau	*grafsteen*	*Grabmal*	*tomb*
tour	*toren*	*Turm*	*tower*
train	*trein*	*Zug*	*train*
tramway	*tram*	*Strassenbahn*	*tram*
travaux en cours	*werk in uitvoering*	*Strassenbauarbeiten*	*road works*
traversée de piste cyclable	*overstekende wielrijders*	*Radweg kreuzt*	*cycle track crossing*
trésor	*schat*	*Schatz*	*treasure, treasury*
truffe	*truffel*	*Trüffel*	*truffle*

truite	*forel*	*Forelle*	*trout*
turbot	*tarbot*	*Steinbutt*	*turbot*
	V		
veau	*kalf*	*Kalb*	*calf*
vedette	*motorboot*	*Motorboot*	*motorboat*
vendredi	*vrijdag*	*Freitag*	*Friday*
verre	*glas*	*Glas*	*glass*
verrière, vitrail	*glazen dak ; glas-in-loodraam*	*Kirchenfenster*	*stained glass window*
vignes, vignobles	*wijnranken, wijngaarden*	*Reben, Weinberg*	*vines, vineyard*
village	*dorp*	*Dorf*	*village*
vinaigre	*azijn*	*Essig*	*vinegar*
vin blanc sec	*droge witte wijn*	*herber Weisswein*	*dry white wine*
vin rouge, rosé	*rode wijn, rosé wijn*	*Rotwein, Rosé*	*red wine, rosé*
virage dangereux	*gevaarlijke bocht*	*gefährliche Kurve*	*dangerous bend*
voûte	*gewelf*	*Gewölbe, Wölbung*	*arch*

L'Euro

1999 a vu l'avènement de la monnaie européenne commune : l'EURO.

Onze pays de l'Union Européenne ont d'ores et déjà adopté l'EURO : l'Allemagne, l'Autriche, la Belgique, l'Espagne, la Finlande, la France, l'Irlande, l'Italie, le Luxembourg, les Pays-Bas et le Portugal.

Dans ces pays, les prix sont désormais affichés en monnaies nationales et en euros.

Toutefois, les billets de banque et pièces en euros n'étant disponibles qu'en 2002, seuls les réglements par chèques bancaires ou cartes de crédit pourront être libellés en euros.

Dans cette édition, nous avons choisi de mentionner les prix dans la monnaie nationale.

Le tableau ci-après indique la parité fixe entre l'euro et les devises européennes.

De Euro

In 1999 werd de Europese eenheidsmunt ingevoerd : de EURO.

Elf landen van de Europese Unie hebben nu al de EURO ingevoerd : België, Duitsland, Finland, Frankrijk, Ierland, Italië, Luxemburg, Nederland, Oostenrijk, Portugal en Spanje.

In deze landen worden de prijzen voortaan aangegeven in de nationale munteenheid en in euro.

De bankbiljetten en munten in euro zullen echter pas in 2002 beschikbaar zijn. Voorlopig kunnen alleen betalingen per cheque of creditcard in euro worden uitgedrukt.

In deze uitgave hebben wij ervoor gekozen de prijzen in de nationale munteenheid te vermelden.

De tabel hierna geeft de vaste pariteit tussen de euro en de Europese deviezen aan.

Der Euro

1999 war das Jahr der Einführung der einheitlichen europäischen Währung: der Euro.

Elf Länder der europäischen Vereinigung haben den Euro eingeführt: Deutschland, Österreich, Belgien, Spanien, Finnland, Frankreich, Irland, Italien, Luxemburg, die Niederlande und Portugal.

Die Preise werden in diesen Ländern in der nationalen Währung und in Euro ausgezeichnet.

Banknoten und Münzen in Euro sind jedoch erst ab 2002 erhältlich. Die Bezahlung in Euro kann bis zu diesem Zeitpunkt nur per Scheck oder per Kreditkarte erfolgen.

Aus diesem Grund haben wir uns entschieden in dieser Ausgabe, die Preise in der nationalen Währung anzugeben.

Die folgende Tabelle zeigt die festgelegte Parität zwischen dem Euro und den europäischen Währungen.

The Euro

1999 saw the launch of the European single currency : the EURO.

11 countries in the European Union are already using the EURO : Austria, Belgium, Finland, France, Germany, Ireland, Italy, Luxembourg, Netherlands, Portugal and Spain.

In each of these countries, prices will today be displayed in the local currency and in Euros.

However, as Euro notes and coins will not be available until 2002, payment in Euros is currently only possible by bank or credit cards.

We have therefore retained the local currency prices only for entries in this year's guide.

The following table shows the fixed rates between the Euro and other European currencies.

1 € = 13,7603 ATS	A	1 ATS = 0,0726728 €
1 € = 40,3399 BEF	B	1 BEF = 0,0247893 €
1 € = 1,9583 DEM	D	1 DEM = 0,5112918 €
1 € = 166,386 ESP	E	1 ESP = 0,0060101 €
1 € = 6,55957 FRF	F	1 FRF = 0,152449 €
1 € = 5,94573 FIM	FIN	1 FIM = 0,1681879 €
1 € = 1936,27 ITL	I	1 ITL = 0,0005164 €
1 € = 0,787564 IEP	IRL	1 IEP = 1,269738 €
1 € = 40,3399 LUF	L	1 LUF = 0,0247893 €
1 € = 2,20371 NLG	NL	1 NLG = 0,4537802 €
1 € = 200,482 PTE	P	1 PTE = 0,0049879 €

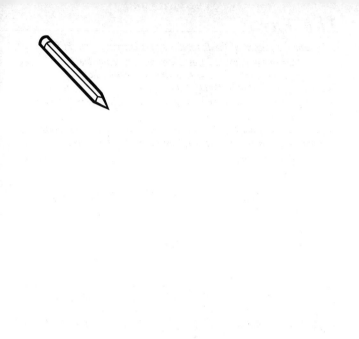

Dans la même collection

In dezelfde collectie

Weitere Titel

In the same series

Deutschland
España & Portugal
Europe Main cities
France
Great Britain & Ireland
Ireland
Italia
London
Paris
Portugal
Suisse/Schweiz/Svizzera